Droit social de l'Union européenne

Pierre Rodière
Professeur émérite de l'École de droit
de la Sorbonne (université de Paris I)

Droit social de l'Union européenne

LGDJ
lextenso éditions

70, rue du Gouverneur Général Éboué
92131 Issy-les-Moulineaux Cedex
ISBN : 978-2-275-03881-0

AVANT-PROPOS

La matière qui est étudiée dans cet ouvrage ne cesse de s'amplifier et de se diversifier. Suivant les modes d'action qui sont les siens, par voie législative, plus encore par voie jurisprudentielle, en utilisant aussi d'autres méthodes, plus voilées, d'apparence douce mais d'influence certaine, le droit social de l'Union européenne se développe pas à pas et la pression qu'exerce l'Union européenne sur l'évolution du droit social interne s'accroît jour après jour. Il est donc apparu utile, voire nécessaire, d'offrir à ces transformations un cadre – celui d'un traité, dont c'est ici la deuxième édition, et non plus d'un manuel – permettant de rendre compte de façon suffisamment explicite et détaillée de ces évolutions.

Déjà le manuel qui a précédé avait débordé sa vocation strictement pédagogique et universitaire pour tenter de répondre à une demande venue d'ailleurs. Les recueils de jurisprudence démontrent à l'envi la place qu'occupent désormais dans la vie judiciaire les argumentaires tirés de considérations de droit européen. Qu'on le veuille ou non, qu'on le dise ou qu'on le cache, l'action législative française est aujourd'hui sous l'emprise du droit et de la politique des institutions de l'Union. La négociation collective, l'action des partenaires sociaux le sont aussi. Ayant pris une dimension supplémentaire, cet ouvrage peut offrir plus d'informations et proposer des éléments d'analyse utiles à une action juridique qui, dans son ensemble, reçoit aujourd'hui l'influence européenne.

Tourné plus clairement qu'auparavant vers un public élargi, ce livre n'entend pas pour autant délaisser l'université, ses étudiants et ses chercheurs, qui par leurs recherches, leurs réactions, ont d'ailleurs contribué à améliorer et vivifier le travail de l'auteur. Il maintient pleinement ses visées didactiques.

Cet ouvrage de droit social de l'Union européenne entend respecter son titre et être fidèle à son contenu propre. Il ne traite pas de l'ensemble du droit social international, il ne s'étend pas au droit social européen extérieur à l'Union. L'action de l'Organisation internationale du travail ou celle du Conseil de l'Europe font seulement l'objet, chemin faisant, des rapprochements, observations nécessaires pour les besoins de l'analyse du droit de l'Union européenne, mais ne sont pas étudiées pour elles-mêmes.

Sans prétention aucune à le faire de façon complète, tant la matière est riche, l'ambition poursuivie est seulement de présenter le droit social de l'Union européenne, en en étudiant les rouages institutionnels et procéduraux et en rendant compte de l'action normative et jurisprudentielle de l'Union. L'œuvre de la Cour de justice des Communautés européennes, aujourd'hui de l'Union européenne, occupe une place centrale.

Si enfin les problèmes de transposition ou de mise en œuvre du droit social de l'Union européenne en droit français et si plus généralement les incidences qui sont les siennes sur l'évolution du droit français sont examinés, parti a été pris de le faire généralement dans les notes en bas de page afin de ne pas troubler le fil de la présentation du droit de l'Union européenne.

Pierre Rodière
Décembre 2013

SOMMAIRE

PRINCIPALES ABRÉVIATIONS

Act. jur. dr. adm.	L'actualité juridique – droit administratif
BIT	Bureau international du travail
Bull.	Bulletin des arrêts de la Cour de cassation
Cah. dr. eur.	Cahiers de droit européen
Cah. soc. bar. Par.	Cahiers sociaux du barreau de Paris
Cass. soc.	Cour de cassation – chambre sociale
CEDH	Cour européenne des droits de l'Homme
CESDH	Convention de sauvegarde des droits de l'homme et des libertés fondamentales
JDI Clunet	Journal du droit international
Com. fr. DIP	Comité français de droit international privé
CE	Conseil d'État
CJCE	Cour de justice des Communautés européennes
CJUE	Cour de justice de l'Union européenne
Cons. const.	Conseil constitutionnel
D.	Recueil Dalloz *Dr. ouvr.* Le droit ouvrier *Dr. soc.* Droit social
Europe	Revue Europe
***JCP*, éd. G.**	Juris-classeur périodique, édition générale
***JCP*, éd. E.**	Juris-classeur périodique, édition Entreprise
***JCP*, éd. S.**	Juris-classeur périodique, édition Social
JOCE	Journal officiel de l'Union européenne
JORF	Journal officiel de la République française
JOUE	Journal officiel de l'Union européenne
JDI	Journal du droit international (Clunet)
OIT	Organisation internationale du travail
Rec.	Recueil des arrêts de la Cour de justice des Communautés européennes
Rev. aff. eur.	Revue des affaires européennes
Rev. crit. DIP	Revue critique de droit international privé
RDSS	Revue de droit sanitaire et social
RDT	Revue de droit du travail
RFDA	Revue française de droit administratif

Rev. dr. const.	Revue française de droit constitutionnel
Rev. int. trav.	Revue internationale du travail
RJS	Revue de jurisprudence sociale
Rev. Marché commun	Revue du marché commun et de l'Union européenne
RTD eur.	Revue trimestrielle de droit européen
TCE	Traité Communauté européenne
TFUE	Traité sur le fonctionnement de l'Union européenne
TFPUE	Tribunal de la fonction publique de l'Union européenne
TPICE	Tribunal de première instance des Communautés européennes
TUE	Traité sur l'Union européenne
T.UE	Tribunal de l'Union européenne
UE	Union européenne

AVERTISSEMENT
Terminologie et numérotation

Après le traité de Maastricht, Union européenne et Communauté européenne se côtoyaient. Avec le traité de Lisbonne, la « Communauté européenne », initialement « Communauté économique européenne », a disparu pour devenir elle aussi « Union européenne ». Ne reste plus que l'Union européenne pour couvrir ensemble l'ex-Communauté européenne et l'Union européenne préexistante. Cette mutation implique des changements terminologiques. Mais les usages ne peuvent changer immédiatement et on ne saurait, sans anachronisme, appeler « Union » ce qui était « Communauté ». Il est indispensable, provisoirement, pour des raisons didactiques, que les termes anciens et nouveaux soient les uns et les autres utilisés, sans distribution entièrement rigoureuse de l'usage qui en est fait. Le substantif « Union » ne remplacera pas de sitôt le substantif « Communauté ». La difficulté terminologique principale, en français, vient toutefois de l'adjectif « communautaire » qui ne trouve pas d'équivalent satisfaisant ; « unioniste » pourrait être utilisé, mais... Reste « européen ». L'objection vient ici de l'inexactitude. L'Union européenne n'est pas toute l'Europe. Son droit ne forme pas tout le droit européen. Malgré cette objection, bien qu'elle soit forte, le mot « européen » sera parfois utilisé pour qualifier le droit de l'Union et, pour éviter l'ambiguïté, sera réservé au seul droit de l'Union. On parlera donc de droit européen, sans systématisme, pour éviter des lourdeurs stylistiques, tout en regrettant le débordement expansionniste qui peut s'en inférer. Un certain désordre terminologique est inévitable, si irritant soit-il.

Numérotation ancienne, nouvelle numérotation ? La valse hésitation du traité de Lisbonne s'est finalement arrêtée à l'abandon de la numérotation du traité Communauté européenne et a fait apparaître une nouvelle numérotation. Il est apparu nécessaire de juxtaposer à la numérotation nouvelle (TUE et TFUE) la numérotation antérieure des traités, comme il reste d'ailleurs souvent nécessaire de se référer à la numérotation antérieure au traité d'Amsterdam : donc trois numérotations !

Pour le Code du travail français, auquel il est généralement fait référence dans les notes en bas de pages, les choses sont plus simples, puisque deux numérotations suffisent. La nouvelle codification a profondément modifié le plan du code de 1973 et anéanti l'ancienne numérotation. L'histoire du nouveau code, entré en vigueur le 1er mai 2008, est trop récente pour chasser la nécessité de maintenir des références à l'ancienne numérotation. Donc deux numérotations !

INTRODUCTION GÉNÉRALE

1. En matière sociale, la Communauté économique européenne avait reçu, en 1957, deux objectifs principaux :

– élever le niveau d'emploi dans la Communauté, en particulier grâce à la libre circulation des travailleurs qui devait permettre un meilleur ajustement géographique de l'offre et de la demande d'emploi ;

– égaliser, dans le progrès, les conditions de vie et de travail de la main d'œuvre salariée, la Communauté devant entreprendre à cet effet les actions nécessaires de rapprochement des législations nationales, l'existence d'un marché commun étant d'ailleurs supposée entraîner par elle-même une harmonisation naturelle et spontanée des droits nationaux.

À partir de ces objectifs parcellaires, assez modestes en apparence, le développement d'une « Europe sociale » a cependant pris de l'ampleur et beaucoup. Plusieurs facteurs l'expliquent. La Communauté a pu disposer des ressources d'un très important réservoir de compétences, utilisables pour conduire une action en matière sociale. L'interventionnisme communautaire n'a cessé de s'affirmer, sous l'impulsion de la Commission, y compris dans le domaine social, dans le sens d'une politique sociale ou, inversement, libérale. Les autorités communautaires ont pris « conscience » de la nécessaire protection des droits fondamentaux de la personne humaine, et, parmi eux, de ses droits sociaux. Les problématiques liées à la non-discrimination ont largement investi le champ de l'action communautaire. Entre le droit de la concurrence, les libertés économiques consacrées par le droit communautaire et la protection des droits et intérêts des travailleurs salariés, une rencontre s'est produite, d'où est né un dialogue serré. La jurisprudence de la Cour de justice a pris un essor considérable dans le champ du « social » et les politiques jurisprudentielles de la Cour ont acquis un poids considérable. Les bases juridiques de la politique sociale ont changé, se sont diversifiées et renforcées. C'est désormais tout le champ du droit social – droit du travail, emploi, sécurité sociale – que, potentiellement, l'Union européenne est appelée à couvrir, que ce soit d'ailleurs dans un sens de progrès social ou non, de régulation ou de dérégulation des relations de travail, suivant des méthodes d'action enrichies et renouvelées (1).

§ 1. — Droit de l'Union européenne et droit national

2. L'ambition des institutions de l'Union n'est toujours pas, à ce jour, d'unifier les droits nationaux du travail, de la sécurité et de la protection sociales. Si tel était d'ailleurs le projet, il faudrait parler d'échec ou de retard prononcé. L'harmonisation des droits nationaux – ce qui est moins que leur unification – ne s'est aujourd'hui réalisée que dans quelques domaines du droit du travail et rien ne s'est fait ou à peu près rien en matière de sécurité sociale ou de protection sociale. L'œuvre normative de l'Union est loin de couvrir tout le domaine social ; elle présente une discontinuité que vient accentuer le principe voulant que les droits nationaux conservent une diversité, principe auquel les autorités de l'Union marquent leur attachement.

2-1. Le progrès social, le relèvement du niveau de vie de la population, sont des objectifs que dès l'origine, en 1957, le traité de Rome a assignés à la Communauté économique européenne. Mais on attendait simplement du marché commun, devenu marché intérieur ou marché unique, qu'il fasse naître, naturellement, le progrès social. Nul besoin, sauf exception ou nécessité particulière, d'un interventionnisme communautaire. Les législations nationales allaient d'elles-mêmes évoluer, dans le sens du progrès, par l'effet des bienfaits économiques du marché unique. Telle était la philosophie initiale.

En l'état actuel du droit de l'Union, le développement des politiques sociales revient toujours de manière prédominante aux États membres. C'est le principe.

L'action de l'Union trouve une première limite dans le principe de spécialité ou d'attribution. Communauté ou Union n'ont d'autres compétences que celles qui leur ont été spécialement attribuées. Ce premier type de butoir ne se présente cependant plus qu'exceptionnellement en matière sociale. Le champ des compétences de l'Union, assorti des moyens d'action nécessaires, recouvre aujourd'hui une très large partie de celui du droit social, que l'on vise le droit du travail ou le droit de la protection sociale. L'évolution des traités a ouvert de nouveaux horizons à l'action de l'Union : les politiques d'emploi, la non-discrimination en matière d'emploi et de travail, l'immigration des pays tiers.

(1) En général, sur les traits dominants du droit social européen et son évolution, v. G. Lyon-Caen, « Les caractères généraux du droit social européen », *in Mélanges Juliot de la Morandière*, Dalloz, Paris, 1964, p. 325 ; « Le droit social de la Communauté européenne après le traité de Maastricht », *D.* 1993, chron. p. 149 ; P. Rodière, « Construction européenne et droit du travail », *in Mélanges Gérard Lyon-Caen*, Dalloz, Paris, 1989, p. 33 ; J.-Cl. Javillier, « Le droit du travail communautaire : un droit en construction ? », *in Mélanges Jean Savatier*, PUF, Paris, 1992, p. 221 ; v. également, B. Teyssié, « À propos du droit social européen », *Dr. soc.* 1989, p. 523 ; Th. Revet, « Un droit européen du travail ? », *in Le droit privé européen*, P. de Vareilles-Sommières (dir.), Economica, Paris, 1998, p. 108 ; M.-A. Moreau, « Le rapport Supiot, brèves observations dans une perspective communautaire », *Dr. soc.* 1999, p. 454 ; J.-Ph. Lhernould, « L'Europe sociale après l'élargissement », *RJS* 2004, p. 771 ; B. Teyssié, « Construction européenne et droit du travail », *in Construction européenne et État de droit*, éd. Panthéon-Assas, Paris, 2012, p. 239. ; A. Supiot, « Le sommeil dogmatique européen », E. Grass, « Communauté réduite aux acquêts », *in Droit européen et droits sociaux*, *Rev. fr. aff. soc.* 2012, p. 185, p. 199.

Une autre limite, limite de prime abord plus marquée, viendrait des contraintes pesant sur l'exercice des compétences de l'Union. Les traités consacrent désormais de façon formelle une subsidiarité qui était déjà présente, mais implicitement, concernant l'action de l'Union face à celle des États membres. L'édiction d'une norme européenne de politique sociale ne doit intervenir qu'autant que de besoin pour la réalisation d'un objectif de l'Union. La Cour de justice l'a de longue date affirmé pour la politique sociale et la détermination des règles gouvernant les relations de travail ; elle l'a également fait pour les systèmes de sécurité sociale, domaine dans lequel la compétence de l'Union pour procéder à l'harmonisation des droits nationaux est étroitement bridée. L'intensité de la norme européenne doit en outre se proportionner à ce que nécessite la réalisation de l'objectif qu'elle est autorisée à poursuivre, sans aller au-delà.

Subsidiarité, proportionnalité, respect des compétences nationales et de la diversité des droits nationaux, ces principes ne doivent toutefois pas faire illusion. Du moment qu'une intervention est apparue utile à la réalisation des objectifs de la Communauté ou aujourd'hui de l'Union européenne, les autorités européennes ont pu en décider. La contrainte juridique de la subsidiarité cède devant l'impulsion politique, sous un contrôle léger de la Cour de justice de l'Union européenne. C'est du moins ce qu'il en était jusqu'à aujourd'hui, un contrôle plus serré portant sur les initiatives de l'Union n'étant pas à exclure dans l'avenir (2).

L'action des États membres devrait pouvoir s'exercer librement, lorsque l'Union, retenue par le principe de subsidiarité, n'aura pas exercé sa compétence. Cette liberté devrait même rester entière lorsque l'Union n'a simplement pas compétence pour agir dans tel domaine du droit social, le droit syndical et le droit de grève notamment. Nouvelle illusion, puisque les États membre ont l'obligation de coopérer loyalement à la réalisation des objectifs de l'Union. Or les politiques sociales nationales et les réglementations qui en résultent peuvent interférer avec l'exercice de droits et libertés consacrés par le droit de l'Union, droits et libertés économiques tout spécialement. Dans l'exercice d'une compétence qui est la leur en matière de politique sociale, les États membres devront ainsi composer avec le respect des obligations découlant du droit de l'Union, du moins si ces obligations mettent en œuvre des droits qui revêtent un caractère fondamental dans la construction juridique européenne. La Cour de justice veille avec soin à en assurer la protection. Elle le fera face aux autorités étatiques, mais également face aux « autorités privées », les partenaires sociaux en premier lieu, qui doivent elles aussi coopérer loyalement à faire prospérer le droit de l'Union (3).

L'extension des compétences de l'Union va donc dans la réalité des pratiques au-delà des apparences textuelles. Le principe de subsidiarité ne filtre pas grand-chose et laisse l'action de l'Union se développer librement. Dans l'exercice des compétences qui restent les leurs, les États membres viennent buter contre des impératifs économiques sur lesquels le droit de l'Union a été bâti.

(2) V. *infra* n° 35.
(3) V. *infra*, spéc. n° 48, n° 447.

2-2. En même temps que les domaines de l'action potentielle de l'Union se sont élargis, les méthodes normatives ont en partie changé. La méthode classique se traduisait en actes qui lient les États, règlements ou directives. Les méthodes actuelles se veulent plus souples et procèderont plus volontiers suivant un mode non contraignant, des indications douces plutôt qu'une règle dure. Une concurrence des méthodes a fait son apparition. Le principe de proportionnalité constituait l'instrument permettant de limiter l'impact de la norme européenne contraignante sur le droit national. La « méthode ouverte de coordination » s'exerce au travers de pressions sur les politiques nationales, sans prétendre contraindre (4).

Le tableau des relations entre droit de l'Union et droit national a également été transformé par la place qui est maintenant reconnue à l'action des partenaires sociaux. Une autre subsidiarité est apparue, non plus celle qui, verticalement, concerne la norme européenne dans ses relations avec la norme nationale, mais celle, horizontale, entre l'action de l'autorité publique et celle des partenaires sociaux. Parce qu'elle est plus proche des personnes directement intéressées, la seconde devrait avoir priorité sur la première, au niveau de l'Union mais aussi au niveau national. S'agissant de l'adoption d'une norme de droit social européen, le traité donne préférence à la négociation collective sur les procédures institutionnelles ordinaires du droit de l'Union. L'introduction par voie de négociation collective de la norme sociale de l'Union en droit national est également encouragée. Il en va d'un autre aspect du changement des méthodes ; l'autorité publique donne l'impulsion, procède par encouragement ou incitation, assure au besoin la force juridique de la norme juridique, mais celle-ci est définie par l'accord des intéressés directs (5).

La solidité du modèle initial est donc fortement ébranlée. La norme se fait plus douce, en apparence ; son élaboration suit des processus moins formels ; les compétences législatives se déplacent des acteurs publics vers des partenaires privés. Alors que dans le même temps les attributions du Parlement européen se sont renforcées, la norme sociale européenne tend à prendre naissance suivant une forme de démocratie « alternative »… dont les vertus démocratiques restent mal éprouvées !

2-3. L'action des autorités de l'Union ne se résume pas à tenter de rapprocher, si possible dans le sens du progrès, les législations nationales et les droits et prestations qui en résultent. Elle prend d'autres formes, dont l'effet n'est pas directement de modifier les conditions d'emploi et de travail ou encore d'agir sur la détermination de prestations servies aux travailleurs salariés.

Elle aura ici pour objet de lever les obstacles à l'emploi de la main-d'œuvre, là celui de faciliter ou d'organiser la rencontre de l'offre et de la demande d'emploi. L'idée est alors de donner une dimension européenne au marché de l'emploi et d'organiser le fonctionnement de ce marché élargi, elle n'est pas de modifier, sinon par voie de conséquence, les conditions de vie et de travail.

Sans toucher non plus au fond des règles nationales, le droit communautaire et de l'Union s'attachera à coordonner ces règles entre elles et à leur faire produire effet sur

(4) V. *infra* n° 49.
(5) V. *infra* n° 92, n° 100.

les autres territoires des États membres. Il ne s'agit plus alors d'ordonner ensemble des politiques en vue de les orienter dans des directions convergentes, mais d'assurer un jeu coordonné des règles de droit national. Recherche de coordination qui est usuellement celle que fait le droit international privé, que le droit de l'Union place dans un contexte d'appartenance à un ensemble institutionnel partiellement fédéré. Le droit de l'Union se bornera souvent à imposer la reconnaissance dans l'ensemble du territoire de l'Union de droits acquis au regard de la législation d'un État membre, laquelle reste inchangée ou ne subit que de légères retouches. Chaque droit national, non modifié sur le fond en ce qui concerne les droits qu'il reconnaît aux travailleurs, le sera en ce qui concerne ses seules conditions d'application et notamment ses conditions d'application spatiale, devenant de ce fait applicable sur l'ensemble du territoire de l'Union européenne.

Le droit de l'Union ne concerne pas uniquement les règles, il s'adresse également aux institutions. Les institutions nationales doivent collaborer entre elles pour les besoins de la réalisation du droit de l'Union, elles sont appelées à se représenter mutuellement. Tant les institutions administratives que judiciaires, les institutions publiques que privées, doivent se placer au service de la réalisation du droit européen, comme elles doivent le faire au service de leur droit national.

Rapprochement des législations, mais aussi levée des obstacles aux échanges, coordination des législations, reconnaissance des droits, coopération institutionnelle, autant qu'un instrument de transformation des droits nationaux, le droit communautaire ou de l'Union est ainsi celui de la liaison des droits nationaux. Il faut au demeurant observer que la transformation des droits nationaux peut être regardée comme une conséquence attendue du fonctionnement du marché intérieur autant que comme un objectif à poursuivre activement, mais que lier entre eux les systèmes juridiques et institutionnels nationaux implique la création volontaire des règles nécessaires.

L'action communautaire et de l'Union marie ainsi réglementation et déréglementation. La constitution d'une zone de libre-échange, de l'emploi et du travail comme des autres éléments de la vie économique, suppose que des obstacles réglementaires soient levés. Mais la volonté d'ordonner le bon fonctionnement du marché implique des règles et celle d'assurer une protection minimale des travailleurs – facteur d'égalisation des conditions de concurrence – le fait aussi. Les traités n'ont pas choisi la déréglementation plutôt que la réglementation, qu'il s'agisse de décider de l'action de la Communauté ou de l'Union ou qu'il s'agisse d'influer sur celle des États membres (6). Dans un sens ou dans l'autre, les choix sont avant tout politiques.

(6) Sur l'influence du droit communautaire sur le droit social français, v. S. Hennion-Moreau, « L'influence du droit social communautaire sur le droit interne », *Dr. soc.* 1992, p. 736 ; « La force normative du droit social européen », *JCP*, éd. S., 2009, p. 1095 ; M. Laroque, « L'impact du droit communautaire sur les concepts de la protection sociale française », *Dr. soc.* 1997, p. 961 ; Ph. Martin, « Le droit social communautaire, droit commun des États membres en matière sociale ? », *RTD eur.* 1994, p. 609 ; « L'harmonisation sociale en débat », *Dr. soc.* 1997, p. 303 ; P. Rodière, « Le droit communautaire dans la pratique quotidienne du droit social », *Dr. ouvr.* 2000 ; p. 120. Pour une étude d'ensemble approfondie, v. E. Mazuyer, *L'harmonisation sociale européenne – Processus et modèle*, Bruylant, Bruxelles 2007, préf. A. Jemmaud.

2-4. La discontinuité prêtée au droit social européen est en bonne partie trompeuse.

Si le droit de l'Union influe sur le droit national par des voies normatives « dures », s'il le fait également par voie de pression ou d'incitation politiques, il servira en outre de modèle. Les traités de l'Union associent étroitement les partenaires sociaux à l'élaboration de la norme sociale européenne. L'accord des parties, le « contrat », est appelé à jouer un rôle prépondérant dans la détermination des attributions de tel organe de représentation du personnel voulu par le droit de l'Union, dont les prescriptions prennent une vocation subsidiaire ou supplétive de volonté. Les législateurs nationaux peuvent également s'inspirer de ces modèles pour réformer des institutions ou remanier des procédures ne relevant pas du droit de l'Union.

Il faut également compter avec les effets indirects ou induits du droit de l'Union.

Le principe de l'égalité des rémunérations entre hommes et femmes, par exemple, a des implications qui concernent très largement les systèmes nationaux de la rémunération des salariés, sous nombre de leurs aspects : il entraîne avec lui la nécessité de procéder à une réévaluation générale des emplois et à un réexamen des modes de rémunération des salariés, plus largement de l'ensemble des prestations servies du fait de l'appartenance à l'entreprise ; il remodèle la notion même de salaire. La lutte qu'elle doit mener contre les discriminations en matière d'emploi et de travail, contre les entraves ou restrictions que les libertés économiques européennes peuvent subir, a permis à la Cour de justice de forger une méthode d'argumentation dont l'utilisation a vocation à se diffuser très largement. Telle discrimination, telle entrave, telle restriction est en principe condamnée par le droit de l'Union, mais son auteur peut faire valoir des raisons propres à la justifier et s'il procède en mettant en œuvre des moyens convenablement proportionnés au but légitime qu'il poursuit, le droit de l'Union ne le condamnera pas. Le champ potentiellement ouvert à ce mode d'argumentation est immense.

Ces quelques illustrations font suffisamment percevoir combien peut être grande la puissance d'expansion du droit social de l'Union européenne et sa vocation à pénétrer largement le droit social national, qu'il s'agisse de la teneur ou qu'il s'agisse des techniques d'édiction et de contrôle des normes, ces incidences pouvant se produire en dehors même des domaines spéciaux dans lesquels les autorités de l'Union ont exercé une compétence pour agir.

2-5. La protection des droits sociaux fondamentaux s'ajoute enfin à ce travail de recomposition du paysage. La Cour de justice s'est donné pour mission d'en assurer le respect et reçoit aujourd'hui à cette fin le renfort de la Charte des droits fondamentaux de l'Union qui a acquis la même valeur juridique que les traités. Dans l'exercice des compétences que les traités leur attribuent, tout en restant dans le champ du droit de l'Union, il revient aux autorités de l'Union de veiller au respect des droits sociaux fondamentaux, sous le contrôle de la Cour de justice. Cette même obligation se retrouvera, sous les contrôles combinés du juge national et du juge de l'Union, pour la mise en œuvre du droit de l'Union en droit national.

Transversalement, dans tout le champ couvert par le droit de l'Union, social, économique, autre, la protection des droits sociaux fondamentaux devient un instrument d'évaluation et de contrôle de la norme de l'Union et de son application.

Il fait toutefois peu de doute que le droit de l'Union participe ainsi d'un mouvement d'ensemble de « déconstruction » du droit social à partir d'une double réorientation : plus de flexibilité et donc moins de contraintes réglementaires ; une attention grandissante tournée vers la préservation des droits fondamentaux et le respect du principe général de non-discrimination, pour contrer les excès que la flexibilité peut engendrer. Moins de droit, plus de principes, en supposant que la balance de la justice sociale y trouve son compte.

§ 2. — Droit social de l'Union européenne et droit social international et européen extérieur à l'Union européenne

3. D'autres institutions internationales remplissent elles aussi traditionnellement des missions en matière sociale et ont contribué à la protection des droits sociaux fondamentaux, avant que les autorités communautaires et de l'Union n'en reçoivent à leur tour la charge.

L'Organisation internationale du travail en particulier a été créée en 1919 avec pour mission d'améliorer les conditions de vie et de travail de l'ensemble de la population mondiale et de conduire à cette fin les actions nécessaires. L'œuvre normative de l'OIT, constituée de près de 190 conventions et de plus de 200 recommandations destinées à être mises en application par les États membres de l'Organisation, est considérable et la réunion de ce corps de normes dans ce que l'on nomme parfois le « Code international du travail » couvre de façon à peu près complète tout le champ du droit social (7).

Si l'action du Conseil de l'Europe s'est orientée de façon plus marquante vers la défense et la protection des droits de l'homme et des libertés fondamentales, il n'empêche qu'elle s'exerce aussi dans le domaine social. Aux confins de la protection des droits de l'homme, elle a été primordiale en ce qui concerne la protection normative des droits sociaux fondamentaux, avec la Charte sociale européenne (8).

3-1. Mais l'œuvre normative de l'Union va très au-delà. Participant à l'ordre juridique original que constitue l'Union européenne, elle va tirer de cette participation des traits spécifiques et une force singulièrement accentuée.

Suivant les formules posées par la Cour de justice, *« la Communauté constitue un nouvel ordre juridique de droit international au profit duquel les États ont limité...,*

(7) V. N. VALTICOS, *Droit international du travail*, Dalloz, Paris, 2e éd. 1983 ; C. ROSSILLION, « Droit social international à vocation universelle », *Juris-classeur Droit international*, fasc. 574-A, 1988 ; J.-M. SERVAIS, *Normes internationales du travail*, LGDJ, Paris 2004.

(8) V. *La Charte sociale du XXIe siècle*, Éd. du Conseil de l'Europe, Travaux du colloque de Strasbourg, 14-16 mai 1997. V. également P. LAROQUE, « La charte sociale européenne », *Dr. soc.* 1979, p. 100 ; J.-M. VERDIER, « Les droits économiques et sociaux, relance au Conseil de l'Europe ? », *Dr. soc.* 1992, p. 415 ; S. GREVISSE, « Le renouveau de la Charte sociale européenne », *Dr. soc.* 2000, p. 884.

leurs droits souverains et dont les sujets sont non seulement les États membres mais également leurs ressortissants » (CJCE 5 février 1963, *Van Gend en Loos*) ; elle a institué « *un ordre juridique propre intégré au système juridique des États membres... et qui s'impose à leurs juridictions* » (CJCE 15 juillet 1964, *Costa*). Le traité « *ne se borne pas à créer des obligations réciproques entre les différents sujets auxquels il s'applique mais établit un ordre juridique nouveau qui règle les pouvoirs, droits et obligations desdits sujets ainsi que les procédures nécessaires pour faire constater et sanctionner toute violation éventuelle* » (CJCE 13 novembre 1963, *Commission c. Luxembourg*).

Ordre juridique d'un type nouveau, s'intégrant au système juridique des États membres, ayant pour sujets non seulement les États mais des personnes privées ou des particuliers, créant des droits et des obligations « *dans le chef des particuliers* », possédant les procédures administratives et judiciaires permettant de constater et sanctionner les manquements, cet ensemble de traits caractérisant en général le droit de l'Union européenne s'exprime en matière sociale comme il le fait dans l'ensemble du droit de l'Union.

L'opposition avec les normes de l'Organisation internationale du travail ou celles du Conseil de l'Europe et la force supérieure des normes de droit social de l'Union se marquent nettement sur deux points.

– Les normes sociales internationales et les normes sociales européennes qui ne relèvent pas du droit de l'Union, d'une part, lient uniquement les États ayant accepté de les ratifier, et, d'autre part, se bornent normalement à engager les États parties à conduire une politique, sans engendrer directement de droits pour les particuliers. Le droit social de l'Union s'impose sans être soumis à ratification préalable, il s'intègre aux droits nationaux en faisant naître des obligations et des droits dont les destinataires ne sont pas les seules autorités publiques, qui s'adressent, souvent directement, aux salariés, aux entreprises, aux partenaires sociaux ou encore aux organismes sociaux. Dans l'uniformité et dans l'efficacité d'application, le droit de l'Union montre ainsi une supériorité marquée.

Il est cependant vrai que les évolutions récentes, dans la jurisprudence française spécialement, tendent plus volontiers qu'auparavant à conférer aux normes internationales et européennes autres que de droit de l'Union (conventions de l'OIT, du Conseil de l'Europe, de l'ONU) une applicabilité directe invocable par les particuliers. Il y a là un changement sensible.

– L'Union européenne est dotée d'une Cour de justice, dont la fonction interprétative, ajoutée à sa fonction sanctionnatrice, constitue un important facteur d'intégration. Il n'y a pas de cour de justice de l'OIT. Quant à la Cour européenne des droits de l'homme, elle n'a pas compétence pour contrôler le respect des normes de droit social du Conseil de l'Europe qui ne ressortissent pas aux droits de l'homme et libertés fondamentales.

À cet égard également, des changements notables se produisent cependant, qui diminuent l'« avantage » que l'Union européenne a pu posséder. La Cour européenne des droits de l'homme a intégré le bloc constitué par le droit syndical, le droit d'action collective et le droit de négociation collective aux contrôles qu'elle exerce (9). Bien que l'organe chargé de contrôler la bonne application de la Charte sociale européenne n'ait pas proprement la nature d'une juridiction, sa « jurisprudence » commence à compter (10).

3-2. Organisations distinctes, qui à ce jour n'entretiennent pas de liens institutionnels avec l'ordre juridique de l'Union, l'Organisation internationale du travail et le Conseil de l'Europe ont toutefois pu avoir une influence sur le droit communautaire. On observe en effet l'existence de « migrations » institutionnelles ou normatives vers l'ordre juridique de l'Union. L'expérience acquise l'a principalement mis en lumière sous deux formes.

Alors que le traité de Rome ne leur avait initialement ouvert aucune place ni aucun rôle, les partenaires sociaux sont aujourd'hui devenus des acteurs de premier rang de l'activité normative de l'Union européenne en matière sociale. Au point que l'on peut prétendre que les compétences des institutions de l'Union ont désormais un caractère subsidiaire par rapport à celle des partenaires sociaux. Longtemps, l'OIT et son « tripartisme » a constitué le modèle de ce que pouvait être l'association des partenaires sociaux à l'action d'une institution internationale, modèle dont le Conseil de l'Europe s'était inspiré. La Communauté économique européenne s'en était d'abord tenue le plus éloignée qui soit. L'Union européenne a aujourd'hui plus que largement rattrapé le retard qu'on avait pu lui imputer.

La prohibition des discriminations fondées sur un facteur inacceptable (sexe, origine ethnique ou nationale...), la reconnaissance de l'existence de droits sociaux fondamentaux, la nécessité que les droits de l'homme soient préservés dans les relations de travail, sont en passe de devenir des éléments d'une « Constitution » de l'Union européenne, qui, pour ne pas être identifiée comme telle, fait partie d'un « construit » qui s'élabore progressivement sous l'action des autorités de l'Union et suivant les révisions successives des traités communautaires ou de l'Union européenne. Du Conseil de l'Europe, la protection des droits de l'homme et des droits fondamentaux s'est étendue à l'Union européenne. La prohibition générale des discriminations commandée par la Convention européenne des droits de l'homme s'est déplacée vers l'Union européenne, certes avec les ajustements réclamés par sa réception dans l'ordre juridique d'accueil. La Charte sociale européenne, née dans le cadre du Conseil de l'Europe, a inspiré la Charte communautaire des droits sociaux fondamentaux et les droits qu'elle protège ont ensuite trouvé place dans la Charte des droits fondamentaux de l'Union. Nombreuses sont les normes relevant du droit social de l'Union européenne dont l'appréciation et l'interprétation ont été guidées par la jurisprudence de la Cour européenne des droits de l'homme.

3-3. Les migrations juridiques que l'on observe ainsi ont en outre un caractère jurisprudentiel. La Cour de justice des Communautés européennes, devenue Cour de justice de l'Union européenne, ne se borne pas à dire que les droits fondamentaux

(9) V. *infra* n° 154, n° 447.
(10) V. *infra* n° 153.

font partie des principes généraux du droit dont elle a pour mission d'assurer le respect. Lorsque l'affaire dont elle est saisie concerne un droit que protège la Convention européenne des droits de l'homme, la Cour a pris pour usage non seulement de se référer à telle ou telle disposition de la Convention européenne, mais de renvoyer aux décisions mêmes de la Cour européenne des droits de l'homme. Manière de montrer qu'elle entend harmoniser son interprétation de la Convention européenne avec celles qu'en a données la Cour européenne, comme d'ailleurs la Charte des droits fondamentaux l'invite à le faire : « *Dans la mesure oùla présente Charte contient des droits correspondant à des droits garantis par la Convention européenne de sauvegarde des droits de l'homme..., leur sens et leur portée sont les mêmes* » en droit de l'Union (article 51 § 3 de la Charte). S'agissant plus directement des droits sociaux, en cas de communauté de droits, cette volonté d'harmonisation peut se prolonger vers la « jurisprudence » qui a pris naissance dans le cadre des contrôles para-juridictionnels qui s'exercent, au Conseil de l'Europe, sur l'application des normes de la charte sociale européenne. Sans compter telle ou telle convention de l'OIT, voire de l'ONU, à laquelle la Cour de justice de l'Union européenne viendra parfois se référer pour étayer ses interprétations du droit de l'Union (11).

§ 3. — Droit social et droit économique

4. Les objectifs d'ordre social que poursuit l'Union européenne s'inscrivent parmi ceux qui gouvernent plus généralement la construction européenne, avec pour commencer la réalisation du Marché commun et, aujourd'hui, celle du Marché intérieur.

4-1. On rencontre là, d'emblée, certains des traits caractéristiques de l'« Europe sociale ». Celle-ci participe d'un ensemble plus vaste dont les visées associent étroitement l'économique et le social. Cette liaison se manifeste sous quatre aspects principaux.

– Les actions menées par la Communauté et les normes qu'elle pose en vue de garantir les droits des travailleurs salariés, tendent en même temps à assurer une régulation de la concurrence, en égalisant les charges des entreprises. L'observation revêt une portée générale. Protection des travailleurs et liberté de concurrence peuvent aller dans la même direction. On peut d'ailleurs rappeler que l'Organisation internationale du travail fut créée en 1919 avec pour double objectif d'améliorer la condition des travailleurs salariés et d'égaliser les conditions de la concurrence entre les États parties à l'organisation.

– La définition des politiques sociales, au plan de l'Union comme au plan national, risque d'interférer avec l'expression des libertés de circulation des biens, des

(11) V. S. Robin-Olivier et P. Rémy, « Les migrations jurisprudentielles, facteurs de développement du droit international du travail ? », *in Justice et mondialisation du droit du travail* (dir. M.-A. Moreau, H. Muir Watt et P. Rodière), Dalloz, Paris, 2010, p. 65 ; v. également, *Les échanges entre les droits, l'expérience communautaire* (dir. S. Robin-Olivier et D. Fasquelle), Bruylant, Bruxelles, 2009.

capitaux et des services que consacre le droit communautaire, ainsi qu'avec le libre jeu de la concurrence entre les entreprises. Si les institutions de l'Union européenne admettent l'existence de pareilles interférences, c'est à la double condition que les politiques sociales y conduisant se justifient au regard de l'intérêt général et que les atteintes portées aux libertés économiques restent modérées et ne touchent pas la substance même de ces libertés. Une conciliation doit être recherchée, analyse qui vaudra spécialement lorsque l'exercice d'un droit social fondamental compromet l'exercice des libertés économiques européennes, lesquelles sont également regardées comme des valeurs fondamentales de la construction juridique de l'Union européenne. La jurisprudence de la Cour de justice alloue aux libertés de circulation, notamment celles des personnes, une place prééminente.

– Les politiques et réglementations sociales sont d'ailleurs susceptibles d'être confrontées aux exigences de la liberté de circulation des travailleurs, avec lesquelles elles ne s'accordent pas nécessairement, le trouble pouvant ainsi naître et des heurts se produire entre des règles qui concernent les travailleurs, à l'intérieur même de la partie sociale du droit de l'Union. Ces frictions possibles font clairement ressortir que la liberté de circulation des travailleurs appartient à la sphère du droit économique européen tout autant qu'à la sphère du droit social.

– Le droit de l'Union permet en général aux autorités nationales de déroger aux normes sociales européennes en vue d'assurer une protection renforcée des travailleurs. Certes l'État qui accorde une protection renforcée aux travailleurs relevant de son ordre juridique risque de placer ses entreprises en situation concurrentielle plus difficile ; mais il n'en demeure pas moins de sa responsabilité d'opérer ou non un tel choix. Le fait que le droit de l'Union, y compris dans le domaine social, ne perde pas de vue l'objectif d'égaliser les conditions de concurrence entre les entreprises des différents États membres, ne s'y opposera normalement pas. La protection nationale renforcée rencontre cependant une limite : elle doit rester « compatible avec les traités ». C'est donc que la protection des travailleurs par la norme nationale ne doit pas gêner l'exercice des libertés économiques de l'Union au point de leur porter gravement atteinte.

4-2. L'impression générale est celle d'un droit qui est sans doute social par son objet, puisqu'il règle les droits des travailleurs salariés, mais dont les finalités de protection s'absorbent dans l'objectif général que constitue la réalisation du Marché intérieur. Le droit social ne paraît pas avoir acquis le même degré d'autonomie au sein du système juridique communautaire qu'il ne l'a fait en droit interne français. Son développement et ses actions sont mesurés et contrôlées au regard des règles du droit de la concurrence et du jeu des libertés économiques.

Faut-il comprendre que les contraintes économiques s'imposent au détriment des objectifs de protection sociale et d'« *égalisation dans le progrès* » (article 136 traité CE, 151 du traité FUE) des conditions de vie et de travail ?

Il n'en va pas nécessairement ainsi. Si la Communauté et les États membres mettent en œuvre des mesures sociales « *qui tiennent compte… de la nécessité de maintenir la compétitivité de l'économie de la Communauté* » (article 136 du traité CE,

151 du traité FUE), il n'empêche que « *certains objectifs ne sauraient être subordonnés à des considérations de caractère économique* » (formule qu'utilise parfois le préambule des directives relatives aux droits des travailleurs). La finalité sociale peut ainsi prendre le pas, occasionnellement, sur la nécessité économique. Les institutions de l'Union l'affirment pour les mesures relatives à la sécurité et à la santé des travailleurs, elles le font également en matière de discrimination, mettant au demeurant en avant un impératif de protection des droits fondamentaux de la personne humaine plutôt que du travailleur (12). La notion de « *principes de droit social revêtant une importance particulière* » et auxquelles il ne saurait être dérogé, mise en lumière par la Cour de justice pour le temps de travail, traduit la même idée (13).

4-3. Deux facteurs nouveaux ordonnent différemment les relations de l'économique et du social au sein de l'ordre juridique communautaire.

La reconnaissance de droits sociaux fondamentaux est, on le remarquait plus haut, au cœur d'une problématique de conciliation entre droit économique et droit social.

L'émergence progressive de la notion de citoyenneté européenne a d'autres incidences. Elle accompagne et amplifie un mouvement qui avait déjà pris naissance concernant la liberté de circulation des personnes. Le traité de Rome avait obéi à des objectifs étroitement utilitaristes : permettre aux travailleurs, en âge de travailler, déjà formés, d'aller exercer leur activité dans un autre État membre. Petit à petit, le droit communautaire a ouvert le droit de circulation et de séjour à ceux qu'il a désigné comme « inactifs » – étudiants, retraités, personnes oisives – ou encore à ceux qui, actifs, se déplacent pour d'autres motifs que leur activité. Venue se greffer sur cette évolution qui d'ailleurs s'accordait mal avec les données du traité, la citoyenneté européenne permet de lever le plus grand nombre des restrictions qui continuaient de gêner la circulation des « inactifs ». Formant la base d'un « *statut fondamental des ressortissants des États membres* » (14), la citoyenneté leur offre en principe à tous le bénéfice d'un statut commun et égalitaire.

Faut-il y voir le signe d'une transformation d'une Communauté économique en une Union des hommes, s'éloignant des considérations économiques ? La réponse ne peut qu'être nuancée… jusqu'à la négative ! Si la citoyenneté offre aux ressortissants de l'Union le droit de circuler et de séjourner librement dans l'ensemble de l'espace communautaire, elle induit des effets d'ordre économique. Au-delà du marché unique du travail ou de l'activité productrice, le droit de l'Union se dirige vers un marché unique de la consommation, ou encore de la formation, voire de l'éducation. La citoyenneté ne déconnecte pas le droit de l'Union d'une logique économique, elle traduit tout aussi bien l'expansion de cette logique.

(12) Voulant montrer que la réalisation du Marché intérieur peut se concilier avec des objectifs sociaux, v. F. Baron, *Marché intérieur et droit social dans l'Union européenne*, Pr. univ. Aix-Marseille, 1999, préf. M.-A. Moreau ; v. antérieurement, Ph. Martin, *La contribution du droit communautaire à la réalisation d'une Europe sociale*, thèse Bordeaux I, 1993.

(13) V. *infra* n° 151.

(14) CJCE, 20 septembre 2001, *Grzelczyk*, aff. C-184/99, *Rec.* I, p. 6193.

Mais il est indéniable aussi qu'en combinaison avec des exigences de protection des droits fondamentaux de la personne humaine, exigences qui appartiennent de manière quasi indivisible au couple constitué traditionnellement par les droits de l'homme et par les droits du citoyen, la citoyenneté européenne a une dimension humaine ou sociale (15), avec laquelle les impératifs nécessairement économiques de la construction européenne devraient se combiner et se concilier.

§ 4. — Les grandes dates

5. Du traité de Rome au traité modificatif de Lisbonne, le cadre institutionnel du droit social de l'Union européenne s'est beaucoup enrichi et a évolué sensiblement.

Le traité de Rome créant la Communauté économique européenne, signé la 25 mars 1957, faisait reposer l'« Europe sociale » sur une double base : la libre circulation des travailleurs, c'est-à-dire des ressortissants communautaires actifs (articles 48 et suivants du traité de Rome, devenus articles 39 et suivants du traité CE, puis 45 et suivants du traité FUE), une politique sociale (articles 117 à 128 du traité de Rome), dont les objectifs ne manquaient pas d'ambition, mais dont les moyens d'action étaient limités.

L'Acte unique européen, signé à Luxembourg le 17 février 1986 et à La Haye le 28 février 1987, n'a pas modifié les structures et ses effets ont principalement été de permettre un essor de la politique sociale, dans certaines directions tout au moins, telle la protection des travailleurs dans le milieu du travail. Avec l'Acte unique européen, une petite partie de la politique sociale a commencé à se décider à la majorité qualifiée du Conseil, en coopération avec le Parlement, alors qu'auparavant elle requérait toujours un vote unanime du Conseil. L'Acte unique européen s'est également marqué par une première apparition du « dialogue social » européen, auquel le traité initial n'avait ménagé aucune place.

Faisant suite à la déclaration solennelle que fut la proclamation de la Charte communautaire des droits sociaux fondamentaux, « adoptée » le 9 décembre 1989, le traité de Maastricht instituant l'Union européenne, signé le 7 avril 1992, a placé l'« Europe sociale » sous le signe de la dissociation. D'un côté, le traité communautaire n'a subi que des retouches assez légères, de l'autre a été greffé au traité un ensemble constitué par le protocole sur la politique sociale et par l'Accord sur la politique sociale, annexé au protocole, où s'exprime une volonté de refondation de la politique sociale européenne. Reprenant l'accord qu'ils avaient conclu le 31 octobre 1991, le traité permet aux partenaires sociaux de faire une entrée en force dans le fonctionnement des rouages institutionnels de la Communauté. Sur le plan des principes intéressant le droit social, le traité de Maastricht engage la Communauté

(15) V. S. Maillard, *L'émergence de la citoyenneté sociale européenne*, Pr. univ. Aix-Marseille, 2008, préf. P. Chaumette ; C. Marzo, « Vers une citoyenneté sociale européenne ? », *Dr. soc.* 2007, p. 218, Du même auteur, *La dimension sociale de la citoyenneté européenne,* Pr. univ. Aix-Marseille, 2011, préf. M.-A. Moreau ; v. également, *La citoyenneté européenne face au droit social et droit du travail* (dir. P. Rodière), Académie de droit européen de Trèves, Bundesanzeiger, Köln 1997.

dans des directions nouvelles, où le « social » a une plus grande présence : la Communauté « économique » européenne devient Communauté européenne ; la Citoyenneté européenne prend naissance.

Le traité d'Amsterdam, signé le 2 octobre 1997, a introduit d'importants changements institutionnels. Pour commencer, il a rendu son unité à la politique sociale communautaire en intégrant l'accord sur la politique sociale dans le corps du traité (16). Il a consacré de ce fait à un degré encore plus considérable la fonction institutionnelle des partenaires sociaux. Désormais, celle-ci vient directement en concurrence du rôle accru qu'a reçu parallèlement le Parlement européen en matière de politique sociale, les domaines dans lesquels les actes sont pris par codécision du Parlement et du Conseil – statuant à la majorité qualifiée – s'étant multipliés. Le traité d'Amsterdam a aussi étendu le champ des compétences communautaires dans de nouveaux domaines, de singulière importance : l'immigration en provenance des pays tiers, la lutte contre les discriminations. La coordination des politiques nationales de l'emploi y acquiert également ses titres institutionnels (17).

L'apport du sommet européen de décembre 2000 et du traité de Nice, signé le 26 février 2001, est contrasté. La proclamation de la Charte des droits fondamentaux de l'Union européenne, faite en marge de la révision du traité, est richement porteuse d'avenir ; les droits qui y sont consacrés intéressent, directement ou indirectement, les travailleurs et les relations de travail. Mais les compétences communautaires sont restées en l'état, la procédure de codécision parlementaire et de majorité qualifiée du Conseil n'a pas connu directement de nouvel essor, le traité de Nice ménageant toutefois la possibilité d'un passage vers l'application de cette procédure (« passerelle ») dans des domaines pour lesquels la règle du vote à l'unanimité du Conseil a continué d'être posée.

Trompeusement appelé, dans des intentions politiques, traité « simplifié », le traité de Lisbonne, dit officiellement traité modificatif, signé le 17 décembre 2007, a remédié à l'échec subi par le traité constitutionnel, dont il reste proche, par sa complexité notamment.

Depuis le traité de Maastricht, deux traités coexistaient suivant une articulation d'une lisibilité discutable, traité sur l'Union européenne, d'un côté, traité instituant la Communauté européenne, héritier direct du traité de Rome, de l'autre. Le traité de Lisbonne conserve un traité sur l'Union européenne et fait apparaître un traité sur le fonctionnement de l'Union européenne qui se substitue au traité instituant la Communauté européenne. Le changement opéré va au-delà des appellations. C'est l'ensemble de l'architecture qui est modifiée et il est vrai simplifiée. Le nouveau traité sur l'Union européenne énonce des principes, fixe des bases. Le traité sur l'Union européenne telle que transformé par le traité de Lisbonne apparaît comme un succédané de la première partie du projet de traité constitutionnel – 1re partie

(16) Sur le texte du traité d'Amsterdam et des commentaires, v. *RTD eur.* n° 4/1997 qui y est entièrement consacré.

(17) Autre changement, rendu nécessaire par l'adjonction successive de nouveaux éléments de texte, la numérotation des articles du traité communautaire et du traité sur l'Union européenne a été renouvelée, Provisoirement, les deux numérotations ont été utilisées, l'ancienne restant mieux connue et demeurant présente dans la jurisprudence antérieure à la mise en vigueur du traité d'Amsterdam.

vraiment constitutionnelle, avait-on dit – dans laquelle il puise largement. Quant au traité sur le fonctionnement de l'Union, il détermine les règles permettant de mettre œuvre les principes et bases « constitutionnelles » du traité sur l'Union européenne (18). L'architecture s'est simplifiée et ordonnée.

Sur le fond, le nouveau traité ne change pas grand-chose concernant le domaine social. Les mêmes règles et procédure qu'auparavant se retrouvent, avec des ajustements de détail, au sein du traité sur le fonctionnement de l'Union, on le vérifie pour la citoyenneté, la libre circulation des personnes, la politique sociale, l'emploi, l'immigration des pays tiers…

Le traité constitutionnel consacrait sa deuxième partie à la Charte des droits fondamentaux de l'Union européenne. Celle-ci devait être intégrée à la Constitution européenne. Le traité de Lisbonne la maintient à l'extérieur du traité, mais y fait référence d'une façon telle que cette externalisation ne retire rien de la force juridique que devait lui conférer le traité constitutionnel. La Charte reçoit en effet « *la même valeur juridique que les traités* » (19). C'est là que se situe le changement important résultant du traité de Lisbonne.

§ 5. — Plan général de l'ouvrage

6. Si le droit social de l'Union européenne relève des institutions, du système des compétences et des procédures qui sont de manière générale ceux de l'Union européenne, il possède des règles propres et infléchit l'application des règles générales, du fait notamment du rôle joué par les partenaires sociaux. Une première partie aura pour objet de faire ressortir le particularisme que présente le droit social au regard du droit institutionnel général.

Le droit social de l'Union européenne met en avant des fondements et des principes, dont la valeur est d'ordre supérieur ou qui prennent une place particulièrement importante. Les droits sociaux fondamentaux sont entrés en force parmi les principes que l'ordre juridique entend protéger ; la non-discrimination en matière d'emploi, de travail et dans la vie économique également. La liberté de circulation des personnes forme l'un des fondements de l'Union européenne. Celle-ci a fait de l'égalité des sexes l'un des axes les plus forts de son action normative. Fondements et principes feront l'objet de la deuxième partie.

Le traité de Rome a prévu l'existence d'une politique sociale communautaire et a assigné aux autorités communautaires mission de prendre les mesures de rapprochement nécessaires des droits nationaux. Faisant de la directive l'instrument privilégié du rapprochement législatif, le traité d'Amsterdam a largement enrichi le jeu des compétences et les possibilités d'action de l'Union européenne en matière sociale.

(18) Le traité instituant la Communauté était volontiers cité « traité CE » ou « CE », le nouveau traité sur le fonctionnement de l'Union peut être cité « traité FUE » ou « FUE » ou encore « FU », le traité sur l'Union européenne restant « traité UE ».

(19) Article 6 § 1 du traité sur l'Union européenne (tel qu'issu du traité de Lisbonne).

La politique sociale et le rapprochement des législations, dont les manifestations sont de plus en plus nombreuses et diversifiées, seront traités en troisième partie.

Bien qu'en partie harmonisés ou rapprochés du fait de la construction juridique communautaire, les droits nationaux ont conservé leur diversité, en droit du travail et plus encore en droit de la sécurité sociale. Dans les situations de circulation des travailleurs à l'intérieur de l'espace européen, il convient de pouvoir déterminer la législation nationale applicable et de coordonner entre eux le jeu des droits nationaux. En matière de sécurité sociale, la coordination des droits nationaux s'est réalisée sur le fondement de dispositions contenues dans des règlements de droit communautaire. En droit du travail, des conventions ont pour commencer été conclues entre États membres de la Communauté européenne pour régler les conflits de lois et déterminer les compétences juridictionnelles. À ces conventions, situées en marge du droit communautaire, ont été récemment substitués des règlements du droit de l'Union. La coordination des droits sociaux relève donc aujourd'hui, pleinement, du droit de l'Union. Ces questions seront étudiées en quatrième partie.

BIBLIOGRAPHIE GÉNÉRALE

I – Ouvrages généraux

Batiffol H. et Lagarde P., *Droit international privé,* LGDJ, Paris, tome 1, 8e éd., 1993, tome 2, 7e éd., 1983.

Blanpain R. et Javillier J.-Cl., *Droit du travail communautaire,* LGDJ, Paris, 2e éd., 1995.

Boulouis J., *Droit institutionnel des Communautés européennes,* Montchrestien, Paris, 6e éd., 1997.

Boulouis J., Chevallier R.-M., Fasquelle D., Blanquet M., *Grands arrêts de la Cour de justice des Communautés européennes,* tome 2, 5e éd., 2002.

Boulouis J. et Darmon M., *Contentieux communautaire,* Dalloz, Paris, 2e éd., 2001.

Caire G., *L'Europe sociale : faits, problèmes, enjeux,* Masson, Paris, 1992.

Catala N. et Bonnet R., *Droit social européen,* Litec, Paris, 1991

Cohen-Jonathan G., *La Convention européenne des droits de l'Homme,* Economica, Paris, 1989.

Druesne G., *Droit et politiques de la Communauté et de l'Union européennes,* PUF, Paris, 7e éd., 2002.

Dubouis L. (dir.), *Droit communautaire et protection des droits fondamentaux dans les États membres,* Economica, Paris, 1995.

Dubouis L. et Blumann Cl., *Droit matériel de l'Union européenne,* Montchrestien, Paris, 6e éd., 2012.

Dubouis L. et Blumann Cl., *Droit institutionnel de l'Union européenne,* Litec, Paris, 4e éd., 2010.

Fallon M., *Droit matériel général des Communautés européennes,* Bruylant, Bruxelles, 2e éd., 2003

Gavalda C. et Parleani G., *Droit des affaires de l'Union européenne,* Litec, Paris, 6e éd., 2010.

Gaudemet-Tallon H., *Compétence et exécution des jugements en Europe,* LGDJ, Paris, 4e éd., 2010.

Goldman B., Lyon-Caen A., Vogel L., *Droit commercial européen,* Dalloz, Paris, 5e éd., 1994.

Isaac G. et Blanquet M., *Droit général de l'Union européenne,* Armand Colin, Paris, 10e éd., 2012.

Jacque J.-P., *Droit institutionnel de l'Union européenne,* Dalloz, Paris, 5e éd., 2009.

Kessler F. et Lhernould J.-Ph., *Droit social et politiques sociales communautaires,* Éd. Liaisons, Paris, 2003.

Lyon-Caen G. et A., *Droit social international et européen,* Dalloz, Paris, 8e éd., 1993.

Manin P., *Union européenne – Institutions – Ordre juridique – contentieux,* Pédone, Paris, 2005.

Mayer P. et Heuze V., *Droit international privé,* Montchrestien, Paris, 10e éd., 2010.

Pretot X., *Le droit social européen,* PUF, Paris, coll. Que sais-je ?, 2e éd., 1993.

Renucci J.-Fr., *Droit européen des droits de l'homme,* LGDJ, Paris, 5e éd., 2013.

Ribas J.-J., *La politique sociale des Communautés européennes,* Dalloz, Paris, 1969.

Rodiere P., *Droit social international et européen,* Les cours du droit, Paris, 1990.

Schapira J., Le Tallec G., Blaise J.-B., Idot L., *Droit européen des affaires,* PUF, Paris, 2 volumes, 5e éd., 1999.

Servais J.-M., *Normes internationales du travail*, LGDJ, Paris, 2004.

Servais J.-M., *Droit social de l'Union européenne*, Bruylant, Bruxelles, 2008.

Simon D., *Le système juridique communautaire*, PUF, Paris, 3e éd., 2001.

Simon D., *La directive européenne*, Dalloz, Paris, 1997.

Teitgen P.-H., *Droit institutionnel communautaire*, Les Cours du droit, Paris 1977-78.

Teyssie B., *Droit européen du travail,* Litec, Paris, 4e éd., 2010.

Valticos N., *Droit international du travail,* Dalloz, Paris, 2e éd., 1983.

Vogel-Polsky E. et Vogel J., *L'Europe sociale 1993 : illusion, alibi ou réalité ?,* Univ. libre de Bruxelles, Bruxelles, 1991.

II – Ouvrages spéciaux, thèses, rapports, colloques, ouvrages collectifs

Aubry M., *Pour une Europe sociale,* La documentation française, Paris, 1988.

Baron F., *Marché intérieur et droit social dans l'Union européenne,* Pr. univ. Aix-Marseille, 1999, préf. Marie-Ange Moreau.

Benlolo-Carabo M., *Les fondements juridiques de la citoyenneté européenne,* Bruylant, Bruxelles, 2008.

Bonnechere M. (dir.), *Trente ans de libre circulation des travailleurs,* La Documentation française, Paris, 1998.

Bouny M., *L'obligation d'informer le salarié à la charge de l'employeur,* thèse univ. Paris 1 (Panthéon-Sorbonne), dir. P. Rodière, 2013.

Bourrinet J. et Nazet-Allouche D. (dir.), *Union européenne et protection sociale*, La Documentation française, Paris, 2002.

Braibant G., *La Charte des droits fondamentaux de l'Union européenne*, Éd. du Seuil, coll. Points, 2001.

Burgorgue-Larsen L., Levade A. et Picod F., « La Charte des droits fondamentaux de l'Union », *in Traité établissant une Constitution pour l'Europe*, tome 2, Bruylant, Bruxelles, 2005.

Canivet G. et ***al.***, *Pensée juridique française et harmonisation européenne du droit* (recueil d'articles et études), Sté de législat. comp., Paris, 2003.

Carlier J.-Y., *La condition des personnes dans l'Union européenne*, Larcier, Bruxelles, 2004.

Carlier J.-Y. et de Schutter O. (dir.), *La Charte des droits fondamentaux de l'Union européenne, son apport à la protection des droits de l'homme en Europe*, Bruylant, Buxelles, 2002.

Chezlemas M.-H., *La situation des salariés dans les transferts d'entreprise en droit comparé : France, Royaume-Uni, États-Unis,* thèse LGDJ, Paris, 2009, préf. Fr. Gaudu.

Cherot J.-Y., *Les aides d'État dans les Communautés européennes,* Economica, Paris, 1998.

Daugareilh I. (dir.), *Responsabilité sociale de l'entreprise transnationale et globalisation de l'économie*, Bruylant, Bruxelles, 2010

Driguez L., *Droit social et droit de la concurrence*, Bruylant, Bruxelles, 2006, préf. L. Idot.

Fallon M., Lagarde P., Poillot-Peruzzetto S. (dir.), *Quelle architecture pour un code européen de droit international privé ?*, P.I.E. Peter Lang, Bruxelles 2011.

Favreau B. (dir.), *La Charte des droits fondamentaux de l'Union européenne après le traité de Lisbonne,* Bruylant, Bruxelles, 2010.

Flauss J.-Fr. (dir.), *Droits sociaux et droit européen, Bilan et prospective de l'action normative*, Nemesis et Bruylant, Bruxelles, 2002.

Fuchs A., Muir Watt H., Pataut E. (dir.), *Les conflits de lois et le système juridique communautaire*, Dalloz, Paris, 2004.

Maigne G. (coord.), *Droit européen et droits sociaux,* Dossier thématique, *Rev. fr. aff. soc.*, n° 1/2012.

Gay L., Mazuyer E. et Nazet-Allouche D. (dir.), *Les droits sociaux fondamentaux – Entre droits nationaux et droit européen,* Bruylant, Bruxelles, 2006.

Hamamdjian E., *Le système de répartition des compétences entre la Communauté européenne et les États membres,* thèse Paris 1, 2000, dir. P. Rodière.

de Lary H., *La libre circulation des personnes dans l'Union européenne,* PUF, Paris, coll. Que sais-je ?, 2e éd., 1996.

Lyon-Caen G., *Les relations internationales de travail,* Ed. Liaisons, Paris, 1991.

Maillard S., *L'émergence de la citoyenneté sociale européenne*, Pr. univ. Aix-Marseille, 2008, préf. P. Chaumette.

Martin D., *Égalité et non discrimination dans la jurisprudence communautaire – Étude critique à la lumière d'une approche comparative,* Bruylant, Bruxelles, 2006.

Martin P., *La contribution du droit communautaire à la réalisation d'une Europe sociale,* thèse Bordeaux I, 1993, dir. Jean-Pierre Laborde.

Marzo C., *La dimension sociale de la citoyenneté européenne*, Pr. univ. Aix-Marseille, 2011, préf. M.-A. Moreau.

Mavridis P., *La sécurité sociale à l'épreuve de l'intégration européenne – confrontation entre libertés du marché et droits fondamentaux*, Bruylant, Bruxelles, 2003.

Mazuyer E., *L'harmonisation sociale européenne – Processus et modèle,* Bruylant, Bruxelles, 2007, préf. A. Jeammaud.

Mazuyer E. (dir.), *Regards croisés sur le phénomène le la responsabilité sociale de l'entreprise*, La Documentation française, Paris, 2010.

Megret J. et *al.*, *Le droit de la CE et de l'Union européenne,* Univ. de Bruxelles, vol. 3, *Libre circulation des personnes, des services et des capitaux,* 3e éd., 2006 ; *Politique sociale, éducation et jeunesse,* 2e éd., 1998.

Mercat-Bruns M., *Discriminations en droit du travail – Dialogue avec la doctrine américaine*, Dalloz, Paris, 2013.

Moizard N., *Harmonisation communautaire et protection nationale renforcée,* Pr. univ. Aix-Marseille, 1999, préf. P. Rodière.

Moreau F., *La mobilité des travailleurs dans les relations extérieures de l'Union européenne,* thèse univ. Paris 1 (Panthéon-Sorbonne), 2011, dir. P. Rodière.

Moreau M.-A., *Normes sociales, droit du travail et mondialisation – Confrontations et mutations*, Dalloz, Paris, 2006.

Moreau M.-A., Muir-Watt H. et Rodiere P. (dir.), *Justice et mondialisation den droit du travail – Du rôle du juge aux conflits alternatifs,* Dalloz, Paris, 2010

Mückenberger U. et I., *Manifeste pour une Europe sociale,* Desclée de Brouwer, Paris, 1996.

Omarjee I., *L'outre-mer français et le droit social communautaire,* LGDJ, Paris, 1998, préf. P. Rodière.

Pertek J., *L'Europe des diplômes et des professions,* Bruylant, Bruxelles, 1994.

Ramet S., *Le droit communautaire et la famille,* thèse Paris 1, 2001, dir. L. Idot.

Robin-Olivier S., *Le principe d'égalité en droit communautaire – Étude à partir des libertés économiques,* Pr. univ. Aix-Marseille, 1999, préf. Marie-Ange Moreau.

RODIERE P., *La convention collective de travail en droit international,* Litec, Paris, 1987.

RODIERE P. (dir.), *La citoyenneté européenne face au droit social et du travail,* Trav. Acad. de droit européen de Trèves, Bundesanzeiger, Cologne, 1997.

SANA-CHAILLE DE NERE S. (dir.), *Droit international privé, États membres de l'Union européenne et États tiers*, Litec, Paris, 2009.

DE SCHUTTEROL et NIHOUL P., *Une Constitution pour l'Europe – Réflexions sur les transformations du droit de l'Union européenne*, Larcier, Bruxelles, 2004.

SQUIRE C., *La notion de travailleur en droit de l'Union européenne*, thèse univ. Paris 1 (Panthéon-Sorbonne), 2013, dir. P. Rodière.

SUDRE F. et TINIERE R., *Droit communautaire des droits fondamentaux,* Bruylant, Bruxelles, 2008.

SUDRE F., MARGUENAUD J.-P. et *al.*, *Les grands arrêts de la Cour européenne des droits de l'homme*, PUF, coll. Themis, Paris, 3e éd., 2007.

SUPIOT A., *L'esprit de Philadelphie, la justice sociale face au marché total,* Le Seuil, Paris, 2010.

TEYSSIE B., *Le comité d'entreprise européen,* Economica, Paris, 1997.

VANDAMME J. (dir.), *Pour une politique sociale en Europe,* Economica, Paris, 1984.

VAREILLES-SOMMIERE P. de (dir.), *Le droit privé européen,* Economica, Paris, 1998.

VOGEL-POLSKY E. (dir.), *Quel avenir pour l'Europe sociale, 1992 et après ?,* CIACO, Bruxelles, 1992

ZILLER J., *La nouvelle Constitution européenne*, Éd. La Découverte, Paris, 2004.

III – Principaux articles

Voir la sélection d'articles présentée en début de première partie et en début de chapitre pour les trois parties suivantes.

PREMIÈRE PARTIE

LES INSTITUTIONS ET LES SOURCES

INTRODUCTION

BIBLIOGRAPHIE

1 – Questions générales – Droit social et droit général de l'Union européenne

AUBIN C., « L'Europe sociale, entre mythe et réalité », *Dr. soc.* 2007, p. 618.

BERCUSSON Brian, « Le concept de droit du travail européen », *in Le travail en perspectives*, LGDJ, Paris, 1998, p. 603.

BLANQUET M., « Le système communautaire à l'épreuve de la "gouvernance européenne", *in Mélanges G. Isaac*, Univ. Sc. Soc. de Toulouse, 2004, Tome 1, p. 239.

BONNECHÈRE M., « Le droit européen peut-il poser les bases d'un droit commun social ? », *Dr. ouvr.* 1999, p. 390.

BONNECHÈRE M., « De la reconnaissance et de l'usage du droit communautaire dans la pratique quotidienne du droit social », *Dr. ouvr.* 2000, p. 84.

DARMON M., « Juridictions constitutionnelles et droit communautaire », *RTD eur.* 1988, p. 217.

EMMERT F. et PEREIRA DE AZEVEDO M., « L'effet horizontal des directives, … un bateau ivre ? », *RTD eur.* 1993, p. 503.

GABDIN D., « Les principes de la "bonne gouvernance européenne" – Pour une "nouvelle gouvernance raisonnnée" », *in Mélanges G. Isaac*, Presses univ. sc. Soc. Toulouse, 2004, p. 591.

GALMOTet BONICHOT J.-Cl., « La CJCE et la transposition des directives en droit national », *RFDA* 1988, p. 4.

GREVISSE F. et BONICHOT J.-Cl., « Les incidences du droit communautaire sur l'organisation et l'exercice de la fonction juridictionnelle dans les États membres », *in Mélanges Boulouis*, Dalloz, Paris, 1991, p. 297.

HENNION S., « La force normative du droit social européen », *JCP*, éd. S., 2009, p. 1091.

ILIOPOULOU A., « La méthode ouverte de coordination : un nouveau mode de gouvernance dans l'Union européenne », *Cah. dr. eur.* 2006, p. 315.

LAROQUE M., « L'impact du droit communautaire sur les concepts de la protection sociale française », *Dr. soc.* 1997, p. 961.

LAULOM S. et VIGNEAU Chr., « Actualités du rapprochement des législations en matière de relations professionnelles », *Dr. soc.* 2005, p. 526.

LANGLOIS P., « Europe sociale et principe de subsidiarité », *Dr. soc.* 1993, p. 201.

LYON-CAEN, « Le droit social de la Communauté européenne après le traité de Maastricht », *D.* 1993, chron. 149.

LYON-CAEN G., « Subsidiarité et droit social européen », *Dr. soc.* 1997, p. 382.

LYON-CAEN G., « Les caractères originaux du droit social européen », *in Mélanges Juliot de la Morandière*, Dalloz, Paris, 1964, p. 323.

MANIN P., « L'invocabilité des directives : quelques interrogations », *RTD eur.* 1990, p. 669.

MANIN P., « De l'utilisation des directives communautaires par les personnes physiques ou morales », *AJDA* 1994, n° 4, p. 259.
MARTIN P., « Le droit social communautaire : droit commun des États membres de la Communauté européenne en matière sociale ? », *RTD eur.* 1994, p. 609.
MARTIN P., « L'harmonisation sociale en débat », *Dr. soc.* 1997, p. 303.
MAZUYER E., *L'harmonisation sociale européenne – Processus et modèle*, Bruylant, Bruxelles 2007, Préf. A. Jeammaud.
MAZUYER E. et DE LA ROSA S., « La régulation sociale européenne et l'autorégulation le défi de la cohérence dans le recours à la *soft law* », *Cah. dr. eur.* 2009, p. 295.
MOIZARD N., *Harmonisation communautaire et protection nationale renforcée : l'exemple du droit du travail français*, Presses univ. Aix-Marseille, 2000.
MOIZARD N., « Le principe communautaire de protection nationale renforcée et l'ordre public social français », *Dr. soc.* 1999, p. 916.
MOREAU M.-A., « Tendances du droit social communautaire, ... », *Dr. soc.* 1994, p. 80, p. 612.
MOREAU M.-A., « Le rapport Supiot, brèves observations dans une perspective communautaire », *Dr. soc.* 1999, p. 454.
MOREAU M.-A., « Autour de la justice sociale, perspectives internationales et communautaires, *Dr. soc.* 2010, p. 324.
PESCATORE P., « L'effet des directives communautaires, une tentative de démythification », *D.* 1980, chron., p. 171.
REVET T., « Un droit européen du travail ? », *in Le droit privé européen*, Economica, Paris, 1998, p. 108.
RODIÈRE P., « Construction européenne et droit du travail », *in Mélanges Gérard Lyon-Caen*, Dalloz, Paris, 1989, p. 33.
RODIÈRE P., « Sur les effets directifs du droit (social) communautaire », *RTD eur.* 1991, p. 565.
RODIERE P., « Le droit communautaire dans la pratique quotidienne du droit social », *Dr. ouvr.* 2000, p. 120.
RODIERE P., « Les droits sociaux dans la Constitution européenne, quelques questions », *Sem. soc., Lamy*, 2005, n° 1213.
SCHMITT M., « La dimension sociale du traité de Lisbonne », *Dr. soc.* 2010, p. 682.
SCIARRA S., « La constitutionnalisation de l'Europe sociale, entre droits sociaux fondamentaux et *soft law* », *in Une Constitution pour l'Europe – Réflexions sur les transformations du droit de l'Union européenne*, Larcier, Bruxelles, 2004, p. 171.
TESAURO G., « L'accès au juge comme droit fondamental communautaire », *in L'accès à l'égalité*, Pr. univers. Louvain, 1993, p. 11.
TEYSSIE B., « Construction européenne et droit du travail », *in Construction européenne et État de droit*, éd. Panthéon-Assas, Paris, 2012, p. 239.

2 – Les partenaires sociaux, la négociation collective, le dialogue social

ANTONMATTEI P.-H., « Normes sociales européennes conventionnelles : les accords collectifs de niveau communautaire », *in Les normes sociales européennes*, dir. B. Teyssié, éd. Panthéon-Assas, 2000, p. 29.
BARTHÉLÉMY J., « Conditions, limites et effets de la négociation sociale au plan européen », *JCP*, éd. E 1992.I.139.
GABDIN D., « L'association des partenaires économiques et sociaux organisés aux procédures de décision en droit communautaire », *RTD eur.* 2000, p. 7.
GUERY G., « La dimension conventionnelle de l'Europe sociale sur la base du traité de Maastricht », *Rev. internat. trav.*, 992, p. 638.
HECQUET M., *Essai sur le dialogue social européen*, thèse, univ. Paris 2, 2006, dir. B. Teyssié.

Jauffret-Epstein S., « Le devoir de négocier de bonne foi en droit du travail américain », *RID comp.*, 1982, p. 1123.
Laulom S. et Vigneau Chr., « Actualités du rapprochement des législations en matière de relations professionnelles », *Dr. soc.* 2005, p. 526.
Laulom S., « Passé, présent et futur de la négociation collective transnationale », *Dr. soc.* 2007, p. 623.
Legrand H.-J., Sur l'intervention des représentants des travailleurs dans les procédures communautaires intéressant la vie des entreprises, *Dr. soc.* 1998, p. 931.
Lhernould J.-Ph., « La négociation collective communautaire », *Dr. soc.* 2008, p. 34.
Lyon-Caen A., « La négociation collective dans ses dimensions internationales », *Dr. soc.* 1997, p. 352.
Lyon-Caen A., « Le rôle des partenaires sociaux dans la mise en œuvre du droit communautaire », *Dr. soc.* 1997, p. 68.
Lyon-Caen G., « Négociation et convention collective au niveau européen », *RTD eur.* 1973, p. 484, 1974, p. 1.
Mazuyer E., « Les instruments juridiques du dialogue social européen : état des lieux et tentative de clarification », *Dr. soc.* 2007, p. 476., l.
Moreau M.-A., « Sur la représentativité des partenaires sociaux européens », *Dr. soc.* 1999, p. 53.
Schnorr G., « La convention collective européenne, son opportunité, les possibilités de la réaliser et les problèmes juridiques qu'elle pose », *Dr. soc.* 1971, p. 160.
Spyropoulos G., « Les relations professionnelles dans le tourbillon de la mondialisation », *Dr. soc.* 1999, p. 230.
Teyssié B., « La négociation collective et la norme communautaire dans l'accord européen sur la politique sociale », *JCP*, éd. E. 1994.I.352.
Teyssié B., « L'espace collectif de niveau communautaire », *in Mélanges Decocq*, 2004, p. 567.
Teyssié B., « La représentativité syndicale en droit communautaire », *in Mélanges X. Blanc-Jouvan*, Sté législ. comp., 2005, p. 379.
Teyssié B., « La négociation collective transnationale d'entreprise ou de groupe », *Dr. soc.* 2005, p. 982.
Vandamme Fr., « Quel espace contractuel pour les partenaires sociaux après le traité de Maastricht ? », *Rev. Marché commun* 1992, p. 788.
Vasquez F., « L'intervention des représentants du personnel dans les procédures externes à l'entreprise en Europe », *Dr. soc.* 1998, p. 927.
Vigneau Chr., « Étude sur l'autonomie collective au niveau communautaire », *RTD eur.* 2002, p. 653.
Vigneau Chr., « Partenaires sociaux et nouveaux modes communautaires de régulation : la fin des privilèges ? », *Dr. soc.* 2004, p. 883.

7. Généralités et plan. Du droit social, on peut dire de manière générale qu'il s'intègre au reste de la construction de l'Union européenne, mais se particularise au sein de cet ensemble de trois façons principales.

Il le fait d'abord en ce qui concerne les compétences que l'Union européenne est appelée à exercer. Des règles propres aux compétences sociales ont été inscrites dans les traités des Communautés puis de l'Union européenne. La politique et les réglementations sociales demeurent de la responsabilité première des États membres. Le respect des principes de subsidiarité et de proportionnalité contraint, en principe fermement, le développement de la politique sociale de l'Union. Les partenaires sociaux ont reçu une fonction normative prééminente, leur permettant de substituer leur action à celles des autorités de l'Union. Ces données n'empêchent pas que les compétences acquises par l'Union en matière sociale soient importantes et que le réservoir de compétence potentielle qu'elle possède en ce domaine soit impressionnant. Un premier chapitre portera sur les compétences de l'Union.

Les autorités de l'Union agissent sans nul doute dans le domaine social suivant les mécanismes généraux du droit institutionnel. Mais la Commission s'est vu confier des missions particulières, le rôle du Parlement est allé s'accentuant, alors même que parallèlement celui des partenaires sociaux s'est lui aussi singulièrement renforcé. Les partenaires sociaux aujourd'hui sont devenus des organes à part entière du droit social communautaire. Un deuxième chapitre traitera des organes.

Les processus normatifs ordinaires du droit communautaire général s'appliquent à l'édiction des normes sociales de l'Union, sous réserve toutefois de la participation des partenaires sociaux. Il en va pareillement de la mise en œuvre du droit social communautaire dans les ordres juridiques nationaux. Des mécanismes propres à la matière sociale complètent ou corrigent les mécanismes généraux. Des possibilités de dérogation ou de modulation peuvent s'observer, en particulier celles qui sont liées aux objectifs de protection des travailleurs que poursuit le droit social. Ces questions seront examinées dans un troisième chapitre sur les normes sociales communautaires.

CHAPITRE 1

LES COMPÉTENCES

8. Principes directeurs. L'article 5 du traité UE et de l'ancien traité CE fournissent, depuis le traité de Maastricht, la trame générale permettant de conduire l'analyse des compétences de l'Union européenne. Trois principes s'y expriment. L'article 5 du traité sur l'Union européenne, dans les mêmes termes que l'article I-11 du traité constitutionnel, et comme le faisait déjà l'article 5 du traité CE, énonce dans son paragraphe 1 : « *Le principe d'attribution régit la délimitation des compétences de l'Union. Les principes de subsidiarité et de proportionnalité régissent l'exercice de ces compétences* ».

Le principe de spécialité ou d'attribution, inscrit au deuxième paragraphe de l'article 5 TUE veut que l'Union n'agisse « *que dans les limites des compétences que les États membres lui ont attribuées dans les traités pour atteindre les objectifs que ces traités établissent* ».

Le principe de subsidiarité vient ensuite, dans le deuxième paragraphe du même article, distinguer entre les compétences exclusives de l'Union et celles qui, donnant préférence de principe à l'action des États membres, sont seules soumises au respect du principe de subsidiarité ; la proportionnalité enfin, dont le principe est posé au paragraphe 4, énonçant que « *l'action de l'Union n'excède pas ce qui est nécessaire pour atteindre les objectifs du traité* ».

Il faut aussi faire la part de la méthode de coordination, dont le rôle s'est affirmé, spécialement aux limites des compétences de l'Union. Certaines matières, identifiées en tant que questions d'intérêt commun – catégorie introduite par le traité de Maastricht, mais qui demeurent de la responsabilité ou de la compétence normatives des États membres, sont regardées comme justifiant un effort de coordination des politiques nationales. Le maître mot sera ici « coopération », le principe étant posé que les États acceptent de s'informer, de se consulter mutuellement et de collaborer entre eux en vue de coordonner leurs actions. Il revient alors à l'Union d'encourager, d'organiser la coopération des États membres et le cas échéant de fixer des lignes générales d'action, des *lignes directrices*, dont il convient que les États s'inspirent dans leurs politiques respectives. Ce principe d'une coopération sur des questions d'intérêt commun a été récemment consacré ou prévu dans plusieurs domaines essentiels de la politique de l'emploi et l'avait d'ailleurs été également, à l'origine de la Communauté, pour la politique sociale dans son ensemble.

*

* *

Ces principes, avec diverses modulations, s'expriment dans le domaine social comme dans les autres domaines des compétences de l'Union tout en connaissant des infléchissements propres à la matière sociale. Nous traiterons de ces questions en deux sections. La première sera relative à la spécialité des compétences, la seconde à l'exercice de ces compétences.

Section 1

Spécialité des compétences

Un premier paragraphe décrira les objectifs et le cadre général de l'action de l'Union dans le domaine social. Un deuxième paragraphe en étudiera les fondements ou bases juridiques.

§ 1. — Objectifs et orientation générale de l'action de l'Union européenne en matière sociale

9. Plan. Les dispositions générales ou communes des traités sur l'Union européenne et sur le fonctionnement de l'Union font une place importante aux objectifs de caractère social parmi les objectifs de l'Union. Un titre du traité sur le fonctionnement de l'Union est consacré à la politique sociale de l'Union et à l'harmonisation des droits nationaux qui en est attendue. La promotion d'un « haut niveau d'emploi » apparaît, sous des configurations diverses, comme un objectif central de l'Union. La recherche d'une meilleure cohésion économique, sociale et territoriale complète ce tableau général. Ces quatre points seront successivement examinés.

A. — Dispositions générales

10. Article 3 du traité sur l'Union européenne (ex-article 2 du traité CE). Depuis le traité de Rome, les objectifs généraux n'ont pas changé. L'article 2 du traité initial donnait à la Communauté économique européenne pour mission, à côté de ses autres missions générales, de promouvoir un « *relèvement accéléré du niveau de vie* ». L'après-guerre était encore présent.

10-1. Traités de Maastricht et d'Amsterdam. L'ex-article 2 du traité CE, dans la rédaction que lui a donnée le traité de Maastricht, a maintenu l'objectif.

S'y est jointe la promotion d'« *un niveau d'emploi élevé* », objectif depuis toujours présent dans le traité, mais que l'on rencontrait jusque-là dans les seules dispositions relatives aux politiques de la Communauté : politique économique (1), aides à l'emploi (2), mais aussi politique agricole (3) et politique des transports (4). Depuis le traité d'Amsterdam et le titre « Emploi » qu'il a introduit dans le traité, la recherche d'un niveau d'emploi élevé, inscrit désormais au rang des principes, est devenu un domaine dans lequel une coopération des États membres peut faire l'objet d'un « pilotage » communautaire (5).

Le traité de Maastricht a encore enrichi le catalogue des objectifs sociaux faisant partie des principes de la Communauté, en ajoutant la promotion d'« *un niveau de protection sociale élevé* » et « *le relèvement de la qualité de vie* », à côté de celui du niveau de vie. La qualité de vie évoque la protection de l'environnement, qui est apparue dans le traité avec l'Acte unique européen (6), mais traduit également l'orientation du droit social vers des objectifs qualitatifs peu présents auparavant.

10-2. Traité modificatif de Lisbonne (7). L'article 3 du nouveau traité UE demande à l'Union européenne « *d'œuvrer pour un développement durable de l'Europe fondé... sur une économie sociale de marché hautement compétitive, qui tend au plein-emploi et au progrès social* » (8). Il donne à l'Union mission de combattre « *l'exclusion sociale et les discriminations* », et de promouvoir « *la justice et la protection sociales, l'égalité entre les femmes et les hommes, la solidarité entre les générations et la protection des droits de l'enfant* ». L'Union promeut également la « *cohésion économique, sociale et territoriale* » et à cette même fin, « *la solidarité entre les États membres* ». Ces objectifs étaient, dans les mêmes termes exactement, ceux qu'avait visés le traité constitutionnel, dans son article I-3.

Les objectifs sociaux de l'Union européenne ne se réduisent pas au développement d'une politique sociale. Ils se sont dès l'origine étendus à la liberté de circulation des travailleurs. L'évolution que la Communauté a connue vers la création d'un « *espace de liberté, de sécurité et de justice sans frontières* » permet aujourd'hui à l'Union d'offrir à tous ses citoyens une liberté de circulation qui ne concerne plus les seuls travailleurs ou actifs mais l'ensemble des personnes. C'est ce qu'exprime l'article 3, paragraphe 2, du nouveau traité sur l'Union européenne, tout en prévoyant des

(1) Ex-article 103, devenu article 99 du traité CE.

(2) Ex-article 123 relatif au Fonds social, devenu article 146 du traité CE.

(3) Ex-article 39, devenu article 33 du traité CE : « *la politique agricole commune a pour but d'assurer... un emploi optimum des facteurs de production, notamment de la main-d'œuvre* ».

(4) Ex-article 75, devenu article 71 du traité CE, énonçant que la politique commune des transports doit participer au relèvement du niveau d'emploi dans les régions de la Communauté souffrant de sous-emploi.

(5) V. *infra* n° 15-1 et n° 17.

(6) Traité signé à Luxembourg le 17 février 1986 et à La Haye le 28 février 1986.

(7) Le traité de Lisbonne a fait l'objet d'une importante décision de la Cour constitutionnelle allemande, où s'exprime de façon très raisonnée et approfondie craintes et défiance concernant le respect des principes démocratiques par l'Union et l'équilibre entre action de l'Union et contrôle national, arrêt du 30 juin 2009, *RTD eur.* 2009, p. 799, obs. K. M. Bauer.

(8) C'est également l'article I-3 (§ 2) de la Constitution rejetée qui visait la réalisation d'« *un marché intérieur où la concurrence est libre et non faussée* » parmi les objectifs de l'Union européenne, formule qui a quitté le traité modificatif de Lisbonne.

« *mesures appropriées en matière de contrôle des frontières extérieures, d'asile et d'immigration* » des pays tiers à l'Union.

11. Dispositions d'application générale du traité sur le fonctionnement de l'Union. Le traité sur le fonctionnement de l'Union comporte des dispositions d'application générale, ou *transversale,* dont l'objet est de soumettre l'Union à une série de contraintes destinées à orienter ses différentes politiques et actions : « *éliminer les inégalités et promouvoir l'égalité entre hommes et femmes* » (article 8 TFUE, ex-article 3, § 2, TCE) ; prendre « *en compte les exigences liées à la promotion d'un niveau d'emploi élevé, à la garantie d'une protection sociale adéquate, à la lutte contre l'exclusion sociale ainsi qu'à un niveau élevé d'éducation, de formation et de protection de la santé humaine* » (article 9 TFUE) ; « *combattre toute discrimination fondée sur le sexe, la race ou l'origine ethnique, la religion ou les convictions, un handicap, l'âge ou l'orientation sexuelle* » (article 10 TFUE).

B. — Politique sociale – de l'ancien article 117 du traité CEE à l'article 151 du traité sur le fonctionnement de l'Union

12. Titre X de la 3e partie du traité sur le fonctionnement de l'Union. Dès l'origine, les traités ont comporté un titre relatif à la politique sociale. Il s'agit aujourd'hui du titre X de la 3e partie du traité sur le fonctionnement de l'Union, partie relative aux politiques et actions internes de l'Union. L'objet général du titre « Politique sociale » est de donner à l'Union les moyens nécessaires pour développer des actions permettant d'harmoniser ou de rapprocher les droits nationaux du travail et de la protection sociale « *dans le progrès* ».

La définition plus précise des objectifs de la politique sociale de la Communauté puis de l'Union a connu une évolution – nullement une révolution – qui s'est faite en trois temps qu'il convient de retracer. Celle-ci s'inscrit dans les modifications qu'ont connues les premières dispositions du titre sur la politique sociale, celles de l'article 117 du traité initial, devenu article 136 du traité CE, puis 151 du traité FUE.

13. 1er temps : l'article 117 du traité de Rome. Le texte sur lequel a longtemps reposé la politique sociale communautaire est plus directement l'ancien l'article 117, introduisant le titre du traité « Politique sociale, éducation, formation professionnelle et jeunesse » (9).

Resté inchangé depuis le traité de Rome jusqu'au traité d'Amsterdam, il exprimait en deux alinéas la philosophie générale de l'harmonisation sociale communautaire.

Alinéa 1 : le principe. « *Les États membres conviennent de la nécessité de promouvoir l'amélioration des conditions de vie et de travail de la main-d'œuvre, permettant leur égalisation dans le progrès.* »

Alinéa 2 : la méthode. Les États membres « *estiment qu'une telle évolution résultera tant du fonctionnement du marché commun, qui favorisera l'harmonisation*

(9) Appellation datant du traité de Maastricht, remplaçant l'intitulé initial : la politique sociale.

des systèmes sociaux, que des procédures prévues par le présent Traité et du rapprochement des dispositions législatives, réglementaires et administratives ».

Si l'alinéa 1 parlait d'égalisation, on comprenait immédiatement, avec l'alinéa 2, que cette égalisation ne devait pas être confondue avec une uniformisation. L'objectif était d'assurer, dans le progrès, une équivalence des systèmes sociaux. Des réglementations nationales différentes, bien qu'harmonisées, devaient produire des résultats équivalents. La diversité nationale demeurait (10).

Quant à l'évolution vers cette équivalence, elle était avant tout attendue du fonctionnement du marché commun. Dans l'esprit des auteurs du traité de Rome, elle devait constituer le bienfait naturel du marché commun, les réglementations nationales s'harmonisant spontanément par l'effet du marché. Non pas que l'on ait prôné la déréglementation. L'idée était que le fonctionnement du marché devait conduire les États membres à adapter d'eux-mêmes leurs législations. C'est à ce processus spontané qu'est venu s'appliquer le mot « harmonisation ». Mais l'harmonisation spontanée ne pouvant vraisemblablement pas suffire, des actions communautaires de « rapprochement » des législations avaient également été prévues. Sous la distinction d'une harmonisation nationale spontanée et d'un rapprochement volontaire par des actions communautaires s'était ainsi dessiné, dès le traité de Rome, le principe de subsidiarité (11).

14. 2e temps : l'article 1 de l'Accord sur la politique sociale. L'objectif d'égalisation dans le progrès social aurait disparu du traité si le projet de révision du titre relatif à la politique sociale discuté lors des négociations du traité de Maastricht avait à l'époque été adopté. Ce projet s'est finalement traduit dans l'Accord sur la politique sociale annexé au traité, accord dont l'article 1 contient la révision de l'article 117 qui avait été envisagée.

Plusieurs changements sont significatifs d'une philosophie nouvelle :

– la référence au progrès a disparu, même si l'amélioration des conditions de vie et de travail reste l'un des objectifs affichés. La promotion d'un niveau d'emploi élevé et durable fait son apparition, en association directe avec « *le développement des ressources humaines* ». L'introduction de « *la lutte contre les exclusions* » est un autre signe de modernisation. Les objectifs se sont diversifiés en même temps qu'ils se sont modérés ;

– La méthode se présente elle aussi sous un jour différent. Le dialogue social entre en scène et avec lui la fonction primordiale qui, dans l'esprit de l'Accord sur la politique sociale, doit être celle des partenaires sociaux dans la politique sociale (12).

Le principe de subsidiarité, en filigrane dans l'article 117, et la distinction entre harmonisation spontanée et rapprochement décidé, présente dans ce même texte, cèdent devant une formule régulièrement utilisée par le traité de Maastricht. La Communauté, est-il dit à l'article 2 de l'accord, « *soutient et complète l'action des États membres* » en vue de réaliser les objectifs visés à l'article 1.

(10) En liaison avec le principe de proportionnalité, v. *infra* n° 45 et s.
(11) V. *infra* n° 35 et s.
(12) V. *infra* n° 64 et s., n° 100 et s. pour une présentation d'ensemble du rôle des partenaires sociaux.

Le respect de la diversité nationale est expressément mentionné. La Communauté et les États membres « *en tiennent compte* », comme ils tiennent compte de « *la nécessité de maintenir la compétitivité de l'économie de la Communauté* ». C'est la façon dont l'accord sur la politique sociale a prévu la liaison de l'économique et du social et marque encore la modération des objectifs.

Il est normal que cet article 117 bis ait pu être source d'inspiration et d'interprétation, s'agissant uniquement d'actes adoptés sur le fondement de l'Accord sur la politique sociale. Il a en réalité reçu une portée plus large. Dans la mesure où il actualisait le programme social qu'avait fixé initialement le traité de Rome et puisqu'il exprimait les conceptions désormais dominantes concernant les objectifs de la politique sociale, il a de fait inspiré toute la politique sociale communautaire, y compris celle qui se fondait sur les dispositions du traité, se substituant ainsi à l'article 117, alors même que celui-ci était maintenu dans le corps du traité.

15. 3e temps : le traité d'Amsterdam et l'article 151 TFUE actuel (ex-article 136 TCE). Finalement, le traité d'Amsterdam a réuni ensemble, dans l'article 136 TCE, l'article 117 ancien et son double. Le texte de l'article 136 TCE a été repris, sans modification par le traité de Lisbonne, dans l'article 151 du traité sur le fonctionnement de l'Union, comme l'avait fait l'article 209 de la 3e partie du traité constitutionnel.

Certes l'alinéa 1 de l'ancien article 117 s'éclipse et est remplacé par le texte de l'article 1 de l'Accord sur la politique sociale. S'y glisse toutefois « *l'égalisation dans le progrès* » que l'article 1 de l'accord sur la politique sociale avait fait disparaître et auquel les auteurs du traité d'Amsterdam n'ont pas voulu renoncer (13).

Le deuxième alinéa de l'ancien article 117 est également conservé, avec la distinction entre harmonisation par les États membres et rapprochement des législations par l'action de la Communauté, qu'il contient. Est ainsi maintenue, par conséquent, la référence implicite au principe de subsidiarité que contenait déjà l'ancien article 117.

L'article 136 TCE, devenu article 151 TFUE a également puisé dans le Protocole sur la politique sociale tout en y ajoutant (14). Il proclame la « *conscience* » que l'Union et les États membres ont des « *droits sociaux fondamentaux* » et vise sous cette notion ensemble la Charte sociale européenne du 18 octobre 1961 et la Charte communautaire des droits sociaux fondamentaux de 1989 (alors que le Protocole sur la politique sociale parlait seulement de « *la Charte sociale de 1989* ») (15). L'article 151 TFUE reprend, paresseusement, sans le changer (16) le texte issu du traité d'Amsterdam. Résultat : la « *conscience* » dont il est question ne s'étend pas aux exigences de la Charte des droits fondamentaux de l'Union ; la référence à la Charte sociale européenne reste limitée à la Charte de 1961, sans considération de la Charte « révisée » de 1996.

(13) Le nouvel article 136 (devenu 151 TFUE) continuera donc de parler de « *l'amélioration des conditions de vie et de travail permettant leur égalisation dans le progrès* » comme l'ancien article 117 le faisait.

(14) *Protocole* qui, rappelons-le, avait été annexé au traité de Maastricht et auquel l'*Accord* sur la politique sociale était lui même annexé.

(15) Sur les droits sociaux fondamentaux, v. *infra* n° 144 et s.

(16) Comme le faisait l'article 209 de la 3e partie du traité constitutionnel.

16. Caractère programmatique de l'ancien article 117. L'ancien article 117 traçait un programme ambitieux dans son objectif final, l'égalisation dans le progrès. Mais il ne s'agissait bien que d'un programme, au sens juridique. L'article 117 doit guider la politique des États membres et, subsidiairement, celle de la Communauté, mais sans contraindre ; et c'est la même chose pour le relèvement du niveau de vie visé à l'article 2. Il n'en résulte ni obligations juridiques à charge des États, ni droits au profit des particuliers (17). La Cour l'a considéré ainsi, tout en précisant que « *le caractère programmatique des objectifs sociaux énoncés à l'article 117 du traité n'impliquait pas qu'ils soient dépourvus d'effet juridique* ». Effets qui restaient toutefois réduits et indirects. L'objectif d'amélioration des conditions de vie et de travail et d'égalisation dans le progrès avait pour mission de guider l'interprétation d'autres dispositions du droit communautaire. Les politiques sociales, au niveau communautaire comme au niveau national, devaient s'inspirer de ce même objectif. Mais l'ancien article 117 n'a pas permis d'apprécier la validité d'un acte de droit communautaire, non plus que la conformité au droit communautaire d'un acte de droit national (18).

Ces mêmes analyses et la fonction programmatrice conférée à l'ancien article 117 ne devraient pas être contredites aujourd'hui, s'agissant de préciser la portée de l'actuel article 151 TFUE (ex-article 136 TCE).

C. — Emploi

17. Assurer un haut niveau d'emploi. La recherche d'un niveau d'emploi élevé, voire celle du « *plein-emploi* » (article 3 TUE) constitue l'objectif général. L'objectif se précise dans deux axes principaux.

17-1. Coordonner les politiques nationales de l'emploi. Si le traité de Rome avait, dès l'origine, prévu l'existence d'une politique sociale de la Communauté, il avait ignoré la politique de l'emploi. Le traité d'Amsterdam, créant au sein du traité un titre nouveau consacré à l'emploi, a fait de la coordination des politiques nationales de l'emploi un objectif de l'action de l'Union. L'article 145 TFUE, remplaçant l'article 125 TCE, énonce que « *les États membres et l'Union s'attachent, conformément au présent titre, à élaborer une stratégie coordonnée pour l'emploi et en particulier à promouvoir une main-d'œuvre qualifiée, formée et susceptible de s'adapter, ainsi que des marchés du travail aptes à réagir rapidement à l'évolution de l'économie* ». La promotion de l'emploi est regardée comme « *une question d'intérêt commun* » et les États membres « *coordonnent leur action à cet égard au sein du Conseil* » (article 146 § 2 TFUE, article 126 § 2 TCE) (19).

(17) CJCE, 29 septembre 1987, *Gimenez Zaera*, aff. 162/86, *Rec.* p. 3697 ; *Dr. soc.* 1989, 425, obs. X. Prétot ; v. antérieurement, arrêt *Defrenne III* du 15 juin 1978, aff. 149/77 ; *Rec.* p. 1365, v. le motif 19. V. également CJCE, 17 mars 1993, *Firma Sloman Neptun*, aff. C-72 et C-73/91.

(18) « *Ni les orientations générales de la politique sociale définie par chaque État membre, ni les mesures particulières prises par les autorités nationales ne sauraient faire l'objet d'un contrôle juridictionnel quant à leur conformité aux objectifs sociaux énoncés à l'article 117* », a déclaré la Cour de justice dans l'arrêt *Gimenez Zaera*.

(19) V. *infra* n° 22.

Le traité sur l'Union européenne dit désormais à l'article 2 § 3 que « *les États membres coordonnent leurs politiques économiques et de l'emploi* » et que l'Union « *dispose d'une compétence* » à cette fin. Il énonce, dans l'article 5 § 2 du traité sur le fonctionnement de l'Union, plus directivement que le traité d'Amsterdam ne le faisait que « *l'Union prend des mesures pour assurer la coordination des politiques de l'emploi des États membres, notamment en définissant les lignes directrices de ces politiques* » (20).

Il revient également à l'Union de mettre en œuvre une politique de formation et de contribuer par son action au développement d'une éducation de qualité (article 6 e) TFUE). Cette double mission, pour laquelle les moyens conférés à l'Union restent toutefois modestes, participe du projet général qui est d'élever le niveau d'emploi par l'adaptation de l'enseignement et de la formation professionnelle aux besoins en matière d'emploi. Elle s'exerce « *dans une finalité européenne* » et réclame coopération, échanges et mobilité entre les États membres.

17-2. Lever les obstacles aux migrations de main-d'œuvre. Dès sa création, la libération des mouvements de main-d'œuvre à l'intérieur de l'espace communautaire a formé l'un des objectifs du Marché commun. C'est un élément majeur tant de la constitution d'un espace de liberté, de sécurité et de justice sans frontières intérieures (article 3 § 1 TUE) que de la réalisation du marché intérieur (article 3 § 2 TUE).

Pour les créateurs du Marché commun, la liberté de circulation des travailleurs devait élever le niveau d'emploi en permettant aux travailleurs de régions de la Communauté connaissant une situation de sous-emploi de se déplacer vers les régions offrant du travail. Permettre, voire encourager la mobilité géographique ou territoriale du travail, en levant les obstacles que les droits nationaux pouvaient y mettre, ont formé l'objectif fixé par l'ancien article 48 du traité CEE, combiné avec celui de l'ancien article 49, textes aujourd'hui remplacés, sans guère de changements dans le texte comme dans ses objectifs, par les articles 45 et 46 du traité FUE.

Seuls toutefois les ressortissants de la Communauté, aujourd'hui citoyens de l'Union, ont bénéficié de la liberté de circulation garantie par les traités. Les ressortissants des pays tiers sont en revanche restés placés sous un régime de circulation contrôlée ou régulée. Quant à cette régulation, pour laquelle l'Union est désormais dotée de compétences et moyens d'action (21), elle doit aussi s'orienter vers la recherche d'un haut niveau d'emploi auquel l'immigration de pays tiers peut concourir.

D. — Cohésion économique, sociale et territoriale

18. Solidarité. Le renforcement de « *La cohésion économique et sociale* », thème qui avait été introduit par l'Acte unique européen, est entré parmi les objectifs de la construction européenne, en liaison avec les idées de solidarité et de développement harmonieux et équilibré de la Communauté (22). L'Union a aujourd'hui

(20) V. *infra* n° 302.
(21) V. *infra* n° 196 et s.
(22) V. É. Vogel-Polsky, « De la dimension sociale du marché intérieur à une véritable cohésion économique et sociale », *in Quel avenir pour l'Europe sociale : 1992 et après ?*, Éd. CIACO, Bruxelles, 1992.

charge de promouvoir la cohésion économique, sociale « *et territoriale* », le texte issu du traité de Lisbonne ajoutant : « *et la solidarité entre les États membres* » (23).

Sous la notion de cohésion économique et sociale, l'Acte unique européen s'était contenté de viser une meilleure coordination des politiques régionales de la Communauté. En vue de « *réduire l'écart entre les diverses régions et le retard des régions les moins favorisées* », le souci de cohésion économique et sociale devait avant tout se traduire par une coordination des aides distribuées par la Communauté. L'ajout de l'adjectif « *territorial* » par le traité de Lisbonne marque plus clairement l'objectif de rééquilibrage du développement régional. Les différents fonds à finalité structurelle (Fonds européen d'orientation et de garantie agricole, Fonds social européen, Fonds européen de développement régional) devront agir ensemble, en association avec la banque européenne d'investissement (articles 174 à 178 TFUE, ex-articles 158 à 162 TCE) qui leur est consacrée. Le Fonds social européen est l'instrument dont ont été dotées la Communauté puis l'Union européennes afin de distribuer des aides financières à l'emploi, complétant les aides nationales (24).

La recherche d'une cohésion économique et sociale ne devrait cependant pas se réduire à coordonner l'action de l'Union en faveur des régions défavorisées. Inscrite désormais, depuis le traité de Maastricht, à l'article 3 TUE, elle a pris la dimension d'un principe de portée générale. Politique sociale, politique de l'emploi, politique économique devraient donc être plus étroitement coordonnées, au prix, peut-être, d'une certaine perte d'autonomie dans les politiques sociales et de l'emploi menées par les États membres.

Le principe de cohésion économique et sociale entre-t-il parmi les principes généraux du droit de l'Union et peut-il à ce titre être invoqué en vue d'annuler une mesure de l'Union susceptible d'avoir des effets négatifs sur certaines régions défavorisées ? La Cour de justice a répondu par la négative, soulignant le caractère programmatique du principe, principe qui constitue néanmoins un élément utile à l'interprétation du droit de l'Union (25).

*

* *

L'examen des fondements juridiques de la politique sociale communautaire nous permettra de mieux comprendre ces missions et objectifs sociaux de l'Union en matière sociale et d'en préciser la portée.

§ 2. — Fondements juridiques de l'action de l'Union européenne en matière sociale

19. Évolution générale. La première constatation à faire concernant les possibilités d'action de la Communauté a pu longtemps être négative. Aucune attribution

(23) Article 3 § 2 TUE ; article 4 § 2 TFUE.

(24) Articles 162 à 164 TFUE, ex-articles 146 à 148 TCE ; v. *infra* n° 320 et s.

(25) CJCE, 23 novembre 1999, *Portugal c. Conseil*, aff. C-149/96 (à propos d'une décision du Conseil relative à la conclusion d'accords avec l'Inde et le Pakistan). La position prise par la Cour de justice est à rapprocher de celle qu'elle avait prise concernant la portée de l'ex-article 117 du traité, v. *supra* n° 16.

générale de compétence n'avait été donnée aux autorités communautaires en vue de réaliser le programme social communautaire par voie d'actes ayant force contraignante. L'article 118 du traité, dans la rédaction du traité de Rome, se contentait de confier à la Commission une mission tendant à promouvoir la collaboration entre États membres dans le domaine social. Une telle mission débouchait naturellement sur un simple pouvoir de formuler des avis ou des recommandations, actes qui, suivant la définition de l'ex-article 189 (devenu article 249 TCE, puis 288 TFUE), « *ne lient pas* » (26).

Aucune « base juridique » en couvrant entièrement et spécifiquement le champ ne permettait donc le développement d'une politique sociale communautaire de force contraignante.

Mais des attributions spéciales de compétence ont permis d'une part de réaliser par actes contraignants des objectifs sociaux déterminés, notamment, après l'Acte unique européen, pour la protection de la santé et de la sécurité dans le milieu de travail. Et d'autre part, même là où aucune attribution spéciale de compétence n'avait été prévue, cette absence a pu être suppléée par le recours à des pouvoirs d'action prévus par le traité à des fins générales de rapprochement des législations, lorsque ce rapprochement permet d'assurer « *l'établissement et le fonctionnement du marché* » intérieur (suivant les prévisions de l'ex-article 100, devenu article 94 TCE, puis article 115 TFUE). Les dispositions du traité permettant à la Communauté d'agir, alors même que le traité n'a pas prévu les pouvoirs d'action requis, lorsqu'une action de la Communauté apparaît nécessaire pour atteindre l'un des objectifs visés par les traités (ex-article 235, devenu article 308 TCE, puis 352 TFUE) ont également pu être utilisées, spécialement pour garantir l'égalité professionnelle entre hommes et femmes.

Ces données ont été profondément modifiées avec le traité d'Amsterdam. Principalement parce que, faisant suite à l'Accord sur la politique sociale, le traité a permis à la Communauté d'agir par voie de directives, donc par voie d'actes « qui lient », en matière de politique sociale. Il l'a fait dans l'article 137 du traité CE, dont la rédaction a été retouchée par le traité de Nice et qui est aujourd'hui devenu, sans changement, l'article 153 du traité FUE. Un système de compétences spéciales, propres à la politique sociale et en recouvrant largement bien qu'incomplètement le domaine, a donc pris naissance.

En matière d'emploi et s'agissant des mesures destinées à en élever le niveau, des évolutions ont également eu lieu. Non pas, ici, que la Communauté ne se soit pas vu reconnaître, dès l'origine, des compétences importantes. Il en a été ainsi pour la libération des mouvements de main-d'œuvre à l'intérieur de l'espace communautaire, la liberté de circulation des travailleurs. En revanche, les politiques de l'emploi dans leur définition générale n'ont longtemps relevé que de la mission coordinatrice de la Commission, vaguement identifiée par l'ancien article 118 du traité de Rome.

(26) L'ancien article 118 était-il un empêchement majeur au développement d'une politique sociale communautaire ? Certains l'ont pensé. V. sur ce point les analyses d'Éliane Vogel-Polsky. On pouvait objecter qu'en énonçant que la Commission agit en matière sociale à travers des actes qui ne lient pas, l'article 118 n'avait imposé aucun raisonnement *a contrario*, excluant la possibilité que des actes « qui lient » soient pris par le Conseil.

Le traité d'Amsterdam, puis celui de Lisbonne ont voulu aller plus loin et donner à l'Union compétence pour guider, par voie de lignes directrices, les politiques nationales de l'emploi (27).

Ces changements, renforçant les moyens d'action de la Communauté puis de l'Union, n'ont pas empêché de maintenir les missions « douces » que l'ancien article 118 avait confiées à la Commission. L'article 157 TFUE, remplaçant l'article 141 TCE qui avait lui-même remplacé, après modification, l'article 118 du traité CEE, énonce aujourd'hui que « *la Commission encourage la coopération entre les États membres et facilite la coordination de leur action dans tous les domaines de la politique sociale* »... et de l'emploi, convient-il de préciser.

Dans cette présentation générale, la notion de « *questions d'intérêt commun* » mérite d'être signalée. C'est une catégorie nouvellement introduite par le traité de Maastricht, signifiant que certaines matières, qui demeurent de la responsabilité ou de la compétence des États, justifient un effort de coordination des politiques nationales. La notion est un indicateur permettant la désignation de domaines d'action n'offrant pas de compétence harmonisatrice à l'Union, mais justifiant néanmoins des interventions de la part de celle-ci, justifiées par l'intérêt commun des questions qui sont visées. Le maître mot sera alors « coopération », le principe étant posé que les États acceptent de s'informer, de se consulter mutuellement et de collaborer entre eux en vue de coordonner leurs actions, sous un pilotage venu de l'Union. La notion trouve un ancrage marqué en ce qui concerne les politiques d'emploi. Dans le traité de Maastricht, elle trouvait un terrain d'expression en matière d'immigration des pays tiers.

Ces changements divers n'ont pas fait disparaître les compétences générales, non spécifiques à la matière sociale, que la Communauté avait mises en œuvre par le passé. Si ces bases juridiques pour l'action de l'Union demeurent, l'utilité d'y recourir s'est considérablement amoindrie devant le développement de moyens d'action propres à la matière sociale. Il y a même lieu de se demander si l'existence des compétences normatives désormais dévolues à l'Union ne présente pas un caractère exclusif, ne permettant plus l'utilisation de bases juridiques non spécifiquement sociales.

Il n'y avait pas eu lieu d'attendre de la Constitution européenne qu'elle bouleverse l'organisation générale des compétences de l'Union en matière sociale. Certains aménagements avaient toutefois été prévus. Ils ont finalement pris place dans le traité modificatif de Lisbonne.

*

* *

L'analyse progressera en commençant par la recherche d'un haut niveau d'emploi, objectif pour lequel la Communauté a d'emblée affirmé sa volonté d'agir. Les compétences de Politique sociale, politique relative au rapprochement des législations nationales, dont les moyens initiaux, minimes, ont été beaucoup renforcés par le

(27) V. *supra* n° 17.

traité d'Amsterdam, seront ensuite examinées. Ces compétences nouvelles éclipsent, au moins partiellement, celles qui, générales, ne se rapportaient pas spécifiquement à la Politique sociale mais avaient pu être mobilisées en cette matière. On en parlera en troisième lieu. Il faut aussi, en quatrième lieu, à propos des matières qui sont exclues des compétences de politique sociale de l'Union, s'interroger sur la portée véritable de l'exclusion. Une synthèse de l'ensemble, peut, pour finir, s'avérer utile.

A. — Recherche d'un haut niveau d'emploi

20. Traité de Rome : trois domaines d'action. Des mesures ou des actions communautaires sont prévues depuis le traité de Rome dans trois domaines, sans que la nature de l'acte ou des actes utilisables n'ait toujours été indiquée.

20-1. La liberté de circulation des travailleurs. En vue de réaliser celle-ci, conformément aux règles des anciens articles 48 et 39 TCE, devenus article 45 TFUE, et notamment de lever les obstacles qu'elle rencontre, l'article 46 TFUE (anciens articles 49, puis 40 TCE) a donné au Conseil mission d'arrêter les directives ou les règlements nécessaires. Depuis l'Acte unique européen, le Conseil statue à la majorité qualifiée. Depuis le traité de Maastricht, la codécision parlementaire (article 251 TCE, devenu article 294 TFUE), désormais appelée « procédure législative ordinaire », a été substituée à la procédure de coopération (article 252 TCE, abrogé par le traité de Lisbonne).

Quant à l'article 48 TFUE (anciens articles 51, puis 42 TCE), il demande au Conseil d'adopter les mesures nécessaires pour assurer la protection des travailleurs migrants dans le domaine de la sécurité sociale, mesures qui ont consisté dans l'adoption de règlements dont l'objet est de coordonner l'application des législations nationales. L'unanimité du Conseil a longtemps été requise, remplacée aujourd'hui par la procédure législative ordinaire. Le traité de Lisbonne prévoit toutefois la possibilité de suspendre l'application de cette procédure lorsqu'un État membre estime qu'un projet d'acte législatif pris sur le fondement de l'article 48 TFUE risquerait de porter « *atteinte à des aspects importants de son système de sécurité sociale, notamment pour ce qui est du champ d'application, du coût ou de la structure financière, ou en affecterait l'équilibre financier* ».

20-2. Les aides à l'emploi. En vue de renforcer la cohésion économique, sociale et territoriale de l'Union, le Fonds social européen a pour mission propre de distribuer des aides à l'emploi. La définition des missions, des objectifs prioritaires et de l'organisation des fonds à finalité structurelle et, parmi eux, ceux du Fonds social européen, requérait l'unanimité du Conseil et l'avis conforme du Parlement (article 161 TCE). Le traité modificatif de Lisbonne soumettra désormais à la procédure législative ordinaire l'adoption des « *règlements* » ayant ces mêmes objets (article 177 TFUE).

Les mesures d'application relatives au Fonds social sont prises à la majorité qualifiée du Conseil, suivant la procédure de codécision parlementaire (article 164 TFUE), substituée à la coopération avec le Parlement qui était antérieurement prévue (ancien article 125, devenu 148 TCE). Jusqu'au traité modificatif de Lisbonne, le traité parlait de « *décisions d'application* », termes qui ont été remplacés par ceux de « *règlements d'application* », ceci conformément à l'évolution de la pratique institutionnelle qui avait substitué à la forme initiale de la « *décision* », celle du « *règlement* » d'application, du Conseil et de la Commission (28).

20-3. La politique de formation professionnelle, l'éducation et le sport. Le traité modificatif de Lisbonne, à l'article 6 du traité sur le fonctionnement de l'Union, dit que « *l'Union dispose d'une compétence pour mener des actions pour appuyer, coordonner ou compléter l'action des États membres... dans une finalité européenne* », compétence qui est en particulier appelée à s'exercer dans le domaine de l'éducation et de la formation professionnelle (article 6, e) TFUE).

Il a été prévu dès son origine que la Communauté et aujourd'hui l'Union mettent en œuvre une politique de formation professionnelle. C'est ce qu'énonce l'article 166 FUE (ancien article 127, puis 150 TCE). Mission a, depuis le traité de Maastricht, plus largement été donnée à l'Union de contribuer au développement d'une éducation de qualité (article 165 TFUE, ancien 126, puis 149 TCE).

Depuis le traité d'Amsterdam, la codécision parlementaire est requise dans les deux cas (29). Les mesures de l'ex-article 127 comme celles de l'ex-article 26 prises par l'Union ne peuvent en aucun cas consister à harmoniser les règles nationales. L'Union se borne à appuyer et compléter, si besoin est, l'action des États membres, dont la responsabilité doit être pleinement respectée pour le contenu et l'organisation de l'éducation et de la formation professionnelle (30). Le Conseil peut procéder par voie de recommandation, ajoute le traité de Lisbonne.

Avec le traité de Lisbonne, les actions que la Communauté était appelée à développer en matière d'éducation s'étendent au sport. L'Union est appelée à promouvoir « *des enjeux européens du sport* », « *à développer la dimension européenne du sport* » tout en veillant à protéger « *l'intégrité physique et morale des sportifs* », notamment les plus jeunes (article 149 TCE modifié, devenu article 165 TFUE).

21. Traité d'Amsterdam : nouveau titre sur l'emploi. Parmi les politiques del'Union, entre la politique économique et monétaire et la politique commerciale commune, le traité d'Amsterdam glisse un titre nouveau (titre VI A, devenu titre VIII, de la 3e partie du traité CE), relatif à l'emploi. Y sont consacrés les articles 125 à 130 du traité CE, devenus articles 145 à 150 du traité FUE.

21-1. Est affirmée la volonté que les États membres et l'Union déclarent avoir ensemble d'élaborer « *une stratégie coordonnée pour l'emploi* » et de promouvoir « *une main-d'œuvre qualifiée, formée et susceptible de s'adapter* » et « *des marchés du travail aptes à réagir rapidement à l'évolution de l'économie* » (article 145 TFUE, ancien article 125 TCE). L'objectif n'est pas seulement de coordonner les

(28) Sur le Fonds social européen, v. *infra* n° 320 et s.

(29) La mise en œuvre de la politique de formation professionnelle relevait antérieurement de la coopération avec le Parlement.

(30) L'ancien article 128, dans sa rédaction du traité de Rome, demandait au Conseil d'établir des principes généraux pour mettre en œuvre une politique commune de formation professionnelle.

politiques nationales, mais de les orienter vers des objectifs d'adaptation et de flexibilité de la main-d'œuvre et des marchés du travail.

À qui revient-il de réaliser ces objectifs ? À l'Union, aux États membres, à l'Union *et* aux États membres ? Un équilibre a été recherché à partir de deux principes.

1) Les États membres, avec la participation des partenaires sociaux, déterminent leurs politiques respectives de l'emploi en s'inspirant des « grandes orientations » de politique économique définies au niveau de l'Union (adoptées en application de l'ex-article 103 § 2 du traité, devenu 99 TCE, puis 121 TFUE). Ils coordonnent leurs actions.

2) L'Union respecte pleinement les compétences des États membres. Elle se borne à encourager la coopération des États membres en soutenant et, au besoin, en complétant leur action (article 147 § 1 TFUE, ex-article 127 § 1 TCE). Elle n'entreprend aucune harmonisation des dispositions législatives et réglementaires nationales (article 149, 2e alinéa, TFUE, ex-article 129, 2e alinéa TCE).

Le Conseil, statuant à la majorité qualifiée, se voit, à cette fin, reconnaître différents pouvoirs d'action :

– il établit chaque année, sur la base des conclusions du Conseil européen, « *des lignes directrices, dont les États membres tiennent compte dans leurs politiques de l'emploi* » (148 § 2 TFUE, ex-article 128 § 2 TCE). Les termes « tiennent compte » veulent-ils dire « doivent tenir compte » ? C'est un point d'interprétation à régler (31). Le Parlement est consulté ;

– il peut adresser des recommandations aux États membres. Il y faut la recommandation de la Commission (article 148 § 4 TFUE, ex-article 128 § 4 TCE) ;

– il peut décider d'actions d'encouragement à la coopération des États et soutenir leur action par l'information, par des études et des conseils, par des approches novatrices et des projets pilotes (article 149, 1er alinéa, TFUE, ex-article 129, 1er alinéa). La codécision parlementaire est alors nécessaire.

Un Comité de l'emploi, où sont représentés les États membres et la Commission (deux représentants de chaque État et de la Commission) assistera le Conseil. Ce comité a un rôle consultatif. Il doit lui-même consulter les partenaires sociaux (32).

21-2. Nouveau traité. Le traité de Lisbonne tend à renforcer l'intervention communautaire dans un sens plus directif en énonçant que « *l'Union prend des mesures pour assurer la coordination des politiques de l'emploi des États membres, notamment en définissant les lignes directrices de ces politiques* » (article 5 § 2). C'était ce que le traité constitutionnel avait prévu, dans les mêmes termes (article I-15 § 2). Le traité laissait jusque-là à chaque État membre la responsabilité de mener la politique de l'emploi de son choix, en tenant toutefois compte des lignes directrices communautaires. L'idée qui dominait était celle d'une coopération acceptée et respectueuse d'une compétence normative qui appartient aux États membres. La formule utilisée par le traité constitutionnel puis par le traité de Lisbonne vient transférer à l'Union la détermination des lignes directrices des politiques nationales de l'emploi.

(31) « Doivent » tenir compte disent les décisions du Conseil, v. *infra* n° 302.

(32) Lesquels siégeaient déjà dans le Comité permanent de l'emploi naguère institué et récemment réformé ; v. *infra* n° 79-81.

Cette évolution laisse ainsi présager des orientations plus directrices, alors même que l'on retrouve, sans changement, les actuelles dispositions des articles 125 à 130 du traité CE, devenus articles 145 à 150 du traité FUE, comme c'était déjà le cas avec le projet constitutionnel (articles III-203 à 208).

22. Traité d'Amsterdam : communautarisation des politiques d'immigration. Le traité de Maastricht avait fait de la politique d'immigration des pays tiers un ensemble de questions d'intérêt commun soumis aux exigences d'une coopération des États membres. L'article K 9 du traité Union européenne avait déjà prévu la possibilité de substituer une politique communautaire aux principes de coopération fixés par les articles K 3 à K 7, en appliquant à la politique d'immigration dans son ensemble, les règles de l'ex-article 100 C gouvernant la politique des visas. Ce changement réclamait cependant, outre l'unanimité du Conseil ajouté à une initiative de la Commission ou d'un État membre, une ratification de la décision par les États membres, conformément à leurs règles constitutionnelles propres. La communautarisation des politiques d'immigration était loin d'être acquise (33).

Le traité d'Amsterdam veut la réaliser. C'était l'objet des articles 61 à 69 TCE, inscrits sous un nouveau titre du traité Communauté européenne, intitulé « *Visas, asile, immigration et autres politiques liées à la libre circulation des personnes* » (titre III A, devenu titre IV, de la 3e partie). Les nouvelles compétences qui lui ont été conférées devaient donc permettre à la Communauté de régler l'immigration des États tiers, le Conseil, suivant les dispositions de l'article 67 TCE, statuant d'abord à l'unanimité, puis le faisant, après cinq ans de transition, à la majorité qualifiée avec la codécision du Parlement (34). Certains éléments de réglementation communautaire de l'immigration ont vu le jour sur ces fondements (35).

Les articles 77 à 80 du traité FUE ont remplacé, avec certaines modifications, les articles 62 et 63 TCE relatifs au franchissement des frontières, à l'asile et à l'immigration, que le traité d'Amsterdam avait introduits. L'application de la procédure législative ordinaire devient la règle pour le franchissement des frontières (36) et pour l'immigration.

B. — Rapprochement des législations sociales (Politique sociale)

23. Deux domaines d'action privilégiés. Longtemps, jusqu'à l'Acte unique européen, seule existait la mission « douce » confiée à la Commission par l'ex-article 118. Aucun pouvoir spécial d'action n'était prévu pour permettre aux autorités communautaires de procéder au rapprochement des législations sociales,

(33) V. *infra* n° 196 et s. sur l'ensemble de ces questions.

(34) Mais le Conseil constitutionnel français a estimé que l'article 73 O du traité (devenu article 67 CE) affectait « *les conditions essentielles d'exercice de la souveraineté nationale* » et l'a déclaré contraire à la Constitution ; Cons. const., décision du 31 décembre 1997 ; *JORF* 3 janvier 1998, p. 165. La Constitution a donc dû être modifiée. Son nouvel article 88-2 énonce désormais que « *peuvent être consentis les transferts de compétences nécessaires à la détermination des règles relatives à la libre circulation des personnes et aux domaines qui lui sont liés* » ; loi constitutionnelle du 25 janvier 1999, *JORF*, 26 janvier 1999, p. 1343. V. *infra* n° 195, n° 196 et s.

(35) V. *infra* n° 202-206.

(36) V. toutefois l'article 77 § 3 TFUE qui, à titre subsidiaire, comme l'article 21 §3, prévoit une procédure d'unanimité pour les mesures tendant à faciliter le droit des citoyens de l'Union de circuler et de séjourner librement sur le territoire des États membres.

y compris concernant l'égalité de rémunération entre hommes et femmes, principe que le traité de Rome avait cependant mis en avant.

23-1. Santé et sécurité dans le milieu de travail (ex-article 118 A du traité CEE). Le changement est venu de l'introduction, par l'Acte unique européen, d'un article 118 A relatif à l'amélioration de la santé et de la sécurité dans le milieu de travail. L'ex-article 118 A a permis au Conseil d'arrêter, par voie de directives, les prescriptions minimales nécessaires et d'en décider à la majorité qualifiée, en coopération avec le Parlement, suivant la procédure de l'ex-article 189 C (article 252 TCE, abrogé par le traité de Lisbonne).

C'est sur le fondement de ce texte que le droit communautaire a pu prendre un important essor concernant la santé et la sécurité des travailleurs, se traduisant notamment par l'adoption de la directive-cadre 89/391 du 12 juin 1989 (37). Limité à la seule amélioration de la santé et de la sécurité des travailleurs, mais renforçant le rôle du Parlement européen, l'article 118 A fut également à l'origine de compréhensions divergentes entre Parlement, Commission et Conseil sur la notion d'amélioration de la santé et de la sécurité et le domaine couvert par celle-ci, le Parlement réclamant une interprétation large s'étendant à l'ensemble des conditions de travail pouvant avoir une incidence sur la santé et la sécurité (38). La discussion a été mise en sommeil, depuis que le traité d'Amsterdam a placé à la fois l'amélioration de la santé et de la sécurité et la réglementation des conditions de travail sous l'empire de la procédure législative ordinaire (39).

23-2. Égalité entre hommes et femmes. Le traité initial réclamait des États membres qu'ils assurent l'égalité des rémunérations entre hommes et femmes pour un même travail. Ce principe étant posé par article 119 du traité de Rome, il n'était pas prévu que les autorités communautaires interviennent afin d'en imposer l'application. La philosophie du premier traité aurait voulu que les États membres le fassent d'eux-mêmes. Pour forcer une évolution qui tardait, plusieurs directives furent malgré tout édictées, en vue d'assurer l'égalité des rémunérations entre hommes et femmes, puis plus largement l'égalité professionnelle entre les deux sexes. Ces textes furent adoptés sur la base de dispositions du traité ne visant pas la politique sociale (40).

Le changement est venu du traité d'Amsterdam, comme ce fut de manière générale le cas pour la politique sociale. Modifié et complété, l'article 119 a été renuméroté article 141 TCE, puis 157 TFUE, qui permettent désormais d'adopter, selon la procédure législative ordinaire, des mesures « *visant à assurer l'application du principe de l'égalité des chances et de l'égalité de traitement entre les hommes et les femmes* » en matière de rémunération, d'emploi et de travail.

L'égalité professionnelle et sociale entre hommes et femmes constitue l'un des champs les plus fortement investis par l'action normative de la Communauté puis de l'Union, un paradoxe voulant que cet investissement prenne largement forme

(37) V. *infra* n° 461 et s.
(38) V. *infra* n° 442 et s.
(39) V. *infra* n° suivant.
(40) V. *infra* n° 28.

avant même que des moyens d'action spécifiques soient prévus par le traité pour agir en ce domaine (41).

24. Article 153 du traité FUE (ex-article 137 du traité CE). L'Accord sur la politique sociale, annexé au traité de Maastricht, avait entendu à la fois définir les domaines dans lesquels la Communauté est compétente pour agir en matière sociale et fixer les règles d'exercice de ces compétences. Il avait divisé le droit social en trois blocs, suivant les possibilités d'action ouvertes à la Communauté, que celle-ci puisse le faire par directives adoptées à la majorité qualifiée du Conseil en coopération avec le Parlement, qu'elle le puisse par des actes décidés à l'unanimité du Conseil après consultation du Parlement, ou qu'enfin l'action de la Communauté soit exclue.

L'ensemble de ces dispositions a été intégré sans changement au traité Communauté européenne – article 137 TCE– par le traité d'Amsterdam. Concernant les domaines d'action pour lesquels les directives sont adoptées à la majorité qualifiée (article 2 § 1 et § 2 de l'Accord), la procédure de codécision parlementaire (article 251 TCE, devenu 294 TFUE) a toutefois été substituée à la procédure de coopération. Le traité de Nice a réorganisé la rédaction de l'article 137 tout en maintenant la répartition antérieure des domaines d'action entre majorité qualifiée et unanimité.

Ainsi remodelé, le texte est devenu, sans changement, celui de l'actuel article 153 du traité FUE.

Dans l'ensemble des domaines d'action pour lesquelles elle a reçu compétence, l'Union « *soutient et complète l'action des États membres* », formule limitative évoquant le principe de subsidiarité. Si l'article 137 TCE, devenu article 153 TFUE, prévoit, là où une compétence normative lui est attribuée, que l'Union agit par voie de directives, donc de textes contraignants, il laisse ouverte la possibilité que l'action de l'Union se limite à des mesures « douces » consistant « *à encourager la coopération des États membres..., à l'exclusion de toute harmonisation des dispositions législatives et réglementaires des États membres* » (article 153 § 2, a) TFUE). Cet appel à modérer la force de l'action vient du traité de Nice.

1) Majorité qualifiée. Le Conseil statuera à la majorité qualifiée conjointement avec le Parlement dans les domaines suivants :

– l'amélioration du milieu de travail pour protéger la santé et la sécurité des travailleurs (domaine visé par l'ex-article 118 A) (42) ;

– les conditions de travail ;

– l'information et la consultation des travailleurs ;

– l'égalité entre hommes et femmes sur le marché du travail et dans le travail ;

– l'intégration des personnes exclues du marché du travail (43).

(41) V. *infra* n° 28 et n° 261 et s.

(42) Avec en arrière-fond la discussion qui avait concerné le domaine couvert par la notion d'amélioration de la santé et de la sécurité sur le lieu de travail. Sur cette discussion relative au domaine de l'ancien article 118 A, v. *infra* n° 442 et s.

(43) Sans préjudice des dispositions de l'article 150 (ex-127) du traité CE (166 FUE) sur la politique de formation professionnelle.

2) Unanimité. Le Conseil peut également agir, mais à l'unanimité et après simple consultation du Parlement, dans une autre série de domaines :

– la sécurité sociale et la protection sociale des travailleurs ;

– la résiliation du contrat de travail ;

– la représentation et la défense collective des intérêts des travailleurs et des employeurs, y compris la cogestion (44) ;

– les conditions d'emploi des ressortissants des pays tiers en séjour régulier dans l'Union ;

– les contributions financières visant la promotion et la création d'emplois (45).

3) Exclusion des compétences. Comme l'avait fait l'Accord sur la politique sociale, le traité d'Amsterdam a enfin entendu exclure des compétences attribuées à Communauté en matière de Politique sociale par l'article 137 TCE (46) la question des rémunérations (47), le droit d'association, le droit de grève et de *lock-out* (48). Le traité de Lisbonne a maintenu les exclusions (article 153 § 5 TFUE).

25. Les passerelles (traité de Nice). On attendait du traité de Nice qu'il ouvre plus largement la voie de la majorité qualifiée. Il s'est finalement traduit par le maintien de la situation précédente, sous réserve toutefois d'évolutions possibles dans le futur. Son apport immédiat a donc été des plus réduits.

25-1. Les « passerelles » vers la procédure de majorité qualifiée. Le vote à l'unanimité reste exigé dans les mêmes domaines que précédemment. Toutefois, en ce qui concerne la résiliation du contrat de travail, la représentation et la défense collective des intérêts des travailleurs et employeurs, les conditions d'emploi des ressortissants des pays tiers, une décision du Conseil prise à l'unanimité (49) peut faire passer chacune de ces matières sous l'empire de la procédure de l'article 251 TCE (devenu 194 TFUE) et du vote à la majorité qualifiée. Le traité de Lisbonne a conservé telle quelles les « passerelles » vers le vote à la majorité qualifiée introduites par le traité de Nice. Ces passerelles ne concernent pas les domaines d'action exclus des compétences de l'Union en matière de politique sociale.

25-2. La sécurité sociale. La sécurité sociale et la protection sociale sont à mettre à part. Elles restent indissolublement liées au vote à l'unanimité du Conseil. L'article 137 TCE, devenu 153 TFUE, a pris soin de préciser que le droit communautaire ne porte pas atteinte à la « *faculté reconnue aux États membres de définir les principes fondamentaux de leur système de sécurité sociale* » et ne doit « *pas en*

(44) Des recoupements possibles peuvent se constater entre information et consultation des travailleurs (majorité qualifiée et codécision parlementaire) et représentation des intérêts des travailleurs (unanimité et simple consultation) ; v. *infra* n° 400 pour la discussion soulevée par la directive 94/45 relative au comité d'entreprise européen.

(45) Sans préjudice des règles applicables au Fonds social européen.

(46) V. *infra* n° 31, pour la discussion que peuvent soulever ces exclusions.

(47) Qui constitue, pour la Commission, le domaine privilégié de la négociation collective.

(48) Le droit de *lock-out* serait donc indirectement proclamé, alors que le droit français s'y refuse, v. soutenant cette opinion B. Teyssié, « Le droit de *lock-out* », *Dr. soc.* 1994, p. 795 et la réponse de J.-M. Verdier et A. Lyon-Caen, *Dr. soc.* 1995 p. 49.

(49) Proposition de la Commission, consultation du Parlement.

affecter sensiblement l'équilibre financier » (50). Le rapprochement des législations nationales de sécurité sociale et de protection sociale continue donc d'appartenir aux objectifs lointains. Un jour peut-être !

Le traité de Lisbonne, comme l'avait fait le traité portant Constitution, a toutefois, au titre de la procédure de « révision simplifiée » des traités, prévu une possibilité générale de passerelle vers la procédure « législative ordinaire », c'est-à-dire la procédure suivant laquelle les normes communautaires sont adoptées à la majorité qualifiée du Conseil (51). Ce passage possible vers la procédure ordinaire de majorité qualifiée a été prévu dans tout domaine où une autre procédure, procédure « *spéciale* », est applicable. Le nouveau traité n'en a pas exclu la sécurité sociale.

*

* *

26. Avec les modifications des traités principalement introduites par le traité d'Amsterdam, l'Union est désormais dotée expressément de compétences lui permettant de développer une politique sociale et elle peut le faire, en d'assez nombreux domaines, suivant la procédure législative ordinaire. Les actions de politique sociale de l'Union ont ainsi été facilitées et ont reçu des bases juridiques qui lui sont propres. Est-ce dire que la Communauté était auparavant dénuée de moyens d'action ? Non, car l'histoire du droit communautaire a au contraire montré que l'action de la Communauté pouvait également se développer en matière sociale, certes avec difficulté, y compris lorsqu'aucun moyen d'action spécifique n'avait été prévu par le traité, le Conseil étant alors appelé à statuer à l'unanimité.

C. — Compétences non spécifiques

27. Dispositions générales relatives au rapprochement des législations. L'absence de base juridique spéciale, en effet, n'a pas constitué un obstacle insurmontable au développement d'actions communautaires jugées utiles à la construction du marché commun ou à la réalisation du marché intérieur.

D'autres bases juridiques existaient, qui n'avaient pas spécifiquement été prévues pour des actions dans le domaine social, mais étaient utilisables dans ce domaine, si besoin était. C'est ainsi que nombreuses ont été les directives qui ont pu être fondées sur les dispositions d'application générale des ex-articles 100 (devenu 94 TCE, puis 114 du nouveau traité sur le fonctionnement de l'Union) et 235 du traité initial (devenu 308 TCE, puis 352 TFUE).

Aujourd'hui, les données sont différentes, à la fois parce que des bases juridiques propres à la matière sociale ont vu le jour et parce que les conditions d'application des bases naguère utilisées ont changé.

(50) V. l'adjonction apparue dans l'article 48 (ex-42 CE) du traité sur le fonctionnement de l'Union, concernant les mesures relatives à la sécurité sociale des migrants.

(51) Article 48 § 5 à 7 du nouveau traité sur l'Union européenne (article IV-444 du projet de traité constitutionnel). Dans le dispositif nouvellement prévu, la révision simplifiée supposait une décision du Conseil européen autorisant le Conseil (des ministres) à statuer à la majorité qualifiée ; elle peut buter sur une opposition des parlements nationaux.

28. L'ex-article 100 du traité Communauté économique européenne. Ce texte a porté de façon générale sur le rapprochement des législations nationales. Il a été inscrit au titre des règles communes relatives à l'ensemble des politiques de la Communauté. Il a pu être mis au service de la politique sociale comme des autres politiques.

28-1. Conditions d'application. Les conditions d'utilisation de l'ex-article 100 étaient peu exigeantes. Il suffisait d'établir qu'une réglementation avait « *une incidence directe sur l'établissement ou le fonctionnement du marché commun* » pour qu'une action de rapprochement des droits nationaux puisse se justifier. La preuve d'une telle incidence n'est en général pas difficile à rapporter.

Le texte prévoyait un rapprochement par directives arrêtées par le Conseil sur proposition de la Commission, la difficulté centrale venant de l'exigence d'unanimité du Conseil, difficile à réunir. Les propositions de directives présentées par la Commission en matière sociale ont de ce fait rencontré plus souvent l'échec que le succès.

Le Parlement européen était simplement consulté, ainsi que le Conseil économique et social. Encore la consultation ne s'est-elle imposée, depuis le traité de Maastricht, que dans la seule hypothèse où l'exécution de la directive comporterait une modification législative dans un État membre au moins. Le pouvoir d'influence du Parlement sur les directives de l'ex-article 100 était donc réduit au minimum (52).

28-2. Utilisation en matière de politique sociale. Jusqu'à l'Acte unique européen, les directives de rapprochement des législations sociales avaient été, pour le plus grand nombre d'entre elles, fondées sur l'ex-article 100. L'ex-article 118 A, issu de l'Acte unique européen et visant la protection du milieu de travail, quand bien même il ait été interprété assez extensivement, n'avait pas fait disparaître l'utilité de l'article 100.

1) Restructurations de l'entreprise. L'ancien article 100 a en particulier servi de base juridique à l'adoption, entre 1975 et 1980, des directives relatives aux droits des travailleurs face aux restructurations ou aux difficultés de l'entreprise (53). Deux enseignements généraux ont pu être tirés de cette expérience de législation communautaire. L'existence d'une volonté politique partagée par les États membres a pu d'abord faire la démonstration que, malgré l'article 118 du traité CEE et le renvoi que celui-ci faisait à des actes « qui ne lient pas », des mesures contraignantes pouvaient, en matière sociale, être fondées sur un article du traité relatif, en général, au rapprochement des législations. Mais elle a aussi signalé combien les directives de droit social sont liées à des objectifs économiques. Chacune des trois directives évoquées constitue en effet un instrument qui tend à l'égalisation des conditions de concurrence autant qu'à la protection des droits des travailleurs. Si l'article 100

(52) L'ex-article 101 mérite seulement d'être signalé. Relatif à la suppression des disparités faussant la concurrence, il n'est pas utilisé en matière sociale.

(53) Directive 75/129 du 17 février 1975 sur les licenciements collectifs ; directive 77/187 du 14 février 1977 sur les transferts d'entreprises ; directive 80/987 du 20 octobre 1980 sur l'insolvabilité de l'employeur ; v. *infra* n° 371 et s., n° 378 et s. et n° 501 et s.

du traité CEE a pu former leur base juridique, n'est-ce pas d'ailleurs parce que ces textes ont poursuivi un objectif d'ordre économique, intéressant directement la mise en place du marché commun ?

2) Égalité de rémunération de l'homme et de la femme. C'est un autre exemple significatif d'utilisation de l'ex-article 100. L'ex-article 119 du traité (devenu, après modification, article 141 TCE, puis article 157 TFUE), tout en ayant posé le principe d'égalité des rémunérations n'avait pas prévu de moyen d'action propre à mettre en œuvre celui-ci ; aussi avait-il fallu recourir à une combinaison entre l'article 100 du traité, offrant la base juridique, et l'article 119, fixant l'objectif à atteindre, pour que soit adoptée la directive relative à l'application du principe de l'égalité des rémunérations entre hommes et femmes (54).

Prolongeant les raisons qui avaient conduit à introduire l'article 119 dans le traité, cette directive était à la fois inspirée par un souci d'ordre social – ou plutôt humain – d'égalité, et par celui de la concurrence entre entreprises, tout comme l'ont été les autres directives relatives à l'égalité de traitement entre hommes et femmes qui se sont fondées, quant à elles, sur l'ancien article 235 du traité.

29. Article 114 TFUE : exclusion des droits des travailleurs. Le rapprochement des législations obéit désormais en principe aux dispositions de l'article 114 TFUE (ex-article 100 A et 95 TCE). L'article 114 TFUE prévoit l'adoption, suivant la procédure législative ordinaire, des mesures de rapprochement des législations « *ayant pour objet l'établissement et le fonctionnement du marché intérieur* » (article 114 § 1 TFUE).

C'est l'Acte unique européen qui a été à l'origine d'un changement ayant pour objectif de faciliter et accélérer la réalisation du marché intérieur en permettant de conduire le rapprochement des législations suivant une procédure majoritaire, alors que l'article 100 du traité CEE requérait l'unanimité. La procédure de coopération parlementaire a d'abord été applicable à l'article 100 A ; le traité de Maastricht lui a substitué la procédure de codécision, procédure législative ordinaire, désormais applicable à l'article 114 TFUE.

Or, l'article 114 TFUE ne s'applique pas aux dispositions relatives « *aux droits et intérêts des travailleurs salariés* », non plus qu'à celles relatives « *à la libre circulation des personnes* » (article 114 § 2 TFUE) (55). Ainsi formulée par le paragraphe 2 de l'article 114 TFUE, explicitement, l'exclusion redouble celle que l'on pouvait déjà déduire du paragraphe premier, déclarant ce texte applicable « *sauf si les traités en disposent autrement* », réserve propre à désigner les dispositions des traités relatives à la politique sociale et à la circulation des travailleurs.

Quant à l'ancien article 100, il n'a sans doute pas disparu des traités ; ses dispositions, qui s'étaient inscrites dans article 94 du traité CE, se retrouvent aujourd'hui, avec la même teneur, dans l'article 115 TFUE. Mais leur rôle

(54) Directive du Conseil n° 75/117 (CEE) du 10 février 1975 concernant le rapprochement des législations des États membres relatives à l'application du principe de l'égalité des rémunérations entre les travailleurs masculins et les travailleurs féminins (*JOCE* n° L. 45 du 19 février 1975).

(55) L'exclusion a a été imposée par le Royaume-Uni, très hostile au développement de la politique sociale. La matière fiscale est également exclue.

n'est plus que subsidiaire ou résiduel. Elles s'appliquent « *sans préjudice de l'article 114* », lequel exclut le « social ».

Le droit social est ainsi sorti du champ couvert par les dispositions générales du traité relatives au rapprochement des législations. Est-ce dire que ces dispositions ne peuvent pas fonder des actions ou des mesures de droit de l'Union intéressant les droits des travailleurs ? Non, car des mesures peuvent avoir les droits et intérêts des travailleurs pour objet secondaire ou accessoire et viser à titre principal un objet autre, les faisant entrer sous l'empire des dispositions de l'article 114 TFUE : ainsi d'une directive ayant pour objet la libre circulation de machines utilisées dans les entreprises, dont l'objet est aussi d'assurer la protection des travailleurs contre les dangers que leur utilisation peut présenter (56).

30. Le recours ultime à l'ex-article 235 du traité CEE, devenu article 308 TCE, puis 352 TFUE. L'ancien article 119, devenu 141 TCE, puis 157 TFUE, exigeait uniquement l'égalité des rémunérations. On avait jugé qu'il ne pouvait fonder des actions de la Communauté tendant de manière générale à assurer l'égalité professionnelle et sociale de l'homme et de la femme. Cette carence, jointe à une volonté partagée par l'ensemble des États membres d'étendre largement le principe d'égalité entre hommes et femmes, avait alors conduit à recourir à l'ultime possibilité offerte par l'ex-article 235, devenu article 308 TCE, puis, avec des adjonctions, article 352 TFUE (57).

Ce texte a été destiné à permettre à la Communauté et aujourd'hui à l'Union d'agir en vue de réaliser l'un de leurs objectifs, alors même que les traités n'ont pas « *prévu les pouvoirs d'action requis à cet effet* ». Le champ d'utilisation ouvert est aussi vaste que celui des objectifs de l'Union, ceux qui sont aujourd'hui sur un plan général formulés par l'article 3 § 3 du traité UE, mais aussi ceux, propres à la politique sociale, que vise l'article 151 TFUE (ancien articles 117, devenu, après modification, l'article 136 TCE). Le Conseil prend « *les dispositions appropriées* », expression qui peut s'entendre de n'importe quel acte de la Communauté, règlements et directives inclus. Il y faudra toutefois, bien sûr, l'unanimité du Conseil. La proposition d'action vient de la Commission. Le Parlement était simplement consulté ; le traité de Lisbonne réclame désormais son approbation.

L'article 352 du traité FUE ajoute à l'ancien texte :

– que la Commission doit attirer l'attention des parlements nationaux lorsqu'elle présente une proposition fondée sur l'article 308 ;

– que cette base juridique ne peut pas permettre de contourner les dispositions du traité qui excluent l'harmonisation des droits nationaux (58).

La fonction propre de l'article 235 du traité CEE (352 TFUE) a été de rendre possible le développement des politiques communautaires dans des directions nouvelles, non prévues par le traité en ce qui concerne les pouvoirs d'action, mais entrant

(56) V. *infra* n° 472.

(57) Ultime, si l'on exclut la théorie des pouvoirs implicites des institutions internationales, théorie dont le rôle en matière sociale est nul… du fait même de l'article 235.

(58) Article 308, § 2 et § 3 du traité sur le fonctionnement de l'Union (traité de Lisbonne).

parmi les objectifs communautaires. Le traité n'avait pas prévu l'existence d'une politique générale d'égalité sociale et professionnelle de l'homme et de la femme ; l'ex-article 235 a permis son apparition.

Faire le départ entre les conditions d'application de l'ex-article 235 (308 TCE, 352 TFUE) et celles de l'ex-article 100 (94 TCE, 114 TFUE) toutefois n'est pas chose aisée et l'on a d'ailleurs pu voir des textes se fonder concurremment sur l'ex-article 100 et sur l'ex-article 235. L'objectif général d'égalisation dans le progrès des conditions de vie et de travail pouvait orienter le choix, faute de moyens d'action spécifiques, indifféremment vers l'une comme vers l'autre des deux bases juridiques. Opter pour un double fondement a alors été une solution praticable, les régimes juridiques prévus par les deux textes étant combinables : unanimité du Conseil, consultation du Parlement européen.

La pratique communautaire a connu à ce sujet une évolution. Les premières directives élargissant l'égalité de traitement entre hommes et femmes au-delà des rémunérations ont été fondées sur l'ex-article 235 (59). Les directives ultérieures l'ont été sur le double fondement des ex-articles 100, devenu 114 TFUE, et 235, devenu article 352 TFUE (60).

Ce n'est pas parce qu'aujourd'hui l'Union a de larges pouvoirs d'action en matière de politique sociale que le recours aux possibilités offertes par l'article 352 TFUE s'en trouverait fermé. On en a une illustration présente avec la proposition de règlement relatif au droit de mener des actions collectives présentée le 21 mars 2012 par la Commission, dans un domaine pour lequel l'article 153 TFUE exclut en principe l'intervention législative de l'Union (61).

D. — Des compétences exclues ?

31. Article 137 § 5 du traité CE (153 § 5 du traité FUE). Faisant suite à l'Accord sur le politique sociale, le traité a écarté des compétences de l'Union en matière de politique sociale, les rémunérations, le droit d'association, le droit de grève et le *lock-out* (article 137 § 5).

Quelle est la portée exacte de l'exclusion de compétence ? Aucune des exclusions posées par l'article 153 TFUE (ex-article 137 TCE) ne présente un caractère absolu ou complet, tant s'en faut, et la portée de l'exclusion est finalement bien limitée.

31-1. Dispositions générales. Elle l'est d'abord en raison du réservoir de compétence potentielle que ménagent les dispositions de l'article 114 TFUE (ex-article 100 A, puis 95 TCE, devenu 115 FUE), celles de l'article 352 TFUE (ex-article 235, puis

(59) La directive 76/706 (CEE) du 9 février 1976 sur l'égalité professionnelle de l'homme et de la femme, qui, la première, a repoussé les limites de l'ex-article 119, a été fondée sur l'ex-article 235. C'est la directive qui a déclenché l'essor d'une large politique communautaire d'égalité. L'ex-article 235 a constitué également le fondement, deux ans plus tard, de la directive 79/7 (CEE) du 19 décembre 1978 sur l'égalité en matière de sécurité sociale, autre élargissement ; v. *infra* n° 262.

(60) Directive n° 86/378 (CEE) du 24 juillet 1986 sur l'égalité de traitement dans les régimes professionnels de sécurité sociale ; directive n° 86/613 (CEE) du 11 décembre 1986 sur l'égalité de traitement professionnel dans les activités indépendantes.

(61) Com (2012) 0130 final ; v. n° suivant.

308 TCE), voire encore celles de l'article 115 TFUE (ex-article 100, puis 94 TCE), et qui est en effet très largement ouvert. Si la réalisation du marché intérieur et plus largement encore, celle d'un objectif du traité, le justifient, des mesures dans l'un des domaines exclus par l'article 137 (153 FUE) pourraient être envisagées par l'Union. Il faut se demander s'il ne peut être passé outre aux exclusions proclamées, en particulier si l'intervention de l'Union se fait principalement au titre de la politique économique plutôt qu'à celui de la politique sociale, en raison de menaces que le droit des États membres ferait peser sur la concurrence ou l'exercice d'une liberté de circulation. Bien entendu, les principes de subsidiarité-proportionnalité s'exprimeraient alors avec force.

La proposition de règlement du Conseil « *relatif à l'exercice du droit de mener des actions collectives* » présentée par la Commission le 21 mars 2012 (62) donne une grande actualité au débat. La proposition de règlement est fondée sur l'article 352 TFUE, la Commission prétendant justifier son initiative, malgré l'absence de compétence de l'Union pour réglementer le droit d'action collective au titre de la politique sociale (article 153 § 5 TFUE), par « *le contexte de la liberté d'établissement et de la libre prestation de services* ». L'exercice du droit de grève, droit reconnu comme fondamental, et les deux libertés visées pouvant entrer en conflit, une intervention normative de l'Union se justifierait pour garantir le respect réciproque de l'un comme des autres. La proposition de règlement a soulevé une certaine émotion du côté des parlements nationaux, du Sénat français, tout particulièrement, qui ont protesté à titre principal contre l'intrusion de l'Union dans un domaine de compétence appartenant aux États membres et, à titre secondaire, contre le non-respect du principe de subsidiarité (63).

Il faut également tenir compte de l'obligation qu'ont les États membres de ne pas « *mettre en péril les objectifs de l'Union* » et par conséquent de s'abstenir de prendre des mesures, normes ou décisions, qui s'opposeraient à l'application du droit de l'Union : idée d'« intégration négative ».

31-2. Rémunérations. Il n'est pas possible d'affirmer que la question des rémunérations – champ privilégié de la négociation collective – échappe entièrement au droit de l'Union. Le principe d'égalité des rémunérations entre hommes et femmes est fermement consacré ; il peut avoir des effets de portée générale sur les mécanismes de rémunération des travailleurs (64). L'égalité des rémunérations entre travailleurs nationaux et ressortissants des autres États membres s'impose également (65). D'autres réglementations de l'Union peuvent avoir des effets sur le terrain des rémunérations, en matière de transfert d'entreprises, d'aménagement du temps de travail, pour les contrats à durée déterminée, d'intérim, à temps partiel, etc. Le principe « *À travail égal, salaire égal* » a largement pris ancrage dans le droit de l'Union européenne. C'est seulement la détermination du montant ou du niveau des rémunérations qui, en l'état, échappe au droit de l'Union, tout en n'échappant pas à d'éventuelles négociations salariales au niveau européen (66).

(62) Com (2012) 0130 final.
(63) V. *infra* n° 34 et s.
(64) V. *infra* n° 283 et s.
(65) Elle l'est même directement par les dispositions de l'ex-article 48 (devenu 39 CE, puis 45 FUE) du traité.
(66) L'euro devrait favoriser le développement de négociations collectives salariales européennes.

31-3. Droit de grève et droit syndical. Droit de grève, droit syndical et droit communautaire peuvent occasionnellement se rencontrer. Un mouvement collectif peut participer d'un abus de position dominante ou encore d'une entrave aux importations d'autres États membres. On l'a vu en particulier dans l'affaire *Merci Porto di Genova c. Siderurgica* (67). L'exercice du droit de grève et du droit syndical peut gêner ou compromettre les libertés d'établissement ou de prestation de services. Dans ses arrêts *Viking* et *Laval*, la Cour de justice, tout en reconnaissant au droit de grève la valeur d'un droit fondamental (68), a estimé qu'une conciliation doit être opérée entre le droit d'action collective et le respect des libertés économiques qui sont au fondement du droit de l'Union (69).

Que la compétence pour édicter des normes en ces matières reste exclusivement nationale n'empêchera pas que les États doivent, dans l'exercice de cette compétence, veiller à ne pas « *mettre en péril les objectifs de l'Union* » (article 4 § 3, *in fine*, TUE). Négativement, tenus d'une obligation de coopération, les États membres doivent s'abstenir d'exercer leur compétence dans un sens qui s'oppose au droit de l'Union. On retrouvera cette question plus loin (70).

La proposition de règlement relative au droit d'action collective montre que la pression du droit de l'Union pourrait même aller au-delà d'une obligation d'abstention et se traduire dans celle, positive, de réformer leur système juridique dans le cadre d'une harmonisation imposée par l'Union.

E. — Synthèse

32. La politique sociale, élément central d'un ensemble plus large. Dans le système des compétences que l'Union européenne possède en matière sociale, la politique sociale, telle que visée et gouvernée par les dispositions de l'article 153 TFUE, occupe la place centrale. Gravite autour d'elle une série d'autres compétences qui ont chacune leur objet propre et une intensité qui varie selon leur objet.

32-1. Politique sociale. Le traité d'Amsterdam a parachevé une évolution qui a abouti à un retournement quasi complet du système des compétences de l'Union en matière de politique sociale. Les traités de Nice et de Lisbonne ont maintenu, sauf retouches mineures, le système issu du traité d'Amsterdam.

Le rapprochement des législations sociales était longtemps resté placé sous l'empire de l'ex-article 100 (article 114 TFUE) parfois de l'ex-article 235 (article 352 TFUE) et de l'exigence d'unanimité, sous la réserve principale de l'ex-article 118 A qui, dans son domaine d'application, a permis l'adoption de directives à la majorité qualifiée. On comprend ainsi l'importance qu'a pu revêtir l'interprétation de cet

(67) CJCE, 10 décembre 1991, aff. C-179/90, *Rec.* I, p. 5889 ; *JDI* (Clunet) 1992, p. 477 obs. Hermitte. Étaient mis en cause les droits exclusifs conférés par la réglementation italienne à des entreprises portuaires et à leurs travailleurs, leur permettant de peser abusivement sur le prix et la qualité des prestations fournies.

(68) V. *infra* n° 447.

(69) CJCE, 11 décembre 2007, aff. C-438/05, *International Transport Workers' Federation c. Viking Line ;* CJCE, 18 décembre 2007, *Laval un Partneri Ltd*, aff. C-341/05.

(70) V. *infra* n° 48.

article 118 A et du domaine couvert par la notion d'amélioration de la santé et de la sécurité sur le lieu de travail (71). Il en allait de l'utilisation possible d'une procédure majoritaire, en même temps que d'un rôle accru du Parlement européen (72). On a également vu que l'ex-article 100 A § 1 (95 § 1, renuméroté 114 § 1) pouvait, dans les mêmes conditions de procédure, servir occasionnellement une finalité sociale (73).

Les changements introduits, dans le prolongement de l'Accord sur la politique sociale, par le traité d'Amsterdam, à l'article 137 CE (153 FUE), ont eu une double portée :

– d'une part, le traité d'Amsterdam a multiplié les domaines dans lesquels l'Union est maintenant appelée à agir par voie de directives adoptées à la majorité qualifiée du Conseil, suivant la « *procédure législative ordinaire* » ;

– d'autre part, sans renoncer à l'application d'une procédure d'unanimité du Conseil (« procédure législative spéciale »), il a fait entrer dans le champ des compétences spécifiques que la Communauté reçoit en matière sociale, nombre de questions qui jusque-là permettaient seulement de recourir aux possibilités indifférenciées des ex-articles 100 ou 235.

Pour les actes adoptés à la majorité qualifiée du Conseil, on notera que la procédure de coopération avec le Parlement a disparu au profit systématique de la codécision.

Quant aux dispositions du traité FUE qui gouvernent le rapprochement des législations dans le cadre général de la réalisation du marche intérieur (articles 114 et 115 TFUE) ou permettent à l'Union d'agir pour atteindre un de ses objectifs, alors que les moyens d'action nécessaires n'ont pas été prévus (article 352 TFUE), ils pourraient conserver une utilité résiduelle, notamment pour régler des questions qui se situent au point de rencontre de la politique économique et de la politique sociale.

32-2. Autour de la politique sociale. Les dispositions des articles 151 à 161 TFUE, consacrés à la politique sociale, sont au cœur de l'ensemble, mais sont loin d'épuiser la liste des objets d'action et des compétences de l'Union intéressant la matière sociale. Les dispositions permettant à l'Union d'agir en matière de circulation des travailleurs, d'emploi, de formation professionnelle, d'éducation, viennent compléter la politique sociale.

Pour chacun de ces objets d'action, une compétence est donnée aux autorités de l'Union. Mais le degré d'intensité de la compétence accordée à l'Union varie d'un objet à l'autre. L'Union peut posséder une compétence lui permettant d'agir avec force dans tel domaine et n'avoir que des possibilités d'action faibles ou limitées dans tel autre.

33. Classification des compétences. Le traité de Lisbonne a l'intérêt particulier d'avoir voulu théoriser le système de compétences conférées à l'Union. Il l'a fait

(71) Exception à l'exception posée par l'ancien article 100 A § 2 (devenu art. 95 § 2, renuméroté 94) l'ancien article 118 A marquait un retour à une procédure de majorité qualifiée, c'est-à-dire à la règle : interprétation large. Mais l'exigence d'unanimité que pose l'ancien article 100 (devenu article 94, puis 95) ne restait-elle pas le principe, principe commandant une interprétation étroite ?

(72) Le choix de la base juridique commande ce rôle ; sur le contentieux qui en est résulté, v. *infra* n° 58.

(73) V. n° précédent.

dans des dispositions d'application générale, concernant la matière sociale comme les autres domaines de compétence. Si le système mis en place par l'article 2 TFUE, au titre des « *Catégories et domaines des compétences de l'Union* », n'est pas d'une limpidité entière, il permet tout de même de mieux organiser et classer les compétences sociales de l'Union.

Au sommet de l'organisation, on trouve les compétences exclusives, celles qui font de l'Union le législateur exclusif d'un domaine d'action déterminé. Le droit social n'entre pas dans les compétences exclusives (74). En revanche, il relève des compétences partagées, c'est-à-dire des domaines d'action dans lesquels l'Union et les États membres peuvent l'une et les autres légiférer. C'est ce que dit expressément l'article 4 TFUE dont le paragraphe 2 vise en tant que compétence partagée la politique sociale (article 4 § 2 b) ainsi que l'espace de liberté, de sécurité et de justice, c'est-à-dire l'espace de circulation des personnes et plus particulièrement des travailleurs (articles 4 § 2 j). Le marché intérieur relève aussi des compétences partagées (articles 4 § 2 a).

L'attribution à l'Union d'une compétence exclusive ou partagée lui permet d'adopter des actes juridiquement contraignants dans les domaines concernés. Elle se couple également avec la possibilité de procéder à une harmonisation ou un rapprochement des législations nationales.

Mais l'Union peut aussi ne posséder qu'une compétence l'autorisant à mener des actions de coordination des politiques nationales (article 2 § 3 et § 5 TFUE). Ces compétences coordinatrices permettront dans certains domaines à l'Union d'adopter des « *lignes directrices* » destinées à guider l'action des États membres. Ce sera le cas des politiques de l'emploi des États membres (article 5 § 2 TFUE). Dans d'autres domaines, l'Union viendra simplement « *appuyer, coordonner ou compléter l'action des États membres* ». Ainsi pour l'éducation, la formation professionnelle, la jeunesse et le sport (article 6 e) TFUE).

Pour ces actions de coordination, l'Union possède simplement « *une* » compétence, compétence qui s'inscrit dans le respect de celle des États membres et qui ne lui permet pas de procéder à une harmonisation des droits nationaux. L'idée de coopération prédomine, celle d'actions juridiquement contraignantes de l'Union s'estompe.

Ces questions, intéressant l'intensité des compétences et des actions de l'Union, vont se retrouver en examinant maintenant sous quel encadrement s'exercent les compétences de l'Union.

Section 2

Exercice des compétences

34. Bilatéralité des encadrements. Un ordre juridique, tel que celui de l'Union européenne, reste donc placé sous l'empire du principe d'attribution et

(74) V. toutefois, *infra* n° 37 et s.

de la combinaison qui s'ensuit entre compétences nationales et ordre juridique de l'Union. Les compétences conférées à l'Union européenne en matière sociale entrent pour les plus importantes d'entre elles dans la catégorie des compétences partagées. Droit de l'Union et droits nationaux se combinent ; compétences de l'Union et compétences nationales se partagent. Deux principes viennent au premier plan pour permettre d'ordonner cette combinaison ou ce partage, les principes de subsidiarité et de proportionnalité. Mais ils ne sont pas les seuls à présider à l'ordonnancement. Il faut leur ajouter le principe de coopération loyale, principe de loyauté, qui gouverne les relations entre les institutions et les autorités, de l'Union ou nationales, dont l'action est en jeu dans l'ordre juridique de l'Union. Il faut aussi faire la part de ce que l'on peut désigner comme le principe de « coordination », qui, spécialement dans les domaines marqués par la faiblesse ou la ténuité des compétences de l'Union, offre à celle-ci des moyens d'influence, une méthode – « *méthode ouverte de coordination* » – de gouvernance souple.

Ces principes et méthodes concourent à encadrer l'action normative dans l'Union ; ils peuvent, à des degrés divers, le faire pour l'action des États membres. Le principe de subsidiarité pèse sur les possibilités d'action de l'Union. Le principe de proportionnalité diffuse ses effets entre le droit de l'Union et, tout aussi fortement, les droits nationaux. Un devoir de coopération interinstitutionnel s'impose de manière générale au sein de l'Union ; la loyauté que réclame l'appartenance à l'Union faisant ressentir ses effets les plus sensibles à l'égard des États membres, y compris dans des domaines qui relèvent de leur compétence. La « *méthode ouverte de coordination* » est un instrument propre à contourner l'inanité des compétences harmonisatrices de l'Union pour permettre malgré tout à celle-ci de guider l'action des États. L'encadrement, on le voit, concerne bilatéralement aussi bien l'action nationale que celle de l'Union.

Les principes de subsidiarité et de proportionnalité viennent au premier plan. Ils sont étroitement liés l'un à l'autre et on en parlera pour commencer. Le principe de loyauté sera ensuite considéré, puis pour finir la méthode ouverte de coordination.

§ 1. — Les principes de subsidiarité et de proportionnalité

35. Article 5 du traité sur l'Union européenne (ex-article 5 TCE). Les deux principes conditionnent l'exercice des compétences de l'Union. Ils ont en commun d'appeler à une certaine retenue ou modération dans l'action. Bien que l'on constate parfois certaines manifestations de chevauchement ou de confusion entre les deux principes, ils traduisent cependant une idée générale qui est propre à chacun. La subsidiarité renvoie au principe et à l'objet des actions. Dans nombre de domaines de compétence de l'Union, il revient principalement ou prioritairement aux États d'agir et l'Union ne le fera que subsidiairement, à défaut de l'action des États. Les autorités de l'Union auront alors à justifier des raisons qu'elles ont de substituer leur action à celle des États membres. La proportionnalité est relative à la mesure de l'action ainsi qu'à sa forme, qui devront être justement appropriées et éviter que le droit de l'Union ne pénètre plus que de besoin les droits nationaux. La subsidiarité a sa place avant l'action, la proportionnalité dans l'action.

Le traité de Maastricht avait entendu de manière générale soumettre l'action de la Communauté au respect du principe de subsidiarité. Le principe a été inscrit dans l'article 5, alinéa 2, du traité Communauté européenne, dans les termes suivants :

« *Dans les domaines qui ne relèvent pas de sa compétence exclusive, la Communauté n'intervient, conformément au principe de subsidiarité, que si et dans la mesure où les objectifs de l'action envisagée ne peuvent pas être réalisés de manière suffisante par les États membres et peuvent donc, en raison des dimensionsou des effets de l'action envisagée, être mieux réalisés au niveau communautaire* ».

Le traité de Lisbonne, qui a transféré les dispositions relatives au principe de subsidiarité dans le traité sur l'Union européenne, conserve le texte précédent, ajoutant simplement, à l'article 5 § 3, après « *réalisés de manière suffisante par les États membres* » : « *tant au niveau central qu'au niveau régional et local* ».

Le traité fait ainsi une distinction entre les domaines dans lesquels les compétences communautaires ont un caractère exclusif et les autres domaines de compétence communautaire. Ou bien l'on est dans un domaine qui ne correspond pas à une compétence exclusive de l'Union et le principe de subsidiarité s'exprime, l'Union ne devant agir qu'à défaut d'action efficace des États membres. Ou bien sa compétence est exclusive et l'Union est donc seule à posséder un pouvoir d'agir. Le principe de subsidiarité ne s'exprime qu'en cas de compétence non-exclusive. Il est en outre logique de ne lui ménager aucun rôle là où aucune compétence n'est reconnue à l'Union.

En revanche, le principe de proportionnalité est d'application générale ; il gouverne toute l'action de l'Union et oblige celle-ci à ne pas développer ses interventions législatives au-delà du nécessaire. « *En vertu du principe de proportionnalité, le contenu et la forme de l'action de l'Union n'excèdent pas ce qui est nécessaire pour atteindre les objectifs des traités* », énonce l'article 5 § 4 TUE comme le faisait déjà l'article 5 TCE.

36. Protocoles sur les principes de subsidiarité et proportionnalité et relatif à leur contrôle. Formulés par l'article 5 TUE, dans des termes partiellement remodelés (v. ex-article 5 TCE), les principes sont complétés et explicités par un protocole annexé aux traités. Les institutions de l'Union les appliquent « *conformément au protocole* » (article 5 § 3 et § 4 TUE). Il en va d'un commandement explicite, dont le respect est placé sous le contrôle de la Cour de justice et, préventivement, sous la surveillance des parlements nationaux.

S'agissant plus spécialement du principe de subsidiarité, le protocole – Protocole n° 2, sur l'application des principes de subsidiarité et de proportionnalité – veut que toute proposition de texte législatif de l'Union comporte une déclaration justifiant qu'elle poursuit un objectif de l'Union et que cet objectif peut être mieux réalisé à l'échelon de l'Union. Elle devra faire apparaître, comparativement, que l'action des États membres est insuffisante ou insatisfaisante, d'une part, qu'une action de l'Union serait, compte tenu de ses dimensions et de ses effets, utile pour réaliser des objectifs de l'Union, d'autre part. Avant d'exercer son pouvoir de proposition, la Commission procède à de larges consultations, portant en particulier sur la dimension régionale et locale de l'action envisagée (75). Le principe de subsidiarité bride le pouvoir d'initiative de la Commission (76).

Le protocole annexé au traité de Lisbonne vise en particulier à permettre et organiser un contrôle des parlements nationaux sur le respect du principe de subsidiarité par les autorités de l'Union (77). La Commission communique ses propositions législatives aux parlements nationaux en même temps qu'elle en saisit le législateur de l'Union ; tout parlement national peut, sous délai de huit semaines, envoyer un avis motivé sur l'application du principe de subsidiarité, dont les autorités communautaires « tiennent compte » ; si les avis négatifs émis par les parlements nationaux représentent au moins un tiers des voix qui leur sont attribuées, la Commission est tenue de réexaminer sa proposition et de motiver sa décision de la maintenir, la modifier ou la retirer.

La proposition de règlement du Conseil « *relatif à l'exercice du droit de mener des actions collectives* » présentée par la Commission le 21 mars 2012 (78) a conduit à mettre en œuvre le mécanisme de contrôle *a priori* par les parlements nationaux. Le Sénat français et un nombre très important de parlements ou de chambres de parlements d'autres États membres ont pris des résolutions dénonçant la proposition de règlement. La proposition de règlement a été fondée sur l'article 352 TFUE, la Commission prétendant justifier son initiative, malgré l'absence de compétence, de l'Union pour réglementer le droit d'action collective (article 153 § 5 TFUE), par « *le contexte de la liberté d'établissement et de la libre prestation de services* ». L'exercice du droit de grève, droit reconnu comme fondamental, et les deux libertés visées pouvant entrer en conflit, une intervention normative de l'Union se justifierait pour garantir le respect réciproque de l'un comme des autres. Violation du principe de subsidiarité, pire, usurpation des compétences nationales (79) ? La Commission, devant cette contestation, a retiré sa proposition.

Quant à la Cour de justice, elle est « *compétente pour se prononcer sur les recours pour violation, par un acte législatif, du principe de subsidiarité* », y compris lorsque le recours est formé par un État membre, au nom de son parlement (80).

(75) Article 2 du protocole. Le protocole du traité d'Amsterdam (v. note suivante) était plus détaillé ; il réclamait la publication des documents relatifs à ces consultations.

(76) Le protocole annexé au traité d'Amsterdam s'était inspiré de l'accord inter-institutionnel du 25 octobre 1993 entre le Parlement européen, le Conseil et la Commission sur le principe de subsidiarité, *JOCE* n° C 331 du 7 décembre 1993 ; v. *RTD eur.* 1992, p. 728, pour la communication de la Commission au Conseil et au Parlement ayant servi de base à l'accord interinstitutionnel. V. également, *RTD eur.* 1995, p. 345, rapport du Conseil sur le fonctionnement du Traité sur l'Union européenne. Le protocole du traité d'Amsterdam était plus détaillé et précis sur les conditions d'application des deux principes que celui qui a été annexé au traité de Lisbonne. Sous réserve d'une obligation de motiver l'introduction de l'action engagée, le protocole ouvrait plutôt qu'il ne fermait les possibilités d'action de la Communauté, malgré le principe de subsidiarité. Il entendait confirmer en outre les compétences que la Communauté a acquises en les exerçant par le passé. Son insistance allait plutôt vers la juste mesure que doivent garder les actions de la Communauté.

(77) Le protocole n° 2, relatif aux principes de subsidiarité et proportionnalité, s'articule étroitement avec le protocole n° 1, sur le rôle des parlements nationaux dans l'Union européenne.

(78) Com (2012) 0130 final.

(79) V. les brèves observations de D. Simon, *Europe*, n° 7/2012, p. 1.

(80) Article 8 du protocole n° 2.

A. — Subsidiarité

37. Deux subsidiarités. L'évolution du droit institutionnel a conduit à distinguer et articuler, en matière sociale, deux types de subsidiarité. La première, générale, est celle qui, dans le jeu institutionnel général, conditionne l'action législative de l'Union. La seconde tient au rôle qui est désormais celui des partenaires sociaux et qui est de nature à placer l'action « législative » de l'Union en position subsidiaire par rapport à celle des partenaires sociaux.

1° Subsidiarité et action « législative » de la Communauté

38. Signification générale du principe. Mieux vaut que les règles émanent de ceux qui y sont directement intéressés ou de leurs représentants directs plutôt que d'une instance lointaine. Transposée dans les relations entre Union et États membres, le principe donne priorité à l'action normative des États membres sur l'intervention communautaire. Cette dernière se justifie toutefois en cas de carence de l'action étatique. De cette idée générale se dégage un principe qui peut aussi être dit de proximité (81).

Sous la référence au principe de subsidiarité, le traité tend vers plus de précision. Il soumet l'action de l'Union à une double condition :

– que les objectifs de l'action ne puissent pas être réalisés de façon suffisante par les États membres ;

– que cette action puisse être mieux conduite au niveau de l'Union en raison de sa dimension ou des effets qui en sont attendus (82).

Une première compréhension de la notion de subsidiarité voudrait que la compétence pour agir appartienne d'abord aux États membres et qu'il revienne aux autorités de l'Union de le faire, en tant que de besoin, en fonction d'un double critère : utilité de l'action pour l'Union, insuffisance de l'action nationale. S'exprime ici le sens usuel du terme « subsidiarité », supposant le défaut d'action de celui – personne, organe, autorité – qui est au premier chef titulaire du pouvoir d'agir, ce défaut justifiant qu'un autre le remplace dans la même fonction. L'action doit venir en premier lieu des États membres, l'Union n'agit qu'à leur défaut. On retrouve l'une des significations possibles de l'ex-article 117, toujours présente dans l'actuel article 151 TFUE : l'harmonisation sociale devrait être le fruit de l'action spontanée des États, mais le rapprochement des législations par l'action communautaire corrigera les insuffisances de l'harmonisation spontanée (83).

(81) V. Ph. Langlois, « Europe sociale et subsidiarité », *Dr. soc.* 1993, p. 201 ; G. Lyon-Caen, « Subsidiarité et droit social européen », *in Études en l'honneur de Lord Wedderburn*, *Dr. soc.* 1997, p. 382 ; V. en général, K. Lenaerts et P. Van Ypersele, « Le principe de subsidiarité et son contexte », *Cah. dr. eur.* 1994 ; G. Strozzi, « Le principe de subsidiarité…, une énigme et beaucoup d'attentes », *RTD eur.* 1994, p. 373 ; Vl. Constantinesco, « Le principe de subsidiarité, un passage obligé », *in Mélanges Boulouis*, Dalloz, 1991, p. 35.

(82) Le protocole du traité d'Amsterdam sur l'application du principe de subsidiarité avait fixé à la Communauté les lignes directrices suivantes : tenir compte des aspects transnationaux qui dépassent l'action efficace des États ; vérifier que l'absence d'action de la communauté contrarierait les exigences du traité ; examiner les avantages comparés d'une action communautaire et d'actions nationales (point 5 du protocole).

(83) Les directives de rapprochement des législations sociales ont le plus souvent répondu à la constatation d'une insuffisance de l'action nationale, en particulier pour corriger des distorsions de concurrence.

Il s'en déduit que la politique sociale reste dans son ensemble attribuée à l'action des États membres. À l'Union revient toutefois une compétence potentielle qui ne se localise *a priori* nulle part mais peut être appelée à se manifester en tout point du champ couvert par la politique sociale. Sous ce premier sens, la subsidiarité ne distribue pas les domaines de compétence entre Communauté et États membres. Elle les articule dans une relation de principal à subsidiaire.

Le texte du traité oriente aussi l'analyse vers l'idée d'un partage des fonctions entre les États membres et l'Union. Deux critères y conduisent. Une action utile à l'Union ne peut pas être conduite de façon efficace au niveau national ; elle peut en revanche l'être au niveau de l'Union. Il en sera ainsi lorsque la situation régie présente une dimension transeuropéenne ou encore parce que l'on attend de cette action des effets qui excèdent le cadre d'un ordre juridique national (84).

Le critère de l'intervention de l'Union ne résidera pas, suivant cette conception, dans l'insuffisance d'une action possible des États membres, mais plutôt dans l'impossibilité d'une action efficace de leur part. La subsidiarité se traduit alors, au prix d'une certaine distorsion infligée à la notion, dans une distribution de compétences entre l'Union et les États membres.

Les deux subsidiarités, « articulative » d'un côté, distributive de l'autre, ne sont pas destinées à s'exclure. Elles se combinent en pratique.

39. Prépondérance de la compétence nationale. Le principe que la compétence de l'Union est subsidiaire va de pair avec une prépondérance des compétences nationales. La Cour de justice affirme effectivement qu'en l'état, les compétences relatives à la matière sociale appartiennent en principe aux États.

L'appréciation des « *choix politiques et économiques* » gouvernant la détermination des réglementations sociales « *appartient, en l'état actuel du droit communautaire, aux États membres* », a-t-elle dit dans l'arrêt *Torfaen* (85), expression qu'elle a reprise ultérieurement (86).

Ces formules ont été utilisées dans le cadre du contentieux qui a pris naissance sur la compatibilité entre des règles sociales nationales et les règles du droit communautaire relatives aux libertés de concurrence et de circulation (87), contentieux qui a conduit la Cour à s'interroger sur la légitimité des réglementations sociales nationales face au droit communautaire.

L'avis de la Cour de justice du 17 mars 1993, concernant la Convention n° 170 de l'Organisation internationale du travail (88), a énoncé également qu'« *en l'état actuel*

(84) On peut, par exemple, rattacher à cette conception de la subsidiarité la directive 94/45 relative au Comité d'entreprise européenne et de manière plus générale, l'ensemble des efforts communautaires pour assurer l'information et la consultation des travailleurs des entreprises multinationales. Dimension et effets de ce type d'action nécessitent qu'elle soit menée au niveau européen, ... à défaut de pouvoir l'être plus efficacement encore à un niveau mondial. Sur ces questions, V. *infra* n° 398-402.

(85) CJCE, 23 novembre 1989, *Torfaen Borough Council c. B & Q PLC*, aff. 145/88, *Rec.* p. 3851. V. antérieurement, CJCE, 14 juin 1981, *Oebel*, aff. 155/80, *Rec.* p. 1993.

(86) CJCE, 28 février 1991, *Conforama*, aff. 312/89, *Rec.* p. 997, *Marchandise*, aff. 332/89, *Rec.* p. 1027.

(87) Pour l'analyse de ces difficultés, v. notamment *infra* n° 352-357, n° 447.

(88) Avis 2/91, *JO* n° C 109, 19 avril 1993, *RTD eur.* 1993, p. 545.

du droit communautaire, la politique sociale relève d'une manière prépondérante du domaine de la compétence des États membres ».

En matière de sécurité sociale, la Cour de justice s'est aussi exprimée sur le principe de la compétence des États membres. « *Le droit communautaire ne porte pas atteinte à la compétence des États membres pour aménager leurs systèmes de sécurité sociale* » (89).

40. Déclinaisons du principe de subsidiarité. Le schéma d'ensemble que propose le texte du traité est particulièrement tranché.

L'article 4 TFUE, depuis le traité de Lisbonne, vise la politique sociale au titre des compétences partagées (article 4 § 2 b). Plus largement, ce texte fait entrer tout le champ du « social » dans les compétences partagées, qu'il s'agisse de la cohésion économique, sociale et territoriale, de l'espace de liberté, sécurité et justice (circulation des travailleurs), voire du marché intérieur dont la réalisation peut sous certains aspects intéresser le droit social. En revanche, la concurrence appartient à la compétence exclusive de l'Union (article 3 § 1 b).

L'opposition entre compétence exclusive et compétence assujettie au respect du principe de subsidiarité est en partie trompeuse. Tel qu'il ressort des dispositions du traité et de l'exercice qui en a été fait, le tableau des compétences est plus diversifié. L'article 5 ne rend pas compte de tout le nuancier.

On avait déjà pu observer la présence latente du principe dans le texte de l'article 117 du traité de Rome. Il s'en déduisait que l'harmonisation sociale résulte normalement de l'action spontanée des États membres et que la Communauté n'a lieu d'intervenir qu'autant que de besoin, ponctuellement, par des mesures de rapprochement des droits nationaux.

Affirmé avec une portée générale par le traité, le principe se décline dans des formules qui diffèrent suivant le domaine d'action concerné. Visant de manière générale la politique sociale, l'article 153 TFUE (ex-article 137 TCE) dit de l'Union qu'elle « *soutient et complète l'action des États membres* ». À propos de l'éducation et de la formation professionnelle, les articles 165 et 166 TFUE (ex-articles 126 et 127, devenus articles 149 et 150 TCE), énoncent que l'Union agit « *en respectant pleinement la responsabilité des États membres* », « *à l'exclusion de toute harmonisation* » des droits nationaux. Elle se borne à « *appuyer et compléter* » l'action des États ; si en outre cela est nécessaire, est-il ajouté pour l'éducation. Ces formules, qui intéressent aussi la proportionnalité, montrent, à des degrés divers, un souci d'encadrer, de limiter au nécessaire l'intervention communautaire. Elles donnent une plus ou moins grande force à l'emprise du principe. Elles mettent également l'accent sur l'importance première du rôle des États membres. Mais dans d'autres dispositions du traité, le principe de subsidiarité ne transparaît pas. Ce sera notamment le cas pour la liberté de circulation des travailleurs. Nulle trace d'une subsidiarité de l'action normative de l'Union dans les dispositions des articles 45, 46 et 48 TFUE (ex-articles 39, 40 et 42 TCE).

(89) CJCE, 7 février 1984, *Duphar*, aff. 238/82, *Rec.* p. 523, concl. MANCINI, la même formule étant reprise dans de nombreux arrêts ultérieurs.

Ces déclinaisons sont à rattacher à la classification des compétences communautaires que le traité modificatif de Lisbonne, comme le faisait déjà le projet de traité constitutionnel, a introduite (90).

L'Union possède-t-elle en matière sociale des compétences à caractère proprement exclusif, chassant la compétence nationale ? On ne peut guère le soutenir que pour le Fonds social européen. Seule l'Union peut déterminer les règles applicables à un fonds qui est le sien. Pour tout le reste, compétences et actions nationales se marient avec compétences et actions communautaires.

Avant le traité de Lisbonne, on pouvait se demander si la liberté de circulation des travailleurs, à l'instar des règles de concurrence, n'entrait pas dans un domaine de compétence exclusive de la Communauté, du moins pour les aspects économiques et sociaux de cette liberté, par opposition aux questions relevant du droit de séjour des étrangers (91). L'importance, l'intensité de l'investissement législatif de la Communauté dans ce domaine se prêtaient à pareille analyse (92). Le traité de Lisbonne en fait un domaine de compétence partagée.

L'application des dispositions du traité donnant de manière générale à l'Union la possibilité d'agir – article 352 TFUE, anciens articles 235, puis 308 TCE mais aussi article 114 et 115 TFUE, ex-article 100A et 100, devenus article 95 et 94 TCE – en vue de réaliser les objectifs qui sont les siens, devrait quant à elle être fermement soumise au respect du principe de subsidiarité. Le traité n'ayant pas identifié de domaines d'action spécifiques ou n'ayant pas même prévu de moyens d'action, il est raisonnable de considérer que l'Union doit démontrer et justifier la nécessité de son intervention.

La subsidiarité se marque ici deux fois. Les articles 94 et 308 CE ont d'une part une fonction subsidiaire au sens où ils permettent de suppléer le défaut de compétences spécifiques de la Communauté. Le défaut de compétence spécifique de la Communauté renvoie d'autre part à une compétence principale qui reste corrélativement celle des États membres.

La difficulté de procéder à une classification claire est d'autant plus grande que la distribution des domaines d'action entre compétence exclusive et compétence partagée n'est pas stable.

41. Incidence de l'exercice des compétences. Le jeu des compétences de l'Union présente un caractère dynamique et mouvant. L'avis de la Cour de justice du 19 mars 1993 (relatif à la convention n° 170 de l'OIT) a énoncé que « *le caractère exclusif ou non de la compétence communautaire ne découle pas seulement des dispositions du traité, mais peut également dépendre des mesures qui ont été prises par les institutions communautaires..., qui sont de nature à priver les États membres d'une compétence qu'ils pouvaient exercer auparavant à titre transitoire* » (93).

(90) V. *supra* n° 33.
(91) V. *infra* n° 171 et s.
(92) V. Le principe de subsidiarité, communication de la Commission au Conseil et au Parlement, Doc. SEC (92) 1990 final, v. *RTD eur.* 1992, p. 729.
(93) Point 9 de l'avis, v. également le point 3.

L'opposition entre une compétence exclusive et une compétence partagée, cette dernière étant soumise au respect du principe de subsidiarité, doit être corrigée en fonction de l'exercice que les autorités de l'Union ont fait de ladite compétence. Malgré la manière dont s'exprime la Cour de justice, il serait cependant inexact de considérer que la nature de la compétence s'en trouve modifiée. Il convient simplement de comprendre que la Communauté, et aujourd'hui l'Union, ont pu investir un domaine de compétence partagée à un point tel que la compétence nationale ne trouve plus guère à s'exprimer de façon autonome. Le partage de compétence s'en trouve alors déséquilibré, sans pour autant que de partagée, la compétence devienne exclusive. C'est seulement que les États peuvent se trouver privés de la possibilité d'agir, comme s'il s'agissait d'une compétence exclusive de l'Union.

L'article 2 § 2 TFUE dit aujourd'hui, depuis le traité de Lisbonne, que « *les États membres exercent leur compétence dans la mesure où l'Union n'a pas exercé la sienne* ».

Dans le domaine social, de telles manifestations d'une intense présence du droit de l'Union dans des domaines de compétences « partagées » sont patentes. On l'observe spécialement en matière d'égalité socio-professionnelle de l'homme et de la femme, ou encore pour la protection de la santé et la sécurité dans le milieu de travail. Dans ces domaines, peut-on encore dire que l'Union « *soutient et complète l'action des États membres* » (article 153 § 1 TFUE) ? La réalité serait plutôt que la législation étatique se borne à transcrire et, parfois, à *compléter* et *renforcer* les normes de l'Union. La subsidiarité, au sens d'une « secondarité », s'est inversée.

En sens contraire, on peut aussi souligner que nombreux sont les champs de compétence de l'Union laissés vierges de toute intervention de celle-ci par voie de directive (ex. Le régime général de la protection des salariés en matière de licenciement).

L'article 2 § 2 TFUE prévoit, assez illusoirement, que « *les États membres exercent à nouveau leur compétence dans la mesure où l'Union a décidé d'exercer la sienne* ». La mise en sommeil de la compétence nationale, théoriquement, est donc réversible.

42. Contrôle de la Cour de justice. Le principe de subsidiarité constitue-t-il simplement la base d'un code de conduite qui devrait guider l'action des institutions communautaires et particulièrement celle de la Commission ou a-t-il une force juridique permettant à la Cour d'invalider une action communautaire qui lui serait contraire ?

Dans le prolongement du nouvel article 5 du traité sur l'Union européenne, resté silencieux sur la question, le protocole sur les principes de subsidiarité et de proportionnalité annexé au traité de Lisbonne dit de la Cour de justice qu'elle est « *compétente pour se prononcer sur les recours pour violation, par un acte législatif, du principe de subsidiarité* ». Le protocole ne fait cependant là que confirmer une pratique établie. La Cour peut en particulier être saisie d'un recours en nullité. Le nouveau traité, dans sa volonté d'associer plus étroitement les parlements nationaux à l'activité législative de l'Union, permet qu'un recours soit formé par un État membre, mais permet aussi que celui-ci agisse « *au nom de son parlement national ou d'une chambre de celui-ci* » (94). Le non-respect du principe de subsidiarité peut également être invoqué dans un recours préjudiciel.

Compte tenu de la nécessité de laisser à la Commission ainsi qu'aux autorités législatives de l'Union une assez large marge d'appréciation de l'opportunité de l'intervention communautaire, le contrôle qu'il appartient à la Cour de justice d'exercer devrait se borner, dans le cadre d'un contrôle « minimum », à sanctionner les seules graves ou grossières au principe de subsidiarité. Pour le principe de proportionnalité, c'est d'ailleurs vers un contrôle minimum que s'est orientée la Cour de justice (95).

Cette analyse, retenue pour commencer, ne se confirme plus dans la jurisprudence actuelle de la Cour de justice. Celle-ci tend aujourd'hui à examiner, sur le fond, si les critères d'insuffisance de l'action étatique et d'utilité d'une action de l'Union sont satisfaits. La Cour de justice s'attache à vérifier que les textes qui lui sont soumis comportent une motivation suffisante pour pouvoir justifier l'existence d'une action de l'Union (96). Le législateur doit faire apparaître qu'existe une situation de disparité ou de divergence des législations et pratiques nationales et que celle-ci n'évolue pas, spontanément, dans le sens d'une harmonisation ou d'une convergence, alors qu'elle fait obstacle aux échanges et au bon fonctionnement du marché commun (97). Il convient en outre « *d'examiner si l'objectif poursuivi... pouvait être mieux réalisé au niveau communautaire* », dit la Cour de justice (98). S'agissant du principe de subsidiarité, l'intensité du contrôle s'est accentué, alors que le contrôle conserve un caractère minimum pour le principe de proportionnalité (99).

43. Compétences de l'Union européenne et Organisation internationale du travail. L'avis de la Cour de justice 2/91 du 19 mars 1993, que l'on a déjà rencontré (100), n'a pas seulement pour intérêt de mettre en lumière la mutabilité des compétences communautaires. La Commission avait sollicité l'avis de la Cour sur la « *compétence de la Communauté pour conclure* » (terme bien mal choisi s'agissant de conventions qui sont *adoptées* selon une procédure de type parlementaire) une convention de l'Organisation internationale du travail, en l'espèce la convention n° 170 concernant la sécurité dans l'utilisation des produits chimiques au travail.

(94) Article 8 du protocole sur l'application des principes de subsidiarité et de proportionnalité.

(95) V. *infra* n° 47.

(96) Comme le lui avait demandé le protocole sur l'application des principes de subsidiarité et de proportionnalité annexé au traité d'Amsterdam ; CJCE, 9 octobre 2001, aff. C-377/98, *Pays-Bas c. Parlement et Conseil.*

(97) CJCE, 9 octobre 2001, cité note précédente ; CJCE, 10 décembre 2002, aff. C-491/01, *British American Tobacco* ; CJCE, 22 mai 2003, *Commission c. Allemagne.*

(98) CJCE, 12 juillet 2005, aff. C-154/04, *Alliance for Natural Health* ; v. également CJUE, 8 juin 2010, *Vodafone* aff. C-58/08.

(99) Dans l'arrêt *Royaume-Uni c. Conseil* du 12 novembre 1996, concernant la base juridique de la directive sur l'aménagement du temps de travail, la Cour de justice a opéré un déplacement de l'analyse. Plutôt que de s'interroger sur la violation du principe de subsidiarité, elle a examiné si les conditions précises de l'article 118 A, telles que formulées par ce texte, avaient été correctement respectées. Lorsque les dispositions du traité ont défini de façon suffisamment précise les conditions de l'action communautaire, il y a simplement lieu de vérifier que ces conditions ont été respectées, rien de plus.

(100) V. *supra* n° 39.

Le fil de l'analyse suivie par la Cour, analyse riche d'enseignements nombreux, peut se décrire comme suit.

La Communauté n'est pas membre de l'OIT ; elle y bénéficie d'un simple statut d'observateur. Les statuts de l'OIT réservent aux seules délégations – délégations tripartites – des États le droit de voter à la Conférence internationale du travail et seuls les États sont appelés à ratifier les conventions.

La Cour déduit de ces données que la Communauté ne peut sans doute pas elle-même « conclure » une convention de l'OIT mais se demande si la compétence « externe » qu'elle possède en matière sociale (101) ne pourrait pas être exercée par l'intermédiaire des États membres agissant solidairement dans l'intérêt de la Communauté (point 5 de l'avis).

Distinguant entre compétences communautaires exclusives et compétences partagées avec les États membres, la Cour estime que la Communauté et ses buts seraient compromis si les États pouvaient conclure des engagements dans des domaines ne relevant cependant pas de politiques communes, lorsque de tels engagements sont susceptibles d'affecter le jeu des règles communautaires (point 11 de l'avis). Peu importe donc que l'on vise un domaine de compétence exclusive de la Communauté, il suffit que la Communauté ait *une* compétence dans le domaine couvert par la convention, pour que les États ne puissent librement s'engager.

L'avis rendu par la Cour traitant d'une convention recouvrant par son objet le domaine de l'ex-article 118 A, la compétence communautaire se trouvait en l'espèce fortement affirmée.

Et la Cour de juger que lorsqu'il apparaît, comme en l'espèce, que la matière d'une convention internationale relève pour partie de la compétence de la communauté et pour partie de celle des États membres, une coopération étroite entre ces derniers et les institutions communautaires s'impose dans le processus de négociation et d'exécution des engagements assumés. La « conclusion » de l'accord doit se faire à partir du principe que la compétence en appartient ensemble aux États membres et à la Communauté (points 36 à 39).

Certes, avait également dit la Cour, en l'état actuel, la politique sociale relève de manière prépondérante des compétences étatiques ; mais des compétences fortes, voire exclusives, reviennent à la Communauté en matière sociale, le réservoir de compétences susceptible d'être activé, si besoin est, est immense et les compétences sont mutables. Si bien que l'obligation de coopération et d'action commune posée par la Cour paraît devoir s'imposer dans tout le champ du droit social.

Bien que dans le domaine de la politique sociale la compétence soit partagée entre les États membres et la Communauté, bien que par conséquent l'action de la Communauté soit soumise au respect du principe de subsidiarité, donnant en principe priorité à l'action nationale, les États membres seraient donc privés,

(101) Sur la compétence externe de la Communauté, G. Isaac et M. Blanquet, *Droit général de général*, p. 165 ; Ph. Manin, *Les Communautés européennes*, p. 146 ; Cl. Blumann et L. Dubouis, *Doit institutionnel de l'Union européenne*, p. 349 et s.

dans leurs relations avec l'Organisation internationale du travail, de leur pouvoir de « négocier » les conventions internationales du travail.

2° Subsidiarité et négociation collective

44. Principe d'auto-réglementation. L'idée que les réglementations doivent être édictées par des organes qui sont proches des intéressés fait partie du principe de subsidiarité. Il s'en déduit qu'en matière sociale, il convient de privilégier les réglementations émanant directement des partenaires professionnels sur les réglementations étatiques. L'auto-réglementation est préférable aux décrets hétéronomes (102). On parle aussi, à ce sujet, de principe de proximité.

Le principe de subsidiarité prendra donc une tournure particulière en matière sociale, en mettant en avant le rôle primordial qui est celui des partenaires sociaux dans la réglementation des relations du travail.

Dans le cadre du droit de l'Union, ce particularisme va revêtir deux aspects principaux.

44-1. Création de la norme sociale. Mieux vaut en principe un accord conclu entre partenaires sociaux au niveau européen, qu'une mesure – directive ou autre acte de droit de l'Union – édictée par le Conseil, en codécision, parfois, avec le Parlement.

Après l'Accord sur la politique sociale, l'article 138 TCE (devenu article 154 TFUE) du traité lui-même a formalisé le principe en l'inscrivant dans une procédure. Avant de présenter une proposition d'acte en matière de politique sociale, la Commission a l'obligation de consulter les partenaires sociaux une première fois sur le principe de l'action qu'elle envisage, une deuxième fois sur son contenu (103). Rien toutefois de très significatif dans une obligation de consultation des partenaires intéressés, obligation qui incombe de manière générale à la Commission. Le plus important est ailleurs. Il se situe dans le pouvoir que possèdent les partenaires sociaux, relayant l'initiative de la Commission, de décider de conduire eux-mêmes une négociation pouvant aboutir à un accord sur l'action projetée. Le processus normatif n'est repris en main par la Commission qu'en cas d'échec de la négociation, et si la négociation se traduit dans un accord, celui-ci peut prendre la force juridique d'un acte contraignant de l'Union, en pratique celle d'une directive du Conseil ou du parlement et du Conseil (104). Prévalence a été donnée à l'action négociée.

44-2. Mise en œuvre de la norme sociale. La subsidiarité est aussi appelée à se manifester dans la mise en œuvre des directives de l'Union. Depuis le traité d'Amsterdam, il est admis que les États membres puissent confier aux partenaires

(102) Les partenaires sociaux étant « *plus proches de la réalité sociale et des problèmes sociaux* », leur dialogue doit être intensifié et soutenu en vue d'élaborer une politique sociale « *pragmatique et proche des citoyens* », a dit le Conseil, en invoquant le principe de subsidiarité, dans sa résolution du 6 décembre 1994 sur la politique sociale ; *JOCE* C 368, 23 décembre 1994.

(103) Article 154 § 2 et § 3 TFUE, ancien article 138 § 2 et § 3 TCE.

(104) Article 154 § 4 TFUE, ancien article 138 § 4 TCE et article 155 § 2 TFUE, ancien 139 § 2 TCE. V. *infra* n° 101 et s. pour un examen plus détaillé de l'ensemble de cette procédure.

sociaux la mise en œuvre des directives de l'Union dans leur ordre juridique national (105). Auquel cas, à titre supplétif ou subsidiaire, l'État membre concerné devra garantir les résultats imposés par la directive. L'intervention des partenaires sociaux dans le processus de mise en œuvre des directives communautaires n'est toutefois pas de droit. Elle est laissée à l'appréciation de chaque État membre.

D'autres dispositions du traité peuvent se rattacher à ces analyses. L'accord que les partenaires sociaux ont conclu en substituant une négociation collective au processus usuel d'élaboration de la norme de droit social de l'Union, peut être « transposé » en droit interne par voie de négociation collective, sans avoir pris la force juridique d'une directive (v. *supra* n° 43-1) (106). Les principes de gouvernance souple préconisés depuis quelques années par la Commission plaident pour cette voie d'action, marquant encore la place primordiale occupée par la négociation collective (107).

*

* *

Dans l'examen du principe de subsidiarité s'est exprimé un souci de modération dans l'action législative qui n'est évidemment pas étranger au principe de proportionnalité et peut entraîner certaines possibilités de confusion entre les deux principes.

B. — Proportionnalité

45. Signification du principe. L'ancien article 5 TCE, énonçait que « *l'action de l'Union n'excède pas ce qui est nécessaire pour atteindre les objectifs du traité* ». L'article 5 § 4 TUE précise qu'en vertu du principe de proportionnalité, « *le contenu et la forme* » de l'action de l'Union n'excèdent pas… le reste étant inchangé (v. également l'article I-11 § 4 du traité constitutionnel).

L'intervention normative de l'Union, légitimée par l'objectif qu'elle poursuit, ne doit pas excéder ce qui est nécessaire au regard de celui-ci. Sous-jacente, il y a l'idée que, de manière générale, les réglementations prises au regard d'un but déterminé perturberont l'exercice de compétences, de libertés ou de droits dont la valeur est reconnue. Il faut donc limiter au minimum nécessaire l'effet perturbateur des réglementations.

Donnant la préférence à l'action de moindre « intensité » réglementaire, à efficacité comparable, le principe de proportionnalité oriente le choix vers la directive plutôt que vers le règlement, vers la directive-cadre ou générale plutôt que vers des prescriptions précises et détaillées. Il recommande des systèmes de reconnaissance mutuelle ou des actions d'encouragement à l'action des États plutôt que des actes contraignants de rapprochement des législations (108).

(105) Article 153 § 3 TFUE, ancien article 137 § 3 TCE.
(106) Article 155 § 2 TFUE, ancien article 139 § 2 TCE.
(107) V. *infra* n° 49.
(108) Point 6 du protocole du traité d'Amsterdam sur la subsidiarité et la proportionnalité.

Examinant les dispositions de la directive 93/104 sur l'aménagement du temps de travail qui était soumise à son contrôle, l'arrêt *Royaume-Uni c. Conseil* de la Cour de justice établit un lien entre le principe de proportionnalité et le pouvoir de dérogation ouvert par cette directive aux partenaires sociaux (109). Il y a d'autant plus de raisons de considérer que le Conseil a su conserver la juste mesure dans son action normative qu'il a prévu une certaine souplesse d'application de la directive et permis aux partenaires sociaux (et à un moindre degré aux autorités publiques) de déroger aux prescriptions de la directive (point 61 à 63).

L'existence d'une période transitoire autorisant les États à retarder la mise en application de certaines prescriptions de la directive est également mentionnée comme un signe que le Conseil n'est pas allé au-delà du nécessaire (point 64).

Le protocole du traité d'Amsterdam sur la subsidiarité et la proportionnalité énonçait de son côté que les actions de la Communauté doivent laisser une marge de décision aussi grande que possible au plan national et offrir aux États membres des solutions différentes pour réaliser les objectifs des mesures communautaires (110).

46. Portée générale du principe. C'est l'œuvre entière de la construction juridique de l'Union européenne qui connaît aujourd'hui l'emprise du principe de proportionnalité.

Le traité de Maastricht en a d'abord prévu l'application à l'ensemble de l'action de la Communauté. À la différence du principe de subsidiarité, il couvre aussi bien les compétences exclusives de l'Union que celles qui ne le sont pas (111).

Mais le principe ne se limite pas à l'action de l'Union. Il diffuse ses effets vers l'action des États membres. Gardant la maîtrise première de leurs politiques sociales respectives, libres de leur choix en la matière, les États ont toutefois pour devoir de ne pas développer la pression de leur réglementation au-delà du nécessaire, si la bonne exécution des obligations que leur impose le droit de l'Union s'en trouve compromise, spécialement si le jeu des libertés économiques consacrées par le droit communautaire vient à en pâtir. L'objectif de protéger les travailleurs peut légitimement être invoqué par les États membres mais devra se proportionner aux autres exigences du droit de l'Union ayant une valeur aussi grande sinon plus grande encore (112).

S'agissant des exceptions ou dérogations qui sont susceptibles d'être apportées à l'application des règles de droit communautaire, le principe de proportionnalité joue un rôle extrêmement actif. Des exceptions à telle règle du droit communautaire peuvent parfois être légitimées, mais l'exception doit être réduite strictement à ce que justifie le but légitime qui est poursuivi. Il en va d'un élément central de toute la jurisprudence communautaire, qui s'est illustré en particulier à propos de la mise en œuvre de l'égalité professionnelle entre hommes et femmes (113). Le principe de proportionnalité rejoint ici la règle de l'interprétation stricte des exceptions.

(109) Pour plus de détails sur ce pouvoir de dérogation, v. *infra* n° 485 et s.
(110) Point 7 du protocole, précité *supra* n° 34.
(111) V. *supra* n° 40.
(112) V. *infra* n° 447, n° 562 et s.
(113) V. *infra* n° 265 et les décisions citées.

En matière de politique sociale, le principe de proportionnalité ne peut toutefois pas être invoqué en vue de limiter une mesure de *protection nationale renforcée* des conditions de travail (transposition d'une directive fondée sur l'ex-article 118 A) ; si du moins cette mesure ne remet pas en cause la cohérence de l'intervention communautaire, n'est pas discriminatoire et ne gêne pas l'exercice des libertés fondamentales garanties par le droit communautaire et demeure donc compatible avec celui-ci (114).

47. Contrôle de la Cour de justice : contrôle minimum ? Celle-ci contrôle-t-elle le respect du principe de proportionnalité dans l'action normative des institutions communautaires ? Oui, mais c'est un contrôle minimum ou léger. Un autre intérêt de l'arrêt *Royaume-Uni c. Conseil* du 12 novembre 1996 est de l'avoir précisé (115). Un large pouvoir d'appréciation doit être reconnu au Conseil s'agissant d'un domaine impliquant des choix de politique sociale et des appréciations complexes. Le contrôle juridictionnel doit donc se limiter à examiner s'il n'y a pas eu erreur manifeste ou détournement de pouvoir du Conseil ou si celui-ci n'a pas manifestement dépassé les limites de son pouvoir d'appréciation (motif n° 59 de l'arrêt).

D'un côté la Cour de justice énonce que le législateur de l'Union doit disposer d'un large pouvoir d'appréciation, mais d'un autre côté elle accentue son contrôle au travers de la décomposition de l'analyse à laquelle elle procède systématiquement. La Cour de justice examinera si la mesure contestée était appropriée et nécessaire. Son examen porte sur l'aptitude de la mesure à atteindre l'objectif qu'elle poursuit. Elle s'enquiert de l'existence possible de moyens moins contraignants que celui qui a été choisi (116). Si la mesure compromet le jeu d'une liberté ou d'un droit dont la valeur est consacrée par l'Union, elle recherchera ce qui lui paraît être le juste équilibre propre à opérer la conciliation nécessaire. Contrôle minimum sans doute, mais contrôle attentif.

§ 2. — Coopération loyale

48. Un principe omniprésent. Le « *principe de coopération loyale* » est visé formellement, depuis le traité de Lisbonne, dans l'article 4 § 3 du traité sur l'Union européenne. En vertu du principe, « *L'Union et les États membres se respectent et s'assistent mutuellement* ». Les traités antérieurs tournaient uniquement leurs exigences vers les États, tenus d'exécuter les obligations découlant des traités et du droit dérivé et de s'abstenir de prendre des mesures pouvant « *mettre en péril la réalisation des objectifs de l'Union* » (article 4 § 3 TUE, ancien article 10 TCE).

(114) CJCE, 17 décembre 1998, *Sta Italiana Petroli SpA*, aff. C/97 ; v. L. Vogel, « Travail et santé », juillet 1998, Fr. Meyer, *Dr. ouvr.* 1999, p. 10.

(115) Aff. C-84/94 ; pour l'étude d'ensemble de l'arrêt, v. *infra* n° 478. V. également *Allemagne c. Conseil*, CJCE, 5 novembre 1995, *Rec.* I, p. 3723.

(116) V. spécial. CJUE, 8 juin 2010, aff C-58/08, *Vodafone* ; CJCE, 12 juillet 2001, aff. C-189/01, *Jippes* ; v. également l'arrêt *Royaume-Uni c. Conseil,* 12 novembre 1996, préc.

C'est la Cour de justice qui avait donné au principe de coopération loyale la portée générale (117) que le traité UE consacre aujourd'hui.

Le principe de coopération loyale se retrouve pratiquement en tout point de la construction juridique de l'Union. Il apparaît dans les innombrables situations dans lesquelles les institutions et autorités de l'Union comme des États sont mises en relation et sont appelées à combiner leurs actions. Quelques manifestations en seront signalées, à titre d'illustration, dans le domaine du droit social.

Le principe intéresse en premier lieu les rapports internes à l'Union. Comme il en va fréquemment, le domaine social apporte son particularisme. Les partenaires sociaux participent de la façon la plus étroite à la politique sociale. Le traité le veut ainsi (118). La Commission se trouvera ainsi tenue à titre permanent de coopérer avec les partenaires sociaux ; tenue de les consulter ; de leur soumettre ses projets d'actes ; de promouvoir leur rôle ; s'ils le demandent, de transmettre leurs accords aux autorités législatives de l'Union pour leur donner force contraignante ; etc. (119) Un dialogue social loyal, entre les partenaires sociaux, entre la Commission et les partenaires sociaux, est aujourd'hui un élément intégrant et obligatoire de la politique sociale de l'Union. Nul doute qu'un acte de politique sociale de l'Union adopté sans que la Commission ait respecté les procédures de consultation et de négociation des partenaires sociaux serait frappé de nullité.

La coopération loyale doit ou devrait présider aux relations entre les administrations nationales, lorsque leur collaboration garantit l'application d'un dispositif de l'Union. On peut en donner deux illustrations contrastées. La liberté de circulation des travailleurs nécessite une mise en relations et la coordination des droits nationaux en vue d'assurer la protection des travailleurs migrants en matière de sécurité sociale. Les institutions nationales de sécurité sociale doivent, à cette fin, « *se prêter leurs bons offices* ». Elles ont l'obligation de s'assurer mutuellement d'une collaboration ou d'une coopération loyale (120). En cas de détachement temporaire de travailleurs sur son territoire depuis un autre État membre, l'État d'accueil est en droit d'appliquer sa réglementation du travail afin d'assurer la protection des travailleurs détachés. Il peut avoir à procéder à des contrôles nécessitant la communication d'informations par les autorités administratives de l'État d'origine. Celles-ci devraient répondre loyalement aux demandes d'information, la pratique montrant qu'elles ne le font qu'« imparfaitement » (121).

Dans les relations entre les États membres et les institutions de l'Union, le principe se traduira en particulier dans l'existence d'obligations d'information qui peuvent s'imposer aux États membres. Pour des questions qui, bien qu'identifiées comme « *d'intérêt commun* », n'offrent pas de compétence harmonisatrice à l'Union, autorisant

(117) V. sur ce principe, rapidement évoqué ici, pour plus de détails, G. Isaac et M. Blanquet, p. 101 et s ; C. Blumann et L. Dubouis, n° 135 et s.

(118) V. *infra* n° 100 et s.

(119) V. *infra* n° 110 et s. pour une analyse détaillée.

(120) CJCE, 12 mars 1987, aff. C-22/86, *Rindone* ; CJCE, 3 juin 1992, aff. C-45/90, *Paletta* ; CJCE, 26 janvier 2006, aff. C-2/05, *Kiere*.

(121) C'est l'une des raisons d'être de la proposition de directive relative à l'exécution de la directive 96/71 concernant le détachement de travailleurs, présentée le 21 mars 2012 par la Commission, COM (2012) 131 final.

néanmoins celle-ci à piloter une coordination des politiques nationales, la fourniture d'information aux autorités de l'Union est indispensable et les États membres ne sauraient s'y soustraire. Ce sera notamment le cas pour les politiques d'emploi (122).

Le traité de Lisbonne rattache directement au principe de coopération loyale l'obligation positive qu'ont les États de prendre les mesures assurant l'exécution de leurs obligations nées du droit de l'Union et l'obligation négative de s'abstenir de toute mesure susceptible de mettre en péril la réalisation des objectifs de l'Union. Les affaires *Viking* et *Laval* ont mis vigoureusement en lumière l'importance de la limitation que l'existence de cette double obligation de faire et de ne pas faire impose aux États membres, y compris et paradoxalement dans des domaines d'action qui relèvent de la seule compétence nationale (123). Droit de grève et droit syndical échappent aux compétences dévolues à l'Union en matière de politique sociale. L'exercice de ces droits peut cependant interférer avec les libertés d'établissement ou de prestation de services, libertés revêtant la qualité de principes fondamentaux de l'Union. Bien que libres dans le principe de réglementer le droit de grève et le droit syndical applicables dans leur ordre juridique, les États membres devront donc, dans l'exercice de cette compétence prétendue libre, composer avec les exigences des deux libertés économiques dont le traité exige le respect. Droit de grève et droit syndical devront subir les aménagements nécessaires pour qu'une juste conciliation soit assurée avec les libertés économiques (124). C'est une leçon centrale des arrêts *Viking* et *Laval*.

Si l'obligation de coopération loyale réclame ainsi des États membres qu'ils ne mettent pas en péril les objectifs de l'Union, cette même obligation de coopération peut mettre en péril l'exercice de leurs compétences par lesdits États membres

Malgré l'autonomie qui leur est reconnue, les partenaires sociaux et autres acteurs privés de la vie sociale n'échappent pas aux contraintes de l'obligation de coopération à la bonne réalisation du droit de l'Union. La Cour de justice use concernant la libre circulation des travailleurs d'une formule qu'elle reprend régulièrement. « *L'abolition entre États membres des obstacles à la libre circulation serait compromise si la suppression des barrières étatiques était neutralisée par l'exercice de leur autonomie juridique par des associations et organismes ne relevant pas du droit public* » (125). Une formule analogue vaut pour la lutte contre les discriminations dans les différents domaines où celle-ci est conduite par le droit de l'Union. De manière générale, l'activité normative des partenaires sociaux devra compter avec les principes d'égalité et de liberté auxquels le droit de l'Union confère une valeur fondamentale et ne pas mettre en péril leur effectivité d'une façon que ne sauraient justifier les objectifs de protection sociale que ces partenaires poursuivent (126).

(122) V. *supra* n° 17 et *infra* n° 302.

(123) CJCE, 11 décembre 2007, aff. C-438/05, *Viking Line* ; CJCE, 18 décembre 2007, aff. C-341/05, *Laval*. Sur ces deux arrêts, pour plus de détails, v. *infra* n° 447, n° 562, n° 575.

(124) V. la proposition de règlement du Conseil relatif à l'exercice du droit de mener des actions collectives dans le contexte de la liberté d'établissement et de la libre prestation des services, présentée par la Commission le 21 mars 2012, COM (2012) 130 final ; v. *supra* n° 36 pour la contestation élevée par les parlements nationaux pour non-respect du principe de subsidiarité.

(125) V. par exemple, CJCE, 11 avril 2000, aff. C-51/96 et C-191/97, *Deliège* ; CJCE, 13 avril 2000, aff. C-176/96, *Lehtonen*, à propos de la libre circulation des sportifs.

(126) V. *infra* n° 250, n° 447.

§ 3. — Méthode ouverte de coordination

49. Il en irait d'une voie tierce dans la construction européenne entre l'harmonisation ou le rapprochement législatif par voie de directives et une coopération entre États membres s'établissant sur une base purement volontaire.

49-1. La méthode. Méthode de coordination, la méthode ouverte de coordination (MOC) l'est au sens où elle ne consiste pas à harmoniser ou rapprocher les droits nationaux au travers de normes de droit communautaire – des directives – à caractère contraignant. Par opposition à ce que l'on peut désigner comme la méthode « classique » du droit communautaire (127), la MOC ne procède pas par l'édiction de règles communautaires d'application uniforme et obligatoire dans les États membres. Sans passer par des moyens contraignants, en utilisant des techniques de *soft law*, la méthode a pour ambition de créer des processus propres à permettre une « *mise en convergence* » des politiques nationales dans des domaines identifiés comme d'intérêt commun (128).

Méthode ouverte, elle le sera dans la mesure où elle implique un réseau d'intervenants très diversifié qui ne s'arrête pas aux seuls acteurs institutionnels ou para-institutionnels « classiques ». Seront impliqués dans le processus de coordination aussi bien des acteurs privés du monde associatif ou professionnel, que des acteurs publics à un niveau décentralisé, dès lors que leur action ou leur compétence se situent dans le domaine de coordination intéressé. Un maître mot du système est celui de « réseau ».

Ouverte, la méthode l'est aussi parce que non figée dans des procédures préétablies et formalisées. La MOC se veut concrète, adaptable à chaque type de situation ou de problème. Dans cette ouverture, on peut également voir une déclinaison particulière des principes de subsidiarité, de proximité ou de diversité (129), très présents dans la « philosophie » communautaire actuelle, puisqu'elle se rapproche des acteurs directement concernés et se défend d'empiéter sur les compétences nationales.

La méthode ouverte de coordination n'apparaît pas en ces termes dans les traités sur l'Union européenne. Elle a fait l'objet d'une première formalisation officielle en 2000, dans les conclusions du Conseil européen de Lisbonne (130). La MOC est « *conçue pour aider les États membres à développer progressivement leurs propres politiques* », est-il affirmé dans ces conclusions. La méthode consiste à « *définir des lignes directrices pour l'Union, assorties de calendriers spécifiques* », ces lignes directrices européennes devant se traduire en « *politiques nationales*

(127) V. R. Dehousse, « La méthode communautaire a-t-elle encore un avenir ? », *in Mélanges en hommage à Jean-Victor Louis*, Univ. de Bruxelles, tome 1, p. 95.

(128) La MOC a donné lieu à de nombreuses études dont l'objet est à la fois d'en décrire les mécanismes et de tenter d'en évaluer l'efficacité ; v. notamment, A. Iliopoulou, « La méthode ouverte de coordination, un nouveau mode de gouvernance dans l'Union européenne », *Cah. dr. eur.* 2006, n° 3-4, p. 315 ; M. Blanquet, « Le système communautaire à l'épreuve de la "gouvernance européenne" », *in Mélanges en hommage à Guy Isaac*, Univ. Sc. Soc. de Toulouse, 2004, Tome 1, p. 239 ; R. Dehousse, « Du bon usage de la méthode ouverte de coordination », *in L'europe sans Bruxelles ? Une analyse de la méthode ouverte de coordination*, dir. R. Dehousse, L'Harmattan, 2004, p. 57. V. également, M.-A. Moreau, *Normes sociales, droit du travail et mondialisation*, Dalloz, Paris, 2006, p. 156, p. 387.

(129) V. *supra* n° 35 et s.

(130) Conseil européen de Lisbonne des 23 et 24 mars 2000.

ou régionales », adaptées aux « *diversités nationales et régionales* ». La méthode passe par le recours à des « *indicateurs* », par des « *critères d'évaluation* » propres à mesurer « *les meilleures performances* » et permettant de comparer « *les meilleures pratiques* ». Elle implique un suivi, un réexamen régulier « *par les pairs* ».

On le voit, l'idée de concurrence ou de mise en compétition des acteurs et des normes est très présente, couplée avec celle d'un apprentissage des expériences ou manières de procéder d'autres acteurs (131). L'est également celle d'autoévaluation « *par les pairs* ».

49-2. Son domaine. Cette méthode nouvelle de « gouvernance » européenne est principalement destinée à être mise en œuvre dans des domaines d'action qui correspondent d'une part à des questions d'intérêt commun (132) et qui d'autre part ne se traduisent pas dans l'existence d'une compétence communautaire pour procéder à une harmonisation des droits nationaux. Elle concerne ainsi de façon spécifique la politique communautaire de l'emploi et son articulation avec les politiques nationales (133) ; elle peut aussi se développer dans le domaine de l'éducation ou de la formation professionnelle.

Si la MOC ne consiste pas à harmoniser de façon contraignante les droits nationaux, son utilisation dans des domaines qui relèvent d'une compétence harmonisatrice de l'Union n'est nullement exclue.

En matière de protection sociale, qui fait l'objet d'une compétence communautaire restreinte (134), la MOC a un rôle certain à jouer pour tenter de faire converger les politiques nationales (135). Il peut en aller pareillement en matière d'immigration. En effet, si les autorités communautaires ont désormais compétence pour agir en ce domaine, certains États membres peuvent avoir gardé la volonté de maîtriser par eux-mêmes leur politique d'immigration (136). Du domaine de la politique de l'emploi, l'utilisation de la méthode pourrait s'étendre à celui de la politique sociale (137).

49-3. Quelques questions. Nombreuses sont les interrogations et les inquiétudes soulevées par la méthode ouverte de coordination (138).

(131) V. sur ce point, L. Azoulay, « L'ordre concurrentiel et le droit communautaire », *in L'ordre concurrentiel, Mélanges en hommage à Antoine Pirovano*, Éd. Frison-Roche, Paris, 2003, p. 277.

(132) V. nº précédent.

(133) V. P. Pochet, « La stratégie européenne pour l'emploi en 2001 », *Dr. soc.* 2001, p. 1090 ; M. Browne, « La stratégie européenne pour l'emploi : nouveau modèle ou faux-semblant », *in L'europe sans Bruxelles ? Une analyse de la méthode ouverte de coordination*, dir. R Dehousse, L'Harmattan, 2004, p. 62 ; S. de la Rosa, « Stratégie européenne pour l'emploi : les nouvelles orientations », *Dr. soc.* 2005, p. 1212.

(134) Par les dispositions de l'article 137 CE (153 TFUE), v. *infra* n° 24.

(135) Communication de la Commission : « Rationalisation de la méthode ouverte dans le domaine de la protection sociale », 27 mai 2003, Com (2003) 261 final.

(136) Communication de la Commission, « Une méthode ouverte de coordination de la politique communautaire en matière d'immigration », 11 juillet 2001, COM (2001) 387 final.

(137) V. *supra* n° 15-3. V. S. Sciarra, « La constitutionnalité de l'Europe sociale, entre droits sociaux et *soft law* », *in Une constitution pour l'Europe, Réflexions sur les transformations du droit de l'Union européenne*, dir. O. de Schutter et P. Nihoul, Larcier, 2004, p. 171 ; « The Convergence of European Labour and Social Rights : Opening to the Open Method of Coordination », *in Law and Governance in an Enlarged European* Union, dir. G.A. Bermann et K. Pistor, Hart, Oxford, 2004, p. 155 ; Chr. Vigneau, « Partenaires sociaux européens et nouveaux modes communautaires de régulation, la fin des privilèges ? », *Dr. soc.* 2004, p. 883.

(138) V. les études citées notes précédentes, *adde*, traitant en de nombreux développements de la méthode ouverte de coordination, M.-A. Moreau, *Normes sociales, droit du travail et mondialisation*, Dalloz, Paris, 2006, 461 p., v. spéc. p. 156 et s., p. 387 et s.

Il en est une première qui tient justement à sa mise en œuvre dans des domaines qui permettent des actions communautaires de droit « dur ». La MOC a-t-elle vocation à remplacer la méthode communautaire classique là où celle-ci s'exprimait jusqu'à présent ? Ou bien est-elle destinée à « préparer le terrain » par une action « douce » dans des domaines qui ne se prêtent pas d'emblée à une action contraignante (139) ?

La méthode ouverte de coordination est-elle si douce que cela ? Les États membres tiennent compte des lignes directrices communautaires, est-il dit. Faut-il comprendre qu'ils *doivent* en tenir compte et les intégrer à la définition de leurs politiques nationales. La Commission penche pour une conception quasi-contraignante des lignes directrices (140). La méthode n'exclut pas que des pressions s'exercent sur les autorités nationales, avec en particulier, à la clef, le bénéfice des aides des fonds structurels (141).

Suivant une présentation joliment neutre qui en est volontiers faite, avec la MOC, l'orientation politique prend le pas sur la norme juridique. Le risque n'est-il pas, précisément, que cette orientation politique prenne une fermeté et une intensité telle qu'elle soit finalement équivalente à ce que produirait une norme juridique dure ? Pareille déviation de la méthode conduirait à se poser au minimum deux questions qui intéressent les principes fondamentaux de la démocratie dont l'Union européenne entend garantir le respect. Procédant par une action non normatrice, la MOC prétend échapper au contrôle juridictionnel de sa validité, celui de la Cour de justice singulièrement. Elle privilégie l'autoévaluation d'une politique au détriment du contrôle externe relatif à la bonne application d'une norme. Elle est pilotée au premier chef par la Commission, loin du Parlement, et son contrôle par une assemblée représentative des peuples souffre d'une déficience manifeste. Ni contrôle judiciaire, ni contrôle démocratique.

Quant à l'efficacité d'une méthode vraiment douce, est-elle démontrée ?

(139) Suivant ce qu'a été la tradition de l'OIT, la recommandation – *soft law* – ayant souvent précédé la convention – *hard law*– dans des domaines « sensibles ».

(140) V. *supra* n° 20, *infra* n° 302.

(141) V. *infra* n° 320 et s.

CHAPITRE 2

LES ORGANES

51. Introduction. Le traité de Rome les avait ignorés à peu près complètement ; l'histoire du droit communautaire et de l'Union européenne leur a ménagé une place et un rôle qui n'ont cessé de grandir et sont aujourd'hui prééminents. Les partenaires sociaux sont devenus des organes essentiels de la politique sociale de l'Union. La deuxième section de ce chapitre leur sera consacrée.

Quant aux institutions ordinaires ou générales de l'Union européenne, elles exercent en matière sociale les missions qui sont normalement les leurs. Pour certaines d'entre elles, ces missions prennent cependant un tour particulier. Une première section visera donc, au point de vue du droit social, les institutions générales de l'Union.

La distinction entre institutions de l'Union et partenaires sociaux n'est cependant pas si tranchée. Certains organes relèvent des deux catégories. Tout en appartenant aux institutions de l'Union, ils constituent fonctionnellement des lieux de rencontre et d'expression des partenaires sociaux. Ces organes seront présentés dans une troisième section traitant de la « *participation institutionnelle* ».

Section 1

Les institutions générales de l'Union européenne

52. Généralités. Le Conseil européen, la Commission, le Conseil, le Parlement, mais aussi la Cour de justice exercent en matière sociale leurs fonctions générales. Ni le Conseil, ni la Cour de justice n'appellent d'observations particulières. Tout au plus faut-il signaler que le Conseil réuni en matière sociale sera naturellement composé des ministres nationaux ayant compétence en ce domaine (travail, emploi, sécurité sociale et protection sociale, suivant l'ordre du jour). On notera également que le sommet social tripartite assez récemment institué siège avant que ne se réunisse le Conseil européen, en préparation de celui-ci (1).

(1) V. *infra* n° 79.

Le particularisme s'accuse s'agissant d'une part de la Commission dont les missions reçoivent une définition propre et dont le rôle a toujours été prééminent dans la politique sociale. S'agissant d'autre part du Parlement européen, l'évolution a suivi deux orientations opposées Le renforcement de la démocratie politique dans l'Union européenne a permis d'accroître considérablement l'influence du Parlement sur la politique sociale ; mais les fonctions nouvelles reconnues aux partenaires sociaux au niveau de l'Union ont en sens inverse conduit à diminuer cette même influence.

Nous viserons donc successivement la Commission, puis le Parlement.

§ 1. — La Commission

53. L'article 118 du traité de Rome. Il avait donné pour mission à la Commission « *de promouvoir une collaboration étroite entre les États membres dans le domaine social* », notamment, ajoutait le texte, dans une série de matières dont l'énumération, non limitative, couvre presque tout l'ensemble formé par le droit du travail, de l'emploi et de la sécurité sociale (2). L'ancien article 118, alinéa 2, s'attachait également à déterminer les modes d'action de la Commission. En contact étroit avec les États membres, elle devait procéder par études, avis, consultations, tant pour les problèmes nationaux que « *pour ceux qui intéressent les organisations internationales* ».

La Commission promeut la collaboration des États membres ; elle agit en utilisant des moyens qui ne lient pas. Son office est avant tout d'ordre diplomatique. Elle s'efforce de coordonner des politiques qui demeurent de la responsabilité des États. Telles étaient donc les missions sociales de la Commission.

L'ancien article 118 s'exprimait ainsi d'une façon telle que l'on a pu être tenté d'en conclure, *a contrario*, que la politique sociale communautaire ne pouvait consister qu'en actions *douces* de la Commission, encourageant les États à une collaboration librement conduite entre eux. L'ex-article 118 aurait eu pour effet de limiter la politique sociale à des actes communautaires non obligatoires. Il était vrai qu'aucune disposition du traité ne prévoyait d'action contraignante de politique sociale.

Ces vues négatives ont été démenties par la pratique institutionnelle. La Commission s'est en effet vu reconnaître en matière sociale les pouvoirs qui sont usuellement les siens, suivant les missions générales que lui donne l'ex-article 155 (devenu article 211 CE, puis 171 FUE) du traité. Elle a en particulier exercé son pouvoir d'initiative et proposé régulièrement au Conseil l'adoption de directives.

Mais si des actions contraignantes de rapprochement des législations sociales ont pu ainsi se réaliser, ce fut par l'utilisation de l'ex-article 100, puis par celle de l'ex-article 235 (3). D'où une ambiguïté persistante qui a, dès son origine, marqué la politique sociale communautaire. On pouvait certes dire des directives communautaires de rapprochement des législations sociales qu'elles poursuivaient des

(2) Sans toutefois que ne soient visés ni les salaires, ni les conflits du travail, ni non plus l'aide sociale ; sur l'exclusion des salaires et des conflits du travail du champ des compétences de l'Union, v. *supra* n° 31.

(3) V. *supra* n° 27 et s.

objectifs d'ordre social et s'inscrivaient ainsi dans le cadre de la politique sociale visée par les ex-articles 117 et 118 du Traité. Mais il était tout aussi pertinent, au vu des ex-articles 100 et 235 qui en constituent la base juridique, de considérer qu'elles tendaient à assurer de bonnes conditions de fonctionnement du marché commun par une égalisation des conditions de concurrence (4).

54. De l'Accord sur la politique sociale au traité d'Amsterdam. L'Accord sur la politique sociale (annexé au traité de Maastricht) a organisé autrement les missions de la Commission (5).

Son article 2 visait pour commencer les actions que la Communauté est appelée à conduire en matière sociale, sur les propositions de la Commission. Le pouvoir d'initiative et de proposition de la Commission était donc consacré expressément.

L'article 5 de l'accord confiait ensuite à la Commission, dans un texte plus ramassé que celui de l'article 118, la mission d'encourager la coopération entre les États membres et de faciliter la coordination de leur action. La mission douce s'ajoutait à, mais venait après celle d'animer une politique communautaire consistant en actes obligatoires.

Ces différents éléments de l'Accord sur la politique sociale ont été repris par le traité d'Amsterdam. Mais celui-ci, suivant sa méthode du patchwork, a, dans l'article 140 TCE, devenu article 156 TFUE, conservé la liste des matières faisant l'objet des actions d'encouragement et de coordination menées par la Commission que visait l'ex-article 118 dans sa version du traité de Rome et a également maintenu les deux derniers alinéas de ce même ex-article 118. Les articles 137 et 138 TCE, devenus 153 et 154 TFUE, consacrent aujourd'hui de façon expresse le pouvoir de la Commission de proposer dans le domaine social l'adoption de normes communautaires contraignantes. Quant à l'article 156 TFUE, reprenant l'ancien article 140, il a reçu la rédaction suivante :

« *En vue de réaliser les objectifs visés à l'article 136 (151) et sans préjudice des autres dispositions du présent traité, la Commission encourage la coopération entre les États membres et facilite la coordination de leur action dans tous les domaines de la politique sociale relevant du présent chapitre, et notamment dans les matières relatives :*

À l'emploi,

au droit du travail et aux conditions de travail,

à la formation et au perfectionnement professionnels,

à la sécurité sociale,

à la protection contre les accidents et les maladies professionnels,

à l'hygiène du travail,

au droit syndical et aux négociations collectives entre employeurs et travailleurs.

(4) L'idée que la politique sociale communautaire ne puisse consister qu'en actes qui ne lient pas n'était donc pas entièrement effacée. Il y avait d'ailleurs là l'expression d'une donnée indépassable. Quelle action « sociale » n'a pas de retentissement dans l'ordre économique et plus précisément de la concurrence ?

(5) Sur cet accord, v. également *infra* n° 96.

À cet effet, la Commission agit en contact étroit avec les États membres, par des études, des avis et par l'organisation de consultations, tant pour les problèmes qui se posent sur le plan national que pour ceux qui intéressent les organisations internationales.

Avant d'émettre les avis prévus par le présent article, la Commission consulte le Comité économique et social ».

Le traité de Lisbonne, comme le prévoyait le traité constitutionnel européen, a repris sans modification le texte de l'article 140 TCE, mais y ajoutant toutefois, à l'alinéa 2, que la Commission agit « *notamment par des initiatives en vue d'établir des orientations et des indicateurs, d'organiser l'échange des meilleures pratiques et de préparer les éléments nécessaires à la surveillance et à l'évaluation périodiques. Le Parlement européen est pleinement informé* ». La méthode ouverte de coordination s'est insinuée dans le texte (6).

55. Diversité des tâches et moyens d'action de la Commission. L'éventail des missions et des tâches qui sont confiées à la Commission en matière sociale a toujours été et reste extrêmement large. Sa mission générale se partage entre animation de la politique de l'Union et promotion d'une coopération entre les États membres (7). Si elle fait usage, en matière sociale de son pouvoir ordinaire de proposition, son action présente bien d'autres facettes. Elle procède ou fait procéder à des études lui permettant de connaître la situation du droit et de la pratique des États membres, elle publie des communications (*livres verts* en particulier) à l'attention des États membres (8), afin de préparer le terrain pour ses initiatives à venir. Elle use du pouvoir de recommandation que lui a donné en général l'ex-article 155 du traité, devenu article 211, puis remplacé par le traité de Lisbonne en substance par l'article 17 § 1 traité UE. Elle remplit enfin ses missions ordinaires d'exécution et de gardienne des traités et du droit de l'Union, face en particulier aux aides étatiques à l'emploi, dont elle entend assurer étroitement le contrôle. Elle est également appelée, dans ce même domaine des aides étatiques notamment, à exercer les compétences réglementaires que le Conseil lui confie (9).

56. La Commission et les partenaires sociaux. La Commission n'a pas seulement tourné son action vers les États. Très vite, elle a cherché à développer son œuvre de coopération du côté des partenaires sociaux, suivant ainsi une incitation implicitement venue de l'ex-article 118 (10). L'ex-article 118 B du traité CEE lui en a, après coup, avec l'Acte unique européen, donné mission expresse.

(6) V. sur cette méthode, *supra* n° 49.

(7) Dans ses missions relatives à l'emploi, la Commission est assistée par un « Comité de l'emploi » composé de hauts fonctionnaires et d'experts désignés par les États membres et la Commission (décision 2000/98 du 24 janvier 2000 abrogeant la décision 97/16 sur le Comité de l'emloi et du marché du travail).

(8) Cf. *Livre vert* : « Politique sociale européenne – Options pour l'Union », 17 novembre 1993, doc. COM (93) 551 ; *Livre vert* : « Moderniser le droit du travail pour relever les défis du XXIe siècle », 22 novembre 2006, doc. COM (2006) 708.

(9) V. *infra* n° 330 et s.

(10) Parmi les matières faisant l'objet de son action, l'ancien article 118 mentionnait en effet les négociations collectives entre employeurs et travailleurs.

Il revient à la Commission « *de promouvoir la consultation des partenaires sociaux au niveau communautaire* » *et* de « *faciliter leur dialogue en veillant au soutien équilibré des parties* ». Cette mission de promotion du dialogue social a été introduite par le traité d'Amsterdam dans l'article 138 § 1 du traité, devenu article 154 § 1 TFUE (11).

Le traité d'Amsterdam, comme l'avait demandé l'accord sur la politique sociale, est toutefois allé au-delà de cette mission générale et a formalisé les procédures de concertation que la Commission est appelée à mettre en œuvre. Il résulte aujourd'hui de l'article 154 § 2 et 3 TFUE, reprenant sans changement l'ex-article 138 § 2 et § 3 TCE (comme le faisait le traité constitutionnel dans son article III-211), que la Commission, lorsqu'elle prend l'initiative d'une action de politique sociale, doit avoir consulté deux fois les partenaires sociaux, la première fois sur le principe de l'action, la seconde sur son contenu, avant de transmettre une éventuelle proposition d'acte au législateur communautaire (12). Et si les partenaires sociaux, lors de la deuxième consultation, en manifestent conjointement la volonté, la Commission devra même les laisser conduire par eux-mêmes une négociation pouvant aboutir à la conclusion d'un accord collectif européen, qui pourra ainsi se substituer à l'action législative de l'Union dont elle avait formé le projet. C'est ce qu'ajoute l'article 154 § 4 TFUE (ex-article 138 § 4 TCE (13). Et même en pareil cas, la Commission conserve son rôle d'animation et de soutien de la négociation conduite par les partenaires sociaux.

§ 2. — Le Parlement

Seront successivement examinés les pouvoirs qui ont été progressivement reconnus au Parlement européen dans le domaine social, puis les procédures suivant lesquels s'exercent ces pouvoirs.

A. — Pouvoirs

57. L'évolution. La Commission ayant l'initiative des actions, le Conseil le pouvoir d'en décider, Le Parlement, à l'origine, n'avait qu'un rôle réduit dans le processus législatif communautaire. Il devait seulement être consulté. Or en un tel cas, même si l'obligation de consultation s'analyse en une formalité substantielle, ni la Commission ni le Conseil ne sont tenus de prendre en compte l'avis du Parlement (14).

(11) Elle était prévue par l'article 3 de l'Accord sur la politique sociale ; v. *infra* n° 71 et s.

(12) De manière générale, le protocole sur le principe de subsidiarité et de proportionnalité invite la Commission à « *procéder à de larges consultations avant de proposer des textes législatifs* » (article 2 du protocole).

(13) V. pour plus de détails *infra* n° 101 et s.

(14) Si le traité prévoit la consultation, le Parlement doit, à peine de nullité, être consulté, mais il ne peut pas retarder indéfiniment le processus législatif communautaire en ne fournissant pas son avis ; CJCE, 30 mars 1995, *Parlement c. Conseil*, aff. C-65/93, *RTD eur.* 1995, p. 313.

57-1. Renforcement progressif. L'Acte unique européen, puis le traité de Maastricht sur l'Union européenne ont renforcé considérablement les pouvoirs du Parlement. Celui-ci participe désormais au processus législatif, dans le cadre de plusieurs procédures lui permettant de peser plus efficacement sur la décision. La « légitimité » démocratique du droit de l'Union en est bien sûr améliorée. Ce mouvement s'est encore accentué avec le traité d'Amsterdam. Désormais, dans de nombreuses matières, Conseil et Parlement statuent conjointement en tant que co-législateurs de l'Union, suivant la procédure d'abord dite de « codécision », procédure que le traité de Lisbonne (comme le faisait le traité constitutionnel), désigne comme la « *procédure législative ordinaire* » de l'Union (article 289 TFUE) (15). Prolongeant sur ce point le traité de Nice, le traité de Lisbonne a en outre organisé un système général de « passerelles » qui peuvent être empruntées vers la procédure législative ordinaire dans les domaines d'action pour lesquels le traité continue de prévoir l'application d'une autre procédure, « *procédure législative spéciale* », l'avenir pouvant ainsi renforcer plus encore le rôle dévolu au Parlement, en matière de politique sociale notamment (16).

57-2. Éviction. Les prérogatives du Parlement se sont, au fil des révisions du traité, considérablement accrues et devraient l'être plus encore dans l'avenir. Mais l'évolution est également allée en sens diamétralement opposé. En associant très étroitement les partenaires sociaux aux processus normatifs communautaires, le traité d'Amsterdam a permis d'évincer le Parlement de ces mêmes processus. Si les partenaires sociaux décident d'engager une négociation sur une action dont la Commission a pris l'initiative, le Parlement ne sera pas même consulté. Il ne le sera pas au moment de la négociation de l'accord collectif européen ; il ne le sera pas non plus dans l'hypothèse où l'accord est transmis par la Commission au Conseil en vue de lui donner la force juridique d'un acte de droit communautaire contraignant. Le Parlement ne sera qu'informé, et encore est-ce parce qu'une pratique s'était instaurée sans que le traité l'ait, jusqu'au traité de Lisbonne, commandée (17). Le Parlement n'est donc en aucune façon associé à l'élaboration de l'acte.

À la démocratie représentative, qui s'exerce au travers d'une assemblée élue par le peuple, se substitue une forme « alternative » de démocratie s'exprimant par l'intermédiaire des partenaires sociaux, dont la représentativité doit donc être vérifiée, a dit la Tribunal de première instance des Communautés à propos de l'accord-cadre européen du 14 décembre 1995 sur le congé parental et de la directive du Conseil 93/34 du 3 juin 1996 conférant force normative obligatoire à cet accord (18).

58. Le contentieux. Le Parlement européen, invoquant les exigences de démocratie, a le souci constant de peser autant que faire se peut sur le processus législatif

(15) Article III-396 du traité constitutionnel.

(16) V. *supra* n° 25.

(17) Reprise par le traité de Lisbonne, l'obligation d'informer le Parlement était prévue par le traité constitutionnel (article III-212 § 2 du traité).

(18) TPI CE, 17 juin 1998, *Union européenne de l'artisanat et des petites et moyennes entreprises (UAPME) c. Conseil*, aff. T 135/96 ; v. *infra* n° 103 et n° 114.

communautaire. Il voudra faire respecter rigoureusement son droit d'être consulté, mais recherchera surtout de préférence l'utilisation des procédures – coopération, codécision, avis conforme – qui renforcent son rôle.

58-1. Après l'Acte unique européen. Il en résulte de sa part une tendance à donner une interprétation large aux textes du traité qui lui ménagent de tels pouvoirs. L'illustration bien connue de cette tendance a été fournie par l'ex-article 118 A du traité. Alors qu'en général le rapprochement des législations sociales passait par la procédure de consultation de l'ex-article 100, l'ex-article 118 A, depuis l'Acte unique européen, prévoyait une procédure de coopération avec le Parlement pour les mesures d'amélioration de la santé et de la sécurité dans le milieu de travail. Aussi le Parlement européen avait-il, dans une résolution, tenté de faire accepter une conception de la notion de milieu de travail assez extensive pour couvrir l'ensemble des conditions d'organisation et d'exécution du travail (19). Résolution parlementaire qui a sans doute eu une certaine influence, mais n'a pas emporté l'adhésion de la Commission ni du Conseil (20).

De pareils désaccords interprétatifs ont engendré le développement d'un contentieux en nullité devant la Cour de justice. Les actions formées par le Parlement se sont cependant heurtées pour commencer à une difficulté quant à leur recevabilité, l'ex-article 173 du traité CEE n'ayant pas mentionné le Parlement parmi les institutions susceptibles d'agir en nullité (21). Mais la Cour a malgré tout fini par admettre la qualité du Parlement pour agir à l'encontre des actes pris en méconnaissance de ses prérogatives (22). La qualité de requérant institutionnel du Parlement a ensuite été consacrée par la révision de l'article 173 du traité, devenu article 230 TCE, puis 263 TFUE.

C'est ainsi qu'à la requête du Parlement, la Cour de justice avait annulé la directive 90/366 du 28 juin 1990 relative au droit de séjour des étudiants parce qu'elle avait été fondée sur l'ex-article 235 du traité CEE qui exige seulement la consultation du Parlement, alors qu'elle aurait dû l'être sur le fondement combiné de l'ex-article 128 relatif à la formation professionnelle et de l'ex-article 7, devenu article 12 TCE, puis 18 TFUE, interdisant les discriminations fondées sur la nationalité, réclamant à l'époque la coopération du Parlement (23).

58-2. Aujourd'hui. Des difficultés pourraient naître concernant en particulier l'articulation des dispositions de l'article 153 TFUE (ex-article 137 TCE) organisant le jeu des compétences communautaires en matière de politique sociale. L'article 153 TFUE soumet une partie de la politique sociale à la procédure législative ordinaire,

(19) Résolution du 15 décembre 1988 sur la notion de milieu de travail et le champ d'application de l'article 118 A du traité CEE, *JOCE* n° C 12 du 16 janvier 1989.

(20) V. *infra* n° 466 et s. pour les directives fondées sur l'article 118 A.

(21) Rejet d'un recours pour irrecevabilité du Parlement à agir par arrêt de la Cour de justice du 23 septembre 1988 (« comitologie »), aff. 302/87, *Rec.* p. 5637.

(22) CJCE, 22 mai 1990, *Parlement c. Conseil*, aff. C.70/88 (« Règlement post-Tchernobyl »), *Rec.* I-2041, *RTD eur.* 1990, 617, note J.-P. JACQUÉ, *D.* 1990.245, note J.-C. BONICHOT. La Cour avait toutefois décidé que les effets de la directive annulée seraient maintenus en vigueur jusqu'à l'entrée en vigueur d'une directive adoptée sur la base juridique appropriée : directive n° 93/96 du 29 octobre 1993 ; v. *infra* n° 177, n° 212 et s.

(23) CJCE, 7 juillet 1992, *Parlement c. Conseil*, aff. C-295/90, *Rec.* I-4230.

une autre partie à une procédure spéciale dans laquelle le Parlement est simplement consulté. Or les domaines respectifs des deux procédures présentent des recoupements possibles. Ex. : la procédure de codécision parlementaire s'applique à l'information et la consultation des travailleurs, la procédure de consultation à la représentation et la défense collective, y compris la cogestion (24). On comprend ainsi que l'utilisation de la procédure de codécision pour l'adoption de la directive sur le comité d'entreprise européen ait pu être discutée, puisque, tendant à la mise en place d'une institution représentative des travailleurs, la directive se rattachait aussi à la représentation collective des travailleurs quand bien même elle ait visé l'information et la consultation des travailleurs (25). En l'espèce, on comprend aussi que le Parlement ne se soit pas insurgé (seuls certains gouvernements ont relevé la difficulté), puisque le fondement choisi favorisait cette fois l'expression de ses prérogatives.

B. — Les procédures

59. Procédure ordinaire et procédures spéciales. Dans le domaine social, comme dans les autres domaines d'ailleurs, les pouvoirs du Parlement se sont décomposés en quatre procédures, parmi lesquelles la procédure de codécision prédomine aujourd'hui largement, la procédure de consultation continuant d'occuper une place non négligeable. La procédure de coopération, après avoir occupé momentanément une place importante, a été en matière sociale écartée au profit de la procédure de codécision ; la procédure d'avis conforme ou d'approbation n'a concerné que des domaines bien spécifiques.

Le traité de Lisbonne fait apparaître une division majeure. La procédure de codécision parlementaire qui était visée à l'article 251 du traité CE (294 FUE) devient la « *procédure législative ordinaire* » (article 289 FUE). Les autres, celle notamment qui sont marquées par la règle de l'unanimité du Conseil, constituent autant de « *procédures législatives spéciales* », On présentera brièvement ces procédures suivant leur ordre d'importance en matière sociale (26).

60. 1° Codécision : procédure législative ordinaire. Cette procédure nouvellement introduite par le traité de Maastricht et réglée par l'article 251 TCE (ex-article 189 B) et aujourd'hui par l'article 294 TFUE a prévu, comme la procédure de coopération, une adoption des actes à la majorité qualifiée du Conseil. Mais elle a renforcé encore le rôle du Parlement. Elle présente deux traits principaux. Tendant à faire naître un accord entre Conseil et Parlement, elle est complexe et longue – s'il faut recourir à la procédure de conciliation entre les deux organes. Elle permet surtout au Parlement de rejeter un texte sur lequel l'accord des institutions n'a pas pu en définitive s'établir (27).

(24) Quant au paragraphe 5, il exclut l'intervention communautaire en matière de droit d'association, ce qui ajoute encore aux difficultés de « distribution ».

(25) V. *infra* n° 400.

(26) Ces procédures ne sont que très sommairement présentées ; pour plus de détails et de précisions, v. les ouvrages de droit communautaire général.

(27) Si le comité de conciliation ne parvient pas à un « *projet commun* » ou à l'accord des deux institutions sur un « *projet commun* », « *l'acte proposé est réputé non adopté* » (article 251, § 5 et § 6 du traité).

60-1. Traité de Maastricht. Relèvent depuis le traité de Maastricht de la procédure de codécision :

– la liberté de circulation des travailleurs article 46 TFUE, (ex-article 40 TCE, ex-article 49 du traité CEE), ainsi que le droit d'établissement des personnes et la liberté de prestations de services ;

– l'éducation (article 165 TFUE, ex-article 149 TCE, ex-article 126 CEE), mais également la culture (article 166 TFUE, ex-article 151 TCE, ex-article 128 CEE).

Les mesures de rapprochement des législations ayant pour objet la réalisation du marche intérieur, mesures qui peuvent indirectement intéresser les droits de travailleurs (article 114 TFUE, ex-article 95 TCE, ex-article 100 A CEE), sont également soumises à la procédure de codécision.

60-2. Traité d'Amsterdam. Celui-ci a considérablement accru les prérogatives de codécision du Parlement. Le traité de Lisbonne, dans ces différents domaines, se réfère à la « *procédure législative ordinaire* » :

– le Conseil est appelé à statuer suivant la procédure législative ordinaire dans les domaines d'action pour lesquels l'Accord sur la politique sociale – intégré au traité – prévoyait initialement des décisions du Conseil à la majorité qualifiée en coopération avec le Parlement (article 153 § 2 TFUE, ex-article 137 § 2 TCE) (28) ;

– le Parlement co-décide avec le Conseil, suivant la procédure législative ordinaire, la future politique communautaire d'immigration des pays tiers (29). Le traité d'Amsterdam avait prévu une période transitoire (ex-article 67 TCE). Le traité de Lisbonne a directement fait jouer la passerelle vers l'application de la procédure législative ordinaire (article 79 § 2 TFUE) ;

– les actions du Conseil en matière de politique de l'emploi réclameront dans certains cas la consultation (article 148 TFUE, ex-article 128 TCE), dans d'autres – les actions d'encouragement destinées à favoriser la coopération des États – la codécision parlementaire (article 129 CE, devenu article 149 TFUE) ;

– alors que la consultation du Parlement n'était même pas prévue par l'ex-article 51 du traité CEE concernant les mesures relatives à la sécurité sociale des travailleurs migrants, le Parlement a maintenant reçu de l'article 42 TCE un pouvoir de codécision, dans une procédure qui néanmoins est, jusqu'au traité de Lisbonne et l'article 48 TFUE, restée soumise à l'exigence d'unanimité du Conseil. La procédure législative ordinaire est désormais applicable, sous réserve d'une suspension temporaire qu'un État membre peut demander s'il juge son système de sécurité gravement menacé par un acte législatif en projet (article 48, 2ᵉ alinéa, TFUE) ;

– l'article 157 TFUE, ex-article 141 TCE, reprenant et complétant l'ancien article 119 CEE, soumet à la procédure législative ordinaire les mesures communautaires visant à assurer l'égalité des chances et de traitement entre les hommes et les femmes.

(28) Protection de la santé et de la sécurité dans le milieu de travail, conditions de travail, information et consultation, égalité entre hommes et femmes sur le marché du travail et dans le travail, intégration des exclus.

(29) V. pour plus de détails, *infra* n° 196 et s.

La codécision, à la place de la coopération, a également fait son apparition à l'article 164 TFUE, ex-article 148 TCE (ex-article 125 CEE), pour les décisions d'application relatives au Fonds social, à l'article 166 TFUE, ex-article 150 TCE (ex-article 127 CEE) pour la politique de formation professionnelle. La procédure législative ordinaire s'y applique donc.

61. 2° Consultation. Le terme « consultation » utilisé pour désigner cette procédure indique suffisamment que le Parlement est simplement saisi pour avis et que, même s'il doit attendre d'avoir l'avis du Parlement pour statuer, le Conseil peut s'en écarter, quitte toutefois à devoir s'en justifier.

La procédure de consultation est longtemps demeurée la première des procédures applicables en matière sociale. Les directives de l'ex-article 100 du traité étaient en effet arrêtées suivant la procédure de consultation et l'article 100 demeurait, aux côtés de l'article 235 obéissant à la même procédure de consultation, le fondement général des directives de rapprochement des législations sociales.

Ces données ont été largement modifiées. Aujourd'hui, la procédure de codécision parlementaire, devenue procédure législative ordinaire, est requise dans de nombreux cas. En matière de politique sociale, toutefois, le traité a préservé le vote à l'unanimité du Conseil en maintenant l'application de la procédure de consultation parlementaire pour une partie importante du champ de la politique sociale (30). Depuis le traité de Nice toutefois, le Conseil peut par une décision prise à l'unanimité, faire passer (« passerelle ») les matières continuant de relever d'une procédure d'unanimité-consultation sous le régime de la codécision Parlement-Conseil (31).

On retrouve également la procédure de consultation parlementaire dans d'autres domaines, notamment pour l'établissement des lignes directrices dont les États membres tiennent compte dans leurs politiques d'emploi (ex-article 128 § 2 TCE, article 148 § 2 TFUE).

Il convient d'observer complémentairement que, suivant le principe dont la Commission, le Conseil et le Parlement sont convenus depuis 1975 (32), une concertation sera recherchée entre Conseil et Parlement lorsque le Conseil, seul appelé à statuer, entend s'écarter de l'avis du Parlement.

62. 3° Approbation (avis conforme). Le Parlement n'a pas, ici, un simple pouvoir d'empêchement ; il doit expressément donner son accord, à la majorité des votants. Le Conseil statue alors à l'unanimité. Le traité de Lisbonne a, dans le traité Union européenne, remplacé les termes « avis conforme » par celui, convenant mieux, d'« approbation ».

(30) Restent sous régime d'unanimité la sécurité et la protection sociales, la résiliation du contrat de travail, la représentation et la défense collectives des travailleurs et employeurs, l'emploi des ressortissants des pays tiers, les contributions financières visant la promotion ou la création d'emplois (comb. article 137 § 1 et article 137 § 1).

(31) Article 153 § 2 TFUE ; passerelle qui ne peut cependant pas être utilisée pour la sécurité sociale et la protection sociale, sauf révision simplifiée du traité (v. *supra* n° 25).

(32) Déclaration commune du 4 mars 1975, *JOCE* n° C 89 du 22 mars 1975.

Ont intéressé le domaine social :

– la détermination des droits de séjour et de circulation des citoyens de l'Union, si le traité n'a pas prévu d'autre procédure, a été soumise à la procédure d'avis conforme jusqu'au traité d'Amsterdam, qui réclamait unanimité du Conseil et codécision parlementaire (article 18 § 2 TCE, article 21 TFUE). Le traité de Lisbonne opère « passerelle » vers la procédure législative ordinaire ;

– la définition des missions et de l'organisation des fonds à finalité structurelle (article 177 TFUE, ex-article 161 TCE), que le traité de Lisbonne fait également passer sous la procédure législative ordinaire (nouvel article 178 TFUE).

On mentionnera également la conclusion des accords d'association, prévue à l'article 218 TFUE (ex-article 300 § 3 TCE), ces accords pouvant présenter un volet social, en particulier parcequ'ils et intéressent la circulation des travailleurs. En pratique, c'est le cas le plus répandu d'utilisation de la procédure d'avis conforme ou « approbation » du Parlement européen.

63. 4° Coopération. Introduite par l'Acte unique européen, la procédure de coopération avec le Parlement correspondait à un processus d'adoption des actes de droit communautaire à la majorité qualifiée du Conseil. Il s'agissait, depuis le traité de Maastricht, de la procédure dite ensuite de l'article 252 TCE (ex-article 189 C CEE). Le rôle du Parlement s'était accru puisqu'il pouvait imposer une double lecture du texte projeté et que son hostilité finale au projet obligeait le Conseil à statuer à l'unanimité, et non à la majorité qualifiée, sauf accord entier entre Conseil et Commission. Seule l'unanimité des gouvernements ou un accord très fort du Conseil et de la Commission pouvaient passer outre à l'hostilité du Parlement.

Après le traité de Maastricht, la coopération du Parlement occupait une place importante en matière de politique sociale (33). Les réglementations tendant à l'élimination des discriminations fondées sur la nationalité devaient également être adoptées par le Conseil en coopération avec le Parlement (34). Dans l'ensemble de ces domaines, le traité d'Amsterdam a substitué la procédure de codécision à la procédure de coopération, accentuant encore les pouvoirs du Parlement.

Le traité de Lisbonne a supprimé la procédure de coopération, qui n'a finalement représenté qu'une étape vers la procédure de codécision parlementaire.

*

* *

Singulièrement renforcé par l'évolution des traités, le rôle de colégislateur du Parlement est donc devenu la norme de principe. Or, paradoxalement, avec la place maintenant ouverte à l'action des partenaires sociaux, la fonction législative du Parlement s'est aussi trouvée affaiblie ou menacée.

(33) Elle était prévue dans les domaines suivants : l'amélioration de la santé et de la sécurité des travailleurs – ex-article 118 A du traité CEE ; les décisions d'application relatives au Fonds social – ex-article 125 du traité CEE ; la politique communautaire de formation professionnelle – ex-article 127 du traité CEE.

(34) Ex-article 6 du traité CEE.

Section 2

Les partenaires sociaux

64. Évolution générale. Du silence au dialogue social. Initialement, dans le traité de Rome, les partenaires sociaux n'étaient présents qu'à travers le rôle – discret – du Comité économique et social. S'ajoutait, dans l'ancien article 118, une allusion au droit syndical et à la négociation collective entre employeurs et travailleurs en tant qu'objet de la collaboration des États membres en matière de politique sociale.

Depuis lors, beaucoup de chemin a été parcouru et aujourd'hui, les partenaires sociaux sont devenus des rouages essentiels de la politique sociale de l'Union européenne.

Le dialogue social s'est organisé, en partie grâce aux efforts des partenaires sociaux, en partie grâce à l'action de la Commission. L'ex-article 118 B, fruit de l'Acte unique européen, a posé en 1986 le principe que, sous l'impulsion de la Commission, des négociations entre partenaires sociaux peuvent être conduites au niveau européen et créer des relations conventionnelles. L'accord sur la politique sociale, en 1992, a prolongé les dispositions cadre de l'article 118 B en mettant en place des procédures de consultation et de négociation. Le traité d'Amsterdam a désormais intégré ces procédures au corps du traité Communauté européenne ; on les retrouve aujourd'hui dans le traité sur le fonctionnement de l'Union (35).

Dans une formule solennelle issue du traité constitutionnel, le traité sur le fonctionnement de l'Union énonce que « *l'Union reconnaît et promeut le rôle des partenaires sociaux à son niveau* » et qu'« *elle facilite le dialogue entre eux, dans le respect de leur autonomie* » (36).

65. Un droit syndical de l'Union européenne ? Les partenaires sociaux sont aujourd'hui devenus des organes à part entière de la politique sociale de l'Union, mais ceci dans un contexte de vide législatif. Si le droit de l'Union a certes consacré comme sien le principe de la liberté syndicale, il n'est pas intervenu, à ce jour, pour en réglementer l'exercice.

65-1. Reconnaissance. Reconnue, la liberté syndicale l'a été au demeurant de façon indirecte, par renvoi, ou encore implicitement.

(35) Ces procédures seront décrites *infra* n° 100 et s.

(36) V. développant une réflexion sur le « dialogue social », v. notamment, F. Vandamme, « Quel espace contractuel pour les partenaires sociaux dans le traité de Maastricht ? », *Rev. Marché commun* 1992, p. 788 ; D. Gabdin, « L'association des partenaires économiques et sociaux organisés aux procédures de décision en droit communautaire », *RTD eur.* 2000, p. 1 ; Ch. Vigneau, « Étude sur l'autonomie collective au niveau communautaire », *RTD eur.* 2002, p. 653 ; « Partenaires sociaux européens et nouveaux modes communautaires de régulation, la fin des privilèges ? », *Dr. soc.* 2004, p. 883. ; S. de la Rosa et D. Nazet-Allouche, « Les mutations du dialogue social européen », *in Une société internationale en mutation : quels acteurs pour une nouvelle gouvernance ?*, dir. L. Boisson de Chazourne et R. Mehdi, Bruylant, 2005 ; E. Mazuyer, « Les instruments juridiques du dialogue social européen : état des lieux et… », *Dr. soc.* 2007, p. 476 ; S. Laulom, « Passé, présent et futur de la négociation collective transnationale », *Dr. soc.* 2007, p. 623.

Elle l'est au travers de l'« attachement » que le préambule du traité sur l'Union européenne, tel que modifié par les traités d'Amsterdam et de Lisbonne, marque au respect des droits de l'homme et des libertés fondamentales ainsi qu'aux deux chartes sociales de l'Europe. Or la Convention européenne de sauvegarde des droits de l'homme et des libertés fondamentales (article 11), la Charte sociale européenne (partie 1, point 5, partie II, article 5), la Charte communautaire des droits sociaux fondamentaux (article 11) garantissent toutes la liberté d'association et le droit de constituer des organisations professionnelles ou syndicales, tant pour les travailleurs que pour les employeurs. La Charte communautaire des droits sociaux fondamentaux le fait même pour l'aspect positif (droit d'adhérer à...), mais aussi pour l'aspect négatif (droit de ne pas adhérer) de la liberté syndicale.

La Cour de justice, de son côté, ayant d'abord énoncé en général que « *les droits fondamentaux font partie des principes généraux du droit dont la Cour de justice assure le respect* » (37), a ensuite concrétisé cette affirmation solennelle en visant précisément la liberté syndicale (38). Depuis le traité de Maastricht, l'article 6 § 2, devenu article 6 § 3 avec le traité de Lisbonne, du traité sur l'Union européenne prolonge la jurisprudence de la Cour en énonçant que les droits garantis par la Convention européenne des droits de l'homme, donc le droit syndical, font partie du droit de l'Union « *en tant que principes généraux* » (39).

La source de reconnaissance la plus importante, dans le droit de l'Union, est désormais constituée par la Charte de droits fondamentaux de l'Union européenne, à laquelle l'article 6 § 1 du traité sur l'Union européenne confère « *la même valeur juridique que les traités* ». L'article 12 de la Charte consacre le droit syndical dans le cadre de la liberté de réunion et d'association. « *Toute personne a droit à la liberté de réunion pacifique et à la liberté d'association à tous les niveaux, notamment dans les domaines politique, syndical et civique, ce qui implique le droit de toute personne de fonder avec d'autres des syndicats et de s'y affilier pour la défense de ses intérêts* » (40).

La mention du droit syndical parmi les objets de la politique sociale est une autre manière d'en reconnaître l'existence (article 140 TCE, devenu article 156 TFUE, ex-article 118 du traité CEE). Les fréquentes apparitions des « partenaires sociaux » dans les dispositions du traité Communauté européenne et les droits que ces textes leur attribuent sont autant de signes de reconnaissance de la liberté syndicale.

65-2. Réglementation. Hors cette reconnaissance générale d'une liberté, le droit législatif communautaire n'offre à ce jour aucun élément normatif en réglementant l'exercice (41). Bien plus, le traité d'Amsterdam, dans des dispositions reprises par le traité de Lisbonne, écarte le droit d'association et donc le droit syndical du champ

(37) CJCE, 17 décembre 1970, *Internationale Handelsgesellschaft,* aff. 11/70, *Rec.* p. 1125.

(38) CJCE, 28 octobre 1975, *Rutili,* aff. 36/75, *Rec.* p. 1219.

(39) V. *infra* n° 153 et s. pour un examen plus complet de ces questions.

(40) Article II-72 § 1 du projet de traité constitutionnel. V. *infra* n° 144 et s. sur le traité de Lisbonne et la Charte des droits fondamentaux.

(41) Sur le rôle que peuvent jouer les partenaires sociaux, syndicats et autres représentants des salariés (comités d'entreprise) face aux décisions de la Commission intéressant la vie des entreprises et aux procédures y conduisant (aides d'État, aides du Fonds social européen...) et sur la distinction entre personnes *directement et individuellement concernées* et *intéressés*, TPI CE, ordonnance du 18 février 1998, *Cté d'entreprise de la Société Française de*

des interventions normatives communautaires (article 137 § 6 TCE, article 153 § 6 TFUE), en matière de politique sociale. De l'abstention législative observée jusqu'à ce jour, on serait donc passé à l'interdiction (42).

Si les États membres restent donc compétents, seuls compétents, pour régir le droit syndical, cette compétence trouve toutefois une limite dans leur obligation de coopérer loyalement à la réalisation des objectifs de l'Union et de ne pas compromettre ces objectifs par des mesures ou des pratiques qui viendraient contrarier de façon illégitime ou excessive l'exercice des libertés économiques consacrées par le droit de l'Union (v. article 4 § 2 TUE). Or, l'exercice du droit syndical, notamment lorsqu'il se couple avec celui du droit de grève, peut parfois gêner, voire entraver liberté de circulation des personnes ou des marchandises (43)

Ces données sont finalement propices à l'élaboration, au niveau européen, d'un droit syndical coutumier né des pratiques des partenaires sociaux et de celle des autorités de l'Union. L'apparition d'une autoréglementation par les partenaires sociaux eux-mêmes a pu se combiner avec des règles que la Commission et le Conseil se sont astreints à observer. C'est bien ce que l'on observe s'agissant notamment de la question cruciale que constitue la représentativité syndicale (44).

66. Plan. L'action des partenaires sociaux eux-mêmes et le soutien que leur a apporté la Commission ont permis de mettre progressivement en place une organisation du dialogue social au niveau européen. Le syndicalisme s'est doté de structures européennes, du côté des travailleurs comme du côté patronal (§ 1). Le dialogue social a ainsi pu se développer à plusieurs niveaux (§ 2). Ce sont les deux points dont nous traiterons successivement. Les procédures associant les partenaires sociaux à l'élaboration et à la mise en œuvre des normes du droit social de l'Union européenne seront présentées plus loin avec l'examen des normes (45).

§ 1. — Acteurs du dialogue social

67. Des organisations syndicales ou professionnelles européennes ont pris naissance, tant du côté des travailleurs que de celui des employeurs, et ont su imposer leur représentativité et leur légitimité dans le dialogue social et leurs relations avec les autorités communautaires. Sur le plan juridique, ces organisations ont dû prendre, en l'absence d'une législation syndicale communautaire, la forme d'associations de droit national ou sont demeurées des groupements de fait.

Production et al., *Dr. soc.* 1998, p. 937 et les observations H.-J. LEGRAND, p. 931, sur « Les modalités d'intervention des représentants des travailleurs dans les procédures communautaires intéressant la vie des entreprises ». Sur la représentativité des partenaires sociaux européens, v. *infra* n° 103.

(42) Mais v. *supra* n° 32.

(43) V. *infra* n° 447 et *supra* n° 31.

(44) Question examinée dans le chapitre suivant, n° 103, avec les procédures de négociation collective.

(45) V. *infra* n° 100 et s.

A. — Les organisations de travailleurs

68. La Confédération européenne des syndicats. Le syndicalisme européen trouve ses origines dans le syndicalisme mondial. Dans un premier temps, après 1958, ont simplement été installés des secrétariats représentant deux confédérations syndicales mondiales auprès des institutions communautaires : secrétariat de la *Confédération internationale des syndicats libres* (CISL), secrétariat de la *Confédération internationale des syndicats chrétiens* (CISC), devenue ultérieurement *Confédération mondiale du travail* (CMT). Les syndicats affiliés à la *Fédération syndicale mondiale* (FSM), CGT française et CGIL italienne, professant de leur côté une hostilité entière à l'égard de la construction communautaire, allaient néanmoins mettre en place un Comité de liaison permanent, sans lien organique avec la FSM. Le syndicalisme international restait en 1973 divisé, à l'image du syndicalisme français.

Depuis lors, le syndicalisme mondial a évolué considérablement. La FSM a certes survécu aux bouleversements connus par la Russie et l'Europe centrale et de l'Est, mais s'est considérablement affaiblie. CISL et CMT, en partie sous l'influence de la recomposition opérée en Europe, se sont progressivement rapprochées. Les deux organisations ont finalement décidé de se dissoudre et de créer ensemble une nouvelle organisation mondiale, à laquelle se sont jointes des organisations nationales qui ne leur étaient pas affiliées. La Confédération syndicale mondiale (CSI) a pris naissance le 1er novembre 2006. Elle réunit plus de 300 organisations nationales et quelque 175 millions d'adhérents pour 156 pays.

C'est toutefois dans le contexte d'un syndicalisme reproduisant dans le cadre européen les divisions et les structures du syndicalisme mondial, que la *Confédération européenne des syndicats* (CES) fut créée en 1973. L'initiative en est venue d'organisations syndicales nationales faisant partie de la CISL (DGB allemand et TUC britannique en particulier).

68-1. Une organisation ouverte. Le premier trait de l'organisation européenne naissante fut de s'ouvrir à l'adhésion de syndicats de diverses tendances. Le nom qui lui a été donné est à cet égard significatif : on a supprimé l'épithète « libre » (CES et non CESL), afin de mieux se tourner vers les organisations d'orientation chrétienne, socialiste ou communiste. Les statuts ont été rédigés de façon à favoriser les adhésions, sous condition toutefois du caractère « démocratique » du candidat.

Cet esprit d'ouverture et de neutralité idéologique a porté ses fruits. Les syndicats de la CMT ont rejoint la CES ; la CGIL italienne aussi, en même temps qu'elle quittait la FSM. Seule parmi les membres de la FSM, la CGT française est longtemps restée en marge ; elle a attendu 1995 pour quitter la FSM et rejoindre finalement la CES.

68-2. Une organisation européenne. Organisation idéologiquement ouverte, la CES ne voulut pas non plus se refermer sur l'Europe communautaire. Elle a en effet été créée dans le cadre de la zone géographique couverte par le Conseil de l'Europe et non dans celui de l'Europe communautaire (Europe des « neuf » à l'époque). La raison en vient en particulier du TUC britannique, qui ne voulait pas d'une organisation restreinte à l'Europe communautaire, partie par méfiance envers celle-ci, partie pour maintenir et faire valoir des liens privilégiés avec les syndicats de pays qui restaient encore extérieurs à la Communauté (pays scandinaves).

La CES représente aujourd'hui plus de 60 millions de salariés membres de plus de 80 organisations, qui se distribuent entre 36 pays. Les confédérations françaises CFDT, CGT-FO et CFTC en font partie depuis l'origine, la CGT depuis 1999. Le DGB allemand reste la confédération nationale la plus puissante et influente de la CES ; en revanche, le TUC britannique a perdu en influence. Outre les confédérations syndicales nationales, la CES réunit également des fédérations sectorielles qui se sont formées au niveau européen.

68-3. Du *lobbying* à la négociation. L'action de la CES prend plusieurs aspects. Elle consiste d'abord à définir des objectifs et des programmes d'action tendant à renforcer la dimension sociale de l'Union européenne. C'est ensuite un organe de pression, de *lobbying* auprès des institutions de l'Union. Son insertion progressive dans les structures institutionnelles facilite cette activité. La CES est aussi un organe de communication entre organisations nationales, un centre d'échange des informations, pouvant remplir une fonction de consultation.

Organe de négociation, elle l'est devenue peu à peu. La négociation qui a abouti à la conclusion de l'accord collectif européen du 31 octobre 1991, d'où l'Accord sur la politique sociale puis les dispositions actuelles du traité sont issus (46), lui a permis de s'affirmer en tant que force de négociation européenne (47).

Reste que la CES est bien éloignée de la « base » et que les confédérations nationales ont longtemps pu rechigner à lui transmettre des pouvoirs de négocier permettant de signer des accords en leur nom. Il en va différemment aujourd'hui et la CES reçoit maintenant plus aisément les mandats nécessaires à son action négociatrice.

69. Les organisations sectorielles. Le développement d'un dialogue social au niveau central ne doit pas faire oublier l'expérience qui avait déjà été acquise au niveau sectoriel. Des structures existent depuis longtemps. Au sein de la CISL (Confédération internationale des syndicats libres), des fédérations professionnelles (appelées souvent « secrétariats professionnels internationaux ») ont été mises en place dès avant la naissance de la CES (48). Sans que leur action se situe nécessairement dans le cadre communautaire, ces secrétariats ont acquis une pratique du dialogue, sinon proprement de la négociation, dans le cadre des groupes multinationaux (49).

(46) Articles 153 à 155 TFUE.

(47) Cf. Négociations collectives européennes, stratégie de la CES, Confédération européenne des syndicats 1993.

(48) V. H. Günter (dir.), *Les relations professionnelles transnationales*, Librairie sociale et économique, Paris, 1974. Des unions internationales de syndicats ont également été formées au sein de la FSM (Fédération syndicale mondiale). Leur action est demeurée beaucoup plus discrète.

(49) Ch. Levinson, *Le contre-pouvoir multinational, riposte syndicale*, Éd. du Seuil, Paris, 1974.

L'existence de structures sectorielles a été reconnue par les statuts de la CES, qui, suivant un modèle d'organisation qui est celui des fédérations syndicales françaises, s'organise sur la double base d'une réunion des confédérations nationales interprofessionnelles d'une part et de comités ou fédérations sectoriels européens d'autre part.

L'organisation syndicale sectorielle a également été favorisée, sous l'impulsion de la Commission, par la création de comités mixtes sectoriels auprès des institutions communautaires, notamment dans le domaine des politiques communes (agriculture, transports, pêches) ; une trentaine de comités sectoriels a ainsi pu être mise en place (50).

B. — Les organisations d'employeurs

70. Pluralité des organisations. Les employeurs européens se divisent en premier lieu en deux organisations à caractère interprofessionnel : l'UNICE (51), rebaptisée BusinessEurope, représente les entreprises du secteur privé ; le CEEP (52), les employeurs du secteur public et plus largement, les entreprises qui gèrent des « *services d'intérêt économique général* » (53). Le COPA (54) assure la défense des intérêts agricoles. L'UEAPME (55) a mis son action au service de l'artisanat, du commerce et des petites et moyennes entreprises.

L'UNICE (BusinessEurope) regroupe 39 organisations patronales, issues de 33 pays ; comme la CES, il couvre une zone géographique débordant l'Union européenne. Le MEDEF (ex-CNPF) en est membre ainsi que toutes les grandes fédérations nationales des pays européens. Les principales organisations agricoles, la FNSEA en particulier, sont affiliées au COPA. L'UEAPME compte 84 organisations membres. Le caractère représentatif de ces différentes organisations apparaît assez peu contestable concernant les « populations » dont elles entendent défendre les intérêts.

Représentation dans les organes communautaires comportant la participation des partenaires sociaux ; pression sur l'action des institutions ; négociation avec la CES ; coordination entre organisations nationales. Ce sont les différentes dimensions prises par l'action de l'UNICE (56) et des autres organisations patronales européennes. Mais le pouvoir de représenter et d'engager les organisations nationales ne leur a pas toujours été pleinement reconnu. Dans des conditions analogues à celle de la CES,

(50) V. Communications de la Commission, COM/2004/0557 du 12 août 2004, « Renforcer la contribution du dialogue social » ; antérieurement, COM (2002) 341 final du 26 juin 2002, « Le dialogue social européen, force de modernisation et de changement ».

(51) Union des industries de la Communauté européenne.

(52) Centre européen des entreprises publiques, rebaptisé Centre européen des entreprises à participation publique et des entreprises d'intérêt économique général.

(53) Le CEEP a pour première mission de défendre, renforcer les services économiques d'intérêt général en vue d'une plus grande cohésion sociale et territoriale et d'une meilleure qualité de vie dans l'Union européenne.

(54) Comité des organisations professionnelles agricoles.

(55) Union européenne de l'artisanat et des petites et moyennes entreprises.

(56) Libérer l'énergie de l'entreprise, dynamiser l'innovation, améliorer le fonctionnement du marché du travail, œuvrer pour une plus grande efficacité de la politique environnementale, favoriser les échanges et les investissements, tels sont les objectifs que se donne BusinessEurope.

les organisations patronales européennes que la Commission a identifiées comme étant représentatives, sont consultées par celle-ci à l'occasion de ses initiatives de politique sociale (57).

§ 2. — Rencontres et négociations

71. Trois niveaux de « dialogue ». Le mot dialogue, dialogue social, aujourd'hui consacré, a vu progressivement son sens et sa portée s'enrichir. On s'en est initialement servi pour désigner des pratiques des partenaires sociaux européens consistant en « rencontres », *lobbying* ou concertation avec la Commission. Le mot englobe aujourd'hui de véritables négociations tendant à la conclusion d'accords propres à faire naître des obligations. La méthode « douce » du dialogue social européen s'est partiellement « durcie » (58).

Remplissant la mission particulière que lui avait confiée l'ex-article 118 B du traité, la Commission a toujours joué un rôle actif pour assurer le développement du dialogue social aux niveaux interprofessionnel et sectoriel (59).

Des structures se sont mises en place, dans lesquelles on a retrouvé la distinction entre trois niveaux de « dialogue » ou de négociation que l'on connaît en France : interprofessionnel, sectoriel, d'entreprise, entreprise s'entendant ici principalement des groupes de dimension européenne.

A. — Niveau interprofessionnel

72. Rencontres de « Val Duchesse ». À un niveau central interprofessionnel, des rencontres entre partenaires sociaux européens ont eu lieu depuis 1985 avec la participation de la Commission, rencontres dites de Val Duchesse, localité où elles se sont tenues. On a pu y discuter de thèmes généraux et la Commission a pu y puiser des orientations pour guider son action.

L'emploi a été le principal leitmotiv de l'ensemble des discussions. Après un premier temps d'échanges de réflexion sur le thème général de la croissance et de l'emploi envisagé au point de vue économique comme au point de vue social, des questions plus limitées y ont été abordées :

– la politique de formation professionnelle, initiale et continue et la répartition des tâches entre l'action des autorités publiques et celle des milieux professionnels dans ce double domaine ;

– l'emploi des jeunes et, plus généralement, l'éducation et la politique scolaire ;

– la mobilité professionnelle et géographique et l'amélioration du marché européen du travail ;

– l'adaptation aux nouvelles technologies.

(57) V. *infra* n° 103.
(58) V. la bibliographie citée *supra* n° 64 (note).
(59) V. *supra* n° 56.

Dans les discussions relatives à l'information et à la consultation, l'emploi est resté présent : l'information doit être regardée comme un instrument essentiel d'explication et de justification sur la nécessité de changements structurels. La motivation du personnel dépend de son information. Ces idées ont été volontiers mises en avant.

Le dialogue a pu aller jusqu'à certaines formes d'accords, de nature diverse, mais sans portée contraignante (60).

L'expérience de dialogue tripartite de « Val Duchesse » a inspiré la création du « Sommet social » par la décision 2003/74 du 6 mars 2006 (61).

73. Accords interprofessionnels européens. Le dialogue social européen au niveau interprofessionnel a pris dans les années 1990 une tournure plus énergique, se traduisant dans la conclusion d'accords destinés à avoir des effets obligatoires. Ces accords expriment à des degrés divers l'autonomie normative des partenaires sociaux au niveau communautaire. Ils peuvent faire suite à une initiative de la Commission ou correspondre à celle des partenaires sociaux eux-mêmes. Leur mise en œuvre peut être recherchée au travers d'une intervention hétéronome du Conseil ou l'être de façon autonome par les moyens dont ils disposent au niveau national (62).

73-1. Accords mis en œuvre par décision du Conseil. Une première période a permis la conclusion d'une série d'accords : accord sur le congé parental du 14 décembre 1995, accord sur le travail à temps partiel du 6 juin 1997, accord sur le travail à durée déterminée du 18 mars 1999. Les partenaires sociaux ont alors estimé souhaitable que leurs accords acquièrent la force juridique d'un acte de droit communautaire contraignant et ils ont requis, comme le traité le permet, que le Conseil prenne la « décision » le permettant. La forme juridique jusqu'à aujourd'hui utilisée pour ces « décisions » du Conseil a été la directive, l'instrument « directive » ayant été jugé approprié au caractère d'accord-cadre des accords concernés. Les États membres ont été tenus de mettre en œuvre le contenu de l'accord collectif européen, celui-ci étant annexé à la directive, de la même façon qu'ils le sont pour les directives de l'Union européenne d'un modèle ordinaire (63).

73-2. Accords mis en œuvre de façon autonome. Plus récemment, plusieurs accords interprofessionnels européens ont pu être conclus sur le télétravail (16 juillet 2002), le stress lié au travail (8 octobre 2004), le harcèlement et la violence au travail (26 avril 2007), des marchés du travail inclusifs (25 mars 2010). Les signataires de ces deux nouveaux accords ont décidé qu'ils seraient mis en œuvre en droit national « *conformément aux procédures et pratiques propres aux partenaires sociaux des États membres* » (64).

(60) V. *infra* n° 101 et s.
(61) V. *infra* n° 79.
(62) V. *infra* n° 105 et s.
(63) V. *infra* n° 118 et s.
(64) Article 12 de l'accord sur le télétravail, la même formule se retrouvant dans l'accord sur le harcèlement et la violence au travail.

Les organisations nationales sont-elles tenues de procéder à cette mise en œuvre ? En va-t-il d'une obligation de négocier, c'est-à-dire d'une obligation de moyens, ou d'une obligation de résultat ? Les négociateurs nationaux ont-ils une marge de liberté normative allant au-delà de la faculté de disposer plus favorablement aux travailleurs ? Comment une mise en œuvre autonome peut-elle être efficace dans des pays qui répugnent à donner force obligatoire aux dispositions des conventions collectives ? (65) Beaucoup de questions restent en suspens (66).

B. — Secteurs d'activité

74. Les comités consultatifs sectoriels. La Commission a favorisé la création d'une série de comités ou groupes de travail au sein desquels les partenaires de différents secteurs d'activité peuvent entreprendre des discussions. Ces comités ont montré une utilité particulière dans le domaine des politiques communes où les compétences normatives de l'Union sont importantes et présentent un volet social. Ils en ont également une dans des secteurs où les politiques communautaires intéressant les services publics peuvent conduire à des privatisations.

Aucune réglementation de portée générale ne visait leur institution, jusqu'à une décision de la Commission du 20 mai 1998 (67). La décision établit des conditions que l'institution des comités doit satisfaire, conditions de représentativité, quant à leur capacité de négocier, leur organisation au niveau européen. Elle précise leurs missions, leur organisation interne et leurs règles de fonctionnement.

Ces comités sont composés paritairement de représentants des employeurs et des salariés auxquels peuvent être joints des représentants des divers intérêts économiques et sociaux du secteur d'activité intéressé.

Ils sont consultés par la Commission, parfois en présence de représentants des États membres. Ils permettent également aux partenaires sociaux d'engager entre eux des discussions orientées éventuellement vers la conclusion d'un accord.

C'est ainsi qu'ont été mis en place des comités dans différents secteurs d'activité :

– les transports (transport routier, transport maritime, transport ferroviaire, batellerie, transport aérien), un groupe particulier traitant des délicates questions relatives aux relations entre modes de transport ;

– la pêche maritime ;

– l'agriculture et l'élevage.

D'autres secteurs sont également couverts, alors qu'ils ne correspondent pas à un domaine de politiques communes : le commerce, de gros et de détail ; les postes ; les télécommunications ; la banque ; l'assurance ; mais aussi, le textile et le cuir ; la construction ; l'agroalimentaire ; l'industrie automobile ; etc.

(65) V. *infra* n° 119.
(66) V. *infra* n° 104, n° 107 et s.
(67) Décision 98/500 de la Commission du 20 mai 1998 concernant l'institution de comités du dialogue sectoriel destinés à favoriser le dialogue entre les partenaires sociaux au niveau européen, *JOCE* L 225 du 12 août 1998, p. 27.

C'est ainsi qu'une trentaine de comités a pu être créée aux côtés de comités paritaires dont la mise en place a fait l'objet de décisions officielles de la Commission, des groupes de travail gardent un caractère informel et fonctionnent de façon plus ou moins structurée (68).

La négociation sectorielle a ainsi connu un développement discret mais réel sous l'égide de la Commission ; elle a pu se traduire en accords destinés à lier et qui ont même pu acquérir la force juridique d'une directive communautaire (69).

C. — Groupes européens

75. Naissance des comités de groupes européens. C'est au travers du droit à l'information et à la consultation des travailleurs que le droit de l'Union européenne tend à aborder le groupe (70). Quant au dialogue social et à la négociation collective, ils ont d'abord pris pied au niveau interprofessionnel et sectoriel (71). Ces approches séparées se sont finalement traduites en une combinaison. Le groupe est devenu un lieu de négociations, négociations d'objet institutionnel ou procédural. Ces négociations ont eu en effet pour premier objet de faire naître organes ou mécanismes permettant l'exercice du droit à l'information et à la consultation au sein des groupes européens et internationaux (72).

Les premières négociations ont notamment concerné des groupes de domination française ou allemande ; ce qui a pu s'expliquer en partie par le fait que les droits français et allemand connaissaient l'institution du comité de groupe. Quant à leur objet, il a précisément tendu à remédier aux limites des prescriptions de droit national concernant les comités de groupe (73). Le comité de groupe du droit français se caractérise par l'existence d'une double limite. Il assure uniquement la représentation des membres du groupe ayant leur siège en France. Sa compétence n'est qu'informative. Les négociations et les accords relatifs aux groupes européens ou internationaux ont en général eu pour objet d'instaurer les conditions d'un dialogue multinational et de créer à cet effet un organe propre à assurer une représentation des salariés des différents pays dans lesquels le groupe est implanté.

Des comités de groupe européens ont donc été créés, avec pour mission centrale la fourniture d'une information économique et sociale depuis et vers les différents pays où le groupe a des filiales ou des établissements. Au-delà de l'information,

(68) Pour plus de détails, v. Communications de la Commission, COM/2004/0557 du 12 août 2004, « Renforcer la contribution du dialogue social » ; antérieurement, COM (2002) 341 final du 26 juin 2002, « Le dialogue social européen, force de modernisation et de changement » ; v. également, « Le dialogue social, le bilan communautaire en 1995, Commission européenne, DG V », *Europe sociale* n° 2/95, p. 30 et s.

(69) V. *infra* n° 104, n° 105 et s.

(70) Cf. le point 17 de la Charte communautaire des droits sociaux fondamentaux ou encore l'article 27 de la Charte des droits fondamentaux de l'Union européenne.

(71) Cf. le point 12 de la Charte communautaire des droits sociaux fondamentaux.

(72) V. B. Teyssié, « La négociation collective transnationale d'entreprise ou de groupe », *Dr. soc.* 2005, p. 705. Pour une présentation détaillée des négociations et des accords, v. « Accords en matière d'information et de consultation dans les entreprises multinationales, Commission européenne, DG V », *Europe sociale*, suppl. 5/95, répertoriant à cette date plus d'une cinquantaine d'accords.

(73) Le législateur français en 1982 a limité la représentation du personnel dans les groupes aux sociétés ayant leur siège sur le territoire français, article L. 2331-1, ex-article L. 439-1, Code du travail.

l'idée d'un dialogue entre la direction centrale et le comité européen a également pu prendre forme, à des degrés plus ou moins accentués.

Les accords ont pu faire de la formation des salariés et de l'adaptation aux changements techniques un objet d'informations et de discussions devant le comité européen ; tout comme la protection de la santé et de la sécurité, la protection de l'environnement. En liaison avec l'objet institutionnel des négociations, les conditions d'exercice du droit syndical ont aussi été encore un autre thème des négociations et des accords.

Les négociations ont assez souvent pris une tournure informelle, ne débouchant pas sur la signature d'accords liant les parties, exprimant simplement l'existence de bonnes intentions, des promesses de bonne conduite.

76. Créations incitées par le droit communautaire. La directive 94/45 du 22 septembre 1994 sur le comité d'entreprise européen et les procédures d'information et de consultation des travailleurs dans les entreprises et groupes de dimension communautaire a donné un cadre juridique aux pratiques préexistantes. La directive attend des parties directement intéressées qu'elles négocient ensemble la création de l'instance d'information et de consultation.

76-1. La création du « comité d'entreprise européen ». La directive 94/45 a fait obligation aux directions des entreprises entrant dans son domaine d'application de réunir un « groupe spécial de négociation » dont la mission est de négocier la création et les attributions d'un comité d'entreprise européen. Elle a en outre incité les partenaires des groupes de dimension européenne à conclure rapidement des accords, en décidant que les accords conclus avant le délai d'entrée en application des prescriptions de la directive, resteraient valides pour l'avenir, pourvu de respecter les principes d'information et de consultation transnationale du personnel posés par la directive (74).

76-2. Apport de la pratique. Les accords conclus en pratique sont parfois d'un contenu assez pauvre et ne proposent qu'une esquisse imprécise des conditions dans lesquelles doit s'exercer le droit à l'information et à la consultation transnationale.

Néanmoins, le bilan des expériences est loin d'être négatif et l'apport de la pratique est important sur plusieurs points.

Il est assez fréquent que les accords conclus dans des groupes débordant la dimension communautaire intègrent au comité d'entreprise européen une représentation des travailleurs relevant de filiales ou d'entreprises faisant partie du groupe, qui sont extérieures à l'Union. Ceci s'est vérifié particulièrement pour les pays du centre et de l'est européen avant même qu'ils n'aient rejoint l'Union européenne. Les représentants des entités externes à l'Union peuvent avoir au sein du comité, selon le cas, un statut d'observateurs ou de membres à part entière, titulaires d'un droit de vote.

(74) Sur l'ensemble de ces questions, v. *infra* n° 398 et s. ; B. TEYSSIÉ, *Les accords portant création d'instances européennes de représentation du personnel*, Litec, Paris, 1995 ; M. COHEN, « La mise en place et le fonctionnement des comités d'entreprise européens », *RPDS* 1995, p. 15.

Certains accords prévoient une représentation des fédérations syndicales *européennes*, alors que la directive 94/45 ne leur a ménagé aucune place. Il est au reste fréquent que les accords aient été négociés avec ces fédérations européennes. Cette représentation peut prendre la forme d'une participation permanente aux travaux du comité européen ou correspondre à des invitations liées à des événements exceptionnels.

Nombreux sont les accords qui prévoient d'adapter la composition du comité d'entreprise européen aux évolutions de la structure ou des effectifs du groupe.

L'intervention du comité est en général requise lorsqu'une mesure importante intéresse les travailleurs de plusieurs pays. Certains accords élargissent la compétence du comité à des mesures n'intéressant directement que les travailleurs d'un unique pays. Si une mesure est propre à affecter de façon importante les travailleurs d'un élément du groupe situé dans un autre pays que l'entreprise dominante et si cette mesure correspond à une décision de l'entreprise dominante ou en est la conséquence, le comité européen devra être consulté.

Les accords et la pratique s'ensuivant ont permis plus généralement de faire du comité d'entreprise ou de groupe européen un lieu de dialogue sur les questions intéressant « *la marche générale* » de l'entreprise ou du groupe, son évolution et ses incidences sur l'emploi et la situation de l'ensemble du personnel.

Ces créations ou innovations de la pratique se sont principalement inscrites dans les accords conclus sous forme d'accords d'anticipation, mais se retrouvent également dans des accords d'application de la directive (75). Elles ont mis en lumière des lacunes ou insuffisances du texte initial de la directive et ont pu contribuer utilement à sa révision (76).

77. Le comité d'entreprise européen, organe de négociation. Une fois l'instance de représentation mise en place au niveau des groupes de dimension communautaire, cette instance s'est donné à elle-même une fonction de négociation non prévue par la directive. La directive 94/45 avait seulement voulu que la négociation permette la création du comité d'entreprise européen, elle n'avait pas prévu de faire du comité une instance de négociation.

Or il arrive fréquemment que les comités d'entreprises créés au sein des groupes européens soient associés aux négociations collectives intéressant le groupe. Ils peuvent l'être aux côtés d'une représentation syndicale présente au niveau du groupe ou peuvent même constituer l'interlocuteur exclusif des directions dans la négociation. L'accord ayant institué le comité d'entreprise européen peut avoir ménagé au bénéfice de celui-ci une fonction de négociation que les prescriptions subsidiaires de la directive n'attribuent pas au comité « légal » (77). Un organe non syndical peut-il légitimement prétendre être partie à une négociation collective ? On peut bien sûr s'interroger, au regard du droit interne français. Il est également à noter

(75) V. *infra* n° 409 et s.
(76) V. *infra* n° 400.
(77) V. *infra* n° 418-420.

que les organisations syndicales participant à la négociation seront volontiers des fédérations *sectorielles* organisées au niveau européen.

Les négociations ainsi conduites avec le comité d'entreprise européen porteront sur des thèmes tels que la responsabilité sociale de l'entreprise (RSE), la politique d'emploi et l'anticipation des restructurations, la promotion de l'égalité, la participation ou l'intéressement aux résultats. Les accords en résultant, en général ne seront pas destinés à créer des obligations mais à orienter l'action par des lignes directrices ou des recommandations (78).

Section 3

La participation institutionnelle

§ 1. — Institutions de compétence générale en matière sociale

A. — Le Comité économique et social

78. Régi par les dispositions des articles 300 à 304 TFUE, ex-articles 257 à 262 TCE, il permet l'association des représentants de la société civile au processus législatif communautaire. Le traité de Lisbonne n'apporte que des modifications secondaires aux règles gouvernant le Comité économique et social.

Le Comité représente les différentes composantes de la vie économique et sociale, notamment les producteurs, agriculteurs, transporteurs, travailleurs, négociants et artisans, professions libérales, auxquels s'ajoute une représentation de l'intérêt général (article 257 CE, devenu, après modification, article 300 § 2 TFUE). Les différentes catégories intéressées doivent recevoir une représentation « adéquate » (article 259 TCE, devenu article 302 TFUE). Les sièges sont répartis entre les États membres suivant une grille tenant compte de leur importance respective. Le traité de Lisbonne renvoie à une décision du Conseil statuant à l'unanimité le soin de fixer la composition du Comité.

En vue des nominations au Comité, chaque État présente une liste comportant un nombre de candidats double de celui des sièges qui lui sont attribués. Les membres du Comité sont nommés, pour quatre ans renouvelables, par le Conseil statuant à l'unanimité. Le Conseil consulte la Commission ainsi que les organisations européennes représentatives (ex-articles 258 et 259 TCE, articles 301 et 302 TFUE).

Les partenaires sociaux, au sens strict où l'on vise les représentants des employeurs et des salariés, occupent une place certes importante au Comité économique et social, mais elle n'est pas exclusive. Le traité conçoit cette représentation comme

(78) V. E. MAZUYER, « Les instruments juridiques du dialogue social européen, état des lieux et tentative de clarification », *Dr. soc.* 2007, p. 476.

celle des organisations *nationales*. La notion d'organisations *européennes représentatives* fait cependant une apparition discrète, au travers du rôle consultatif qui leur est donné dans la procédure de nomination du Comité.

Organe de compétence générale, le Comité n'a qu'une fonction de caractère consultatif (79). S'il doit être obligatoirement consulté par le Conseil ou la Commission dans les cas prévus par le traité, il l'est devenu en pratique sur toute question importante. Il peut désormais être également consulté par le Parlement européen. Afin de renforcer son influence, le Comité s'est doté en 1974, avec le consentement du Conseil, d'un droit de prendre des avis de sa propre initiative. Ces évolutions ont été officialisées par le traité de Maastricht (article 262 TCE, devenu article 304 TFUE). Elles n'empêchent que le rôle du Comité, même s'il s'est généralisé, demeure assez effacé.

B. — Sommet social

79. Du « Comité permanent de l'emploi » au « Sommet social tripartite ». Créé par une décision du Conseil du 14 décembre 1970, le « *Comité permanent de l'emploi* » a pu constituer pendant quelques années un lieu de rencontre et de dialogue tripartite entre les partenaires sociaux et la Commission sur les problèmes de l'emploi. Son activité étant tombée en veilleuse, malgré une tentative pour le réanimer, le Comité permanent de l'emploi a été remplacé par l'institution d'un « *Sommet social tripartite pour la croissance et l'emploi* » par décision du Conseil du 6 mars 2003 (80).

On rappellera brièvement ce que fut le Comité permanent de l'emploi.

80. Le Comité permanent de l'emploi. Son existence n'était pas prévue par le traité de Rome (81). Sa création, en 1970, par la décision 70/532 du Conseil, répondait à la demande des partenaires sociaux, faisant suite à une pratique de rencontres et de discussions sur l'emploi qui s'était instaurée avec la Commission. Le premier comité fut en partie réformé par une décision 1999/207 du 9 mars 1999, pour l'adapter au contexte nouveau constitué par l'institutionnalisation du dialogue social européen et par l'introduction dans le traité du titre sur l'emploi par le traité d'Amsterdam (82).

Le comité permanent de l'emploi avait reçu pour mission d'assurer de façon permanente le dialogue, la concertation et la consultation entre Conseil, Commission et partenaires sociaux en vue de faciliter la coordination des politiques nationales de l'emploi en les harmonisant avec les objectifs communautaires (83).

La composition du Comité présentait certaines originalités. Il regroupait sur une base quadripartite, une représentation du Conseil, de la Commission, des employeurs

(79) Sur les règles relatives à l'organisation et au fonctionnement du Comité, v. les ex articles 261 TCE, abrogé, et 262 TCE, devenu 304 TFUE.

(80) *JOUE* n° L 70 du 14 mars 2003.

(81) *JOCE* du 17 décembre 1970, décision modifiée le 20 janvier 1975, *JOCE* n° L. 21 du 28 janvier 1975.

(82) *JOCE* n° L.72 du 18 mars 1999.

(83) L'objectif est de « *permettre aux partenaires sociaux de contribuer à la stratégie coordonnée pour l'emploi et de faciliter la coordination par les États membres de leur politique en ce domaine, tout en tenant compte des objectifs économiques et sociaux de la Communauté…* », énonçait l'article 2 § 1 de la décision nouvelle, reprenant en partie l'article 2 § 1 de la décision 70/532.

et des travailleurs, ces derniers siégeant à parité. Les délégations des partenaires sociaux devaient couvrir l'ensemble de l'économie et se composer d'organisations européennes à vocation générale, sectorielle ou catégorielle (représentation propre des cadres d'une part, des petites et moyennes entreprises d'autre part) (84). Les délégations étaient calquées sur la liste des organisations que la Commission est appelée à consulter lorsqu'elle entend développer une action de politique sociale (85). La représentation des interlocuteurs sociaux a été en partie détachée, dès la création du Comité permanent de l'emploi, des organisations nationales pour faire appel aux organisations instituées au niveau communautaire.

Il était prévu que le comité se réunisse au moins deux fois par an (86), sous la présidence d'un représentant du Conseil (87). Il pouvait inviter à ses réunions des représentants d'organisations non représentées en son sein (88). Le texte révisé en 1999 avait précisé que ses interventions devaient avoir lieu « *en temps utile* » (89).

La naissance du Comité permanent de l'Emploi avait à l'origine fondé l'espoir que les partenaires sociaux pourraient, par son canal, renforcer leur influence sur les politiques d'emploi (90). Cet espoir a été largement déçu. Le Comité a toutefois montré pour commencer qu'il pouvait être un lieu utile d'échanges de vue, de dialogue, voire de propositions. Son activité a été ensuite en sommeil, peut-être parce que les fonctions qui lui revenaient étaient assurées dans d'autres cadres (91). La réforme intervenue en 1999 n'est pas parvenue à le redynamiser.

Les partenaires sociaux eux-mêmes ont fait le constat que le Comité permanent de l'emploi ne répondait plus à leurs attentes et ont demandé son remplacement par de nouvelles formes de consultation tripartite (92).

81. Sommet social tripartite pour la croissance et l'emploi. C'est dans ces circonstances qu'a été adoptée (93) la décision 2003/74 du Conseil du 6 mars 2003 créant un « *sommet social tripartite pour la croissance et l'emploi* » (94). Le « sommet social » nouvellement créé a été conçu pour pérenniser une pratique qui s'était développée en marge du Comité permanent de l'emploi (95). Il était devenu d'usage que les partenaires sociaux se réunissent avant les Conseils européens avec une représentation des États membres et de la Commission. Il a été convenu que ce « sommet social » se tiendrait désormais avant chaque Conseil européen (96).

Le sommet social a reçu pour mission « *d'assurer de façon permanente, dans le respect du traité et des compétences des institutions et organes de la Communauté,*

(84) Article 2 § 3, 2e alinéa.
(85) V. *infra* n° 103.
(86) Article 3 § 1 de la décision 1999/207.
(87) Représentant de l'État membre qui assure la présidence du Conseil (article 3 § 2).
(88) Article 3 § 5 de la décision 1999/207.
(89) Article 3 § 3 de la décision 1999/207.
(90) Cf. R. LOUET, *Dr. soc.*, n° spéc. « Europe sociale », novembre 1971, p. 53.
(91) Les rencontres de Val-Duchesse par exemple, *supra* n° 72.
(92) Contribution des partenaires sociaux au Conseil européen de Laeken (décembre 2001)
(93) Dans le prolongement des Conseils européens de Lisbonne (23-24 mars 2000), de Laeken (14-15 décembre 2001) et de Barcelone (15-16 mars 2002).
(94) *JOUE* n° L 70 du 14 mars 2007.
(95) La décision 2003/74 abroge la décision 1999/207 et met fin à l'existence du Comité permanent de l'emploi.
(96) V. considérant 5 et 6 de la décision 2003/74.

la concertation entre le Conseil, la Commission et les partenaires sociaux » (97). Les partenaires sociaux pourront ainsi contribuer à la définition de la « *stratégie communautaire économique et sociale intégrée, y compris dans sa dimension de développement durable* », dont les Conseils européens établissent les bases. Le sommet se réunit au moins une fois par an, une réunion étant prévue avant le Conseil européen du printemps (98).

Siègent au Sommet social des « *représentants au plus haut niveau de la présidence en exercice du Conseil, des deux présidences suivantes, de la Commission et des partenaires sociaux* » (99). La représentation des partenaires sociaux forme deux délégations égales de dix représentants des travailleurs et dix représentants des employeurs (100). Y sont représentées les « *organisations interprofessionnelles européennes à vocation générale ou à vocation catégorielle représentant les cadres et les petites et moyennes entreprises au niveau européen* » (101).

L'ordre du jour des sommets est « *défini en commun par la présidence du Conseil, la Commission et les organisations interprofessionnelles des travailleurs et des employeurs* », un « *échange de vues* » sur cet ordre du jour devant avoir lieu au sein du Conseil « Emploi, politique sociale » (102). La présidence est assurée conjointement par les présidents du Conseil et de la Commission (103) ; le secrétariat l'est par la Commission, qui veille en particulier à la diffusion« *en temps utile* » des documents de travail.

L'idée centrale, qui démarque le Sommet social de l'ancien Comité permanent de l'emploi, est de coupler Sommets sociaux et Conseils européens, en permettant aux partenaires sociaux de faire valoir leur point de vue avant la tenue du Conseil européen, dans une intervention consultative se plaçant ainsi en amont de ces sommets « généraux » qui désormais jouent un rôle déterminant dans l'orientation générale de l'action communautaire.

§ 2. — Institutions de compétence spéciale

A. — Organes consultatifs

82. Le Comité du Fonds social européen. Prévu par l'article 163 FUE (ex-article 147 TCE), il a pour mission générale d'assister la Commission dans l'administration du Fonds. Il est composé de deux représentants des gouvernements, deux représentants des organisations d'employeurs et deux représentants des organisations de travailleurs pour chaque État membre. Il est présidé par un membre de la Commission (ou son délégué).

(97) Article 2 de la décision.
(98) Article 5 de la décision.
(99) V. article 3 § 1 de la décision, pour les autres personnes pouvant participer au sommet social.
(100) Comportant une participation équilibrée des hommes et des femmes, article 3 § 2 de la décision.
(101) La coordination des délégations est assurée d'un côté par la CES (Confédération européenne des syndicats), de l'autre par l'UNICE (Union des confédérations de l'industrie et des employeurs d'Europe), organisation rebaptisée « Business Europe »
(102) Article 4 § 1 et § 2 de la décision.
(103) Article 5 § 2 de la décision.

Le comité joue en premier lieu un rôle d'assistance technique. C'est aussi un organe d'évaluation des actions du Fonds social et de proposition. Son action concerne les aides du Fonds social et s'étend plus largement à la politique communautaire de formation professionnelle et d'emploi. Le principe de cohésion économique et sociale et de coordination des fonds structurels (article 159 TCE, devenu, avec le traité de Lisbonne, article 175 TFUE) a permis au Comité du Fonds social d'intervenir dans le domaine d'action des autres Fonds (FEOGA, FEDER), qui ne possèdent pas d'institution équivalente (104).

83. Autres comités consultatifs. On signalera également les comités qui ont été créés pour les besoins de différentes politiques ou réglementations spéciales. Leur mission est de permettre aux représentants des catégories d'intérêts spécialement intéressés d'assister la Commission dans l'élaboration et dans la mise en œuvre des politiques ou des actions communautaires :

– Comité consultatif pour la libre circulation des travailleurs (105) ;
– Comité consultatif pour la sécurité sociale des travailleurs migrants (106) ;
– Comité consultatif pour la sécurité et la santé sur le lieu de travail (107) ;
– Comité consultatif de l'égalité des chances entre les femmes et les hommes (108).

B. — Organes de recherche et de formation

84. Les partenaires sociaux participent également aux activités d'organismes ayant des missions de caractère scientifique et un rôle de formation.

84-1. Le Centre européen pour le développement de la Formation professionnelle (CEDEFOP), créé en 1975, a pour mission d'apporter à la Commission un concours en vue d'assurer le développement de la formation professionnelle initiale et continue (109). C'est un centre de documentation, un organe de réflexion, d'information et de formation. Son siège est à Berlin.

84-2. La Fondation européenne pour l'amélioration des conditions de vie et de travail a été créée en 1975 (110). Afin de contribuer à la conception et à l'établissement de meilleures conditions de vie et de travail, elle a pour mission de développer et diffuser les connaissances propres à aider cette évolution. Elle est chargée d'« éclairer » les institutions communautaires « *en leur transmettant connaissances scientifiques et données techniques* ». Pour réaliser cette mission générale, la Fondation a mis en place un système d'information et de documentation, elle organise des programmes d'études, de recherches, de cours et séminaires. Son siège est à Dublin.

(104) V. W. Herrmann, *Europe sociale* 2/91, p. 74.

(105) Article 24 du règlement 1612/68 du 15 octobre 1968 relatif à la libre circulation des travailleurs.

(106) Article 82 du règlement 1408/71 du 14 juin 1971 relatif à la sécurité sociale des travailleurs migrants.

(107) Décision du 22 juillet 2003, *JOUE* n° C 218 du 13 septembre 2003, remplaçant la décision 74/325/CEE du Conseil du 27 juin 1974, *JOCE* n° L. 185 du 9 juillet 1974.

(108) Décision 82/43/CEE de la Commission du 9 décembre 1981, *JOCE* n° L. 20 du 28 janvier 1982.

(109) Règlement 337/75/CEE du 10 février 1975, *JOCE* n° L. 39 du 13 février 1975, plusieurs fois modifié depuis.

(110) Règlement 1365/75/CEE du Conseil du 26 mai 1975, *JOCE* n° L. 139 du 30 mai 1975, plusieurs fois modifié ; v. en dernier lieu, règlement n° 1111/2005 du 24 juin 2005.

CHAPITRE 3

LES NORMES

91. Une première section sera relative aux normes dans lesquelles le droit social de l'Union européenne est appelé à s'inscrire. La deuxième section portera, en matière sociale, sur les relations entre normes de l'Union et normes nationales. Première et deuxième sections feront ressortir les particularités importantes que la norme de droit social présente au sein du système normatif de l'Union (1).

Section 1

Normes de droit de l'Union

92. Généralités. La création et la réalisation du droit social dérivé ont commencé par suivre simplement les voies ordinaires du droit communautaire. Le droit social de l'Union européenne, s'est constitué à travers des règlements, des directives, des décisions ou tout autre acte de droit communautaire ou de l'Union, tels que visés et définis par l'ex-article 189 du traité (devenu article 249 TCE, puis 288 TFUE) ou forgés par la pratique des institutions communautaires. La Commission européenne proposait, le Parlement participait au processus normateur, avec des pouvoirs plus ou moins marqués d'en influencer l'issue, le Conseil statuait, à l'unanimité ou à la majorité qualifiée suivant le cas. La réalisation du droit communautaire en droit national a également suivi les chemins ordinaires de l'applicabilité directe ou de la transposition par acte législatif ou réglementaire de droit interne.

L'ensemble de ces données correspond toujours au droit positif et le droit social de l'Union européenne continue de relever des mécanismes institutionnels normaux ou ordinaires du droit de l'Union. Le jeu institutionnel s'est cependant compliqué et diversifié en raison de la place qu'on y a faite aux partenaires sociaux. Désormais deux ordres de mécanismes sont appelés à s'exprimer.

(1) La bibliographie relative à ce chapitre se trouve *supra* sous le n° 7.

L'initiative de l'action revient toujours, en règle générale, à la Commission. Mais celle-ci, avant de transmettre une proposition d'acte de politique sociale au législateur de l'Union, devra saisir les partenaires sociaux et les consulter. Ces derniers peuvent alors décider de conduire entre eux une négociation collective, un accord pouvant s'ensuivre. Auquel cas, le processus législatif normal du droit de l'Union (proposition de la Commission transmise au Conseil, participation du Parlement européen à l'élaboration de l'acte, etc.) est enrayé. L'affaire devient celle des partenaires sociaux et peut le rester.

Les mécanismes législatifs normaux du droit de l'Union ne reprennent leurs droits que si les partenaires sociaux se refusent à négocier ou si leur négociation échoue. La Commission peut alors, malgré le signe négatif que constitue l'échec de la voie négociée, procéder suivant les mécanismes normatifs généraux. Et si la négociation réussit et se traduit dans un accord, il est encore prévu que, suivant un mécanisme dérogatoire au droit institutionnel général, l'accord des partenaires sociaux puisse être, sur leur demande, transmis par la Commission au Conseil pour que celui-ci lui donne la force obligatoire d'un acte de droit communautaire.

L'ensemble du système est dominé par le principe que les autorités institutionnelles n'interviendront pour arrêter un acte de droit de l'Union que si les partenaires sociaux n'ont pas voulu procéder par voie négociée ou ne sont pas parvenus à le faire efficacement. La voie négociée ou autonome est prioritaire, la voie législative ou hétéronome subsidiaire.

*

* *

93. Une première sous-section, visant les actes législatifs de droit institutionnel général, sera relative aux normes de droit de l'Union dont l'adoption obéit aux procédures législatives à caractère général et qui feront donc intervenir, suivant les règles ordinaires, la Commission pour l'initiative du texte, le Conseil et le Parlement, ainsi que le Comité économique et social, au stade de son adoption. Une deuxième sous-section traitera de la négociation et des accords collectifs de niveau européen et visera ainsi le rôle paralégislatif que le traité a ouvert aux partenaires sociaux au détriment de l'exercice usuel de leurs compétences par les organes institutionnels généraux.

Sous-section 1. — Actes législatifs de droit institutionnel général

Si les règles générales gouvernant les actes de droit de l'Union s'appliquent à la politique sociale (§ 1), un particularisme a pu momentanément marquer celle-ci lorsqu'elle s'est développée, en dehors du Royaume-Uni, sur le fondement de l'accord sur la politique sociale. On en rappellera l'existence, aujourd'hui révolue (§ 2).

§ 1. — Actes normatifs généraux

94. Article 288 TFUE (249 TCE). L'éventail usuel des actes de droit communautaire que l'article 249 du traité CE (ex-article 189 du traité CEE), devenu article 288 TFUE, énumère et définit, ou que la pratique a créés, est normalement utilisable dans le domaine social, que l'on vise les actes contraignants, actes « *qui lient* », ou ceux qui « *ne lient pas* ».

Le « *règlement* » (2) est utilisé, en particulier dans le domaine de la liberté de circulation des travailleurs (3) et pour la coordination des régimes nationaux de sécurité sociale qui la complète (4) ; il le sera également pour la détermination des missions du Fonds social européen (5), pour la réglementation des aides à l'emploi (6) ou à la formation (7). Il s'agira de règlements du Conseil ou du Parlement et du Conseil, suivant la procédure applicable à la matière régie. Il peut aussi s'agir de règlements de la Commission pris en exécution de règlements du Conseil. La « *décision* » fait également partie des instruments du droit social de l'Union, décisions de la Commission concernant les aides d'État par exemple (8).

Reste que la « *directive* » (9) est l'instrument premier et même unique de la politique sociale de l'Union telle qu'elle est visée en ces termes précis par le traité, lorsque celle-ci se réalise dans des actes créant des obligations. L'article 153 TFUE (ex-article 137 TCE) ne se réfère qu'à la seule « directive », On retrouve également la directive dans les domaines d'intervention normative *dure*, mais pour lesquels il convient de réserver une marge d'appréciation ou de décision en opportunité des autorités nationales : il en ira ainsi lorsque l'ordre public est en cause, pour la circulation des ressortissants d'États tiers… (10)

Quant aux actes qui « *ne lient pas* », « *recommandations* » et « *avis* », ils peuvent servir une action normative *douce* des autorités de l'Union. La Commission a pouvoir d'émettre des avis pour encourager « *la coopération entre les États membres et facilite la coordination de leur action dans tous les domaines de la politique sociale* » (11) ; le Conseil peut en particulier adresser aux États membres des recommandations relatives à leurs politiques de l'emploi (12).

95. Modification des traités. Le texte de la Constitution européenne avait prévu de transformer la nomenclature des actes de droit de l'Union, mais sans modifier de façon sensible la définition de leurs effets juridiques. Le traité « modificatif » qui a pu finalement être adopté à Lisbonne renonce partiellement aux changements annoncés.

(2) « *Le règlement a une portée générale. Il est obligatoire dans tous ses éléments et il est directement applicable dans tout État membre* » (article 249 du traité CE, devenu 288 du traité FUE).
(3) V. *infra* n° 174 et s.
(4) V. *infra* n° 589 et s.
(5) V. *infra* n° 322 et s.
(6) V. *infra* n° 331 et s.
(7) V. *infra* n° 346 et s.
(8) V. *infra* n° 331 et s.
(9) « *La directive lie tout État membre destinataire quant au résultat à atteindre, tout en laissant aux instances nationales la compétence quant à la forme et aux moyens* » (article 249 TCE, 288 TFUE).
(10) V. *infra* n° 237 et s., n° 202 et s.
(11) Article 156 TFUE, ex-article 140 TCE.
(12) Article 148 TFUE, ex-article 128 § 4 TCE.

95-1. Traité constitutionnel. Sous le titre « Les actes juridiques de l'Union », l'article I-33 du traité donnait d'abord naissance aux termes « *loi européenne* » et « *loi-cadre européenne* ». Ces deux nouveaux types d'actes devaient recouvrir les actuels « *règlements* » et « *directives* », mais ceci sous une restriction d'importance. L'appellation de « *loi* » ou « *loi-cadre* » ne devait s'appliquer qu'aux seuls « *actes législatifs* » européens adoptés avec la participation du Parlement européen (13). Le qualificatif « *législatif* » devait être réservé aux actes respectueux du « *principe de la démocratie représentative* » (14).

Quant au terme « *règlement* », il était conservé, mais devait désormais s'appliquer aux actes répondant à l'actuelle définition du règlement ou à celle de la directive, lorsque, « *actes non législatifs* », ils étaient adoptés sans la participation du Parlement (15).

Les termes « *décision* », « *recommandation* » et « *avis* » étaient maintenus, les deux derniers étant définis comme des actes qui « *n'ont pas d'effet contraignant* » (au lieu de : qui « *ne lient pas* »), modification dans la définition sans conséquence de fond.

95-2. Traité « modificatif » de Lisbonne. Le traité de Lisbonne (traité dit « simplifié ») conserve la trilogie actuelle « règlement-directive-décision » ; il retient néanmoins du projet constitutionnel la distinction faite par celui-ci entre actes législatifs – impliquant la participation du Parlement – et actes non législatifs (16).

§ 2. — Actes fondés sur l'Accord sur la politique sociale

96. De Maastricht à Amsterdam. Le Protocole sur la politique sociale avait fait naître une controverse concernant la nature des actes auxquels il renvoyait. Les procédures d'adoption des actes fondés sur l'Accord sur la politique sociale avaient dû être précisées et aménagées pour tenir compte de l'absence du Royaume-Uni (17).

L'intégration de l'Accord sur la politique sociale dans le traité communautaire que le traité d'Amsterdam a réalisée, a eu pour effet de renvoyer à l'histoire la controverse relative à la qualification des actes. Elle a également mis fin aux aménagements procéduraux qui s'étaient imposés.

97. Une nature controversée. Le Protocole sur la politique sociale annexé au traité de Maastricht et l'accord auquel il renvoyait ont eu pour objet de permettre la naissance d'un droit communautaire particulier, dont il a été admis que le Royaume-Uni s'exclue volontairement (18). Les directives, décisions ou autres actes

(13) V. article I-34 du traité constitutionnel.

(14) V. article I-46 du traité constitutionnel.

(15) D'où, s'agissant des actuelles « décisions » que le Conseil est appelé à prendre pour mettre en œuvre les accords collectifs conclus au niveau de l'Union, l'utilisation du terme « règlement » (article II-212 du traité constitutionnel). En effet en pareil cas, le Parlement n'est qu'informé, rien de plus, v. *infra* n° 111-114.

(16) V. article 289 TFUE (rédaction issue du traité de Lisbonne).

(17) V. *supra* n° 14 et s.

(18) V. M.-A. Moreau, « Tendances du droit social communautaire, ombres et brouillards à Maastricht », *Dr. soc.* 1994, p. 80.

qu'ils venaient fonder devaient avoir la nature de règles de droit communautaire, même si des aménagements de leur régime étaient rendus nécessaires. L'appareil institutionnel et procédural de la Communauté européenne était mis au service de l'adoption de ces actes : initiative de la Commission, consultation ou coopération du Parlement, vote décisoire du Conseil, etc.

Ces analyses paraissaient s'imposer ; elles ont été contestées (19). Il a été soutenu que le Protocole et l'Accord sur la politique sociale annexés au traité de Maastricht ne pourraient donner naissance à des normes de droit communautaire et permettraient uniquement l'élaboration de conventions internationales de type classique (20).

Les conséquences de l'analyse étaient toutes simples. Le protocole n'aurait permis que la conclusion de conventions interétatiques soumises à ratification par les États signataires. La Cour de justice n'aurait pas été compétente, ni pour interpréter le droit social issu du protocole et de l'accord, ni non plus pour en contrôler ou en sanctionner la non-application.

Appuyée sur des arguments exégétiques peu probants, cette thèse avait en outre le défaut majeur de venir heurter de front la volonté manifeste des négociateurs du traité de Maastricht. La Commission l'a rejetée point par point (21).

Les actes réalisés sur le fondement de l'Accord sur la politique sociale ont d'ailleurs pris la forme officielle de directives communautaires élaborées suivant les règles du traité, telles qu'aménagées par le Protocole et l'Accord sur la politique sociale, et destinées à produire les effets ordinaires du droit communautaire. On l'a constaté pour la directive 94/45 du 22 septembre 1994 sur le Comité d'entreprise européen, première directive sociale dont le Royaume-Uni se soit exclu (22) ; on l'a à nouveau constaté pour les directives concernant l'accord-cadre sur le congéparental et le travail à temps partiel (23), ou pour d'autres textes encore.

98. Adaptations procédurales. Pendant la période d'application de l'Accord sur la politique sociale, la politique sociale communautaire a dû être conduite soit sur le fondement des dispositions du traité pour l'ensemble de l'Union européenne, soit, pour tous les États membres moins le Royaume-Uni, sur le fondement de l'Accord sur la politique sociale.

(19) Elle a été soutenue avec vigueur par Éliane Vogel-Polsky dans l'avis que la Commission lui avait demandé sur la nature et la portée juridique du protocole sur la politique sociale. Avis suivi d'une question écrite de M. Vandemeulebrouke, *JOCE* C 40 du 15 février 1993, *RTD eur.* 1993, p. 557.

(20) La thèse se réclamait d'arguments exégétiques : le protocole parlait d'actes que les États membres prennent « *entre eux* », se plaçant ainsi dans le cadre d'une politique intergouvernementale. Le fait que les États membres fassent « *recours aux institutions, procédures et mécanismes du traité* » pour négocier les actes qu'ils concluaient entre eux, aurait signifié uniquement que la Communauté acceptait de mettre son appareil institutionnel à la disposition des États, sans pour autant que du droit communautaire en soit résulté. Le protocole n'utilisait pas la terminologie officielle des actes du droit communautaire, notamment en ne se référant pas à la notion de directive, mais à celles, d'ordre général, d'« *actes et décisions* », sans signification technique précise.

(21) Cf. réponse Jacques Delors au nom de la Commission à la question écrite de Vandemeulebroucke : « *La Commission confirme le caractère communautaire des mesures... ; les actes prendront la forme de directives, règlements, décisions... ; ils entreront en vigueur sans qu'une ratification par les Parlements nationaux soit nécessaire ; la Cour de justice pourra exercer pleinement ses compétences...* » ; 5 janvier 1993, *JOCE* n° C95, 5 avril 1993 ; *RTD eur.* 1993, p. 558.

(22) V. *infra* n° 400.

(23) V. *infra* n° 456, n° 495.

98-1. Priorité du traité sur l'accord. Mais quel fondement choisir ? Le traité n'en disait rien. Le bon sens voulait toutefois qu'une préférence de principe soit donnée à une politique concernant l'Union tout entière. C'est la position de principe à laquelle s'étaient arrêtées les autorités communautaires. L'Accord sur la politique sociale ne devait être utilisé « *que si toutes les autres possibilités et voies de consensus ont été explorées* » avec tous les États membres (24). Le recours à l'Accord sur la politique sociale supposait préalablement que le Royaume-Uni ait manifesté son refus délibéré d'être associé à une action dont la Commission entendait prendre l'initiative (25).

98-2. Le Conseil et les autres institutions. Le Royaume-Uni s'étant exclu du processus législatif, il ne participait pas aux délibérations ni à l'adoption des actes par le Conseil. Quant aux votes à la majorité qualifiée, ils devaient se faire en tenant compte de l'absence du Royaume-Uni. Ces nécessaires aménagements étaient prévus par le Protocole sur la politique sociale.

Les aménagements prévus ne concernaient toutefois que le Conseil, en sa qualité d'organe intergouvernemental. Les autres institutions – Commission, Parlement, Cour de justice… – se détachent quant à elles de l'autorité des États et forment des organes proprement communautaires, où siègent des ressortissants des États membres certes, mais dont la mission n'est pas de représenter leurs États respectifs. Il se justifiait donc qu'elles exercent leurs fonctions respectives dans les conditions ordinaires.

99. Rôle général des partenaires sociaux. Quant à la consultation des partenaires sociaux organisée par l'Accord sur la politique sociale, elle pouvait être dissociée de l'utilisation de cet accord comme base juridique d'une action communautaire. L'Accord sur la politique sociale ne faisait au fond que prolonger et traduire dans des procédures formalisées les dispositions générales de l'ex-article 118 B (devenu, après modification, article 155 § 1 TCE, puis 155 § 1 TFUE) et il se justifiait que la Commission procède aux consultations que prévoit l'accord et laisse s'exprimer la volonté de négocier des partenaires sociaux, même si l'action qu'elle envisageait était fondée sur le traité et non pas sur l'Accord sur la politique sociale. C'est ce qu'avait souligné le Conseil dans une formule se refusant toutefois à systématiser le principe (26).

Sous-section 2. — La participation des partenaires sociaux à l'action normative de l'Union

100. Évolution générale (27). Le traité de Rome n'ignorait pas totalement la négociation collective. Elle formait l'une des matières de la collaboration entre États

(24) Résolution du Conseil du 6 décembre 1994 sur certaines perspectives d'une politique sociale de l'Union (point n° 12 de la résolution), *JOCE* n° C 368 du 23 décembre 1994 ; v. également le rapport de la Commission sur le fonctionnement du traité sur l'Union européenne, 10 mai 1995, Doc. SEC (95) 731 final, *RTD eur.* 1995, p. 622 et s. (v. not. p. 649-650).

(25) Paradoxalement, le Royaume-Uni était ainsi devenu un interlocuteur privilégié de la Commission en matière de politique sociale.

(26) Faisant prudemment observer que « *les éléments fondamentaux de la participation des partenaires sociaux, d'après l'accord sur la politique sociale, peuvent être appliqués à maints égards dans le cadre de la procédure prévue à l'article 118 B du traité CE* », Résolution du 6 décembre 1994, préc. note précédente (point 22 de la résolution).

(27) V. l'étude classique de G. Lyon-Caen, « Négociation et convention collective au niveau européen », *RTD eur.* 1973, p. 583, 1974, p. 1 ; *adde* P. Rodière, *La convention collective de travail en droit international*, Litec, Paris, 1987 ; v. la bibliographie citée *supra* sous le n° 7.

membres visée par l'ex-article 118. C'était bien peu. Il a fallu attendre l'Acte unique européen pour voir apparaître dans le traité le principe d'un dialogue social au niveau européen. Malgré l'extrême prudence avec laquelle il s'exprimait, l'ex-article 118 B du traité a présenté l'intérêt minimal d'évoquer la possibilité que le dialogue se traduise en relations conventionnelles. En termes voilés, l'Acte unique européen posait ainsi que des conventions collectives européennes pouvaient être conclues. Mais à l'époque, le traité n'offrait rien de plus.

L'Accord sur la politique sociale, puis le traité d'Amsterdam sont allés plus loin, en introduisant des procédures imposant une concertation entre la Commission et les partenaires sociaux européens et en prévoyant le développement d'éventuelles négociations collectives européennes. Désormais le traité parle explicitement d'accords et pas seulement de relations conventionnelles ; toutefois il n'en dit rien de plus sur la nature de ces accords et il n'en détermine pas les effets ni la portée juridique. À ce sujet, les difficultés d'analyse restent importantes. Ces difficultés peuvent cependant être contournées grâce à la possibilité offerte aux partenaires sociaux de solliciter une « décision » du Conseil, donc un acte normatif de droit communautaire général, en vue de conférer une force obligatoire à leur accord.

Reprenant comme sur tant d'autres points les dispositions du traité portant Constitution pour l'Europe, le traité de Lisbonne a introduit dans le traité sur le fonctionnement de l'Union un principe nouveau, à l'article 152 TFUE, énonçant que « *L'Union reconnaît et promeut le rôle des partenaires sociaux à son niveau, en prenant en compte la diversité des systèmes nationaux. Elle facilite le dialogue entre eux, dans le respect de leur autonomie* ».

Dans ce nouveau texte, la « reconnaissance » qui s'exprime n'est pas tant celle du rôle des partenaires sociaux au niveau européen, puisque le traité avait déjà consacré avec vigueur ce rôle. La référence à l'autonomie des partenaires sociaux et au respect que les autorités de l'Union doivent à cette autonomie va plus loin et prend une vraie résonance « constitutionnelle ».

Dans le prolongement de cette reconnaissance du rôle des partenaires sociaux par le traité de Lisbonne, la Cour de justice, faisant sensiblement évoluer ses positions antérieures, a conféré au droit de négociation collective la valeur d'un droit fondamental protégé par l'ordre juridique de l'Union (28). Cette reconnaissance concerne d'abord l'exercice du droit de négociation collective au niveau de l'Union et tient pleinement compte, dit la Cour de justice, des législations nationales, dans leur diversité et la qualité de protection qu'elles assurent.

*

*   *

Un premier paragraphe sera consacré aux procédures de concertation avec les partenaires sociaux et de négociation collective au niveau européen ; un deuxième paragraphe visera les accords collectifs européens.

(28) CJUE, 15 juillet 2010, *Commission c. Allemagne*, aff. C-271/08 ; v. *infra* n° 447 pour une analyse plus précise de cet arrêt et de la jurisprudence antérieure de la Cour de justice.

§ 1. — Les procédures

101. Article 154 TFUE (ex-article 138 TCE). L'article 154 § 1 TFUE (138 § 1 TCE), a donné à la Commission mission de promouvoir la consultation des partenaires sociaux au niveau européen et de faciliter leur dialogue en veillant à leur soutien équilibré. C'est, sous une forme codifiée, l'expression de la pratique qui a été celle de la Commission depuis toujours (29).

Mais le traité d'Amsterdam, reprenant l'Accord sur la politique sociale (article 3 de l'accord), a voulu aller plus loin. Le traité oblige désormais la Commission à consulter les partenaires sociaux avant d'introduire une proposition dans le domaine de la politique sociale ; il a également permis que les partenaires sociaux s'« emparent » de l'initiative lancée par la Commission pour conduire par eux-mêmes, un processus de négociation collective pouvant aboutir à la conclusion d'accords collectifs européens susceptibles d'être mis en œuvre avec force obligatoire dans les droits nationaux. Les procédures prévues par le traité d'Amsterdam se décomposent en deux temps (30).

Le traité de Lisbonne a repris sous nouvelle numérotation, mais sans en modifier le contenu, le dispositif issu du traité d'Amsterdam.

1) Consultation obligatoire. La Commission consulte une première fois les partenaires sociaux sur l'orientation possible d'une action communautaire (article 154 § 2 FUE, 138 § 2 TCE). Si, après cette consultation, elle estime souhaitable d'agir, elle consulte une deuxième fois les partenaires sociaux sur le contenu de la proposition envisagée. Ces derniers peuvent, à cette occasion, adresser à la Commission un avis ou une recommandation (article 154 § 3 FUE, 138 § 3).

2) Négociation possible. Ils peuvent aussi décider de prendre en charge l'action envisagée. Ils font alors connaître à la Commission leur volonté d'engager entre eux un processus de négociation pouvant conduire à la conclusion d'un accord (comb. articles 154 § 4 et 155 § 1 TFUE, 138 § 4 et 139 § 1 CE). Ils ont en ce cas neuf mois pour négocier leur accord, sauf prolongation décidée en commun avec la Commission (article 154 § 4 *in fine* FUE, 138 § 4 *in fine*). La Commission se retire, provisoirement, du jeu, sauf toutefois à jouer le rôle de promotion du dialogue qui continue de lui revenir.

Si la négociation échoue, la Commission peut malgré tout décider de relancer son initiative suivant les voies procédurales usuelles que prévoit le traité. Elle pourra alors, si elle le juge opportun malgré l'échec de la négociation collective, introduire une proposition de directive (ou autre mesure) et la transmettre au Conseil.

Le traité organise donc désormais une concertation avec les partenaires sociaux et subordonne l'action de l'Union à l'inaction desdits partenaires. Sont ainsi réglées les relations entre les institutions de l'Union et les partenaires sociaux, mais le traité ne va pas plus loin. Il reste muet sur la négociation collective elle-même,

(29) V. *supra* n° 56.

(30) Un troisième temps concerne non plus la négociation d'un accord, mais sa mise en œuvre ; on l'examinera ultérieurement, *infra* n° 105 et s.

l'identification de ses partenaires, son déroulement, etc. S'il définit les règles d'une concertation avec les partenaires sociaux, il ne le fait pas pour la négociation collective qui peut en résulter.

102. Une obligation générale de consultation. Le système mis en place, décomposant consultation initiale par la Commission et négociation des partenaires sociaux pouvant y faire suite, ne conduit pas nécessairement à une négociation de la politique sociale, mais impose toujours un effort de concertation préalable avec les partenaires sociaux. Aucune action de politique sociale ne peut se développer au niveau de l'Union européenne, sans que les partenaires sociaux y aient été pour commencer associés.

Ce que le traité veut textuellement ainsi, depuis le traité d'Amsterdam, formalise et précise une pratique établie de la Commission que celle-ci avait pu développer sans le soutien d'aucun élément du traité de Rome et qui avait été ensuite encouragée, après l'Acte unique européen, par les dispositions de l'ex-article 118 B (31).

À l'époque où ces procédures relevaient de l'Accord sur la politique sociale (traité de Maastricht), on s'était demandé si elles devaient recevoir une application générale et être mises en œuvre lorsqu'une action projetée par la Commission était fondée, mais aussi lorsqu'elle n'était pas fondée sur l'Accord sur la politique sociale. On pouvait en effet y voir la traduction des principes de dialogue posés par l'ex-article 118 B, appartenant quant à lui au corps du traité. Il convenait donc de lui donner une portée générale. C'est bien ainsi qu'en avait jugé le Conseil. « *Les éléments fondamentaux de la participation des partenaires sociaux* », tels que prévus par l'accord sur la politique sociale, « peuvent être appliqués *à maints égards* » dans le cadre de la procédure prévue à l'article 118 B du traité, avait-il déclaré (32).

Dès avant le traité d'Amsterdam, il a donc été admis que la Commission devait toujours mettre en œuvre les mécanismes de participation des partenaires sociaux, lorsqu'elle envisageait une action en matière sociale (33). Avec le traité d'Amsterdam, la discussion est close. Toute initiative prise par la Commission dans le domaine social doit se traduire par les consultations des partenaires sociaux que prévoit le traité et permettre d'engendrer un processus de négociation collective.

L'évolution récente des principes relatifs au « *mieux légiférer* » tend à ouvrir les consultations conduites par la Commission à l'ensemble des interlocuteurs de la société civile qui sont intéressés par une action potentielle de la Communauté ou de l'Union (opérateurs économiques, organisations non gouvernementales, associations, outre les partenaires sociaux) (34). Le traité portant Constitution pour l'Europe avait voulu d'une participation représentative associant les citoyens, les associations

(31) V. *supra* n° 71 et s. pour l'action de la Commission en vue de développer les structures du dialogue social.

(32) Résolution du Conseil du 6 décembre 1994 sur la politique sociale, *JOCE* n° C 368 du 23 décembre 1994 : v. également *supra* n° 44.

(33) Cette mise en œuvre ne dépendait donc pas du retrait du Royaume-Uni et du déplacement de la base juridique de l'action vers l'accord sur la politique sociale en résultant.

(34) V. l'accord interinstitutionnel « Mieux légiférer » du 16 décembre 2003, *JOCE* n° C 321 du 31 décembre 2003 ; v. Ch. Vigneau, « Partenaires sociaux européens et nouveaux modes communautaires de régulation : la fin des privilèges ? », *Dr. soc.* 2004, p. 883.

représentatives et la société civile à l'ensemble de la vie de l'Union (35). Le traité de Lisbonne, dans le même esprit, fait du dialogue avec les associations représentatives et la société civile un principe démocratique (36). Au nom de la cohérence et de la transparence des actions de l'Union, il demande à la Commission de procéder « *à de larges consultations des parties concernées* » (37).

Pareille évolution des traités et de la « doctrine » des autorités de l'Union ne devrait cependant pas aboutir à minimiser le rôle des partenaires sociaux par un effet de dilution, puisque le traité lui-même (articles 154 et 155 TFUE, 138 et 139 TCE) leur garantit, dans des règles suffisamment précises et impératives, une position prééminente leur assurant d'abord d'être consultés, mais leur ouvrant aussi pouvoir de négocier entre eux la politique sociale de l'Union.

103. Représentativité et représentation des partenaires sociaux. La Commission est donc appelée à consulter les partenaires sociaux. Cette consultation peut se prolonger dans une négociation collective. Il s'impose que les accords soient négociés par des organisations représentatives et, qui plus est, dotées du pouvoir de les signer. Or le traité se contente d'exiger que « les partenaires sociaux », sans autre précision, soient consultés par la Commission et puissent décider de conduire ensemble un processus de négociation pouvant aboutir à un accord. Aucune réglementation de droit européen n'existe en cette matière et ne peut même, en principe, exister, puisque l'article 153 § 6 TFUE (137 § 6 TCE) exclut le droit d'association du domaine couvert par la politique sociale de l'Union (38).

Ces données n'ont pas empêché une « règle du jeu » de se former à partir de l'initiative des partenaires sociaux eux-mêmes, des règles que la Commission s'est données à elle-même, du contrôle exercé par la Commission et par le Conseil. Le système qui a commencé à se mettre assez informellement en place est même suffisamment sophistiqué pour permettre de distinguer quatre représentativités, obéissant chacune à ses règles et à un contrôle spécifique.

103-1. Autoréglementation. Les partenaires sociaux, dans une proposition du 29 octobre 1993 faite à la Commission par la CES, le CEEP et l'UNICE, ont voulu préciser par eux-mêmes les règles à suivre (39).

Leur proposition a eu pour objet de déterminer les conditions que les organisations de travailleurs ou d'employeurs doivent remplir pour constituer les « partenaires sociaux » visés à l'époque par l'Accord sur la politique sociale et aujourd'hui par les traités.

Ces organisations doivent satisfaire six conditions, relatives aux organisations européennes et aux organisations nationales composant les organisations européennes :

– être organisées au niveau européen, interprofessionnel ou sectoriel ;

(35) Article I-47 du traité constitutionnel.
(36) Article 11 § 2 TUE.
(37) Article 11 § 3 TUE.
(38) V. *supra* n° 31.
(39) V. *Europe sociale* : « Dialogue social : le bilan communautaire », 1995.

– être composées d'organisations nationales elles-mêmes considérées comme représentatives dans leur cadre national ;

– être représentées dans tous les États membres (40) ;

– être composées d'organisations auxquelles l'adhésion se fait sur une base volontaire ;

– être composées de membres ayant le « droit d'être impliqués », directement ou non, dans des négociations de niveau national ;

– être chargées par leurs membres de les représenter dans le dialogue social communautaire.

Pour s'autoriser elles-mêmes à participer au dialogue social au niveaueuropéen, les organisations formées à ce niveau doivent donc asseoir leur représentativité sur une représentativité qui se manifeste, au travers des organisations nationales membres, dans l'ensemble des États membres de l'Union. Pour négocier des accords au niveaueuropéen, les organisations doivent en outre avoir reçu la qualité de représentants - avoir reçu mandat - d'organisations nationales, qui elles-mêmes ont pouvoir de négocier au plan national. La représentativité doit se vérifier, cumulativement, à un double niveau, national et européen ; la représentation aussi. S'ajoute le respect de la liberté syndicale négative, le droit de ne pas se syndiquer, qui peut soulever difficulté dans les pays ou pour les secteurs d'activité (*dockers*) dans lesquels une tradition de syndicalisation obligatoire survit (41).

103-2. Phase de la consultation. S'inspirant en partie de la position des partenaires sociaux, la Commission a ensuite, dans une communication du 14 décembre 1993 (42), révisée à plusieurs reprises (43), défini des critères portant sur la représentativité des organisations qu'il lui faut consulter, conformément à l'article 154 TFUE (138 TCE), lorsqu'elle prend l'initiative d'une action de politique sociale. En résulte l'établissement d'une liste d'organisations, interprofessionnelles, catégorielles, sectorielles, que la Commission s'est engagée à consulter (44).

Les règles que la Commission a posées et qu'elle a par la suite respectées, ne valent cependant que pour la phase de consultation des partenaires sociaux qu'organisent les paragraphes 2 et 3 de l'article 154 TFUE (138 TCE). C'est ce que le Tribunal de 1re instance des Communautés a précisé dans sa décision UEAPME du 17 juin 1998 (45), en vérifiant que la Commission avait bien procédé à la consultation des organisations qu'elle avait identifiées comme représentatives.

(40) Ou avoir participé aux rencontres de Val Duchesse ; v. *supra* n° 72.

(41) V. CEDH, 13 août 1981, aff. *Young, James et Webster c. Royaume-Uni.*

(42) Doc. COM (93) 600 final.

(43) Communication du 20 mai 1998, « Adapter et promouvoir le dialogue social au niveau communautaire », Doc. COM (98) 322 final ; communication du 26 janvier 2002, « Le dialogue social européen, force de modernisation et de changement », Doc. COM (2002) 341 final ; v. également communication du 12 août 2004, « Partenariat pour le changement dans une Europe élargie – Renforcer la contribution du dialogue social européen », doc. COMM (2004) 0557 final.

(44) Liste annexée aux communications de la Commission.

(45) TPI CE, 17 juin 1998, *Union européenne de l'artisanat et des petites et moyennes entreprises (UEAPME) c. Conseil*, aff. T 135/96, point 72. V. le commentaire de M.-A. Moreau : « Sur la représentativité des partenaires sociaux européens », *Dr. soc.* 1999, p. 53 ; B. Teyssié, « La représentativité syndicale en droit communautaire », *in Mélanges en l'honneur de Xavier Blanc-Jouvan*, LGDJ, 2005, p. 369.

103-3. Phase de la négociation. Les partenaires sociaux peuvent saisir l'occasion de leur consultation par la Commission pour engager entre eux le processus de négociation que prévoit le paragraphe 4 de l'article 138 du traité CE (154 FUE). La Commission se retire alors, tout au moins provisoirement, de la procédure et la négociation qui s'engage devient l'affaire des partenaires sociaux. Les règles de représentativité que la Commission a mises en œuvre au stade des consultations ne s'appliquent plus qu'en partie. « *La phase de négociation, qui prend éventuellement naissance au cours de la phase de consultation initiée par la Commission, relève de la seule initiative des partenaires sociaux qui souhaitent enclencher une telle négociation. Les partenaires sociaux concernés par cette phase de négociation sont donc ceux qui ont mutuellement manifesté leur volonté d'engager le processus* » (46). « *Les partenaires sociaux concernés seront ceux qui acceptent de négocier les uns avec les autres* » (47). La liberté de se choisir mutuellement qui leur est ainsi reconnue, n'est toutefois pas entière, puisque « *les partenaires sociaux concernés par la négociation se trouvent à tout le moins parmi ceux qui ont été consultés par la Commission* » a également dit le Tribunal de 1re instance dans sa décision UEAPME (48).

La représentativité, telle que reconnue par la Commission, n'ouvre donc pas un droit de participer à la négociation collective européenne, mais une simple faculté de le faire (49). Condition nécessaire sans doute, ce n'est pas une condition suffisante pour être obligatoirement appelé à la table de négociation (50).

103-4. Phase de la « décision » du Conseil. Cette dernière phase de la procé dure intéresse la mise en œuvre de l'accord que la phase de négociation aura permis de conclure. La décision que le Conseil peut être appelé à prendre, ayant « *pour effet de conférer une assise communautaire de nature législative à un accord conclu entre partenaires sociaux* » (51), il revient à la Commission, sous le contrôle du Conseil, de vérifier que les parties signataires disposaient d'une « *représentativité cumulée suffisante* ». D'où un nouvel examen de la représentativité, que l'on retrouvera plus loin en examinant les conditions de la mise en œuvre des accords par voie de décision du Conseil (52).

§ 2. — Les accords

104. Éléments de la pratique : une importante diversité. Pour que l'accord collectif conclu au niveau communautaire ait un caractère obligatoire, encore faudra-t-il

(46) TPI CE, 17 juin 1998, *UEAPME*, point 75.
(47) Même décision, point 76.
(48) Point 75 de l'arrêt.
(49) Même décision, motif 78.
(50) La position prise par le TPI, conformément aux analyses de la Commission et du Conseil, s'écarte des solutions du droit interne français, qui confère aux partenaires représentatifs dans le cadre de négociation le droit – d'ordre public – de participer, s'ils le souhaitent, à la négociation. Leur convocation pour négocier s'impose impérativement.
(51) Même décision, point 88.
(52) V. *infra* n° 114.

que les partenaires sociaux européens aient accepté de se lier. Or l'expérience montre que leur volonté commune de s'engager, ne serait-ce que sur des objectifs d'ordre général, a longtemps fait, le plus souvent, défaut.

Le dialogue social européen a commencé par se traduire de manière générale dans des actes ayant en commun de ne pas se présenter comme des accords destinés à lier (53). Il en va encore ainsi, de façon significative, aujourd'hui.

Les partenaires formulent un avis, dit parfois avis commun. Ils peuvent également procéder par « déclaration commune », par « proposition » ou encore s'arrêter à « une prise de position commune ». Il peut aussi s'agir de « lignes directrices », de « codes de conduite ». Le terme « entente » qui a parfois été retenu se rapproche de l'idée d'accord, mais n'a pas de signification juridique précise.

L'idée d'acte recommandationnel domine, le terme « recommandation » étant d'ailleurs lui aussi utilisé. La Commission est parfois destinatrice de l'acte. Nombre d'avis « invitent la Commission à… » ou lui « demandent de… ». Mais les partenaires sociaux au plan national peuvent également être les destinataires de la recommandation formulée par les partenaires sociaux au niveau européen. Ils sont alors invités à transcrire les résultats de la négociation européenne dans des conventions collectives ou autres actes de droit national. La Commission européenne peut d'ailleurs elle-même, à pareille fin, adresser une recommandation aux instances de négociation nationales.

On a pu également rencontrer de véritables accords, tel celui du 31 octobre 1991 sur le dialogue social Mais cet accord était un simple acte préparatoire, il était constitué de propositions des partenaires sociaux en vue d'introduire dans le traité communautaire, à l'occasion du traité de Maastricht, des règles instituant des procédures relatives au dialogue social (54).

Si des accords y ont parfois été conclus, sous l'appellation d'« accords », la négociation dans les groupes européens a souvent débouché sur des actes ne liant pas, actes pouvant d'ailleurs se présenter sous l'aspect d'une déclaration unilatérale de la direction (55). La direction du groupe peut, en pareil cas, accepter de formaliser les résultats de la négociation dans un document écrit, mais en précisant que celui-ci n'a pas valeur d'engagement de sa part.

Assez récemment sont apparus des accords-cadres, tels l'accord-cadre du 14 décembre 1996 sur le congé parental, l'accord-cadre du 6 juin 1997 sur le travail à temps partiel ou celui du 18 mars 1999 sur le travail à durée déterminée. Mais ces accords ont finalement fait figure d'actes préparatoires et ont été suivis de

(53) V. la communication de la Commission du 12 août 2004 « Partenariat pour le changement dans une Europe élargie : renforcer la contribution du dialogue social européen », doc. COM (2004) 557 final ; la Commission y établit une typologie des normes négociées par les partenaires sociaux dans le cadre du dialogue social européen ; analysant cette typologie, v. E. MAZUYER, « Les instruments juridiques du dialogue social européen », *Dr. soc.* 2007, p. 476. V. antérieurement, Commission européenne, « Dialogue social : le bilan communautaire en 1995 », *Europe sociale*, n° 2/95.

(54) Règles dont on sait qu'elles ont d'abord formé certaines des dispositions de l'Accord sur la politique sociale, avant d'être intégrées au traité CE par le traité d'Amsterdam.

(55) On relève nombre d'accords en bonne et due forme dans les groupes à dominante française ; les groupes britanniques, en revanche, préfèrent – tradition britannique oblige – s'arrêter à des actes « qui n'imposent aucune obligation légale » ; v. Commission européenne, « Accords… dans les multinationales européennes », *Europe sociale*, suppl. 5/95.

« décisions-directives » du Conseil destinées à en assurer la mise en œuvre (56). C'est alors la directive à laquelle ils s'annexent qui leur confère force obligatoire. On peut au surplus observer que ces accords formulent des prescriptions qui ne sont pas seulement minimales, mais ne constituent que des principes dont la mise en œuvre réclame nécessairement la médiation d'actes de droit national, de contenu et de portée variables d'un État membre à l'autre (57).

De ces derniers accords, on peut toutefois dire qu'ils veulent quant à eux constituer de vrais accords destinés à lier. Mais il faut ajouter que la tendance des partenaires sociaux européens a alors été de se tourner vers les institutions de l'Union afin qu'elles donnent, par une décision du Conseil, une force obligatoire à leur volonté. On peut y voir le signe que les partenaires sociaux doutent qu'en l'état du droit, un accord collectif européen puisse emporter des effets obligatoires indiscutables, s'imposant de façon uniforme dans les États membres de l'Union.

Cette tendance s'est-elle aujourd'hui inversée ? On pourrait le supposer à considérer des accords collectifs européens plus récents. Les partenaires sociaux européens ont convenu d'en rechercher la mise en œuvre par eux-mêmes, « *conformément aux procédures et pratiques propres aux partenaires sociaux dans les États membres* » : accord-cadre européen du 16 juillet 2002 sur le télé travail (58), accord-cadre européen sur le stress au travail du 8 octobre 2004 (59), accord-cadre européen sur le harcèlement et la violence au travail du 15 décembre 2006 (60), ou encore accord-cadre européen sur des marchés du travail inclusifs du 25 mars 2010. S'agissant du moins de l'expérience française, la méthode montre de l'efficacité puisque les accords cadres européens ont non seulement été introduits, « transposés », dans des accords nationaux interprofessionnels, mais ont également fait l'objet d'arrêtés « d'application générale » (61).

La Commission encourage les partenaires sociaux européens à procéder suivant des modes d'action de type souplement directif, s'inspirant de la « méthode ouverte de coordination », qui se traduisant en recommandations adressées aux organisations nationales (62).

On le voit au travers de ces quelques indications, la négociation collective au niveau européen, tout en prenant de multiples figures, se partage entre des actes qui ne lient pas et dont on attend néanmoins qu'ils produisent des effets de droit interne en passant par des voies volontaires, recommandationnelles ou persuasives, et des actes qui plutôt qu'ils ne lient eux-mêmes directement, sont destinés à le faire grâce à l'intervention d'un agent extérieur, tel que le Conseil.

(56) V. *infra* n° 111 et s.

(57) Sur la méthode de l'accord-cadre en tant qu'instrument de régulation sociale, v. I. DAUGAREILH, « Les accords-cadres internationaux : une réponse européenne à la mondialisation de l'économie » et A. SOBCZAK, « Les enjeux juridiques des accords-cadres internationaux », *in Les nouveaux enjeux de la négociation sociale transnationale*, dir. M. DESCOLONGES et B. SAINCY, Éd. La Découverte, 2006, p. 116, p. 93.

(58) Introduit en France par accord national interprofessionnel du 19 juillet 2005, étendu par arrêté du 30 mai 2006.

(59) Introduit en France par accord national interprofessionnel du 2 juillet 2008, étendu par arrêté du 23 avril 2009.

(60) Introduit en France par accord national interprofessionnel du 26 mars 2010, étendu par arrêté du 23 juillet 2010.

(61) Cf. notes précédentes.

(62) Communication du 12 août 2004, préc., v. point 4.3.

105. Une alternative entre deux voies de mise en œuvre. Pas plus qu'il ne règle les procédures de négociation collective, le droit de l'Union, en son état actuel, ne répond directement aux questions que soulèvent les conventions ou accords collectifs conclus au niveau européen quant à leur nature et leurs effets juridiques.

Son attention se porte cependant sur les modes de mise en œuvre des accords qui auront pu être conclus. En vue d'assurer la réalisation de leur accord dans les ordres juridiques nationaux, le traité offre désormais aux partenaires sociaux la possibilité de choisir entre deux procédures (article 155 § 2 TFUE, 139 § 2 TCE, reprenant l'article 4 § 2 de l'Accord sur la politique sociale).

Ils peuvent décider de poursuivre suivant la voie négociée et entreprendre la réalisation de leur accord selon « *les procédures et pratiques propres aux partenaires sociaux et aux États membres* ». En ce cas, la « transposition » doit se faire par voie de négociations collectives nationales obéissant aux règles de la loi du pays de transposition ou encore – ce n'est pas exclu – par voie législative ou réglementaire nationale. Les institutions de l'Union n'interviennent d'aucune façon.

L'autre voie passe au contraire par leur intervention. Les partenaires sociaux peuvent en effet estimer souhaitable d'assurer les effets de leur accord au travers d'un acte contraignant de droit de l'Union. Ils se tourneront alors vers la Commission pour lui demander de transmettre au Conseil une proposition de « décision » reprenant les termes de leur accord. On constatera que les premières « décisions » du Conseil, ont pris la forme de directives.

S'opposent ainsi une procédure directe de mise en œuvre nationale et une procédure qui, avant transposition en droit national, passe au préalable par un acte de droit communautaire. La première, marquée de plus d'autonomie, laisse en suspens les difficultés que soulève la force obligatoire de l'accord collectif européen réduit à lui-même. La seconde met en revanche leur accord à l'abri d'un acte hétéronome de droit communautaire qui aura force obligatoire.

A. — La procédure directe de mise en œuvre nationale

106. Effets contractuels et effets réglementaires. Posée depuis les origines de l'Europe communautaire, la question demeure de savoir, dans le silence du droit européen et international, quelle nature un accord conclu au niveau européen peut revêtir et quels effets il peut produire (63).

La distinction entre effets réglementaires et effets contractuels des conventions collectives a été, sous des nuances nationales diverses, largement consacrée par le droit comparé européen. Malgré précisément ces nuances qui lui ôtent de la netteté, la distinction commande une analyse qui passe ainsi d'une approche dominée par des principes de droit international public à celle du droit international privé.

(63) On cherchera vainement des réponses du côté des conventions de l'OIT, ou encore de la Charte sociale européenne. Le droit à la négociation collective y est certes consacré ; l'organisation d'un syndicalisme international l'est également. Cela suffit sans doute pour admettre que les partenaires sociaux peuvent négocier et conclure des accords à un niveau international. Mais de ces textes, on ne tirera rien sur la nature et les effets desdits accords. Sur ces discussions, v. P. Rodière, « La convention collective de travail en droit international », préc., n° 372 et s.

De la première approche, il faut conclure que la convention ou l'accord collectif européen ne peut, en l'état, produire directement d'effets réglementaires sur les territoires des États membres ; de la deuxième, qu'elle peut néanmoins constituer un contrat liant ses parties.

107. Négation actuelle du caractère réglementaire. Une convention collective conclue au niveau européen peut-elle avoir des effets réglementaires (directs, obligatoires) dans les différents États où elle est destinée à régir des relations de travail ?

Les lignes générales de l'analyse sont les suivantes.

Faute d'une réglementation internationale prévoyant pareils effets, que viendrait édicter une autorité ayant compétence pour le faire, la réponse est clairement négative. Il en va par hypothèse de l'exercice d'une compétence pour édicter des normes ayant des caractères de généralité et de permanence, que seuls les États possèdent en principe sur leurs territoires respectifs. Un transfert de compétence vers une autorité supranationale ou internationale est bien sûr envisageable et l'on pourrait soutenir que les autorités de l'Union s'étant vu transférer de larges compétences de politique sociale peuvent déléguer leurs compétences normatives aux partenaires sociaux. Le principe de subsidiarité plaide en ce sens (64). Dans l'ordre juridique de l'Union, se produirait ainsi un phénomène analogue à l'attribution du pouvoir de réglementer les relations de travail que le droit français, à l'instar d'autres droits nationaux européens, a consenti aux partenaires sociaux (65) et que la constitution française reconnaît au travers du « principe de participation ».

L'incertitude relative à l'existence d'un pouvoir réglementaire que les partenaires sociaux seraient en droit d'exercer dans l'ordre européen est toutefois d'autant plus grande que les États membres sont loin de tous leur conférer ce même pouvoir dans leur ordre juridique national. Le droit français accuse plus que tout autre l'aspect réglementaire des conventions collectives, en leur faisant produire des effets impératifs sur l'ensemble des relations de travail entrant dans leur domaine d'application. Certains autres pays restent attachés à une conception contractuelle de la convention collective, qui dénie à celle-ci d'autres effets que ceux que peuvent usuellement produire les contrats. D'autres encore peuvent conférer aux conventions collectives des effets non impératifs sur les contrats de travail. Les nuances intermédiaires entre conception réglementaire et conception contractuelle sont nombreuses. Cette importante diversité des droits nationaux constitue un obstacle à l'élaboration d'une règle commune consacrant l'existence d'effets réglementaires des conventions collectives adoptées au niveau communautaire. Et il est loin d'être certain que ce soit sur le modèle du système juridique français que cette élaboration soit conçue.

L'analyse reste dubitative et, en toute hypothèse, s'arrête à la constatation que les autorités de l'Union n'ont pas à ce jour fait usage des compétences qui seraient

(64) Sur la question des compétences de la Communauté en matière sociale et le principe de subsidiarité, v. *supra* n° 35 et s.

(65) Sur ces questions et la théorie de la délégation du pouvoir réglementaire, P. Rodière, « La convention collective de travail en droit international », préc., n° 34 et s. et les références.

les leurs pour investir les partenaires sociaux du pouvoir d'édicter des normes de portée réglementaire. La convention collective européenne, règlement applicable à des relations de travail dans un cadre territorial plurinational, continue largement d'appartenir à la prospective juridique (66).

108. Affirmation possible du caractère contractuel. L'analyse se place ici sur un terrain plus sûr. Il fait peu de doute que la convention conclue entre partenaires sociaux au niveau européen peut constituer un contrat liant ses parties, que celles-ci soient des organisations européennes interprofessionnelles (CES, UNICE, CEEP) ou sectorielles, ou encore que la convention ait directement été signée par des organisations nationales.

Prenant la nature d'un contrat, la convention ne liera que ses parties et n'est pas destinée à atteindre directement les particuliers, salariés et employeurs. Une norme-relais est nécessaire pour assurer le passage de l'accord européen à sa mise en œuvre nationale (67). Il est naturel que cet acte intermédiaire consiste lui-même en une convention ou accord collectif.

Sous quelles contraintes, s'il en est, les partenaires nationaux se trouvent-ils alors placés ?

– les partenaires sociaux liés sur le plan européen s'engagent à négocier ou à faire négocier dans un cadre national les accords nécessaires pour réaliser la transposition de l'accord européen. Les accords qui en résultent, relèvent chacun des dispositions du droit national dans lequel ils opèrent l'introduction de l'accord européen et ils reçoivent les effets (contractuels, réglementaires) que prévoit le système juridique dans lequel ils s'insèrent (68) ;

– quant à l'intensité des obligations imposées par l'accord collectif européen, elle peut varier. L'accord peut-il prétendre poser des règles précises et complètes, ayant les caractères requis pour entrer en application directe, et les imposer aux négociateurs nationaux ? Ces derniers se trouveraient placés dans une situation de contrat forcé. Il est plus vraisemblable que l'accord européen se contente de fixer des objectifs généraux et fasse obligation aux négociateurs nationaux d'en assurer la transcription dans des prescriptions plus précises – dans un esprit conforme à l'une des exigences du principe de proportionnalité (69). Les négociateurs nationaux seraient ainsi tenus d'une obligation de moyens plutôt que de résultat (70). Les obligations de transcription seraient donc moins exigeantes que celles qui caractérisent

(66) Sous réserve toutefois des accords conclus dans les entreprises ou groupes de dimension européenne, que réclame la directive sur le Comité d'entreprise européen. V. *infra* n° 398 et s.

(67) Si la convention-règlement permettait un certain rapprochement avec les règlements communautaires tels que définis par l'ex article 189 du traité, c'est ici la notion de directive qui vient à l'esprit.

(68) Cette analyse est celle que proposait déjà Paul Durand en 1959 dans la préface de l'ouvrage de G. Spyropoulos sur *Le droit des conventions collectives dans les pays de la CECA*, Éd. de l'Épargne, Paris, 1959. V. plus récemment, les analyses de G. Lyon-Caen, *D.* 1993, chron. p. 152 ; J. Barthélémy, *JCP* 1992, Éd. E., I, p. 139 ; B. Teyssié, *JCP* 1994, Éd. E., I, p. 215 ; A. Lyon-Caen, *Dr. soc.* 1997, p. 352 ; Ch. Vigneau, *RTD eur.* 2002, p. 653 ; et pour une bibliographie plus complète, v. *supra* sous n° 7.

(69) V. *supra* n° 45 et s.

(70) On retrouverait ainsi le modèle, connu de la pratique française, de l'accord de principe ou de méthode, conclu au niveau central, et commandant des négociations décentralisées en vue de réaliser les objectifs généraux qu'il a déterminés.

les directives, pour lesquelles la transcription par voie de négociation collective est admise, mais – obligation de résultat – sous la garantie étatique (71) ;

– les notions de mandat ou de représentation ont également un rôle à jouer. En investissant les organisations européennes du pouvoir de négocier en leur nom, les organisations nationales peuvent être regardées comme personnellement engagées par l'acte conclu au niveau communautaire. Cet élément d'analyse n'est pas à négliger ;

– il faut bien sûr réserver l'hypothèse, fréquente, dans laquelle l'accord européen n'est pas un contrat, au sens où il ne crée pas d'obligations. S'ouvre alors une liberté de ne pas transcrire l'accord en droit national, défaillance non sanctionnable autrement que par des moyens indirects faits de négociations et... de marchandages !

– l'efficacité de ce mode de « transposition » repose ainsi largement sur l'autodiscipline des partenaires sociaux et leur volonté commune de privilégier les voies d'actions autonomes sur l'intervention hétéronome d'autorités publiques.

109. Eléments textuels : article 155 § 2 TFUE (139 § 2 TCE). Cet élément du traité (repris de l'article 4 § 2 de l'Accord sur la politique sociale) change-t-il quelque chose aux analyses qui précèdent ?

Le texte énonce que « *la mise en œuvre des accords conclus au niveau communautaire intervient... selon les procédures et pratiques propres aux partenaires sociaux et aux États membres* ». Que peut-on en inférer ? La référence aux procédures et pratiques propres aux partenaires sociaux laisse entendre que l'introduction en droit national devrait donc se faire par voie de négociation collective et obéir aux prescriptions posées par l'accord conclu au niveau communautaire... et des États membres, ajoute le texte. C'est vraisemblablement dire que les règles de droit national s'appliqueront État par État quant à la procédure de négociation collective à respecter et quant aux effets juridiques des accords de transposition nationale. On peut aussi comprendre qu'une introduction nationale par voie législative ou réglementaire est concevable... ce qui allait de soi. Que le texte parle d'« accords » n'induit rien quant à la force obligatoire desdits accords. Qu'il qualifie les accords de « *conclus au niveau de l'Union* » les rattache peut-être à l'ordre juridique communautaire. Mais quelle est la portée de ce rattachement, qui au demeurant s'infère de tout le système d'association des partenaires sociaux à la politique sociale communautaire ?

L'enjeu de la discussion est essentiellement de savoir si les accords conclus au niveau européen ont une force obligatoire commandant leur transposition en droit national, à l'image des directives. Les accords collectifs européens ne sont-ils pas des « para-directives » (72) ? Ni l'article 155 TFUE (139 TCE), ni les textes qui l'environnent ne permettent de le démontrer.

(71) « *L'État membre concerné devant prendre toute disposition nécessaire lui permettant d'être à tout moment en mesure de garantir les résultats imposé par ladite directive* », article 2 § 4 *in fine* de l'accord sur la politique sociale.

(72) ... ou des directives-fantômes, suivant l'expression de Brian Bercusson.

B. — La procédure médiatisée par une décision du Conseil

110. Les accords. Quel est le régime applicable aux « *décisions* » du Conseil ? Le texte de l'article 139 § 2 TCE (article 4 § 2 de l'Accord sur la politique sociale), devenu article 155 § 2 TFUE, précise la procédure à suivre. Pour le reste, il a fallu attendre les premières expériences de mise en œuvre de la procédure, notamment la « première » qu'a constituée la directive 96/34 relative à l'accord-cadre sur le congéparental, pour avoir certaines réponses aux questions en suspens.

Outre ce premier accord, deux autres négociations ont également abouti à l'adoption d'une directive du Conseil : accord sur l'emploi à temps partiel (73), accord sur l'emploi à durée déterminée (74). Ces deux accords auraient dû se prolonger dans un accord sur le travail intérimaire, mais la négociation engagée par les partenaires sociaux a cette fois échoué (75).

L'expérience acquise compte également une négociation sectorielle. Un accord a été conclu en vue de réglementer le temps de travail des gens de mer et a reçu force contraignante d'une nouvelle directive du Conseil (76). En dehors du fait que ce dernier accord correspond à une négociation sectorielle et non plus interprofessionnelle, il a l'intérêt particulier de venir compléter la directive 93/104 sur l'aménagement du temps de travail, qui quant à elle avait été adopté suivant une procédure législative ordinaire (77). La directive 93/104 ayant exclu de son domaine d'application personnel les gens de mer, compte tenu du particularisme de cette profession, c'est par voie de négociation collective qu'il a pu être remédié à l'exclusion. La voie d'une législation négociée est apparue mieux adaptée que la voie législative ordinaire à une réglementation d'objet spécial.

L'expérience acquise à ce jour est loin d'être négligeable, mais reste toutefois assez limitée.

111. Article 155 § 2 TFUE (ex-article 139 § 2 TCE). Le texte (reprenant l'article 4 § 2 de l'Accord sur la politique sociale) prévoit deux conditions relatives à la procédure à suivre et détermine également les règles de vote du Conseil :

– il faut d'abord que les parties signataires en fassent conjointement la demande, peut-être parce qu'ils estiment utile qu'une décision du Conseil assure à leur accord une force juridique qu'ils ne pensent pas pouvoir lui donner par leur seule volonté ;

– il est ensuite précisé que la décision est prise sur la proposition de la Commission. Les partenaires sociaux saisissent donc la Commission et celle-ci transmet leur demande au Conseil. Question : la Commission a-t-elle compétence liée ou a-t-elle un pouvoir d'apprécier l'opportunité de saisir le Conseil ? La

(73) Directive 97/81 du 15 décembre 1998 ; v. *infra* n° 456.
(74) Directive 99/70 du 28 juin 1999 ; v. *infra* n° 457.
(75) V. *infra* n° 455.
(76) Directive 99/63 du 21 juin 1999 ; v. *infra* n° 499.
(77) V. *infra* n° 477 et s.

fonction d'initiative qui appartient à la Commission, comporte naturellement un tel pouvoir d'appréciation, qui doit lui être reconnu (78) ;

– un accord conclu au niveau européen peut-il faire l'objet d'une décision du Conseil, alors que la Commission n'avait pas pris l'initiative de l'action et que la négociation s'est engagée sur celle, purement autonome, des partenaires sociaux ? Le texte de l'article 155 TFUE (139 TCE) ne l'interdit pas, à condition d'en faire une analyse disjointe de celle de l'article 154 TFUE (138 TCE). Évidemment, en pareil cas, la Commission peut pleinement faire valoir son pouvoir d'initiative en refusant de transmettre au Conseil un accord qu'elle juge inopportun ;

– vient enfin la décision du Conseil. Doit-il statuer ? Oui, selon les règles de vote relatives à la matière réglée, l'unanimité l'emportant sur la majorité en cas de matière « mixte » (79).

112. La « décision » transmuée en directive. Le terme « décision », qui revêt un sens technique en droit de l'Union, vise un acte qui lie, mais lie uniquement les destinataires qu'elle désigne. Une décision, au sens de l'ex-article 189 du traité (249 TCE, 288 TFUE) ne peut pas lier une population ou un ensemble de personnes définis par un critère abstrait, tel que par exemple l'appartenance à une même branche professionnelle. Elle aurait alors une portée générale qui appartient seule au « règlement ». Il lui faut désigner des destinataires. Mais ces derniers ne peuvent normalement pas être les États membres, car la désignation des États membres en tant que destinataires des règles communautaires est un trait distinctif de la « directive ». Une fidélité au sens technique du terme « décision » pouvait ainsi conduire à énoncer que la décision prise par le Conseil devait avoir un caractère obligatoire, pour des destinataires qu'elle aurait désignés et qui auraient pu être les partenaires sociaux eux-mêmes, qui, s'étant trouvés à la source de la « décision » auraient eu la charge d'en assurer la réalisation.

Telle n'a pas été l'orientation prise.

Les partenaires sociaux, ayant conclu un accord-cadre fixant des prescriptions minimales sur le congé parental, ont, conformément à l'article 4 § 2 de l'Accord sur la politique sociale (devenu article 138 § 2 TCE), transmis à la Commission une demande conjointe de mettre en œuvre leur accord collectif par décision du Conseil.

Dans la proposition transmise au Conseil (80), la Commission a posé que le terme « décision » utilisé par l'article 4 § 2 de l'accord sur la politique sociale, « *se réfère à un des trois instruments contraignants de l'article 189 du traité* [devenu 249 CE, puis 288 FUE] » : décision, mais aussi bien règlement ou directive. Chacun de ces instruments est donc, selon le cas, utilisable ; il revient à la Commission, lors de sa proposition d'acte, de choisir celui qui est le plus approprié.

(78) L'arrêt *UEAPME* du Tribunal de 1re instance (17 juin 1998, aff. T-135/96, *Rec.* II, p. 2335, v. *supra* n° 103) va clairement en ce sens puisqu'il dit que « *la Commission, récupérant la maîtrise de la procédure, examine s'il y a lieu de présenter une proposition au Conseil* » (point 84).

(79) Sous l'empire de l'Accord sur la politique sociale, la majorité qualifiée se calculait compte tenu de l'absence du Royaume-Uni.

(80) 31 janvier 1996, COM (96) 26.

Vu que le texte concerné a une nature d'accord-cadre et contient des prescriptions minimales, la Commission, suivie par le Conseil, a estimé que l'acte approprié, dans le cas d'espèce, était une directive.

Choix d'espèce, donc, n'excluant pas, dans d'autres circonstances, l'utilisation d'un instrument juridique différent. Y compris, à suivre l'exposé des motifs de la Commission, le règlement, pour des textes complets et inconditionnels.

Le Conseil a suivi la proposition de la Commission et a donc adopté le 3 juin 1996 une directive 96/34 (81), dont l'objet est de mettre en œuvre l'accord sur le congé parental. Premier exemple qui n'est pas resté longtemps isolé, puisque la mise en œuvre d'autres accords-cadres, conclus par les partenaires sociaux européens sur le travail à temps partiel, puis sur le contrat de travail à durée déterminée, a à nouveau fait l'objet de directives du Conseil (82). On l'a encore constaté pour la mise en œuvre d'un accord, sectoriel celui-ci, sur l'aménagement du temps de travail des gens de mer (83).

Conformément à la demande des partenaires sociaux, le texte des accords n'a pas été intégré au corps de la directive, mais mis en annexe de celle-ci (84).

113. Un accord avalisé par le Conseil. Il n'y aura pas d'amendements, ni par la Commission, ni par le Conseil ; l'acte sera adopté par le Conseil sans participation du Parlement.

113-1. Une « ratification ». Négocié par les partenaires sociaux, l'accord qu'ils ont transmis à la Commission peut-il être modifié ? Le souhait des partenaires sociaux est évidemment qu'il ne puisse pas l'être et que la décision prise par le Conseil en fasse la transcription exacte (85). La Commission l'a accepté ainsi et admet de se borner à proposer « *l'adoption de l'accord tel qu'il a été conclu* » (86). Le Conseil a suivi (87).

La Commission, gardienne des traités, doit toutefois veiller à expurger le texte qu'elle transmet au Conseil des illégalités qu'il est susceptible de contenir (88).

113-2. Mise à l'écart du Parlement. Le Parlement européen est uniquement informé (89). Les prérogatives qui sont normalement les siennes dans la matière

(81) *JOCE* n° L 145 du 19 juin 1996.

(82) V. *infra* n° 456-457.

(83) V. *infra* n° 499.

(84) Selon un procédé qui évoque la loi française du 19 janvier 1978 relative à la mensualisation et l'accord national interprofessionnel du 10 décembre 1977 annexé à ladite loi et correspond plus généralement au mécanisme de l'extension des conventions collectives par arrêté ministériel.

(85) Cf. la proposition des partenaires sociaux du 29 octobre 1993 sur le rôle des partenaires sociaux dans la mise en œuvre de l'accord sur la politique sociale, v. point 10.3.

(86) Communication du 14 décembre 1993 de la Commission, faisant suite à la proposition des partenaires sociaux citée note précédente ; COM (93) 600.

(87) On est accoutumé en France à l'existence de clauses d'« autodestruction » que les accords interprofessionnels contiennent pour parer l'éventualité que le législateur, reprenant leur accord, vienne en modifier de façon importante les termes.

(88) V. le considérant 13 de la directive. On pense bien entendu à la procédure française d'extension des conventions collectives qui donne au ministre un pouvoir (devoir ?) de retirer de la convention les dispositions illégales ; article L. 2261-25 (ex-article L. 133-8 du Code du travail). La Commission vérifie également, sur le fondement de l'article 2 § 2 de l'accord sur la politique sociale, que les intérêts des petites et moyennes entreprises ont été pris en considération.

(89) Même chose pour le Comité économique et social. Le projet de traité constitutionnel avait expressément voulu que le Parlement soit informé par la Commission, alors qu'il en va aujourd'hui d'une simple pratique

faisant l'objet de la directive disparaissent. Une directive ordinaire sur le congé parental aurait demandé sa coopération (et relèverait, après mise en vigueur du traité d'Amsterdam, de la codécision parlementaire). Or le Parlement n'a pas même été consulté.

Un changement s'est toutefois dessiné concernant l'association du Parlement à l'élaboration du droit communautaire négocié. Les partenaires sociaux ont manifesté leur intention de saisir le Parlement pour information et avis pendant le déroulement de la négociation collective, le Parlement restant simplement informé lors de la transmission au Conseil d'une proposition de décision relative à la mise en œuvre de l'accord, une fois celui-ci conclu.

Compte tenu de l'exclusion du Parlement, le traité constitutionnel avait prévu de modifier la désignation retenue par l'article 138 § 2 du traité CE (154 § 2 TFUE). Il ne parlait plus uniquement de « décisions », mais de « règlements ou décisions » adoptés par le Conseil et, surtout, évitait de parler de « loi » ou de « loi-cadre », termes réservés aux actes adoptés avec la participation du Parlement. Dans cette nouvelle nomenclature, le terme « règlement » recouvrait les actuels règlements mais aussi les directives adoptées sans le Parlement (90). Ces innovations n'ont pas été reprises par le traité de Lisbonne. Néanmoins, selon la caractérisation des actes retenue par ce même traité, il demeure qu'une directive ainsi adoptée sans intervention du Parlement, ne revêt pas au sens précis le caractère d'un acte législatif de droit de l'Union, puisque le Parlement ne participe pas à son élaboration (article 289 TFUE).

La démocratie politique cède devant son substitut social, l'affirmation alternative du rôle normatif des partenaires sociaux, dont la représentativité doit donc être établie avec certitude

114. Représentativité des partenaires sociaux et respect du principe de la démocratie. Au stade de la transmission de l'accord au Conseil, une nouvelle vérification de la représentativité des parties signataires va s'ajouter à celles qui ont lieu aux stades précédents des consultations et de la négociation (91). Pour le Tribunal de 1re instance des Communautés, cette nouvelle vérification qu'il revient à la Commission d'opérer sous le contrôle du Conseil, répond à une exigence démocratique essentielle.

La procédure mise en œuvre a pour effet de « *conférer une assise communautaire de nature législative à un accord conclu entre partenaires sociaux, sans recourir aux procédures classiques d'élaboration d'un texte législatif prévues par le traité, qui impliquent la participation du Parlement européen* ». « *Un principe démocratique fondamental, selon lequel les peuples participent à l'exercice du pouvoir par l'intermédiaire d'une assemblée représentative* », n'est donc pas respecté, puisque le Parlement européen n'intervient pas. Le « *principe de démocratie sur lequel l'Union est fondée* », requiert par conséquent, « *la participation des peuples à ce processus* » étant « *assurée de manière alternative par l'intermédiaire des partenaires sociaux*

(90) V. n° suivant.
(91) V. *supra* n° 103.

ayant conclu l'accord », que la Commission et le Conseil vérifient la représentativité des partenaires sociaux concernés. Tel est en résumé ce que dit le tribunal de 1re instance des Communautés dans sa décision UEAPME (92).

Il convient donc de vérifier, dit toujours le Tribunal de 1re instance, que les partenaires sociaux signataires ont une « *représentativité cumulée suffisante* » (93), notion qui rejoint les principes posés par les partenaires sociaux pour se conférer à eux-mêmes la représentativité requise pour participer au dialogue social au niveau communautaire (94), une déficience de représentativité devant conduire Commission et Conseil à refuser de donner à l'accord la force juridique d'un acte de droit de l'Union à caractère contraignant.

Les considérants des directives adoptées par le Conseil pour mettre en œuvre les accords collectifs conclus au niveau européen font systématiquement apparaître que la représentativité des parties signataires de l'accord a été vérifiée (95). Les directives, suivant en cela aussi la règle fixée par les partenaires sociaux eux-mêmes, mentionnaient en outre que l'existence complémentaire d'un « mandat » donné aux organisations signataires a bien été constatée.

Section 2

Droit de l'Union européenne et droit national

115. Les relations entre droit de l'Union et droit national, plus spécifiquement celles des directives et du droit national, présentent des particularités de deux ordres, propres à ce domaine spécial du droit de l'Union. Les premières sont relatives à la réalisation ou aux effets du droit de l'Union dans les ordres juridiques nationaux (§ 1) ; les secondes concernent les dérogations susceptibles d'y être apportées (§ 2).

§ 1. — Effets du droit de l'Union en droit interne

La réalisation du droit social de l'Union européenne soulève des questions de divers ordres. Elles concernent d'abord, avec la question de l'applicabilité directe du droit de l'Union, le droit qu'auront les particuliers d'en invoquer les règles en justice (A) ; elles intéressent ensuite les conditions propres à assurer une effectivité à la réalisation du droit de l'Union (B).

(92) TPI CE, 17 juin 1998, *UEAPME*, aff. T-135/96 ; v. motifs 86 à 89 de l'arrêt.

(93) Motif 90 de l'arrêt *UEAPME*.

(94) V. *supra* n° 103-1.

(95) Ainsi de la directive 1999/70 du 28 juin 1999 concernant l'accord-cadre sur le travail à durée déterminée dont le considérant 8 fait ressortir que la Commission a transmis au Conseil une proposition de directive après examen « *de la représentativité des parties signataires, de leur mandat et de la légalité de chaque clause de l'accord*-cadre », ce même considérant se référant également à la « *représentativité cumulée suffisante* » des parties signataires. V. *supra* n° 110, pour les directives à ce jour adoptées en vue de mettre en œuvre des accords collectifs communautaires ; v. aussi *supra* n° 73 et n° 74.

A. — Applicabilité du droit de l'Union

116. L'applicabilité directe, qui peut aussi être dite « effet direct », offre aux particuliers le droit de se prévaloir directement en justice des dispositions du droit de l'Union ; elle leur permettra plus précisément de faire juger leurs prétentions sur le fondement direct d'une norme de droitde l'Union.

Les expressions « applicabilité directe » et « invocabilité directe » sont volontiers confondues, alors qu'une distinction devrait se justifier. L'applicabilité directe marque la vocation d'une norme à régir le litige ; invocabilité peut se dire, y compris invocabilité « directe », lorsqu'il est fait appel à une norme dont les prescriptions contribuent à la solution du litige sans pour autant que ladite norme ne régisse directement celui-ci. Ainsi dans une situation très bien connue du droit de l'Union, où l'invocation d'une directive sert l'interprétation de la règle de droit national qui, transposant la directive en droit interne, est seule directement applicable au litige.

L'idée générale est qu'une norme suffisamment précise et inconditionnelle, qui ne requiert pas le relais d'une norme complémentaire, a vocation à s'appliquer directement, si du moins son auteur a voulu que les particuliers en soient directement les destinataires.

L'applicabilité directe peut être « *complète* » au sens où les particuliers peuvent se prévaloir – verticalement – d'une disposition du droit de l'Union contre un État membre, mais peuvent également le faire – horizontalement – contre d'autres particuliers, la disposition visée engendrant directement des droits et des obligations dans le chef des particuliers. Elle peut aussi se limiter à une applicabilité verticale contre la puissance publique.

L'applicabilité directe caractérise de nombreuses normes de droit de l'Union, sans s'étendre à toutes. Les directives en particulier ne seront mises en application directe qu'à titre exceptionnel, volontiers qualifié de pathologique. Les directives ne s'appliquent normalement en droit interne que de façon indirecte, par l'intermédiaire d'une règle de droit national. Il convient donc de distinguer les directives, marquées par le principe de l'applicabilité indirecte, des autres normes de droit de l'Union.

1° Normes de droit de l'Union autres que les directives

117. Applicabilité directe. On distinguera entre les dispositions du traité lui-même, du droit primaire, d'un côté et les actes de droit dérivé ou secondaire de l'autre.

117-1. Dispositions des traités. Les dispositions contenues dans les traités communautaires ou de l'Union se voient parfois reconnaître l'applicabilité directe (96). Dans le domaine social, la Cour de justice l'a admis de l'ex-article 48

(96) Les problèmes de l'applicabilité directe des dispositions des traités communautaires et des conventions de l'Organisation internationale du travail se posent traditionnellement de façon comparable ; v. N. Valticos, « Droit international du travail et droit interne » ; *Trav. com. fr. DIP*, 1973-75, Dalloz 1977, p. 11 ; A. Jeammaud, « Sur l'applicabilité en France des conventions internationales du travail », *Dr. soc.* 1986, p. 399. Les tribunaux français sont aujourd'hui plus enclins qu'il y a quelques années à admettre l'applicabilité directe des dispositions des traités internationaux (des conventions de l'OIT spécialement) ; permettant d'avoir une vue d'ensemble sur cette évolution,

(article 39 TCE, puis 45 TFUE) sur la libre circulation des travailleurs, concernant l'égalité de traitement entre nationaux et ressortissants communautaires (97) ainsi que les restrictions fondées sur l'ordre public (98). Elle l'a également fait pour l'ex-article 119 (devenu, après modification, article 141 TCE, puis 157 TFUE) et le principe de l'égalité des rémunérations entre hommes et femmes (99).

L'article 6 du traité CEE (devenu article 12 TCE, puis 18 TFUE) concernant la prohibition générale des discriminations fondées sur la nationalité a été également reconnu d'applicabilité directe (100). L'applicabilité directe des principes de non-discrimination inscrits aux ex-articles 48 et 119 peut même être mise en œuvre entre particuliers.

En revanche, l'applicabilité directe a été refusée aux ex-articles 117 (136 TCE, 151 TFUE) et 118 alinéa 1 du traité CEE (140 TCE modifié, devenu 156 TFUE) concernant la politique sociale, auxquels la Cour de justice a attribué une valeur uniquement programmatique (101). Elle l'a été, récemment, aux dispositions de l'article 48 TFUE (article 51 du traité initial et ancien 42 TCE). Subordonnant ses effets à l'intervention d'un acte de droit de l'Union, ce texte, a dit la Cour, « *n'a pas d'effet direct* » et « *ne saurait donc conférer à des particuliers des droits susceptibles d'être invoqués devant les juridictions* » (102).

117-2. Règlements et décisions. L'applicabilité directe appartient par définition (article 249 du traité CE, devenu 288 du traité FUE, ex-article 189 du traité CEE) aux règlements communautaires. Elle est complète et doit être respectée entre particuliers (103).

Si l'applicabilité directe du règlement signifie normalement qu'aucune disposition intermédiaire n'est nécessaire, en particulier de droit national, cette règle n'est cependant pas absolue et certains règlements, insuffisamment complets, nécessitent des mesures d'application. Ces mesures relèvent de la compétence exécutive de la Commission mais peuvent également être renvoyées au droit national. Auquel cas le règlement reste susceptible d'être invoqué en justice afin de vérifier la conformité du droit national à ses dispositions.

Les décisions, visées à l'article 288 TFUE (ex-249 TCE, ex-189), adressées aux particuliers, suivent un régime analogue.

v. les études d'A. Lyon-Caen et de J.-F. Akandji-Kombé, *in Le Conseil d'État et le droit social*, Montchrestien, Paris, 2011, p. 47, p. 111 ; v. également, J.-P. Marguenaud et J. Mouly, « Les incursions de la CEDH en droit du travail », *RDT* 2008, p. 16 ; D. Baugard, « L'utilité de la Convention européenne des droits de l'homme en droit du travail », *Dr. et patr.* 2010, p. 195 ; Cass. soc., 1er juillet 2008, *Samzun c. L. de Wee*, n° 07-44124, *Bull.* V, n° 146 ; v. avis J. Duplat, « Le contrat nouvelles embauches et les normes internationales du travail », *RDT* 2008, p. 504 ; Cass. soc., rapport J.-M. Béraud, *RJS*, n° 10/08, p. 776 ; *adde* P. Rodière, « Inconventionnalité du droit interne – remarques très parcellaires sur l'identification de la norme applicable », *in Mélanges offerts à François Gaudu*, à paraître.

(97) Arrêt *Walrave*, préc.

(98) CJCE, 4 décembre 1974, *Van Duyn*, aff. 41/74, *Rec.* p. 1337.

(99) CJCE, 8 avril 1976, *Defrenne II*, aff. 43/75, *Rec.* p. 476.

(100) CJCE, 28 juin 1978, *Kenny*, aff. 1/78, *Rec.* p. 1489.

(101) CJCE, 29 septembre 1987, *Gimenez Zaeca*, aff. 126/86, *Rec.* p. 3687 ; v. *supra* n° 11.

(102) CJUE, 10 mars 2011, *Casteels*, aff. C-379/09, v. pts 13 à 16.

(103) V. en particulier, concernant le règlement 1612/68 sur la libre circulation des travailleurs, CJCE, 12 décembre 1874, *Walrave*, aff. 36/74, *Rec.* p. 1420.

Ces données sont claires et bien établies ; en revanche l'effet des directives de l'Union européenne entre particuliers soulève des difficultés propres à ce dernier type d'acte.

2° Directives de droit communautaire

118. Transposition des directives sociales – loi et négociation. Contrairement au règlement, il est de principe que les directives produisent leurs effets par l'intermédiaire des mesures d'application que les États membres sont tenus de prendre pour leur mise en œuvre (104). Dans le domaine particulier du droit social, la transposition se fera par le biais de textes législatifs ou réglementaires (105), que la directive ait été adoptée suivant les procédures législatives générales du droit de l'Union, ou qu'elle constitue la suite d'une négociation et d'un accord collectif conclu au niveau européen (106). Aucune mesure particulière n'a cependant lieu d'être prise, si le droit interne était déjà conforme à la directive communautaire, avant l'édiction de celle-ci (107). On rappellera complémentairement que les États membres ont de manière générale l'obligation de ne pas « *mettre en péril les objectifs de l'Union* » et par conséquent de s'abstenir de prendre des mesures, normes ou décisions, qui s'opposeraient à l'application du droit de l'Union : idée d'« intégration négative », liée au principe de coopération loyale (108).

118-1. Rôle de la négociation collective – jurisprudence de la Cour de justice. Les traités ont permis que la transposition des directives puisse se faire, sous des conditions étroitement définies, par voie de négociation collective entre partenaires sociaux (109). L'encadrement de cette possibilité avait toutefois été demandé par la Cour de justice (110), la transposition par voie de négociation collective ayant soulevé d'importantes objections (111).

(104) « *La transposition en droit interne d'une directive communautaire résulte d'une exigence constitutionnelle à laquelle il ne pourrait être fait obstacle qu'en raison d'une disposition expresse contraire de la Constitution* », dit aujourd'hui le Conseil constitutionnel français en visant l'article 88-1 de la Constitution (Cons. const., 10 juin 2004, déc. n° 2004-496 DC ; Cons. const., 29 juillet 2004, déc. n° 2004-498 DC ; Cons. const., 19 juin 2008, déc. n° 2008-564 DC ; Cons. const., 12 mai 2010, déc. n° 2010-605 ; v. X. Magnon et Y. Symon, « La jurisprudence communautaire du Conseil constitutionnel », *Cah. dr. eur.* 2005, p. 217).

(105) « *La transposition en droit interne d'une directive n'exige pas nécessairement une reprise formelle et textuelle de ses dispositions dans une norme légale expresse et spécifique et peut se satisfaire d'un contexte juridique général* », suffisamment clair et précis, dit la Cour de justice ; v. dans une jurisprudence constante, CJCE 28 avril 2005, *Commission c. Italie*, aff. C-410/03, à propos de la transposition de la directive 1999/95 concernant l'accord relatif à l'organisation du temps de travail des gens de mer.

(106) V. *supra* n° 111 et s.

(107) V. pour une situation de conformité préalable du droit français, *infra* n° 386, sur la directive relative au transfert d'entreprise du 14 février 1977 et l'article L. 122-12 al. 2 (aujourd'hui article L. 1224-1) du Code du travail, datant en droit français de 1928.

(108) V. article 4 § 3 TUE, ex-article 10 TCE.

(109) V. A. Lyon-Caen, « Le rôle des partenaires sociaux dans la mise en œuvre du droit communautaire », *Dr. soc.* 1997, p. 68.

(110) Une garantie constitutionnelle suffit-elle à assurer une réalisation convenable du droit communautaire ? Non, répond la Cour de justice, au nom du principe de sécurité juridique, face à des conventions collectives permettant des conditions de rémunération discriminant défavorablement les femmes, même si la garantie constitutionnelle d'égalité entre hommes et femmes est directement applicable par les tribunaux, CJCE, 28 octobre 1999, *Commission c. Grèce*, aff. C-187/98.

(111) Cf. conclusions des avocats généraux van Themaat, in *Commission c. Italie*, CJCE, 8 juin 1982, aff. 91/81, *Rec.* p. 213, Gordon Slynn, *Commission c. Italie*, 10 juillet 1986, aff. 235/84, *Rec.* p. 2291.

Dans tel droit national, les conventions collectives ne font normalement pas naître d'obligations (au Royaume-Uni) ; dans tel autre, elles engendrent certes des obligations, mais celles-ci lient uniquement les parties signataires, la convention collective y ayant une nature simplement contractuelle (en Italie). Or il est nécessaire que la transposition crée des obligations qui s'imposeront dans les contrats ou relations individuels de travail.

Lors même que le droit national fera produire des effets normatifs aux conventions collectives et imposera leur application dans les contrats de travail, demeure le risque que la transposition par négociation collective ne permette pas de couvrir l'ensemble des travailleurs du pays concerné. Si la transposition se fait par le biais de conventions collectives de branche professionnelle, il y a de fortes chances, si dense soit le réseau des conventions collectives de branches professionnelles, que certaines professions ou activités y échappent (112). Seule une transposition par voie d'accord collectif national interprofessionnel faisant l'objet d'une déclaration d'application générale aura l'efficacité nécessaire (113).

En toute hypothèse, qui dit négociation collective, dit possibilité d'échec de la négociation, quand bien même celle-ci serait obligatoire.

Il y a là des faiblesses indépassables de la transposition par voie de négociation collective, quels que soient d'autre part les mérites que l'on accordera à une mise en œuvre du droit communautaire par les partenaires sociaux.

D'où la position qu'a prise la Cour de justice, jugeant : 1) qu'il est loisible aux États membres de laisser aux partenaires sociaux le soin de réaliser les objectifs du droit communautaire ; 2) que tous les travailleurs de la Communauté doivent cependant bénéficier de la protection prévue par le droit communautaire et que l'État devra donc garantir l'existence d'une transposition complète (114).

118-2. Rôle de la négociation collective – une faculté ouverte par le traité. L'Accord sur la politique sociale, puis le traité d'Amsterdam, avec l'article 137 § 3 TCE, ont poursuivi sur la voie ouverte par la jurisprudence de la Cour. Le traité sur le fonctionnement de l'Union énonce désormais à l'article 153 § 3 (115) :

« *Un État membre peut confier aux partenaires sociaux, à leur demande conjointe, la mise en œuvre des directives...*

Dans ce cas, il s'assure que, au plus tard à la date à laquelle une directive doit être transposée, les partenaires sociaux ont mis en place les dispositions nécessaires par

(112) V. les arrêts *Commission c. Italie*, préc. note précédente. Lorsqu'ils prévoient une mise en conformité par voie de négociation collective, certains instruments internationaux, conventions de l'OIT et, surtout, la Charte sociale européenne, exigent simplement qu'une grande majorité des salariés soit couverte. Ils ne l'admettent cependant que pour des droits des salariés n'ayant pas un caractère fondamental.

(113) Le cas français ne doit pas faire illusion. Tous les États membres ne proposent pas la possibilité de conclure des accords collectifs nationaux interprofessionnels créant des normes applicables impérativement à l'ensemble des relations de travail relevant de l'ordre juridique national intéressé.

(114) CJCE, 30 janvier 1985, *Commission c. Danemark*, aff. 143/83, *Rec.* p. 427 ; 10 juillet 1986, *Commission c. Italie*, préc. (point 20). V. également, CJCE, *Commission c. France*, 25 octobre 1988, *Rec.* p. 6315 et *infra* n° 268-269 concernant le contexte propre à cette dernière affaire. Plus récemment, v. CJCE, 28 octobre 1999, *Commission c. Grèce*, aff. C-187/98.

(115) Reprenant les possibilités ouvertes par les dispositions finales des directives les plus récentes et leur donnant portée générale.

voie d'accord, l'État membre concerné devant prendre toute disposition nécessaire lui permettant d'être à tout moment en mesure de garantir les résultats imposés par ladite directive ».

La responsabilité de la transposition revient aux autorités de l'État. Elles ne peuvent la déléguer si les partenaires sociaux n'en ont pas fait conjointement la demande. Et même si cette demande annonce une volonté commune de négocier, un échec est toujours possible ; il est également possible que l'accord se fasse mais ne vienne pas correctement satisfaire les exigences de la directive, ou encore que tous les salariés du pays intéressé ne soient pas couverts. Cette dernière hypothèse peut notamment se présenter lorsque les accords sont conclus dans le cadre de branches professionnelles et que tous les secteurs d'activité ne sont pas couverts (116) ; elle se présentera également dans les systèmes nationaux qui ouvrent le bénéfice des conventions collectives aux seuls salariés syndiqués (117). En prévision de cet échec ou de ces insuffisances il revient aux autorités étatiques de prévoir un mécanisme de garantie, qui peut se présenter sous la forme d'une réglementation supplétive, applicable à défaut d'accord.

118-3. Rôle de la négociation collective – une obligation de coopération. En matière de libre circulation des travailleurs, la Cour de justice a énoncé que l'interdiction des discriminations fondées sur la nationalité « *s'impose non seulement à l'action des autorités publiques, mais s'étend également aux réglementations d'une autre nature visant à régler, de façon collective, le travail salarié* » (118). Suivant la formule que reprend régulièrement la Cour de justice, « *l'abolition entre États membres des obstacles à la libre circulation serait compromise si la suppression des barrières étatiques était neutralisée par l'exercice de leur autonomie juridique par des associations et organismes ne relevant pas du droit public* » (119).

Ces formules ont une portée générale. Les obligations incombant aux autorités publiques pèsent également sur les « autorités privées », en dépit de l'autonomie qui leur est reconnue. Il revient à la négociation collective, comme à la loi, de contribuer activement à la bonne réalisation du droit de l'Union et spécialement à celle des directives.

119. Directives correctement transposées. Dans une situation où un État membre a rempli son obligation de mise en conformité du droit interne, la directive européenne n'atteint donc les particuliers que de façon médiate ou indirecte (120).

(116) Les accords pouvant, qui plus est, avoir un caractère régional ou local et non pas national.

(117) Peu importe que la réglementation nationale réserve normalement le bénéfice des conventions collectives aux seuls salariés syndiqués, si le droit national assure malgré tout le bénéfice de la transposition négociée à tous les salariés, syndiqués ou non ; v. CJCE, 18 décembre 2008, *Andersen*, aff. C-306/07, décision dans laquelle la démarche, assez surprenante, de la Cour s'explique par les particularités du texte à interpréter, l'article 8 de la directive 51/533 relative à l'information des travailleurs sur la relation de travail (*infra* n° 449), concernant les recours juridictionnels ouverts aux travailleurs. V. également CJUE, 11 février 2010, *Dansk Arbejdsgiverforening,* aff. C-405/08.

(118) CJCE, 12 décembre 1974, *Walrave et Koch*, aff. 36/74, points 17 à 19 ; *Dr. soc.* 1975. 346, note G. Lyon-Caen ; *RTD eur.* 1976. 719 et v. p. 635, G. Ubertazzi, « Le domaine matériel du droit communautaire » ; v. également, Y. Touffait, *D.* 1976, chron. p. 165 ; v. également, CJCE, 11 décembre 2007, *Viking Line*, aff. C-438/05, motifs 57-58.

(119) Cf. CJCE, 11 avril 2000, *Christelle Deliège*, aff. C-51/96 et C-191/97.

(120) CJCE, 17 juillet 1982, *Felicitas*, aff.270/81, *Rec.* p. 2771 ; 19 janvier 1982, *Becker*, aff. 8/81 ; *Rec.* p. 53.

Les justiciables, qui entendent se réclamer d'une directive, fonderont leurs droits et prétentions sur les textes de droit interne (de droit étatique ou de droit conventionnel) ayant opéré la transposition de la directive. Ils pourront bien entendu le faire, comme pour d'autres textes de droit interne, dans des actions dirigées contre d'autres particuliers.

Cela ne signifie pas pour autant que toute possibilité d'invoquer en justice les termes d'une directive soit alors exclue. Si l'acte de transposition prête à interprétation, le juge national est tenu de procéder à cette interprétation « *à la lumière du texte et de la finalité de la directive* » (121). L'interprétation s'assimilant à la chose interprétée, on doit en outre comprendre que le juge national devra donner à la directive communautaire une interprétation correspondant à celle qui en est faite par la Cour de justice (122). Il en va d'un devoir du juge et non pas simplement d'une possibilité offerte au justiciable d'invoquer la directive (123). L'obligation d'interprétation conforme – si possible – s'impose dès l'expiration du délai de transposition, mais avant même, les autorités nationales doivent tenir compte des objectifs de la directive dans l'interprétation des textes existants (124). S'il revient donc au juge national de dégager dans la mesure du possible une interprétation de son droit national qui en assure la conformité aux dispositions d'une directive de l'Union, cette obligation ne saurait toutefois servir de fondement à une interprétation *contra legem* du droit national (125).

Des difficultés relatives à l'interprétation du droit national se présenteront également dans l'hypothèse où un État membre, jugeant que sa législation était déjà conforme à une directive nouvellement adoptée, a estimé ne pas avoir à intervenir pour modifier son droit interne (126).

Les justiciables peuvent également invoquer une directive, non pas seulement pour une question d'interprétation, mais pour faire vérifier par le juge national si les mesures de transposition ont mis le droit national en conformité avec les exigences du droit communautaire (127).

120. Directives non ou mal transposées. Bien que non transposée dans le délai prescrit, une directive communautaire peut-elle produire directement effet devant le juge national ? Le tableau des réponses qu'en l'état de sa jurisprudence, la Cour de

(121) CJCE, 10 avril 1984, *Von Colson et Kamann*, aff. 14/83, *Rec.* p. 1891 ; CJCE, 5 octobre 2004, *Pfeiffer*, aff. C-397/01, *Rec.* I, p. 8835.

(122) CJCE, 5 mars 1996, aff. C-46/93 et C-48/93, *Brasserie du pêcheur et Factortame, Rec.* I, p. 1029 ; CJCE, 30 septembre 2003, aff. C-224/01, *Köbler.*

(123) CJCE, 14 déc. 1995, *J. van Schijndel*, aff. C-430/93 et C-431/93, *Peterbroeck van Campenhout*, aff. C-312/93.

(124) CJCE, 4 juillet 2006, *Adeneler*, aff. C-212/04. Avant même l'expiration du délai de transposition et dès la notification de la directive aux États membres, « *les juridictions des États membres doivent s'abstenir dans la mesure du possible d'interpréter le droit interne d'une manière qui risquerait de compromettre sérieusement, après l'expiration du délai de transposition, la réalisation des objectifs de la directive* » (v. point 123).

(125) V. CJCE, 4 juillet 2006, *Adeneler*, aff. C-212/04, pt 110 ; CJUE, 24 juin 2010, *Sorge*, aff. C-98/09, pt 52.

(126) On a eu un exemple significatif avec l'interprétation de l'article L. 122-12 alinéa 2 (L. 1224-1 du Code du travail), texte laissé inchangé après l'entrée en vigueur de la directive communautaire 77/187 relative aux droits des travailleurs en cas de transfert d'entreprise et auquel le juge français a provisoirement donné une interprétation que la Cour de justice a désavoué ; v. pour plus de détails, *infra* n° 386.

(127) CJCE, 1er février 1977, *Nederlandse Ondermingen*, aff. 51/76, *Rec.* p. 113.

justice continue d'apporter à cette question, passe par une opposition entre un effet vertical des directives, qui est admis, et un effet horizontal, qui ne l'est pas (128).

120-1. Effet vertical. Si ses dispositions sont suffisamment claires, précises et complètes et se formulent ainsi dans des conditions lui permettant de produire effet direct, une directive peut être directement invoquée par un particulier contre l'État défaillant (129). Une action peut être introduite contre l'État en cas d'absence de transposition ou de transposition incorrecte d'une directive, mais peut également l'être « *dans le cas où les mesures nationales qui transposent correctement ladite directive ne sont pas appliquées de manière à atteindre le résultat qu'elle vise* » (130). L'action peut être portée contre l'État ou « *tout autre organisme ou entité soumis au contrôle de l'État ou qui disposent de pouvoirs exorbitants par rapport aux relations entre particuliers* » (131).

Un particulier pourra, en agissant contre l'État, soit obtenir que ses droits soient déterminés et respectés conformément à la directive (132), soit, à défaut, obtenir la condamnation de l'État en responsabilité (133). Ces solutions sont inspirées par l'idée de sanctionner l'État défaillant. Est de ce fait consacrée la possibilité qu'une directive crée directement des *droits* au profit des particuliers.

120-2. Effet horizontal. C'est ici que se marque la résistance de la Cour de justice à l'effet direct des directives. Le principe étant posé, à l'inverse du précédent, qu'une directive ne peut par elle même créer d'*obligations* à charge des particuliers, il s'ensuit qu'un particulier ne peut pas agir contre un autre particulier sur le fondement direct des dispositions d'une directive (134). « *À défaut de mesures de*

(128) Dans une bibliographie abondante, v. not. P. Pescatore, « L'effet des directives, une tentative de démystification », *Dr. soc.* 1980, chron. 171 ; Y. Galmot et J.-Cl. Bonichot, « La Cour de justice des CE et la transposition des directives en droit national », *RFDA* 1988, p. 1 ; Ph. Manin, « L'invocabilité des directives, quelques interrogations », *RTD eur.* 1992, p. 1 ; Ph. Manin, « De l'utilisation des directives communautaires par les personnes physiques et morales », *Act. jur. dr. adm.* 1994, p. 259 ; F. Emmert et M. Pereira de Azevedo, « L'effet horizontal des directives, ... un bateau ivre ? », *RTD eur.* 1993, p. 503 ; « Les jeux sont faits… une nouvelle occasion perdue. », *RTD eur.* 1994, p. 11 (après l'arrêt *Faccini Dori*) ; P. Rodière, « Sur les effets directifs du droit (social) communautaire », *RTD eur.* 1990, p. 669 ; T. von Danwitz, « Effets juridiques des directives selon la jurisprudence récente de la Cour de justice », *RTD eur.* 2007, p. 575.

(129) CJCE, 26 février 1986, *Marschall*, aff. 152/84. V. CJCE, 15 avril 2008, *Impact*, aff. C-268/06, marquant la possibilité que les dispositions d'un accord-cadre des partenaires sociaux ayant fait l'objet d'une mise en œuvre par décision du Conseil produisent dans les mêmes conditions un effet direct vertical et distinguant entre des dispositions inconditionnelles et suffisamment précises d'un même texte et celles qui ne le sont pas (à propos de l'accord-cadre sur le contrat à durée déterminée).

(130) CJCE, 11 juillet 2002, aff. C-62/00, *Marks et Spencer*.

(131) CJCE, 4 décembre 1997, *Kampelmann*, aff. C-253/96, à propos de la directive 91/533 relative à l'information du travailleur sur la relation de travail ; v. *infra* n° 449.

(132) Ex. CJCE, 5 avril 1979, *Ministère public c. Ratti*, aff. 148/78, *Rec.* p. 1629.

(133) CJCE, 13 novembre 1991, *Francovich*, aff. C-6/90 et C-9/90, *Rec.* I p. 5403 ; *RTD eur.* 1992 p. 181 et p. 27, F. Schockweiler, « La responsabilité de l'autorité nationale en cas de violation du droit communautaire » ; l'arrêt *Francovich* a cependant laissé en suspens de nombreuses questions auxquelles la Cour est depuis lors venue peu à peu répondre ; v. D. Symon, « La responsabilité de l'État saisie par le droit communautaire », *Act. jur. dr. adm.* 1996, p. 489. Depuis l'arrêt *Francovich*, précisant les conditions générales de la responsabilité de la puissance publique, spécial. CJCE, 5 mars 1996, *Brasserie du pêcheur*, aff. C-46/93 ; CJCE, 25 janvier 2007, *Robins*, aff. C-278/05, sur un cas de transposition incorrecte de la directive « Insolvabilité de l'employeur » ; v. également, CJUE, 24 janvier 2012, *Dominguez*, aff. C-282/10, concernant une réglementation nationale n'assurant pas à des travailleurs le droit à un congé payé annuel ; CJUE, 25 novembre 2010 *Fuß*, aff. C-429/09, sur le temps de travail de sapeurs pompiers.

(134) CJCE, 26 février 1986, *Marshall*, aff. 152/84, *Rec.* p. 72, à propos de la directive 76/207 concernant l'égalité professionnelle entre hommes et femmes ; « *Le principe de sécurité juridique s'oppose à ce que les directives puissent créer des obligations pour les particuliers* », CJCE, 7 janvier 2004, *Wells*, aff. C-201/02.

transposition dans les délais prescrits, les consommateurs (ou les travailleurs) ne peuvent pas fonder sur la directive un droit à l'encontre des commerçants (ou des employeurs) avec lesquels ils ont conclu un contrat et le faire valoir devant une juridiction nationale », a dit la Cour de justice dans une formule particulièrement nette (135).

Une telle solution prête à la discussion, en droit du travail, principalement pour deux raisons. Le contentieux propre au droit du travail présente un caractère horizontal plus souvent que vertical et la solution prive les travailleurs salariés de la possibilité de se prévaloir directement du droit communautaire « directif » contre les employeurs. La solution constitue également une source de discriminations entre travailleurs. Les uns pourront agir contre l'État-employeur, la Cour de justice ayant jugé que l'État ou ses services, agissant en qualité d'employeur, pouvait se voir opposer les dispositions d'une directive non transposée (136), alors que les autres ne pourront pas le faire contre un employeur privé. Il est toutefois vrai que la notion d'État-employeur, telle qu'entendue par la Cour de justice, concerne uniquement des organismes chargés d'un service d'intérêt public et disposant à cet effet de pouvoirs exorbitant du droit commun (137) et ne s'étend pas aux entreprises du secteur public industriel et commercial.

Malgré les critiques qui ont pu lui être faites (138), la Cour de justice a maintenu fermement l'exclusion (139).

Ne pouvant créer d'obligations directement « *dans le chef des particuliers* », une directive ne peut par conséquent pas directement, par elle-même, « *indépendamment d'une loi interne prise pour sa transposition* », « *déterminer ou aggraver la responsabilité pénale* » d'une personne qui en viole les prescriptions (140).

La négation de l'applicabilité directe des directives entre particuliers peut connaître une forme de contournement par les principes généraux du droit de l'Union. La Cour de justice considérera ainsi que les dispositions d'une directive peuvent « concrétiser » et spécifier l'application d'un principe général dont elles s'inspirent. Or, les principes généraux sont susceptibles de produire des effets directs, y compris entre particuliers. L'application directe du principe général peut alors entraîner avec elle celle des dispositions de la directive, en dépit de l'inapplicabilité directe de celle-ci (141).

(135) CJCE, 14 juillet 1994, *Faccini Dori*, aff. C-91/92, *RTD eur.* 1994, p. 498 et même revue 1995, p. 11, F. Emmert et M. Pereira, « ... *une nouvelle occasion manquée...* ». Cette fermeté négative peut prétendre se réclamer d'un retour vers la conception originaire de la directive. C'est uniquement là où la Communauté peut prendre des règlements qu'elle a compétence pour édicter avec effet immédiat des obligations à la charge des particuliers, dit encore la Cour dans cette même décision. Et si un effet direct peut parfois être reconnu aux directives, c'est uniquement pour éviter qu'un État ne puisse tirer avantage de sa propre méconnaissance du droit communautaire : « *nemo auditur...* » ou idée d'*estoppel*.

(136) CJCE, 15 mai 1986, *Marguerite Johnston c. Chief Constable...*, aff. 222/84, *Rec.* p. 1651, concernant la participation des femmes à des tâches de policiers équipés d'armes à feu.

(137) CJCE, 12 juillet 1990, *Foster*, aff. C.188/89, *Rec.* I, p. 3314.

(138) Par plusieurs de ses avocats généraux en particulier.

(139) V. notamment CJCE, 5 octobre 2004, aff. C-397/01, *Pfeiffer*, à propos de la directive relative à l'aménagement du temps de travail, v. *infra* n° 481.

(140) CJCE, 3 mai 2005, *Berlusconi*, aff. C-387/02.

(141) V. *infra* n° 151 et n° 169, visant la jurisprudence de la Cour de justice relative à la prohibition des discriminations.

B. — Effectivité du droit de l'Union

Quels sont les moyens procéduraux permettant aux particuliers de faire respecter les droits qu'ils tirent du droit communautaire ? Première question. Quelles sanctions le défaut d'exécution correcte du droit communautaire entraînera-t-il ? Deuxième question.

1° Accès à la justice et aux procédures nationales

121. Autonomie procédurale des États. Le principe du « droit au juge », droit à un recours juridictionnel, en vue d'obtenir le respect du droit de l'Union, est très fermement posé. Il est fréquemment exprimé dans les dispositions finales des directives par une formule type. Toute personne (tout travailleur) qui s'estime lésée par la non-application d'une règle issue du droit de l'Union doit pouvoir faire valoir ses droits par voie juridictionnelle, après, éventuellement, le recours à d'autres instances (142). Une autre formule voudra que les travailleurs disposent des procédures administratives et juridictionnelles permettant de faire respecter les obligations posées par la directive (143). Le principe concerne l'accès à la justice, mais s'étend plus largement aux procédures dont l'objet est d'assurer le respect du droit (144).

Ces formules ne signifient pas que les États membres doivent créer des voies de droit particulières destinées à assurer l'application du droit de l'Union. Normalement cette application se fait par l'utilisation des formes et procédures prévues par le droit national. Suivant la formule usuellement employée par le Cour de justice, « *c'est aux juridictions nationales qu'est confié le soin d'assurer la protection juridique découlant pour les justiciables du droit communautaire* » (145). La formule peut s'étendre à l'ensemble des institutions ou autorités nationales. Le droit de l'Union vient s'appuyer sur l'appareil judiciaire et administratif et sur les procédures existant dans chaque État membre, malgré les disparités qui peuvent en résulter.

Rapportée au droit du travail, cette donnée d'ordre général ne concerne pas seulement la justice ou les procédures administratives. Elle s'applique également aux institutions propres à ce domaine du droit et notamment les institutions collectives. C'est ainsi que lorsqu'ils confient une mission à une institution représentative du personnel, les actes de droit de l'Union renverront généralement « *aux représentants du personnel prévus par la législation ou la pratique des États membres* », formule usuellement employée (146).

(142) Cf. par exemple, article 2 de la directive 75/117 du 10 février 1975 sur l'égalité de rémunérations entre travailleurs masculins et travailleurs féminins ; *infra* n° 280 et s. Il en va d'un principe général de droit, qui prend sa source dans les traditions constitutionnelles des États membres et a également été consacré par l'article 6 de la Convention européenne des droits de l'homme, CJCE, 15 mai 1986, *Johnston*, aff. 222/84, *Rec.* p. 1651, motif 18 ; 22 septembre 1998, *Coote c. Granada Hospitality Ltd*, aff. C-185/97, motifs 21 et 22.

(143) Directive 75/129 sur les licenciements collectifs, article 5 *bis* introduit par la directive modificative du 24 juin 1992 ; v. sur cette directive, *infra* n° 371 et s.

(144) P. RODIÈRE, « Sur les effets directifs du droit (social) communautaire », *RTD eur.* 1991, p. 565 ; v. not. n° 20 à 24.

(145) CJCE, 16 décembre 1976, *Rewe*, aff. 33/76, *Rec.* p. 1989 ; CJCE, 19 décembre 1968, *Sté Salgoil*, aff. 13/68, *Rec.* p. 661, *Grands arrêts CJCE*, t. 1 n° 30 ; sur ces questions, v. G. ISAAC, *Droit communautaire général*, p. 196.

(146) Cf. par exemple, les directives 75/129 du 17 février 1975 sur les licenciements collectifs ou 77/187 du 14 février 1977 relative au transfert d'entreprise ou d'établissement ; v. *infra* n° 378 et s.

Le principe du *traitement national* exige toutefois que les procédures nationales soient mises au service du droitde l'Union, sans restriction ni discrimination par rapport au droit national : égalité du droit de l'Union et du droit national devant la justice et l'ensemble des procédures destinées à la protection des droits. Il faut en outre que les règles nationales soient propres à assurer avec l'*efficacité minimale* une correcte mise en œuvre des prescriptions du droit de l'Union. Les procédures nationales ne doivent pas « *être moins favorables que celles concernant des recours internes similaires* » *(principe d'équivalence)* et ne doivent pas rendre « *impossible en pratique ou excessivement difficile l'exercice des droits conférés par l'ordre juridique communautaire (principe d'effectivité)* (147). Une obligation de créer les moyens de droit appropriés s'impose aux États membres dont le système procédural et institutionnel s'avère déficient (148). Les règles nationales applicables en matière de preuve peuvent également être mises en cause, si elles sont telles qu'elles rendent excessivement difficile la réalisation d'un droit fondé sur le droit de l'Union (149).

2° Sanctions

122. Autonomie des droits nationaux. Les textes de droit dérivé, directives ou règlements, restent en général muets sur le chapitre des sanctions de la non-application du droit communautaire. Ce silence ne signifie évidemment pas que des sanctions ne doivent pas être prévues. Il traduit simplement le principe de l'autonomie qui appartient aux États dans la détermination des moyens propres à assurer la bonne application du droit communautaire. On reconnaît également le principe voulant que l'application du droit communautaire se fasse par utilisation des procédures de droit national.

122-1. Modes de sanction. Les États membres ont en particulier le choix des modes de sanction : pénales ou civiles, indemnitaire ou autre. Ils décideront en particulier s'il y a lieu à réparation en nature. Le droit de l'Union, par exemple, ne commande pas l'embauchage forcé d'un travailleur victime d'un refus d'engagement discriminatoire (150).

La liberté des États membres toutefois n'est pas entière et la Cour de justice entend l'orienter de différentes manières. Il convient d'abord que les États mettent leur système de sanctions au service du droit communautaire au même titre qu'à celui du droit national. Les atteintes au droit de l'Union doivent être sanctionnées comme

(147) Formule utilisée actuellement par la Cour de justice ; v. à propos d'une procédure nationale limitant indûment le délai permettant d'obtenir un dédommagement pour violation du principe d'égalité de rémunération entre hommes et femmes, CJCE, 1er décembre 1998, *Levez*, aff. C-326/96 ; *adde* CJCE, 16 mai 2000, *Sherley Preston*, aff. C-78/98, concernant également un délai pour agir en vue de corriger une discrimination indirecte en matière d'affiliation à un régime de pensions professionnel (exclusion des travailleurs à temps partiel et donc, en fait, des femmes) ; CJCE, 4 juillet 2006, *Adeneler*, aff. C-212/04 ; CJCE, 15 avril 2008, *Impact*, aff. C-268/06.

(148) Si une directive prévoit l'information et la consultation obligatoire de représentants des travailleurs dans l'entreprise, l'État membre qui n'aura pas mis en place la structure de représentation des travailleurs nécessaire sera en situation de manquement au droit communautaire ; CJCE, 8 juin 1994, *Commission c. Royaume-Uni ;* à propos des directives « licenciements collectifs » et « transferts d'entreprise » ; v. *infra* n° 362, n° 375.

(149) Ont pu ainsi être mises en question les règles mettant à la charge de la personne s'estimant victime d'une discrimination entre hommes et femmes une preuve qu'elle risque d'avoir les plus grandes difficultés à rapporter, v. *infra* n° 274 et s.

(150) CJCE, 10 avril 1984, *Von Colson et Kamann*, aff. 14/83, *Rec.* p. 1891.

le sont des atteintes de même nature ou de nature comparable au droit national. On retrouve ainsi le principe d'équivalence déjà signalé concernant l'accès à l'application du droit de l'Union (151). Si dans des situations analogues, le droit national recourt à la sanction pénale, il convient donc que celle-ci soit également mise au service du droit de l'Union (152). La même analyse justifie que soient sanctionnées par la nullité des mesures patronales contraires au droit de l'Union.

Tout en rappelant, comme elle l'a toujours dit jusqu'à présent (153), qu'en principe, la législation et la procédure pénales « *ne relèvent pas de la compétence de la Communauté* », la Cour de justice admet aujourd'hui que le législateur de l'Union peut estimer que « *l'application de sanctions pénales (...) constitue une mesure indispensable pour (...) garantir la pleine effectivité des normes qu'il édicte* » et procéder en conséquence à une « *harmonisation pénale* », pourvu que celle-ci reste minimale (154). Ce que la Cour de justice a dit ainsi pour la protection de l'environnement peut valoir en matière de politique sociale.

122-2. Mesure des sanctions. La semi-indifférence du droit de l'Union quant aux modes de sanction ne se vérifie pas en ce qui concerne la mesure des sanctions. En l'absence de dispositions suffisamment précises des textes de droit communautaire, la Cour de justice ne peut sans doute pas prétendre fixer un barème ou une échelle de sanctions ; mais elle demande que la sanction choisie soit efficace et dissuasive et en tout cas adéquate au préjudice subi (155). S'exprime ici le principe d'effectivité minimale lui aussi signalée antérieurement (156).

Ces différentes données ont été synthétisées par la Cour de justice dans une formule énonçant, sur le fondement de l'ex-article 5 du traité (devenu article 10 TCE, remplacé, avec le traité de Lisbonne, par l'article 4 § 3 du traité Union européenne), que les États membres doivent « *veiller à ce que les violations du droit communautaire soient sanctionnées dans des conditions, de fond et de procédure, analogues à celles applicables au droit national d'une nature et d'une importance similaires et qui, en tout état de cause, confèrent à la sanction un caractère effectif, proportionné et dissuasif* » (157).

§ 2. — Les dérogations au droit de l'Union

123. Un éventail diversifié. Les règles nationales de transposition peuvent-elles valablement déroger aux dispositions d'une directive de l'Union ? La question

(151) V. *supra* n° 121-122.

(152) V. CJCE, 8 juillet 1999, *Nunes*, aff. C-186/98, à propos d'actes de corruption et de faux en écriture commis dans le cadre d'actions de formation bénéficiant de concours du Fonds social européen. Le principe de légalité des délits et des peines risque bien entendu de soulever des difficultés concernant une éventuelle sanction pénale.

(153) Ex. CJCE, 16 juin 1998, aff. C-226/97, *Lemmens*, *Rec.* I, p. 3711.

(154) CJCE, 13 septembre 2005, *Commission c. Conseil*, aff. C-176/03, s'agissant de mesures nécessaires pour lutter efficacement contre des atteintes graves au droit de l'environnement.

(155) Arrêt *Von Colson et Kamann*, préc. *supra* n° 119. V. sur ces questions, P. Rodière, « Sur les effets directifs du droit (social) communautaire », *RTD eur.* 1991, p. 565, v. n° 25 à 29.

(156) V. *supra* n° 121 ; la Cour de justice s'y réfère dans l'arrêt *Nunes*, 8 juillet 1999, préc.

(157) CJCE, 21 septembre 1989, *Commission c. Grèce*, aff. 66/88, *Rec.* p. 2979.

intéresse avant tout les directives rédigées de façon précise et détaillée et qui ne laissent aux possibilités de diversification nationale qu'une marge limitée.

Les réponses données par le droit général de l'Union sont nuancées.

Le principe, implicitement contenu dans la définition de l'article 288 TFUE (ex-article 249 TCE, ex-article 189 du traité CEE), veut que les directives, obligatoires quant au résultat à atteindre, s'imposent uniformément dans l'ensemble des États membres. L'application du principe connaît cependant des possibilités d'aménagement dont le système général s'infère d'une combinaison entre les possibilités d'exception à la liberté de circulation des marchandises que prévoit l'article 36 TFUE (ex-article 30 TCE, ex-article 36 du traité CEE), la jurisprudence « *Cassis de Dijon* » (158) et l'article 114 § 4 TFUE (article 95 § 4 TCE, ex-article 100 A § 4) concernant les dérogations aux directives de réalisation du marché intérieur qui sont susceptibles d'être autorisées.

Les législateurs nationaux peuvent, sous certaines conditions, appliquer ou instituer des réglementations interférant avec le droit de l'Union. Mais d'une part, les buts qu'ils poursuivent dans leurs réglementations dérogatoires ne doivent pas avoir un caractère économique et ne doivent pas constituer un moyen déguisé d'entraver les libertés de circulation ouvertes par le droit de l'Union. Les législateurs nationaux doivent d'autre part établir qu'ils ont en vue la préservation d'intérêts généraux de nature à justifier leur action et que celle-ci est nécessaire et ne va pas au-delà de ce que justifie le but légitime qu'ils poursuivent.

Rapporté au droit social, ce système d'ordre général rencontre le principe de faveur pour les salariés. Selon ce que veut ce dernier principe, les réglementations sociales étant conçues pour protéger les travailleurs salariés, des dérogations peuvent y être apportées pourvu qu'elles assurent aux travailleurs une meilleure protection ou de meilleures garanties.

Si le droit de l'Union, à la différence des statuts de l'Organisation internationale du travail (159), ne pose pas le principe que les réglementations nationales peuvent être plus favorables aux intérêts des travailleurs que les règles européennes, il ménage toutefois une place importante à la possibilité de protections nationales renforcées.

Il s'est également engagé, dernièrement, dans une autre direction, ouvrant des possibilités de dérogations qui tendent à permettre des aménagements juridiques nationaux différenciés du modèle fourni par la règle communautaire.

À l'égard des petites et moyennes entreprises, le droit de l'Union procède enfin dans un esprit qui relève d'une idée d'exemption plutôt que de dérogation.

Ce sont les trois points que nous examinerons successivement.

A. — Protection nationale renforcée

124. Généralités. Les directives de politique sociale établissent des prescriptions minimales ayant pour objet d'assurer une protection des travailleurs qui doit être

(158) CJCE, 20 février 1979, *Rewe-Zentral*, aff. 120/78.
(159) Article 19 des statuts de l'Organisation.

garantie dans l'ensemble des États membres. La notion de « prescription minimale », couplée avec celle de protection (160), laisse place à des possibilités de protection nationale renforcée que chaque État pourra décider pour ses travailleurs, dans le cadre de sa politique nationale propre. Il est dans la nature même des directives de politique sociale d'ouvrir aux États membres une liberté de protection renforcée.

Inversement, les directives dont l'objet est d'assurer la réalisation du marché intérieur, directives d'objet économique, doivent s'appliquer uniformément. Il est alors de principe que les droits nationaux ne peuvent pas disposer dérogatoirement, principe qui pourra cependant être écarté au nom de la protection de la santé et de la sécurité des personnes, mais cette fois, sous un régime de contrôle et même d'autorisation par la Commission.

Il convient donc de distinguer entre le renforcement national de la protection sociale européenne et les dérogations sociales nationales aux règles économiques de l'Union.

1° Renforcement national de la protection sociale européenne

125. Généralités. En dehors de la protection du milieu de travail, le traité communautaire est longtemps resté silencieux sur la possibilité de mettre en œuvre le principe de faveur pour les travailleurs dans les relations entre droit communautaire et droit national. Il ne s'y est cependant pas opposé et l'objectif de progrès social ou d'amélioration des conditions de vie et de travail qu'il s'est donné, a plaidé pour sa reconnaissance. Toutes les fois que la règle de droit de l'Union poursuit un objectif de protection des intérêts des travailleurs, il est dans la logique du but poursuivi que les États membres puissent renforcer la protection. La question relève de choix de politique sociale que les États sont libres de faire, quitte peut-être à imposer à leurs entreprises des contraintes et des coûts qui ne les avantagent pas. L'exercice de cette liberté protectrice doit cependant rester compatible avec le jeu des libertés économiques consacrées par le droit de l'Union (161). Telle est la ligne générale d'analyse aujourd'hui admise, le traité d'Amsterdam ayant à nouveau, sur cette question, modifié les données antérieures et le traité de Lisbonne n'ayant fait que maintenir l'état du droit préexistant.

126. Évolution des traités. Plusieurs étapes sont à distinguer. Initialement, le traité CEE ne visait d'aucune façon la possibilité que la norme sociale nationale soit plus favorable au salarié que la norme communautaire, ce qui ne voulait pas dire qu'il s'y soit refusé. Les directives de politique sociale ont d'ailleurs, ponctuellement, déclaré ne pas s'y opposer. C'est avec l'Acte unique européen, en 1987, que le texte du traité a pour la première fois reconnu aux États membres le droit d'assurer une protection du milieu de travail supérieure à la protection communautaire. Ce droit a été étendu par le traité d'Amsterdam à l'ensemble des directives adoptées dans le domaine de la politique sociale.

(160) CJCE, 12 novembre 1996, *Royaume-Uni c. Conseil*, aff. C-84/94, *Rec.* I, p. 5755.
(161) Cf. les formules utilisées par la Cour de justice dans ses décisions relatives aux interférences entre libertés économiques et politique sociale, v. not. *infra* n° 352-356.

126-1. De la protection du milieu de travail... L'ex-article 118 A, introduit dans le traité par l'Acte unique européen en 1987, énonçait que les dispositions communautaires de protection du milieu de travail, consistant en prescriptions minimales, ne font pas obstacle aux mesures nationales de protection renforcée (ex-article 118 A § 3). Les États membres s'étaient vu reconnaître le droit de maintenir et même d'établir des règles plus protectrices de la santé et de la sécurité des travailleurs que les règles communautaires (162). Ils pouvaient y procéder unilatéralement.

126-2. ... à la généralisation d'un principe de protection (163). L'article 2 de l'Accord sur la politique sociale, en élargissant le domaine des règles de l'article 118 A, a par là même étendu le domaine du principe voulant que les États membres puissent maintenir ou établir des mesures de protection plus strictes. Le traité d'Amsterdam a intégré cette extension au traité Communauté européenne. Très au-delà de la protection de la santé et de la sécurité, le principe s'étend désormais à l'ensemble des domaines dans lesquels l'article 137 TCE, remplacé par l'article 153 TFUE, prévoit des actions de l'Union. Les dispositions arrêtées sur le fondement de l'article 153 TFUE (anciennement 137 TCE) « *ne peuvent empêcher un État membre de maintenir ou d'établir des mesures de protection plus strictes compatibles avec les traités* » (164). La possibilité de renforcer la protection des travailleurs au niveau national est ouverte aussi bien pour les directives arrêtées à la majorité qualifiée que pour celles qui le sont à l'unanimité du Conseil. L'application du principe est donc généralisée.

127. Limites. Les mesures de protection prévues par les droits nationaux doivent toutefois rester « *compatibles* » avec les traités. À cette première limite à l'action plus protectrice des États membres, la Cour de justice a refusé d'en ajouter une autre. La liberté normative des États membres, pourvu qu'elle demeure compatible avec les exigences du traité, ne sera pas contrainte par l'obligation de respecter le principe de proportionnalité.

127-1. Compatibilité avec les traités. Les mesures nationales doivent toutefois être compatibles avec le traité communautaire, dit l'article 153 § 4 TFUE (ex-article 137 § 4 TCE) du traité. On comprend que des règles nationales de protection renforcée qui porteraient gravement atteinte aux principes du droit communautaire de liberté de circulation des biens et des personnes ou de concurrence seraient malgré tout mises en cause. On retrouve l'idée, si présente dans l'évolution actuelle du droit de l'Union, que les objectifs sociaux doivent, dans un effort de conciliation, se restreindre face aux libertés économiques reconnues par le droit primaire de l'Union et à la valeur fondamentale qui leur est attribuée (165).

(162) Sur les directives communautaires de protection de la sécurité et de la santé dans le milieu de travail, v. *infra* n° 462 et s.

(163) Sur l'ensemble de la question, v. N. MOIZARD, *Harmonisation communautaire et protection nationale renforcée : l'exemple du droit du travail français*, Presses univ. Aix-Marseille, 2000, préf. P. RODIÈRE, et du même auteur, « Le principe communautaire de protection nationale renforcée et l'ordre public social français », *Dr. soc.* 1999, p. 916.

(164) Article 137, § 4, du traité CE.

(165) V. *infra* n° 447 et n° 562.

127-2. Principe de proportionnalité. Des mesures nationales de protection renforcée – qui ne contredisent pas substantiellement le droit communautaire et les libertés fondamentales qu'il consacre – sont-elles soumises au principe de proportionnalité et, le cas échéant, doivent-elles subir les limitations que ce principe impose ? Non, a dit la Cour de justice, excluant l'application du principe de proportionnalité à la teneur de la réglementation visée ainsi qu'à ses sanctions. La réglementation nationale ne devra cependant pas mettre en cause la cohérence de l'intervention communautaire, elle ne doit pas être discriminatoire et ne doit pas porter atteinte aux libertés fondamentales garanties par le droit communautaire, conditions renvoyant toutes à l'incompatibilité avec le droit communautaire visée par l'article 154 § 4 TFUE (ex-article 137 § 4 TCE) (166).

128. Clauses de faveur. Le droit dérivé avait introduit dans les directives sociales des clauses réservant les dispositions nationales plus favorables aux travailleurs. Dans la formule la plus caractéristique qui a été utilisée, il est dit que « *la présente directive ne porte pas atteinte à la faculté des États membres d'appliquer ou d'introduire des dispositions législatives, réglementaires ou administratives plus favorables aux travailleurs* » (167) ; ... « *ou de permettre ou de favoriser l'application de dispositions conventionnelles plus favorables aux travailleurs* » (168). De telles clauses, par hypothèse, n'ont pu valoir que dans le champ limité de la directive où elles ont été insérées. Elles n'ont pas disparu des textes communautaires récents, bien qu'elles ne fassent que redoubler, confirmer, mais aussi expliciter, un principe désormais inscrit dans l'article 153 FUE (ex-article 137 TCE).

129. Clauses de non-régression. Une pratique assez récente a vu apparaître dans les dispositions finales des directives clause nouvelle, tournée vers l'éventualité que la protection sociale nationale régresse sous l'effet du droit communautaire. « *La présente directive ne constitue pas une justification valable pour la régression du niveau général de protection* » prévu par le droit national, telle se formule la « *clause de non-régression* » inscrite dans nombre de directives récentes (169).

La clause de « non-régression » a répondu à une préoccupation d'un ordre politique plus que juridique. Les États membres ne sauraient tirer prétexte de prétendues obligations liées à une directive communautaire pour faire régresser leur niveau de protection nationale et ce d'autant que la seule règle de principe retenue par les traités veut qu'ils puissent uniquement renforcer la protection des travailleurs. Si jamais ils font régresser leur droit national, c'est parce qu'ils en ont décidé ainsi, dans le cadre d'une politique nationale librement définie, non parce que le droit de l'Union le leur commanderait.

(166) CJCE, 17 décembre 1998, *Sta Italiano Petroli SpA*, aff. C-2/97, à propos d'une réglementation italienne sur les équipements de travail et la protection contre des risques cancérigènes ; arrêt rendu contre l'opinion de l'avocat-général Mischo ; v. Fr. MEYER, *Dr. ouvr.* 1999, p. 10.

(167) Texte originaire de la directive 75/129 du 17 février 1975 sur les licenciements collectifs

(168) Adjonction résultant de la directive modificatrice 92/56 du 24 juin 1992. Sur cette directive, v. *infra* n° 393 et s.

(169) Article 16 de la directive 94/33 du 22 juin 1994 relative à la protection de l'emploi des jeunes au travail ; *infra* n° 496.

La portée juridique de la clause est incertaine. Des mesures nationales de transposition qui feraient régresser le droit national tout en restant conformes au minimum de protection voulu par la directive peuvent-elles être arguées d'incompatibilité avec le droit de l'Union ? C'est douteux (170).

Les réponses offertes à ce jour par la Cour de justice fournissent quelques indications, ne levant pas ces doutes.

Pour être incriminable au titre d'une régression refusée par le droit de l'Union, encore faut-il que la norme nationale mise en question ait été adoptée pour les besoins de la « *mise en œuvre* » de la directive. Puisque la clause vise une régression du « *niveau général* » de protection, la régression doit, pour être attaquable, revêtir une « *ampleur de nature à affecter globalement la réglementation nationale* ». Cette régression globale ne se vérifie pas si seule une catégorie limitée et peu significative de la population concernée souffre d'une diminution de la protection nationale préexistante. Il faut également tenir compte de l'existence de compensations (171). Une large marge d'appréciation est ainsi laissée aux États membres.

En toute hypothèse, même si les faits démontrent l'existence d'une régression du niveau général de protection qui se rattache directement à la mise en œuvre de la directive, la clause de « non-régression », telle qu'elle est usuellement rédigée, est insuffisamment précise et inconditionnelle pour produire des effets directs, a jugé la Cour de justice (172). Le devoir du juge national s'arrêtera donc, dit toujours la Cour de justice, à tenter de donner de son droit national une interprétation conforme à l'exigence de non-régression, mais s'il conclut à l'incompatibilité de la législation nationale en cause avec le droit de l'Union, il ne lui est pas demandé « *d'en écarter l'application* » (173).

Nul doute finalement que les effets de la clause de non-régression soient réduits.

2° Dérogations sociales nationales aux règles économiques communautaires

130. Directives « Marché intérieur ». Les directives qui sont fondées sur l'article 114 TFUE (ex-article 95 TCE, issu de l'ex-article 100 A du traité CEE), tendent à la réalisation du marché intérieur et, quant à elles, n'ont pas pour objet de protéger les travailleurs et ne consistent pas en prescriptions minimales sujettes à renforcement national. Elles poursuivent des objectifs d'ordre économique, notamment celui de permettre la libre circulation des biens et des services, et veulent une harmonisation législative qui, en règle générale, ne doit pas connaître de dérogations.

Cette harmonisation « économique » doit toutefois se faire en tenant compte de la santé et de la sécurité des personnes. C'est ce que demande l'article 114 § 3 TFUE (ex-article 95 § 3 TCE). Quant aux dispositions de l'article 114 § 4 à § 7 (ex-article 95 § 4 à 7 TCE), elles permettent, malgré le principe d'application uniforme,

(170) V. N. Moizard, thèse préc. p. 101 et s.
(171) V. CJCE, 23 mars 2009, *Angelidaki*, aff. C-378/07 à C-380/07 ; CJUE, 24 juin 2010, *Sorge*, aff. C-98/09.
(172) Arrêts *Angelidaki*, préc., pt 209 à 211, arrêt *Sorge*, préc., pt 50.
(173) Arrêt *Sorge*, préc., pt 55.

que des dérogations soient apportées aux prescriptions de ces directives, si une exigence de protection de la santé et de la sécurité peut le justifier. Ces possibilités de dérogations seront cependant contrôlées étroitement.

Un État membre peut, en application de l'article 114 § 4 TFUE, invoquer des « exigences importantes » de protection du milieu de travail, de la santé et de la vie des personnes en vue d'être autorisé à déroger aux prescriptions d'une directive relative à la réalisation du marché intérieur (174).

Avant la modification du traité par le traité d'Amsterdam, il était seulement permis à un État membre d'appliquer ses dispositions nationales, ce qui supposait qu'il pouvait maintenir des dispositions antérieures sans pouvoir en créer de nouvelles. Il ne pouvait décider unilatéralement de cette application et devait la notifier à la Commission afin que celle-ci la *confirme*, c'est-à-dire, en réalité, l'autorise ; il lui fallait attendre la confirmation de la Commission avant de procéder à l'application de sa réglementation (175).

Ces règles ont été en partie modifiées par le traité d'Amsterdam dans l'article 95 CE (remplaçant l'ex-article 100 A). Elles forment les paragraphes 4 à 7 du texte actuel de l'article 114 TFUE. Désormais, les États membres pourront non seulement maintenir des dispositions nationales dérogatoires, mais aussi en introduire de nouvelles, si celles-ci peuvent s'appuyer « *sur des preuves scientifiques nouvelles* » ! Plus clairement que le texte antérieur, le nouveau texte déclare que la Commission « *approuve ou rejette* » les mesures nationales ; il précise que l'absence de réponse de la Commission dans un délai de six mois après notification par l'État, vaut approbation. Il réclame en outre des États membres qu'ils motivent *(« donnent les raisons »)* les mesures qu'ils entendent appliquer et prévoit une procédure d'*adaptation* des mesures nationales dans le cadre d'une coopération avec la Commission.

B. — Adaptations différentielles

131. Le droit communautaire supplétif. Plusieurs directives ont assez récemment marqué le passage du droit social communautaire vers des mécanismes de droit supplétif.

131-1. Information et consultation des travailleurs dans l'entreprise. La directive 94/45 du 22 septembre 1994 relative au comité d'entreprise européen exige l'institution dans les groupes européens d'un comité d'entreprise européen ou la création d'une procédure d'information et de consultation des travailleurs (176). Elle énonce là une règle obligatoire. Invoquant cependant le principe de l'autonomie des parties (collectives), elle confie aux représentants des travailleurs et à la

(174) V. B. Langeheine, « ... L'harmonisation communautaire face aux exigences de protection nationales », *Rev. Marché commun* 1989, p. 347.

(175) « *Un État membre ne sera autorisé à appliquer les dispositions nationales notifiées qu'après avoir obtenu de la Commission une décision les confirmant* », CJCE, 17 mai 1994, *Rép. française c. Commission*, aff. C.41/93 ; *RTD eur.* 1994, p. 473. Sur l'effet direct d'une directive ayant pour base juridique l'ex-article 100 A du traité CE (95 CE), effet direct que la faculté de dérogation ouverte aux États membres ne saurait écarter, CJCE, 1er juin 1999, *Antoine Kortas*, aff. C-317/97.

(176) *JOCE* n° L 254 du 30 septembre 1994 ; v. pour une étude d'ensemble de la directive *infra* n° 400 et s.

direction de l'entreprise le soin de déterminer d'un commun accord l'institution ou le mécanisme d'information et de consultation qu'ils jugeront adapté à leur situation (cf. 14e considérant de la directive).

La liberté laissée aux parties connaît toutefois des limites. D'abord, cette liberté ne peut pas aller, sauf l'hypothèse exceptionnelle d'un refus par une majorité des deux tiers des représentants des travailleurs (177), jusqu'à permettre de rejeter l'information et la consultation voulues impérativement par la directive. Leur accord doit ensuite respecter certaines exigences essentielles d'information et de consultation. Il s'ajoute enfin qu'à défaut d'accord valablement conclu, des prescriptions subsidiaires seront applicables et se traduiront par la mise en place obligatoire d'un comité d'entreprise répondant à une série de règles qui sont posées par la directive et qu'il appartient aux États membres de transcrire dans leur droit national (16e considérant, article 7 de la directive et annexe portant prescriptions subsidiaires) (178).

La directive 2001/86 du 8 octobre 2001 relative à l'implication des travailleurs dans la société européenne procède de la même façon. Elle laisse une place importante à la liberté contractuelle pour réaliser ses objectifs et prévoit sous l'appellation de « dispositions de référence » des règles applicable à titre supplétif, faute d'accord entre les parties (179).

131-2. Aménagement du temps de travail. Dans un objectif de protection de la santé et de la sécurité des travailleurs (ex-article 118 A du traité CEE), la directive 93/104 du 23 novembre 1993 fixe un ensemble de prescriptions en matière d'aménagement du temps de travail. La directive expose cependant dans ses considérants « *qu'il convient de prévoir une certaine souplesse dans l'application de certaines dispositions de la directive* » et que ces dispositions peuvent faire l'objet de dérogations opérées dans les États membres par voie législative ou par accord des partenaires sociaux (180). Elle ajoute toutefois que l'exercice de ce pouvoir de dérogation doit rester respectueux « *des principes de la protection de la santé et de la sécurité des travailleurs* » et qu'une compensation doit être prévue pour les travailleurs si les dérogations ont pour effet d'alourdir leurs obligations de travail.

132. Méthode. La méthode législative que traduisent ces premières expériences présente trois caractères principaux :

– le droit de l'Union établit un modèle, que des dispositions de droit national peuvent écarter ;

– la liberté ouverte aux dérogations nationales est toutefois limitée par l'obligation de respecter des exigences minimales de protection des intérêts des travailleurs ;

– c'est principalement aux partenaires sociaux, au nom de leur autonomie, que le droit de l'Union confie le soin de procéder aux aménagements dérogatoires appropriés.

(177) V. *infra* n° 414.
(178) V. *infra* n° 416 et s.
(179) V. *infra* n° 525 et s.
(180) *JOCE* n° L 307 du 13 décembre 1993 ; V. *infra* n° 485 et s.

C. — Exemptions

133. Les petites et moyennes entreprises. L'article 137 § 2 TCE, devenu 153 § 2 TFUE, visant les directives tendant au rapprochement des législations sociales, déclare que celles-ci « *évitent d'imposer des contraintes administratives, financières et juridiques telles qu'elles contrarieraient la création et le développement des petites et moyennes entreprises* ». L'ex-article 118 A ne posait cette limitation qu'en matière de protection de la santé et de la sécurité des travailleurs. Le traité d'Amsterdam a utilisé la même formule, mais en en étendant le domaine à l'ensemble de la politique sociale de l'Union (181).

Il n'est toutefois pas question d'exempter ou d'exonérer de façon systématique les petites et moyennes entreprises des contraintes du droit social communautaire. La déclaration des gouvernements des États membres accompagnant la signature de l'Acte unique européen avait d'ailleurs pris soin de préciser que la Communauté « *n'envisage pas de défavoriser les travailleurs des petites et moyennes entreprises d'une manière qui ne se justifie pas objectivement* ». Déclaration rassurante d'où il résulte néanmoins que, sous réserve d'une justification objective, les travailleurs des petites et moyennes entreprises peuvent donc être défavorisés. Et encore la bonne intention qui s'exprime ainsi est-elle limitée à la seule protection de la santé et de la sécurité des travailleurs, comme le confirme la déclaration annexée au traité d'Amsterdam (182). Les États membres y prennent note que la Communauté n'entend pas, en matière de santé et de sécurité, « *pénaliser, dans les cas où cela ne serait pas justifié, les travailleurs des petites et moyennes entreprises* ».

On peut craindre que le droit de l'Union ne vienne contribuer à placer petites et moyennes entreprises loin du droit du travail. Elles le sont assez largement en fait ; il s'agit de les y mettre en droit.

Mais la politique de l'Union est à ce jour restée prudente. D'un côté la volonté de dynamiser le développement des petites et moyennes entreprises est affirmée en même temps que celle de favoriser le passage de la condition de salarié à celle de travailleur indépendant ou de petit entrepreneur (183). Mais de l'autre la faculté d'exempter les petites et moyennes entreprises des contraintes sociales n'est guère présente dans les textes (184). Les préambules des textes actuellement adoptés exposent cependant de façon systématique que les problèmes soulevés par les petites et moyennes entreprises ont été pris en considération dans l'élaboration des prescriptions introduites par le texte.

À tout le moins s'impose une application stricte du principe de proportionnalité. Il se justifierait également qu'un contrôle s'établisse sur la notion de petite et moyenne entreprise, afin que celle-ci ne s'enfle pas à outrance.

(181) L'article 137 TCE le faisait uniquement dans les domaines pour lesquels il prévoit l'adoption de directives à la majorité qualifiée, non pour les autres. Il en allait sans doute d'une inadvertance de rédaction, celle-ci s'étant inspirée directement, sans les aménagements nécessaires, du texte de l'ancien article 118 A. Le traité de Nice a corrigé l'inadvertance, avec la nouvelle rédaction de l'article 137. Sur la distinction des domaines couverts, v. *supra* n° 22-26.

(182) Déclaration n° 26.

(183) Cf. Le *Livre vert* sur la politique sociale européenne, Options pour l'Union, communication de M. Flynn, 17 novembre 1993.

(184) Le droit de l'Union soumettant toutefois l'application de certaines de ses prescriptions à des seuils d'effectif, en matière d'information et de consultation des travailleurs notamment ; v. CJCE, 18 janvier 2007, aff. C-385/05, *CGT et al.*, et *infra* n° 361.

DEUXIÈME PARTIE

FONDEMENTS ET PRINCIPES

141. Introduction. La liberté de circulation des personnes, comme les autres libertés de circulation, s'inscrit parmi les fondements de la Communauté européenne et maintenant de l'Union européenne. Jusqu'aux modifications de son plan général résultant du traité de Maastricht, le texte du traité Communauté européenne le visait ainsi (1). La Cour de justice le répète régulièrement.

Le traité de Rome n'avait pas entendu faire de l'égalité de l'homme et de la femme un principe dominant le droit social communautaire. Il n'avait prévu, avec l'ancien article 119 du traité, qu'une égalité réduite à celles des rémunérations. Mais l'évolution des idées, l'œuvre du droit dérivé et la jurisprudence de la Cour qui s'est développée à ce sujet ont conduit aujourd'hui à faire de l'égalité sociale et professionnelle de l'homme et de la femme un élément essentiel de la construction juridique de l'Union européenne.

Il est vrai que le traité Communauté européenne n'a comporté aucun « catalogue » énumérant et consacrant l'existence de droits sociaux fondamentaux dont la Communauté entendrait garantir le respect. Il n'en reste pas moins que la Communauté et maintenant l'Union ont affirmé « conscience » (2) des droits sociaux fondamentaux, dont la considération se doit d'être présente dans les initiatives et actions de l'Union et qui ont une présence grandissante dans la jurisprudence de la Cour.

(1) Dans ce qui est devenu la troisième partie du traité, le traité de Maastricht a fondu ensemble deuxième partie sur les fondements et troisième partie sur les politiques de la Communauté ; la deuxième partie du traité étant consacrée à la citoyenneté de l'Union. Le traité de Lisbonne a réintitulé cette deuxième partie : « Non-discrimination et citoyenneté ».

(2) Terme utilisé par le traité d'Amsterdam.

L'attachement de l'Union européenne à respecter et faire respecter les droits fondamentaux des travailleurs a été réaffirmé avec la proclamation, le 7 décembre 2000, puis – après son ajustement au traité de Lisbonne –, dans la nouvelle proclamation, le 12 décembre 2007, de la Charte des droits fondamentaux de l'Union européenne qui concerne au premier chef les droits des travailleurs. Il s'est également accusé en ce qui concerne le principe de non-discrimination, puisque le traité d'Amsterdam a manifesté la volonté de l'Union de combattre de manière générale les discriminations dans l'emploi et le travail, alors que le domaine d'application de l'interdiction des discriminations était resté jusque-là limité aux seules relations entre hommes et femmes et entre nationaux et ressortissants de l'Union.

Le traité constitutionnel avait voulu introduire la Charte des droits fondamentaux dans le corps même du traité. Si le traité modificatif de Lisbonne y a finalement renoncé, c'est toutefois en énonçant que l'Union reconnaît les droits, libertés et principes proclamés par la Charte des droits fondamentaux et en attribuant à celle-ci « *la même valeur juridique* » qu'aux deux nouveaux traités relatifs à l'Union européenne et au fonctionnement de l'Union.

*

*   *

Un premier chapitre traitera en général des principes et droits sociaux fondamentaux. Les deux chapitres suivants présenteront l'ensemble complexe de règles et de décisions de la Cour de justice qui forment le droit communautaire relatif à la libre circulation des personnes – chapitre 2 – et celui de l'égalité sociale et professionnelle de l'homme et de la femme – chapitre 3.

CHAPITRE 1

PRINCIPES ET DROITS FONDAMENTAUX

BIBLIOGRAPHIE

AKANDJI-KOMBE J.-F., « Le développement des droits fondamentaux dans les traités », *in L'Union européenne et les droits fondamentaux*, S. Leclerc, M.-J. Redor et J. Fr. Akandji-Kombé (dir), Bruylant, Bruxelles, 1999, p. 31.

BONNECHÈRE M., « Quelle garantie des droits fondamentaux en droit européen ? », *Europe*, juillet 2000, p. 4.

BONNECHÈRE M., « La reconnaissance des droits fondamentaux comme condition de progrès social », *Dr. ouvr.* 1998, p. 249.

BERCUSSON B. et OMARJEE I., « Qu'attendre de la promotion de la Charte des droits fondamentaux par le traité de Lisbonne ? », *RDT* 2008, p. 75.

BURGORGUE L., LEVADE A., PICOD F. (dir.), *La Charte des droits fondamentaux de l'Union, commentaire article par article*, Bruylant, Bruxelles, 2005, 837 p.

DAUGAREILH I., « La convention de sauvegarde des droits de l'homme… et la protection sociale », *RTD eur.* 2001, p. 123.

DAUSES M. A., « La protection des droits fondamentaux dans l'ordre juridique communautaire », *RTD eur.* 1984, p. 410.

DUTHEIL DE LA ROCHÈRE J., « La convention sur la Charte des droits fondamentaux et le processus de construction européenne », *Rev. Marché commun* 2000, p. 223.

DUTHEIL DE LA ROCHÈRE J., « Droits fondamentaux : quelle place dans l'architecture de l'Union ? », *in Mélanges Jean-Paul Jacqué, Chemins d'Europe*, Dalloz, Paris, 2010, p. 263.

FLAUSS J.-F. (dir.), *Droits sociaux et droit européen, bilan et prospective de la protection normative*, Bruylant et Nemesis, Bruxelles, 2002, 226 p.

GAY L., MAZUYER E., NAZET-ALLOUCHE D. (dir.), *Les droits sociaux fondamentaux, entre droits nationaux et droit européen*, Bruylant, Bruxelles, 2006, 289 p.

GREVISSE S., « Le renouveau de la Charte sociale européenne », *Dr. soc.* 2000, p. 884.

LABAYLE H., « Droits fondamentaux et droit européen », *Act. jur. dr. adm.*, juillet-août 1998, p. 75.

LYON-CAEN A. et SIMITIS S., « L'Europe sociale à la recherche de ses références », *Rev. Marché unique eur.* 1993, p. 109.

MAVRIDIS P., « La sécurité sociale et les promesses, des droits fondamentaux dans l'Union européenne », *Cah. dr. eur.*, n° 5-6/2002.

MOULY J., « Les droits sociaux à l'épreuve des droits de l'homme », *Dr. soc.* 2002, p. 800.

MOREAU M.-A., *Normes sociales, droit du travail et mondialisation*, Dalloz, Paris, 2006, 461 p.

PICOD F., « Pour un développement durable des droits fondamentaux de l'Union européenne », *in Mélanges Jean-Paul Jacqué, Chemins d'Europe*, Dalloz, Paris, 2010, p. 527.

ROBIN-OLIVIER S., « La référence aux droits sociaux fondamentaux dans le traité d'Amsterdam », *Dr. soc.* 1999, p. 609.

RODIERE P., « Les droits sociaux fondamentaux à l'épreuve de la Constitution européenne », *JCP*, éd. G., 2005, I, 136.
SCHUTTER O. de, « La garantie des droits et principes sociaux dans la Charte des droits fondamentaux », *in La Charte des droits fondamentaux de l'U.E. : son apport à la protection des droits de l'homme. Hommage à Silvio Marcus Helmans*, J.-Y. Carlier et O. de Schutter (dir.), Bruylant, 2002, p. 120. Paris, 2010, p. 217.
SCHUTTER O. de, « Le statut de la charte sociale européenne dans le droit de l'Union européenne », *in Mélanges Jean-Paul Jacqué, Chemins d'Europe*, Dalloz, Paris, 2010, p. 217.
SCIARRA S., « La constitutionnalisation de l'Europe sociale, entre droits sociaux fondamentaux et *soft law* », *in Une constitution pour l'Europe : réflexions sur les transformations du droit de l'Union européenne*, O. de Schutter et P. Nihoul (dir.), Larcier, Bruxelles, 2004, 405 p.
ZILLER J., « Le fabuleux destin des Explications relatives à la Charte des droits fondamentaux de l'Union européenne », *in Mélanges Jean-Paul Jacqué, Chemins d'Europe*, Dalloz, Paris, 2010, p. 765.

142. Plan. L'essor que vient de prendre le principe de non-discrimination dans la construction juridique communautaire mérite qu'on lui consacre la deuxième section de ce chapitre. Une première section commencera par analyser la manière dont le droit communautaire s'attache en général à assurer la protection des droits fondamentaux du travailleur.

Section 1

La protection générale des droits sociaux fondamentaux

142-1. Généralités. Depuis son arrêt *Internationale Handelsgesellschaft* du 17 décembre 1970, la Cour de justice affirme que les droits fondamentaux font partie des principes généraux du droit dont elle a pour mission d'assurer le respect dans le cadre de la structure et des objectifs de la Communauté et maintenant de l'Union (1). La Cour de justice s'est attachée à vérifier que l'action de la Communauté respecte les droits auxquels la valeur de droit fondamental a été attribuée. L'obligation se prolonge du côté des États membres. « *Les exigences découlant de la protection des droits fondamentaux dans l'ordre juridique communautaire lient également les États membres lorsqu'ils mettent en œuvre des réglementations communautaires* » (2). Est donc fermement posé le principe que les droits fondamentaux sont respectés par et dans l'ordre juridique de l'Union européenne. Cette donnée générale s'étend aux droits sociaux fondamentaux.

Quels sont ces droits ?

On observera d'abord que les droits sociaux fondamentaux sont restés placés sous le signe d'une extériorité formelle aux traités communautaires et de l'Union européenne. Les traités n'ont, à ce jour, intégré ni proclamé directement aucun catalogue des droits sociaux fondamentaux. Néanmoins ils se sont référés à divers instruments juridiques

(1) Aff. 11/70, *Rec.* p. 1125.
(2) Cf. CJCE, 24 mars 1994, *Bostock*, aff. C-2/92, *Rec.* I-955.

proclamant l'existence de principes ou de droits fondamentaux des travailleurs et les énumérant. Le droit dérivé, la Cour de justice le font également. Il peut s'agir simplement de références ou de renvois, notamment dans les préambules des textes de droit communautaires ou de l'union ou dans des motifs d'arrêt jouant un rôle d'*obiter dictum*. L'appropriation peut également aller plus loin et les principes auxquels il est fait référence, qui à ce titre sont restés extérieurs au droit de l'Union, peuvent être érigés au rang de principes généraux de droit de l'Union et s'y intégrer à ce deuxième titre. Des principes peuvent en outre s'induire de l'œuvre constructive réalisée par le droit dérivé et la Cour de justice et relever d'une reconnaissance tacite. Le traité constitutionnel n'ayant pu être adopté, l'extériorité des droits fondamentaux aux traités de l'Union demeure, mais dans le traité modificatif de Lisbonne, la Charte des droits fondamentaux fait l'objet d'une référence par laquelle lui est donnée expressément une valeur juridique égale à celle des traités, valeur qui s'attache par conséquent aux droits sociaux que la Charte consacre.

Cet ensemble d'éléments peut s'organiser entre ceux qui sont propres à l'Union européenne et ceux qui sont certes proclamés dans d'autres cadres institutionnels, mais auxquels le droit de l'Union fait renvoi.

SOUS-SECTION 1. — PRINCIPES PROPRES À L'UNION EUROPÉENNE

143. Principes écrits et non écrits. La Charte des droits fondamentaux de l'Union européenne (§ 1), proclamée le 7 décembre 2000, qui recouvre l'ensemble des droits fondamentaux de la personne humaine, a inclus dans le champ de sa protection une importante série de droits sociaux fondamentaux. La Charte communautaire des droits sociaux fondamentaux (§ 2), proclamée le 9 décembre 1989, avait antérieurement visé, comme son titre l'indiquait, les droits des travailleurs exclusivement. Ces deux chartes se différencient désormais profondément, moins par leur contenu que par leur force juridique, puisque la Charte des droits fondamentaux de l'Union a désormais la valeur juridique qui est celle des traités, alors que la Charte communautaire des droits sociaux reste un instrument simplement politique et incitatif. En marge des proclamations écrites correspondant aux deux chartes, des principes non écrits ont pu se dégager de l'action de la Communauté et de l'Union dans le champ du droit social et de l'« acquis » en résultant. Ces principes peuvent avoir acquis, avec la qualité de principe général, une force juridique obligatoire (§ 2).

§ 1. — La Charte des droits fondamentaux de l'Union européenne

Le 7 décembre 2000, le Conseil européen de Nice a procédé à la proclamation d'une « Charte des droits fondamentaux de l'Union européenne », proclamation visant de manière générale les droits de la personne humaine, parfois ceux du citoyen de l'Union et qui entend en particulier consacrer l'existence de droits sociaux fondamentaux. Des « explications » de caractère officiel ont été jointes à la Charte afin d'en guider l'interprétation (3).

La Charte n'a pour commencer constitué qu'une déclaration solennelle dont la portée était principalement politique. Les rédacteurs du traité portant Constitution européenne avaient prévu d'en garantir l'efficacité juridique en l'intégrant au corps du traité. Elle devait former la deuxième partie du traité constitutionnel (4). Après une nouvelle proclamation reprenant les modifications de la Charte qui avaient été prévues en vue de son introduction dans le traité constitutionnel, le traité modificatif de Lisbonne s'est finalement contenté d'y faire référence, référence qui s'étend aux explications jointes à la Charte.

On examinera pour commencer quel est le contenu social de la Charte ; on tentera ensuite de mesurer quels peuvent en être les effets juridiques.

A. — Objet

1° Observations générales

144. La Charte comporte un long catalogue de droits fondamentaux dont certains éléments ont un objet directement d'ordre social tandis que d'autres débordent le champ du social, tout en intéressant néanmoins les relations de travail. Plusieurs observations peuvent être présentées concernant les aspects sociaux d'une Charte relative de manière générale aux droits fondamentaux, qu'ils soient civils, politiques, sociaux ou économiques, quelle que soit l'époque historique où ils prirent naissance.

144-1. Disparité des droits sociaux. Les droits sociaux apparaissent principalement au titre de la « *Solidarité* », mais on en retrouve ailleurs dans les autres chapitres de la Charte. Tantôt ce sont des droits des travailleurs (information et consultation), tantôt ils se détachent du travailleur pour investir la personne humaine (non-discrimination) et la nécessité d'assurer sa protection sociale (protection de la santé), notamment lorsque cette personne est vulnérable (droits des personnes âgées). Nombreux sont également les droits civils et politiques pour lesquels l'impératif de protection trouvera un terrain d'élection dans la relation de travail, du fait de la subordination (respect de la vie privée et familiale...).

Les droits sociaux sont donc placés sous un signe de disparité ou d'hétérogénéité.

144-2. Indivisibilité des droits fondamentaux. La Charte des droits fondamentaux de l'Union européenne a voulu briser avec une tradition divisant, mais aussi hiérarchisant les droits fondamentaux. D'un côté les droits civils et politiques, nés dans la philosophie des Lumières, solennellement déclarés lors de la Révolution

(3) Explications officielles établies par le Praesidium de la convention ayant établi le texte de la Charte ; V. J. Ziller, « Le fabuleux destin des Explications relatives à la Charte des droits fondamentaux de l'UE », *in Mélanges offerts à Jean-Paul Jacqué*, Chemins d'Europe, Dalloz, Paris, 2010, p. 765.

(4) Sous les numéros II-61 à II-114.

française, occupent traditionnellement une place prééminente ; ils représentent des valeurs intangibles ou immuables. De l'autre, les droits économiques et sociaux, de facture plus récente, présentent une certaine contingence (5). Or la Charte regroupe ensemble droits civils et politiques et droits économiques et sociaux. Ses rédacteurs ont voulu qu'ils soient indivisiblement de valeur équivalente. Le plan même de la Charte est là pour faire ressortir leur entremêlement égalitaire : Dignité, Libertés, Égalité, Solidarité, Citoyenneté, Justice, sans hiérarchisation.

Équivalence discutable toutefois, car la distinction que la Charte des droits fondamentaux opère entre les droits et les principes, réintroduit, on le verra (6), un doute sur l'équivalence des droits fondamentaux.

144-3. Charte des droits fondamentaux, Convention européenne des droits de l'homme, Charte sociale européenne. La Charte des droits fondamentaux de l'Union européenne puise principalement à deux sources. Son champ recouvre d'abord d'assez près celui de la Convention européenne de sauvegarde des droits de l'homme et des libertés fondamentales, laquelle ne vise qu'accessoirement libertés ou droits sociaux (7). Mais la Charte puise également à une autre source européenne, la Charte sociale européenne (8), comme l'avait fait, précédemment, la Charte communautaire des droits sociaux fondamentaux.

Le contenu social de la Charte des droits fondamentaux trouve principalement son origine dans la Charte sociale européenne, non dans la Convention européenne des droits de l'homme. C'est un point très important, puisque les droits consacrés par la Convention européenne des droits de l'homme avaient depuis longtemps le statut de « principes généraux » de droit communautaire, alors que, les autorités communautaires ayant tout au plus l'obligation d'avoir « conscience » des exigences de la Charte sociale européenne (9), cette même qualification est loin de s'imposer pour les dispositions de la Charte sociale européenne

Des recoupements se produisent ainsi entre des instruments qui relèvent d'« ordres juridictionnels » distincts, avec le risque que des normes similaires fassent l'objet d'interprétations différentes, voire divergentes.

La Charte des droits fondamentaux a voulu elle-même prévenir pareil risque en énonçant que les droits qu'elle consacre et qui correspondent à ceux que la Convention européenne de sauvegarde des droits de l'homme garantit également, doivent recevoir le même sens et la même portée, la protection garantie par le droit de l'Union pouvant toutefois être « *plus étendue* » (article 52 § 3). Faut-il comprendre que l'interprétation de l'Union devra respecter l'interprétation précédemment donnée par la Cour européenne des droits de l'homme ? Que l'interprétation par la CEDH a supériorité ?

(5) Pour le préambule de la Constitution française, les droits économiques et sociaux sont dits « *particulièrement nécessaires à notre temps* », seulement « *à notre temps* ».
(6) V. *infra* n° 148-149.
(7) V. *infra* n° 153-154.
(8) V. *infra* n° 152.
(9) Ainsi que le dit l'article 151 TFUE, ex-article 136 TCE.

Il y a également lieu de s'interroger sur l'influence que devraient avoir les interprétations de la Charte sociale européenne que le « Comité européen des droits sociaux » a pu dégager (10).

144-4. Innovations et lacunes. Une lacune mérite d'être mentionnée. Le droit du travailleur à une juste rémunération n'apparaît pas. La Charte communautaire des droits sociaux fondamentaux avait inscrit le droit à rémunération dans son catalogue, en abusant peut-être du « *justement* » rémunéré, de l'« *équitable* » ou du « *décent* ». La Charte des droits fondamentaux ignore tout simplement la rémunération (11). Une semi nouveauté est en revanche à signaler. La Charte proclame le droit des travailleurs d'être protégés contre le licenciement injustifié (12). Sur cette question si sensible du licenciement, la Charte communautaire des droits sociaux fondamentaux était restée prudemment silencieuse (13).

On peut aussi regretter que certaines dispositions relevant de la « *Citoyenneté* » n'aient pas été étendues aux relations de travail. Le droit de toute personne d'être entendue avant qu'une mesure individuelle l'affectant défavorablement ne soit prise à son encontre, le droit d'accéder à son dossier, l'obligation de motiver les décisions, la Charte en réclame le respect au titre d'une bonne administration des relations entre les citoyens et les institutions de l'Union (14). Le respect de ces mêmes droits ne s'impose-t-il pas aussi fondamentalement dans les relations entre le travailleur salarié et son employeur, « administrateur » de sa situation et juge disciplinaire ?

2° Contenu social

145. Le catalogue des droits susceptibles d'être proprement identifiés comme droits sociaux, inspiré de la Charte sociale européenne (Turin, 1961, révisée en 1996) et de la Charte communautaire des droits sociaux fondamentaux (Strasbourg, 1989) est long et développé. Dix-sept articles de la Charte des droits fondamentaux ont directement trait aux droits sociaux fondamentaux usuellement dénombrés, qu'il s'agisse de droits s'inscrivant dans la relation de travail ou de créances relatives à des obligations de la puissance publique et des organes sociaux, en matière de protection sociale, de santé, d'éducation et de formation, etc.

Le catalogue se décompose en six titres : Dignité, Libertés, Égalité, Solidarité, Citoyenneté, Justice. L'ensemble concerne directement ou indirectement les droits des travailleurs.

145-1. Solidarité. Ce titre particulier de la Charte est à mettre à part, car il est directement relatif aux droits fondamentaux des travailleurs (15), dont il énumère un catalogue ayant pour objet :

(10) V. *infra* n° 153.

(11) Traduction d'une conception voulant que la détermination de la rémunération, plus précisément celle de son niveau, c'est-à-dire le prix direct du travail, soit affaire de négociation collective et relève de l'autonomie des partenaires sociaux ?

(12) Article 30 de la Charte.

(13) Il a fallu attendre longtemps, 1982, pour que l'OIT adopte une première convention (n° 158) sur le licenciement injustifié.

(14) Article 41 de la Charte.

(15) Le protocole n° 30 annexé au traité de Lisbonne écarte le titre IV sur la solidarité des droits justiciables applicable en Pologne et au Royaume-Uni (article 1 § 2 du protocole).

– l'information et à la consultation, *en temps utile*, des travailleurs au sein de l'entreprise (article 27) (16) ;

– le droit de négociation et d'actions collectives des travailleurs, employeurs ou de leurs organisations, décomposé en droit de négocier et conclure des conventions collectives aux niveaux appropriés (17) et en droit de recourir, en cas de conflits d'intérêts, à des actions collectives, *y compris la grève* (article 28) ;

– le droit d'accéder à un service *gratuit* de placement (article 29) ;

– La protection contre tout licenciement *injustifié* (article 30) ;

– l'existence de conditions de travail *justes et équitables*, respectant la santé, la sécurité et la dignité du travailleur et comportant le droit à une limitation de la durée maximale du travail et à des périodes de repos et de congé, quotidiennes, hebdomadaires et annuelles (article 31) (18) ;

– l'interdiction du travail des enfants et la protection spéciale des jeunes au travail (article 32).

Le droit à la sécurité sociale, dans ses diverses branches, est également consacré, ainsi que le droit à l'aide sociale et au logement pour ceux qui ne disposent pas de ressources suffisantes (article 34) (19).

Ce même chapitre sur la solidarité vise également la protection de la vie familiale et sa conciliation avec la vie professionnelle. Sont prévus, dans ce cadre, le droit de *toute personne* d'être protégée contre un licenciement lié à la maternité ainsi que le droit à un congé de maternité payé et à un congé parental (article 33) (20).

145-2. Dignité, Libertés, Égalité. Parmi les libertés fondamentales, il faut ici en distinguer deux qui concernent directement le droit social. Il s'agit d'abord de la liberté de réunion et d'association, impliquant *le droit de toute personne de fonder avec d'autres des syndicats et de s'y affilier pour la défense de ses intérêts* (article 12) (21). Se rattachent également directement aux droits sociaux fondamentaux la liberté professionnelle et le droit de travailler ; toute personne ayant le droit d'exercer une profession *librement choisie ou acceptée* (article 15 § 1).

La liberté de circulation et de séjour des personnes dans l'ensemble de l'espace communautaire – liberté qui est à la fois économique et sociale – se retrouve quant à elle en plusieurs endroits de la Charte. Elle est affirmée en tant qu'attribut fondamental de la citoyenneté européenne (article 45). Elle se traduit également, pour *tout citoyen de l'Union*, en liberté de *chercher un emploi, de travailler, de s'établir ou de fournir des services* dans tout État membre (article 15 § 2) (22). Elle réside également, au titre supplémentaire de la solidarité, dans le droit de *toute personne*

(16) V. Cass. soc., 11 avril 2011, *AMS*, n° 11-2109, *Bull.* V, n° 122, renvoyant à la CJUE une question préjudicielle sur le droit fondamental à l'information et à la consultation.

(17) V. CJUE, 15 juillet 2010, *Com. c. Allemagne*, aff. C-271/08.

(18) V. CJUE, 22 novembre 2011, *KHS*, aff. C-214/10 ; CJUE, 3 mai 2012, *Neidel*, aff. C6 337/10 ; CJUE, 21 juin 2012, *ANGED*, aff. C-78/11.

(19) V. CJUE, 24 avril 2012, *Kamberaj*, aff. C-571/10.

(20) V. CJUE, 16 septembre 2010, *Chatzi*, C-149/10.

(21) Formule très proche de celle de l'article 11 de la convention européenne des droits de l'homme, disposition sur laquelle la jurisprudence de la Cour européenne des droits de l'homme s'est richement développée, v. *infra* n° 447.

(22) Rappr. article 18 du traité TCE (devenu 21 TFUE).

(indépendamment de la nationalité) *qui réside et se déplace légalement* à l'intérieur de l'Union de bénéficier des prestations de sécurité sociale et des avantages sociaux (article 34 § 2).

Une série importante de dispositions de la Charte, aux chapitres de la dignité et des libertés, est directement inspirée de la Convention européenne des droits de l'homme. Y sont en particulier visés le respect de la vie privée et familiale (23), la protection des données personnelles, le droit de se marier et fonder une famille, la liberté de pensée, de conscience et de religion, la liberté d'expression et d'information (article 7 à 11) (24). Ces droits et libertés n'intéressent évidemment pas le seul travailleur. Leur incidence en droit du travail est cependant importante et d'une importance qui s'accentue régulièrement. La conciliation de la vie personnelle et familiale et de la vie professionnelle est aujourd'hui au cœur d'un contentieux qui s'est beaucoup développé devant le juge prud'homal. Les décisions des tribunaux français fondées sur la Convention européenne des droits de l'homme se sont multipliées. On voit pointer la possibilité qu'elles puissent désormais se référer à la Charte des droits fondamentaux de l'Union européenne ou encore que la Cour de justice des Communautés européennes vienne à le faire, d'autant que la conciliation de la vie personnelle et de la vie professionnelle fait aujourd'hui partie des objectifs que poursuit l'Union (25). La Charte des droits fondamentaux de l'Union européenne s'ouvre également vers des garanties de portée générale, qui intéressent en particulier les relations de travail, en proclamant l'inviolabilité de la dignité humaine (article 1er de la Charte), le droit à l'intégrité, physique et mentale, de la personne (article 3 § 1). Au nom de la dignité, elle consacre enfin l'interdiction de l'esclavage et du travail forcé (article 5).

145-3. Citoyenneté, Justice. Sont proclamés, au titre de la citoyenneté de l'Union, des droits qui sont parallèlement inscrits dans les traités de l'Union : droit de vote et d'éligibilité, dans l'État membre de résidence, aux élections du Parlement européen et aux élections municipales (articles 39 et 40) ; droit de saisir le médiateur de l'Union, droit de pétition, protection diplomatique (articles 43, 44 et 46) (26).

L'attribut principal de la citoyenneté européenne consiste dans le *droit de circuler et séjourner librement* sur le territoire de l'Union. La Charte s'y réfère évidemment, on l'a déjà vu, sans restriction (article 45 § 1 de la Charte), à la différence du traité CE, qui énonce de son côté que ce droit s'exerce sous réserve de conditions et limitations (27). On observe également que le droit de circuler et séjourner dans l'Union est admis au bénéfice possible de *ressortissants de pays tiers résidant légalement* dans un État membre (article 45 § 2). Ces dispositions sont posées au titre de la citoyenneté européenne, dont on voit ainsi apparaître une extension partielle vers des ressortissants noncommunautaires.

(23) V. CJUE, 6 décembre 2012, *Maahanmuttovirasto*, aff. C-356/11 ; CJUE, 19 juillet 2012, *Dülger*, aff. C-451/11 ; CJUE, 15 novembre 2011, *Dereci*, aff. C-256/11 ; CJUE, 23 nov. 2010, *Tsakouridis*, aff. C-145/09.

(24) Cf. articles 8, 9, 10, 12 de la Convention européenne de sauvegarde des droits de l'homme.

(25) V. *infra* n° 268.

(26) V. articles 19 à 21 du traité CE, devenus articles 22 à 24 TFUE.

(27) Article 18 § 1 du traité CE, devenu article 21 TFUE.

Une nouveauté vient du *droit à une bonne administration* (article 41). Les principes énoncés concernent les devoirs de l'administration – *institutions et organes de l'Union* – envers les citoyens. L'administration doit traiter les particuliers impartialement et équitablement ; elle doit instruire leurs dossiers dans un délai raisonnable, leur ouvrir le droit d'être entendus, d'accéder à leurs dossiers ; l'administration doit motiver ses décisions ; elle peut être condamnée en réparation pour les dommages qu'elle cause (28).

Ces éléments procéduraux se prolongent, concernant maintenant la justice, avec le droit à un recours effectif devant un tribunal impartial : droit d'être entendu équitablement, publiquement et dans un délai raisonnable devant un tribunal impartial ; droit d'être assisté et représenté (article 47) (29). Si le juge du travail – le juge prud'homal français – est visé par ces principes, on peut s'interroger sur leur application aux procédures quasi juridictionnelles – conciliation, arbitrage des griefs, conseils de discipline – que connaissent les relations de travail.

B. — Effets juridiques

146. Intégration au traité ? Simple déclaration du Conseil européen, la Charte des droits fondamentaux a constitué pour commencer un acte de nature politique, comme l'avait été quelques années auparavant la proclamation de la Charte communautaire des droits sociaux (30). La Charte n'est pas un traité soumis à la ratification des États contractants et créant des obligations pour les États ayant procédé à cette ratification ; ce n'est pas non plus un acte contraignant de droit communautaire dérivé (31). Tout au plus a-t-elle pu constituer une source d'inspiration pour le développement d'une action normative ou une source d'interprétation jurisprudentielle.

Le traité constitutionnel prévoyait de transformer la nature de la Charte en l'introduisant dans le corps du traité. Le texte de la Charte, sans modification, était appelé à constituer la deuxième partie du traité constitutionnel (32). La Charte devait donc prendre la force ou la valeur juridique qui s'attachent aux dispositions du traité. C'était un apport très important du texte finalement écarté.

L'intégration de la Charte dans le corps du traité n'a, en apparence, pas été un élément déterminant dans le rejet du traité constitutionnel et cependant le traité modificatif a renoncé à cette intégration. Le traité modificatif, tel qu'adopté au Conseil européen de Lisbonne, se borne dans l'article 6, paragraphe 1, du nouveau traité sur l'Union européenne, à reconnaître « *les droits, les libertés et les principes énoncés dans la Charte des droits fondamentaux du 7 décembre 2000* ». Si cette reconnaissance la maintient à l'extérieur du traité, le traité modificatif énonce que

(28) Sur ce point particulier, v. *supra* n° 145-4.

(29) Rappr. article 6 de la Convention européenne de sauvegarde des droits de l'homme.

(30) V. *infra* n° 150.

(31) La Charte « *est dépourvue, en l'état actuel du droit, de la force juridique qui s'attache à un traité une fois introduit dans l'ordre juridique interne et ne figure pas au nombredes actes du droit communautaire dérivé susceptibles d'être invoqués devant les juridictions nationales* », a dit le Conseil d'État (CE, 5 janvier 2005, n° 257341 ; v. également CE, 19 octobre 2005, contrat « nouvelle embauche »).

(32) Articles II-61 à II-114 du traité constitutionnel.

la Charte a « *la même valeur juridique que les traités* ». Simple objet de référence sans doute, la Charte n'en acquière pas moins un statut qui la place au rang même des dispositions des traités (33).

L'article 6, paragraphe 1, du nouveau traité UE, ajoute que « *les dispositions de la Charte n'étendent en aucune manière les compétences de l'Union telles que définies dans les traités* » et que « *les droits, les libertés et les principes énoncés dans la Charte sont interprétés conformément aux dispositions générales* (...) *de la Charte régissant l'interprétation et l'application de celle-ci* ».

Ces dernières dispositions qui s'inscrivent dans la continuité directe du projet de traité constitutionnel, tendent à encadrer, en matière de protection des droits fondamentaux, d'un côté, les conditions de l'action normative, de l'autre, celles de l'action juridictionnelle. Elles renvoient, dans le texte de la Charte, aux « dispositions générales » des articles 51 à 54, dont l'objet est de délimiter le « champ d'application » de la Charte et la portée des droits qu'elle garantit (34).

1° Protection normative des droits sociaux fondamentaux

147. À la différence de la Charte communautaire des droits fondamentaux et de la Charte sociale européenne, la Charte des droits fondamentaux de l'Union européenne n'appelle pas au développement d'une action normative ayant pour objet d'assurer la protection des droits qu'elle protège.

L'article 51, paragraphe 1, de la Charte, distinguant entre droits de principes, dit simplement que l'Union et les États membres « *respectent les droits, observent les principes et en promeuvent l'application* ». L'article 51, paragraphe 2, ajoute, dans un libellé restrictif, que : « *la présente Charte n'étend pas le champ d'application du droit de l'Union au-delà des compétences de l'Union, ni ne crée aucune compétence ni aucune tâche nouvelles pour l'Union et ne modifie pas les compétences et tâches définies par les traités* ».

La Charte ne change donc rien au champ d'application du droit de l'Union ; elle ne crée aucune compétence ni aucune tâche nouvelles pour celle-ci. Elle n'introduit pas de nouveaux domaines dans lesquels l'Union est appelée à agir. L'objet de la Charte est autre. Il n'est pas de commander l'action, mais d'encadrer celle-ci en la soumettant au respect des droits fondamentaux (35). Là où l'Union peut agir – et pouvait déjà agir –, il lui faudra respecter ou observer les exigences de la Charte. Là où elle ne peut agir, la Charte ne doit normalement avoir aucun effet ni incidence.

(33) Ce qui est d'autant plus remarquable que l'article 6 § 3 du nouveau traité sur l'Union européenne dit aussi que « *les droits fondamentaux, tels qu'ils sont garantis par la Convention européenne de sauvegarde des droits de l'homme et des libertés fondamentales et tels qu'ils résultent des traditions constitutionnelles communes aux États membres, font partie du droit de l'Union en tant que principes généraux* ».

(34) Le protocole n° 30 annexé au traité de Lisbonne porte sur l'applicabilité au Royaume-Uni et à la Pologne de la Charte des droits fondamentaux. L'article 1§ 1 du protocole énonce que la Charte « n'étend pas la faculté » de la Cour ou des juridictions des deux pays d'estimer que les dispositions des deux droits nationaux intéressés sont incompatibles avec la Charte. L'article 1§ 2 énonce que le titre IV de la Charte – relatif à la solidarité et visant des droits sociaux – ne crée pas des droits justiciables applicables en Pologne et au R.U., sauf si les législations nationales respectives le prévoient. La CJUE a jugé que le protocole ne remet pas en question l'applicabilité de la Charte en Pologne et au Royaume-Uni, réservant toutefois son interprétation de l'article 1 § 2 sur la solidarité (CJUE, 21 décembre 2011, N.S. aff. C-411/10, v. pts 116 à 122).

(35) Pour G. Braibant, qui a joué un rôle important dans la rédaction de la Charte, celle-ci a pour objet de « *limiter, encadrer, contrôler* » l'exercice du pouvoir, non pas « *d'augmenter les compétences* », *Dr. soc.* 2000, p. 73.

De la distinction entre droits et principes qu'opère la Charte, il conviendrait toutefois, selon une opinion fréquemment avancée, de déduire que la Charte elle-même consacre directement les « droits », mais qu'elle renvoie à l'action médiatrice de l'Union ou des États membres pour mettre en œuvre les principes. D'où une formule récurrente disant de tel droit – entendons tel « principe » –, qu'il s'exerce « *conformément au droit communautaire et aux législations et pratiques nationales* » (36). Une telle formule peut inquiéter, car elle semble subordonner la protection d'un droit fondamental à l'existence de règles de l'Union ou nationales assurant cette protection, ce qui, puisque les autorités de l'Union et nationales n'ont pas d'obligation d'agir, mais seulement celle d'en promouvoir l'application, pourrait conduire à… l'absence de toute protection ! La formule aurait été introduite pour les seuls « principes » par opposition aux « droits » (37) ; elle intéresse principalement la justiciabilité de la Charte.

L'analyse se prolonge concernant l'action normative des États membres. Ces derniers n'ont pas d'obligation d'agir en vue d'assurer par leur action législative la protection des droits garantis par la Charte. Celle-ci s'adresse aux États membres, dit l'article 51, paragraphe 1, de la Charte, « *uniquement lorsqu'ils mettent en œuvre le droit de l'Union* ». Leurs obligations s'inscrivent dans le cadre spécial délimité par le droit de l'Union et la compétence attributive qui est celle de l'Union. Les États membres sont simplement tenus, dans l'exécution du droit de l'Union, de veiller à la protection des droits sociaux fondamentaux garantis par celui-ci, tout en devant promouvoir l'application des « principes ».

Ces données n'excluent pas que l'Union puisse agir, ceci pour assurer la protection tant des droits que des principes sociaux (38). Si la Charte ne lui commande pas d'intervenir pour poser des règles de protection des droits sociaux fondamentaux, elle ne lui interdit évidemment pas de le faire, à condition que ce soit dans le champ de ses compétences sociales, que la Charte ne modifie pas mais dont on a vu qu'elles sont très étendues (39).

Plusieurs observations complémentaires peuvent être faites sur les contraintes normatives que la Charte impose :

– des limitations peuvent être apportées aux droits fondamentaux, à condition d'être prévues par la loi et de respecter le contenu essentiel desdits droits et libertés. Le principe de proportionnalité s'applique ; les limitations doivent être nécessaires, elles doivent répondre à des objectifs d'intérêt général ou à la protection des droits et libertés d'autrui (article 52 § 1) ;

(36) La formule devenant parfois : « *selon les règles établies par le droit de l'Union et les législations et pratiques nationales* ».

(37) V. sur ce point, notamment, G. Braibant, *op. cit. supra* note 29.

(38) V., *supra* n° 17 et s. ; pour une analyse plus complète des perspectives d'action de l'Union en matière de protection des droits sociaux fondamentaux, v. O. de Schutter, « La garantie des droits et principes sociaux dans la Charte des droits fondamentaux », *in La Charte des droits fondamentaux de l'UE* : son apport à la protection des droits de l'homme. J.-Y. Carlier et O. de Schutter (dir.), Bruylant, 2002, p. 120 ; P. Rodière, « Les droits sociaux fondamentaux à l'épreuve de la Constitution européenne », *JCP*, éd. G., 2005, I, 136.

(39) Au titre de sa « stratégie » pour garantir la mise en œuvre de la Charte (COM 2010/573 final), la Commission établit annuellement un rapport ayant pour objet d'évaluer les évolutions observables au niveau de l'Union et des États membres concernant la mise en œuvre de la Charte (V. COM 2012/169 final).

– sous ces mêmes conditions, les droits reconnus par la Charte s'exerceront dans les conditions et limites définis par les traités de l'Union (article 52, § 2) ;

– aucun élément de la Charte ne saurait être interprété en sorte de justifier une limitation ou une atteinte aux droits de l'homme et aux libertés fondamentales reconnus par le droit de l'Union, par des conventions internationales, telle notamment que la Convention européenne de sauvegarde des droits de l'homme, ainsi que par les constitutions des États membres (article 54).

2° Justiciabilité des droits sociaux fondamentaux

a) Droits et principes

148. Une distinction illusoire. La distinction entre droits et principes a été introduite, pour des raisons politiques et diplomatiques, en vue de marquer l'existence de deux régimes différents de justiciabilité des droits fondamentaux. Devant l'inquiétude soulevée par la possibilité de faire valoir en justice certains droits fondamentaux, des droits sociaux tout particulièrement, on a pensé en amoindrir la portée en en faisant de simples principes. Les droits sont pleinement justifiables, les principes ne relèvent que d'une justiciabilité réduite. Telle est l'idée générale et vague.

148-1. Des effets incertains. Les Explications « expliquent » que les droits peuvent être invoqués en justice en tant que droits « *subjectifs* », alors que les principes « *acquièrent une importance particulière pour les tribunaux seulement lorsque les actes* (de droit communautaire ou mettant en œuvre le droit communautaire) *sont interprétés ou contrôlés* » (40). Ils ont une justiciabilité indirecte « *d'interprétation et de contrôle* » et non pas « *d'application* ». Leur justiciabilité est « *normative* » (41).

Dictée par des considérations politiques plus que juridiques, la distinction n'est pas seulement obscure ; elle risque de se dérober lorsqu'on la met à l'épreuve.

Malgré les apparences, les restrictions de justiciabilité ne concernent pas les principes, mais les droits. La question est réglée pour les principes ; leur invocabilité est définie comme indirecte, elle suppose une norme ou un acte de droit de l'Union sur lesquels s'appuyer. C'est en ce sens que leur justiciabilité est normative. Le juge doit vérifier que la norme de l'Union et son application ne contredisent pas les exigences d'un principe consacré par la Charte des droits fondamentaux. On peut ainsi dire des principes qu'ils relèvent d'une justiciabilité dépendante (42).

Mais pour les droits, deux analyses sont possibles.

La première ne permet d'invoquer les droits proclamés par la Charte qu'à l'occasion de la création ou de l'exécution d'une norme de droit communautaire prise dans

(40) Le Conseil constitutionnel français a lui aussi *expliqué*, dans sa décision du 19 novembre 2004, que la Charte comporte, à côté de « *droits* » « *directement invocables devant les juridictions* », des « *principes* » qui constituent « *des objectifs* » qui ne peuvent être invoqués qu'à l'encontre « *des actes… relatifs à leur mise en œuvre* », actes « *de portée générale* », ajoute limitativement le Conseil (*JCP*, Éd. A 2004, 1847, note O. GOHIN ; *JCP*, Éd. A 2005, 1025, note M. GAUTIER ; *Europe*, février 2005, p. 6, étude D. SIMON).

(41) Selon la caractérisation qu'en fait Guy Braibant, l'un des promoteurs de la distinction.

(42) V. N. ALIPRANTIS, « Les droits sociaux sont justiciables ! », *Dr. soc.* 2006, p. 158.

le champ des compétences attribuées à l'Union. Comment en serait-il autrement puisque la Charte n'a d'effet qu'*à l'intérieur* du droit de l'Union, que son objet est seulement d'encadrer l'action communautaire et les conditions de son exécution en droit national ? Selon cette première analyse, l'invocabilité de la Charte en justice est tout aussi indirecte, « normative » et dépendante qu'il s'agisse d'un droit ou d'un principe.

La seconde vise à assurer aux « droits » consacrés par la Charte une applicabilité autonome. Puisqu'ils sont « subjectifs », puisque ce caractère subjectif paraît devoir conduire à une applicabilité directe horizontale, une personne devrait pouvoir former une action en justice contre une autre personne, un particulier agir contre un autre particulier, sur le seul fondement d'une disposition de la Charte, indépendamment de toute autre norme de droit de l'Union, et obtenir que le litige soit tranché sur ce seul fondement.

L'enjeu est primordial, car un salarié pourrait alors fonder une action contre son employeur directement sur une disposition de la Charte ; si du moins cette disposition consacre un droit et non pas un principe.

148-2. Une classification incertaine. Comment opérer la classification entre droits et principes ? Selon quel critère ?

La Charte elle-même parlera de droits aussi bien pour viser des « droits »... que des « principes ». Les Explications fournissent une aide partielle à la classification en fournissant des exemples de principes (droit des personnes âgées) et en prenant soin, pour nombre d'articles particuliers de la Charte, de viser ici un « *droit* », ou un « *droit garanti* », là un « *principe* ». Mais parfois elles ne donnent aucune indication, particulièrement s'agissant de droits sociaux. Ces mêmes explications peuvent aussi créer le trouble en disant de certaines des dispositions de la Charte qu'elles visent à la fois un droit et un principe (sécurité sociale et aide sociale par exemple).

Le critère se trouve-t-il dans la formule énonçant que les droits qui s'exercent « *conformémentau droit communautaire et aux législations et pratiques nationales* » soient... des « principes » ? Sans doute, si cette formule traduit bien la nécessité qu'une médiation normative par le droit de l'Union ou celui des États membres permette d'invoquer les principes.

Le droit à l'information et à la consultation des travailleurs dans l'entreprise (article 27), le droit de négociation et d'action collective (article 28), le droit d'être protégé contre le licenciement injustifié (article 30), le droit aux prestations de sécurité sociale ou d'aide sociale (article 34) appartiendraient alors à la catégorie des principes, puisque chaque fois se trouve mentionnée la médiation du droit communautaire ou du droit national.

Mais quid des dispositions de la Charte qui ne comportent pas la formule magique ? Faut-il en déduire par *a contrario* qu'elles instituent donc des « droits » ? Ainsi en irait-il de la liberté professionnelle et du droit de travailler (article 15) ; du droit à des conditions de travail justes et équitables (article 31) ; des droits de l'enfant (article 24), des droits des personnes âgées (article 25), de l'intégration des personnes handicapées (article 26), etc. ?

Le seul point qui ne soit pas douteux, c'est que la distribution des droits fondamentaux, particulièrement celle des droits sociaux, entre droits et principes, reste à ce jour incertaine.

Le début de pratique jurisprudentielle qui s'est développée devant la Cour de justice ne met d'aucune façon en lumière cette distinction obscure, et délaissé par la Cour.

b) Jurisprudence en formation

149. Au service de l'interprétation conforme. Les décisions de la Cour de justice faisant référence à la Charte des droits fondamentaux n'ont pas manqué de se multiplier depuis que, le traité de Lisbonne étant entré en vigueur, la Charte a pris la valeur juridique des traités. La Cour de justice ne cesse d'être saisie de questions préjudicielles invoquant la Charte, alors que, selon ce qu'a estimé la Cour à de nombreuses reprises, elle ne pouvait « manifestement » pas l'être. Il n'empêche que la Charte devient un instrument majeur des interprétations que la Cour de justice donne du droit de l'Union.

149-1. Compétence de la Cour. Le premier élément significatif dans ce début de jurisprudence concerne en effet la compétence de la Cour. Dans le recours préjudiciel de l'article 267 TFUE, cette compétence se limite à « *l'examen des seules dispositions du droit de l'Union* » (43) ; elle peut « *uniquement interpréter le droit de l'Union* » (44). Elle ne saurait statuer sur « *une situation qui ne présente aucun lien de rattachement avec le droit de l'Union* », dont la Charte n'a pas étendu le champ d'application (45). Si l'on sort du droit de l'Union, si aucun rattachement à celui-ci ne se constate, la compétence interprétative de la Cour disparaît, ainsi que sa compétence pour apprécier la validité des actes de droit dérivé, par hypothèse inexistants. La Cour est alors incompétente pour répondre aux questions préjudicielles (46).

Incompétente toujours, la Cour le sera pour l'interprétation de dispositions de droit international qui lient les États membres en dehors du cadre du droit de l'Union (47). Elle le sera pour juger d'un éventuel conflit entre une règle de droit national et les droits garantis par la CEDH, si aucune norme de droit de l'Union n'est en cause (48).

Quant aux obligations des États membres, elles apparaissent « uniquement lorsqu'ils mettent en œuvre le droit de l'Union », suivant les termes de l'article 51 § 1 de la Charte (49). La norme de droit national, norme de transposition d'une directive

(43) CJUE, 12 novembre 2010 (ord.), *Estov*. Aff. C-339/10.

(44) CJUE, 22 juin 2011 (ord.), *Vino*, aff. C-161/11.

(45) CJUE, 8 novembre 2012, *Iida*, aff. C– 40/11.

(46) V. également, CJUE, 1er mars 2011 (ord.), *Charty*, C-457/09, déclarant la Cour de justice incompétente pour répondre à une question préjudicielle relative à la conformité au droit de l'Union du mécanisme belge correspondant à la Question prioritaire de constitutionnalité française, la difficulté de fond soulevée devant la juridiction de renvoi – concernant le droit à un recours juridictionnel effectif – ne présentant pas de rattachement au droit de l'Union.

(47) CJUE, 12 juillet 2012 (ord.), *Gennaro Curra*, aff. C-466/11, concernant une exception d'immunité de juridiction d'un État.

(48) CJUE, 24 avril 2012, *Kamberaj*, aff. C-571/10.

(49) CJUE, 12 novembre 2010 (ord.), *Estov*, aff. C-339/10 ; CJUE, 14 déc. 2011, *Cozman*, aff. C-462/11.

notamment, conduisant à saisir la Cour de justice d'une question d'interprétation, doit elle aussi se rattacher à une disposition du droit de l'Union, directement ou indirectement (50).

Droit de l'Union s'entend des dispositions des traités ou de celles du droit dérivé. Ce n'est pas l'existence d'une compétence de l'Union qui compte, mais celle d'une norme du droit de l'Union ayant activé cette compétence. Sous cette optique, la Charte elle-même n'apparaît pas comme faisant partie du droit de l'Union. Elle a simplement le caractère d'un instrument de contrôle des normes du droit de l'Union et de leur mise en œuvre nationale.

149-2. La Charte, demeurant ainsi extérieure au droit de l'Union, n'en a pas moins reçu « valeur contraignante » en vertu de l'article 6 § 1 du traité (51). La « contrainte » qu'elle impose est avant tout de commander que les dispositions du droit de l'Union qui sont questionnées soient « *interprétées et appliquées à la lumière... de la Charte* » (52). Il convient d'écarter l'interprétation du droit de l'Union qui entrerait en conflit avec les droits fondamentaux (53). L'interprétation « à la lumière de » et le constat de conformité avec un droit de valeur supérieure vers laquelle elle a de bonnes chances de pouvoir conduire, se présentent ainsi à deux niveaux. Le droit national s'interprète à la lumière de la directive (54), la directive à celle de la Charte.

La référence à la Charte n'est pas systématique. Elle peut prendre une tournure minimale, consistant à « noter » que tel droit est consacré par une disposition particulière de la Charte, sans que cette constatation ait une incidence notable sur la solution (55). Elle peut être absente, là où on l'aurait supposée présente (56).

Dans les cas très fréquents où le litige porte sur un droit qui, consacré par la Charte, correspond à un droit garanti par la convention européenne des droits de l'homme (CEDH), il est de règle qu'il convient de lui « *donner le même sens et la même portée que ceux conférés par ladite convention* », la Cour de justice ajoutant cependant à ce que dit ainsi l'article 52 § 3 de la Charte : « *tel qu'interprétée par la Cour européenne des droits de l'homme* » (57). La CEDH et l'interprétation qu'en fournit la Cour européenne sont une autre « lumière » dont l'interprétation de la Charte doit s'éclairer (58).

L'obscure distinction des droits et des principes ne transparaît pas dans la jurisprudence qui s'est développée devant la Cour de justice depuis la mise en vigueur du traité de Lisbonne. De cette jurisprudence se dégage une présomption. Les textes

(50) CJUE, 8 novembre 2012, *Iida*, aff. C-40/11, v. pts. 79-80.

(51) CJUE, 12 novembre 2010 (ord.), *Estov*. aff. C-339/10.

(52) CJUE, 6 décembre 2012, *Maahanmuttovirasto*, aff. C-356/11, v. pt. 80.

(53) CJUE, 21 décembre 2011, *N.S.*, aff. C-411/10., pt. 77.

(54) V. *supra* n° 119.

(55) Ainsi, s'agissant de la question très contentieuse du droit à congé payé annuel des travailleurs en arrêt maladie ou absents pour une cause comparable, CJUE, 21 juin 2012, *ANGED*, aff. C-78/11, CJUE, 22 novembre 2011, *KHS*, aff. C-214/10 ; v. *infra* n° 484.

(56) V. CJUE, 24 janvier 2012, *Dominguez*, aff. C-282/10, concernant toujours le droit à congé annuel payé.

(57) CJUE, 15 novembre 2011, *Dereci*, aff. C-256/11, v. pt 70 ; les « explications » de la Charte vont en ce sens.

(58) V. CJUE, 22 décembre 2010, *DEB*, aff. C-279/09, CJUE, 13 juin 2012, *GREP*, aff. C-156/12, à propos du droit à une protection juridictionnelle effective

du droit de l'Union respectent ou « observent les droits fondamentaux et les principes reconnus par la Charte » (59). Entre « respectent les droits » et « observent les principes », la Cour de justice ne semble pas encline à distinguer.

Quant à la fonction d'invalidation des normes du droit de l'Union qui revient également à la Charte, elle reste discrète dans la jurisprudence de la Cour de justice au point de développement qui est le sien, dans le domaine social. La Cour a cependant pu dire le plus clairement que, celle-ci ayant désormais la même valeur juridique que les traités, la validité de dispositions d'un règlement de l'Union « doit être appréciée au regard des dispositions de la Charte » (60).

§ 2. — La Charte communautaire des droits sociaux fondamentaux

150. Le 9 décembre 1989, le Royaume-Uni ayant décidé de ne pas s'y associer, onze chefs d'État ou de gouvernement sur l'ensemble des douze composant à l'époque la Communauté européenne ont adopté au Conseil européen de Strasbourg une déclaration solennelle constitutive de la « Charte communautaire des droits sociaux fondamentaux des travailleurs » (61).

150-1. Nature : un instrument politique. La Charte n'est pas un traité et ce n'est pas l'absence du Royaume-Uni qui en aura diminué la force juridique. Ce n'est qu'une déclaration, sans portée juridique précise. Mais elle a eu une signification politique importante. Elle est un signal politique donné au plus haut niveau, a dit le Président Jacques Delors au moment de son « adoption ».

La suite n'a pas démenti son rôle politique. Il avait d'ailleurs été anticipé par la Commission lors de la préparation de la future Charte. En même temps qu'elle élaborait le projet de Charte (62), la Commission avait en effet préparé un programme d'action relatif à sa réalisation. Le programme était déjà prêt au moment de l'adoption de la Charte et dès après celle-ci, la Commission a pu en lancer la mise en œuvre (63). Pour la Commission, la Charte des droits sociaux fondamentaux a été un instrument utile pour pouvoir développer des initiatives et des actions en matière sociale, pour dynamiser la politique sociale au début des années 1990 (64).

(59) V. CJUE, 21 décembre 2011, *N.S.*, aff. C-411/10.

(60) CJUE, 9 novembre 2010, *Volker*, aff. C-92/09, concernant des atteintes apportées aux articles 7 (vie privée) et 8 (données personnelles) de la Charte par deux règlements, *JCP*, Éd. G 2010, 1252, obs. F. Picod. V. également, CJUE, 1er mars 2011, *Test-Achats ASBL*, aff. C-236/09, invalidant une disposition de la directive 2004/113 relative à l'égalité entre hommes et femmes dans l'accès aux biens et services, pour contrariété avec les objectifs de la directive et incompatibilité avec les articles 21 et 23 de la Charte des droits fondamentaux.

(61) V. Commission européenne, DG V, Europe sociale, n° 1/90, La Charte communautaire des droits sociaux fondamentaux des travailleurs ; Ch. Pettiti, « La Charte…, un progrès ? », *Dr. soc.* 1990, p. 387 ; *adde*, É. Vogel-Polsky, « Quel futur pour l'Europe sociale après le sommet de Strasbourg ? », *Dr. soc.* 1990, p. 219 ; A. Lyon-Caen et S. Simitis, « L'Europe sociale à la recherche de ses références », *Rev. Marché unique eur.* 1993, p. 109.

(62) Avant-projet du 30 mai 1989, COM (91) 248 ; projet du 2 octobre 1989, COM (91) 471 ; v. également, pour le rapport « Aubry » ayant précédé la rédaction des projets de la Commission, M. Aubry, *Pour une Europe sociale*, La Documentation française, 1988.

(63) Programme officiellement présenté le 29 novembre 1989, doc. COM (91) 568.

(64) V. Commission européenne, *Europe sociale*, 1/92, Premier rapport d'application de la Charte…, suppl. 1/93, Deuxième rapport d'application… ; v. P. Pochet, « Le premier rapport sur l'application de la Charte… », *Dr. soc.* 1989, p. 10 ; du même auteur, « ... La mise en œuvre de la Charte de 1989 », *Dr. soc.* 1989, p. 695.

Devant le refus persistant du Royaume-Uni, le traité de Maastricht s'est borné à faire référence à « la Charte de 1989 » (sic) dans le protocole sur la politique sociale. Les onze États s'étant associés à la Charte déclarèrent dans le protocole vouloir poursuivre dans la voie tracée par celle-ci et avoir arrêté à cette fin l'Accord sur la politique sociale. L'Accord sur la politique sociale annexé au traité de Maastricht s'est présenté ainsi comme l'instrument de réalisation des objectifs d'action que la Charte des droits sociaux fondamentaux a dégagés.

Avec le traité d'Amsterdam, la référence s'est introduite dans le traité Communauté européenne à l'occasion de l'intégration de l'accord sur la politique sociale. L'ex-article 117 du traité, devenu article 136, après modification par le traité d'Amsterdam, puis 151 du traité FUE, fait en effet part de la « conscience » qu'ont la Communauté et les États membres des droits sociaux fondamentaux énoncés dans la Charte communautaire des droits sociaux fondamentaux de 1989 (65). Pour autant, il n'a pas été prévu que la Charte s'incorpore au traité. Elle est simplement devenue une référence pour l'action de la Communauté et de ses États, auxquels le Royaume-Uni s'est maintenant joint.

Le traité d'Amsterdam a en outre, dans le préambule du traité (3e considérant nouveau), marqué l'attachement des États aux principes inscrits dans la Charte communautaire des droits sociaux fondamentaux (66).

Le traité de Nice n'apporte rien de plus ; le traité modificatif de Lisbonne non plus.

150-2. Contenu : un catalogue de droits sociaux. Le premier titre de la Charte énumère les droits sociaux fondamentaux des travailleurs et établit pour chacun d'entre eux des prescriptions minimales et les bases d'un programme de réalisation. On note l'usage – ou l'abus – largement fait de qualificatifs vagues (« juste », « équitable », « suffisant », « décent ») ou de principes cadre.

Sont successivement visés :

– la liberté de circulation des travailleurs « de la Communauté européenne » (points 1, 2 et 3) ;

– la liberté de choisir sa profession et le droit à une juste rémunération (points 4, 5 et 6) ;

– l'amélioration des conditions de vie et de travail, objectif qui doit entraîner, là où cela est nécessaire, « *le développement de la réglementation du travail* » ! (points 7, 8 et 9) ;

– le droit à une protection sociale adéquate et d'un niveau suffisant (point 10) ;

– la liberté d'association et de négociation collective ; le dialogue social européen devant être encouragé aux niveaux interprofessionnel et sectoriel ; le droit de recourir à la grève étant reconnu, sous réserve des « obligations résultant des réglementations nationales et des conventions collectives » (points 11, 12, 13 et 14) ;

(65) V. *supra* n° 13. « Conscience » qui concerne également la Charte sociale européenne de 1961 ; v. *infra* n° 152.

(66) V. S. Robin-Olivier, « La référence aux droits sociaux fondamentaux dans le traité d'Amsterdam », *Dr. soc.* 1999, p. 609.

– le droit d'accéder à la formation professionnelle et d'en bénéficier tout au long de sa vie active (point 15) ;

– l'égalité de traitement entre hommes et femmes, des actions devant être mises en œuvre pour assurer l'égalité des chances entre hommes et femmes et la conciliation des obligations professionnelles et familiales (point 16) ;

– l'information et la consultation des travailleurs, en particulier dans les entreprises de dimension européenne, information et consultation qui doivent être mises en œuvre « *en temps utile* » lorsque des événements importants de la vie de l'entreprise affectent l'emploi ou les conditions de travail (points 17 et 18) ;

– la protection de la santé et de la sécurité dans le milieu de travail (point 19) ;

– la protection particulière de populations vulnérables : enfants, adolescents, personnes âgées, personnes handicapées (points 19 à 26).

150-3. Utilité pratique de la Charte. Le deuxième titre de la Charte, relatif à sa mise en œuvre, conformément au principe de subsidiarité, a donné aux États membres la responsabilité principale de garantir les droits sociaux fondamentaux, dans le cadre d'une stratégie de cohésion économique et sociale du marché intérieur. Il a néanmoins invité la Commission à engager au plus vite les initiatives permettant la réalisation effective des droits relevant des compétences communautaires. Invitation que la Commission – qui en était originairement l'auteur – s'est empressée de suivre, avec succès dans plusieurs domaines : la santé et la sécurité (67), y compris par des mesures relatives au temps de travail (68), l'information et la consultation des travailleurs (69), la protection des enfants et adolescents (70). Instrument politique, la Charte a démontré son utilité *de lege ferenda*. La « conscience » des droits sociaux fondamentaux, prônée par l'article 151 TFUE (ex-article 136 TCE), n'est pas absente de la politique sociale.

Son rôle, à l'égard du droit existant, n'est pas non plus négligeable. Qu'elle n'ait pas force ou valeur contraignante, n'empêchera pas les juridictions de la prendre en considération dans leurs interprétations. Présente dans la jurisprudence de la Cour de justice, elle l'est plus encore peut-être dans la jurisprudence interne. Certes, elle ne saurait, contrairement à la Charte des droits fondamentaux, permettre l'invalidation d'une norme, mais elle peut, sans invalidation, révéler des situations d'incompatibilité ou encore, dans le plus grand nombre de cas, guider l'interprétation vers la conformité.

§ 3. — Principes non écrits

151. Si la Charte des droits fondamentaux constitue aujourd'hui la base sur laquelle repose principalement la protection des droits fondamentaux, les institutions

(67) Mais le mouvement était déjà lancé. V. *infra* n° 462 et s.

(68) Directive 93/104 sur l'aménagement du temps de travail ; v. *infra* n° 477 et s.

(69) Directive n° 94/45 sur le comité d'entreprise européen, le projet ayant repris vie avec la Charte ; v. *infra* n° 398 et s.

(70) Directive n° 94/33 du 22 juin 1994, *infra* n° 496.

de l'Union, la Cour de justice au premier chef, n'ont pas attendu son avènement pour faire apparaître l'existence de principes dominant la construction juridique de l'Union européenne. L'œuvre normative du législateur et l'œuvre prétorienne de la Cour ont permis de faire émerger des principes gouvernant l'action de l'Union. Ces principes trouvent leur origine dans des sources internationales, européennes, nationales très diversifiées. Ils peuvent acquérir la force ou l'autorité juridiques élevées qui est celle de principes généraux du droit de l'Union. Ce sont les trois points à examiner successivement.

151-1. Le « construit ». Les institutions communautaires puis de l'Union ont œuvré depuis de longues années dans différents domaines d'action intéressant la matière sociale. La Commission développe avec insistance, par reprises successives, des initiatives dans telle direction. Des directives ou d'autres textes sont adoptées dans certains domaines préférentiels, voire s'y multiplient. La Cour de justice manifeste telle préoccupation, en fait un leitmotiv de sa jurisprudence. Insistances, priorités, répétitions, dans les éléments les plus forts de l'action de la Communauté, on voit se dessiner l'existence de principes de droit matériel européen, dont la valeur déborde le domaine limité des textes effectivement adoptés.

Ainsi, dans le domaine des droits sociaux collectifs, du principe voulant que les travailleurs soient informés et consultés, via leurs représentants, sur les événements marquants de la vie de leur entreprise, notamment lorsque des conséquences importantes peuvent en résulter dans les conditions d'emploi et de travail. Les directives relatives à l'entreprise sont là pour en témoigner (71).

Le droit de tout travailleur de bénéficier de conditions satisfaisantes de protection de sa santé et de sa sécurité dans les conditions d'exécution de son travail s'est incontestablement affirmé comme principe de droit positif au travers de l'action normative de la Communauté fondée sur l'ex-article 118 A du traité (72).

Lié au principe général de sécurité juridique, si présent dans la jurisprudence de la Cour de justice, on peut également citer le droit des salariés d'être informés correctement des conditions de la relation de travail et des modifications qui y sont éventuellement apportées (73).

C'est toutefois l'égalité de traitement dans les conditions d'emploi et de travail qui joue pleinement un rôle de fondement de la construction, sous les deux aspects que consacre historiquement le droit communautaire. De manière plus générale, la Cour de justice répète régulièrement qu'« *au nombre des droits fondamentaux figure notamment le principe général d'égalité et de non-discrimination. Ce principe exige que des situations comparables ne soient pas traitées de manière différente à moins qu'une différenciation ne soit objectivement justifiée* » (74).

S'agissant de l'égalité professionnelle et sociale des sexes, le principe n'a pas été inscrit dans le traité de Rome, qui s'est contenté de la seule égalité dans les

(71) V. *infra*, 3e partie, chapitre 3.
(72) V. *infra* n° 442-447, n° 477-479.
(73) V. *infra* n° 449 et s.
(74) Cf. CJCE, 16 décembre 2004, *Olaso Valero*, aff. C-520/03 (protection des travailleurs en cas d'insolvabilité de l'employeur).

conditions de rémunération pour un même travail, il vient des actes normatifs ultérieurs et de la jurisprudence particulièrement constructive, en ce domaine, de la Cour de justice.

Quant au principe de non-discrimination professionnelle et sociale entre nationaux et ressortissants des autres États membres, lui est de son côté depuis toujours inscrit dans le traité et il est très présent dans le droit dérivé et dans la jurisprudence de la Cour ; avec son ambivalence. Principe de non-discrimination, il est aussi principe de discrimination, avec les ressortissants des pays tiers.

L'une des questions importantes du moment est cependant de savoir si ce principe ne devrait s'étendre aux ressortissants extérieurs à la Communauté, au profit au moins de ceux qui, légalement, s'y sont durablement installés. Le principe de non-discrimination en raison de la nationalité, s'agissant des conditions de travail et de protection sociale, prendrait ainsi une dimension générale.

151-2. Influences internationales, européennes et nationales. Que des principes aient pu émerger de la pratique normative de l'Union complétée par le travail interprétatif de la Cour de justice, ne veut évidemment pas dire que ces principes soient apparus dans le cadre de la Communauté ou de l'Union européennes et leur appartiendraient en propre. Il serait bien surprenant qu'ils ne trouvent pas assise ailleurs dans l'ordre juridique international et européen et dans des ordres juridiques nationaux. Et de fait on observe que des migrations ont lieu, des assimilations, avec au passage, un phénomène possible d'acclimatation ou d'adaptation.

Il est d'ailleurs notable que la Cour de justice, dans le travail de révélation ou de transposition de principes qui lui revient, puise son inspiration dans les instruments internationaux pertinents ainsi que dans des droits nationaux européens (75). Parmi les instruments internationaux, la Convention européenne des droits de l'homme (CEDH) occupe le premier plan, aux côtés de la Charte sociale européenne, qui vise plus directement et surtout beaucoup plus complètement les droits sociaux (76). Les conventions de l'OIT sont également une source importante de références (77), d'autres conventions, pactes ou déclarations internationaux pouvant également l'être. Certains systèmes nationaux peuvent être dotés d'un pouvoir d'influence considérable, le droit allemand par exemple (principe de confiance légitime, principe de proportionnalité), en considération de leurs traditions constitutionnelles. Dans l'ordre juridique de l'Union, la Charte communautaire des droits sociaux est évidemment présente et a vocation à le rester malgré l'« arrivée en force » de la Charte des droits fondamentaux. Dans ce foisonnement d'influences, la combinaison des exigences de la CEDH et de la Charte des droits fondamentaux constitue l'élément le plus largement présent.

(75) L'arrêt *Mangold*, relatif à l'existence d'un droit fondamental à la non-discrimination en raison de l'âge, en est un bon exemple, CJCE 22 novembre 2005, aff. C-144/04.

(76) V. *infra* n° 153.

(77) Cf., pour un exemple, à propos du droit au congé payé annuel, « principe du droit social » revêtant « une importance particulière », la CJUE appuie son interprétation de la directive 2003/88 relative à l'aménagement du temps de travail sur les dispositions de la convention 132 de l'OIT, CJUE, 22 nov. 2011, *KHS*, aff. C6 214/10.

Cette démarche, accumulant les références, spécialement les références exogènes, est également celle de la Cour européenne des droits de l'homme, qui a pris soin d'en justifier l'usage (78).

151-3. La qualification de principe général. Quelle est toutefois la valeur ou la portée juridique des principes qui se révèlent ainsi ? Dans la mesure où ils correspondent à des droits consacrés par la Charte des droits fondamentaux, ils en prennent désormais la valeur juridique, qui est la même que celle des traités. Mais dès avant que la Charte des droits fondamentaux ne leur confère sa valeur, leur force juridique a pu se trouver dictée par leur qualification comme principes généraux du droit de l'Union. Compte tenu de la position de principe de la Cour de justice, la qualification s'imposait pour les principes correspondant aux droits et libertés garantis par la CEDH. Ces droits et libertés font partie des principes généraux du droit dont la Cour a pour mission d'assurer le respect (79). Avec les dispositions de l'article 6 § 3 TUE, introduites par le traité de Maastricht, cette position jurisprudentielle de la Cour de justice s'est transformée en une exigence des traités, concernant la convention européenne des droits de l'homme, mais visant aussi les droits et libertés qui « *résultent des traditions constitutionnelles communes aux États membres* ». La qualification de principe général du droit de l'Union ne s'épuise cependant pas dans les dispositions de la CEDH et celles qui correspondent à des traditions constitutionnelles communes. Elle peut s'étendre à d'autres droits ou libertés, la Cour de justice disposant d'une grande latitude pour les faire apparaître ou les découvrir (80).

Les principes généraux du droit de l'Union, ainsi mis au service des droits fondamentaux de la personne ou du travailleur, ont une autorité supérieure à celle du droit dérivé, dont la validité se mesurera à l'aune de leurs exigences. Ils s'imposent aux institutions de l'Union, ainsi qu'aux États membres dans le champ d'application du droit de l'Union. Pourvu qu'ils résistent au test de la précision et de l'inconditionnalité, ils sont même susceptibles de produire un effet direct, y compris horizontalement entre particuliers (81).

Mérite d'être également signalée la catégorie des « principes de droit social revêtant une importance particulière », mise en lumière pour le temps de travail. Cette « importance particulière » du principe n'en fait sans doute pas un principe général, avec les conséquences juridiques correspondant à cette qualification. Elle a cependant pour effet de durcir le régime juridique du principe considéré – droit au repos hebdomadaire, à un congé payé annuel… : les règles sont impératives, les dérogations interdites (82). L'importance particulière du principe s'oppose également à ce qu'il soit interprété de manière restrictive (83).

(78) CEDH, 12 novembre 2008, *Demir et Baykara c. Turquie*, n° 34503/97, v. les pts 65 à 86 sur « la pratique consistant à interpréter les dispositions de la Convention à la lumière des textes et instruments internationaux autres que la Convention ».

(79) V. *infra* n° 154.

(80) Illustration notable, celle qui correspond à la consécration du principe de non-discrimination en raison de l'âge par l'arrêt *Mangold*, CJCE, 22 novembre 2005, aff. C-144/04.

(81) L'arrêt *Mangold*, préc., vient en attester.

(82) V. CJCE, 26 juin 2001, *BECTU*, pt.43 ; aff. C-173/99 ; CJCE, 20 janvier 2009, *Schultz-Hoff*, aff. C-350/06, pt. 22 ; CJUE, 22 novembre 2011, *KHS*, aff. C-214/10, pt. 23.

(83) V. CJUE, 22 octobre 2009, *Meerts*, aff. C-116/08, à propos de l'accord-cadre du 14 déc. 1995 sur le congé parental.

L'examen des principes généraux du droit de l'Union est venu démontrer que leur source se situe en large partie en dehors du droit de l'Union, dans des instruments ou normes auxquelles le droit de l'Union opère un renvoi.

Sous-section 2. — Les principes consacrés par renvoi

Le traité renvoie à des normes qui sont extérieures à l'ordre juridique de l'Union. Il en va ainsi de conventions élaborées dans le cadre d'autres organisations internationales. Il en va également ainsi des traditions constitutionnelles nationales.

§ 1. — Du côté des autres organisations internationales

152. Superposition instrumentale. En vue de dégager ses interprétations et appréciations du droit social de l'Union, la Cour de justice se réfère de façon régulière aux conventions de l'Organisation internationale du travail (OIT). Les conventions de l'OIT représentent pour nombre d'entre elles des normes de valeur universelle et fondamentale que le droit social de l'Union se doit de prendre en compte (84). C'est d'ailleurs pourquoi les textes du droit de l'Union se référeront fréquemment, dans leurs préambules, à telle convention de l'OIT dont ils s'inspirent ou tiennent compte (85), la Cour de justice étant plus volontiers, en pareil cas, conduite à introduire la considération des conventions de l'OIT dans la motivation de ses décisions. Non pas que des cas de frictions, voire de contradiction entre droit de l'Union et normes de l'OIT ne puissent se présenter, tel celui qui était apparu à propos du travail de nuit des femmes (86).

Renvoi peut également être fait à d'autres instruments internationaux, tels les pactes des Nations Unies relatifs aux droits civils et politiques et aux droits économiques, sociaux et culturels (16 décembre 1966) (87).

Dans cet ensemble normatif international, deux conventions particulières, conventions européennes nées au sein du Conseil de l'Europe, prennent le devant de la scène : la Charte sociale européenne, la convention européenne de sauvegarde des

(84) Conventions relatives à la liberté syndicale (n° 87), au droit de négociation collective (n° 98), à la représentation du personnel (n° 135), sur l'égalité des rémunérations entre hommes et femmes (n° 100), sur la discrimination en matière d'emploi et de profession (n° 111), conventions multiples sur le temps de travail, sur la protection de populations vulnérables (les enfants en particuliers), pour ne mentionner que quelques-unes des plus importantes, auxquelles on ne doit manquer d'ajouter la convention sur le licenciement (n° 158) dont la force d'impact est de plus en plus marquante ; v. concernant l'OIT et ses normes, l'ouvrage classique de N. Valticos, *Droit international du travail, Traité de droit du travail*, vol. 8, Dalloz, 1983 ; plus récent, J.-M. Servais, *Les normes internationales du travail*, LGDJ, 2004.

(85) V. par exemple, directive 2000/78 du 27 novembre 2000 portant cadre général en faveur de l'égalité de traitement et sa référence à la convention n° 111 de l'OIT (considérant n° 4) ; directive 2003/88 du 4 novembre 2003 et sa référence aux principes de l'OIT en matière d'aménagement du temps de travail, « dont il convient de tenir compte » (considérant n° 6).

(86) V. *infra* n° 493.

(87) Cf. directive 2000/78 en faveur de l'égalité de traitement, préc. (considérant n° 4). Le Pacte international relatif aux droits économiques, sociaux et culturels est regardé par la Cour de cassation comme un texte pouvant être directement applicable en droit interne : Cass. soc., 16 décembre 2008, n° 05-4076, *Bull.* V, n° 251 ; Cass. soc., 14 avr. 2010, n° 08-4547, *Bull.* V, n° 96.

droits de l'homme (CEDH). D'une importance fondamentale l'une comme l'autre, elles ont sur le droit de l'Union européenne des effets très différents. La première, qui recouvre l'ensemble du droit social, est une simple source d'inspiration, un objet de « conscience » pour le droit de l'Union, sur lequel elle ne fait pas peser d'obligations ; la seconde, dont l'Union entend assurer le respect au titre des principes généraux du droit de l'Union, ne concerne le droit social qu'en partie et souvent indirectement.

A. — La Charte sociale européenne

153. La « vraie » Charte sociale. Une autre Charte européenne des droits sociaux existe, celle du Conseil de l'Europe (88). Signée à Turin le 18 octobre 1961, révisée à Strasbourg le 3 mai 1996, après modification de son système de contrôle par un protocole additionnel du 9 novembre 1995 (89).

153-1. Une convention internationale obligeant ses parties. La Charte sociale européenne est une vraie convention internationale, créant des obligations à la charge des États qui l'ont ratifiée (90). Composée de façon originale, la Charte sociale européenne commence par une division en une première partie purement proclamative et une deuxième partie « réalisatrice ». La première partie énumère une série de droits et principes que les parties reconnaissent comme objectifs de leurs politiques. La deuxième partie, suivant la même numérotation, détermine quelles sont les obligations auxquelles les parties s'engagent en vue d'assurer l'exercice effectif des droits et principes consacrés en première partie (91). Inspirée elle-même de l'œuvre normative de l'OIT, elle est d'un contenu souvent plus précis et exigeant que ne le sont la Charte communautaire des droits sociaux et la Charte des droits fondamentaux de l'Union.

L'Acte unique européen constitue ici une date importante. Son préambule donne en effet à la Communauté mission de promouvoir les droits fondamentaux tels qu'ils sont en particulier reconnus dans la Charte sociale européenne. Le traité

(88) V. N. Valticos, « La Charte sociale européenne, structure, contenu, contrôle », *Dr. soc.* 1963, p. 466 ; P. Laroque, « La Charte sociale européenne », *Dr. soc.* 1979, p. 100. V. également, J.-M. Verdier, « Les droits économiques et sociaux : relance au Conseil de l'Europe ? », *Dr. soc.* 1992, p. 415 ; *adde,* G. et A. Lyon-Caen, *Droit social international et européen*, n° 184 et s., pour une présentation plus complète de la Charte.

(89) La Charte révisée a été ouverte à la signature le 3 mai 1996 à Strasbourg. V. les travaux du colloque du Conseil de l'Europe, La Charte sociale au XXIe siècle, Strasbourg, 14-16 mai 1997. V. S. Grevisse, « Le renouveau de la Charte sociale européenne », *Dr. soc.* 2000, p. 884 ; J.-F. Akandji-Kombé, « L'application de la Charte sociale européenne,... La procédure de réclamations collectives », *Dr. soc.* 2000, p. 888 ; I. Daugareilh, « L'audace retenue du Comité européen des droits sociaux », *RDSS* 2004, p. 555.

(90) Parmi lesquels la France (D. du 4 oct. 1974, pour la première Charte, D. du 4 février 2000 pour la Charte révisée), aux côtés de la plupart des États membres de l'Union européenne. La France a également ratifié le protocole additionnel du 9 novembre 1995 relatif aux réclamations collectives (D. du 7 mai 1999).

(91) Son caractère *self-executing* reste discuté. Malgré une décision ancienne ayant admis la possibilité que la Charte produise un effet direct vertical (CE, 20 avril 1984, *Ministre du Budget c. Mlle Valton*, *Rec.* CE p. 148), l'orientation générale de la jurisprudence du Conseil d'État va en sens contraire. Les dispositions de la Charte se bornant à demander aux États parties de prendre les mesures appropriées pour assurer l'exercice effectif des droits qu'elles consacrent, il n'en résulte pas d'effets directs à l'égard des particuliers (CE, 2 octobre 2009, *Union syndicale Solidaires Isère*, n° 301014 ; CE, 7 juin 2006, *Assoc. AIDES*, n° 285576) ; la chambre sociale de la Cour de cassation, en revanche, se référera plus volontiers aux dispositions de la Charte sociale à l'appui de ses décisions (Cass. soc., 1er décembre 2010, n° 10-60117, Cass. soc., 10 novembre 2010, n° 09-72856, à propos des règles relatives à la représentativité syndicale dans la loi du 4 août 2008) ; v. J.-F. Akandji-Kombé, « L'application des normes sociales internationales par le Conseil d'État », *in Le Conseil d'État et le droit social*, Montchrestien 2011, p. 121.

de Maastricht n'avait retenu – dans l'Accord sur la politique sociale – que la seule Charte communautaire des droits sociaux ; le traité d'Amsterdam, dans la révision de l'article 117, devenu, après modification, article 136 TCE, puis 151 FUE, qui en résulte, met côte à côte la Charte sociale européenne et la Charte communautaire des droits sociaux. Rapprochement pleinement justifié si l'on pense que la Charte communautaire a elle-même trouvé son inspiration première dans la Charte sociale européenne. Rapprochement propre à dynamiser la politique sociale communautaire, puisque la Charte communautaire n'est restée souvent qu'un pâle décalque de son modèle d'origine. L'article 151 TFUE déclare l'Union et les États membres « conscients » des exigences des deux Chartes. L'« attachement » des États membres aux droits sociaux fondamentaux définis par la Charte sociale européenne fait également son apparition dans le préambule du Traité (92).

La Cour de justice se réfère volontiers à la Charte sociale européenne. Elle le fera, le cas échéant, en visant, outre telle disposition de la Charte sociale, la convention de l'OIT qui lui correspond (93).

153-2. Comité européen des droits sociaux. Réformé en 1995, le système de contrôle de la Charte passe par des rapports que les États parties doivent établir concernant l'application des dispositions de la Charte qui les lient (94). Il permet également aux partenaires sociaux et organisations non gouvernementales de présenter des réclamations alléguant une application non satisfaisante de la Charte (95). Le comité européen des droits sociaux, comité d'experts indépendants, examine les rapports présentés par les États contractants et rédige des conclusions faisant apparaître les éventuelles défaillances qui leur sont reprochables. Il statue sur les réclamations qui lui sont soumises et peut conclure, le cas échéant, à l'existence de violations de la Charte par l'État mis en cause. Le comité européen des droits sociaux n'est pas, formellement, une juridiction et ses conclusions et décisions ne commandent pas aux États concernés de procéder aux modifications nécessaires, même si une recommandation leur est adressée à cette fin.

Le comité européen des droits sociaux (CEDS) s'est refusé à poser que le droit social de l'Union européenne devrait être présumé conforme à la Charte sociale européenne (96). Que la Cour européenne des droits de l'homme, dit-il, ait pu considérer, à partir d'indices suffisamment solides, que le droit de l'Union européenne peut être présumé conforme à la Convention européenne des droits de l'homme (97) n'implique pas la même conclusion pour la Charte sociale européenne. Ni la place

(92) V. l'importante étude d'Olivier de Schutter, « Le statut de la Charte sociale européenne dans le droit de l'Union européenne », *in Mélanges Jean-Paul Jacqué*, Chemins d'Europe, Dalloz, Paris, 2010, p. 217.

(93) Pour une affaire ancienne mais importante et ayant fait naître cette manière de procéder : CJCE, 15 juin 1978, *Defrenne*, aff. 149/77, *Rec.* p. 1365.

(94) Partie IV, articles 21 et s. de la Charte sociale européenne ; partie IV, articles C et D de la Charte sociale européenne révisée.

(95) Protocole additionnel prévoyant un système de réclamations collectives, signé à Strasbourg le 9 novembre 1995.

(96) CEDS, 23 juin 2010, *Confédération générale du travail (CGT) c. France*, Req. n° 55/2009, à propos de la réglementation française du temps de travail.

(97) V. CEDH, 30 juin 2005, *Bosphorus Hava... c. Irlande*, n° 45036/98.

des droits sociaux dans l'Union européenne, ni les procédures d'élaboration du droit dérivé, n'offrent, selon le CEDS, les garanties nécessaires (98).

B. — La Convention européenne des droits de l'homme

On se limitera à quelques brèves observations à son sujet.

1° Dispositions intéressant le droit social

154. On partira des dispositions de la Convention européenne des droits de l'homme (CEDH) intéressant le droit social, pour évoquer ensuite leur réception dans la jurisprudence de la Cour de justice de l'Union européenne.

154-1. Les textes. La Convention européenne des droits de l'homme concerne les droits fondamentaux du travailleur, mais dans des dispositions qui ne visent le travailleur salarié qu'au travers de la protection due à toute personne humaine (99). Outre son article 4 prohibant le travail forcé, sa seule disposition qui intéresse directement le droit du travail est l'article 11, relatif à la liberté d'association et consacrant plus particulièrement la liberté syndicale (100). Mais d'autres dispositions importent également car elles visent des droits ou des libertés auxquels le contrat de travail et l'autorité de l'employeur peuvent porter atteinte : droit au respect de la vie privée et familiale (article 8), liberté de conscience (article 9), liberté d'expression (article 10) notamment. L'article 1er du protocole additionnel n° 1, concernant le droit au respect des biens, permet d'assurer une protection des droits à prestations sociales. Comptent également, s'agissant des droits des étrangers, les dispositions sur l'expulsion de l'article 1 du protocole n° 7 de 1984 ou, concernant l'égalité de l'homme et de la femme, celles de l'article 5 du même protocole sur l'égalité des droits et responsabilités des époux. Le procès prud'homal et plus généralement la justice du travail et de la sécurité sociale sont bien sûr soumis aux exigences de l'article 6 sur le droit à un procès équitable. L'article 14 protège enfin le travailleur contre les discriminations dont il peut souffrir, à l'occasion de la relation de travail, dans la jouissance des droits de l'homme et des libertés fondamentales. L'avenir peut en outre se traduire dans des déplacements qui viendraient à s'opérer depuis la Charte sociale européenne vers la convention européenne de sauvegarde des droits de l'homme, pour des droits sociaux de valeur particulièrement élevée.

Le traité d'Amsterdam a introduit dans le traité Communauté européenne, à l'article 13, devenu, avec le traité de Lisbonne, article 19 traité TFUE, une

(98) Déc. préc., v. pts 31 à 38 ; v. J.-F. Akandji-Kombé, « Réflexions sur l'efficacité de la Charte sociale européenne : à propos de la décision du comité européen des droits sociaux du 23 juin 2010 », *RDT* 2011, p. 233.

(99) M. Richevaux, « Droits de l'homme et protection des droits des travailleurs », *Dr. soc.* 1988, p. 854 ; P. Wachsmann, « Les droits de l'homme », *RTD eur.* 1997, p. 883, J.-P. Chauchard, « La sécurité sociale et les droits de l'homme, à propos du droit à la sécurité sociale », *Dr. soc.* 1997, p. 48 ; I. Daugareilh, « La convention de sauvegarde des droits de l'homme… et la protection sociale », *RTD eur.* 2001, p. 123 ; J. Mouly, « Les droits sociaux à l'épreuve des droits de l'homme », *Dr. soc.* 2002, p. 800.

(100) Sont consacrés le droit de fonder avec d'autres des syndicats et de s'y affilier pour la défense de ses intérêts – article 11 § 1 ; sous réserve toutefois de restrictions nécessaires, dans une société démocratique – article 11 § 2. V. J.-M. Béraud, pour la jurisprudence de la Cour européenne des droits de l'homme, « Aspects de la liberté syndicale au sens de la CEDH », *Dr. soc.* 1986, p. 384.

disposition nouvelle donnant au Conseil compétence « *pour prendre les mesures nécessaires pour combattre toute discrimination fondée sur le sexe, la race ou l'origine ethnique, la religion ou les convictions, un handicap, l'âge ou l'orientation sexuelle* ». En partie inspirée par les dispositions de l'article 14 de la CEDH, ce texte du droit de l'Union s'en distingue cependant foncièrement. L'article 19 TFUE (ex-article 13 TCE) a une portée moindre, puisqu'il condamne certaines causes de discrimination seulement et ceci pour la sphère économique et sociale uniquement, alors que la CEDH condamne toute discrimination quelle qu'elle soit dans la jouissance des droits de l'homme et des libertés fondamentales. Ce même article 19 TFUE a en revanche une portée plus grande concernant la lutte contre les discriminations, puisqu'il a demandé à l'Union de prendre les mesures nécessaires, alors que l'article 14 CEDH conduit seulement à la possibilité de condamner les États liés pour violation du principe de non-discrimination.

Bien que bridé par la règle de l'unanimité, le Conseil a d'ailleurs, rapidement après l'entrée en vigueur du traité d'Amsterdam, pris par voie de directives des mesures visant à lutter contre les discriminations dans l'emploi et le travail qui se produisent pour l'une des causes de discrimination (sexe, race, etc.) visées par le traité (101).

154-2. La jurisprudence de la Cour de justice. Depuis son arrêt *Internationale Handelsgesellschaft* du 17 décembre 1970, la Cour de justice affirme que les droits fondamentaux font partie des principes généraux du droit dont elle a pour mission d'assurer le respect dans le cadre de la structure et des objectifs de la Communauté (102). Cette première décision en a annoncé une série d'autres dans lesquelles la Cour de justice fait référence aux droits consacrés par la convention européenne des droits de l'homme et qui concernent pour nombre d'entre elles les droits fondamentaux des travailleurs.

L'arrêt *Rutili* a particulièrement fait date. La Cour y visait pour la première fois directement la convention européenne des droits de l'homme, soulignant au passage sa ratification par tous les États membres. L'arrêt était relatif à une atteinte à la liberté syndicale – le seul droit social directement garanti par la convention européenne – d'un Italien résidant en France, la Cour s'y référant également aux articles 8 (respect de la vie privée et familiale), 9 (liberté de conscience), 10 (liberté d'expression) et 2 du protocole n° 4 (liberté de circulation) (103).

L'arrêt *Defrenne* du 15 juin 1978 a également fait date (104) ; il vise l'élimination des discriminations fondées sur le sexe – article 14 de la convention –, qui, déclare la Cour, fait partie des droits fondamentaux dont elle entend assurer le respect. Le droit de bénéficier d'un procès équitable, au sens de l'article 6 de la convention, s'est introduit pour la protection d'un ressortissant communautaire frappé d'une mesure

(101) V. *infra* n° 157 et s.
(102) Aff. 11/70, *Rec.* p. 1125.
(103) CJCE, 28 octobre 1975, aff. 36/75, *Rec.* p. 1219.
(104) Arrêt *Defrenne III*, aff. 149/77, *Rec.* p. 1365 ; observons que la Cour s'y tourne vers la Charte sociale européenne et vers la convention de l'OIT n° 111 ; v. également, en matière de discrimination entre hommes et femmes, CJCE, 8 octobre 1986, *Keller*, aff. 234/85, *Rec.* p. 2897.

d'éloignement (105). En matière d'éloignement, plus largement de circulation des personnes et de droit de séjour, le droit au respect de la vie privée et familiale au sens de l'article 8 de la convention, est très fréquemment invoqué, pour les ressortissants de l'Union, mais aussi pour les ressortissants de pays tiers (106). De manière générale, toutes les dispositions de la convention européenne de sauvegarde des droits de l'homme intéressant le champ du droit social sont susceptibles d'imprimer leurs contraintes en tant que principes généraux du droit de l'Union.

2° Place de la Convention dans le système juridique de l'Union européenne

155. Une référence créatrice de principes généraux de droit communautaire. La Cour de justice, en introduisant la considération de la convention européenne des droits de l'homme dans les motifs de ses décisions, a permis d'en faire des principes généraux de droit communautaire. L'adhésion de la Communauté européenne, aujourd'hui de l'Union européenne à la Convention européenne des droits de l'homme soulève de délicats problèmes et reste à venir.

155-1. Jurisprudence de la Cour de justice. La Cour *se réfère* depuis longtemps à la Convention européenne des droits de l'homme ; elle en tire des *indications* dont elle doit tenir compte dans ses appréciations, avait-elle dit dans une décision ancienne de principe (107). Au-delà de cette idée d'« indications », la convention européenne étant devenue la source de principes généraux du droit communautaire, le respect de ses exigences constitue « *une condition de légalité des actes communautaires* » (108). Le respect s'en impose aux institutions de l'Union, mais également aux autorités nationales dans l'exécution du droit de l'Union.

On observera que la Cour de justice estime de manière générale que le droit de l'Union procure des garanties respectueuses des droits fondamentaux, si bien que la référence à ces droits vient conforter les normes du droit de l'Union, tout en permettant d'en orienter l'interprétation ou d'en façonner les notions ou les exigences. La Cour de justice admet toutefois que le respect des droits et libertés garantis par la Convention puisse connaître des restrictions. Procédant suivant les exigences du principe de proportionnalité, elle admettra les restrictions nécessaires, dans une société démocratique, à la sécurité et à l'ordre public ainsi qu'au respect des autres droits et libertés garantis par la Convention, comme la Convention le prévoit elle-même. Elle admettra même, sous la même condition de proportionnalité, que les droits et libertés garantis par la CEDH subissent des restrictions du fait des libertés économiques dont la Cour estime qu'elles sont d'une importance fondamentale dans l'ordre juridique de l'Union (109).

(105) CJCE, 5 mars 1980, *Pécastaing,* aff. 98/79, *Rec.* p. 691.

(106) CJCE, 11 juillet 2002, aff. C-60/00, *Mary Carpenter.*

(107) CJCE, 14 mai 1974, *Nold*, aff. 4/74, *Rec.* p. 491.

(108) Avis 2/94 du 28 mars 1996 sur l'adhésion de la Communauté à la Convention européenne des droits de l'homme ; *RTD eur.* 1996, p. 625 et p. 467 le commentaire P. WACHSMANN ; *Europe*, juin 1996, p. 1, chron. D. SYMON ; *Cah. dr. eur.* 1996, p. 555, chron. DE SCHUTTER et LEJEUNE.

(109) Un bon exemple de cette tentative de conciliation est fourni par les arrêts *Viking* (11 décembre 2007) et *Laval* (18 décembre 2007) de la Cour de justice, à l'origine d'un vif débat sur les relations entre les droits sociaux fondamentaux, que constituent le droit d'action collective et la liberté syndicale, et les libertés de circulations, libertés fondamentales du droit de l'Union, v. *infra* n° 447.

S'étant engagée à respecter et faire respecter la CEDH dans son ordre juridique, l'Union européenne n'a pas pour autant compétence pour édicter, de manière générale, des règles de protection des droits de l'homme (110). C'est simplement que dans ses domaines de compétence, notamment sociale, elle veillera à assurer le respect des droits fondamentaux de la personne humaine. On a vu précédemment que la Charte des droits fondamentaux de l'Union européenne ne change pas ces données (111).

155-2. Dispositions des traités de l'Union. L'article 6 § 3 du traité sur l'Union européenne, ex-article 6 § 2, transcrivant la jurisprudence de la Cour, énonce, depuis le traité de Maastricht, que l'Union respecte les droits fondamentaux garantis par la Convention européenne de sauvegarde des droits de l'homme et des libertés fondamentales, en tant que principes généraux du droit de l'Union. L'article 2 TUE, comme le faisait antérieurement l'article 6 § 1, dit de l'Union qu'elle est fondée sur le respect des droits de l'homme, sans toutefois se référer à la CEDH (112).

155-3. Adhésion à la Convention. Les limites de compétence de la Communauté européenne expliquent en partie la position prise par la Cour de justice sur l'adhésion de la Communauté à la Convention européenne des droits de l'homme (113). La Communauté, dit-elle dans son avis du 28 mars 1994, n'a pas, en l'état actuel compétence pour adhérer à la Convention, car elle n'a pas de compétence pour édicter, de manière générale, des normes en matière de droits de l'homme. L'adhésion supposerait un élargissement du domaine des compétences de la Communauté, une redéfinition de ses missions et de ses actions. L'adhésion entraînerait en outre un changement substantiel du régime communautaire de protection des droits de l'homme par l'effet de l'insertion de la Communauté dans un système institutionnel international distinct – comportant lui aussi un organe juridictionnel de contrôle (114). L'adhésion ne peut donc être réalisée qu'avec une modification du traité sur l'Union européenne.

Cette modification, d'abord prévue par le traité constitutionnel, a simplement consisté, a minima, à annoncer l'adhésion à la CEDH. « *L'Union adhère à la Convention européenne de sauvegarde des droits de l'homme et des libertés fondamentales. Cette adhésion ne modifie pas les compétences de l'Union telles qu'elles sont définies dans les traités.* », dit l'article 6 § 2 du nouveau traité sur l'Union européenne (115). La réserve, relative aux compétences de l'Union, que comporte cette annonce d'adhésion ne répond qu'en partie aux questions posées par l'avis de la Cour de justice.

(110) Point 27 de l'avis 2/94 précité.

(111) V. *supra* n° 148.

(112) L'article 2 TUE vise également « *les valeurs de respect de la dignité humaine, de liberté, de démocratie, d'égalité* » de « *l'État de droit* », les valeurs de « *dignité* » et d'« *égalité* » ayant été ajoutées au texte antérieur.

(113) Avis 2/94 du 28 mars 1994, précité.

(114) V. sur cette question, J. Rideau et J. F. Renucci, « Dualité de la protection juridictionnelle européenne des droits de l'homme, atout ou faiblesse ? », *Justices*, n° 6, 1997, p. 95.

(115) V. également protocole n° 8 sur l'adhésion de l'Union à la Convention européenne des droits de l'homme.

La CEDH ayant été elle-même amendée pour permettre l'adhésion de l'Union européenne, entité non-étatique (116), L'adhésion suppose des adaptations tant du côté de la CEDH que de celui de l'Union européenne. Les négociations préparant l'accord d'adhésion sont en cours. Une chose paraît certaine ; le droit de l'Union européenne devrait passer sous la juridiction de la Cour européenne des droits de l'homme (117). L'inquiétude que l'on peut éprouver à la perspective d'un tel contrôle sera tempérée par la présomption, posée par la Cour européenne des droits de l'homme, voulant que l'Union européenne offre une protection des droits de l'homme « équivalente » à celle de la CEDH, la présomption étant toutefois réfragable (118).

§ 2. — Du côté des constitutions nationales

156. Jurisprudences constitutionnelles. Depuis l'arrêt *Internationale Handelsgesellchaft* déjà mentionné (119), la Cour de justice rattache également la sauvegarde des droits fondamentaux par le droit communautaire aux traditions constitutionnelles communes aux États membres. La jurisprudence de la Cour a conduit le traité de Maastricht à énoncer, dans l'ex-article 6 § 2 du traité sur l'Union européenne, que l'Union respecte les droits fondamentaux tels que la Convention européenne des droits de l'homme les proclame et qu'ils résultent également « *des traditions constitutionnelles communes aux États membres* ». Le traité modificatif de Lisbonne le confirme dans l'article 6 § 3 du traité sur l'Union européenne.

Tous les États membres ne possèdent cependant pas une tradition constitutionnelle équivalente de protection des droits fondamentaux. Plusieurs États membres y sont fermement attachés depuis longtemps : l'Allemagne, la France et l'Italie, depuis la fin de la Seconde Guerre mondiale ; d'autres depuis une date plus récente, l'Espagne en particulier. Les trois premiers, faisant partie de la Communauté depuis l'origine de celle-ci, ont procédé dans leurs constitutions respectives à une proclamation relative aux droits fondamentaux. Tous trois possèdent également une Cour constitutionnelle, ayant pour mission de faire respecter dans l'ordre juridique national les droits fondamentaux constitutionnellement garantis.

Le renvoi aux traditions constitutionnelles nationales relatives au respect des droits fondamentaux fait peser, sous le contrôle de la Cour de justice, des obligations sur l'action des institutions de l'Union. Le bon vouloir qui s'affiche ainsi du côté de l'Union ne suffit pas à empêcher que, du côté des États membres, les cours, conseils ou juges constitutionnels gardent charge de veiller, dans l'ordre juridique national, au respect des droits que leurs constitutions respectives garantissent. Derrière le renvoi

(116) Adhésion désormais prévue par l'article 59 de la CEDH, après amendement par le protocole n° 14 de 2004.

(117) Rendant compte de ces négociations, v. F. Benoit-Rohmer, *RTD eur.* 2012, p. 384 ; v. *RTD eur.* 2011, p. 7 et s., Dossier sur l'adhésion de l'Union à la CEDH, analyses et réflexions de J.-P. Jacqué, A. Tizzano, C. Ladenburger, F. Tulkens, *Document de réflexion de la CJUE et communication commune des présidents Costa (CEDH) et Skouris (CJUE)*.

(118) V. CEDH, 30 juin 2005, *Bosphorus Hava... c. Irlande*, n° 45036/98, v. pts 151 à 166.

(119) CJCE, 17 décembre 1970, *supra* n° précédent.

qu'il fait aux constitutions nationales, se profile ainsi le contrôle que les instances constitutionnelles nationales peuvent prétendre exercer sur le droit de l'Union.

Le droit de l'Union peut-il buter sur les garanties constitutionnelles nationales des droits fondamentaux ? Question qui peut être posée au juge constitutionnel national lors de la ratification d'un nouveau traité communautaire ou de l'Union, mais qui concerne également, malgré le principe de sa primauté, le droit dérivé au fur et à mesure de son édiction et de sa transposition (120).

A. — Jurisprudence constitutionnelle française

157. Les révisions des traités Communauté européenne puis Union européenne ont conduit à chaque échéance successive le Conseil constitutionnel français à inspecter la conformité du nouveau traité à la Constitution française, quitte à réclamer une révision de celle-ci. Son examen est en particulier appelé à porter sur le respect par le traité des droits fondamentaux garantis par la Constitution française. Une fois le traité ratifié, après vérification de sa conformité aux exigences constitutionnelles françaises, il était admis que le droit dérivé du traité devait être regardé comme étant lui-même, comme par conséquence, conforme à ces exigences. Ce schéma d'analyse se trouve aujourd'hui en partie compromis par l'évolution de la jurisprudence du Conseil constitutionnel relative à la transposition des directives et par l'apparition du mécanisme de la question prioritaire de constitutionnalité.

157-1. Ratification des traités. À l'occasion de leurs révisions successives, le Conseil constitutionnel a été appelé à se prononcer sur la conformité à la Constitution française des traités communautaires ou de l'Union européenne. Sa saisine s'est faite sur le fondement de l'article 54 de la Constitution, qui subordonne la ratification des engagements internationaux de la France à la révision préalable de la Constitution, que réclamera le Conseil lorsqu'il lui apparaît que le traité, ou au moins certaines de ses dispositions, est contraire à la Constitution.

Dans l'exercice de son contrôle le Conseil constitutionnel s'attache à vérifier que les traités qui lui sont soumis ne contiennent pas « *une clause contraire à la Constitution* » ou ne portent pas « *atteinte aux conditions essentielles d'exercice de la souveraineté nationale* ».

Le Conseil vérifiera d'abord que les transferts de compétence consenties aux autorités communautaires – transferts admis par la Constitution pourvu que les « *limitations de souveraineté* » qui en résulte soient « *nécessaires à l'organisation et à la défense de la paix* » (121) –, ne vont pas jusqu'à porter atteinte aux « *les conditions essentielles d'exercice de la souveraineté nationale* ». Cette trame d'analyse a conduit le Conseil constitutionnel, à chaque échéance ou presque, à juger que

(120) V. sur la question des relations entre droit européen et protection constitutionnelle des droits sociaux dans les États membres, *Droits sociaux et droit européen, Bilan et prospective*, dir. J.-F. FLAUSS, Bruylant, Bruxelles, 2002 ; *Les droits sociaux fondamentaux entre droits nationaux et droit européen*, dir. L. GAY, E. MAZUYER et D. NAZET-ALLOUCHE, Bruylant, Bruxelles, 2006.

(121) Suivant les termes du préambule de la Constitution de 1946. V. également l'article 53 de la Constitution qui consacre et autorise la ratification des traités des traités « relatifs à l'organisation internationale ».

certains des éléments du nouveau traité étaient contraires à la Constitution et que celle-ci devait donc être révisée préalablement à la ratification du traité (122). Sous ce premier aspect, relatif aux transferts de compétence, les décisions du Conseil constitutionnel n'intéressent pas directement les droits fondamentaux garantis par la Constitution française.

Il en va différemment lorsque le Conseil constitutionnel recherche si le traité ne comporte pas de clauses contraires à la Constitution. Son contrôle se dirige alors vers les droits et libertés constitutionnellement garantis ; le Conseil vérifiera que le traité soumis à son examen n'en compromet pas l'exercice. Il a jusqu'à présent considéré qu'il ne le faisait pas (123). La décision qu'il a rendue en prévision de la ratification du traité établissant une Constitution européenne a notamment fait porter ses appréciations sur la conformité à la Constitution française de la Charte des droits fondamentaux de l'Union européenne. Le Conseil constitutionnel a jugé que l'introduction de la Charte dans le traité, ni par le contenu de celle-ci, ni non plus par ses effets sur l'exercice de la souveraineté nationale, n'était contraire à la Constitution (v. considérants 14 à 22).

Il est toutefois à noter que le Conseil constitutionnel admet explicitement, dans cette même décision (v. considérant n° 7), qu'un engagement international de la France qui remettrait en cause des droits et libertés constitutionnellement garantis, pourrait être ratifié, sous réserve de la révision préalable de la Constitution. Constitutionnellement garantis, ces droits et libertés ne seraient pas pour autant intangibles.

La décision du Conseil constitutionnel, relative au traité de Lisbonne, qui, visant la Charte des droits fondamentaux, renvoie à ce que le Conseil avait jugé en 2004, logiquement puisque le texte qui lui était soumis n'avait pas changé entre-temps (124).

157-2. Transposition des directives. Longtemps le Conseil constitutionnel ne s'est pas explicitement prononcé sur le contrôle du droit communautaire dérivé au regard des principes sociaux particulièrement nécessaires à notre temps et, plus généralement, des libertés et droits fondamentaux protégés par la Constitution française. Fallait-il lui prêter une attitude de principe comparable à celle des Cours allemande et italienne, fondée sur le caractère très improbable de la violation par les institutions communautaires des droits fondamentaux et sur la présomption de conformité à la Constitution en découlant (125) ? Fallait-il en conclure que les lois de transposition des directives ne devaient pas lui être soumises ? On avait pu le supposer.

(122) Cons. const., 9 avril 2002, déc. 92-308 DC (traité de Maastricht), *RTD eur.* 1992, p. 420 et l'étude J.-P. Jacqué, p. 251 ; B. Genevois, *RFDA* 1992, p. 373 ; Fr. Luchaire, *RDP* 1992, p. 589 ; O. Beaud, « La souveraineté de l'État, le pouvoir constituant et le traité de Maastricht », *RFDA* 1993, p. 1045 ; Cons. const., 31 décembre 1997, déc. 97-394 DC (traité d'Amsterdam), v. F. Chaltiel, « Droit constitutionnel et droit communautaire », *RTD eur.* 1999, p. 395 ; 19 novembre 2004, déc. 2004-505 DC (Constitution pour l'Europe).

(123) Cf. décision du 9 avril 1992 (Maastricht 1) concernant le traité de Maastricht, p. 1045.

(124) Conseil constitutionnel, 20 déc. 2007, n° 2007/560 DC, v. considérants 11 et 12.

(125) *Infra* n° 156-2 ; v. L. Dubouis, « Le juge français et le conflit entre norme constitutionnelle et norme européenne », *in Mélanges en l'honneur de Jean Boulouis*, Dalloz, Paris, 1989, p. 205 ; v. également M. Darmon, article précité.

Plusieurs de ses décisions récentes, prises sur le fondement de l'article 61 de la Constitution, indiquent clairement que le Conseil constitutionnel entend au contraire pouvoir exercer un contrôle sur les lois transposant les directives communautaires. Dans trois décisions rendues en juin et juillet 2004, il a usé d'une première formule : « *la transposition en droit interne d'une directive communautaire résulte d'une exigence constitutionnelle, à laquelle il ne pourrait être fait obstacle qu'en raison d'une disposition expresse contraire de la Constitution* » (126). La formule s'est, en juillet 2006, modifiée : « *la transposition d'une directive ne saurait aller à l'encontre d'une règle ou d'un principe inhérent à l'identité constitutionnelle de la France, sauf à ce que le constituant y ait consenti* » (127).

De ces formules passablement énigmatiques, on peut tirer un enseignement minimal, c'est que le Conseil constitutionnel se donne bien mission d'exercer un contrôle.

La référence à l'identité constitutionnelle nationale n'est pas propre au Conseil constitutionnel français. On la retrouve en particulier chez le juge constitutionnel allemand (128). Elle traduit plus généralement l'idée, exprimée par nombre de juges ou cours constitutionnelles nationales, que le droit de l'Union, le droit dérivé spécialement, n'a pas primauté sur les exigences constitutionnelles définissant une identité nationale (129).

Le paradoxe, compte tenu de la position des juges constitutionnels nationaux, vient du traité sur l'Union européenne. Celui-ci se tourne lui-même vers les constitutions nationales. Il le fait dans l'article 6 § 3 en visant les traditions constitutionnelles communes qui « *font partie du droit de l'Union en tant que principes généraux du droit* ». Il le fait de façon encore plus notoire dans l'article 4 § 2 (nouveau) TUE, en énonçant que l'Union respecte l'« *identité nationale* » des États membres, « *inhérente à leurs structures fondamentales politiques et constitutionnelles* ».

Le respect des identités constitutionnelles nationales devient ainsi un élément du droit de l'Union. S'en induit une présomption. Le droit de l'Union devant respecter les identités constitutionnelles nationales, il y a lieu de présumer que les directives de l'Union le font correctement. Si bien que la transposition de la directive ne devrait *a priori* pas buter sur un obstacle lié à l'identité constitutionnelle française.

Peut aussi s'en induire un raisonnement tautologique, par une sorte de tour de passe passe. Le droit de l'Union respectant les identités constitutionnelles nationales, il convient de consulter le droit de l'Union pour vérifier si les identités constitutionnelles nationales sont respectées. Plus précisément, c'est à l'aune des dispositions du droit primaire et des principes généraux de l'Union que l'on vérifiera si le droit

(126) Cons. const., 10 juin 2004, déc. 2004-496 DC (Confiance dans l'économie numérique), B. Genevois, *RFDA* 2004, p. 651 ; X. Magnon, « Le chemin communautaire du Conseil constitutionnel », *Europe*, août-sept. 2004, p. 6 ; 29 juillet 2004, déc. 2004-498 DC (bioéthique), 2004-99 DC (traitement de données à caractère personnel) ; v. X. Magnon et Y. Symon, « La jurisprudence communautaire du Conseil constitutionnel », *Cah. dr. eur.* 2005, p. 217.

(127) Cons. const., 27 juillet 2006, n° 2006-540 DC (droits d'auteur dans la société de l'information), Cons. const., 19 juin 2008, n° 2008-584 DC (organismes génétiquement modifiés).

(128) V. *infra* n° suivant.

(129) Allemande, italienne, espagnole, polonaise, v. D. Ritleng, « De l'utilité du principe de primauté du droit de l'Union », *RTD eur.* 2009, p. 677 ; du même auteur, « Le principe de primauté du droit de l'Union », *RTD eur.* 2005, p. 285.

dérivé respecte les identités constitutionnelles nationales. Le droit de l'Union respectant le droit de propriété et la liberté d'entreprendre en tant que principes généraux, une directive satisfera les exigences constitutionnelles françaises correspondantes si elle respecte les deux principes généraux du droit de l'Union (130). On en vient à rechercher l'identité nationale dans les principes de l'Union.

Se retrouve ainsi, indirectement, la présomption posée par la Cour européenne des droits de l'homme, voulant que le droit de l'Union assure une garantie des droits de l'homme et des libertés fondamentales équivalente à celle de la CEDH (131). Se découvrent aussi les principes et présomptions qui ressortent des jurisprudences constitutionnelles allemande et italienne (132).

157-3. Question prioritaire de constitutionnalité. L'apparition du mécanisme de la question prioritaire de constitutionnalité a renouvelé partiellement, en France, les bases de l'analyse (133).

La nouvelle procédure permet, sous le filtrage de la Cour de cassation ou du Conseil d'État, aux juridictions ordinaires de saisir le Conseil constitutionnel si, dans une instance, « *il est soutenu qu'une disposition législative porte atteinte aux droits et libertés que la Constitution garantit* » (134).

Peut-être parce qu'elle y a vu une menace sur la mission de contrôle de la conventionnalité des lois que le système institutionnel français lui confie, la Cour de cassation s'est inquiétée de la conformité du nouveau mécanisme procédural français avec les exigences de l'article 267 TFUE relatif au recours préjudiciel devant la Cour de justice. Le caractère prioritaire de la question de constitutionnalité et le sursis à statuer s'ensuivant sont-ils contraires à l'obligation d'assurer le respect du droit de l'Union européenne qui s'impose sans délai aux autorités françaises, notamment juridictionnelles ? Elle a donc interrogé la CJUE sur l'existence d'un pareil conflit de procédures (135).

S'en est suivi un « dialogue », unissant dans un esprit de conciliation, Conseil d'État (136), Conseil constitutionnel (137) et enfin CJUE, dont l'objet et l'issue ont été d'arranger ensemble les deux procédures (138).

La Cour de justice rappelle les exigences de la jurisprudence *Simmenthal* : « *le juge national chargé d'appliquer, dans le cadre de sa compétence, les dispositions du droit de l'Union a l'obligation d'assurer le plein effet de ces normes en laissant au besoin inappliquée, de sa propre autorité, toute disposition contraire de la*

(130) Cf. CE (ass.), 8 février 2007, *ARCELOR*, n° 287110, *RTD eur.* 2007, p. 378, concl. M. GUYOMAR, note P. CASSIA ; *RFDA* 2007, p. 564, note A. LEVADE, p. 578, note X. MAGNON.

(131) V. *supra* n° 154.

(132) V. *infra* n° 158.

(133) Article 61-1 de la constitution française, telle que modifiée par la loi constitutionnelle du 23 juillet 2008 (n° 2008-724) ; ord. du 7 nov. 1958 (n° 58-1067), modifiée par la loi organique du 10 déc. 2009 (n° 2009-1523), chapitre II bis, « De la question prioritaire de constitutionnalité ».

(134) Article 61-1 de la Constitution.

(135) Cour de cassation, QPC, 16 avril 2010, *Melki et Abdeli*, n° 10-40002, renvoi devant la CJUE.

(136) CE, 14 mai 2010, *M. Senad B*, n° 312305.

(137) Cons. const., 12 mai 1010, n° 2010-605 DC (Jeux d'argent et de hasard).

(138) CJUE, 22 juin 2010, *Melki et Abdeli*, aff. C-188/10, arrêt très largement commenté ; v. spéc. P. CASSIA et E. SAULNIER-CASSIA, « La QPC peut-elle être prioritaire ? », *D.* 2010, 1636 ; J. DUTHEIL DE LA ROCHÈRE, « La porte étroite », D. SARMIENTO, « ... esquisse d'un dialogue des juges », *RTD eur.* 2010, p. 577 et 588 ; M. DOMINGO, M. GAUTIER, P. GAÏA, *RFDA* 2010, p. 445, p. 449, p. 458.

législation nationale, même postérieure, sans qu'il ait à demander ou à attendre l'élimination préalable de celle-ci par voie législative ou par tout autre procédé constitutionnel » (139).

Acceptant d'en moduler l'application en cas d'interférence d'une procédure incidente de constitutionnalité, « *qui empêcherait le juge national de laisser immédiatement inappliquée une disposition législative nationale qu'il estime contraire au droit de l'Union* », elle le fait sous trois conditions : 1°, que les juridictions nationales soient libres « *de saisir, à tout moment de la procédure qu'elles jugent approprié, et même à l'issue de la procédure incidente de contrôle de constitutionnalité, la Cour de toute question préjudicielle qu'elles jugent nécessaire* » ; 2°, qu'il le soit « *d'adopter toute mesure nécessaire afin d'assurer la protection juridictionnelle provisoire des droits conférés par l'ordre juridique de l'Union* » et 3°, « *de laisser inappliquée, à l'issue d'une telle procédure incidente, la disposition législative nationale en cause si elles la jugent contraire au droit de l'Union* » (140).

Statuant après réponse de la CJUE, la Cour de cassation a objecté qu'elle est, à la différence des juges du fond, dans l'impossibilité de prendre des mesures provisoires et qu'elle ne peut donc satisfaire à l'une des réserves conditionnant la mise en œuvre de la procédure de QPC. Elle en conclut que, lorsqu'elle est saisie d'une question portant à la fois sur la constitutionnalité et sur la conventionnalité d'une disposition législative, elle doit « *se prononcer sur la conformité de la disposition critiquée au regard du droit de l'Union en laissant alors inappliquées les dispositions de l'ordonnance du 7 novembre 1958 modifiée prévoyant une priorité d'examen de la question de constitutionnalité* » (141). Pour la Cour de cassation, la primauté du droit de l'Union peut donc conduire à écarter la priorité de la QPC (142).

Malgré la persistance de ces difficultés d'harmonisation, il reste que la procédure de QPC n'enlève pas aux juridictions la mission qui leur revient pour faire prévaloir les engagements internationaux de la France « *sur une disposition législative incompatible avec eux, même lorsque cette dernière a été déclarée conforme à la Constitution* », a précisé le Conseil constitutionnel (143). Les juridictions administratives et judiciaires demeurent les juges de la conventionnalité et peuvent déclarer inconventionnelle, avec les effets qui s'ensuivent, une disposition législative que le Conseil constitutionnel a jugée constitutionnelle.

Le Conseil constitutionnel admet même, malgré le caractère prioritaire de la QPC, que les juridictions saisissent la CJUE d'une question préjudicielle, « *y compris lorsqu'elles transmettent une question prioritaire de constitutionnalité* » qu'elles le fassent en même temps, concomitamment (144). C'est ce que voudra ensuite la CJUE (145).

(139) CJCE, 9 mars 1978, 106/77, *Rec.* p. 629, points 21 et 24 ; CJCE, 3 mai 2005, *Berlusconi* e.a., C-387/02, C-391/02 et C-403/02, *Rec.* p. I-3565, point 72 ; v. arrêt *Melki*, pt. 44.

(140) Arrêt *Melki*, pt. 57.

(141) Cass. ass. plén., 29 juin 2010.

(142) V. D. Simon, « Les juges et la priorité de la QPC, discordance provisoire ou cacophonie durable ? », *Rev. crit. DIP* 2011, p. 1.

(143) Déc. du 2 mai 2010, préc. v. consid. n° 13.

(144) V. consid. n° 15

(145) Arrêt *Melki*, préc.

Déclarée conforme aux droits et libertés que la Constitution garantit, une disposition législative française peut donc être déclarée non conforme aux garanties offertes par le droit de l'Union. La voie ouverte aux questions de conventionnalité n'en demeure pas moins beaucoup plus étroite que celle des questions de constitutionnalité. Tout le dispositif législatif français, dans quelque domaine que ce soit, peut être questionné au nom des droits et libertés que la Constitution garantit. Alors qu'il faut un texte de droit de l'Union pour que la norme française de mise en œuvre puisse faire l'objet d'un questionnement redoublant une QPC.

Un cas de figure ne doit d'ailleurs pas faire oublier le cas de figure inverse. Une norme interne française peut aussi être déclarée inconstitutionnelle dans le cadre d'une QPC, alors qu'elle apparaîtrait satisfaisante au regard de la protection des droits et libertés fondamentaux par le droit de l'Union. La difficulté peut se présenter dans les deux sens. Tant qu'un esprit d'harmonisation se constatera entre la jurisprudence de la Cour européenne des droits de l'homme, la Cour de justice de l'Union européenne et les « juges » français concernant leurs conceptions respectives de la protection des libertés et droits fondamentaux, le risque d'accrochage est toutefois mineur.

B. — Jurisprudences constitutionnelles allemande et italienne

158. Des présomptions fragiles. Les Cours constitutionnelles italienne et allemande ont été saisies en particulier des difficultés que le droit communautaire dérivé peut soulever en matière de protection des droits fondamentaux (146).

La Cour constitutionnelle italienne s'est refusé à consentir aux institutions communautaires un « *pouvoir inadmissible* » de violer les principes fondamentaux de l'ordre constitutionnel italien ou les droits inaliénables de la personne humaine. Bien que la qualifiant d'« *improbable* », elle a déclaré que si, le cas échéant, une telle violation était constatée, elle aurait à faire barrage à l'application du droit communautaire (147).

La jurisprudence constitutionnelle allemande a connu une évolution entre méfiance et confiance dans le respect des droits fondamentaux par le droit communautaire (148). Deux moments particulièrement importants ont ponctué cette évolution.

Dans une ordonnance du 29 mai 1974, la Cour constitutionnelle a estimé que le droit communautaire souffrait d'un déficit de protection des droits fondamentaux ;

(146) V. M. Darmon, « Juridictions constitutionnelles et droit communautaire », *RTD eur.* 1988, p. 217 ; B. de Witte, « Droit communautaire et valeurs constitutionnelles nationales », *Droits* 1991, p. 87.

(147) Cour constitutionnelle italienne, *Frontini et Pozzani*, 27 décembre 1973, *RTD eur.* 1974, p. 148, note S. Neri ; *Granital*, 8 juin 1984, *RTD eur.* 1985, p. 414 et p. 313, A. Barav, « Cour constitutionnelle italienne et droit communautaire... ». V. R. Mastroianni, « Ordre juridique national et règles communautaires de l'Union européenne – la position de la Cour constitutionnelle italienne », *Rev. aff. eur.* 2007, p. 677 ; J. Rideau, « La cour constitutionnelle italienne et les rapports entre l'ordre juridique italien et le droit de l'Union européenne », *Rev. aff. eur.* 2007, p. 697.

(148) V. D. Hanf, « Le jugement de la Cour constitutionnelle allemande sur la constitutionnalité du traité de Maastricht », *RTD eur.* 1994, p. 392, étude retraçant l'ensemble de l'évolution de la jurisprudence constitutionnelle allemande. V. également article M. Darmon, précité.

elle en conclut qu'aussi longtemps que *(« solange »)* la Communauté n'aurait pas elle-même un catalogue codifié de droits fondamentaux arrêté par un Parlement et correspondant au catalogue des droits consacrés par la loi fondamentale allemande, le juge interne allemand aurait à renvoyer devant la Cour constitutionnelle les mesures de droit communautaire – dérivé – qu'il estimerait contraires aux principes fondamentaux garantis dans l'ordre juridique allemand (149).

Cette position s'est ensuite inversée et dans sa décision du 22 octobre 1986 (dite « *Solange II* »), la Cour constitutionnelle a dit qu'aussi longtemps que les Communautés européennes, notamment par la jurisprudence de la Cour de justice, continueront de garantir une protection efficace des droits fondamentaux d'un niveau équivalent à celui de la protection inaliénable assuré par la loi fondamentale allemande, les saisines de la Cour constitutionnelle pour inconstitutionnalité du droit communautaire seront irrecevables (150).

Cette évolution s'explique par celle des institutions communautaires et notamment celle de la jurisprudence de la Cour de justice. La Cour constitutionnelle allemande a pris acte de la volonté d'assurer la protection des droits fondamentaux que les principales institutions communautaires ont formellement exprimée (151). Elle a également estimé que la jurisprudence de la Cour de justice avait permis à celle-ci de dégager un catalogue de droits fondamentaux garantis analogue à celui de la loi fondamentale allemande.

La position de la Cour constitutionnelle allemande ne parait cependant pas être définitivement arrêtée. Un certain retour de méfiance a permis d'évoquer l'éventualité d'une nouvelle décision *Solange* plus réservée. La ratification du traité de Maastricht a donné l'occasion à la Cour constitutionnelle de réajuster en partie sa position. Parlant d'un rapport de coopération avec la Cour de justice, la décision du 9 avril 1992 met à nouveau en avant la compétence de principe de la Cour allemande pour contrôler le droit communautaire dérivé (152).

L'évolution plus récente de la jurisprudence constitutionnelle allemande vise l'existence d'un noyau intangible de droits, marqué par une « clause d'éternité », noyau identitaire intégrant les droits fondamentaux, auquel le droit de l'Union dérivé ne saurait porter atteinte. Si la présomption que l'Union respecte les droits fondamentaux garantis par la Constitution allemande reste posée, l'inquiétude se déplace vers le principe de démocratie, bien imparfaitement assuré en l'état de la construction européenne et vers l'équilibre entre action de l'Union, organisation internationale, et contrôle national (153).

(149) *RTD eur.* 1975, p. 316, note FROMONT ; *Cah. dr. eur.* 1975, p. 149, note COHEN-JONATHAN.

(150) *RTD eur.* 1987, p. 545, note CONSTANTINESCO ; chron. TOMUSCHAT, « Les rapports entre le droit communautaire et le droit interne allemand dans la jurisprudence récente de la Cour constitutionnelle allemande », *Cah. dr. eur.* 1989, p. 163.

(151) Cf. la déclaration commune du Parlement, du Conseil et de la Commission du 5 avril 1977 ; *JOCE* n° 103 du 27 avril 1977.

(152) V. D. HANF, *RTD eur.* 1994, p. 392, précité.

(153) C'est ce qui ressort notamment de la décision de la Cour constitutionnelle allemande du 30 juin 2009 sur la constitutionnalité du traité de Lisbonne, *RTD eur.* 2009, p. 799, note K.M. BAUER ; v. également D. HANF, « L'apport de l'arrêt… traité de Lisbonne », *Cah. dr. eur.* 2009, p. 639.

Section 2

Le principe de non-discrimination

Paragraphe préliminaire. — Du principe de non-discrimination aux directives anti-discrimination

A. — Sur le caractère général du principe de non-discrimination

159. Une évolution considérable. À ses débuts, le droit communautaire ne connaissait pas d'un principe général de non-dicrimination, mais plutôt de causes ou de cas particuliers et finalement isolés, directement liés aux nécessités économiques du marché commun. Une évolution très sensible s'est produite, en interaction avec des exigences venues de la Convention européenne des droits de l'homme.

159-1. Données originaires. Le traité de Rome avait simplement interdit :

– les discriminations exercées en raison de la nationalité dans le domaine d'application du traité ; les ressortissants communautaires devaient donc bénéficier d'une égalité avec les nationaux dans l'exercice des libertés économiques consacrées par le traité et dans l'établissement d'un marché commun, les ressortissants noncommunautaires restant en général exclus de ce principe d'égalité ;

– les discriminations entre hommes et femmes en matière de rémunération pour un même travail.

Le droit dérivé a permis d'élargir considérablement le domaine d'application de l'interdiction des discriminations entre hommes et femmes, aboutissant à imposer celle-ci pour l'ensemble de la vie professionnelle des hommes et des femmes (154). L'attention s'est également portée progressivement vers les ressortissants non communautaires et la nécessité qu'ils soient traités équitablement et, pour ceux qui résident légalement dans la Communauté, qu'ils bénéficient de droits comparables ou équivalents à ceux des ressortissants communautaires (155).

La jurisprudence de la Cour de justice a également joué son rôle en précisant les méthodes d'application du principe de non-discrimination et en cherchant à en renforcer l'efficacité (156).

Le droit communautaire n'en restait pas moins cantonné à la seule prohibition des discriminations entre hommes et femmes et entre nationaux et ressortissants communautaires, prohibition ne couvrant d'ailleurs, à l'instar du droit communautaire, que le seul exercice de libertés économiques ou le bénéfice de droits sociaux.

159-2. Convention européenne des droits de l'homme. La Convention européenne des droits de l'homme (CEDH), de son côté, prévoit depuis toujours une

(154) V. *infra* n° 261-262. pour les détails de cette évolution.
(155) V. *infra* n° 179, n° 193, n° 203-206.
(156) V. *infra* n° 263 et s. pour l'égalité entre hommes et femmes, n° 248 et s. pour l'égalité entre nationaux et ressortissants communautaires.

prohibition de portée générale, indifférente aux causes de discrimination. La jouissance des droits de l'homme et libertés fondamentales qu'elle reconnaît doit être assurée, dit-elle dans son article 14, *sans distinction aucune*, fondée *notamment* sur le sexe, la race, la couleur, la langue, la religion, les opinions politiques ou autres, l'origine nationale ou sociale, la fortune, la naissance ou *toute autre situation*. L'idée, qui s'impose à l'évidence, est que les droits et libertés que la convention consacre, appartiennent par nature à tout être humain et que chacun doit donc pouvoir en bénéficier. C'est pourquoi l'article 14 de la CEDH s'applique en combinaison avec les autres dispositions de la Convention. Il entre en application à la condition que l'un des droits de l'homme ou que l'une des libertés fondamentales identifiés et consacrés par la Convention soit mis en cause, sans qu'il soit nécessaire pour autant que se constate une violation de ce droit ou de cette liberté (157). Cette semi dépendance par rapport aux autres dispositions de la Convention a pour effet de limiter le domaine dans lequel l'article 14 de la CEDH peut être invoqué. Encore faut-il que le droit ou la liberté invoqué entre dans le catalogue de droits et libertés de la CEDH, catalogue qui il est vrai, s'allonge et s'enrichit au fur et à mesure des protocoles s'ajoutant au texte initial (158).

La condamnation des discriminations par la CEDH, jointe à celle venue d'autres instruments internationaux (conventions de l'OIT, chartes de l'ONU) ou européens (Charte sociale européenne), également présente dans des traditions constitutionnelles des États membres, ne pouvait pas manquer d'avoir une influence sur le droit communautaire.

159-3. Traités de l'Union européenne. Le traité d'Amsterdam a introduit dans le traité communautaire une disposition qui est certes en partie décalquée sur celle de la Convention européenne des droits de l'homme en ce qui concerne les causes possibles de discrimination, mais dont le sens et la portée s'en distinguent nettement.

L'article 13 du traité CE, devenu article 19 TFUE, a donné mission au Conseil, « *dans les limites des compétences conférées à l'union, de prendre les mesures nécessaires en vue de combattre toute discrimination fondée sur le sexe, la race ou l'origine ethnique, la religion ou les convictions, un handicap, l'âge ou l'orientation sexuelle* ».

Le domaine de la prohibition des discriminations par le droit de l'Union s'est donc considérablement élargi. Le texte de l'article 13 du traité CE la marque toutefois d'une double limite, lui ôtant la portée générale, voire absolue, de son homologue européen. Le droit de l'Union ne condamne pas toute distinction, mais uniquement

(157) V. CEDH, 16 septembre 1996, *Gaygusuz c. Autriche*, Req. n° 17371/90, pt. 36 : « *D'après la jurisprudence constante de la Cour, l'article 14 de la Convention (art. 14) complète les autres clauses normatives de la Convention et des Protocoles. Il n'a pas d'existence indépendante puisqu'il vaut uniquement pour "la jouissance des droits et libertés" qu'elles garantissent. Certes, il peut entrer en jeu même sans un manquement à leurs exigences et, dans cette mesure, il possède une portée autonome, mais il ne saurait trouver à s'appliquer si les faits du litige ne tombent pas sous l'emprise de l'une au moins desdites clauses* » ; voir également l'arrêt *Karlheinz Schmidt c. Allemagne* du 18 juillet 1994.

(158) Très différente est la portée de l'article 1 du protocole n° 12 (signé à Rome le 4 novembre 2000 puisque celui-ci, instituant une prohibition générale des discriminations, énonce que « *la jouissance de tout droit prévu par la loi doit être assurée, sans discrimination aucune...* » qu'elle soit fondée sur quelque cause que ce soit ! La France a refusé de signer ce protocole.

celles qui sont fondées sur le sexe, la race..., l'énumération se présentant ici comme limitative ; nulle mention n'est faite d'un *notamment*. On remarquera au surplus que si le sexe est présent, la nationalité est absente, absence s'expliquant aisément. Si le droit de l'Union repose, depuis toujours, sur l'interdiction des discriminations fondées sur la nationalité (article 18 TFUE, ex-article 12 TCE), celle-ci concerne les seuls ressortissants de l'Union. On remarque également la présence, dans la liste limitative des articles 13 TCE et 19 TFUE, de causes de discriminations non visés dans la liste simplement exemplative de l'article 14 CEDH : le handicap, l'âge, l'orientation sexuelle (159).

La prohibition des discriminations par l'Union européenne est également limitée par les compétences de celle-ci. Le droit de l'Union n'a pas pour objet ou pour finalité de protéger les droits de l'homme, mais l'exercice de libertés économiques ou l'attribution de droits sociaux. Mais si les articles 13 TCE et 19 TFUE n'ont sans doute pas élargi le champ des compétences de l'Union, ils ont néanmoins fait naître une nouvelle mission de celle-ci : veiller à respecter et à faire respecter l'interdiction des discriminations interdites par le droitde l'Union, dans les limites de ces compétences.

La mise en œuvre du nouveau principe du droit de l'Union est limitée d'une troisième façon. Les mesures que prendra le Conseil doivent être arrêtées à l'unanimité, « *après consultation du Parlement* », disait l'article 13 TCE, « *après approbation du Parlement* », dit aujourd'hui l'article 19 TFUE.

159-4. Charte des droits fondamentaux. Le principe de non-discrimination s'inscrit également dans la Charte des droits fondamentaux. Il le fait dans des termes très généraux, plus encore que l'article 14 CEDH. L'article 21 § 1 de la Charte déclare qu'« *est interdite toute discrimination fondée notamment sur...* » une liste de causes possibles de discriminations s'ensuivant, liste où se retrouvent les éléments présents dans l'article 14 CEDH et dans l'article 19 TFUE, à l'exclusion de la nationalité. Le champ de la prohibition s'ouvre le plus largement, plus largement que celui de l'article 19 TFUE qui correspond à une liste limitative, d'une part, que celui de l'article 14 CEDH, qui s'applique exclusivement aux droits et libertés garantis par la convention européenne, d'autre part.

159-5. Principe général du droit de l'Union. La consécration d'un principe général d'égalité dans la jurisprudence de la Cour de justice remonte à 1976 et à l'arrêt *Defrenne II*, rendu à propos de l'égalité des rémunérations entre hommes et femmes (160). « *Le principe général d'égalité interdisant de traiter de manière différente des situations comparables, à moins que la différenciation ne soit objectivement justifiée, fait partie des fondements de la Communauté* », y avait dit la Cour dans une formule fréquemment reprise depuis. Le principe, d'interdiction, peut se muer en obligation positive, s'agissant de situations différentes ou non comparables. « *Le principe d'égalité*

(159) La notion de discrimination fondée sur le sexe n'englobe pas les discriminations fondées sur l'orientation sexuelle, avait jugé la Cour de justice dans l'arrêt *Lisa Grant* du 17 février 1998, aff. C-249/96.

(160) CJCE, 8 avril 1976, *Defrenne*, aff. 43/75, *Rec.* p. 455.

de traitement ou de non-discrimination exige que des situations comparables ne soient pas traitées de manière différente et que des situations différentes ne soient pas traitées de manière égale, à moins qu'un tel traitement ne soit objectivement justifié », précise parfois la Cour de justice (161). Dans la conception du droit de l'Union, le principe ainsi affirmé se confond avec le principe de non-discrimination. On entend par principe de l'égalité de traitement l'absence de discrimination, disent les textes (162). Qu'il soit visé sous l'angle de l'égalité ou sous celui de la non-discrimination, le principe entre parmi les principes généraux du droit de l'Union (163).

Le principe doit être mis en œuvre dans les hypothèses les plus diverses où une différence de traitement est alléguée dans des situations qui seraient comparables. L'« *expression spécifique* » qu'il trouvera dans les différents types de situations concrètes se traduira dans un régime s'adaptant aux particularités de ces différents cas d'application : la rémunération comparée des hommes et des femmes (164), les droits de travailleurs sous contrat à durée déterminée par rapport à ceux de travailleurs sous contrat à durée indéterminée (165), la rémunération comparée des fonctionnaires de l'Union (166), etc.

Les deux directives adoptées sur le fondement de l'article 13 TCE ont pour objet de permettre l'expression spécifique du principe face aux différentes causes de discrimination énumérées par le traité. Ces directives ne le consacrent pas, dit la Cour de justice. Le principe « *trouvant sa source dans divers instruments internationaux et les traditions constitutionnelles communes aux États membres* », la directive 2000/78 ne fait qu'en concrétiser et en spécifier l'application pour lutter contre les différentes causes de discrimination qu'elle vise (167).

160. Deux directives conjointes. La contrainte constituée par la règle de l'unanimité n'a pas empêché l'adoption, rapidement après l'entrée en vigueur du traité d'Amsterdam, de deux directives relatives à la mise en œuvre du nouvel article 13 du traité CE.

160-1. Directives générales et particulières. La première – directive 2000/43 du 29 juin 2000 – concerne « *l'égalité de traitement entre les personnes sans distinction de race ou d'origine ethnique* » (168). La deuxième – directive 2000/78 du 27 novembre 2000 – se présente comme portant création d'un « *cadre général en faveur de l'égalité de traitement en matière d'emploi et de travail* » (169). Les deux titres sont partiellement trompeurs. La première directive est, elle aussi, relative aux conditions d'emploi et de travail. La seconde a en réalité pour objet les discrimi-

(161) V. CJCE, 17 juillet 2008, *Campoli c. Commission*, aff. C-71/07 P, pt. 50 ; CJCE, 11 septembre 2007, *Lindorfer c. Conseil*, aff. C-227/04 P.

(162) V. *infra* n° suivant.

(163) V. CJCE, 13 septembre 2007, *Del Cerro Alonso*, aff. C-307/05, visant ensemble principes d'égalité de traitement et de non-discrimination en tant que principes généraux, v. pt. 27.

(164) V. CJCE, 26 juin 2001, *Brunnhofer*, aff. C-381/99, v. pt 28, renvoyant à l'arrêt *Defrenne II*.

(165) CJCE, 13 septembre 2007, *Del Cerro Alonso*, aff. C-307/05.

(166) V. TPI CE, 20 février 2009, *Commission c. Bertolete et al*, aff. T. 357 /07 P ; v. aussi arrêts *Campoli c. Commision, Lindorfer c. Conseil*, préc.

(167) V. points 74 et 75 de l'arrêt ; v. P. Rodière, « Âge et discrimination dans l'accès à l'emploi », *Sem. soc. Lamy*, 2006, n° 266.

(168) *JOCE* n° L 180, 19 juillet 2000.

(169) *JOCE* n° L 303, 2 décembre 2000.

nations fondées sur la religion ou les convictions, un handicap, l'âge ou l'orientation sexuelle. Les deux directives, constitutives ensemble d'un cadre général, se complètent pour couvrir les différentes causes de discriminations visées par l'article 13 du traité, mise à part la discrimination fondée sur le sexe (170).

La construction textuelle de l'Union européenne atteint ainsi, en ce qui concerne les discriminations en matière d'emploi et de travail, un certain point d'aboutissement. À la double prohibition préexistante – en raison de la nationalité ou du sexe – viennent aujourd'hui s'ajouter des textes de droit dérivé visant les autres causes de discrimination condamnées par le traité.

Les termes « cadre général » utilisés par la directive 2000/78 (religion, handicap, âge...) ne sont pas usurpés. Ils s'appliqueraient d'ailleurs aussi justement à la directive 2000/43 (race ou origine ethnique). Suivant une trame de dispositions largement commune aux deux directives, celles-ci offrent en effet une véritable théorie d'ensemble relative à la mise en œuvre du principe d'égalité de traitement, applicable dans les différentes situations de discrimination condamnées par le droit de l'Union. Introduite dans les deux nouvelles directives sur l'égalité de traitement, cette théorie générale est en partie inspirée de la jurisprudence de la Cour de justice, concernant notamment l'égalité de l'homme et de la femme et de certains éléments de directives relatives à cette même égalité. La nouveauté vient donc de la généralisation d'un acquis préexistant. Mais l'apport des nouvelles directives va plus loin. Elles innovent en ce qui concerne la compréhension du concept de discrimination et les moyens qui sont à mettre en œuvre pour combattre les discriminations.

Les deux directives comportent des règles spéciales, destinées à moduler l'application du principe d'égalité de traitement en tenant compte des particularités propres aux nouveaux cas d'application du principe.

160-2. Et la nationalité ? Du cadre général, les discriminations fondées sur la nationalité sont en principe exclues. Les deux directives ont à ce sujet la même formule ambiguë. « *La présente directive ne vise pas les différences de traitement fondées sur la nationalité et s'entend sans préjudice des dispositions et conditions relatives à l'admission et au séjour des ressortissants de pays tiers* (171) *sur le territoire des États membres et de tout traitement lié au statut juridique des ressortissants des pays tiers* » (172).

L'exclusion concerne-t-elle toutes les différences de traitement fondées sur la nationalité ou seulement celles qui s'appliquent aux ressortissants de pays tiers à l'Union ? Le principe voulant que les ressortissants de pays tiers doivent relever d'un traitement propre, notamment pour les conditions d'admission et de séjour dans l'Union européenne, est indiscutable. Mais il est également indiscutable que les ressortissants de l'Union doivent

(170) Transposition en France par la loi du 16 novembre 2001 relative à la lutte contre les discriminations (*JORF* 17 novembre 2001, p. 18311). L'article L. 122-45, al. 1, devenu article 1132-1, du Code du travail, notamment, a dû être modifié pour tenir compte des exigences du droit communautaire, quant au domaine de prohibition des discriminations (orientation sexuelle, âge), à l'interdiction des mesures de rétorsion, à la preuve des discriminations.

(171) « *et des personnes apatrides* ». V. article 5 II, non codifié, de la loi du 27 mai 2008 (adaptation au droit communautaire dans le domaine de la lutte contre les discriminations).

(172) « *et personnes apatrides* ». Article 3 § 2 des deux directives.

bénéficier de l'égalité de traitement, il est vrai sous réserve de certaines conditions et limitations (173). Les dispositions constitutives du cadre général de l'Union en faveur de l'égalité de traitement ont vocation à couvrir la situation des ressortissants de l'Union. En visant en général la nationalité, puis en se resserrant ensuite sur les seuls ressortissants des pays tiers, le texte des directives entretient une incertitude.

L'exclusion des discriminations fondées sur la nationalité du cadre général relatif à l'égalité de traitement ne signifie évidemment pas que les autres discriminations, discriminations voisines, fondées sur la race, l'origine ethnique, la religion, ou autres discriminations prohibées, qui touchent des étrangers, ressortissants de l'Union ou d'États tiers ne soient pas soumises aux directives 2000/43 et 2000/78. Sont seulement exclues les discriminations fondées sur la nationalité ; toutes les autres entrent dans le cadre des deux directives, quelle que soit la nationalité de la victime (174).

*

* *

Seront successivement examinées les règles générales – le cadre général – applicables à l'ensemble des interdictions de discriminations, puis les règles spéciales propres aux interdictions nouvellement consacrées. L'application particulière du principe d'égalité en raison du sexe ou de la nationalité, application qui a donné lieu à d'importants développements du droit communautaire dérivé et de la jurisprudence de la Cour de justice, sera étudiée dans les chapitres ultérieurs respectivement consacrés à l'égalité des sexes et à la liberté de circulation des travailleurs.

§ 1. — Les règles générales

A. — Objectifs

1° Concept de discrimination

161. Une compréhension large. Les directives assimilent pour commencer « principe d'égalité de traitement » et absence de discriminations, aussi bien directes qu'indirectes est-il ajouté (175). Les discriminations indirectes sont condamnables au même titre que les discriminations directes. C'est le principe depuis longtemps retenu par la Cour de justice, principe déjà inscrit dans certains textes.

161-1. Définition de la discrimination. Les directives 2000/43 et 2000/78 définissent ce qu'il faut entendre par discrimination directe d'une part, par discrimination indirecte d'autre part (176).

(173) Pour plus de précisions sur les discriminations en raison de la nationalité, v. *infra*, spéc. n° 202-206, n° 248 et s.

(174) Les considérants des deux directives énoncent que l'interdiction des discriminations qu'elles formulent s'applique aux ressortissants de pays tiers.

(175) Article 2 § 1 des directives 2000/78 et 2000/43.

(176) Article 2 § 2 a) et b) des directives 2000/78 et 2000/43.

La discrimination directe correspond à la situation d'une personne qui, pour une raison visée et condamnée par le droit communautaire – la race, le handicap, le sexe, etc. –, est traitée moins favorablement qu'une autre personne placée dans une situation *comparable*.

La discrimination indirecte correspond à la situation dans laquelle une disposition, critère ou pratique apparemment neutre est susceptible d'entraîner un désavantage pour des personnes d'une religion, d'un sexe, d'un âge, etc. donné.

Ces définitions, bien que reprises en partie de la jurisprudence de la Cour de justice et de textes antérieurs, ne sont pas vraiment parlantes ni entièrement satisfaisantes (177). La définition de la discrimination directe n'exprime pas clairement le fait que la différence de traitement est en ce cas explicitement ou expressément, ostensiblement, fondée sur le critère prohibé (race, sexe, nationalité...). La notion de situation comparable est-elle bienvenue ? N'est-elle pas trop vague ou trop ouverte ? Similaire, semblable ne seraient-ils pas des qualificatifs préférables ? L'exigence de comparabilité, d'ailleurs, ne concerne-t-elle pas aussi les discriminations indirectes ? La définition de la discrimination indirecte est obscure. Elle ne met en particulier pas en lumière que l'application d'un critère apparemment neutre (non tiré du sexe, race, religion, etc.), aboutit à un résultat semblable ou équivalent à celle du critère prohibé (sexe, race, religion, etc.) (178).

161-2. Harcèlement discriminatoire. Le harcèlement entre désormais dans la compréhension du concept de discrimination. Il est défini comme « *un comportement indésirable... qui a pour objet ou pour effet de porter atteinte à la dignité d'une personne et de créer un environnement intimidant, hostile, dégradant, humiliant ou offensant* » (179). C'est « *une forme de discrimination* », disent les deux directives, signifiant par là que la protection contre le harcèlement relève des mêmes règles que la protection contre les discriminations.

Une notion de harcèlement discriminatoire fait ainsi son apparition. On n'entend pas pour autant condamner de manière générale le harcèlement dans les relations de travail (180). Sera traité comme une discrimination le comportement répondant à la définition du harcèlement donnée par le texte, lorsque et uniquement lorsque ce comportement est lié à l'un des motifs de discrimination condamnés par le droit de l'Union : origine ethnique, religion, handicap, etc. Quant au harcèlement sexuel (181), il est désormais visé et condamné par les textes relatifs à l'égalité

(177) V. *infra* n° 264, pour l'analyse des deux notions à partir de la jurisprudence de la Cour de justice relative à l'égalité entre hommes et femmes

(178) Les considérants 14 de la directive 2000/78 et 15 de la directive 2000/43 font référence à la possibilité d'établir l'existence d'une discrimination indirecte par tous moyens, y compris par des données statistiques ; sur cette preuve par statistiques, voir *infra* n° 264-267, 274-276.

(179) Article 2 § 3 des directives 2000/78 et 2000/43.

(180) Comme le fait le droit français avec le harcèlement moral ; visant « *les agissements répétés ayant pour objet ou pour effet une dégradation des conditions de travail susceptible de porter atteinte à ses droits et à sa dignité, d'altérer sa santé physique ou mentale ou de compromettre son avenir professionnel* » – article L. 1152-1, ex-article L. 122-49 du Code du travail.

(181) Que le droit français condamne spécifiquement et isolément – article L. 1153-1, ex-article L. 122-46 du Code du travail, condamnant « *les agissements de harcèlement de toute personne dans le but d'obtenir des faveurs de nature sexuelle à son profit ou au profit d'un tiers* ».

professionnelle entre hommes et femmes, depuis la modification de la directive 76/207 intervenue en septembre 2002 (182).

161-3. Discrimination par interposition. Il est également ajouté que le comportement qui consiste à enjoindre à un autre de pratiquer une discrimination prohibée est considéré lui-même comme une discrimination condamnable (183). Apparaît la discrimination par personne interposée, à laquelle il est remédié par la création d'une forme d'action directe contre l'instigateur.

161-4. Terminologie. La terminologie prête à une certaine confusion. En condamnant les discriminations directes ou indirectes, le droit de l'Union condamne des différences de traitement entre situations comparables, différences dont il juge qu'elles ne sont pas justifiées. C'est alors qu'il convient de parler de discrimination. Des différences de traitement entre situations comparables peuvent toutefois, sous condition, se justifier. Le droit de l'Union, en pareil cas, ne les condamnera pas. Parler de discrimination directe autorisée ou de discrimination indirecte justifiée, comme cela est fréquent, est équivoque. Autorisée, la différence de traitement directement fondée sur l'origine ethnique, le sexe, etc., n'est pas une discrimination. Si elle est autorisée, c'est d'ailleurs parce qu'elle ne présente pas le caractère condamnable qui définit la discrimination. Une analyse analogue vaut pour les différences de traitement indirectement rattachables à l'origine ethnique, au sexe, etc.. Justifiées, donc non condamnables, ce ne sont pas des discriminations, mais de simples différences de traitement non discriminatoires.

2° Domaine de la lutte contre les discriminations

162. Les conditions d'emploi et de travail. La prohibition par le droit de l'Union concerne les conditions d'emploi et de travail. Les deux directives précisent son extension. Elles couvrent le secteur privé comme le secteur public, y compris les organismes publics (184). Toutes deux s'appliquent (185) :

– à l'accès à l'emploi, notamment aux conditions de sélection et de recrutement et à la promotion ;

– à l'orientation, à la formation et à la reconversion professionnelles, ainsi qu'à l'éducation ;

– aux conditions d'emploi et de travail, y compris de licenciement et de rémunération ;

– à l'affiliation aux organisations professionnelles et au bénéfice des avantages qu'elles sont susceptibles de procurer (186).

(182) Directive 2002/73 du 23 septembre 2002, modifiant la directive 76/207 ; v. *infra* n° 262.

(183) Article 2 § 4 des deux directives.

(184) Article 3 – champ d'application– des deux directives. Les directives s'appliquent « *à toutes les personnes, tant pour le secteur public que pour le secteur privé, y compris les organismes publics* », CJUE, 8 septembre 2011, *Hennings*, aff. C-297/10, pt. 50.

(185) Article 3 § 1 a) et s.

(186) V. article L. 1132-1, ex-article L. 122-45 du Code du travail, tel que modifié par la loi du 16 novembre 2001 sur la lutte contre les discriminations.

En matière de discrimination raciale ou ethnique, le champ couvert par l'interdiction s'étend plus largement et va au-delà des conditions d'emploi et de travail *stricto sensu*. Il recouvre en outre la protection sociale (sécurité sociale, soins de santé), les avantages sociaux, l'éducation, mais aussi le refus de vente, tous domaines qui n'entrent donc pas dans le cadre général de la non-discrimination (187).

3° Différences de traitement autorisées

163. Trois situations. Trois types de situations s'ouvrent à des différences de traitement que le droit de l'Union ne condamnera pas.

1) Action positive. Des actions positives en faveur d'un groupe désavantagé peuvent être menées pour « *assurer une pleine égalité dans la vie professionnelle* » (188). Les États membres sont en droit de « *maintenir ou adopter des mesures spécifiques destinées à prévenir ou compenser des désavantages* » liés à la cause de discrimination combattue (189).

2) Exigence essentielle de l'emploi. Il n'y a pas discrimination lorsqu'une « *exigence professionnelle essentielle et déterminante* » commande de recourir aux services d'une personne d'un groupe qui normalement ne doit pas faire l'objet d'un traitement discriminatoire (190). Encore faut-il que l'objectif poursuivi soit légitime et que l'exigence soit proportionnée (191).

3) Justification. Une discrimination *indirecte* peut être justifiée par un objectif légitime et si les moyens utilisés sont *appropriés et nécessaires* pour réaliser cet objectif (192).

De manière générale, le droit communautaire, tel qu'interprété par la Cour de justice tendra à admettre qu'un objectif légitime puisse justifier une différence de traitement entre situations comparables pourvu toutefois que le principe de proportionnalité soit respecté. Une telle possibilité vaut d'ailleurs aussi pour une discrimination *directe*, à tout le moins lorsqu'il en va d'une « *exigence professionnelle essentielle et déterminante* ». Il faut en outre préciser que c'est à l'auteur de la différence de traitement de justifier de la légitimité de son objectif et du caractère approprié et nécessaire des moyens qu'il utilise.

Le droit communautaire consistant en prescriptions minimales, les États membres peuvent aller plus loin et adopter ou maintenir des dispositions plus favorables à la protection du principe d'égalité ; les directives le disent explicitement (193). On remarquera à ce propos que si la possibilité d'un « plus ou moins favorable » ne trouve

(187) V. *infra* n° 166.

(188) « *Dans la pratique* », dit la directive 2000/43.

(189) Article 5 de la directive 2000/43 et article 7 § 1 de la directive 2000/78. Sur les actions positives en faveur des femmes, v. *infra* n° 268-272.

(190) Sur la notion d'« *exigence professionnelle essentielle et déterminante* », v. CJUE, 12 janvier 2010, *Wolf*, aff. C-229/08.

(191) Article 4 de la directive 2000/43 et article 4 § 1 de la directive 2000/78. V. articles L. 1133-1 et L. 1142-2 du Code du travail (loi du 27 mai 2008, adaptation au droit communautaire dans le domaine de la lutte contre les discriminations).

(192) Possibilité de justification prévue dans la définition même de la notion de discrimination indirecte, article 2 § 2, b) des deux directives ; v. pour des hypothèses concrètes, *infra* n° 264-267.

(193) Article 6 § 1 de la directive 2000/43 et 8 § 1 de la directive 2000/78.

normalement pas à s'exprimer pour l'application d'une règle de non-discrimination, qui a un caractère absolu, il en va différemment pour les conditions et limitations qui sont éventuellement mises à son application et pour les moyens à mettre en œuvre en vue de promouvoir son application effective.

B. — Moyens de lutte

164. Multiplication. La réalisation ou l'application correctes des exigences du droit communautaire supposent justement la mise en œuvre de moyens institutionnels et de procédures appropriés.

164-1. Moyens procéduraux. Que les victimes de discriminations puissent accéder aux procédures leur permettant de faire valoir une plainte ne suffit pas. Encore faut-il que la preuve de la discrimination dont ils estiment souffrir ne soit pas excessivement difficile à rapporter.

1) Accès aux procédures. Il n'y a rien de nouveau ou d'original dans l'obligation faite aux États membres de veiller à ce que des procédures judiciaires et administratives soient accessibles aux personnes qui s'estiment lésées par le non-respect du principe d'égalité de traitement (194). Les deux directives précisent toutefois que cet accès doit être ouvert, même après que la relation marquée d'une discrimination prétendue (« *présumée* » dit le texte !) se soit terminée (195).

2) Allégement de la charge de la preuve pour le demandeur. Est rendu d'application générale aux discriminations combattues par le droit communautaire le mécanisme d'abord élaboré par la Cour de justice puis introduit dans la directive 97/80 du 15 décembre 1997 sur la charge de la preuve des discriminations fondées sur le sexe. Partant de la constatation que les règles de preuve communément admises dans les États membres ne facilitent pas la preuve des discriminations, le droit de l'Union demande seulement au plaignant d'établir des faits permettant de supposer, sans qu'elle soit encore prouvée, l'existence d'une discrimination contraire au droit communautaire. Il s'en infère une présomption qu'il appartient alors à la partie défenderesse de combattre. Ces règles ne s'appliquent pas dans les procédures pénales et peuvent être écartées pour toute procédure dans laquelle l'instruction incombe au juge (196). Les États membres peuvent prévoir des règles plus favorables aux plaignants (197). C'est le système introduit pour les discriminations entre hommes et femmes et dont l'application a été généralisée (198).

(194) V. en général sur cette question, *supra* n° 121.

(195) Article 7 § 1 de la directive 2000/43, 9 § 1 de la directive 2000/78.

(196) V. article 4, non codifié, de la loi du 27 mai 2008 (adaptation au droit communautaire dans le domaine de la lutte contre les discriminations), transposant ces dispositions pour l'action de toute personne s'estimant victime d'une discrimination.

(197) Article 10 de la directive 2000/78, article 8 de la directive 2000/43. V. article L. 1134-1, ex-article 122-45, 4e alinéa du Code du travail, transposant en droit français le régime de la preuve prévu par la directive (loi du 16 novembre 2001 sur la lutte contre les discriminations).

(198) V. pour plus de détails, *infra* n° 274-276.

164-2. Organes. Un apport important des directives 2000/43 et 2000/78 concerne les organes, plus précisément les organes privés, dont l'action peut donner plus d'efficacité à la lutte contre les discriminations.

1) Action d'organisations de défense. Celles-ci acquièrent des titres nouveaux. Les États membres doivent veiller à permettre aux *associations, organisations ou personnes morales*, qui ont un intérêt légitime à agir contre les discriminations, d'engager les procédures judiciaires ou administratives, « *pour le compte ou à l'appui du plaignant, avec son approbation* » (199). L'action en justice des syndicats ou autres organisations de défense des droits, engagée au nom de l'intéressé par substitution à son action personnelle, fait ainsi son apparition dans le droit social de l'Union (200).

2) Dialogue social. Les partenaires sociaux sont invités à participer à la promotion de l'égalité de traitement, « *par des conventions collectives, des codes de conduite et par la recherche ou l'échange d'expériences ou de bonnes pratiques* » (201). Les États membres devront *encourager* les partenaires sociaux, « *sans préjudice de leur autonomie* », à conclure des accords collectifs établissant des règles de non-discrimination en matière d'emploi et de travail, dans des domaines, est-il précisé, « *qui relèvent du champ d'application des négociations collectives* » (202), formule nouvellement apparue dans les textes de l'Union (203).

3) Dialogue avec les organisations non gouvernementales. Les États membres devront également encourager le dialogue avec les organisations non gouvernementales concernées par la lutte contre les discriminations (204). Entrée en scène officielle desdites organisations, sans que la nature du dialogue « encouragé » soit plus avant précisée.

4) Organisme de promotion de l'égalité de traitement. La directive relative aux discriminations fondées sur la race ou l'origine ethnique prévoit en outre l'intervention un ou plusieurs organismes désignés par les États membres pour agir en faveur de l'égalité (205). Ces organismes doivent avoir compétence pour apporter une aide aux victimes de discriminations qui engagent une procédure pour discrimination, pour conduire des études et formuler des recommandations. Leur indépendance doit être assurée (206). Il n'est pas dit que ces organismes doivent être publics ; il peut aussi s'agir d'entités privées poursuivant une mission de lutte contre les

(199) Article 7 § 2 de la directive 2000/43, 9 § 2 de la directive 2000/78.

(200) La loi française distingue entre l'action d'un syndicat représentatif, qui peut être engagée sans mandat de l'intéressé, pourvu que celui-ci ait été averti par écrit et ne s'y soit pas opposé, et celle d'une association de lutte contre les discriminations qui de son côté suppose l'accord écrit de l'intéressé ; v. articles L.1134-2 et L. 1134-3, ex-article L. 122-45-1 du Code du travail, introduit par la loi du 16 novembre 2001 sur la lutte contre les discriminations. On rappellera que l'action de substitution bien connue du droit français, est subordonnée, suivant les conditions qui y ont été mises par le Conseil constitutionnel, à la condition que la liberté personnelle de l'intéressé soit respectée face au syndicat ; Cons. const., 25 juillet 1989, *Dr. soc.* 1989, p. 627 et commentaires X. PRÉTOT, *Dr. soc.* 1989, p. 701 ; v. également, B. MATHIEU et S. DION, « Le syndicat, le travailleur et l'individu, trois personnages en quête d'un rôle constitutionnellement défini », *Dr. soc.* 1990, p. 525.

(201) Article 13 § 1 de la directive 2000/78, article 11 § 1 de la directive 2000/43.

(202) Article 13 § 2 de la directive 2000/78, article 11 § 2 de la directive 2000/43.

(203) V. *infra* n° 447 pour l'explication de cette formule.

(204) Article 14 de la directive 2000/78, article 12 de la directive 2000/43.

(205) V. *infra* n° 166.

(206) Article 13 de la directive 2000/48.

discriminations. La directive 2000/48 prévoit l'intervention de tels organismes face aux distinctions de race ou d'origine ethnique, mais permet aux États membres de leur donner une compétence s'étendant aux autres discriminations (207).

C. — Mise en conformité, sanctions

165. Obligations usuelles des États. Les États membres ont les obligations qui sont usuellement les leurs, s'agissant de directives, concernant la mise en conformité de leur droit interne et subissent les sanctions usuelles d'un éventuel manquement – responsabilité de l'État notamment – (208). Il leur appartient donc de supprimer les dispositions législatives ou réglementaires contraires au principe d'égalité de traitement (209).

Trois éléments particuliers sont à signaler.

165-1. Nullité des normes discriminatoires privées. Des dispositions discriminatoires seront souvent inscrites dans des textes de source privée : conventions collectives, règlements d'entreprise, réglementations professionnelles. C'est alors aux auteurs de ces réglementations qu'il revient de les mettre en conformité avec le droit de l'Union. Les directives précisent toutefois que les États membres doivent prendre les mesures nécessaires pour que les dispositions desdites réglementations qui demeureraient contraires au droit de l'Union soient modifiées ou soient déclarées nulles (210). Les autorités nationales doivent en particulier inciter les partenaires sociaux, les employeurs, les ordres et fédérations professionnels, à corriger leurs accords et réglementations. Et si elles ne sont pas corrigées, les dispositions contraires au droit de l'Union seront annulées, quitte à ce que vienne s'ajouter à la nullité une responsabilité des organismes défaillants. Les deux directives nouvelles ne font ici, à nouveau, que reprendre des dispositions déjà inscrites dans les directives sur l'égalité entre hommes et femmes (211).

165-2. Sanction dissuasive des actes discriminatoires. Quant aux dispositions des directives relatives aux sanctions des actes de violation des dispositions introduites en droit national pour assurer l'égalité, elles sont tout aussi usuelles

(207) Tel a été le choix opéré par le législateur français avec la création de la haute autorité de lutte contre les discriminations et pour l'égalité (HALDE) par la loi du 31 décembre 2004 (*JO* n° 304 du 31 décembre 2004). Cette nouvelle autorité administrative indépendante est en effet « *compétente pour connaître de toutes les discriminations directes ou indirectes, prohibées par la loi ou par un engagement international auquel la France est partie* » (article 1 de la loi du 31 décembre 2004). Elle assiste les victimes, elle a certains pouvoirs d'instruction, elle peut saisir le juge des référés pour qu'il ordonne des mesures d'instruction ou le procureur de la République pour des faits de nature criminelle ou délictuelle, elle remplit des missions de médiation, elle émet des recommandations. La loi du 31 mars 2006 sur l'égalité des chances a renforcé les pouvoirs de la haute autorité en lui permettant de proposer une transaction à l'auteur des faits de discrimination, permettant de fixer une amende transactionnelle et d'attribuer une indemnisation à la victime. La Haute autorité s'est également vu ouvrir le droit de mettre en mouvement l'action publique par voie de citation directe. La loi du 29 mars 2011 relative au Défenseur des droits (*JORF*, 30 mars 2011) a supprimé la HALDE et en a transféré la mission et les attributions à ce nouvel organe, dont le champ d'intervention ne se limite pas aux seules discriminations.

(208) V. *supra* n° 120.

(209) Article 16 a) de la directive 2000/78, article 14 a) de la directive 2000/43.

(210) Article 16 b) de la directive 2000/78, article 14 b) de la directive 2000/43.

(211) V. *infra* n° 277-279.

et… décevantes. Il est simplement question de sanctions effectives, proportionnées et dissuasives, pouvant comprendre le versement d'indemnités à la victime d'une discrimination (212). Nulle question de nullité des mesures discriminatoires (213).

165-3. Protection des victimes ayant agi contre une discrimination. Il faut également tenir compte des sanctions – illicites celles-ci, assimilables à des actes de violation de l'égalité – dont peuvent faire l'objet les personnes qui ont protesté contre une inégalité. Les deux directives – comme l'avaient fait précédemment les directives sur l'égalité entre hommes et femmes – demandent aux États membres de prendre les mesures nécessaires pour protéger les intéressés contre des mesures éventuelles de rétorsion : « *tout licenciement ou tout autre traitement défavorable par l'employeur en réaction à une plainte formulée au niveau de l'entreprise ou à une action en justice* » (214).

§ 2. — Les modalités particulières

Chaque « risque » de discrimination fait l'objet de dispositions qui lui sont propres, permettant de spécifier le régime qui lui est applicable.

A. — Race ou origine ethnique

166. Une protection plus étendue. Le particularisme des règles applicables se marque deux façons : en ce qui concerne le domaine de la protection contre la discrimination d'une part, les moyens à mettre en œuvre d'autre part.

166-1. Au-delà des conditions d'emploi et de travail. L'interdiction des discriminations s'étendra ici au-delà des conditions d'emploi et de travail pour recouvrir en outre la protection sociale (y compris la sécurité sociale et les soins de santé), les avantages sociaux et l'éducation (215). On sort même du champ du « social » pour viser le « refus de vente » et pénétrer sur un terrain qui est normalement dévolu au droit commercial ou au droit de la consommation, puisque l'interdiction couvre également les discriminations dans « *l'accès aux biens et services et la fourniture de biens et services à la disposition du public, y compris en matière de*

(212) Article 17 de la directive 2000/78, article 15 de la directive 2000/43.

(213) Rappr. article L. 1132-4 (ex-article L. 122-45) du Code du travail français, qui frappe de nullité toute disposition (normative) ou tout acte (individuel) contraire aux prohibitions qu'il énumère et v. *infra* n° 277-279.

(214) Article 11 de la directive 2000/78, article 9 de la directive 2000/43. La loi française du 17 novembre 2001 sur la lutte contre les discriminations déclare nul le licenciement faisant suite à une action engagée par le salarié ou en sa faveur (par un syndicat ou une association, v. *supra* n° 163, 2°), s'il est établi que le licenciement a été prononcé en raison de l'action en justice (article L. 1134-4, ex-article L. 122-45-2 du Code du travail). Seul est visé le licenciement, les autres mesures que l'employeur est susceptible de prendre ne le sont pas. Seules sont visées les actions en justice, les plaintes autres que judiciaires ne le sont pas. L'article 4 de la loi du 27 mai 2008 (adaptation au droit communautaire) énonce qu'« *aucune personne ayant témoigné de bonne foi d'un agissement discriminatoire ou l'ayant relaté ne peut être traitée défavorablement de ce fait* ». Le texte français étend la protection à tout témoignage ou allégation d'une discrimination, mais la subordonne à une condition de bonne foi.

(215) Article 3 § 1, e à f) de la directive 2000/43.

logement » (216). Cette diffusion plus large de l'effort vers l'égalité est justifiée par la volonté de développer une société européenne *démocratique et tolérante* (217).

166-2. Organismes chargés de promouvoir l'égalité. Il est demandé aux États membres de prévoir – ce qui est nouveau – l'existence d'organismes chargés de promouvoir l'égalité de traitement. Ces organismes reçoivent pour mission d'apporter une aide aux personnes qui engagent une procédure pour discrimination, de réaliser des études, de publier des rapports et d'émettre des recommandations concernant les discriminations. Ces missions doivent s'exercer dans des conditions d'indépendance (218).

B. — Religion ou convictions

167. Respect de l'éthique des organisations. L'accent particulier est ici sur les conditions d'exercice des activités professionnelles. Il est admis que la religion ou les convictions peuvent constituer « *une exigence professionnelle essentielle, légitime et justifiée eu égard à l'éthique de l'organisation* » et que des différences de traitement fondées sur la religion ou les convictions sont donc acceptables pour des « *activités professionnelles d'Églises et d'autres organisations publiques ou privées dont l'éthique est fondée sur la religion ou les convictions* » (219). Les dispositions et pratiques nationales autorisant ces différences de traitement peuvent perdurer. L'accès à certains emplois peut donc être subordonné à des conditions relatives à la religion ou aux convictions de la personne intéressée.

Et dans l'exercice de l'activité, il est également admis que ces mêmes Églises et organisations publiques ou privées puissent requérir des personnes qu'elles emploient « *une attitude de bonne foi et de loyauté envers l'éthique de l'organisation* » (220).

Il est également rappelé dans les considérants de la directive 2000/78 que l'Union européenne reconnaît et respecte le statut des Églises, associations et communautés religieuses et celui des organisations philosophiques et non confessionnelles que définissent les droits nationaux (221).

C. — Handicap

168. Mesures spécifiques. L'application du principe d'égalité à l'égard des handicapés suppose que des mesures soient prises en vue de favoriser leur possibilité d'emploi (222).

(216) Article 3 § 1, h) de la directive 2000/43. L'article 19 de la loi du 31 décembre 2004 portant création de la haute autorité de lutte contre les discriminations et pour l'égalité a énuméré de façon précise et détaillée les différentes matières dans lesquelles chacun a droit a un traitement égal quelle que soit son appartenance à une ethnie ou ne race, le texte français ajoutant, à la différence du droit communautaire, l'« *origine nationale* » (pour l'exclusion de la nationalité du domaine personnel des directives v. *supra* n° 159), v. également : article 30 de l'ordonnance du 1er décembre 1986 sur la liberté des prix et de la concurrence ; article 225-2 du Nouveau Code pénal.

(217) 12e considérant de la directive 2000/43.

(218) Article 13 § 1 de la directive 2000/43. Sur la création de la haute autorité de lutte contre les discriminations (HALDE) par la loi française du 31 décembre 2004, organisme rapidement supprimé et dont les missions ont été transférées au Défenseur des droits par la loi organique du 29 mars 2011, v. *supra* n° 163, 5°.

(219) Article 4 § 2, 1er alinéa, de la directive 2000/78.

(220) Article 4 § 2, 2e alinéa, de la directive 2000/78.

(221) V. déclaration n° 11 sur le statut des Églises et organisations non confessionnelles, annexée au traité d'Amsterdam, auquel se réfère le considérant n° 24 de la directive 2000/78.

(222) L'interdiction de discrimination n'est pas limitée aux seules personnes qui sont handicapées. Un salarié traité défavorablement en raison du handicap de son enfant est en droit de se plaindre d'une discrimination, CJCE,

168-1. Aménagements raisonnables. Des aménagements *raisonnables* doivent permettre aux personnes handicapées d'accéder à un emploi et de l'exercer. Il revient à l'employeur de prendre les mesures appropriées – aménagement des postes de travail, des locaux, adaptation des équipements, des rythmes de travail... (223) –, sauf si ces mesures lui imposent une *charge disproportionnée*. La disproportion s'apprécie en tenant compte des compensations que recevra éventuellement l'entreprise (224).

168-2. Actions positives. L'insertion des handicapés sur le marché du travail justifie des actions positives ou des mesures spécifiques. Le droit de l'Union européenne, de manière générale, admet que des mesures spécifiques soient prises par les États membres pour combattre les désavantages liés à l'un des motifs de discrimination qu'il condamne (225). Il ne le fait cependant que sous des conditions précises et restrictives, comme en témoigne la jurisprudence de la Cour de justice concernant l'égalité professionnelle entre hommes et femmes (226). S'agissant des handicapés, la directive 2000/78 autorise plus libéralement les États membres à maintenir ou adopter des mesures ayant pour objet de sauvegarder ou encourager leur insertion dans le monde du travail (227). Des règles nationales protégeant de façon rigide l'emploi des travailleurs handicapés sont-elles contraires au droit de l'Union ? Il est vraisemblable que non, y compris lorsqu'une proportion définie d'emplois est réservée aux handicapés ; alors que la Cour de justice, concernant des emplois occupés principalement par des hommes, a condamné les réglementations nationales ayant pour objet de garantir par des quotas un emploi à une population féminine sous-représentée (228).

D. — Âge

169. Un principe souple. Les différences d'âge justifient et mêmes commandent des différences de traitement. Entre un enfant et un adulte en âge d'activité, ce dernier et une personne âgée, existent objectivement des différences de situation qui impliquent des différences de traitement en matière d'emploi et de travail. Il est interdit de faire travailler les enfants ; les personnes âgées ont le droit de ne plus travailler et de recevoir pension de retraite ou subsides publics. La différence de traitement selon l'âge fait partie des droits fondamentaux de la personne humaine. Ces données ne sont bien sûr pas contredites par le droit de l'Union européenne.

12 juillet 2008, *Coleman*, aff. C-303/06.

(223) Article 5 de la directive 2000/78, v. également considérant n° 21 ; v. TFPUE, 15 septembre 2011, *Esders*, aff. F 62/10, sur la question des « aménagements raisonnables ».

(224) Le texte précise que la disproportion s'apprécie compte tenu de l'aide compensatoire que reçoit l'employeur ; v. également considérant n° 21 de la directive et article 2 § 2, b) II, sur l'exception apportée à l'application de la notion de discrimination indirecte.

(225) Article 7 § 1 de la directive 2000/78

(226) V. *infra* n° 270-272.

(227) Article 7 § 2 de la directive.

(228) V. *infra* n° 270.

169-1. Souplesse. La directive a pour objectif de lutter contre les discriminations qui touchent des personnes placées dans des conditions d'âge comparables : des jeunes ayant l'âge d'accéder au travail, des personnes ayant atteint un âge qui les rapproche du moment de la retraite. Ce sont ces périodes limites ou périodes charnières dans la vie professionnelle qui sont l'objet concret de la règle de non-discrimination posée par la directive, afin dit-elle, d'*encourager la diversité dans l'emploi*. L'âge ne doit pas constituer une libre cause de différence de traitement, écartant injustement certaines classes d'âge du marché du travail (229), alors qu'elles ont, déjà ou encore, vocation à s'y insérer. Mais plus qu'interdire, l'objectif est de modérer, de condamner les abus.

L'interdiction de principe a donc une grande souplesse, dont pourront jouer les droits nationaux. Des différences de traitement fondées sur l'âge restent admises « *lorsqu'elles sont objectivement et raisonnablement justifiées... par un objectif légitime, notamment... de politique de l'emploi, du marché du travail et de la formation professionnelle* » et que les moyens utilisés sont « *appropriés et nécessaires* » (230).

Des conditions spéciales d'accès à l'emploi et à la formation professionnelle, d'emploi et de travail peuvent être prévues pour les jeunes ou les travailleurs âgés, y compris en matière de licenciement et de rémunération (231). *Peuvent* également être prévues des conditions minimales d'âge (on peut estimer que de telles conditions *doivent* être prévues !), d'expérience ou d'ancienneté (on déborde la stricte question de l'âge, mais pour s'avancer sur le terrain des discriminations indirectes pour l'accès à l'emploi ou à des avantages liés à l'emploi, ou encore un âge maximum de recrutement, compte tenu de la formation requise pour l'emploi concerné (232). Des critères d'âge, différenciant groupes ou catégories de travailleurs, peuvent également être utilisés pour la détermination de droits à prestations de retraite ou d'invalidité, à condition toutefois de ne pas recouvrir de discriminations – notamment indirectes – fondées sur le sexe (233).

Des différenciations liées à l'âge peuvent donc malgré tout être instituées, pourvu qu'elles poursuivent un objectif légitime de politique de l'emploi et du marché du travail, objectif d'insertion ou de réinsertion professionnelle notamment (234). Encore faut-il, réclame la directive, que les moyens mis en œuvre soient appropriés et nécessaires à la réalisation de cet objectif.

« *Les partenaires sociaux au niveau national peuvent, au même titre que les États membres, prévoir des mesures contenant des différences de traitement fondées sur l'âge* » (235). L'autonomie dont ils disposent, au titre du droit fondamental à la

(229) V. considérant n° 25 de la directive 2000/78.

(230) Article 6 § 1, 1[er]alinéa, de la directive 2000/78. Texte dont les formules sont reprises par la loi française de transposition du 16 novembre 2001, article L. 122-45-3, devenu article L. 1133-1, du Code du travail.

(231) Article 6 § 1, 2e alinéa, a) de la directive 2000/78, qui vise en outre au titre de ces conditions spéciales, ... les travailleurs « *ayant des personnes à charge* ».

(232) Article 6 § 1, 2e alinéa, b) et c) de la directive 2000/78.

(233) Article 6 § 2 de la directive 2000/78.

(234) Article 6 § 1 de la directive 2000/78. Ces objectifs légitimes « *sont liés à la politique de l'emploi, du marché du travail et de la formation professionnelle* » ; un objectif de sécurité publique (en matière de transport aérien) n'y entre pas : CJUE, 13 septembre 2011, *Prigge*, aff. C-447/07, pts 80 à 82.

(235) CJCE, 16 septembre 2007, *Palacios de la Villa*, aff. C-411/05 pt. 68 ; CJCE, 12 octobre 2010, *Rosenbladt*, aff. C-45/09, pt. 41 ; CJUE, 8 septembre 2011, *Hennings*, aff. C-297/10, pt. 65.

négociation collective que leur reconnaît la Charte des droits fondamentaux, ne les soustrait pas à l'obligation de respecter le droit de l'Union et de se soumettre aux contraintes relatives aux objectifs et aux moyens des mesures de différenciation par l'âge que fixe la directive 2000/78 (236).

La Cour de justice le répète régulièrement : les États membres, ainsi que les partenaires sociaux, « *disposent d'une large marge d'appréciation dans le choix non seulement de la poursuite d'un objectif déterminé parmi d'autres en matière de politique sociale et de l'emploi mais également dans la définition des mesures susceptibles de le réaliser* » (237). Cette affirmation n'empêche pas la Cour de procéder à un examen minutieux portant sur la légitimité des objectifs et la qualité des moyens invoqués par les États membres ou les partenaires sociaux pour justifier une différenciation par l'âge.

169-2. Un principe général du droit de l'Union : la jurisprudence *Mangold*. L'arrêt *Mangold* a fait date parce qu'il est au point de départ d'une jurisprudence de la Cour de justice qui, ensuite, s'est beaucoup développé sur la question des discriminations fondées sur l'âge et parce que la Cour donne à la prohibition des discriminations fondées sur l'âge la valeur d'un principe général du droit de l'Union (238).

La Cour de justice y était saisie d'une réglementation allemande permettant sans restriction la conclusion de contrats de travail à durée déterminée successifs pour les travailleurs salariés ayant atteint l'âge de 52 ans, alors que pareille succession n'est pas autorisée avant cet âge. Pour la Cour, il n'a pas été démontré par le gouvernement allemand qu'une telle réglementation, qui « *retient l'âge du travailleur concerné pour unique critère d'application... indépendamment de tout autre considération liée à la structure du marché du travail en cause et à la situation personnelle de l'intéressé est objectivement nécessaire à la réalisation de l'objectif d'insertion professionnelle de travailleurs âgés au chômage* » ; elle va « *au-delà de "ce qui est approprié et nécessaire"* ». Le droit communautaire s'y oppose donc. Le respect du principe de proportionnalité implique que la différenciation liée à l'âge puisse se justifier par la structure du marché du travail et que la situation de chaque travailleur intéressé fasse l'objet d'un examen particulier (239).

(236) V. CJUE, 13 septembre 2011, *Prigge*, aff. C-447/07, pts 46 à 49 ; v. également CJUE, 12 octobre 2010, *Rosenbladt*, aff. C-45/09, pt. 53.

(237) V. arrêts *Palacios de la Villa, Rosenbladt, Hennings*, préc.

(238) CJCE, 22 novembre 2005, affaire C-144/04, *Werner Mangold* (point 65)

(239) Le droit français est aujourd'hui frontalement confronté au problème de la discrimination dans l'emploi en raison de l'âge. Le législateur français a entendu instituer pour les jeunes de moins de vingt six ans un contrat dit « Première embauche » prévoyant un régime de rupture très libéral de ce type de contrat, régime dérogeant aux règles générales du licenciement. Saisi de la constitutionnalité de la rupture d'égalité ainsi consacré avec les salariés plus âgés, le Conseil constitutionnel français a estimé que la Constitution autorise le législateur à « *prendre des mesures propres à venir en aide à des catégories de personnes défavorisées ; que le législateur pouvait donc, compte tenu de la précarité de la situation des jeunes sur le marché du travail, créer un nouveau contrat ayant pour objet de faciliter leur insertion professionnelle* » (décision n° 2006-535 DC du 30 mars 2006 – loi pour l'égalité des chances). Le Conseil constitutionnel français, qui se refuse à contrôler la « conventionnalité » des lois, a pris cette position sans vérifier la compatibilité du nouveau dispositif législatif français avec la directive 2000/78 et la jurisprudence *Mangold* de la Cour de justice.

La Cour de justice, dans le même arrêt, se réfère à l'accord-cadre sur le travail à durée déterminée mis en œuvre par la directive 99/70 (240), énonçant que « *le bénéfice de la stabilité de l'emploi... constitue un élément majeur de la protection de l'emploi* » (241). On peut y voir l'affirmation que le contrat de travail à durée indéterminée est la forme normale de conclusion du contrat de travail.

L'arrêt *Mangold* a aussi suscité l'attention et un peu de surprise en énonçant que « *le principe de non-discrimination en fonction de l'âge doit être considéré comme un principe général du droit communautaire* ». La Cour déduit cette qualification de l'analyse qu'elle adopte concernant, en général, le principe d'égalité de traitement en matière d'emploi et de travail. La directive 2000 /78 ne le consacre pas, dit-elle. Le principe « *trouvant sa source dans divers instruments internationaux et les traditions constitutionnelles communes aux États membres* », la directive 2000/78 ne fait qu'en concrétiser et en spécifier l'application pour lutter contre différentes causes de discrimination. L'âge figure parmi ces causes et la non-discrimination en fonction de l'âge relève donc d'un principe général du droit de l'Union (242).

S'interrogeant dans une décision ultérieure, *Palacios de la Villa*, sur une réglementation espagnole permettant de mettre d'office à la retraite des travailleurs ayant atteint l'âge de 65 ans, la Cour a estimé que cette réglementation, pour diverses raisons mises en avant par le gouvernement espagnol (chômage élevé, caractère transitoire de la réglementation, modulation possible par voie de négociation collective en fonction de circonstances particulières, allocation d'une pension de retraite contributive), ne heurtait pas les exigences du droit de l'Union (243).

Outre le fait que la Cour ne s'y oppose pas à la réglementation nationale en cause, l'arrêt *Palacios de la Villa* a permis d'observer, négativement, qu'elle n'y fait pas référence à la qualité de principe général de droit communautaire que l'arrêt *Mangold* avait attribué à la prohibition des discriminations fondées sur l'âge.

La suite a cependant montré que la Cour de justice était décidément résolue à retenir cette qualification. L'arrêt *Kücükdeveci* en fait foi, qui reprend, à peu près dans les mêmes termes, les analyses de l'arrêt *Mangold* (244). Il est vrai qu'entre-temps, la Charte des droits fondamentaux, dont l'article 21 condamne les discriminations fondées, notamment, sur l'âge, a acquis la valeur juridique des traités (245).

Un effet notable de la qualification réside dans la possibilité de faire produire des effets directs, y compris entre particuliers, à la condamnation des discriminations fondées sur l'âge. La directive 2000/78 ne faisant que « concrétiser » un principe ayant la valeur d'un principe général du droit de l'Union, la juridiction nationale, saisie d'un litige mettant en cause le principe de non-discrimination en fonction de l'âge, doit « *garantir le plein effet* » du droit de l'Union « *en laissant au besoin*

(240) V. *infra* n° 457.

(241) V. point 64 de l'arrêt.

(242) V. points 74 et 75 de l'arrêt. V. P. Rodière, « Age et discrimination dans l'accès à l'emploi », *Sem. soc. Lamy*, 2006, n° 266.

(243) CJCE, 16 octobre 2007, *Palacios de la Villa*, aff. C- 411/05, conclusions Mazak.

(244) CJUE, 19 janvier 2010, *Kücükdeveci*, aff. C-555/07, v. pts 19 à 22 ; v. également CJUE, 13 septembre 2011, *Prigge*, aff. C-447/09, CJUE, 8 septembre 2011, *Hennings*, aff. C-297/10, reprenant et confirmant la qualification.

(245) Les arrêts *Kücükdeveci, Prigge, Hennings*, précités, s'y réfèrent.

inappliquée toute disposition de la réglementation nationale contraire à ce principe » (246). Le principe voulant qu'une directive ne puisse pas produire d'effet direct entre particuliers est contourné (247).

Ces analyses forment la matrice d'une qualification de principe général qui peut s'appliquer aux autres causes de discrimination en matière d'emploi et de profession combattues par le droit de l'Union.

E. — Orientation sexuelle

170. Une grande liberté des États membres. L'orientation sexuelle est à mettre à part. Si les règles générales de la directive 2000/78 lui sont applicables, aucune disposition ne concerne spécifiquement ce cas particulier, très discuté, de discrimination.

Saisie de recours concernant le droit à pension de personnes de même sexe vivant dans le cadre d'un partenariat enregistré, la Cour de justice s'est montrée très prudente. Elle entend ne pas pénétrer dans un domaine, la législation sur l'état civil des personnes, qui en l'état du droit de l'Union, relève de la compétence des États membres (248). Elle ne se prononce pas sur la comparabilité, examinée en général et abstraitement, entre l'union de personnes de sexes différents et celle de personnes de même sexe. Visant le cas précis d'une législation – législation allemande – réservant l'institution du mariage aux personnes de sexes différents, mais ayant ouvert un statut de partenariat de vie aux personnes de même sexe, elle renvoie au droit national le soin de décider si, au regard du droit qui est en cause, le partenariat de vie est assimilé au mariage. À la juridiction de renvoi de le vérifier et d'en conclure, le cas échéant, à l'existence d'une discrimination condamnable (249).

Tout en parlant d'« *un principe de non-discrimination en fonction de l'âge* » (250), la Cour de justice laisse ainsi aux États membres une grande liberté pour condamner ou non les discriminations fondées sur l'orientation sexuelle, sauf à devoir respecter les règles anti-discrimination qu'ils auront instituées… s'ils en ont instituées.

(246) Arrêt *Mangold*, préc., pt. 77 ; arrêt *Kücükdeveci*, préc., pt. 51.

(247) V. *supra* n° 120.

(248) V. CJUE, 10 mai 2011, *Römer*, aff. C-147/08, concernant le calcul d'une pension de retraite complémentaire, v. pt. 38.

(249) V. CJUE, 1er avril 2008, *Maruko*, aff. C-267/06, à propos d'une prestation aux survivants ; CJUE, 10 mai 2011, *Römer*, préc.

(250) Arrêt *Römer*, pt 60, se référant aux arrêts *Mangold* et *Kücükdevici*, relatifs aux discriminations fondées sur l'âge, *supra* n° 169.

CHAPITRE 2

LA LIBRE CIRCULATION DES PERSONNES

BIBLIOGRAPHIE

AZOULAY L., « La citoyenneté sociale, un statut d'intégration sociale », *in Mélanges Jean-Paul Jacqué, Chemins d'Europe*, Dalloz, Paris, 2010, p. 1.

BARAV A., « La libre circulation des travailleurs, l'ordre public et le pouvoir de sanction des États membres », *RTD eur.* 1977, p. 721.

BONNECHÈRE M., « La libre circulation des travailleurs dans l'Union européenne », *Dr. ouvr.* 1995, p. 319.

CARLIER J.-Y., *La condition des personnes dans l'Union européenne*, Larcier, Bruxelles, 2007, 485 p.

CARLIER J.-Y., « Le devenir de la libre circulation des personnes dans l'Union européenne, regards sur la directive 2004/38 », *Cah. dr. eur.* 2006, p. 13.

COURSIER P., « La notion de travailleur salarié en droit social communautaire », *Dr. soc.* 2003, p. 305.

DAUGAREILH I., « La lutte contre les discriminations raciales, nouveau combat… nouvelles perspectives », *RDSS* 1999, p. 697.

DUBOUIS L., « L'ouverture de la fonction publique aux ressortissants des autres États de la Communauté européenne », *RFDA* 1991, p. 903.

HENNION-MOREAU S., « Le travail ou les limites de la citoyenneté européenne », *in Mélanges E. Alfandari*, Dalloz, Paris, 2000, p. 289.

IDOT L., « Libre circulation des travailleurs et accords de coopération… », *in Trente ans de libre circulation*, La documentation française, Paris, 1998.

LABAYLE H., « La libre circulation des personnes dans l'Union européenne, de Schengen à Amsterdam », *Act. jur. dr. adm.* 1997, p. 923.

LABAYLE H., « Un espace de liberté, de sécurité et de justice », *in Le traité d'Amsterdam, RTD eur.* n° spéc. 4/1997, p. 813.

LHERNOULD J.-Ph., « Les avantages sociaux en droit communautaire », *Dr. soc.* 1997, p. 388.

LHERNOULD J.-Ph., « Avantages sociaux et égalité de traitement, une nouvelle étape dans la jurisprudence de la CJCE », *Dr. soc.* 1999, p. 938.

LYON-CAEN A., « La libre circulation des travailleurs dans la Communauté économique européenne », *Dr. soc.* 1989, p. 526.

LYON-CAEN A., « Le droit, la mobilité et les relations de travail, quelques perspectives », *Rev. Marché commun* 1991, p. 108.

LYON-CAEN A., « Les bénéficiaires de la libre circulation », *in Trente ans de libre circulation*, La documentation française, 1998, p. 9.

MAILLARD S., *L'émergence de la citoyenneté sociale européenne*, Pr. univ. Aix-Marseille, 2008, 472 p.

MARTIN D., *Égalité et non-discrimination dans la jurisprudence communautaire, Étude critique à la lumière d'une approche comparative*, Bruylant, Bruxelles, 2006, 669 p.

MARTIN D., « Discriminations, entraves et raisons impérieuses dans le traité CE, trois concepts en quête d'identité », *Cah. dr. eur.* 1998, p. 261 et p. 561.
MARZO C., *La dimension sociale de la citoyenneté européenne*, Pr. univ. Aix-Marseille, 2011, préf. M.-A. Moreau, 578 p.
MAVRIDIS P., « Y a-t-il une libre circulation des chômeurs ? », *Dr. soc.* 1998, p. 472.
MOREAU F., *La mobilité des travailleurs dans les relations extérieures de l'Union européenne,* thèse univ. Paris 1 (Panthéon-Sorbonne), dir. P. Rodière, 2011, 612 p.
POILLOT-PERUZZETTO S., « Ordre public et droit communautaire », *D.* 1993, chron. 177.
PRÉTOT X., « La protection sociale des travailleurs qui se déplacent à l'intérieur de la Communauté », *Dr. soc.* 1989, p. 565.
RODIÈRE P., « Les acteurs qui concourent à la réalisation de la liberté de circulation », *in Trente ans de libre circulation des travailleurs*, La doc. fr., Paris, 1998, p. 20.
RODIÈRE P., « Libre circulation et citoyenneté européenne dans la jurisprudence de la Cour de justice », *RTD eur.* 2006, p. 163.
STANGOS P.-N., « Les ressortissants d'États tiers au sein de l'ordre juridique communautaire », *Cah. dr. eur.* 1992, p. 306.
TEYSSIÉ B., « L'organisation juridique de la mobilité et les relations de travail, ambitions et méthodes », *Rev. Marché commun* 1991, p. 100.
VANDAMME Fr., « La Communauté européenne et le sportif professionnel », *Rev. Marché commun* 1996, p. 353.
VAN RAEPENBUSCH S., « La libre circulation des personnes », *RJS* 1995, p. 75.
VACHET G., « L'égalité de traitement entre travailleurs communautaires », *Dr. soc.* 1989, p. 534.
VERKINDT P.-Y., « Normes sociales européennes et déplacement de salariés, aspects de droit du travail », *in Les normes sociales européennes*, Éd. Panthéon-Assas, 2000, p. 60.

Introduction

171. Articles 45 à 48 TFUE (ex-articles 48 à 51 du traité CEE, devenus articles 39 à 42 TCE). Les ressortissants de la Communauté économique européenne, devenus citoyens de l'Union, jouissent d'un régime de libre circulation des travailleurs à l'intérieur de la Communauté, dans le cadre de règles générales établies, dès l'origine du Marché commun, par les articles 48 à 51 du traité de Rome. Ces textes n'ont depuis lors fait l'objet que de modifications mineures sur le fond. Les règles de procédure et de vote du Conseil ont toutefois évolué, dans ce domaine comme dans beaucoup d'autres, avec les révisions successives du traité.

Avec le traité de Lisbonne, les articles 39 à 42 du traité Communauté européenne sont devenus les articles 45 à 48 du traité sur le fonctionnement de l'Union européenne.

1) Les principes en ont été fixés par **l'ex-article 48 du Traité** (devenu article 39 TCE, puis 45 TFUE) dans les termes suivants

« *1. La libre circulation des travailleurs est assurée à l'intérieur de la Communauté* (1).

2. Elle implique l'abolition de toute discrimination, fondée sur la nationalité, entre les travailleurs des États membres, en ce qui concerne l'emploi, la rémunération et les autres conditions de travail.

(1) « *Au plus tard à l'expiration de la période de transition* » était-il antérieurement ajouté, jusqu'au traité d'Amsterdam.

3. Elle emporte le droit, sous réserve des limitations justifiées par des raisons d'ordre public, de sécurité publique et de santé publique :

a) de répondre à des emplois effectivement offerts ;

b) de se déplacer à cet effet librement sur le territoire des États membres ;

c) de séjourner dans un des États membres afin d'y exercer un emploi conformément aux dispositions législatives, réglementaires et administratives régissant l'emploi des travailleurs nationaux ;

d) de demeurer, dans des conditions qui feront l'objet de règlements d'application établis par la Commission, sur le territoire d'un État membre, après y avoir occupé un emploi.

4. Les dispositions du présent article ne sont pas applicables aux emplois dans l'administration publique ».

Sous réserve du remplacement de l'adjectif « communautaire » par « de l'Union », le texte est resté inchangé.

2) L'article 46 TFUE (ex-article 49 CEE, devenu article 40 TCE) prévoit que les mesures nécessaires à la réalisation progressive de la libre circulation des travailleurs sont prises « *par voie de directives ou de règlements* ».

Les procédures ont changé. Il revenait initialement au seul Conseil de décider à l'unanimité « *sur proposition de la Commission et après consultation du Comité économique et social*. L'Acte unique européen avait ensuite permis que ces mesures soient arrêtées à la majorité qualifiée en coopération avec le Parlement. Le traité sur l'Union européenne les a soumis à la procédure législative ordinaire, de codécision Parlement-Conseil. C'est la procédure désormais en vigueur.

Ces mesures, selon l'article 46 TFUE, reprenant sans changement les dispositions précédentes, doivent notamment permettre :

a) la collaboration des administrations du travail ;

b) l'élimination des « *procédures et pratiques administratives, ainsi que des délais d'accès aux emplois* » qui feraient obstacle à la libération des mouvements de travailleurs ;

c) l'élimination des « *délais et autres restrictions* » qui imposeraient aux travailleurs des autres États membres des conditions autres qu'aux travailleurs nationaux pour le libre choix d'un emploi ;

d) l'établissement de mécanismes propres à mettre en contact offres et demandes d'emploi et à en faciliter l'équilibre.

3) L'ex-article 50 du Traité (devenu article 41 TCE, puis 47 TFUE), selon lequel « *les États membres favorisent, dans le cadre d'un programme commun, l'échange de jeunes travailleurs* », sera simplement mentionné.

4) Quant à **l'ex-article 51 du traité de Rome (devenu, après modification, article 42 TCE, puis article 48 TFUE)**, son objet est de compléter la libre circulation des travailleurs par une coordination des régimes nationaux de sécurité sociale, qui doit permettre d'éviter les lacunes, pertes de droits ou d'avantages sociaux, ainsi que les cumuls de protection sociale qui risquent de résulter des migrations de

travailleurs. La question relève de mécanismes de coordination des droits nationaux et est étudiée dans le deuxième chapitre de la quatrième partie de ce livre.

172. Objet du chapitre : entre circulation des travailleurs salariés et circulation des personnes. Le traité de Rome a entendu de manière générale permettre la libre circulation de l'activité à l'intérieur du marché commun ; que l'on vise l'activité salariée ou l'activité non salariée ; que la liberté de circulation se traduise dans une installation durable, la fixation de sa résidence sur le territoire d'un autre État membre, ou qu'elle prenne la forme occasionnelle de prestations de travail effectuées provisoirement sur le territoire d'un autre État membre. Les articles 48 à 51 du traité de Rome (devenus articles 39 à 42 TCE, puis 45 à 48 TFUE) ont donc été complétés par les dispositions des articles 52 à 58 (devenus articles 43 à 48 TCE, puis 49 à 55) qui sont relatifs au droit d'établissement des travailleurs indépendants (2) et par celles des articles 59 à 66 (devenus articles 49 à 55 CE, puis 56 à 62 FUE) sur la liberté de prestations de services. Au titre de cette dernière, des services ou travaux seront réalisés par une entreprise établie dans un autre État membre, avec, le cas échéant, le concours de ses salariés habituels ; l'hypothèse pouvant également concerner un travailleur indépendant allant prêter ses services sur un autre territoire que celui où il exerce habituellement son activité.

L'évolution des traités et, avec elle, l'apparition de la citoyenneté européenne dans le traité de Maastricht, a étendu la liberté de circulation à l'ensemble des ressortissants de l'Union, qu'ils soient actifs ou inactifs.

Tel qu'il se présente désormais, le « système » de la liberté de circulation des personnes à l'intérieur de l'Union européenne s'organise, approximativement, en trois cercles. Deux cercles se recoupent en partie, qui concernent d'un côté le travail salarié, de l'autre le travail indépendant. Ces deux cercles s'inscrivent au sein d'un cercle plus large et qui les englobe, correspondant au statut de citoyen de l'Union.

L'objet du présent ouvrage étant centré sur le travail salarié, les éléments du droit de l'Union qui concernent ensemble travail salarié et travail non salarié seront examinés, cette communauté des règles étant signalée le moment venu. Quant aux éléments qui concernent uniquement la liberté de circulation des travailleurs non salariés, ils n'y sont étudiés que s'ils présentent une relation étroite avec le travail salarié. L'attention se portera également sur les combinaisons ou les interactions de la liberté de circulation des travailleurs salariés, du droit d'établissement et de la liberté de prestations de services.

La citoyenneté a ouvert la liberté de circulation à tous les ressortissants de l'Union, sans pour autant mettre fin à une histoire du droit communautaire et de l'Union qui se limitait initialement à la constitution d'un marché commun de l'activité. Si le statut de citoyen a, comme le dit la Cour de justice, « *vocation à être le statut fondamental des ressortissants des États membres* » (3), les actifs n'en gardent pas moins des droits qui leur sont propres et que tous les citoyens de

(2) … et des entreprises et personnes morales.
(3) CJCE, 20 septembre 2001, *Grzelczyk*, aff. C-184/99, pt. 31.

l'Union ne possèdent pas. La citoyenneté a fait naître des difficultés de délimitation entre droits des citoyens et droits des travailleurs, salariés ou indépendants, une tension durable entre les deux. La citoyenneté réclame une ouverture ou une extension des droits de circulation, mais la conception de l'Union en tant qu'espace promouvant la mobilité de l'activité reste bien vivante. Ces questions seront examinées.

Le sera également la circulation des ressortissants des pays tiers vers l'Union ou à l'intérieur de celle-ci, circulation qui, tout en n'étant pas placée sous le signe de la liberté, a acquis une grande actualité dans les textes et la jurisprudence de l'Union.

173. Plan. Deux sections composeront ce chapitre. La première visera le domaine de la liberté de circulation. La seconde étudiera les droits qui leur sont reconnus. Une section préliminaire commencera par présenter l'évolution générale qu'a connue le droit communautaire de la libre circulation des personnes depuis la naissance du Marché commun en 1958 jusqu'au droit de l'Union actuel.

Section préliminaire

De la libre circulation des travailleurs à la citoyenneté européenne : tableau général de l'évolution

Sur une base restée longtemps inchangée, la matière a connu d'importantes évolutions, prévues ou non prévues par le traité initial. Ces évolutions ont conduit vers l'émergence du concept de citoyenneté européenne dont l'incidence sur la liberté de circulation des personnes se fait progressivement sentir. Nous retracerons liminairement ce mouvement.

§ 1. — Les étapes transitoires

A. — La période transitoire initiale

174. Les premiers règlements et directives. L'ex-article 48 du traité CEE prévoyait une période de transition, donc une réalisation progressive de la libre circulation :

– sont intervenus pour commencer le **règlement 15/61 et la directive du 16 août 1961** (4), qui pour l'essentiel, laissaient encore en place les dispositifs protecteurs de la main-d'œuvre nationale. Le marché national de l'emploi restait prioritaire, même à l'égard des ressortissants communautaires, qui demeuraient soumis à un régime d'autorisation de travail délivrée par le pays d'accueil. Seuls

(4) *JOCE* n° 57 du 26 août 1961.

étaient allégés certains éléments de réglementation nationale relatifs à l'entrée et au séjour des ressortissants communautaires : suppression du visa, etc. ;

– l'existence d'un marché commun de l'emploi commence concrètement à voir le jour avec **le règlement 38/64 et la directive 64/240 du 25 mars 1964** (5). La priorité du marché national s'efface devant le droit d'occuper un emploi vacant sur le territoire d'un autre État membre, que le règlement 38/64 reconnaît aux ressortissants communautaires. La liberté d'activité salariée sur le territoire d'un autre État membre, s'étend aux prestations de service : salariés détachés par leur entreprise à l'occasion d'une prestation de services par celle-ci.

Demeure cependant une possibilité de sauvegarde, avec le droit que les États membres conservent de suspendre unilatéralement, de façon temporaire, l'accès de leur territoire à la main-d'œuvre des autres États membres.

Le règlement de 1964 marque aussi une première ouverture vers une conception moins étroitement économiste des migrations de main-d'œuvre que celle du traité de Rome. Celui-ci vise uniquement le travailleur ; le règlement de 1964 lui permet d'avoir auprès de lui sa famille et fait apparaître un droit au regroupement familial qui était resté ignoré des rédacteurs du traité de Rome.

B. — Les élargissements successifs

175. Adhésion de nouveaux États. Elle s'est chaque fois accompagnée d'une période transitoire, organisée par les traités d'adhésion. Le principe sera que le régime préexistant de contrôle national de l'immigration est provisoirement maintenu.

Ces traités procèdent cependant à différentes distinctions.

1) Les restrictions qui sont maintenues concernent l'arrivée de nouveaux travailleurs sur le territoire, mais ceux qui y sont déjà régulièrement établis bénéficient d'emblée des règles communautaires relatives à l'égalité de traitement et, sous certaines limites, du droit au regroupement familial (6). Ils ont droit à la prolongation de leur titre de séjour et ils ont liberté d'accéder à l'emploi (7).

2) Un État membre ne pourra, pendant cette période transitoire, introduire à l'égard des ressortissants des nouveaux États membres des mesures restrictives nouvelles de nature à aggraver leurs conditions d'accès à l'emploi, suivant une clause dite de *standstill* (8).

3) Tout en étant exclus du marché communautaire de l'emploi pendant cette période transitoire, les travailleurs des nouveaux États membres relèvent toutefois d'un régime préférentiel par rapport aux travailleurs des pays tiers. Ils bénéficient d'une priorité d'emploi sur la main-d'œuvre extérieure à l'Union. Les emplois qui ne pourront pas être pourvus sur le marché de l'Union – dont ils sont exclus –, devront

(5) *JOCE* n° 62 du 17 avril 1964.

(6) CJCE, 22 septembre 1989, *Lopes da Veiga*, aff. 9/88, *Rec*.p. 3005, concernant les travailleurs portugais.

(7) Alors qu'en France, par exemple, les travailleurs étrangers peuvent être soumis à un régime limitant l'autorisation de travail à certains emplois sur une partie déterminée du territoire ; article L. 5221-7, ex. article L. 341-4, du Code du travail.

(8) CJCE, 23 mars 1983, *Peskeloglou*, aff. 77/82, *Rec.* p. 1085, à propos de l'adhésion de la Grèce.

être recherchés sur le marché de l'emploi des nouveaux États membres, avant de l'être, en dernière instance, sur le marché extérieur à l'Union.

4) Droit d'établissement et libre prestation de services peuvent ne pas être soumis au régime transitoire et s'ouvrir immédiatement dans les relations entre les nouveaux États membres et le reste de l'Union. Cela a permis à certaines entreprises de nouveaux États membres d'utiliser d'emblée les possibilités offertes par la libre prestation de services pour détacher des travailleurs dans d'autres États de l'Union (9).

Selon les règles gouvernant les derniers élargissements, la libération des mouvements de main-d'œuvre se module de façon différente suivant les États membres d'accueil. Option leur a été ouverte entre accepter, passé un délai de deux ans, l'arrivée de la main-d'œuvre des nouveaux États membres (10), ou retarder celle-ci en application d'une période transitoire. Pour une durée de cinq ans suivant la date d'adhésion, susceptible d'être prolongée de deux années supplémentaires, un État membre peut maintenir en application sa réglementation nationale ou les mesures résultant d'accords bilatéraux en ce qui concerne l'accès de la main-d'œuvre étrangère au marché du travail (11).

Il est toutefois précisé, comme le faisaient les actes d'adhésion antérieurs, que les conditions d'accès au marché du travail ne peuvent être rendues plus restrictives et qu'une préférence doit être donnée aux ressortissants des nouveaux États membres sur les ressortissants des États tiers, en cas d'emplois disponibles sur le marché du travail (12).

Si la liberté d'accès au marché du travail peut donc être retardée jusqu'à la fin de la période de transition, la circulation temporaire de travailleurs dans le cadre d'une prestation de services a pu immédiatement se développer.

§ 2. — Le régime « définitif » de la libre circulation des travailleurs

176. Règlement 1612/68, directive 68/360, directive 64/221. À l'égard des six États membres originaires, la période transitoire, en liaison avec la réalisation accélérée de l'Union douanière (13), s'est achevée de façon anticipée avec l'entrée en vigueur du règlement 1612/68 et de la directive 68/360 du 15 octobre 1968, qui ont institué le régime dit « définitif », régime de croisière, de la libre circulation des travailleurs (14), dans des termes qui n'ont guère été modifiés jusqu'à la directive 2004/38 (15).

Les idées qui dominent sont la liberté – de circulation – et l'égalité – de traitement. Sur un mode mineur, s'y exprime également le souci d'assurer une régulation

(9) Cf. l'affaire *Rush Portuguesa c. OMI*, CJCE, 27 mars 1990, concernant une entreprise portugaise qui avait utilisé les possibilités immédiatement ouvertes dans le domaine de la liberté de prestation de services pour envoyer en France des travailleurs, alors que la circulation des travailleurs n'avait pas encore été libérée.

(10) Estonie, Hongrie, Lettonie, Lituanie, Pologne, République tchèque, Slovaquie, Slovénie, et, plus récemment, Bulgarie et Roumanie.

(11) V. par exemple, annexe relative à la Pologne, point 2, § 1 et 2.

(12) V. par exemple, annexe relative à la Pologne, point 2, § 14.

(13) Au 1er juillet 1968.

(14) *JOCE* n° L. 257 du 19 octobre 1968.

(15) V. *infra* n° 183.

souple du marché commun de l'emploi. Mais la clause de sauvegarde du règlement 38/64 disparaît et les États membres ne peuvent plus unilatéralement prendre de mesures d'autoprotection de leur marché de l'emploi (16).

La libre circulation est affirmée en tant que « droit fondamental » des travailleurs et de leur famille. Les ressortissants de la Communauté se voient reconnaître le droit d'exercer l'activité de leur choix en tout endroit de la Communauté, qu'il s'agisse d'une activité permanente ou non, celui de s'engager au service d'un employeur de l'État d'accueil ou d'y effectuer une prestation de services pour un employeur établi dans un autre État membre.

Le thème de l'égalité de traitement occupe une place majeure, en ce qui concerne le travailleur mais aussi sa famille. Le règlement ne se contente pas d'énoncer le principe, il en définit des modalités de mise en œuvre, en vue d'assurer, « en fait et en droit », l'égalité. Et là même où, en dehors des conditions d'emploi et de vie, subsiste, concernant la réglementation de l'entrée et du séjour, une différenciation entre le ressortissant communautaire, qui reste un étranger, et le national, il convient, dit la directive 68/360, « *dans toute la mesure du possible, de rapprocher la situation des travailleurs des autres États membres et des membres de leur famille, de celle des nationaux* » (17).

L'objet du règlement 1612/68 est socio-économique : il permet de libérer les mouvements de main-d'œuvre à l'intérieur de l'espace communautaire. La directive 68/360 le complète concernant les règles relatives au déplacement et au séjour des ressortissants communautaires ; elle intéresse la police des étrangers. Un troisième instrument, relative aux mesures d'ordre public, a complété cet ensemble textuel. La directive 64/221 du 25 février 1964 vise les mesures que les États membres restent en droit de prendre en vue d'éloigner de leur territoire les ressortissants communautaires qui constituent une menace pour l'ordre public, la sécurité publique ou la santé publique. Elle en réglemente et en harmonise les conditions (18).

§ 3. — Les personnes inactives

177. Étudiants, retraités, personnes oisives. Conçue initialement – dans le cadre d'une Communauté *économique* européenne – pour permettre le déplacement des travailleurs, salariés ou non salariés, la liberté de circulation – dans celui d'une Communauté européenne devenue Union européenne – s'étend aujourd'hui à l'ensemble des personnes, actives ou non actives.

La Cour de justice avait initié pareille évolution, s'agissant de la sécurité sociale des travailleurs migrants, en permettant l'application des règles communautaires, quel que soit le motif du déplacement de l'assuré social dans un autre État membre, que celui-ci se déplace pour raisons professionnelles ou non, qu'il soit actif ou non

(16) Les mesures de régulation du marché sont examinées *infra* n° 304 et s.
(17) 3e considérant de la directive 68/360.
(18) V. *infra* n° 237 et s.

actif (19). Elle l'avait fait également en permettant aux ressortissants communautaires en déplacement dans la Communauté de se prévaloir du droit communautaire en tant que consommateurs ou destinataires de services, alors que le droit communautaire s'était initialement préoccupé de la seule liberté de circulation des producteurs de biens et prestataires de services (20). Mais ces extensions ménageaient simplement les droits sociaux des personnes qui se déplacent dans la Communauté pour des raisons autres que professionnelles, elles ne leur conféraient aucun droit de séjour – durable – dans un autre État membre que le leur.

Avec les trois directives, 90/364, 365 et 366, arrêtées par le Conseil le 28 juin 1990 (21), c'est désormais le droit de séjour qui a été ouvert aux inactifs : les retraités (directive 90/365), les étudiants (directive 90/366, annulée pour vice de forme, puis reprise dans son texte initial avec la directive 93/96) et, de manière générale, l'ensemble des ressortissants des États membres et leur famille « *qui ne bénéficient pas de ce droit en vertu d'autres dispositions du droit communautaire* » (directive 90/364).

La généralisation du droit de séjour au bénéfice de ces catégories nouvelles de personnes ne va cependant pas jusqu'à leur conférer autant de droits qu'aux personnes – bénéficiaires initiaux de la libre circulation – qui puisent leur droit de séjour et, plus généralement, leurs droits, dans l'activité à laquelle elles accèdent dans l'État membre d'accueil. Le droit de séjour des inactifs est moins fortement affirmé que celui des actifs, dans la mesure, notamment, où « *ils ne doivent pas devenir une charge déraisonnable pour les finances publiques de l'État membre d'accueil* » (considérant commun aux trois directives) (22). Le droit à l'égalité de traitement ne l'est pas non plus.

On doit en outre observer que l'extension de la liberté de circulation à des personnes non actives ne correspondait à aucune prévision du traité communautaire alors en vigueur et qu'il a fallu utiliser les moyens offerts par l'ex-article 235 du traité pour la réaliser (23). La « généralisation » de la liberté de circulation débordait les limites du traité initial.

La liberté de circulation des personnes n'a pas acquis, à ce point de l'évolution, une portée vraiment générale. Les ressortissants communautaires n'ont pas tous, en cette seule qualité, ainsi que les membres de leur famille, reçu uniformément le droit de circuler et séjourner partout où ils le souhaitent dans la Communauté. Malgré la « généralisation » résultant des trois directives de 1990, le système est

(19) CJCE, 19 mars 1964, *Unger*, aff. 75/63, *Rec.* p. 349 ; *RTD eur.* 1965, p. 84 ; *Dr. soc.* 1964, p. 658 ; CJCE, 9 décembre 1965, *Singer*, aff. 44/65, *Rec.* p. 1192 ; *RTD eur.* 1966, p. 328.

(20) Cf. CJCE, 2 février 1989, *Cowan*, aff. 186/87, *Rec.* p. 195 ; *Cah. dr. eur.* 1990, p. 388, obs. Mertens de Wilmars ; Clunet 1989, p. 417, comm. Boutard-Labarde ; *JCP* 1989 II 21304, obs. Calvet et Huglo ; *RTD eur.* 1991, p. 65, chron. Calvet et Dintilhac ; décision prolongeant l'arrêt *Luigi et Carbone*, CJCE, 31 janvier 1984, aff. 286/82, *Rec.* p. 377.

(21) *JOCE* n° L 180 du 13 juillet 1990. La directive 90/366 concernant les étudiants a fait l'objet d'une annulation pour un choix de base juridique (l'article 235 au lieu des articles 7 et 128 du traité) préjudiciant aux compétences du Parlement européen, CJCE, 7 juillet 1992, *Parlement c. Conseil*, aff. C-295/90, *Rec.* I p. 4193. Les effets de la directive annulée ont toutefois été maintenus en vigueur par la Cour jusqu'à l'entrée en vigueur d'un nouvel acte, correctement fondé ; une directive nouvelle, n° 93/96, a donc été adoptée le 29 octobre 1993, identique à la précédente, sous réserve de modifications mineures, *JOCE* n° L. 317 du 18 décembre 1993 ; v. *supra* n° 58.

(22) Pour plus de détails, v. *infra* n° 212 et s.

(23) Les étudiants mis à part, v. *infra* n° 212.

resté catégoriel. Le bénéfice de la liberté de circulation a continué de se moduler différemment suivant la catégorie à laquelle l'intéressé appartient : travailleur ou ancien travailleur, retraité, étudiant, inactif, membre de la famille du ressortissant communautaire ; les droits différent de l'un à l'autre (24).

Une nouvelle ligne de partage est toutefois apparue entre une population européenne « généralement » bénéficiaire d'un droit de circulation et une population résiduelle exclue. Cette ligne ne passe plus par la distinction entre travailleurs et non travailleurs, actifs et non actifs ; elle met à part les personnes qui sont à la fois non actives et démunies (« *n'ayant pas de ressources suffisantes...* »). Ces personnes restent les ultimes exclues du droit de libre circulation.

§ 4. — Les ressortissants de pays tiers

178. Politiques nationales. À cette progressivité du cheminement positif vers la liberté de circulation et d'emploi de l'ensemble des ressortissants de l'Union, s'en oppose une autre, négative celle-ci, qui concerne les États tiers à la Communauté et leurs ressortissants. Les États membres, demeurés jusqu'à aujourd'hui maîtres de leur politique d'immigration à l'égard des pays tiers (25) ont en effet mis en place des politiques restrictives contrastant avec la liberté de circulation des ressortissants communautaires.

Le cas de la France illustre à cet égard une évolution que l'on retrouve dans d'autres États membres de la Communauté qui ont connu une immigration importante.

Dans les années qui suivirent la décolonisation et, approximativement jusqu'en 1975, un certain nombre de pays antérieurement colonisés par la France ont connu un régime de circulation et d'emploi en France dérogatoire au droit commun de l'immigration et plus libéral que celui-ci. Les accords d'Évian de 1962 avaient, en particulier, institué un régime très favorable aux Algériens, les autorisant à circuler vers la France, où ils avaient librement accès au travail et où ils pouvaient librement séjourner, sous réserve, après 1968, de posséder un « certificat de résidence » valable cinq ans, qui leur était automatiquement délivré. Ils bénéficiaient d'autre part – la réciprocité étant prévue pour les Français – d'une clause d'assimilation, sous la seule réserve des droits politiques (26).

La nouvelle politique d'immigration, très restrictive, inaugurée en 1973 dans un contexte de crise de l'emploi, a nécessité la révision des accords d'immigration. Aux facilités antérieures de circulation, de travail et de séjour ont été peu à peu substituées des règles beaucoup plus sévères. Le particularisme des régimes de circulation des ressortissants des anciennes colonies s'est estompé, contre un alignement d'ensemble

(24) Mais les États membres ont l'obligation de délivrer le titre de séjour « *à toute personne apportant la preuve de ce qu'elle appartient à l'une des catégories* » bénéficiant du droit de séjour, CJCE, 8 avril 1976, *Royer*, préc.

(25) V. *infra* n° 192 et s.

(26) On rappellera les difficultés d'application rencontrées par les accords d'Évian dans le domaine de la représentation du personnel dans l'entreprise : Cass. soc., 18 mai 1971, deux espèces, *Rev. crit. DIP* 1971, p. 669, note G. Lyon-Caen ; *Clunet* 1972, p. 578, obs. J.-M. Verdier.

de la situation des ressortissants des États tiers à la Communauté sur le droit commun français de l'immigration (27).

L'évolution n'a toutefois pas abouti à fermer totalement les frontières. Outre le fait qu'une immigration a persisté clandestinement, des considérations humanitaires, mêlées à d'autres règles ou engagements internationaux ont pu interférer avec une politique restrictive, largement inspirée par des motifs d'ordre économique. L'immigration familiale a subsisté (28) ; certaines nationalités ont bénéficié d'un régime dérogatoire de libre accès à l'emploi ou d'inopposabilité de la situation de l'emploi (29) ; un afflux important de réfugiés politiques ou de demandeurs d'asile s'est produit (30).

On observe enfin que, tout en restreignant l'arrivée de nouveaux immigrants, l'évolution de la politique française et du droit des étrangers tend à assurer aux étrangers déjà installés en France un meilleur degré d'égalité par rapport aux Français (31).

En France et dans les autres grands pays européens d'immigration, le tableau général de l'évolution fait principalement ressortir deux éléments.

Entre ressortissants (élargie à l'Espace économique européen) de l'Union et ressortissants de pays tiers, pour lesquels les réglementations de l'immigration restent encore pour une grande part de source nationale, la différence des situations s'est progressivement accusée, mettant de plus en plus clairement en lumière la liberté de déplacement et de séjour dont jouissent les premiers.

Cette différenciation progressive ne se vérifie cependant pas, concernant le traitement des étrangers admis à séjourner sur les territoires des États membres. Le principe d'égalité progresse et les efforts réalisés en droit de l'Union pour en assurer l'application correcte citoyens européens, trouvent leur pendant dans l'amélioration des droits reconnus aux étrangers extérieurs à l'Union, – qu'il s'agisse d'évolutions parallèles ou d'un effet d'entraînement, sous l'idée générale d'un traitement comparable ou au moins équitable.

179. Accords de coopération entre la Communauté européenne et des États tiers. Ces accords, accords de coopération ou d'association, se sont multipliés, précédant assez fréquemment l'intégration à l'Union européenne du pays tiers

(27) Sur l'ensemble de ces questions, v. N. Guimezanes, *Les politiques d'immigration en Europe*, La doc. fr., 1992 ; J. Costa-Lascoux, *De l'immigré au citoyen*, La doc. fr. 1989 ; P. Weil, *La France et ses étrangers*, Calmann-Lévy, 1991 ; *Être français aujourd'hui et demain*, *Travaux de la Commission de la nationalité*, La doc. fr. 1988.

(28) V. F. Jault-Seseke, *Le regroupement familial en droit comparé français et allemand*, Bibliothèque de droit privé, LGDJ, 1996 ; H. Labayle, « Le droit de l'étranger de mener une vie familiale normale, lecture nationale et exigences européennes », *RFDA* 1993, p. 511.

(29) V. article R. 341-4 du Code du travail : la situation de l'emploi n'est pas opposable à certaines catégories de travailleurs, ... en fonction des liens entretenus avec la France par leur pays d'origine » (détermination par arrêté ministériel).

(30) Sur la notion de réfugié et les critères d'attribution de la qualité de réfugié, V. en particulier, F. Crépeau, *La condition du demandeur d'asile en droit comparé*, thèse multigr. Paris 1, 1990 ; *Droit d'asile - De l'hospitalité aux contrôles migratoires*, Bruylant, Bruxelles, 1995 ; F. Tiberghien, *La protection des réfugiés en France*, Economica, 2e éd., 1988.

(31) V. Cons. const., déc. n° 90-287 DC du 16 janvier 1991 ; Cons. const., déc. n° 93-325 DC du 13 août 1993 ; B. Genevois, « Un statut constitutionnel pour les étrangers », *RFDA*, p. 871 ; J.-J. Dupeyroux et X. Prétot, « Le droit des étrangers à la protection sociale », *Dr. soc.* 1994, p. 69.

concerné. Ils présentent un volet social. Mais ils n'interfèrent qu'assez peu avec les politiques d'immigration nationales. S'ils posent avec fermeté le principe que les ressortissants des États associés qui résident légalement dans la Communauté y jouiront en matière sociale de l'égalité de traitement avec les ressortissants communautaires, ils ne leur accordent normalement pas le droit de venir s'établir et travailler librement dans la Communauté. Le droit de séjour et l'accès à l'emploi des ressortissants des États associés restent, pour l'essentiel, déterminés nationalement dans le cadre d'une compétence que chaque État membre continue d'exercer, bien que partageant désormais sa compétence avec celle de l'Union. Les accords d'association ou de coopération viennent principalement ajouter le principe d'un traitement non discriminatoire de ceux qui ont pu bénéficier du droit de séjour et d'emploi (32).

Certains accords peuvent toutefois aller plus loin, tel l'accord conclu en 1963 avec la Turquie. Imprudemment, cet accord particulier s'était donné pour objet de réaliser graduellement la libre circulation des travailleurs en s'inspirant des articles 48, 49 et 50 du traité CEE (33).

180. Vers une politique communautaire d'immigration. Réclamée par le traité de Maastricht dans les domaines de la justice et des affaires étrangères, la coopération entre les États membres en matière d'immigration des pays tiers a progressé. Elle a permis aux États membres de manifester leur volonté commune de contrôler fermement cette immigration. Elle les a conduits à rechercher avec les autorités de l'Union la mise en place de principes directeurs communs en matière d'immigration des pays tiers. C'est un domaine dans lequel s'exprime la « méthode ouverte de coordination ».

Si le traité de Maastricht s'est orienté vers la coopération des États membres, le traité d'Amsterdam a annoncé la naissance d'une politique communautaire concernant l'immigration des États tiers. Les transferts de compétence au profit de la Communauté qui en sont résultés ont buté sur les constitutions nationales, la constitution française en particulier. La politique d'immigration met en cause « *la continuité de la vie de la Nation* ». Il en va des conditions essentielles d'exercice de la souveraineté nationale, a dit le Conseil constitutionnel français, pour déclarer contraires à la Constitution les dispositions du nouveau traité permettant à la Communauté d'agir en matière d'immigration des pays tiers par des mesures prises par le Conseil à la majorité (34). Une nouvelle révision constitutionnelle s'en est suivie, autorisant la ratification du traité d'Amsterdam (35).

(32) V. également *infra* n° 193.

(33) Article 12 de l'accord. L'accord CEE-Turquie et les décisions d'application qui le complètent ne cessent de soulever des difficultés d'interprétation, intéressant plus directement l'Allemagne que les autres États membres. V. *infra* n° 193.

(34) Décision 97-394 DC du 31 décembre 1997 relative au traité d'Amsterdam modifiant le traité sur l'Union européenne et les traités communautaires ; *JORF* du 3 janvier 1998.

(35) Dans la rédaction de la Constitution précédant celle que la ratification du traité de Lisbonne a occasionnée, l'article 88-2 énonçait que « *peuvent être consentis les transferts de compétence nécessaires à la détermination des règles relatives à la libre circulation des personnes et aux domaines qui lui sont liés* ».

Les traités de Nice puis de Lisbonne ont confirmé la naissance de compétences de l'Union et en ont même facilité l'exercice. On s'avance donc progressivement vers l'avènement d'une politique de l'Union en matière d'immigration des pays tiers (36).

§ 5. — Institution de la citoyenneté européenne

181. Des liens étroits avec la liberté de circulation. « *Il est institué une citoyenneté européenne. Est citoyen de l'Union toute personne ayant la nationalité d'un État membre* », énonce l'article 20 § 1 TFUE (ex-article 17 § 1 TCE) (37).

La citoyenneté de l'Union, telle qu'elle se présente aujourd'hui, recouvre pour l'essentiel la liberté de circulation sur le territoire de l'Union, dont viennent d'être décrits les traits principaux. L'attribut principal de la citoyenneté est en effet constitué par « *le droit de circuler et de séjourner sur le territoire des États membres* ».

Encore faut-il préciser, avec le texte de l'article 21 § 1 TFUE (ex-article 18 § 1 TCE), que ce droit existe « *sous réserve des limitations et conditions prévues par le présent traité* ». Pour l'immédiat, la citoyenneté ne fait pas disparaître les limites existantes à la liberté de circulation et de séjour à l'intérieur de l'Union. Elle ne fait pas du droit de circuler et séjourner dans un autre État membre un droit inconditionnel (38). Elle n'étend pas le domaine de la liberté de circulation à des situations non couvertes par le droit communautaire actuel (39).

Parmi les autres éléments formant la citoyenneté européenne, telle qu'elle a été définie par le traité de Maastricht, certains apparaissent d'ailleurs comme de simples accessoires prolongeant directement le droit de circuler et séjourner en tout point du territoire de l'Union. Il en est principalement ainsi du droit de vote aux élections municipales et européennes (40). On peut, avec un peu d'artifice, en dire autant de la protection diplomatique dont tout citoyen de l'Union peut bénéficier sur le territoire d'un pays tiers de la part des autorités diplomatiques et consulaires d'un autre État membre que le sien. C'est une sorte de projection internationale du droit de circulation interne à l'Union (41).

Seuls sont insusceptibles d'être rattachés au droit de circulation, le droit de pétition et celui de s'adresser au médiateur, car ces droits concernent l'ensemble des domaines où s'exerce l'action de l'Union, et non pas le seul droit de libre circulation (42).

L'apparition de la notion de citoyenneté européenne indique le chemin important qui s'est accompli depuis le traité de Rome. La Communauté, devenue Union européenne, ne se limite plus à être économique. Qu'est-elle devenue ou que

(36) V. *infra* n° 192 et s.
(37) Le traité d'Amsterdam ajoute que « *la citoyenneté de l'union complète la citoyenneté nationale et ne la remplace pas* ».
(38) CJCE, 11 avril 2000, *Arben Kaba*, aff. C-356/98.
(39) CJCE, 5 juin 1997, *Karl Uecker et Vera Jacquet*, aff. 64/96 et 65/96 ; v. *infra* n° 183.
(40) Article 19 du traité CE (ex-8 B), devenu article 22 TFUE.
(41) Article 20 du traité CE (ex-8 C), devenu article 23 TFUE, après modification.
(42) Article 21 du traité CE (ex-8 D, devenu article 24 TFUE, après modification.

deviendra-t-elle ? C'est en particulier dans la notion de citoyenneté européenne et sa dynamique que des réponses seront trouvées.

À moyen terme, la notion de citoyenneté européenne pourrait avoir certaines implications précises. La réserve d'ordre public, instrument de protection des États et de leurs territoires respectifs, peut-elle continuer d'être opposable à la liberté de circuler et de séjourner en tout point du territoire de l'Union que postulerait l'appartenance à une même citoyenneté européenne ? Les différentes autres limites à la liberté de circulation qui se constatent encore ne se heurtent-elles pas aux principes d'égalité et de solidarité qui s'attachent à la notion de citoyenneté ?

La citoyenneté européenne peut également participer à une affirmation plus ferme des droits sociaux fondamentaux ou à la définition d'une citoyenneté « sociale » européenne (43). On peut encore prétendre y rattacher un approfondissement de la réflexion sur les droits des femmes, pouvant aller vers l'idée d'une « citoyenneté féminine » (44) ?

En dépit des limites que le traité a mises à son influence, la citoyenneté européenne a inspiré une jurisprudence constructive, innovante, de la Cour de justice (A). Elle a justifié un réexamen et une révision générale de l'ensemble des textes de droit communautaire gouvernant la liberté de circulation des personnes. Celle-ci s'est réalisée dans la directive 2004/38 du 29 avril 2004 relative au droit des citoyens de l'Union et de leur famille de circuler et séjourner librement à l'intérieur de l'espace communautaire (B).

A. — Jurisprudence de la Cour de justice

182. Une jurisprudence innovante. Depuis l'arrêt *Martinez Sala* du 12 mai 1998 (45), première décision à avoir confronté citoyenneté européenne et libre circulation des travailleurs, les arrêts de la Cour de justice se sont multipliés. La Cour de justice, explorant les possibilités nouvellement ouvertes par la citoyenneté, doit bien entendu respecter les conditions et limitations de la liberté de circulation prévues par le traité et le droit dérivé, puisque le traité le lui commande. Ceci ne l'a pas empêché d'engager un travail de relecture et de refondation de ces conditions et limitations, en s'inspirant des exigences nouvelles de la citoyenneté.

Consacrée naguère en tant que fondement de la Communauté *économique* européenne, la liberté de circulation des personnes trouve désormais un fondement, au-delà d'elle-même, à un niveau plus profond, dans la citoyenneté européenne. « *Le statut de citoyen de l'Union a vocation à être le statut fondamental des ressortissants des États membres* », a dit l'arrêt *Grzelczyk* (46). Et, dans l'arrêt *Baumbast*,

(43) S. Maillard, *L'émergence de la citoyenneté sociale européenne*, thèse Nantes, 206, dir. P. Chaumette, 595 p. ; C. Marzo, *La dimension sociale de la citoyenneté européenne*, Pr. univ. Aix-Marseille, 2011, préf. M.-A. Moreau, 578 p. ; « Vers une citoyenneté sociale européenne ? », *Dr. soc.* 2007, p. 218.

(44) V. sur tous ces points, les analyses de M.-V. Ballestrero, B. Bercusson, J.-P. Laborde, M. Laroque, K. Sieveking, *in La Citoyenneté européenne face au droit social et droit du travail*, dir. P. Rodière, Académie de droit européen de Trèves, Bundesanzeiger, Köln, 1997.

(45) Aff. C-85/96, *Rec.* I, p. 2691

(46) CJCE, 20 septembre 2001, aff. C-184/99, *Rec.* I, p. 6193, point 31.

la Cour de justice renforce l'efficacité potentielle de la citoyenneté en consacrant l'applicabilité directe de l'article 18 § 1 TCE, devenu article 21 § 1 TFUE, qui, « *par une disposition claire et précise* » reconnaît « *directement à tout citoyen de l'Union* » le droit de séjourner sur le territoire des États membres (47).

Si ce nouveau principe de liberté, dans l'immédiat, ne modifie rien des règles qui en conditionnent l'exercice, il en commande le réexamen, dans un nouvel esprit. C'est ainsi que la Cour de justice a entrepris un travail de réinterprétation du droit de la circulation des personnes. La méthode en est gouvernée d'abord par la présence, dans le traité, d'une consécration générale d'un droit de circulation qui, jusqu'à l'apparition de la citoyenneté européenne, restait attribué par le traité aux seuls travailleurs ou personnes actives. Elle s'attache ensuite à suivre une règle d'interprétation stricte des limites apportées à l'exercice d'une liberté fondamentale. « *Les dispositions consacrant un principe fondamental tel que celui de la libre circulation des personnes doivent être interprétées largement* », a énoncé la Cour de justice face à une condition de la liberté de circulation prévue par une directive (48). La Cour de justice entend permettre ainsi à la citoyenneté européenne de trouver un espace d'expression que les formules limitatives utilisées par le texte la consacrant tendent à lui dénier (49).

B. — Directive 2004/38 du 29 avril 2004

183. La directive 2004/38 affiche un objectif directement lié à la citoyenneté européenne. Celle-ci constitue désormais « *le statut de base des ressortissants des États membres* », le « *statut fondamental* » desdits ressortissants, comme le dit la Cour de justice (50). Elle confère à chaque citoyen de l'Union « *un droit fondamental et individuel de circuler et séjourner librement* » à l'intérieur de l'espace communautaire, au titre d'« *une des libertés fondamentales du marché intérieur* » (51). Il convient donc de dépasser l'« *approche sectorielle et fragmentaire* » que l'on a connue jusque-là et qui avait conduit à séparer des populations distinctes : salariés, non salariés, étudiants, autres personnes sans emploi, etc. La citoyenneté, statut fondamental commun, doit se traduire dans un « *acte législatif unique* » (52).

La directive 2004/38 va donc modifier ou abroger et remplacer l'ensemble des textes communautaires antérieurs relatifs à la liberté de circulation des personnes (53). Le règlement 1612/68, portant régime « définitif » de la liberté de circulation des travailleurs, toutefois ne disparaît pas et est simplement modifié sur plusieurs points (54). Sont en revanche abrogées et entièrement remplacées par la nouvelle directive, les directives relatives au déplacement et au séjour des travailleurs

(47) CJCE, 17 septembre 2002, *Baumbast*, aff-413/99, *Rec.* I, p. 7091.
(48) CJCE, 19 octobre 2004, *Zhu et Chen*, aff. C-200/02.
(49) V. *infra* n° 252-254 pour les arrêts concernés.
(50) V. *supra* n° précédent.
(51) Cf. préambule de la directive 2004/38, considérants 1 à 3.
(52) Cf. considérants 3 et 4 du préambule de la directive 2004/38.
(53) La directive 2004/38 a été transposée en droit français par la loi n° 2006-911 du 24 juillet 2006, suivie du décret d'application n° 2007-371 du 21 mars 2007.
(54) Abrogation des articles 10 et 11 concernant les droits de la famille.

salariés (55) ou non salariés (56) et de leur famille, les directives concernant les personnes inactives, les retraités, les étudiants (57), ainsi, enfin, que la directive concernant les mesures d'ordre public susceptibles d'être prises à l'encontre des ressortissants communautaires (58).

Un acte législatif unique a bien été substitué à un ensemble textuel jusque-là épars. La naissance d'un statut législatif commun des citoyens de l'Union en matière de liberté de circulation n'en résulte pas pour autant. Loin s'en faut. La directive 2004/38 continue de distinguer les mêmes populations qu'auparavant : travailleur, non travailleur ou inactif, étudiant, membre de famille et les régimes juridiques applicables à chacune des catégories continuent d'être différenciés. Si « l'approche » n'a plus été « sectorielle », le résultat le demeure.

La directive se traduit tout de même par des changements significatifs. Les formalités de constatation du droit de séjour sont allégées ; un droit de séjour permanent fait son apparition (59) ; les droits de la famille sont mieux protégés (60)... Suivant sa pratique usuelle, le législateur de l'Union a consolidé l'apport de la jurisprudence de la Cour de justice. Il consacre en particulier, prolongeant ce que la Cour de justice avait dit, le droit de tout citoyen de l'Union séjournant dans un État membre de bénéficier de l'égalité de traitement avec les nationaux de cet État membre, avec certaines réserves toutefois (61). Il « légalise » de la même façon certains éléments notables de la jurisprudence de la Cour de justice concernant les garanties offertes au ressortissant de l'Union, mais aussi aux ressortissants de pays tiers, face à une mesure d'éloignement (62).

Quant au règlement 1612/68, il n'a pas été abrogé par la directive 2004/38, sinon pour la partie de ses dispositions dont l'objet a été transféré vers la directive 2004/38 et qui s'y retrouve, avec des modifications. Pour le reste le règlement 1612/68 est resté provisoirement, sans changement, en vigueur. Il a cependant été jugé utile de procéder à sa recodification. Le règlement 1612/68 se retrouve donc aujourd'hui amputé des éléments transférés vers la directive 2004/38, dans le règlement de codification 492/2011 du 5 avril 2011 (63).

§ 6. — Les limites qui subsistent

184. Le cercle des bénéficiaires de la liberté de circulation s'est considérablement étendu ; l'égalité de traitement s'étend progressivement au bénéfice de tous les citoyens de l'Union, sous réserve toutefois d'exceptions qui peuvent atteindre les inactifs.

(55) Directive 68/360 du 15 octobre 1968, v. *supra* n° 176.
(56) Directive 73/148 du 21 mai 1973.
(57) Directives 90/364 et 90/365 du 28 juin 1990 ; directive 93/96 du 29 octobre 1993 ; v. *supra* n° 177.
(58) Directive 64/221 du 25 février 1964.
(59) V. *infra* n° 232.
(60) V. *infra* n° 232 et s., 238 et s.
(61) V. *supra* n° précédent et *infra* n° 256 et s.
(62) V. *infra* n° 238 et s., spéc. n° 246.
(63) *JOUE* n° L 141 du 27 mai 2011.

En l'état de l'évolution, les ressortissants communautaires continuent de rencontrer d'importants obstacles susceptibles d'entraver leur liberté de circulation. Plusieurs limites majeures subsistent.

La première est constituée par l'ordre public. Puisque les États membres, par exception au principe de libre circulation, peuvent s'opposer à la présence sur leur territoire des ressortissants des autres États membres menaçant l'ordre public. Il en va de même en cas de menace pour la santé publique. De manière plus générale, la liberté de circulation n'a pas fait disparaître le principe d'une police des ressortissants communautaires, qui restent à cet égard traités en tant qu'étrangers (64). La directive 2004/38, bien qu'ayant voulu répondre aux exigences de la citoyenneté européenne, n'a pas substantiellement changé l'état du droit antérieur.

Une autre limite concerne l'emploi. L'administration publique, d'une part, dès l'instant où elle se traduit par une participation à l'exercice de l'autorité publique, peut être réservée aux nationaux. L'Europe de la formation professionnelle, d'autre part, est loin de son achèvement ; les diplômes ou les qualifications requis dans un État membre ne font pas encore l'objet d'une reconnaissance générale et effective dans les autres États membres ; des progrès ont lieu, mais pas à pas (65).

On peut encore signaler une troisième limite mise à la généralisation de la libre circulation. Celle-ci ne concerne plus exclusivement l'emploi. Aujourd'hui l'exercice d'une activité ne bride plus le droit de librement circuler. Mais une autre limite lui a été substituée. Aura le droit de séjour sur le territoire d'un autre État membre que le sien, celui qui y a une activité ou celui qui, n'y ayant pas d'activité, dispose de ressources suffisantes pour ne pas devenir une charge pour l'assistance sociale de l'État d'accueil. Les démunis restent exclus de la liberté de circulation (66).

Section 1

Le domaine

185. Plan. Une première sous-section visera les personnes, selon que celles-ci, par leur nationalité et leur état civil, sont ou non appelées à pouvoir bénéficier de la liberté de circulation. La seconde sera consacrée à l'activité, critère d'application qui s'est sans doute estompé avec l'extension de la liberté de circulation aux non-actifs, mais qui continue toujours d'ordonner le jeu des règles relatives à la circulation des personnes, vue dans sa dimension d'ordre économique. Il convient préliminairement de préciser le domaine *ratione loci* du droit de l'Union en matière de libre circulation des personnes. Celui-ci couvre exclusivement des situations de mobilité entre États membres. Ces situations sont seules susceptibles de se rattacher au droit de l'Union et d'en commander l'application.

(64) V. *infra* n° 236 et s. concernant l'exception d'ordre public.

(65) S'ajoute évidemment la difficulté que constitue la diversité des langues, l'obtention d'un emploi ou la poursuite d'études dans un autre État membre pouvant être soumis à une condition de connaissance suffisante de la langue ; v. *infra* n° 227.

(66) V. *infra* n° 232 et s.

186. Situations de mobilité se rattachant au droit communautaire et situations purement internes. Le domaine d'application spatiale de la libre circulation soulève des difficultés qui intéressent les conflits de lois et de juridictions. Elles seront pour l'essentiel étudiées, en quatrième partie, avec la coordination des droits nationaux du travail (67).

Si elle intéresse aussi le domaine d'application spatiale du droit européen de la libre circulation, la question du rattachement des situations juridiques au droit de l'Union constitue cependant un élément préalable, conditionnant l'application des règles sur la liberté de circulation et qu'il convient donc d'examiner dès maintenant (68).

186-1. Persistance d'une distinction attaquée. Pour que le droit communautaire ait à entrer en application, encore faut-il que la situation juridique concernée s'y rattache. Or, le droit de la libre circulation vise uniquement les situations de circulation entre États membres. Celles qui ne correspondent à aucun mouvement de circulation entre États membres lui échappent. La Cour de justice qualifie ces situations de « *purement internes* » et, faute de tout rattachement au droit de la libre circulation, elle en écarte l'application (69). Les règles communautaires en matière de libre circulation ne peuvent être appliquées à des situations « *dont tous les éléments se cantonnent à l'intérieur d'un seul État membre* » (70).

C'est ainsi que le ressortissant d'un État membre ne pourra pas se réclamer du droit communautaire ou de l'Union pour contester une mesure restreignant sa liberté de circulation, lorsqu'il la subit de la part des autorités de son propre État sur le territoire de celui-ci, car la situation restera purement interne (71).

Échapperont également au droit de l'Union et seront regardées par celui-ci comme purement internes – alors qu'elles présentent un caractère international – les situations de circulation *entre un État membre et un État tiers* à la Communauté (72). Les règles du droit de l'Union relatives au regroupement familial (73) ne pourront pas être invoquées à l'encontre de son droit national par un ressortissant de l'Union pour faire venir auprès de lui, dans son propre pays, où il réside et travaille, tel membre de sa famille (74).

Dans la mesure où le droit national présente une sévérité que n'a pas le droit de l'Union, la non-application de celui-ci peut être jugée injuste. Le droit au

(67) Sur la liberté de circulation entre le territoire de l'Union européenne et les départements, pays et territoires d'outre-mer, v. I. OMARJEE, *Le droit social communautaire et l'Outre-mer français*, thèses LGDJ, Bibl. dr. internat., Paris, 2000, préf. P. RODIÈRE ; CE, 17 décembre 1999, *Mlle Ni Ciosain*, concernant la distinction entre exercice d'une activité salariée et d'une activité non-salariée, les ressortissants communautaires bénéficiant uniquement, sauf convention plus favorable, d'un droit de séjour dans les PTOM pour y exercer une activité non-salariée ; faisant suite à CJCE, 12 décembre 1990, *Kaefer et Procacci*, aff. C-100 et C-101/89, *Rec.* I p. 4647.

(68) Sur ces questions, v. P. RODIÈRE, « Domaine d'application spatiale du droit social européen », Com. fr. DIP, Trav. 1990-91, Pédone 1992.

(69) CJCE, 15 janvier 1986, *Hurt*, aff. 44/84, *Rec.* p. 84 ; 8 octobre 1990, *Massam Dzodzi*, aff. C-197/89, *Rec.* I, p. 3763, *RTD eur.* 1991, p. 661 ; V. également les arrêts cités notes suivantes.

(70) CJCE, 5 juin 1997, *Karl Uecker et Vera Jacquet*, aff. jtes 64/96 et 65/96, point 16 ; v. également, s'agissant d'un fonctionnaire européen, dans une situation purement interne à la Belgique, CJCE, 16 déc. 2004, *Gregorio M*, aff. C-293/03.

(71) CJCE, 7 février 1979, *Saunders*, aff. 175/78, *Rec.* p. 1129, *RTD eur.* 1979, p. 506 et p. 429, chron. DRUESNE. Comp. CJCE, *Rutili*, 28 octobre 1975, *infra* n° 242.

(72) Sauf si ladite situation relève d'un accord conclu par la Communauté avec l'État tiers intéressé.

(73) V. *infra* n° 190-191.

(74) CJCE, 27 octobre 1982, *Morson et Jhanjan*, aff. 35 et 36/82, *Rec.* p. 3723, *RTD eur.* 1984, p. 321 et DRUESNE, p. 292. V. *infra* n° 196, la proposition de directive relative au regroupement familial des ressortissants de pays tiers, proposition qui voulait remédier à l'injustice de la situation actuelle.

regroupement familial tel qu'aménagé par le droit européen de la libre circulation est plus « généreux » que ne sont en général les droits nationaux concernant les membres de la famille étrangers à l'Union européenne. Soit ! Mais il n'empêche que cette injustice, si elle existe, ne peut être corrigée par le droit de l'Union applicable en matière de libre circulation des personnes, puisque celui-ci n'est pas applicable. Si l'on veut ici parler de *discrimination à rebours*, il faut ajouter qu'il appartient au droit national de la faire disparaître, pas au droit de l'Union. Plus exactement, il ne peut revenir au droit de l'Union relatif à la libre circulation des personnes de trancher la difficulté, puisque l'on n'est pas dans une situation qu'il recouvre.

L'apparition de la citoyenneté européenne n'y a pas changé beaucoup. La citoyenneté n'a pas pour objectif d'étendre le champ d'application matériel du traité à des situations purement internes, a dit la Cour de justice, à propos de l'accès à l'emploi du conjoint non communautaire d'un ressortissant communautaire placé dans une situation interne, accès que lui refusait le droit national (75). La jurisprudence de la Cour de justice paraît toutefois marquer une évolution. La Cour continue d'exiger que la situation présente un rattachement au droit européen de la libre circulation, mais elle admet libéralement l'existence de ce rattachement. Un citoyen de l'Union résidant et établi dans son propre État membre, mais fournissant ses services dans d'autres États membres, pourra, par exemple, se réclamer des dispositions du droit de l'Union (76). Tout en s'attachant toujours à distinguer situations internes et situations de circulation ou de mobilité, la Cour de justice peut aussi, en tenant compte de la différence de traitement constatée, demander aux autorités nationales de la corriger ou les inciter à le faire (77).

Sans l'être par le droit de l'Union, la modification du droit national peut d'ailleurs être réclamée par d'autres engagements internationaux, tels ceux qui résultent de la Convention européenne des droits de l'homme. L'affaire *Koua Poirrez*, portée successivement devant la Cour de justice des Communautés puis devant la Cour européenne des droits de l'homme, l'a bien illustré. Un ressortissant ivoirien, vivant en France auprès de son père adoptif de nationalité française, ne peut pas se réclamer des dispositions du droit de l'Union applicables en matière de liberté de circulation ; la situation est purement interne, a dit la Cour de justice (78). L'intéressé se trouve cependant privé par la réglementation française du bénéfice d'une prestation sociale dans des conditions incompatibles avec les exigences de la CEDH ; la Cour européenne des droits de l'homme a donc condamné la France (79).

Celui, citoyen de l'Union, qui n'use pas du droit de circulation peut se trouver, on le voit, dans une situation moins favorable que celui qui le fait.

(75) CJCE, 5 juin 1997, *Karl Ucker et Vera Jacquet*, aff. jtes 64/96 et 65/96.
(76) CJCE, 11 juillet 2002, *Carpenter*, aff. C-60/00.
(77) Cf. CJCE, 1er avril 2008, *Gouvernement de la Communauté française*, aff. 212/06 ; v. égal. CJUE, 25 juillet 2008, *Metock*, aff. C-127/08, pts 77-78.
(78) CJCE, 16 décembre 1992, *Koua Poirrez*, aff. C-206-91.
(79) CEDH, 30 septembre 2003, *Koua Poirrez contre France*, Req. 40892/98.

186-2. Naissance d'un droit de séjour des citoyens de l'Union sur le territoire de l'Union. Tout en continuant à refuser d'appliquer les règles du droit de l'Union relatives à la libre circulation des personnes aux citoyens de l'Union ne circulant pas, la Cour de justice a néanmoins pu se fonder sur la citoyenneté européenne pour conférer des droits à des citoyens de l'Union placés dans des situations dites internes par la jurisprudence de la Cour.

L'hypothèse est celle d'un ressortissant de l'Union, placé dans une situation interne, dont le droit de séjour au sein de l'Union est menacé. Il ne peut sans doute pas l'être directement, le principe de droit international voulant qu'un État ne puisse pas expulser ses nationaux et doive lui garantir inconditionnellement un droit de séjour, s'impose au sein de l'Union européenne (80). Mais une mesure prise par une autorité nationale peut indirectement conduire à lui imposer de quitter le territoire de l'État membre dont il est ressortissant, voire peut conduire à lui imposer de quitter le territoire de l'ensemble de l'Union. Ainsi du cas de ressortissants de pays tiers, parents de jeunes enfants ayant la nationalité d'un État membre, qui font l'objet d'une mesure d'éloignement.

Se fondant directement sur les dispositions du traité relatives à la citoyenneté (article 20 TFUE) – les dispositions du droit de l'Union applicables en matière de circulation des personnes devant être écartées, faute de circulation –, la Cour de justice a jugé qu'un État membre ne peut pas prendre à l'encontre d'un ressortissant d'un pays tiers une mesure qui mettrait, « de fait », un citoyen de l'Union dans l'impossibilité d'exercer « *l'essentiel des droits conférés par le statut de citoyen* ». Un élément essentiel de la citoyenneté réside dans le droit de vivre au sein de l'Union européenne ; une mesure nationale qui contraint des ressortissants de l'Union à quitter celle-ci, parce que, de fait, il n'y a pas d'autre issue raisonnablement envisageable, est contraire au droit de l'Union (81).

Par transposition d'un principe de droit international conçu pour les États-nation, la Cour de justice a donc institué l'existence d'un droit inconditionnel des citoyens de l'Union à vivre au sein de l'Union. Dans un souci de réalisme, la Cour exige d'ailleurs que ce ne soit pas, formellement, le seul droit de séjour qui soit assuré, mais la possibilité concrète du séjour, c'est-à-dire le droit de travailler, supposant une autorisation de travail.

On observera complémentairement que ces décisions innovantes mettent en avant des exigences relatives à la protection de la vie familiale qui s'inspirent directement de la Convention européenne des droits de l'homme et assurent cette protection concernant des familles composées de citoyens de l'Union et de ressortissants de pays tiers.

Sous-section 1. — Sur la nationalité

La liberté de circulation et l'ensemble des droits qui s'y rattachent sont reconnus aux ressortissants de l'Union et à leur famille. Ils ne le sont à l'inverse pas aux ressortissants des États tiers à la Communauté ou ne le sont qu'avec des limites et

(80) CJUE, 5 mai 2011, *McCarthy*, aff. C-434/09, v. point 29.
(81) CJUE, 8 mars 2911, *Ruiz Zambrano*, aff. C-34/09 ; CJUE, 5 mai 2011, *McCarthy*, préc. ; CJUE, 15 novembre 2011, *Dereci*, aff. C-256/11.

des conditions plus importantes. Nous considérerons d'abord la situation des ressortissants de l'Union (§ 1) celle des ressortissants extérieurs à l'Union ensuite (§ 2).

§ 1. — Les citoyens de l'Union

187. Généralités – le cercle des bénéficiaires. Le droit communautaire reconnaît le droit de circuler et séjourner librement à l'intérieur de l'espace communautaire à l'ensemble des personnes ayant la qualité de citoyen de l'Union. Sous réserve qu'elles soient dans une situation de circulation se rattachant au droit communautaire, il reconnaît plus précisément à ces personnes le droit de se réclamer des dispositions du droit de l'Union relatives à la liberté de circulation, y compris notamment l'égalité de traitement avec les nationaux.

Conçue initialement pour les seuls ressortissants communautaires actifs, salariés ou non, la liberté de circulation et les droits qui y sont afférents ont ensuite été étendus aux inactifs (retraités, étudiants, oisifs), toujours sous la condition qu'ils soient ressortissants de l'Union (82). Peuvent s'en réclamer les personnes qui se déplacent dans un autre État membre pour y fournir leur activité, mais aussi celles qui y « consomment », achètent un bien, reçoivent un service (83).

En outre, les droits constitutifs de la liberté de circulation ne sont pas seulement faits pour les personnes qui se déplacent, mais aussi pour celles qui peuvent avoir intérêt à ce déplacement. Ainsi un employeur qui souhaite recruter un travailleur ressortissant d'un autre État membre pourra lui aussi s'en prévaloir (84). Ainsi d'un organisme de placement – agence privée – qui bute sur sa réglementation nationale dans son activité de placement de travailleurs dans d'autres États membres (85).

*

* *

Tous les citoyens, c'est-à-dire tous les nationaux de l'Union peuvent s'en prévaloir, y compris les nationaux d'un État membre dans leurs relations avec leur propre État. Voulue initialement au bénéfice du seul travailleur, la liberté de circulation s'est étendue à la famille de celui-ci. Ces deux questions méritent une attention particulière.

A. — Un droit des citoyens de l'Union européenne

1° Libre circulation et droit des nationaux

188. Un droit des nationaux. La liberté de circulation a été conçue pour permettre aux ressortissants de l'Union d'aller sans entrave travailler, s'établir

(82) V. *supra* n° 177 et *infra* n° 212-214.

(83) Depuis l'arrêt *Cowan* du 2 février 1989, v. *supra* n° 177.

(84) CJCE, 7 mai 1998, *Clean Car Autoservice*, aff. C-350/96, *Rec.* I, p. 2521 ; à propos de la nomination dans une entreprise autrichienne d'un gérant salarié de nationalité allemande, résidant en Allemagne. La Cour de justice se tourne directement vers l'ex-article 48 du traité pour justifier une solution non prévue par le règlement 1612/68.

(85) CJCE, 11 janvier 2007, aff. C-208/05, *ITC Innovative Technologie Center.*

et vivre dans un autre État membre que le leur. De manière très générale, ce sont effectivement les ressortissants d'un *autre* État membre qui, dans tel État membre d'accueil, réclament le bénéfice des règles relatives à la liberté de circulation.

Mais le droit de l'Union relatif à la liberté de circulation peut, dans certains cas, servir les intérêts d'un *national* dans son propre pays : ainsi d'un Français diplômé en Belgique qui entend se prévaloir des règles européennes sur la reconnaissance des diplômes pour exercer, en France, sa profession. Peut-il être traité moins favorablement qu'un ressortissant de l'Union placé dans la même situation et souffrir ainsi d'une *discrimination à rebours* en tant que national ? La Cour de justice répond que, placé dans une situation de circulation entre États membres, puisqu'il s'est déplacé dans un autre État membre pour y effectuer ses études supérieures, un national peut, lui aussi, se prévaloir du droit de libre circulation, comme le ferait le ressortissant d'un autre État membre (86).

2° Citoyenneté européenne et droit de la nationalité.

189. Avec l'étiolement progressif de la condition d'activité à laquelle le droit de circulation et de séjour était initialement subordonné, l'appartenance à l'une des nationalités de l'Union prend un relief particulier (87). Elle est devenue la condition essentielle du droit de circulation et de séjour (88).

La qualité de citoyen de l'Union conditionne désormais le bénéfice d'un ensemble important de droits, que tout national d'un État membre possédera. L'harmonisation des conditions d'accès à la nationalité des États membres est ainsi devenue une question en discussion. Les facilités d'accès ne devraient pas être substantiellement différentes d'une législation nationale à l'autre (89). Peut en résulter une forme de « *law shopping* » consistant à rechercher volontairement l'application de la loi d'un État membre qui accorde libéralement sa nationalité, notamment en fondant celle-ci sur le simple droit du sol (90).

Mais aucune compétence de l'Union n'est prévue en matière de droit de la nationalité et d'importants obstacles d'ordre constitutionnel s'élèvent, en France spécialement, contre l'existence de compétences de l'Union européenne. Les règles relatives à l'attribution de la nationalité intéressent « *la continuité de la vie de la nation* » et à ce titre font partie des « *conditions essentielles d'exercice de la souveraineté nationale* ». C'est ce qu'a énoncé le Conseil constitutionnel français, lorsqu'il a

(86) CJCE, 7 février 1979, *Knoors*, aff. 115/78, *Rec.* p. 399, *RTD eur.* 1979, p. 497 ; CJCE, 7 juillet 1992, *Singh*, aff. 370/90, *Rec.* p. 4265 ; *Kraus*, aff. C-19/92, *Rec.* I, p. 1689.

(87) Sur les actes d'état civil délivrés par les autorités de l'État de nationalité et leur force probante auprès des autorités d'un autre État membre, v. CJCE, 2 décembre 1997, *Eftalia Dafeki*, aff. C-336/94, *Rev. crit.* 1998, p. 329, note DROZ ; v. *infra*, n° 678-679.

(88) Sur l'incidence de la citoyenneté européenne sur la transmission du nom, CJCE, 2 octobre 2002, *C. Garcia Avello*, aff. C-148/02, *Rev. crit. DIP* 2004, p. 184, note P. LAGARDE, *D.* 2004, 1476, note M. AUDIT ; CJCE, 14 octobre 2008, aff. C-353/06, *Grunkin et Paul*, *Rev. crit. DIP* 2009, p. 80, note P. LAGARDE.

(89) Pour une présentation des différents droits nationaux de la nationalité, v. *Le droit de la nationalité dans l'Union européenne*, dir. B. NASCINBENE, Milan, 1996. La revue critique de droit international privé publie de façon systématique des traductions commentées des principales réformes du droit de la nationalité intervenues dans les pays étrangers.

(90) Cf. affaire *Chen et Zhu*, CJCE, 19 octobre 2004, aff. C-200/02, *Rec.* I, p. 9925.

examiné la constitutionnalité de l'accord de Schengen (91). L'Union européenne, n'ayant reçu aucune compétence formelle dans le domaine du droit de la nationalité, buterait sur de fortes résistances nationales, si elle prétendait s'engager sur le chemin d'une harmonisation des droits de la nationalité. Quant à une éventuelle convention internationale entre les États de l'Union, il lui faudrait elle aussi affronter un test de constitutionnalité, au résultat potentiellement négatif si la convention porte atteinte à une condition essentielle de la souveraineté nationale (92).

En écho aux résistances constitutionnelles nationales, le traité d'Amsterdam a ajouté une deuxième phrase à l'article 17 § 1 TCE (ex-article 8 § 1) : « *la citoyenneté européenne complète la citoyenneté nationale et ne la remplace pas* ». L'article 22 § 1 TFUE, depuis le traité de Lisbonne, dit de la citoyenneté européenne qu'elle « *s'ajoute* » à la citoyenneté nationale, sans la remplacer.

La Cour de justice a plusieurs fois rappelé que « *la définition des conditions d'acquisition et de perte de la nationalité relève, conformément au droit international, de la compétence de chaque État membre* » (93). Il faudra toutefois, comme la Cour l'exige de la façon la plus constante, que les États exercent cette compétence dans le respect du droit de l'Union. Un État ne pourra par exemple pas, par l'effet d'un retrait de naturalisation, priver un citoyen de l'Union des éléments essentiels qui s'attachent à la citoyenneté de l'Union, sauf toutefois à réserver l'hypothèse où la naturalisation a été obtenue par fraude (94).

Une personne peut rencontrer une difficulté pour prouver qu'il a bien la nationalité d'un État membre, spécialement s'il ne peut pas produire une carte d'identité ou un passeport en cours de validité. La Cour de justice a admis qu'elle puisse le faire par d'autres moyens, lorsque l'État membre qui réclame la preuve de la nationalité permet à ses ressortissants d'établir leur identité par ces autres moyens (95).

B. — Un droit étendu à la famille

190. Le droit de regroupement familial (96). Concernant la famille du ressortissant de l'Union exerçant son droit de circulation, le droit dérivé a prévu un droit de regroupement que le traité de Rome n'avait pas envisagé. Introduit dans

(91) Cons. const., 25 juillet 1991, 91-294 DC, *Rev. juris. const.* I-455 ; *Act. jur. dr. adm.* 1991, p. 675 ; F. Luchaire, « Le Conseil constitutionnel et la souveraineté nationale », *RDP* 1991, p. 499 ; G. Vedel, « Schengen et Maastricht », *RFDA* 1992, p. 173 la référence aux conditions essentielles d'exercice de la souveraineté nationale étant reprise pour le traité de Maastricht, Cons. const., 9 avril 1992, 92-308 DC, *Rev. juris. const.* I-496, *Grandes décisions du Conseil constitutionnel*, n° 45 ; v. not. J.-P. Jacqué, *RTD eur.* 1992, p. 251 ; B. Genevois, *RFDA* 1992, p. 373 ; F. Luchaire, *RDP* 1992, p. 589 ; L. Favoreu, *Rev. fr. dr. const.* 1992, p. 340.

(92) V. également *infra* n° 195 pour les difficultés constitutionnelles analogues créées par le développement d'une politique communautaire concernant l'immigration des pays tiers.

(93) CJCE, 7 juillet 1992, *Micheletti*, aff. C-369/90, CJCE, 19 octobre 2004, *Zhu et Chen*, C-200/02.

(94) CJUE, 2 mars 2010, *Rottmann*, aff. C-135/08 ; v. *supra* n° 186-2.

(95) CJCE, 17 février 2005, *Oulane,* aff. C-215/03, *Rec.* I, p. 1215, concernant un ressortissant français venu acheter de la drogue aux Pays-Bas et réclamant le bénéfice du droit de séjour reconnu à un destinataire de services.

(96) H. Tagaris, « Le champ d'application personnel du regroupement familial et de l'égalité de traitement des membres de la famille... », *Cah. dr. eur.* 1988, p. 329 ; P. Kayser, « Le regroupement familial dans le droit communautaire, la convention européenne des droits de l'homme et le droit interne français » *JCP* 1993 I 3679. V. les thèses de F. Jault-Seseke, *Le droit de regroupement familial en droit comparé français et allemand*, LGDJ, Paris 1997 et S. Ramet, *Le droit communautaire et la famille*, Thèse Paris 1, octobre 2001.

le droit dérivé par le règlement 36/64 (97), le regroupement familial a fait l'objet des articles 10 à 12 du règlement 1612/68. La directive 2004/38 a abrogé et remplacé les articles 10 et 11 du règlement 612/68, en les modifiant partiellement (98).

Le regroupement s'étend au-delà de la famille la plus étroite, puisqu'il ne concerne pas seulement les descendants, descendants des deux conjoints (99), mais également leurs ascendants respectifs. Descendants jusqu'à vingt-et-un ans ou à charge (donc âgés de plus de vingt-et-un ans) et ascendants à charge ont le droit de s'installer avec le travailleur ressortissant de l'Union dans l'État membre d'accueil (100). Le regroupement familial s'ouvre même à tout membre de la famille à charge ou « *faisant partie du ménage* », dont l'État membre d'accueil « *favorise* » l'entrée et le séjour (101).

Jusqu'à la directive 2004/38, le droit de regroupement est toutefois resté subordonné à la condition que le ressortissant communautaire accueillant sa famille dispose pour elle d'un logement « *normal* » (102).

La qualité de conjoint vise seulement un rapport fondé sur le mariage et ne s'étend pas au concubin (103), sauf partenariat enregistré (104). Elle sera refusée en cas de mariage de complaisance (105) ; mais le lien conjugal ne cesse pas du seul fait d'une séparation et la communauté de résidence n'est pas exigée (106).

Le droit de regroupement familial prévu par le droit de l'Union s'ouvre uniquement au bénéfice des ressortissants de l'Union exerçant leur droit de libre circulation. Il faut qu'existe un élément de rattachement au droit de l'Union. C'est la règle générale (107).

(97) V. *supra* n° 174.

(98) V. article 3 § 1 de la directive 2004/38, visant les bénéficiaires du droit de circulation, après les avoir définis à l'article précédent. Pour la réglementation française relative à l'entrée et au séjour des ressortissants communautaires en France, décret n° 94-211 du 11 mars 1994, modifié par le décret n° 2005-1332 du 24 octobre 2005, L. Idot, « Le regroupement familial à la lumière du décret du 11 mars 1994 », *Europe*, mai 1994, p. 1 ; Code de l'entrée et du séjour des étrangers, articles L. 411-1 et s.

(99) Alors que la réglementation française n'ouvre pas avec autant de fermeté le droit de regroupement au bénéfice des descendants de l'un seulement des deux conjoints ; ce droit peut être « sollicité » ; v. article 29 § 1 de l'ordonnance du 2 novembre 1945, Code de l'entrée et du séjour des étrangers, article L. 411-2.

(100) V. article 2 de la directive 2004/38 définissant la notion de membre de la famille ; ex-article 10 § 1 du règlement 1612/68 ; les concubins sont exclus, CJCE, 17 avril 1986, *Reed*, aff. 59/85.

(101) Article 3 § 2 de la directive 2004/38, modifiant l'article 10 § 2 du règlement 1612/68 ; sur la notion de personne à charge, CJCE, 18 juin 1987, *Lebon*, aff. 316/85, *Rec.* 1987, p. 2832 ; la dépendance d'un ascendant s'apprécie au regard de sa situation dans l'État de provenance et non dans l'État d'accueil, CJCE, 9 janvier 2007, *Jia*, aff. C-1/05.

(102) La réglementation française applicable aux étrangers non communautaires y ajoute une condition de « *ressources personnelles stables et suffisantes* » du demandeur de regroupement familial ; art. 29 § I de l'ordonnance du 2 novembre 1945, Code de l'entrée et du séjour des étrangers, article L. 411-5. Sur les exigences de la directive relatives au logement, CJCE, 18 mai 1989, *Commission c. Allemagne*, aff. 249/86, *Rec.* p. 1286.

(103) CJCE, 17 avril 1986, *Reed*, aff. 59/85, *Rec.* p. 1283.

(104) V. article 2 de la directive 2004/38, visant le partenaire enregistré en tant que membre de famille, si « *conformément à la législation de l'État membre d'accueil, les partenariats enregistrés sont équivalents au mariage, et dans le respect des conditions prévues par la législation pertinente de l'État membre d'accueil* ».

(105) CJCE, 23 septembre 2003, *Akrich*, aff. C-109/01, pour un mariage conclu afin de contourner les règles relatives à l'entrée et au séjour des ressortissants de pays tiers. V. article 35 de la directive 2004/38.

(106) CJCE, 13 février 1985, *Diatta*, aff. 267/83, *Rec.* p. 567, sur le cas d'époux séparés, mais non encore divorcés.

(107) V. *supra* n° 186. La proposition de directive relative au regroupement familial des ressortissants de pays tiers résidant légalement dans la Communauté avait cependant voulu étendre le bénéfice de ses règles aux ressortissants de l'Union résidant dans leur propre État membre et dont les membres de famille ont une nationalité extérieure à l'Union. Un regroupement aurait alors pu s'opérer, mais dans les conditions de la directive « ressortissants de pays tiers », et non suivant les dispositions du règlement 1612/68 (Doc. COM (2000) 824) La directive finalement adoptée n'en a finalement pas décidé ainsi ; v. *infra* n° 203.

191. Nationalité des membres de la famille. Le droit de regroupement est ouvert aux membres de la famille du travailleur « *quelle que soit leur nationalité* » (108). Un droit de circulation à l'intérieur de l'Union européenne s'étend donc, par ce biais, à des ressortissants extérieurs à celle-ci (109).

Il est néanmoins nécessaire de distinguer suivant que les membres de la famille ont ou non la nationalité d'un État membre. Dans le premier cas, ils possèdent un droit propre de circuler dans l'Union européenne, auquel s'ajoute celui qu'ils puisent dans leur qualité de membre de la famille d'un ressortissant de l'Union usant lui-même de son droit de circulation : le conjoint, par exemple, peut s'établir dans l'État membre d'accueil en tant que ressortissant de l'Union, actif ou inactif, ou le faire au titre de son droit de rejoindre son conjoint. Mais si les membres de la famille n'ont pas la nationalité d'un État membre de l'Union, ils ne possèdent pas un droit de circulation et de séjour propre ou autonome (110). Simples ayants droit du ressortissant de l'Union et de ce fait bénéficiaires indirects de la libre circulation (111), leur droit s'exercera dans les conditions du droit de regroupement familial, qui peuvent être plus restrictives que les conditions générales de la libre circulation des personnes (112). Et si d'aventure, ils perdent leur qualité de membre de la famille ayant droit au regroupement familial (divorce, disparition de la qualité de personne à charge), ils redeviennent simplement des ressortissants extérieurs à l'Union et ont vocation à être traités en tant que tels. Ces données ne sont pas modifiées par la citoyenneté européenne qui ne confère « *aucun droit autonome* » aux ressortissants de pays tiers (113).

La limite des vingt-et-un ans est importante concernant les descendants qui seraient ressortissants extérieurs à l'Union car, passé cet âge, ils perdent le droit à l'égalité qu'ils possédaient par dérivation du droit de leur parent et n'acquièrent pas, faute d'appartenir à l'Union, de droit qui leur soit propre (114). Le décès du citoyen de l'Union, son départ de l'État membre d'accueil, un divorce ou une rupture de partenariat compromettent le droit de séjour des membres de la famille ressortissants d'États tiers. Sous certaines conditions leur droit de séjour sera toutefois maintenu (115).

(108) Article 10 § 1 du règlement 1612/68.

(109) Pourvu que le mariage ne soit pas de complaisance, un ressortissant non communautaire peut rejoindre son conjoint citoyen de l'Union – séjournant dans un autre État membre que le sien et ayant donc usé de son droit de libre circulation –, sans qu'il y ait à distinguer selon que ledit ressortissant d'un pays tiers a ou non séjourné légalement dans un autre État membre avant son arrivée dans l'État membre d'accueil, CJCE, 25 juillet 2008, *Metock*, aff. C-127/08 (à propos de plusieurs ressortissants africains ayant demandé l'asile politique en Irlande et se l'étant vu refuser).

(110) Sur le caractère dérivé du droit de séjour de la mère chinoise d'un enfant ayant la nationalité d'un État membre (CJCE, 19 octobre 2004, *Chen et Zhu*, aff. C-200/02) ; le droit de séjour de l'enfant, que celui-ci possède dès son plus jeune âge, serait privé d'effet utile, si le droit de séjour était refusé à sa mère, qui en a la garde. V. également *supra* n° 186-2.

(111) CJCE, 18 juin 1987, aff. 316/85, *JCP*, Éd. G 1988 II 20937, obs. BOUTARD-LABARDE ; CJCE, 25 juin 1997, *Carlos Mora Romero*, aff. C-131/96, *Rec.* I p. 3659.

(112) CJCE, 7 mai 1986, *Gül*, aff. 131/85, *Rec.* p. 1583, cas d'un médecin chypriote marié à une Britannique et se voyant refuser le droit d'exercer la médecine en Allemagne où il avait obtenu un certificat de spécialité.

(113) CJUE, 8 novembre 2012, *Iida*, aff. C-40/11, pt. 66, un ressortissant extérieur à l'Union – ressortissant japonais marié avec une allemande – ne saurait, en dehors de tout autre lien de rattachement au droit de l'Union, faire dériver l'existence d'un droit de séjour dans l'Union de la citoyenneté de son conjoint.

(114) CJCE, 18 juin 1987, *Centre public d'aide sociale de Courcelles c. Lebon*, aff. 315/85, *Rec.* p. 2811 ; *JCP* 1988.II.20937, obs. BOUTARD-LABARDE (à propos d'une allocation assurant des moyens minimums d'existence).

(115) V. articles 13 et 14 de la directive 2004/38. La menace pèse principalement sur les conjoints ou ascendants extérieurs à l'Union. Quant aux descendants, ils auront généralement la nationalité d'un État membre, que ce soit en fonction du *jus sanguinis*, l'un de leurs parents au moins étant ressortissant communautaire, ou du *jus soli*.

Les ressortissants d'États tiers possèdent donc un droit de séjour au sein de l'Union, à condition d'avoir la qualité de membre de famille d'un citoyen de l'Union placé en situation de circulation entre les États membres.

En dehors de l'hypothèse du regroupement familial avec un citoyen de l'Union, qu'en sera-t-il des droits des ressortissants de pays tiers à venir séjourner et travailler au sein de l'union ? C'est ce qu'il convient d'examiner maintenant.

§ 2. — Les ressortissants des États tiers (116)

A. — L'état du droit précédant le traité d'Amsterdam

1° Réglementations nationales

192. Maintien des politiques nationales. Avant l'entrée en vigueur du traité d'Amsterdam, chaque État membre était resté maître de sa politique d'immigration en provenance des pays tiers (117). L'admission d'un ressortissant extracommunautaire sur son territoire – admission décidée à petite dose, vu les restrictions présentes, par chaque État membre, – ne valait que pour ce seul territoire, aucun droit d'aller s'établir sur le territoire d'un autre État membre n'en résultant.

Ces données prévalaient sous deux réserves. La première concernait la famille non communautaire d'un ressortissant communautaire, puisque le droit communautaire offrait à celle-ci le droit d'accompagner celui-ci dans l'exercice de son droit de libre circulation dans la Communauté (118). La seconde était relative aux ressortissants communautaires admis à séjourner et travailler dans un État membre et temporairement détachés par leur employeur sur le territoire d'un autre État membre (119).

Les ressortissants des pays membres de l'Association européenne de libre-échange (AELE) ont pu également bénéficier de la liberté de circulation avec les États membres de l'Union européenne prévue par l'accord sur l'Espace économique

(116) P. N. Stangos, « Les ressortissants des États tiers au sein de l'ordre juridique communautaire », *Cah. dr. eur.* 1992, p. 306 ; J.-Y. Carlier, « L'Europe et les ressortissants des États tiers : de la coopération intergouvernementale vers le droit communautaire », *Annales Univ. Louvain-La-Neuve*, Bruxelles, n° 2/1993 ; du même auteur, v. chronique *Journal de droit européen*, La circulation des personnes dans et vers l'Union européenne.

(117) La Cour de justice dans son arrêt du 9 juillet 1987 rendu sur requête de cinq États membres (Allemagne, Danemark, France, Pays-Bas, Royaume-Uni), a annulé la décision 85/381 de la Commission instaurant une procédure de notification et de concertation relative aux politiques nationales d'immigration. La Cour avait reconnu une compétence procédurale à la Commission, qui pouvait obliger les États à lui notifier des informations et à participer à une concertation sur leurs politiques migratoires ; mais elle lui avait dénié compétence « *pour assigner à la concertation l'objectif d'assurer la conformité des projets de mesures nationales et d'accords avec les politiques et actions communautaires* », aff. 281, 283.../85, *Rec.* p. 3203 ; *RTD eur.* 1987, p. 701, note Devaux ; *Dr. soc.* 1989, p. 425. La Commission a pris acte de la décision de la Cour, pour arrêter une nouvelle décision respectant les limites de sa compétence, n° 88/384 du 8 juin 1988, *JOCE* n° L. 183 du 14 juillet 1988.

(118) V. *infra* n° 191.

(119) La Cour de justice, dans le prolongement de l'arrêt *Rush Portuguesa c. OMI* (*infra* n° 126), ayant estimé qu'une entreprise d'un État membre qui emploie de façon régulière et habituelle des ressortissants d'États tiers peut, en exécution d'une prestation de services, les détacher temporairement sur le territoire d'un autre État membre sans avoir à demander une autorisation de travail aux autorités de l'État membre où s'exécute la prestation de services : CJCE, 9 août 1994, *Vander Elst c. Office des Migrations internationales (OMI)*, aff C-43/93, *Rec.* I, p. 3804.

européen (EEE) (120). Ce sont principalement deux États supplémentaires qui sont ainsi entrés dans la zone européenne de libre circulation des travailleurs : la Norvège et l'Islande (121).

2° Accords de coopération

193. Accords de coopération. Ces données sont en partie corrigées par les accords de coopération que la Communauté a conclus avec des pays tiers (122).

Ces accords laissent en principe les États membres de l'Union libres de conduire chacun leur politique d'autorisation de séjour et d'emploi à l'égard des ressortissants extérieurs à l'Union. Ils n'empiètent pas sur la compétence des États de réglementer entrée, séjour et emploi des ressortissants des pays tiers. Les accords d'association, plus particulièrement l'accord avec la Turquie dont la Cour de justice a souvent eu à connaître, « *règlent uniquement la situation des travailleurs déjà régulièrement intégrés au marché du travail des États membres* ». La Cour l'a plusieurs fois répété (123).

Si le droit de séjour leur échappe en principe, les accords de coopération imposent néanmoins avec fermeté le principe d'un traitement non discriminatoire de ceux qui sont admis à séjourner à l'intérieur de l'Union. Une même formule s'y retrouve, parlant de régime caractérisé par l'absence de toute discrimination fondée sur la nationalité en ce qui concerne les conditions d'emploi et de rémunération (124), d'une part, dans le domaine de la sécurité sociale, d'autre part (125). La règle vaut pour les discriminations directes et pour les discriminations indirectes (126).

Les accords de coopération peuvent également avoir une incidence directe sur le droit à l'emploi, tel une fois encore l'accord avec la Turquie, qui accorde aux ressortissants turcs, passé un certain temps de séjour et d'activité dans un État membre d'accueil, « *un droit inconditionnel de rechercher et d'accéder à n'importe quelle activité* » (127).

La Cour précise en outre que les droits que le travailleur d'un pays tiers possède sur le plan de l'emploi « *impliquent nécessairement l'existence d'un droit de séjour* » (128).

(120) Signé à Porto le 2 mai 1992 et entré en vigueur le 1er janvier 1994.

(121) Si l'on néglige le Liechtenstein, la Suisse s'étant quant à elle opposée par referendum à la ratification de l'accord.

(122) V. également *supra* n° 179.

(123) Depuis l'arrêt *Kus* du 16 décembre 1992 (point 25), aff. C-237/91, *Rec.* I, p. 6781, l'un des nombreux arrêts rendus à propos de l'accord de coopération avec la Turquie. Reprenant la même formule, v. récemment, CJCE, 11 mai 2000, *Abdulnasir Savas*, aff. C-37/98.

(124) Concernant l'emploi de sportifs (Slovaquie, Pologne, Turquie) (CJCE, 8 mai 2003, 2 arrêts, *Deutscher Handballbund*, C-438/00, *Wahlegruppe...*, C-171/01, et CE, 30 décembre 2002, *Féd. franç. de basket ball*).

(125) V. concernant l'accord de coopération avec le Maroc, CJCE, 31 janvier 1991, *Bahia Kziber*, aff. C-18/90, *Rec.* I, p. 199, à propos d'une allocacation d'attente en faveur de jeunes demandeurs d'emploi ; CJCE, 20 avril 1994, *Zoubir Yousmi*, aff. C-58/93, à propos d'une allocation pour handicapés.

(126) CJCE, 29 janvier 2002, *Land Nordrheim-Westfalen*, aff. C-162/00, ressortissant polonais ayant un emploi de lecteur de langue étrangère en Allemagne.

(127) CJCE, 23 janvier 1997, *Recep Tetik*, aff. C-171/95, *Rec.* I, p. 329.

(128) CJCE, 20 septembre 1990, *Sevince*, aff. C-192/89, *Rec.* I, p. 3461 ; v. également arrêts *Kus*, préc., *Bozkurt*, 6 juin 1995, aff. C-434/93, *Rec.* I, p. 1475, *Tetik*, 23 janvier 1997, aff. C-171.95, *Rec.* I, p. 329, *Kasim Ertanir*, 30 septembre 1997, aff. C-98/96, *Cetinkaya*, aff. C-467/02 Cette série d'arrêts concerne une fois encore les

Les affaires qui lui ont été soumises ont également donné à la Cour l'occasion de caractériser la notion d'« *emploi régulier* », conditionnant, dans l'accord avec la Turquie, le droit de rechercher et d'accéder à n'importe quel emploi et le droit de séjour corrélatif. Elle en a fait une notion de droit de l'Union, qu'elle a entendu définir, dans un esprit non restrictif, à partir de l'existence d'une situation stable et non précaire sur le marché du travail (129). La Cour de justice distingue entre une phase de constitution graduelle des droits, phase d'acquisition des droits, pendant laquelle la situation de l'intéressé reste précaire, et une phase où, le droit étant acquis, la situation se stabilise (130). Celui qui, ayant appartenu au marché du travail suffisamment longtemps pour y acquérir un droit d'accéder librement à toute activité, ne perd pas ce droit du fait d'une absence du marché du travail, même prolongée (131), La règle vaut pour le travailleur et pour les membres de sa famille (132), y compris ceux qui ont la nationalité d'un État tiers autre qu'un pays tiers associé, tel que la Turquie (133).

Quant à la qualité de travailleur, conditionnant elle aussi, les droits des travailleurs ressortissants d'États tiers, comme le font également l'appartenance au marché régulier du travail et l'existence d'un emploi régulier, elle sera appréciée par transposition des règles applicables en matière de libre circulation des citoyens de l'Union (134). La définition de l'arrêt *Lawrie Blum* s'applique (135). Procédant toujours par transposition des interprétations retenues sur le fondement de l'ex-article 48 (45 TFUE), la Cour de justice confère la qualité de travailleur au ressortissant turc qui a une activité réelle et effective, mais d'une durée si réduite qu'elle ne lui permet pas à elle seule d'avoir des moyens d'existence suffisants (136).

On observera enfin que la Cour de justice confère un effet direct aux dispositions des accords de coopération ou d'association suffisamment précises et inconditionnelles pour que leur exécution ne nécessite aucun acte ultérieur (137).

travailleurs turcs. La Cour de justice a dit que le permis de séjour d'un travailleur marocain doit être prolongé, si nécessaire, jusqu'à expiration de son permis de travail, ceci sous réserve bien sûr de l'ordre public, CJCE, 2 mars 1999, *Nour Éddine El-Yassina*, aff. C-416/96.

(129) N'est pas dans une situation stable et non précaire, celui qui benéficie de l'effet suspensif d'un recours contre une décision de refus de séjour, arrêt *Sevince*, préc., celui qui est en attente d'une décision relative à son droit de séjour, arrêt *Kus*, préc. ; celui qui a obtenu frauduleusement la délivrance d'un titre de séjour, arrêt *Kol*, 5 juin 1997, aff. C-285/95. Synthétisant l'ensemble, v. arrêt *Ertanir*, préc., points 47 à 53.

(130) V. récemment, CJCE, 7 juillet 2005, *Dogan*, aff. C– 383/03 ; antérieurement, CJCE, 19 novembre 2002, *Kurz*, aff. C-188/00 ; CJCE, 23 janvier 1997, *Tetik*, aff. C-171/95, *Rec.* I, p. 329. Sur une hypothèse de retrait de titre de séjour avec effet rétroactif, contraire aux dispositions de la décision 1/80 concernant l'accord CEE-Turquie, ce retrait, opéré après plus d'un an d'emploi régulier, ne correspondant à aucun comportement frauduleux de l'intéressé, v. CJUE, 8 novembre 2012, *Gülbahce*, aff. C-268/11 ; v. également CJUE, 29 septembre 2011, *Nolan*, aff. C-187/10.

(131) CJCE, 10 février 2000, *Nazli*, aff. C-340/97, *Rec.* I, p. 957, 7 juillet 2005, *Dogan,* aff. C-383/03, concernant un ressortissant turc faisant l'objet d'une incarcération.

(132) V. en dernier lieu, CJCE, 7 juillet 2005, *Aydinli*, aff. C-373/03 ; CJCE, 30 septembre 2004, *Ayaz*, aff. C-275/02 ; CJCE, 11 novembre 2004, *Cetinkaya*, aff. C-467/02, la notion de membre de famille devant être transposée à partir des règles relatives à la libre circulation des ressortissants communautaires, suivant la jurisprudence introduite par l'arrêt *Bozkurt*, CJCE, 6 juin 1995, aff. C-434/93, *Rec.* I, p. 1475.

(133) CJUE, 19 juillet 2012, *Natthaya Dülger*, aff. C-451/11, visant le cas d'une ressortissante thaïlandaise mariée avec un travailleur turc.

(134) CJUE, 4 février 2010, *Genc*, aff. C-14/09.

(135) V. *infra* n° 209.

(136) Arrêt *Genc*, préc. ; v. pts 20 à 27 et *infra* n° 209.

(137) Depuis l'arrêt *Demirel* du 30 septembre 1987, aff. 12/86, *Rec.* p. 3719. V. plus récemment, CJCE, 28 avril 2004, *Oztrurk*, aff. C-373/02 (accord CEE/Turquie, effet direct du droit à l'égalité de traitement en matière de sécurité sociale) ; CJCE, 12 avril 2005, *Simutenkov*, aff. C-265/03 (accord avec la Russie, non discrimination dans les

3° Accords de Schengen

194. Les accords de Schengen (138). Il convient, ici, de distinguer droit de circulation provisoire à l'intérieur de l'« *espace Schengen* » et droit de séjour durable dans tel État membre.

a) Entrée et circulation provisoire. Les accords de Schengen ont permis, dans l'espace territorial qui est le leur (139), la libre circulation des ressortissants extra-communautaires admis à pénétrer dans ledit espace, en fonction de règles d'entrée déterminées en commun. Mais il ne s'agira alors, dans un système harmonisé, que d'autoriser les ressortissants non communautaires à entrer et circuler librement dans l'« espace Schengen », pour une durée ne dépassant pas trois mois.

Les accords ont d'une part eu pour objet d'harmoniser les conditions d'entrée ou de pénétration des ressortissants non communautaires – dits ressortissants « étrangers », par opposition aux communautaires – dans l'espace Schengen, en fixant pour cela des règles communes (140). Les ressortissants étrangers admis en application de ces règles obtiennent d'autre part un droit de circuler librement entre les États contractants pendant une durée de trois mois (141).

La reconnaissance d'un droit de circulation provisoire au bénéfice des non communautaires s'imposait, dès l'instant où les frontières intérieures allaient pouvoir désormais être franchies librement, sans contrôle (142), les contrôles étant transférés aux frontières externes de l'espace Schengen (143).

Les « étrangers » qui se déplacent sur le territoire d'un autre État partie sont toutefois restés tenus de se déclarer aux autorités locales, de la même façon qu'ils étaient initialement tenus de le faire auprès des autorités de l'État sur le territoire duquel ils ont pénétré dans l'espace Schengen (144).

b) Séjour durable. Au-delà des trois mois de circulation libre alloués par les accords de Schengen, les règles nationales reprennent leur empire et il appartient

conditions de travail. La Cour de justice distingue cependant dans les accords les dispositions suffisamment précises et inconditionnelles pour entrer en application directe, telles celles concernant l'absence de toute discrimination fondée sur la nationalité, de celles qui s'orientent vers un programme d'action non précisé, comme l'élimination progressive des restrictions à la libre circulation (article 13 de l'accord CEE/Turquie), CJCE, 11 mai 2000, *Abdulnasir Savas*, aff. C-37/98 ; sur l'effet direct de l'accord d'association avec la Pologne, CJCE, 29 janvier 2002, *Land Nordrheim-Westfalen*, aff. C-162/00, de l'accord de partenariat avec la Russie concernant la non-discrimination dans les conditions de travail de footballeurs, CJCE, 12 avril 2005, *Simutenkov*, aff. C-265/03

(138) Accord du 14 juin 1985, complété par la convention d'application du 19 novembre 1990 ; D. du 21 mars 1995, *JORF* du 22 mars 1995. En général, sur les accords de Schengen, Fr. Julien-Laferrière, « L'Europe de Schengen, de la dispartition des frontières au... », *Act. lég. Dalloz* 1992, p. 125 ; G. Vedel, « Schengen et Maastricht », *RFDA* 1992, p. 173. Sur la constitutionnalité des accords, Cons. const., déc. n° 91-294 DC, *Rev. juris. const.* I-455 ; *Act. jur. dr. adm.* 1991, p. 675.

(139) Entrent dans l'espace territorial des accords de Schengen, l'Allemagne, la France les États du Benelux, négociateurs et signataires initiaux, auxquels se sont joints l'Italie, puis l'Espagne et le Portugal, suivis de la Grèce et de l'Autriche. Sont restés à l'écart, pour des raisons diverses, le Royaume-Uni, l'Irlande et les pays scandinaves.

(140) Articles 5 pour les règles d'entrée, 9 et 10 pour les visas de court séjour : convention d'application du 19 juin 1990.

(141) Article 19 et 20 de la convention d'application.

(142) Article 2 de la convention d'application. Le Conseil constitutionnel français a considéré que le franchissement des frontières sans contrôle n'est pas assimilable à une suppression ou une modification des frontières portant atteinte à l'exercice des compétences territoriales des institutions françaises ; déc. n° 91-294 DC du 25 juillet 1991, préc. Quant à la mise en œuvre effective du principe de libre franchissement des frontières, elle n'a cessé d'être repoussée ou suspendue.

(143) Articles 6 et 7 de la convention d'application.

(144) Article 22 de la convention d'application.

à chaque État partie, dans le cadre de sa politique nationale et sous réserve de ses engagements internationaux, de déterminer quels sont les étrangers non communautaires pouvant s'établir durablement sur son territoire (145). Mais l'autorisation de séjour et de travail qu'un État accordera ainsi à un « étranger », restera sans effet dans les autres États parties et n'y ouvrira ni droit de séjour ni accès à l'emploi.

4° Traité de Maastricht

195. Le traité de Maastricht sur l'Union européenne. Il avait borné ses ambitions immédiates à l'harmonisation des visas permettant l'entrée dans la Communauté. Mais il laissait en outre entrevoir la possibilité d'une future politique communautaire d'immigration.

195-1. Les visas d'entrée dans la Communauté. Reprenant par là et introduisant dans le droit communautaire certains éléments des accords de Schengen, Le traité de Maastricht, à l'article 100 C du traité CE (aujourd'hui abrogé), avait prévu la mise en place d'un système commun de visas d'entrée dans la Communauté.

Le Conseil avait reçu mission de déterminer les pays tiers dont les ressortissants doivent être munis d'un visa lors du franchissement des frontières extérieures de la Communauté. Le Conseil devait pour commencer statuer à l'unanimité, mais le traité prévoyait qu'à compter du 1er janvier 1996 il le ferait désormais à la majorité qualifiée (146). Avant cette date, le Conseil pouvait déjà statuer à la majorité qualifiée pour instaurer un modèle type de visa (147). L'harmonisation communautaire du système des visas ne privait toutefois pas les États membres du pouvoir d'exercer leurs responsabilités pour le maintien de l'ordre public et la sauvegarde de la sécurité intérieure (148).

Le passage de l'unanimité à la majorité qualifiée prévu par le traité de Maastricht a buté sur la Constitution française. L'abandon de la règle de l'unanimité, donc la disparition du droit de veto de chaque État membre, pourrait conduire, a dit le Conseil constitutionnel, à « *affecter les conditions essentielles d'exercice de la souveraineté nationale* » (149). Une révision constitutionnelle a par conséquent été nécessaire pour permettre la ratification du traité (150).

(145) V. article 18 de la convention d'application ; vérifiant que la convention ne menaçait pas « la continuité de la vie de la nation », le Conseil constitutionnel – décis. préc. du 25 juillet 1991 – précise que le système Schengen prévoit uniquement un régime commun de visas de court séjour et de règles relatives au franchissement des frontières extérieures, mais que les visas de plus de trois mois demeurent des visas nationaux, ainsi, ajoutera-t-on, que demeure nationale l'ensemble des règles relatives au séjour durable des « étrangers » sur le territoire national. Un règlement 1091/2001 du 28 mai 2001 a (suite à l'intégration de l'acquis de Schengen, *infra* n° 200) donné valeur concomitante de visa uniforme de court séjour aux visas de long séjour délivrés par les États selon leurs règles nationales, sous certaines conditions toutefois, *JOCE* n° L 150 du 6 juin 2001.

(146) Ex-article 100 C § 1 et § 3, décision étant prise sur proposition de la Commission et après consultation du Parlement. L'ex-article 100 C § 2 admettait en outre qu'en situation d'urgence, le Conseil pouvait dès avant 1996 prendre des mesures provisoires à la majorité qualifiée, mais à condition de le faire sur recommandation de la Commission.

(147) Ex-article 100 C § 3 (proposition de la Commission, consultation du Parlement).

(148) Ex-article 100 C § 4.

(149) Décision 92/308 DC du 9 avril 1992, *JORF* du 11 avril 1992, *RTD eur.* 1992, p. 418 et le commentaire de J.-P. Jacqué, p. 251.

(150) L'article 88-2 de la Constitution française a donc énoncé après la loi constitutionnelle du 25 juin 1992, que la France, sous réserve de réciprocité…, consent aux transferts de compétences nécessaires… « *à la détermination des règles relatives au franchissement des frontières extérieures des États membres* ». Etait visé le seul franchissement des frontières extérieures et rien de plus.

195-2. Les politiques d'immigration. Les dispositions du traité sur l'Union européenne – articles K à K.9 – relatives à la coopération dans les domaines de la justice et des affaires intérieures annonçaient une future « communautarisation » des politiques d'immigration.

La politique d'immigration et la réglementation applicable aux étrangers sous l'ensemble de leurs aspects, y compris la politique d'asile et la lutte contre l'immigration irrégulière, constituaient le bloc le plus important de questions dites d'intérêt commun pour lesquelles une coopération des États membres était demandée par le traité.

– Mais il ne s'agissait précisément, en principe, que de coopération des États membres dans les domaines visés (151). L'idée était que les États membres s'informent et se consultent au sein du Conseil, celui-ci agissant par voie de résolutions sans caractère obligatoire, que les États membres étaient cependant « invités » à prendre en compte (152). Était également prévu que le Conseil puisse arrêter des *positions* communes, viser des *actions* communes ou établir des *conventions* soumises à l'approbation des États (153). Positions communes, actions communes, conventions, on restait en toute hypothèse en marge des actes et procédures ordinaires du droit communautaire et l'ensemble était dominé par l'idée d'une coopération acceptée des États membres (154). On rencontrait là une illustration particulière de la méthode ouverte de coordination (155).

– La coopération était-elle appelée à céder devant une communautarisation ? L'article K.9 en prévoyait la possibilité en ce qui concerne l'ensemble de la politique d'immigration. On pouvait passer, par l'effet d'une décision prise à l'unanimité du Conseil, sous l'empire de procédures ordinaires de droit communautaire où les décisions sont prises au sein du Conseil sur proposition de la Commission et après consultation (uniquement) du Parlement, ces décisions prenant la forme usuelle des actes de droit communautaire (règlement, directive ou autre).

Pareille modification pouvait intervenir concernant un domaine particulier de la politique d'immigration ou un ensemble de domaines, voire celle-ci tout entière.

(151) J.-Y. Carlier, « L'Europe et les ressortissants des États tiers : de la coopération intergouvernementale vers le droit communautaire », *Annales de l'Université Louvain-La-Neuve*, Bruxelles, 2/1993 ; D. Vignes, « Plaidoyer pour le IIIe pilier », *Rev. Marché commun et Union eur.* 1996, p. 273.

(152) Telle la résolution du 20 juin 1994 posant fermement le principe d'une limitation de l'admission à des fins d'emploi des ressortissants des pays tiers, *JOCE* n° C 274 du 19 septembre 1996. On y voit s'y exprimer le principe de la préférence communautaire, la volonté de restreindre plus encore l'admission à fins d'emploi. Telle encore la résolution du 4 mars 1996 relative aux ressortissants de pays tiers qui sont résidents de longue durée sur le territoire des États membres, *JOCE* n° C 80 du 18 mars 1996.

(153) Ainsi de la proposition de convention relative aux règles d'admission des ressortissants de pays tiers dans les États membres, présentée par la Commission au Conseil le 30 juillet 1997, *JOCE* n° C 33 du 7 novembre 1997. La Commission y a fait siens les principes retenus par les résolutions du Conseil (citées note précédente) sur la préférence communautaire et le statut particulier à reconnaître aux résidents de longue durée. La proposition accorde aux ressortissants de pays tiers durablement installés, notion qu'elle définit à l'article 32, le droit à un titre de séjour de longue durée lui permettant d'accéder à toute activité professionnelle dans l'État d'accueil et lui ouvrant surtout le droit de postuler à l'emploi dans un autre État membre en jouissant de la préférence communautaire comme les ressortissants communautaires.

(154) L'ensemble de ces dispositions est détaillé par l'article K.3 du traité. Les articles K.4 à K.8 précisent une série de modalités de la coopération, ainsi que le rôle de la Commission et du Parlement. Pour l'éventuelle compétence de la Cour de justice, v. article K.3 in fine. La coopération est ici conçue au sein du Conseil, alors que les décisions de la Commission instaurant une procédure de notification et de concertation relative aux politiques migratoires prévoyaient une concertation avec la Commission.

(155) V. Communication de la Commission au Conseil et au Parlement sur une méthode ouverte de coordination de la politique communautaire en matière d'immigration, doc. COM 2001) 387 final du 11 juillet 2001.

Elle pouvait avoir un effet de « communautarisation » plus ou moins marqué, puisque la décision du Conseil visé à l'article K.9 devait déterminer les *conditions de vote* (unanimité ou majorité) relatives à l'exercice par le Conseil des nouvelles compétences qui en résultent (156).

Une décision prise en vertu de l'article K.9 prenait en outre des allures de modification du traité, puisqu'il était dit à ce même article que le Conseil « *recommande l'adoption de cette décision par les États membres conformément à leurs règles constitutionnelles respectives* ». L'approbation des États était donc nécessaire, quitte à rencontrer des obstacles constitutionnels (157).

B. — La communautarisation des compétences par le traité d'Amsterdam

196. Nouveau titre du traité. Le pas a été franchi. La « communautarisation » de la politique d'immigration des pays tiers a été décidée.

196-1. Articles 61 à 69 TCE. Un titre IV a fait son apparition dans la troisième partie du traité, intitulé « Visas, asile, immigration et autres politiques liées à la libre circulation des personnes » et constitué des articles 61 à 69 TCE (158).

Le Conseil constitutionnel français, dans le prolongement de ses précédentes décisions, a naturellement jugé, avec sa décision du 31 décembre 1997, que le traité d'Amsterdam excédait les transferts de compétence à la Communauté admis par la Constitution française. Une révision constitutionnelle a donc été nécessaire. La loi constitutionnelle du 25 janvier 1999 a consenti à la Communauté« *les transferts de compétences nécessaires à la détermination des règles relatives à la libre circulation des personnes et aux domaines qui lui sont liés* ». Cette nouvelle rédaction de l'article de l'article 88-2 de la Constitution a remplacé celle qui limitait le transfert au seul franchissement des frontières extérieures des États membres (159).

196-2. Traité de Lisbonne. Le traité de Lisbonne vise la politique d'immigration des pays tiers dans le cadre des dispositions des articles 67 à 89 TFUE relatifs à l'espace de liberté, de sécurité et de justice. Si les dispositions des articles 77 à 80 TFUE s'appliquent spécifiquement aux « contrôles aux frontières à l'asile et à l'immigration », les dispositions générales sur l'espace de liberté, sécurité, justice(articles 61 à 76 TFUE) intéressent également l'immigration des États tiers.

On présentera successivement le domaine de la communautarisation, ses limites, les procédures qui permettront de la mettre en place, pour terminer avec le rôle

(156) L'ex-article 100 C § 6 réservait lui aussi les conditions de vote et en renvoyait la détermination aux décisions prises en vertu de l'article K.9.

(157) Vu la distinction que fait le Conseil constitutionnel, au regard de l'exercice de la souveraineté, entre décisions prise par le Conseil – de la Communauté – à l'unanimité et celles qui le sont à la majorité, déc. du 25 juillet 1991, préc.

(158) V. pour une étude approfondie des changements inroduits, H. Labayle, « Un espace de liberté, de sécurité et de justice », *RTD eur.* 4/1997, n° spéc. le Traité d'Amsterdam, p. 813-881.

(159) *JORF* du 26 janvier 1999 ; v. également *supra* n° 20.

attribué à la Cour de justice dans des conditions dérogatoires à ses compétences habituelles, en mentionnant les changements introduits par le traité de Lisbonne.

1° Domaine de la communautarisation

197. L'ensemble du droit de l'immigration. L'existence d'une « *politique commune en matière d'asile d'immigration et de contrôle des frontières extérieures* » est un élément central de « *l'espace de liberté, de sécurité et de justice* » progressivement mis en place par l'action de l'Union. Fondée sur « *la solidarité entre États membres* », cette politique commune doit traiter les ressortissants des pays tiers de façon « *équitable* ». Tels se présentent les principes – politique commune, solidarité, équité – nouvellement formulés par le traité de Lisbonne (160).

La politique d'immigration des ressortissants des États tiers dans son intégralité est concernée, suivant une classification qui distingue trois groupes de questions :

– le franchissement des frontières extérieures et intérieures de l'union (article 77 TFUE, ex-article 62 TCE) ;

– l'asile et le refuge (article 78 TFUE, ex-article 63 TCE) (161) ;

– la politique d'immigration proprement dite, pour les conditions d'entrée et de séjour, les visas (162) et titres de séjour, y compris aux fins de regroupement familial ; immigration clandestine (163), y compris le rapatriement ; lutte contre la traite des êtres humains ; droit de séjourner dans les autres États membres que l'État d'accueil (article 79 TFUE, ex-article 63 TCE).

2° Limites des compétences de l'Union

198. Trois limites. Les compétences attribuées à l'Union en connaissent principalement trois :

1) les États membres avaient conservé une faculté de dérogation, leur permettant de maintenir ou d'introduire, en ce qui concerne la politique d'immigration strictement entendue, des dispositions nationales, sous réserve de leur compatibilité avec le traité et les accords internationaux (article 63 TCE, avant dernier alinéa). Avec le traité de Lisbonne, les États membres pourront simplement fixer les volumes d'entrée sur leur territoire de la main-d'œuvre extérieure à l'Union (article 79 § 5 TFUE) ;

2) les responsabilités qui incombent aux États membres pour le maintien de l'ordre public et la sauvegarde de la sécurité intérieure sont réservées (article 72 TFUE, ex-article 64 § 1 TCE) (164) ;

(160) Article 67 § 1 et § 2 TFUE ; v. ex-articles 61 TCE et 29 TUE.

(161) Objet de la convention de Genève du 28 juillet 1951, ainsi que de la convention de Dublin du 15 juin 1990 sur la détermination de l'État responsable de l'examen d'une demande d'asile, entrée en vigueur le 1er septembre 1997 (publication en France par décret n° 97-911 du 30 septembre 1997, *JORF* du 7 octobre 1997).

(162) V. règlement n° 574/1999 du Conseil, du 12 mars 1999, dont l'adoption était déjà appelée par le traité de Maastricht et qui a déterminé les pays tiers dont les ressortissants doivent être munis de visas lors du franchissement des frontières extérieures des États membres ; *JOCE* n° L 72 du 18 mars 1999.

(163) Une double initiative relative à l'entrée, à la circulation et au séjour irréguliers dans l'Union européenne a été prise par la France en août 2000. L'adoption d'une directive est proposée en vue de définir l'aide à l'immigration clandestine, une *décision-cadre* la complétant par la mise en place d'un cadre pénal harmonisant la répression (*JOCE*, n° C 253 du 4 septembre 2000).

(164) Suivant la formule de l'ex article 100 C.

3) en cas d'urgence, résultant d'un afflux migratoire soudain, le Conseil pourra arrêter des mesures de sauvegarde provisoires au profit d'un ou de plusieurs États membres. Le Conseil statue sur proposition de la Commission, après consultation du Parlement, est-il dit depuis le traité de Lisbonne (article 78 § 3 TFUE ; comp. article 64 § 2 TCE, ne donnant pas pouvoir de proposition à la Commission).

3° Procédures applicables

199. Transition de l'unanimité à la majorité. Suivant les dispositions datant du traité d'Amsterdam, l'ensemble a reposé sur le principe d'une transition de l'unanimité à la majorité qualifiée du Conseil. Le traité de Lisbonne a mis fin à la transition.

199-1. Traité d'Amsterdam. Pour commencer, pendant une période transitoire de cinq ans, le Conseil statuait à l'unanimité, sur proposition de la Commission ou *à l'initiative d'une État membre*, le Parlement étant consulté. La période transitoire de cinq ans était toutefois écartée en ce qui concerne les mesures relatives aux visas qui relevaient de l'ex-article 100 C et pour lesquelles le passage de l'unanimité à la majorité qualifiée avait déjà eu lieu (165). Le Parlement était simplement consulté.

Après la période de cinq ans, le passage de l'unanimité à la majorité qualifiée devait se réaliser sous deux modalités différentes suivant les domaines visés :

– il n'avait pas lieu automatiquement en ce qui concerne l'asile et le refuge ainsi que les questions relevant de la politique d'immigration (visées à l'article 63 TCE, puis 79 TFUE). C'est au Conseil qu'il appartenait d'en décider, en statuant à l'unanimité, après consultation du Parlement. La décision du Conseil, permettant d'instituer la procédure majoritaire, pouvait couvrir un ou plusieurs des domaines intéressés, ou s'étendre à leur ensemble. Dans les domaines couverts, les décisions du Conseil seront ensuite prises à la majorité qualifiée suivant la procédure de codécision parlementaire (article 67 § 2 TCE).

– Le passage de la règle de l'unanimité à celle de la majorité demandait donc une décision initiale du Conseil, prise à l'unanimité ;

– en ce qui concerne les visas et les mesures relatives au franchissement des frontières, autres que celles qui relevaient de l'ex-article 100 C, il a en revanche eu lieu automatiquement, sans qu'il soit nécessaire que le Conseil vienne en décider. Après cinq ans, le Conseil statue à la majorité qualifiée suivant la procédure de codécision parlementaire (article 67 § 4 CE).

Passée la période transitoire, les États perdaient en outre le pouvoir d'initiative qui leur était jusque-là reconnu (166).

199-2. Conseil constitutionnel. Comme on pouvait s'y attendre au vu de ses décisions antérieures, le Conseil constitutionnel français a déclaré les dispositions de l'article 67 § 2 non conformes à la Constitution. Les transferts de compétences prévus aux articles 62 et 63 en matière d'asile, de refuge et d'immigration, questions

(165) V. *supra* n° précédent.

(166) Même si la Commission doit examiner les demandes que les États lui transmettent (article 73 § 2 1er tiret).

qui intéressent les conditions essentielles d'exercice de la souveraineté nationale, n'entrent pas dans le champ de l'habilitation relative aux seules règles sur le franchissement des frontières, telle que prévue à l'article 88-2 de la Constitution française. Or, ajoute le Conseil, « *Le passage de la règle de l'unanimité à celle de la majorité qualifiée et à la procédure de codécision ne nécessitera, le moment venu, aucun acte de ratification ou d'approbation et ne pourra faire l'objet d'un contrôle de constitutionnalité* ». Faute de pouvoir être saisi pour contrôle à l'occasion des décisions de passage à la majorité, le Conseil constitutionnel perd, avec le traité d'Amsterdam, la possibilité de vérifier leur conformité à la Constitution (167). Une nouvelle révision constitutionnelle s'imposait donc ; elle a été réalisée (168).

199-3. Traité de Lisbonne. Comme l'avait prévu le traité constitutionnel, le traité de Lisbonne a directement fait jouer la « passerelle ». Désormais, sous l'empire du nouveau traité, les mesures relatives au franchissement des frontières extérieures, aux séjours de courte durée et au franchissement des frontières intérieures suivront la procédure législative ordinaire (article 77 traité FUE). Quant à la politique commune d'immigration (conditions d'entrée et de séjour, droits des ressortissants tiers en séjour régulier, séjour irrégulier), elle aussi se décidera suivant la procédure législative ordinaire (article 79 TFUE).

La constitution française a une nouvelle fois dû être révisée pour les besoins de la ratification du traité de Lisbonne (169).

4° Compétences de la Cour de justice

200. Un régime dérogatoire et restrictif, abrogé par le traité de Lisbonne. Sous le régime instauré par le traité d'Amsterdam, les compétences de la Cour de justice des Communautés obéissaient à un régime restrictif, partiellement dérogatoire aux règles ordinaires prévues par le traité.

Les restrictions se marquaient sur plusieurs points.

1) La Cour se voyait refuser toute compétence pour connaître des mesures prises (par les États ?) pour le maintien de l'ordre public et la sauvegarde de la sécurité intérieure (article 68 § 2 TCE).

2) La mission d'interprétation et de contrôle de validité de la Cour s'exerçait dans des conditions restrictives par rapport aux règles générales de l'ex-article 177 : les juridictions inférieures ne pouvaient la saisir ; les juridictions supérieures n'étaient jamais tenues de le faire (ex-article 68 § 1 TCE) (170).

(167) Alors que les mesures de communautarisation qui pourraient être prises sur le fondement de l'article K-9 du traité actuel requièrent l'approbation par les États et ne se heurtent donc pas au même obstacle.

(168) Décision n° 97-394 DC du 31 décembre 1997, *JORF* du 3 janvier 1998 ; et sur la révision constitutionnelle – loi constitutionnelle du 25 janvier 1999 – v. *supra* n° 195-196.

(169) Le Conseil constitutionnel ayant estimé que les transferts de compétence prévus par le traité de Lisbonne affectaient dans des domaines nouveaux les conditions essentielles d'exercice de la souveraineté nationale, 20 décembre 2007, déc. n° 2007-560 DC. L'article 88-1 de la Constitution ne précise plus que la France a consenti à transférer à l'Union des compétences en matière de franchissement des frontières, d'asile et d'immigration. Il se borne à indiquer que la France participe à l'Union, telle que celle-ci a été remodelée par le traité de Lisbonne, sans plus de précision.

(170) Ces mêmes restrictions sont prévues par le protocole relatif aux compétences de la Cour de justice pour l'interprétation de la Convention de Rome sur la loi applicable aux obligations contractuelles, v. *infra* n° 537.

3) Le Conseil, la Commission ou un État membre (pas le Parlement) se voyaient ouvrir une faculté nouvelle, celle de saisir la Cour d'une demande d'interprétation du droit communautaire, l'arrêt rendu par la Cour n'ayant effet que pour l'avenir (ex-article 68 § 3 TCE) (171).

L'article 67 § 2 TCE, concernant les décisions de passage de la règle de l'unanimité à celle de la majorité en matière d'immigration, donnait également au Conseil mission « d'adapter les dispositions relatives aux compétences de la Cour de justice », sans s'expliquer plus avant sur le sens de cette « adaptation ».

Le traité de Lisbonne a abrogé l'article 68 du traité CE et mis fin au régime restreignant les conditions de saisine de la Cour de justice prévu par le traité d'Amsterdam.

5° Intégration de l'« acquis de Schengen »

201. La communautarisation portant sur les mesures relatives au franchissement des frontières internes et externes de l'Union, traitant des visas et, ayant pour objectif plus général d'assurer liberté et sécurité à l'intérieur de l'espace communautaire, ses interférences avec les accords de Schengen vont très loin. Il n'y avait cependant pas de raison de revenir en arrière sur les réalisations résultant des accords de Schengen. La suppression des frontières intérieures et le déplacement de contrôles harmonisés aux frontières extérieures de l'espace Schengen n'avaient-ils pas, d'ailleurs, été conçus pour préparer le futur droit de l'Union ? D'où le protocole, annexé au traité d'Amsterdam, « *intégrant l'acquis de Schengen dans le cadre de l'Union européenne* ».

L'objet du protocole est d'incorporer les accords et les règles adoptées sur la base des accords dans le cadre de l'Union européenne. Il est toutefois précisé que les dispositions de cet « acquis » sont uniquement applicables si elles sont compatibles avec le droit de l'Union.

La coopération organisée entre les États parties au système Schengen sera donc conduite dans le cadre juridique et institutionnel de l'Union européenne (article 1 du protocole). Les dispositions et décisions constituant l'acquis de Schengen seront regardées comme des actes de droit communautaire (article 2 § 1 *in fine* du protocole). Les propositions et dispositions à venir seront fondées sur les dispositions pertinentes du traité (article 2 § 1, article 5 § 1 et § 2) (172).

La Cour de justice acquiert compétence. Mais le protocole prend soin de préciser, en accord avec les dispositions de l'ex-article 68 § 2 (173), que la Cour ne pourra statuer sur les mesures et décisions (nationales) portant sur le maintien de l'ordre public et la sauvegarde de la sécurité intérieure (article 2 § 1 du protocole).

(171) « L'arrêt rendu par la Cour n'est pas applicable aux décisions des juridictions des États membres qui ont force de chose jugée ».

(172) Il a donc fallu déterminer sur quelles bases juridiques les dispositions ou décisions constituant l'acquis doivent être regardées comme reposant. C'est ainsi qu'une décision 1999/435 du Conseil du 20 mai 1999 a commencé par définir les éléments constituant l'acquis de Schengen, tandis qu'une décision 1999/446 du même jour, désignait ensuite les bases juridiques correspondantes ; *JOCE* n° L. 176 du 10 juillet 1999.

(173) V. *supra* n° précédent.

Les situations particulières, au regard des accords de Schengen, qui sont celles du Danemark, de l'Irlande et du Royaume-Uni sont réservées. Quant aux articles 100 C et 100 D du traité CE, articles relatifs à la politique commune des visas, ils ont logiquement été abrogés par le traité d'Amsterdam.

C. — Les premiers éléments de la politique commune d'immigration

202. Tableau général. Les autorités de l'Union n'ont pas encore prétendu faire usage des compétences qu'elles possèdent désormais pour couvrir le droit de l'immigration dans son ensemble : conditions générales d'entrée et de séjour des ressortissants d'États tiers dans l'Union européenne ; réglementation générale du droit des étrangers à l'Union d'y développer une activité professionnelle. Les politiques d'immigration, à ce jour, restent définies dans leurs lignes générales par les législateurs nationaux. La politique dite « commune » de l'Union se limite aujourd'hui à traiter de questions relativement étroites intéressant des aspects particuliers, importants toutefois, de la politique d'immigration. Quant à la conception d'ensemble d'une politique de l'Union, elle continue de relever d'une méthode correspondant encore aujourd'hui à celle que le traité de Maastricht avait proposée : méthode de coopération intergouvernementale, dans l'esprit de la « méthode ouverte de coordination » (174).

Plusieurs directives ont néanmoins pu être adoptées assez rapidement sur le fondement des nouvelles dispositions du traité, dans des domaines qui sont loin d'être marginaux, puisqu'il s'agit d'une part d'organiser les conditions du regroupement familial des ressortissants de pays tiers (175), d'autre part d'ouvrir aux ressortissants de pays tiers résidents de longue durée un droit de circuler et séjourner dans l'ensemble de l'espace communautaire (176). Plus récemment, a été adoptée une autre directive dont l'objet est de favoriser l'admission et la mobilité de travailleurs hautement qualifiés ressortissants de pays tiers (177).

Dans ces premiers textes, l'objectif économique de combler des déficits de main-d'œuvre dans l'union s'entremêle avec le souci de traiter équitablement les ressortissants de pays tiers. Si l'idée de contrôle est fortement présente, elle se combine avec une certaine recherche de la mobilité des travailleurs ressortissants de pays tiers, vers l'Union, mais aussi à l'intérieur de l'Union.

Plusieurs autres instruments nouveaux sont également à signaler, dans lesquels l'objectif sécuritaire s'ajoute aux considérations économiques et sociales.

Le règlement 1030/2002 du 13 juin 2002 établit un modèle uniforme de titre de séjour pour les ressortissants de pays tiers (178). Les titres de séjour uniformisés

(174) V. *supra* n° 178 à 180 ; sur tous ces points, v. F. MOREAU, *La mobilité des travailleurs dans les relations extérieures de l'Union européenne,* thèse univ. Paris 1 (Panthéon-Sorbonne), dir. P. RODIÈRE, 2011, 612 p.

(175) V. *infra* n° 203.

(176) V. *infra* n° 204. V. également, concernant la lutte contre l'immigration clandestine : décision 2004/573 du 29 avril 2004 ; directive 2004/81 et directive 2004/82 du 29 avril 2004, *JOUE* n° L.261, 6 août 2004 (*Europe*, octobre 2004, n° 320, obs. A. DULMET).

(177) V. *infra* n° 205.

(178) *JO* L 157 du 15 juin 2002.

doivent répondre à des spécifications techniques destinées en particulier à lutter contre le risque de contrefaçon ou de falsification (179). Une « *carte bleue européenne* » fait son apparition.

La directive 2009/52 du 18 juin 2009 concerne la lutte contre l'immigration illégale ou clandestine. Elle interdit l'emploi de ressortissants de pays tiers en situation irrégulière et à cette fin fixe des normes communes minimales concernant les sanctions et mesures applicables aux employeurs qui enfreignent cette interdiction (180).

1° Directive 2003/86 relative au droit de regroupement familial

203. Un encadrement rigoureux du droit de regroupement familial (181). La protection de la famille et le respect de la vie familiale font partie des droits fondamentaux de la personne humaine dont l'Union européenne assure le respect (182). Les ressortissants de pays tiers qui résident légalement dans la Communauté doivent faire l'objet d'un « *traitement équitable* » et avoir « *des droits et des obligations comparables à ceux des citoyens de l'Union européenne* » (183). Ces principes commandent l'ouverture d'un droit au regroupement familial des ressortissants non communautaires qui ont été admis à résider à l'intérieur de l'Union européenne de façon durable (184). L'objet de la directive 2003/86 du 22 septembre 2003 relative au droit de regroupement familial est d'en fixer, dans des règles communes aux États membres, les conditions d'exercice (185).

La directive consacre certes un droit de regroupement des familles non communautaires et demande aux États membres de mettre en œuvre les moyens nécessaires à sa réalisation ; mais les principes affichés ne l'empêchent pas d'enserrer le droit de regroupement dans un réseau de règles et de conditions en encadrant assez rigoureusement le bénéfice. Elle le fait tantôt en imposant directement une règle impérative, tantôt en laissant aux États membres liberté pour introduire ou

(179) À signaler également les directives 2004/81 du 29 avril 2004 relative aux titres de séjour délivrés aux ressortissants de pays tiers qui, victimes de la traite des êtres humains ou d'une aide à l'immigration clandestine, coopèrent avec les autorités et 2004/82 du 29 avril 2004 concernant l'obligation des transporteurs de communiquer les données relatives aux passagers.

(180) *JOUE* L 168 du 30 juin 2009 ; date de transposition fixée au 20 juillet 2011. V. loi n° 2011-672 du 16 juin 2011 sur l'immigration (*JORF* n° 0139 du 17 juin 2011) ; v. titre IV relatif aux étrangers sans titre, articles 73 à 88.

(181) La proposition de directive relative au droit de regroupement familial des ressortissants de pays tiers avait été présentée puis modifiée par la Commission sur le fondement de l'article 63.3 du traité (doc. COM (2000) 624 pour la proposition modifiée). Elle visait à assurer la protection de la famille et le respect de la vie familiale en instaurant à cette fin un droit au regroupement familial. Les bénéficiaires devaient en être les ressortissants de pays tiers qui résident légalement sur le territoire des États membres, un traitement équitable et la reconnaissance de droits comparables à ceux des citoyens européens leur étant dus. En vue d'éviter des discriminations « *à rebours* » entre *ressortissants communautaires,* selon qu'ils exercent ou non leur droit à la libre circulation, la proposition avait prévu que les ressortissants communautaires résidant dans leur propre pays pourront se réclamer des règles relatives au regroupement familial posées par la directive en projet, pour faire venir dans la Communauté leur famille de nationalité extracommunautaire (considérant n° 12). V. *supra* n° 186, n° 191.

(182) V. considérant 2 de la directive 2003/86 et ses références à l'article 8 CEDH et à la Charte des droits fondamentaux de l'Union européenne.

(183) Considérant 3 de la directive 2003/86.

(184) Considérant n° 6 et article 1er de la directive 200386.

(185) *JOUE* n° L 251 du 3 octobre 2003. La date ultime de transposition était fixée au 3 octobre 2005. La loi française du 24 juillet 2006, puis celle du 20 novembre 2007 (*JORF* 21 novembre 2007) ont réformé les règles françaises relatives au regroupement familial (articles L. 411-1 à L. 431-3 du Code de l'entrée et du séjour des étrangers).

non une condition restreignant le regroupement, combinant ainsi commandement et incitation, l'ensemble du dispositif traduisant une ferme volonté de contrôle.

La directive ne respecterait pas les droits fondamentaux constitués par la protection de la vie privée et familiale et les droits de l'enfant. C'est ce que le Parlement européen a vainement soutenu dans un recours en nullité. Rejetant le recours, la Cour de justice a estimé que les textes invoqués (Convention européenne des droits de l'homme, Charte des droits fondamentaux de l'Union, convention relative aux droits de l'enfant) « *ne créent pas de droit subjectif pour les membres d'une famille à être admis sur le territoire d'un État* » et ne privent pas « *les États d'une certaine marge d'appréciation lorsqu'ils examinent les demandes de regroupement familial* » (186).

203-1. Le « regroupant ». Se limitant au droit de regroupement familial, la directive 2003/86 ne règle pas les conditions d'entrée et de séjour du « regroupant », c'est-à-dire du ressortissant non communautaire qui souhaite avoir sa famille auprès de lui. À chaque État membre d'en décider suivant sa politique d'immigration et ses règles propres. Mais du moment où le regroupant possède un titre de séjour, d'une durée suffisamment longue, que l'État membre d'accueil concerné lui aura délivré, la directive s'applique. Quelle doit être la durée du titre de séjour ? La directive vise « *une durée de validité supérieure ou égale à un an* », mais ajoute que le regroupant doit avoir « *une perspective fondée d'obtenir un droit de séjour permanent* » (187). Une période d'attente peut en outre lui être imposée. Les États membres peuvent exiger qu'il ait séjourné légalement sur leur territoire pendant deux ans avant d'être en droit de se faire rejoindre par sa famille (188). L'effet du regroupement, dans le cadre de la directive 2003/86, se limite au territoire de l'État membre qui a accordé le droit de séjour au regroupant.

La directive 2003/86 est uniquement applicable lorsque le regroupant est un ressortissant extérieur à l'Union ; elle ne l'est pas à un citoyen de l'Union, même lorsque les membres de sa famille n'ont pas la nationalité d'un État membre (189). Le citoyen de l'Union qui ne se trouve pas en situation de circulation entre États membres ne peut donc invoquer ni les règles de la directive 2004/38 sur la circulation des personnes, ni celles de la directive 2003/86. Seules s'appliqueront les règles de son droit national, avec le risque de discrimination « à rebours » qui s'ensuit (190). Des règles particulières s'appliquent aux réfugiés (191).

203-2. La famille. Le droit de regroupement se limite à la famille la plus étroite : conjoint, enfants mineurs du regroupant et/ou de son conjoint (192).

(186) CJCE, 27 juin 2006, *Parlement c. Conseil*, aff. C-540-03, la Cour concluant de ses appréciations que la directive ne va pas « *à l'encontre du droit fondamental au respect de la vie familiale, de l'obligation de prendre en considération l'intérêt supérieur de l'enfant ou du principe de non-discrimination en raison de l'âge* ».

(187) Article 3 § 1 de la directive 2003/86 ; V. article L. 411-1 du Code de l'entrée et du séjour des étrangers, qui vise un titre de séjour d'une durée de validité d'au moins un an.

(188) Article 8 de la directive 2003/86. La loi française exige du regroupant qu'il ait séjourné régulièrement en France depuis au moins dix-huit mois de séjour : article L. 411-1 du Code de l'entrée et du séjour des étrangers.

(189) Article 3 § 3 de la directive 2003/86.Le regroupement familial du citoyen de l'Union relève des règles relatives à la libre circulation des ressortissants communautaires précédemment examinées, *supra* n° 190-191.

(190) V. *supra* n° 186.

(191) Article 9 à 12 de la directive 2003/86.

(192) À condition, s'il s'agit de l'enfant de l'un des membres du couple seulement, que celui-ci ait le droit de garde et la charge de l'enfant, article 4 § 1 de la directive 2003/86. V. articles L. 411-1 et L. 411-2 du Code de l'entrée et du séjour des étrangers.

Pour les ascendants et les enfants majeurs, la directive 2003/86 laisse aux États membres liberté pour autoriser leur venue et encore est-ce sous réserve qu'ils soient à charge et ne puissent subvenir à leurs propres besoins (193). Le regroupement de partenaires non mariés est également laissé à l'appréciation des États membres, y compris dans le cas de « partenariat enregistré » (194).

La directive devient en revanche prohibitive en ce qui concerne le mariage polygame. Le regroupement ne peut être autorisé qu'avec un conjoint unique, le premier qui aura rejoint le regroupant. Les États membres peuvent de surcroît restreindre le regroupement des enfants du regroupant et de son ou ses autres conjoints non autorisés à le rejoindre (195).

203-3. Les conditions du regroupement. Restreint quant à ses bénéficiaires de droit, le regroupement familial peut en outre être soumis par l'État membre concerné à une série de conditions. La charge de la preuve qu'il remplit l'ensemble des conditions ainsi exigées peut être mise sur le regroupant. Laissées à la libre appréciation des États membres, ces conditions sont relatives :

– au logement ; l'État membre concerné pouvant exiger qu'il soit « *normal pour une famille de taille comparable* » et qu'il soit conforme « aux *normes générales de salubrité et de sécurité* » ;

– aux ressources ; l'État membre peut les vouloir « *stables, régulières et suffisantes* » au regard de ses critères nationaux, évitant ainsi que la famille n'ait à recourir à l'aide sociale ;

– à l'existence d'une assurance-maladie couvrant l'ensemble des risques pour le regroupant et sa famille (196).

Le regroupant et sa famille peuvent enfin être soumis à des mesures d'intégration (197).

203-4. La demande de regroupement. Le dépôt et l'examen de la demande de regroupement font l'objet d'une série de dispositions destinées à encadrer les procédures nationales (198). Elles concernent la preuve des liens familiaux et les moyens d'en justifier ; elles visent le déroulement de la procédure, étant exigé des autorités nationales qu'elles répondent à la demande de regroupement dans un délai de neuf mois et qu'elles motivent leur éventuel refus (199). Est

(193) Article 4 § 2 de la directive 2003/86. Le droit communautaire reconnaît en revanche au regroupant le droit de faire venir ascendants et enfants majeurs à charge lorsqu'il est citoyen de l'Union, v. *supra* n° 191. V. article L. 411-3 du Code de l'entrée et du séjour des étrangers.

(194) Artucle 4 § 3, 1er alinéa, de la directive ; la loi française reste sur ce point silencieuse.

(195) Article 4 § 3, 2e alinéa, de la directive. La loi française pose une double exclusion : celle de l'autre conjoint et celle des enfants de l'autre conjoint. V. article L. 411-7 du Code de l'entrée et du séjour des étrangers

(196) Article 7 § 1 de la directive. V. article L. 411-5 du Code de l'entrée et du séjour des étrangers, qui reprend les motifs de refus autorisés par le droit communautaire, ajoutant que le regroupement peut être refusé au demandeur qui « *ne se conforme pas aux principes fondamentaux reconnus par les lois de la République* ».

(197) Article 7 § 2 de la directive.

(198) Article 5 de la directive 2003/86. V. articles L. 421-1 et L. 421-2 du Code de l'entrée et du séjour des étrangers, qui confie au maire de la commune de résidence du regroupant le soin de procéder aux vérifications, la décision d'autorisation ou de refus relevant de la compétence du préfet, sur avis motivé du maire.

(199) L'autorité administrative française doit statuer dans un délai de six mois. V. article L. 421-4 du Code de l'entrée et du séjour des étrangers.

posé le principe que la demande est introduite et examinée préalablement à l'arrivée de la famille sur le territoire (200).

L'intérêt « supérieur » de l'enfant mineur doit être pris en considération. La nature et la solidité des liens familiaux, la durée de résidence dans l'État membre, les attaches familiales, culturelles ou sociales doivent également être dûment prises en considération par les autorités nationales dans leurs décisions de rejet ou de refus (201)

La cessation du lien familial « *effectif* » – rupture de la vie conjugale ou familiale, relation durable avec une autre personne – peut justifier des décisions négatives des autorités nationales (202). Il en va de la même façon en cas d'informations fausses ou trompeuses ou s'il est établi que le lien familial invoqué s'est formé en vue de permettre le regroupement. (203). La directive 2003/86 incite fermement les États membres à lutter contre les fraudes et liens de complaisance.

2° Directive 2003/109 relative aux résidents de longue durée

204. La directive 2003/109 du 25 novembre 2003 relative au statut des résidents de pays tiers résidents de longue durée (204) a un double objet. Comme son nom l'indique explicitement, elle institue, pour les ressortissants non communautaires qui résident légalement sur le territoire d'un État membre depuis une longue durée, un statut commun aux États membres. Mais son objet est aussi de permettre à celui qui a acquis ce statut dans un État membre – celui dans lequel il a initialement été admis à séjourner – de circuler et séjourner dans les autres États membres. La directive est donc d'un côté relative à l'immigration des pays tiers, de l'autre à la circulation interne à l'Union.

La directive 2003/109 est placée sous le signe du rapprochement entre résidents non communautaires de longue durée et citoyens de l'Union. Le résident de longue durée doit jouir d'un ensemble de droits uniformes aussi proches que possible de ceux du citoyen de l'Union (205), ce qui implique l'égalité de traitement et la reconnaissance d'un droit de séjourner dans tout État membre de l'Union.

Acquis dans l'État membre qui, en application de ses règles d'immigration, a autorisé le séjour de l'intéressé, le statut ouvre à celui-ci un droit de séjourner dans les autres États membres, qui reste cependant soumis à des conditions assez limitatives.

204-1. Un statut privilégié dans l'État membre d'accueil. Le statut s'applique aux ressortissants de pays tiers qui « *ont résidé de manière légale et ininterrompue*

(200) Article 5 § 3 de la directive. La loi française permet d'exclure du regroupement un membre de famille qui réside en France ; v. article L. 411-6, 3°, du Code de l'entrée et du séjour des étrangers.

(201) Article 17 de la directive 2003/86 ; les États membres ont l'obligation « *d'examiner les demandes de regroupement familial dans l'intérêt des enfants concernés et dans le souci également de favoriser la vie familiale* », CJUE, 6 décembre 2012, *O. et S.*, aff. C-356/11.

(202) Article 16 § 1 de la directive ; article L. 431-2 du Code de l'entrée et du séjour des étrangers.

(203) Article 16 § 2 de la directive, la fraude peut être présumée lorsque le lien s'est formé après octroi d'un titre de séjour au regroupant.

(204) *JOUE* n° L 016 du 23 janvier 2004 ; v. loi du 16 juin 2011 relative à l'immigration, à l'intégration et à la nationalité (*JORF* du 17 juin 2011) ; v. spéc. article 19 de la loi.

(205) V. considérant n° 2 de la directive.

sur leur territoire pendant les cinq années qui ont immédiatement précédé » la demande formée par l'intéressé. À la condition de durée s'ajoute une condition de légalité du séjour. Encore faut-il préciser que certaines personnes peuvent avoir résidé légalement pendant la durée requise sans acquérir pour autant le droit d'accéder au statut. Ainsi des étudiants (206), des réfugiés et autres personnes accueillies à titre temporaire dans le cadre d'une protection internationale. Ainsi encore des personnes travaillant temporairement sur le territoire, les travailleurs en situation de détachement par un prestataire de services notamment (207). Un séjour légal, qui dure depuis au moins cinq ans de façon continue, ne traduit pas obligatoirement « *une vocation à s'installer durablement* » dans un État membre, quand bien même cette même durée de résidence légale de cinq ans ininterrompue vienne « *témoigner de l'ancrage de la personne concernée dans le pays et donc de l'installation durable de cette dernière* ». C'est l'analyse plutôt contradictoire retenue par la Cour de justice (208), propre à ouvrir aux États membres une marge d'appréciation importante pour refuser l'attribution du statut de résident de longue durée (209).

L'acquisition du statut est soumise à la condition que le demandeur ait des ressources stables, régulières et suffisantes pour lui-même et sa famille, en sorte qu'il n'ait pas à recourir à l'aide sociale, qu'il dispose d'une assurance-maladie couvrant les risques normalement couverts dans l'État d'accueil (210). La directive en fait une exigence impérative et pas simplement une possibilité ouverte aux États membres. De la même façon, la directive met elle-même directement à la charge du demandeur le soin de fournir les preuves nécessaires.

L'acquisition du statut de résident de longue durée confère à son titulaire un droit de séjour permanent dans l'État membre sur le territoire duquel il a longuement résidé (211). Il bénéficie très largement de l'égalité de traitement avec les nationaux de cet État (212) et d'une protection renforcée contre l'éloignement (213).

204-2. Droit de séjour dans les autres États membres. L'acquisition, dans un État membre, du statut de résident de longue durée a de surcroît l'intérêt d'ouvrir à son titulaire un droit de séjourner sur le territoire des autres États membres (214).

La directive énonce, libéralement, que ce droit peut s'exercer quel qu'en soit le motif, que l'intéressé entende avoir une activité professionnelle dans un autre État membre, y poursuivre des études ou une formation, ou y séjourner pour

(206) Pour lesquels un an d'étude ou de formation vaudront six mois de résidence. V. article 3 § 2, a), et article 4 § 2 de la directive.

(207) Article 3 § 2, e), de la directive.

(208) Sur le fondement des exclusions prévues par l'article 3 § 2 de la directive.

(209) CJUE, 18 octobre 2012, *Singh*, aff. C-502-10, concernant un ressortissant indien exerçant aux Pays-Bas une activité de chef spirituel et professeur de religion.

(210) Article 5 § 1 de la directive.

(211) Article 8 § 1 de la directive ; pour le titre de séjour et sa délivrance, v. *infra* n° 233 et s. La délivrance du titre de séjour ne doit pas être subordonnée à une perception de droits d'un niveau excessif, propre à faire obstacle à l'acquisition du statut de résident de longue durée, CJUE, 26 avril 2012, *Com. c. Pays-Bas*, aff. C-508/10.

(212) Article 11 de la directive ; v. CJUE, 24 avril 2012, *Kamberaj*, aff. C-571 : 10, s'opposant à une réglementation nationale prévoyant un traitement différent des résidents de longue durée et des nationaux en matière d'aide au logement.

(213) Article 12 de la directive.

(214) Ceci pour une période dépassant trois mois ; article 14 § 1 de la directive 2003/109.

un autre motif (215). La réalité est assez différente. Le résident de longue durée dans un premier État membre, qui entend avoir une activité professionnelle dans un autre État membre, risque de buter sur des obstacles importants. L'État membre dans lequel il souhaite travailler peut en effet, compte tenu de la situation de son marché du travail, « *appliquer ses procédures nationales* » relatives au recrutement des étrangers ; il peut aussi accorder priorité d'emploi aux citoyens de l'Union, ainsi qu'aux ressortissants non communautaires faisant déjà partie de son marché du travail ou bénéficiant d'un régime préférentiel (216). Une limitation du nombre total des personnes admises à séjourner est également possible (217). Autant dire que le droit de séjour pour activité professionnelle n'en est pas véritablement un.

Il faut toutefois mettre à part les ressortissants non communautaires qui, résidents de longue durée dans un État membre, font l'objet d'un détachement sur le territoire d'un autre État membre ou viennent y effectuer une prestation de services. La directive 2003/109 ne leur est pas applicable (218). Non pas que le droit d'exercer une activité sur le territoire d'un autre État membre leur soit refusé. Il leur était déjà reconnu, en tant que ressortissant non communautaire séjournant légalement dans un État membre ; la directive 2003/86 n'y change rien. S'agissant de travailleurs salariés, la Cour de justice a en effet admis qu'une entreprise d'un État membre qui emploie de façon régulière et habituelle des ressortissants d'États tiers peut les détacher temporairement sur le territoire d'un autre État membre pour y réaliser des travaux, sous sa direction, dans le cadre de l'exécution d'une prestation de services (219). La situation de l'emploi dans l'État du lieu de prestation ne peut pas leur être opposée, puisque, en tant que détachés, dit la Cour de justice, ils n'accèdent pas au marché du travail (220). Mais la même analyse ne vaut pas en cas de mise à disposition de travailleurs auprès d'une entreprise utilisatrice (221).

Sous cette réserve des salariés détachés ou des prestataires de services, seuls ont vraiment reçu un droit de séjour dans les autres États membres les résidents de longue durée « non travailleurs », qu'ils soient inactifs ou étudiants.

Se retrouvent, applicables à l'ensemble des résidents de longue durée désireux de venir résider sur le territoire d'un autre État membre, les conditions usuelles que les États sont en droit d'imposer : qu'ils aient des « *ressources stables, régulières et suffisantes* » au regard des critères de l'État membre d'accueil, une assurance-maladie couvrant les risques normalement couverts dans cet État ; qu'ils disposent d'un « *logement approprié* » (222).

(215) Article 14 § 2 de la directive 2003/109.
(216) Article 14 § 3 de la directive 2003/109.
(217) Si elle était déjà prévue au moment de l'adoption de la directive ; article 14 § 4 de la directive.
(218) Article 14 § 5 de la directive 2003/109.
(219) CJCE, 9 août 1994, *Vander Elst c. Office des Migrations internationales (OMI)*, aff C-43/93, *Rec.* I, p. 3804.
(220) Arrêt *Rush Portuguesa c. Office National d'immigration*, CJCE, 27 mars 1990, aff. C-113/89, *Rec.* I p. 1417, *RTD eur.* 1990, p. 632, note P. Rodière.
(221) La Cour de justice estime qu'en pareil cas l'État d'accueil peut faire valoir sa réglementation relative à l'immigration des États tiers et subordonner l'activité du salarié mis à disposition sur son territoire à l'obtention d'une autorisation de travail, CJUE, 10 février 2011, aff. C-307/09, *Vicoplus*, v. pts 27 à 33.
(222) Article 15 § 2 et 3 de la directive 2003/109.

Dans son nouvel État membre de séjour, le résident non communautaire de longue durée a droit à l'égalité de traitement avec les nationaux (223). S'il a en principe accès au marché du travail, il peut toutefois subir des restrictions liées à la situation de l'emploi (224). Il reçoit « un titre de séjour renouvelable » (225). Il peut, à terme, acquérir, dans le nouvel État membre, le statut de résident de longue durée, à condition d'y satisfaire aux conditions qu'il avait dû réunir dans le premier État membre : durée de résidence légale, etc. (226).

3° Directive 2009/50 sur l'admission de la main-d'œuvre hautement qualifiée

205. Favoriser le « gain de cerveaux ». Tel est l'objectif affiché par la directive 2009/50 du 25 mai 2009 sur « *les conditions d'entrée et de séjour des ressortissants de pays tiers aux fins d'emploi hautement qualifié* » (227). Prenant acte d'une pénurie de main-d'œuvre de haut niveau au sein de l'Union, la directive entend favoriser l'admission et la mobilité de ressortissants de pays tiers hautement qualifiés pour des séjours de plus de trois mois. Les intéressés sont admis à occuper un emploi correspondant à leur niveau de qualification. Ils reçoivent une carte de séjour dite « carte bleue européenne » (228), d'une validité allant d'un à quatre ans (229). Un seuil salarial minimal doit être respecté (230). La directive ne concerne pas les chercheurs (231). Elle s'étend à la famille, qui jouit du droit de regroupement familial dans des conditions dérogatoires et plus favorables que celles de la directive 2003/86 (232), l'accès des membres de la famille au marché du travail devant être facilité. Après un délai de dix-huit mois de séjour dans l'État membre d'accueil, la mobilité de l'intéressé et de sa famille vers un autre État membre est favorisée (233). Le droit des États membres de fixer le volume d'admission des ressortissants de pays tiers entrant sur leur territoire aux fins d'y occuper un emploi (article 79 § 5 TFUE) reste toutefois préservé (234).

Sous-section 2 — Sur l'activité

206. Si le critère d'activité a beaucoup perdu de son importance initiale en tant que condition mise à la liberté de circulation, la distinction entre actifs et non

(223) Article 21 § 1 de la directive.
(224) Article 21 § 2 de la directive.
(225) Article 19 § 2 de la directive.
(226) Article 23 de la directive.
(227) *JOUE* n° L 155 du 18 juin 2009 ; v. considérant 22 de la directive. La transposition devait avoir lieu au plus tard le 19 juin 2011. La loi française du 16 juin 2011 relative à l'immigration a en partie pour objet de réaliser cette transposition (*JORF* du 17 juin 2011) ; v. spéc. article 17 de la loi.
(228) Sur le modèle uniforme établi par le règlement 1030/2002, v. *supra* n° 202.
(229) Article 7 § 2 de la directive 2009/50.
(230) Au moins égal à une fois et demie le salaire annuel brut moyen dans l'État membre d'accueil, article 5 § 3 de la directive.
(231) Lesquels relèvent de la directive 2005/71 du 12 octobre 2005 relative à une procédure d'admission spécifique des ressortissants de pays tiers aux fins de recherche scientifique
(232) V. *supra* n° 203.
(233) Articles 18 et 19 de la directive 2009/50 ; mobilité qui doit tenir compte du principe de préférence communautaire (v. considérant n° 15).
(234) Article 6 de la directive 2009/50.

actifs continue de devoir être faite (§ 1). La liberté de circulation ne s'ouvre pas à toutes les activités et certains emplois ou certaines activités, provisoirement ou durablement, n'y entrent pas (§ 2).

§ 1. Actifs et non actifs

207. Initialement, la liberté de circulation s'adressait aux seuls actifs, qu'il s'agisse de travailleurs salariés ou de travailleurs indépendants. La notion de travailleur a donc revêtu une grande importance, puisqu'elle a conditionné le domaine *ratione personae* de la liberté de circulation en ce qui concerne les travailleurs salariés. On la présentera pour commencer (A). Les ressortissants communautaires non actifs ont désormais eux aussi un droit de circulation et de séjour, qui reste cependant moins complet que celui des actifs, la distinction entre actifs – travailleurs – et non actifs conservant ainsi une pertinence. Placée entre celle de l'actif et celle de l'inactif, la situation intermédiaire de la personne privée d'emploi relève d'une analyse propre. Sans doute ne jouira-t-elle pas entièrement des droits que confère la libre circulation, mais certains de ces droits lui sont reconnus. La situation des personnes privées d'emploi (B) puis celle des personnes non actives (C) seront successivement étudiées. Au point actuel de l'évolution, seules restent vraiment exclues de la libre circulation les personnes qui sont à la fois non actives et démunies (« *n'ayant pas de ressources suffisantes...* »).

Il convient de signaler préliminairement les difficultés particulières que l'exercice de la liberté de prestation de services a fait apparaître concernant la circulation des travailleurs salariés.

208. Circulation des travailleurs et circulation des services. À travers l'article 39 du traité CE (ex-article 48), devenu article 45 du traité FUE, est avant tout visée l'hypothèse où un ressortissant de l'Union se déplace sur le territoire d'un autre État membre pour s'y engager auprès d'un employeur local et y séjourner pour la durée de son activité et, éventuellement, après avoir cessé celle-ci. Le déplacement se fait alors en vue d'occuper un emploi offert par un employeur d'un autre État membre.

Autre est la situation d'un ressortissant de l'Union déjà engagé au service d'un employeur d'un État membre et que celui-ci envoie sur le territoire d'un autre État membre, tout en le conservant à son service. Cette autre hypothèse marie circulation des travailleurs, puisque l'activité d'un travailleur salarié se déplace dans un autre État membre, et circulation des services au sens de la liberté de prestations des services des ex-articles 59 et suivants du traité de Rome, puisque l'employeur réalise des travaux ou une prestation de services sur le territoire d'un autre État membre.

Deux cas de figure se présentent, selon que la situation met ou non en scène une entreprise tierce. Celle-ci apparaît si l'opération consiste en une mise à disposition de personnel auprès d'une entreprise utilisatrice d'un autre État membre (235).

(235) V. arrêt *Van Wesemael et Fallachio*, CJCE, 18 janvier 1979, aff. 110, 11/78, *Rec.* p. 35, à propos du placement d'artistes de cafés et théâtres en Belgique par une agence située à Lille en France.

Mais l'employeur peut aussi avoir obtenu la réalisation de travaux ou services sur le territoire d'un autre État membre et, pour leur exécution, y détacher des salariés qui resteront directement placés sous sa direction et son autorité.

Lorsqu'elle s'inscrit ainsi dans le cadre d'une prestation de services, la circulation des travailleurs soulève des difficultés spécifiques.

Non que le principe même d'une liberté de circulation soit en ce cas contestable. Au contraire, on peut même dire que la liberté de circulation se justifie deux fois : comme telle d'abord, sur le fondement de l'ex-article 48 du traité de Rome (article 45 TFUE), mais également comme élément intégrant de la liberté de prestation de services de l'ex-article 59 (article 56 TFUE). Obliger le prestataire de services à renoncer à utiliser son personnel pour l'exécution d'un marché obtenu dans un autre État membre, serait « *le discriminer par rapport à ses concurrents établis dans le pays d'accueil qui peuvent se servir librement de leur propre personnel* » (236). Sa capacité à fournir la prestation en serait gravement affectée, voire annihilée.

Il n'empêche que la combinaison des deux libertés donne lieu à des difficultés, qui tiennent directement aux disparités sociales et juridiques entre États membres, la différence des coûts salariaux pouvant être importante d'un État à l'autre, les réglementations nationales relatives à la mise à disposition de personnel étant plus ou moins restrictives. Certains employeurs entendront mettre à profit ces disparités, parfois d'une façon abusive ou frauduleuse. Il y a là un moyen de *dumping social*, dont les entreprises et les États membres connaissant de faibles coûts salariaux rechercheront les avantages.

Ces questions seront retrouvées et examinées plus tard avec l'étude du marché de l'emploi (237) puis avec celle de la loi applicable au travailleur détaché (238).

A. — Le travailleur : une notion communautaire

209. Une notion façonnée par la Cour de justice. La notion de travailleur a longtemps été essentielle, les traités ayant pour commencer limité le domaine *ratione personae* de la libre circulation au bénéfice des seuls travailleurs. Il a donc fallu définir ce que l'on entend par travailleur au sens de ce texte. La tâche en est revenue à la Cour de justice, qui peu à peu a façonné la notion de travailleur.

C'est une *notion communautaire* – a-t-elle commencé par dire – qu'il lui revient donc de définir, afin d'assurer l'unité de son interprétation et de son application (239). Cette définition reste d'actualité, malgré l'élargissement du domaine ratione personae de la liberté de circulation des personnes que consacre la citoyenneté européenne.

(236) Motif n° 12 de l'arrêt *Rush Portuguesa c. Office National d'immigration*, CJCE, 27 mars 1990, aff. C-113/89, *Rec.* I p. 1417, *RTD eur.* 1990, p. 632, note P. Rodière.
(237) N° 317 et s.
(238) N° 561 et s.
(239) CJCE, 19 mars 1964, *Unger*, aff. 75/63, *Rec.* p. 347 ; *RTD eur.* 1965, p. 84 ; *Dr. soc.* 1964, p. 658, décision relative à la notion de travailleur au regard du règlement n° 3/58 sur la sécurité sociale des travailleurs migrants ; v également *infra* n° 648 et s. Sur la notion de travailleur en droit de l'UE et l'ensemble des questions qui s'y rapportent, v. Cl. Squire, *La notion de travailleur en droit de l'Union européenne*, thèse univ. Paris I, 2013, 967 pages, hors tables, dir. P. Rodière.

La notion commandant le domaine d'exercice de libertés fondamentales ouvertes par le droit de l'Union, elle doit en outre recevoir une *acception large* (240).

209-1. Une notion actuelle. La citoyenneté européenne n'a pas fait disparaître l'intérêt que revêt la qualité de travailleur, l'exercice de la liberté de circulation continuant de relever de conditions différentes suivantes que la personne intéressée a ou non la qualité de travailleur. La Cour de justice de l'Union européenne, dans ses décisions récentes relatives à la liberté de circulation des personnes, continue d'affiner la notion de travailleur.

La Cour rappelle régulièrement que la notion de travailleur, même lorsqu'elle relève d'un concept communautaire dont il lui appartient d'assurer l'application uniforme, reste une notion relative. Elle « *n'est pas univoque mais... varie selon le domaine d'application envisagé* ». Elle se différenciera suivant que l'on vise le travailleur au sens de l'article 39 TCE (45 TFUE, ex-article 48) et du règlement 1612/68 sur la libre circulation des travailleurs ou au sens de l'article 42 TCE (48 TFUE, ex-article 51) et du règlement 1408/71 relatif à la sécurité sociale des travailleurs migrants (241).

Qui plus est, au sens de l'article 39 TCE (45 TFUE) et du règlement 1612/68 (et aujourd'hui de la directive 2004/38), la notion de travailleur recouvre des situations différentes, puisque, d'un côté, elle vise la situation de celui qui a un emploi salarié répondant à la définition qu'en retient la Cour de justice (242), mais puisqu'elle concerne aussi celui qui n'a plus d'emploi ou qui est à la recherche d'un emploi (243). Sans doute les uns comme les autres sont-ils des travailleurs au sens de l'article 39 TCE (45 TFUE) et du règlement 1612/68, dit la Cour de justice, mais cette qualité emporte des effets distincts, ajoute-t-elle, suivant que l'on considère ceux qui « *ont déjà accédé au marché du travail* » de l'État membre d'accueil ou ceux qui cherchent à y accéder. Les premiers – travailleurs ayant un emploi ou ayant eu un emploi – bénéficient pleinement de l'égalité de traitement au titre du règlement 1612/68 (articles 7 à 9 du règlement 1261/68 et du règlement codificateur 492/2011), tandis que les seconds n'en bénéficient qu'en partie, autant que de besoin pour leur recherche d'emploi (244).

209-2. Une notion extensive : arrêt *Lawrie Blum*. Pour définir le travailleur au sens de l'article 39 TCE (ex-article 48), devenu article 45 TFUE, la Cour de justice se réfère à la relation de travail – et non au contrat de travail – et procède en retenant une série classique d'éléments constitutifs : prestations contre rémunération, accomplissement de l'activité en faveur d'un autre et sous la direction de celui-ci. « *La caractéristique essentielle de la relation de travail*, énonce-t-elle, *est la circonstance qu'une personne accomplit, pendant un certain temps, en faveur*

(240) Principe déjà présent dans l'arrêt *Unger*, préc. note précédente, pour la sécurité sociale des travailleurs migrants, et formellement consacré pour l'ensemble de la liberté de circulation des travailleurs par l'arrêt *Lawrie-Blum*, CJCE, 3 juillet 1986, aff. 65/85, *Rec.* p. 2121.

(241) CJCE, 12 mai 1998, *Martinez Sala*, aff. C-85/96, *Rec.* I, p. 2691, points 31 à 42.

(242) Depuis l'arrêt *Lawrie Blum*, CJCE, 3 juillet 1986, aff. 66/85, *Rec.* p. 3161.

(243) Arrêt *Martinez Sala*, préc., point 32.

(244) CJCE, 23 mars 2004, *Collins*, aff. C-138/02, *Rec.* I, p. 2703 et v. *infra* n° 256.

d'une autre personne et sous la direction de celle-ci, des prestations en contrepartie desquelles elle touche une rémunération » (245) ; caractérisation qui ne présente rien d'original quant à son contenu (246). Le lien de subordination caractérise la relation de travail et il convient de vérifier l'existence d'un tel lien, a-t-elle ensuite précisé (247).

Toute relation de travail, ainsi définie, donne-t-elle la qualité de travailleur ? Fidèle au principe d'interprétation extensive qu'elle a posée, la Cour de justice en a largement ouvert l'attribution et si elle a parfois marqué des vues plus restrictives, c'est dans des circonstances où la qualité de travailleur paraissait être recherchée de façon abusive ou non conforme aux objectifs du traité CE.

À l'égard du *travail à temps partiel ou occasionnel*, elle s'est montrée très libérale. Si la rémunération ne permet pas d'atteindre le niveau du salaire minimum de l'État d'accueil, le salarié peut-il prétendre, dans ce pays, à un permis de séjour ? Oui, répond la Cour de justice, dès l'instant où il exerce une activité réelle et effective (248). Le niveau de rémunération est indifférent, tout comme sont indifférentes les intentions ayant conduit le salarié à exercer une activité réduite, mais réelle et effective dans un autre État membre que celui d'origine (249). Et même si le salarié, en raison de la faiblesse de sa rémunération, a besoin d'une aide complémentaire le mettant à charge de l'assistance sociale de l'État d'accueil, il ne perd pas pour autant sa qualité de travailleur (250). L'existence d'une rémunération est cependant un élément de définition de la relation de travail et la notion de travailleur ne s'étend pas au travail bénévole (251).

La Cour a également marqué son indifférence à la nature du lien juridique unissant le travailleur à son employeur, qu'il soit de droit public ou de droit privé (252), qu'il corresponde à un stage plutôt qu'à un contrat de travail (253), peu important le mode de rémunération (254).

(245) Arrêt *Lawrie Blum*, 3 juillet 1986, préc. ; v. également, CJCE, 31 mai 1989, *Bettray*, aff. 344/87, *Rec.* p. 1641.

(246) Sur le contenu de la notion de travailleur dans le domaine de la sécurité sociale des travailleurs migrants, v. *infra* n° 648 et s.

(247) CJCE, 8 juin 1999, *Meeusen*, aff. C-337/97, concernant l'épouse du directeur et seul propriétaire des parts sociales d'une société, dont la Cour estime qu'elle peut être qualifiée de « travailleur » si elle exerce son activité au service de son mari « *dans le cadre d'un lien de subordination* ». Au juge national de vérifier l'existence de ce lien !

(248) V. concernant la qualité de travailleur d'une personne recherchant un emploi après la fin d'un contrat à durée déterminée de brève durée, CJCE, 6 novembre 2003, *Ninni-Orasche*, aff. C-413/01, *Rec.* I, p. 13187.

(249) « *Pourvu toutefois que l'activité ne soit pas tellement réduite qu'elle se présente comme purement marginale et accessoire* », CJCE, 23 mars 1982, *Levin*, aff. 53/81, *Rec.* p. 1035 ; Le travailleur intermittent – travaillant sur appel de l'employeur – restera un travailleur au sens de l'article 48 du traité, CJCE, 26 février 1992, *Raulin c. Ministère de l'Éducation des Pays-Bas*, aff. C-357/89, *Rec.* I p. 1054 ; CJCE, 21 novembre 1991, *URSSAF c. Hôtellerie du Manoir*, aff. 27/91, *Rec.* p. 5531.

(250) CJCE, 3 juin 1986, *Kempf*, aff. 139/85, *Rec.* p. 1741 ; v. égal. CJCE, 30 mars 2006, *Mattern et Cikotic*, aff. C-10/05 et, en matière de sécurité sociale, CJCE, 14 décembre 1995, *Megner et Scheffel*, aff. C-444 : 93.

(251) CJCE, 7 novembre 1996, *Züchner*, aff. C-77/95, *Rec.* I p. 5720.

(252) CJCE, 15 mars 1989, *Echtenach*, aff. 389 & 390/87, *Rec.* p. 755.

(253) CJCE, 26 février 1992, *Bernini c. Ministère de l'Éducation des Pays-Bas*, aff. C-3/90, *Rec.* I p. 1098. « *Dès lors que les stagiaires exercent une activité salariée réelle et effective, ils doivent être considérés comme des travailleurs au sens de l'article 48 (39) du traité* », a dit la CJCE in 17 mars 2005, *Kraneman*, aff. C-162.04, concernant un stage préparatoire effectué par un juriste diplômé dans un cabinet privé.

(254) CJCE, 3 juillet 1986, *Lawrie Blum*, préc. ; v. également, CJCE, 21 novembre 1991, *Hôtellerie du Manoir*, aff. 27/91, *Rec.* p. 5531.

Mais si une personne occupe un emploi, accessoirement aux études qu'elle poursuit dans l'État d'accueil, ses droits seront limités. Son vrai « titre de séjour » est celui d'étudiant, avait dit la Cour de justice (255). Mais un chercheur qui, dans l'exécution d'un « contrat de bourse », effectue ses recherches dans un rapport de subordination et contre une rémunération, doit être regardé comme un travailleur (256). Un citoyen de l'Union qui est arrivé sur le territoire d'un État membre avec l'intention principale d'y poursuivre des études, mais qui y exerce, à temps partiel, une activité réelle et effective, doit être traité comme un travailleur (257). Paradoxalement, la citoyenneté ouvre plus largement le bénéfice de droits qui appartiennent au travailleur.

Un emploi dénué d'intérêt économique et destiné à l'éducation ou à la réinsertion de son titulaire, ne donnera pas à celui-ci la qualité de travailleur. L'emploi « social » est exclu (258). La Cour de justice a apparemment voulu montrer son attachement au principe, partiellement dépassé aujourd'hui, voulant que la Communauté soit économique.

209-3. Conclusion. En bref, s'il a activité salariée et que celle-ci est économique, réelle et effective, on est en face d'un travailleur au sens du droit communautaire ou de l'Union. Sous réserve de son caractère économique et d'un coefficient suffisant de réalité-effectivité, le fait que l'emploi soit permanent, temporaire, saisonnier, occasionnel, à temps partiel, intermittent..., reste indifférent ; tout comme est indifférente la nature du lien juridique avec l'employeur, pourvu que la relation présente les caractères définissant l'existence d'une relation de travail (259).

B. — Les personnes sans emploi

1° Les personnes recherchant un emploi

210. Recherche d'emploi. Les ressortissants de l'Union peuvent-ils librement se déplacer sur le territoire d'un autre État membre pour y rechercher un emploi et y demeurer le temps nécessaire pour en obtenir un ?

Il convient d'abord d'observer qu'une réponse négative à cette question aurait pu être tirée de l'ancien article 48 du traité de Rome (devenu article 39 TCE, puis 45 TFUE) lui-même. Le droit de se déplacer sur le territoire d'un autre État membre y est prévu à l'effet « *de répondre à des emplois effectivement offerts* ».

(255) CJCE, 21 juin 1988, *Brown*, aff. 197/86, *Rec.* p. 3205 ; 21 juin 1988, *Lair*, aff. 36/86, *Rec.* p. 3237 ; décisions qui s'expliquent en partie par une idée de fraude, de la part de celui qui occupe brièvement un emploi dans un État membre afin d'y acquérir la qualité de travailleur et d'y poursuivre des études – arrêt *Brown* – ou d'y obtenir le bénéfice d'une aide aux étudiants – arrêt *Lair*.

(256) CJUE, 17 juillet 2008, *Raccanelli*, aff. C-94/07.

(257) CJUE, 21 février 2013, *L.N.*, aff. C-46/12.

(258) CJCE, 31 mai 1989, *Bettray*, aff. 344/87, *Rec.* p. 1641 ; peut-on voir dans cette décision une expression indirecte de la réserve d'ordre public et de santé publique, puisque le refus de la qualité de travailleur et du titre de séjour en découlant concernait un ancien drogué recherchant une réinsertion dans l'État membre d'accueil (les Pays-Bas) ?

(259) Ces mêmes éléments d'analyse s'appliqueront par transposition aux ressortissants de pays tiers liés à l'Union par accord de coopération ou d'association, du moins s'agissant des travailleurs turcs ; v. CJUE, 4 février 2010, *Genc*, aff. C-14/09 et *supra* n° 193.

Une interprétation restrictive pouvait conduire à exiger l'existence d'une offre d'emploi émanant d'un employeur du pays d'accueil comme condition préalable au déplacement. Le droit dérivé, la Cour de justice et, plus généralement, l'élargissement progressif du droit de libre circulation, ont condamné cette conception.

L'arrêt *Royer* (260), en particulier, a énoncé que les ressortissants d'un État membre ont le droit d'entrer et de séjourner sur le territoire d'un autre État membre « *pour y rechercher... une activité professionnelle, salariée ou indépendante* ». La Cour de justice dit aujourd'hui que les ressortissants d'un État membre qui recherchent un emploi sur le territoire d'un autre État membre relèvent du domaine d'application de l'article 39 TCE (devenu article 45 TFUE) (261).

Reste que le droit de séjourner durablement sur le territoire de l'État membre d'accueil n'est consacré qu'au seul bénéfice de ceux qui ont obtenu un emploi ou qui satisfont aux conditions mises à la reconnaissance du droit de séjour aux personnes inactives, condition de ressources principalement (262).

Le droit de séjour pour recherche d'emploi sera donc nécessairement limité quant à sa durée. Or celle-ci n'a pas été précisée, sinon dans une déclaration inscrite au procès-verbal du Conseil lors de l'adoption du règlement n° 1612/68, dans laquelle est évoquée une durée minimale de trois mois. Dans l'arrêt *Antonnissen*, la Cour de justice, refusant de donner une portée juridique à cette déclaration, a préféré se référer à une notion de « *délai raisonnable* », susceptible d'évoluer en fonction des conditions du marché du travail. Elle a estimé que le délai de six mois, prévu par la législation britannique, n'était pas insuffisant, mais n'a pas voulu qu'il fonctionne comme un couperet ; passé ce délai, l'intéressé « *peut être contraint de quitter le territoire*, dit-elle, *à moins qu'il n'apporte la preuve qu'il continue à chercher un emploi et qu'il a des chances véritables d'être engagé* » (263). Une « *impossibilité objective d'obtenir un emploi* » mettra toutefois fin au droit au séjour et autorisera l'État d'accueil à prendre une mesure d'éloignement (264).

La formule de l'arrêt *Antonnissen* a été reprise et légalisée telle quelle par la directive 2004/38 (265).

2° Les personnes ayant perdu leur emploi

211. Droit de séjour du chômeur involontaire. Sans emploi ni ressources suffisantes, le ressortissant de l'Union n'a pas le droit de séjourner durablement sur le territoire d'un autre État membre que le sien. Telle demeure la règle. Quelle sera, dès lors, la situation de celui qui a eu un emploi et obtenu en conséquence un titre de séjour, puis a perdu son emploi ?

La directive 68/360 avait distingué suivant que l'intéressé est ou non en situation de chômage « *involontaire* ». Si elle consentait, avec des limites, au chômeur

(260) CJCE, 8 avril 1976, aff. 48/75, *Rec.* p. 497.
(261) CJCE, 23 mars 2004, *Collins*, aff. C-138/02, pt. 56 ; CJUE, 25 octobre 2012, *Prete,* aff. C-367/11, pt. 22.
(262) V. *infra* n° 233-236.
(263) CJCE, 26 février 1991, *Antonissen*, aff. C-292/89, *Rec.* I p. 745.
(264) CJCE, 26 mai 1993, *Tsiotras*, aff. C-171/91, *Rec.* I p. 2952.
(265) Article 14 § 4, b), de la directive 2004/38.

involontaire le maintien de son droit de séjour, elle autorisait, *a contrario*, que le chômeur « volontaire » soit traité sévèrement. Ces données se retrouvent dans la directive 2004/38.

Des règles partiellement incertaines de la directive 68/360, il ressortait que le chômeur involontaire conservait un droit de séjour jusqu'à expiration de son titre de séjour et qu'à l'expiration de celui-ci son droit devait être provisoirement prolongé.

Dans des règles plus explicites qu'antérieurement, la directive 2004/38 énonce désormais que le citoyen de l'Union qui n'exerce plus d'activité salariée conserve sa qualité de travailleur dans l'État membre d'accueil, tout en distinguant plusieurs situations (266).

Conserve d'abord sa qualité de travailleur celui qui souffre d'une incapacité de travail résultant d'une maladie ou d'un accident. Il en va pareillement de celui qui se trouve en situation de chômage involontaire, le texte distinguant toutefois selon que le chômage est survenu après plus d'un an d'activité ou avant. Dans le second cas (267), il conserve sa qualité de travailleur « *pendant au moins six mois* », ce qui implique une limite possible de durée qui ne se retrouve pas dans le premier cas. Dans les deux cas, l'intéressé doit s'être fait enregistrer comme demandeur d'emploi.

Conserve aussi sa qualité de travailleur celui qui s'engage dans une formation professionnelle. Sauf chômage involontaire, la formation doit être liée à l'activité professionnelle antérieure (268).

La qualification de chômage « involontaire » est donc importante. Le droit de séjour de celui qui, chômeur « non involontaire », ne conserve pas la qualité de travailleur, ne sera donc plus assuré, à moins qu'il ne soit en situation de bénéficier d'un droit de séjour à un autre titre que celui de travailleur, en tant que personne non active.

Reste à faire le tri entre chômage « involontaire » et chômage « non involontaire » : quid du licenciement pour faute, de la cessation négociée ou concertée du contrat de travail, de l'absence de recherche active d'un nouvel emploi, du refus des offres d'engagement... ? Quel(s) critère(s) utiliser ? Ces questions demeurent incertaines.

C. — Les personnes non actives

1° Droit de séjour des inactifs

212. Étudiants, retraités et autres personnes non actives. La liberté de circulation et son corollaire direct, l'égalité de traitement avec les nationaux, avaient été initialement introduits au bénéfice des travailleurs salariés, ainsi, au travers des libertés d'établissement et de prestations de services, qu'à celui des travailleurs indépendants. Elle fut, grâce à la Cour de justice, étendue des prestataires

(266) Article 7 § 3 de la directive 2004/38.

(267) Fin d'un contrat à durée déterminée de moins d'un an, ou perte involontaire d'emploi pendant la première année de séjour : article 7 § 3, c), de la directive 2004/38.

(268) Article 7 § 3, d), de la directive 2004/38.

aux destinataires ou consommateurs de services. Il n'empêche que longtemps, les ressortissants communautaires ne possédaient pas, au titre du droit communautaire, le droit de séjourner durablement sur un autre territoire que le leur, lorsque leur présence sur ce territoire ne correspondait pas à une activité qu'ils y exerçaient. Ces données ont déjà été exposées (269).

Depuis, avec les directives 90/364 (inactifs), 90/365 (personnes ayant cessé leur activité) du 28 juin 1990 et 93/96 du 29 octobre 1993 (étudiants) (270), le droit de séjour sur le territoire d'un autre État membre que le leur a été admis au bénéfice général des personnes n'ayant pas, n'ayant plus ou n'ayant pas encore d'activité professionnelle. Les trois directives visaient les ressortissants communautaires et leur famille qui ne disposent pas du droit de séjour en tant qu'actifs – travailleurs salariés ou bénéficiaires du droit d'établissement. Deux d'entre elles concernaient une catégorie fermée de personnes sans activité, celles qui n'ont plus d'activité – directive « retraités » – d'une part, celles qui n'en ont pas encore une – directive « étudiants » – d'autre part, la troisième était, subsidiairement, ouverte à l'ensemble des personnes inactives ou, plus exactement, à tout ressortissant communautaire ne bénéficiant pas de la liberté de circulation au titre d'un autre texte.

Si les directives libéraient la circulation des non-actifs, c'est néanmoins en les soumettant à des conditions plus restrictives que les actifs. La directive 2004/38 a abrogé et remplacé les trois directives, mais sans faire disparaître ces restrictions (271).

213. Un régime restrictif. Les trois directives et, désormais, la directive 2004/38 ont posé le principe que leurs bénéficiaires – retraités, étudiants, simples inactifs – ne doivent pas devenir « *une charge pour le système d'assistance sociale de l'État membre d'accueil* » (272). D'où la double exigence que l'« inactif » dispose de ressources suffisantes et soit couvert par une assurance-maladie.

213-1. Ressources suffisantes. Il se déduit de ce principe que l'intéressé doit disposer de ressources suffisantes pour lui-même et sa famille.

Suivant les dispositions de la directive « retraités », les personnes ayant cessé leur activité devaient bénéficier d'une pension ou d'une rente (invalidité, préretraite, vieillesse, accident du travail ou maladie professionnelle) (273) ; les directives « inactifs » et « étudiants » parlaient en général de « ressources suffisantes ». La directive 2004/38, dans les trois cas, exige de l'intéressé qu'il dispose de « *ressources suffisantes afin de ne pas devenir une charge pour le système d'assistance sociale de l'État membre d'accueil* » (274).

(269) V. *supra* n° 176, 177.

(270) La directive 90/366 ayant été remplacée par la directive 93/96 du 29 octobre 1993, après son annulation par la Cour de justice pour base juridique erronée ; v. *supra* n° 58.

(271) Article 7 § 1 de la directive 2004/38.

(272) Alors que celui qui n'a pas de ressources suffisantes aura vocation à être pris en charge par l'assistance sociale de l'État d'accueil dans les mêmes conditions qu'un national, dès l'instant où, ayant une activité réelle et effective, il a la qualité de « travailleur » au sens de l'ex-article 48 (devenu article 39) du traité, v. *supra* n° 202-209. Et, pour le chômeur, v. *infra* n° 210-211.

(273) À propos d'un bénéficiaire de la directive « Retraités », CJCE 31 mai 2001, *Leclere*, aff. C-43/99, *RJS* 2001, n° 1096, p. 743.

(274) Article 7 § 1, b), de la directive 2004/38.

Qu'entendre par « ressources suffisantes » ? La directive 2004/38 fait désormais défense aux État membres de fixer le montant qu'ils considèrent comme suffisant et demande aux autorités nationales de tenir compte de la situation personelle de l'intéressé (275). Pour le reste, elle maintient les règles préexistantes qui fixaient des « plafonds » : le niveau de ressources en deçà duquel une assistance peut être accordée par l'État d'accueil et, si une telle règle ne peut s'appliquer, le niveau de la pension minimale de sécurité sociale de l'État d'accueil (276). Le niveau de ressources requis ne peut pas être supérieur à l'un ou l'autre de ces deux plafonds.

Il revient aux retraités ou inactifs d'apporter la preuve de leurs ressources et de leur niveau. Une réglementation nationale ne saurait toutefois exiger d'eux qu'ils fassent la preuve qu'ils disposent de ressources « *durables* », suffisantes pour un séjour d'un an au moins ; l'exigence est disproportionnée (277). Les étudiants doivent simplement déclarer avoir des ressources suffisantes (278).

213-2. Assurance-maladie. Comme l'avaient fait les trois directives passées, la directive 2004/38 soumet la reconnaissance du droit de séjour à la condition que l'intéressé dispose pour lui-même et les siens d'une assurance maladie « *couvrant l'ensemble des risques* », disaient les anciens textes (279), « *complète* », dit le nouveau (280). Le « travailleur », quant à lui, relève des règles communautaires de coordination des législations de sécurité sociale qui garantissent sa couverture maladie, la règle générale voulant que le travailleur soit affilié dans son État membre d'activité (281).

2° Droit de demeurer après cessation d'emploi

214. Un droit de séjour permanent. La situation des personnes ayant cessé leur activité mérite un examen particulier. Deux catégories de ressortissants communautaires doivent être, ici, distinguées, selon que l'intéressé a eu ou non une activité sur le territoire de l'État d'accueil.

214-1. Personne ayant eu une activité sur le territoire de l'État membre d'accueil. Le premier bénéficie en effet, depuis 1970, du *droit dedemeurer*, au titre d'un droit de séjour permanent, sur le territoire de l'État d'accueil, après y avoir occupé un emploi. Ce droit, prévu par l'ex-article 48 § 3 d) (devenu article 39 § 3 TCE, puis 45 § 3 TFUE) du traité, fait l'objet du règlement n° 1251/70 arrêté le 29 juin 1970 par la Commission (282). Il est d'abord ouvert aux travailleurs ayant cessé leur activité pour faire valoir leurs droits à une pension de vieillesse (283).

(275) Article 8 § 4 de la directive 2004/38.
(276) Article 1er des directives 90/364 et 90/365.
(277) CJCE, 10 avril 2008, *Com. c. Pays-Bas*, aff. C-398/06.
(278) Article 1er de la directive 93/96.
(279) Article 1er des trois directives.
(280) Article 7 § 1, b) et c), de la directive 2004/38.
(281) Sur ces questions, v. *infra* n° 605 et s.
(282) *JOCE* n° L. 142 du 30 juin 1970.
(283) Ayant atteint l'âge prévu par la législation de l'État d'accueil, article 2 § 1 a) du règlement (mini-règle de conflit de lois).

Il l'est ensuite aux travailleurs atteints d'une incapacité permanente de travail, alors qu'ils résidaient sur le territoire de l'État d'accueil (284) et à ceux qui travaillent désormais sur le territoire d'un autre État, mais, continuant de résider sur le territoire de l'État d'accueil, répondent à la définition du travailleur frontalier (285). Des conditions de durée de résidence et d'emploi sur le territoire de L'État d'accueil, variables en fonction de la situation propre de l'intéressé, doivent également être satisfaites (286). Le droit de demeurer que possède le travailleur dont l'activité a cessé sur le territoire de l'État d'accueil, s'étend aux membres de sa famille.

La situation juridique de l'ancien travailleur bénéficiaire du droit de demeurer et de sa famille est à tous égards assimilable à celle d'un travailleur en activité et de sa famille, au regard du droit à l'égalité de traitement en particulier (287).

La directive 2004/38 a entendu maintenir les droits résultant pour ses bénéficiaires du règlement 1251/70 (288).

214-2. Personne n'ayant pas eu d'activité sur le territoire de l'État membre d'accueil. Quant au citoyen de l'Union qui n'a pas eu d'activité sur le territoire de l'État d'accueil et qui, dans ces conditions, ne peut se prévaloir du droit de demeurer sur ce territoire, il lui fallait remplir les conditions de la directive 90/365 (ou celles d'une des deux autres directives « inactifs ») pour pouvoir s'y installer. Il lui faudra maintenant respecter les conditions prévues par la directive 2003/38, similaires aux précédentes (289).

L'Italien qui a travaillé en Allemagne et qui veut y prendre sa retraite relève du droit de demeurer et du règlement 1251/70 ; l'Anglais qui, après une vie active en Angleterre, veut vivre ses vieux jours en Italie devra remplir les conditions de la directive 90/365, remplacées par celles de la directive 2004/38.

§ 2. — Emplois ouverts et emplois fermés

215. Généralités et plan. La libre circulation des personnes a une portée générale. Le traité de Rome, en instaurant un marché commun, vise l'ensemble des activités économiques (290), à l'exception des seuls emplois et fonctions intéressant

(284) Sur le refus du droit de demeurer à un ressortissant d'un État membre atteint d'une incapacité permanente de travail sur le territoire d'un autre État membre, alors qu'il n'y bénéficiait pas d'un droit de séjour, CJCE, 26 mai 1993, *Tsiotras*, aff. C-17/91, *Rec.* I p. 2952.

(285) Personne qui, travaillant sur un autre territoire que celui de sa résidence, retourne à celle-ci en principe chaque jour et, au moins, une fois par semaine ; article 2 § 1 c) du règlement 1251/70, reprenant une définition usuelle.

(286) V. les dispositions de l'article 2 du règlement. Les conditions applicables aux membres de la famille du travailleur sont précisées à l'article du 3 du règlement, en particulier dans l'hypothèse où le travailleur décède avant d'avoir acquis le droit de demeurer.

(287) Article 7 du règlement 1251/70.

(288) Et de la directive 75/34 du 17 décembre 1974 relative au droit de demeurer des travailleurs non salariés ; v. considérant n° 19 de la directive 2004/38.

(289) V. *supra* n° 233-236.

(290) « L'instauration du marché commun vise la totalité des activités économiques », CJCE, 4 avril 1974, *Commission c. République française*, aff. 167/73, *Rec.* 1974, 359, concl. REISCHL ; *Cah. dr. eur.* 1974, 587, obs. J.-V. LOUIS ; *RTD eur.* 1974, 553, concl. REISCHL ; *D.* 1974, 719, note B. PACTEAU ; *JCP* 1974, II, 17863, obs. RUZIÉ.

l'administration publique – dont on peut dire d'ailleurs qu'ils échappent au traité parce qu'ils ont un caractère administratif et non pas économique. Ces données initiales n'ont pas changé.

Du moment qu'ils correspondent à une activité économique, les emplois doivent être ouverts à la liberté de circulation (A). S'ils ne le sont pas effectivement, c'est que subsistent des obstacles liés à la diversité des formations professionnelles et des diplômes, barrières éducatives, ainsi évidemment qu'à la diversité linguistique (B). Les emplois dans l'administration publique, lorsqu'ils impliquent une participation à l'exercice de l'autorité publique, de leur côté, sont quant à eux fermés au principe de libre circulation (C). Ce sont les trois points que l'on examinera successivement.

A. — Les activités économiques

216. Toute activité économique. Dès lors qu'elle présente un caractère économique, une activité relève de la libre circulation des personnes, qu'il s'agisse d'occuper un emploi sur le territoire d'un autre État membre ou simplement d'y fournir une prestation de service salariée (291), que l'activité soit permanente ou non, pleine ou réduite, bien ou faiblement rémunérée. L'activité dont l'objet ou la finalité ont une nature « sociale », en revanche, semble, à ce jour, être écartée de la liberté de circulation (292). Ces points ont déjà été présentés avec l'examen de la notion de travailleur au sens de l'ex-article 48 du traité (45 TFUE) (293).

Certains types ou certains domaines d'activité ont engendré des difficultés spécifiques qu'il est revenu à la Cour de justice de régler.

217. Activités sportives – De l'arrêt *Walrave* à l'arrêt *Bosman* (294). La Cour de justice marque depuis longtemps un certain embarras face aux activités sportives, la principale difficulté qu'elle ait rencontrée à ce sujet concernant la composition des équipes sportives et la présence d'athlètes étrangers dans ces équipes. Trois affaires ont principalement permis à la Cour d'imposer progressivement le respect des principes relatifs à la liberté de circulation des ressortissants de l'Union : arrêt *Walrave et Koch*, concernant la composition d'équipes cyclistes (295) ; arrêt *Donà et Mantero*, à propos des joueurs de football (296), et enfin, plus récemment, l'affaire *Bosman*, concernant de nouveau l'exercice du football professionnel (297).

(291) Mission de travail temporaire dans un autre État membre, v. CJCE, 17 décembre 1981, *Webb*, *Rec.* p. 3305 ; 3 février 1982, *Secco et Desquenne*, *Rec.* p. 223 ; *RTD eur.* 1982, p. 192.

(292) Hypothèse rencontrée avec l'affaire *Bettray*, CJCE, 31 mai 1989, dans laquelle la qualification d'emploi « économique » est écartée, l'activité considérée, économiquement non rentable, constituant un moyen de rééducation ou de réinsertion, pouvant, ensuite, déboucher sur une activité économique de l'intéressé ; *supra* n° 209.

(293) V. *supra* n° 209.

(294) J.-Y. PLOUVIN, « La libre circulation des sportifs… », *Rev. Marché comm.* 1978, 516 ; G. AUNEAU, « Le mouvement sportif européen à l'épreuve du droit communautaire », *RTD eur.* 1996, p. 101 ; F. VANDAMME, « La Communauté européenne et le sportif professionnel », *Rev. Marché comm.* UE 1996, p. 353.

(295) CJCE, 12 décembre 1974, aff. 36/74, *RTD eur.* 1976, p. 719.

(296) CJCE, 14 juillet 1976, aff. 13/76, *RTD eur.* 1976, p. 723.

(297) CJCE, 15 décembre 1995, aff. C-145/93, concl. C. O. LENZ, *RTD eur.* 1996, p. 127.

1) L'exercice des sports, a-t-elle énoncé, « *relève du droit communautaire dans la mesure où il constitue une activité économique* » (298). Ayant pour commencer précisé que tel est en particulier le cas s'agissant de l'activité de joueurs professionnels ou semi-professionnels (299), la Cour a plus récemment étendu au sport amateur l'applicabilité du droit communautaire. Si l'activité du sportif amateur n'a pas elle-même directement un caractère économique au sens où elle ne correspond pas à l'exécution d'une prestation de travail ou de services rémunérée, elle implique un environnement de prestations économiques, étroitement imbriquées avec elle, qui justifient l'application du droit communautaire (300).

Le droit communautaire s'appliquant, il exige, dans ces conditions, que les emplois offerts par les clubs sportifs professionnels soient ouverts sans entrave aux ressortissants des autres États membres. L'arrêt *Bosman* l'a confirmé avec fermeté, en s'opposant d'une part aux clauses de nationalité limitant le nombre de joueurs ressortissants d'autres États membres dans la composition d'équipes professionnelles de football et d'autre part aux clauses financières (indemnités de transfert, de formation ou de promotion) entravant la liberté de circulation des joueurs désireux de se faire engager par un club d'un autre État membre (301).

De manière générale, dit la Cour, les règles qui conditionnent directement l'accès à l'emploi dans un autre État membre sont de nature à entraver la liberté de circulation, quand bien même elles seraient également applicables, sans discrimination, à tous les opérateurs du territoire concerné (302).

2) Des règles restrictives affectant les possibilités d'emploi dans un autre État membre peuvent néanmoins être justifiées « *par des motifs non économiques, intéressant le sport en tant que tel* », répondant par exemple à l'objectif d'assurer la régularité des compétitions, dit encore la Cour de justice (303).

3) Allant plus loin, la Cour de justice admet de faire échapper à l'application du droit communautaire certains moments ou événements particuliers de l'activité sportive. La Cour de justice l'a exprimé dans une formule contournée et peu claire, admettant l'application d'« *une réglementation ou pratique excluant les joueurs étrangers de certaines rencontres pour des motifs non économiques, tenant au caractère et au cadre spécifiques de ces rencontres et intéressant donc uniquement le sport en tant que tel* » (304). Est en pratique visée la composition d'équipes nationales constituées pour des rencontres ou des compétitions entre pays

(298) Motif n° 9 de l'arrêt *Donà* ; l'arrêt *Walrave et Koch*, avait antérieurement usé d'une formule négative, plus prudente : ... » *ne relève du droit communautaire que dans la mesure où il...* ».

(299) S'agissant de joueurs de football, arrêt *Donà*, précité.

(300) CJCE, 11 avril 2000, *Christelle Deliège*, aff. C-51/96 et C-191/97, à propos de compétitions internationales de judo et de la sélection par les fédérations nationales des athlètes appelés à y participer. La Cour y dit également que « *la simple circonstance qu'une association ou fédération sportive qualifie unilatéralement d'amateurs les athlètes qui en sont membres n'est pas par elle-même de nature à exclure que ceux-ci exercent des activités économiques* ».

(301) La Cour a ainsi entendu mettre fin à l'application des règles instituées par l'Union des associations européennes de football (UEFA), alors que la Commission avait elle-même participé à l'élaboration de ces règles et y avait donné son aval. V. le motif n° 136 de l'arrêt.

(302) V. les motifs 102 et 103 de l'arrêt *Bosman*, écartant l'assimilation de la situation aux ventes de marchandises visées par l'arrêt *Keck et Mithouard*, CJCE, 24 novembre 1993, *Rec.* I p. 6097.

(303) Ainsi d'une règle interdisant à un club (de basket-ball) d'aligner des joueurs transférés après une date déterminée, CJCE, 13 avril 2000, *Jyri Lehtonen*, aff. C-176/96.

(304) Motif n° 10 de l'arrêt *Donà*, repris par l'arrêt *Bosman*.

différents. L'exception se comprend sans grande peine, en l'état de la construction européenne (305), mais ce n'est certainement pas, quoi qu'ait pu en dire la Cour de justice, parce que la formation de ces équipes n'intéresse que le sport et est « *étrangère à l'activité économique* » (306), tant les enjeux financiers liés aux rencontres internationales, notamment de football, sont importants (307). La Cour précise que l'exception ainsi consentie ne peut avoir pour effet d'exclure toute une activité sportive du champ d'application du traité. Elle doit se limiter à son objet propre (308).

218. Activités relevant des politiques communes. Certaines activités économiques relèvent d'une politique commune (agriculture, pêche, transports) et s'est posée la question de savoir si, dans ces domaines de politique commune, le régime de la libre circulation des travailleurs devait opérer comme dans les autres domaines.

La Cour de justice a répondu positivement en ce qui concerne les transports, estimant que les règles relatives à la libre circulation sont, en tant que « *fondements de la Communauté* », applicables à l'ensemble des activités économiques et ne peuvent être écartées qu'en vertu de stipulations expresses du traité, qui font défaut concernant cette politique commune particulière. Si des aménagements tenant compte des aspects spéciaux de cette branche d'activité sont toutefois envisageables, ils doivent rester conformes aux principes gouvernant celle-ci. C'est ce qui, de longue date, ressort de l'arrêt *Commission c. République française* rendu par la Cour de justice contre la France le 4 avril 1974 (309), le Code du travail maritime français réservant à des nationaux français la grande majorité des emplois à bord des navires battant pavillon français (310).

B. — Les barrières éducatives

1° Les diplômes

219. Généralités. Les difficultés ont été levées par touches successives. Les données se sont petit à petit inversées. Pour commencer, on admettait qu'un État membre puisse exiger d'un ressortissant communautaire entendant exercer une

(305) La Cour de justice observe que dans les rencontres de différentes régions, villes ou quartiers, aucune règle ne limite le droit des clubs d'aligner des joueurs d'autres régions, villes ou quartiers (motif n° 131 de l'arrêt *Bosman*).

(306) Motif n° 8 de l'arrêt *Walrave et Koch*.

(307) V. sur ce point, les analyses de l'avocat général Lenz dans ses conclusions sur l'affaire *Bosman*, (n° 137 et s. des conclusions). Ne pourrait-on avancer que les membres d'une équipe nationale remplissent dans le fond une fonction publique ou de représentation de leur pays, qui échappe en tant que telle au droit communautaire ? V. G. Ubertazzi, « Le domaine matériel du droit communautaire, à propos de l'arrêt *Walrave...* », *RTD eur.* 1976, p. 635.

(308) Depuis l'arrêt *Donà*, préc., points 14 et 15.

(309) Aff. 167/73, *Rec.* 1974, 359, concl. Reischl ; *Cah. dr. eur.* 1974, 587, obs. J.-V. Louis ; *RTD eur.* 1974, 553, concl. Reischl ; *D.* 1974, 719, note B. Pacteau ; *JCP* 1974, II, 17863, obs. Ruzié.

(310) Une première condamnation en manquement n'a pas suffi (une circulaire correctrice a suivi l'arrêt du 4 avril 1974, v. *RTD eur.* 1975, p. 800, obs. G. Isaac) et *22 ans après*, la France a été de nouveau condamnée le 7 mars 1997, sous les motifs suivants : les circulaires ministérielles ne constituent pas des mesures adéquates d'exécution des obligations résultant du droit communautaire (motif 28) ; de simples pratiques administratives, modifiables au gré de l'administration et dépourvues de publicité adéquate, ne sauraient constituer une exécution valable des obligations du droit communautaire (motif 30) ; aff. C-334/94, *Rec.* I. p. 1307.

activité professionnelle sur son territoire qu'il possède les diplômes ou autres titres ou qualifications localement requis. Aujourd'hui, le principe reste que l'État membre d'accueil peut subordonner l'exercice d'une activité professionnelle sur son territoire à la possession d'un diplôme ou à l'existence d'une formation, mais il a l'obligation de prendre en considération diplôme, formation, expérience professionnelle acquis dans un autre État membre, d'en examiner la valeur et de lui reconnaître des effets.

L'exigence du diplôme n'est au demeurant admissible que si elle recouvre l'existence d'une formation et d'une qualification réellement utiles à l'exercice de la profession concernée. Dès l'instant où elle interfère avec l'exercice de la liberté de circulation des personnes ou la liberté de prestation de services, la réglementation nationale l'instituant doit être justifiée par l'intérêt général, doit être objectivement nécessaire et ne doit pas aller au-delà de ce que justifie l'intérêt visé. Cette réglementation nationale risque fort, sinon, de n'être que le masque du protectionnisme (311).

On rappellera que les étudiants peuvent désormais se déplacer dans un autre État membre que le leur pour y séjourner le temps nécessaire à la préparation d'un diplôme localement requis (312). Des doubles formations assurent, d'autre part, la possibilité de préparer cumulativement, dans un cursus unique, les diplômes de deux États différents. Des programmes de mobilité des étudiants (programme ERASMUS principalement) permettent de poursuivre, au moins pour une partie, des études supérieures dans un autre État membre. A été mis en place un système de reconnaissance, le système ECTS (313) assurant le transfert et l'accumulation des « crédits » correspondant aux éléments de formation reçus dans les établissements d'enseignement de différents États membres.

*

* *

On fera ressortir chronologiquement les principaux moments d'une évolution qui n'est pas achevée.

220. Garanties minimales – l'arrêt *Heylens*. Lorsqu'une activité professionnelle – salariée ou non salariée – suppose une qualification sanctionnée par un diplôme, la possession du diplôme national peut-elle être exigée ? En l'absence de mesures communautaires prévoyant la reconnaissance mutuelle des diplômes, la réponse à cette question reste positive. C'est ce qu'a admis l'arrêt *Heylens* rendu par la Cour de justice le 15 octobre 1987, mais en posant complémentairement une série de règles destinées à faire échec au protectionnisme professionnel (314) :

(311) V. les trois arrêts rendus par la Cour de justice à propos de réglementations nationales subordonnant l'activité de guides touristiques à la possession d'un diplôme ou d'une qualification sanctionnant un examen, *Commission c. Rép. française, italienne et hellénique*, 26 février 1991, aff. C-154/89, C-180/89, C-198/89, *Rec.* I p. 683.

(312) V. *infra* n° 234.

(313) *European credit transfer system.*

(314) *Union nationale des entraîneurs de football c. Heylens*, à propos du diplôme d'entraîneur d'une équipe de footballeurs professionnels, aff. 222/86, *Rec.* p. 4097.

– si les conditions d'accès à une profession n'ont pas été harmonisées, « *les États membres sont en droit de définir les connaissances et qualifications nécessaires... et d'exiger la production d'un diplôme* », reconnaît la Cour de justice (315) ;

– légitime certes, l'exigence du diplôme – national – est néanmoins constitutive d'une entrave à la liberté de circulation et les États membres, tenus d'œuvrer en vue de réaliser les objectifs du droit communautaire, ne doivent pas se réfugier dans une forme d'attentisme. Il est souhaitable qu'ils précèdent l'harmonisation communautaire en instituant d'eux-mêmes des procédures de reconnaissance (316) ;

– lorsqu'une telle procédure existe, elle doit comporter la communication des motifs d'un éventuel refus et ouvrir à l'intéressé une voie de recours juridictionnelle permettant de contrôler les motifs du refus et de vérifier sa conformité aux exigences du droit communautaire (317).

Ces quelques jalons n'ont pas empêché la liberté de circulation des personnes de continuer à rencontrer des obstacles importants, que seul un système communautaire de reconnaissance des diplômes était à même de pouvoir supprimer. Sans reconnaissance mutuelle des diplômes ou qualifications, la liberté de circulation ne reste réellement un droit que pour les personnes sans qualification professionnelle.

221. Les directives sectorielles. L'institution de mécanismes de reconnaissance des formations et des diplômes a d'abord obéi à une première méthode, consistant à traiter – sectoriellement – les professions au cas par cas.

L'action prise par le droit communautaire présente deux volets, l'un tourné vers l'harmonisation des formations, afin d'établir les équivalences nécessaires des formations, l'autre vers la reconnaissance mutuelle des diplômes. À moins que les formations ne soient déjà harmonisées et l'accès aux professions réglementé de façon analogue, il faut, pour commencer, procéder aux harmonisations nécessaires des réglementations nationales (contenu des formations, niveau, durée). Cette harmonisation une fois réalisée, la reconnaissance mutuelle des diplômes peut être instaurée.

La méthode a été utilisée pour une série de professions libérales (318). La reconnaissance mutuelle a donc ici servi, à titre principal, la liberté d'établissement de travailleurs indépendants, mais elle a aussi intéressé les travailleurs salariés, dans la mesure où les professions visées peuvent également être exercées dans le cadre de contrats de travail (319).

222. Le système général de reconnaissance des diplômes. Mais cette première méthode est lente et, pour offrir rapidement une réponse générale au problème de

(315) Motif 10 de l'arrêt.

(316) Arrêt *Heylens*, préc., motifs 11 à 13, et antérieurement, v. également, CJCE, 28 avril 1977, *Thieffry*, aff. 71/76, *Rec.* p. 765 ; CJCE, 28 juin 1977, *R. H. Patrick*, aff. 11/77, *Rec.* p. 1199.

(317) Arrêt *Heylens*, motifs 14 à 16, avec un rappel de l'arrêt *Johnston*, CJCE, 15 mai 1986, *Rec.* p. 1651, et une référence aux articles 6 et 13 de la convention européenne des droits de l'homme ; v. également, CJCE, 31 mars 1993, *Kraus*, aff. C-19/92.

(318) Exemple, en ce qui concerne les médecins : la directive sur la reconnaissance mutuelle des diplômes, n° 75/362 du 16 juin 1975, a été accompagnée par la directive « coordination » des formations, n° 75/363 du même jour ; *JOCE* n° L 167 du 30 juin 1975. Même combinaison de deux textes pour les infirmiers, les dentistes, les vétérinaires, les sages-femmes, les pharmaciens.

(319) V. pour une présentation détaillée des directives, v. les développements des ouvrages de droit commercial ou de droit des affaires européens.

la reconnaissance des diplômes, une autre manière de procéder a été plus récemment mise en œuvre, méthode qui ne passe plus par l'harmonisation préalable des formations.

La nouvelle méthode a conduit à l'adoption successive de plusieurs directives. La première, directive 89/48 du 21 décembre 1989, institue un système (dit) général de reconnaissance des *diplômes d'enseignement supérieur* qui sanctionnent des formations professionnelles d'une durée minimale de trois ans (320). La directive 89/48 a été ensuite complétée par la directive 92/51 du 18 juin 1992 relative à un deuxième système de reconnaissance des diplômes (321). La directive 92/51 vise des *formations post-secondaires* d'une durée inférieure à trois ans ou des *formations secondaires* complétées par une formation ou une pratique professionnelle, se traduisant dans des qualifications techniques ou manuelles (322).

222-1. Première directive générale : directive 89/48 du 21 décembre 1989. – La directive 89/48 s'applique à tout ressortissant communautaire voulant exercer, à titre indépendant ou salarié, une profession réglementée dans un État membre d'accueil (323). La directive énonce qu'est une activité réglementée, celle « *dont l'accès ou l'exercice est subordonné, directement ou indirectement, par des dispositions législatives, réglementaires ou administratives, à la possession d'un diplôme* » (324) ou d'une qualification qui lui est assimilée. La directive ménage le rôle de réglementation joué par les ordres ou autres organismes professionnels reconnus par les autorités publiques, tout en précisant que ces organismes ne sauraient se prévaloir de leur caractère privé pour prétendre échapper à son application (325).

– Les États membres continueront de réglementer leurs formations professionnelles, mais ils seront « *tenus de prendre en compte les qualifications acquises dans un autre État membre et d'apprécier si elles correspondent à celles qu'ils exigent* » (326). On va bien au-delà des quelques jalons posés par la Cour de justice (327), puisqu'ici les autorités nationales ont une véritable obligation de reconnaissance. Mais formations et diplômes restant définis par chaque État membre, aucune équivalence des diplômes n'est posée.

La notion de « diplôme » est donc importante, elle est, dit la Cour de justice, « *la clef de voûte* » du système de reconnaissance ; la voie d'accès vers l'exercice dans un autre État membre de la profession y correspondant (328). Elle doit répondre à une formation ou une qualification acquises dans le système

(320) *JOCE* n° L 19 du 24 janvier 1989 ; *RTD eur.* 1989, p. 810 ; J. Pertek, « La reconnaissance mutuelle des diplômes d'enseignement supérieur », *RTD eur.* 1989, p. 623.

(321) *JOCE* n° L. 209 du 24 juillet 1992.

(322) Sur la distinction entre les domaines d'application des deux directives, CJCE, 7 septembre 2006, *Price*, aff. C-149/05.

(323) Article 2 de la directive.

(324) Article 1er § 1 d) de la directive.

(325) 7e considérant de la directive.

(326) 5e considérant de la directive.

(327) V. *supra* n° 220.

(328) V. CJCE, 9 septembre 2003, *Burlaud*, aff. C-285/01, concernant le titre résultant de la réussite à l'examen de fin de formation à l'École nationale – française – de la santé publique (ENSP), CJCE, 23 octobre 2008, *Com. c. Espagne*, aff. C-286/06.

éducatif de l'État membre qui délivre le diplôme (329). Un « diplôme » peut être constitué par « *un ensemble de titres* » (330).

Les États membres conservent la faculté de fixer le niveau minimal de qualification nécessaire pour exercer une profession réglementée sur leur territoire (331). L'obligation des autorités nationales est seulement de reconnaître *une valeur* aux diplômes délivrés dans un autre État membre au sens où ils doivent en tenir compte (332). De la même façon, les autorités nationales sont tenues de reconnaître une valeur à l'expérience professionnelle acquise dans l'État d'origine, lorsque la profession n'y est pas réglementée et peut y être exercée sans diplôme (333).

Mais ces mêmes autorités (334), au regard des qualifications requises dans l'État d'accueil, gardent le droit d'exiger, si besoin est, au titre de « *mesures de compensation* », une expérience professionnelle s'ajoutant au diplôme (335), ou encore, lorsque la formation d'origine a porté « *sur des matières substantiellement différentes* » de celles qui sont couvertes par leurs diplômes, celui d'imposer soit un stage d'adaptation (trois ans maximum), soit une épreuve d'aptitude (336).

La directive prévoit en outre des mécanismes permettant à l'État d'accueil d'exercer les contrôles relatifs aux conditions d'honorabilité, de moralité ou encore de santé physique ou psychique qu'il a instituées pour l'exercice de certaines professions (337).

222-2. Deuxième directive générale : directive 92/51 du 18 juin 1992. Les principes gouvernant la directive 92/51 sont, *mutatis mutandis*, les mêmes que dans le système général initial. On retrouve l'obligation de tenir compte du diplôme et de l'expérience professionnelle acquis dans un autre État membre ainsi que la possibilité, pour l'État d'accueil, d'imposer des « *mesures de compensation* ».

(329) Un Italien, non diplômé en Italie, mais y ayant fait des études lui permettant d'exercer une profession réglementée en Espagne, ne pourra pas prétendre en retour faire reconnaître en Italie, comme équivalent au diplôme italien, le titre qu'il a acquis en Espagne, où il n'a pas poursuivi d'études supplémentaires ni acquis une expérience professionnelle, CJUE, 29 janvier 2009, *Cavallera*, aff. C-311/06.

(330) CJUE, 22 décembre 2010, *Koller*, aff. C-118/09, concernant la profession d'avocat, v. pt. 28

(331) Arrêt *Cavallera*, préc. note précédente, v. pt. 57.

(332) Sur la possibilité que l'État membre d'accueil limite la portée de l'autorisation d'exercer une profession aux seules activités auxquelles le diplôme donne accès dans l'État membre dans lequel il a été obtenu, CJCE, 19 janvier 2006, *Colegio de ingenieros de caminos...* C-330/03.

(333) Article 1er (concernant la définition des notions utilisées par la directive) et article 3 de la directive ; v. CJUE, 5 avril 2011, *Toki*, aff. C-424/09, précisant les conditions auxquelles l'expérience professionnelle acquise dans le pays d'origine doit répondre.

(334) Sur ces autorités et leur compétence, v. CJUE, 29 janvier 2009, *Consiglio Nazionale degli Ingegneri*, aff. C-311/06

(335) CE, 4 février 2004, *Leseine*, sur la considération de l'expérience professionnelle acquise postérieurement à l'acquisition du diplôme.

(336) Article 4 de la directive ; le choix entre stage et épreuve d'aptitude est en principe fait par l'intéressé. Pour certaines professions, il peut toutefois être imposé par les autorités de l'État d'accueil, notamment en ce qui concernent les professions du droit qui, vu les différences entre les systèmes juridiques nationaux, justifient des dispositions particulières (art. 4 § 1 b) troisième tiret), v. CJUE, 22 décembre 2010, *Koller*, aff. C-118/09. Pour la profession d'avocat, une directive 98/5 du 16 février 1998 a été adoptée avec pour objet, dans le cadre de la mise en œuvre de la directive 89/48, de « faciliter l'exercice permanent de la profession d'avocat dans un État membre autre que celui où la qualification a été acquise » (*JOCE* n° L.77 du 14 mars 1998). Si jusqu'alors les avocats pouvaient bénéficier de la liberté de prestation de services dans un autre État membre, grâce notamment à une directive 77/249 du 22 mars 1977, il en allait différemment, jusqu'à la nouvelle directive, de la possibilité d'y exercer une activité permanente et en particulier d'y donner des consultations juridiques (article 5 § 1 de la directive 98/5), ou encore d'y être engagé en tant que salarié (article 8 de la directive). La directive 98/5 n'a toutefois pas pour objet de modifier les règles nationales, auxquelles elle s'abstient de porter atteinte, « *sauf dans la mesure nécessaire pour permettre d'atteindre son objectif* » (7e considérant).

(337) Article 6 de la directive.

Des adaptations sont toutefois nécessaires, compte tenu notamment du fait que les qualifications visées peuvent, dans certains États, résulter uniquement de l'expérience professionnelle acquise et ne correspondre ni à un diplôme ni à une formation professionnelle déterminée. La diversité des situations d'un État membre à l'autre est extrêmement grande. D'où, d'une part, l'existence de plusieurs systèmes de reconnaissance, chacun adapté aux particularités des règles de l'État membre d'accueil. D'où, d'autre part, en annexe de la directive, des listes énumérant les formations nationales afin de faciliter leur assimilation à des diplômes.

222-3. Difficultés de mise en œuvre. La mise en œuvre correcte du système général de reconnaissance des diplômes ne passe pas seulement par l'existence de lois de transposition de portée générale, elle suppose que les changements qui s'imposent atteignent concrètement les réglementations qui concernent de façon spécifique les différentes activités professionnelles, y compris les réglementations de source privée.

Les situations de manquement des États membres sont restées nombreuses (338). Aux condamnations pour manquement s'ajoutent les possibilités ouvertes aux justiciables par la consécration d'un effet direct vertical des directives. La Cour de justice a dit qu'« *à défaut de mesures de transposition adoptées dans le délai prescrit, un ressortissant d'un État membre peut se fonder sur* [la directive 92/51] *pour obtenir, dans l'État membre d'accueil, l'autorisation d'exercer une profession réglementée* » (339).

Les *mesures de compensation* peuvent soulever difficulté. Le demandeur a en principe liberté de choisir entre stage d'adaptation et épreuve d'aptitude. Mais en ce qui concerne les professions « *dont l'exercice exige une connaissance précise du droit national et dont un élément essentiel et constant de l'activité est la fourniture de conseils et/ou d'assistance concernant le droit national* », l'État membre d'accueil peut, par dérogation à ce principe, imposer la mesure qu'il préconise (340). La Cour de justice distingue entre les professions qui exigent une connaissance de l'ensemble du droit national et celle qui réclament seulement une connaissance d'un domaine juridique spécialisé. Dans ce dernier cas, la mesure de compensation imposée par l'État d'accueil, sous la forme d'une épreuve d'aptitude, doit se limiter à la spécialisation (341).

223. L'arrêt *Vlassopoulou*. Allant au-delà des garanties minimales offertes par sa jurisprudence *Heylens*, la Cour de justice entend aujourd'hui imposer de manière générale aux autorités nationales de tenir compte des diplômes et qualifications

(338) V., concernant l'accès à la profession d'éducateur spécialisé dans la fonction publique spécialisée, CJCE, 7 octobre 2004, *Commission c. France*, aff. C-402/02 ; concernant l'exercice de la profession de guide touristique en France, *Commission c. France*, 20 janvier 2005, aff. C-198/04 ; concernant l'obligation de tenir compte de l'expérience professionnelle acquise dans un autre État membre, CJCE, 12 mai 2005, *Commission c. Italie*, aff. C-218/03.

(339) « *Cette possibilité ne peut pas être subordonnée à l'homologation destitres de l'intéressé par les autorités nationales compétentes* », CJCE, 14 juillet 2004, *Aslanidou*, C-142/04, concernant une activité d'ergothérapeute en France.

(340) Article 4 § 1 de la directive 89/48 et de la directive 92/51.

(341) CJCE, 7 septembre 2006, *Price*, aff. C-149/05, concernant l'activité de vente volontaire de meubles aux enchères publiques, pour laquelle la réglementation française réclame une connaissance générale du droit national.

acquises dans un autre État membre. Elle le réclame ainsi dans toutes les hypothèses, y compris celles dans lesquelles le système de reconnaissance institué par les directives ne s'applique pas.

L'arrêt *Vlassopolou* a constitué le moment fondateur de cette évolution (342). Le système général de reconnaissance ne s'appliquant pas encore à l'espèce, ni aucune directive sectorielle, la question posée à la Cour était de savoir si l'autorité de l'État d'accueil pouvait se contenter d'appliquer ses règles nationales d'accès à la profession, sans tenir compte de la formation et du diplôme professionnels acquis par l'intéressé dans son pays d'origine (343). Répondant négativement, la Cour de justice a énoncé qu'il incombe aux autorités de l'État d'accueil « *de prendre en considération les diplômes, certificats et autres titres acquis dans un autre État membre en procédant à une comparaison entre les compétences attestées par ces diplômes et les connaissances et qualifications requises par les règles nationales* ». L'État membre d'accueil étant tenu de tirer les conséquences des résultats de l'examen comparatif, examen devant au demeurant être conduit suivant une procédure conforme aux exigences du droit communautaire (344).

224. Professions réglementées et professions non-réglementées. L'arrêt *Vlassopoulou* concernait une hypothèse de profession réglementée par l'État membre d'accueil (345). Dans les affaires qui lui ont ultérieurement été soumises, la Cour de justice a eu à s'interroger sur les règles applicables aux professions non-réglementées.

Il lui a donc fallu examiner et définir la notion de profession réglementée, l'enjeu d'une telle définition étant important, concernant les bases de l'analyse juridique, puisque le système général de reconnaissance prévu par les deux directives générales concernait les seules professions réglementées et que pour les autres, seules étaient applicables les règles susceptibles d'être déduites directement du traité.

224-1. Notion de profession non-réglementée. Une profession ne peut être qualifiée de réglementée, a dit la Cour dans son arrêt *Aranitis*, « *lorsqu'aucune disposition législative, réglementaire ou administrative* » de l'État d'accueil ne régit l'accès à la profession ou son exercice (346). Le recrutement se fait donc, en principe, librement.

(342) CJCE, 7 mai 1991, *Irène Vlassopoulou*, aff. C-340/89, *Rec.* I p. 2357.

(343) Avocate grecque inscrite au barreau d'Athènes et demandant à accéder à la profession d'avocat en Allemagne, pays dans lequel elle avait préparé un doctorat en droit mais dont elle ne possédait pas les diplômes requis pour y être avocat. Appliquant la jurisprudence *Vlassopoulou* à la situation d'élèves avocats et à des accords entre établissements d'enseignement supérieur, v. également CJCE, 13 novembre 2003, *Morgenbesser,* aff. C-313/01, *Neri*, aff. C-153/02.

(344) Et respecter par conséquent les exigences formulées par l'arrêt *Heylens*, *supra* n° 220.

(345) Sur la possibilité secondaire, s'agissant d'une profession qualifiée de réglementée, d'accéder sans diplôme aux fonctions intéressées, CE, 10 décembre 2004, *Barneaud*, 29 déc. 2004, *Personeni*, Europe, mars 2005, n° 80.

(346) CJCE, 1er février 1996, *Georgios Aranitis*, aff. C-164-94, *Rec.* I p. 135. La réponse à la question de savoir si une profession est ou non réglementée dépend de la situation juridique existant dans l'État membre et non pas du marché du travail, précise la Cour. Il ne suffit pas qu'en pratique, seuls les diplômés puissent accéder à la profession considérée – celle de géologue en l'espèce –, il faut qu'une réglementation l'exige.

Outre les règles de droit « étatique », les dispositions d'une convention collective sont-elles susceptibles elles aussi de constituer des dispositions réglementant une profession ? La Cour de justice l'a admis, tout en exigeant que les dispositions conventionnelles aient un « *champ d'application suffisamment général* » pour constituer la réglementation requise (347). Le critère du champ d'application suffisamment général ne pourra normalement pas être satisfait si la convention collective n'intéresse qu'une entité ou qu'un organisme unique (348).

224-2. Régime applicable aux professions non-réglementées. C'est ici que se marque fermement la volonté de la Cour de justice de généraliser l'exigence d'un degré minimal de reconnaissance des formations et diplômes acquis dans un autre État membre. Dans un *obiter dictum* de l'arrêt *Aranitis*, elle indique que l'obligation imposée aux États membres par l'arrêt *Vlassopoulou* s'applique aussi aux professions non-réglementées : les autorités de l'État d'accueil sont tenues de prendre en considération la formation et le diplôme acquis dans un autre État membre et de les comparer à ses propres exigences (349).

Où est donc, dans ces conditions, la différence entre les professions réglementées, couvertes par les directives générales, et les professions non-réglementées, qui y échappent ? Elle existe sans doute, mais se traduit simplement dans une présomption de correspondance qui existe dans un cas et qui disparaît dans l'autre. Les professions réglementées sont en même temps des professions identifiées et cette identification commune aux États membres laisse présumer une correspondance des formations. Inversement, on ne présumera pas de correspondance entre les formations et diplômes conduisant vers des professions non réglementées (350). Il faudra donc établir cette correspondance (351).

225. Directive complétant le système général de reconnaissance. Prolongeant la jurisprudence qui vient d'être décrite, une directive n° 1999/42 du 7 juin 1999 a été adoptée en vue de compléter le double système de reconnaissance générale des diplômes déjà existant (352). La nouvelle directive vise un important ensemble d'activités professionnelles qu'elle énumère en annexe, activités pouvant être exercées à titre salarié ou indépendant. Sa raison d'être propre est d'assurer l'existence de mécanismes de reconnaissance des diplômes pour des activités non couvertes par les deux premières directives générales (353). Elle s'adresse donc aux professions non-réglementées.

(347) CJCE, 8 juillet 1999, *Teresa Fernandez de Bobadilla*, aff. C-234/97. L'affaire concernait une Espagnole ayant fait des études sur la restauration d'œuvres d'art au Royaume-Uni et qui avait postulé sur un poste de restaurateur du musée du Prado en Espagne.

(348) Telle que la convention collective propre au musée du Prado. V. motif 23 de l'arrêt *Fernandez de Bobadilla*.

(349) V. les points 31 et 32 de l'arrêt *Aranitis*, confirmés par l'arrêt *Fernandez de Bobadilla*.

(350) V. sur cette présomption, les conclusions de l'avocat-général Léger dans l'affaire *Aranitis* (point 13 des conclusions).

(351) Il en résulte que les titres permettant l'accès à une profession réglementée ne peuvent pas être soumis à une procédure d'homologation par les autorités de l'État d'accueil, alors qu'une telle procédure peut être imposée dans l'hypothèse inverse, sous réserve qu'elle respecte les exigences du droit communautaire ; arrêt *Fernandez de Bobadilla* (points 27 et 28).

(352) *JOCE* n° L. 201, 31 juillet 1999.

(353) Elle abroge également des dispositions contenues dans une série de directives anciennes dont l'objet avait été de faciliter ou libéraliser le libre établissement ou la libre prestation de services dans divers domaines professionnels. Elle fait ainsi œuvre – utile– de simplification en leur substituant une réglementation unique.

Quant à son contenu, il s'inspire directement de l'arrêt *Vlassopoulou* de la Cour de justice et des décisions qui y ont fait suite, puisant également dans les deux premières directives générales. On retrouve l'obligation de procéder à un examen comparatif entre les connaissances et compétences attestées par diplômes, certificats et autres titres acquis dans un autre État membre. Et si la comparaison montre une différence substantielle, l'État membre d'accueil doit offrir à l'intéressé la possibilité de choisir entre stage d'adaptation et épreuve d'aptitude pour démontrer qu'il a acquis les connaissances et compétences requises (354). La directive prévoit également la reconnaissance des qualifications professionnelles acquises sur la base de l'expérience et, en distinguant suivant les activités, fixe de façon variable le nombre d'années d'expérience requis (355).

Sous le titre « reconnaissance des autres qualifications acquises… », la directive vise enfin les exigences que les États membres peuvent légitimement poser quant à l'honorabilité ou la capacité financière des personnes prétendant accéder à une activité professionnelle sur leur territoire. Son objet précis est simplement d'imposer aux États membres d'accueil de donner foi aux attestations délivrées par les autorités compétentes des autres États membres quant à l'honorabilité de l'intéressé (déclaration de faillite, sanctions professionnelles) ou encore d'accepter comme preuve suffisante les attestations délivrées par les établissements bancaires (capacité financière) ou les maisons d'assurance (couverture des risques professionnels) des autres États membres (356). Ces prescriptions concernent principalement la liberté d'établissement ou de prestation de services des travailleurs indépendants.

226. Directive 2005/36 du 7 septembre 2005 relative à la reconnaissance des qualifications professionnelles. Une nouvelle directive est venue se superposer à l'édifice en place. Elle regroupe en un seul texte un certain nombre d'éléments qui s'éparpillaient dans divers textes antérieurs, sur des points qui intéressent plus particulièrement la liberté de prestation de services dans le cadre de professions ayant fait l'objet de directives sectorielles (357).

La directive 2005/36 entend également clarifier l'état du droit antérieur en présentant des définitions développées des notions utiles : profession réglementée, qualification professionnelle, titre de formation, autorité compétente, expérience professionnelle, stage d'adaptation, épreuve d'aptitude, etc. (358), toutes notions sur lesquelles la Cour de justice avait eu à s'interroger. La directive fixe ainsi un cadre légal à des notions façonnées par la jurisprudence.

Quant aux mécanismes de reconnaissance établis par les directives 89/48 et 92/51, ils demeurent inchangés, comme restent inchangées les possibilités ouvertes aux États membres, « *en absence d'harmonisation des conditions minimales de formation* », d'imposer des mesures de compensation.

(354) Article 3 § 1 de la directive.
(355) Article 4 de la directive, qui distingue six groupes d'activités.
(356) Article 9 de la directive.
(357) V. *supra* n° 221.
(358) Article 3 de la directive 2005/36.

2° La langue

227. Les connaissances linguistiques. L'ignorance de la langue du pays d'accueil constitue un obstacle pratique important à l'exercice d'un emploi. L'article 3 § 1 du règlement 1612/68 (article 3 § 1 du règlement 492/2011), admet qu'un ressortissant communautaire puisse être écarté d'un poste de travail faute de posséder « *les connaissances linguistiques requises en raison de la nature de l'emploi à pourvoir* ». L'absence ou l'insuffisance de connaissance de la langue ne peut donc pas être de manière générale invoquée pour justifier un refus d'emploi.

Des entraves à la libre circulation peuvent naître des exigences posées par l'État d'accueil concernant la connaissance de sa langue. La Cour de justice s'est ainsi opposée à une réglementation prescrivant que les connaissances linguistiques soient acquises sur le territoire national (359). Elle s'est également opposée à une pratique locale entravant de façon discriminatoire la liberté de circulation par des règles relatives la preuve des connaissances linguistiques (360). Elle a également condamné la réglementation d'une entité fédérée d'un État membre (la Belgique), imposant aux employeurs locaux de rédiger les contrats de travail à caractère transfrontalier exclusivement dans la langue officielle de cette entité fédérée, sous peine de nullité du contrat (361).

La Cour de justice a également eu à s'interroger sur un cas d'espèce qui concernait un professeur d'art enseignant dans un collège d'enseignement professionnel en Irlande. Bien que cet enseignement soit en général donné en anglais, deuxième langue officielle du pays, elle a estimé que la connaissance de la langue irlandaise pouvait être requise en vue d'assurer la promotion de la langue nationale, première langue officielle. Cette connaissance, cependant, répondant à des objectifs politico-linguistiques, n'était nullement requise par l'emploi à pourvoir (362).

L'exercice permanent de sa profession dans un État membre autre que celui où un avocat a acquis sa qualification peut-elle être subordonnée à un contrôle préalable de sa maîtrise de la langue de l'État d'accueil ? Non, répond la Cour de justice, dès lors que l'avocat exerce sous son titre professionnel d'origine et que l'État d'accueil peut lui imposer d'agir de concert avec un avocat ou un avoué locaux (363).

(359) CJCE, 28 novembre 1989, *Groener*, aff. C-379/87, *Rec.* I, p. 3967 ; *JCP* 1990 II 21439, concl. DARMON.

(360) CJCE, 6 juin 2000, *Roman Angonese*, aff. C-281/98 ; une banque prétendait subordonner l'accès à un concours de recrutement à la possession d'un certificat délivré localement et faisant preuve des connaissances linguistiques requises. Ce certificat étant en pratique beaucoup plus difficile à acquérir pour un ressortissant communautaire ne résidant pas localement, l'existence d'une entrave discriminatoire était manifeste. L'affaire se situait dans le contexte particulier d'une région italienne où le bilinguisme italo-allemand a un caractère officiel.

(361) La nullité, qui plus est, devant être relevée d'office par le juge ; l'exigence n'était pas proportionnée aux objectifs légitimes de protection des travailleurs et de la langue locale, CJUE, 16 avril 2013, *Las*, C-202/11.

(362) CJCE, 28 novembre 1989, *Groener*, aff. C-379/87, préc. La Cour réserve bien entendu, le respect de la proportionnalité et l'absence de discrimination. V. également, concernant l'hypothèse d'une dualité des langues officielles, l'affaire *Roman Angonese*, préc. note précédente.

(363) CJCE, 19 septembre 2006, *Wilson*, aff. C-506/04, arrêt dans lequel la Cour de justice a visé, il est vrai, le cas du Luxembourg, État membre d'accueil, et ses exigences relatives à la connaissance *des* langues officiellement utilisées dans le pays ; français, allemand et luxembourgeois

C. — L'administration publique

228. Définition de l'emploi dans l'administration publique. Les emplois dans l'administration publique ayant été formellement exclus du domaine de la libre circulation par l'ex-article 48 § 4 du traité (article 39 § 4 TCE, puis 45 § 4 TFUE), il a fallu définir la notion afin de circonscrire le domaine de l'exception.

La Cour de justice a été saisie une première fois de cette question dans l'affaire *Sotgiu* (364). Un italien employé en Allemagne pouvait-il se réclamer de la libre circulation des travailleurs, puisque le contrat qui le liait à l'administration allemande des postes était un simple contrat de travail de droit privé ? La Cour de justice répond que « *le caractère du lien juridique entre le travailleur et l'administration est indifférent* » et que seul compte le fait qu'il s'agit d'un emploi dans une administration publique. Le problème revient alors à définir l'emploi dans l'administration publique. Mais dans l'arrêt *Sotgiu*, la Cour de justice n'aborde pas cette définition, laissant ainsi à chaque État membre la possibilité de dégager la sienne propre.

Ce n'était cependant que partie remise et, à la suite de l'arrêt *Reyners* (365), qui concernait quant à lui le droit d'établissement et l'article 55 alinéa 1er du traité de Rome, la Cour de justice s'engageait sur le chemin d'une définition de l'emploi dans l'administration publique, avec sa décision *Commission c. Royaume de Belgique* du 17 décembre 1980 (366). Sont placés en dehors du champ d'application de la libre circulation, a énoncé la Cour de justice, « *les emplois qui comportent une participation, directe ou indirecte, à l'exercice de la puissance publique et aux fonctions ayant pour objet la sauvegarde des intérêts généraux de l'État ou des autres collectivités publiques. De tels emplois supposent en effet, de la part de leurs titulaires, l'existence d'un rapport particulier de solidarité à l'égard de l'État ainsi que la réciprocité des droits et devoirs qui sont le fondement du lien de nationalité* ».

C'est un critère fonctionnel qui est retenu. L'emploi public est défini à la fois par les pouvoirs qu'il comporte et par son objet. La définition est limitative et de nombreux emplois du secteur public, notamment industriel et commercial, devraient être ainsi intégrés à la liberté de circulation. Seuls en sont exceptés ceux « *qui ont un rapport direct avec les activités spécifiques de l'administration publique* » (367).

229. Mise en application de la définition. L'application de la définition a rencontré d'assez grandes difficultés. Certains États membres, la France en particulier, ont souhaité continuer à réserver à leurs nationaux des emplois qui répondaient mal à la conception restrictive des emplois dans l'administration publique retenue par les autorités communautaires (368). Les actions en manquement ont été nombreuses.

(364) CJCE, 12 février 1974, aff. 152/73, *Rec.* p. 153 ; *Dr. soc.* 1974, 177, concl. MAYRAS, note G. LYON-CAEN ; *D.* 1975, 605, note B. PACTEAU ; *RTD eur.* 1976, p. 574.

(365) CJCE, 21 juin 1974, aff. 2/74, *Rec.* p. 631.

(366) Aff. 149/79, *Rec.* p. 3881 ; *RTD eur.* 1981, p. 357 et chron. DRUESNE, p. 286 ; G. LYON-CAEN, « Un arrêt d'interprétation difficile... », *Études Teitgen*, 1984, p. 270.

(367) Aucune liste n'existe de ces emplois spécifiquement administratifs ; v. réponse de G. Papandreou à question écrite R. Dury, 13 mars 1991, *JOCE* n° C 1777 du 8 juillet 1991.

(368) La loi du 26 juillet 2005 dispose que les ressortissants de l'UE (et plus largement de l'Espace économique européen) ont accès aux emplois publics, sous réserve des « *emplois dont les attributions soit ne sont pas séparables de l'exercice de la souveraineté, soit comportent une participation directe ou indirecte à l'exercice des prérogatives*

Dans le volontarisme qu'ont montré Cour de justice et Commission, on soupçonne parfois une hostilité de principe contre un secteur public qu'ils jugent trop étendu, conduisant la Cour à vouloir limiter étroitement la portée de la dérogation ouverte à la libre circulation des personnes par l'article 39 § 4 (45 § 4 FUE, ex-article 48 § 4) du traité. La Cour admet cependant que la dérogation puisse s'appliquer même lorsque l'intéressé est au service d'une personne physique ou morale de droit privé auxquelles des missions publiques ont été dévolues (369).

La Cour de justice ne se contente pas d'interpréter le droit de l'Union européenne, mais voudra plutôt appliquer son interprétation et trancher directement les litiges qui lui sont soumis. Il lui faut alors se frayer un chemin dans un maquis d'emplois de natures diverses et en scruter, au cas par cas, les caractères propres. Ont notamment fait difficulté des emplois dans le secteur de la santé publique (370), de l'enseignement public (371), de la recherche (372), mais également de la distribution d'eau, de gaz et d'électricité, des postes et télécommunications, des transports terrestres, maritimes et aériens, ou encore des activités musicales (373).

Quid des emplois qui impliquent à titre secondaire ou occasionnel l'exercice de prérogatives de puissance publique ? Visant les emplois de capitaine ou de second de la marine marchande espagnole dans une première affaire, des capitaines de navire de pêche sous pavillon allemand, dans une seconde affaire, la Cour de justice a estimé que l'article 39 § 4 TCE (45 TFUE, ex-article 48 § 4) autorise un État membre à réserver ce type d'emploi à ses nationaux, mais seulement à la condition que les prérogatives de puissance publique concernées (maintien de la sécurité, pouvoirs de police) « *soient effectivement exercées de façon habituelle et ne représentant pas une part très réduite de leurs activités* » (374).

230. Accès à l'emploi et traitement dans l'emploi. L'intérêt de l'arrêt *Sotgiu* n'était pas seulement d'ordre négatif (375). Il établissait aussi une distinction entre accès à l'emploi et condition du travailleur dans l'emploi, qui n'a pas été démentie depuis. Les États peuvent refuser au ressortissant d'un autre État membre l'accès à un emploi public, mais s'ils l'admettent, ils sont tenus de le traiter, *dans* l'emploi public que celui-ci occupe, comme le serait un national. Les discriminations fondées sur la nationalité sont admises

de puissance publique de l'État ou des autres collectivités publiques ». Le statut général de la fonction publique avait cependant été une première fois modifié par une loi du 26 juillet 1991, en vue de satisfaire aux exigences du droit communautaire. L'Administration française privilégie une approche au cas par cas axée concrètement sur la réalité des activités exercées par l'agent public (circulaire n° 5095/SG du 19 septembre 2005).

(369) CJCE, 30 septembre 2003, *Colegio de Oficiales de la Marina Mercante*, aff. C-405/01.

(370) CJCE, 3 juin 1986, *Commission c. République française*, aff. 307/84, *Rec.* p. 1725 ; Clunet 1987, chron. Boutard-Labarde ; *RFDA* 1987, p. 949, chron. Dubouis. V. concernant le concours d'admission à la fonction de directeur d'hôpital, CJCE, 9 septembre 2003, *Burbaud,* aff. C-285/01 et, faisant suite à l'arrêt de la Cour de justice, CE, 16 mars 2005, *Mme Burbaud*.

(371) CJCE, 3 juillet 1986, *Lawrie Blum*, aff. 66/85, *Rec.* p. 2121 ; CJCE, 30 mai 1989, *Allue et Coonan*, aff. 33/88, *Rec.* p. 1591. Mais une connaissance insuffisante de la langue du pays d'accueil peut parfois justifier un refus de recrutement, CJCE, 28 novembre 1989, *Groener*, aff. C-379/87, *Rec.* p. 3967 ; *JCP* 1990 II 21439, concl. Darmon ; v. *supra* n° 227.

(372) CJCE, 16 juin 1987, *Commission c. Italie*, aff. 225/85, *Rec.* p. 2625.

(373) CJCE, 2 juillet 1996, *Commission c. Belgique*, aff. C-173/94 ; *Commission c. Grèce*, aff. C-290/94 ; *Commission c. Luxembourg*, aff. C-473/94.

(374) CJCE, 30 septembre 2003, *Colegio de Oficiales de la Marina Mercante*, aff. C-405/01, *Albert An ker*, aff. C-47/02. Mais v. en sens contraire, Cass. crim., 4 juin 2003, *Europe*, août-sept. 2003, n° 274, obs. Simon.

(375) Cité *supra* n° 228.

en ce qui concerne l'accès à l'emploi dans l'administration publique, mais le principe de non-discrimination a une portée générale et gouverne le traitement des ressortissants de l'Union dans l'exercice de leur activité, quel que soit l'emploi qu'ils occupent.

Section 2

Les droits

Une première sous-section traitera du séjour et permettra de mettre en contraste le droit de séjour reconnu aux ressortissants de l'Union et le régime de police et de sauvegarde de l'ordre public dont ils continuent de faire l'objet. La deuxième sous-section sera relative à la prohibition des discriminations entre ressortissants de l'Union et nationaux, ainsi qu'aux entraves dont la libre circulation peut souffrir du fait des règles et pratiques nationales.

Sous-section 1. — Le droit de séjour

Le droit de séjour constitue le principe (§ 1), auquel la réserve d'ordre public, de sécurité publique et de santé publique permet d'apporter des exceptions (§ 2).

§ 1. — L'affirmation du droit de séjour

Il faut distinguer entre déplacement et séjour de courte durée et séjour durable sur le territoire d'un autre État membre.

A. — Liberté de déplacement et de court séjour

231. Une liberté conditionnelle. Elle se traduit en un droit de sortie, un droit d'entrée et un droit de court séjour.

231-1. Droit de sortie. Cette liberté dépend, en premier lieu, de la possibilité pour le travailleur de quitter librement le territoire de l'État dont il est ressortissant. L'article 2 de la directive 68/360 y mettait une condition : ce droit doit s'exercer « *en vue d'accéder à une activité salariée* » sur le territoire d'un autre État membre. La condition a disparu. Tout citoyen de l'Union a le droit de quitter le territoire d'un État membre « *en vue de se rendre dans un autre État membre* ». C'est ce que dit maintenant la directive 2004/38 (376).

Les ressortissants des États membres tirent directement du traité le droit « *de quitter leur pays d'origine pour se rendre sur le territoire d'un autre État*

(376) Article 4 § 1 de la directive 2004/38.

membre et d'y séjourner afin d'y exercer une activité économique », a dit la Cour de justice à plusieurs reprises, condamnant les entraves qui pourraient y être mises (377).

Les seuls documents nécessaires sont une carte d'identité ou un passeport. Un visa de sortie ou « *une obligation équivalente* » ne peut être imposée (378).

231-2. Droit d'entrée. Corollaire du droit de quitter un territoire, le migrant reçoit celui de pénétrer sur le territoire d'un autre État membre, ceci sur simple présentation d'une carte d'identité ou d'un passeport. Tout visa d'entrée est également interdit (379). Ces conditions sont les seules auxquelles les États peuvent prétendre soumettre l'entrée sur leur territoire (380).

Les membres de la famille, s'ils n'ont pas la nationalité d'un État membre, peuvent toutefois se voir imposer un visa d'entrée (381), à moins, ajoute la directive 2004/38, d'être déjà titulaires de la « *carte de séjour de membre de la famille d'un citoyen de l'Union* » (382).

Que l'exigence d'un visa d'entrée, permettant un contrôle largement discrétionnaire de l'autorité publique sur l'immigration étrangère, ait été écartée par le droit communautaire, est une conséquence directe du principe de libre circulation. Quant à l'exigence du passeport, que les États membres peuvent imposer pour la sortie du territoire de leurs nationaux, ou pour l'entrée sur leur territoire des ressortissants des autres États membres, elle devient un obstacle au libre déplacement, au droit de sortie du territoire notamment, si la délivrance de ce document peut être refusée pour des raisons d'opportunité laissées à l'appréciation des autorités nationales (383).

Le droit d'effectuer des contrôles d'identité et d'obliger un ressortissant de l'Union à présenter une carte d'identité ou un passeport lorsqu'il se déplace entre États membres, droit que le droit dérivé continue de prévoir, ne heurte-t-il pas désormais des principes inscrits dans les traités ? Ceux-ci ont en effet consacré l'existence d'un espace sans frontières intérieures (ex-article 14 TCE, v. article 3 § 2 TUE) et confèrent aux citoyens de l'Union un droit de circuler et séjourner librement dans l'espace communautaire (article 18 TCE, devenu article 21 TFUE). Il s'opposerait donc aux possibilités de contrôle actuellement admises. Pareille argumentation n'a pas convaincu la Cour de justice. En l'absence de règles communes ou d'harmonisation des législations nationales « *en matière de contrôle aux frontières extérieures, de politique d'immigration, de visas et d'asile* », les États membres

(377) CJCE, 10 juillet 2008, *Jipa*, aff. C-33/07 ; CJCE, 11 janvier 2007, *ITC*, aff. C-208/05 ; CJCE, 15 décembre 1995, *Bosman*, aff. C-415/93, *Rec.* I p. 4921 ; antérieurement, CJCE, 5 février 1991, *Roux*, aff. C.363/89, *Rec.* I p. 273 ; CJCE, 7 juillet 1992, *Singh*, aff. C-370/90, *Rec.* I p. 4265.

(378) Article 2 § 4 de la directive 68/360 et désormais, article 4 §2 de la directive 2004/38.

(379) Article 3 de la directive 68/360 et désormais, article 5 §1 de la directive 2004/38. Sur la preuve de l'identité et de la nationalité par d'autres moyens que la carte d'identité ou le passeport, CJCE, 17 février 2005, *Oulane*, aff. C-215/03.

(380) V. CJCE, 3 juillet 1980, *Regina c. Pieck*, aff. 157/79, *Rec.* p. 2171, *RTD eur.* 1980, p. 774, obs. Druesne ; CJCE, 30 mai 1991, aff. C-68/89, *Commission c. Pays-Bas*, *Rec.* I, p. 1637.

(381) Article 3 § 2 de la directive 68/360.

(382) Article 5 § 2 de la directive 2004/38 ; sur cette carte de séjour *infra* n° 234.

(383) V. article 4 § 3 et § 4 de la directive 2004/38, sur la délivrance et la validité de la carte d'identité ou du passeport.

conservent, dit-elle, le droit d'effectuer des contrôles. La citoyenneté européenne et le droit de circuler librement qui s'en déduit, n'y changent, en l'état, rien (384).

231-3. Droit de séjour de trois mois. La directive 2004/38 règle désormais un point laissé sous silence avec la directive 68/360. Le citoyen de l'Union a le droit de séjourner sur le territoire d'un autre État membre « *pour une période allant jusqu'à trois mois* », sous la seule réserve de pouvoir justifier de son identité, « *sans autres conditions ou formalités* » (385). Il en va pareillement des membres de sa famille qui n'ont pas la nationalité d'un État membre, pourvu qu'ils soient munis d'un passeport en cours de validité (386). On rappellera que les ressortissants non communautaires admis à pénétrer dans l'« espace Schengen » reçoivent le droit de circuler et séjourner librement dans cet espace pendant une durée de trois mois (387).

B. — Droit de séjour durable

1° Caractères du droit de séjour

232. Une caractérisation multiple. C'est un véritable droit, droit subjectif, fondamental, que possèdent les ressortissants de l'Union. Proclamées par l'article 48 (devenu article 39 TCE, puis 45 TFUE) du Traité de Rome, ses conditions de réalisation ont été fixées par la directive 68/360 du 15 octobre 1968 « relative à la suppression des restrictions au déplacement et au séjour des travailleurs des États membres et de leur famille ». La Cour de justice, en particulier dans l'arrêt *Royer* du 8 avril 1976 (388), en a précisé les caractères généraux et la portée. Sur le fondement de la citoyenneté de l'Union, la directive 2004/38 a consacré le droit de circuler et séjourner librement sur le territoire des États membres en tant que « *droit fondamental et individuel* » de chaque citoyen de l'Union.

232-1. Un droit directement conféré par le traité. Le droit de séjour prend sa source dans les traités communautaires ou de l'Union et il est même conféré directement par le traité. Les particuliers peuvent l'invoquer directement en justice et les États membres doivent mettre en œuvre les moyens, juridictionnels notamment, permettant sa protection (389). L'arrêt *Royer* l'avait dit en visant l'article 48 du traité initial (devenu article 39 TCE, puis 45 TFUE) et par conséquent le travailleur. Depuis l'arrêt *Baumbast*, la Cour de justice le dit désormais en visant le citoyen, sur le fondement de l'article 18 du traité (devenu article 21 TFUE) (390).

(384) CJCE, 21 septembre 1999, *Wijsenbeek*, aff. C-378/97. Le refus de l'intéressé d'établir sa nationalité par la présentation de son document d'identité (cas d'un Neerlandais rentrant dans son propre pays) peut être sanctionné pénalement, pourvu, dit la Cour, « *que les sanctions soient comparables à celles qui s'appliquent à des infractions nationales similaires et ne soient pas disproportionnées* ».

(385) Article 6 § 1 de la directive 2004/38.

(386) Article 6 § 2 de la directive 2004/38.

(387) V. *supra* n° 194, n° 201.

(388) CJCE, 8 avril 1976, aff. 48/75, *Rec.* p. 497, *Cah. dr. eur.* 1976, p. 606, obs. TOMUSCHAT.

(389) Arrêt *Royer*, CJCE 8 avril 1976, aff. 48/75, *Rec.* p. 497.

(390) CJCE, 17 septembre 2002, aff. C-413/99, *Rec.* I, p. 7091.

232-2. Un droit d'application générale. Jusqu'à la consécration de la citoyenneté européenne (par le traité de Maastricht), « *le droit de séjour, conféré directement par le traité CE, était soumis à la condition de l'exercice d'une activité économique* », condition qui a aujourd'hui disparu. Tout citoyen de l'Union, qu'il exerce ou non une activité économique, peut, « *en sa seule qualité de ressortissant d'un État membre* », se prévaloir d'un droit de séjour sur le territoire d'un autre État membre. Ce droit lui est « *reconnu par une disposition claire et précise du traité CE* », l'article 18 § 1 (devenu article 21 § 1 TFUE) (391). La Cour de justice considère même plus largement que tout citoyen de l'Union dispose d'un droit de séjour inconditionnel à l'intérieur *de l'Union*. Il en va d'une condition essentielle d'exercice des droits conférés par la citoyenneté (392).

Cette évolution significative ne doit cependant pas faire oublier la généralisation du droit de séjour des ressortissants communautaires que le droit *dérivé*, s'échappant des limites du traité, avait déjà introduite par directives concernant les inactifs, les retraités et les étudiants (393). Le changement qui s'est produit depuis ces directives a porté en premier lieu sur l'assise que le droit de séjour général trouve maintenant dans le traité.

232-3. Un droit d'application immédiate. L'applicabilité directe est complétée par l'applicabilité immédiate, au sens d'une immédiateté dans le temps. « *Les dispositions relatives à la citoyenneté sont applicables dès leur entrée en vigueur... aux effets actuels de situations nées antérieurement* » (394).

Une autre immédiateté temporelle concerne l'âge à compter duquel un ressortissant de l'Union acquiert des droits en tant que citoyen de l'Union. « *L'aptitude d'un ressortissant d'un État membre à être titulaire des droits garantis par le traité et le droit dérivé en matière de libre circulation des personnes ne saurait être subordonnée à la condition que l'intéressé ait atteint l'âge requis pour avoir la capacité d'exercer lui-même lesdits droits* ». Un enfant, dès sa naissance, a la jouissance des droits garantis par la citoyenneté (395).

232-4. Un droit conditionnel. Il n'en reste pas moins qu'« *en l'état actuel du droit communautaire, le droit de séjour des ressortissants communautaires sur le territoire d'un autre État membre "n'est pas inconditionnel"* » (396). L'article 18 du traité (ex-article 8 A), visant le droit de circulation des citoyens de l'Union, renvoie en effet « *aux limitations et conditions prévues par le traité et par les dispositions prises pour son application* ». La directive 2004/38 tout en abrogeant et réformant

(391) Arrêt *Baumbast*, préc.

(392) CJUE, 8 mars 2911, *Ruiz Zambrano*, aff. C-34/09 ; CJUE, 5 mai 2011, *McCarthy*, préc. ; CJUE, 15 novembre 2011, *Dereci*, aff. C-256/11 ; v. *supra* n° 186.

(393) V. *supra* n° 177.

(394) CJCE, 11 juillet 2002, *D'Hoop*, aff. C-224/98, *Rec.* I, p. 6191 ; CJUE, 7 oct. 2010, *Lassal*, aff. C-162/09, pt. 39.

(395) CJCE, 19 octobre 2004, *Chen et Zhu*, aff. C-200/02, *Rec.* I, p. 9925, concernant le droit de séjour au Royaume-Uni d'un enfant ayant la nationalité d'un État membre, sa mère, à charge de laquelle l'enfant se trouvait, ayant la nationalité d'un État tiers. Le droit de séjour de l'enfant a pu justifier le droit de séjour de la mère.

(396) CJCE, 11 avril 2000, *Arben Kaba*, aff. C-356/98, *Rec.* I, p. 2623.

un nombre important de textes communautaires antérieurs à la citoyenneté a en grande partie maintenu les conditions et limitations préexistantes (397).

Concernant l'exception d'ordre public, de sécurité publique et de santé publique que les États membres restent en droit d'opposer aux ressortissants de l'Union, la Cour de justice a précisé qu'elle « *n'est pas une condition préalable à l'acquisition du droit d'entrée et de séjour* » ; elle permet seulement d'apporter à ce droit des dérogations ou des restrictions, dont les raisons possibles sont limitativement fixées par le droit communautaire (398).

232-5. Un droit pouvant acquérir la permanence. La directive 2004/38 a néanmoins introduit un changement important concernant le droit de séjour puisqu'elle lui permet d'acquérir la permanence. « *Les citoyens de l'Union ayant séjourné légalement pendant une période ininterrompue de cinq ans sur le territoire de l'État membre d'accueil acquièrent le droit de séjour permanent sur son territoire* » (399). Le droit de séjour permanent s'étend à la famille, sous les mêmes conditions, y compris lorsque les membres de la famille n'ont pas la nationalité d'un État membre (400).

Aucune autre condition ne peut être mise à l'attribution du droit de séjour permanent, que les cinq ans de séjour légal et ininterrompu sur le territoire joints, bien sûr, à la qualité de citoyen de l'Union ou de membre de sa famille. L'acquisition d'un droit de séjour permanent marque l'existence d'un bon degré d'intégration de l'intéressé dans l'État d'accueil et permet de conforter cette intégration (401).

La condition relative à la durée du séjour laisse malgré tout à l'intéressé la possibilité de s'absenter temporairement du territoire de l'État d'accueil (402). Quant à la durée de cinq ans, elle peut être écourtée pour les bénéficiaires du droit de demeurer sur le territoire après y avoir occupé un emploi (403).

Quid des périodes de séjour accomplies avant la date de transposition de la directive 2004/39 ? Doivent-elles être prises en compte ? Oui, a dit la Cour de justice (404), si elles ont été accomplies légalement (405). Quid de périodes d'absence ? Les périodes d'absence de moins de deux ans consécutifs ne doivent pas affecter l'acquisition du droit de séjour permanent résultant des cinq ans de séjour légal ininterrompu les ayant précédées, précise aussi la Cour (406).

(397) V. *supra*, spéc. n° 183 et 184

(398) Arrêt *Royer*, CJCE, 8 avril 1976, aff. 48/75, *Rec.* p. 497.

(399) Article 16 § 1 de la directive 2004/38 ; article L. 122-1 du Code entrée et séjour des étrangers.

(400) Article 16 § 2 de la directive 2004/38.

(401) V. considérant 18 de la directive 2004/38.

(402) Article 16 § 3 de la directive 2004/38 ; v. article L. 122-2 du Code entrée et séjour des étrangers, limitant à deux années consécutives la période d'absence autorisée.

(403) Article 16 § 4 de la directive 2004/38 ; sur le « droit de demeurer », v. *supra* n° 214.

(404) CJUE, 7 octobre 2010, *Lassal*, aff. C-162/09, la Cour invoquant l'effet des dispositions relatives à la citoyenneté sur les situations nées antérieurement ; v. concernant des périodes accomplies avant l'adhésion d'un nouvel État membre, CJUE, 21 décembre 2011, *Ziolkowski*, aff. C-424/10.

(405) V. CJUE, 21 juillet 2011, *Dias*, aff. C-325/09, visant la situation d'une ressortissante de l'Union ayant reçu de l'État d'accueil des titres de séjour, alors qu'elle ne remplissait pas les conditions pour bénéficier d'un droit de séjour en application du droit de l'Union.

(406) Arrêt *Lassal*, préc.

2° Reconnaissance du droit de séjour

233. La carte de séjour – son caractère déclaratif. Les autorités nationales n'ont pas de pouvoir d'appréciation concernant la « *reconnaissance* » d'un droit qui se déduit de la situation individuelle du ressortissant communautaire intéressé et qu'elles se bornent à « *constater* ». Si un titre de séjour est prévu (407), sa délivrance n'est pas constitutive de droits qui lui préexistent et dont le titre a simplement pour effet de déclarer l'existence (408). La délivrance est obligatoire, dès lors que l'intéressé apporte la preuve qu'il possède un droit de séjour en tant que ressortissant de l'Union (409).

Le fait qu'un État d'accueil délivre une carte de séjour à un ressortissant de l'Union, alors que celui-ci ne remplit pas les conditions de constatation de son droit de séjour – il n'est pas travailleur et ne dispose pas de ressources suffisantes –, n'aura pas pour effet de le placer en situation de séjour légal au regard du droit de l'Union et de l'acquisition d'un droit de séjour permanent, a jugé récemment la Cour de justice (410). Un droit de séjour ne correspondant pas aux conditions du droit de séjour conféré par le droit de l'Union et se fondant ainsi sur le seul droit national, ne saurait, même s'il a été durable, permettre à l'intéressé d'acquérir un droit de séjour permanent, a-t-elle dit plus récemment encore (411).

La citoyenneté européenne a conduit la Cour de justice à étendre à tous les citoyens de l'Union, actifs ou non, des principes qu'elle avait initialement posés pour les seuls travailleurs. Du moment qu'il *réside légalement* sur le territoire d'un État membre d'accueil, un citoyen de l'Union relève des dispositions du traité relatives à la citoyenneté européenne et possède donc un droit de séjour dont les autorités de l'État d'accueil ne font que constater l'existence par la délivrance d'un titre de séjour au caractère déclaratoire (412).

Les droits d'un citoyen européen préexistant à sa délivrance, il en résulte qu'une autorité nationale ne peut pas subordonner le bénéfice d'un avantage social à la condition que l'intéressé produise son titre de séjour (413).

Le droit de l'Union n'a cependant pas supprimé toute compétence de police des États concernant la présence des ressortissants des autres États membres sur leur territoire. Les mesures destinées à assurer aux autorités nationales la connaissance exacte des mouvements de population affectant leur territoire restent conformes au droit de l'Union européenne, du moment qu'elles ne sont pas excessivement

(407) Article 4 § 2 de la directive 68/360 : « *le droit de séjour est constaté par la délivrance d'un document dénommé carte de séjour de ressortissant d'un État membre de la Communauté* ».

(408) « *L'octroi du titre n'est pas à considérer comme un acte constitutif de droits, mais comme un acte destiné à constater, de la part d'un État membre, la situation individuelle d'un ressortissant d'un autre État membre* », arrêt *Royer*, CJCE, 8 avril 1976, aff. 48/75, *Rec.* p. 497.

(409) *Ibid.* ; *adde*, CJCE, 5 mars 1991, *Giagounidis*, aff. C-376/89, *Rec.* I p. 1069.

(410) CJUE, 21 juillet 2011, *Dias*, aff. C-325/09, v. pts 48 à 58 et l'argumentation pleine de tours et détours qui est suivie.

(411) CJUE, 21 décembre 2011, *Ziolkowski*, aff. C-424/10, concernant les droits de ressortissants polonais admis à séjourner durablement en Allemagne à titre humanitaire pendant une longue période précédant l'adhésion de la Pologne.

(412) CJCE, 12 mai 1998, *Martinez Sala*, aff. C-85/96, *Rec.* I, p. 2691, motifs 58 à 62.

(413) Même décision, motifs 51 à 54.

contraignantes (414). Les États peuvent imposer aux ressortissants des autres États membres de déclarer leur présence ou leur arrivée (415). Ils peuvent exiger la possession d'un titre de séjour et réclamer de l'intéressé qu'il procède aux démarches nécessaires pour en obtenir la délivrance (416). Des sanctions, notamment des sanctions pénales, sont possibles, mais ne doivent pas être disproportionnées par rapport à la gravité de l'inobservation reprochée (417).

234. Diversité des titres de séjour. Suivant les dispositions de la directive 68/360, en vigueur jusqu'à leur abrogation par la directive 2004/38, le droit de séjour était « *constaté* » par la délivrance d'une carte de séjour de ressortissant communautaire (418).

Les règles de la directive 68/360 avaient conduit à distinguer quatre catégories de personnes, sans compter les sous-distinctions internes aux différentes catégories

234-1. Les « travailleurs » reçoivent une carte de séjour sur présentation du document leur ayant permis de pénétrer sur le territoire et d'une déclaration d'engagement de l'employeur ou d'une attestation de travail (419). Les formalités nécessaires à l'obtention de la carte n'ont pas besoin d'avoir été accomplies pour permettre au salarié l'exécution de son contrat de travail (420).

La carte de séjour est valable pour l'ensemble du territoire de l'État qui la délivre. Sa durée de validité est de cinq ans au moins et est automatiquement renouvelable sous réserve toutefois, lors du premier renouvellement, que les conditions de délivrance initiale continuent d'être réunies (421).

En cas d'absence du territoire d'accueil pour une durée continue inférieure à six mois, ou pour l'accomplissement d'obligations militaires, la carte de séjour reste valable (422). La cessation d'emploi (maladie, accident ou chômage involontaire) n'autorise pas le retrait de la carte de séjour.

(414) CJCE, 12 décembre 1989, *Messner*, aff. 265/88, *Rec.* p. 4209.
(415) *Watson*, CJCE, 7 juillet 1976, *Rec.* p. 1185.
(416) CJCE, 14 juillet 1977, *Sagulo*, aff. 8/77, *Rec.* p. 1495.
(417) Même décision ; v. également, arrêt *Watson*, préc.
(418) Article 4 § 2 de la directive 68/360. V. loi du 11 mars 1998 sur l'entrée et le séjour des étrangers, décret du 11 mars 1994, propre aux ressortissants communautaires, modifié par décret du 23 septembre 1998 (*JORF* 27 septembre 1998). Les modifications introduites avaient concerné notamment la déclaration de ressources requise des étudiants, le visa des membres de la famille non communautaire, l'allongement à dix ans de la durée de validité de la carte de séjour de ressortissant communautaire. V. circulaire du 16 juin 1999, *JORF* 5 août 1999. V. *infra* pour le décret du 21 mars 2007, pris en application de la loi du 24 juillet 2006 transposant la directive 2004/38 en droit interne français.
(419) Article 4 § 3 de la directive 68/360. Le fait que l'intéressé n'exerce pas son activité en conformité avec la législation sociale ne peut être opposé à la délivrance du titre, CJCE, 5 février 1991, *Roux c. État belge*, aff. C-363/89, *Rec.* I p. 273 ; sur l'absence du droit de séjour d'un ressortissant grec en situation de chômage sur le territoire d'un État membre au moment de l'adhésion de la Grèce à la Communauté, CJCE, 26 mai 1993, *Tsiotras*, aff. C-171/91, *Rec.* I p. 2952.
(420) Article 5 de la directive 68/360.
(421) Article 6 § 1 de la directive 68/360. En France, jusqu'à la loi du 11 mai 1998, le ressortissant d'un autre État membre, après avoir reçu pour commencer une carte valable cinq ans, recevait ensuite une carte d'une durée de validité de dix ans, comme celle des résidents relevant du droit commun des étrangers. Si les ressortissants communautaires n'étaient pas immédiatement placés dans la situation, privilégiée, des résidents, ils le devenaient au bout de cinq ans ; v. D n° 94-211 du 11 mars 1994, article 7. La loi nouvelle avait prévu qu'ils bénéficieraient, ainsi que les membres de leur famille, d'une carte de dix ans dès la première délivrance. Mais la directive 2004/38 a fait disparaître, pour les citoyens de l'Union, l'exigence de la carte de séjour ; v. *infra* n° 235.
(422) Article 6 § 2.

Les bénéficiaires du droit de demeurer sur le territoire après y avoir occupé un emploi (423), notamment les retraités, reçoivent une carte de séjour présentant les mêmes caractères que la carte« travailleur » visée par la directive 68/360 : cinq ans de validité, renouvellement automatique, maintien en cas d'interruption de séjour de moins de six mois (424)

234-2. Les « inactifs » reçoivent également une carte de séjour, suivant les règles inspirées de celles qui s'appliquent aux travailleurs, mais adaptées aux particularités de leurs situations respectives (425).

Il leur est demandé de fournir la preuve qu'ils répondent aux conditions gouvernant leur droit de séjour, conditions venant en remplacement de la condition d'emploi prévue pour les travailleurs : ressources suffisantes, assurance-maladie... l'intéressé ne devant pas « *devenir une charge déraisonnable pour l'assistance sociale de l'État membre d'accueil* » (426).

Lorsqu'il est permis de douter que le ressortissant communautaire remplit toujours les conditions requises de lui, l'État d'accueil membre est en droit de procéder aux vérifications nécessaires (427). Pour les étudiants, la validité peut être limitée à un an, ou moins, si la formation dure moins d'un an ; le renouvellement de la carte de séjour a lieu annuellement (428).

234-3. Les membres de la famille se voient également délivrer une carte de séjour de ressortissant communautaire, sur présentation d'un document prouvant leur lien de parenté avec le travailleur ou l'inactif titulaire du droit de séjour et, si nécessaire, d'un document attestant qu'ils sont à sa charge (429).

234-4. Séjour temporaire. La directive 68/360 prévoyait également la délivrance de cartes de séjour de brève durée ainsi que la possibilité du court séjour sans titre.

Elle permettait la délivrance d'un titre temporaire de séjour au salarié (temporaire ou saisonnier) qui effectue un travail d'une durée supérieure à trois mois et inférieure à un an ; la durée du titre pouvant être limitée à celle de l'emploi (430).

Un droit de séjour pouvait également être reconnu sans délivrance d'un titre de séjour (431). L'hypothèse a visé les frontaliers et les travailleurs temporaires dont l'activité sur le territoire d'accueil ne doit pas excéder trois mois. C'est le document ayant permis l'entrée sur le territoire qui tient alors lieu de titre de séjour provisoire (carte d'identité ou passeport). Quant au travailleur saisonnier, s'il possède à l'arrivée

(423) Sur les bénéficiaires du « droit de demeurer », v. *supra* n° 214 ; concernant le droit de demeurer des membres de la famille d'un travailleur décédé, CJCE, 9 janvier 2003, *Givane*, aff. C-257/00.

(424) Article 6 du règlement 1251/70.

(425) Directive n° 90/364 du 28 juin 1990 relative au droit de séjour ; directive n° 90/365 du 28 juin 1990 concernant les travailleurs ayant cessé leur activité professionnelle ; directive n° 93/96 du 29 octobre 1993 concernant les étudiants ; v. *supra* n° 177. Condamnant l'Allemagne pour un défaut d'adaptation de ses dispositions législatives dans le délai prescrit par la directive, *Commission c. Allemagne*, 20 mars 1997, aff. C-96/95.

(426) V. les dispositions respectives de l'article 1er des trois directives ; rappr. article 14 de la directive 2004/38.

(427) V. article 2 § 1 des directives 90/364 et 90/365 ; rappr. article 14 § 2 de la directive 2004/38.

(428) Article 2 § 1 de la directive « étudiants ».

(429) Article 4 § 3 de la directive 68/360. V. *supra* n° 190 pour la définition de la famille.

(430) Article 6 § 3 de la directive 68/360.

(431) Article 8 de la directive 68/360.

sur le territoire un contrat de travail visé par l'autorité administrative, il séjournera sans autre formalité pour la durée du contrat.

234-5. Conclusion ; une importante fragmentation. Finalement, sous le couvert général du droit de séjour, nombreuses étaient les modulations, notamment quant à la pérennité du droit de séjour :

– quelques mois de séjour pour celui qui cherche un emploi (432) ou n'a qu'un emploi de brève durée, ou suit une courte formation ;

– un an, renouvelable annuellement, pour l'étudiant suivant une formation plus longue ;

– cinq ans, renouvelables, pour les non actifs, invalides ou retraités, mais soumis à revalidation au cours des cinq ans ;

– cinq ans, renouvelables automatiquement, pour le travailleur, à condition qu'il ne se retrouve pas au chômage, surtout si ce chômage lui est imputable, car son droit de séjour est alors fragilisé (433) ;

– même les bénéficiaires du droit de demeurer sur le territoire de l'État membre où ils travaillent, risquaient de perdre leur droit de séjour en cas d'absence prolongée.

Cela faisait beaucoup de nuances et une certaine complexité ! La directive 2004/38 a-t-elle dépassé « *l'approche sectorielle et fragmentaire* » du droit de séjour et des règles présidant à sa constatation, approche qu'elle a elle-même dénoncée ?

235. Directive 2004/38 – Remplacement de la carte de séjour par une attestation d'enregistrement. Un apport significatif de la directive 2004/38 vient en apparence de la suppression de la carte de séjour pour les ressortissants de l'Union, remplacée par une « *attestation d'enregistrement* » (434).

La portée réelle du changement est-elle vraiment importante ?

On observera d'abord que les États membres peuvent toujours, comme par le passé, imposer aux citoyens de l'Union de déclarer leur présence sur leur territoire et de s'y faire enregistrer. Le non-respect de l'obligation d'enregistrement peut toujours être sanctionné, à condition, comme auparavant, de l'être de façon proportionnelle et non discriminatoire (435).

Ensuite, la directive 2004/38 n'a pas fait disparaître la déclinaison multiple du droit de séjour qui lui était antérieure. Elle a au contraire largement maintenu les conditions de reconnaissance du droit de séjour qui préexistaient et leur variation d'une catégorie de personnes à l'autre (436).

On ne s'étonnera donc pas de retrouver, pour la délivrance de l'attestation d'enregistrement, des conditions similaires à celles de l'ancienne carte de séjour. Les États membres peuvent toujours exiger que le travailleur produise une preuve de

(432) V. *supra* n° 210.

(433) V. *supra* n° 211.

(434) Article 8 § 1 de la directive 2004/38 ; v. article R. 121-5, Code entrée et séjour des étrangers (décret du 21 mars 2007).

(435) V. *supra* n° 233. La loi du 24 juillet 2006 énonce que les ressortissants de l'Union qui « souhaitent établir en France leur résidence habituelle se font enregistrer dans leur commune de résidence (article L. 121-2, 1er al., Code entrée et séjour des étrangers).

(436) V. *supra* n° 176-177, n° 183, n° 207-214.

son activité, que l'inactif le fasse pour ses ressources et son assurance-maladie, l'étudiant pour son inscription dans un établissement agréé, que le lien de famille soit attesté, que la qualité de personne à charge le soit, etc. (437).

La délivrance de l'attestation a lieu « *immédiatement* » (438).

L'attestation d'enregistrement n'a pas de durée de validité, contrairement à la traditionnelle carte de séjour. Sans autre condition que d'avoir séjourné cinq ans légalement et de façon ininterrompue dans un État membre d'accueil, le ressortissant de l'Union y acquiert un droit de séjour permanent, pour lui-même et pour les membres de sa famille (439). Ce sont là les nouveautés.

236. Ressortissants des pays tiers. Ils restent astreints à la possession d'une carte de séjour. La règle est d'application générale, sous des modalités différentes suivant les catégories de personnes visées par le droit de l'Union.

236-1. Membres de la famille d'un ressortissant de l'Union. Lorsqu'ils n'ont pas eux-mêmes la nationalité d'un État membre, les membres de la famille d'un citoyen de l'Union placé en situation de circulation entre États membres (440) reçoivent une carte de séjour dénommée « *carte de séjour de membre de la famille d'un citoyen de l'Union* » (441). Elle est délivrée sous plusieurs conditions : que l'intéressé ait un passeport en cours de validité ; qu'il puisse attester du lien de famille ; le cas échéant, qu'il est à charge du citoyen de l'Union ; que la preuve du séjour du citoyen de l'Union soit apportée (442).

L'intéressé est titulaire d'un droit de séjour que le droit de l'Union lui confère directement. Ce droit lui est reconnu « *indépendamment de la délivrance d'un titre de séjour* », a dit la Cour de justice dans son arrêt *MRAX* (443), transposant la jurisprudence Royer (444) au conjoint non communautaire d'un citoyen de l'Union. La délivrance du titre n'est pas constitutive de droits, il constate ou déclare « *un droit qui découle du seul lien familial* » (445).

La carte de séjour a normalement une durée de cinq ans (446). Sa validité n'est pas affectée par des absences temporaires de moins de six mois ou par des absences plus longues justifiées par des raisons importantes, tel un détachement professionnel (447).

Quid du décès du « regroupant » ? De son départ ? D'un divorce, d'une rupture de « partenariat enregistré » ? Ces événements n'affecteront pas le droit de séjour des membres de sa famille s'ils ont la nationalité d'un État membre, à moins qu'ils ne

(437) Article 8 § 3, § 4 et § 5 de la directive ; v. articles R.121-4 et R. 121-5 Code entrée et séjour des étrangers (décret du 21 mars 2007).

(438) Article 8 § 2 de la directive.

(439) Article 16 de la directive 2004/38 ; v. *supra* n° 232.

(440) Sur les droits des membres de la famille d'un citoyen de l'Union qui est en situation « *purement interne* », v. *supra* n° 203.

(441) Article 9 de la directive 2004/38.

(442) Article 10 de la directive 2004/38.

(443) CJCE, 25 juillet 2002, *MRAX c. État belge*, aff. C-459/99.

(444) V. *supra* n° 232.

(445) CJCE, 14 avril 2005, *Commission c. Espagne*, aff. C-157/03.

(446) Article 11 § 1 de la directive.

(447) Article 11 § 2 de la directive.

deviennent une charge déraisonnable pour l'assistance sociale de l'État d'accueil (448). La conservation de leur droit de séjour par les membres de la famille qui n'ont pas la nationalité d'un État membre est soumise quant à elle à des conditions supplémentaires : durée de la résidence commune, garde de l'enfant, droit de visite, l'État d'accueil ayant à tenir compte des situations familiales « *particulièrement difficiles* » (449).

236-2. Membres de la famille d'un ressortissant d'un pays tiers. Leur situation est réglée par la directive 2003/86 relative au droit de regroupement familial (450). L'État membre d'accueil facilite la délivrance des visas nécessaires à l'entrée sur le territoire des membres de la famille. Un premier titre de séjour est délivré aux membres de famille pour une durée d'au moins un an. Le titre est renouvelable. La durée du titre ne peut pas dépasser celle du titre du regroupant (451).

Après cinq ans de résidence, conjoint, partenaire non marié et enfant devenu majeur ont droit à un *titre de séjour autonome*. L'accès au titre de séjour autonome est ouvert aux ascendants, enfants majeurs et est même prévu en cas de veuvage, divorce, séparation ou décès d'ascendants ou de descendants. La directive 2003/86 laisse cependant aux droits nationaux le soin de définir les conditions d'octroi et de durée du titre de séjour autonome (452).

236-3. Résident non communautaire de longue durée. Acquièrent le statut de résident de longue durée les ressortissants non communautaires qui « *ont résidé de manière légale et ininterrompue* » sur le territoire d'un État membre « *les cinq années qui ont immédiatement précédé* » la demande d'obtention du statut (453). L'intéressé se voit délivrer, dans l'État membre où il a acquis la qualité de résident de longue durée, « *un permis de séjour de longue durée – CE* », d'au moins cinq ans, renouvelable de plein droit (454).

Le résident de longue durée qui s'est déplacé dans un autre État membre pour y séjourner durablement, y reçoit « *un titre de séjour renouvelable* » (455). Il peut dans ce deuxième État membre devenir résident de longue durée, sous les mêmes conditions que dans le premier, et il reçoit alors le permis de séjour de longue durée – CE (456).

§ 2. — L'exception d'ordre public

237. De la directive 64/221 du 25 février 1964 à la directive 2004/38 du 29 avril 2004. La réserve d'ordre public autorise les États membres à prendre à

(448) Comb. article 12, article 13 et article 14 de la directive 2004/38.
(449) Article 12 § 1 et § 2 de la directive.
(450) V. *supra* n° 203.
(451) Article 13 § 1 et § 2 de la directive.
(452) Article 15 de la directive 2003/86.
(453) V. *supra* n° 204-206.
(454) Article 8 § 2 de la directive 2003/109. Le législateur français (loi du 24 juillet 2006) étend au résident non communautaire de longue durée l'application des règles qui gouvernent, dans la réglementation française, le statut de « résident » (v. article L. 314-1-1 Code entrée et séjour des étrangers).
(455) Sans autre précision, article 19 § 2 de la directive 2003/109.
(456) Article 23 de la directive 2003/109.

l'encontre des ressortissants des autres États membres des mesures d'exception contraires au principe de libre circulation des personnes. La possibilité en est inscrite dans deux articles du traité Communauté européenne. L'article 48 § 3 (devenu article 39 § 3 TCE, puis 45 § 3 TFUE), relatif à la liberté de circulation des travailleurs, y fait référence dans une simple incidente, l'ex-article 56 (46 TCE, 52 TFUE), sur le droit d'établissement, admet dans une formule directe, que la liberté d'établissement ne préjuge pas l'existence de « *dispositions de droit national prévoyant un régime spécial aux ressortissants étrangers, et justifiées par des raisons d'ordre public, de sécurité publique et de santé publique* ». Ce régime intéresse l'ensemble des personnes circulant à l'intérieur de la Communauté, à quelque titre que ce soit, circulation des travailleurs, liberté d'établissement, de prestation de services ou pour quelque autre motif.

237-1. Directive 64/221 du 25 février 1964. La possibilité de prévoir l'existence d'un régime spécial aux étrangers, allant à l'encontre de la liberté de circulation des ressortissants communautaires, doit toutefois faire l'objet d'un encadrement, préservant le caractère exceptionnel ou dérogatoire au droit communautaire de sa mise en œuvre. Invité à le faire par l'alinéa 2 de l'ex-article 56 (devenu article 46 CE, puis 52 FUE) du traité, le Conseil a arrêté le 25 février 1964 une directive 64/221, « *pour la coordination des mesures spéciales aux étrangers en matière de déplacement et de séjour justifiées par des raisons d'ordre public, de sécurité publique et de santé publique* » (457).

Repris de l'article 56 du traité (46 TCE, 52 TFUE), le titre de la directive 64/221 était doublement trompeur. L'objet n'en était pas, au sens usuel du terme, d'établir une coordination des mesures d'ordre public, mais d'harmoniser les dispositifs de droit national, afin de soumettre les ressortissants communautaires à des règles suffisamment proches les unes des autres, quel que soit l'État membre qui prononce la mesure. Elle n'a pas non plus eu pour objet de régler la situation de l'ensemble des étrangers, mais uniquement celle des ressortissants communautaires (458).

237-2. Directive 2004/38 du 29 avril 2004. La directive 64/221 a été abrogée par la directive 2004/38 relative au droit des citoyens de l'Union et de leur famille de circuler et séjourner librement dans l'espace communautaire. Les dispositions des articles 27 à 33 de la directive 2004/38 ont remplacé celles de la directive 64/221, sans que l'économie générale du dispositif antérieur soit modifiée. Des adjonctions, venues en grande partie de la jurisprudence de la Cour de justice, ont été introduites ; la protection contre l'éloignement a été renforcée pour certaines catégories de personnes. Mais les bases restent les mêmes et les États membres, ont

(457) *JOCE* n° 56 du 4 avril 1964 ; sur la directive et son interprétation par la Cour de justice, v. G. Lyon-Caen, « La réserve d'ordre public en matière de liberté d'établissement et de libre circulation », *RTD eur.* 1966, p. 693 ; A. Barav, « La libre circulation des travailleurs, l'ordre public et le pouvoir de sanction des États membres… », *RTD eur.* 1977, p. 721 ; G. Druesne, *RTD eur.* 1976, p. 229, *RTD eur.* 1982, p. 706 ; Hubeau, *Cah. dr. eur.* 1981, p. 207 ; Tomuschat, *Cah. dr. eur.* 1975, p. 307 ; S. Poillot-Peruzzetto, « Ordre public et droit communautaire », *D.* 1993, chron. 177.

(458) Quand bien même son influence puisse se faire sentir sur les solutions applicables à l'ensemble des étrangers.

conservé le pouvoir d'éloigner de leur territoire les ressortissants des autres États membres, dans des conditions que la citoyenneté européenne n'a qu'assez peu fait évoluer (459).

A. — Les règles de fond

238. Notion d'ordre public. Tous les instruments internationaux relatifs à la circulation des personnes réservent l'ordre public. Le traité de Rome n'a pas échappé à la règle. Malgré le principe de libre circulation, les États membres peuvent se prévaloir des impératifs de l'ordre public ou de la santé publique pour s'opposer à la présence sur leur territoire de ressortissants d'autres États membres. Il n'empêche que le pouvoir ainsi ouvert aux États membres contredit un principe qui constitue un des fondements de l'Union européenne et ne doit donc s'exercer qu'à titre exceptionnel et dans des conditions limitativement définies.

La directive 64/221 n'avait précisé ces limites que de manière fragmentaire et n'avait pas offert de définition générale de la notion d'ordre public, notion qui au demeurant compte parmi les plus difficiles qui soient à définir. La directive 2004/38 ne procède pas autrement. La Cour de justice, de son côté, n'a pas non plus prétendu aller à la recherche d'une définition et, de ce fait, a reconnu aux États membres une marge d'appréciation relativement aux circonstances les autorisant à avoir recours à la notion d'ordre public (460).

Régulièrement saisie pour interprétation, la Cour a cependant, sans donner de définition générale, précisé au cas par cas quels comportements sont de nature à justifier une mesure d'ordre public. Les exigences de l'ordre public et de la sécurité publique doivent être entendues strictement, dans la mesure où elles vont justifier une dérogation au principe fondamental de la libre circulation des personnes, dit la Cour de justice (461).

Dans cette édification jurisprudentielle, la première pierre a consisté à consacrer l'applicabilité directe de la disposition essentielle de la directive, autorisant exclusivement les mesures fondées « *sur le comportement personnel de l'individu qui en fait l'objet* » (462).

239. Personnalité, gravité et actualité. Seul le comportement personnel d'un ressortissant communautaire peut justifier une mesure d'éloignement (463). La mesure doit reposer sur « *un examen individuel du cas* d'espèce » (464). Elle ne peut pas être prise « *à des fins économiques* » (465). Il ne peut donc pas être

(459) La loi du 24 juillet 2006 a en partie réformé la réglementation française en matière d'éloignement des étrangers ; v. les articles L. 511-1 et s. du Code de l'entrée et du séjour des étrangers ; D. Turpin, « La loi du 24 juillet 2006 relative à l'imigration et à l'intégration : choisir pour ne plus subir », *Rev. crit. DIP*, 2007, p. 1. N. Guimezanes, « Loi du 24 juillet 2006 relative à l'immigration et à l'intégration », *JCP*, éd. G, p. 1623, p. 1695.

(460) CJCE, 4 décembre 1974, *Van Duyn*, aff. 41/74, *Rec.* p. 1337, *RTD eur.* 1975, p. 128, obs. G. Lyon-Caen, *Cah. dr. eur.* 1975, p. 302, note Tomuschat.

(461) V. CJCE, 10 juillet 2008, *Jipa*, aff. C-33/07.

(462) Arrêt *Van Duyn*, cité note précédente.

(463) Article 27 § 2 de la directive 2004/38 ; article 3 § 1 de la directive 64/221.

(464) V. notamment, CJCE 25 juillet 2008, *Metock*, aff. C-127/08, pt. 74.

(465) Article 27 § 1 de la directive 2004/38 ; article 2 § 2 de la directive 64/221.

décidé, au nom de l'ordre public, de mesures collectives tendant à éloigner un ensemble de ressortissants d'un ou d'autres États membres. Le caractère personnel de la mesure interdit également de la prononcer dans un but de prévention ou de dissuasion à l'égard d'autres étrangers que celui dont le comportement personnel était incriminable : un État membre ne peut expulser un italien pour intimider d'autres italiens (466).

L'existence d'une condamnation pénale ne peut automatiquement, « *à elle seule* », suffire à motiver une mesure d'éloignement (467) ; en particulier si elle est intervenue précédemment dans un autre État membre en raison de faits qui s'y étaient produits (468). Il n'empêche que la gravité des faits poursuivis peut être telle qu'elle suffise à établir l'existence d'une menace pour l'ordre public assez sérieuse pour justifier un éloignement.

Encore faut-il que cette menace présente un caractère d'actualité au moment où est prise la mesure (469). L'existence chez l'individu concerné d'une tendance à maintenir dans l'avenir un comportement justifiant une mesure d'éloignement satisfait cette exigence d'actualité (470).

Une activité que la morale condamnera peut-être (la prostitution) mais qui n'est pas interdite et n'entraîne aucune poursuite pénale, ne peut pas non plus, *a fortiori*, légitimer, sans autre circonstance, une mesure d'éloignement (471). Le droit communautaire s'oppose également à une réglementation nationale qui permet l'expulsion quasi-automatique de toxicomanes récidivistes (472).

La directive 2004/38, dans le prolongement de la jurisprudence de la Cour de justice (473), elle-même inspirée par les décisions de la Cour européenne des droits de l'homme, réclame des États membres qu'ils tiennent compte d'un ensemble de circonstances personnelles : la durée du séjour de l'intéressé sur son territoire, son âge, son état de santé, sa situation familiale et économique, son intégration sociale et culturelle dans l'État membre d'accueil, l'intensité de ses liens avec son pays d'origine (474).

Malgré la libre circulation, les ressortissants de l'Union peuvent rester l'objet, en tant qu'étrangers, d'une police particulière. Il n'est pas interdit aux États de vouloir se tenir informés de leur présence sur le territoire et de leurs déplacements ni de prendre les mesures destinées à le permettre, à condition que le droit de libre circulation ne s'en trouve pas entravé. Si un ressortissant de l'Union ne se conforme

(466) CJCE, 26 février 1975, *Bonsignore*, *Rec.* p. 297 ; *Dr. soc.* 1975. 354, concl. MAYRAS ; *RTD eur.* 1975. 128, obs. G. LYON-CAEN ; *Cah. dr. eur.* 1975. 302, note TOMUSCHAT.

(467) Article 27 § 2, al. 2, de la directive 2004/38 ; article 3 § 2 de la directive 64/221.

(468) CJCE, 8 avril 1976, aff. 48/75, *Royer*, *Rec.* p. 497 ; CJCE, 10 juillet 2008, *Jipa*, aff. C-33/07.

(469) CJCE, 27 octobre 1977, *Bouchereau*, *Rec.* 1977, p. 1999 ; CJCE, 22 mai 1980, *Santillo*, aff. 131/79, *Rec.* p. 1585, *RTD eur.* 1980, p. 428, obs. DRUESNE.

(470) CJUE, 22 mai 2012, *P.I.*, aff. C-348/09, concernant des abus sexuels sur des enfants.

(471) *Adoui c. Cornuaille*, CJCE, 18 mars 1982, aff. 115 et 116/81, *Rec.* p. 1665, *RTD eur.* 1992, p. 706, obs. DRUESNE, *Cah. dr. eur.* p. 261, obs. DEMARET et E. DE LA GRAETE ; démentant l'arrêt *Van Duyn*, 4 décembre 1974, préc.

(472) CJCE, 29 avril 2004, *Orfanopoulos*, *Oliveri*, aff. jtes C-482/01 et C-493/01, *Rec.* I, p. 5257.

(473) CJCE, 11 juillet 2002, *Carpenter*, aff. C-60/00, *Rec.* I, p. 6279, CJCE, 29 avril 2004, *Orfanopoulos*, *Oliveri*, aff. jtes C-6482/01 et C-493/01 ; CJUE, 23 nov. 2010, *Tsakouridis*, aff. C-145/09.

(474) Article 28 § 1 de la directive 2004/38.

pas à ces mesures de police (en ne signalant pas sa présence sur le territoire, en ne demandant pas la délivrance du titre de séjour), il peut être sanctionné, mais la sanction doit être proportionnée aux faits reprochés et, en ce cas, ne peut consister en une mesure d'éloignement, mesure grave qui ne peut être justifiée que par des faits constituant une menace suffisamment grave pour l'ordre public (475).

240. Respect des droits fondamentaux. Dans ses appréciations relatives à la justification de mesures d'éloignement prises à l'encontre de ressortissants de l'Union, la Cour de justice se réfère fréquemment à la Convention européenne des droits de l'homme (articles 8, 9, 10 et 11) ainsi qu'à la jurisprudence de la Cour européenne des droits de l'homme (476), la Cour de justice énonce que l'exercice par les États membres de leur pouvoir de police à l'égard des étrangers ne saurait dépasser ce qui est nécessaire à la sauvegarde des besoins d'ordre et de sécurité publics « dans une société démocratique » (477). Les mesures que les États sont admis à prendre en invoquant l'intérêt général doivent rester conformes « *aux droits fondamentaux dont la Cour assure le respect* » (478).

Cette obligation s'exprimera également lorsqu'une mesure d'éloignement est prise à l'encontre d'un ressortissant d'État tiers titulaire d'un droit de séjour que lui confère le droit de l'Union.

241. Intégration dans l'État d'accueil. Les mesures d'éloignement touchant les personnes ayant longuement vécu dans un État d'accueil et s'y étant donc, vraisemblablement, intégrées, doivent être fortement motivées. L'idée, qui se traduit sous des modulations variables concernant les citoyens de l'Union, s'étend également aux ressortissants de pays tiers.

241-1. Ressortissants de l'Union. La directive 2004/38 protège spécialement certaines catégories de personnes. Seules « *des raisons impérieuses d'ordre public ou de sécurité publique* » permettront d'éloigner un citoyen de l'Union ou des membres de sa famille qui ont acquis un droit de séjour permanent sur son territoire (479). Seuls des « *motifs graves de sécurité publique* » (480) sont de nature à justifier l'éloignement des personnes qui ont séjourné dans l'État membre d'accueil pendant les dix années précédentes ou qui sont mineures, sauf si l'éloignement est nécessaire dans l'intérêt de l'enfant (481). « *Raisons impérieuses d'ordre public ou de sécurité publique* » s'entend d'une atteinte d'un « *degré de gravité particulièrement élevé* » à l'ordre ou à la sécurité publics et un comportement criminel d'une

(475) *Watson*, CJCE, 7 juillet 1976, *Rec.* 1976. 1185 ; *Royer*, CJCE, 8 avril 1976, préc. ; v. égal. *Rutili*, CJCE, 28 octobre 1975, *Rec.* 1975. 1219, concl. MAYRAS ; *RTD eur.* 1976. 135, obs. G. LYON-CAEN.

(476) V. par exemple, CJUE 23 nov. 2010, *Tsakouridis*, aff. C-145/09, et ses références aux arrêts *Aoulmi c. France* du 17 janvier 2006 (sur les dangers individuels et sociaux de la toxicomanie) et *Maslov c. Autriche* du 23 juin 2008 (sur la protection de la vie privée et familiale face à une mesure d'éloignement).

(477) Arrêt *Rutili*, 28 octobre 1975, cité note précédente.

(478) Formule régulièrement reprise par la Cour de justice : CJCE, 26 juin 1997, *Familiapress*, aff. C-368/95, *Rec.* I, p. 3689, CJCE, 11 juillet 2002, *Carpenter*, aff. C-60/00, v. motif 40. *Rec.* I, p. 6279.

(479) Article 28 § 2 de la directive 2004/38.

(480) Motifs « *définis par les États membres* », dit le texte de la directive.

(481) Conformément aux prescriptions de la convention de New York du 20 novembre 1989 sur les droits de l'enfant, article 28 § 3 de la directive 2004/38.

gravité marquée, tel que le trafic de stupéfiant en bande organisée, est susceptible, au regard de circonstances complémentaires, de recevoir cette qualification, mais ce même comportement, à lui seul, relèvera d'une notion de « *motifs graves d'ordre public ou de sécurité publique* » (482).

241-2. Ressortissants de pays tiers. Le même souci de ne pas les priver d'un droit de séjour, sauf pour des raisons graves, se manifeste pour les ressortissants extérieurs à l'Union dont il y a lieu de présumer qu'ils sont suffisamment intégrés dans un État membre d'accueil. C'est ainsi que les résidents de longue durée ne peuvent faire l'objet d'une mesure d'éloignement que s'ils constituent « *une menace réelle et suffisamment grave pour l'ordre public ou la sécurité publique* ». Leur éloignement ne peut être justifié « *par des raisons économiques* » (483).

242. Égalité et déplacements internes. Concernant la liberté de déplacement à l'intérieur d'un même État d'un ressortissant d'un autre État membre, c'est le principe de non-discrimination qui a, alors, dicté l'interprétation de la Cour de justice. Un ressortissant communautaire ne peut subir de restrictions à sa liberté de déplacement à l'intérieur d'un État membre (assignation à résidence ou interdiction d'une partie du territoire) que si ces mêmes restrictions peuvent être imposées aux nationaux pour les mêmes faits. Dans l'affaire *Rutili*, les autorités françaises avaient voulu sanctionner par une atteinte à sa liberté de déplacement les activités syndicales d'un italien résidant et travaillant en France et la Cour s'est prononcée en se référant à l'article 11, relatif à la liberté syndicale, de la Convention européenne des droits de l'homme et des libertés fondamentales (484). La Cour de justice a ensuite précisé qu'une interdiction partielle de séjour peut être imposée à une personne dont l'expulsion pourrait se justifier par des motifs suffisants (485).

Cette jurisprudence particulière ne doit pas masquer le fait que la réserve d'ordre public imprime à la situation des ressortissants communautaires un caractère d'inégalité par rapport à celle des nationaux, puisqu'ils peuvent subir des mesures d'éloignement du territoire dont les nationaux sont à l'abri. L'un des apports possibles de l'affirmation d'une citoyenneté européenne devrait d'ailleurs être de faire, à terme, disparaître cette survivance de traitement différencié ou discriminatoire et de généraliser l'application du principe, exprimé par l'arrêt *Rutili*, voulant que les ressortissants communautaires ne puissent pas subir d'autres restrictions à leur liberté de déplacement que celles qui, au nom de l'ordre public, sont susceptibles de frapper les nationaux.

La directive 2004/38 prolonge la jurisprudence de la Cour de justice en énonçant que des mesures de limitation territoriale du droit de séjour peuvent être prises par les États membres « *dans les cas où elles sont prévues également pour leurs propres ressortissants* » (486).

(482) CJUE, 23 novembre 2010, *Tsakouridis*, aff. C-145/09.
(483) Article 12 de la directive 2003/109 sur les résidents de longue durée, v. *supra* n° 204 et *infra* n° 246.
(484) CJCE, 28 octobre 1975, préc. ; v. égal. *Bouchereau*, CJCE, 27 octobre 1977, *Rec.* 1977, 1999 ; comp. *V. A. Saunders*, CJCE, 28 mars 1979, *Rec.* 1129. CJCE, 26 novembre 2002, *Aitor Oteira Olazabal*, aff. C-100/01.
(485) CJCE, 26 novembre 2002, *Olazabar*, aff. C-100/01, *Rec.* I, p. 10981.
(486) Article 22 de la directive.

B. — Les garanties de procédure et les recours

243. Application générale des garanties. Le droit communautaire offre au ressortissant communautaire, en tant que citoyen de l'Union, des garanties de procédure largement semblables, qu'il fasse l'objet d'une mesure d'éloignement ou qu'il se voie refuser la délivrance d'un titre de séjour ou le renouvellement de celui-ci, alors que le droit français distingue traditionnellement ces situations et n'assure pas aux étrangers les mêmes garanties procédurales ni les mêmes recours selon le cas (487). Autant que le renforcement des garanties procédurales (488), le droit communautaire a tendu à réaliser l'application générale de ces garanties à l'ensemble des hypothèses dans lesquelles le droit de circulation et de séjour d'un ressortissant communautaire bute sur une mesure d'ordre public.

Le principe qui se dégageait de la directive 64/221, voulait que les droits de la défense de l'intéressé et, plus largement, son droit à une décision légale et équitable, soient respectés :

– soit, dans le cadre d'un contrôle *a priori*, devant une autorité indépendante chargée de l'entendre et d'instruire son cas ;

– soit, *a posteriori*, dans le cadre d'un recours juridictionnel qui doit lui être ouvert (489).

Avec la directive 2004/38, l'intéressé doit pouvoir faire valoir ses droits de la défense avant que la décision ne soit prise.

244. Transparence. La première exigence formulée concerne la notification à l'intéressé de la mesure qui le touche et des raisons qui sont à la base de la décision. La notification doit être faite « *par écrit* » (490). Les raisons de l'éloignement doivent être portées à sa connaissance, « *à moins que des motifs relevant de la sûreté de l'État ne s'y opposent* » (491). La Cour de justice a précisé que cette communication doit avoir lieu en même temps que la notification de la mesure et qu'elle doit être « *suffisamment détaillée et précise* » pour permettre à l'intéressé de se défendre, que cette défense soit présentée devant la commission chargée de l'entendre préalablement à la mesure ou le soit dans le cadre d'un recours juridictionnel (492). La directive 2004/38 dit désormais que « *les motifs précis et complets* » de la mesure « *sont portés à la connaissance de l'intéressé* » (493). Cette exigence a une portée générale ; elle concerne non seulement l'éloignement et le refus de délivrance ou de renouvellement de titre, mais aussi le refus d'entrée sur le territoire.

(487) V. pour plus de détails, F. Julien-Laferrière, *Droit des étrangers*, PUF, Paris, 2000 ; N. Guimezanes, *Le droit des étrangers*, Armand Colin, Paris, 2001.

(488) Sur la procédure d'expulsion du droit français et, plus généralement, sur les différentes mesures d'éloignement, v. Code de l'entrée et du séjour des étrangers, art. 511-1 et s.

(489) Cf. conclusions Elmer dans l'affaire *John Callagher*, CJCE, 30 novembre 1995, aff. C-175/94. Le droit français combine contrôle *a priori* par une commission indépendante de l'autorité prenant la décision et recours juridictionnel contre la décision une fois celle-ci prise. Si le contrôle a priori n'est pas prévu dans tous les cas, la possibilité de former un recours juridictionnel est toujours possible ; mais il est peu fréquent et la décision viendra longtemps après.

(490) En sorte de permettre à celui-ci « *d'en saisir le contenu et les effets* », article 30 § 1 de la directive 2004/38.

(491) Article 30 § 2 de la directive 2004/38, reprenant les termes de l'article 6 de la directive 64/221.

(492) Arrêts *Rutili*, 28 octobre 1975, préc., *Adoui*, 18 mai 1982, préc.

(493) Article 30 § 2 de la directive.

Un délai doit, d'autre part, être laissé à l'intéressé pour quitter le territoire : un mois au moins après notification de la mesure, sauf cas d'urgence « *dûment justifiée* » – notion distincte de la sûreté visée plus haut (494).

245. Recours. L'intéressé doit-il disposer d'une possibilité de recours juridictionnel ?

245-1. Droit à un recours juridictionnel : directive 64/221. La directive 64/221 n'avait pas consacré de façon absolue le droit à un recours juridictionnel ; elle énonçait seulement que l'intéressé doit pouvoir introduire un recours contre la décision dont il est l'objet, dans la mesure où le droit national prévoit l'existence de recours contre les actes administratifs (495), suivant une idée d'égalité de traitement entre droit communautaire et droit national dans des situations analogues (496). C'est alors une idée ou un principe d'équivalence qui dicte l'exigence que la possibilité d'un recours soit ouverte aux ressortissants d'autres États membres contre des décisions qui, relevant par hypothèse de la police des étrangers, ne peuvent être prises contre les nationaux.

Visant l'hypothèse où le recours n'a pas effet suspensif ou ne porte que sur la légalité de l'acte (par opposition à l'opportunité ou à la justification) ou encore n'existe pas – à preuve que la possibilité d'un recours juridictionnel n'est pas exigée de façon absolue –, la directive 64/221 réclamait l'intervention d'une « *autorité compétente du pays d'accueil devant laquelle l'intéressé doit pouvoir faire valoir ses moyens de défense et se faire assister ou représenter* ».

Un recours portant sur les raisons de l'éloignement et lui permettant de présenter ses moyens de défense doit être ouvert à l'intéressé, soit devant une juridiction, soit, à défaut de recours juridictionnel, devant une « *autorité* ». C'est ce qui ressortait de la directive 64/221.

Cette « *autorité* » rend un avis préalable à la décision (497). Elle *doit* être saisie par l'autorité administrative, non seulement en cas d'expulsion, mais également en cas de refus de renouvellement d'un titre de séjour (498) ; elle *peut*, d'autre part, être saisie par l'intéressé dans les autres cas, disait la directive 64/221 (499). Elle correspond à la commission d'expulsion ou encore à la commission du séjour des étrangers connues du droit français.

245-2. Droit à un recours juridictionnel : directive 2004/38. La directive 2004/38 ouvre aux intéressés le droit d'accéder « *aux voies de recours juridictionnelles et, le cas échéant, administratives dans l'État d'accueil pour attaquer une décision prise à leur encontre pour des raisons d'ordre public* » (500).

(494) Article 30 § 3 de la directive 2004/38 ; l'article de la directive 64/221 réduisait ce délai à quinze lorsque l'intéressé n'avait pas encore reçu de titre de séjour.

(495) Article 8 de la directive 64/221.

(496) Idée exprimée par la Cour de justice dans son arrêt *Pécastaing*, CJCE, 5 mars 1980, aff. 98/79, *Rec.* p. 691.

(497) L'autorité administrative ne peut prendre sa décision « *qu'après avis donné par cet organisme* », CJCE, 18 octobre 1990, *Dzodzi*, aff. C-297/88 et C-197/89, *Rec.* I p. 3763, *RTD eur.* 1991, p. 565, obs. P. Rodière.

(498) Il ne saurait être question, en ce cas, que l'« autorité » considérée ne soit saisie que si l'intéressé conteste la mesure dont il est l'objet, CJCE, 30 novembre 1995, *John Callagher*, aff. C-175/94.

(499) Article 9 de la directive 64/221. Concernant les étrangers relevant du droit commun des étrangers, le droit français ne prévoit pas dans tous ces mêmes cas la saisine de la Commission d'expulsion ou du séjour des étrangers.

(500) Article 31 § 1 de la directive 2004/38.

Elle énonce ensuite que les « *procédures de recours permettent un examen de légalité de la décision ainsi que des faits et circonstances justifiant la mesure envisagée* » (501). La décision ne doit pas être « *disproportionnée* », notamment au regard de l'obligation de procéder à un examen personnel du comportement et de la situation de l'intéressé (502).

Sont visées les *procédures de recours*, expression recouvrant les recours juridictionnels et administratifs. C'est donc que le droit de présenter sa défense, exigé par le droit de l'Union, pourrait comme par le passé n'être ouvert que devant une autorité administrative. Il faut aussi observer que le texte vise une mesure *envisagée.* On peut en conclure que si ce droit est ouvert devant une juridiction, celle-ci doit, comme l'*autorité*, se prononcer avant que la mesure ne soit adoptée.

245-3. Caractère suspensif du recours. Le recours est-il suspensif ? On avait pu croire, sous l'empire de la directive 64/221, que la Cour de justice entendait qu'il le soit (503), mais elle s'était ravisée ou du moins avait précisé que le recours devait suspendre l'exécution de la mesure uniquement dans les États où, de manière générale, les recours contre les actes administratifs ont cet effet – ce qui n'est pas le cas de la France (504).

La question, relevant jusque-là de la Cour de justice, fait désormais l'objet de la directive 2004/38. Lorsqu'une demande de suspension est formée, l'administration ne peut exécuter la décision tant qu'une ordonnance de référé n'a pas été prise, sauf 1) décision juridictionnelle antérieure sur l'éloignement, 2) accès antérieur à un recours juridictionnels ou 3) « *motifs impérieux de sécurité publique* » (505).

La directive 2004/38 se borne à viser, sans autre précision, l'existence possible d'une voie de recours administrative.

245-4. Contrôle d'une « *autorité compétente du pays d'accueil* ». La directive 64/221 exigeait que cette autorité, devant laquelle l'intéressé est appelé à faire valoir ses moyens de défense, soit différente de celle qualifiée pour prendre la décision (506). La Cour de justice en a déduit qu'il est essentiel qu'elle soit indépendante et échappe au contrôle de l'autorité qui prend la décision, le droit communautaire n'exigeant cependant pas que ce soit une juridiction ni qu'elle soit composée uniquement de magistrats (507). Il admet même qu'elle soit désignée par l'autorité qui prendra la mesure d'éloignement (508). Elle doit cependant fonctionner comme le ferait une juridiction et assurer à l'intéressé le respect des droits de la défense et des règles fondamentales du procès (509). Elle doit permettre « *un examen exhaustif des faits et circonstances, y compris l'opportunité de la mesure envisagée* » (510).

(501) Article 31 § 3.
(502) *Ibid.*
(503) Arrêt *Royer*, 8 avril 1976, préc.
(504) CJCE, 5 mars 1980, *Pécastaing*, *Rec.* 1980, p. 691.
(505) Article 31 § 2 de la directive 2004/38.
(506) Article 9 § 1 de la directive.
(507) Arrêt *Adoui*, 18 mai 1982, préc.
(508) CJCE, 30 novembre 1995, *John Callagher*, aff. C-175/94.
(509) Arrêts *Adoui* et *Pécastaing*, préc.
(510) Arrêt *Adoui*, préc. ; v. également CJCE, 2 juin 2005, *Dörr*, aff. C-136/03.

Mais c'est aux États membres de décider si l'avis lie ou non l'autorité administrative (511). D'autre part, en cas d'urgence, la procédure peut être écartée. La directive 64/221 l'a admis pour le délai de départ (512), et pour la saisine de l'« *autorité* » consultative (513).

La directive 2004/38 se borne à viser l'éventualité d'un recours devant une autorité administrative (514). Le texte de la directive est rédigé d'une façon qui permet de considérer que les garanties accompagnant les recours juridictionnels s'appliquent aussi aux recours devant une autorité administrative.

C. — Les ressortissants des pays tiers

246. Des garanties équivalentes. Une formule traverse la jurisprudence de la Cour de justice depuis quelques années. Elle énonce que les principes admis dans le cadre des articles 48 et suivants du traité CEE (devenus articles 39 à 42 CE, puis 45 à 48 FUE) relatifs à la libre circulation des travailleurs ressortissants des États membres doivent être « *transposés, dans la mesure du possible* » concernant l'éloignement de catégories privilégiées de ressortissants non communautaires : les membres de famille d'un ressortissant de l'Union ; les résidents de longue durée (515) ; les ressortissants non communautaires relevant d'un accord d'association ou de coopération (516). Des garanties équivalentes, tant de fond que de procédure, ou concernant les recours (517), devront donc être respectées à leur égard. La volonté de faire respecter les droits fondamentaux de la personne tels qu'identifiés par la Convention européenne de sauvegarde des droits de l'homme, imprègne la jurisprudence de la Cour de justice.

Il faudra par exemple vérifier que le comportement d'un ressortissant turc, relevant de l'accord entre la Communauté et la Turquie, constitue une menace actuelle pour l'ordre public. Le principe d'actualité de la menace s'applique (518). Le conjoint non communautaire d'un ressortissant communutaire a le droit d'être entendu et de présenter ses moyens de défense dans les mêmes conditions qu'un citoyen de l'Union, suivant ce qu'exige un principe général de droit communautaire trouvant sa source dans la Convention européenne des droits de l'homme (519). Ces mêmes garanties sont dues à un ressortissant turc faisant l'objet d'une mesure d'éloignement (520). Elles s'étendent aux membres de sa famille (521).

(511) Les pouvoirs de la commission d'expulsion ou de la commission du séjour des étrangers varie en France au gré des changements de majorité gouvernementale. La commission prend tantôt des décisions liant l'autorité administrative si elles sont favorables à l'étranger, tantôt ne rend qu'un simple avis ne liant pas.

(512) Article 7.

(513) Article 9 § 1 ; v. arrêt *Callagher*, préc.

(514) Article 31 § 3.

(515) V. *supra* n° 204.

(516) Cf. CJCE, 30 septembre 2004, *Ayaz*, C-275/02, CJCE, 11 novembre 2004, *Cetinkaya*, cité note suivante ; et v. déjà, CJCE, 6 juin 1995, *Bozkurt*, aff. C-434/93, *Rec.* I, p. 1475.

(517) V. sur le champ couvert par la transposition, CJCE, 11 novembre 2004, *Cetinkaya*, aff. C-157/03, v. également CJCE, 2 juin 2005, *Dörr*, aff. C-136/03, spéc. points 67 et 68.

(518) CJCE, 11 novembre 2004, *Cetinkaya*, aff. C-467/02.

(519) CJCE, 25 juillet 2002, *MRAX c. État belge*, aff. C-459/99.

(520) CJCE, 2 juin 2005, *Dörr*, aff. C-136/03.

(521) Arrêts *Cetinkaya* et *Dörr*, préc.

Sous-section 2 — La levée des obstacles

247. Le premier des principes. La prohibition des discriminations fondées sur la nationalité domine l'ensemble de la construction juridique communautaire et de l'Union européenne. L'ex-article 12 TCE (ex-article 6 du Traité CE, lui-même substitué à l'article 7 du Traité de Rome), devenu article 18 TFUE, interdit, dans l'ensemble du domaine d'application du droit de l'Union, toute discrimination exercée en raison de la nationalité.

L'article 39 § 2 TCE (ex-article 48 § 2), devenu article 45 § 2 TFUE, applique ce principe de portée générale au domaine particulier de la libre circulation des travailleurs qui, dit-il « *implique l'abolition de toute discrimination, fondée sur la nationalité, entre travailleurs des États membres, en ce qui concerne l'emploi, la rémunération et les autres conditions de travail* ». Le règlement n° 1612/68 a repris l'affirmation du principe en déclarant en son article 7 § 1 (article 7 § 1 du règlement codificateur 492/2011) que le ressortissant d'un État membre « *ne peut être, en raison de sa nationalité, traité différemment des travailleurs nationaux, pour toutes conditions d'emploi et de travail* » ; ne se contentant d'ailleurs pas de ce rappel et précisant aux articles 7 à 12 les modalités de mise en œuvre du principe au bénéfice du salarié et de sa famille.

Ce sont donc les dispositions de l'ex-article 39 TCE, devenu article 45 TFUE, complétées par celles du droit dérivé, qui, en matière de libre circulation des travailleurs, gouvernent de façon spécifique l'application du principe général de non-discrimination énoncé par l'ex-article 12 TCE, devenu article 18 TFUE, lequel, dit régulièrement la Cour de justice, « *n'a vocation à s'appliquer de manière autonome que dans des situations régies par le droit de l'Union pour lesquelles le traité ne prévoit pas de règles spécifiques de non-discrimination* » (522).

Ratione personae, les travailleurs, plus largement, les actifs étaient les seuls à entrer initialement dans le domaine d'application du traité et à relever par conséquent de l'égalité de traitement. La citoyenneté européenne a conduit à en étendre le bénéfice à tous les citoyens de l'Union.

La Cour de justice a consacré cette extension. « *Le statut de citoyen de l'Union a vocation à être le statut fondamental des ressortissants des États membres* » « *permettant à ceux qui se trouvent dans la même situation d'obtenir, indépendamment de leur nationalité..., le même traitement juridique* ». Des personnes qui, citoyennes de l'Union, mais n'ayant pas la qualité d'actifs, tels notamment les étudiants, pouvaient par le passé se voir refuser, pour diverses prestations ou avantages sociaux, le bénéfice de l'égalité de traitement. Leur qualité de citoyen de l'Union leur ouvre désormais, en principe, droit à l'égalité de traitement du moment qu'elles résident légalement sur le territoire d'un État membre (523).

La directive 2004/38 énonce aujourd'hui dans son article 24 que « *tout citoyen de l'Union qui séjourne sur le territoire de l'État membre d'accueil en vertu de*

(522) V. récemment, CJUE, 25 octobre 2012, *Prete*, aff. C-367/11, pt. 18 ; antérieurement, v. spéc. CJCE, 26 novembre 2002, *Oteiza Olazabal*, aff. C-100/01, pt. 25.

(523) CJCE, 20 septembre 2001, *Grzelczyk*, aff. C-184/99, *Rec.* I, p. 6193 ; antérieurement, moins explicite, v. CJCE, 12 mai 1998, *Martinez Sala*, aff. C-85 : 96, *Rec.* I, p. 2691) ; v. également *infra* n° 255-257 et les arrêts cités.

la présente directive bénéficie de l'égalité de traitement avec les ressortissants de cet État membre dans le domaine d'application du traité. Le bénéfice de ce droit s'étend aux membres de la famille, qui n'ont pas la nationalité d'un État membre et qui bénéficient du droit de séjour ».

S'il est d'application générale dans l'ensemble du domaine couvert par le traité de Rome, le bénéfice de l'égalité de traitement n'a cependant pas une portée absolue. Des exceptions ou des limitations peuvent lui être apportées, là où le traité CE en a prévu la possibilité. C'est ce que souligne l'article 18 TFUE (ex-article 12 du traité CE) en interdisant les discriminations « *sans préjudice des dispositions particulières qu'il* (le traité) *prévoit* ». C'est ce que dit encore l'article 24 de la directive 2004/38, en reconnaissant le bénéfice de l'égalité de traitement à tout citoyen de l'Union « *sous réserve des dispositions spécifiques expressément prévues par le traité et le droit dérivé* » (524). L'accès à l'égalité peut toutefois ne pas être immédiat et réclamer un certain degré d'intégration dans l'État d'accueil, comme le marque l'article 24 § 2 de la directive 2004/38 et les possibilités de dérogation temporaire qu'il institue (525).

Le traité avait voulu écarter les discriminations. L'évolution de sa jurisprudence a conduit la Cour de justice à condamner plus largement les entraves à la libre circulation en visant aussi celles qui ne sont pas discriminatoires.

248. De la discrimination à l'entrave. Depuis ce que l'arrêt *Bosman* a annoncé (526), il apparaît aujourd'hui que le droit de l'Union européenne ne tend pas à condamner seulement les discriminations fondées sur la nationalité, mais également, plus largement, les entraves non-discriminatoires à la liberté de circulation, indistinctement applicables aux nationaux et ressortissants de l'Union, que ne justifierait pas un intérêt légitime et impérieux de l'État membre qui les institue.

Le changement qui s'opère ainsi revêt une grande importance. En condamnant les discriminations, le droit communautaire visait seulement une condition d'application des règles nationales. Désormais, ce sont les réglementations elles-mêmes, dans la teneur des prescriptions qu'elles prévoient, qui peuvent être mises en cause.

*

* *

On traitera successivement des discriminations, puis des entraves non discriminatoires.

§ 1. – Les discriminations

249. De l'examen de la nature des discriminations prohibées, on passera à celui du domaine de la prohibition.

(524) V. également le deuxième paragraphe de l'article 24 de la directive 2003/38 et *infra* n° 256-4.

(525) Sur ce texte, v. *infra* n° 256-4 ; les dérogations à l'égalité de traitement que prévoit l'article 24 § 2 de la directive 2004/38 ont été déclarées conformes à l'article 39 TCE (45 TFUE), CJUE, 4 juin 2009, *Vatsouras*, aff. C-22/08.

(526) CJCE, 15 décembre 1995, aff. C-145/93, concl. C.O. Lenz, *RTD eur.* 1996, p. 127.

A. — La nature des discriminations prohibées

La notion même de non-discrimination soulève de nombreuses difficultés. Partiellement réglées par le règlement 1612/68 (recodifié dans le règlement 492/2011), elles ont suscité une jurisprudence de la Cour de justice. Suivant ce qu'énonce le préambule du règlement, l'égalité de traitement doit être assurée « *en fait et en droit* » (527). Elle ne doit pas seulement se constater dans les règles, mais dans l'effet des règles et dans les pratiques.

1° Indifférence aux sources de discrimination

250. Toute norme discriminatoire. Les discriminations doivent disparaître des réglementations applicables à l'emploi et au travail des ressortissants des autres États membres, soit ! Mais de quelles réglementations ?

250-1. Réglementations de source privée. La source de la réglementation est indifférente. L'interdiction des discriminations s'applique aux réglementations de source étatique ainsi qu'à « *toute clause de convention collective ou individuelle ou d'autre réglementation collective* » (528). La Cour de justice a eu l'occasion de le rappeler en visant le règlement de l'Union cycliste internationale dans ses dispositions relatives à la composition des équipes de coureurs. Elle a énoncé à ce propos que l'interdiction des discriminations fondées sur la nationalité « *s'impose non seulement à l'action des autorités publiques, mais s'étend également aux réglementations d'une autre nature visant à régler, de façon collective, le travail salarié* » (529). Suivant la formule que reprend régulièrement la Cour de justice, « *l'abolition entre États membres des obstacles à la libre circulation serait compromise si la suppression des barrières étatiques était neutralisée par l'exercice de leur autonomie juridique par des associations et organismes ne relevant pas du droit public* » (530).

Ce qui est interdit aux réglementations publiques l'est également aux réglementations privées. L'interdiction concerne en premier lieu les dispositions des conventions et accords collectifs. On trouve là un aspect d'une règle d'ordre général commandant aux partenaires sociaux, en dépit de l'autonomie normative que le droit de l'Union leur reconnaît, de ne pas compromettre par leur action la réalisation des objectifs de l'Union (531).

La même analyse s'étend aux réglementations publiques ou privées extra-communautaires ou internationales.

(527) Règlement 1612/68, 5e considérant de l'exposé des motifs.

(528) Règlement 1612/68 er règlement codificateur 492/2011, article 7 § 4.

(529) *Walrave et Koch*, 12 décembre 1974, *Dr. soc.* 1975. 346, note G. Lyon-Caen ; *RTD eur.* 1976. 719 et v. p. 635, G. Ubertazzi, « Le domaine matériel du droit communautaire » ; v. également, Touffait, *D.* 1976, chron. p. 165.

(530) Cf. par exemple, CJCE, 11 avril 2000, *Christelle Deliège*, aff. C-51/96 et C-191/97, à propos de règles instituées par des fédérations nationales de judo ; CJCE, 13 avril 2000, *Jyri Lehtonen*, aff. C-176/96, pour des règles posées par une fédération nationale de basket-ball.

(531) V. *supra* nos 48 et 118.

250-2. Réglementations relevant de compétences exclusivement nationales. Il importe peu que la règle discriminatoire fasse partie de la législation militaire – qui échappe à l'empire du droit communautaire – et non de la législation du travail. Dès lors qu'elle ne présente que des liens indirects avec la défense nationale et intéresse, au contraire, directement les conditions d'emploi et de travail, elle doit être abolie. C'est ce qu'avait énoncé la Cour de justice dans son arrêt *Ugliola*, rendu à propos de l'application à un ressortissant italien travaillant en Allemagne de la règle allemande commandant de tenir compte de la période du service militaire pour le calcul de l'ancienneté du salarié dans l'entreprise qu'il a dû momentanément quitter (532).

Cet exemple particulier illustre deux idées de portée générale. La première, très présente dans la jurisprudence actuelle de la Cour de justice, concerne l'exercice par les États membres des compétences qui sont les leurs. « *Dans l'exercice de cette compétence, les États membres doivent respecter le droit communautaire, notamment les dispositions du traité relatives aux libertés de circulation* », dit la Cour de justice (533). La seconde concerne la place ou la classification des règles dans le système juridique national, qui cède devant ses effets sur la liberté de circulation des personnes.

250-3. Mesures non contraignantes. Il importe peu que les réglementations en cause ne soient pas contraignantes. Les dispositions heurtant le principe d'égalité doivent disparaître des conventions collectives anglaises, bien que celles-ci soient – en apparence ! – non contraignantes (534).

Il n'y a pas lieu de distinguer non plus selon que le versement d'un avantage s'ajoutant au salaire intervient en vertu d'une faculté ou d'une obligation légale ou contractuelle. Même s'il est facultatif pour l'employeur, il doit se faire de façon non discriminatoire (535). Les libéralités sont soumises au principe de non-discrimination.

250-4. Risque de discrimination. Un simple risque de discrimination suffit à imposer la modification d'une réglementation nationale. La France avait maintenu sans modification les dispositions de son Code du travail maritime réservant aux nationaux la majeure partie des emplois sur les navires battant pavillon français. Bien que les autorités françaises aient donné pour instruction de ne pas opposer ces dispositions aux ressortissants communautaires et bien que les dispositions du règlement 1612/68 aient été, en toute hypothèse, directement applicables, avec primauté sur le droit national, la Cour de justice a estimé qu'en ne modifiant pas le Code du travail, la France laissait se maintenir une situation de fait ambiguë et créait une insécurité juridique qui pouvait être préjudiciable à la libre circulation. Au nom du principe de sécurité juridique, la France était donc condamnée (536).

(532) CJCE, 15 octobre 1969, *JCP* 1970, II, 16204, obs. G. Lyon-Caen.

(533) V. *supra* n° 48.

(534) *Commission c. Royaume-Uni*, CJCE, 8 novembre 1983, *Rec.* p. 3431 (à propos de l'égalité entre les hommes et les femmes).

(535) Arrêt *Sotgiu*, CJCE, 12 février 1974, aff. 152/73, *Rec.* p. 153.

(536) CJCE 4 avril 1974, *Commission c. République française, D.* 1974. 717, note B. Pacteau, *JCP* 1974. II.17863, obs. Ruzié, *RTD eur.* 1974. 353, concl. Reischl.

2° Indifférence aux formes de discrimination

251. Discriminations directes et indirectes. Sont prohibées non seulement les discriminations ostensiblement ou directement fondées sur la nationalité, mais encore toutes formes dissimulées de discrimination qui, par application d'autres critères de distinction, aboutissent en fait au même résultat. C'est ainsi que s'est exprimée la Cour de justice depuis l'arrêt *Sotgiu* (537).

Ces autres critères, *ou « facteurs apparemment neutres »*, peuvent être fournis par le lieu de résidence ou du domicile du travailleur ou de sa famille, l'arrêt *Pinna* du 15 janvier 1986 ayant fourni une illustration particulièrement nette d'une discrimination indirecte fondée sur la résidence de la famille dans le pays d'origine du travailleur (538). « *Une disposition nationale qui prévoit une distinction fondée sur le critère de résidence risque de jouer principalement au détriment des ressortissants d'autres États membres. En effet, les non-résidents sont le plus souvent des non-nationaux* », a plus récemment dit la Cour de justice (539). De manière générale, la discrimination consistera à ne pas prendre en compte un fait ou un ensemble de faits situés sur le territoire d'un autre État membre, alors que cette exclusion frappe majoritairement les ressortissants des autres États membres (540).

Comme celle des discriminations directes, la prohibition des discriminations indirectes est indifférente à la source de l'acte incriminé. Il pourra s'agir par exemple d'une convention collective (541). Elle s'étend aux emplois publics (542)

Afin de faire apparaître l'existence d'une discrimination indirecte, il faudra parvenir à établir que le résultat de la règle ou de la pratique mises en cause est bien sinon le même exactement que celui d'une discrimination ostensiblement fondée sur la nationalité, à tout le moins suffisamment proche d'un tel résultat qu'il peut y être assimilé (543).

(537) CJCE, 12 février 1974, préc. n° précédent ; v. récemment, CJCE, 18 juillet 2007, *Hartmann*, aff. C-212/05, pt. 29.

(538) Pris dans le domaine de la sécurité sociale des travailleurs migrants, l'arrêt *Pinna* du 15 janvier 1986 (aff. 41/84, *Rec.* p. 1, *Cah. dr. eur.* 1986, p. 475, obs. VAN RAEPENBUSCH) vise le critère tiré du lieu de résidence des membres de la famille, qui, permettant de déterminer les règles applicables aux prestations familiales, distinguera en fait entre familles françaises et familles étrangères, puisque ce sont très majoritairement les familles étrangères qui résident hors de France, quand le travailleur relève de la loi française ; v. *infra* n° 685-687 ; *adde*, CJCE, 10 mars 1993, *Commission c. Luxembourg*, aff. C-111/91, *Rec.* I, p. 840. V. également arrêt *Sotgiu*, cité note précédente.

(539) CJCE, 7 mai 1998, *Clean Car Autoservice*, aff. C-350/96, *Rec.* I, p. 2521 ; V. également CJUE, 13 avril 2010, *Bressol et Chaverot*, aff. C-73/08, concernant une différence de traitement entre étudiants résidents et étudiants non-résidents, en Belgique.

(540) Arrêt *Ugliola*, préc. : une loi allemande réservant le bénéfice de certains droits, non pas directement aux Allemands, mais aux travailleurs effectuant leur service national en Allemagne, établit en fait une discrimination à raison de la nationalité, puisqu'en général ce sont les seuls Allemands qui effectuent en Allemagne leur service militaire.

(541) CJCE, 15 janvier 1998, *Schöning-Kougepetopoulou*, aff. 15/96, *Rec.* I p. 47, visant une clause de convention collective interdisant de prendre en compte l'ancienneté acquise dans un autre État membre pour le calcul d'un avantage salarial. Nulle de plein droit, la clause doit être écartée par le juge.

(542) CJCE, 12 mars 1998, *Commission c. Grèce*, aff. C-187/96, énonçant que le refus de prendre en compte les périodes de service effectuées dans l'administration publique d'un autre État membre pour l'octroi d'une allocation d'ancienneté est contraire au droit communautaire (musicien de l'orchestre de Thessalonique revendiquant la prise en compte d'une période de travail effectuée dans l'orchestre municipal de Nice).

(543) Comp. à cet égard les arrêts *Ugliola* et *Sotgiu*, v. également *Weismann*, CJCE, 13 décembre 1972, *Rec.* p. 1243 ; CJCE, 16 septembre 2004, *Merida*, aff. C-400/02, concernant une allocation versée en cas de résiliation du contrat de travail. Pour plus de détails sur les problèmes de preuve des discriminations indirectes, v. *infra* n° 274-276.

Les discriminations indirectes, notamment celles qui reposent sur l'utilisation du critère de résidence, peuvent toutefois être « rachetées ». Il en sera ainsi si une réglementation ou une pratique nationale ayant un caractère discriminatoire peut se justifier « *par des considérations objectives, indépendantes de la nationalité des travailleurs concernés et si elles sont proportionnées à l'objectif légitimement poursuivi par le droit national* » (544).

B. — Le domaine de la non-discrimination

252. Généralités. Le principe de non-discrimination doit être respecté dans l'ensemble du domaine couvert par la liberté de circulation des personnes. *Ratione materiae*, toutes les activités sont concernées, à condition qu'elles aient un caractère économique (545), et le sont par conséquent l'ensemble des droits, avantages ou prestations qui en permettent ou en facilitent l'exercice. Tous les citoyens de l'Union le sont, la citoyenneté européenne ayant grandement atténué, *ratione personae*, la portée de la distinction majeure de l'actif, travailleur salarié ou non salarié, et du non-actif.

Pour que le principe entre en jeu, encore faut-il toutefois que celui qui a vocation à en bénéficier, en raison de sa qualité de ressortissant de l'Union ou de membre de la famille d'un ressortissant de l'Union, se soit effectivement trouvé dans une situation se rattachant *ratione loci* au droit de l'Union, c'est-à-dire dans une situation de déplacement à l'intérieur de l'Union européenne (546). Pour que la non-discrimination ait à être respectée, encore faut-il aussi, suivant un principe de portée générale, que soient visées des personnes placées dans des situations comparables (547).

1° Domaine matériel

253. Des conditions de travail aux conditions de vie. L'égalité étant prévue pour toutes conditions d'emploi et de travail, les employeurs doivent traiter les ressortissants d'un autre État membre à tous égards comme les nationaux. L'égalité concerne le droit à l'emploi (548) autant que les conditions dans lesquelles s'exerce la prestation de travail (549).

(544) CJCE, 15 janvier 1998, *Schöning-Kougebetopoulou*, aff. C-15/96, *Rec.* I p. 47, CJCE, 7 mai 1998, *Clean Car Autoservice*, aff. C-350/96, *Rec.* I p. 2521. Sur une réglementation nationale (belge) limitant l'inscription d'étudiants non résidents (discrimination indirecte) à des études supérieures médicales ou paramédicales, et sa justification par les charges de financement, l'organisation du système d'enseignement supérieur, la protection de la santé publique, seul ce dernier facteur de justification étant admis par la Cour, v. CJUE, 13 avril 2010, *Bressol et Chaverot*, aff. C-73/08. Sur la justification des discriminations en matière d'égalité entre hommes et femmes, v. *infra* n° 266-267.

(545) V. *supra* n° 216-218.

(546) V. *supra* n° 186.

(547) Le conjoint non communautaire d'un ressortissant communautaire (mari yougoslave d'une Française résidant au Royaume-Uni) et le conjoint non communutaire d'une personne « présente et établie » (catégorie propre au Royaume-Uni) sont dans des situations dissemblables ; la règle de non discrimination ne s'applique pas (CJCE, 6 mars 2003, *A. Kaba*, aff. C-466/00 et v. aussi CJCE, 11 avril 2000, *A. Kaba*, aff. C-358/98).

(548) Les emplois auxquels accèdent les ressortissants communautaires ne doivent pas présenter un caractère de précarité qui n'existe pas pour les nationaux : contrat à durée déterminée sans droit au renouvellement, alors que les nationaux bénéficient d'une stabilité d'emploi : CJCE, 10 juin 1987, *Commission c. Italie*, aff. 225/85, *Rec.* p. 2625, *JCP* 1988 II 20936, obs. BOUTARD-LABARDE.

(549) V. concernant un supplément de salaire, arrêt *Sotgiu*, CJCE, 12 février 1974, aff. 152/73, *Rec.* p. 153.

Les principales difficultés ne sont pas là. Elles concernent la notion d'avantage social, le travailleur ressortissant d'un État membre bénéficiant en effet des mêmes avantages sociaux et fiscaux (550) que les travailleurs nationaux (551). La difficulté se déplace vers les relations du ressortissant communautaire avec d'autres personnes et organismes – organismes publics en particulier – que leur employeur.

Quel est le champ couvert par la notion d'avantage social ? La question principalement posée a été de savoir si cette notion déborde les droits qui sont directement liés au contrat de travail.

Les droits et avantages qui naissent de l'existence d'un contrat de travail, qui sont consécutifs à celui-ci – indemnités de chômage (552) –, ou encore qui doivent en permettre la conclusion – formation professionnelle (553) – doivent sans discussion bénéficier aux ressortissants communautaires comme aux nationaux.

Mais quid d'avantages ne présentant pas de liens avec le contrat de travail et la qualité de travailleur salarié, telles que les réductions sur les prix des transports accordées aux familles nombreuses ? La Cour de justice a décidé que l'égalité devait s'y étendre (554). Elle posait ainsi implicitement en principe que l'égalité de traitement ne se limite pas aux conditions d'emploi et de travail, mais concerne l'ensemble des conditions de vie du ressortissant communautaire accueilli sur le territoire d'un autre État membre.

254. Avantages sociaux et assistance sociale. Cette conception extensive de la notion d'avantage social intéresse indirectement la sécurité sociale des travailleurs migrants et permet de compléter la protection sociale du migrant. Les règlements relatifs à la sécurité sociale des travailleurs migrants (555) exigent l'égalité de traitement en matière de sécurité sociale, mais laissent en effet l'aide ou l'assistance sociales en dehors de leur champ d'application.

Or la notion d'avantage social consacrée par la Cour de justice est venue englober les prestations d'aide sociale, si bien qu'entre une conception extensive de la notion de prestation de sécurité sociale (556), et une conception non moins extensive de l'avantage social, on ne distingue pas quelles possibilités de discriminations défavorables au ressortissant communautaire pourraient se présenter en matière de protection sociale. La Cour a ainsi pu voir dans un prêt sans intérêt à la naissance octroyé par un établissement financier de droit public un avantage social dont les ressortissants communautaires doivent bénéficier au même titre que les nationaux (557). Une prestation garantissant un minimum de moyens d'existence entre sous la notion d'avantage social au sens du règlement 1612/68 (et du règlement codificateur 492/2011), a également dit la Cour de justice, assurant ainsi le bénéfice

(550) Sur le bénéfice des mêmes avantages fiscaux, v. CJCE, 12 décembre 2002, *de Groot*, aff. C-385/00.
(551) Article 7 § 2 du règlement 1612/68 et du règlement codificateur 492/2011.
(552) CJCE, 20 juin 1985, *Office national de l'emploi c. Deak*, aff. 94/84, *Rec.* p. 1873.
(553) CJCE, 21 juin 1988, *Lair c. Université de Hanovre*, aff. 39/86, *Rec.* p. 3161 ; CJCE, 27 septembre 1988, *Matteuccci*, aff. 235/87, *Rec.* p. 5589.
(554) *Cristini*, 30 septembre 1975, *Rec.* 1085 ; *RTD eur.* 1976. 383.
(555) Article 4 du règlement 1408/71.
(556) V. *infra* n° 635 et s.
(557) CJCE, 19 janvier 1982, *Reina*, aff. 65/81, *Rec.* p. 33, *RTD eur.* 1982.333, note DRUESNE.

de l'égalité de traitement pour des allocations ne relevant pas de la notion de prestation de sécurité sociale, faute de correspondre à aucun risque particulier (558).

Faut-il en conclure que l'égalité de traitement est pleinement consacrée en matière de prestations sociales ? Ce serait assez inexact, compte tenu du problème soulevé par l'exportation des prestations. Le bénéfice de certaines prestations non contributives, qualifiées en droit communautaire de prestations de sécurité sociale, peuvent être réservées aux personnes résidant sur le territoire. Le règlement 1408/71 l'a expressément admis (559). Inversement les prestations qualifiables d'avantage social au sens du règlement 1612 devront être versées dans un autre État membre à un ressortissant de l'Union qui a la qualité de travailleur ou à ses ayantsdroit, si la condition de résidence prévue par la réglementation présente un caractère discriminatoire (560).

En matière d'assistance sociale, les États membres se doivent « *une certaine solidarité financière* », dira aujourd'hui la Cour de justice (561). Il n'empêche, s'agissant tout au moins de ceux d'entre eux qui n'ont pas la qualité d'actif ou de travailleur, que les citoyens de l'Union ne doivent pas devenir une « *charge déraisonnable* » pour l'État membre d'accueil (562). D'où l'exigence posée par la Cour de justice qu'ils aient un lien réel avec la société du pays d'accueil, lien qui sera en particulier attesté par une durée suffisante de séjour légal dans ce pays (563).

255. Les droits collectifs. L'égalité est désormais entière. L'article 8 du règlement 1612/68 (et du règlement codificateur 492/2011) garantit aux ressortissants communautaires l'exercice de la liberté syndicale ; la direction et l'administration de syndicats, en particulier, leur sont ouvertes depuis un règlement modificatif du 9 février 1976 (564). Ils ont le droit de vote aux élections professionnelles dans l'entreprise et peuvent eux-mêmes être élus ou désignés comme représentants du personnel, dans les mêmes conditions – âge, ancienneté – que celles qui s'imposent aux nationaux (565).

2° Domaine personnel

256. Égalité et citoyenneté. L'égalité de traitement est désormais placée, grâce à la citoyenneté, sous le signe de l'extension à tout citoyen de l'Union, alors qu'antérieurement elle n'était reconnue de façon pleine et entière qu'à l'égard des

(558) CJCE, 27 mars 1985, *Hoeckx*, aff. 249/83, *Rec.* p. 973 ; 6 juin 1985, *Frascogna*, aff. 157/84, *Rec.* p. 1739. Un cumul de qualification avantage social – prestations de sécurité sociale est possible, CJCE, 12 mai 1998, *Martinez Sala*, aff. C-85/96.

(559) V. *infra* n° 638.

(560) CJCE, 8 juin 1999, *Meusen*, aff. C-337/97, concernant l'enfant d'un travailleur frontalier à qui on objectait que résidant avec sa famille dans un autre pays que celui de son travail, il n'avait pas droit à l'aide réclamé. La même condition n'étant pas posée pour les nationaux, elle était discriminatoire et devait être rejetée.

(561) V. spéc. CJCE, 15 mars 2005, *Bidar*, aff. C-209/03, pt. 56 ; CJCE, 18 novembre 2008, *Förster*, aff. C-158/07, pt. 48 ; CJUE, 4 octobre 2012, *Com. c. Autriche*, aff. C-75/11, pt. 60.

(562) V. *supra* n° 184, n° 213.

(563) V. *infra* n° 256.

(564) *JOCE* L. 39 du 14 février 1976 ; la forme juridique de l'organisme importe peu et le principe de non-discrimination doit s'exprimer à l'égard d'un organisme n'ayant pas la nature juridique d'une organisation syndicale mais remplissant des fonctions analogues (CJCE, 4 juillet 1991, *Association de soutien aux travailleurs immigrés*, aff. C-213/90, *Rec.* I, p. 3507).

(565) Ces règles sont les mêmes que celles que le droit français reconnaît aujourd'hui à tous les étrangers.

ressortissants communautaires ayant une activité économique. Son bénéfice va en principe à tout citoyen de l'Union, sous la condition qu'il *séjourne légalement* sur le territoire d'un État membre et sous réserve également des dérogations autorisées par le droit de l'Union et notamment par l'article 24 § 2 de la directive 2004/38.

256-1. Article 24 § 2 de la directive 2004/38. Celui qui, ressortissant de l'Union, séjourne légalement dans un État membre a droit à l'égalité de traitement. Le droit de séjour reste toutefois, en droit communautaire, un droit à consolidation progressive. S'expliquent ainsi les dérogations à l'égalité de traitement qui ont été ménagées par l'article 24 § 2 de la directive 2004/38.

La directive autorise l'État membre d'accueil à refuser le versement d'une prestation d'assistance sociale « *pendant les trois premiers mois de séjour* », ou encore à le faire à l'égard des personnes qui, séjournant sur leur territoire pour y chercher un emploi, ont un droit de séjour de brève durée (566).

L'octroi d'aides aux études ou à la formation (bourses, prêts) peut également être refusé aux non actifs, tant qu'ils n'auront pas acquis un droit de séjour permanent. La possibilité de refuser une bourse d'études à celui qui a la qualité d'« étudiant » demeure ouverte à l'État d'accueil.

La dérogation que l'article 24 § 2 de la directive 2004/38 apporte à l'égalité de traitement est-elle conforme à l'article 39 TCE (devenu article 45 TFUE) ? La question a été posée à la Cour de justice, qui, visant un refus de prestation opposé à un demandeur d'emploi ressortissant d'un État membre, a répondu, sans guère de motivation, qu'aucun élément de nature à affecter la validité de ce texte ne lui était apparu (567). Néanmoins, puisqu'il déroge au principe d'égalité, l'article 24 § 2 de la directive 2004/38 doit donc être interprété restrictivement (568).

256-2. L'étudiant. Dans les solutions ayant précédé la citoyenneté, les étudiants ne bénéficiaient qu'incomplètement de l'égalité de traitement. La citoyenneté a permis à la Cour de justice de renforcer leur droit à l'égalité, mais sous des limites que le droit dérivé continue de prévoir.

Un étudiant français venu séjourner en Belgique pour y suivre des études universitaires, a-t-il droit au bénéfice du minimex (minimum de moyens d'existence) institué en Belgique, « *L'unique obstacle à l'octroi du minimex* » résultant du fait qu'il « *n'est pas de nationalité belge* » ? Oui répond la Cour de justice dans l'arrêt *Grzelczyk* (569), en marquant explicitement l'évolution des solutions résultant de l'introduction de la citoyenneté, « *statut fondamental des ressortissants des États membres* », depuis les arrêts *Lair* et *Brown* qui avaient admis qu'un étudiant ressortissant d'un autre État membre se voie refuser une allocation d'entretien (570).

(566) V. *supra* n° 210. Une allocation destinée à faciliter l'accès à l'emploi ne constitue pas une prestation d'assistance sociale au sens de l'article 24 § 2, a décidé la Cour de justice, CJUE, 4 juin 2009, *Vatsouras*, aff. C-22/08, pts 44 et 45.

(567) CJUE, 4 juin 2009, *Vatsouras*, aff. C– 22/08, v. spéc. pt. 46.

(568) CJUE, 21 février 2013, *L.N.*, aff. C-46/12, v. pt. 33.

(569) CJCE, 20 septembre 2001, aff. C-184/99, *Rec.* I, p. 6193.

(570) CJCE, 21 juin 1988, *Lair,* aff. 39/86, *Rec.* p. 3161, *Brown*, aff. 197/96, *Rec.* p. 3205 ; possibilité désormais contraire aux exigences de la citoyenneté.

L'article 24 § 2 de la directive 2004/38 continue toutefois de permettre aux États membres de refuser temporairement le bénéfice d'aides, bourses ou prêts d'études à ceux qui, ressortissants d'un État membre, séjournent sur le territoire d'un État membre d'accueil en simple qualité d'étudiant (571).

Prenant acte de ce texte, la Cour de justice a d'abord estimé légitime que l'État d'accueil subordonne l'octroi d'une bourse d'études à un étudiant d'un autre État membre à un certain degré d'intégration de l'intéressé dans la société de l'État d'accueil (572). La Cour a ensuite jugé qu'exiger cinq ans de résidence ininterrompue n'est pas excessif pour s'assurer d'une telle intégration (573). L'existence d'un lien réel, suffisamment fort, avec la société du pays d'accueil, est donc requise (574).

256-3. La personne à la recherche d'un emploi. « *Compte tenu de l'instauration de la citoyenneté de l'Union, il n'est plus possible d'exclure (...) du principe fondamental d'égalité de traitement une prestation financière destinée à faciliter l'accès à l'emploi sur le marché du travail d'un État membre* », a dit la Cour de justice dans l'arrêt *Collins* (575). La jurisprudence antérieure de la Cour de justice, qui admettait pareille exclusion, doit être écartée (576).

Un ressortissant de l'Union séjournant sur le territoire d'un État membre pour y rechercher un emploi aura droit aux allocations de recherche d'emploi (577) ou encore aux allocations d'attente pour les primo demandeurs d'emploi (578). Il est toutefois légitime que les autorités de l'État d'accueil veuillent s'assurer de l'existence d'un lien réel de l'intéressé avec leur marché du travail (579). La réalité de ce lien sera établie s'il a pendant une durée raisonnable effectivement et réellement cherché un emploi (580). L'existence de liens personnels ou familiaux au sein du pays d'accueil est également à prendre en considération (581).

On rappellera que le demandeur d'emploi ne dispose que d'un droit de séjour provisoire pour sa recherche d'emploi et que passé un délai raisonnable de recherche, il perd son droit de séjour s'il n'a plus guère de chances de pouvoir trouver un emploi (582).

(571) Et non de travailleur, membre de famille d'un travailleur ou titulaire du droit de séjour permanent.

(572) V. CJCE, 15 mars 2005, *Bidar*, aff. C-209/03, *Rec.* I, p. 2119, concernant un étudiant français séjournant légalement au Royaume-Uni. V. également, refusant l'octroi d'une bourse d'études à un étudiant ressortissant d'un autre État membre, CE, 15 juillet 2004, *Docquier*, n° 245357.

(573) CJCE, 18 décembre 2008, *Förster*, aff. C-158/07, on peut ironiser sur le fait qu'après cinq ans, il est raisonnable qu'un étudiant ait terminé ses études et ajouter que ces cinq ans correspondent à la durée de résidence légale ininterrompue permettant l'acquisition d'un droit de séjour permanent et de la pleine égalité de traitement s'ensuivant.

(574) Lien dont l'appréciation sera différente suivant le type de prestation réclamé par l'étudiant, v. CJUE, 4 octobre 2012, *Com. c. Autriche*, aff. C-75/11, à propos de réductions sur les tarifs de transport.

(575) CJCE, 23 mars 2004, aff. C-138/02.

(576) CJCE, 18 juin 1987, *Lebon*, aff. 316/85, *Rec.* p. 2811.

(577) Arrêt *Collins*, préc.

(578) CJCE, 11 juillet 2002, *D'Hoop*, aff. C-224/98, *Rec.* I, p. 6191. CJCE, 15 septembre 2005, *Ioannidis*, aff. C-258/04, affaire dans laquelle le refus d'une allocation d'attente avait pour unique motif le fait que l'intéressé n'avait pas terminé ses études dans l'État d'accueil, motif constitutif d'une discrimination indirecte, v. pt. 28.

(579) Mêmes décisions, v. pt. 38 de l'arrêt *D'Hoop*.

(580) Arrêt *Collins*, pt. 70 ; v. également, CJUE 4 juin 2009, *Vatsouras*, aff. C-22/08, pts 38 et 39. L'arrêt *Vatsouras* décide cependant, par pure pétition de principe, que les allocations destinées à faciliter l'accès au marché du travail ne sont pas des prestations d'assistance sociale et n'entrent donc pas parmi les possibilités de dérogation à l'égalité de traitement ouvertes par l'article 24 § 2, v. pts 44 et 45.

(581) CJUE, 21 juillet 2011, *Steward*, aff. C-503/09 ; CJUE, 25 octobre 2012, *Prete*, aff. C-367/11.

(582) CJCE, 26 février 1991, *Antonissen*, aff. C-292/89, v. *supra* n° 210.

256-4. L'indigent. La jurisprudence de la Cour de justice fondée sur la citoyenneté concerne enfin les indigents, qui, sans emploi ni ressources, étaient par le passé rejetés hors de la sphère du droit communautaire de la liberté de circulation.

Si le droit de l'Union ne lui accorde toujours pas le droit de séjour dans un autre État membre (583), il n'empêche qu'un ressortissant communautaire séjournera *légalement* dans un État membre si celui-ci admet de l'accueillir, notamment en lui délivrant une carte de séjour. Dès lors que son séjour est légal, il a droit à l'égalité de traitement en tant que citoyen de l'Union. Ainsi un ressortissant français en Belgique, démuni, sans travail, est-il en droit d'y réclamer le versement du minimex (minimum de moyens d'existence) : c'est ce que la Cour de justice a décidé dans l'arrêt *Trojani* (584).

257. La famille. L'égalité de traitement bénéficie au citoyen de l'Union lui-même et à sa famille (585), telle que définie par le droit communautaire (586).

En matière de **logement**, le ressortissant communautaire jouit des mêmes droits que le national, y compris en ce qui concerne l'accès à la propriété (587). La famille sera, en tant que de besoin, considérée comme résidant déjà dans le pays d'accueil, alors même qu'elle n'a pas encore quitté le pays d'origine (588). Mais le règlement 1612/68 a permis de mettre en échec le droit au regroupement familial si le travailleur ne dispose pas pour sa famille d'un logement « *considéré comme normal pour les travailleurs nationaux* » (589).

Le droit aux **études** est reconnu aux enfants, jusqu'à l'apprentissage et la formation professionnelle (590). Les aides financières et bourses d'études doivent leur bénéficier dans les mêmes conditions qu'aux nationaux (591), y compris lorsque les études, poursuivies dans un autre État membre, le sont dans celui dont le bénéficiaire a la nationalité (592) ; y compris également lorsque l'enfant à sa résidence dans un autre État membre (593). L'égalité s'étend à toute forme d'enseignement, professionnel ou général, y compris des études à l'université (594).

Mais l'État membre d'accueil peut refuser le bénéfice d'allocations, bourses ou prêts d'étude, à des personnes autres que celles qui ont la qualité de travailleur salarié

(583) V. également *supra* n° 210.
(584) CJCE, 7 septembre 2004, *Trojani*, aff. C-456/02, *Rec.* I, p. 7573.
(585) V. S. Ramet, *Le droit communautaire et la famille*, thèse Paris 1, 2001, p. 105 et s., p. 291 et s.
(586) V. *supra* n° 190-191.
(587) Article 9 du règlement 1612/68 et du règlement codificateur 492/2011.
(588) Article 9 § 3 du règlement 1612/68.
(589) Article 10 § 3 du même règlement, abrogé par la directive 2003/38.
(590) Article 12 du règlement 1612/68 et du règlement codificateur 492/2011.
(591) CJCE, 3 juillet 1974, *Casagrande*, aff. 9/74, *Rec.* p. 773 ; *Dr. soc.* 1975. 343 ; CJCE, 29 janvier 1975, *Alaimo*, aff. 68/74, *Rec.* p. 109 ; CJCE, 15 mars 1989, *Echtenacht et Moritz*, aff. 389 et 390/87, *Rec.* p. 723. CJCE, 26 février 1992, *Bernini*, aff. C-3/90, *Rec.* I p. 1071.
(592) *Carmina di Leo*, CJCE, 13 novembre 1990, aff. C-308/89, *Rec.* I p. 4185 (Italienne vivant en Allemagne et demandant à bénéficier d'une aide pour des études en Italie).
(593) CJCE, 8 juin 1999, *Meusen*, aff. C-337/97, concernant l'enfant d'un travailleur frontalier à qui on objectait que résidant avec sa famille dans un autre pays que celui de son travail, il n'avait pas droit à l'aide réclamé. La même condition n'étant pas posée pour les nationaux, elle était discriminatoire et devait être rejetée. L'arrêt *Meusen* a également l'intérêt d'écarter la condition de résidence de l'enfant, sur le fondement du droit dérivé (règlement 1612/68, article 7 § 2) pour l'enfant d'un travailleur salarié et sur celui, direct, du traité (ex-article 52) pour l'enfant d'un travailleur non salarié.
(594) CJCE, 27 septembre 1988, *Commission c. Belgique*, aff. 42/87, *Rec.* p. 5445.

ou non salarié ou qui sont membres de leur famille. La directive 2004/38 (595) l'a admis dans le prolongement de la jurisprudence de la Cour de justice, mais d'une jurisprudence qui s'était formée avant l'apparition de la citoyenneté européenne (596).

Les membres de la famille, quelle que soit leur nationalité, ont le droit d'accéder à une activité salariée ou non salariée (597).

258. Les ressortissants de pays tiers. Les principes admis dans le cadre des articles 48 et suivants du traité (articles 39 à 42 CE, 45 à 48 FUE) relatifs à la libre circulation des travailleurs ressortissants des États membres doivent être « *transposés, dans la mesure du possible* » aux ressortissants non communautaires, lorsque ces derniers relèvent de dispositions de droit communautaire. Cette même formule se répète depuis quelques années dans les arrêts de la Cour de justice. Certains d'entre eux, ressortissants des États tiers liés à l'Union européenne par accord d'association ou de coopération, bénéficieront de l'égalité de traitement dans les conditions d'emploi et de rémunération et en matière de sécurité sociale (598). L'ensemble de ceux qui résident légalement à l'intérieur de l'Union doit faire l'objet d'un « *traitement équitable* » et avoir « *des droits et des obligations comparables à ceux des citoyens de l'Union européenne* » (599). Le non communautaire ayant la qualité de résident de longue durée dans un État membre de la Communauté doit jouir d'un ensemble de « *droits uniformes aussi proches que possible* » de ceux du citoyen de l'Union, ce qui implique l'égalité de traitement (600).

C. — Les sanctions

259. Sanction des discriminations. Le juge national, ayant constaté leur non-conformité au droit de l'Union, est tenu d'écarter l'application des dispositions de droit national discriminatoires. C'est la règle générale.

Visant spécialement les clauses de conventions collectives ou individuelles ou d'autres réglementations collectives, l'article 7 § 4 du règlement 1612/68(et du règlement codificateur 492/2011), les déclare nulles de plein droit, si elles sont discriminatoires.

La Cour de justice, dans son arrêt *Schöning-Kougebetopoulou*, a transposé en matière de discrimination à raison de la nationalité une solution retenue pour l'application du principe d'égalité de traitement entre hommes et femmes (601). La règle discriminatoire devant être écartée, on lui substituera l'application de la règle dont le bénéfice était refusé et qui reste, suivant la formule utilisée par la Cour de

(595) Article 24 § 2 de la directive 2004/38.

(596) Arrêts *Lair* et *Brown* du 21 juin 1988, *Rec.* p. 3161 et 3205 ; v. *supra* n° 254.

(597) Une activité « lucrative », article 23 de la directive 2004/38, abrogeant l'article 11 du règlement 1612 ; v. CJCE, 7 mai 1987, *Gûl*, aff. 131/85, *Rec.* p. 1573 (concernant l'exercice d'une activité de médecin en tant que salarié par le conjoint turc d'un ressortissant communautaire).

(598) V. *supra* n° 193.

(599) Directive 2003/86 sur le regroupement familial, v. *supra* n° 203.

(600) Directive 2003/109 sur les résidents de longue durée ; v. *supra* n° 204-206.

(601) CJCE, 15 janvier 1998, aff. C-15/96, préc. Pour la jurisprudence de la Cour relative à l'égalité entre hommes et femmes, v. *infra* n° 277-279.

justice, « *le seul système de référence valable* ». La substitution est immédiate ; le juge n'a pas « *à demander ni attendre l'élimination préalable* » de la disposition discriminatoire (602).

Adoptée à propos de clauses discriminatoires inscrites dans des conventions collectives – l'autonomie normative des partenaires sociaux ne saurait être invoquée pour servir d'écran ou de rempart au maintien des discriminations (603) ! –, la solution peut s'étendre à toute réglementation discriminatoire, quelle qu'en soit la source.

§ 2. — Les entraves non discriminatoires

260. Réglementations indistinctement applicables. L'arrêt *Bosman* l'avait laissé supposer (604). Les réglementations indistinctement applicables aux nationaux et aux ressortissants de l'Union peuvent être déclarées contraires à la liberté de circulation économique voulue par le droit de l'Union. Celui-ci s'oppose aux obstacles réglementaires qui pourraient gêner les ressortissants européens qui souhaitent exercer leur activité professionnelle dans un autre État membre. Quand bien même les règles incriminées concerneraient aussi bien l'exercice de l'activité professionnelle à l'intérieur d'un même État membre, le droit de l'Union peut les condamner si elles conditionnent l'accès au marché du travail et entravent de ce fait la libre circulation entre États membres. Peuvent ainsi être mises en cause aussi bien des réglementations nationales que celles qui ont une source internationale, comme les règlements d'associations sportives internationales. Sont visées aussi bien les réglementations publiques que les réglementations privées (605).

Le mouvement ainsi amorcé par l'arrêt *Bosman* (606), a été ensuite confirmé et même accentué (607). Une réglementation nationale qui s'applique indépendamment de la nationalité et qui n'affecte pas davantage les travailleurs migrants que les autres, peut heurter le droit communautaire si elle conditionne l'accès au marché du travail et de ce fait entrave les mouvements de main-d'œuvre entre États membres (608). Plus récemment, la Cour a conduit le même raisonnement, en visant une réglementation professionnelle nationale qui était cette fois plus sévère pour la mobilité interne que pour la mobilité entre États membres. Peu importe cette discrimination inversée, favorable aux travailleurs venant d'autres États membres, l'effet en étant néanmoins d'entraver l'accès au marché du travail, pareille règle peut être condamnée par le droit l'Union (609).

(602) Point 2) du dispositif de l'arrêt *Schöning-Kougebetopoulou*.

(603) V. *supra* n° 249.

(604) CJCE, 15 décembre 1995, aff. C-145/93, Concl. C.O. Lenz, *RTD eur.* 1996, p. 127, à propos des règles applicables au transfert de joueurs de football.

(605) V. CJCE, *Bosman*, préc., pt. 82 ; CJUE, 16 mars 2010, *OL c. Olivier Bernard*, aff. C-325/08, V. *supra* n° 250.

(606) V. également *supra* n° 217.

(607) CJCE, 27 janvier 2000, *Volker Graf*, aff. C-190/98 ; CJCE, 13 avril 2000, *Jyri Lehtonen*, aff. C-176/96.

(608) Arrêt *Volker Graf*, 27 janvier 2000, préc., concernant l'effet d'entrave de règles de droit autrichien relatives aux conditions de versement des indemnités de rupture du contrat de travail.

(609) Arrêt *Lehtonen*, 11 mai 2000, préc. concernant une réglementation professionnelle belge relative aux délais de transfert des joueurs de basket-ball et imposant des délais plus restrictifs aux transferts entre clubs nationaux qu'aux mouvements en provenance de l'étranger.

La Cour use aujourd'hui des formules suivantes : les dispositions des traités relatives à la liberté de circulation des personnes « *s'opposent aux mesures qui pourraient défavoriser ces ressortissants lorsqu'ils souhaitent exercer une activité économique sur le territoire d'un autre État membre... même si elles s'appliquent indépendamment de la nationalité des travailleurs concernés* » (610).

Ces analyses transposent en matière de libre circulation des personnes la jurisprudence « *Cassis de Dijon* » (611) sur les mesures d'effet équivalent à des restrictions quantitatives aux échanges de marchandises (612).

Suivant la ligne d'analyse définie à partir de cette même jurisprudence, l'entrave constatée peut toutefois être justifiée par des « *raisons impérieuses d'intérêt général* » inspirées de motifs non économiques et si elle reste justement proportionnée à ce qui est nécessaire pour atteindre l'objectif légitime qu'elle poursuit. L'autorité ayant institué la règle constitutive d'entrave pourra donc invoquer « *des motifs non économiques, intéressant uniquement le sport en tant que tel* », comme le sera par exemple l'objectif d'assurer la régularité des compétitions, et l'entrave échappera ainsi à la condamnation. Une mesure ayant pour objectif d'encourager le recrutement et la formation de jeunes joueurs poursuit un objectif légitime, admet par exemple la Cour (613).

Ce nouveau mouvement jurisprudentiel, dépassant la prohibition des discriminations, s'attache à lever les obstacles que les règles d'accès à l'emploi ou au marché du travail peuvent mettre à la liberté de circulation intracommunautaire. On peut notamment lui reprocher de s'attaquer indirectement aux systèmes nationaux de formation professionnelle, conditionnant l'accès à l'emploi, alors que l'Union ne possède pas de compétences harmonisatrice en ce domaine (614).

(610) V. CJCE, 17 mars 2005, *Kranemann*, aff. C-109/04, pts. 25 et 26 ; CJUE, 16 mars 2010, *OL c. Olivier Bernard*, aff. C-325/08, pts 32 et 33.

(611) CJCE, 20 février 1979, *Rewe-Zental AG,* aff. 120/78, *Rec.* p. 649, concl. Capotorti.

(612) Mais écartent aussi la jurisprudence *Keck et Mithouard* (CJCE, 24 novembre 1993) qui, pour la libre circulation des marchandises, se refuse à appliquer l'interdiction communautaire des restrictions aux échanges lorsque tous les opérateurs concernés sont également touchés et que la commercialisation des produits nationaux et des autres États membres est affectée de la même manière, s'agissant d'une réglementation limitant certaines modalités de vente (v. points 102 et 103 de l'arrêt *Bosman*).

(613) Arrêt *Bosman*, pt. 106 ; arrêt *Bernard*, pt. 39.

(614) V. *supra* n° 219 et s. et *infra* n° 338 et s.

CHAPITRE 3

L'ÉGALITÉ DES SEXES

BIBLIOGRAPHIE

BERTHOU K., « La CJCE et l'égalité de traitement : quells orientations ? », *Dr. soc.* 2001, p. 879.

BONNECHERE M., « Égalité de traitement en droit communautaire et travail de nuit des femmes », *Dr. ouvr.,* 1991, p. 351.

CHARPENTIER M.-L., « L'arrêt Kalanke, expression du discours dualiste de l'égalité », *RTD eur.* 1996, p. 494.

DARMON M. et HUGLO J.-G. « L'égalité de traitement entre les hommes et les femmes dans la jurisprudence de la CJCE » *RTD eur.* 1992, p. 1.

GARRONE P., « La discrimination indirecte en droit communautaire : vers une théorie générale », *RTD eur.* 1994, p. 425.

HAQUET A., « L'action positive, instrument de l'égalité des chances entre hommes et femmes, *RTD eur.* 2001, p. 305.

IMBRECHTS L., « L'égalité de rémunération entre hommes et femmes », *RTD eur.* 1986, p. 231.

LABAYLE H., « Égalité des sexes et traitement du sexe le plus favorisé… », *RMC* 1990, p. 39.

LANQUETIN M.-Th., « La preuve de la discrimination, l'apport du droit communautaire », *Dr. soc.* 1995, p. 435.

LANQUETIN M.-Th., « De l'égalité des chances », *Dr. soc.* 1996, p. 494.

LANQUETIN M.-Th., « Sur la directive du 15 décembre 1997 relative à la charge de la preuve », *Dr. soc.* 1998, p. 688.

LANQUETIN M.-Th., « L'égalité de traitement entre les hommes et les femmes en matière d'emploi et de travail (à propos de la directive « refonte » du 5 juillet 2006) », *Dr. soc.* 2007, p. 861.

LANQUETIN M.-Th. et MASSE-DESSEN H. « Maastricht : consolidation ou remise en cause des principes d'égalité en matière professionnelle », *Dr. soc.* 1992, p. 386.

LANQUETIN M.-Th. et MASSE-DESSEN H., « Les droits particuliers des femmes dans les conventions collectives », *Dr. soc.* 1989, p. 551.

LENAERTS K., « L'égalité de traitement en droit communautaire, un principe unique aux apparences multiples », *Cah. dr. eur.* 1991, p. 3.

LHERNOULD J.-Ph., « Les discriminations indirectes fondées sur le sexe et la Cour de cassation », *RJS* 2012, p. 731.

MARTIN D., *Égalité et non-discrimination dans la jurisprudence communautaire – Étude critique à la lumière d'une approche comparative*, Bruylant, Bruxelles, 2006, 669 p.

MARTIN D., « Discriminations, entraves et raisons impérieuses dans le traité CE, trois concepts en quête d'identité », *Cah. dr. eur.* 1998, p. 261 et 561.

MASSELOT A. et BERTHOU K., « La CJCE, le droit de la maternité et le principe de non-discrimination : vers une clarification ? », *Cah. dr. eur.* 2000, p. 637.

MCCRUDDEN C., « L'efficacité des normes communautaires relatives à l'égalité entre les hommes et les femmes », *Dr. soc.* 1994, p. 604.
MINE M., « Les nouveaux apports du droit communautaire pour l'égalité de traitement entre les femmes et les hommes dans l'emploi et le travail », *Dr. ouvr.* 2004, p. 352.
MOREAU M.-A., « La jurisprudence européenne en matière d'égalité de traitement entre travailleurs masculins et féminins », *Dr. soc.* 1989, p. 541.
MOREAU M.-A. et MASSE-DESSEN H., sur le travail de nuit des femmes (deux études), *Dr. soc.* 1992, p. 174, 1999, p. 391.
RAMET S., *Famille et droit communautaire*, thèse, Université de Paris 1 (Panthéon-Sorbonne), dir. L. Idot, 2001.
SCHMITT M., « Une nouvelle approche du principe de l'égalité professionnelle : les actions positives selon la CJCE », *Dr. ouvr.* 2001, p. 56.
SUPIOT A., « À propos de l'arrêt Stoeckel : principe d'égalité et limites du droit du travail » *Dr. soc.* 1992, p. 382.
VAN RAEPENBUSCH S., « La jurisprudence de la CJCE en matière d'égalité de traitement entre les hommes et les femmes », *RJS* 1994, p. 3.
VAN RAEPENBUSCH S., « Les multiples expressions du principe de l'égalité de traitement dans la jurisprudence récente de la Cour de justice relative aux personnes », *in Mélanges Ph. Léger*, Pédone, 2006, p. 299.

Introduction : Évolution générale

261. Le traité : de l'article 119 du traité de Rome à l'article 157 TFUE (ex-article 141 TCE). Les dispositions du traité, longtemps inchangées, ont été modifiées et enrichies en deux temps, par les traités de Maastricht et d'Amsterdam.

261-1. Traité de Rome. Dans le texte initial du traité, l'article 119 énonçait que « *chaque État membre assure et maintient l'application du principe de l'égalité des rémunérations entre les travailleurs masculins et les travailleurs féminins pour un même travail* ».

Cette disposition du traité tendait, sur la demande française, à égaliser les conditions de concurrence entre États membres, certains pays (la France ?) étant plus respectueux que d'autres du principe d'égalité salariale entre hommes et femmes. Le texte avait un objectif limité, lié au droit de la concurrence, mais il avait introduit dans le traité de Rome un principe qui allait connaître un développement considérable et qui est aujourd'hui à la base d'un des éléments les plus marquants de la construction juridique communautaire dans le domaine social.

Présent dans le traité communautaire initial sous le seul aspect de l'égalité des rémunérations, le principe d'égalité de traitement entre hommes et femmes est en revanche proclamé avec une portée générale à la fois par l'ensemble des organisations internationales exerçant des compétences en matière sociale (1) et dans

(1) On observera cependant qu'à l'OIT comme au Conseil de l'Europe, l'objectif d'assurer la protection des femmes a coexisté avec celui de leur égalité avec les hommes. Il est également vrai que la recherche de l'égalité y a progressivement pris le pas sur la préoccupation de protection dont on considère qu'elle n'a pas autant de raisons d'être aujourd'hui qu'autrefois ; v. N. VALTICOS, *Droit international du travail*, Dalloz, 1983, n° 582, J.-M. SERVAIS, *Les normes internationales du travail*, LGDJ, Paris, 2004, p. 160, à propos du travail de nuit des femmes, v. *infra* n° 493.

les principes constitutionnels de certains États membres (2). L'influence s'en est certainement fait sentir sur l'évolution du droit communautaire. La Charte communautaire des droits sociaux fondamentaux a d'ailleurs proclamé de manière générale le principe de l'égalité de traitement et de l'égalité des chances entre hommes et femmes (3). « *L'égalité de traitement entre hommes et femmes constitue l'un des droits fondamentaux de la personne humaine dont la cour est tenue d'assurer le respect* » dit maintenant la Cour de justice (4).

Consacrant un droit fondamental, le principe de l'égalité de traitement entre hommes et femmes a acquis une portée générale. Il s'appliquera à tout rapport de travail, y compris dans le secteur public (5). Les activités relevant de la police ou de l'armée n'échapperont pas à l'emprise du principe, au motif que la sécurité publique, intérieure et extérieure, se situerait en dehors du champ d'application du droit communautaire (6).

261-2. Les traités de Maastricht et d'Amsterdam. Le traité de Maastricht n'a pas modifié l'article 119. Mais l'Accord sur la politique sociale annexé au traité y a ajouté un nouveau paragraphe relatif aux avantages spécifiques destinés à faciliter l'activité des femmes ou à compenser les désavantages dont elles souffrent (7). Dans une déclaration annexée au traité de Maastricht, les États membres ont en outre entendu préciser que le principe d'égalité ne devait pas les empêcher de prendre des mesures destinées à faciliter l'emploi féminin

Ces ajouts ont aujourd'hui rejoint le corps même du traité, avec l'entrée en vigueur du traité d'Amsterdam. L'article 119 est devenu article 141 TCE dans la nouvelle numérotation du traité communautaire, puis sans modification, l'article 157 TFUE.

L'article 157 TFUE, tel qu'actuellement en vigueur, reprend le texte de l'ancien article 119, relatif à l'égalité des rémunérations, tout en y ajoutant que cette égalité doit être respectée non seulement pour un même travail, mais également « *pour un travail de même valeur* ».

Deux paragraphes nouveaux complètent le texte initial.

L'article 157 § 3 TFUE (ex-article 141 § 3 TCE) donne au Parlement et au Conseil, statuant suivant la procédure législative ordinaire, mission d'adopter « *des mesures visant à assurer l'application du principe de l'égalité des chances et de l'égalité de traitement entre les hommes et les femmes en matière d'emploi et de travail, y compris... l'égalité des rémunérations* ».

L'article 157 § 4 (ex-article 141 § 4) est quant à lui relatif aux mesures prises par les États membres : « *le principe de l'égalité de traitement n'empêche pas un État membre de maintenir ou d'adopter des mesures prévoyant des avantages spécifiques destinés à faciliter l'exercice d'une activité professionnelle*

(2) Telle la constitution française dont le préambule énonce que « *la loi garantit à la femme, dans tous les domaines, des droits égaux à ceux de l'homme* ».
(3) Point 16 de la Charte.
(4) CJCE, 30 avril 1996, *P. c. S.* aff. C-13/94, *Rec.* I, p. 2143, 22 septembre 1998, *Coote*, aff. C-187/97.
(5) CJCE, 2 octobre 1997, aff. C-1/95, *Gerster, Rec.* I, p. 5253.
(6) CJCE, 15 mai 1986, aff. 22/84, *Johnston, Rec.* p. 1651 ; CJCE, 26 octobre 1999, aff. C-273/97, *A. M. Sirdar* ; v. également *infra* n° 291.
(7) V. *infra* n° 268 et s. sur la question des droits particuliers des femmes.

par le sexe sous-représenté ou à prévenir ou compenser des désavantages dans leur carrière professionnelle ».

On rappellera en outre que, depuis le traité d'Amsterdam, l'article 13 TCE relatif à la lutte contre les discriminations, devenu article 19 TFUE, donne au Conseil compétence pour prendre, dans la sphère des compétences communautaires, « *les mesures nécessaires en vue de combattre toute discrimination fondée sur le sexe... ou l'orientation sexuelle* ». Ce nouveau texte, qui prévoit une adoption des mesures à l'unanimité du Conseil, n'empêchera évidemment pas que dans le domaine particulier de l'égalité des sexes, les mesures soient prises, en codécision parlementaire, sur le fondement de l'article 157 TFUE (ex-article 141 TCE), il permet en outre, désormais, aux autorités de l'Union de combattre les discriminations liées à l'orientation sexuelle (8).

261-3. Charte des droits fondamentaux. Les dispositions de la Charte des droits fondamentaux de l'Union européenne, désormais dotées de la même valeur juridique que les traités, sont à placer au rang du droit primaire et sont devenues des instruments essentiels d'interprétation ou de réinterprétation du droit dérivé ainsi que d'invalidation potentielle de celui-ci (9). Les articles 21 et 23 de la Charte intéressent l'égalité entre hommes et femmes. Le premier le fait au titre de l'interdiction générale des discriminations. Le second vise spécifiquement l'égalité entre hommes et femmes, qui, dit-il, « *doit être assurée dans tous les domaines, y compris en matière d'emploi, de travail et de réumération* », lui donnant ainsi une portée générale, débordant les relations de travail ou le droit social. Dans son alinéa 2, l'article 23 de la Charte, s'ouvre libéralement vers la possibilité de maintenir ou d'adopter des « *mesures prévoyant des avantages spécifiques en faveur du sexe sous-représentée* » (10).

262. Le droit dérivé. Depuis 1975, directives, recommandations, résolutions, sans compter les programmes d'action, se sont multipliés. Le champ couvert par la prohibition des discriminations s'est progressivement élargi et enrichi jusqu'à s'étendre au-delà de la seule égalité socio-professionnelle.

262-1. Extension du domaine matériel et personnel de l'égalité de traitement à l'ensemble de la vie professionnelle. L'élément le plus marquant est constitué par une importante série de directives étendant très largement le champ couvert par l'exigence d'égalité (11).

– La première, n° 75/117 du 10 février 1975, eut pour objet limité de traduire le principe énoncé par l'article 119 et visa uniquement l'égalité des rémunérations.

(8) La notion de discrimination fondée sur le sexe ne s'étend pas à l'orientation sexuelle, avait dit la Cour de justice, 17 février 1998, *Lisa Grant,* aff. C-249/96 (réduction sur les prix des transports) ; en revanche le licenciement d'un transsexuel au motif de sa conversion sexuelle est contraire au principe de discrimination en raison du sexe, CJCE, 30 avril 1996, *P/S et Corawall Country Council,* aff. C-13/94 (dans le même sens, CEDH, 17 octobre 1986, *Rees*). La directive 2000/78 créant un cadre général en faveur de l'égalité de traitement a intégré l'orientation sexuelle à ses prévisions. V. *supra*, n° 170.

(9) V. *supra* n° 148. V. CJUE 1er mars 2010, *Test-Achats ASBL*, aff. C-236/09.

(10) Plus libéralement sans-doute que ne le fait la jurisprudence de la Cour de justice ; v. *infra* n° 268.

(11) Sur la base juridique de ces diverses directives, v. *supra* n° 24-26.

– La directive n° 76/207 du 9 février 1976 est relative à l'égalité de traitement en ce qui concerne l'accès à l'emploi, à la formation et à la promotion professionnelles, et les conditions de travail.

– La directive n° 79/7 du 9 décembre 1978 concerne l'égalité en matière de régimes légaux de sécurité sociale. Elle a été complétée par une directive n° 86/378 du 24 juillet 1986 étendant l'égalité aux régimes professionnels.

– L'application des règles énoncées par ces différents textes a été étendue, autant que de besoin, aux travailleurs indépendants, y compris les travailleurs agricoles, par la directive n° 86/613 du 11 décembre 1986.

Égalité des rémunérations pour commencer, égalité dans la vie professionnelle et sociale, extension à l'ensemble des personnes intéressées, y compris les non salariés, les domaines couverts par le principe d'égalité entre hommes et femmes n'ont cessé de s'agrandir.

262-2. Accès à l'égalité. L'évolution n'est pas achevée et, depuis quelques années, l'accent est mis sur les difficultés d'assurer concrètement l'accès des intéressés à l'égalité (12), en particulier celle d'apporter en justice la preuve d'une discrimination contraire au droit communautaire. Après une longue gestation, une directive relative à la charge de la preuve en cas de discrimination a été adoptée le 15 décembre 1997 (13). Les directives 2000/48 et 2000/78 portant cadre général en faveur de l'égalité de traitement ont plus encore mis l'accent sur la nécessité que les États membres mettent en œuvre les moyens procéduraux et institutionnels propres à assurer une réalisation effective de l'égalité de traitement (14).

262-3. Adaptation de la directive sur l'égalité professionnelle. En vue d'en harmoniser les dispositions avec celles des directives 2000/48 et 2000/78 portant cadre général en faveur de l'égalité de traitement (15), la directive 76/207 a été modifiée par une directive 2002/73 du 23 septembre 2002. La condamnation du harcèlement sexuel ou lié au sexe fait ainsi son apparition en tant que forme particulière de discrimination, condamnée à ce titre.

La nouvelle directive a également réalisée la mise en cohérence nécessaire des dispositions relatives à l'égalité professionnelle de l'homme et de la femme avec celles d'autres textes communautaires adoptés depuis l'édiction de la directive 76/207 : directive 96/34 du 3 juin 1996 mettant en œuvre l'accord-cadre sur le congé parental (16) ; directive « particulière » 92/85 du 19 octobre 1992 concernant l'amélioration de la santé et de la sécurité des travailleuses enceintes, accouchées ou allaitantes (17).

(12) V. *L'accès à l'égalité entre hommes et femmes*, Actes du colloque organisé par la Commission des Communautés les 30 septembre – 3 octobre 1992 à Louvain-La-Neuve en Belgique, Presses universitaires de Louvain, 1993.

(13) Directive n° 97/80 du Conseil, *JOCE* n° L. 14 du 20 janvier 1998 ; v. *infra* n° 273.

(14) V. *supra* n° 157 et s.

(15) V. *supra* n° 157 et s.

(16) V. *infra* n° 495.

(17) V. *infra* n° 470.

262-4. Refonte générale des textes relatifs à l'égalité entre hommes et femmes en matière d'emploi et de travail. Cet *aggiornamento* apparemment n'a pas suffi et plusieurs des directives relatives à l'égalité de traitement entre hommes et femmes ont fait l'objet, « *dans un souci de clarté* », d'une refonte par la directive 2006/54 du 5 juillet 2006 (18). Celle-ci a rassemblé en un seul texte les « *principales dispositions existant dans ce domaine ainsi que certains éléments nouveaux découlant de la jurisprudence de la Cour de justice* », sorte de recodification à droit textuel et jurisprudentiel constant (19).

La refonte recouvre une partie importante des textes antérieurs. Sont réunies ensemble les dispositions relatives à a) l'accès à l'emploi, y compris la promotion, et à la formation professionnelle, b) les conditions de travail, y compris les rémunérations, c) les régimes professionnels de sécurité sociale (20). Les régimes légaux, dont les liens avec les conditions d'emploi sont indirects, sont exclus. La directive « refonte » abroge en conséquence les directives 75/117 sur l'égalité des rémunérations, 76/207 sur l'égalité professionnelle (y compris les modifications introduites par la directive 2002/73) et 86/378 visant les régimes professionnels de sécurité sociale (21). Intégrant des dispositions visant à assurer une mise en œuvre effective du principe d'égalité de traitement, la directive 2006/54 abroge également la directive 97/80 sur la charge de la preuve (22).

Les rédacteurs de la directive « refonte » ont eu l'heureuse idée de prévoir un tableau de correspondance entre ses articles et ceux des directives qu'elle a abrogées.

« Le souci de clarté » inspirant les auteurs du texte les ont conduits à limiter l'obligation de transposition des autorités nationales aux seules dispositions qui constituent une modification de fond des directives antérieures (23). Quelles sont ces dispositions constitutives de modifications de fond ? La directive ne s'aventure pas à le préciser !!

262-5. Au-delà de l'égalité professionnelle. La directive 2004 /113 du 13 décembre 2004 déborde les conditions d'emploi et de travail et la vie professionnelle des hommes et des femmes pour pénétrer sur un terrain extérieur au droit social, puisqu'elle porte sur « *l'accès à des biens et services et la fourniture de biens et services* » (24). Le préambule de la directive s'en justifie en faisant valoir que la discrimination fondée sur le sexe, y compris le harcèlement, se manifeste « *dans des domaines ne relevant pas du marché du travail* » avec un effet « *tout aussi dommageable, en faisant obstacle à l'intégration complète et réussie des hommes et des femmes dans la vie économique et sociale* » (25). L'objet de la directive est donc d'assurer les moyens de « *lutter contre la discrimination fondée sur le sexe dans l'accès à des biens et services et la fourniture de*

(18) *JOUE* n° L 204 du 26 juillet 2006.

(19) V. les observations de M.-Th. Lanquetin, « L'égalité entre les hommes et les femmes… (à propos de la directive “refonte” 2006/54 du 5 juillet 2006) », *Dr. soc.* 2007, p. 861.

(20) Article 1 de la directive.

(21) V. *supra* n° 262-1 et 262-4.

(22) V. *supra* n° 262-2.

(23) Considérant 39 du préambule, article 33 de la directive 2006/54.

(24) *JOUE* n° L 373 du 21 décembre 2004. L'article 2 4°, non codifié, de la loi du 27 mai 2008 portant adaptation au droit communautaire dans le domaine de la lutte contre les discriminations, transpose brièvement l'interdiction formulée par la directive 2004/113 en interdisant toute discrimination directe ou indirecte fondée sur le sexe en matière d'accès aux biens et services et de fournirure de biens et services, sous réserve de plusieurs exceptions, *JORF* n° 0123 du 28 mai 2008.

(25) Considérant n° 9 de la directive.

biens et services » (26). Sont concernées toutes les personnes qui fournissent des biens et services qui sont mis à la disposition du public, que ce soit dans le secteur privé ou dans le secteur public ; mais ceci « *en dehors de la sphère privée et familiale* », sphère pour laquelle la Communauté n'est pas compétente (27). Si la directive vient ainsi porter atteinte à la liberté contractuelle et au droit de choisir son cocontractant, c'est uniquement en posant que cette liberté ne doit pas s'exercer discriminatoirement (28).

La directive dirige spécialement ses prescriptions vers l'accès des femmes et des hommes aux services d'assurance, rejoignant ainsi partiellement le champ du droit social. Dans les contrats conclus après le 21 décembre 2007, l'utilisation du sexe comme facteur actuariel dans le calcul des primes et prestations ne doit plus entraîner de différences en matière de primes et de prestations (29). À partir d'une pratique contraire très répandue, la directive a pour objectif d'imposer, à terme, la règle des primes et prestations unisexes (30). La prise en compte des frais de grossesse et de maternité dans la détermination des primes et des prestations doit être regardée comme une discrimination directe (31).

Comme le réclament les directives « cadre général » 2000/43 et 2000/78, la directive 2004/113 met l'accent sur l'obligation des États membres de prendre les moyens judiciaires, administratifs, institutionnels, propres à assurer efficacement l'application du principe d'égalité de traitement (32).

*

* *

Une première section étudiera le principe d'égalité, une deuxième section ses domaines d'application.

Section 1

Le principe

Le contenu du principe soulève des difficultés qui ne sont pas moindres s'agissant de sa réalisation.

§ 1. — Contenu

263. L'œuvre réalisée par les autorités communautaires et de l'Union au travers des directives et, plus encore, grâce à la jurisprudence de la Cour, a donné

(26) Article 1er de la directive.
(27) V. article 3 § 1 de la directive.
(28) V. article 3 § 2 de la directive.
(29) Article 5 § 1 de la directive ; v. également article 5 § 2. V. CJCE, 11 septembre 2007, *Lindorfer*, aff. C-227/04, points 50 à 59.
(30) Des dérogations à cette règle pouvant être maintenues au niveau national, « sans limitation de durée », la Cour de justice a jugé que les dispositions de la directive 2004/113 l'autorisant devaient être invalidées, parce que contraires aux objectifs de la directive et incompatibles avec les articles 21 et 23 de la Charte des droits fondamentaux, CJUE, 1er mars 2011, *Test-Achats ASBL*, aff. C-236/09.
(31) Article 5 § 3 de la directive, v. aussi considérant 20 du préambule. V. article 2 3°, non codifié, de la loi du 27 mai 2008, d'adaptation au droit communautaire, préc.
(32) V. les articles 8 à 12 de la directive 2004/113.

naissance à un système juridique qui comprend deux volets. Le premier est constitué par l'assimilation des discriminations indirectes aux discriminations directes ; elles sont les unes comme les autres condamnées, sous réserve de possibilités de dérogation ou de justification. Le second concerne l'ouverture de droits particuliers aux femmes que le droit de l'Union n'admet que sous de strictes conditions.

Encore faut-il, en toute hypothèse, pour constater une discrimination et la condamner, que des situations regardées comme comparables soient traitées différemment. Le droit de l'Union voudra également que la différence des situations se traduise en une différence de traitement (33) ; principe certes imposé par la logique, mais qui peut aisément servir les politiques de différenciation.

A. — Condamnation des discriminations directes et indirectes

Les différences de traitement entre hommes et femmes sont dans le principe condamnées, qu'elles soient directes ou indirectes, la Cour de justice permettant toutefois de justifier, de « racheter », sous certaines conditions, les différences de traitement indirectes.

1° Analyse de la distinction

264. Jurisprudence de la Cour de justice. Un exemple tiré d'affaires portées devant la Cour de justice permettra d'appréhender plus aisément la démarche suivie par celle-ci pour condamner les discriminations dites « indirectes ». Si les emplois à mi-temps d'une entreprise, très majoritairement tenus par des femmes, sont proportionnellement moins bien rémunérés que les emplois à plein-temps, l'existence d'une différence de traitement allant *a priori* à l'encontre du principe d'égalité est établie, sans qu'il importe de savoir si la différence constatée est dirigée contre les femmes – ce qui est improbable – ou si elle répond à une volonté de favoriser, dans l'intérêt de l'entreprise, les emplois à plein-temps – ce qui est probable (34).

1) Assimilation d'une forme de discrimination à l'autre. La discrimination directe est celle qui utilise le critère du sexe pour fonder une différence de traitement ; la discrimination indirecte celle qui, utilisant un autre critère – ex. La durée du temps de travail –, aboutit à un résultat analogue. Indirecte, une discrimination heurtant le principe d'égalité est condamnable autant que celle qui présente un caractère direct (35).

(33) V. *supra* n° 159-5, concernant le principe général de non-discrimination.

(34) CJCE, 31 mars 1981, aff. 96/80, *Jenkins*, *Rec.* p. 911 ; V. également CJCE, 13 mai 1986, aff. 170/84, *Bilka-Kaufhaus*, *Rec.* p. 1607 et l'étude M.-Th. LANQUETIN, *Dr. soc.* 1988, p. 806 ; plus récemment, v. CJCE, 15 décembre 1994, *Helmig et al.*, aff. C-399/92 ; CJCE, 6 décembre 2007, *Voß*, C-300/06.

(35) V. P. GARRONE, « La discrimination indirecte en droit communautaire : vers une théorie générale », *RTD eur.* 1994, p. 425 ; M. DURAND-PRINBORGNE, *La notion de discrimination indirecte*, mémoire pour le DEA de Droit social, Université de Paris 1, septembre 1995.

La distinction en recouvre d'autres : lorsqu'elle est directe, la discrimination sera ostensible, puisqu'elle se réfère à un critère de sexe ; si elle est indirecte, elle est cachée par le critère autre qui est utilisé et qui fait écran. La discrimination directe est celle qui se traduit dans l'énoncé de la règle juridique ; elle existe en droit. La discrimination indirecte se découvre en observant les effets de la règle de droit ; c'est une discrimination de fait ou de résultat (36).

2) La discrimination indirecte, une discrimination objective. S'agissant des discriminations indirectes, c'est le résultat discriminatoire qui importe ; sont condamnées les discriminations objectivement établies sans qu'il soit nécessaire d'établir que leur auteur avait intention de discriminer hommes et femmes. Les expressions de discrimination cachée, déguisée ou dissimulée utilisées par la Cour de justice peuvent être source de malentendu. Elles signifient simplement que le critère apparemment neutre qui fonde la différence de traitement cache un effet discriminatoire, sans pour autant tendre à dissimuler une intention discriminatoire. D'ailleurs pareille intention discriminatoire fera souvent défaut, le but poursuivi par l'auteur de la règle ou de la pratique mise en cause étant en général étranger à toute considération relative au sexe : ex. promouvoir des emplois qui sont jugés servir les intérêts de l'entreprise. Et si cette intention est révélée, la discrimination doit d'ailleurs s'analyser comme une discrimination directe.

3) La discrimination indirecte, une discrimination statistique. N'étant pas fondée sur le sexe, une discrimination indirecte n'aura pas pour résultat de diviser strictement population masculine et population féminine. Certains hommes, ou certaines femmes, seront traités de la même façon que les personnes de l'autre sexe : il y a des hommes qui travaillent à mi-temps et, inversement, le travail à plein-temps n'est pas fermé aux femmes ! C'est la constatation qu'une des deux populations différenciées est très majoritairement composée des personnes du même sexe, qui permet d'établir l'existence d'une discrimination. La preuve est d'ordre statistique ; elle est établie si en fait, un critère non fondé sur le sexe a un résultat très proche de celui d'un critère fondé sur le sexe. La Cour de justice parle volontiers de pourcentage ou de proportion considérablement plus faible d'hommes que de femmes dans la population défavorisée (37).

265. Textes. La Cour fait fréquemment recours à la notion de discrimination indirecte (38). Le droit dérivé l'a également retenue : ainsi la directive 76/207 sur l'égalité professionnelle, pièce maîtresse de l'ensemble de la construction,

(36) Entre discrimination directe et discrimination indirecte, il peut être difficile de décider ; CJCE, 7 juillet 2001, aff. C-79/99, *Julia Schorbns* ; V. K. Berthou, *Dr. soc.* 2001, p. 879.

(37) Par exemple, dans l'arrêt *Nimz*, cité note suivante. V. plus récemment, CJCE, 6 décembre 2007, *Ursula Voß*, aff. C-300/06, concernant la rémunération des heures supplémentaires de fonctionnaires à temps partiel comparée à celle de fonctionnaires à temps plein ; CJUE, 20 octobre 2011, *Brachner*, aff. C-123/10, condamnant pour discrimination indirecte, « *compte tenu des données statistiques* », un dispositif national qui aboutit à exclure d'une augmentation de pensions « *un pourcentage considérablement plus élevé de femmes pensionnées que d'hommes pensionnés* », pt. 68.

(38) Jurisprudence alimentée en particulier par le travail à temps partiel : outre les affaires citées *supra*, v. CJCE, 13 juillet 1989, *Rinner-Kuhn*, aff. 171/88, *Rec.* p. 2743, 13 décembre 1989, *Ruzius-Wilbrink*, aff. C.102/88, *Rec.* p. 4311, 27 juin 1990, *Kowalska*, aff. C.33/89, *Rec.* I, p. 2591, 7 février 1991, *Nimz*, aff. C.184/89, *Rec.* I, p. 297, à propos d'une discrimination née d'une disposition de convention collective, dont la Cour demande qu'elle soit écartée. V. également CJCE, 9 septembre 1999, aff. C-281/97, *André Krüger*, à propos d'une convention collective excluant les travailleurs à temps partiel (= les travailleuses) du bénéfice d'une prime de fin d'année. Lorsque, en fait,

énonçait-elle dans son article 2 que l'égalité de traitement « implique l'absence de toute discrimination fondée sur le sexe, *soit directement, soit indirectement* par référence, notamment, à l'état matrimonial ou familial ». La même formule se retrouve dans d'autres textes (39).

La directive « refonte » 2006/54 a transposé en matière d'égalité de traitement entre hommes et femmes les définitions retenues par les directives générales sur la non-discrimination (40). On retrouve donc, appliquée à l'égalité entre hommes et femmes, la définition de la discrimination directe, celle de la discrimination indirecte, ainsi que l'assimilation à une discrimination du harcèlement lié au sexe et de l'injonction de pratiquer un harcèlement fondé sur le sexe (41). La directive 2006/54 procède cependant à une distinction obscure et redondante entre harcèlement lié au sexe et harcèlement sexuel (42).

Instrument important de l'action contre les inégalités de traitement, la notion de discrimination indirecte n'est pas utilisée autant qu'elle le devrait par les autorités et les juridictions nationales (43). Afin d'en diffuser l'usage, le Conseil l'avait introduite dans la directive 97/80 du 15 décembre 1997 sur la charge de la preuve en cas de discrimination entre hommes et femmes, où elle en avait donné une définition ramassant les éléments qui viennent d'être analysés. Une discrimination indirecte existe, dit-elle, « *dès lors qu'une disposition, un critère ou une pratique apparemment neutre affecte une proportion nettement plus élevée de personnes d'un sexe...* » (44). On la retrouve aujourd'hui, formulée autrement, sans référence statistique, telle qu'elle a été transportée dans la directive « refonte » depuis les directives générales sur la non-discrimination (45).

2° Justification des différences de traitement

266. Distinguer entre discriminations directes et indirectes. Des différences de traitement directement fondées sur un critère de sexe sont limitativement admises par les textes. Certaines « *activités professionnelles particulières* », s'il en va d'« *une exigence professionnelle véritable et déterminante* », peuvent être réservées aux personnes d'un sexe donné (46). La condition biologique propre de la femme justifie

les femmes partent beaucoup plus souvent en congé d'éducation que les hommes (pourquoi ?), il y aura discrimination si ce temps de congé est imputé sur une prime annuelle qui sera supprimée ou réduite, CJCE, 21 octobre 1999, aff. C-333/97, *Susanne Lewen*, *Rec.* I, p. 7243

(39) Article 3 de la directive 86/613 étendant le principe d'égalité aux activités indépendantes.

(40) Article 2 § 1, Définitions, de la directive 2006/54. V. *supra* n° 161.

(41) Article 2 § 2 de la directive 2006/54

(42) Article 2 § 1, c) et d), de la directive 2006/54.

(43) Si elle est bien connue des juridictions britanniques, les juridictions françaises l'ont longtemps ignorée presque entièrement. V., Soc. 9 avril 1996, 2 espèces, premières décisions faisant entrer la notion dans la jurisprudence de la Cour de cassation, *Bull.* V, n° 146. La Cour de cassation française a aujourd'hui intégré la lutte contre les discriminations indirectes à sa jurisprudence. V. par exemple, Cass. soc., 6 juin 2012, *AGIRC*, n° 10-21489, publié au *Bulletin*, concernant un refus d'affiliation au régime complémentaire agricole AGIRC d'une catégorie de personnel de composition très majoritairement féminine comparable à d'autres catégories de personnel principalement occupées par des hommes et admises à s'affilier.

(44) Article 2 § 2 de la directive 97/80. La formule prévue par la proposition de directive que la Commission avait présentée le 24 mai 1988 était un peu différente ; v. doc. COM (88) 269.

(45) V. *supra* n° 161.

(46) Article 14 § 2 de la directive « refonte » 2006/54 (ex-article 1 § 6 de la directive 2002/73) encore faut-il que la différence de traitement poursuive un objectif légitime et soit proportionnée.

une protection pendant et après la grossesse. « *Tout traitement moins favorable d'une femme lié à la grossesse ou au congé de maternité* » est à traiter en tant que discrimination (47). Des mesures positives peuvent, être prises en faveur des femmes, sous des conditions précises, « *pour assurer concrètement une pleine égalité entre hommes et femmes dans la vie professionnelle* » (48). Les possibilités de traiter différemment hommes et femmes, au titre de règles visant directement l'un des deux genres, s'arrêtent là.

Les textes, initialement, n'avaient pas prévu la possibilité de légitimer et justifier les discriminations indirectes. C'est la jurisprudence de la Cour de justice qui a, dans un même mouvement, donné naissance à la condamnation de principe des discriminations indirectes et permis sous certaines conditions d'écarter cette condamnation. S'il apparaît que, du fait d'une règle ou d'une pratique, les personnes d'un sexe souffrent d'un désavantage par rapport à celles de l'autre sexe, l'auteur de cette règle ou pratique pourra échapper au reproche de discrimination contraire au droit de l'Union, s'il peut justifier d'un motif objectif et sérieux et si le désavantage constaté n'est pas excessif. Tel se présente dans ses grandes lignes le mécanisme justificatif. On ne nie pas qu'il existe une différence de traitement entre sexes, normalement condamnable, mais par exception ou dérogation, on peut y consentir si elle est légitimée par son motif et sa mesure – son absence de disproportion, dit la Cour de justice. Une petite infériorité de la rémunération du travail à temps partiel par rapport à celle du travail à temps plein pourra ainsi être admise, si de bonnes raisons de gestion de l'entreprise viennent la justifier.

Forgé jurisprudentiellement, le mécanisme de justification a ensuite été inscrit dans le texte de la directive 97/80 en complément de la définition de la discrimination indirecte retenue par celle-ci, puis dans les textes ultérieurs. La différence de traitement, désavantageant un sexe par rapport à l'autre, résultant de l'application d'une disposition, règle ou pratique apparemment neutre devra être condamnée « *à moins que cette disposition, ce critère ou cette pratique ne soit objectivement justifié par un but légitime et que les moyens pour parvenir à ce but soient appropriés et nécessaires* », suivant la formule aujourd'hui en vigueur (49).

Pour les discriminations indirectes, il n'y a donc pas de liste ou de casuistique limitatives des possibilités de déroger au principe de non-différenciation entre situations comparables. Ce sont de manière générale toutes les différences de traitement qui peuvent être « rachetées » sous réserve que soient respectées des conditions que la jurisprudence de la Cour de justice a peu à peu précisées.

267. Conditions de la justification. La Cour de justice se montre assez souple. Le « rachat » d'une discrimination indirecte est souvent admis. Encore faut-il que l'auteur de la différence de traitement avance des « *raisons économiques objectivement justifiées* » (50). Si elle répond à un « *but nécessaire de politique sociale* »

(47) Article 2 § 2 c) de la directive 2006/54. V. *infra* n° 268-269.
(48) Article 3 § 3 de la directive 2006/54. V. *infra* n° 270-271.
(49) Article 2 § 2 b) de la directive 2006/54, comp. article 2 § 2 de la directive 97/80 ;
(50) Formule retenue par l'arrêt *Jenkins*, et reprise dans l'arrêt *Bilka*, cités *supra* n° 264.

la différence de traitement peut être justifiée (51), les États membres pouvant choisir quelles mesures sont propres à réaliser leurs objectifs de politique sociale, à condition cependant que ces mesures n'aient pas pour effet de « *vider de sa substance la mise en œuvre d'un principe fondamental de droit communautaire tel que l'égalité de traitement* » entre hommes et femmes (52). La Cour de justice répète régulièrement que la justification doit reposer sur « *des raisons objectives et étrangères à toute discrimination fondée sur le sexe* » (53).

La Cour de justice apprécie-t-elle elle-même les critères de justification ou se contente-t-elle de donner aux juges nationaux des indications leur permettant de trancher ? L'appréciation des faits, « *dans le cas concret dont elle est saisie* » appartient à la juridiction nationale et c'est donc normalement à cette juridiction nationale, « *seule compétente pour interpréter le droit national* », de déterminer si telle différence de traitement particulière est ou non rachetable, dit la Cour de justice (54). Mais ce principe sera parfois écarté au profit d'un contrôle direct de la Cour. Celle-ci a ainsi décidé d'apprécier directement la légitimité de l'objectif poursuivi, « *lorsque la question porte sur la conformité d'une législation nationale ou d'une disposition conventionnelle avec le droit communautaire* » (55). Droit législatif et conventionnel pouvant faire l'objet d'une compétence « retenue » de la Cour de justice, c'est avant tout pour les pratiques d'entreprise que la juridiction nationale pourra procéder aux appréciations nécessaires, tout en devant respecter les indications données par la Cour.

B. — Admissibilité des droits particuliers des femmes

268. Les possibilités ouvertes par les directives relatives à l'égalité professionnelle. Les femmes peuvent-elles se voir ouvrir des droits qu'elles posséderont à l'exclusion des hommes ?

268-1. Évolution des textes. La directive 76/207 sur l'égalité professionnelle entre hommes et femmes l'admettait initialement dans deux dispositions.

– Dans l'article 2 § 3, pour les mesures assurant « *la protection de la femme, notamment en ce qui concerne la grossesse et la maternité* ».

– Dans l'article 2 § 4, pour celles qui visent à « *promouvoir l'égalité des chancesentre hommes et femmes... en remédiant aux inégalités de fait qui affectent les chances des femmes* » en matière professionnelle.

La directive « refonte » 2006/54, reprenant la directive 76/207, telle que modifiée par la directive 2002/73, continue, à l'article 28, de prévoir une protection de la femme notamment en ce qui concerne grossesse et maternité. Le texte a toutefois

(51) CJCE, 13 juillet 1989, *Rinner-Kûhn*, aff. 171/88, *Rec.* p. 2743.

(52) CJCE, 9 février 1999, *Seymour-Smith*, aff. C-167/97, *Rec.* I, p. 623 ; v. plus récemment, CJCE, 20 mars 2003, *Kutz-Bauer*, aff. C-187/00 ; CJCE, 11 septembre 2003, *Steinicke*, aff. C-77/02.

(53) Arrêts cités notes précédentes.

(54) Arrêts *Bilka*, préc. ; v. également, plus récemment, utilisant la même formule, arrêts *Seymour-Smith, Kutz-Bauer, Steinicke*, préc., 6 décembre 2007, *Ursula Voß* ; aff. C-300/06.

(55) CJCE, 15 décembre 1994, *Stadt Lengerich c. Helmig*, aff. jointes C-399/92 et al., *Rec.* I, p. 5727.

pris soin de préciser que ses dispositions s'appliquent « *sans préjudice* » de celles de la directive 92/85 relative à la santé et à la sécurité des travailleuses enceintes, accouchées ou allaitantes au travail (56) et de la directive 96/34 mettant en œuvre l'accord-cadre des partenaires sociaux sur le congé parental (57).

Tout en renvoyant à l'article 157 § 4 TFUE (ex-article 141 § 4 TCE), l'article 3 de la directive 2006/54, comme le faisait l'article 2 § 8 de la directive 76/207, énonce désormais que les États membres peuvent, au titre de « *mesures positives* », « *maintenir ou adopter des mesures* » tendant à « *assurer concrètement une pleine égalité entre hommes et femmes* ».

268-2. Orientation générale de la jurisprudence. Du moment où elles permettent des différences de traitement, les possibilités qui viennent ainsi s'ouvrir sont d'interprétation restrictive. Guidée par le souci de réduire les disparités de traitement à celles qui sont strictement nécessaires, la jurisprudence de la Cour suit trois orientations :

– des droits particuliers peuvent être prévus pour les femmes en vue de les protéger en tant que femmes, étant alors visés des droits que les personnes de l'autre sexe ne pourraient *par nature* pas posséder ;

– une protection de la femme qui lui accorde des droits que les hommes, n'étaient des raisons *d'ordre social*, pourraient eux aussi posséder, ne doit pas handicaper ses chances sur le marché du travail ;

– quant à l'égalité des chances, elle peut être promue par action ou mesure positive, mais ne doit pas se confondre avec celle des résultats.

268-3. Égalité professionnelle et relations de famille. L'élargissement des domaines couverts par le principe d'égalité à l'ensemble des droits socio-économiques respectifs de l'homme et de la femme ne peut manquer d'avoir des répercussions sur l'organisation des relations familiales, même si ces relations échappent en principe au droit de l'Union (58). Celui-ci « *n'a pas pour objet de régler des questions relatives à l'organisation de la famille, ou de modifier la répartition des responsabilités au sein du couple* », avait dit la Cour de justice (59). Sans doute n'est-ce pas son objet, mais cela peut certainement être son effet.

L'action de la Cour de justice tend d'ailleurs, on le verra (60), à permettre que les membres d'un couple puissent exercer les mêmes responsabilités familiales en condamnant des règles ou des pratiques dont l'effet est de placer ces responsabilités sur la mère plutôt que sur le père (61). La Cour de justice fait aujourd'hui de

(56) V. *infra* n° 470.

(57) V. *infra* n° 495.

(58) V. sur ces questions, S. RAMET, *Famille et droit communautaire*, thèse Paris 1, 2001. L'article 81 § 3 TFUE ouvre simplement au Conseil une compétence pour adopter des mesures « *relatives au droit de la famille ayant une incidence transfrontalière* ».

(59) CJCE, 12 juillet 1984, *Hofmann*, aff. 184/83, *Rec.* p. 3047.

(60) V. *infra* n° 268.

(61) On peut à ce sujet invoquer les dispositions de l'article 5 du protocole n° 4 de la Convention européenne des droits de l'homme, énonçant que « *les époux jouissent de l'égalité des droits et des responsabilités de caractère civil entre eux et dans leurs relations avec leurs enfants* » en rappelant que la Cour de justice entend assurer le respect de la CEDH dans le domaine du droit de l'Union.

l'articulation entre la vie familiale et la vie professionnelle un « *corollaire naturel de l'égalité de traitement* » (62). Le droit de l'Union doit œuvrer pour « *mieux concilier vie professionnelle et vie familiale* » (63).

Introduisant malgré tout son action dans l'organisation de la famille, la Cour de justice estime que le droit de l'Union européenne ne s'oppose sans doute pas à ce que certains avantages soient réservés aux couples mariés (64), mais condamne l'interdiction opposée à un transsexuel de se marier avec une personne du sexe qu'il avait avant son opération (65), en invoquant la jurisprudence de la Cour européenne des droits de l'homme (66).

*

* *

La jurisprudence de la Cour de justice porte d'abord sur les droits ou avantages qui sont spécifiquement accordés aux femmes dans la relation de travail et dont les hommes sont exclus. Elle traite ensuite des mesures positives susceptibles d'être prises en faveur de l'emploi des femmes sous la forme de priorités d'emploi.

1° Avantages spécifiques attribués aux femmes

269. L'arrêt *Commission contre France* du 25 octobre 1988. Condamnant la France parce que celle-ci avait laissé subsister – dans des conventions collectives (67) – des dispositions conférant aux femmes des droits particuliers non justifiés par leur condition biologique, l'arrêt *Commission contre France* du 25 octobre 1988 procède à une distinction essentielle entre les droits particuliers des femmes (68).

– Certains d'entre eux sont directement liés à la condition biologique de la femme et ne sont pas contraires au principe d'égalité. Est visée la protection de la femme en ce qui concerne la grossesse et la maternité. Limitée dans le temps, cette protection pourra toutefois se prolonger afin de préserver les rapports particuliers existant entre la femme et son enfant pendant la période qui suit l'accouchement (69). C'est donc la femme qui est protégée, ou plus précisément la mère, par des droits – à un congé prolongé pour grossesse et maternité – qui traduisent sa condition propre et qui, de ce fait, ne pourraient d'ailleurs pas être conférés aux hommes.

(62) CJCE, 17 juin 1998, *Hill*, aff. C-243/95, *Rec.* I, p. 3739.

(63) 11e considérant de la directive 2006/54 « refonte ». V. *L'égalité entre les femmes et les hommes et la vie professionnelle*, Dalloz, 2003.

(64) CJUE, 1er avril 2008, *Maruko*, aff. C-267/06, concernant les droits d'un couple homosexuel ; v. *supra* n° 170.

(65) CJCE, 7 janvier 2004, *K..B. c. National Health Service Pensions Agency*, aff. C-117/01, à propos du bénéfice d'une pension de réversion réservé « *aux veufs ou veuves* ». V. également, concernant l'âge requis pour l'octroi d'une pension de retraite et la prise en compte du nouveau sexe de la personne intéressée, CJCE, 27 avril 2006, *Richards*, aff. C-423/04.

(66) Arrêt *Christine Goodwin c. Royaume-Uni*, CEDH, 11 juillet 2002.

(67) V. également, pour un autre manquement étatique résultant du maintien de dispositions discriminatoires dans des conventions collectives, CJCE, 28 octobre 1999, *Commission c. Grèce*, aff. C-187/98 ; v. *infra* n° 273 (note).

(68) Aff. 312/86, *Rec.* p. 3615 ; *RTD eur.* 1989, p. 359, obs. P. Rodière ; *Dr. soc.* 1989, p. 551 obs. M.-Th. Lanquetin et H. Masse-Dessen.

(69) CJCE, 12 juillet 1984, *Hofmann*, *Rec.* p. 3047.

– En revanche, des droits particuliers accordés aux femmes en fonction de qualités que les hommes peuvent avoir eux aussi (70), heurteront le principe d'égalité. La réduction du temps de travail pour des travailleuses âgées, le versement de primes couvrant des frais de crèche ou de garde, des congés particuliers liés à des événements marquant la vie des enfants – rentrée scolaire par exemple – peuvent également être prévus au bénéfice des hommes, qui peuvent eux aussi avoir la qualité de parents ou de travailleurs âgés ; ces droits ne peuvent par conséquent pas être réservés aux femmes (71).

La promotion de l'égalité des chances vient en renfort, un avantage particulier ouvert aux femmes pouvant se retourner contre elles en devenant un désavantage professionnel. La multiplication de congés spéciaux ouverts au seul bénéfice des femmes se traduira par des absences qui sont certes autorisées, mais en pratique risquent de nuire à la carrière professionnelle des femmes et notamment à leurs possibilités de promotion vers des responsabilités accrues au sein de l'entreprise.

Les mêmes analyses se retrouvent dans la jurisprudence de la Cour de justice déclarant incompatible avec l'égalité professionnelle la prohibition de principe du travail de nuit des femmes que certaines législations nationales avaient maintenue, alors que le travail de nuit des hommes était de son côté autorisé (72).

La Cour de justice se défend de prétendre, par de telles décisions, modifier l'organisation de la famille et les responsabilités respectives des époux (73).

2° Priorités à l'emploi des femmes

a) Quotas rigides

270. Arrêt *Kalanke*. Cet arrêt du 15 octobre 1995 s'oppose à une réglementation allemande accordant automatiquement aux femmes une priorité d'emploi dans des secteurs d'activité où elles sont sous-représentées (74).

(70) V. le motif 14 de l'arrêt *Commission c. France*.

(71) Faisant suite à l'arrêt *Commission c. France*, v. Cass. soc., 27 février 1991, déclarant nulle la disposition d'un accord collectif réservant aux seules mères de famille le versement d'une prime de crèche, *Bull.* V, n° 101. La Cour européenne des droits de l'homme, de son côté, quelques années plus tard, a estimé que l'attribution d'un congé parental au seul bénéfice de la mère, que prévoyait le droit autrichien, n'était pas discriminatoire au sens de l'article 14 de la Convention européenne des droits de l'homme. Elle a considéré qu'à l'époque des faits (fin des années quatre-vingt) la majorité des États contractants posait cette même règle discriminatoire et qu'il y avait là un facteur pertinent propre à la justifier : CEDH, 27 mars 1998, *Petrovic*, *D.* 1999, p. 141, note J.-P. Marguénaud et J. Mouly. Épousant l'évolution observable au niveau de nombreux États européens, évolution d'ailleurs réclamée par le droit de l'union européenne, la position de la CEDH a ensuite changé ; la Cour européenne condamne aujourd'hui la discrimination dans l'attribution du congé parental, y compris pour les militaires : CEDH, 22 mars 2012, Grande chambre, *Konstantin Markin c. Russie*, n° 30078/06 confirmant son arrêt de chambre du 7 octobre 2010 dans la même affaire.

(72) CJCE, 25 juillet 1991, aff. C-345/89, *Stoeckel*, *Rec.* I, p. 4047 ; *D.*1991.443, note Huglo ; *Dr. soc.* 1992, p. 174, obs. M.-A. Moreau ; v. également A. Supiot, « À propos de l'arrêt Stoeckel, Principe d'égalité et limites du droit du travail », *Dr. soc.* 1992, p. 382 ; CJCE, 2 août 1993, aff. C-158/91, *Lévy*, *D. 1993*.577. note Ch. Pettiti. V. *infra* n° 493 pour plus de détails sur la jurisprudence de la CJCE et pour la loi française du 9 mai 2001.

(73) Formule inscrite dans l'arrêt *Hofmann* et reprise par l'arrêt *Commission c. France*. V. CJCE, 19 mars 2002, *Lommers*, aff. C-476/99, concernant une réglementation nationale réservant les places de garderie subventionnées aux seuls fonctionnaires féminins, les fonctionnaires masculins n'y ayant accès qu'en cas d'urgence, la Cour de justice exigeant l'égalité de traitement à l'égard des hommes assumant seuls la garde de leurs enfants.

(74) CJCE, 17 octobre 1995, aff. C-450/93 ; v. M.-Th. Lanquetin, « ... à propos de l'arrêt Kalanke », *Dr. soc.* 1996, p. 494 ; *D.* 1996. 221, note J.-L. Clergerie ; L. Charpentier, « L'arrêt Kalanke, expression du discours dualiste de l'égalité », *RTD eur.* 1996, p. 287.

L'article 4 § 2 de la directive 76/207, dans sa rédaction antérieure à la directive 2002/73, avait pour but précis et limité d'autoriser des mesures, discriminatoires en apparence, mais qui visent à éliminer ou réduire les « *inégalités de fait qui affectent les chances des femmes* » sur le marché du travail. Reprenant cette dernière formule, l'arrêt ajoute toutefois qu'une dérogation au principe d'un traitement égal est d'interprétation stricte.

Le ton est donné et la Cour de s'opposer à une réglementation nationale ayant pour but de promouvoir l'emploi féminin dans des secteurs d'activité où les femmes sont sous-représentées. Est plus exactement condamnée la priorité accordée automatiquement, à qualifications égales, aux candidats féminins sur les candidats masculins.

Un tel système de priorité automatique a pour effet de substituer à la promotion de l'égalité des chances que la directive 76/207 admet, « *un résultat auquel seule la mise en œuvre d'une telle égalité des chances pourrait aboutir* » (75). Égalité des chances et égalité des résultats ne doivent pas être confondues et l'effort poursuivi au nom du principe d'égalité doit simplement placer les femmes dans une situation où elles pourront concourir face à l'emploi dans des conditions d'égalité avec les hommes. Mais l'égalité ne leur sera pas assurée sous la forme d'un résultat qui leur serait dû (76). L'arrêt *Commission contre France* exprimait déjà cette même idée.

b) Quotas flexibles

271. Arrêts *Marschall* et *Badeck*. L'arrêt *Kalanke* a uniquement entendu condamner les mesures garantissant une priorité « *absolue et inconditionnelle* » aux femmes.

La Cour de justice a explicité cette formule dans une décision ultérieure visant à nouveau une réglementation allemande comportant, à la différence de la précédente, une « clause d'ouverture » ou de souplesse. La réglementation considérée, face à une sous-représentation professionnelle des femmes, accordait à celles-ci priorité d'emploi, à égalité d'aptitudes, de compétence et de prestations professionnelles, mais ouvrait la possibilité d'écarter la priorité reconnue aux femmes si des motifs tenant à la personne d'un candidat masculin le justifiaient.

La Cour a estimé que le droit communautaire ne s'y opposait pas, sous réserve que chaque cas individuel fasse l'objet d'une appréciation objective et complète et qu'aucun critère discriminatoire envers les candidats féminins ne soit utilisé (77). L'existence de la clause d'ouverture rendait la réglementation compatible avec le droit communautaire.

(75) V. point 23 de l'arrêt. Écartant une réglementation (le statut de la RATP) accordant une « *priorité absolue et inconditionnelle* » aux candidatures de certaines catégories de femmes à l'exclusion des hommes dans une situation similaire, pour contrariété avec l'article 141 § 4 TCE et la directive 76/207, v. Cass. soc., 18 déc. 2007, *RATP*, n° 06-45132, *Bull.* V, n° 215.

(76) V. également CJCE, 6 juillet 2000, *Abrahamsson et Anderson*, aff. C-407/98, *Rec.* I p. 5539, condamnant une réglementation nationale permettant au candidat du sexe sous-représenté d'être sélectionné sur la seule base de son sexe, sans considération des mérites du candidat du sexe opposé.

(77) CJCE, 11 novembre 1997, *Hellmut Marschall*, aff. C-409/95.

N'est pas non plus contraire au droit communautaire la priorité accordée aux candidats féminins à un emploi de la fonction publique, lorsque des motifs d'ordre social, « *juridiquement supérieurs* », permettent d'écarter cette priorité et de donner préférence à d'autres candidats (hypothèse de « *quotas flexibles* ») (78).

Conformément à la jurisprudence *Kalanke*, les réglementations nationales dont l'objet n'est pas d'assurer un résultat – recrutement ou promotion – mais seulement d'améliorer les chances des candidats féminins d'obtenir un tel résultat, s'accordent avec les dispositions qui étaient celles de l'article 2, § 1 et 4, de la directive 76/207 et ne heurtent pas le droit de l'Union. Ainsi d'une réglementation qui réserve aux femmes non des postes de travail, mais des places de formation en vue d'obtenir une qualification (79) ; ou encore de la garantie donnée aux femmes d'être convoquées pour des entretiens d'embauche (80).

c) Article 157 § 3 et § 4 du traité sur le fonctionnement de l'Union

272. De l'égalité des chances à la pleine égalité concrète. Les dispositions des paragraphes 3 et 4 de l'article 157 TFUE (ex-article 141 § 3 et 4 TCE) concernent respectivement l'action de l'Union et celle des États membres. Le paragraphe 3 engage les autorités de l'Union à « *assurer l'application du principe de l'égalité des chances et de l'égalité de traitement entre les hommes et les femmes en matière d'emploi et de travail* ». Le paragraphe 4 autorise les États membres à maintenir ou adopter des mesures destinées « *à faciliter l'exercice d'une activité professionnelle par le sexe sous-représenté ou à prévenir ou compenser des désavantages dans la carrière professionnelle* ».

Le premier des deux textes vise explicitement le principe de l'égalité des chances et s'accorde correctement avec la jurisprudence de la Cour de justice et la distinction restrictive que celle-ci fait entre les mesures tendant à l'égalité des chances, qui sont admises, et celles qui garantissent un résultat et auxquelles elle s'oppose. Le second « sonne » différemment. Mettant en avant l'idée d'une égalité pleine et complète, visant le rééquilibrage de la représentation dans l'emploi, la compensation des désavantages professionnels dont un sexe vient à souffrir, il ouvre aux États membres la possibilité de conduire des politiques d'égalité actives et affirmées. Il y incite et demande à la Cour de justice à montrer de la souplesse dans l'appréciation des mesures positives prises au niveau national (81).

(78) CJCE, 28 mars 2000, *Georg Badeck*, aff. C-158/97, toujours à propos d'une réglementation allemande, la priorité donnée aux candidats féminins étant écartée dans cinq groupes de cas : personnes ayant quitté leur service pour raisons familiales, étant passées au temps partiel pour ces mêmes raisons, anciens « soldats temporaires », travailleurs handicapés, chômeurs de longue durée. V. K. Berthou, « La CJCE et l'égalité de traitement, quelle orientation ? », *Dr. soc.* 2001, p. 879.

(79) CJCE, 28 mars 2000, *Georg Badeck*, préc., l'État n'ayant pas le monopole de la formation et les droits des postulants masculins étant de ce fait mieux préservés.

(80) Même affaire.

(81) Introduit par la loi du 13 juillet 1983, l'article L. 1142-4 (ex-article L. 123-3) du Code du travail énonce que les dispositions légales relatives à l'égalité professionnelle entre hommes et femmes « *ne font pas obstacle à l'intervention de mesures temporaires prises au seul bénéfice des femmes visant à établir l'égalité des chances…, en particulier en remédiant aux inégalités de fait qui affectent les chances des femmes* ». Le Conseil constitutionnel français, dans sa décision du 16 mars 2006 concernant la loi du 23 mars 2006 sur l'égalité salariale entre les femmes et les hommes, déclare que l'action législative en faveur des femmes « *ne saurait faire prévaloir la considération*

L'orientation prise par l'interprétation de la Cour de justice va résolument et restrictivement dans le sens d'une compensation des désavantages professionnels qui doit intervenir au cours de la vie professionnelle des femmes et uniquement au cours de celle-ci. « *Les mesures nationales couvertes par ladite disposition* (article 141 § 4 TCE, article 157 § 4 TFUE) *doivent contribuer à aider les femmes à mener leur vie professionnelle sur un pied d'égalité avec les hommes* » (82). Une bonification de retraite venant, après cessation de l'activité, compenser des désavantages constatés pendant cette activité, ne s'accorde pas avec les possibilités ouvertes par le traité (83). Non plus qu'une condition d'âge différente pour le départ à la retraite, différence qui n'aide pas les femmes « *dans leur vie professionnelle* » (84). La Cour de justice considère que ce type de compensation serait de nature à justifier et laisser perdurer des désavantages se constatant pendant la vie professionnelle.

§ 2. — Mise en œuvre

273. Outre celles qui sont de manière générale relatives à l'accès à la justice et dont il a été traité antérieurement (85), la réalisation du droit à l'égalité rencontre des difficultés concernant la preuve des discriminations et présente des particularités dans le domaine des sanctions (86).

A. — La preuve

Si, prétoriennement, la Cour de justice avait depuis longtemps façonné un régime particulier de la preuve des discriminations entre hommes et femmes, la transposition de ce régime dans l'ensemble des procédures nationales n'a été commandée qu'assez tardivement par la directive 97/80 du 15 décembre 1997.

du sexe sur celle des capacités et de l'utilité commune ». Il l'a fait à propos de l'accès des femmes à des instances délibératives et juridictionnelles (organes de gestion des entreprises, représentation du personnel dans l'entreprise, conseils de prud'hommes...), ainsi qu'à la formation professionnelle et à l'apprentissage, mais on peut estimer que la formule qu'il utilise prend une portée générale.

(82) CJCE, 13 novembre 2008, *Com. c. Italie,* aff. C-46/07.

(83) CJCE, 29 novembre 2001, *Griesmar,* aff. C-366/99, à propos du régime français de retraite des fonctionnaires. Le Conseil constitutionnel a estimé « *qu'une disposition reconnaissant un avantage en matière de retraite à l'ensemble des fonctionnaires ayant élevé des enfants, sous réserve qu'ils aient interrompu leur activité, ne méconnaissait aucune règle de valeur constitutionnelle, notamment le principe d'égalité* », Cons. const., 14 août 2003 (*Réforme des retraites*), déc. n° 2003-483 DC ; le Conseil d'État en a ensuite déduit que cette question n'étant pas nouvelle, il n'y avait pas lieu de la renvoyer au Conseil constitutionnel dans le cadre d'une QPC, CE, 28 juin 2010, *Emmanuel A*, n° 338537. V. également *infra* n° 284.

(84) CJCE, 13 novembre 2008, *Com. c. Italie,* préc.

(85) V. *supra* n° 121-122.

(86) V. sur l'ensemble des questions qui suivent, *L'accès à l'égalité entre hommes et femmes dans la Communauté européenne*, ouvrage collectif, dir. M. Verwihlen, Presses univers. Louvain, 1993. Une garantie constitutionnelle d'égalité des hommes et femmes, directement applicable par les tribunaux, suffit-elle à assurer le respect du droit communautaire, lorsque la présence de règles discriminatoires continue de se constater dans les conventions collectives ? Non a répondu la Cour de justice en estimant que le principe de sécurité juridique et la protection des particuliers ne pouvaient se satisfaire d'une situation ne permettant pas aux particuliers de connaître leurs droits de façon claire et précise, CJCE 28 octobre 1999, *Commission c. Grèce*, aff. C-187/98 ; comp. *Commission c. Allemagne*, CJCE, 21 mai 1985, aff. 248/83, *Rec.* p. 1459.

1° Jurisprudence de la Cour de justice

274. Objet de la preuve. La distinction entre discrimination directe et discrimination indirecte réapparaît.

– En cas de discrimination directe, la preuve consistera à faire apparaître l'existence d'une règle ou d'une pratique se référant à un critère tiré du sexe. Le caractère ostensible des discriminations directement inscrites dans une règle formalisée en rendra évidemment la preuve aisée. La preuve d'une simple pratique peut être plus difficile à réaliser. On observera que prouver l'existence d'une discrimination directe et ostensible, c'est en outre prouver celle d'une intention discriminatoire.

– La conception objective des discriminations indirectes à laquelle s'est ralliée la jurisprudence de la Cour de justice a une incidence directe sur l'objet de la preuve. L'existence d'une intention discriminatoire est indifférente et n'a donc pas à être établie. Il suffit d'établir que l'effet d'une règle ou d'une pratique, qui se réfère à un critère apparemment non discriminatoire, est de désavantager une population composée de façon prépondérante de personnes de l'un des deux sexes par rapport à l'autre, preuve statistique, a-t-on dit (87).

Toute considération des buts poursuivis par l'auteur d'une discrimination indirecte ne disparaît pas pour autant, puisque celle-ci est « rachetable » à condition d'être légitimée par la preuve qu'elle a été instituée dans un but étranger au sexe et qu'elle est convenablement proportionnée (88). D'autres objets de preuve se présentent en ce cas, concernant le caractère légitime de la discrimination, le choix des moyens utilisés et leur mesure. Il va d'ailleurs de soi que la charge doit en revenir à l'auteur de la discrimination indirecte.

275. Charge de la preuve. Le droit commun de la preuve veut que le demandeur (la demanderesse) fasse la preuve de la discrimination dont il prétend souffrir : *actor incumbit probatio.* L'application de ce principe ne soulève pas de difficulté particulière pour le demandeur lorsque la discrimination se manifeste directement dans une règle clairement exprimée. Il en va différemment s'agissant de la preuve de pratiques discriminatoires non ostensiblement inscrites dans une règle ou se présentant sous un jour neutre.

La Cour de justice a, en ce qui concerne la charge de la preuve, fait œuvre constructive pour les discriminations indirectes. À travers le cheminement d'une série de décisions, elle a façonné un régime qui scinde la charge de la preuve et allège la part de charge pesant sur le demandeur.

275-1. D'une répartition de la charge de la preuve conforme au droit commun de la preuve... Il appartient en premier lieu au demandeur ou à la demanderesse d'établir des éléments propres à démontrer l'existence d'une différence de traitement préjudiciant majoritairement aux personnes de son sexe.

(87) V. *supra* n° 264.
(88) V. *supra* n° 266-267.

La preuve porte sur des faits statistiquement constatés (89) ; non sur l'existence d'une intention de différencier les sexes.

Si ces éléments de preuve apportés par le demandeur sont suffisants, s'en infère une présomption de violation du principe d'égalité de traitement qu'il revient ensuite au défendeur de combattre. Au défendeur (en général l'employeur) de démontrer maintenant, face à la différence de traitement qui lui est imputée, que celle-ci est justifiable par des raisons objectives acceptables et ne va pas au-delà du nécessaire (principe de proportionnalité).

Élaboré, concernant le travail à temps partiel, dans les arrêts *Jenkins* (90) et *Bilka* (91), la règle de répartition de la charge de la preuve a trouvé une formulation particulièrement nette avec l'arrêt *Danfoss*, dans lequel la Cour juge que « *l'employeur a la charge de prouver que sa pratique n'est pas discriminatoire* (il faut entendre : « n'est pas contraire au principe d'égalité »), *dès lors que le travailleur féminin établit par rapport à un nombre relativement important de salariés que la rémunération moyenne des travailleurs féminins est inférieure à celle des travailleurs masculins* » (92).

Cette répartition, calquée sur la distinction des objets de preuve, ne contredit pas le principe voulant que la preuve d'un fait incombe à celui qui l'invoque, que traduisent les maximes *actor incumbit probatio* et celle qui la complète : *reus in excipiendo fit actor.* La preuve du fait de discrimination incombe au demandeur ; la preuve de sa justification au défendeur. C'est le droit commun des preuves.

275-2. … à un allégement de la charge pesant sur le demandeur. Si le passage de la charge de la preuve du demandeur au défendeur s'accorde ainsi, apparemment, avec le droit commun de la preuve, il n'empêche que le demandeur au procès a progressivement, avec l'évolution de la jurisprudence de la Cour de justice, obtenu de bénéficier d'un allégement de la charge lui revenant.

Dans le système préconisé par la Cour de justice, il ne lui appartient finalement pas d'établir de façon certaine et vérifiée l'existence d'une différence de traitement entre hommes et femmes, il suffit qu'il en fournisse un indice sérieux, ou encore qu'il mette en lumière une probabilité (93). Dès lors qu'il l'a fait, le défendeur doit combattre la présomption de discrimination contraire au droit communautaire qui pèse sur lui et si un doute demeure après sa défense, il doit profiter au demandeur. C'est dans cet allégement de la charge reposant sur le demandeur que se marque le particularisme des règles relatives à la charge de la preuve des discriminations.

2° Transposition dans les procédures nationales

276. Directive 97/80 relative à la charge de la preuve. Le mécanisme de preuve qui vient d'être décrit passe par l'usage de la notion de discrimination indirecte

(89) Suivant une méthode de démonstration statistique qui n'a rien d'élaborée. V. *L'accès à l'égalité entre hommes et femmes…*, ouvrage précité.

(90) CJCE, 31 mars 1981, *Jenkins c. Kingsgate*, aff. 96/80, *Rec.* p. 911.

(91) CJCE, 13 mai 1986, *Bilka Kaufhaus c. Karin Weber*, aff. 170/84, *Rec.* p. 1607.

(92) CJCE, 17 octobre 1989, *Handels O. G. c. Danfoss*, aff. 106/88, *Rec.* p. 3202, dans une hypothèse où l'entreprise avait « *un système de rémunération caractérisé par un manque total de transparence* ».

(93) CJCE, 27 octobre 1993, *Enderby*, aff. C-127/92, *Rec.* p. 5548.

et suppose, avec cette même notion de discrimination indirecte, une conception objective des discriminations. Il traduit en outre le préjugé législatif que des inégalités de traitement existent, en exigeant seulement du demandeur qu'il fournisse des indices à partir desquels une présomption de discrimination contraire au droit de l'Union devra être combattue par le défendeur.

Ces données n'avaient pas été intégrées par l'ensemble des systèmes juridictionnels des États membres. Les juridictions de certains États membres n'utilisaient pas la notion de discrimination indirecte (94). Le principe de l'autonomie procédurale des droits nationaux les incitait à négliger un système de preuve créé sans texte par la Cour de justice.

La Commission a donc voulu introduire le mécanisme probatoire élaboré par la Cour dans une directive l'imposant aux États membres. Tel a été l'objet de la proposition de directive relative à la charge de la preuve dans le domaine l'égalité des rémunérations et de traitement entre les hommes et les femmes présentée le 24 mai 1988 (95). Cette première proposition n'ayant pu être adoptée, la Commission a relancé son initiative sur le fondement de l'article 2 § 2 de l'Accord sur la politique sociale et en utilisant (hors Royaume-Uni) la procédure de coopération parlementaire. Une directive n° 97/80 sur la charge de la preuve dans les cas de discrimination fondée sur le sexe a cette fois pu être adoptée le 15 décembre 1997 (96). Ses dispositions traduisent l'orientation générale de la proposition de 1988, tout en ayant été simplifiées, réduites à des « exigences minimales ».

Les dispositions de la directive 97/80 ont été intégrées à l'article 19 de la directive « refonte » 2006/54 du 5 juillet 2006.

La directive 97/80 ayant pour objectif de garantir plus efficacement l'application du principe d'égalité par voie juridictionnelle, elle énonçait qu'il convient à cette fin de « *prévoir un régime probatoire plus favorable à la partie demanderesse* » (14e considérant). Il convient également, disait-elle, que les discriminations indirectes aussi bien que les discriminations directes soient combattues par voie juridictionnelle et c'est la raison pour laquelle la directive définissait la notion de discrimination indirecte afin d'en faciliter (forcer ?) l'usage par les tribunaux (97).

La charge de la preuve n'est pas renversée, mais seulement aménagée, c'est-à-dire déplacée sur le défendeur dès lors « *qu'existe une apparence de discrimination* ». Il revient pour commencer au demandeur d'établir un commencement de preuve, en mettant en évidence des faits permettant de présumer l'existence d'une discrimination (98). Inventé pour la preuve des discriminations indirectes, l'allégement de la charge probatoire concerne aujourd'hui l'existence

(94) Ainsi des juridictions françaises. V. Cass. soc., 9 avril 1996, 2 espèces, premières décisions faisant entrer la notion dans la jurisprudence de la Cour de cassation, *Bull.* V, n° 146. La notion est aujourd'hui intégrée à la jurisprudence de la Cour de cassation, V. *supra* n° 265.

(95) Doc. COM (88) 269 F.

(96) *JOCE* n° L 14 du 20 janvier 1998.

(97) V. *supra* n° 265 pour la teneur de la définition.

(98) « *L'appréciation des faits qui permettent de présumer l'existence d'une discrimination demeure de la compétence de l'instance nationale concernée* », qui applique ses propres règles (considérant n° 30 de la directive « refonte » 2006/54).

d'une discrimination « *directe ou indirecte* ». Il incombe alors au défendeur de combattre la présomption qui pèse sur lui (99).

Ces règles ne s'appliquent normalement pas aux procédures pénales, pour lesquelles l'instruction sera volontiers de type inquisitoire, et plus généralement, n'ont pas vocation à régir les procédures dans lesquelles l'instruction des faits incombe à la juridiction ou à l'instance compétente (100).

Un régime probatoire plus favorable à la partie demanderesse (101) peut être prévu par les États (102).

B. — Les sanctions

277. Les règles générales relatives aux sanctions des violations du droit communautaire s'appliquent en matière d'égalité de traitement entre hommes et femmes. Elles ont été déjà présentées (103). Seront signalés ici des éléments, jurisprudentiels notamment, intéressant directement l'égalité entre hommes et femmes.

277-1. Réparation dissuasive – arrêt *Von Colson et Kamann*. Cet arrêt traduit la manière dont les textes du droit de l'Union et les positions de la Cour de justice conçoivent en général la sanction des atteintes au principe d'égalité entre hommes et femmes (104).

Les directives ne précisent pas quelles doivent être les sanctions d'une éventuelle discrimination et ne comportent « *aucune obligation inconditionnelle et suffisamment précise... pouvant être invoquée en vue d'obtenir une réparation déterminée* » (105).

(99) La proposition de directive de 1988 prévoyait que le défendeur devait réfuter les faits qui lui sont imputés, mais pouvait également combattre la présomption de discrimination en justifiant le désavantage constaté au détriment d'un sexe et établissant son caractère non disproportionné. Elle énonçait en outre que le doute subsistant devait bénéficier à la partie demanderesse. Ces éléments ne se retrouvent pas dans la directive 97/80.

(100) Comme il en va en France dans la procédure contentieuse administrative ; v. article 3 § 2 et article 4 § 3 de la directive 97/80 ; article 19 § 5 et § 3 de la directive 2006/54.

(101) Dans la proposition de 1988, deux règles de procédure complétaient le dispositif prévu. La première ouvrait au juge le pouvoir de déclencher les mesures d'instruction qu'il juge nécessaires, introduisant ainsi un élément inquisitoire dans le mécanisme probatoire (comme il en va dans les règles françaises, spécialement pour le licenciement, v. article L. 1235-1, ex-article L. 122-14-3 du Code du travail). La seconde corrigeait le mécanisme accusatoire en exigeant des parties qu'elles échangent les informations pertinentes dont elles disposent, à moins que cette divulgation ne soit susceptible de nuire gravement aux intérêts de son auteur « *pour des motifs autres que ceux du litige concerné* ».

(102) Article 4 § 2 de la directive 97/80 ; article 19 § 2 de la directive 2006/54. Depuis la loi du 16 novembre 2001 sur la non-discrimination, l'article L. 1144-1, ex-article L. 123-1 du Code du travail prévoit que le plaignant « *présente des éléments de fait laissant supposer l'existence d'une discrimination directe ou indirecte, fondée sur le sexe, la situation de famille ou la grossesse. Il incombe à la partie défenderesse de prouver que sa décision est justifiée par des éléments objectifs étrangers à toute discrimination. Le juge forme sa conviction après avoir ordonné, en cas de besoin, toutes les mesures d'instruction qu'il estime utiles* ». Ces dispositions concernent tout le registre des discriminations entre hommes et femmes ; v également article L. 3221-8, ex-article L. 140-8 du Code du travail, concernant l'égalité des rémunérations entre hommes et femmes, renvoyant à l'article L. 1144-1. On retrouve les mêmes règles à l'article L. 1134-1, ex-article L. 122-45 du Code du travail pour l'ensemble des discriminations prohibées par le droit français.

(103) V. *supra* n° 122 sur les sanctions ; et sur l'accès aux procédures permettant la sanction des droits, v. *supra* n° 121.

(104) CJCE, 10 avril 1984, aff. 14/83, *Rec.* p. 1891.

(105) Point 2 du dispositif. L'article 6 de la directive 75/117 énonce simplement que « *les États membres s'assurent de l'existence de moyens efficaces permettant de veiller au respect de ce principe* » (d'égalité des rémunérations).

Laissant aux autorités nationales le choix du mode de sanction, le droit communautaire ne leur impose en particulier pas de prévoir une réparation en nature plutôt que par dommages-intérêts. Une discrimination fondée sur le sexe qui se produit lors de l'accès à l'emploi n'a pas obligatoirement à être sanctionnée par la conclusion forcée du contrat de travail (106).

Si une État membre opte pour une sanction sous forme d'indemnité, celle-ci doit être propre à réaliser son objet et être par conséquent efficace et suffisamment dissuasive. La formule utilisée par l'arrêt *Von Colson et Kamann* laisse toutefois prise aux interrogations. L'indemnité, dit l'arrêt, doit être en tout cas adéquate par rapport aux préjudices subis et ne doit pas rester purement symbolique, comme l'est par exemple un simple remboursement de frais (point 3 du dispositif). Il y a sans doute lieu de comprendre qu'une conception large du préjudice réparable doit être retenue et que la réparation d'un préjudice moral doit compléter celle du préjudice matériel. Efficacité et effet dissuasif supposent en outre que l'indemnité soit d'un montant suffisamment élevé. La mesure choisie doit avoir un « *effet dissuasif réel* », elle doit être « *en tout cas adéquate au préjudice subi* » (107). La réparation ne peut « *être* a priori *limitée par un plafond maximal* ». (108)

Le principe d'équivalence s'applique ; il s'en déduit que la sanction doit être analogue à celle que le droit national prévoit dans des situations comparables (109). Un peu plus d'audace pourrait conduire la Cour, compte tenu de la solution consacrée par certains États membres (110), à réclamer la nullité des licenciements, des sanctions subies par les travailleurs ou des refus d'embauche de caractère discriminatoire. Cela semble s'imposer, si du moins la sanction est prévue dans le droit national intéressé pour des situations analogues (111).

277-2. Sanction de nullité. Si les mesures discriminatoires prises individuellement à l'encontre d'un salarié ne sont pas déclarées nulles par le droit de l'Union, celui-ci exige néanmoins que soient sanctionnées par la nullité ou soient modifiées toutes dispositions contraires à l'égalité de traitement contenues dans des conventions collectives, des contrats individuels de travail, les règlements d'entreprises ou statuts professionnels, les dispositions législatives ou réglementaires devant de leur côté être « supprimées », si elles sont contraires à l'égalité de traitement (112).

(106) V. point 1 du dispositif. V. également, sur le refus d'embaucher une femme enceinte, CJCE, 8 novembre 1990, aff. C-177/88, *Dekker* ; *RTD eur.* 1991, p. 671 et étude P. Rodière, p. 573.

(107) Sur la mesure de la réparation, CJCE, 11 octobre 2007, *Paquay*, aff. C-460/06, pt. 49 ; v. également l'arrêt *Marshall* II, 2 août 2007, aff. C-271/91.

(108) Sauf dans le cas d'un refus de prendre en considération une demande d'emploi ; article 6 § 2 de la directive 76/207, modifiée en 2002 ; article 18 de la directive « refonte » 2006/54.

(109) Arrêt *Paquay,* cité note précédente ; v. *supra* n° 122.

(110) Telle celle de l'article L. 1132-4, ex-article L. 122-45, du Code du travail français qui, depuis 1985, déclare nul de plein droit tout acte de discrimination sexuelle en matière de licenciement ou de sanctions des salariés et, depuis une loi du 31 décembre 1992, annule également les actes de discrimination en matière de recrutement.

(111) Dans l'arrêt *Marshall* II, CJCE, 2 août 1993, aff. C-271/91, la Cour de justice laisse aux autorités nationales le soin de choisir, en cas de licenciement discriminatoire, entre réintégration de la victime et réparation pécuniaire.

(112) Article 3 § 2 de la directive 76/207, article 23 b) de la directive 2006/54. V. article L. 3221-7, ex-article L. 140-4, du Code du travail concernant les discriminations salariales résultant du contrat de travail, d'une convention collective ou d'un règlement salarial édicté par un employeur ou un groupement d'employeurs, discriminations frappées de nullité.

278. Substitution du système de référence valable. En l'absence de mesures d'application adéquate du droit communautaire, « *le groupe défavorisé, du fait d'une discrimination, doit se voir appliquer le même régime que celui dont bénéficient les autres travailleurs, régime qui, à défaut d'exécution correcte du droit communautaire, reste le seul système de référence valable* ». Le régime défavorisant un sexe est écarté au profit de l'autre (113). Alors même que sa transposition n'en a pas été correctement faite, la substitution opérée permet, au travers d'une règle de droit national, de faire respecter le droit communautaire, y compris lorsqu'il consiste en directives, c'est-à-dire en actes non directement applicables entre particuliers (114). Il y a là un mode de sanction spécifique (115).

La Cour de justice l'a décidé ainsi, en visant d'abord un cas de discrimination directe (116). Elle l'a fait ensuite face à des discriminations indirectes contraires à l'article 119 et à l'égalité de rémunération (117) ; elle l'a également décidé face à une législation nationale contraire, non plus à une disposition du traité CE, mais à la directive 79/7 relative à l'égalité dans le domaine de la sécurité sociale (118). La solution est retenue, que la disposition discriminatoire soit de nature législative (119) ou s'inscrive dans une convention collective (120).

279. Représailles patronales. L'article 24 de la directive 2006/54, reprenant les dispositions de l'article 7 de la directive 76/207, exige des États membres qu'ils protègent les travailleurs contre le licenciement que déciderait l'employeur en réaction à une plainte interne à l'entreprise ou une action en justice visant à faire respecter le principe d'égalité.

Le risque de subir un licenciement est de nature à dissuader l'intéressé d'agir en vue de défendre ses droits. La protection s'arrête-t-elle toutefois à la seule mesure de licenciement ? Non, répond la Cour de justice, la protection du travailleur contre les mesures décidées par l'employeur à titre de représailles ne doit pas être limitée au seul licenciement et s'étend également à une mesure entravant les démarches d'un travailleur dans sa recherche d'un nouvel emploi (121). C'est d'ailleurs, rappelle la Cour de justice, un principe général de droit que toute personne doit pouvoir agir en justice pour faire assurer le respect de ses droits. Une mesure patronale, liée au sexe et qui entrave le droit à l'emploi d'une femme, est

(113) Substitution qui évoque celle de la norme valable à la norme illicite ou celle de la norme favorable à la norme défavorable connues du droit civil (clauses d'indexation) ou du droit du travail français (effet automatique de la norme plus favorable).

(114) V. *supra* n° 120 sur la question générale de l'applicabilité des directives non transposées.

(115) Transposition de la solution dans l'article L. 3221-7, ex-article L. 140-4, du Code du travail, qui, déclarant nulles les clauses des conventions collectives et contrats de travail « comportant » une rémunération inférieure pour les travailleurs d'un sexe, y substitue de plein droit la rémunération la plus élevée.

(116) CJCE, 4 décembre 1986, *Pays-Bas c. FNV*, aff. 71/85, *Rec.* p. 3855.

(117) CJCE, 7 février 1991, aff. C-184/89, *Nimz*, *Rec.* I, p. 297.

(118) CJCE, 13 décembre 1989, aff. C-102-88, *Ruzius-Wilbrink*, *Rec.* p. 4311.

(119) Même décision.

(120) Arrêt *Nimz*, cité *supra*.

(121) CJCE, 22 septembre 1998, *Coote c. Granada Hospitality Ltd*, aff. C-185/97, *RJS* 1998, p. 863, la réaction de l'employeur ayant en l'espèce consisté à refuser de fournir à l'intéressée des références pouvant la servir dans sa recherche d'emploi.

clairement contraire au principe d'égalité de traitement, quelle que soit la mesure. La victime doit pouvoir le faire valoir devant un juge (122).

Section 2

Les domaines d'application

280. Diversité et recoupements – droit primaire et droit dérivé. Égalité des rémunérations, égalité professionnelle, égalité dans le domaine de la sécurité sociale, c'est le triple domaine investi par le droit communautaire, dont les dispositions sont désormais étendues, là où il est possible de le faire, de la main-d'œuvre salariée aux travailleurs indépendants. S'y ajoute, en quittant le strict domaine du droit social, l'égalité dans l'accès aux biens et services ou la fourniture de biens et services.

Le droit primaire, correspondant à l'ancien article 119 du traité CEE, devenu, après modification, l'actuel article 157 TFUE, vient au premier plan (123). Les directives se sont multipliées, ont été modifiées, puis refondues. La Cour de justice a ouvert une place importante, dans sa jurisprudence, aux principes généraux du droit de l'Union et au droit fondamental à l'égalité entre hommes et femmes.

Entre les différents textes, de droit primaire ou dérivé, les principes applicables, l'articulation est loin d'être aisée.

Les difficultés portent tout particulièrement sur la qualification ou la catégorie pertinentes. Telle prestation financière est-elle une rémunération ou une prestation de sécurité sociale ? Telle règle d'entreprise ou telle mesure qui ne porte pas directement sur la rémunération, mais à des effets sur celle-ci, relève-t-elle de l'article 119 et de la directive 75/117 relatifs aux rémunérations ou de la directive 76/207 sur l'égalité professionnelle ? La mise à la retraite est-elle une notion de sécurité sociale soumise à la directive 79/7 ou un mode de cessation du contrat de travail assimilable à un licenciement et entrant sous l'empire de la directive 76/207 ?

Décidant ainsi qu'une indemnité de licenciement est une rémunération au sens de l'article 119 du traité, la Cour de justice en a, par exemple, rattaché les conditions d'attribution audit article 119, mais visant le droit à réintégration d'un salarié abusivement licencié, elle a placé celui-ci sous l'empire de la directive 76/207 sur l'égalité professionnelle (124).

L'enjeu des difficultés de qualification vient des possibilités d'aménagement du principe d'égalité que certains des textes admettent, il tient plus encore au régime

(122) V. article L. 1144-3, ex-article L. 123-5, du Code du travail, qui déclare nul le licenciement d'un salarié faisant suite à une action en justice pour discrimination engagée par ce salarié ou en sa faveur. Le texte se limite au licenciement. Adde, avec une portée générale pour l'ensemble des discriminations, mais se limitant toujours au licenciement, article L. 1134-4, ex-article L. 122-45-2 du Code du travail (loi du 16 novembre 2001 sur la lutte contre les discriminations).

(123) V. *supra* n° 262 pour des précisions relatives aux différents textes.

(124) CJCE, 9 février 1999, *Regina c. Seymour-Smith et Pérez*, aff. C-167/97, *Rec.* I, p. 623.

privilégié qui est celui de l'égalité de rémunération qui, à la différence des autres domaines de l'égalité, a bénéficié de l'applicabilité directe conférée à l'article 119 du traité.

C'est pourquoi il convient d'ailleurs de distinguer entre l'égalité de rémunération (§ 1) et les autres domaines de l'égalité (§ 2).

§ 1. — Les rémunérations

L'ensemble de la construction est dominé par l'ex-article 119 du traité relatif à l'égalité des rémunérations entre hommes et femmes (125), l'interprétation et les effets que lui confère la Cour de justice (A). Nombreuses sont les questions soulevées par son application et celle de la directive 75/117 qui en a constitué le prolongement direct (126). Ces questions concernent d'abord la notion de rémunération (B) ; elles portent ensuite sur l'évaluation comparée des emplois que l'application du principe d'égalité rend nécessaire (C).

A. — L'ex-article 119 du traité CEE (article 157 § 1 et § 2 TFUE)

281. Le texte. Longtemps laissé sans modification, l'ex-article 119 est devenu, après retouche, article 141 § 1 et § 2 TCE, puis article 157 § 1 et 2 du traité FUE. Il énonce que :

« *Chaque État membre assure* (127) *l'application du principe de l'égalité des rémunérations entre travailleurs masculins et féminins pour un même travail*, le texte ajoutant désormais, depuis le traité d'Amsterdam, *ou un travail de même valeur.*

Aux fins du présent article, on entend par rémunération, le salaire ou traitement ordinaire, de base ou minimum, et tous avantages payés directement ou indirectement, en espèces ou en nature, par l'employeur au travailleur en raison de l'emploi de ce dernier.

L'égalité de rémunération, sans discrimination fondée sur le sexe, implique :

a) que la rémunération accordée pour un même travail payé à la tâche soit établi sur la base d'une même unité de mesure,

b) que la rémunération accordée pour un travail payé au temps soit la même pour un même poste de travail ».

282. Effets directs de l'ex-article 119 (devenu article 157 § 1 et 2 TFUE). L'égalité des rémunérations entre hommes et femmes se particularise par la fonction prédominante qui est assurée directement par l'article 119 dans la solution des litiges.

(125) L. IMBRECHTS, « L'égalité de rémunération entre hommes et femmes », *RTD eur.* 1986, p. 231.

(126) Directive du Conseil du 10 février 1975 concernant le rapprochement des législations des États membres relatives à l'application du principe de l'égalité des rémunérations entre les travailleurs masculins et les travailleurs féminins, *JOCE* n° L 45 du 19 février 1975.

(127) « *... au cours de la première étape, et maintient par la suite* » ajoutait le texte jusqu'au traité d'Amsterdam.

Les analyses qui suivent, correspondant à la jurisprudence que la Cour de justice a élaborée sous l'empire de l'ex-article 119 du traité CEE, ont ensuite gouverné l'application de l'article 141 § 1 et 2 TCE et le font maintenant pour l'article 157 § 1 et 2 TFUE.

282-1. Les arrêts *Defrenne*. L'applicabilité directe de l'article 119 a été admise implicitement par le premier arrêt *Defrenne* (128), puis formellement consacrée et soigneusement motivée par le deuxième (129). La rédaction du texte est suffisamment complète et inconditionnelle pour permettre aux juges nationaux, « *sur base d'analyses purement juridiques* », de déceler les discriminations et de les condamner « *à l'aide des seuls critères d'identité de travail et d'égalité de rémunération* » qu'il retient. Des mesures complémentaires, communautaires ou nationales, ne sont pas nécessaires. L'article 119 se suffit à lui-même ; en d'autres termes, il est *self-executing.*

La position de la Cour de justice, très favorable à l'applicabilité directe de l'article 119, s'explique en partie par « *les lenteurs et les résistances* » qu'elle reproche à certains États membres. C'est pourquoi elle prend soin de préciser que la référence que fait l'article 119 aux « États membres » ne doit pas être comprise de façon restrictive « *comme étant exclusive de l'intervention de l'autorité judiciaire* ». Comme il en va souvent, l'applicabilité directe est un moyen de contourner une insuffisante mise en conformité des réglementations étatiques, en permettant aux juges, avec les moyens qui sont les leurs, d'y suppléer.

La Cour de justice avait toutefois assorti initialement sa position d'une distinction en limitant la portée. Elle avait distingué entre les cas dans lesquels les critères d'identité de travail et d'égalité de rémunération retenus par l'article 119 suffisaient à l'élimination des discriminations et ceux dans lesquels les discriminations ne pouvaient être identifiées qu'en fonction de dispositions plus explicites, de caractère communautaire ou national (tels des barèmes ou des critères permettant d'évaluer objectivement les emplois). La distinction se justifiait, mais la Cour l'avait fâcheusement fait coïncider avec celle des discriminations directes et ouvertes et des discriminations indirectes et déguisées, posant ainsi que l'article 119 ne pourrait trouver application directe face à ce dernier type de discrimination (130).

L'assimilation entre discriminations indirectes et discriminations non décelables à l'aide des seuls critères de l'article 119 se comprenait mal et la Cour devait y renoncer. Elle a reconnu ensuite que l'article 119 peut également recevoir effet direct à l'égard des discriminations indirectes ou déguisées (131).

282-2. Source de la discrimination. Pour qu'une inégalité salariale soit condamnable et le soit sur le fondement direct de l'article 119 encore faut-il qu'elle « *puisse être attribuée à une source* (normative) *unique* ». Si tel n'est pas le cas, il

(128) CJCE, 25 mai 1971, aff. 80/70, *Defrenne c. Sté Sabena*, *Rec.* p. 445, *RTD eur.* 1971, p. 103.

(129) CJCE, 8 avril 1976, aff. 43/75, *Defrenne c. Sté Sabena*, *Rec.* p. 455, *RTD eur.* 1976, p. 521, obs. C. PHILIP, *Cah. dr. eur.* 1977, p. 168, obs. VAN GERVEN.

(130) V. sur l'opposition entre discriminations directes et indirectes, *supra* n° 264.

(131) CJCE, 31 mars 1981, *Jenkins ; Rec.* p. 926 ; CJCE, 11 mars 1981, *Worringham*, *Rec.* p. 767.

« *manque une entité responsable de l'inégalité et qui pourrait rétablir l'égalité* » : un employeur peut corriger une inégalité dans son entreprise ; les rédacteurs d'une convention collective peuvent le faire dans le champ d'application de la convention. Mais une inégalité salariale constatée entre une salariée relevant d'un premier employeur et un salarié d'un autre employeur, entre salariées d'une branche professionnelle couverte par une convention collective et salariés d'une autre branche professionnelle, ne relèvera pas de l'article 119 (132). Sous réserve que celle-ci soit *unique*, les effets directs de l'article 119 s'exprimeront quelle que soit la source d'inégalité ; peu importe qu'elle se trouve « *dans des dispositions de nature législative ou dans des conventions collectives de travail* » (133). L'effet direct de l'article 119 pourra également être invoqué contre un employeur qui rémunère inégalement les hommes et les femmes travaillant « *dans un même établissement ou service, public ou privé* » (134).

L'effet direct n'épargne pas l'entreprise publique et s'étend horizontalement aux contrats entre particuliers.

282-3. Finalité sociale. Mettant en œuvre ses dispositions, les autorités nationales et plus particulièrement les juges devront en outre respecter les finalités qui sont celles de l'article 119. Le deuxième arrêt *Defrenne* trouve ici un autre intérêt encore. Se référant à la double finalité, économique et sociale, de l'article 119, il fait pencher la balance du côté de la finalité sociale, alors que l'introduction de cet article dans le traité de Rome avait principalement répondu à des considérations économiques relatives à l'égalité des conditions de concurrence entre les entreprises de différents États membres. L'article 119 participe aux objectifs d'égalisation dans le progrès des conditions de vie et de travail que poursuit l'article 117 du traité et le principe d'égalité des rémunérations fait partie des fondements de la Communauté, y dit la Cour (135).

La prééminence de l'aspect social sur l'aspect économique peut emporter certaines conséquences. Il conviendra ainsi d'en déduire que l'égalité doit être vérifiée entre les revenus des travailleurs des deux sexes plutôt qu'entre les frais et coûts supportés par les employeurs (136).

282-4. Domaine. L'empire de l'article 119 et de ses effets directs s'arrête toutefois à l'égalité des rémunérations ; l'article 119 ne prescrit pas, en plus, l'égalité des autres conditions de travail, même si elles sont susceptibles – telle la fixation d'une limite d'âge – d'avoir des conséquences pécuniaires. Les autres conditions de travail ou d'emploi relèvent de la directive 76/207 (désormais de la directive « refonte » 2006/54), elles échappent à l'article 119 (137). Le domaine de l'article 119,

(132) CJCE, 17 décembre 2002, *Lawrence*, aff. C-320/00, *Rec.* I, p. 7325 ; CJCE, 13 janvier 2004, *Allonby*, aff. C-256/01, visant la situation de personnes travaillant dans un même service, effectuant le même travail, mais pour des employeurs différents.

(133) Motif 21 de l'arrêt *Defrenne* II.

(134) Point 1 du dispositif de l'arrêt *Defrenne* II.

(135) Motifs 11 et 12 se l'arrêt *Defrenne* II.

(136) V. concl. WARNER dans l'affaire *Worringham*, *Rec.* 1981 p. 796.

(137) Arrêt *Defrenne* III, 15 juin 1978, aff. 147/77, *Rec.* p. 1365, v. motifs 20, 21 et 24 et le dispositif. CJCE, 9 février 1999, *Regina c. Seymour-Smith et Pérez*, aff. C-167/97, *Rec.* I, p. 623, distinguant entre indemnité pour licenciement abusif (article 119) et droit à réintégration (directive 76/207).

débordant cependant celui de la directive 75/117 sur l'égalité des rémunérations, s'étend jusqu'à la directive 86/378 relative aux régimes professionnels d'entreprise dans laquelle la notion de rémunération au sens de l'article 119 est à nouveau impliquée (138).

B. — La notion de rémunération

283. Définition par le traité. L'ex-article 119 (article 141 TCE, devenu 157 TFUE) a défini la notion de rémunération comme :

« *le salaire ou traitement ordinaire de base ou minimum, et tous autres avantages payés directement ou indirectement, en espèces ou en nature, par l'employeur au travailleur en raison de l'emploi de ce dernier* » (139).

Cette définition est suffisamment précise, complète et inconditionnelle pour pouvoir entrer directement en application sans mesures intermédiaires, que celles-ci soient communautaires ou nationales. La Cour de justice est d'ailleurs venue préciser que la directive 75/117 « *n'affecte en rien la notion de rémunération contenue dans l'article 119* » et ne fait qu'y renvoyer (140). C'est directement et uniquement dans le texte même de l'ex-article 119 du traité que le juge national doit rechercher la solution des difficultés de qualification qu'il rencontre.

284. Critère du paiement par l'employeur en raison de l'emploi. Des difficultés répétées sont apparues en ce qui concerne les avantages de retraite, qui peuvent entrer sous la notion d'avantage payé *indirectement* par l'employeur visée par l'ex-article 119 (141). Pour la Cour de justice, l'élément décisif pour la qualification de rémunération est constitué par le lien entre la prestation servie au salarié et son emploi (142). Seule est déterminante la constatation que la pension est versée au travailleur « *en raison de la relation de travail* » avec son ancien employeur, « *c'est-à-dire le critère de l'emploi* », dit-elle dans sa jurisprudence issue de l'arrêt *Beune* (143).

– Dans le premier arrêt *Defrenne* (144), la Cour de justice avait estimé qu'un régime de prestations de retraite, directement *réglé par la loi* à l'exclusion de tout élément de concertation dans l'entreprise ou la branche professionnelle intéressée, ne relevait

(138) V. *infra* n° 292 et s.

(139) La définition est celle-là même que l'on trouvait depuis 1951 dans la convention n° 100 de l'OIT et qui a été introduite dans l'article L. 140-2 (L. 3221-3) du code du travail français.

(140) CJCE, 11 mars 1981, *Worringham c. Lloyds Bank*, aff. 69/80, *Rec.* p. 767.

(141) *Quid* d'un allégement fiscal portant sur une indemnité versée au salarié en cas de départ volontaire de l'entreprise après un certain âge ? L'allègement n'est pas payé par l'employeur ; il ne relève pas de l'article 141 CE (ex-119), CJCE, 21 juillet 2005, *Vergani*, aff. C-207/04.

(142) Sur la notion de travailleur au sens de l'article 141, CJCE, 13 janvier 2004, *Allondy*, aff. C-256/01, *RJS* 4/04, n° 476. La notion a une portée communautaire ; une qualification formelle d'indépendant, déguisant une relation de travail, devra être écartée si l'indépendance n'est que fictive, y dit la Cour de justice.

(143) CJCE, 28 septembre 1994, *Beune*, aff. C-7/93, *Rec.* I, p. 1455 ; CJCE, 12 septembre 2002, *Niemi* aff. C-351/00, *Rec.* I, p. 7007, décisions mettant en lumière trois éléments propres à caractériser le lien avec l'emploi : que la pension « *n'intéresse qu'une catégorie particulière de travailleurs* », qu'elle soit « *directement fonction du temps de service accompli* », qu'elle soit calculée « *sur la base du dernier traitement ou salaire* » ; v. arrêt *Beune*, point 45.

(144) CJCE, 25 mai 1971, aff. 80/70, *Rec.* p. 445, *RTD eur.* 1972, p. 110, obs. G. LYON-CAEN.

pas de la notion d'avantage payé indirectement par l'employeur. Elle a toutefois précisé dans des décisions ultérieures que la constatation que le régime de pension est « *fixé directement par la loi* » constitue certes une indication, mais qui ne suffit pas à exclure l'application de l'article 119 (145). La même analyse vaut lorsque le régime de pension en cause « *s'insère dans un cadre législatif général et harmonisé des régimes de pension* ». Du moment où les critères de l'arrêt *Beune* sont satisfaits, la pension a le caractère d'une rémunération soumise à l'ex-article 119 (146).

– Une pension de retraite résultant d'un *régime professionnel* privé, entièrement financé par l'employeur et homologué *(contracted-out)* en vertu du Social Security Pensions Act, entre dans le domaine d'application de l'article 119 (147), solution s'inscrivant dans le contexte particulier du système britannique des retraites. Il en va pareillement, dans le contexte français, des régimes de retraite complémentaire AGIRC et ARRCO, bien qu'ils soient d'application obligatoire à tous les salariés et qu'ils fonctionnent suivant un principe de répartition répondant à leur objectif de solidarité (148). Quant à la pension dite de transition (pré-préretraite) versée par l'employeur, dans le cadre des prévisions d'un plan social négocié dans l'entreprise, aux salariés ayant atteint un âge déterminé au moment du licenciement, c'est sans discussion une rémunération au sens de l'article 119 (149).

– Les pensions de retraite servies aux fonctionnaires ont particulièrement fait débat. Bien que le régime soit fixé par la loi, les prestations répondent aux critères de la jurisprudence *Beune* et sont donc des rémunérations, la Cour de justice faisant valoir à l'appui de son analyse que « *la pension servie par l'employeur public est alors absolument comparable à celle que verserait un employeur privé* » (150). Plus encore que sur la différence des âges de la retraite que l'ex-article 119 condamne au nom de l'égalité des rémunérations, la discussion a porté sur les bonifications de retraite dont bénéficient les fonctionnaires mères de famille et dont les pères sont exclus. La Cour de justice les a condamnées, du moins concernant les pères de famille pouvant établir qu'ils ont effectivement assumé l'éducation des enfants et ont donc été eux aussi exposés à des désavantages de carrière comparables (151).

(145) CJCE, 28 septembre 1994, *Beune*, aff. C-7/93, *Rec.* I, p. 1455

(146) CJCE, 29 novembre 2001, *Griesmar*, aff. C-366/99, *Rec.* I, p. 9383, concernant le régime français de retraite des fonctionnaires ; CJCE, 13 novembre 2008, *Com. c. Italie*, aff. C-46/07, pour le régime de retraite italien des fonctionnaires.

(147) CJCE, 17 mai 1990, *D. Harvey Barber*, aff. 262/88, *Rec.* I, p. 1889 ; prolongeant l'arrêt du 3 décembre 1987, *Newstead*, aff. 192/85. *Adde*, CJCE, 28 septembre 1994 (six espèces) sur les difficultés de mise en œuvre de l'arrêt *Barber* et *infra* n° 292 pour la directive « Barber » du 20 décembre 1996.

(148) CJCE, 16 mai 2000, *Preston*, aff. C-78/98, 25 mai 2000, *Podesta*, aff. C-50/99. Le droit à pension étant un droit à rémunération, l'âge minimum pour obtenir le versement d'une pension de réversion doit être le même pour un veuf que pour une veuve (les règles discriminatoires incriminées prévoyant l'âge de 60 ans pour les veuves, de 65 ans pour les veufs). Sur le droit d'un conjoint transsexuel au bénéfice d'une pension de réversion, CJCE, 7 janvier 2004, *K.B.*, aff. C-117/01.

(149) CJCE, 9 décembre 2004, *Hlozek*, aff. C-19/02 ; mais le plan social peut prévoir un âge d'attribution différent pour les femmes et les hommes, du moment où la différence d'âge ne fait que refléter celle qui à l'époque était prévue par la loi pour l'attribution de la pension de retraite anticipée.

(150) CJCE, 29 novembre 2001, *Griesmar*, aff. C-266/99, pt. 30 ; CJCE, 12 septembre 2002, *Niemi*, aff. C-351/00, pt. 47.

(151) *Arrêt Griesmar*, préc., v. pts 56 à 58. Le Conseil d'État en a tiré les conséquences, concernan t en particulier le statut du personnel des industries électriques et gazières, 18 décembre 2002, n° 247224, publié au *recueil Lebon*, la Cour de cassation devant ensuite s'incliner devant l'annulation prononcée par le Conseil d'État, Cass. soc., 23 oct. 2007, n° 06-43329, *Bull.* V, n° 173. Pour l'interprétation de l'article 141 § 4 TCE, 157 § 4 TFUE que retient la Cour de justice, v. *supra* n° 272.

– Une *cotisation* payée par l'employeur à un régime de retraite conventionnelle – dans une situation comparable à celle visée dans l'affaire *Barber* – constitue une rémunération au sens de l'article 119, d'autant que son montant a des effets sur le calcul d'une série d'avantages liés au salaire : indemnités de départ, prestations chômage, allocations familiales, facilités de crédit. Concourant à déterminer le montant du salaire, la cotisation entre dans le domaine de l'article 119 (152).

285. Rejet d'autres critères. Le paiement par l'employeur en raison de l'emploi joue un rôle essentiel (153). La Cour de justice écarte les autres critères. Peu importe que l'avantage litigieux soit en nature ou en espèces, l'article 119 vise expressément les seconds comme les premiers (154). Peu importe non plus qu'une prime salariale soit versée à titre volontaire (155). Il est sans importance que la prestation versée soit prévue par une source autre que le contrat de travail, telle que la loi (156) ou une décision de justice (157).

La notion de rémunération de l'article 119 s'étend à des sommes versées en l'absence d'activité. Elle englobera des avantages dont le versement a lieu postérieurement à la cessation de la relation d'emploi : des pensions de retraite d'entreprise notamment (158). Elle le fera également pour une prestation qui, fondée sur la relation de travail, est versée par l'employeur pendant une période de congé (159), congé de maternité particulièrement (160) ou encore pour une prime (de Noël) qui, indépendamment du travail fourni par le passé, est destinée à encourager le travail futur et la fidélité (161). La notion de rémunération se réfère à l'emploi, non au travail ou à l'activité.

Qu'en est-il d'une indemnité versée au salarié à l'occasion de la cessation du contrat de travail ? Si l'indemnité correspond à une idée de salaire différé, c'est

(152) CJCE, 11 mars 1981, *Worringham*, aff. 69/80, *Rec.* p. 767. Mais v. CJCE, 28 septembre 1994, *Russell*, aff. C-200/91, *Rec.* I, p. 4389, admettant une modulation du montant des cotisations tenant compte de l'espérance de vie plus longue des femmes.

(153) V., concernant la directive 92/85 relative à la protection des travailleuses enceintes, accouchées ou, CJUE 1er juillet 2010, *Parviainen* aff. C-471/08, et la distinction faite entre les avantages que l'employeur paie directement ou indirectement à la travailleuse pendant son congé de maternité, qui relèvent de la notion de rémunération, et les « prestations » qu'elle reçoit pendant ce même congé, et qui ne lui sont pas versées par l'employeur au titre de la relation de travail, pt 35 ; v. *infra* n° 290.

(154) Pour des avantages offerts par l'entreprise en matière de transport, CJCE, 9 février 1982, *Garland c. British Railways*, aff. 12/81, *Rec.* p. 359.

(155) CJCE, 21 octobre 1999, aff. C-333/97, *Susanne Lewen*, *Rec.* I, p. 7243.

(156) CJCE, 17 mai 1990, *Barber*, aff. C-262/88, *Rec.* I, p. 1889.

(157) CJCE, 9 février 1999, *Regina c. Seymour-Smith et Pérez*, aff. C-167/97, *Rec.* I, p. 623.

(158) Sur l'articulation avec la directive 86/378 relative aux régimes professionnels de sécurité sociale, v. *infra* n° 292.

(159) CJCE, 16 septembre 1999, aff. C-218/98, *Oumar Dabo Abdoulaye c. Régie Renault*, *Rec.* I, p. 5723 (pour une allocation servie aux femmes enceintes partant en congé de maternité) et, suite à la décision de la Cour de justice, Cass. soc., 21 mars 2000, *Diot et al. c. Régie Renault*.

(160) Le principe d'égalité n'impose cependant pas le maintien de la rémunération, car la femme en congé de maternité est dans une situation différente de celle d'une personne en activité effective, CJCE, 13 février 1996, *Gillepsie*, aff. C-342/93, *Rec.* I, p. 475 ; v. également, CJCE, 8 septembre 2005, *McKenna*, aff. C-191/03, concernant la rémunération d'une femme absente, avant son congé de maternité, en raison d'une maladie liée à l'état de grossesse. Mais les augmentations de salaire doivent se répercuter sur le montant de la prestation servie pendant le congé de maternité, CJCE, 30 mars 2004, *Alabaster*, aff. C-147/02, *Rec.* I, p. 3101. Sur l'application du principe d'égalité de rémunération, s'agissant du congé de maternité de l'ex-RDA, congé substantiellement plus long que celui prévu en RFA, CJCE, 18 novembre 2004, *Ursula Sass*, aff. C-284/02.

(161) CJCE, 21 septembre 1999, aff. C-333/97, *Susanne Lewen*, *Rec.* I, p. 7243.

indiscutablement une rémunération, a d'abord dit la Cour de justice (162). La même qualification s'impose-t-elle lorsque l'indemnité se rattache à l'idée de sanction d'un préjudice subi par le salarié licencié abusivement ? Oui, répond la Cour : l'indemnité est versée par l'employeur, elle est liée à l'emploi, dont elle compense la perte, laquelle s'étant produite de façon abusive, n'aurait pas dû avoir lieu, il s'ensuit qu'elle relève de la notion de rémunération (163).

C. — L'évaluation des emplois

286. Même travail ou travaux de même valeur ? L'ex-article 119 du traité exigeait uniquement l'égalité des rémunérations « pour un même travail ». Il réduisait de ce fait l'application du principe d'égalité aux seuls emplois mixtes, c'est-à-dire occupés à la fois par des hommes et des femmes. Les emplois occupés majoritairement, et parfois exclusivement, par des femmes risquaient de demeurer moins bien rémunérés que des emplois comparables occupés par des hommes, le déclassement des emplois « féminins » dans l'échelle des salaires étant un fait largement observé.

Le traité de Rome était ainsi resté en deçà des exigences inscrites dans la convention n° 100 de l'OIT (1951) concernant l'égalité des rémunérations entre mains d'œuvre masculine et féminine « pour un travail de valeur égale » (164). Sans toutefois que le texte de l'article 119 soit modifié, le droit communautaire a aligné ses prescriptions sur celles de l'OIT, avec la directive 75/117 du 10 février 1975. Celle-ci énonçait que toute discrimination fondée sur le sexe doit être éliminée « pour un même travail ou pour un travail auquel est attribuée une valeur égale » (165), réalisant ainsi un premier élargissement du domaine d'application du principe d'égalité. Outre les emplois mixtes, l'égalité régit les travaux de même valeur.

L'ex-article 141 du traité CE, depuis le traité d'Amsterdam, puis l'article 157 TFUE, parlent maintenant d'égalité « *pour un même travail ou un travail de même valeur* ».

287. Méthode d'évaluation. Il faut donc comparer la valeur respective d'emplois différents les uns des autres. La convention n° 100 de l'OIT demande de procéder à une « *évaluation objective des emplois sur la base des travaux qu'ils comportent* » (166). Pour la directive 75/117 et maintenant pour la directive 2006/54 les systèmes de classification professionnelle déterminant les rémunérations doivent être basés « *sur des critères communs aux travailleurs masculins et féminins* » (167). Le texte s'arrête à ces généralités.

Les systèmes de classification relèvent des compétences nationales. En France, c'est principalement aux partenaires sociaux d'y pourvoir, dans les conventions

(162) CJCE, 27 juin 1990, *Kowalska*, aff. C-33/89, *Rec.* I, p. 2591 ; v. également, arrêt *Barber*, préc.

(163) CJCE, 9 février 1999, *Regina c. Seymour-Smith et Pérez*, aff. C-167/97. En droit français, sont aussi bien concernées l'indemnité de licenciement que l'indemnité de rupture pour licenciement sans cause réelle ou sérieuse, ou qu'une autre indemnité sanctionnant un licenciement abusif.

(164) Article 2 § 1 de la convention n° 100.

(165) Article 1er de la directive 75/117.

(166) Article 3 de la convention n° 100.

(167) Article 1er de la directive ; article 4 de la directive 2006/54.

collectives de branche professionnelle tout particulièrement (168). La tâche à accomplir en vue de mettre en place une classification satisfaisant les principes du droit de l'Union est immense (169). Sa réalisation n'avance qu'à pas comptés et c'est en partie pourquoi la Cour de justice exige qu'en cas de différend sur l'évaluation de son emploi, un travailleur puisse saisir un organisme compétent pour en décider et faire reconnaître ses droits dans une décision contraignante (170).

Dans quel cadre la comparaison des emplois devra-t-elle se faire ? L'arrêt *Defrenne II* visait des mesures à prendre dans le cadre de branches d'activité (par convention collective de branche professionnelle), voire dans celui de l'économie tout entière. Mais lorsqu'un travailleur, face à son employeur, conteste sa rémunération par comparaison avec celle d'emplois de même valeur que le sien, l'évaluation se fera *in concreto* dans l'établissement ou service où le travail s'exécute (171).

Il n'est cependant pas nécessaire que la comparaison se fasse entre personnes travaillant simultanément dans l'entreprise ; elle s'étend à l'hypothèse où une femme succède à un homme pour effectuer le même travail dans l'entreprise. Fidèle à une méthode d'appréciation *in concreto*, la Cour de justice se refuse toutefois à admettre la comparaison du salaire d'une femme avec celui d'un travailleur masculin hypothétique (172).

La Cour de justice a enfin dû s'interroger sur le point de savoir si l'égalité devait être vérifiée en fonction d'une appréciation globale des rémunérations comparées, ou en tenant compte de chaque élément constitutif des rémunérations. Au nom du principe de transparence et afin de permettre l'efficacité du contrôle, la Cour a opté pour une vérification de l'égalité à l'égard de chacun des éléments de la rémunération (173). Le même principe doit plus généralement conduire à procéder analytiquement, élément par élément, à l'évaluation comparée des activités professionnelles (174).

288. Critères d'évaluation. La Cour de justice a eu à se prononcer sur l'utilisation de différents critères tendant à justifier des différences de rémunération entre des emplois comparables. Elle s'y est montrée accueillante, dans une

(168) La Commission a publié le 17 juillet 1996, à destination des partenaires sociaux, un code de conduite afin de les guider dans l'évaluation des emplois et plus généralement dans l'application du principe d'égalité des rémunérations ; COM (96) 336 ; *Liaisons sociales*, n° 7515 du 21 août 1996. V. CJCE, 26 juin 2001, *Susanna Brunnhofer*, aff. C-381/99, sur une différence de rémunération liée au classement des emplois par une convention collective.

(169) La loi française du 23 mars 2006 (*JORF* n° 71 du 24 mars 2006) relative à l'égalité salariale entre les femmes et les hommes s'appuie largement sur la négociation collective pour supprimer les écarts de rémunération entre hommes et femmes (v. articles L. 132-12-3, L. 132-27, L. 132-27-2 du Code du travail – L. 2241-3, L. 2242-5, L. 2242-7).

(170) CJCE, 6 juillet 1982, *Commission c. Royaume-Uni*, aff. 61/81, *Rec.* p. 2601 ; répondant aux dispositions de l'article 2 de la directive 75/117.

(171) Arrêt *Defrenne II*, préc. ; v. également, CJCE, 27 mars 1980, *Macarthys c. Wendy Smith*, 27 mars 1980, aff. 129/79, *Rec.* p. 1275.

(172) Arrêt *Macarthys c. Wendy Smith*, cité note précédente.

(173) CJCE, 17 mai 1990, *D. Harvey Barber*, aff. C-262/88, *Rec.* I, p. 1944, v. motifs 31 à 34. CJCE, 30 mars 2000, *Jämställdhetombudsmannen c. Orebro läns landsting*, aff. C-236/98 ; CJCE, 26 juin 2001, *Brunnhofer*, aff. C-381/99.

(174) CJCE, 6 avril 2000, *Brigitte Jorgensen*, aff. C-226/98, à propos d'une discrimination indirecte dans l'évaluation comparée de cabinets médicaux.

série de situations dans lesquelles les critères dont l'utilisation était en cause favorisaient la rémunération masculine :

– elle a admis que soit utilisé le critère de l'*effort musculaire* ou celui du degré de *pénibilité physique* du travail (175). Mais ces critères sont en général propices à une valorisation d'emplois occupés par des hommes et la Cour a manifesté son souhait que des critères tiennent également compte, dans le sens d'une valorisation de la rémunération, des aptitudes particulières de *chacun* des deux sexes (176) ;

– l'utilisation de certains critères d'évaluation, qui en fait favorisent les travailleurs masculins (discriminations indirectes), peut se justifier en tenant compte de la nature des tâches à accomplir : critère de *flexibilité* entendu comme l'adaptabilité du travailleur à des horaires et des lieux de travail variables, critère tiré de l'acquisition d'une *formation professionnelle* (177). Quant au critère de l'*ancienneté* du travailleur, il n'a pas à être spécialement justifié (178) ;

– tout en puisant dans la convention n° 100 de l'OIT le principe d'une évaluation objective des emplois, La Cour a admis qu'une différence de rémunération puisse être introduite, pour des raisons de politique d'emploi, entre des fonctions de valeur supposée égale. Une pénurie de candidats à certaines fonctions peut justifier, sous réserve du principe de proportionnalité, une surévaluation des salaires (179). La Cour avait, inversement, accepté la possibilité d'une certaine sous-évaluation des emplois à temps partiel destinée à les rendre moins attrayants (180) ;

– reste que pour pouvoir être justifié, un système de rémunération défavorisant en fait un sexe par rapport à l'autre doit présenter des critères de majoration identifiables. Son manque de *transparence* mettra sur l'employeur la charge de prouver que sa pratique salariale n'est pas discriminatoire (181).

§ 2. — Les autres domaines de l'égalité

A. — L'égalité professionnelle

289. Directive 76/207 du 9 février 1976 (directive 2006/54 du 5 juillet 2006). L'article 119 s'arrêtant à l'égalité des rémunérations, il a fallu recourir à l'ex-article 235 du traité initial (devenu, après modification, article 352 TFUE) pour étendre l'égalité de traitement aux autres aspects de l'activité professionnelle de l'homme et de la femme (182). Cette extension résulte de la directive 76/207 du 9 février 1976 qui concerne « *l'accès à l'emploi, à la formation et à la promotion*

(175) CJCE, 1er juillet 1986, *Rummler c. Dato-Druck*, aff. 237/85, *Rec.* p. 2101.
(176) Même décision.
(177) CJCE, 17 octobre 1989, *H.K. c. Danfoss*, aff. 109/88, *Rec.* p. 3199.
(178) Même décision. *Adde*, CJCE, 6 octobre 2006, *Cadman*, aff. C-17/05.
(179) CJCE, 27 octobre 1993, *Pamela Enderby*, aff. C-127/92, *Rec.* p. 5548.
(180) CJCE, 13 mai 1986, *Bilka Kaufhaus*, aff. 170/84, *Rec.* p. 1607. Mais l'existence d'une différence de rémunération comparée entre travailleurs à temps plein et travailleurs à temps partiel peut aussi ne pas être justifiée, v. CJCE, 6 décembre 2007, *Ursula Voß* ; aff. C-300/06.
(181) Arrêt *H. K. c. Danfoss*, préc.
(182) V. *supra* n° 27.

professionnelles, et les conditions de travail » (183). La directive 76/207 a été modifiée par une directive 2002/73 du 23 septembre 2002. Ses dispositions ont été refondues dans la directive 2006/54 du 5 juillet 2006.

289-1. Objet du texte. La directive bannit toute discrimination fondée sur le sexe, soit directement, soit indirectement, par référence notamment à l'état matrimonial ou familial (184). L'interdiction s'impose dans le secteur et dans le secteur public, « *y compris les organismes publics* » (185).

Les modifications introduites en 2002 ont dû tenir compte des directives « générales » 2000/43 et 2000/78 relatives à l'égalité de traitement (186). Elles reprennent les définitions qui y sont données des discriminations directes et indirectes ; elles étendent au harcèlement l'interdiction des discriminations tout en distinguant le harcèlement lié au sexe du harcèlement sexuel, ce dernier étant défini comme un « *comportement non désiré à connotation sexuelle, s'exprimant physiquement, verbalement ou non verbalement* » (187).

La directive 76/207, puis la directive 2006/54, ont précisé plusieurs exigences particulières.

a) Les conditions d'accès aux emplois et critères de sélection ne doivent comporter aucune discrimination, quel que soit le secteur d'activité ou le niveau de responsabilité (188) ;

b) Tous les types et tous les niveaux d'orientation, de formation, de perfectionnement et de reconversion professionnels sont visés, ainsi que l'acquisition d'une expérience pratique (189) ;

c) l'égalité concerne l'ensemble des conditions de travail et s'étend aux conditions de licenciement. La notion de licenciement doit recevoir une acceptation large, réclame la Cour de justice (190) (191).

(183) *JOCE* n° L. 39 du 14 février 1976 ; en général, sur l'égalité professionnelle entre hommes et femmes en droit communautaire, v. spécial. K. Lenaerts, « L'égalité de traitement en droit communautaire, un principe unique aux apparences multiples », *Cah. dr. eur.* 1991, p. 3 ; M. Darmon et J.-G. Huglo, « L'égalité de traitement entre les hommes et les femmes dans la jurisprudence de la Cour de justice, un univers en expansion », *RTD eur.* 1992, p. 1 ; M.-A. Moreau, « La jurisprudence européenne en matière d'égalité de traitement entre hommes et femmes », *Dr. soc.* 1989, p. 541.

(184) Article 2 § 1 de la directive, formule visant en particulier les « clauses de célibat » ou autres obstacles que les femmes sont susceptibles de rencontrer face aux employeurs du fait de contraintes familiales.

(185) Article 3 § 1 de la directive 76/207, tel que modifié par la directive 2002/73.

(186) V. *supra* n° 157 et s.

(187) Article 2 § 2, modifié, de la directive 76/207 ; article 2 § 1 de la directive 2006/54

(188) Article 3 § 1 de la directive 76/207 ; article 14 § 1 a) de la directive 2006/54 ; mais v. *infra* n° 288. Sur le droit d'un candidat à une formation professionnelle d'être informé des circonstances du refus qui lui a été opposé, CJUE, 21 juillet 2011 ; *Kelly*, aff. C-104/10.

(189) Article 4 de la directive ; v. sur l'égalité au regard des aides à la formation par le Fonds social européen, *infra* n° 320 et s.

(190) Article 5 § 1 de la directive ; sur l'acception du mot « licenciement » et la conception large qui en est retenue, CJCE, 16 février 1986, *Burton*, aff. 19/81, *Rec.* p. 555 ; Le terme « licenciement » inclut la cessation du contrat de travail dans le cadre d'un régime de départ volontaire, même décision et CJCE, 21 juillet 2005, *Vergani*, aff. C-207/04 ; sur le principe voulant que la femme, pendant son congé de maternité, soit protégée contre le licenciement motivé par son absence, CJCE, 8 novembre 1990, *Handels*, aff. C-179/88, *Rec.* I, p. 3979 ; sur la possibilité qu'une femme soit licenciée, postérieurement à son congé de maternité, pour une absence résultant d'une maladie liée à sa grossesse, CJCE, 30 juin 1998, *Brown*, aff. C-394/96, *Rec.* I, p. 4185 ; V. également, CJCE, 8 septembre 2005, *McKenna*, aff. C-191/03

(191) CJCE, 14 septembre 1999, *Gabriele Gruber*, aff. C-249/97 ; une démission pour s'occuper des enfants ne saurait être assimilée à une démission pour motif grave (reprochable à l'employeur), si bien qu'une réduction

289-2. Mesures de mise en œuvre. Quant aux mesures que les États membres doivent prendre pour assurer l'égalité, elles doivent se traduire par (192) :

– la *suppression* des dispositions législatives, réglementaires et administratives contraires à l'égalité ;

– la *nullité* ou la *modification* des dispositions contraires à l'égalité contenues dans les conventions collectives, les contrats individuels et l'ensemble des règles professionnelles (193) ;

En application des règles générales de lutte contre les discriminations formulées dans les directives 2000/43 et 2000/78, la directive 2002/73 a exigé des États membres qu'ils permettent aux organisations ayant un intérêt légitime à agir contre les discriminations d'engager les actions en justice nécessaires, à l'appui ou au nom de la victime avec son approbation (194) ; elle leur a demandé également d'assurer la protection des plaignants ou de leurs représentants contre d'éventuelles rétorsions patronales (195). Ces exigences se sont ensuite inscrites dans la directive 2006/54 (196).

Dans le même souci de mise en cohérence avec les dispositions générales sur la non-discrimination (197), la directive modificative 2002/73, suivie de la directive 2006/54, font appel au dialogue social en vue de promouvoir l'égalité de traitement entre hommes et femmes. Les États membres doivent *encourager* ce dialogue et lui permettre en particulier de faciliter une « *meilleure conciliation entre vie professionnelle et vie privée* ». Les employeurs doivent être *encouragés* à informer les travailleurs et leurs représentants sur l'égalité de traitement (198). À encourager également le dialogue avec les organisations non gouvernementales (199). Les directives demandent l'institution d'un organisme indépendant chargé d'aider les victimes de discriminations, de procéder à des études et de faire des recommandations en matière de lutte contre les discriminations (200).

Destinée aux travailleurs salariés, la directive 76/207 a été ultérieurement complétée par la directive 86/613 du 11 décembre 1986 qui a pour objet d'imposer l'égalité professionnelle dans les professions indépendantes, y compris agricoles (201). La refonte réalisée par la directive 2006/54 n'a pas intégré la directive 86/613

d'indemnité de licenciement par rapport à celle qui ferait suite à une démission pour motif grave ne heurte pas le principe communautaire d'égalité. V. également *supra* n° 265 (note).

(192) Article 3 § 2, 4, 5 § 2 de la directive. En général, sur la réalisation du principe d'égalité, v. *supra* n° 273 et s.

(193) Article 3 § 2 de la directive 76/207 modifiée ; article 23 de la directive 2005/54. Après la condamnation prononcée par la Cour de justice le 25 octobre 1988 (v. *supra* n° 269), la loi française du 10 juillet 1989, assignant aux partenaires sociaux le soin de supprimer les clauses discriminatoires des conventions collectives, a posé le principe que ces clauses sont frappées de nullité, passé un délai de deux ans. La « toilette » des conventions collectives n'avançant qu'à petite allure, le Ministère du travail, par circulaire DRT n° 96/12 du 30 décembre 1996, a entendu relancer plus activement les révisions nécessaires… afin d'éviter une nouvelle condamnation de la France ! La loi du 9 mai 2001 sur l'égalité professionnelle a obligé l'employeur à engager annuellement une négociation sur les objectifs en matière d'égalité professionnelle entre hommes et femmes dans l'entreprise et les mesures permettant de les atteindre (article L. 2242-5 à L. 2242-7, ex-article L. 132-27, du Code du travail).

(194) Article 6 § 3 de la directive 76/207 modifiée ; v. *supra* n° 163.

(195) Article 7 de la directive 76/207 modifiée.

(196) Article 17 § 2 et article 24 de la directive 2006/54.

(197) V. *supra* n° 160 et s.

(198) Article 8 *ter* de la directive 76/207 modifiée ; article 21 de la directive 2006/54.

(199) Article 8 *quater* de la directive 76/207 modifiée ; article 22 de la directive 2006/54.

(200) Article 8 *bis* de la directive 76/207 ; article 20 de la directive 2006/54 ; v. *supra* n° 164.

(201) *JOCE* n° L. 359 du 19 décembre 1986.

290. Règles particulières aux femmes (renvoi). Si les directives 76/207, puis 2006/54 autorisent une protection particulière des femmes, elles le font dans des conditions limitatives (202), doublées par l'interprétation étroite qu'en donne la Cour de justice. Celle-ci limite les droits particuliers des femmes à ceux qu'elle est seule, biologiquement, appelée à posséder (droits liés à la grossesse et à la maternité) et admet les « actions positives » en faveur des femmes si elles favorisent l'égalité des chances sur le marché du travail, mais non si elles ont pour effet de garantir aux femmes un emploi et une condition professionnelle favorable. Ces questions ont déjà été présentées (203).

La Cour de justice s'est ainsi opposée à l'attribution aux femmes de droits auxquels les hommes pouvaient également prétendre (possibilités d'absence ou allocations financières pour raisons familiales) (204) ; à la prohibition de principe du travail de nuit des femmes, celui des hommes ne l'étant pas (205), à des priorités réservant automatiquement des emplois aux femmes (206).

La grossesse et la maternité constituent de domaine d'élection d'une protection qui ne concerne que la femme (207). La directive 76/207, depuis sa modification, pose désormais, comme l'avait fait la Cour de justice, que « *tout traitement défavorable d'une femme liée à la grossesse ou au congé de maternité au sens de la directive 92/85* » constitue une discrimination condamnable (208). Rejoignant toujours la jurisprudence de la Cour de justice, la directive modifiée énonce que le congé de maternité ne doit entraîner aucune conséquence négative sur l'emploi des femmes, y compris l'amélioration des conditions de travail. Elle prévoit la combinaison de sa propre protection avec celle des directives 92/85 sur la santé et la sécurité des travailleuses enceintes, accouchées ou allaitantes et 96/343 sur le congé parental (209).

291. Le sexe « condition déterminante » de l'activité. Les directives 76/207 puis 2006/54 permettent aux États d'exclure de son champ d'application « *les activités professionnelles particulières* » pour lesquelles l'appartenance à un sexe « *constitue une exigence professionnelle véritable et déterminante* » (210).

Les activités s'exerçant au sein de la police ou de l'administration pénitentiaire ont en particulier soulevé des difficultés. La Cour de justice a admis qu'un État

(202) Article 2 § 3 et § 4 du texte initial de la directive 76/207 ; article 2 § 7 et § 8, depuis la modification de 2002.

(203) V. *supra* n° 269-271.

(204) V. *supra* n° 269.

(205) À propos du principe d'interdiction du travail de nuit des femmes par la loi française : CJCE, 25 juillet 1991, *Stoeckel*, aff. C.345/89, *Rec.* I, p. 4047, *D.* 1991, p. 443, note J.-G. Huglo ; 2 août 1993, *Levy*, aff. C-158/91, *D.* 1993, p. 577, note Ch. Pettiti ; CJCE, 13 mars 1997, *Commission c. France*, *JCP*, Éd. G., 1997, II 22939, note J.-L. Clergerie ; et v. *infra* n° 493 pour plus de détails.

(206) Arrêts *Kalanke* et *Marschall*, v. *supra* n° 270-271.

(207) V. *supra* n° 268-269.

(208) Article 2 § 7 de la directive 76/207 ; article 2 §2 c° de la directive 2006/54. Sur le refus d'embaucher une femme enceinte, CJCE, 8 novembre 1990, *Dekker*, aff. C-177/88, *Rec.* I, p. 3941, refusant d'assimiler un empêchement lié à la grossesse à une incapacité de travail pour cause de maladie, comme le faisait le droit national mis en cause. Sur l'absence d'obligation de la salariée, réintégrant son emploi avant la fin d'un congé parental, d'informer l'employeur de son état de grossesse, y compris lorsque cet état de grossesse interdit qu'elle puisse accomplir certaines de ses fonctions, CJCE, 27 février 2003, *Busch*, aff. C-320/01. L'employeur ne peut invoquer un vice de son consentement à la réintégration.

(209) V. *infra* n° 470 et 495

(210) Article 2 § 6, tel que modifié par la directive 2002/73, article 14 de la directive 2006/54, le nouveau texte réclamant que l'objectif soit légitime et que l'exigence soit proportionnée.

membre puisse, au nom de la sécurité publique, réserver, dans des circonstances de danger particulier, des tâches de police à des hommes armés d'armes à feu (211). Mais la dérogation ouverte doit être interprétée de façon restrictive et ne pas dépasser l'objectif légitimement recherché (212). Des systèmes de recrutement et de formation professionnelle distincts selon le sexe, pour des nominations dans des corps de police ou de l'administration pénitentiaire sont contraires au droit communautaire, a dit la Cour concernant les règles françaises (213).

Des difficultés analogues concerneront également l'armée (214). Le refus de recruter une femme en tant que cuisinière des Royal Marines peut se justifier en raison de sa participation possible au combat, tous les membres de ce corps, sans exception, étant engagés pour servir en tant que commandos de première ligne (215).

B. — La sécurité sociale

292. Des régimes légaux aux régimes professionnels (216). La directive 79/7 du 19 décembre 1978, applicable aux régimes légaux de sécurité sociale, a d'abord été adoptée (217). Elle a été assez rapidement suivie, ainsi qu'elle le prévoyait elle-même (article 3 § 3), par la directive 86/378 concernant les régimes professionnels (218). L'une comme l'autre, vu l'importance du chantier engagé, se contentent de viser « *la mise en œuvre progressive* » du principe d'égalité dans le domaine de la sécurité sociale et pour les autres éléments de la protection sociale (219). La directive 86/378 relative aux régimes professionnels a été abrogée par la directive « refonte » 2006/54 du 2 juillet 2006 (220) qui en a repris les dispositions dans ses articles 5 à 13 tout en y intégrant des éléments nouveaux venus de la jurisprudence de la Cour de justice.

292-1. Domaines d'application respectifs.

1) La directive 79/7 s'applique aux régimes légaux de sécurité sociale pour une série de risques qu'elle énumère (221) et vise en outre l'aide sociale (étatique ou publique) destinée à compléter ces régimes légaux ou à y suppléer (222).

(211) CJCE, 15 mai 1986, *Marguerite Johnston*, aff. 222/84, *Rec.* p. 1651.

(212) CJCE, 8 novembre 1983, *Commission c. Royaume-Uni*, aff. 165/82, *Rec.* p. 3431, à propos de l'exclusion du personnel domestique du champ d'application de la directive.

(213) CJCE, 30 juin 1988, *Commission c. France*, aff. 318/86, *Rec.* p. 3559, *RFDA* 1988, p. 979, obs. Bonichot.

(214) Le droit communautaire ne s'oppose pas à ce que le service militaire obligatoire soit réservé aux hommes, CJCE, 11 mars 2003, *Alexander Dory c. République d'Allemagne,* aff. C-186/01, *Rec.* I, p. 2479, même s'il peut en résulter pour les hommes des désavantages professionnels.

(215) CJCE, 26 octobre 1999, aff. C-273/97, *Angela Maria Sirdar, Rec.* I, p. 7403.

(216) D. Kontizas, « L'égalité de traitement dans la sécurité sociale », *Eur. soc.*, 3/91, p. 77.

(217) *JOCE* n° L. 6 du 10 janvier 1979.

(218) *JOCE* n° L. 225 du 12 août 1986. V. Ph. Laigre, « L'application du principe de l'égalité entre les hommes et les femmes aux régimes de retraite professionnels », *RJS* 1994, p. 803. Suite à l'arrêt *Barber*, CJCE, 17 mai 1990, aff. C-262/88, et à ses difficultés d'application, la directive 86/378 a été modifiée par une directive 96/97 du 20 décembre 1996, *JOCE* n° L. 46 du 17 février 1997 ; v. commentaire Ph. Laigre, *RJS* 1997, p. 242.

(219) Article 1er des deux directives. Pour la directive 79/7, le délai de mise en vigueur par les États membres a été fixé à six ans ; pour la directive 86/378, à trois ans.

(220) V. *supra* n° 262-4.

(221) « Maladie, invalidité, vieillesse, accident du travail et maladie professionnelle, chômage » – article 3 § 1 a) de la directive. 79/7.

(222) Article 3 § 1 b) de la directive 79/7.

2) Applicable aux mêmes risques, les directives 86/378 puis 2006/54, ont défini les régimes qui entrent dans leur domaine d'application, en combinant deux éléments (223).

a) Ce sont les régimes non régis par la directive 79/7 – régimes non légaux ou non étatiques – et organisés dans un cadre *collectif* – entreprise, groupement d'entreprises, branche d'activité, cadre interprofessionnel.

b) Ces régimes professionnels sont destinés à compléter les régimes légaux ou à s'y substituer ; la directive leur est applicable, que l'affiliation soit obligatoire ou facultative.

Les directives 86/378 et 2006/54 procèdent complémentairement à une série d'exclusions, adressées à des mécanismes d'assurance *individuelle* (224).

Débordant le champ d'application de la directive 79/7 quant aux risques couverts, les directives 86/378 et 2006/54 déclarent s'appliquer, quel que soit le risque couvert ou l'objet de la prestation, aux prestations qui constituent des « *avantages payés par l'employeur au travailleur en raison de l'emploi de ce dernier* », c'est-à-dire des éléments de rémunération au sens de l'article 119 du traité (225).

La directive 2006/54 a pris soin de préciser une difficulté de frontière qui avait fait difficulté concernant des catégories particulières de travailleurs, comme les fonctionnaires, dont les prestations sont versées « en raison de la relation de travail avec l'employeur public ». Leur situation relève des règles applicables aux régimes professionnels, non aux régimes légaux (226).

Les deux directives ont le même domaine d'application *ratione personae.* Elles couvrent toute la population active (salariés *et* indépendants), mais aussi les chômeurs involontaires, les personnes à la recherche d'un emploi, ainsi que les retraités et invalides (227). On y retrouve également les mêmes règles exactement en ce qui concerne les éléments de réglementation auxquels s'applique notamment le principe d'égalité : conditions d'accès aux régimes, règles relatives aux cotisations, aux prestations, les dispositions relatives à la protection de la femme en raison de la maternité étant dans les deux cas réservées (228).

292-2. Applicabilités directe et indirecte. Contrairement à l'égalité professionnelle, l'égalité en matière de sécurité sociale est largement placée sous le signe de l'applicabilité directe du droit de l'Union.

(223) Article 2 § 1 de la directive 86/378 ; article 2 (Définitions) § 1 f) de la directive 2006/54.

(224) « Contrats individuels, régimes n'ayant qu'un seul membre, contrats auxquels l'employeur n'est pas partie, dispositions facultatives offertes individuellement » : v. l'énumération de l'article 2 § 2 de la directive, à laquelle la directive 96/97 a ajouté l'exclusion des régimes facultatifs financés entièrement par les salariés ; v. sur ce dernier point, CJCE, 28 septembre 1994, *Coloroll*, aff. C-200/91 et les commentaires Ph. Laigre, préc., sur la modification introduite. Mêmes dispositions dans l'article 8 § 1 de la directive 2006/54.

(225) Article 4 b) de la directive 86/378 ; article 7 § 1 b) de la directive 2006/54.

(226) Article 7 § 2 de la directive 2006/54 ; v. considérant n° 14 de la directive et ses références aux arrêts *Beune,* CJCE 28 sept. 1998, aff. C-7/93, et *Niemi*, CJCE 12 septembre 2002, aff. C-351/00.

(227) Article 2 de la directive, qui exclut ainsi les personnes qui sont de leur propre fait en situation de chômage et qui ne recherchent pas d'emploi ; qu'est-ce qui justifie pareille exclusion, s'agissant non pas du droit d'accéder à des prestations, mais de l'égalité dans cet accès ?

(228) Article 4 de la directive 79/7 ; article 5 de la directive 86/378 ; article 28 de la directive 2006/54.

– L'application des règles de la directive 79/7, relative aux régimes légaux, est de nature à engendrer avec les autorités compétentes de l'État un contentieux *vertical* ouvrant aux particuliers la possibilité d'invoquer directement les termes de la directive (229).

– Quant à l'égalité dans le domaine des régimes professionnels, elle se rattache à l'égalité des rémunérations, justifiable de l'effet direct conféré à l'article 119 du traité, y compris entre particuliers (230).

293. La directive « régimes légaux » et l'âge de la retraite. La directive 79/7 admet, au titre des facultés ouvertes aux États membres, celle de fixer un âge de la retraite différent pour les hommes et les femmes (231). La dérogation consentie l'est afin de permettre de maintenir temporairement des avantages reconnus aux femmes, dans la perspective d'une égalisation progressive (232). La possibilité qui est ainsi ouverte est interprétée strictement par la Cour de justice (233).

a) Les différences de traitement qui peuvent en résulter seront admises, mais à condition d'être « nécessairement et objectivement liées à la différence de l'âge de la retraite ». Le calcul de la retraite pourra se faire différemment selon le sexe (234) ; des périodes de cotisations différentes peuvent être prévues (235) ; le versement d'une pension de vieillesse anticipée pour chômeurs peut être soumise à des conditions d'âge différentes (236).

b) La directive 79/7 concerne uniquement la fixation de l'âge de la retraite et ses conséquences pour les prestations de sécurité sociale ; elle ne s'étend pas aux conditions du licenciement qui relèvent de la directive 76/207 et de l'égalité des conditions d'emploi commandée par celle-ci. La notion de licenciement figurant à l'article 5 § 1 de la directive 76/207, d'interprétation large, englobe le départ obligatoire de l'entreprise dans le cadre d'une politique de mise à la retraite (237). Un employeur commettra donc une discrimination contraire au droit communautaire s'il mène une politique de licenciement différenciée entre hommes et femmes en fonction de l'âge d'ouverture des pensions de retraite (238). La différenciation de l'âge de la retraite admise par la directive 79/7 n'autorise

(229) CJCE, 25 juillet 1991, *T. Emmott c. Minister for Social Welfare*, aff. C-208/90, *RTD eur.* 1992.409, obs. X. Prétot ; antérieurement, CJCE, 24 mars 1987, *Mac Dermot*, aff. 286/85, *Rec.* p. 1453 ; CJCE, 24 juin 1987, *Borrie-Clarke*, aff. 384/85, *Rec.* p. 2865 ; v. également, sur l'applicabilité directe de la directive 79/7, E. Traversa, chron. *RTD eur.* 1993, p. 86 et en général, sur le thème de l'applicabilité directe des directives, v. *supra* n° 119-120.

(230) V. *supra* n° 282, on avait d'ailleurs pu constater, notamment au travers des arrêts *Worrigham* et *Barber*, que l'article 119 et la notion de rémunération qu'il contient, suffisent à consacrer le principe d'égalité concernant cotisations et prestations des régimes professionnels de sécurité sociale.

(231) Article 7 § 1 a) de la directive.

(232) CJCE, 7 juillet 1992, *Equal opportunities Commission*, aff. C-9/91. Dans le même esprit, la Cour européenne des droits de l'homme a admis que le Royaume-Uni ait seulement engagé un processus de réforme lente et par étapes pour parvenir progressivement à l'égalisation de l'âge légal de la retraite. On ne peut pas encore lui reprocher une violation de l'article 14 CEDH combiné avec l'article 1 du Protocole n° 1, a-t-elle jugé en 2006, *Stec et al. C. RU*, CEDH, Grande Chambre, 12 avril 2006, Req. n° 65731/01 et s.

(233) V. en particulier, CJCE, 19 octobre 1995, *Cyril Richardson*, aff. C-137/94, à propos d'une exonération de frais médicaux non nécessairement liée à la différence dans l'âge de la retraite.

(234) CJCE, 30 avril 1998, *de Vriendt*, aff. C-377/96.

(235) CJCE, 7 juillet 1992, *Equal opportunities Commission*, aff. C-9/91, *Rec.* I, p. 4297.

(236) CJCE, 4 mars 2004, *Haackers*, aff. C-303/02.

(237) CJCE, 16 février 1982, *Burton*, aff. 19/81, *Rec.* p. 555.

(238) CJCE, 26 février 1986, *Marshall*, aff. 152/84, *Rec.* p. 723.

pas une différenciation des âges de licenciement, entendu au sens large comme le départ de l'entreprise sur la décision de l'employeur.

294. La directive « régimes professionnels » et l'âge de la retraite. Contrairement à la directive « régimes légaux » la directive 86/378 n'autorise pas la différenciation des âges de la retraite. Les pensions professionnelles sont des rémunérations, a dit en particulier l'arrêt *Barber* (239), et leur régime juridique est directement placé sous l'empire de l'article 119 du traité et de l'égalité que ce texte exige (240).

Mais la distinction faite par le droit communautaire entre régimes légaux et régimes professionnels sur l'âge de la retraite et les questions connexes a suscité des difficultés de mise en œuvre d'autant plus grandes que les droits nationaux ont pu fonder leurs propres articulations sur le principe de solutions harmonisées entre régimes légaux et professionnels. C'est ce que l'affaire *Barber* et la jurisprudence qui y a fait suite avaient mis en lumière (241).

Bien qu'il n'ait voulu avoir d'effet que pour l'avenir, c'est tout d'abord l'application dans le temps de l'arrêt *Barber* qui n'est pas allée de soi (242).

La jurisprudence de la Cour a ensuite nécessité l'intervention du législateur communautaire, le texte de la directive 86/378 et la jurisprudence de la Cour ne s'accordant pas, en particularité sur les souplesses d'application du principe d'égalité que la différence des espérances de vie de l'homme et de la femme peut justifier et traduire dans des facteurs actuariels différents (243).

N° 295 à 300 réservés.

(239) CJCE, 17 mai 1990, aff. C-262/88, *Rec.* I, p. 1889.

(240) D'où les dispositions de l'article 6 § 1 de la directive, dont l'objet est de condamner les différenciations directes ou indirectes que les droits nationaux font entre les sexes en ce qui concerne le droit aux prestations de régimes professionnels de retraite. V. CJCE, 11 septembre 2007, *Lindorfer*, aff. C-227/04 P, concernant le calcul de la pension d'une femme, de nationalité autrichienne, ayant cotisé auprès du régime des pensions autrichien, puis, devenue fonctionnaire communautaire, auprès du régime communautaire de pensions.

(241) La directive 2006/54 « refonte » légalise les interprétations de la Cour de justice qui se sont formées sur la base de l'arrêt *Barber*, concernant les effets dans le temps de l'interprétation retenue par la Cour et désormais légalisée (article 12 de la directive 2006/54) ou encore la fixation de l'âge de la retraite (articles 9 et 13 de la directive 2006/54).

(242) L'arrêt *Barber*, suivant un usage de la Cour de justice, n'a pas voulu remettre en question, pour des raisons de sécurité juridique, les situations juridiques ayant épuisé leurs effets dans le passé ; il n'a permis d'invoquer l'article 119 et l'égalité de traitement que pour l'avenir ou dans les instances en cours (v. les motifs 40 et s. de l'arrêt). Ce qui n'a pas empêché le contentieux de surgir et prospérer devant la Cour de justice. Cf. La série de décisions auxquelles se réfèrent les considérants de la directive « Barber » du 20 décembre 1996 ; v. en particulier, CJCE, 28 septembre 1994, *Coloroll Pensions Trustees c. Russell*, aff. C-200/91, *Rec.* I, p. 4389.

(243) V. article 6 § 1 i) du texte et les changements introduits par la directive 96/97. V. article 9 § 1 h) de la directive 2006/54 ; v. également considérants 15 et 16 de la directive 2006/54.

TROISIÈME PARTIE

POLITIQUE SOCIALE ET RAPPROCHEMENT DES LÉGISLATIONS

301. La politique sociale de l'Union européenne et le rapprochement des législations nationales auquel elle conduit dans le cadre du programme d'action fixé par les articles 151 et suivants du traité sur le fonctionnement de l'Union, remplaçant les articles 136 et suivants du traité Communauté européenne (anciens articles 117 et suivants), seront étudiés en trois chapitres, consacrés successivement à la politique de l'emploi – chapitre 1 –, à l'entreprise – chapitre 2 –, à la relation de travail – chapitre 3.

CHAPITRE 1

POLITIQUE DE L'EMPLOI

BIBLIOGRAPHIE : emploi, formation professionnelle, aides à l'emploi

CHÉROT J.-Y. et MOREAU M.-A., « Les conventions du FNE sous contrôle communautaire », *RJS* 1/97, p. 3.

EUZEBY A., « La Communauté européenne face au défi de l'emploi », *Rev. Marché commun.*

FAVRET J.-M., « Le système général de reconnaissance des diplômes et des formations professionnelles en droit communautaire – L'esprit et la méthode », *RTD eur.* 1996, p. 259.

GAUDU F., « L'influence du droit communautaire sur la politique de l'emploi », *Dr. soc.* 1993, p. 801.

HAMONIAUX Th., « L'Agence nationale pour l'emploi entre droit national et droit communautaire », *Dr. soc.* 1995, p. 651.

IDOT L., « Les aides aux entreprises en difficulté et le droit communautaire », *RTD eur.* 1998, p. 295.

IDOT L., « Sur les relations entre droit social et droit de la concurrence », *Europe*, chron. janvier 1996, p. 1, novembre 1999, p. 4.

KERSCHEN N. et OMARJEE I., « La stratégie européenne pour l'emploi, un exemple de rencontre entre une politique européenne et le droit communautaire », *Dr. soc.* 2010, p. 223.

LEGRAND H.-J., « Les modalités d'intervention des représentants des travailleurs dans les procédures communautaires intéressant la vie des entreprises », *Dr. soc.* 1998, p. 931.

LARY H. de, « Marché du travail communautaire et droit des ressortissants des pays tiers », *in Trente ans de libre circulation*, La documentation française 1998, p. 168.

LYON-CAEN A., « Le financement public d'un plan social est-il condamné par le droit communautaire ? », *Dr. soc.* 1997, p. 185.

MARTIN P., « Le traité d'Amsterdam inaugure-t-il une politique communautaire de l'emploi ? », *RTD eur.* 2000, p. 47.

PERTEK P., « La reconnaissance mutuelle des diplômes d'enseignement supérieure, commentaire de la directive du 21 décembre 1988 », *RTD eur.* 1989, p. 623.

ROUSSEAU Y., « Un marché communautaire de l'emploi ? », *in Trente ans de libre circulation*, La documentation française 1998, p. 43.

ROUSSEAU Y., « Le service public de l'emploi et la jurisprudence de la CJCE », *Dr. soc.* 2002, p. 974.

Introduction

302. Promotion de l'emploi, coordination des politiques nationales et lignes directrices communautaires. Longtemps visée dans des dispositions relatives à des politiques ou des actions particulières de la Communauté (aides à l'emploi, politique agricole, politique des transports), la promotion d'un « niveau d'emploi élevé » est entrée parmi les missions générales que l'article 2 du traité Communauté européenne a données, depuis le traité de Maastricht, à la Communauté (1).

(1) V. *supra* n° 10-11.

Le traité d'Amsterdam, avec les possibilités nouvelles ouvertes par les dispositions formant le nouveau titre du traité CE consacré à l'emploi, manifeste l'existence d'une volonté commune plus forte de coordonner les politiques nationales en matière d'emploi ; les dispositions du traité d'Amsterdam se retrouvent dans le traité de Lisbonne (2).

302-1. En vue d'assurer cette meilleure « coordination » (« harmonisation » serait sans doute un meilleur terme), le Conseil a reçu mission, sur la base des conclusions du Conseil européen, de fixer annuellement des « *lignes directrices, dont les États membres tiennent compte dans leurs politiques de l'emploi* » (3).

Non contraignantes, quand bien même les États membres aient à en tenir compte (4), ces lignes directrices dans leur forme actuelle, en restent à des indications programmatiques générales couvrant les politiques d'emploi sous l'ensemble de leurs aspects. Certaines priorités sont mises en avant dans des formules systématiquement vagues, parfois creuses, parfois contradictoires, telles que « *favoriser une approche fondée sur le cycle de vie à l'égard du travail* », « *favoriser la flexibilité en la conciliant avec la sécurité de l'emploi et réduire la segmentation du marché du travail* », « *accroître et améliorer l'investissement dans le capital humain* ». Il en va d'un programme plus mou encore que doux. Une philosophie générale s'en dégage néanmoins. La « bonne gouvernance » des politiques de l'emploi implique un vaste partenariat et un rôle de premier plan des partenaires sociaux. L'accent est mis sur l'emploi de catégories défavorisées sur le marché du travail : jeunes, femmes, salariés proches de la retraite. L'idée d'adaptation de la main-d'œuvre et des entreprises, jointe à celle de flexibilité et d'atténuation des coûts sociaux, est également mise en avant en liaison avec la nécessité d'accentuer l'effort de formation, d'apprentissage et de réapprentissage « *tout au long de la vie* ».

Fixées annuellement, les lignes directrices ne doivent cependant faire l'objet d'une révision complète que tous les trois ans (5).

302-1. Comité de l'emploi. Une décision 2000/98 du Conseil du 24 janvier 2000 a institué un comité de l'emploi, à caractère consultatif, dont la mission est de promouvoir la coordination, entre les États membres, des politiques en matière d'emploi et de marché du travail (6).

*

* *

Pour l'immédiat, avant que l'existence d'une politique harmonisée de l'emploi n'ait pris une consistance plus précise, l'action de l'Union s'est engagée principalement

(2) V. *supra* n° 17.

(3) Article 128 § 2 du traité CE, devenu article 148 § 2 TFUE.

(4) Ils « doivent » le faire disent les décisions du Conseil ou les lignes directrices elles-mêmes.

(5) V. décision du Conseil 2007/491 du 10 juillet 2007, *JOUE* n° L 183 du 13 juillet 2007, renvoyant à l'annexe de la décision 2005/600 du 12 juillet 2005, *JOUE* du n° L 205 du 6 août 2005 ; décision du Conseil 2010/707 du 21 octobre 2010 relative aux lignes directrices pour les politiques de l'emploi, *JOUE* n° L 308 du 24 novembre 2010, maintenues en 2013 par décision 2013/208 du 22 avril 2013, *JOUE* n° L 118 du 30 avril 2013.

(6) Le nouveau comité de l'emploi remplace le comité de l'emploi et du travail, précédemment institué par la décision 97/16, qui a été abrogée.

dans trois directions : la régulation du marché de l'emploi (section 1), les aides à l'emploi (section 2) et la formation professionnelle (section 3).

Section 1

Le marché de l'emploi

L'existence d'un marché communautaire de l'emploi ne se substitue pas à celle de marchés nationaux, dont le droit communautaire vient toutefois modifier les règles de fonctionnement. Ce sont les deux points que l'on examinera.

§ 1. — Le marché européen

303. Règlement n° 492/2011 recodifiant le règlement n° 1612/68 modifié par le règlement n° 2434/92. L'article 49 d) du traité de Rome avait confié au Conseil le soin d'établir des « *mécanismes propres à mettre en contact les offres et demandes d'emploi et à en faciliter l'équilibre dans des conditions qui écartent des risques graves pour le niveau d'emploi dans les diverses régions et industries* ». Ces mécanismes ont été mis en place par les dispositions de la deuxième partie du règlement n° 1612/68 du 15 octobre 1968, règlement dont la première partie contient également des dispositions relatives aux procédures d'accès à l'emploi. Afin d'en renforcer l'efficacité, le mécanisme initial a été remanié par un règlement n° 2434/92 du 27 juillet 1992. Une recodification du règlement 1612/68 a été opérée par le règlement n° 492/2011 du 5 avril 2011 (7).

Deux préoccupations dominent : œuvrer en vue d'une reconnaissance effective pour les ressortissants des États membres de la même priorité sur le marché du travail que celle des travailleurs nationaux ; veiller à la plus grande transparence possible du marché communautaire du travail (8).

A. — Non discrimination

304. Traitement identique à celui des nationaux. De la libre circulation des travailleurs il se déduit d'abord que les ressortissants communautaires possèdent le droit d'accéder à l'emploi en tout point du territoire de la Communauté. Le règlement 1612/68 sur la libre circulation des travailleurs à l'intérieur de la Communauté précise que ce droit s'exerce avec la même priorité d'emploi que celle des travailleurs

(7) *JOUE* n° L 141 du 27 janvier 2011 ; le nouveau règlement comporte une table de concordance avec les dispositions du règlement 1612/68 qu'il a abrogé et remplacé.

(8) V. Y. Rousseau, « Un marché communautaire de l'emploi ? », *in Trente ans de libre circulation des travailleurs*, La documentation française 1998, p. 43 et s.

nationaux (9), sans qu'aucun régime d'autorisation non plus qu'aucunes restrictions autres que celles qui s'appliquent aux nationaux ne puissent venir en entraver l'exercice. L'exigence concerne aussi bien les textes que les pratiques administratives (10).

Les contingentements visant l'emploi des étrangers, en particulier, ne sont pas applicables aux ressortissants des autres États membres (11). Il en va de même des incitations au contingentement. Pour l'attribution d'avantages aux entreprises qui emploient un pourcentage minimum de travailleurs nationaux, les ressortissants de l'Union sont comptés comme des nationaux (12).

305. Sur la résidence du ressortissant de l'Union. Le droit d'accès prioritaire à l'emploi se manifestera même si l'intéressé ne réside pas sur le territoire de l'État membre où est offert l'emploi. Il lui est reconnu quel que soit son lieu de résidence (13).

Les demandes et offres d'emplois peuvent s'échanger librement entre employeurs et ressortissants de l'Union situés dans des États différents en vue d'une conclusion du contrat à distance (14). Les contacts nécessaires peuvent être pris directement par les intéressés ou l'être par intermédiaires. Sauf interdiction que la réglementation locale leur impose pour tout recrutement, les employeurs peuvent diffuser leurs offres d'emploi « *par voie de presse ou par toute autre voie* » (15), et le faire sur le territoire d'un autre État membre. Les procédures de recrutement spéciales aux étrangers sont de manière générale écartées s'agissant des ressortissants de l'Union (16). La mission confiée à des organismes publics spécialisés dans le recrutement des travailleurs étrangers n'est pas supprimée, mais le monopole accordé à ces organismes disparaît et leur intervention devient facultative.

Le mécanisme européen de mise en contact des offres et des demandes d'emploi organisé par le règlement 1612/68 et repris par le règlement 492/2011 permet également au demandeur d'emploi :

1) d'être informé par les services de l'emploi de son lieu de résidence des offres d'emploi émanant d'employeurs d'autres États membres ;

2) de faire transmettre par les services de son lieu de résidence sa demande d'emploi aux services de l'emploi d'autres États membres (17).

Un ressortissant de l'Union peut aussi, s'il le juge utile, se déplacer sur le territoire d'un autre État membre pour y rechercher un emploi. La Cour de justice lui reconnaît le droit de séjourner durant un « délai raisonnable » sur le territoire de

(9) Article 1 § 2 du règlement 1612/68 et du règlement 492/2011 sur la libre circulation des travailleurs à l'intérieur de la Communauté. V. *infra*, n° 311 et s. sur la priorité du marché national.

(10) CJCE, 7 mai 1986, *Gûl*, aff. 131/85, *Rec.* p. 1573.

(11) Doivent être écartées « *les dispositions limitant en nombre et en pourcentage, par entreprise, par branche d'activité, par région ou au plan national, l'emploi des étrangers* »... l'énumération n'étant pas limitative, article 4 § 1 des règlements 1612/68 et 492/2011.

(12) Article 4 § 2 du règlement 1612/68 et du règlement 492/2011.

(13) Article 1 § 1 du règlement 1612/68 et du règlement 492/2011.

(14) Article 2 du règlement 1612/68 et du règlement 492/2011.

(15) Article 3 § 2 b) du règlement 1612/68 et du règlement 492/2011.

(16) Article 3 § 2 a) du règlement 1612/68 et du règlement 492/2011.

(17) Article 15 du règlement 1612/68, sur ce mécanisme, v. numéro suivant.

l'État où il recherche un emploi (18). En ce cas, le règlement 1408/71 sur la sécurité sociale des travailleurs migrants et le règlement 883/2004 sur la coordination des sécurités sociales remplaçant le règlement 1408/71 énoncent qu'il doit s'inscrire comme demandeur d'emploi dans l'État de recherche, tout en restant inscrit dans l'État d'origine, afin de pouvoir continuer de bénéficier des allocations chômage servies par l'institution de ce dernier État (19). Les services de l'emploi du pays de recherche d'emploi ne sauraient donc lui refuser cette inscription parce qu'il n'a pas eu d'activité antérieure sur le territoire et que, faute d'emploi, il ne s'est pas encore vu délivrer une carte de séjour (20).

B. — Compensation des offres et des demandes d'emploi

306. Échange d'informations relatives à la libre circulation. À cette fin, une collaboration est organisée par le règlement 1612/68 entre les États membres et avec la Commission. Les États membres doivent entreprendre en collaboration l'étude de la situation de l'emploi et du chômage, dans la mesure où une telle étude peut servir la liberté de circulation (21). Ils désignent à cette fin les organes spécialisés qui seront en charge de la collaboration exigée. La Commission doit être informée par les États membres de l'évolution de la situation de l'emploi et « *des problèmes et données relevant de la libre circulation* » (22). La Commission fixe la façon dont ces informations sont établies (23). Des données de nature à fournir des informations utiles aux travailleurs des autres États membres doivent également être adressées aux autres États membres et au Bureau européen de coordination (24) ; elles sont régulièrement mises à jour ; elles doivent être largement diffusées par les services spécialisés des États membres qui les reçoivent (25).

307. Mise en contact des offres et demandes d'emploi. Les services spécialisés des États membres adressent « *régulièrement* » (26) aux services des autres États membres et au « *Bureau européen de coordination* » (27) les offres d'emploi qui sont susceptibles d'être satisfaites par des ressortissants d'autres États membres, ainsi que les demandes d'emploi des personnes ayant formellement déclaré leur souhait de travailler dans un autre État membre (28).

(18) CJCE, 26 février 1991, *Antonissen*, aff. C-292/89, *Rec.* I, p. 745 ; v. la déclaration du Conseil inscrite au procès-verbal de la séance d'adoption de la directive 68/360 ; la directive 2004/38 sur le droit de circulation et de séjour des citoyens de l'Union confirme l'existence de ce droit d'entrée et de séjour provisoire pour recherche d'emploi, v. *supra* n° 210. Sur la reconnaissance, dans les règles et la pratique françaises, du droit au séjour du demandeur d'emploi, v. J.-P. DOMERGUE, « Droit au séjour du demandeur d'emploi », *in Trente ans de libre circulation des travailleurs*, La documentation française 1998, p. 132 et s.

(19) V. pour des règles plus complètes, *infra* n° 688.

(20) Alors que le droit français – article L. 5411-4, ex-article L. 311-5-1, du Code du travail, issu de la loi du 20 décembre 1993, règle confirmée par la loi du 13 février 2008 – subordonne l'inscription à l'ANPE (Pole Emploi) d'un demandeur d'emploi de nationalité étrangère à la vérification qu'il possède un titre de séjour et de travail valable.

(21) Article 13 § 1 du règlement 1612/68, devenu article 11 § 1 du règlement 492/2011.

(22) Article 14 § 1 du règlement 1612/68, devenu article 12 § 1 du règlement 492/2011.

(23) Article 14 § 2 du règlement 1612/68, devenu article 12 § 2 du règlement 492/2011.

(24) V. n° suivant.

(25) Article 14 § 3 du règlement 1612/68, devenu article 12 § 3 du règlement 492/2011.

(26) Le règlement 1612/68 exigeait initialement une périodicité d'un mois au minimum.

(27) V. *infra* n° 308.

(28) Article 15 § 1 du règlement 1612/68, devenu article 13 § 1 du règlement 492/2011.

Les services des États membres de réception des offres d'emploi enregistrent et adressent en retour les candidatures précises et détaillées qui peuvent y répondre. Les demandes d'emploi qu'ils ont reçues doivent également faire l'objet d'une réponse (29). Offres et réponses aux offres, demandes et réponses aux demandes s'entrecroisent.

Une décentralisation des opérations est possible. La mise en contact des offres et demandes d'emploi peut être conduite directement entre eux par des services décentralisés, régionaux ou locaux ; des relations directes peuvent s'établir entre services responsables de l'emploi des régions limitrophes des États membres ; une coopération directe peut également s'établir entre services de placement spécialisés pour certaines professions ou certaines catégories de personnes (30).

308. Réseau *EURES*. En vue de la mise en œuvre des dispositions de la deuxième partie du règlement 1612/68 modifiée en 1992 (devenue chapitre 2 du règlement 492/2011), une décision n° 93/569 de la Commission du 22 octobre 1993 a créé un réseau européen de services dénommé *EURES* (acronyme de *European employment services*). Le réseau *EURES* est venu se substituer au système *SEDOC* jusque-là en fonctionnement (31), mais que la Commission a jugé inadapté aux exigences nouvelles du marché du travail. Information, conseil et aide au placement, c'est la triple tâche confiée au réseau *EURES*. Une décision n° 2003/8 de la Commission du 23 décembre 2002, abrogeant la décision 93/569, a procédé à une réorganisation des responsabilités et des procédures du réseau *EURES*, en vue notamment des élargissements de l'Union à venir (32). Une nouvelle décision n° 2012/733 de la Commission a procédé à un nouvel aménagement du réseau *EURES* (33). Le réseau a été mieux adapté aux nouvelles technologies de l'information et de la communication. Sa composition a été en partie revue.

Le réseau *EURES* réunit (34) :

– les services nationaux de l'emploi des États membres (35), leurs services régionaux, ceux des régions limitrophes ainsi que des services spécialisés dont la liste est communiquée à la Commission et fait l'objet d'un accord avec les États membres (36) ;

– le Bureau européen de coordination (37), désormais désigné comme le « *Bureau de coordination EURES* » ;

– « *les organisations syndicales et patronales désignées par les membres d'EURES* », c'est-à-dire par les autorités nationales.

(29) Article 16 du règlement 1612/68, devenu article 14 du règlement 492/2011.

(30) Article 17 du règlement 1612/68, devenu article 15 du règlement 492/2011.

(31) Décisions de la Commission des 8 et 14 décembre 1972.

(32) *JOUE* n° L 5 du 10 janvier 2003.

(33) *JOUE* n° L. 328 du 28 décembre 2012.

(34) Article 3 de la décision 2003/8 et article 3 de la décision 2012/733. La décision 2003/8 a prévu la création d'un « *groupe de stratégie de haut niveau* » destiné à assister la Commission dans la promotion et la supervision du développement d'*EURES*.

(35) Auxquels s'ajoutent, au titre de l'AELE, ceux de l'Islande et de la Norvège.

(36) Conformément aux dispositions de l'article 17 du règlement 1612/68, devenu article 15 du règlement 492/2011.

(37) V. n° précédent.

On attend du réseau *EURES* qu'il assure dans des conditions de bonne efficacité la diffusion des offres et demandes d'emploi susceptibles d'être satisfaites dans le cadre de la libre circulation des travailleurs. L'intérêt spécifique du réseau est de permettre la diffusion de l'information vers les organes ou services pouvant efficacement les porter à la connaissance des employeurs et des salariés intéressés. Le réseau doit permettre l'échange « *transnational, interrégional et transfrontalier* » des offres et des demandes d'emploi. Il veille à une meilleure connaissance des marchés du travail, des conditions de vie, des possibilités d'acquisition de qualifications dans une autre partie de la Communauté (38). Le principe est que « *toutes les offres et demandes d'emplois publiées par les membres et partenaires d'EURES doivent être accessibles dans l'ensemble de l'Union européenne* » (39). Il revient au Bureau européen de coordination de détailler les éléments de mise en œuvre de ce principe dans l'édiction d'une « *charte EURES* » (40).

S'agissant des offres d'emploi, la décision 93/569 avait dégagé la notion d'« *offres d'emploi à vocation communautaire* », définie comme les « *offres d'emploi dont la diffusion au niveau communautaire accroît leurs chances de satisfaction par un élargissement du nombre et de la qualité des candidatures qu'elles vont susciter* » (41). Les efforts de bonne diffusion poursuivis par le système *EURES* ont particulièrement visé les emplois répondant à cette notion. La décision 93/569 entendait privilégier les emplois correspondant à une formation supérieure de trois ans au moins (42), ou encore les emplois à forte connotation internationale (tourisme, transport) ou réclamant l'utilisation de plusieurs langues.

Le système *EURES* ne se borne pas à la mise en contact de l'offre et de la demande, il présente deux aspects complémentaires :

– une base de données a été créée afin de fournir aux utilisateurs du réseau et aux éventuels candidats à un déplacement vers un autre État membre, des informations suffisamment complètes et détaillées sur les conditions de travail et de vie des différents États membres et sur des points pratiques pouvant faciliter leur mobilité (43) ;

– conçu comme la cheville ouvrière du système, un réseau d'« *euroconseillers* » a élé mis en place en application de la décision 93/569. Les euroconseillers sont des agents spécialisés des administrations nationales de l'emploi qui doivent avoir reçu, sous l'égide de la Commission, la formation nécessaire à l'exercice de leurs missions propres. Ils remplissent une fonction de conseil en direction des candidats à la mobilité, mais également des entreprises qui ont l'intention de recruter au niveau européen ou de développer leurs activités à un tel niveau. Au-delà du conseil, leur mission peut également être d'assister travailleurs et

(38) V. article 2 de la décision 2003/8 et article 2 de la décision 2012/733.

(39) Article 8 § 2 de la décision 2003/8, devenu article 10 § 2 de la décision 2012/733.

(40) Article 8 de la décision 2003/8. Cf. Charte EURES du 26 octobre 2010, *JOUE* n° C 311 du 16 novembre 2010.

(41) Annexe 1, point 2.1.1. de la décision 93/569.

(42) Bénéficiant du système général de reconnaissance des diplômes par l'effet de la directive 89/48 du 21 décembre 1989 ; v. *infra* n° 222.

(43) Annexe II, point 2.5. de la décision 93/569.

entreprises pour des opérations de placement au niveau européen. Ils peuvent soutenir, voire réaliser ces opérations de placement (44).

309. Organes spécialisés. On a vu le rôle attribué à la Commission : s'informer grâce à la coopération des États membres, étudier la situation d'ensemble de l'emploi dans la Communauté.

Créé au sein de la Commission, *le Bureau européen de coordination* est un organe spécialisé, qui a pour mission « *de favoriser, sur le plan de la Communauté, la mise en contact et la compensation offres et demandes d'emploi* » (45). Depuis 2003, le Bureau européen de coordination a été rebaptisé « *Bureau européen de coordination EURES* » et ses missions partiellement redéfinies (46). Il remplit les tâches techniques incombant à la Commission ; il synthétise les informations en provenance des États membres sur l'évolution du marché de l'emploi ; il joue un rôle de coordination des opérations de mise en contact et de compensation des offres et demandes d'emploi ; il effectue parfois lui-même directement l'opération de mise en contact (47). C'est lui qui représente la Commission au sein du réseau *EURES.*

Pour la réalisation de ses missions, la Commission est assistée du Comité technique composé de représentants des gouvernements des États membres (48). Le Comité technique peut formuler des propositions et des avis, notamment en ce qui concerne les informations que les États membres doivent adresser à la Commission sur la situation de l'emploi et son évolution et sur les conditions de vie et de travail qui sont respectivement les leurs. La Commission doit en tenir « *le plus grand compte* » (49).

310. Suspension du mécanisme de compensation. Le règlement 1612/68, dans son texte initial, avait laissé subsister un mécanisme de sauvegarde appelé à s'appliquer en cas de crise touchant le marché du travail d'un État membre. Un État membre subissant ou prévoyant des perturbations sur son marché du travail pouvait demander à la Commission de constater la nécessité de suspendre partiellement ou totalement le mécanisme de compensation à son égard. La décision appartenait à la Commission, un autre État membre pouvant en faire appel devant le Conseil (50).

La suspension ne signifiait pas la fermeture des frontières de l'État intéressé aux entrées de main-d'œuvre communautaire. Seul était suspendu le mécanisme communautaire de compensation, mécanisme facultatif de mise en relation de l'offre et de la demande, et d'un impact en pratique réduit sur les mouvements de main-d'œuvre ayant effectivement lieu.

Le règlement 2434/92 a supprimé la possibilité de suspendre le mécanisme de compensation.

(44) Annexe 1, point 4.1. de la décision 93/569.

(45) Article 21 du règlement 1612/68, devenu article 18 du règlement 492/2011.

(46) Par la décision 2003/8 de la Commission, article 4 de la décision, devenu article 4 de la décision 2012/733 ; v. n° suivant.

(47) Article 21 et 22 du règlement 1612/68, devenus article 18 et 19 du règlement 492/2011.

(48) Comité visé aux articles 32 à 37 du règlement 1612/68, devenus articles 29 à 34 du règlement 492/2011 dont la mission est en général d'assister la Commission pour l'ensemble des mesures et travaux requis par l'application du règlement 1612/68.

(49) Formule utilisée par le règlement 2434/92 dans les modifications apportées à l'article 14 du règlement 1612/68, devenu article 12 du règlement 492/2011.

(50) Article 20 ancien du règlement 1612/68.

§ 2. — Les réglementations nationales

A. — Accès au marché de l'emploi

1° D'une priorité nationale à une priorité européenne

311. Sur les marchés nationaux de l'emploi, les ressortissants communautaires bénéficient de la même priorité que celle des nationaux de l'État considéré, est-il énoncé par le règlement 1612/68 (51). La référence à la priorité des nationaux est en partie trompeuse. La priorité dont il s'agit est celle du marché national, lequel se compose certes principalement, du côté des demandeurs d'emploi, des travailleurs nationaux, mais comprendra également les travailleurs étrangers titulaires d'un droit de séjour et de travail sur le territoire national (52). L'ensemble des personnes autorisées à travailler au service des employeurs du pays font partie du marché national de l'emploi, qu'ils soient nationaux ou étrangers, et ont à ce titre priorité sur les autres. Les travailleurs étrangers autorisés à travailler ont priorité, comme les nationaux, sur les travailleurs étrangers non bénéficiaires de la même autorisation.

Les ressortissants de l'Union, de leur côté, du simple fait de leur qualité de ressortissants ou de citoyens de l'Union européenne, bénéficient *ipso facto* du droit de travailler en tout point de la Communauté. Quel que soit leur lieu de résidence, ils font juridiquement partie de chacun des marchés nationaux des États membres et bénéficient comme les membres de ces marchés d'une priorité sur la main-d'œuvre qui lui est extérieure.

Les « nouveaux » ressortissants de l'Union connaissent pour commencer, on l'a vu, une situation transitoire (53). Ils n'entrent pas d'emblée dans le marché interne à l'Union, mais ils ont, dès l'élargissement, priorité sur le marché externe.

312. Détachement de travailleurs. Un prestataire de services établi sur le territoire d'un État membre pourra déplacer du personnel sur le territoire de l'État membre où il effectue sa prestation sans buter sur les règles de l'État d'accueil en matière d'emploi des étrangers (54). La liberté de prestation de services et le droit des ressortissants communautaires d'exercer leur activité professionnelle en tout point de la Communauté se conjuguent. Le détachement peut même concerner des ressortissants non communautaires travaillant au service d'un prestataire de services établi dans un État membre. Les règles nationales sur l'emploi de la main-d'œuvre étrangère ne peuvent leur être opposées, juge la Cour de justice (55).

Les autorités de l'État d'accueil peuvent-elles toutefois imposer au prestataire de services l'obligation de tenir des registres du personnel ou d'autres documents relatifs au personnel ? La Cour de justice a estimé 1) que cette exigence ne peut

(51) Principe inscrit liminairement à l'article 1 § 2 du règlement 1612/68, devenu article 1 § 2 du règlement 492/2011, et réaffirmé plus loin, à l'article 16 § 3 (article 14 § 3), concernant le traitement des offres et demandes d'emploi par les services de l'emploi des États membres.

(52) Telle est au moins la situation au regard du droit français de l'immigration.

(53) V. *supra* n° 175.

(54) Arrêt *Rush Portuguesa*, CJCE, 27 mars 1990, aff. C-113/89, *Rec.* I p. 1417.

(55) Arrêt *Vander Elst*, CJCE, 9 août 1994, aff. C-43/93, *Rec.* I p. 3803. V. *infra* n° 314.

pas être imposée si l'entreprise y est déjà soumise en application de la loi de l'État où elle est établie ; 2) qu'en revanche l'État membre d'accueil peut imposer la tenue de documents sur le chantier ou le lieu de travail situés sur son territoire si cette mesure permet d'effectuer les contrôles qui s'imposent concernant le respect de la réglementation du travail ; 3) que l'obligation de conserver ces documents, passé un certain délai (cinq ans après la prestation de services) est inadéquate ou disproportionnée. La volonté de pouvoir librement effectuer des contrôles que montrent certains États d'accueil de salariés détachés peut avoir des effets négatifs sur l'exercice de la liberté de prestations de service et se trouve elle-même placée sous un contrôle étroit de la Cour de justice (56).

Ces solutions ont été retenues par la Cour de justice, sans passer par la recherche d'une éventuelle discrimination condamnable, en examinant si la réglementation nationale mise en cause comportait des effets restrictifs de la liberté de prestations de services insusceptibles de se justifier par des raisons impérieuses d'intérêt général. On observera également que la Cour a écarté l'application de certaines des exigences du droit national du lieu d'exécution de la prestation de services, alors que ces exigences étaient qualifiées dans l'État considéré comme des lois de police et sûreté s'imposant impérativement sur leur territoire (57).

2° Les ressortissants des pays tiers

313. Des statuts différents. On a vu antérieurement que les États membres, sous réserve d'évolutions possibles dans le futur, continuent d'avoir la maîtrise de leur politique d'immigration en provenance des pays tiers à l'Union européenne (58). Les accords de coopération conclus par la Communauté avec des États tiers ne sont pas, rappelons-le également, des accords d'immigration et ces accords n'ouvrent pas aux nationaux des États tiers qui y sont parties, le droit de venir travailler dans la Communauté, même si en résulte un droit d'être traités à égalité avec les ressortissants communautaires (59).

Chaque État décide lui-même de l'appartenance des ressortissants des pays tiers à son propre marché du travail. Le droit communautaire infléchit cependant la situation de certains de ces ressortissants, si bien que plusieurs catégories doivent être distinguées.

1) Les membres non communautaires de la famille d'un ressortissant communautaire. Ils bénéficient pleinement du droit de libre circulation dans la Communauté. Admis à suivre le ressortissant communautaire dans ses déplacements à l'intérieur de la Communauté, ils ont le droit d'accéder à toute activité salariée ou non salariée sur le territoire de l'État membre où la famille vient à s'installer, ceci

(56) CJCE, 23 novembre 1999, *Arblade et Leloup*, aff. 369 et 376/96, *Rec.* I p. 8498 et, pour plus de précisions, *infra* n° 567.

(57) V. arrêt *Arblade*, préc., et, sur l'ensemble de la question, *infra* n° 561 et s.

(58) V. *supra* n° 178 et s., 192 et s.

(59) V. H. de Lary, « Marché du travail communautaire et droits des ressortissants des pays tiers », *in Trente ans de libre circulation des travailleurs*, La documentation française, 1998, p. 168 et s. ; L. Idot, « Libre circulation et accords de coopération ou d'association », *in Trente ans de libre circulation des travailleurs*, La documentation française, 1998, p. 151 et s.

« *même s'ils n'ont pas la nationalité d'un État membre* » (60). Le droit d'accéder à l'activité est reconnu dans les mêmes termes aux membres de la famille d'un actif et à ceux d'un inactif (61).

2) Les ressortissants non communautaires qui n'ont pas été admis à travailler par un État membre. Ceux-là sont exclus de tout marché national de l'emploi et par voie de conséquence n'ont aucun accès au marché communautaire.

3) Les ressortissants non communautaires qui ont été admis à travailler par un État membre. Reste cette dernière catégorie, la plus problématique. Autorisés à travailler par les autorités d'un État membre, ils ne peuvent faire valoir leur droit au travail qu'à l'égard de ce seul État, dans les conditions et avec les limites fixées par les règles propres à cet État (62). Leur droit ne s'étend pas aux autres États de la Communauté et s'ils entendent déplacer leur activité dans un autre État membre de la Communauté, ils doivent en passer par les règles nationales de cet autre État et solliciter de lui les autorisations nécessaires. Le droit d'accéder à l'emploi sur son territoire que leur confère un État membre ne leur ouvre aucun droit d'accéder à l'emploi dans un autre État membre (63).

314. Détachement à l'occasion d'une prestation de services. Ces données sont partiellement infirmées par la jurisprudence de la Cour de justice. Celle-ci admet qu'à l'occasion d'une prestation de services qu'elle est appelée à y fournir, une entreprise puisse détacher sur le territoire d'un autre État membre du personnel de nationalité extérieure à l'Union admis à travailler par les autorités d'un État membre. Les autorités de l'État de détachement ne sauraient soumettre l'activité des travailleurs intéressés au régime d'autorisation de travail applicable aux travailleurs de pays tiers (64). La Cour de justice justifie la solution en énonçant que lesdits travailleurs, restant au service d'un employeur d'un autre État membre, n'accèdent pas au marché de l'emploi de l'État de détachement temporaire (65) et doivent donc échapper à l'emprise des réglementations gouvernant ce marché. Justification douteuse, si l'on songe que les tâches accomplies par les travailleurs détachés sur le territoire pourraient l'être par des travailleurs du marché national et que la situation locale de l'emploi en souffre nécessairement. C'est précisément parce qu'ils n'accèdent pas au marché de l'emploi, ou du travail, de l'État de détachement que ce détachement en perturbe le fonctionnement et l'intéresse par conséquent.

La solution s'appliquera si le salarié détaché continue, pendant le détachement, de travailler sous la direction de l'employeur qui le détache. En revanche, celui

(60) Article 11 du règlement 1612/68 ; v. également *supra* n° 191.

(61) Cf. l'article 2 des trois directives sur le droit de séjour des inactifs, v. *supra* n° 177 et 232 sur la généralisation du droit de libre circulation.

(62) Sur la notion d'« *emploi régulier* », telle qu'interprétée par la Cour de justice à propos du droit de séjour des ressortissants turcs (dans le cadre de l'accord de coopération CEE-Turquie), CJCE, 16 décembre 1992, *Kus*, aff. C-237/91, *Rec.* I, p. 6781 ; CJCE, 30 septembre 1997, *Ertanir*, aff. C-98/96 ; v. *supra* n° 193.

(63) Mais v. *infra* n° 315, pour les résidents de longue durée.

(64) CJCE, 9 août 1994, *Vander Elst*, aff. C-43/93.

(65) « *Les travailleurs envoyés temporairement dans un autre État membre en vue d'y effectuer une prestation de services ne prétendent aucunement accéder au marché de l'emploi de cet État, dès lors qu'ils retournent dans leur pays d'origine ou de résidence après l'accomplissement de leur mission* », motif n° 21 de l'arrêt *Vander Elst* repris de l'arrêt *Rush Portuguesa* du 27 mars 1990.

qui est mis à la disposition d'une entreprise de l'État du lieu de détachement et se trouve placé sous la direction de celle-ci, dans le cadre d'une mise à disposition de personnel auprès d'une entreprise utilisatrice, est regardé comme accédant au marché du travail de l'État de détachement et butera le cas échéant sur la réglementation locale de l'immigration. C'est ce qu'a admis la Cour de justice, au prix d'un exercice rhétorique difficile pour distinguer les situations (66).

315. Droit de circulation des résidents de longue durée. La directive 2003/109 du 25 novembre 2003 relative au statut des résidents de pays tiers résidents de longue durée ouvre au ressortissant non communautaire ayant résidé légalement sur le territoire d'un État membre depuis cinq ans un droit de séjourner sur le territoire d'un autre État membre (67). Est-ce dire que le marché du travail des autres États membres lui est ouvert ? La directive 2003/109 est loin d'aller jusque-là. Le résident de longue durée dans un premier État membre qui entend avoir une activité professionnelle dans un autre État membre risque de buter sur des obstacles importants. L'État membre dans lequel il souhaite travailler peut lui « *appliquer ses procédures nationales* » relatives au recrutement des étrangers ; il peut accorder priorité d'emploi aux citoyens de l'Union, ainsi qu'aux ressortissants de pays tiers faisant déjà partie de son marché du travail ou bénéficiant d'un régime préférentiel (68), ou encore limiter le nombre total des ressortissants extérieurs à l'Union admis à séjourner sur son territoire (69). Autant dire que le droit de séjour pour activité professionnelle n'en est pas véritablement un.

B. — Activités de placement

316. Légitimité des réglementations nationales relatives au placement de travailleurs. La Cour de justice admet que l'intérêt général puisse justifier l'existence de réglementations nationales soumettant à autorisation ou à un régime restrictif les activités de placement payant (70), la mise à disposition de main-d'œuvre ou encore les entreprises de travail temporaire (71).

De la part d'un État membre, c'est, dit la Cour « *un choix politique légitime effectué dans l'intérêt général* » de soumettre à autorisation les entreprises exerçant une activité de mise à disposition de personnel intérimaire sur son territoire, en raison des effets préjudiciables sur le marché du travail que cette activité peut avoir et afin de garantir les intérêts des travailleurs. Les réglementations nationales concernant la mise à disposition de personnel ou le prêt de main-d'œuvre sont d'ailleurs plus ou moins permissives ; elles ont pu aller de la liberté d'exercer l'activité de prêt de main-d'œuvre jusqu'à son interdiction, en passant par des

(66) CJUE, 10 février 2011, *Vicoplus*, aff. C-307/09, v. pts 27 à 33 de l'arrêt.
(67) V. *supra* n° 204.
(68) Article 14 § 3 de la directive 2003/109.
(69) Si elle était déjà prévue au moment de l'adoption de la directive ; article 14 § 4 de la directive.
(70) CJCE, 18 janvier 1979, *Van Wesemael*, aff. 110/78 et 111/78, *Rec.* p. 35, première décision de la CJCE qualifiant l'activité de placement de travailleurs d'activité de prestation de services au sens du droit communautaire.
(71) CJCE, 17 décembre 1981, *Webb*, aff. 279/80, *Rec.* p. 3305, *RTD eur.* 1982 p. 75, obs. DRUESNE.

régimes d'autorisation. Ces données ont toutefois partiellement changé avec la directive 2008/104 du 19 novembre 2008 sur le travail intérimaire, qui, au nom de la flexibilisation de l'emploi, montre une faveur pour un recours, certes contrôlé, au travail intérimaire (72).

Quant à la mise en relation entre l'offre et la demande d'emploi, l'activité de « médiation » permettant la rencontre de l'offre et de la demande, elle revêt le caractère d'une mission d'intérêt général propre à en justifier l'encadrement par l'autorité publique (73).

Des difficultés de deux ordres ont été portées devant la Cour de justice, concernant d'une part les interférences possibles entre les réglementations nationales et les libertés de circulation consacrées par le droit communautaire, concernant d'autre part les atteintes au droit de la concurrence pouvant résulter de ces réglementations nationales.

1° Placement transnational de personnel

317. Mise à disposition – arrêts *Webb* et *Seco*. Pour légitime qu'elle soit, la réglementation restrictive en vigueur dans tel État membre ne doit cependant pas avoir pour effet d'entraver indûment la liberté de prestation de services sur le territoire d'entreprises établies dans un autre État membre. Un État membre est certes en droit d'imposer le respect de sa réglementation à une entreprise qui, établie dans un autre État membre, a une activité sur son territoire, mais pourvu que l'entreprise ne se soit pas déjà vu appliquer une réglementation analogue dans l'État d'établissement. L'application cumulative des contraintes des deux législations serait incompatible avec la liberté de prestation de services. Telle est la ligne générale d'analyse de la Cour de justice.

Dans ses arrêts *Webb* et *Seco*, la Cour de justice a d'abord jugé que le type de prestation constitué par la mise à disposition de personnel entre sous la notion de services visée à l'ex-article 60 du traité CEE (devenu article 57 TFUE) (74). Estimant ensuite qu'il est loisible aux États membres de soumettre la mise à disposition de personnel à un régime d'autorisation, elle en a conclu que l'État d'accueil peut valablement imposer aux prestataires de services des autres États membres les mêmes conditions d'exercice de leur activité sur son territoire, que celles qu'il impose légitimement à ses propres entreprises. Il peut donc les soumettre à l'autorisation administrative qu'il exige de ses propres entreprises ; sous deux réserves toutefois, la première tirée du principe de non-discrimination à raison de la nationalité, la deuxième combinant ce principe et le principe de proportionnalité.

– aucune discrimination fondée sur la nationalité ne doit se produire dans l'examen des demandes d'autorisation et dans l'octroi de celle-ci ;

(72) V. *infra* n° 458.

(73) V. Y. Rousseau, « Le service public de l'emploi et la jurisprudence de la CJCE », *Dr. soc.* 2002, p. 974.

(74) CJCE, 17 décembre 1981, *Webb*, (point 1 du dispositif), aff. 279/80, *Rec.* p. 3305 ; *RTD eur.* 1982, p. 192 et p. 75, chron. Druesne.

– les exigences formulées ou les prescriptions imposées par l'État d'accueil seraient excessives si elles devaient faire « *double emploi avec les justifications et garanties exigées dans l'État d'établissement* » (75).

Les États peuvent donc, s'ils l'estiment souhaitable, instituer des réglementations limitatives et en imposer le respect sur leur territoire, à toute entreprise, locale, d'un autre État membre ou d'ailleurs. À chaque État membre de réaliser, chez lui, sa propre police de la mise à disposition de main-d'œuvre. La jurisprudence de la Cour l'a permis. La directive sur le détachement de travailleurs effectué dans le cadre d'une prestation de services vise à transformer la faculté en obligation, puisqu'elle inclut « *les conditions de mise à disposition des travailleurs, notamment par les entreprises de travail intérimaire* » parmi les éléments constitutifs du noyau de dispositions locales impérativement applicables (76).

Ces données n'ont finalement pas été modifiées par la directive relative aux « services dans le marché intérieur » du 12 décembre 2006 (77), qui a exclu de son domaine d'application le détachement de travailleurs dans le cadre d'une prestation de services. (78)

318. Placement par un organe privé. Dans une décision *ITC*, relative à des opérations de placement réalisées par une agence privée, la Cour de justice s'est opposée à une réglementation nationale prévoyant que la rémunération de l'agence, au lieu d'être payée par le demandeur d'emploi, sera à la charge de l'État, mais à condition que l'emploi procuré au travailleur soit assujetti à cotisations sociales sur le territoire de cet État. Pareille réglementation entrave la liberté de circulation des travailleurs en pouvant les dissuader de partir travailler sur le territoire d'un autre État membre ; elle entrave également la libre prestation de services, puisque l'agence de placement pourra plus difficilement procéder au placement de travailleur sur le territoire d'un autre État membre (79). Dans le prolongement de l'arrêt *Van Wasemael*, l'arrêt *ITC* rappelle fermement que l'activité de placement de main-d'œuvre constitue bien une prestation de services au sens des articles 49 et 50 de l'ex-traité CEE (56 et 57 TFUE).

2° Service public du placement

319. L'arrêt *Höfner c. Macroton*. Le droit de l'Union reconnaîtra sans discussion sérieuse que l'existence d'un service public du placement – service exerçant des « *activités de médiation ou d'interposition entreles demandes et les offres*

(75) Même décision, motif n° 20 et point 2 du dispositif. Cette même réserve d'un « double emploi législatif » condamnable se retrouve dans l'arrêt *Seco et Desquenne et Giral*, CJCE, 3 février 1982, aff. 62 & 63/81, *Rec.* p. 223, *RTD eur.* 1982, p. 196, à propos de cotisations de sécurité sociale, déjà dues en vertu du droit communautaire dans l'État d'établissement et dont le versement dans l'État du lieu de prestation de services serait constitutif d'une charge supplémentaire discriminatoire imposée au prestataire de services (v. motifs 9, 10 et 12).

(76) Article 3 § 1 second tiret d) de la directive. V. sur l'ensemble des questions relatives au détachement de personnel dans le cadre d'une prestation de services, *infra* n° 561 et s.

(77) Issue de la modification de la proposition « Bolkestein » qui avait tant inquiété, v. note suivante. Et *infra* n° 567.

(78) V. *Europe*, n° 6/2007 et spécialement, L. Driguez, « Le détachement de travailleurs après la directive sur les services », p. 35.

(79) CJCE, 11 janvier 2007, *ITC Innovative Technology Center*, aff. C-208/05

d'emploi » – se justifie, mais la Cour de justice ne se montre pas pour autant favorable à celle de monopoles publics du placement des travailleurs.

En Allemagne, comme l'a été en France l'ANPE, l'Office public de l'emploi a été doté du droit exclusif du placement des travailleurs, y compris les cadres et dirigeants d'entreprise (80). L'attribution de ce droit exclusif est-elle compatible avec le droit communautaire ? Compte tenu notamment du fait que, pour les cadres et dirigeants d'entreprise, il n'est pas en mesure de satisfaire à la demande que présente le marché, l'Office n'exploite-t-il pas une position dominante de façon abusive et de nature à affecter les mouvements de main-d'œuvre communautaire entre les États membres ? Une place ne doit-elle pas être faite aux bureaux de recrutement privés ? Telles sont en résumé les questions auxquelles la Cour de justice a répondu dans son arrêt *Höfner c. Macroton* du 23 avril 1991 (81).

La Cour a conduit ses réponses au regard de dispositions des traités relatives au droit de la concurrence :

– l'article 86 du traité CEE (devenu article 82 TCE, puis 102 TFUE) du traité, d'une part, interdisant l'exploitation abusive d'une position dominante ;

– l'article 90 du traité CEE (devenu article 86 TCE, puis 106 TFUE), d'autre part, qui soumet les entreprises dotées d'un monopole en vue de réaliser une mission d'intérêt économique général, aux règles de la concurrence, dans les limites où l'application de ces règles ne fait pas échec à l'accomplissement de la mission particulière qui leur est impartie et qui entend en outre limiter l'effet négatif que peut avoir sur les échanges une telle situation de monopole public.

Pour la Cour de justice, un Office public de placement exerce une activité économique – la Cour observant incidemment qu'une entité privée peut aussi exercer pareille activité, qui n'est pas toujours ni nécessairement confiée à un organisme public – et est donc une entreprise au sens du droit communautaire. Un tel office, en tant qu'entreprise, doit donc être soumis au droit de la concurrence et si celui-ci n'interdit pas qu'il soit doté d'un monopole, il interdit qu'il exerce de façon abusive la position dominante que lui confère son droit exclusif.

Or la Cour de considérer : 1) que l'office public, suivant des données constantes, n'était manifestement pas en mesure de satisfaire la demande du marché concernant le placement de cadres dirigeants ; 2) que, vu cette insuffisance, une activité complémentaire de placement par des bureaux privés de conseil en recrutement, activité d'ailleurs tolérée, ne pouvait pas faire échec à la mission particulière confiée à l'office ; 3) que le monopole de l'office était de nature à gêner des activités de placement concernant des ressortissants ou des territoires d'autres États membres ; ensemble de motifs permettant, sur les fondements combinés des articles 86 et 90 (102 et 106 TFUE), de conclure à l'existence d'un abus de position dominante (82).

(80) L'OIT a longtemps condamné les activités de placement payant (conv. n° 96 de 1949) ; elle admet aujourd'hui l'existence d'« agences d'emploi privées » (conv. n° 181 de 1997).

(81) Aff. C-41/90, *Rec.* I, p. 1979 et dans le même sens, CJCE, 11 décembre 1997, aff. C-55/96, *Job Center coop. (II)*, *Rec.* I, p. 7119.

(82) Tenant compte de la jurisprudence *Höfner,* la chambre criminelle de la Cour de cassation a estimé que l'ANPE n'exploitait pas de façon abusive la position dominante que lui confère la loi française, la preuve que les

Au nom de l'efficacité économique, le monopole public du placement des travailleurs – à tout le moins de certains d'entre eux – est mis en cause, suivant une motivation qui est entièrement dictée par les dispositions du traité relatives au droit de la concurrence et qui paraît ignorer des exigences particulières de protection des travailleurs ou de politique sociale inspirant le droit du travail (83).

De la jurisprudence « *Höfner* », il s'infère plus généralement que les services publics, tel que le service public du placement de travailleurs, pourront bénéficier d'un monopole ou de droits exclusifs, mais à condition de satisfaire à un test d'efficacité. La position exprimée par la Cour de justice à propos du placement des cadres a été étendue par l'arrêt « *Job Center II* » à l'ensemble des travailleurs, « *de la main-d'œuvre non qualifiée jusqu'aux qualifications professionnelles les plus élevées et rares* » (84).

Section 2

Les aides à l'emploi

Si le droit de l'Union consacre, avec l'institution du Fonds social européen, un système d'aides européennes à l'emploi (§ 1), il mettra parfois en question, au nom de la concurrence, la compatibilité avec le droit de l'Union du système d'aides étatiques (§ 2), alors même que ces aides font partie d'un dispositif d'aide à l'emploi.

§ 1. — Les aides européennes – Le Fonds social européen

320. Article 146 CE (ex-article 123 du Traité CEE), devenu article 162 TFUE. Cet article du Traité définit l'objet général de l'action du Fonds social européen (FSE), instrument des interventions financières de la Communauté en vue d'améliorer le niveau d'emploi et de contribuer ainsi au relèvement du niveau de vie. Depuis 1958, les missions du fonds se sont diversifiées. Le traité de Rome lui donnait mission de promouvoir « *les facilités d'emploi et la mobilité géographique et professionnelle des travailleurs* ». Le traité de Maastricht a ajouté « *l'adaptation aux mutations industrielles et à l'évolution des systèmes de production, notamment par la formation et la reconversion professionnelle* ».

Les changements dans l'action du fonds ne sont cependant pas venus principalement de la réorientation assez peu significative de ses missions générales telles qu'elles sont définies par le traité ; ils ont plutôt résulté de son insertion dans une

services de l'ANPE n'étaient manifestement pas en mesure de satisfaire la demande que présente le marché du travail (demande saisonnière de l'industrie du tourisme et de l'hôtellerie) n'étant pas rapportée (Cass. crim., 16 novembre 1999, *Wissink*, *RJS* 2000, n° 194, p. 129).

(83) Mais, sur d'autres questions, la jurisprudence de la Cour a ultérieurement intégré des considérations propres au droit social pour moduler ses solutions ; v. *infra* n° 355.

(84) CJCE, 11 décembre 1997, *Job Center coop.*, préc.

politique de cohésion économique et sociale que l'Acte unique européen a voulu développer et des modifications intervenues dans le mode d'attribution de ses aides.

321. Orientation générale de l'action. L'action du Fonds social a été intégrée aux objectifs qu'ont définis les articles 158 TCE, puis 174 TFUE, et en partie réorientée à cet effet. S'il lui revient bien sûr de servir l'emploi, il lui appartient de le faire en vue de « *promouvoir un développement harmonieux de l'ensemble de l'Union* » et de contribuer « *au renforcement de sa cohésion économique, sociale et territoriale* ».

La signification concrète de ces formules est avant tout de placer l'action du Fonds social au service d'une politique d'aides européennes dirigées vers les régions de la Communauté souffrant d'un retard de développement, ainsi que l'explicite d'ailleurs l'article 174 TFUE (modifiant partiellement l'article 158 TCE) : « *L'Union vise à réduire l'écart entre les niveaux de développement des diverses régions et le retard des régions les moins favorisées* ». À un moindre degré, le renforcement de la cohésion économique, sociale et territoriale s'exprime également dans un effort de solidarité vers les régions connaissant d'importantes mutations et en crise. L'idée-force est de renforcer l'*ensemble* de l'Union.

L'action du fonds social se traduisant dans une combinaison d'aides européennes et d'aides nationales en vue de réaliser un objectif de l'Union, il est logique que les aides nationales associées à celles du Fonds social soient regardées comme conformes au droit de l'Union. Elles ne doivent donc pas être soumises aux dispositions du traité relatives au contrôle des aides d'État (85).

Dans le cadre de la coordination des politiques nationales d'emploi et des lignes directrices qui la guident, le Fonds social européen est aujourd'hui appelé à « *soutenir les politiques des États membres qui sont étroitement liées aux lignes directrices et aux recommandations, formulées dans le cadre de la stratégie européenne pour l'emploi, et aux objectifs pertinents de la Communauté concernant l'inclusion sociale, la non-discrimination, la promotion de l'égalité, l'éducation et la formation* » (86).

L'examen des évolutions successives connues par le Fonds social européen permettra de mieux comprendre les règles actuellement en vigueur.

A. — Évolutions successives

322. Le premier Fonds social européen. L'article 125 du Traité tel qu'il était rédigé jusqu'au traité de Maastricht avait enserré l'action du Fonds social européen dans des limites étroites. Seules les dépenses réalisées par un État ou un organisme

(85) V. en ce sens, TPICE, 17 juin 1999, *ARAP*, aff. T-82/96, à propos d'une aide nationale cofinancée par le FEOGA (devenu FEADER), v. *infra* n° 330.

(86) Considérant 7 du règlement 1081/2006 relatif au Fonds social européen ; sur ce règlement, v. *infra* n° 326. V., interprétant la notion de « création d'emploi » au sens des Lignes directrices sur les politiques de l'emploi et y voyant une augmentation nette du nombre de postes de travail par comparaison avec la moyenne des effectifs au cours de l'année précédant le recrutement, CJUE, 2 avril 2009, *Lodato Gennaro*, aff. C-415/07 ; v. obs. L. TEBANO, *RTD* 2010, p. 439.

public pouvaient être couvertes par le Fonds. Celui-ci n'intervenait qu'*a posteriori* pour rembourser 50 % des dépenses. Seuls les travailleurs en chômage (total ou partiel) avaient vocation aux aides du Fonds. Les aides devaient concerner des actions de rééducation professionnelle, de réinstallation de travailleurs en chômage, de maintien du niveau de rémunération en cas de reconversion de l'entreprise vers d'autres activités. Elles n'étaient attribuées qu'à la condition que les travailleurs intéressés aient effectivement retrouvé un emploi. Les aides à la formation initiale étaient exclues.

Les règles de fonctionnement de ce premier Fonds social, en outre, ne permettaient pas de placer son action au service de choix opérés au niveau communautaire. Le Fonds intervenait mécaniquement, en tant qu'instrument d'accompagnement, faiblement utile, des politiques nationales.

323. La première réforme. La réforme du Fonds social était déjà envisagée par le traité de Rome, l'article 126 du traité (dans des dispositions supprimées par le traité de Maastricht) ouvrant au Conseil le pouvoir de redéfinir le mode d'attribution des concours du Fonds. Une décision du Conseil du 1er février 1971, accompagnée des règlements d'application nécessaires, procédait à une première rénovation (87).

Entendant remédier aux défauts imputés au Fonds première manière, le Fonds rénové devait privilégier des actions de portée structurelle plutôt que les réactions conjoncturelles, l'idée d'objectifs prioritaires prenant naissance ; intervenait pour aider également, dans un but préventif ou d'adaptation, des travailleurs en activité ; menait une action *a priori* en finançant des programmes agréés ; accordait ses concours à des opérations réalisées par des opérateurs privés, sous réserve d'une garantie étatique de bonne fin.

324. Coordination des fonds structurels. L'Acte unique européen, en 1987, a posé le principe que les actions des différents fonds structurels doivent être étroitement coordonnées (88). Les autres fonds structurels – FEDER, FEADER, FEP (89), auxquels s'est ajouté le Fonds de cohésion – poursuivent des objectifs analogues à ceux du Fonds social européen. Un règlement unique concerne les missions des fonds à finalité structurelle (90) ; il est complété par des règlements propres à chacun d'entre eux (91).

Ces règlements ont eu pour fondement l'article 161 du Traité CE (devenu article 177 TFUE), qui demande au Conseil de définir les missions, les objectifs prioritaires et l'organisation des fonds à finalité structurelle, l'avis conforme du Parlement étant requis (92).

(87) Règlements n° 2396 et 2397/71 du 8 novembre 1971, *JOCE* n° L. 28 du 4 février 1971 et *JOCE* du 10 novembre 1971.
(88) Article 159 (ex 130 B) du Traité CE.
(89) Fonds européen de développement régional, Fonds européen agricole pour le développement rural (ex-FEOGA), Fonds européen pour la pêche (ex-IFOP).
(90) Règlement n° 126099 du 21 juin 1999, remplaçant le règlement 2052/88 du 24 juin 1988, modifié par le règlement n° 2081/93 du 20 juillet 1993 pour le Fonds social.
(91) Pour le Fonds social européen, règlement n° 1784/99 du 12 juillet 1999 ; *JOCE* n° L 213, 13 août 1999.
(92) Outre le Comité économique et social, le Comité des régions doit être consulté.

Étroitement coordonnés vers des objectifs communs, les fonds structurels pourraient à terme être fusionnés. L'article 161 TCE (177 TFUE) a en effet ouvert au Conseil le pouvoir de procéder à un regroupement des fonds.

L'orientation générale ainsi définie a conduit à isoler des objectifs à caractère prioritaire. Ces objectifs sont fixés par les règlements relatifs aux missions des fonds structurels, complétés par le règlement propre au Fonds social.

325. Règlement 1260/1999. Le règlement n° 1260/1999 du 21 juin 1999 (93) remplaçant le règlement 2052/88 du Conseil du 24 juin 1988, concernant les missions des Fonds à finalité structurelle (94), avait retenu trois objectifs (95). 1°, promouvoir le développement et l'ajustement structurel des régions en retard de développement (96), régions pouvant couvrir un territoire national entier (97), une partie substantielle d'un territoire national (98) ou une région territoriale limitée (99) ; 2°, soutenir la reconversion économique et sociale des zones en difficulté structurelle (mutation socio-économique dans l'industrie et les services, zones rurales en déclin, zones urbaines en difficulté, en crise dans la pêche) ; 3°, soutenir l'adaptation et la modernisation des politiques et systèmes d'éducation, de formation et d'emploi, l'action du fonds étant alors dirigée vers les régions non visées par le premier objectif.

Transversalement, dans la poursuite de ces objectifs, la Communauté devait contribuer au développement « *harmonieux, équilibré et durable* » des activités économiques, au développement de l'emploi et des ressources humaines, la protection et l'amélioration de l'environnement, l'élimination des inégalités, la promotion de l'égalité entre hommes et femmes (100).

B. — Règles actuelles

326. Règlement 1083/2006 relatif aux fonds structurels. Le règlement 1083/2006 du 11 juillet 2006 relatif aux fonds structurels (101) répond à une donnée et à une priorité nouvelles. L'action des fonds structurels doit être adaptée aux élargissements nouveaux que connaît l'Union et à l'accroissement des disparités qui en résulte ; il doit mieux intégrer la priorité que constitue le développement durable (102). Le nouveau règlement entend également ajuster l'action

(93) *JOCE* n° L. 161, 6 juillet 1999.

(94) *JOCE* n° L. 185 du 15 juillet 1988. Le règlement 2052/88 distinguait cinq objectifs, un sixième objectif s'y étant ultérieurement ajouté. Le nouveau règlement a voulu simplifier.

(95) Article 1er du règlement 1260/99.

(96) La détermination des régions concernées dépendant du pouvoir d'achat de leurs habitants, qui doit être inférieur à 75 % de la moyenne communautaire.

(97) Grèce, Irlande, Portugal.

(98) Exemple, l'ex-Allemagne de l'Est.

(99) Exemple, pour la France, uniquement la Corse et les DOM ; v. annexe du règlement.

(100) Article 1er, dernier alinéa, du règlement 1260/99.

(101) Règlement n° 1083/2006 du Conseil portant dispositions générales sur le Fonds européen de développement régional, le Fonds social européen et le Fonds de cohésion, *JOUE* n° L 210 du 31 juillet 2007.

(102) V. considérants 2 et 3 et article 17 du règlement 1083/2006.

des fonds structurels au phénomène de vieillissement des populations (103). Le règlement 1083/2006 a abrogé le règlement 1260/1999 (104).

326-1. Objectifs. Les objectifs d'action ont fait l'objet d'une redéfinition.

Vient d'abord l'objectif « *convergence* », orienté vers le développement des États membres et des régions « *en retard de développement* » (105). Ce premier objectif « *constitue la priorité des fonds* » (106).

L'objectif « *compétitivité économique et emploi* » vient ensuite. Il concerne les parties territoriales de la Communauté qui ne relèvent pas de l'objectif « *convergence* » (107). L'idée est ici, s'agissant de régions ayant déjà connu un développement important, d'« *anticiper les changements économiques et sociaux* » et d'améliorer « *l'adaptabilité des travailleurs et des entreprises* » (108).

L'objectif « *coopération territoriale européenne* » intéresse les zones frontalières, terrestres ou maritimes (109), l'action des fonds structurels devant favoriser leur « *développement intégré* » et renforcer la « *coopération interrégionale* » (110).

Pour la réalisation de chacun de ces trois objectifs, l'intervention des fonds répond à diverses préoccupations spécifiques : le « *développement urbain durable* », la « *revitalisation des zones rurales* », celle « *des zones dépendant de la pêche* », ou le soutien aux zones souffrant de « *handicaps géographiques ou naturels* » (111).

Il appartient à la Commission d'établir la liste des régions éligibles aux concours des fonds, en application des critères prévus par le règlement.

Transversalement, dans l'action des fonds structurels, États membres et Commission doivent veiller à « *promouvoir l'égalité entre les hommes et les femmes et l'intégration du principe d'égalité des chances* » ; ils « *prennent les mesures appropriées pour prévenir toute discrimination fondée sur le sexe, la race ou l'origine ethnique, la religion ou les convictions, le handicap, l'âge ou l'orientation sexuelle* » (112).

326-2. Règles générales d'intervention des fonds structurels. Le principe demeure que les fonds structurels interviennent en complément de l'action nationale, mais « *en y intégrant les priorités de la Communauté* » (113) et en s'attachant par conséquent à respecter les lignes directrices communautaires en matière d'emploi.

(103) V. article 3 § 1 du règlement 1083/2006.

(104) Deux propositions de règlement du parlement et du Conseil modifiant et abrogeant le règlement 1083/2006 ont été récemment présentées par la Commission, Doc. COM (2013) 0560 final, Doc. COM (2013) 0256 final.

(105) Sont concernées les régions « *dont le produit intérieur brut (PIB) par habitant mesuré en parités de pouvoir d'achat est inférieur à 75 % de la moyenne communautaire* » ; v. considérant n° 17 et article 5 du règlement.

(106) Article 3 § 2 a) du règlement.

(107) V. considérant n° 18 du règlement ; article 6 du règlement.

(108) Article 3 § 2 b) du règlement.

(109) Toutes les frontières terrestres intérieures, certaines frontières terrestres extérieures, certaines frontières maritimes, certaines zones transnationales.

(110) V. considérant n° 19 et article 3 § 2 c) du règlement.

(111) Régions ultrapériphériques, régions septentrionales très faiblement peuplées, îles ou encore zones de montagne, v. article 3 § 3 du règlement.

(112) Article 16 du règlement.

(113) V. article 9 § 1, 2 et 3 du règlement.

La double idée de programmation et de partenariat, déjà présente dans les règlements antérieurs, continue, dans le règlement 1083/2006, de caractériser la méthode d'identification des priorités et de sélection des aides.

Les objectifs des fonds se réalisent dans le cadre d'une programmation pluriannuelle (114). Des « *programmes opérationnels* » sont mis en place dans le cadre des « *orientations stratégiques de la Communauté pour la cohésion* » (115). À la programmation stratégique, s'ajoute un « *suivi stratégique* » (116).

L'idée de partenariat concerne les relations entre la Commission et les États membres ; elle implique, État membre par État membre, autorités publiques compétentes (117), « *partenaires économiques et sociaux* » (118) et autres organismes dont les missions des fonds justifient la présence dans le cercle des partenaires (119). Les partenaires désignés par les États sont associés à « *l'élaboration, la mise en œuvre, le suivi et l'évaluation des programmes opérationnels* » (120).

L'attribution des ressources des fonds structurels va très prioritairement aux régions en retard de développement, puisque l'objectif « *convergence* » absorbe plus de 80 % de leur budget (121). L'objectif « *compétitivité régionale et emploi* » dispose de 16 % du budget global, l'objectif « *coopération territoriale européenne* » a 2,5 % (122).

Les aides ont pour « *bénéficiaires* » les organismes et entreprises, qu'ils soient publics ou privés, chargés de la réalisation des aides financées par les fonds (123).

Le règlement 1083/2006 organise gestion et contrôle de l'utilisation des aides des fonds structurels, distinguant entre une autorité de gestion, une autorité de certification et une autorité d'audit qu'il appartient à chaque État membre de désigner (124). Pour chaque programme opérationnel, les États membres doivent également instituer un « *comité de suivi* » (125).

327. Règlement 1081/2006 propre au Fonds social européen. Le règlement n° 1081/2006 du 5 juillet 2006 (126) spécifie les missions dévolues au Fonds social européen en exécution du règlement 1083/2006 et des objectifs fixés par celui-ci. Le règlement 1081/2006 rappelle que l'action du Fonds social européen doit concourir à la réalisation des lignes directrices communautaires en matière d'emploi. La recherche du plein-emploi, l'amélioration de la qualité et de la productivité du travail, l'inclusion sociale et l'accès à l'emploi des personnes défavorisées, la

(114) Article 10 du règlement
(115) V. articles 25 à 28, pour les règles et procédures présidant à l'adoption de ces orientations et programmes ; v. également articles 32 à 38 du règlement.
(116) Détails sous les articles 29 à 31 du règlement.
(117) Au niveau régional, local et urbain, article 11 § 1 a) du règlement
(118) Article 11 § 1 b) du règlement.
(119) V. article 11 § 1 c) du règlement.
(120) Article 11 § 2 du règlement.
(121) Pour plus de détails sur la ventilation des ressources, v. article 19 du règlement.
(122) V. articles 20 et 21 du règlement.
(123) V. article 2 4) pour la définition du bénéficiaire.
(124) V. articles 59 à 62 du règlement 1083/2006.
(125) V. article 63 à 66 du règlement 1083/2006.
(126) Règlement du Parlement et du Conseil relatif au Fonds social européen et abrogeant le règlement n° 1794/1999.

réduction des disparités en matière d'emploi, telles sont les missions générales du Fonds social. « *Cohésion sociale* », « *productivité* », « *compétitivité* », « *croissance économique et développement durable* », voilà l'esprit dans lequel le Fonds doit développer son action (127).

La détermination plus concrète des domaines particuliers d'intervention fait l'objet d'un long catalogue (128). On en signalera certains éléments significatifs.

Il est important d'anticiper les changements économiques en assurant une meilleure adaptabilité des travailleurs, des entreprises ainsi que de leurs dirigeants. L'action du FSE sera donc particulièrement dirigée vers l'éducation, la formation « *tout au long de la vie* » ; elle s'attachera à aider le développement de formes d'organisation du travail novatrices « *et plus productives* » (129). Le Fonds a également mission de financer la réforme des systèmes d'éducation et de formation, en sorte d'améliorer « *l'employabilité* » (130).

Au titre de l'accès à l'emploi, le thème de l'insertion durable sur le marché du travail tient une place importante. Sont spécialement visés « *le chômage de longue durée, le chômage des jeunes, la prolongation de la vie active* » (131). Ce même thème rejoint celui, tout aussi important, de « *l'inclusion sociale des personnes défavorisées* » et de « *la lutte contre toutes les formes de discrimination sur le marché du travail* » (132).

Le renforcement de la capacité institutionnelle, de l'efficacité des services publics de l'emploi est une priorité, concernant l'objectif « *convergence* ». De manière plus générale, l'action du Fonds social doit être dirigée vers l'amélioration des réseaux institutionnels, le développement des partenariats utiles à l'action pour l'emploi, notamment par l'association des partenaires sociaux, des organisations non gouvernementales et de tous partenaires appropriés, sous une idée générale de « *bonne gouvernance* » (133).

Le règlement 1081/2006 réclame une concentration des aides vers des objectifs « *stratégiques* », en vue d'« *optimiser l'efficacité du soutien du FSE* ». Les ressources sont affectées « *aux besoins les plus importants et se concentrent sur les domaines d'action pour lesquels le soutien du FSE peut produire des effets significatifs en vue de la réalisation des objectifs* » des programmes opérationnels (134).

328. Contentieux de l'utilisation des aides. Lorsqu'un concours du Fonds n'est pas utilisé dans les conditions fixées par la décision d'agrément, la Commission peut suspendre, réduire ou supprimer ce concours ; elle peut aussi en demander le remboursement. Les décisions de la Commission, en tant qu'elles font grief, sont susceptibles de recours en annulation. La Commission doit respecter les droits de

(127) V. article 2 du règlement 1081/2006.
(128) V. article 3 du règlement 1081/2006.
(129) Article 3 § 1 a) du règlement.
(130) Dans le cadre d'actions tendant à « *renforcer le capital humain* », article 3 § 1 d) du règlement.
(131) Article 3 § 1 b) du règlement.
(132) Article 3 § 1 c) du règlement et v. article 6 concernant l'égalité entre hommes et femmes.
(133) Article 5 du règlement.
(134) Article 4 § 2 du règlement.

la défense du bénéficiaire du concours (135), et de l'État membre concerné (136). Elle doit motiver suffisamment sa décision (137). Le principe de confiance légitime ou le principe de sécurité juridique – notamment lorsque la Commission a tardé déraisonnablement à prendre sa décision – sont volontiers invoqués à l'appui d'une demande d'annulation (138).

Le Tribunal de première instance a synthétisé dans les termes suivants les conditions dans lesquelles le principe de confiance légitime peut être invoqué contre une décision de la Commission : « *Le droit de réclamer la protection de la confiance légitime suppose la réunion de trois conditions. Premièrement, des assurances précises, inconditionnelles et concordantes, émanant de sources autorisées et fiables, doivent avoir été fournies à l'intéressé par l'administration communautaire. Deuxièmement, ces assurances doivent être de nature à faire naître une attente légitime dans l'esprit de celui auquel elles s'adressent. Troisièmement, les assurances données doivent être conformes aux normes applicables* » (139).

Il est usuel que le droit de l'Union ne détermine pas lui-même comment seront sanctionnées les atteintes qui y sont portées (140). Tel n'est pas ici le cas, où des sanctions civiles (suspension, suppression, répétition de l'aide) sont prévues par le règlement applicable. Faut-il en conclure qu'il n'est pas d'autre mode de sanction possible, pénale notamment ? Non, a répondu la Cour de justice, le *principe d'analogie* ou *d'équivalence* voulant que la sanction du droit de l'Union soit de même nature que celle applicable en droit national à des cas similaires, doit être respecté (141). Les États membres doivent prendre les mêmes mesures pour combattre la fraude aux intérêts financiers de l'Union, que celles qu'ils prennent pour protéger leurs propres intérêts financiers et, le cas échéant, mettre en œuvre une sanction pénale (142).

329. Gestion du Fonds. L'article 147 (ex-article 124) du Traité confie la gestion du Fonds social européen à la Commission, ajoutant que celle-ci est assistée dans cette tâche par un comité de type tripartite. Présidé par un membre de la Commission, le **Comité du Fonds social** est composé de représentants des gouvernements et de représentants d'organisations syndicales de travailleurs et d'employeurs. Il permet à la Commission de rechercher une concertation avec les États membres et avec les

(135) Une décision de suppression ou de suspension d'un concours du FSE « *est susceptible de concerner directement et individuellement les bénéficiaires d'un tel concours et de leur faire grief, en dépit du fait que l'État membre concerné est l'interlocuteur unique du Fonds social européen dans la procédure administrative* », TPIUE 9 juillet 2003, aff. T-102/00, *Vlaams Fonds voor de Sociale Integratie van Personen met een Handicap contre Commission*, *Rec.* II, p. 2433 (point 60).

(136) V. TPICE (ord.) 11 déc. 2007, *Regione Siciliana,* aff. T-156/06, cas d'une requérante non directement concernée.

(137) Il peut suffire que la Commission renvoie à un acte des autorités nationales exposant clairement les motifs d'une réduction que la Commission se contente de confirmer, TPICE, 29 septembre 1999, *Sonosa – Sociedade Nacional de Segurança*, aff. T-126/97.

(138) CJCE, 24 octobre 1996, *Lirestal-Organizaçoa Gestao de Restaurantes colectivos*, aff. C-32/95 P, *Rec.* I, p. 5373 ; TPICE, 29 septembre 1999, *Sonosa*, préc. ; TPICE, 27 janvier 2000, *Eugénio Branco*, aff. T-194/97 et T-83/98 ; CJCE, 21 septembre 2000, *Mediocurso – Estabelecimento de Ensino Particular*, aff. C-426/98, annulant partiellement TPICE, 15 septembre 1998, aff. T-180/96 et T-181/96 ; TPICE, 14 mai 2002, aff. T-81/00, *Associação Comercial de Aveiro c. Commission*, *Rec.* II, p. 2509.

(139) TPICE, 30 avril 2005, aff. T-347/O3, *Eugenio Branco c. Commission*, *Rec.* II, p. 2555, point 102.

(140) V. *supra* n° 122.

(141) *Ibid.*

(142) CJCE, 8 juillet 1999, *Maria Amélia Nunes*, aff. C-186/98.

partenaires sociaux sur l'ensemble des aspects de l'action du Fonds social. Le comité du Fonds social constitue une des pièces du dialogue social au niveau de l'Union.

§ 2. — Aides étatiques

330. Aides à finalité sociale et droit de la concurrence. Le traité place les aides apportées par l'État à l'économie sous un régime restrictif, partagé entre prohibition et autorisation sous contrôle des autorités de l'Union (143). L'article 87 TCE, devenu article 107 TFUE (ex-article 92 traité CEE) pose ainsi en principe que sont incompatibles avec le marché commun les aides étatiques qui d'une part altèrent la concurrence et d'autre part affectent les échanges entre États membres, ces mêmes articles 87 TCE et 107 TFUE ayant toutefois ouvert des possibilités de dérogation à l'application du principe qu'il énonce.

Le régime des aides étatiques constitue l'un des éléments du dispositif européen relatif au droit de la concurrence et on a pu s'interroger sur son applicabilité à des aides ayant une finalité sociale. La Cour de justice a répondu à cette interrogation en énonçant que les aides se définissent en fonction de leurs effets, que « *la nature des objectifs visés est indifférente* » et que « *ni le caractère fiscal, ni le but social d'une mesure étatique ne suffisent à l'exclure des prévisions de l'article 92* (87 TCE, 107 TFUE) » (144). Les aides à finalité sociale ne font en principe l'objet d'aucun traitement spécial.

De l'article 87 TCE (107 TFUE) et du régime des aides étatiques que la Commission et la Cour de justice en ont tiré, il ne résulte pas que les aides en matière sociale soient condamnées par le droit de l'Union. Le bilan est nuancé. Certaines aides ont échappé aux règles restrictives de l'ancien article 87 TCE. D'autres ne l'ont pas fait, mais ont été admises à titre dérogatoire ; d'autres encore, plus rarement, ont été condamnées. Les règles applicables n'ayant pas changé, sur le fond, les solutions antérieures au traité de Lisbonne n'ont pas lieu de changer, sauf à ce que la politique de la Cour ne change elle-même. L'idée qui domine est finalement moins celle d'une interdiction que d'un contrôle exercé par la Commission sur les politiques nationales d'aide à l'emploi, la Commission agissant elle-même sous le contrôle de la Cour.

Les appréciations de la Commission relatives aux aides nationales à l'emploi devraient se coordonner avec celles qui président à l'action du Fonds social, en sorte que politiques nationales et politique communautaire aillent dans le même sens. Mais le souci d'une telle coordination n'est pas toujours sensible.

Le Tribunal de 1re instance des Communautés a toutefois jugé que des aides d'État accordées pour la poursuite d'action cofinancées par un fonds communautaire structurel ne sont pas soumises aux dispositions de l'article 87 TCE (107 TFUE).

(143) Pour une étude d'ensemble des aides étatiques, v. J.-Y. Chérot, *Les aides d'État dans les Communautés européennes*, Economica, Paris, 1998 ; M. Dony et L. Smits (dir.), *Aides d'État*, coll. Études européennes, Univ. de Bruxelles, 2005.

(144) CJCE, 2 juillet 1974, *Rép. italienne c. Commission*, aff. 173/73, *Rec.* p. 709.

Ces aides doivent être appréciées au regard des règles qui gouvernent le fonds structurel concerné et des objectifs d'action qu'il poursuit (145).

On observera complémentairement que pour pouvoir être mises en cause, les aides étatiques doivent avoir des effets suffisamment sensibles sur la concurrence et sur les échanges (146).

Le dispositif en vigueur se partage entre le contrôle qu'exerce la Commission sur la base de la notification des aides à l'emploi à laquelle les États doivent procéder et les exemptions autorisant dérogatoirement les États membres à ne pas notifier à la Commission certaines aides à l'emploi.

A. — Contrôle des aides

331. Économie générale du système. Pour guider ses appréciations, notamment dans l'octroi d'éventuelles dérogations, la Commission fixe elle-même des « *lignes directrices pour les aides d'État au sauvetage et à la restructuration des entreprises* » (147). Ces lignes directrices ont plus qu'une simple valeur indicative ; la Commission examine l'éligibilité des aides au regard des lignes directrices qu'elle a fixées ; libre de les modifier, elle doit d'ailleurs s'y conformer tant qu'elle ne les a pas changées. Le principe de sécurité juridique le réclame ainsi (148). Il est toutefois important d'observer que si ces lignes directrices lient la Commission, elles ne lient pas la Cour de justice, pour qui elles ne constituent qu'une « *référence utile* » à son contrôle (149).

La distinction principale qui commande les appréciations de la Commission oppose sauvetage et restructuration. Une aide au sauvetage est accordée pour une brève durée afin de permettre à une entreprise en difficulté de faire le point sur sa situation et de définir un plan pour y remédier. Une aide à la restructuration suppose l'existence d'un plan qui devrait permettre de restaurer durablement la situation de l'entreprise. Dans les deux cas, l'aide, étant attribuée sélectivement à une entreprise, ne sera admise que sur autorisation de la Commission. L'autorisation doit revêtir un caractère exceptionnel dans le premier cas. Dans le deuxième, trois conditions sont mises à la dérogation : que le réalisme et la cohérence du plan aient été vérifiés, que

(145) TPI, 17 juin 1999, *Associação dos Refinadores de Açucar Portugueses (ARAP)*, aff. T-82/96, visant en l'espèce une aide du FEOGA.

(146) Règle dite « *de minimis* » ; CJCE, 21 mars 1990, *Royaume de Belgique c. Commission*, aff. C-142/87, *Rec.* I, p. 959, *Clunet* 1991, p. 494, obs. HERMITTE ; CJCE, 21 mars 1991, *République italienne c. Commission*, aff. C-303/88, *Rec.* I, p. 1433.

(147) *JOCE* n° C. 368 du 23 décembre 1994, lignes directrices actualisées en 1997, *JOCE* C. 283 du 19 septembre 1997, v. *RTD eur.* 1998, p. 431, et à nouveau depuis lors. Des lignes directrices visant une finalité spéciale (finalité régionale notamment) ou un objet particulier sont établies et régulièrement révisées par la Commission.

(148) CJCE, 24 mars 1993, *CIRFS*, aff. C-313/90, *Rec.* I, p. 1125 ; CJCE, 5 octobre 2000, aff. C-288/96, *Allemagne c. Commission, Rec.* I, p. 8237. Concernant les aides à l'emploi, la Commission, en 1995, a déclaré vouloir réserver « *un préjugé favorable aux aides visant la création de nouveauxpostes de travail dans les petites et moyennes entreprises [...] et dans les régions éligibles aux aides à finalité régionale* », ainsi qu'aux aides au « *recrutement de certaines catégories de travailleurs éprouvant des difficultés particulières à s'insérer ou à se réinsérer dans le marché du travail* » ; *JOCE* 1995, n° C 334 ; sur l'application de ces lignes directrices relatives aux aides à l'emploi, CJCE, 7 mars 2002, aff. C-310/99, *Italie c. Commission ;* v. plus récemment, Trib. UE, 14 févr. 2012, *Electrolux*, aff. T-115/09, arrêt exposant de façon très complète comment la Commission examine et entend justifier la décision attaquée au regard de ses lignes directrices, telles qu'en vigueur à l'époque.

(149) CJCE, 4 juillet 2000, aff. C-387/97, *Commission c. Grèce, Rec.* I, p. 5047.

des mesures soient prises pour éviter des distorsions de concurrence indues, que l'aide soit proportionnée aux résultats attendus de la restructuration (150).

Cette distinction conduit, pour les aides à l'emploi à privilégier les aides à la création d'emploi (151) par rapport aux aides au maintien de l'emploi (152).

Dans ses décisions relatives à la compatibilité des aides avec le fonctionnement du marché intérieur, compte tenu du large pouvoir d'appréciation qui lui est reconnu, la Commission a pouvoir, le cas échéant, de prendre en compte des considérations d'ordre social (153).

L'économie générale du système se traduit principalement dans trois propositions, que viennent illustrer les solutions retenues pour les aides de caractère social. 1) Les aides étatiques indirectes sont assimilées aux aides directes. 2) Les mesures générales ne sont pas justiciables de l'article 87 TCE (107 TFUE). 3) Des dérogations à la prohibition de l'article 87 TCE (107 TFUE) peuvent être accordées.

332. 1° Aides directes et aides indirectes. Parlant d'« *aides accordées par les États ou au moyen de ressources d'État sous quelque forme que ce soit* », l'article 87 TCE (107 TFUE) ouvre largement le champ couvert par ses prescriptions. En relèveront non seulement les subventions financières versées par l'État ou les autres prestations positives de celui-ci, mais également les exonérations, dégrèvements (154), taux préférentiels ou autres avantages financiers qu'il viendrait à consentir aux entreprises (155). Deux critères permettant une application large de la notion d'aide sont utilisés par la Cour de justice : celui du sacrifice financier pour l'État, c'est-à-dire du coût direct ou indirect qu'il supporte, sans contrepartie, qu'il y ait débours direct ou indirect ou simple perte de recettes ou de cotisations (156) ; celui de l'intervention étatique allégeant les charges qui grèvent *normalement* le budget de l'entreprise (157).

Il n'est pas nécessaire que l'aide soit apportée par l'État ou une collectivité territoriale, elle peut également être accordée par un organisme public ou privé, tel un organisme gérant un régime de sécurité sociale légale ou un Fonds d'aide à l'emploi alimenté par des fonds publics.

(150) V. pour une analyse des lignes directrices de la Commission et du régime des aides étatiques aux entreprises en difficulté, L. Idot, « Les aides aux entreprises en difficulté et le droit communautaire », *RTD eur.* 1998, p. 295.

(151) L'aide devant avoir pour objet de procurer un emploi à celui qui n'en a pas encore obtenu ou qui l'a perdu, la Commission réclamant une création « nette » d'emploi par rapport à une moyenne des effectifs pendant une période de référence qui précède ; v. Lignes directrices 1995, *JOCE* C 334 ; CJUE, 2 avril 2009, *Lodato Gennaro*, aff. C-415/07 ; obs. L.Tebano, *RDT* 2010, p. 439.

(152) Est visé « *le soutien donné à une entreprise en vue de ne pas licencier* », *ibid.*

(153) CJCE, 14 février 1990, *France c. Commission (« Boussac »)*, aff. C-301/87, *Rec.* I p. 307 ; ordonnance TPICE, 18 février 1998, *Comité d'entreprise de la SFP*, aff. T-189/97, confirmée par CJCE, 23 mai 2000, aff. C-106/98 P.

(154) CJCE, 2 juillet 1974, *République italienne c. Commission*, préc.

(155) Telles des facilités de paiement octroyées par un organisme public chargé de collecter des cotisations de sécurité sociale, CJCE, 29 juin 1999, *Déménagements-Manutention Transport SA (DMT)*, aff. C-256/97.

(156) CJCE, 22 mars 1977, *Steinlike Weinlig c. Allemagne*, aff. 78/76, *Rec.* p. 595.

(157) CJCE, 23 février 1961, aff. 30/59, *Rec.* p. 3 ; CJCE, 15 mars 1994, *Banco exterior de Espagna*, aff. C-387/92, *Rec.* I, p. 877) ; CJCE, 5 octobre 1999, *République française c. Commission*, aff. C-251/97, visant des coûts supportés par des entreprises à la suite d'accords collectifs de réduction du temps de travail (heures supplémentaires majorées, repos compensateurs supplémentaires). Que l'intervention étatique ait pour objet de compenser les coûts ainsi créés n'écarte pas la qualification d'aide au sens de l'article 92 (87 CE), a répondu la Cour aux objections du gouvernement français estimant que l'aide publique ne faisait que compenser les coûts mis à la charge de l'entreprise. Ces coûts auraient normalement dû être à la charge de l'entreprise. Il y a donc aide publique.

Des exonérations de cotisations sociales relèveront donc de la notion d'aide au sens de l'article 87 (158). Les financements offerts en France par le Fonds national de l'emploi allègent les charges qui grèvent normalement le budget d'une entreprise et en relèvent donc également (159).

333. 2° Aides justiciables et aides non justiciables de l'article 87 TCE (107 TFUE). L'article 87 TCE (107 TFUE) visait uniquement les aides « *favorisant certaines entreprises ou certaines productions* ». En revanche, n'en relèvent pas les aides dont profiteraient toutes les entreprises d'un État ou l'ensemble de son économie nationale. L'article 87 contient une *condition de sélectivité* et les mesures générales lui échappent (160). Un régime d'aide de portée générale destiné par exemple à favoriser l'emploi dans l'ensemble de l'économie du pays, n'est a priori pas justiciable de l'article 87 TCE (161).

Ne relèvent pas non plus de l'article 87 TCE des aides qui ne sont pas dirigées vers les entreprises, mais s'adressent à des salariés ou à des demandeurs d'emploi. Ainsi d'un dispositif national de portée générale instituant des *aides à l'embauche et à la formation professionnelle*, que le droit de l'Union ne viendra donc pas contester (162).

Mais des exonérations de charges sociales ou les aides d'un Fonds public pour l'emploi bénéficiant sélectivement à certaines entreprises seront justiciables de l'article 87 (163).

334. 3° Aides prohibées et aides admises à titre dérogatoire. Certaines aides étatiques peuvent cependant être déclarées compatibles avec le Marché commun, alors qu'elles sont accordées sélectivement à certaines entreprises ou productions d'un État membre. L'article 87 § 3 TCE (107 § 3 TFUE) (164) en délimite une liste non exhaustive (165), d'où il ressort que les aides au développement régional et celles qui concourent au redressement de secteurs d'activité en difficulté (166) pourront assez facilement obtenir une déclaration de compatibilité (167).

(158) CJCE, 2 juillet 1974, *Italie c. Commission*, préc. ; CJCE, 17 juin 1999, *Belgique c. Commission (opération Maribel bis/ter)*, aff. C-75/97 ; CJCE, 5 octobre 1999, *France c. Commission*, aff. C-251/97.

(159) CJCE, 26 septembre 1996, *France c. Commission (Kimberley Clark Sopalin)*, aff. C-241/94, *Rec.* I, p. 4551. V. A. Lyon-Caen, « Le financement public d'un plan social est-il condamné par le droit communautaire ? », *Dr. soc.* 1997, p. 185 ; J.-Y. Chérot et M.-A. Moreau, « Les conventions du FNE sous contrôle communautaire », *RJS* 1997, p. 3.

(160) CJCE, 26 septembre 1996, *France c. Commission*, préc. ; CJCE, 17 juin 1999, *Belgique c. Commission*, préc.

(161) Mais le serait néanmoins des articles 96 et 97 (ex. 101 et 102) du traité, au titre des distorsions de concurrence qu'il est de nature à provoquer.

(162) Déc. de la Commission du 23 décembre 1992, *Entreprises industrielles de Modane*, *JOCE* n° L.85 du 6 avril 1993.

(163) V. les décisions citées *supra*. Dans son arrêt relatif aux conventions FNE du droit français, la Cour insiste sur le pouvoir discrétionnaire du FNE de moduler son intervention financière entre les entreprises et sur la faveur qui peut en résulter pour certaines entreprises par rapport aux autres (V. les motifs 23 et 24 de l'arrêt).

(164) L'ex-article 92 § 2 pose de son côté le principe d'une compatibilité avec le marché commun de trois catégories d'aides, la première visant « les aides à caractère social octroyées aux consommateurs individuels ».

(165) La troisième catégorie visée (ex-article 92 § 3 point c)) correspondant en pratique à la grande majorité des dérogations accordées : aides destinées au développement de certaines activités ou de certaines régions. Les deux autres catégories visent les aides au développement des régions souffrant d'un *niveau de vie anormalement bas* ou connaissant *un grave sous-emploi*, ainsi que les aides destinées à promouvoir un projet important d'intérêt commun ou à remédier à une perturbation grave de l'économie d'un État membre. Qui plus est, le Conseil peut déterminer d'autres catégories d'aides dont la compatibilité peut être admise (ex-article 92 § 3 point e)) ; *adde* la promotion de la culture et la conservation du patrimoine (ex-article 92 § 3, d)).

(166) On retrouve des objectifs prioritaires de l'action du Fonds social, v. *supra* n° 322.

(167) Cf. CJCE, 14 octobre 1987, *Allemagne c. Commission*, aff. 248/84, *Rec.* p. 4013 ; CJCE, 14 février 1990, *France c. Commission*, aff. C-301/87, *Rec.* I, p. 307, *JDI* (Clunet) 1991, p. 493 obs. Hermitte, pour des aides au développement régional.

Les dérogations ne sont toutefois admises qu'au travers d'un contrôle étroit de la Commission et du respect par les États d'une procédure obligatoire. Les projets d'aide doivent être notifiés à la Commission (168). Celle-ci, après une instruction au cours de laquelle les *intéressés* (État membre, entreprises et éventuellement, autres personnes concernées) peuvent présenter leurs observations, prend une décision de compatibilité ou d'incompatibilité (169), pour laquelle elle dispose d'un large pouvoir discrétionnaire (170). La mesure projetée ne peut pas faire l'objet d'une exécution avant la déclaration de compatibilité. Les aides jugées non compatibles sont soumises, s'il y a lieu, à restitution obligatoire (171).

Sur le fond, diverses limites sont mises à la compatibilité : l'affectation des échanges qui en résulte doit rester modérée ; l'aide doit être nécessaire pour atteindre un objectif légitime ; elle doit être proportionnée à la réalisation de cet objectif (172). Elle ne peut être que temporaire et son objet est de permettre de replacer le plus rapidement possible l'entreprise intéressée dans une situation normale au regard de la concurrence (173). On retrouve le principe de proportionnalité et la fonction modératrice qui est la sienne face aux dérogations apportées au droit communautaire, ainsi que le caractère provisoire qui s'attache de manière générale à ces mêmes dérogations.

C'est en considération de ces différents éléments que la Commission, tout en affirmant d'une part que les conventions FNE du droit français dispensent des aides relevant de l'article 87 CE, a pris à leur égard une déclaration de compatibilité (174). En bref, la politique des autorités communautaires face aux aides étatiques à l'emploi tend moins à les restreindre qu'à les contrôler.

B. — Exemptions

335. Règlements relatifs aux aides d'État à l'emploi. Un règlement n° 994/98 du Conseil du 7 mai 1998 a conféré à la Commission pouvoir de

(168) Article 88 § 3 CE (ex-article 93 § 3 du traité CE). Les autorités des États membres se dispensent assez fréquemment de procéder à la notification. C'est alors la Commission qui, en fonction des éléments d'information qu'elle aura reçus, prendra les devants et demandera à l'État membre concerné de lui transmettre pour instruction les renseignements nécessaires.

(169) La Commission doit motiver suffisamment sa décision, elle ne doit pas tarder déraisonnablement à trancher, risquant d'inciter par là les bénéficiaires à croire raisonnablement – principe de confiance légitime – que l'aide a l'approbation de la Commission.

(170) CJCE, 17 septembre 1980, *Philip Morris*, aff. 730/79, *Rec.* p. 2671, la Cour de justice n'exerçant qu'un contrôle léger de la décision prise par la Commission, à laquelle il est toutefois demandé d'apprécier l'aide dans un contexte communautaire et non pas dans un cadre exclusivement national. Dans une ordonnance du 18 février 1998, *Cté d'entreprise de la Société Française de Production et al.*, Le tribunal de première instance des Communautés a déclaré que des « représentants reconnus des travailleurs » ne sont pas recevables à contester devant les juridictions communautaires les décisions de la Commission statuant en matière d'aides d'État. Si ces représentants sont intéressés par la décision de la Commission en tant qu'organismes représentant les travailleurs de l'entreprise bénéficiaire d'une aide litigieuse, et s'ils peuvent à ce titre présenter des observations à la Commission, ils ne sauraient prétendre être individuellement et directement concernés par la décision et ne sont pas recevables à agir en annulation au titre de l'article 230 CE (ex-article 173 traité CE) ; *Dr. soc.* 1998, p. 937 et les observations H.-J. Legrand, p. 931, sur « Les modalités d'intervention des représentants des travailleurs dans les procédures communautaires intéressant la vie des entreprises ».

(171) V. pour un cas de condamnation à restitution CJUE, 24 mars 2011, *ISD Polska*, aff. C-369/09 P, rejetant le pourvoi dirigé contre TPICE, 1er juillet 2009, aff. T-273/06.

(172) Arrêt *Philip Morris*, v. note précédente.

(173) CJCE, 17 février 1990, *France c. Commission*, aff. C-301/87, *Rec.* I, p. 307.

(174) Décision de la Commission du 27 juin 1994 relative à l'aide à la société Kimberly Clark Sopalin, ayant fait l'objet d'un recours en annulation du gouvernement français, CJCE, 26 septembre 1996, cité *supra*.

réglementer les aides étatiques à l'emploi en vue d'en déclarer certaines compatibles avec le marché et par conséquent non soumises à l'obligation de notification préalable (175). Sur le fondement de ce règlement 994/98, la Commission a adopté le 12 décembre 2002 le règlement n° 2204/2002 concernant les aides d'État à l'emploi (176).

Visant uniquement les mesures relevant de la notion d'aide d'État telle que définie par l'article 87 du traité CE (177), le règlement n° 2204/2002 a pour objet d'exempter certaines catégories d'aides d'État, dès lors qu'elles tendent à la promotion de l'emploi, « *objectif essentiel des politiques... de la Communauté* » (178). Déclarées compatibles avec le marché commun, les catégories d'aides énumérées par le règlement 2204/2002 sont exemptées de l'obligation de notification préalable à la Commission et peuvent par conséquent être mises en œuvre sans que l'État intéressé ait à attendre la déclaration de compatibilité de la Commission.

Le règlement 2204/2002 a fait l'objet d'un recours en annulation formé par la Belgique devant la Cour de justice des Communautés. Le gouvernement belge a en premier lieu soutenu que la Commission ne s'était pas contentée de codifier sa pratique préexistante en matière d'aides à l'emploi et avait institué des règles plus strictes, sans respecter les limites des pouvoirs que le règlement 994/98 lui avait conférés. La Cour de justice répond à ce grief que l'habilitation réglementaire donnée par le Conseil n'interdisait pas à la Commission d'« *utiliser son expérience pour fixer de nouveaux critères même plus stricts que ceux existants* » (179).

Que l'existence de la limitation de pouvoirs invoquée par le gouvernement belge ait été douteuse, soit, le texte laissait effectivement place à l'interprétation (180) ! Le doute cède toutefois devant la certitude en ce qui concerne la série de reproches adressés par la Belgique au « *manque de clarté* » du règlement de la Commission. Le règlement 2204/04 n'assurerait pas l'objectif de « *transparence et de sécurité juridique* » qui lui était assigné. Le fait est que le règlement 2204/2002 dégage une impression générale de désordre et d'incertitude ! Voilà un règlement dont la raison d'être est d'éviter aux États membres d'avoir à notifier leurs aides à la Commission et qui soulève tant de questions que la prudence voudra qu'ils procèdent malgré tout à notification, par précaution (181). La Cour de justice a cependant montré la

(175) *JOCE* n° L 142. Le préambule du règlement déclare qu'il convient, afin d'assurer une surveillance efficace et de simplifier la gestion administrative, sans affaiblir le contrôle de la Commission, que celle-ci soit autorisée à déclarer, par voie de règlements, dans des domaines où elle dispose d'une expérience suffisante pour définir des critères de compatibilité généraux, que certaines catégories d'aides sont compatibles avec le marché commun (4e considérant). Les pouvoirs conférés à la Commission concernent également les aides à finalité régionale.

(176) *JOCE* n° L 337 du 13 décembre 2002. Le règlement 2204/2001 a été précédé, deux ans auparavant, par l'adoption d'un règlement 68/2001 écartant l'obligation de notification à la Commission pour les aides étatiques à la formation, v. *infra* n° 344.

(177) Notion qui, on l'a vu, ne s'applique pas aux mesures générales en faveur de l'emploi, qui ne favorisent pas certaines entreprises ou productions ; v. *supra* n° 333.

(178) V. considérants 5 à 7 du règlement 2204/2002.

(179) CJCE, 14 avril 2005, aff. C-110/03, *Belgique c. Commission*.

(180) V. points 52 à 54 de l'arrêt.

(181) Comme conscient de ses incertitudes, le règlement énonce d'ailleurs qu'il laisse la possibilité aux États membres de notifier une aide, alors même que celle-ci bénéficie d'une exemption ; v. considérant n° 4 du règlement.

bonté de sauver le texte tout en s'efforçant de fournir explications et interprétations propres à lui donner plus clairement sens (182).

Les politiques d'aides étatiques ayant lieu d'être régulièrement révisées, il était prévu (article II du règlement) que la durée d'application du règlement 2204/2002 soit limitée au 31 décembre 2006, durée ultérieurement prorogée jusqu'au 30 juin 2008. Un règlement 880/2008 du 6 août 2008 a été substitué au règlement 2204/2002. Obéissant aux mêmes orientations générales, il regroupe dans un même texte les différentes catégories d'aides, parmi lesquelles figurent les aides à l'emploi. Le règlement privilégie de façon marquée le développement des aides à l'emploi de travailleurs défavorisés ou handicapés (183).

336. Organisation du système d'exemptions. Plusieurs distinctions jouent un rôle important dans l'organisation générale du système d'exemption.

– La première concerne les « *régimes d'aides* » par opposition aux aides individuelles. Le règlement exempte certains régimes d'aides, ainsi que les aides individuelles qui sont allouées en application de ces régimes (184). Les aides individuelles attribuées à une entreprise, qui ne se rattachent pas à un régime d'aides exempté par le règlement, doivent quant à elles toujours être notifiées à la Commission (185).

– L'exemption s'attache aux régimes d'aides qui ont pour objet la création d'emploi. Les aides au maintien de l'emploi font quant à elles l'objet d'une « intention » restrictive ; elles sont soumises à l'obligation de notification à la Commission et à un contrôle étroit de celle-ci (186).

– Qu'une aide ne soit pas exemptée ne signifie pas qu'elle ne puisse faire l'objet d'une déclaration de compatibilité, après examen par la Commission. Si le règlement 2204/2002 exempte, sous certaines conditions, certains régimes d'aides – les aides s'y rattachant n'étant par conséquent pas soumises à notification –, il vise également d'autres régimes d'aides ou aides pour les maintenir sous régime de notification tout en précisant les conditions dans lesquelles une déclaration de compatibilité peut leur être accordée (187).

L'exemption des régimes d'aides à la création d'emploi doit avant tout bénéficier aux régions éligibles au titre des aides à finalité régionale et aux petites et moyennes entreprises (188). La notion de création d'emploi implique une augmentation nette du nombre de salariés (189). Les emplois créés doivent être maintenus pendant une période minimale (190).

(182) « *Un certain degré d'incertitude quant à son sens et à sa portée est inhérent à la règle de droit et l'invalidation d'un texte pour manque de clarté n'a lieu d'être prononcée que si celui-ci souffre d'une telle ambiguïté qu'elle ferait obstacle à ce que cet État membre ne puisse lever avec une certitude suffisante d'éventuels doutes* », dit la Cour de justice (point 31).

(183) *JOUE* n° L 214 du 9 août 2008.

(184) V. article 3 § 1 et § 2 du règlement 2204/2002.

(185) V. considérant n° 7.

(186) V. considérants 18 et 19 et article 9 § 5 du règlement 2204/2002.

(187) V. article 9 du règlement 2204/2002 et la liste des types d'aides restant soumises à notification à la Commission.

(188) V. article 4 et considérants 19 et 21 du règlement.

(189) « ... dans l'établissement et dans l'entreprise concerné, par rapport à la moyenne des douze derniers mois », article 4 § 4 a) du règlement 2204/2002. C'est pourquoi la transformation d'un contrat temporaire ou à durée déterminée en contrat à durée indéterminée n'est pas une création d'emploi ; v. article 9 § 6.

(190) Trois ou deux ans selon le cas, v. article 4 § 4 b) du règlement.

L'exemption concerne également l'embauche de travailleurs défavorisés ou handicapés (191). La notion de travailleur « *défavorisé* » vise différentes catégories de personnes – jeunes, travailleurs migrants, membres d'une minorité ethnique, personnes de plus de 50 ans sans emploi, chômeurs de longue durée, etc. – visées dans une longue énumération assortie de définitions (192).

Sont exclus de l'exemption les régimes d'aides visant des « *secteurs particuliers* », c'est-à-dire des secteurs « *précis* » (-?) (193) ; les aides à l'exportation le sont aussi, ainsi que certaines aides sectorielles (194).

Un plafonnement des aides, calculé à partir de « *seuils d'intensité des aides* », doit permettre de réduire au minimum les distorsions de concurrence résultant des aides tout en satisfaisant l'objectif de promotion de l'emploi (195). Si le montant d'une aide, accordée à une entreprise en application d'un régime d'aides exempté, est trop important, on retombe sous un régime de notification à fin d'autorisation (196). Les cumuls d'aides sont réglementés (197).

Section 3

La formation professionnelle

337. Généralités. Dès le traité de Rome était posé le principe que la Communauté pouvait intervenir dans le domaine de la formation professionnelle. L'ex-article 127 du traité donnait au Conseil mission d'établir « *les principes généraux pour la mise en œuvre d'une politique commune de formation professionnelle* ». Ce principe a produit quelques fruits (§ 1). En liaison directe avec la liberté de circulation des personnes, le droit a la formation professionnelle des ressortissants communautaires a également été affirmé (§ 2). La notion de formation professionnelle doit préliminairement être précisée.

La question de la reconnaissance des diplômes et des qualifications professionnelles a déjà été examinée avec l'étude de la liberté de circulation des *personnes*, dont elle forme un élément intégrant (198).

338. Notion de formation professionnelle. La Cour de justice l'entend très largement, énonçant que « *toute forme d'enseignement qui prépare à une qualification pour une profession, un métier ou un emploi spécifique ou qui confère l'aptitude particulière à leur exercice relève de l'enseignement professionnel* » ; ceci « *quels que soient l'âge et le niveau de formation, et même si le programme d'enseignement inclut une*

(191) « *Défavorisés et handicapés* », dit le texte de l'article 5 du règlement.
(192) Article 2 du règlement 2204/2002.
(193) V. considérant 11 et article 9 § 1.
(194) V. article 1 § 2 et § 3 du règlement 2204/2002.
(195) V. considérants 12 à 16 du règlement 2204/2002.
(196) Article 9 § 2 du règlement 2204/2002.
(197) Article 8 du règlement.
(198) V. *supra* n° 219 et s. au titre de la liberté de circulation des travailleurs.

partie d'éducation générale » (199). La définition englobe-t-elle les études universitaires ? Oui, répond la Cour, en évoquant la Charte sociale européenne (200), écartant toutefois les cycles d'études qui s'adressent à des personnes désireuses d'approfondir leurs connaissances plutôt que d'accéder à la vie professionnelle (201).

La notion de formation professionnelle n'inclut cependant pas la recherche scientifique et ne s'étend donc pas à toutes les activités des universités (202). La Cour a en outre dénié aux universités la qualité d'écoles professionnelles au sens du règlement n° 1612/68 sur la liberté de circulation des travailleurs (203).

§ 1. — Politique de formation professionnelle

339. De l'article 128 du traité de Rome à l'article 166 TFUE. Dans une formule contournée, peu explicite, l'article 128 du traité de Rome parlait de « *principes généraux pour la mise en œuvre d'une politique commune de formation professionnelle* » et chargeait le Conseil – sur proposition de la Commission et après consultation du Comité économique et social – d'établir lesdits principes. Les possibilités d'action de la Communauté s'arrêtaient à la détermination de principes généraux, propres, tout au plus, à encadrer les politiques nationales de formation professionnelle.

Le traité de Maastricht a remodelé le système. C'est maintenant l'article 166 TFUE (ex article 150 TCE) qui vise la formation professionnelle et s'insère désormais dans un ensemble de dispositions couvrant plus vastement l'éducation, la formation professionnelle, la jeunesse et la culture – articles 149 à 151 TCE, devenus 165 à 167 TFUE, ex-articles 126 à 128 du traité CEE.

L'article 166 § 1 TFUE, comme le faisait l'article 150 § 1 TCE, énonce que :

« *L'Union met en œuvre une politique de formation professionnelle, qui appuie et complète les actions des États membres, tout en respectant pleinement la responsabilité des États membres pour le contenu et l'organisation de la formation professionnelle* ».

L'Union appuie et complète l'action des États, elle respecte pleinement leur responsabilité et si des mesures sont prises par le Conseil, c'est « *à l'exclusion de toute harmonisation des dispositions législatives et réglementaires des États membres* », précise en outre l'article 166 § 4 TFUE (ex-article 150 § 4 TCE). La Communauté « *facilite* », « *stimule* », dit encore l'article 166 § 2 TFUE (ex-article 150 § 2 TCE). Les compétences de l'Union ne sont pas simplement placées sous l'empire du – fuyant – principe de subsidiarité, tel que formulé à l'article 5 du traité Union européenne (remplaçant, modifié, l'article 5 TCE) (204), elles sont étroitement limitées.

(199) CJCE, 13 février 1985, *Gravier c. Ville de Liège*, aff. 293/83, *Rec.* p. 593 ; CJCE, 30 mai 1989, aff. 242/87, *(Erasmus)*, *RTD eur.* 1991, p. 128, obs. J. PERTEK.

(200) Dont l'article 10 inclut l'éducation universitaire parmi les différentes formes d'enseignement professionnel.

(201) CJCE, 2 février 1988, *Blaizot c. Université de Liège et autres*, aff. 24/86, *Rec.* p. 379 (à propos des études de médecine vétérinaire en Belgique).

(202) CJCE, 30 mai 1989, *Commission c. Conseil* (base juridique de la décision *Erasmus*), aff. 242/87, *Rec.* p. 1425 ; v. *supra* n° 58 et *infra* n° 341.

(203) CJCE, 21 juin 1988, *Brown c. Secretary of State for Scotland*, aff. 197/86, *Rec.* p. 323.

(204) V. *supra* n° 35 et s.

Le traité de Maastricht avait soumis les mesures adoptées par le Conseil à la procédure de coopération avec le Parlement de l'article 252 TCE (abrogé par le traité de Lisbonne) ; le traité d'Amsterdam lui a substitué la procédure de codécision parlementaire de l'article 251 TCE (294 TFUE), aujourd'hui désignée en tant que procédure législative ordinaire.

Les domaines particuliers dans lesquels l'Union peut intervenir sont énumérés au paragraphe 2 de l'article 166 TFUE (150 TCE) (205). L'article 166 § 3 TFUE (150 § 3 TCE), dans une disposition spécifique, manifeste le souhait que se développe la coopération de l'Union et des États membres avec les pays tiers et les organisations internationales compétentes.

Dans les domaines connexes de l'éducation et de la culture (articles 165 et 167 TFUE, articles 149 et 151 TCE), l'action de l'Union est bridée de façon plus étroite encore. L'Union « *contribue au développement d'une éducation de qualité* » et « *à l'épanouissement des cultures* » en encourageant « *la coopération entre États membres* », dans le respect de la diversité des systèmes éducatifs et des cultures (206). Les mesures adoptées – codécision parlementaire – excluent toute harmonisation des droits nationaux.

Dans un autre domaine connexe, celui de la recherche et de la technologie, des actions de l'Union, principalement sous forme de programmes, sont prévues par les articles 179 à 190 TFUE, (ex-articles 163 à 173 TCE), dans des dispositions remontant à l'Acte unique européen.

340. Les actions européennes consistent en programmes, en appels à la coopération des États membres, en actions d'orientation.

340-1. Principes généraux. Une décision n° 63/266 du Conseil du 2 avril 1963 avait formulé des principes généraux pour la mise en œuvre d'une politique commune de formation professionnelle visés par l'ancien article 128 (207). La décision définissait des objectifs et caractérisait les principaux moyens permettant de les atteindre. Le droit de recevoir une formation professionnelle doit avoir un caractère effectif et continu ; il implique la réadaptation et le perfectionnement. Un rapprochement progressif des niveaux de formation doit avoir lieu. L'efficacité de la formation professionnelle nécessite la prévision statistique, l'estimation des besoins, des dispositifs d'orientation. Elle suppose une formation adéquate des formateurs. La participation des milieux économiques à la conception de la formation professionnelle est indispensable. Quant à la Commission, elle se voit reconnaître un pouvoir d'initiative, afin principalement de faciliter les contacts, les échanges d'information et les accords entre États membres. Il lui revient également de mener études et recherches utiles à l'amélioration des systèmes de formation, d'indiquer

(205) Faciliter l'adaptation aux mutations industrielles ; améliorer les moyens d'insertion (formation initiale) et de réinsertion (formation continue) sur le marché du travail ; faciliter l'accès à la formation, la mobilité des formateurs et des personnes en formation ; stimuler la coopération entre organismes de formation ; développer l'échange d'informations et d'expériences.

(206) « *Tout en mettant en évidence l'héritage culturel commun* », est-il ajouté par l'article 167 § 1 TFUE (151 § 1 TCE).

(207) *JOCE* du 20 avril 1963.

des ordres de priorité. Des financements communs, ciblés sur des actions particulières, sont envisagés. L'ensemble requiert la coopération des États membres (208).

340-2. Institutions. Pour contribuer à réaliser les objectifs de l'ex-article 128 du traité CEE et de la décision du 2 avril 1963, un Centre européen pour le développement de la formation professionnelle (CEDEFOP) a été créé en 1975 (209). Une Fondation européenne pour la formation l'a été en 1990 (210).

341. Bases juridiques – l'arrêt « *Erasmus* ». La décision « *Erasmus* » créant un programme d'action communautaire en matière de mobilité des étudiants (211) a soulevé un contentieux relatif à sa base juridique. Le Conseil avait fondé la décision conjointement sur les anciens articles 128 et 235 du traité CEE. La Commission a contesté devant la Cour de justice le recours à l'article 235 du traité CEE, alors, estimait-elle, que l'article 128 – procédure plus souple – constituait le fondement adéquat et suffisant de la décision. Le recours a été rejeté par arrêt du 30 mai 1989 (212). Plusieurs États, dont la France, étaient intervenus pour soutenir la position du Conseil.

La Cour de justice a saisi l'occasion de préciser le jeu des compétences de l'Union et des bases juridiques utilisables en matière de formation professionnelle. L'arrêt *Erasmus* continue d'exprimer l'économie générale du système des compétences dévolues à la Communauté et aujourd'hui à l'Union en matière de formation professionnelle.

– L'article 128 CEE a donné au Conseil la faculté d'arrêter des actions communautaires en matière de formation professionnelle et d'imposer aux États membres des obligations de coopération correspondantes (213). Des actions d'information et de promotion peuvent recevoir ce même fondement juridique (214). Mais la Cour avait également jugé, en 1974, que la politique de l'enseignement et de la formation ne fait pas partie en tant que telle des domaines que le traité a soumis à la compétence des institutions communautaires (215).

– L'article 57 (devenu, après modification, article 47 TCE, puis 64 TFUE) a spécifiquement prévu l'adoption de directives visant à la reconnaissance mutuelle des diplômes, certificats et autres titres. Par conséquent, ce type de mesures, même si elles concernent le domaine de la formation professionnelle, ne relève pas de l'article 128 CEE (216).

(208) Mérite d'être signalée une recommandation du Conseil du 30 juin 1993 relative à l'accès à la formation professionnelle continue, *JOCE* n° L. 181 du 23 juillet 1993.

(209) Règlement n° 337/75 du 10 février 1975, *JOCE* n° L. 39 du 13 février 1975, règlement plusieurs fois modifié depuis.

(210) Règlement n° 90/1360 du Conseil du 7 mai 1990, *JOCE* n° L 131 du 23 mai 1990, règlement plusieurs fois modifié depuis.

(211) Décision 87/327 du Conseil du 15 juin 1987, *JOCE* n° L. 166.

(212) CJCE, 30 mai 1989, *Commission c. Conseil* (base juridique de la décision Erasmus), aff. 242/87, *Rec.* p. 1425, *D.* 1990.92, obs. Cartou ; *RTD eur.* 1991, p. 132, obs. Pertek ; v. *supra* n° 58.

(213) CJCE, 30 mai 1989, *Commission c. Conseil, (« Erasmus »)*, préc.

(214) Motif 19 de l'arrêt.

(215) CJCE, 3 juillet 1974, *Casagrande*, aff. 9/74, *Rec.* p. 773 ; v. également CJCE, 13 février 1985, *Gravier*, préc.

(216) Motif 14 de l'arrêt.

– La formation professionnelle n'inclut pas la recherche et le recours à l'article 235 du traité s'imposait – avant l'entrée en vigueur de l'Acte unique européen –, le programme « Erasmus » comportant des éléments concernant le domaine de la recherche (217).

342. Réglementation nationale des professions – les guides touristiques. La France, l'Italie et la Grèce ont été condamnées pour manquement aux dispositions du traité sur la liberté de prestations de services – ancien article 59 du traité –, en raison de leurs réglementations relatives à l'exercice de la profession de guide touristique (218).

Les trois pays ont subordonné l'activité de guide touristique sur leur territoire à la possession d'une carte professionnelle ou d'un permis d'exercer supposant une qualification sanctionnée par un examen. Sans doute, l'existence d'une telle réglementation répond-elle à des exigences d'intérêt général (valorisation des richesses historiques et diffusion des connaissances relatives au patrimoine artistique du pays) qui peuvent légitimement être invoquées à l'encontre de prestataires de services d'un autre État membre – guides accompagnateurs d'un groupe de touristes – ne possédant pas la qualification locale. En l'espèce, a jugé la Cour, l'exigence en cause va cependant au-delà de ce qui est nécessaire, lorsqu'elle est exigée pour des visites dans des lieux autres que des musées ou des monuments historiques, qui seuls justifient la présence d'un guide professionnel. Elle est disproportionnée par rapport au but qui la légitime et l'atteinte qu'elle apporte à la liberté de prestations de service doit être condamnée (219).

Sans doute les politiques d'enseignement et de formation relèvent-elles des compétences nationales. Il n'empêche que les réglementations professionnelles nationales doivent rester compatibles avec les exigences des traités communautaires ou de l'Union et des libertés, notamment de circulation des personnes, qu'ils consacrent très fermement (220).

§ 2. — Droit à la formation professionnelle

343. Accès à la formation. Les conditions d'accès à la formation professionnelle relèvent-elles du droit de l'Union ? Oui, a répondu la Cour de justice, en évoquant la liberté de circulation des personnes dans la Communauté. L'accès à la formation, a-t-elle estimé, est susceptible de favoriser la libre circulation des personnes, en leur permettant d'obtenir une qualification dans l'État membre où ils se proposent

(217) Motif 33 de l'arrêt.

(218) CJCE, 26 février 1991, *Commission c. France, … c. Grèce et … c. Italie*, aff. C-154/89, C-180/89, C-198/89, *Rec.* I, p. 659 ; *D.* 1991.467, note COUZINET.

(219) Remarquer l'*obiter dictum* dans lequel la Cour déclare que la *pression concurrentielle* est de nature à entraîner par elle-même une sélection des guides et un contrôle de qualité (v. point 20 de l'arrêt *Commission c. France*).

(220) La Cour de justice a également jugé qu'en qualifiant en tant que contrat de travail la situation juridique des guides touristiques, la réglementation grecque s'opposait à la liberté de prestation de services à titre indépendant des guides originaires d'autres États membres ; CJCE, 5 juin 1997, *Syndesmos (STTG)*, aff. C-398/95, *Rec.* I, p. 3091.

d'exercer leur activité professionnelle et leur donnant l'occasion de perfectionner leur formation là où l'enseignement professionnel offre la spécialisation appropriée (221).

L'appartenance au droit de l'Union commande directement l'application de l'article 6 CEE (devenu l'article 12 TCE, puis 18 TFUE) et l'interdiction des discriminations en raison de la nationalité qui s'ensuit. La Cour de justice a donc jugé qu'un droit d'inscription complémentaire (« minerval ») perçu par les universités belges à charge des étudiants venus d'autres États membres était contraire au droit communautaire (222). Le paiement des droits de scolarité ou des frais d'inscription, lorsqu'il est pris en charge par l'État, relève également de l'ex-article 6 du traité (223). En revanche, le paiement de bourses d'études n'en relève pas ; l'égalité de traitement suppose que l'attributaire de la bourse ait la qualité de travailleur ou celle d'enfant d'un travailleur au sens du règlement n° 1612/68 (224). Pour l'enfant d'un travailleur non-salarié, l'attribution de la bourse trouvera son fondement direct dans l'ex-article 52 CEE (devenu art. 43 TCE, puis 49 TFUE) du traité (225). L'évolution plus récente conduira à rattacher l'attribution des bourses d'études à la citoyenneté européenne, sans pour autant que le droit d'obtenir une bourse soit désormais reconnu sans distinction à toute personne ayant cette citoyenneté ; ce bénéfice peut valablement être subordonné à des conditions de durée de présence et d'intégration suffisante à la société de l'État membre d'accueil (226).

344. Aides à la formation. Sur le fondement du règlement 994/98 du Conseil qui l'y avait habilité (227), la Commission a adopté le 12 janvier 2001 un règlement n° 68/2001 dont l'objet est de soustraire les aides étatiques à la formation à l'obligation de notification prévue par l'article 88 § 3 du traité CE, en les déclarant, sous certaines conditions, compatibles avec le marché commun (228).

L'exemption vise uniquement les aides qui entrent sous la qualification d'aides d'État au sens de l'article 87 du traité CE (107 TFUE). Le règlement 68/2001 ne s'applique par conséquent pas aux mesures de caractère général qui, du moment où elles s'appliquent sans discrimination et sans pouvoir discrétionnaire des autorités, échappent aux règles restrictives du traité CE en matière d'aides d'État (229).

Partant de la constatation que « *les entreprises de la Communauté sous-investissent généralement dans la formation de leurs travailleurs, les aides d'État pourraient*

(221) CJCE, 13 février 1985, *Gravier c. Ville de Liège*, aff. 293/83, *Rec.* p. 593.

(222) CJCE, 2 février 1988, *Blaizot c. Université de Liège et alii*, aff. 24/86, *Rec.* p. 379, *JCP* 1988 II 21137, obs. Boutard-Labarde, *RTD eur.* 1989, p. 45, chron. Traversa ; solution retenue par la Cour, bien qu'un afflux important d'étudiants étrangers puisse résulter de la suppression du minerval ; v. sur ce problème, résolution du Conseil du 25 juin 1980 comportant programme d'action en matière d'éducation, *JOCE* C 38.

(223) CJCE, 21 juin 1988, *Brown*, aff. 197/86, *Rec.* p. 3237, *Lair*, aff. 39/86, *Rec.* p. 3190. *Adde*, *Commission c. Belgique*, CJCE, 27 septembre 1988, aff. 42/87, *Rec.* p. 5445.

(224) CJCE, 21 juin 1988, *Brown*, préc. La directive n° 93/96 relative au droit de séjour des étudiants et, depuis, la directive 2004/38 confirment cette limite en énonçant qu'elle ne constitue pas le fondement d'un droit au paiement, par l'État membre d'accueil, de bourses d'entretien aux étudiants bénéficiant d'un droit de séjour ; v. *supra* n° 256.

(225) CJCE, 8 juin 1999, *Meusen*, aff. C-337/97 (enfant d'un travailleur frontalier).

(226) V. *supra* n° 256.

(227) Sur ce règlement, v. *supra* n° 335.

(228) *JOCE* n° L 10 du 31 janvier 2001. Règlement modifié par un règlement 363/2004 de la Commission du 25 février 2004, *JOCE* L 63 du 28 2 2004, ayant pour objet de préciser les règles applicables aux petites et moyennes entreprises. Article 8 du règlement, tel que modifié par le règlement 1976/2006 du 20 décembre 2006.

(229) V. considérant n° 6 du règlement 68/2001 et *supra* n° 333.

contribuer à corriger cette imperfection du marché et peuvent donc être considérées, sous certaines conditions, comme compatibles avec le marché commun » (230). Au-delà de la déclaration de compatibilité avec le Marché commun, le règlement 68/2001 manifeste la volonté de la Commission d'encourager l'action étatique en matière d'aides à la formation, les « *forces du marché* » n'y suffisant pas (231).

Le règlement distingue entre actions de « *formation générale* » et actions de « *formation spécifique* », la formation spécifique étant, par opposition à la formation générale, celle qui est « *directement et principalement applicable au poste actuel ou prochain du salarié dans l'entreprise bénéficiaire* » et qui sera par conséquent difficilement transférable dans une autre entreprise (232). La distinction se traduit dans l'« *intensité d'aide* » qui sera plus élevée pour la formation générale que pour les formations spécifiques, la formation générale faussant moins la concurrence que les formations spécifiques, qui sont « *surtout profitables à l'entreprise* » (233).

D'autres facteurs justifient également une modulation dans l'intensité d'aide. Celle-ci s'accroît pour les petites et moyennes entreprises, pour les entreprises situées dans des régions pouvant bénéficier d'aides régionales (234) ; le secteur du transport maritime peut bénéficier d'un taux d'aide atteignant 100 % (235).

La compatibilité avec le Marché commun des aides à la formation et l'exemption qui en résulte concerne aussi bien les aides individuelles à une entreprise que les régimes d'aides et les aides individuelles accordées en application de ces régimes (236). Les aides individuellement accordées à une entreprise échappent toutefois à l'exemption si leur montant est particulièrement élevé ; elles doivent alors être notifiées à la Commission (237).

Tous les secteurs d'activité sont couverts par l'exemption (238), « *y compris les activités liées à la production, à la transformation ou à la commercialisation des produits…* » (239).

Le règlement 68/2001 est resté applicable jusqu'au 30 juin 2008. Le règlement 800/2008 du 6 août 2008 fixe aujourd'hui les règles de compatibilité de certaines catégories d'aides avec le marché commun, en conservant les principes antérieurs. Visant les aides à la formation, il met particulièrement l'accent sur les aides dirigées vers les travailleurs handicapés (240).

345. Formation et droit de séjour. Jusqu'à la mise en vigueur de la directive relative au droit de séjour des étudiants (241), le droit communautaire ne consacrait dans aucun texte l'existence d'un droit de séjour des étudiants ou des personnes en

(230) V. considérant n° 10 du règlement.
(231) V. considérant n° 11 du règlement.
(232) V. définitions de l'article 2 d) et e) du règlement.
(233) V. considérant n° 12 et article 4 du règlement, concernant les différents taux applicables.
(234) V. article 4 § 2 du règlement 68/2001 ; v. règlement 363/2004, préc.
(235) Article 4 § 6 du règlement.
(236) Article 4 § 1 du règlement. En matière d'aides à l'emploi, seuls certains régimes d'aides sont exemptés ; v. *supra* n° 335.
(237) Montant supérieur à un million d'euros pour un projet individuel de formation, article 5 du règlement
(238) Dont l'agriculture, la pêche et l'aquaculture, considérant n° 3 du règlement.
(239) V. article 1er du règlement
(240) Articles 38 et s. du règlement ; *JOUE* n° L 214 du 9 août 2008.
(241) La directive 90/366 du 28 juin 1990, annulée pour vice de forme par la Cour de justice, a été maintenue en vigueur en l'attente de la directive 93/96 du 29 octobre 1993 venue s'y substituer, sans changements sur le fond.

formation. La Cour de justice s'était cependant efforcée de remédier à cette lacune. Elle avait en effet jugé que le principe de non-discrimination dans les conditions d'accès à la formation professionnelle – consacré par les anciens articles 7 (6) et 128 du traité CE – implique que celui qui a été admis à suivre une formation dans un autre État membre bénéficie d'un droit de séjour pour la durée de la formation (242). Le principe de non-discrimination commande le droit d'accéder à la formation, la reconnaissance du droit d'accéder à la formation commande le droit de séjour.

346. Travail et formation. La jurisprudence de la Cour de justice concerne également des personnes qui entendent bénéficier d'un droit à la formation professionnelle en tant que travailleur ou qu'ayant droit d'un travailleur ressortissant de l'Union.

Plusieurs affaires ont visé des personnes ayant entrepris des études, après avoir occupé un emploi dans un État membre d'accueil. Conservent-elles la qualité de travailleur au sens de l'ancien article 48 du traité (devenu article 39 TCE, puis 45 TFUE), avec les droits qui en résultent ? La Cour de justice l'admet, sous une condition. Celui qui quitte son activité professionnelle dans l'État d'accueil pour y entreprendre des études universitaires, conserve sa qualité de travailleur, à condition qu'existe une relation entre l'activité professionnelle et les études (243). Sous cette même condition, il conserve cette qualité, même s'il quitte volontairement son emploi et même s'il retourne dans son pays d'origine pour y mener ses études (244). Aucune durée minimale d'activité préalable ne peut être imposée (245).

Quid de l'attribution de bourses ou d'allocation d'entretien ? Ce sont des avantages sociaux, au sens de l'article 7 § 2 du règlement 1612/68, et ils doivent donc bénéficier à celui qui a la qualité de travailleur au sens de l'ancien article 48 (39 TCE, 48 TFUE) du traité comme au national (246). Le droit à ce type d'avantage social est reconnu au travailleur comme à ses enfants, pourvu que le travailleur continue à pourvoir à l'entretien de l'enfant (247). Le fait que les études se déroulent dans l'État dont l'intéressé est ressortissant, et non dans l'État d'accueil, est sans incidence (248). Plus généralement, les clauses de résidence (versement au bénéfice des seuls enfants résidant sur le territoire de l'État dont relève l'organisme attributaire) sont écartées ; les allocations sont exportables (249).

Quant à la qualité de travailleur, elle est acquise en fonction des critères usuellement formulés par la Cour de justice (250). Elle sera reconnue à une personne

(242) CJCE, 26 février 1992, *Raulin*, aff. C-357/89, *Rec.* I, p. 1054. On remarquera les limites que la Cour met au droit de séjour de la personne en formation : limitation dans le temps par la durée des études ; conditions découlant des intérêts légitimes de l'État membre d'accueil, telles que la couverture des frais d'entretien et d'assurance-maladie auxquelles le principe d'accès non discriminatoire à la formation professionnelle ne s'applique pas (motif 39 de l'arrêt). Ces mêmes limites se sont retrouvées dans la directive relative au droit de séjour des étudiants et aujourd'hui dans la directive 2004/38 ; v. *supra* n° 235.

(243) CJCE, 21 juin 1988, *Lair c. Universität Hannover*, aff. 39/86, *Rec.* p. 3190.

(244) CJCE, 26 février 1992, *Bernini*, aff. C-3/90, *Rec.* I, p. 1098 ; Italienne, ayant travaillé – comme stagiaire – aux Pays-Bas, et retournée en Italie pour ses études.

(245) CJCE, 21 juin 1988, *Lair*, préc.

(246) CJCE, 21 juin 1988, *Lair*, préc. ; CJCE, 15 mars 1989, *Echternach et Moritz c. Ministre néerlandais de l'enseignement*, aff. 389 et 380/87, *Rec.* p. 723.

(247) CJCE, 26 février 1992, *Bernini*, préc.

(248) CJCE, 13 novembre 1990, *Carmina Di Leo*, aff. C-309/89, *Rec.* I, p. 4185.

(249) CJCE, 8 juin 1999, *Meusen*, aff. C-337/97.

(250) V. *supra* n° 209.

qui accomplit un stage dans le cadre d'une formation professionnelle, si le stage est effectué dans les conditions d'une activité salariée réelle et effective (251).

La citoyenneté européenne confère-t-elle à tous les citoyens européens les mêmes droits d'accès à la formation qu'au travailleur et sa famille ? L'égalité de traitement trouve ici une limite en partie repoussée par la Cour, mais que la directive 2004/38 a finalement maintenue. La Cour avait marqué nettement ses distances avec sa jurisprudence antérieure au nom de la citoyenneté, « *statut fondamental des ressortissants des États membres* » réclamant l'extension du droit à l'égalité de traitement. Les droits ouverts aux travailleurs doivent l'être à tout citoyen, ceci valant pour les aides aux études (252). Or, la directive 2004/38 énonce que l'État d'accueil « *n'est pas tenu, avant l'acquisition du droit de séjour permanent, d'octroyer des aides aux études, y compris pour la formation professionnelle, sous la forme de bourses d'études ou de prêts à des personnes autres que les travailleurs salariés, les travailleurs non salariés, les personnes qui gardent ce statut, ou les membres de leur famille* » (253).

(251) CJCE, 3 juillet 1986, *Lawrie-Blum*, aff. 66/85, *Rec.* p. 2121 ; *Bernini*, 26 février 1992, préc.

(252) CJCE, 20 septembre 2001, *Grzelczyk*, aff. C-184/99 et *supra* n° 256-2.

(253) V. directive 2004/38, considérant n° 21 et article 24 § 2 ; *supra* n° 256-1 ; v. CJCE, 18 décembre 2008, *Förster*, aff. C-158/07, marquant la nécessité de replacer la jurisprudence de la Cour sous les limites de l'article 24 § 2 de la directive 2004/38 ; v. *supra* n° 343.

CHAPITRE 2

L'ENTREPRISE

BIBLIOGRAPHIE

1 – Droit social et droit de la concurrence, notion d'entreprise en droit communautaire

DRIGUEZ L., *Droit social et droit de la concurrence*, Bruylant, Bruxelles, 2006, préf. L. Idot.
GADBIN D., « Les fonds de pension obligatoires face au droit communautaire de la concurrence… », *Dr. soc.* 2001, p. 178.
HENNION-MOREAU S., « La notion d'entreprise en droit social communautaire », *Dr. soc.* 2001, p. 957.
IDOT L., « Sur les relations entre droit social et droit de la concurrence », *Europe*, chron. janvier 1996, p. 1, novembre 1999, p. 4.
IDOT L., « La notion d'entreprise, révélateur de l'ordre concurrentiel », *in L'Ordre concurrentiel, Mélanges Pirovano*, éd. Frison-Roche, 2003.
KESSLER Fr., « L'intrusion du droit communautaire dans le champ de la protection sociale », *Dr. soc.* 1996, p. 82.
LAIGRE Ph., « Sur le droit communautaire de la concurrence, les compagnies d'assurance et la protection sociale », *Dr. soc.* 1996, p. 82, p. 705.
LYON-CAEN A., « Droit social et droit de la concurrence – Observations sur une rencontre », *in Mélanges Jean Savatier*, PUF, Paris, 1992, p. 331.
LYON-CAEN G., « L'infiltration du droit du travail par le droit de la concurrence », *Dr. ouvr.* 1992, p. 313.
MAVRIDIS Ps., « Régimes complémentaires : droit de la concurrence ou droit social communautaire ? », *Dr. soc.* 1998, p. 239.
MICHAS BÉGUERIE S., « Régimes privés de retraite complémentaire, essai de comparaison des systèmes allemand, anglais et français dans une perspective communautaire », *Dr. soc.* 1996, p. 519.
PRÉTOT X., « La CJCE et les fonds de pension néerlandais », *Dr. soc.* 2000, p. 106.
PRÉTOT X., « Le conseil de la concurrence et la sécurité sociale », *Dr. soc.* 1994, p. 722.
PUTMAN E., « Les rapports entre droit social et droit de la concurrence », *RIDE*, 2/1998, p. 107.
RODIERE P., « L'impact des libertés économiques sur les droits sociaux dans la jurisprudence de la CJCE », *Dr. soc.* 2010, p. 573.
SUPIOT A., *L'esprit de Philadelphie – La justice sociale face au marché total*, Le Seuil, Paris, 2010.

2 – Droits des travailleurs en cas de transferts d'entreprise

ANTONMATTEI P.-H., « La saga de la directive 77/187… », *Dr. soc.* 1996, p. 78, 1997, p. 728.
CHESLEMAS M.-H., *La situation des salariés dans les opérations de transfert d'entreprise en droit comparé : France, Royaume-Uni, États-Unis*, LGDJ, Thèses, coll. Dr. social, Paris, 2009.
COUTURIER G., « Le maintien des droits des travailleurs en cas de transfert d'entreprise », *Dr. soc.* 1989, p. 557.

DÉPREZ J., « Chronique sur les jurisprudences française et communautaire relatives au transfert d'entreprise », *RJS* 1989, p. 3 ; 1990, p. 199 ; 1995, p. 315.

LAULOM S., « Le dialogue entre juge communautaire et juges nationaux en matière de transfert d'entreprise », *Dr. soc.* 1999, p. 218.

LHENOULD J.-P., « État des relations entre le droit communautaire et le code du travail », *RJS* 2002, p. 799.

MAZEAUD A., « Transfert d'entreprise : brèves observations à la lecture de la directive du 29 juin 1998 », *Dr. soc.* 2000, p. 417.

TEYSSIE B., « Délocalisations d'entreprise et relations collectives de travail », *Dr. soc.* 2005, p. 759.

VASQUEZ F., « La dimension européenne des restructurations », *Dr. soc.* 2006, p. 260.

WAQUET P., « L'application par le juge français de la directive du 14 février 1977 », *Dr. soc.* 1995, p. 1007.

3 – Représentation du personnel dans l'entreprise, licenciements collectifs

BELIER G., « Le comité d'entreprise européen, une institution encore à construire », *Dr. soc.* 1994, p. 1027.

BELIER G., « Restructurations en Europe – Quelle place pour le comité de groupe européen ? », *Dr. soc.* 2006, p. 319.

COHEN M., « La mise en place et le fonctionnement des comités d'entreprise européens », Rev. prat. *Dr. soc.* 1995, p. 22.

DAUGAREILH I., « Responsabilité sociale des entreprises multinationales – analyse critique et prospective juridique », *Journ. dr. eur.* 2011, p. 175.

DAUGAREILH I., « La dimension sociale des Principes directeurs de l'O.C.D.E. [Organisation de coopération et de développement économiques] à l'intention des entreprises multinationales », *RGD int. publ.* 2008, p. 567.

FAVENNEC-HÉRY F., « La directive 92/56 du 24 juin 1992 ou les espoirs déçus », *Dr. soc.* 1993, p. 29.

LAULOM S., « La directive sur les comités d'entreprise européens : l'importance d'une transition », *Dr. soc.* 1995, p. 126.

LAULOM S., « La révision manquée de la directive sur les comités d'entreprise européens », *Sem. soc., Lamy* 12 mai 2009, n° 1399.

LYON-CAEN G., « Le Royaume-Uni, mauvais élève ou rebelle indomptable », *Dr. soc.* 1994, p. 923.

MARTINON A., « Les relations collectives de travail dans les groupes de sociétés à caractère transnational », *Dr. soc.* 2010, p. 789.

MOREAU M.-A., « À propos de l'affaire *Renault* », *Dr. soc.* 1997, p. 493.

MOREAU M.-A., « L'implication des travailleurs dans la société européenne », *Dr. soc.* 2001, p. 967.

MOREAU M.-A., « Restructurations et comité d'entreprise européen », *Dr. soc.* 2006, p. 317.

RODIÈRE P., « Le comité d'entreprise à l'heure européenne », *Dr. ouvr.* 1995, p. 65.

RODIÈRE P., « Le cadre général relatif à l'information et à la consultation des travailleurs dans l'entreprise », *Sem. soc. Lamy*, 18 nov. 2002, n° 1098.

RODIÈRE P., « Le comité d'entreprise européen, quel impact sur le devenir des comités d'entreprise ? », *Dr. soc.* 2007, p. 1015.

RODIÈRE P., « L'influence du droit communautaire et du droit international » sur le droit du licenciement (journée Gérard Lyon-Caen), *Dr. soc.* 2008, p. 895.

RODIÈRE P., « Volonté des parties et définition du licenciement collectif dans le droit de l'Union européenne », *Dr. soc.* 2010, p. 1225.

TEYSSIÉ B., « Le comité d'entreprise européen », *JCP* E, 1995.I.416.

TEYSSIÉ B., « L'implication des travailleurs dans la société européenne », *JCP* 2002, 1728.

TEYSSIE B., « Le contrat dans le droit des instances européennes de représentation du personnel », *in Mélanges Béguin*, Litec, Paris 2005.

TEYSSIE B., « Délocalisations d'entreprise et relations collectives de travail », *Dr. soc.* 2005, p. 759.

351. Introduction. L'entreprise met en contact droit social et droit économique. La protection des intérêts des travailleurs salariés y rencontre les exigences de la concurrence et celles de la gestion des entités économiques.

Une question centrale, au regard du droit social, est celle de l'information et de la consultation des travailleurs au sein de l'entreprise. Le droit de l'Union européenne reconnaît au droit des travailleurs à l'information et à la consultation une valeur importante, celle d'un principe général ou encore celle d'un droit fondamental de l'Union européenne, consacré notamment par la Charte des droits fondamentaux de l'Union (1). Ce droit s'est inscrit dans une série de directives qui visent à en garantir le respect, en général dans l'ensemble des entreprises de l'Union et, en particulier, dans certaines circonstances importantes de la vie de l'entreprise ou dans certaines entreprises.

Une autre question importante concerne l'application à des entités ou organismes ayant pour mission la défense des intérêts des salariés ou leur protection sociale, de la qualification d'entreprise, qualification dont l'enjeu est la soumission, au moins partielle, de ces entités ou organismes aux règles du droit européen de la concurrence.

La conception de l'entreprise que le droit de l'Union a développée au regard du droit social sera étudiée pour commencer (section 1). Les directives relatives aux restructurations (section 2) et aux entreprises européennes (section 3) le seront ensuite.

Section 1

Entreprise et droit social

La qualification d'« entreprise », notion centrale du droit de la concurrence, fait l'objet, s'agissant d'entités propres au droit social, d'un questionnement qui est revenu de façon répétée devant la Cour de justice de l'Union européenne (§ 1). Le droit de l'Union intègre le personnel à l'organisation de moyens que constitue l'entreprise et en déduit l'existence d'un droit des salariés d'être informés et consultés sur la vie de leur entreprise (§ 2).

§ 1. — La qualification d'« entreprise »

352. L'enjeu de la qualification « entreprise ». La qualification « entreprise », au sens des ex-articles 85 et suivants du traité Communauté européenne, implique la mise en œuvre des règles du droit communautaire de la concurrence, dont le traité énonce qu'elles sont applicables « *aux entreprises* » (2). En résultera, pour l'essentiel,

(1) Article 27 de la Charte des droits fondamentaux

(2) La première section du chapitre relatif aux règles de concurrence porte le titre « les règles applicables aux entreprises ». Le sujet n'est ici qu'effleurée le plus rapidement. V. les ouvrages de droit commercial européen ou de droit européen des affaires pour une étude approfondie.

une double interdiction pour les entités qualifiées d'entreprise. Elles ne doivent ni se concerter et fausser ainsi le jeu de la concurrence dans le marché européen (article 81 TCE, devenu article 101 TFUE, ex-article 85 du traité), ni exploiter de façon abusive une position dominante dont elles bénéficient sur ce même marché européen (article 82 TCE, devenu article 102 TFUE, ex-article 86 du traité). En résulteront également des contraintes, qui celles-ci pèsent sur les États membres. Ils ne pourront prétendre faire échapper au droit de la concurrence les entreprises chargées d'une « *mission d'intérêt économique général* », sinon en restant dans les limites de la mission particulière qui leur est impartie (article 86 TCE, article 106 TFUE, ex-article 90 du traité). S'il ne leur est pas interdit d'aider l'économie en général, ils ne peuvent, sauf dérogation, aider ni certaines entreprises, ni certaines productions (article 87 TCE, article 107 TFUE, ex-article 92 du traité).

La notion d'entreprise est donc essentielle. Où ses limites se situent-elles, au-delà du secteur général des activités économiques privées pour lesquelles elle a été centralement instituée ? Par cercles qui s'élargissent, on passera du privé au public, du secteur industriel et commercial au secteur administratif, de l'économique au social, des sociétés commerciales, à but naturellement lucratif, à des organismes d'une autre nature, associations notamment, poursuivant des objectifs sociaux, non marchands. Où s'arrête l'emprise du droit de la concurrence ?

Dans un contexte plus général d'« *infiltration du droit du travail par le droit de la concurrence* » (3), une véritable offensive a été déclenchée vers la fin des années 1980 contre des institutions ou des entités qui, remplissant des missions de caractère social ou ayant un rôle de protection des intérêts des travailleurs, avaient jusque-là été regardées comme échappant à l'emprise du droit de la concurrence (4).

Saisie de recours en interprétation, la Cour de justice a dû, à ce sujet, préciser la notion d'entreprise au regard des ex-articles 85 et suivants du traité Communauté européenne et examiner son application possible aux organismes remplissant des missions sociales.

A. — Critère de l'activité économique

353. Jurisprudence *Höfner*. La notion d'entreprise « *comprend toute entité exerçant une activité économique* », dit la Cour de justice, depuis l'arrêt *Höfner* (5).

(3) Titre de l'article de Gérard Lyon-Caen sur la question, *Dr. ouvr.* 1992, p. 31 ; v. également A. Lyon-Caen, « Droit social et droit de la concurrence, observations sur une rencontre », *in Mélanges offerts à J. Savatier*, 1991, p. 331.

(4) Une première manifestation significative de cette offensive a consisté en France dans la qualification d'ententes (anticoncurrentielles) appliquée à des accords conclus par des syndicats, qui furent traités comme l'auraient été des entreprises ; Paris, 6 mars 1991, confirmant une décision du Conseil de la concurrence du 26 juin 1990 ; *D.* 1992, p. 10 et chron. B. Edelman, p. 1, « À bas le droit du travail, vive le droit de la concurrence ».

(5) Trois arrêts comptent particulièrement : *Höfner*, CJCE, 23 avril 1991, aff. C-41/90, *Rec.* I, p. 1979 (motif 21), *JDI* (Clunet) 1992, p. 467, obs. Hermitte ; *Poucet et Pistre*, 17 février 1993, aff. C-159 et 160/91, *Rec.* I. Mais une entité n'agit pas en tant qu'entreprise du fait de sa seule qualité d'acheteur sur un marché, même si elle exerce un pouvoir économique important par l'effet de sa situation dominante sur ce marché (CJCE, 4 mars 2003, *FENIN*, aff. T-319/99) p. 637 ; *Clunet* 1994, p. 503, obs. Hermitte ; *Eurocontrol*, 19 janvier 1994, aff. C-394/92, *Rec.* I, p. 43 ; *D.* 1995, p. 33 note Lhuillier ; *Rev. aff. eur.* 1994, p. 175, obs. Blaise et Robin. Auparavant, la Cour et la Commission faisaient plus volontiers référence à la notion « d'opérateur économique ».

353-1. Une notion très compréhensive. Difficile à préciser sans doute, le critère d'activité économique est néanmoins essentiel (6).

L'arrêt *Höfner* exprime l'idée générale selon laquelle est économique l'activité qui peut être exercée par une entité privée. Le statut juridique de l'entité est donc indifférent. Que celle-ci soit de droit public ou de droit privé, ce sera une entreprise au sens du droit communautaire si son activité peut être convenablement assurée par le secteur privé (7).

Tout opérateur exerçant une activité économique relève de la notion d'entreprise, qu'il s'agisse d'une société, d'une association ou d'une coopérative, mais aussi d'une personne physique (8). C'est l'activité consistant à offrir des biens ou des services sur un marché qui caractérise la notion d'activité économique et donc celle d'entreprise (9). L'absence de but lucratif n'exclut pas la qualification « entreprise » (10).

La notion d'entreprise s'étend donc au secteur public. Elle peut concerner des organismes publics ou des organismes d'État. L'article 86 TCE, devenu 106 TFUE (ex-article 90), du traité a formellement placé, sous certaines limites, les entreprises publiques sous l'empire des règles du droit de la concurrence. Seront toutefois exclus de la notion d'entreprise les organismes qui exercent des activités impliquant l'exercice de prérogatives qui sont « *typiquement de puissance publique* » (11).

Le mode de financement est indifférent, dit également la Cour de justice (12). Peu importe par conséquent que l'activité de l'entreprise soit fournie à titre gratuit et que son financement provienne de fonds publics, de dons ou de legs.

La Cour de justice s'est arrêtée à la formule synthétique suivante : « *dans le contexte du droit de la concurrence, la notion d'entreprise comprend toute entité exerçant une activité économique, indépendamment du statut juridique de cette entité et de son mode de financement* » (13).

353-2. Groupe. On observera au surplus que la Cour de justice a admis, au regard du droit de la concurrence, qu'une pluralité de personnes distinctes puissent constituer une même entreprise, lorsqu'elles forment une unité économique. Le groupe sera traité comme une entreprise unique, lorsque les éléments qui le composent ne sont pas en situation de concurrence entre elles et, formant une unité économique, opèrent comme un acteur unique sur un marché (14), les notions de personne juridique et d'entreprise ne s'identifient pas et la notion d'entreprise n'exige pas que l'unité économique concernée soit dotée de la personnalité juridique (15).

(6) V. L. Idot, « Nouvelle invasion ou confirmation du domaine du droit de la concurrence ? À propos de quelques développements récents », *Europe* 1996, p. 1.

(7) L'arrêt *Höfner* reste sur ces différents points la décision de référence (v. motifs 21 à 24).

(8) CJCE, 15 décembre 1994, *Gïttrup-Klim*, aff. C-250/92, *Rec.* I, p. 5671.

(9) TPICE, 30 mars 2000, *Consiglio Nazionale degli Spedizioneri Doganali*, aff. T-512/93, *Rec.* II, p. 1807.

(10) CJCE, 16 mars 1995, *Fédération française des sociétés d'assurance (FFSA)*, cité *infra* n° suivant.

(11) Arrêt *Eurocontrol*, préc., à propos d'une entreprise telle qu'Eurocontrol qui a été dotée de prérogatives relatives au contrôle et à la police de l'espace aérien.

(12) Arrêt *Höfner* (point 21).

(13) Arrêt *Höfner*, préc. (point 21) ; *adde*, CJCE, 22 janvier 2002, *Cisal*, aff. C-218/00, *Rec.* I, p. 691 (point 22) ; CJCE, 19 févr. 2002, *Wouters*, aff. C-309/99 (point 46).

(14) CJCE, 12 juillet 1984, *Hydrotherm*, aff. 170/83, *Rec.* p. 2999 ; *JCP* éd. E., 1985. 14267, obs. Bonet et Blaise.

(15) CJCE, 19 février 2002, *Wouters*, aff. C-309/99, *Rec.* I, p. 1577.

La société mère d'un groupe pourra se voir imputer la responsabilité d'une infraction aux règles de concurrence commise par sa filiale (16). Lorsqu'elle possède la totalité du capital de sa filiale, une présomption, réfragable toutefois, voudra qu'elle ait une influence déterminante sur les agissements de sa filiale (17).

B. — Organismes remplissant une mission sociale

354. Une emprise partielle du droit de la concurrence. Parmi les « entités », notion compréhensive à laquelle se réfère la Cour de justice, il y a lieu d'opposer celles qui ont une activité économique et celles qui remplissent une mission sociale (18). Si extensif soit-il, le critère de l'activité économique rencontre ici une limite (19).

Plusieurs affaires ont permis à la Cour de marquer cette limite. Qu'un organisme remplisse une mission sociale n'exclut pas la qualification d'entreprise, si un élément d'activité économique s'y introduit. Seul l'organisme poursuivant « *un objectif exclusivement social* » échappera à la qualification d'entreprise et aux sujétions qui s'y attachent (20). Il n'est pas exclu qu'un même organisme relève d'une qualification d'entreprise, pour la partie économique de son activité, et y échappe pour la partie non économique, pourvu que les deux activités soient dissociables (21). Il n'est pas non plus exclu que le même organisme, qualifié d'entreprise en raison de l'ensemble de son activité, soit soustrait à l'application du droit de la concurrence pour la partie de cette activité qui correspond à l'accomplissement de la mission d'intérêt général dont il a été chargé, mais non pour le reste de son activité (22).

L'arrêt *Höfner* (23), dont a vu qu'il occupe une place centrale dans la jurisprudence de la Cour de justice relative, de manière générale, à la qualification d'entreprise, a un intérêt propre au droit social, puisqu'était en cause un organisme public doté d'un monopole en matière de placement des travailleurs. La Cour de justice a estimé que cet organisme, bien qu'agissant à titre gratuit, devait être qualifié d'entreprise, l'activité de placement de travailleurs pouvant être exercée par des entités privées, l'étant d'ailleurs dans certains pays, et revêtant par conséquent les caractères d'une activité économique. Au vu des circonstances, compte tenu de la semi-faillite de l'office public dans l'accomplissement efficace de son activité de

(16) Jurisprudence constante en ce sens ; v. récemment, CJUE, 10 septembre 2009, *Akzo Nobel*, aff. C-97/08 P ; v. *infra* n° 384 pour des solutions contraires retenues en matière sociale concernant les entreprises appartenant à un même groupe.

(17) Arrêt *Akzo Nobel*, préc. ; V. également CJUE, 20 janvier 2011, *General Quimica* aff. C-90/09 P.

(18) V. Ph. Laigre, « Régimes de sécurité sociale et entreprises d'assurance », *Dr. soc.* 1996, p. 705, à propos de l'arrêt *Garcia*, CJCE, 26 mars 1996, aff. C-238/94, écartant de l'application des directives communautaires relatives à l'assurance les régimes de sécurité sociale fondés sur un principe de solidarité.

(19) Rappr. *supra* n° 209 les développements relatifs à l'attribution de la qualité de travailleur, qui s'appuie elle aussi sur le caractère économique de l'activité exercée et qui sera refusée à celui dont l'emploi présente un caractère « social ».

(20) CJCE, 17 février 1993, *Poucet et Pistre*, cité n° suivant ; CJCE, 16 mars 2004, *AOK Bundesverband*, aff. jtes C-264/01 et *al.*

(21) CJCE, 16 mars 2004, *AOK Bundesverband*, aff. jtes C-264/01 et *al.*

(22) CJCE, 19 mai 1993, *Corbeau*, aff. C-320/91, *Rec.* I, p. 2533, et v. *infra* arrêt *Ambulanz Glöckner.*

(23) Cité n° précédent.

placement, la Cour pouvait en conclure à l'existence possible d'une situation d'abus de position dominante, liée au monopole ou au droit exclusif attribué à l'office (24).

S'agissant d'un organisme assurant le transport de malades en ambulance et particulièrement le transport d'urgence, organisme doté de droits exclusifs, la Cour de justice a estimé que ces organismes, qui ont une activité économique, doivent être qualifiés d'entreprise au sens du droit de la concurrence. Mais la Cour a également admis que de tels organismes, chargés d'une mission d'intérêt économique général consistant dans l'obligation d'assurer en permanence le transport d'urgence de personnes malades ou blessées, pouvaient se voir attribuer des droits exclusifs faisant obstacle à l'application des règles de concurrence. Ces droits exclusifs sont nécessaires pour leur permettre d'accomplir leur mission d'intérêt général. L'application du droit de la concurrence sera donc écartée et le sera, a dit la Cour, pour l'ensemble de l'activité de l'entreprise, y compris celle qui ne se rattache pas à la mission d'intérêt général, le transport non urgent apparaissant indissociable du transport urgent. Toutefois, comme dans l'arrêt *Höfner*, la Cour de justice réserve l'hypothèse dans laquelle l'organisme doté de droits exclusifs ne serait pas en mesure de satisfaire utilement la demande de transport. Un abus de position dominante pourrait alors être relevé (25).

355. Cas spécifique des organismes de protection sociale. La discussion s'est focalisée sur des organismes gérant des régimes de sécurité sociale ou de protection sociale. Selon le cas et ses caractères propres, l'organisme en cause échappera à la qualification d'entreprise et au droit de la concurrence, sera au contraire qualifié d'entreprise et pleinement soumis au droit de la concurrence, ou encore, suivant une solution tierce, recevra la qualification d'entreprise, mais ne sera soumis au droit de la concurrence qu'autant que celui-ci ne compromet pas la mission d'intérêt général qui lui a été confiée.

L'arrêt *Poucet et Pistre* (26) a écarté la qualification « entreprise » pour deux organismes de droit français chargés de la gestion de régimes spéciaux de sécurité sociale destinés à des travailleurs non salariés (27). Ces régimes fonctionnent suivant un principe de solidarité nationale, dit plusieurs fois la Cour de justice (28). Ils opèrent une redistribution de revenus. Le montant des prestations versées, légalement fixé, est indépendant de celui des cotisations. Leur activité est dépourvue de tout but lucratif. De tels organismes ont donc une « *fonction de caractère exclusivement social* » (29). Le principe de solidarité implique leur gestion par un organisme unique et le caractère obligatoire de l'affiliation. Ce ne sont pas des entreprises ; les règles du droit communautaire de la concurrence ne s'appliquent pas (30).

(24) Pour plus de détails sur l'arrêt *Höfner,* v. *supra* n° 319.

(25) CJCE, 25 octobre 2001, *Ambulanz Glöckner*, aff. C-475/99, *Rec.* I, p. 2493.

(26) CJCE, 17 février 1993, *Poucet c. AGF et Pistre c. Cancava*, aff. C-159 et 160/91, *Rec.* I p. 664. V. Ph. LAIGRE, « Les organismes de sécurité sociale sont-ils des entreprises ? », *Dr. soc.* 1993, p. 488.

(27) Un organisme gérant un régime d'assurance-maladie et maternité, un organisme gérant un régime d'assurance vieillesse.

(28) V. sur ce principe et son application aux *régimes* de sécurité sociale, les observations J.-J. DUPEYROUX, *Dr. soc.* 1993, p. 494 ; *Dr. soc.* 1990, p. 741.

(29) Expression à rapprocher des prérogatives *typiquement* de puissance publique dont parle la Cour de justice.

(30) V. les points 15 et 18 de l'arrêt *Poucet et Pistre* ; v. également CJCE, 22 janvier 2002, *Cisal,* concernant un organisme chargé par la loi de gérer un régime d'assurance contre les accidents du travail et les maladies

Mais retour à la qualification « entreprise » avec l'arrêt *FFSA* (dit « Coreva ») lui aussi relatif à un régime de sécurité sociale (31). Est ici visé un régime de retraite complémentaire, alors que, dans l'arrêt *Poucet et Pistre,* il s'agissait d'un régime de base. Le présent régime est facultatif, il fonctionne suivant un principe de capitalisation et non plus suivant la répartition caractéristique des régimes fondés sur la solidarité. L'organisme qui gère un tel régime, même s'il n'a pas de but lucratif et même s'il est tenu de respecter des règles d'affiliation, de cotisations et de prestations définies par le pouvoir réglementaire, est une entreprise au sens du droit communautaire. Il devra donc subir la concurrence éventuelle d'autres opérateurs, simples compagnies d'assurance (32).

La qualification d'« entreprise » a également été retenue par la Cour de justice pour des fonds de pension gérant un régime de pension complémentaire (33). À la différence du régime visé dans l'arrêt *FFSA (Coreva),* il s'agissait cependant cette fois de régimes auxquels l'affiliation avait été rendue obligatoire. Comme dans l'arrêt *FFSA (Coreva),* les fonds de pension fonctionnaient suivant un principe de capitalisation, le montant des prestations dépendant de celui des cotisations et des résultats des placements effectués par les fonds. Entre les deux critères distinctifs que pouvaient constituer le caractère obligatoire ou non de l'affiliation d'une part et le fonctionnement du régime par capitalisation ou répartition d'autre part, la Cour a choisi le dernier indiqué.

Les arrêts *Albany, Brentjens et Maatscappij* apportent cependant une correction importante aux conséquences que la qualification d'« entreprise » pouvait emporter (34). Décidant de rendre obligatoire l'affiliation à des fonds de pension créés par convention collective, les pouvoirs publics avaient donné aux fonds un droit exclusif de gérer un régime de pension complémentaire dans un secteur déterminé ; les fonds

professionnelles, aff. C-218/00, *Rec.* I, p. 691 (points 43 à 46) ; CJCE, 16 mars 2004, *AOK Bundesverband,* pour des groupements de caisses de maladie établissant des montants maximaux de prise en charge de médicaments, ce ne sont pas des décisions prises par des entreprises ou associations d'entreprises, y dit la Cour de justice, aff. C-264/01, *Rec.* I, p. 2493.

(31) CJCE, 16 novembre 1995, *Fédération française des sociétés d'assurance, Paternelle-Vie, UAP-Vie, CAPMA c. Ministère de l'agriculture et de la pêche*, aff. C-244/94, à propos du régime dénommé « Coreva », *Dr. soc.* 1996, p. 82, « L'intrusion du droit communautaire de la concurrence dans le champ de la protection sociale ». Tirant les conséquences de la jurisprudence communautaire, v. CE, 7 juillet 2000, *Fédération française des sociétés d'assurance, RJS* 2001, n° 111, p. 65.

(32) Une résistance de la jurisprudence française à la qualification « entreprise » appliquée aux organismes gérant des régimes de sécurité sociale s'est marquée dans plusieurs décisions de la Cour de cassation et du Conseil d'État. V. notamment, Cass. crim., 13 mars 1992, *CANCAVA*, deux espèces, *Bull. crim.* n° 114, pour un organisme gérant un régime de retraite légale ; Cass. soc., 10 mars 1994, *SA Bayer France*, pour un régime complémentaire de prévoyance, *Dr. soc.* 1994, p. 385, obs. J. J. D. et *Dr. soc.* 1994, p. 600, J. Léonnet, « Protection sociale et concurrence. À propos de l'arrêt Bayer France ». V. également CE, 21 octobre 1998, *Syndicat SOS Action Santé*, refusant la qualification « entreprise » au sens du droit communautaire à un organisme gérant un régime complémentaire (non salarié – non agricole) fondé sur le principe de solidarité et l'affiliation obligatoire, peu important qu'il ait présenté des similitudes avec les conditions offertes par des contrats régis par le Code des assurances. Sur la position du Conseil de la concurrence, X. Prétot, « Le Conseil de la concurrence et la Sécurité sociale », *Dr. soc.* 1994, p. 722. V. également, déniant la qualité d'entreprise aux organismes du régime général de sécurité sociale gérant un service public « *dans le cadre d'un régime obligatoire mettant en œuvre le principe de solidarité et sans poursuivre de but lucratif* », CE, 10 novembre 1999, *Syndicat national de l'industrie pharmaceutique, RJS* 2000, n° 316, p. 208. Position semblable de la Cour de cassation : Cass. soc., 17 juillet 1998, *RJS* 1998, n° 1265 ; Cass. soc., 22 juin 2000, *RJS* 2000, n° 1129, p. 758.

(33) V. D. Gabdin, « Les fonds de pension obligatoire face au droit de la concurrence », *Dr. soc.* 2001, p. 178.

(34) CJCE, 21 septembre 1999, *Albany International BV*, aff. C-67/96, *Brentjens'Handelssonderneming BV*, aff. C-115/97, *Maatschappij Drijende Bokken BV*, aff. C-219/97, arrêts rendus sur conclusions de l'avocat général Jacobs, *Rec.* I, p. 5751.

pouvant toutefois accorder une dispense d'affiliation aux entreprises assurant à leurs salariés un régime offrant une pension au moins équivalente à celle qu'ils proposaient eux-mêmes. L'existence de ce droit exclusif et la restriction de concurrence en découlant au titre de l'article 86 § 2 (article 106 TFUE, ex-article 90 § 2) du traité CE pouvait-il se justifier « *en tant que mesure nécessaire à l'accomplissement d'une mission sociale d'intérêt général* » (35) ?

La Cour va l'admettre en considérant « *l'intérêt des États membres à utiliser certaines entreprises en tant qu'instrument de politique économique et sociale* » (36). Les obligations et contraintes qu'ils imposent en ce cas aux dites entreprises en vue d'assurer une solidarité des travailleurs et des entreprises (37), les rendent moins compétitives que des compagnies d'assurance non soumises aux mêmes sujétions. La suppression du droit exclusif qui leur est conféré conduirait inévitablement à des déplacements d'affiliation – des « bons » risques principalement – vers les compagnies d'assurance. L'équilibre économique et financier des fonds en serait gravement compromis ainsi que la mission d'intérêt économique général qui leur est impartie (38). L'attribution d'un droit exclusif se justifie donc (39).

La qualification d'« entreprise » n'emporte donc pas nécessairement l'assujettissement des organismes remplissant une mission sociale au respect des règles de concurrence. Où est le critère ? À lire les décisions les plus récentes, Il réside d'abord pour la Cour de justice dans la mise en œuvre du principe de solidarité (40). La Cour vérifie ou demande aux juridictions nationales de vérifier, à partir de différents éléments d'appréciation, si l'organisme en cause agit sur le fondement du principe de solidarité. Un objectif exclusivement social et la solidarité écarteront la qualification d'entreprise et ce sera le rejet pur et simple du droit de la concurrence (41). Un objectif social se mariant avec une activité économique permettra cette qualification, mais lorsque se constate un haut degré de solidarité, le droit de la concurrence ne sera pas applicable si la réalisation de l'objectif social s'en trouve compromise. Résultat, une mise à l'écart conditionnelle du droit de la concurrence.

Pour écarter la qualification d'entreprise, les décisions de la Cour de justice usent aussi d'un second critère, tiré du contrôle de l'État sur le fonctionnement du régime

(35) Arrêt *Brentjens* (point 98) ; dans le même sens, CJCE, 12 septembre 2000, *Pavel Pavlov*, aff. C-180/98 et C-184/98.

(36) Intérêt étatique à concilier dit la Cour avec l'intérêt de la *Communauté* au respect des règles de concurrence, arrêt *Brentjens* (point 103).

(37) Tous les travailleurs doivent être acceptés sans examen médical préalable ; toutes les entreprises doivent s'affilier, qu'elles correspondent à un bon risque (personnel jeune, conditions de travail sans danger) ou à un mauvais risque ; les cotisations ne dépendent pas du risque ; les arriérés de cotisations des entreprises en cessation de paiement sont pris en charge par le fonds… v. arrêt *Brentjens* (point 109).

(38) Arrêt *Brentjens* (points 108 à 111).

(39) La Cour de justice écarte au surplus l'argument soutenant qu'un même résultat, en termes de garanties pour les travailleurs, pourrait être atteint, sans conférer de droit exclusif à un organisme déterminé, par une réglementation fixant des exigences minimales auxquelles les compagnies d'assurance devraient satisfaire. Il en va ici, dit la Cour, de choix législatifs que les États peuvent effectuer compte tenu de « la marge d'appréciation dont (ils) disposent pour aménager leurs systèmes de sécurité sociale », suivant la formule de l'arrêt *Duphar* du 7 février 1984, à laquelle se réfère l'arrêt *Brentjens* (point 122). Aux États membres d'opter pour le droit exclusif plutôt que les exigences minimales. V. *supra* n° 17 et s. sur la question des compétences étatiques en matière de politique sociale et *supra* n° 36 et s. sur l'application du principe de proportionnalité aux choix législatifs nationaux.

(40) CJUE, 5 mars 2009, *Kattner Stahlbau*, aff. C-350/07 ; CJUE, 3 mars 2011, *AG2R Prévoyance*, aff. C-437/09.

(41) Arrêt *Kattner Stahlbau*, préc.

de protection sociale. Si l'État exerce un contrôle étroit et partant, si l'autonomie de décision ou de négociation de l'organisme gestionnaire est réduite, la qualification d'entreprise devra être rejetée (42).

C. — Les travailleurs et leurs représentants

356. Notion d'entreprise et notion de travailleur. La conception large de l'entreprise, mettant en avant une notion d'entité économique, que retient la Cour de justice, permet de se demander si un travailleur ne doit pas lui-même être considéré comme une entreprise, au regard du droit de la concurrence, puisqu'en fournissant du travail contre une rémunération, il exerce une activité économique.

Plusieurs raisons ont toutefois conduit la Cour à répondre négativement à cette question. L'existence d'une relation de travail et la subordination qui s'ensuit font des travailleurs un élément de l'entreprise à laquelle ils s'intègrent et avec laquelle ils forment « une unité économique », mais ils ne constituent par eux-mêmes une entreprise au sens du droit communautaire de la concurrence (43). Plus généralement, on peut souligner que le droit communautaire n'a certainement pas voulu assimiler celui qui fournit son travail en état de subordination, ou qui met sa force de travail au service d'autrui, à un fournisseur ordinaire de biens ou de services. Il procède au contraire à partir d'une distinction claire, proche de l'antinomie, entre le travailleur (salarié), relevant de règles et de protections qui lui sont propres, et l'entreprise, assujettie au respect de la concurrence (44).

La question se complique cependant si les travailleurs ont entre eux un rapport d'association ou forment équipe, comme il en va par exemple des travailleurs portuaires ou dockers. Mais l'existence d'un rapport d'association entre travailleurs n'affecte pas leur qualité de travailleurs, avait déjà dit la Cour de justice dans l'arrêt *Merci* (45). « *Même pris collectivement* », ils ne constituent pas une entreprise ; encore faudrait-il, ajoute-t-elle aujourd'hui, pour que la qualification d'entreprise leur soit attribuée, que des liens d'association ou d'autres formes d'organisation permettent d'affirmer que des travailleurs agissent sur le marché des travaux portuaires en tant qu'« entité » (économique) (46).

La réponse sera-t-elle toujours négative ? Ne peut-il exister des situations limite pour lesquelles on pourrait envisager de soumettre au droit de la concurrence, en tant qu'entité économique, une personne liée à un donneur d'ouvrage par contrat de travail ? Quid d'un sportif professionnel de haut niveau (47) ?

(42) Arrêts *Kattner Stahlbau* et *AG2R Prévoyance*, préc.

(43) CJCE, 19 septembre 1999, *Jean-Claude Becu*, aff. C-22/98 (point 26).

(44) V. sur ce point les conclusions Jacobs (n° 211 à 216 des conclusions) rendues dans les affaires *Albany International BV, Brentjens'Handelsonderneming BV et Maatschappij Drijende Bokken BV*, arrêts cités *infra* n° 355 (notes). Position particulièrement ferme du droit américain sur ce point, puisque depuis le Clayton Act de 1914, il énonce que le travail humain n'est pas un objet de commerce (« *the labour of a human being is not a commodity or article of commerce* »).

(45) CJCE, 10 décembre 1991, *Merci porto di Genova/Siderurgica*, aff. C-179/90, *Rec.* I p. 5889 (point 13).

(46) CJCE, 16 septembre 1999, *Jean-Claude Becu*, préc. (points 27 et 29).

(47) V. conclusions Jacobs précitées (point 217), pour cette interrogation.

357. Et les syndicats ? Ils relèvent de la catégorie des associations ; or celles-ci peuvent être qualifiées d'« entreprise » si elles exercent une activité économique. Ils ne poursuivent sans doute pas de but lucratif, mais l'absence de but lucratif n'écarte pas nécessairement la qualification d'« entreprise » (48). À ce jour, à la différence de juges nationaux (49), la Cour de justice ne s'est pas directement prononcée sur cette qualification. Mais il lui a été proposé de distinguer suivant que le syndicat agit pour son compte propre à une fin économique ou qu'il le fait en tant qu'agent des travailleurs pour défendre leurs droits et intérêts (50). Un syndicat qui gère pour son propre compte un organisme d'épargne, une agence de voyage, etc., est une entreprise. Un syndicat qui négocie les conditions d'emploi, de travail et de rémunération des travailleurs n'est pas une entreprise. Les travailleurs n'étant pas des entreprises (51), les syndicats agissant pour le compte des travailleurs ne sont pas non plus des entreprises. Le syndicat, représentant les travailleurs, n'est pas plus une entreprise que ceux qu'il représente.

§ 2. — L'information et la consultation des travailleurs – le « cadre général » européen

358. Du principe de représentation du personnel. Un principe de droit de l'Union européenne reconnaît le droit des travailleurs d'être informés et consultés sur les événements de la vie de l'entreprise qui sont de nature à affecter de façon importante leur situation.

Le droit des travailleurs d'être informés et consultés au sein de l'entreprise appartient aux droits sociaux fondamentaux, dont l'Union et les États membres sont « conscients » (52). Il s'inscrit dans les Chartes auxquelles le traité fait référence, au titre des droits sociaux fondamentaux : Charte sociale européenne (53), Charte communautaire des droits sociaux fondamentaux (54). Il se retrouve dans la Charte des droits fondamentaux de l'Union européenne qui, au titre du « *Droit à l'information et à la consultation au sein de l'entreprise* », énonce que « *Les travailleurs ou leurs représentants doivent se voir garantir, aux niveaux appropriés, une information et une consultation en temps utile, dans les cas et conditions prévus par le droit communautaire et les législations et pratiques nationales* » (55).

Le principe ne relève pas simplement de proclamations aux vertus politiques ou programmatiques. Il est désormais doté d'une forte réalité de droit positif, propre à en

(48) V. *supra* n° 353.

(49) La Cour fédérale du travail allemande (Bundesarbeitsgericht) a jugé que les syndicats ne peuvent pas être considérés comme opérant sur le marché des biens et services et ne sont donc pas des entreprises au sens du droit de la concurrence, arrêt du 27 juin 1989, 1 AZR 404/88. Les décisions françaises se partagent. Le Conseil de la concurrence, il y a quelques années, a considéré les syndicats comme des opérateurs économiques assujetti au respect des règles du droit de la concurrence, Conseil de la concurrence, 26 juin 1990, Syndicat des artistes interprètes, confirmé par la cour d'appel de Paris, 6 mars 1991 ; v. *supra* n° 352 (note).

(50) Par l'avocat général Jacobs, dans ses conclusions (points 224 à 227) dans les affaires *Albany International*... ; v. *supra* n° précédent.

(51) V. *supra* n° 354.

(52) Article 136 du traité CE.

(53) Article 21 de la Charte sociale européenne révisée (1996).

(54) Point 17 de la Charte communautaire des droits sociaux fondamentaux.

(55) Article 27 de la Charte (article II-87 du projet de traité établissant une Constitution pour l'Europe).

faire un principe général de droit de l'Union. Plusieurs directives ont pour objet même d'assurer l'information et la consultation des travailleurs dans l'entreprise. Plusieurs autres directives, ayant à titre principal pour objet d'assurer une protection des travailleurs (contre les licenciements économiques, face au changement d'employeur...), font passer la protection des travailleurs en partie par l'information et la consultation.

Le droit des travailleurs à l'information et à la consultation dans l'entreprise est donc clairement consacré dans l'ordre juridique européen en tant que droit fondamental. Par leur formulation, les textes mentionnés le font apparaître comme un droit qui, conféré aux travailleurs, est exercé par ces derniers directement ou l'est au travers de l'action de leurs représentants, représentation s'entendant en la matière d'une représentation collective et non pas individuelle. La pratique montre toutefois que l'information et la consultation des travailleurs sont synonymes de représentation collective et ne prend de réalité ou de consistance qu'à partir d'un seuil minimum d'effectif de l'entreprise. L'information et à la consultation des travailleurs n'a guère d'emprise juridique dans les petites entreprises. Le droit de l'Union européenne vérifie cette donnée connue du droit interne français.

La Cour de justice, visant la directive 98/59 relative aux licenciements collectifs a dit que le droit d'information et de consultation qu'elle prévoit « *est destiné aux représentants des travailleurs, et non aux travailleurs pris individuellement* ». Ce droit est conçu « *au bénéfice des travailleurs en tant que collectivité et possède donc une nature collective* » (56).

Le droit à l'information et à la consultation des travailleurs est-il complété par le droit d'être représentés dans les organes de l'entreprise (57) ? Le droit de l'Union s'avance progressivement dans cette direction, mais sans qu'à ce jour avoir réussi à en consacrer la généralisation. Il s'en faut encore de beaucoup (58).

359. Directive 2002/14 « Cadre général » du 11 mars 2002. La directive 2002/14 a pour objet d'établir « *un cadre général relatif à l'information et à la consultation des travailleurs dans la Communauté européenne* » (59). Fondée sur l'ex-article 137 du traité TCE (devenu article 153 TFUE), la directive a été adoptée après que les partenaires sociaux aient été consultés conformément aux dispositions de l'ex-article 138 du traité, sans manifester de commune volonté de tenter la négociation d'un accord sur le sujet. L'adoption du texte a donc suivi la « procédure législative ordinaire » de l'article 251 du traité CE (294 TFUE) conduisant à son adoption par décision conjointe du Parlement et du Conseil (60). La directive s'inspire de la Charte communautaire des droits sociaux fondamentaux (61), ainsi que de l'article 136 TCE (151 TFUE) dans ses dispositions relatives à la promotion du dialogue social.

(56) CJCE, 16 juillet 2009, *Mono Car Styling*, aff. C-12/08, v. points 38 à 42

(57) On rappellera que le droit de participer à la gestion de l'entreprise est inscrit dans le 8e alinéa du préambule constitutionnel français.

(58) V. *infra* n° 422 et s., sur l'implication des travailleurs dans la société européenne.

(59) *JOCE* n° L 80 du 23 mars 2002 ; v. P. Rodière, « Le cadre général relatif à l'information et à la consultation des travailleurs dans l'entreprise », *Sem. soc. Lamy*, 18 novembre 2002, n° 1098.

(60) Sur la proposition de directive présentée le 17 novembre 1998 par la Commission, v. Doc. COM (1998) 612 final et *JOCE* n° C 2 du 5 janvier 1999.

(61) Point 17 relatif à l'information, la consultation et la participation des travailleurs.

359-1. Un cadre doublement général. Cadre général, la directive l'est de deux façons complémentaires. Elle vient en premier lieu directement, « verticalement », encadrer les droits nationaux, par un socle de règles minimales communes que tous les États membres doivent respecter, y compris ceux qui, longtemps, ont résisté aux exigences communautaires en matière d'information et consultation. Mais le cadre qu'elle a créé concerne en second lieu le droit de l'Union lui-même et au travers de celui-ci, indirectement, les droits nationaux. Elle représente, « horizontalement », la naissance d'un droit commun *communautaire* de l'information et de la consultation des travailleurs, s'articulant avec des textes spéciaux. En disant elle-même (62) qu'elle ne porte pas atteinte aux procédures mises en place ou aux dispositions prises conformément aux différentes directives communautaires ayant prévu une information et une consultation des travailleurs (licenciements collectifs, transferts d'entreprise, comité d'entreprise européen), la directive 2002/14 n'exclut pas toute influence sur ces autres textes. Par les règles générales qu'elle pose, par les définitions qu'elle a introduites, elle peut au contraire permettre de clarifier l'interprétation de points discutables dans les autres directives ou encore d'en combler des lacunes. Son influence s'est d'ailleurs fait sentir dans la révision des textes de l'Union opérée après sa mise en vigueur. Les définitions et règles générales qu'elles prévoient ont inspiré ces révisions.

Quant aux droits nationaux, il leur est permis de prévoir d'autres droits d'information et consultation des travailleurs (63), ils peuvent disposer plus favorablement aux travailleurs (64) et ne peuvent tirer prétexte de la directive pour faire régresser leur protection des travailleurs (65).

359-2. Des sanctions mal définies. Les formules habituelles se retrouvent, concernant la nécessité que des procédures et des recours soient prévus pour permettre aux intéressés d'obtenir le respect des obligations nées du droit de l'Union concernant aussi l'existence de sanctions *effectives, proportionnées et dissuasives* (66). La proposition de directive énonçait, avec beaucoup plus de vigueur, que les décisions prises en violation grave des obligations d'information et de consultation ne doivent pas *produire d'effets juridiques sur les contrats et relations de travail.* Cette absence d'effet doit perdurer, ajoutait-elle, tant que la procédure n'a pas été respectée, et si ceci est devenu impossible, tant qu'une réparation adéquate n'a pas été fixée (67). Le texte finalement adopté a effacé ces exigences.

La valeur fondamentale du droit à l'information et à la consultation aurait justifié une plus grande rigueur sanctionnatrice.

359-3. Quid de l'applicabilité directe ? S'appuyant justement sur la valeur fondamentale du droit à l'information et à la consultation des travailleurs, la Cour de cassation française a saisi la Cour de justice d'une question relative à son applicabilité directe.

(62) Article 9 de la directive.
(63) Article 9, 3e alinéa, de la directive.
(64) Considérant n° 18 de la directive.
(65) Article 9, dernier alinéa, de la directive.
(66) Article 8 § 2 de la directive.
(67) Article 7 § 3 de la proposition. En 1992, lors de la révision de la directive « licenciements collectifs », la Commission avait proposé que le non-respect des procédures prévues par le droit communautaire soit sanctionné par la nullité des licenciements consécutifs, mais le Conseil ne l'avait pas accepté ; v. *infra* n° 377.

Dans un arrêt du 11 avril 2012, la chambre sociale de la Cour de cassation pose la question suivante : « *le droit fondamental relatif à l'information et à la consultation des travailleurs, reconnu par l'article 27 de la Charte des droits fondamentaux de l'Union européenne, tel que précisé par les dispositions de la Directive 2002/ 14/ CE du Parlement européen et du Conseil, du 11 mars 2002, établissant un cadre général relatif à l'information et à la consultation des travailleurs dans la Communauté européenne, peut-il être invoqué dans un litige entre particuliers aux fins de vérifier la conformité d'une mesure nationale de transposition de la directive ?* » (68).

Dans cette question, plus précisément dans sa formulation, la Cour de cassation s'autorise d'un mouvement jurisprudentiel de la Cour de justice qui permet de faire produire des effets directs horizontaux à des prescriptions contenues dans des directives, lorsque ces prescriptions apparaissent comme la simple concrétisation d'un droit des travailleurs ou, plus largement, des personnes, qui, fondamental, a le caractère d'un principe général de droit de l'Union. Le principe qu'une directive ne peut produire d'effet direct entre particuliers peut s'en trouver contourné (69).

*

* *

La directive « cadre général » du 11 mars 2002 opère généralisation (A) de prescriptions minimales relatives à l'information et à la consultation des travailleurs (B) que l'ensemble des entreprises établies dans la Communauté, à l'exception des plus petites, devraient être appelées à respecter.

A. — Généralisation du droit à l'information et à la consultation

1° Domaine d'application

360. Une consécration parcellaire. Le droit communautaire relatif à l'information et à la consultation des travailleurs dans l'entreprise était jusqu'à présent resté parcellaire. Certes il avait de longue date imposé les mécanismes nécessaires pour les licenciements collectifs (70) et pour les transferts d'entreprise (71). Il avait plus récemment organisé les conditions de mise en place d'un comité d'entreprise européen ou d'une procédure d'information et consultation dans les entreprises et groupes de dimension communautaire (72). Il avait également posé le principe qu'en matière de protection de la santé et de la sécurité des travailleurs, une information et une consultation des représentants des travailleurs doivent avoir lieu (73).

(68) Cass. soc., 11 avril 2012, *Association de médiation sociale*, n° 11-21609, *Bull.* V, n° 122, renvoi devant la CJUE, aff. C-176/12, non encore instruite ni jugée par la Cour de justice.
(69) V. *supra* n° 118 à 120.
(70) Directive 98/59 du 20 juillet 1998, ex-directive 75/129 du 17 février 1975 ; v. *infra* n° 371 et s.
(71) Directive 2001/23 du 12 mars 2001, ex-directive 77/187 du 14 février 1997 ; v. *infra* n° 378 et s.
(72) Directive 94/45 du 22 septembre 1994, complétée par la directive 97/74 qui l'a étendue au Royaume-Uni ; v. *infra* n° 398 et s.
(73) Directive-cadre 89/391 du 12 juin 1989 ; v. *infra* n° 462 et s.

Mais aucun texte communautaire de portée générale n'avait encore été édicté. Il est revenu à la directive « cadre général » de corriger un état du droit dans lequel le droit des travailleurs à l'information et à la consultation dans l'entreprise demeurait donc lacunaire.

Prenant acte des insuffisances constatées dans un certain nombre d'États membres, l'objectif général poursuivi par la nouvelle directive a été d'assurer à l'ensemble des travailleurs de la Communauté le bénéfice du droit d'être informés et consultés, régulièrement, sur la situation de leur entreprise et son évolution prévisible et, ponctuellement, sur les décisions graves pouvant les affecter.

Le préambule de la directive s'en explique en exposant que des décisions graves affectant les travailleurs continuent de pouvoir être prises « *sans que des procédures adéquates d'information et de consultation aient été préalablement mises en place* ». Or le dialogue et la confiance au sein de l'entreprise doivent être renforcés et il importe aussi de développer la flexibilité de l'organisation du travail, de sensibiliser les travailleurs aux besoins d'adaptation, d'accroître leur disponibilité, de promouvoir leur implication dans la marche de l'entreprise. La mise en œuvre de stratégies pour l'emploi nécessite des « *mesures d'anticipation* » et « *de prévention* » suppose l'information « *en temps utile* » ; il en va d'une « *condition préalable à la réussite* » des opérations de restructuration (74).

361. Une généralisation complète ? La directive s'applique, à partir d'une certaine taille, au choix des États membres, dans les entreprises ou dans les établissements situés à l'intérieur de l'Union. L'entreprise est définie de façon assez surprenante, comme l'« entreprise » (et non point l'« entité » comme la Cour de justice aime à le dire) publique ou privée, qui a une activité économique, que ce soit ou non avec un but lucratif (75). L'établissement est de son côté défini comme une unité d'exploitation dotée de façon stable de moyens humains et matériels lui permettant d'exercer une activité économique (76). Les deux définitions se recoupent en partie. Elles ne renvoient pas au schéma institutionnel connu du droit français, opposant l'entreprise conçue comme un tout à l'établissement qui en forme une partie. Elles ont pour objet d'offrir aux législateurs nationaux deux cadres possibles pour mettre en œuvre le droit à l'information et à la consultation, la notion d'entreprise évoquant plutôt la conception traditionnelle française, la notion d'établissement celle de l'Allemagne.

Les petites unités en sont exclues ; l'application de la directive aux groupes de sociétés est incertaine.

361-1. Seuils d'effectifs. Entrent dans le champ d'application de la directive, au choix des États, les entreprises, à partir d'un seuil de cinquante travailleurs (référence française), ou les établissements, à partir de vingt travailleurs (référence allemande). Les effectifs sont calculés en décomptant le nombre de salariés

(74) Cf. sur ces différents points les considérants 6 à 10 de la directive 2002/14.

(75) Article 2 a) de la directive.

(76) « *Unité... dans laquelle une activité économique est exercée de façon non transitoire* », article 2 b) de la directive.

employés dans l'Union (77). Le double seuil d'effectif (50 ou 20) prévu par la directive exprime le principe de droit de l'Union voulant que les petites et moyennes entreprises soient épargnées par les contraintes pouvant gêner leur création ou leur développement (78).

Tous les travailleurs – au sens du droit national intéressé – doivent être décomptés. Aucune catégorie ne doit être exclue, même momentanément, du décompte. Néanmoins, si la directive prescrit aux États membres de tenir compte de tous les travailleurs employés, il ne dit pas « *la manière* » dont ils doivent le faire (79).

361-2. Les groupes. Écartée pour les petites entreprises, l'application des règles constitutives du cadre général relatif à l'information et à la consultation des travailleurs n'est pas non plus prévue dans les groupes.

On pourrait s'en étonner, d'autant que l'adoption de la directive a été accélérée par l'affaire *Vilvoorde* – directive « Vilvoorde », la nomme-t-on parfois – qui avait intéressé le groupe Renault (80). La notion d'entreprise est toutefois définie de façon suffisamment large et ouverte par l'exercice d'une d'activité économique qu'on peut prétendre y faire entrer la notion de groupe (81). Si l'appartenance du groupe à la définition de l'entreprise était admise, la directive « cadre général » viendrait alors compléter la directive « comité d'entreprise européen », relative aux seules entreprises et groupes de dimension communautaire, pour consacrer, au plan communautaire, l'emprise du droit à l'information et à la consultation dans les groupes de dimension interne.

En toute hypothèse, lorsqu'une décision est prise dans un groupe d'entreprises, la directive « cadre général » doit garantir l'existence d'une procédure d'information et de consultation au niveau des entreprises composant le groupe, quel que soit l'État membre d'implantation de l'entreprise.

2° Le rôle de l'accord (du « contrat »)

362. Condamnation du « volontariat » ? La directive « cadre général » commande-t-elle, impérativement, la création de mécanismes d'information et de consultation dans l'ensemble des entreprises entrant dans son domaine d'application ? Un terme est-il mis à la résistance des États membres défendant, tel le Royaume-Uni (82), le principe que l'existence d'une représentation du personnel

(77) Article 3 de la directive.

(78) V. considérant 19 de la directive.

(79) CJCE, 18 janvier 2007, *CGT, CFDT et al.*, aff. C-385/05, condamnant l'exclusion des salariés âgés de moins de vingt-six ans prévue par l'ordonnance française du 2 août 2005 relative à l'aménagement des règles de décompte des effectifs de l'entreprise.

(80) V. *infra* n° 409.

(81) En droit de la concurrence, le groupe est assimilé à une entreprise lorsque les entreprises qui le composent ne sont pas en situation de concurrence entre elles et, formant une unité économique, opèrent comme un acteur unique sur un marché (jurisprudence établie depuis CJCE, 12 juillet 1984, *Hydrotherm* aff. 17/83, *Rec.*p. 2999) ; la notion d'entreprise n'exige pas que l'unité économique concernée soit dotée de la personnalité juridique (CJCE, 19 février 2002, *Wouters*, aff. C-309/99, *Rec.* I, p. 1577).

(82) V. G. Lyon-Caen, *Dr. soc.* 1994, p. 923, observations sur CJCE, 8 juin 1994, *Commission c. Royaume-Uni*, aff. C-382/92 et 383/92.

dans l'entreprise doit avoir un caractère volontaire et requiert le consentement de l'employeur, principe dit du « volontariat ».

Une part de doute a pu demeurer. Le préambule de la directive énonce sans doute, pour commencer, en termes impératifs, que les États membres devront respecter le cadre général fixé par le droit communautaire (83). Mais elle fait naître le doute sur la réalité et la portée de ses commandements en faisant appel à la négociation par les partenaires sociaux au sein de l'entreprise des modalités d'information et de consultation, sans compléter cet appel par des normes subsidiaires ou supplétives applicables à défaut d'accord.

Le préambule de la directive se réfère au « *rôle prépondérant* » que les États membres peuvent reconnaître aux partenaires sociaux pour « *définir librement, par voie d'accordles modalités d'information et de consultation* » (84). L'accord devra toutefois respecter « *les principes* » posés par la directive (85).

Mais que se passera-t-il si l'autonomie contractuelle rencontre l'échec ? À la différence d'autres directives, la directive « cadre général » ne prévoit pas de prescriptions subsidiaires, applicables à défaut d'accord (86).

Faut-il comprendre que la directive permettrait, faute d'accord, qu'aucun mécanisme d'information et de consultation des travailleurs ne soit mis en place dans des entreprises relevant de son domaine d'application ? Faut-il plus exactement en déduire que les lois nationales de transposition pourraient se contenter de renvoyer la réalisation du droit à l'information et à la consultation des travailleurs à la seule autonomie des parties ?

La réponse, qu'il appartiendra à la Cour de justice de confirmer, devrait vraisemblablement être négative. La directive réclame des États membres qu'ils respectent « *des exigences minimales applicables dans l'ensemble de la Communauté* » ; ces *exigences minimales* concernent l'ensemble des « *entreprises ou établissements situés dans la Communauté* » ; elles doivent y recevoir « *effet utile* », c'est-à-dire efficacité minimale. Le préambule ne dit-il pas aussi que « *l'objectif de la directive sera atteint en établissant un cadre général reprenant les principes, les définitions et les modalités* » fixés par la directive, « *que les États membres devront respecter et adapter à leurs réalités nationales* » ? Ces éléments de texte convergent vers l'impérativité du droit à l'information et à la consultation.

L'existence de dispositions transitoires applicables dans les pays où ne préexistait aucun « *régime légal, général et permanent, d'information et de consultation des travailleurs* » laisse en outre entendre que ce régime aura à terme à y être créé… et à y faire disparaître le principe du volontariat.

Ce serait donc aux États membres de prévoir des prescriptions subsidiaires, conformes aux principes, définitions et modalités énoncées par la directive et

(83) V. considérant n° 23 de la directive.

(84) « … *qu'ils jugent les plus conformes à leurs besoins et à leurs souhaits* », considérant n° 23.

(85) Article 5 de la directive.

(86) Contrastant ainsi avec la méthode suivie dans la directive « comité d'entreprise européen » ou dans la directive « implication des travailleurs dans la société européenne » qui, la première pose des prescriptions subsidiaires (v. *infra* n° 415 et s.), la seconde des « dispositions de référence » (v. *infra* n° 535 et s.) applicables à défaut d'accord des parties.

applicables à défaut d'accord des parties (87), même s'ils confient prioritairement aux partenaires directement intéressés le soin de créer les mécanismes que ces derniers jugent appropriés à leur situation propre.

L'échec des négociations entre partenaires sociaux de l'entreprise ne doit pas être confondu avec l'hypothèse dans laquelle les travailleurs eux-mêmes entendent refuser, unilatéralement, d'exercer leur droit d'être informés et consultés. Cette possibilité de rejet est évoquée dans une formule assez obscure du préambule de la directive, disant que celle-ci ne doit pas porter « *atteinte aux systèmes nationaux dans lesquels l'exercice concret du droit à l'information et consultation des travailleurs peut impliquer une manifestation collective de volonté de la part des titulaires de celui-ci* », c'est-à-dire les travailleurs eux-mêmes (88).

B. — Eléments constitutifs du cadre général

363. Principes, définitions, modalités. Dans le texte finalement adopté, la directive 2002/14 sépare le régime des « *principes* » et des « *définitions* », d'un côté, des « *modalités* » de l'information et de la consultation, de l'autre. Les principes correspondent à des exigences essentielles de l'information et de la consultation dans l'entreprise et ont une portée générale et impérative. Les procédures d'information et de consultation doivent –... par définition ! – respecter les définitions de l'information et de la consultation. Les « *modalités* » précisent le contenu des principes et définitions, mais ne s'imposent qu'en fonction des transpositions étatiques et du degré d'autonomie que celles-ci laisseront à la négociation entre les partenaires sociaux.

1° Deux principes

364. Effet utile et esprit de coopération. L'information et la consultation des travailleurs, quelles qu'en soient les modalités, doit obéir à deux principes.

1° Principe d'utilité. Les États membres doivent veiller à « *assurer l'effet utile de la démarche* » (89). L'information et la consultation « *en temps utile* » sont une « *condition préalable à la réussite des processus de restructuration et d'adaptation* » des entreprises, dit aussi le préambule de la directive (90).

2° Principe de coopération. Les partenaires intéressés doivent coopérer. L'employeur et les représentants des travailleurs, « *lors de la définition ou de la mise en œuvre* » du mécanisme d'information et de la consultation, « *travaillent dans un esprit de coopération et dans le respect de leurs droits et obligations réciproques en tenant compte à la fois des intérêts de l'entreprise et de ceux des travailleurs* » (91).

(87) Si elles concernent au premier chef le Royaume-Uni, ces discussions n'intéressent pas la France qui possédait déjà un régime « légal, général et permanent », ainsi qu'impératif, de représentation des travailleurs au sein de l'entreprise.

(88) V. considérant n° 15 ; v. *infra* n° 415, n° 417, n° 431 concernant cette même faculté de rejeter l'information et la consultation dans les entreprises de dimension communautaire.

(89) Article 1 § 2 de la directive.

(90) Considérant n° 9.

(91) Article 1 § 3 de la directive.

On aurait tort de vouloir déduire du principe d'« *effet utile* », comme de son complément en termes de « *temps utile* », que l'information et la consultation doivent par conséquent avoir obligatoirement un caractère préalable à la décision de restructuration ou d'adaptation de l'entreprise. C'est une condition préalable, mais à la réussite de l'opération. On retrouvera ce point de discussion plus loin (92).

Faut-il ironiser sur cet esprit de coopération, vœu ou incantation sans portée, contredisant la réalité sociale, comme on avait pu le faire naguère en France à propos du comité d'entreprise (93) ? Certes il s'agit là d'une notion cadre, notion vague, sans implication prédéfinie. Mais, en droit communautaire, c'est une notion juridique, qui renvoie à une obligation de comportement des deux partenaires. La coopération réclame bonne foi ou loyauté. L'interprétation, par la Cour de justice notamment, devrait donner force concrète au principe.

L'esprit de coopération va-t-il jusqu'à impliquer la recherche d'un accord ? Exige-t-il des parties qu'elles fassent preuve de cettebonne volonté orientée vers la conclusion d'un accord, dont parle le droit américain des relations collectives de travail ? On peut en douter car l'obligation de conduire la consultation « *en vue d'aboutir à un accord* » (94) appartient aux « *modalités* » de la consultation, et parce que la détermination de ces modalités peut être laissée à la libre appréciation des partenaires sociaux au sein de l'entreprise.

2° Définitions et modalités

365. Distinction entre définitions et modalités. De la proposition de directive présentée par la Commission (95) au texte finalement adopté, une évolution s'est produite quant au contenu des définitions. La proposition de directive, sous le titre « *Définitions* », était beaucoup plus détaillée et fixait différents éléments relatifs aux conditions d'exercice de l'information et de la consultation. Dans le texte de la directive, nombre de ces éléments ont été transformés en « *modalités* » de l'information et de la consultation.

Cette évolution a des conséquences importantes, car les définitions retenues par la directive sont impératives, les modalités ne le sont pas. Les définitions doivent obligatoirement être respectées dans les procédures d'information et de consultation. En revanche, les modalités de l'information et de la consultation peuvent être librement définies par l'accord créant la procédure d'information et de consultation.

Du moins en sera-t-il ainsi lorsque la législation nationale applicable l'aura admis. Si les lois de transposition doivent introduire en droit interne la description des modalités de l'information et de la consultation que la directive a fixées, elles peuvent ne pas conférer de caractère impératif à ces modalités. Les États membres peuvent en effet « *confier aux partenaires sociaux... le soin de définir librement...*

(92) V. *infra* n° 367.

(93) « *Le comité d'entreprise coopère avec la direction* », affirmait l'article L. 432-1 du Code du travail, dans une disposition qui, dénuée de toute portée, disparut en 1982.

(94) Article 4 § 4 e) de la directive, le texte ajoutant, après « accord » : « *sur les décisions relevant du pouvoir de décision de l'employeur* ».

(95) 17 novembre 1998, *JOCE* n° C 2 du 5 janvier 1999.

par voie d'accord négocié les modalités d'information et de consultation des travailleurs ». La négociation peut se faire « *au niveau approprié, y compris l'entreprise ou l'établissement* » et « *à tout moment* » (96).

Les lois nationales de transposition peuvent donc permettre d'écarter les modalités de l'information et de la consultation prévues par la directive.

366. Contenu des définitions et modalités. L'information et la consultation reçoivent des définitions générales dont le contenu est précisé en tant que « *modalités* ».

a) Les définitions. L'information s'entend de « *la transmission par l'employeur de données aux représentants des salariés* » leur permettant « *de prendre connaissance du sujet traité et de l'examiner* » (97). La consultation est « *l'échange de vues et l'établissement d'un dialogue* » entre représentants des travailleurs et direction de l'entreprise (98).

b) Les modalités. Le texte devient ici plus précis et détaillé. L'information recouvre l'évolution des activités et de la situation économique de l'entreprise ou de l'établissement (99). Complétée par la consultation, elle porte sur « *la situation, la structure et l'évolution probable de l'emploi* » et sur les « *éventuelles mesures d'anticipation, en cas de menace pour l'emploi* » (100). Information et consultation portent également sur « *les décisions susceptibles d'entraîner des modifications importantes dans l'organisation du travail ou dans les contrats de travail* » (101).

L'information et la consultation se font « *à un moment, par des moyens et avec un contenu approprié* » (102), au « *niveau pertinent de direction et de représentation* » (103). Les représentants des travailleurs ont « *le droit de formuler un avis* » ; ils ont celui « *de se réunir* » avec la direction et d'obtenir de celle-ci « *une réponse motivée* » à leurs avis (104). La consultation est conduite « *en vue d'aboutir à un accord sur les décisions relevant des pouvoirs de décision de l'employeur* » (105).

Les modalités de l'information et de la consultation comportent donc en particulier une obligation de négocier – toujours ignorée du droit français –, qui ne retire toutefois pas à l'employeur pouvoir de décider unilatéralement. Mais cette obligation, relevant d'une notion de « *modalité* », tout comme les autres modalités, reste susceptible d'être écartée par voie d'accord, si la loi nationale de transposition l'a admis.

(96) Article 5.
(97) Article 2 f).
(98) Article 2 g).
(99) Article 4 § 2 a).
(100) Article 4 § 2 b).
(101) Article 4 § 2 c).
(102) Article 4 § 3 et § 4 a).
(103) Article 4 § 4 b).
(104) Article 4 § 4 c) et d).
(105) Article 4 § 4 e).

3° Moment de la consultation

367. L'idée d'anticipation sur les évolutions « *probables* » (et non pas « *prévisibles* ») trouve sa place concernant l'emploi. Simplement informés sur l'évolution des activités de l'entreprise, les représentants des travailleurs doivent être informés et consultés sur celle de l'emploi et sur les « *éventuelles mesures d'anticipation envisagées* », en cas de menace pour l'emploi.

La consultation doit-elle précéder la décision (106) ? « *Effet utile* », « *temps utile* » veulent-ils dire consultation préalable à la décision ? On lit dans le préambule de la directive que l'information et consultation « *en temps utile* » constituent une condition « *préalable* », mais à « *la réussite* » des processus de restructuration et d'adaptation des entreprises. Dans le corps même de la directive, la notion de « *temps utile* » et l'exigence du « *préalable* » ne sont pas textuellement reprises (107). Si le texte de la directive énonce que l'information et la consultation s'effectuent à un moment « approprié », s'il décrit un processus qui, sans que ce soit expressément posé, évoque une procédure préalable à la décision, il le fait au titre de simples « *modalités* » facultatives (108).

Le mot « *réussite* » est important. Il convient que les représentants des travailleurs reçoivent l'information nécessaire, qu'ils puissent l'examiner, formuler un avis, se réunir avec la direction, dialoguer avec celle-ci en vue de trouver un accord, mais il ne s'impose pas que ce soit avant que la décision soit prise. Au minimum, il faut demander aux représentants des travailleurs d'avaliser une décision prise en dehors d'eux et d'accompagner l'opération de restructuration, contribuant ainsi à sa réussite. Telle se présente la conception, minimaliste, de la consultation dans la directive 2002/14.

4° Secret et confidentialité

368. Une réserve. La directive ne se limite pas à imposer une obligation de confidentialité, elle permet, sous certaines conditions, à la direction de l'entreprise de ne pas fournir des informations qu'elle juge devoir garder secrètes.

Les représentants du personnel et les experts qui les assistent ne sont pas autorisés à révéler aux salariés comme aux tiers des informations qui leur ont été « *expressément communiquées à titre confidentiel* » (109). Les États membres le « *prévoient* » ; la formule est impérative.

Comme la directive « comité d'entreprise européen » l'avait déjà fait, la directive « cadre général » permet à la direction de l'entreprise de ne pas communiquer des informations et par conséquent de ne pas procéder à la consultation, lorsque la

(106) Comme l'exige le droit interne français concernant la consultation du comité d'entreprise, articles L. 2323-2, L. 2323-4, ex-article L. 431-5, du Code du travail : « *la décision du chef d'entreprise est précédée par la consultation du comité d'entreprise* ».

(107) Alors que la proposition de directive le faisait.

(108) La proposition de directive visait une consultation en vue d'aboutir à un accord sur « *la décision* », et ceci dans la *définition* de la consultation !

(109) Confidentialité que la direction peut exiger « *dans l'intérêt légitime de l'entreprise* », article 6, 1er alinéa, de la directive.

communication desdites informations *entraverait gravement le fonctionnement de l'entreprise ou lui porterait préjudice* (110). La directive dit que les États membres le « *prévoient* », non pas *peuvent* le prévoir ; il s'agirait donc d'une obligation.

Certes ce droit de retenir l'information, invocable « *dans des cas spécifiques* », doit répondre « *à des critères objectifs* », est-il ajouté par le texte. Il n'empêche, compte tenu notamment du fait qu'aucune procédure d'autorisation préalable n'est imposée (111), qu'une brèche importante s'ouvre ainsi dans le droit à l'information et à la consultation. Depuis les premières tentatives communautaires pour imposer l'information et la consultation des travailleurs sur les décisions pouvant les affecter de façon importante (112), la volonté des directions d'entreprise de préserver un secret des affaires a toujours constitué un butoir. Il en irait d'une liberté économique fondamentale (113).

Le droit interne français n'a pas la même conception. Le secret des affaires ne peut être opposé au droit à l'information que possède le comité d'entreprise (114). Un écart sensible sépare ici les exigences, certes mal marquées, du droit de l'Union, de celles que connaît le droit interne français.

Section 2

Les restructurations

Introduction

369. Les directives « emploi ». La directive n° 75/129 du 17 février 1975 visait à rapprocher les droits nationaux en ce qui concerne les règles applicables aux licenciements collectifs (115). Le texte de 1975 a été sur certains points modifié par une directive n° 92/56 du 24 juin 1992 (116), puis refondu dans la directive 98/59 du 20 juillet 1998 (117). La directive n° 77/187 du 14 février 1977 avait pour objet de rapprocher les règles nationales relatives aux droits des travailleurs en cas de transfert d'entreprises, d'établissements ou de parties d'établissements. Une directive n° 98/50, modifiant la directive 77/187, a été adoptée le 29 juin 1998 (118).

(110) Article 6, 2e alinéa, de la directive.

(111) Rappr. l'article 8 § 2 de la directive 94/45.

(112) V. *infra* n° 399 sur la proposition de directive « Vredeling »

(113) Le droit au secret peut s'inscrire sous l'empire de la liberté d'entreprise, garantie par la Constitution française.

(114) La loi française exige simplement des récepteurs de l'information – membres du comité d'entreprise, experts ou autres personnes assistant celui-ci – qu'ils respectent une obligation de discrétion sur les informations données à titre confidentiel, ainsi que le secret sur les procédés de fabrication ; article L. 432-7 (L. 2325-5) du Code du travail.

(115) *JOCE* n° L. 48 du 22 février 1975 ; v. Coppé, *Rev. Marché commun* 1974, p. 145 ; Y. Kravaritou, *Rev. Marché commun* 1974, p. 129.

(116) *JOCE* n° L. 245 du 26 août 1992 ; modification intervenue sur proposition de la Commission, 20 septembre et 13 novembre 1991, Doc. COM(92) 292, *JOCE* n° C 310 du 30 novembre 1991. V. F. Favennec-Héry, « La directive 92/56 ou les espoirs déçus », *Dr. soc.* 1993, p. 29.

(117) *JOCE* n° L. 225 du 12 août 1998.

(118) *JOCE* n° L. 201 du 17 juillet 1998 ; V. *JOCE* n° C 274 du 1er octobre 1994 pour la proposition de la Commission.

Une nouvelle codification de la directive 77/187, intégrant l'apport de la directive 98/50, est ensuite intervenue avec la directive 2001/23 du 12 mars 2001, actuellement en vigueur (119).

Les deux directives sont volontiers dites directives « emploi ». Le qualificatif se justifie pleinement pour la première. Quant à la seconde, elle tend elle aussi à assurer un maintien des contrats de travail, donc de l'emploi, en cas de transfert de l'entreprise. On verra toutefois que la jurisprudence de la Cour de justice ne met pas cet objectif au premier plan de la directive « transferts ».

L'une comme l'autre, les deux directives ont entendu répondre et remédier à la disparité importante des droits nationaux, certains offrant aux travailleurs salariés des garanties sérieuses face aux menaces pesant sur leur emploi, d'autres ne le faisant pas. La directive « licenciements collectifs » en particulier a voulu faire échec à des pratiques consistant, dans les groupes multinationaux, à licencier dans les pays permettant aisément de le faire plutôt que d'avoir à affronter une législation nationale protectrice de l'emploi (celle de l'Allemagne principalement). Les objectifs poursuivis par les deux textes ont un caractère social mais aussi concurrentiel : protéger les travailleurs et leurs emplois, d'une part, réduire les avantages concurrentiels bénéficiant aux entreprises des États membres facilitant les licenciements ou la diminution des droits des salariés compris dans un transfert d'entreprise.

La directive « Licenciements collectifs » a pour objet central de fixer un ensemble de règles communes en ce qui concerne les procédures de licenciements collectifs pour cause économique. Les représentants du personnel doivent être informés et consultés ; l'autorité administrative doit être informée, en sorte qu'elle puisse intervenir. L'objet de la directive « Licenciements collectifs » est strictement procédural. La directive « transferts d'entreprises » vise principalement à maintenir les droits des salariés en imposant au cessionnaire – nouvel employeur – de respecter les droits qui liaient le cédant et en lui imposant le maintien de la représentation du personnel qui préexistait ; elle comporte en outre elle aussi un volet procédural, impliquant une information et une consultation des représentants du personnel.

370. Effets de droit interne. Dès la date à laquelle elles devaient être mises en œuvre en droit interne, les deux directives ont requis l'existence d'une représentation du personnel susceptible d'être informée et consultée. Les droits nationaux ont donc eu l'obligation de prévoir cette représentation, ceci en vertu de prescriptions minimales leur laissant la possibilité d'assurer dans leur ordre juridique une protection renforcée des travailleurs.

370-1. Une représentation du personnel occasionnellement obligatoire – les arrêts *Commission c. Royaume-Uni* du 8 juin 1994. En cas de licenciement collectif important comme en cas de transfert d'entreprise ou d'établissement, les directives qui y sont relatives exigent en effet des employeurs qu'ils procèdent à une information et une consultation des représentants des travailleurs, au sein de l'entreprise qui licencie, de l'entreprise cédante et de l'entreprise cessionnaire.

(119) *JOCE* n° L 82 du 22 mars 2001

Elles désignent à cet effet, suivant une formule d'usage, « *les représentations des travailleurs prévus par la législation des États membres* ».

Fallait-il comprendre que les représentants des travailleurs seront saisis, mais seulement si leur existence a été prévue par la législation du lieu de situation de l'entreprise ? Face au Royaume-Uni, soutenant que les directives n'ont pas entendu « *modifier les règles ou les pratiques nationales de désignation des représentants des travailleurs* », la Cour de justice avait répondu que l'existence d'une représentation des travailleurs est nécessaire pour que les directives puissent produire leur plein effet. Le Royaume-Uni avait par conséquent été condamné, car son système juridique, reposant sur le principe d'une reconnaissance volontaire des représentants du personnel par l'employeur, laissait ouverte la possibilité que, faute d'accord de l'employeur, aucune représentation n'existe dans l'entreprise (120).

Cette possibilité est aujourd'hui écartée par les exigences de la directive « Cadre général » (121).

La condamnation du Royaume-Uni illustrait des principes déjà signalés (122) : pour la réalisation de ses objectifs, le droit de l'Union se repose normalement sur les institutions et procédures nationales ; si toutefois celles-ci ne permettent pas de donner suffisamment effet au droit communautaire, le législateur national doit alors créer les moyens institutionnels nécessaires.

370-2. Des normes minimales. Fondées sur l'ex-article 100 du traité (94 TCE, 115 TFUE), les directives fixent des normes minimales que tous les États membres doivent respecter. Telle qu'interprétée par la Cour de justice (123), la notion de prescriptions minimales – notion apparue dans le traité postérieurement aux deux directives –, implique la possibilité d'une protection nationale renforcée (124) et, conformément à cette orientation générale, les deux directives permettent aux États membres d'introduire des dispositions plus favorables aux travailleurs. Depuis sa modification de 1992, la directive « Licenciements collectifs » précise que ces dispositions plus favorables peuvent être de nature conventionnelle. La directive « Transferts » le fait également depuis sa révision par la directive 2001/23.

§ 1. — Les licenciements collectifs – directive 98/59

La directive 75/129 du 17 février 1975, refondue, après modification, dans la 98/59 du 20 juillet 1998, détermine son champ d'application et à cette fin, définit la notion de licenciement collectif au regard du droit communautaire (A), prévoit une procédure de consultation des représentants des travailleurs (B) et complète cette consultation par une information de l'autorité publique (C).

(120) CJCE, 8 juin 1994, *Commission c. Royaume-Uni*, aff. C-382 et 383/92, *Dr. soc.* 1994, p. 923, obs. G. Lyon-Caen ; *Rev. aff. eur.* n° 3/1994, p. 89, obs. J.-B. Blaise et Robin ; v. également *infra* n° 400.

(121) V. *supra* n° 362.

(122) V. *supra* n° 121-122.

(123) CJCE, 12 novembre 1996, *Royaume-Uni c. Conseil*, aff. C-84/94, v. motif 42.

(124) Cf. *supra* n° 125 et s. et v. également, à propos de l'ex-article 118 A, *infra* n° 442 et s.

A. — Champ d'application

371. Les « grands » licenciements économiques. Sous l'expression « licenciements collectifs », la directive vise des licenciements ayant une cause économique et intéressant un nombre minimum de personnes sur une même période, licenciements économiques *et* collectifs. Un critère qualitatif est complété par des critères quantitatifs.

371-1. Notion de licenciement économique. La directive s'applique aux licenciements intervenant pour un ou plusieurs motifs non inhérents à la personne des travailleurs (125). La Cour de justice des Communautés a précisé que la notion de licenciement collectif au sens de la directive couvre tout licenciement répondant à une raison non inhérente à la personne des travailleurs et ne saurait se limiter à certaines de ces causes seulement. La cessation d'activité de l'entreprise ne peut être exclue du champ d'application de la directive, y compris lorsqu'elle ne dépend pas de la volonté de l'employeur (126).

371-2. Seuils d'application. La directive ouvre aux États membres la possibilité d'opter, suivant la période de référence choisie, entre différents critères quantitatifs :

1re possibilité (127) : sur une même période de 30 jours, la directive s'applique 1) s'il y a au moins 10 licenciements (établissements employant habituellement plus de 20 et moins de 100 travailleurs), 2) S'il y a au moins 10 % de licenciés (établissements allant de 100 à moins de 300 travailleurs), 3) au moins 30 licenciés (établissements de 300 travailleurs ou plus) ;

2e possibilité : sur une même période de 90 jours, la directive s'applique, quel que soit l'effectif de l'établissement, s'il y a 20 licenciements au moins.

371-3. Notion d'établissement. Les seuils s'apprécient dans l'établissement et non pas dans l'entreprise. La Cour de justice a dit de la notion d'établissement qu'elle constitue une notion de droit communautaire et a entendu lui donner « *une définition très large* », « *autonome et uniforme* ».

La notion désigne « *l'unité à laquelle les travailleurs sont affectés pour exercer leur tâche* » (128). L'établissement, unité de travail « *distincte, présentant une certaine permanence et stabilité* », se distingue de l'entreprise, centre de décision économique, à partir notamment d'une idée d'« *autonomie* » qui ne caractérise

(125) La définition retenue par le Code du travail français, à l'article L. 1233-3, ex-article L. 321-1 du Code du travail, ajoute au motif non inhérent à la personne du salarié, une cause résidant dans *une suppression ou transformation d'emploi ou dans une modification, refusée par le salarié, du contrat de travail* et – sortant du terrain de la qualification pour celui de la justification – ajoute encore que le licenciement doit répondre à *des difficultés économiques ou des mutations technologiques,* notions auxquelles la jurisprudence a ajouté pour justification possible la nécessité de *sauvegarder la compétitivité de l'entreprise*.

(126) CJCE, 12 octobre 2004, aff. C-55/02, *Commission c. Portugal* condamnant la définition portugaise limitant la notion de licenciement collectif aux licenciements décidés pour des raisons de nature structurelle, technologique ou conjoncturel.

(127) C'est le choix opéré par le législateur français, v. article L. 1233-28, ex-article L. 321-2 du Code du travail.

(128) CJCE, 7 décembre 1995, *Rockfon*, aff. C-449/93, *Rec.* I p. 4306 ; CJCE, 7 septembre 2006, *Agorastoudis*, aff. C-187/05 à 190/05.

pas l'établissement à la différence de l'entreprise (129). C'est pourquoi il « *n'est pas essentiel que l'unité dispose d'une direction pouvant effectuer de manière indépendante les licenciements collectifs* » (130).

372. Notion de licenciement, inclusions et exclusions. La directive couvre, on l'a vu, tout licenciement répondant à une raison non inhérente à la personne du salarié. Mais qu'en est-il de la notion même de licenciement et de ses relations avec d'autres modes possibles de rupture du contrat de travail ?

372-1. Notion. La notion de licenciement n'a pas été renvoyée au droit des États membres et revêt une portée communautaire. Elle doit recevoir « *une interprétation autonome et uniforme* » qu'il appartient à la Cour de justice de dégager.

La notion englobe « *toute cessation du contrat de travail non voulue par le travailleur, et donc sans son consentement* » (131). Que le licenciement implique nécessairement une manifestation de volonté de l'employeur de résilier le contrat de travail n'empêche que le critère réside dans la volonté ou le consentement du travailleur. On est face à un licenciement dès lors que la volonté de rompre exprimée par l'employeur ne rencontre pas l'acquiescement du salarié (132).

La décision de l'employeur peut être purement formelle et résulter de circonstances qui lui sont extérieures (133) ou exprimer une volonté qui n'est pas la sienne, telle celle d'une société dont il est la filiale, et qui s'impose à lui (134). Du moment que le salarié n'y a pas consenti, c'est un licenciement.

À quelle date y a-t-il licenciement ? La question a été posée en raison du droit allemand qui distingue, utilement, entre la décision de rompre le contrat (*Kündigung*), correspondant à la manifestation unilatérale de volonté de l'une des parties de mettre fin au contrat, et la cessation effective de la relation, à l'expiration du délai de préavis (*Entlassung*), la version linguistique allemande renvoyant à la cessation effective de la relation. Faut-il comprendre que l'employeur, tenu de s'acquitter des obligations imposées par la directive, doit simplement l'avoir fait à la date à laquelle le licenciement prend effet ? Non, répond la Cour de justice. L'employeur doit informer et consulter les représentants du personnel lorsqu'il « *envisage* » un licenciement et saisir l'autorité publique de son « projet » de licenciement. Les obligations de l'employeur naissent donc avant que sa décision de licencier ne soit prise. Quant à la date du licenciement, elle correspond à la date à laquelle l'employeur manifeste sa décision de rompre. C'est à cette date qu'il convient de se placer pour vérifier si l'employeur a convenablement satisfait à ses obligations au titre de la directive (135).

(129) CJCE, 15 février 2007, *Athnaïki Chartopoïia*, aff. C-270/05.

(130) 7 décembre 1995, *Rockfon*, préc.

(131) CJCE, 12 octobre 2004, *Commission c. Portugal*, aff. C-55/02 (v. points 50 et 62).

(132) V. P. Rodière, « La volonté des parties dans la définition du licenciement collectif dans le droit de l'Union européenne », *Dr. soc.* 2020, p. 1025.

(133) CJCE, 12 octobre 2004, *Commission c. Portugal*, préc.

(134) CJCE, 10 septembre 2009, *Akavan*, aff. C-44/08 ; v. *infra* n° 40.

(135) CJCE, 27 janvier 2005, *Irmtraud Junk*, aff. C-188/33, la Cour concluant de ses analyses que « *l'évènement valant licenciement est constitué par la manifestation de volonté de l'employeur de résilier le contrat de travail* ».

372-2. Licenciement et autres modes de rupture. Quid des contrats à durée déterminée ? Si la directive ne régit pas les cessations de contrat résultant de l'arrivée du terme ou de l'accomplissement d'une tâche déterminée, elle s'applique en cas de licenciement anticipé (136).

Quid des licenciements résultant d'une décision de justice (hypothèse d'une liquidation ou d'un redressement judiciaire de l'entreprise) ? Le texte de 1975 les avait exclus du champ d'application de la directive (137). Celui de 1992 a supprimé l'exclusion, mais permet en ce cas d'écarter la notification obligatoire du projet de licenciement à l'autorité publique (138). Mais la directive s'appliquera pleinement lorsqu'une cessation définitive des activités de l'entreprise a été « *décidée à la seule initiative de l'employeur, en l'absence d'une décision de justice préalable* » (139).

Quid des départs négociés ? Le texte initial ne visait que les licenciements ; la modification de 1992 y a assimilé « *les cessations de contrats de travail intervenus à l'initiative de l'employeur* » (140), pourvu que ces cessations s'ajoutent à cinq licenciements au moins (141). Les ruptures conventionnelles répondant à l'initiative de l'employeur ne sont pas des licenciements mais sont traitées comme tels, notamment pour le calcul des seuils à franchir pour que la procédure de licenciement collectif soit mise en œuvre.

L'application de la directive suppose une volonté et une initiative de l'employeur en vue de faire cesser le contrat de travail. Les départs acceptés par l'employeur sur demande ou initiative du salarié échappent au domaine d'application de la directive. « *La directive ne porte pas atteinte à la liberté de l'employeur de procéder ou non à des licenciements collectifs* », a dit, à ce propos, la Cour de justice, et une dénonciation de leur contrat de travail par des salariés, provoquée par l'état de cessation de paiement de l'employeur, ne peut être assimilée à un licenciement (142). Peu importe si les circonstances auraient dû conduire l'employeur – dans l'intérêt des salariés ! – à former un projet de licenciement ; s'il ne l'a pas fait, la directive ne s'applique pas. La liberté d'appréciation de l'employeur est sauvegardée.

Sont exclus du domaine d'application de la directive les licenciements des travailleurs des administrations publiques ou des établissements de droit public ; les équipages de navires de mer (143).

373. Notion d'employeur. Celle-ci concerne-t-elle les personnes ou organismes qui ne poursuivent pas un but lucratif : associations, fondations, coopératives, organisations non gouvernementales ? L'Italie a soutenu que ce ne sont pas des

(136) Article 1 § 2 a) de la directive.

(137) Dans une affaire *Commission c. Belgique*, la Cour de justice avait jugé qu'une fermeture d'entreprise ne résultant pas d'une décision de justice devait entrer dans le domaine d'application de la directive ; CJCE, 28 mars 1985, aff. 215/83, *Rec.* p. 1045. Invoquant les particularités de son droit interne, le gouvernement belge soutenait que l'ensemble des fermetures d'entreprise, qu'elles soient ou non judiciairement décidées, devaient être soumises au même régime juridique.

(138) Article 3 § 1, 2e alinéa, de la directive.

(139) CJCE, 7 septembre 2006, *Agorastoudis*, aff. C-187/05 à 190/05.

(140) Les ruptures conventionnelles n'échappant donc pas à la qualification de licenciement collectif au sens de la directive communautaire si elles répondent à l'initiative de l'employeur.

(141) Article 1 § 1 modifié de la directive.

(142) CJCE, 12 février 1985, *Dansk Metalarbejderfonrbund c. Nielsen*, aff. 284/83, *Rec.* p. 553.

(143) Article 1 § 2 de la directive.

employeurs et que la directive ne leur est donc pas applicable. Elle a été condamnée pour manquement au droit communautaire. Pareille exclusion du domaine d'application de la directive créerait des différences de traitement injustifiées entre travailleurs. De manière générale, le droit de l'Union ne borne pas la notion d'*entreprise* aux seules entités poursuivant un but lucratif ; le critère décisif est constitué par l'exercice d'une activité économique (144). Le terme « employeur » comprend donc les personnes ou organismes « *qui, dans le cadre de leurs activités, ne poursuivant pas un but lucratif* » (145).

373-1. Groupes de sociétés. La question de savoir qui est employeur et doit en assumer les obligations et la responsabilité, est aujourd'hui au cœur des difficultés que soulèvent les licenciements dans les groupes de sociétés. Est-ce la société mère qui dirige l'action ou la société filiale qui exécute les instructions ou décisions prises par la mère ? La Cour de justice répond, dans l'arrêt *Akavan*, que l'employeur est la « *personne physique ou morale qui se trouve dans une relation de travail avec les travailleurs susceptibles d'être licenciés* » (146) ; elle ajoute qu'« *une entreprise qui contrôle l'employeur, même si elle peut prendre des décisions contraignantes à l'égard de ce dernier, n'a pas la qualité d'employeur* » (147). Même si l'opération de licenciement est dictée par la société mère, c'est à celui qui forme la partie patronale au contrat de travail de satisfaire aux obligations nées de la directive « licenciements collectifs » (148).

La jurisprudence *Akavan* vient, indirectement, interpréter une disposition particulière de la directive, qui concerne les relations entre entreprise qui contrôle et employeur directement impliqué dans un licenciement collectif. La directive s'applique indépendamment du fait que la décision de licencier émane d'une entreprise qui contrôle l'employeur. C'est ce qu'énonce la révision de 1992. Elle ajoute que l'employeur ne peut tirer aucune justification concernant les manquements qui lui sont imputés, du fait que l'entreprise qui a pris la décision ne lui a pas fourni l'information nécessaire (149). La responsabilité incombe à la personne qui, en tant que partie à la relation de travail, a la qualité d'employeur. Elle sera condamnée, en fonction des sanctions prévues par le droit national, alors qu'elle ne pouvait pas procéder aux consultations requises, faute d'être elle-même informée (150).

Le texte ne distingue pas et ces règles paraissent valoir, que le centre de décision soit situé dans le même État membre, dans un autre État de l'Union, ou qu'il soit extérieur à celle-ci (151).

(144) V. *supra* n° 352-354.

(145) CJCE, 16 octobre 2003, *Commission c. Italie*, aff. C-32/02.

(146) CJCE, 10 septembre 2009, *Akavan*, aff. C-44/08, v. point 57.

(147) Même arrêt, v. point 58 ; v. article 2 § 4 de la directive 98/59.

(148) D'où la question du co-emploi entre société mère et société filiale. Si si la société mère est co-employeur, il lui reviendrait, à ce titre, en tant que seconde partie au contrat de travail, d'assumer les obligations de l'employeur. Cette question n'a pas, à ce jour, été tranchée par la Cour de justice, en ce qui concerne les obligations nées de la directive « Licenciements collectifs ».

(149) Article 2 § 4 nouveau de la directive.

(150) V. *infra* n° 377.

(151) On remarquera que la proposition de directive du 13 novembre 1991 (point 13 de l'exposé des motifs) n'avait visé que la seule hypothèse d'un centre de décision situé dans un autre État membre.

On peut observer également que la directive ne fait directement peser aucune obligation sur l'entreprise dominante ou la société mère (152).

373-2. Transfert de la qualité d'employeur. En cas d'insolvabilité de l'entreprise, si la gestion de celle-ci est reprise par un liquidateur, il revient à celui-ci de s'acquitter des obligations qui découlent de la directive 98/59 (153). Un liquidateur est assimilé à l'employeur.

Encore faut-il cependant que reste un employeur ou une personne en position de remplir les obligations de l'employeur. La notion de licenciement « *présuppose tant l'existence d'un employeur qu'un acte de la part de celui-ci* ». En cas de décès de l'employeur, l'application de la directive peut s'avérer impossible (154).

B. — Information et consultation des représentants des travailleurs

374. Une triple obligation. La directive « Licenciements collectifs » représente, on l'a dit, une directive « procédures » (155). Si elle définit ce que l'on doit entendre par licenciement collectif, si la Cour de justice a précisé la notion de licenciement, si elle en a fait de même pour l'employeur, afin de permettre d'identifier le débiteur des obligations qu'elle impose, ces obligations sont d'ordre procédural. Elles disent comment l'employeur doit procéder lorsqu'il entend prononcer des licenciements collectifs. L'employeur est triplement tenu ; il doit informer, consulter, rechercher l'accord des représentants du personnel.

374-1. Informer. La procédure de consultation doit être mise en œuvre, dès l'instant où l'employeur envisage d'effectuer des licenciements collectifs. Il lui est fait obligation, en ce cas, de fournir aux représentants du personnel, « en temps utile » (exigence ajoutée par la modification de 1992), « tous renseignements utiles » (156) et, en tout cas, par écrit, de faire connaître (liste précisée en 1992) : les motifs de licenciement, le nombre et les catégories de travailleurs concernés, les effectifs habituels de l'établissement, la période sur laquelle les licenciements sont prévus, les critères utilisés dans le choix des travailleurs à licencier (157). Le droit communautaire veut d'une information suffisamment complète et détaillée (158).

L'appel à des experts pour assister les représentants du personnel est désormais mentionné. La directive n'en fait cependant pas un droit des représentants à l'assistance de l'expert. Il est simplement dit que les États membres « peuvent prévoir » ce recours (159).

(152) Afin d'éviter les problèmes d'extraterritorialité ; c'est ainsi que la proposition de directive du 13 novembre 1992 justifie cette abstention. V. *infra* n° 375, concernant l'affaire *Akavan*.

(153) CJUE, 3 mars 2011, *Claes et al.*, C-235/10 à C-239/10, points 53 à 55.

(154) CJUE, 10 décembre 2009, *Rodriguez Mayor*, aff. C-323/08

(155) V. *supra* n° 369.

(156) Article 2 § 3 a) de la directive.

(157) Si ce choix des critères revient à l'employeur. Le texte ajoute également : la méthode de calcul d'une indemnité de licenciement autre que celle prévue par la loi ou la pratique nationale ; article 2 § 3 b) de la directive.

(158) Rappr. article L. 1233-31, ancien article L. 321-4 du Code du travail.

(159) Article 2 § 2, 2e alinéa ajouté par la révision de 1992 ; la proposition de la Commission allait plus loin et prévoyait un droit à l'expertise.

374-2. Consulter. La directive manifeste ici une double exigence.

La consultation doit avoir lieu, à partir des informations fournies, « en temps utile », sur des licenciements *envisagés*. La consultation précède donc la décision (160).

La directive précise également l'objet de la consultation : celle-ci concerne d'une part l'existence même des licenciements envisagés – « *les possibilités d'éviter ou réduire les licenciements* » –, les mesures d'accompagnement d'autre part – « *les possibilités d'en atténuer les conséquences* ». Le texte révisé parle désormais de « mesures sociales d'accompagnement visant notamment l'aide au reclassement ou à la reconversion » (161), donc d'un « plan social ».

L'objet de la consultation est d'abord, en premier lieu, d'éviter les licenciements, ensuite, subsidiairement, si des licenciements ont lieu malgré tout, d'en atténuer les conséquences. Aucun des deux objectifs ne doit être négligé et si le premier ne peut être atteint – l'entreprise cesse son activité, elle a été détruite par un incendie… – et que tout l'effectif doit être licencié, reste le second, qui nécessite malgré tout la consultation des représentants du personnel. L'employeur ne saurait justifier l'absence de consultation par l'impossibilité d'éviter les licenciements (162).

Il est important d'observer également que la directive mentionne l'aide au reclassement ou à la reconversion comme des mesures que l'employeur peut notamment prendre dans son plan social, non comme des mesures qu'il doit prendre, à peine, éventuellement, d'une invalidation de la consultation.

374-3. Rechercher un accord. Plutôt que sur une obligation de l'employeur de prendre tel type de mesure d'accompagnement ou d'« évitement » des licenciements, la directive met l'accent sur son obligation de négocier avec les représentants des travailleurs. La consultation doit être conduite « *en vue d'aboutir à un accord* » (163). Elle suppose que les représentants des travailleurs soient mis à même – parce qu'ils sont suffisamment informés et éclairés sur le projet de licenciement, parce qu'ils ont le temps pour le faire – de « *formuler des propositions constructives* » (164). Un dialogue doit se nouer, orienté vers la recherche d'un accord. La directive « *impose une obligation de négocier* » (165).

375. Arrêt *Akavan*. Cette importante décision de la Cour de justice apporte nombre de précisions sur les conditions de déroulement et d'efficacité de la procédure d'information et de consultation. Elle répond également à des questions particulières que soulèvent les licenciements collectifs dans les groupes de sociétés (166).

(160) Cf. article L. 2323-2, ex-article L. 431-5 du Code du travail français, énonçant que la consultation du comité d'entreprise précède la décision de l'employeur, règle toutefois qui ne s'applique pas avant lancement d'une offre publique d'acquisition ; v. *supra* n° 367 et *infra* n° 408, concernant la consultation du comité d'entreprise européen.

(161) Article 2 § 2 de la directive. Il est seulement question d'aide au reclassement, non pas, à la différence de ce qu'exige aujourd'hui le droit interne français, d'une obligation de rechercher le reclassement des travailleurs menacés de licenciement.

(162) CJCE, 12 octobre 2004, *Commission c. Portugal*, aff. C-55/02.

(163) Article 2 § 1 de la directive.

(164) Termes utilisés, depuis la modification de 1992, par l'article 2 § 3 de la directive.

(165) CJCE, 27 janvier 2005, *Junk*, aff. C-188/03, point 43.

(166) CJCE, 10 septembre 2009, *Akavan*, aff. C-44/08, conclusions MENGOZZI.

375-1. Les temps de la procédure. À quel moment la procédure doit-elle s'ouvrir ? Quel doit en être le déroulement ? Quand prend-elle fin ? L'arrêt *Akavan* donne réponse à ces questions ou précise celles que la Cour de justice avait déjà données.

1) Ouverture. À quel moment l'employeur doit-il engager la procédure ? Lorsqu'il « envisage » des licenciements, dit le texte (167), avant donc qu'une décision ne soit prise ou simplement mure, prête à l'être. La procédure ne doit pas être enclenchée trop tard, « *alors qu'une décision rendant nécessaires de tels licenciements collectifs a déjà été prise* », mais elle ne doit pas non plus l'être trop tôt, alors que les licenciements « *ne sont qu'une probabilité et que les facteurs pertinents pour une consultation ne sont pas connus* » (168). Les éléments d'analyse doivent être déterminés à un degré suffisant pour que la consultation ait un objet utile ; ils ne doivent pas l'être à un degré si avancé qu'elle n'ait plus de raison d'être.

2) Échelonnement. Le texte de la directive dit que les renseignements doivent être fournis par l'employeur « *en temps utile au cours des consultations* » (169). Pour la Cour de justice, les termes ainsi employés indiquent que l'obligation d'information ne s'épuise pas avec l'ouverture de la procédure, mais perdure et se renouvelle tout au long du processus de consultation, jusqu'au dernier moment. Il s'en déduit également que l'engagement de la procédure ne dépend pas de la possibilité pour l'employeur de fournir, dès le point de départ, tous les renseignements exigés (170). La procédure doit s'engager si des éléments pertinents permettent d'ores et déjà de donner un effet utile à la consultation, il n'est pas nécessaire que tous les éléments pertinents soient déjà disponibles.

3) Clôture. « *La résiliation d'un contrat de travail ne peut être effectuée par l'employeur qu'après la clôture de ladite procédure, c'est-à-dire après qu'il a respecté les obligations* » d'information et de consultation prescrites par la directive (171).

La résiliation du contrat ne peut donc être décidée par l'employeur que s'il a satisfait à ses obligations d'information et de consultation. Elle sera suspendue tant qu'il ne l'aura pas fait. C'est un point essentiel.

375-2. Licenciements collectifs au sein d'un groupe. La situation était des plus banales. Des installations d'une filiale du groupe Fujitsu Siemens, situées sur le territoire d'un État membre, sont contraintes de fermer, la société mère ayant décidé d'en transférer l'activité sur le territoire d'un autre État membre.

Une première question était de savoir si les obligations d'information et de consultation des représentants du personnel et de notification à l'autorité publique ne devraient pas être mises à la charge de la société mère – ou société dominante – puisque c'est elle qui par sa décision et sa volonté avait disposé des emplois de la filiale – ou société contrôlée – et qu'elle aurait donc été le véritable employeur, le vrai pourvoyeur d'emploi.

(167) Article 2 § 1 de la directive 98/59.
(168) Arrêt *Akavan*, points 46 et 47.
(169) Article 2 § 3 de la directive 98/59.
(170) Arrêt *Akavan*, points 51 à 55.
(171) Arrêt *Akavan*, point 70, renvoyant à l'arrêt *Junk*, 27 janvier 2005, aff. C-188/03, point 45.

La Cour de justice répond, on l'a déjà vu, que l'employeur est celui qui occupe la position de partie à la relation de travail ou au contrat de travail (172). Il s'agira donc de la filiale, sauf toutefois à établir que des liens caractérisant l'existence d'un contrat de travail existent également avec la société mère (173).

Si la filiale est donc l'employeur, c'est à elle qu'incombe le respect de l'obligation d'information et de consultation. Or la filiale risque fort de ne pas être maîtresse du jeu et en particulier elle risque de ne pas disposer des informations, retenues par la mère, permettant le bon déroulement de la consultation. Peu importe, dit la Cour de justice puisque la directive énonce que « *les obligations en matière d'information et de consultation (...) s'appliquent indépendamment du fait que la décision concernant les licenciements collectifs émane de l'employeur ou d'une entreprise qui contrôle cet employeur* » (174) et que l'employeur demeure responsable de l'inexécution de ses obligations, même s'il n'a pas reçu les informations nécessaires de l'entreprise qui le contrôle (175).

Et la société mère ? A-t-elle des obligations ? Non, dit la Cour de justice, la directive et les obligations qu'elle impose lient « *uniquement l'employeur* », elles ne lient pas la société mère (176) ; la directive « *n'a pour but de restreindre la liberté d'un (...) groupe de procéder à l'organisation de ses activités de la manière qui lui semble la plus conforme à ses besoins* » (177). La société mère n'a pas d'obligations d'informations que ce soit à l'égard des représentants du personnel de la filiale ou à la direction de la filiale.

Non liée juridiquement, la société mère devrait cependant l'être en pratique. La Cour de justice avait déjà dit, dans l'arrêt *Junk* que « *la résiliation du contrat de travail ne peut (...) être effectuée que postérieurement à la fin de la procédure de consultation, à savoir après que l'employeur a respecté les obligations énoncées* » par la directive (178). La formule est reprise par l'arrêt *Akavan* pour des licenciements que l'employeur – la filiale – prononce en exécution d'une décision imposée par la direction du groupe auquel il appartient (179). La procédure d'information et de consultation doit avoir été régulièrement conduite à son terme avant que l'employeur – la filiale – ne puisse prendre une décision de résiliation. Il doit avoir « *respecté* » ses obligations. Tant qu'il ne l'aura pas fait, l'issue de la procédure est suspendue et l'employeur ne peut valablement prononcer les licenciements. La société mère a donc intérêt à transmettre les informations nécessaires à sa filiale (180).

C. — Information de l'autorité publique

376. Une information obligatoire. S'il n'a pas entendu donner à celle-ci un pouvoir d'autorisation, le droit communautaire n'en exige pas moins une information

(172) Arrêt *Akavan*, point 57 ; v. *supra* n° 373.

(173) L'hypothèse, celle du co-emploi ou des employeurs conjoints, n'a pas été jusqu'à présent discutée devant la Cour de justice en matière de licenciement collectif.

(174) Article 2 § 4, 1er alinéa, de la directive 98/59.

(175) Article 2 § 4, 2e alinéa, de la directive 98/59.

(176) Arrêt *Akavan*, points 67 et 68.

(177) Arrêt *Akavan*, point 59, remodelant une formule présente dans l'arrêt *Rockfon* du 7 déc. 1995, aff. C-449/93.

(178) CJCE, 27 janvier 2005, aff. C-188/03, point 45.

(179) Arrêt *Akavan*, point 70.

(180) Elle est donc bien *tenue*, comme l'affirmait l'avocat général Mengozzi (points 39 et 40 des conclusions), même si elle l'est en fait et non en droit.

de l'autorité publique (181). Tout projet de licenciement collectif doit être notifié à l'autorité publique compétente, accompagné de tous renseignements utiles et en particulier des informations fournies aux représentants des travailleurs. Une exception est prévue : en cas de cessation d'activité sur décision de justice, la notification à l'autorité publique n'est pas obligatoire, sauf demande formulée par celle-ci (182).

La notification à l'autorité publique a d'abord pour effet de faire partir un délai, qui est en principe de 30 jours, pendant lequel l'employeur ne peut pas encore donner effet aux licenciements ; ceci en outre sans préjudice du préavis de licenciement (183). La Cour de justice a dit dans l'arrêt *Junk* que l'employeur peut procéder à la résiliation des contrats après achèvement de la procédure de consultation, une fois celle-ci respectée, « *à condition que cette résiliation intervienne après la notification du projet de licenciement collectif à l'autorité publique* » (184).

Quelle est la mission remplie par l'autorité publique ? Il lui revient, pendant le délai signalé, « *de rechercher des solutions aux problèmes posés* » (185). La formule est vague, mais ouverte à un rôle actif de l'autorité publique. On peut penser, bien que la directive ne le dise pas explicitement, que l'autorité publique, qui doit être informée « *concernant les consultations des représentants des travailleurs* » (186), doit également veiller au bon déroulement de la procédure de consultation.

Les États membres peuvent accorder à l'autorité publique la faculté de réduire ou prolonger le délai de 30 jours. Celui-ci devant permettre de chercher des solutions aux problèmes soulevés, la décision de l'écourter se justifie, si les solutions ont pu rapidement être dégagées, notamment grâce à un accord avec les représentants des travailleurs. L'administration peut alors autoriser l'employeur à procéder immédiatement aux licenciements. À l'inverse, si les 30 jours n'ont pas suffi pour trouver des solutions satisfaisantes, une prolongation peut se justifier. La directive toutefois n'impose rien, elle laisse aux États membres le soin de décider s'il y a lieu ou non d'admettre des possibilités de réduction ou de prolongation du délai normal (187).

D. — Sanctions

377. Des sanctions définies par les droits nationaux. Il appartient aux États membres de veiller à faire respecter les obligations nées de la directive. Les travailleurs doivent disposer des procédures administratives et/ou judiciaires nécessaires (188). Le droit d'information et de consultation des travailleurs ayant une nature collective, un État membre qui assortit de limites le droit d'action individuelle

(181) Adoptée quelques jours à peine après la loi française du 3 janvier 1975, la directive du 17 février 1975 s'était écartée des contraintes du droit français sur un point fondamental. Elle n'avait pas imposé le mécanisme d'autorisation administrative des licenciements économiques que la loi française venait justement de remettre en vigueur… jusqu'à sa suppression en 1986.

(182) Article 3 § 1, alinéa nouveau ajouté par la révision de 1992.

(183) Article 4 § 1 de la directive.

(184) Arrêt *Junk*, 27 janvier 2005, préc., points 53 et 54

(185) Article 4 § 2 de la directive.

(186) Ainsi que l'énonce l'article 3 § 1.

(187) V. pour le droit français, l'article L.1233-41, ex-article L. 321-6, 2e alinéa, du Code du travail.

(188) Article 5 *bis* de la directive, rajouté en 1992.

des travailleurs tout en garantissant l'exercice d'un droit d'action collective ne méconnaît pas ce principe. Le principe de protection juridictionnelle effective sera correctement satisfait si ce sont les représentants des travailleurs qui disposent des procédures nécessaires pour faire respecter la directive (189).

La directive « Licenciements collectifs » ne s'écarte pas de la règle usuelle renvoyant aux États membres le soin de déterminer eux-mêmes comment seront sanctionnées les violations du droit communautaire (190). Lors de la révision de 1992, la Commission avait proposé que la création de procédures permettant aux travailleurs ou à leurs représentants d'obtenir la nullité des licenciements non conformes aux obligations d'information, de consultation (des représentants des travailleurs) et de notification (à l'autorité publique) prévues par la directive, soit imposée aux États membres (191). Le Conseil n'a pas suivi.

La jurisprudence de la Cour de justice conduit cependant à un résultat qui s'en rapproche, puisque la procédure de licenciement sera suspendue tant que l'employeur n'aura pas satisfait à ses obligations d'information et consultation (192).

La directive « Licenciements collectifs » et l'interprétation qu'en donne la Cour de justice ont pour effet de désigner, au sein des groupes, les sociétés qui sont parties à la relation de travail et qui, à ce titre, encourent les responsabilités de l'employeur. Sera sanctionnée la filiale, partie à la relation de travail, qui n'a pu respecter correctement ses obligations d'information et de consultation, quand bien même cette défaillance serait imputable à la société mère (193).

§ 2. — Les transferts d'entreprises ou d'établissements – Directive 2001/23

378. De la directive 77/187 à la directive 2001/23. La directive 77/187 du 14 février 1977 relative au maintien des droits des travailleurs en cas de transferts d'entreprises, d'établissements ou de parties d'établissements, a soulevé d'importantes difficultés d'interprétation et nécessité de nombreuses saisines de la Cour de justice. Ces difficultés sont d'abord et principalement relatives à la détermination du domaine d'application de la directive. Elles portent également sur les droits des travailleurs dont la directive réclame le maintien. Les procédures d'information et de consultation des représentants des travailleurs que prévoit la directive seraient plutôt, quant à elles, à l'origine d'un contentieux en manquement d'État.

Une proposition de révision de la directive avait été présentée le 8 septembre 1994 (194), en vue de tenir compte d'une part des tendances législatives nationales et de leur orientation vers la sauvegarde des entreprises en difficulté et des

(189) CJCE, 16 juillet 2009, *Mono Car Styling*, aff. C-12/08 ; v. *supra* n° 122.

(190) V. *supra* n° 369-370 pour des questions intéressant à la fois la directive « transfert d'entreprise » et la directive « licenciements collectifs ».

(191) Compte tenu du fait que la sanction de nullité est prévue, sous des modalités variables, dans une majorité des États membres (Allemagne..., Portugal).

(192) V. *supra* n° 375.

(193) V. *supra* n° 373, n° 375.

(194) *JOCE* n° C 274 du 1er octobre 1994.

emplois, de la jurisprudence de la Cour de justice, avec les consolidations et clarifications nécessaires que celle-ci appelle, d'autre part. La directive modificative, directive 98/50, a été adoptée le 29 juin 1998 (195). Comme il en va fréquemment des directives modificatives, la directive 98/50 codifie certains éléments notables de la jurisprudence de la Cour de justice, telle que la notion d'entreprise au sens de la directive, notion que la Cour de justice s'était efforcée de caractériser. Elle précise le domaine d'application de la directive, domaine matériel – les cas de transfert concernés – et domaine personnel – les travailleurs protégés. Elle apporte également des précisions concernant les informations qui doivent être données sur le transfert et concernant les destinataires de ces informations.

Une nouvelle codification de la directive 77/187 s'en est suivie, intégrant l'apport de la directive 98/50. Le texte désormais applicable est constitué par la directive 2001/23 du 12 mars 2001 (196).

379. Notion d'entreprise. Les interprétations que la Cour de justice des Communautés a été conduite à donner de la directive 77/178 (remplacée par la directive 2001/23) ont contribué à façonner la conception communautaire de l'entreprise au regard du droit social. Cette conception intègre la dimension humaine comme un des éléments essentiels de la notion d'entreprise. « *La notion d'entreprise renvoie à un ensemble organisé de personnes et d'éléments permettant l'exercice d'une activité économique* », répète régulièrement la Cour de justice (197).

S'il n'y a rien d'original dans les formules auxquelles la Cour s'est arrêtée, plusieurs enseignements peuvent toutefois en être tirés :

– une entreprise ne se réduit pas à une activité. Il ne suffit par exemple pas de constater qu'une « entité » nouvelle poursuit la même activité que celle à laquelle elle succède, ou une activité similaire, pour en conclure que la même entreprise se poursuit ;

– la notion d'entreprise suppose l'existence d'une organisation mise au service de l'activité exercée ;

– si le facteur « travail » est un élément intégrant de l'organisation définissant l'entreprise, son importance varie considérablement d'un type d'entreprise à l'autre, suivant que l'on est face à une entreprise dite « de main-d'œuvre » ou non. Il en va de la même façon des autres éléments composant une entrepriser.

*

* *

Ces idées se vérifieront en particulier dans la jurisprudence que la Cour de justice a développée concernant le champ d'application de la directive (A). L'objectif

(195) *JOCE* n° L. 201 du 17 juillet 1998. On ne signalera ici que les modifications les plus importantes ; les changements mineurs seront évoqués avec les questions qu'ils concernent directement. Le texte révisée a fait ensuite l'objet d'une nouvelle codification (*JOCE* L. 82 du 22 mars 2001), sans aucune modification de fond.

(196) *JOCE* n° L 82 du 22 mars 2001 ; v. loi n° 2005-843 du 26 juillet 2005 portant transposition de diverses mesures de droit communautaire.

(197) Arrêt *Süzen* du 11 mars 1997, cité *infra* n° 403 avec les autres décisions importantes rendues par la Cour de justice concernant la notion d'entreprise au regard de la directive « transferts d'entreprise ».

général de la directive est d'assurer, en dépit du transfert de l'entreprise et du changement d'employeur qui s'ensuit, le maintien des relations de travail et des droits qui s'y rattachent (B).

A. — Domaine d'application

380. Principes directeurs. On peut tenter de présenter synthétiquement la jurisprudence interprétative de la Cour de justice au travers de deux principes qui, posées par la Cour, ont pour fonction de guider les appréciations du juge national. Ces principes manifestent, de la part de la Cour de justice, un souci d'application large de la directive, mais font apparaître également que des limites y sont mises.

1) Le critère d'identité. La directive 77/187 est applicable dans les différentes hypothèses où l'entité transférée, caractérisable en tant qu'entreprise, établissement ou partie d'établissement, garde son identité en dépit du transfert. Le principe a été introduit par l'arrêt *Spijkers* (198), exposant que « *le critère décisif pour établir l'existence d'un transfert au sens de la directive est de savoir si l'entité économique transférée garde son identité* ». Il n'a pas cessé d'être confirmé depuis lors (199). La directive 2001/23, codifiant le critère, énonce désormais qu'« *est considéré comme transfert, au sens de la présente directive, celui d'une entité économique maintenant son identité* » (200).

2) L'indifférence au mode de transfert. La directive est applicable quel que soit le mode de transfert (de l'entité qui garde son identité), pourvu toutefois que le transfert ait un caractère conventionnel. La Cour de justice considère que la directive est « *applicable dans toutes les hypothèses de changement, dans le cadre de relations contractuelles, de la personne responsable de l'exploitation de l'entreprise* » (201). Peu importe donc le mode de transfert, une limite existant toutefois qui vient du texte même de la directive. Le texte de la directive déclare celle-ci applicable, aux transferts « *résultant d'une cession conventionnelle ou d'une fusion* » (202). Le transfert doit suivre un cheminement conventionnel ou volontaire.

1° L'entreprise transférée

381. La notion d'« entité qui garde son identité ». Le critère d'identité exprime une double exigence. Si l'entité transférée doit avoir conservé son identité, encore faut-il qu'elle ait pu être pour commencer identifiée en tant qu'entreprise. La directive s'applique à une entité, identifiée comme étant une entreprise, qui a conservé son identité malgré son transfert. Elle ne s'applique pas à une entité qui ne possédait pas, avant le transfert, les caractères définissant l'existence d'une entreprise au sens de la directive.

(198) CJCE, 18 mars 1986, aff. 24/85, *Rec.* p. 1124.

(199) CJCE, 19 mai 1992, *Redmond Stichting*, aff. C-29/91, *Rec.* I p. 3189 ; CJCE, 7 mars 1996, *Mercks et Neuuhuys*, aff. C-171 et 172/94, *Rec.* I p. 1267 ; CJCE, 11 mars 1997, *Süzen*, aff. C-13/95, *Rec.* I, p. 1259. L'arrêt *Schmidt*, CJCE, 14 avril 1994, aff. C-392/92, *Rec.* I, p. 1311 use (motif 17) d'une formule un peu différente, en énonçant que « *le critère décisif est celui du maintien de l'identité de l'entité économique* ».

(200) Article 1 § 1 b) de la directive 2001/23

(201) La formule se retrouve dans les arrêts *Merckx et Neuhuys*, CJCE, 7 mars 1996, aff. C-171 et 172/94, *Rec.* I, p. 1267, *Redmond Stichting*, CJCE, 19 mai 1992, aff. C-29/91, *Rec.* I, p. 3189. V. antérieurement, CJCE, 15 juin 1988, *Bork International*, aff. 101/87, *Rec.* p. 3057.

(202) V. désormais article 1 § 1 a) de la directive 2001/23 ; antérieurement, article 1 § 1 de la directive 77/187.

381-1. Définition de l'entreprise : activité, organisation ? Depuis l'arrêt *Spijkers*, les mêmes formules sont régulièrement reprises par la Cour de justice :

– la cour demande en premier lieu au juge national d'examiner si l'exploitation est effectivement poursuivie ou reprise, avec les mêmes activités ou des activités analogues. À ce premier stade des appréciations, l'élément qui importe est le maintien *ou la reprise* d'une exploitation ou d'une *activité* ;

– elle fait ensuite ressortir les circonstances de fait dont il convient de tenir compte pour vérifier si la même entreprise se poursuit : transfert ou non des éléments corporels (bâtiments et biens mobiliers), reprise des éléments incorporels, reprise ou non d'une partie importante des effectifs par le nouvel exploitant, transfert ou non de la clientèle, degré de similarité des activités exercées avant et après transfert.

Le dernier élément mentionné – la similarité d'activités – renvoie à une identification de l'entreprise par l'activité, mais les autres éléments traduisent une conception de l'entreprise en tant qu'ensemble organisé de moyens matériels, intellectuels et humains mis au service d'une finalité économique. On observera que dans cette conception, l'élément humain – le « facteur travail » – est regardé comme une composante de la notion d'entreprise et que le transfert d'effectif constitue par conséquent un indice du maintien de la même entreprise, indice qui prend une importance particulièrement marquée dans une entreprise « de main-d'œuvre » (203). Peu importe au demeurant que le personnel passe d'un employeur à l'autre à l'occasion du transfert ou qu'il soit réembauché par le nouvel employeur, l'ancien employeur ayant procédé à la résiliation des contrats de travail (204). Le même personnel se retrouvant, l'entité a gardé son identité.

En bref et suivant une présentation banale dont la Cour de justice ne s'écarte pas, l'entreprise constitue une organisation de moyens poursuivant un but ou une activité économique déterminés. « *La notion d'entreprise renvoie à un ensemble organisé de personnes et d'éléments permettant l'exercice d'une activité économique* » (205). La directive 2001/23, codifiant encore sur ce point la jurisprudence de la Cour de justice, énonce désormais que la directive s'applique au transfert d'une entité économique « *entendue comme un ensemble organisé de moyens, en vue de la poursuite d'une activité économique* ». Le nouveau texte ajoute, concernant l'activité économique, qu'il importe peu « *que celle-ci soit essentielle ou accessoire* » (206).

La réunion des deux composantes est nécessaire. La Cour y insiste en exposant que le critère fourni par la poursuite de l'exploitation ou de l'activité est certes important, mais qu'une entreprise est une entité organisée et qu'un transfert d'organisation, quand bien même celle-ci serait minimale, est nécessaire pour que la directive entre en application « *Une entité ne saurait être réduite à une activité* » ; d'autres éléments doivent être pris en compte, faisant apparaître l'existence d'un ensemble organisé de moyens (207). Il n'est toutefois pas nécessaire que l'organisation de

(203) V. *infra* n° 381-2.

(204) CJUE, 20 janvier 2011, *CLECE*, aff. C-463/09, v. pts 36 et 37.

(205) CJCE, 11 mars 1997, *Süzen*, aff. C-13/95, *Rec.* I, p. 1259 ; *Dr. soc.* 1997, p. 728, obs. P.-H. Antonmattéi.

(206) Article 1 § 1 b) de la directive 2001/23.

(207) Arrêt *Süzen*, préc. note précédente. La seule similarité d'activité ne permet pas de conclure au transfert d'une entité économique, a précisé ultérieurement la Cour de justice dans le prolongement de l'arrêt *Süzen* ; CJCE,

moyens qui fait l'objet d'un transfert conserve après transfert l'autonomie qui était la sienne avant celui-ci. La directive devra s'appliquer lorsque cette perte d'autonomie laisse toutefois subsister « *le lien fonctionnel d'interdépendance et de complémentarité* » qui existait « *entre les différents facteurs de production transférés* » (208) et qu'une activité économique identique ou analogue peut donc se poursuivre. Les notions d'autonomie et d'identité ne doivent pas être confondues, a également dit, plus récemment, la Cour de justice (209).

381-2. Pondération variable des éléments d'appréciation, évaluation d'ensemble. La prise en compte et le poids respectif des différents éléments d'appréciation mentionnés par la Cour de justice variera suivant le type d'entreprise et la nature des investissements qu'il suppose. Certains sont-ils indispensables ?

La Cour de justice estime que non. Ce n'est notamment pas le cas pour le transfert d'éléments corporels ou incorporels. Un transfert d'entreprise ou d'établissement peut avoir lieu au sens de la directive, alors qu'aucun transfert d'éléments d'actifs ne se constate (210). La Cour de justice va jusqu'à énoncer que « *dans certains secteurs dans lesquels l'activité repose essentiellement sur la main-d'œuvre, une collectivité de travailleurs que réunit durablement une activité commune peut correspondre à une entité économique* » (211). S'opposent ainsi les entreprises de main-d'œuvre (212) et celles qui reposent sur leur équipement (213).

S'agissant d'une entreprise de main-d'œuvre, la directive ne sera pas applicable lorsque le cessionnaire ne reprend pas une « *partie essentielle des effectifs* » qui était en service avant le changement d'employeur et engage un nouveau personnel (214). Faute que se retrouve le même personnel, l'entreprise aura perdu son identité. Inversement, pour une entreprise ne se définissant pas par sa main-d'œuvre, la Cour de justice a pu estimer que la directive s'applique à un transfert opéré alors qu'aucun personnel n'était en fonction au moment du transfert (215).

10 décembre 1998, *F. Sanchez Hidalgo*, aff. jtes C-173/96 et C-247/96, *Rec.* I, p. 8237 ; CJCE, 10 décembre 1998, *F. Hernandez Vidal SA*, aff. jtes C-127/96 et al., *Rec.* I, p. 8179. « *Le seul transfert d'une activité de l'entreprise ne constitue pas en soi un transfert au sens de la directive* » disait la proposition de directive modificative, dont la rédaction, postérieure à l'arrêt *Schmidt*, était antérieure à l'arrêt *Süzen*. La restriction a disparu du texte finalement adopté.

(208) Formule médiocrement éclairante utilisée par CJUE, 12 février 2009, *Klarenberg*, aff. C-466/07, v. pts. 47 et 53.

(209) CJUE, 29 juillet 2010, *UGT-FSP*, aff. C-151/09 ; v. *infra* n° 395.

(210) CJCE, 14 avril 1994, *Schmidt*, aff. C-392/92, *Rec.* I, p. 1311, à propos de la sous-traitance de travaux de nettoyage des locaux assurés auparavant de manière directe par une entreprise ; *RJS* 1995, chron. J. Déprez ; *D.* 1994. 533, note B. Chauvet ; *JCP* 1994, éd. E. I 380, obs. Antonmattéi ; *Dr. soc.* 1994, p. 931, obs. P. Pochet. CJCE, 7 mars 1996, *Merckx et Neuhuys*, aff. C-171 et 172/94, *Rec.* I, p. 1267, concernant le transfert d'une concession de vente de véhicules automobiles dans de nouveaux locaux et avec d'autres équipements ; v. également, CJUE, 29 juillet 2010, *UGT-FSP*, aff. C-151/09, pt. 28 ; CJUE, 20 janvier 2011, *CLECE*, aff. C-463/09, pt. 35.

(211) CJCE, 2 décembre 1999, *Allen*, aff. C-234/98, point 29 ; v. antérieurement, les arrêts *Süzen, Hernandez Vidal, Hidalgo*, précités.

(212) Entreprises de nettoyage de locaux par exemple, cf. arrêt *Schmidt*, préc., ou plus récemment, CJCE, 24 janvier 2002, *Temco*, aff. C-51/00, *Rec.* I p. 969 ; v. également, CJUE, 20 janvier 2011, *CLECE*, aff. C-463/09.

(213) Ainsi dans la restauration collective, activité « *qui ne peut être considérée comme reposant essentiellement sur la main-d'œuvre, dans la mesure où elle exige des équipements importants* », CJCE, 20 novembre 2003, *Abler*, aff. C-340/01, *Rec.* I, p. 14023.

(214) CJUE, 20 janvier 2011, *CLECE*, aff. C-463/09.

(215) Arrêt *Abler*, préc., et déjà, CJCE, 17 décembre 1987, *Ny Molle Kro*, aff. 287/86, *Rec.* p. 5465.

Chaque élément constitue un indice dont il convient de tenir compte, aucun n'est absolument indispensable. Mais aucun ne doit être négligé et la Cour de justice répète régulièrement que le juge national doit « *prendre en considération l'ensemble des circonstances de fait qui caractérise l'opération* » et procéder à une « *évaluation d'ensemble* » de celle-ci (216).

382. Secteur public et secteur privé. La directive modificative du 29 juin 1998 a déclaré la directive applicable à toute entreprise publique ou privée, exerçant une activité économique, que ce soit à but lucratif ou non (217). Le motif que l'activité s'exerce dans l'intérêt public ne suffit pas à écarter l'application de la directive, ajoute la Cour de justice (218).

Quid de la réorganisation de structures de l'administration publique et du transfert d'*attributions administratives* d'une administration à une autre ? Des tâches administratives ne relèvent pas de la notion d'entreprise, laquelle implique l'existence d'une activité économique, a dit la Cour de justice, si bien que la directive ne s'applique pas, même si les activités de puissance publique en question présentent accessoirement un aspect économique (219). L'exclusion prononcée par la Cour concerne les activités administratives, non pas les entreprises publiques qui exercent une activité économique. Elle ne concerne pas non plus les éléments ou parties d'activité d'un organisme public qui ne relèvent pas de l'exercice de la puissance publique (220).

Les transferts au secteur privé d'activités économiques gérées jusque-là par un organisme public intégré à l'administration de l'État, entre dans le domaine d'application de la directive : ainsi du transfert à une société de droit privé de services de télécommunications à usage du public (221).

La directive reste encore applicable à la situation inverse, dans laquelle une activité exercée antérieurement dans l'intérêt public par une association de droit privée est reprise directement par une commune, personne morale de droit public (222).

(216) Cf. arrêts *Spijkers*, *Süzen*, *Abler*, préc. *Adde*, CJCE, 15 décembre 2005, *Güney-Görres*, aff. C-232-04.

(217) Article 1 § 1 c) de la directive 2001/23.

(218) CJCE, 26 septembre 2000, *D. Mayeur*, aff. C-175/99.

(219) CJCE, 15 octobre 1996, *Annette Henke*, aff. C-298/94.

(220) Ainsi d'une activité d'aide à domicile de personnes défavorisées ou d'une activité de gardiennage, CJCE, 10 décembre 1998, *F. Sanchez Hidalgo*, aff. jtes C-173/96 et C-247/96, *Rec.* I, p. 8237.

(221) CJCE, 14 septembre 2000, *R. Collino c. Telecom Italia*, aff. C-343/98, *Rec.* I, p. 6659 ; l'hypothèse plus précise étant celle d'un transfert à titre onéreux, par concession administrative, de l'exploitation de services de télécommunications publiques, à une société de droit privé, elle-même constituée par un organisme public en détenant l'intégralité du capital.

(222) CJCE, 26 septembre 2000, *D. Mayeur*, aff. C-175/99, *Rec.* I, p. 7755 ; encore faut-il, bien entendu, que l'entité transférée conserve son identité, suivant ce que veut la règle générale posée par la Cour de justice. Or, ajoute celle-ci dans l'arrêt, cette identité peut être compromise par la modification de l'organisation, du fonctionnement, du financement et des règles de gestion applicables, modification que le passage sous l'empire des règles de droit administratif peut produire. Le Conseil d'État français, en se référant à l'arrêt *Mayeur* de la Cour de justice, a jugé que « *lorsque l'activité d'une entité économique employant des salariés de droit privé est reprise par une personne publique gérant un service public administratif* », celui-ci, « *réserve faite du cas où le transfert entraînerait un changement d'identité de l'entité transférée* », doit assurer le maintien des contrats de travail, 22 octobre 2004, *Lamblin*, n° 245154. L'arrêt concernait le transfert aux services administratifs d'un département d'une activité de lutte contre la tuberculose gérée par une association privée reconnue d'utilité publique. V. également, CJUE, 20 janvier 2011, *CLECE*, aff. C-463/09 : reprise par une commune d'une activité de nettoyage confiée antérieurement à une entreprise privée. Sur la modification du contrat que la personne publique d'accueil peut proposer aux salariés, v. *infra* n° 393.

383. Subdivisions de l'entreprise. La directive est appelée à s'appliquer au transfert de parties d'entreprise, établissements ou parties d'établissements, en fonction des critères qui ont été décrits. Ce n'est pas la taille qui importe, mais la possibilité d'identifier dans la subdivision de l'entreprise l'existence d'une entité économique isolable et stable, entité qui garde son identité après le transfert. Quant au seul transfert d'une activité de l'entreprise, il ne suffit pas, on l'a vu, à justifier l'application de la directive.

Lorsqu'une partie d'entreprise est cédée, il faudra donc « *vérifier si les éléments d'exploitation transférés par le cédant constituaient chez lui un ensemble opérationnel se suffisant à lui-même* » et permettant d'assurer « *l'activité économique de l'entreprise sans nécessiter le recours à d'autres éléments d'exploitation importants* » (223).

La Cour peut ainsi déduire des critères qui sont les siens que la simple *perte d'un marché* de services, qui ne s'accompagne ni d'une cession d'éléments d'actifs, ni d'aucune reprise de personnel, ne constitue pas un transfert d'entité économique au sens de la directive (224).

L'exécution d'un ouvrage déterminé ne peut non plus suffire à caractériser l'existence d'une entité économique autonome susceptible d'être transférée et la reprise d'un *chantier* ne relève pas de la directive (225). Une stabilité, un élément de durée est nécessaire.

Mais la sous-traitance d'une activité régulière de l'entreprise accompagnée du transfert du personnel qui y était affecté peut constituer un transfert relevant de la directive, même s'il ne concerne qu'un seul travailleur (226). La taille de l'entité transférée importe peu. La cession d'activités particulières de l'entreprise constituant des missions indépendantes peut relever de la directive, avait dit précédemment la Cour de justice (227).

384. Groupes de sociétés. La directive est-elle susceptible de s'appliquer à des opérations qui se produisent entre sociétés d'un même groupe ? Cette question a été posée à la Cour de justice, dans une affaire *Allen*, à propos d'un transfert d'un ensemble de travailleurs entre sociétés filiales faisant partie d'un même groupe. La Cour répond que la directive a « *vocation à régir toute mutation juridique de la personne de l'employeur* » et qu'elle peut donc s'appliquer entre sociétés qui, tout en faisant partie d'un même groupe, « *constituent des personnes morales distinctes, engagées dans des relations de travail spécifiques avec leurs salariés* » (228).

(223) CJCE, 13 septembre 2007, *Jouini*, aff. C-458/05, concernant le transfert partiel d'une entreprise de travail intérimaire à un nouvel opérateur. V. également, CJUE, 12 février 2009, *Klarenberg*, aff. C-466/07.

(224) Arrêt *Süzen*, à propos du transfert d'un marché de nettoyage. Il n'empêche que Le transfert d'un service de nettoyage ou de gardiennage relèveront de la directive « *pour autant que l'opération s'accompagne du transfert d'une entité économique* » et va donc au-delà du seul transfert du *marché* ; CJCE, 10 décembre 1998, *F. Sanchez Hidalgo ; F. Hernandez Vidal ;* préc.

(225) CJCE, 19 septembre 1995, *Rygaard*, aff. C-48/94, *Rec.* I, p. 2758, concernant les travaux relatifs à la construction d'une cantine.

(226) Arrêt *Schmidt*, préc.

(227) CJCE, 19 mai 1992, *Redmond Stichting*, aff. C-29/91, *Rec.* I, p. 3212. Le préambule de la proposition de directive modifiée énonçait que le transfert d'une seule fonction de l'entreprise n'entraîne pas l'application de la directive.

(228) CJCE, 2 décembre 1999, *Allen*, aff. C-234/98.

Si les autres conditions réclamées par la directive sont par ailleurs réunies et, plus précisément, si un transfert consistant simplement à muter du personnel d'une société vers une autre société suffit à caractériser le transfert d'une entité économique (229), alors la directive s'appliquera (230).

L'arrêt *Allen* a l'intérêt particulier de distinguer, au regard de la directive 77/187, la notion d'entreprise de celle que retient le droit de la concurrence, concernant les accords et pratiques anticoncurrentiels. L'espèce était relative à une situation dans laquelle les relations entre sociétés du groupe étaient si étroites (mêmes propriétaires, mêmes dirigeants, mêmes locaux, activités se complétant en vue de la réalisation d'un ouvrage déterminé) qu'elles formaient une unité économique (231). Or la Cour de justice estime, au regard du droit de la concurrence, que les sociétés formant pareille unité économique ne jouissent pas d'une autonomie réelle et que par conséquent les relations qui se nouent entre elles ne peuvent constituer un accord ou une pratique concertée restreignant le jeu normal de la concurrence et condamnables à ce titre (232). Mais l'application du même principe au transfert de salariés à l'intérieur d'un groupe de sociétés allant à l'encontre de l'objectif de la directive 87/187, qui est d'assurer le maintien des droits des salariés transférés, la Cour de justice l'a écartée dans l'arrêt *Allen*. Elle a fait prévaloir la séparation formelle entre sociétés membres du groupe, se refusant à admettre que plusieurs sociétés forment ensemble un unique employeur (233). Chacune, ayant une personnalité juridique distincte, est un employeur distinct (234). Les opérations de transfert entre ces employeurs distincts relèvent donc de la directive.

385. Localisation de l'entreprise. La directive s'applique si l'entité économique à transférer (entreprise, établissement ou partie d'établissement) se trouve dans le champ d'application territorial du traité (235).

Peu importe la localisation du siège ou de la direction centrale de l'entreprise. Seule compte la localisation de l'entité transférée à l'intérieur de la Communauté. Si l'entité se situe à l'intérieur de l'Union, les obligations nées de la directive s'appliquent et, notamment, celles qui concernent l'information et la consultation des travailleurs.

En énonçant que les obligations nées de la directive s'appliquent indépendamment du fait que la décision est prise par l'employeur ou par une entreprise qui le contrôle, la directive modificative vise les groupes de sociétés et plus encore les groupes multinationaux (236). Si, en l'état actuel, la règle n'est pas expressément

(229) V. *supra* n° 381.

(230) L'enjeu d'espèce étant le maintien de conditions de travail aussi favorables que précédemment.

(231) On retrouve ainsi, en droit de la concurrence, une notion voisine de celle d'unité économique et sociale connue du droit du travail français.

(232) V. spécial. CJCE, 24 octobre 1996, *Viho c. Commission*, aff. C-73/95, *Rec.* I, p. 5457.

(233) L'application d'une théorie de l'employeur unique et la non-application corrélative de la directive 87/187, auraient-elles eu nécessairement un effet défavorable aux travailleurs ? On peut en discuter en mettant en avant un principe voulant que dans une même entreprise, ou face à un même employeur, les travailleurs placés dans des situations semblables doivent être traités à égalité.

(234) V. les points 18 à 20 de l'arrêt *Allen*.

(235) C'est ce qu'énonce l'article 1 § 2 de la directive 2001/23.

(236) Article 7 § 4 de la directive 2001/23, qui reprend la règle déjà posée pour les licenciements collectifs, v. *supra* n° 373.

formulée, il s'infère néanmoins du texte de la directive que les décisions prises depuis une direction centrale d'un groupe située dans un autre État membre de l'Union ou située hors de l'Union doivent respecter la directive.

2° Le mode de transfert

386. Cessions directes et cessions indirectes. La directive est applicable aux transferts résultant d'une cession conventionnelle (237). Dès l'arrêt *Abels* (238), la Cour de justice, en tenant compte des différentes versions linguistiques de la directive (239), a posé le principe d'une interprétation souple et large de la notion de cession conventionnelle.

Pas de difficulté si l'opération résulte d'une convention liant directement cédant et cessionnaire et assurant du caractère volontaire du transfert. La directive s'applique que l'on vise une vente ou une autre opération conventionnelle transférant les responsabilités de l'exploitation à une nouvelle personne (240). Peu importe si la propriété de l'entreprise est transférée (241). La directive régira aussi bien la concession ou la sous-traitance d'une activité de services (242), une concession de vente (243), ou des cas de mise en location (244). Peu importe encore que le transfert – du secteur administratif de l'État vers une entité privée – résulte d'une décision unilatérale des pouvoirs publics et non d'un concours de volontés (245), ou encore de la décision unilatérale d'une collectivité publique de gérer elle directement un service antérieurement confié à une entreprise privée (246).

La discussion a principalement porté sur les hypothèses de transfert indirect de l'exploitation. Sont ici visées des situations triangulaires, aujourd'hui très répandues, dans lesquelles une entreprise tierce s'intercale entre les deux entrepreneurs successifs ; situations qui correspondront fréquemment à des cas dans lesquels le transfert ne porte pas sur la propriété de l'entreprise. Ainsi du propriétaire d'un restaurant qui donne celui-ci en gérance à un premier exploitant, met fin à ce premier contrat, puis contracte avec un second exploitant. La directive s'applique-t-elle ? Oui, répond la Cour de justice, le fait que le transfert soit effectué en deux phases, qui l'une comme l'autre ont un caractère conventionnel, n'exclut pas l'applicabilité de la directive (247). Il n'est pas nécessaire qu'un lien de droit direct existe entre

(237) Article 1 § 1 des directives 77/187 et 2001/23.

(238) CJCE, 7 février 1985, aff. 135/85, *Rec.* p. 479.

(239) Si les versions allemande, française, italienne, néerlandaise, visent clairement des cessions ayant un caractère conventionnel, les versions anglaise (« *legal transfer* ») ou danoise ouvrent vers une application plus large.

(240) V. *supra* n° 402, pour la formule utilisée par la Cour de justice.

(241) CJCE, 17 décembre 1987, *Ny Molle Kro*, aff. 287/86 ; *Rec.* p. 5465.

(242) CJCE, 12 novembre 1992, *Rask*, aff. C-209/91, *Rec.* I, p. 5755 ; CJCE, 14 avril 1994, *Schmidt*, aff. C-392/92, *Rec.* I. p. 1311.

(243) CJCE, 7 mars 1996, *Merckx*, aff. C-171 et 172/94, *Rec.* I, p. 1267.

(244) Arrêt *Ny Molle Kro*, précité ; CJCE, 5 mai 1988, *Berg*, aff. 144 et 145/87, *Rec.* p. 2559.

(245) CJCE, 14 septembre 2000, *R. Collino c. Telecom Italia*, aff. C-343/98, *Rec.* I, p. 6659.

(246) CJCE, 10 décembre 1998, *Hernández Vidal e.a.*, C-127/96 ; CJUE, 20 janvier 2011, *CLECE*, aff. C-463/09.

(247) CJCE, 10 février 1988, *Tellerup, dit « Daddy's Dance Hall »*, aff. 324/86, *Rec.* p. 739, *RJS* 1989, p. 10, obs. J. Déprez ; *Dr. soc.* 1988, p. 455, concl. Darmon, obs. G. Couturier ;*RTD eur.* 1988, p. 709, note P. Rodière ; v. également, pour le transfert d'un contrat de location-gérance, CJCE, 17 décembre 1987, *Ny Molle Kro*, *Rec.* p. 5465 ; CJCE, 15 juin 1988, *Bork International*, aff. 101/87, *Rec.* p. 3057. Quant à l'arrêt *Süzen*, relatif au transfert d'un marché de nettoyage, CJCE, 11 mars 1996, précité, il n'exprime aucun refus d'appliquer la directive aux transferts indirects.

entrepreneurs successifs (248). La directive devra même s'appliquer lorsque le premier entrepreneur a sous-traité à un sous-entrepreneur les tâches qui lui avaient été confiées (249).

387. Entreprises soumises à une procédure administrative ou judiciaire. En ce qui concerne les procédures administratives ou judiciaires applicables aux entreprises en difficulté, la Cour de justice a d'abord procédé à une distinction entre celles qui tendent à la liquidation et celles qui pour objet la poursuite de l'activité de l'entreprise et son redressement. Le transfert opéré dans le premier cas ne relève pas de la directive (250). Il en relève dans le second (251). Elle a ensuite corrigé cette distinction en tenant compte du fait que le transfert de l'entreprise à des fins de liquidation concernera fréquemment une entreprise en situation de faillite, mais peut aussi concerner une entreprise saine et correspondre simplement à la volonté des associés de mettre fin à leur société. Dans ce dernier cas, la directive sera applicable (252).

Cette jurisprudence, formée en interprétation de la directive 77/187, mettait en avant l'opposition entre transfert conventionnel, relevant de la directive, et transfert forcé, n'en relevant pas. L'intervention du juge ou de l'autorité administrative a une portée moindre dans le cas d'un transfert tendant au redressement de l'entreprise ou à une liquidation volontaire, que ne nécessite pas un état de faillite ou d'insolvabilité. Cédant et cessionnaire (liquidateur dans la seconde hypothèse visée) organisant volontairement le transfert, la cession ne présente pas un caractère forcé, même si elle est contrôlée par le juge ou par l'autorité administrative. Il est donc possible de parler de cession conventionnelle et la directive doit s'appliquer.

La directive 2001/23 dit aujourd'hui que, sauf dispositions nationales contraires, ses dispositions relatives au maintien des droits (on peut parler du « statut ») des travailleurs (articles 3 et 4 de la directive) ne s'appliquent pas aux transferts opérés « *en vue de la liquidation des biens du cédant* », lorsque s'exerce « *le contrôle d'une autorité publique compétente* » (253).

(248) L'arrêt *Tellerup(Daddy's Dance Hall)* a conduit la Cour de cassation française à devoir revenir en arrière et renoncer au revirement de jurisprudence qu'elle avait tenté d'opérer en ce qui concerne le domaine d'application de l'article L. 122-12, alinéa 2 (L. 1224-1) du Code du travail. En 1985 et 1986, la Cour de cassation revient sur sa jurisprudence *Goupy* – Cass. civ., 27 février 1934 – et énonce que l'application de l'article L. 122-12 « implique l'existence d'un lien de droit entre les employeurs successifs » – Cass. soc., 12 juin 1986, *Desquenne et Giral, Dr. soc.* 1986, p. 608, concl. PICCA ; *JCP* 1986 II 20705, obs. FLÉCHEUX et BAZEX ; après Cass. ass. plén., 15 novembre 1985, *Nova services, Dr. soc.* 1986 p. 1 concl. PICCA, note G. COUTURIER ; *JCP* 1986 II 20705 –. Le 16 mars 1990, elle s'« incline » devant la Cour de justice dans trois arrêts d'Assemblée plénière, dans lesquels elle énonce que la directive 77/187 et l'article L. 122-12 (L. 1224-1) du Code du travail s'appliquent « *même en l'absence de lien de droit entre les employeurs successifs* » ; *D.* 1990, p. 305, note A. LYON-CAEN ; *JCP* 1990, éd. E. II 15825, obs. J. DÉPREZ ; *Dr. soc.* 1990, p. 490, obs. G. COUTURIER et X. PRÉTOT.

(249) CJCE, 24 janvier 2002, *Temco Service Industries,* aff. C-51/00, *Rec.* I, p. 969, concernant un marché de nettoyage de locaux que le premier contractant avait confié à un sous-traitant ; la directive doit s'appliquer, le nouvel entrepreneur ayant repris à son service une partie importante du personnel du sous traitant du premier entrepreneur et ceci en vertu de la convention collective applicable.

(250) CJCE, 7 février 1985, *Abels*, aff. 135/85, pour la procédure italienne de liquidation administrative forcée.

(251) CJCE, 7 février 1985, cité note précédente, pour une procédure de sursis de paiement ; CJCE, 7 décembre 1995, *Luigi Spano*, aff. C-472/93, *Rec.* I, p. 4338.

(252) CJCE, 12 mars 1998, *Jules Dethier Équipement SA*, aff. C-319/94.

(253) Article 5 § 1 directive 2002/23 ; v. également *infra* n° 396.

B. — Maintien des relations de travail

388. Maintien de l'emploi ou maintien des droits ? Suivant la formule retenue par la Cour de justice, la directive 77/187 du 14 février 1977 (remplacée par la directive 2001/23) « *tend à assurer le maintien des droits des travailleurs en cas de changement d'employeur en leur permettant de rester au service du nouvel employeur dans les mêmes conditions que celles convenues avec le cédant* » (254). On a pu constater précédemment que le maintien d'une partie importante des effectifs constitue un signe important, parfois décisif, que la même entreprise se poursuit (255). La directive « Transfert » n'a pas pour but ou pour effet premiers d'assurer le maintien des emplois ; elle s'applique si, en nombre suffisant, les emplois sont maintenus. Le but poursuivi par la directive est d'abord, comme la lettre de son titre le dit, de garantir aux travailleurs, dans leurs relations avec le nouvel employeur, le maintien des droits qui étaient les leurs dans les relations avec l'ancien employeur (256). En bref, le maintien du statut avant le maintien des emplois.

1° Les travailleurs protégés

389. Transfert des contrats de travail en cours. Première question : quels sont les travailleurs dont les droits sont protégés ? Ce sont ceux dont le contrat ou la relation de travail est en cours à la date du transfert (257). Le cessionnaire n'a aucune obligation à l'égard des travailleurs qui n'étaient plus employés de l'entreprise à la date du transfert et en particulier n'est pas tenu de celles du cédant (258).

389-1. Date du transfert. La date du transfert est donc importante, puisqu'elle détermine quels sont les travailleurs susceptibles de se prévaloir de la protection prévue par la directive. Peut-on consentir au cédant et au cessionnaire la faculté de fixer une date de transfert des travailleurs autre que celle du transfert de l'entreprise ? Non, a répondu la Cour de justice (259). Les dispositions de la directive revêtent un caractère impératif, qui s'oppose aux dérogations qui résulteraient de la fixation d'une date de transfert des contrats de travail différente de celle du « *transfert de la qualité de chef d'entreprise responsable de l'exploitation* » (260).

389-2. Notion de travailleur. Quant à l'existence d'un contrat ou d'une relation de travail, c'est au droit national de l'apprécier (261). Alors qu'elle l'a fait pour les

(254) CJCE, 15 juin 1988, *Bork International*, aff. 101/87, *Rec.* p. 3057 (motif 13) ; antérieurement, CJCE, 5 mai 1988, *Berg et Busschers*, aff. 144 et 145/87, *Rec.* p. 2559.

(255) V. *supra* n° 381.

(256) Les objectifs poursuivis par la directive sont, on le voit, clairement distincts de ceux que la jurisprudence de la Cour de cassation attribuait traditionnellement à l'ex-article L. 122-12, alinéa 2, L. 1224-1 actuel du Code du travail : assurer la stabilité de l'emploi. Ce que le droit français concevait, avec un succès très relatif, comme l'effet attendu de la règle, s'est transformé en droit communautaire en une condition de son application.

(257) Article 3 § 1 de la directive ; CJCE, 15 juin 1988, *Bork International ;* aff. 101/87, *Rec.* p. 3057 ; CJCE, 11 juillet 1985, *Danmols*, aff. 105/84, *Rec.* p. 2639 ; v. également l'arrêt *Ny Molle Kro*, précité.

(258) CJCE, 7 février 1987, *Wendelboe*, aff. 19/83, *Rec.* p. 457.

(259) CJCE, 14 novembre 1996, *Rostard de Hertaing*, aff. C-305/94, *Rec.* I, p. 5927

(260) CJCE, 26 mai 2005, *Celtec*, aff. C-478/03. V. également, antérieurement, CJCE, 5 mai 1988, *Berg*, *Rec.* p. 2559.

(261) Arrêts *Bork, Danmols, Ny Molle Kro*, précités.

besoins de l'application d'autres textes de droit de l'Union, la Cour de justice n'a pas entendu ici, donner une définition de la notion de travailleur. La directive 2001/23 a maintenu cette orientation en laissant les droits nationaux définir le contrat ou la relation de travail, mais s'oppose néanmoins aux exclusions des travailleurs à temps partiel ou sous contrat à durée déterminée, ainsi qu'à celle des contrats d'intérim, exclusions du champ d'application que certains États membres avaient pu abusivement vouloir consacrer (262).

Qu'en sera-t-il des travailleurs appartenant au secteur public ? Ne sont visées par la directive que les seules personnes qui sont protégées en tant que travailleurs par la législation nationale en matière de droit du travail, dit la Cour de justice ; les personnes soumises à un statut de droit public y échappent (263).

389-3. Identification du cédant : employeurs « *contractuel et non contractuel* ». La Cour précise cependant, dans l'hypothèse où seule une partie de l'entreprise est transférée, que la protection s'applique aux travailleurs affectés à la partie de l'entreprise qui est cédée, la relation de travail étant, dit-elle, caractérisée par le lien existant entre le travailleur et la partie de l'entreprise à laquelle il est affecté pour l'accomplissement de sa tâche (264). C'est alors l'établissement d'affectation qui apparaît, au regard de la directive, comme étant l'employeur, et non pas l'entreprise.

Plus récemment, la Cour de justice, s'interrogeant sur l'expression changement « *de chef d'entreprise* » utilisée par la directive, a estimé qu'au sein d'un groupe de sociétés, peuvent coexister deux employeurs, « *l'un ayant des rapports contractuels avec les travailleurs de ce groupe et l'autre ayant des rapports non contractuels avec ces derniers* ». Peut être considéré comme un « *cédant* » au sens de la directive « *l'employeur responsable de l'activité économique de l'entité transférée qui, à ce titre, établit des relations de travail avec les travailleurs de cette entité, et ce en dépit de l'absence de rapports contractuels avec lesdits travailleurs* » (265).

390. Opposition du travailleur. Le travailleur peut-il s'opposer au transfert de son contrat ou de sa relation de travail au cessionnaire ? La CJCE avait d'abord jugé que la règle communautaire relative au transfert de la relation de travail n'est pas applicable lorsque l'intéressé décide librement qu'il ne travaillera pas pour le nouveau chef d'entreprise (266). Elle a ensuite précisé, en invoquant « *les droits fondamentaux du travailleur* », que celui-ci « *doit être libre de choisir son employeur et ne peut être obligé de travailler pour un employeur qu'il n'a pas librement*

(262) Article 2 § 2 de la directive 2001/23. S'agissant des travailleurs sous contrat d'intérimaire, l'hypothèse visée est celle d'un transfert de l'entreprise de travail intérimaire ou temporaire, non celle d'un transfert de l'entreprise utilisatrice.

(263) CJCE, 14 septembre 2000, *R. Collino c. Telecom Italia*, aff. C-343/98, *Rec.* I, p. 6659 ; v. *supra* n° 404. Sur la transformation d'un contrat de travail de droit privé en un contrat de droit public, v. Conseil d'État, 22 octobre 2004, *Lamblin*, décision dans laquelle le Conseil d'État juge que la directive 77/187 ne confère aucun droit d'être titularisé dans la fonction publique au travailleur intéressé.

(264) CJCE, 7 février 1985, *Botzen*, aff. 186/83, *Rec.* p. 519 ; CJCE, 12 novembre 1992, *Rask*, aff. C-209/91, *Rec.* I, p. 5755.

(265) CJUE, 21 octobre 2010, *Albron Catering*, aff. C-242/09, v. pts. 30 et 31.

(266) CJCE, 11 juillet 1985, *Danmols Inventar*, aff. 105/84, *Rec.* p. 2639.

choisi » (267). Le travailleur peut-il, en ce cas, prétendre demeurer au service du cédant (268) ? La directive ne le commande pas et ne s'y oppose pas non plus. Il appartient aux États membres d'en décider, en prévoyant que le travailleur reste au service du cédant, ou encore en posant que, s'il y a rupture, le contrat est considéré comme résilié soit à l'initiative du salarié, soit à celle de l'employeur, l'employeur concerné étant le cédant, puisque le refus du salarié fait échec au transfert (269). En toute hypothèse, il se déduit du droit qu'a le salarié de refuser le transfert que son refus ne peut être constitutif d'une faute (270).

2° Licenciements

391. Licenciements occasionnés par le transfert. La directive ne fait pas obstacle aux licenciements pouvant intervenir pour des raisons économiques, techniques ou d'organisation (271). Le transfert ne peut cependant constituer en lui-même un motif de licenciement pour le cédant ou pour le cessionnaire. C'est la double règle formulée par l'article 4 § 1 de la directive 2001/23 (272).

Le cédant et le cessionnaire sont en droit de licencier s'ils ont des raisons économiques, techniques ou d'organisation d'introduire des changements sur le plan de l'emploi. Que dire cependant de l'hypothèse dans laquelle le cédant a licencié avant le transfert, le cessionnaire réembauché après ? La Cour de justice a, dans une première décision, estimé que les licenciements prononcés n'étaient pas justifiés, puisque les travailleurs licenciés peu de temps avant le transfert ont été réembauchés après, que le seul motif du licenciement résidait dans le transfert lui-même, et que les travailleurs intéressés « *doivent être considérés comme étant toujours employés de l'entreprise à la date du transfert* » (273).

La Cour a ensuite, dans une nouvelle affaire, étendu cette même solution à l'hypothèse dans laquelle un salarié licencié par le cédant peu avant le transfert

(267) CJCE, 16 décembre 1992, *Katsikas*, aff. C-132, 138 et 139/91, *Rec.* I. p. 6577 ; CJCE, 7 mars 1996, *Merckx & Neuhuys*, aff. C-171 et 172/94, *Rec.* I, p. 1267 ; antérieurement, CJCE, 10 février 1988, *Tellerup, dit « Daddy's Dance Hall »*, aff. 324/86, *Rec.* p. 739.

(268) On observera que la directive du 14 octobre 1991 sur l'obligation d'informer le travailleur des conditions du contrat de travail vise l'identité des parties parmi les éléments essentiels du contrat de travail (article 2 § 2) ; v. *infra* n° 451-452.

(269) Arrêts *Merckx* et *Katsikas*, cités note précédente ; *adde*, CJCE, 24 janvier 2002, *Temco Service Industries*, aff. C-51/.00, *Rec.* I, p. 969.

(270) La Cour de cassation française, les dispositions de l'ex-article L. 122-12 (aujourd'hui article L. 1224-1) du Code du travail étant d'ordre public, juge traditionnellement que le salarié n'est pas en droit de s'opposer au transfert de son contrat de travail. Cette jurisprudence évoluera-t-elle vers la reconnaissance du droit d'opposition du salarié ? V. Cass. soc., 20 mars 2002, *Maldonado*, *Bull. civ.* V, n° 94 ; Cass. soc., 11 mars 2003, *Voisin*, *Bull. civ.* V, n° 86 ; Cass. soc., 14 décembre 2004, *Auchan*, *Bull. civ.* V, n° 331 ; Cass. soc., 10 octobre 2006, *CEPA*, *Bull. civ.* V, n° 331, décisions d'où il découle finalement que le refus du salarié sera traité comme une démission, avec tous les désavantages en résultants pour lui, et qui dénotent les fortes réticences de la Cour de cassation à changer sa position.

(271) Remarquons que les raisons d'organisation sont admises en général, sans être limitées à celles qui tendent à préserver l'avenir de l'entreprise ; v. en contraste, sur cette question, s'agissant du droit français des licenciements économiques, la jurisprudence *Thomson-Vidéocolor* (Cass. soc., 5 avril 1995, *Bull. civ.* V, n° 216) n'acceptant comme motif valable de licenciement économique que la restructuration ou réorganisation tendant à sauvegarder la compétitivité de l'entreprise.

(272) Article 4 § 1 de l'ex-directive 77/187.

(273) CJCE, 15 juin 1988, *Bork International*, aff. 101/87, *Rec.* p. 3057. La Cour de justice peut aussi considérer, s'agissant d'une entreprise de main-d'œuvre, que le réembauchage après changement d'employeur du personnel licencié avant transfert marque l'existence d'une « *entité qui garde son identité* » et que la directive est donc applicable ; v. *supra* n° 381.

n'avait pas été repris après le transfert par le cessionnaire. Si le motif du licenciement était le transfert lui-même, le contrat devait être considéré comme existant encore à l'égard du cessionnaire (274).

La marge ouverte aux possibilités de licenciement par le cédant est donc assez limitée :

1) S'il y a transfert d'entreprise, les conditions de ce transfert étant réunies (entité qui conserve son identité, transfert de personnel...), les licenciements prononcés par le cédant peu avant le transfert seront suspects. Comment leur trouver d'autres motifs que le transfert si celui-ci est déjà en vue ? Pour que le – futur – cédant puisse invoquer un motif économique, technique ou d'organisation pour licencier, encore faudra-t-il qu'il établisse que l'opération était destinée à relancer une entreprise qu'il entendait garder, non une entreprise qu'il projetait déjà de céder (275). Sinon, les salariés licenciés devront alors être regardés comme étant encore au service du cédant au moment du transfert et leurs contrats seront transférés au cessionnaire : consécration d'une nullité des licenciements prononcés par le cédant ;

2) S'il n'y a pas transfert d'entreprise, les critères d'existence d'un transfert n'étant pas réunis, faute notamment que la cession d'éléments de l'entreprise se soit accompagnée du transfert de cet élément constitutif complémentaire que forme son personnel, ce personnel est donc resté au service du même employeur. Celui-ci pourra alors licencier pour les raisons économiques, techniques ou d'organisation dont il puisse justifier ; mais ici, il ne butera pas sur l'obstacle que les licenciements auraient le transfert pour motif... puisqu'il n'y a pas transfert. Ce qui, paradoxalement, peut conduire à lui permettre d'invoquer des raisons de réorganiser son entreprise entraînant des licenciements, qui tiennent à la cession qu'il opère.

3° Conditions contractuelles

392. Transfert des obligations et des droits du cédant. Le cessionnaire est placé, à l'égard des travailleurs dont les contrats sont maintenus ou repris, dans la même situation de droit que celle du cédant. Il est *subrogé* au cédant, en vertu de l'article 3 § 1 de la directive, en ce qui concerne les droits et obligations nés de la relation de travail (276). Dans le calcul de la rémunération, le cessionnaire doit tenir compte de l'ancienneté acquise chez le cédant, comme si elle l'avait été à son service ; le salarié sera ainsi placé à son égard dans la même situation d'ancienneté qu'à l'égard du cédant (277).

La protection qui en résulte pour le salarié est d'ordre public et il n'est pas permis d'y déroger dans un sens défavorable à celui-ci (278). Peu importe la source de l'obligation pesant sur l'employeur cédant, le cessionnaire en sera tenu même si l'obligation trouve son origine dans un acte de l'autorité publique ou si les modalités

(274) CJCE, 12 mars 1998, *Déthier Équipement SA*, aff. C-319/94. En l'espèce, le transfert tendait à liquider volontairement une entreprise saine, les associés voulant simplement se séparer ; v. *supra* n° 387.

(275) Mais il faut réserver le cas dans lequel l'entreprise est transférée dans le cadre d'une procédure d'insolvabilité ; v. *supra* n° 387.

(276) L'idée de subrogation est de longue date présente dans la jurisprudence de la Cour, v. CJCE, 12 décembre 1992, *Rask & Christensen*, aff. C-209/91, *Rec.* I, p. 5755, et, antérieurement, arrêt *Tellerup*, précité.

(277) V. CJUE, 6 sept. 2011, *Scattolon*, aff. C-108/10.

(278) CJCE, 10 février 1988, *Tellerup, dit « Daddy's Dance Hall »*, aff. 324/86, *Rec.* p. 739 ; CJCE, 6 novembre 2003, *Martin*, aff. C-4/01 ; v. également décision citée note suivante.

d'exécution de l'obligation font intervenir l'autorité publique (279). On remarquera toutefois que le maintien des droits, du « statut », est d'ordre public, le transfert de la relation ou du contrat de travail ne l'étant pas (280).

Mais les obligations nées antérieurement au transfert sont-elles incluses dans le transfert ? Oui, répond la Cour de justice (281). Le transfert libère en principe le cédant, même si les travailleurs dont le contrat est transféré s'y opposent (282) ; mais les États membres peuvent prévoir qu'il restera, à côté du cessionnaire, responsable des obligations nées du contrat de travail (283). L'idée de transfert joue pleinement.

Quant à la teneur des droits et obligations qui sont transmis, elle dépend du droit national applicable et variera en conséquence (284).

Le transfert des obligations du cédant au nouvel employeur connaît une exception pour les prestations vieillesse, invalidité, survivants servies au titre d'un régime complémentaire de prévoyance (285). L'exception apportée à la garantie des droits des salariés est d'interprétation stricte. Visant des prestations vieillesse, elle concerne uniquement « *les prestations versées à partir du moment où le travailleur arrive au terme normal de sa carrière* » et ne s'applique pas à des prestations de retraite anticipée servie à un salarié licencié par le cessionnaire pour raison économique (286). La même solution vaut dans l'hypothèse d'un départ en préretraite convenu avec l'employeur (287).

393. Modification du contrat de travail. Le cessionnaire peut-il modifier le contrat de travail ? L'idée de transfert dicte à nouveau la réponse. Le cessionnaire pourra modifier le contrat de travail si le cédant pouvait lui-même le faire, la possibilité et les conditions de la modification étant déterminées par le droit national applicable. « *Le travailleur intéressé doit être protégé dans ses relations avec le cessionnaire de la même manière qu'il l'était dans ses relations avec le cédant, en vertu des règles de l'État membre concerné* » (288).

Que se passera-t-il en cas de modification « *substantielle* » faite « *au détriment du travailleur* » ? Si cette modification a lieu à l'occasion du transfert et si une rupture du contrat de travail s'ensuit, celle-ci devra être considérée comme intervenue du fait de l'employeur (289). Ainsi d'un changement du niveau de rémunération que le repreneur a prétendu imposer. Une telle modification des conditions de travail présente un caractère substantiel, dit la Cour de justice, et la résiliation qui en résulte est imputable à l'employeur (290). La solution ne change pas du fait que le nouvel employeur, suite au transfert, est l'État et, en pareil cas, la résiliation du contrat ayant

(279) CJCE, 4 juin 2002, *Katia Beckmann,* aff. C-164/00, à propos de prestations de retraite anticipée.
(280) V. *supra* n° 381, n° 390.
(281) Arrêt *Abels* du 7 février 1985, aff. 135/83, *Rec.* p. 469.
(282) CJCE, 5 mai 1988, *Berg & Busschers*, aff. 144 et 145/87, *Rec.* p. 2559.
(283) Article 3 § 1, 2e alinéa, de la directive ; v. article L. 1224-2 du Code du travail.
(284) La directive ne tend pas à instaurer un niveau de protection uniforme en fonction de critères communs, ainsi que le répète la Cour, v. arrêts *Tellerup (Daddy's dance Hall)* et *Mikkelsen*, précités.
(285) Article 3 § 4 de la directive 2001/23
(286) CJCE, 4 juin 2002, *Beckmann*, aff. C-164/00.
(287) CJCE, 6 novembre 2003, *Martin*, aff. C-4/01, *Rec.* I, p. 12859.
(288) CJCE, 10 février 1988, *Tellerup (Daddy's Dance Hall)*, précité ; CJCE, 6 novembre 2003, *Martin*, aff. C-4/01.
(289) Article 4 § 2 de la directive.
(290) Arrêt *Merckx et Neuhuys*, CJCE, 7 mars 1996, aff. C-171 et 172/94, *Rec.* I, p. 1267.

pour motif la réduction du montant de la rémunération « *doit être considérée comme intervenue du fait de l'employeur* », avec les conséquences qui s'ensuivent (291).

Aucune diminution de ses droits ne peut être imposée au travailleur, même avec son consentement ; ceci même si, en compensation, il obtient des avantages nouveaux tels qu'il ne se trouve pas placé, globalement, dans une situation moins favorable qu'antérieurement (292).

Si la directive impute à l'employeur la responsabilité d'une rupture consécutive à une modification substantielle des conditions de travail faite au détriment du travailleur, elle ne règle pas les conséquences financières de cette rupture, qui doivent être appréciées en fonction des dispositions législatives, réglementaires et administratives des États membres. Les exigences de la directive ne vont pas « *au-delà de la règle d'imputabilité de la responsabilité* » qu'elle prévoit (293).

394. Maintien de la convention collective antérieure. L'article 3 § 2 de la directive impose au cessionnaire de maintenir les conditions de travail résultant d'une convention collective qui liait le cédant. L'obligation concerne les seuls travailleurs employés à la date du transfert et non ceux qui sont embauchés postérieurement (294). La directive ne s'oppose pas à ce qu'il y ait des différences de traitement salarial entre les travailleurs transférés et ceux qui étaient déjà, au moment du transfert, au service du cessionnaire (295).

Le maintien des conditions conventionnelles antérieures est prévu jusqu'à la résiliation (dénonciation), l'expiration (arrivée du terme) ou de l'entrée en vigueur (convention nouvellement conclue) ou de l'application d'une autre convention collective (296). Les États membres peuvent limiter la durée du maintien des conditions de travail, à condition que celle-ci ne soit pas inférieure à un an (297). Il faut sans doute comprendre que ce délai est uniquement appelé à s'appliquer et à faire cesser les effets de la convention ancienne lorsque celle-ci n'a pas pris fin ou n'a pas été remplacée pendant la période fixée (298). La Cour de justice a jugé « *qu'il est loisible au cessionnaire d'appliquer, dès la date du transfert, les conditions de travail prévues par la convention collective en vigueur chez lui, y compris celles relatives à la rémunération* » (299). Tant que la

(291) CJCE, 11 novembre 2004, *Delahaye*, aff. C-425/02 ; l'État, nouvel employeur, ayant entendu aligner la rémunération des salariés venus du secteur privé sur celle, inférieure, des employés de l'État.

(292) Arrêt *Tellerup*, précité (point 15) ; v. plus récemment, CJUE, 6 septembre 2011, *Scattolon*, aff. C-108/10, pt. 76.

(293) CJCE, 27 novembre 2008, *Juuri*, aff. C-396/07.

(294) CJCE, 17 décembre 1987, *Ny Molle Kro*, aff. 287/86, *Rec.* p. 5465.

(295) CJUE, 6 septembre 2011, *Scattolon*, aff. C-108/10, v. pt. 77.

(296) La résiliation renvoie, en droit français, à l'hypothèse de la dénonciation de la convention collective – article L. 2261-9 et s., ex-article L. 132-8, du Code du travail – ; l'expiration, à celle de l'arrivée du terme d'une convention à durée déterminée – article L. 2222-4, ex-article L. 132-6, du Code du travail – ; l'entrée en vigueur, à une convention collective nouvellement conclue ; l'application, à l'hypothèse dans laquelle le nouvel employeur, déjà lié de son côté par une convention collective, entend la substituer à celle qui liait l'ancien employeur – rappr. article L. 2261-14, L. 132-8, alinéa 7, du Code du travail, relatif à la « mise en cause » de la convention collective par l'effet d'une restructuration de l'entreprise et les solutions partiellement différentes qui en résultent.

(297) Article 3 § 2, 2e alinéa, de la directive ; v. CJCE, 12 décembre 1992, *Rask & Christensen*, aff. C-209/91, *Rec.* I, p. 5755.

(298) Pour le droit français, v. article L. 2261-10, ex-article L. 132-8, du Code du travail et le délai d'un an applicable lorsque la convention n'a pas été remplacée. La directive ne prévoit, à la différence du droit français, ni obligation de négocier un nouvel accord ou un accord d'adaptation, ni maintien éventuel des avantages individuels acquis ; elle ne s'y oppose pas non plus.

(299) CJUE, 6 septembre 2011, *Scattolon*, aff. C-108/10, v. pt. 74.

convention collective liant le cédant reste, « *en vertu du droit national, légalement applicable* », a dit la Cour de justice dans un arrêt *Martin*, les salariés transférés ont droit au maintien des conditions plus favorables qui leur étaient appliquées antérieurement. La règle est d'ordre public et les salariés ne sauraient y renoncer en acceptant la proposition de modification faite par le nouvel employeur (300). Mais la convention collective qui liait le cédant ne liera pas le cessionnaire si, en vertu de la volonté de ses parties, elle vient à expiration, peu important que cette date d'expiration coïncide avec le moment du transfert (301).

Mais la directive se limitant à maintenir les droits et obligations en vigueur au jour du transfert, le cessionnaire, qui n'était pas partie à la convention collective liant le cédant, ne sera pas tenu par une convention collective que celui-ci a conclue postérieurement au transfert (302).

3° Représentation des travailleurs

395. Maintien conditionnel de la représentation. La directive prévoit enfin le maintien de la représentation du personnel qui existait avant le transfert dans l'entité transférée. Afin que les droits des travailleurs soient mieux protégés, il convient que leur représentation collective ne soit pas interrompue, ne serait-ce que temporairement, du fait du transfert – d'autant que l'on est par hypothèse dans un moment critique de la vie de l'entreprise.

Un tel objectif justifie l'existence d'une première limite au maintien de la représentation en place. Si les conditions d'une nouvelle désignation ou de nouvelles élections sont réunies, selon les règles nationales applicables, il n'y a pas de raison de maintenir les représentants en fonction au moment du transfert ; ils céderont la place à l'organe nouvellement élu ou désigné (303).

Le transfert peut cependant avoir pour effet de placer l'entité transférée dans une situation juridique nouvelle au regard des règles nationales applicables à la représentation des travailleurs. Cadre de création d'une représentation des travailleurs (en tant qu'entreprise, qu'établissement, à un autre titre, en raison de l'importance de ses effectifs, etc.), elle peut cesser de l'être et ne plus être appelée à recevoir de représentation (passage au-dessous du seuil d'effectifs) ou devenir le cadre de création d'un autre type d'institution (suite à une absorption, l'entreprise devient établissement ; suite à une cession, un établissement ou une partie d'entreprise devient entreprise ; etc.).

Il faut ménager une transition. La directive se contente ici de poser une règle générale, en commandant la survie de la représentation existante, dans la mesure où « l'établissement (pourquoi l'entreprise n'est-elle pas mentionnée ?) *conserve son autonomie* » (304),

(300) CJCE, 6 novembre 2003, *Martin*, aff. C-4/01.

(301) CJCE, 27 novembre 2008, *Juuri*, aff. C-396/07.

(302) Il en ira ainsi alors que le contrat de travail comporte une clause qui, renvoyant à la convention collective du cédant, viserait « dynamiquement » les conventions collectives conclues postérieurement, CJCE, 9 mars 2006, *Werhof*, aff. C-499/04 ; v. *Dr. soc.* 2007, p. 341, les observations critiques de P. Rémy.

(303) Article 5 § 1 de la directive 77/187 ; article 6 § 1 de la directive 2001/23 ; rappr. art. L. 2324-26, ex-article L. 433-14, du Code du travail, pour le comité d'entreprise du droit français, art. L. 2314-28, ex-article L. 423-16, du Code du travail, pour les délégués du personnel.

(304) Article 5 § 1, 1er alinéa, de la directive.

c'est-à-dire dans la mesure où l'entité transférée demeure un cadre juridique autonome de représentation des travailleurs, au regard de la législation nationale applicable. Si elle ne l'est plus, la représentation est appelée à disparaître ; si le cadre demeure le même, la représentation se poursuit sans qu'il y ait lieu à aménagement ; si le cadre change, des aménagements sont nécessaires, qui reviennent aux droits nationaux (305).

Interrogée sur la notion d'autonomie au sens de l'article 6 de la directive 2001/23, la Cour de justice a jugé que la notion ne doit pas être confondue avec celle d'identité qui préside à la délimitation du domaine d'application de la directive. Autonomie s'entendant du « *droit de se gouverner par ses propres lois* », l'entité transférée conserve son autonomie lorsque « *les pouvoirs organisationnels des responsables* » de cette entité « *demeurent, ..., en substance, inchangés* » (306). « *Le simple changement de supérieurs hiérarchiques les plus élevés* » ne suffit pas à compromettre l'autonomie de l'entité transférée (307).

C. — Information et consultation des représentants des travailleurs

396. L'opération de transfert intéresse les représentations du personnel des deux employeurs successifs ; elles devront l'une et l'autre être informées et consultées. À défaut de représentation du personnel, le personnel est appelé à exercer directement le droit à l'information et à la consultation. En cas de cession d'une entreprise en difficulté, le droit à l'information et à la consultation des représentants du personnel devra toujours être respecté, avec des aménagements particuliers.

396-1. Cédant et cessionnaire. Les obligations d'information et de consultation prévues par la directive sont tournées vers les deux entreprises concernées, cédante et cessionnaire (308).

Le cédant et le cessionnaire, l'ancien et le nouvel employeur, sont tenus d'informer leurs représentants respectifs des travailleurs. L'information concerne les motifs du transfert, ses conséquences pour les travailleurs, les mesures envisagées à leur égard (309). L'information des représentants des travailleurs du *cédant* doit se faire, « en temps utile », avant la réalisation du transfert. L'information de ceux du *cessionnaire*, « en temps utile », avant que *ses* propres travailleurs ne soient affectés par le transfert.

L'information est complétée par une consultation. Celle-ci porte sur les « mesures envisagées », suite au transfert, à l'égard du personnel. Elle ne porte pas sur la décision même de transfert (310). La consultation doit se faire « en temps utile » : avec

(305) La loi « Auroux » du 28 octobre 1982 a procédé à ces aménagements, v. article L. 2143-10 (L. 412-16) du Code du travail pour les délégués syndicaux, article L. 2314-28, L. 423-16, pour les délégués du personnel, article L. 2324-26 (L. 433-14) pour le comité d'entreprise, article L. 2327-11 (L. 435-5) pour le comité central d'entreprise. Les dispositions du droit français font un recours mal venu à la notion d'autonomie « juridique » – la directive parle simplement d'autonomie –, qui évoque l'existence d'une personne morale distincte, alors que l'on entend seulement viser un cadre d'organisation collective de la représentation des travailleurs (v. G. Lyon-Caen, *Dr. soc.* 1983, p. 287).

(306) CJUE, 29 juillet 2010, *UGT-FSP*, aff. C-151/09, v. points 42 à 44.

(307) Arrêt *UGT-FSP*, point 48.

(308) Sur la localisation de l'entité transférée, v. *supra* n° 385.

(309) Article 6 § 1 de la directive ; on retrouve les mêmes objets d'information que celles qui doivent être données au Comité d'entreprise européen dans des circonstances comparables ; v. *infra* n° 418-420.

(310) Comp. *supra* n° 419, les dispositions de la directive Comité d'entreprise européen.

les représentants de l'entreprise cédante, sur la base d'une information qui doit être donnée avant transfert, avec les représentants de l'entreprise cessionnaire, sur les conséquences de l'opération. L'ensemble des deux collectivités de personnel, celle du cédant d'une part, celle du cessionnaire d'autre part, est intéressé à la consultation, à des moments qui sont toutefois différents (311).

Les consultations doivent être conduites « en vue de rechercher un accord », formule qui évoque l'existence d'une obligation de dialoguer ou de négocier (312).

La directive considère la situation particulière de certains États membres, qui, tel l'Allemagne, permettent aux représentants des travailleurs de recourir « à une instance d'arbitrage pour obtenir une décision sur les mesures à prendre à l'égard des travailleurs ». Compte tenu de l'existence de cette possibilité d'arbitrage, les règles d'information et de consultation peuvent, dans certaines limites, être allégées (313).

396-2. Absence de représentation du personnel. Afin de tenir compte des seuils d'effectifs prévus par les droits nationaux (314), la directive 2011/23 envisage également le cas où l'entité intéressée ne possède pas de représentation des travailleurs. Une information directe et préalable des travailleurs doit alors être prévue par le droit national (315).

Cette disposition vise seulement les petites entreprises et n'autorise pas les États membres à ne pas créer les instances de représentation nécessaires à la mise en œuvre de la directive, instances de représentation dont la directive « Cadre général » a imposé la création dans l'ensemble des entreprises ou établissements de l'Union à partir d'un seuil minimal d'effectifs (316).

396-3. Entreprise en difficulté. Le principe voulant que les droits des travailleurs soient maintenus en dépit du transfert s'affaiblit cependant lorsque l'entreprise, en situation d'insolvabilité ou de crise, fait l'objet d'un transfert en vue de son redressement. Les États membres peuvent même décider de ne pas le respecter si le transfert se fait en vue de la liquidation (317).

La procédure d'information et de consultation n'en restera pas moins applicable. La directive 2001/23, modifiant sur ce point la directive 77/187, énonce aujourd'hui qu'un État membre « *peut prévoir* » que cessionnaire et cédant d'une part, représentants des travailleurs d'autre part, peuvent « *convenir de modifier les conditions de travail pour préserver l'emploi en assurant la survie de l'entreprise* » (318). L'opération doit alors se dérouler sous le contrôle d'une autorité publique (319).

(311) Pour les règles françaises, v. article L. 2323-19 (L. 432-1, 3e alinéa) du Code du travail.
(312) V. également *supra* n° 374, pour les licenciements collectifs.
(313) Article 6 § 3 de la directive.
(314) Article 6 § 4 de la directive.
(315) Article 6 § 5 de la directive.
(316) V. *supra* n° 361 ; la Cour de cassation a jugé, à propos d'un transfert relevant du droit français, que cet élément de la directive 2001/23 (article 7 § 6) n'ayant pas été transposé en droit interne, l'employeur cédant n'avait pas l'obligation d'informer directement ses salariés préalablement au transfert (Cass. soc., 18 novembre 2009, *Sté Open Cascade*, *Bull.* V. n° 256).
(317) V. *supra* n° 387.
(318) V. article 5 § 2 b) et 5 § 3 de la directive 2001/23. Une chose est certaine, il faut un accord des partenaires collectifs intéressés. Sous quelles conditions et avec quels effets ? Le jeu des questions – préjudicielles – est ouvert.
(319) Article 5 § 2, 1er alinéa, de la directive 2001/23.

La procédure présente plusieurs particularités. 1°, le dialogue se nouera quadri-latéralement, puisqu'y participent ensemble les employeurs successifs et les représentants des travailleurs respectifs. 2°, sur le fond, concernant les droits des travailleurs, les représentants du personnel peuvent discuter d'une diminution éventuelle des droits des travailleurs que la survie de l'entreprise viendrait à justifier. La directive ne s'y oppose pas.

Il appartient à chaque État membre de décider s'il met en œuvre ce dispositif particulier ; il « *peut prévoir* » cette mise en œuvre.

Section 3
Les entreprises européennes

397. Sous l'expression « entreprises européennes » peuvent se regrouper les entreprises de dimension communautaire et les sociétés commerciales européennes. Dans les deux cas, non sans similitudes, le droit communautaire organise l'information et la consultation des travailleurs et y ajoute, s'agissant de la société européenne, une participation des travailleurs aux organes de gestion.

§ 1. — L'entreprise de dimension communautaire (le comité d'entreprise européen)

Introduction

398. Les codes de conduite des entreprises multinationales. Ils ont, à moment donné, eu une certaine influence. Ces « codes de conduite », établis par l'OCDE, l'OIT puis l'ONU entre 1976 et 1980, avaient pour objet de recommander aux entreprises multinationales (EMN) le respect de diverses prescriptions sociales. Ils n'avaient aucun caractère contraignant. Les trois codes comportaient des dispositions semblables concernant l'information et la consultation auxquelles la direction des entreprises pouvait accepter de se plier en cas de modifications importantes apportées à leurs activités et à l'emploi correspondant. Les EMN « *devraient signaler suffisamment à l'avance ces modifications aux autorités gouvernementales appropriées et aux représentants des travailleurs qu'elles emploient, afin que les répercussions puissent en être examinées en commun et qu'en soient atténuées le plus possible les conséquences défavorables* » (Code de l'OIT). Elles devraient également accepter d'engager à ce sujet des discussions avec les autorités gouvernementales et avec les représentants des travailleurs (320).

Les prescriptions des codes de conduite étaient plutôt tournées vers les pays en voie de développement. Leur influence n'a pas été négligeable. Investissant dans

(320) V. G. Hamilton, « Les initiatives des organisations internationales… », *in L'information et la consultation des travailleurs dans les entreprises multinationales*, dir. J. Vandamme, PUF, 1984 ; F. Morgenstern, « La déclaration tripartite de l'OIT sur les entreprises multinationales », *JDI* (Clunet) 1983, p. 61. V. M.-A. Moreau, *Normes sociales, droit du travail et mondialisation – Confrontations et mutations*, Dalloz, Paris, 2006 ; I. Daugareilh, « Responsabilité sociale des entreprises multinationales – analyse critique et prospective juridique », *Journ. dr. eur.* 2011, p. 175 ; du même auteur, « La dimension sociale des Principes directeurs de l'O.C.D.E. [Organisation de coopération et de développement économiques] à l'intention des entreprises multinationales » *RGD int. publ.* 2008, p. 567.

un nouveau pays, telle entreprise multinationale a pu obtenir des facilités ou des avantages consentis par l'État d'accueil en matière douanière, fiscale ou commerciale contre l'engagement de respecter, *à titre de stipulations obligatoires*, la teneur des recommandations formulées par les codes de conduite en matière sociale.

La crise économique a diminué grandement l'influence de ces codes de conduite, instruments non contraignants dont le contenu a annoncé le futur droit communautaire.

399. La proposition « Vredeling ». Au point de départ du droit communautaire, on trouve la proposition de directive, dite proposition « *Vredeling* », relative à l'information et à la consultation des travailleurs des entreprises à structure complexe, notamment les entreprises multinationales (321). L'ambition de la directive proposée était d'assurer l'information et la consultation des représentants des travailleurs, en particulier à l'occasion de décisions pouvant avoir des conséquences importantes pour les travailleurs. La réalisation de cet objectif ne passait pas nécessairement par la création d'un organe de représentation (comité central ou comité de groupe) auprès de la direction centrale de l'entreprise à structure complexe. Il suffisait que l'information soit correctement et en temps utile fournie aux instances de représentation existant au sein des diverses entités composant l'entreprise ou le groupe.

La proposition « Vredeling » devait rencontrer un très fort mouvement d'opposition. Elle était modifiée par une proposition « Richard » du 13 juillet 1983 qui en allégeait les contraintes sur les points principaux qui avaient été contestés. Cela ne suffisait pas et le tout était finalement laissé de côté.

400. Adoption et révision de la directive. Ce n'était toutefois que partie remise et le thème de l'information et de la consultation des travailleurs dans l'entreprise de dimension transnationale, devait bientôt revoir le jour, dans une proposition de la Commission du 5 décembre 1990 (322), qui allait se traduire cette fois dans l'adoption de la directive 94/45 du 22 septembre 1994 concernant l'institution d'un comité d'entreprise européen ou d'une procédure d'information et de consultation dans les entreprises et les groupes de dimension européenne.

Il fallut cependant s'y reprendre à plusieurs fois (323) :

– introduite sur le fondement de l'article 100 du traité, la proposition, réunissait un large consensus entre les États membres, mais, bien qu'amendée le 3 décembre 1991 (324), ne parvenait pas à obtenir l'unanimité du Conseil nécessaire à son adoption ;

– la mise en vigueur du traité de Maastricht et l'Accord sur la politique sociale offrait toutefois à la Commission l'occasion de rechercher du côté des partenaires sociaux ce qu'elle n'obtenait pas du Conseil. Échec partiel toutefois, puisque les

(321) Proposition présentée par la Commission au Conseil le 24 octobre 1980 ; *JOCE*, C du 15 novembre 1980. V. F. Vandamme, « La proposition de directive sur l'information et la consultation des travailleurs... » *in L'information et la consultation des travailleurs dans les entreprises multinationales*, dir. J. Vandamme, PUF et IRM 1984, p. 133 ; v. également, A. Jeammaud et A. Lyon-Caen, *L'information et la consultation des travailleurs dans les entreprises multinationales*, Univ. de Saint-Étienne, 1987.

(322) *JOCE* n° C 39 du 15 février 1991.

(323) V. le préambule de la directive.

(324) *JOCE* n° C 336 du 31 décembre 1991.

partenaires sociaux, après la double consultation requise, ne manifestaient pas la volonté de poursuivre entre eux la négociation d'un accord.

400-1. La première directive fondée sur l'Accord sur la politique sociale. Nouvelle et ultime relance du processus et la directive devait finalement être adoptée, en dehors du Royaume-Uni, sur le fondement de l'article 2 § 2 de l'Accord sur la politique, suivant une procédure de majorité qualifiée du Conseil, en coopération avec le Parlement.

L'utilisation de la base juridique de l'article 2 § 2 de l'Accord sur la politique sociale (devenu article 137 § 2 TCE, puis 153 § 1 e) TFUE), permettant d'éviter l'épreuve de l'unanimité, a été contestée, non sans quelque raison d'ailleurs (325). La directive, a-t-on protesté, sans toutefois qu'un recours en annulation s'ensuive, ne concerne pas seulement l'information et la consultation des travailleurs et la procédure majoritaire applicable dans ce domaine ; elle s'étend à la représentation collective des intérêts des travailleurs qui relève quant à elle de l'article 2 § 3 de l'accord (devenu article 137 § 3 TCE, puis 153 § 1 f) TFUE) et d'une procédure d'unanimité. Manifestation des recoupements existant entre les différents domaines de la politique sociale distingués par l'Accord sur la politique sociale, puis par le traité lui-même, et des difficultés qui s'ensuivent.

Le délai de mise en conformité des droits nationaux a été fixé par la directive au plus tard le 22 septembre 1996, soit deux ans après l'adoption de la directive (326).

400-2. Non-application temporaire au Royaume-Uni. Le refus initial du Royaume-Uni de s'associer à la directive sur le comité d'entreprise européen devait-il être compris comme la manifestation d'une opposition à l'institution des comités d'entreprise européens ? Il exprimait plutôt le refus que cette institution soit imposée et traduisait une position de principe ayant une portée générale. Les instances de représentation du personnel doivent être créées volontairement, par accord des partenaires intéressés ; elles ne doivent pas être imposées par la loi, fut-ce au travers de prescriptions subsidiaires (327).

De fait, les entreprises et groupes du Royaume-Uni ne se sont d'ailleurs pas exclus des processus de négociation prévus par la directive et la mise en place *volontaire* de comités d'entreprise européens a été bien aussi active de leur part qu'elle l'a été de la part des entreprises et groupes implantés dans les États couverts par la directive (328). On pourrait même prétendre, avec un rien de sophisme, qu'elle l'aurait

(325) Cf. rapport N. CATALA, Ass. Nat., Délégation pour l'Union européenne, 21 septembre 1994, rapport n° 1529.

(326) La transposition de la directive 94/45 en droit français a été assurée par la loi 96-985 du 12 novembre 1996 (article L. 439-6 à L. 439-24 de l'ancien Code du travail ; L. 2341-1 à L. 2346-1 nouveau code). La loi française, le plus souvent, se borne à transcrire un texte communautaire détaillé et précis, quitte à opérer certains aménagements de forme. Elle adapte la directive, qui le demande d'ailleurs ainsi, au particularisme français de la représentation du personnel. La loi française de transposition, suivant la tradition juridique française, sanctionne pénalement les entraves apportées à la création ou au fonctionnement du comité d'entreprise européen ou de la procédure d'information et de consultation des travailleurs de l'entreprise ou du groupe de dimension communautaire (article L. 2346-1 du Code du travail, article 483-1-2 de l'ancien code).

(327) Cf. *supra* n° 362 ; n° 375, pour les arrêts *Commission c. Royaume-Uni* du 8 juin 1994 concernant la non-transposition par le Royaume-Uni des directives « licenciements collectifs » et « transferts d'entreprise ».

(328) V. Commission européenne, Europe sociale, Accords en matière d'information et de consultation dans les multinationales européennes, suppl. 5/95.

été d'autant plus que dans les autres pays, l'effort de négociation s'est trouvé freiné par la perspective, à terme, de voir imposer la création forcée d'un comité d'entreprise européen par l'effet des prescriptions subsidiaires prévues par la directive.

Son ralliement final à l'Europe sociale a permis d'étendre l'application de la directive au Royaume-Uni, qui y sera donc désormais soumis (329).

400-3. Révision de la directive. La directive 94/45 a été abrogée et remplacée par la directive 2009/38 du 6 mai 2009 (330). Le nouveau texte ne révise pas l'ancien, il vient simplement l'enrichir de nouvelles règles, en tenant compte, comme l'usage en est bien établi, de la jurisprudence de la Cour de justice. Le nouveau texte reprend en large partie l'ancien, en en conservant la numérotation (331).

Le délai de transposition et de mise en application des éléments nouvellement introduits a été fixé au 5 juin 2011 (332).

401. Objectif et méthode de la directive. On peut décrire brièvement l'objectif général de la directive et la méthode qu'elle met en œuvre pour y parvenir, en cinq points.

1) Son objectif est « *d'améliorer le droit à l'information et à la consultation des travailleurs dans les entreprises et les groupes d'entreprises de dimension communautaire* » (333).

2) Le droit à l'information et à la consultation doit couvrir l'ensemble des établissements de l'entreprise ou des entreprises du groupe situés dans la Communauté, que la direction centrale de l'entreprise ou du groupe soit située ou non dans la Communauté (334).

3) L'exercice de ce droit passe préférentiellement par l'institution auprès de la direction centrale de l'entreprise ou du groupe d'un comité d'entreprise européen, mais une simple procédure d'information et de consultation peut théoriquement y suffire, la pratique s'étant systématiquement orientée vers la création d'une instance européenne de représentation.

4) « *Conformément au principe de l'autonomie des parties* » (335), il revient préférentiellement aux partenaires du travail dans l'entreprise ou le groupe d'instituer par voie d'accord, à leur choix, le comité ou la procédure. Toutefois, en cas d'absence d'accord, la création d'un comité d'entreprise européen sera imposée en application des prescriptions subsidiaires prévues par la directive.

5) L'institution et l'action du comité d'entreprise européen complètent celles des instances nationales et ne s'y substituent pas. Il convient d'assurer l'articulation des

(329) Directive 97/74 du Conseil du 17 décembre 1997, étendant au Royaume-Uni la directive 94/45, *JOCE* n° L. 10, 16 janvier 1998. La mise en vigueur de l'extension a été fixée au 5 décembre 1999.

(330) *JOUE* n° L 122 du 15 mai 2009.

(331) Les références se feront donc souvent aux dispositions « des deux directives » 94/45 et 2009/38. Noter que la directive 2009/38 comporte en annexe un tableau de correspondance entre les deux textes.

(332) La directive 2009/38 a été transposée en France par l'ordonnance n° 2011-1328 du 20 octobre 2011 (*JORF* du 21 octobre 2011).

(333) Article 1 § 1 des directives 94/45 et 2000/38.

(334) V. le 13e considérant du préambule de la directive 94/45 et l'article 4 § 2 des deux directives.

(335) 14e Considérant du préambule 94/45 et 19e considérant de la directive 2009/38.

procédures européenne et nationale. C'est également par voie d'accord conclu au sein de l'entreprise ou du groupe que la question doit préférentiellement être réglée (336).

*
* *

Ces données conduiront à présenter pour commencer les dispositions de la directive ayant une portée générale (A), avant de distinguer entre les hypothèses de la création volontaire du comité ou de la procédure (B) et celle de la création imposée du comité (C).

A. — Dispositions générales

1° Domaine d'application

402. Entreprises ou groupes concernés. La directive sur le comité d'entreprise européen s'applique aux entreprises ou groupes qui se localisent à l'intérieur de l'Union européenne et y présentent une dimension plurinationale. Elle régit ces entreprises ou groupes sous la condition qu'ils atteignent des seuils d'effectif que la directive détermine.

402-1. Domaine spatial. La directive régit les entreprises de dimension communautaire. Il faut comprendre qu'elle s'applique aux entreprises ayant des établissements et aux groupes comportant des entreprises dans deux États membres différents au moins (337). Les entreprises et groupes de dimension nationale lui échappent (338). La localisation du centre de décision de l'entreprise ou du groupe importe peu. La directive s'applique, que ce centre de décision, « *direction centrale* » suivant l'expression retenue par la directive (339), soit ou non situé dans la Communauté.

Les obstacles principaux à la mise en application de la directive risquent toutefois de venir des entreprises et groupes dont la direction centrale est située à l'extérieur de l'espace couvert par la directive : États-Unis, Japon... ou encore, jusqu'en 1999, Royaume-Uni ! Les obligations et responsabilités de la direction centrale sont alors déplacées vers son représentant dans la Communauté et, à défaut d'un tel représentant, incombent à la direction de l'entreprise ou de l'établissement employant le plus grand nombre de travailleurs dans un État membre.

402-2. Taille de l'entreprise ou du groupe. Seules sont visées les entreprises ou les groupes de taille importante. L'entreprise ou le groupe doivent employer au moins 1 000 travailleurs à l'intérieur de la Communauté et au moins 150 travailleurs

(336) Cette importante question avait été entièrement laissée de côté par la directive 94/45. La directive 2009/38 se tourne principalement vers les partenaires de l'entreprise ou du goupe pour la régler. V. considérants 29 et 37 de la directive 2009/38 ; v. *infra* n° 408-3.

(337) Article 2 § 1 a) des deux directives.

(338) Mais les entreprises de dimension nationale relèvent désormais, au-dessus d'un certain seuil, des dispositions de la directive 2002/14 dite « cadre général » ; v. *supra* n° 358 et s.

(339) V. la définition de l'article 2 § 1.e) des deux directives.

dans deux États membres différents (340). Les seuils d'effectifs sont fixés d'après le nombre moyen de travailleurs employés au cours des deux années précédant le calcul, y compris les travailleurs à temps partiel (341). Les deux seuils prévus déterminent l'applicabilité de la directive, qui, s'ils sont franchis, couvrira l'ensemble du personnel de l'entreprise ou du groupe, y compris celui qui relève de petites unités de travail, d'un effectif inférieur à 150 salariés.

Les seuils fixés devaient faire l'objet d'un réexamen afin de vérifier s'ils « sont adéquats » (342). Il a été question de les abaisser ; la directive 2009/38 de l'a pas fait.

403. Notion de groupe. Forme un « *groupe d'entreprises* » au sens de la directive, l'ensemble formé d'une « *entreprise qui exerce le contrôle* » et des « *entreprises contrôlées* » (343). Qu'est-ce que l'entreprise qui exerce le contrôle ? C'est celle qui peut exercer une influence dominante sur une autre entreprise, que ce soit du fait d'un droit de propriété, d'une participation, de règles statutaires… (344).

Une présomption d'influence dominante, présomption susceptible de preuve contraire, est établie si :

– une entreprise détient la majorité du capital de l'autre entreprise ;

– ou dispose de la majorité des voix attachées aux parts émises par l'autre entreprise ;

– ou peut nommer une majorité des membres du conseil d'administration, de direction ou de surveillance de l'autre entreprise (345).

Pour déterminer si une entreprise « exerce le contrôle », la loi applicable est « celle de l'État membre dont relève l'entreprise en question ». Si toutefois cette législation n'est pas celle d'un État membre, la loi applicable sera celle de l'État membre sur le territoire duquel est situé le représentant de l'entreprise dominante ou, à défaut de représentant, celle de l'État membre sur le territoire duquel se trouve « *la direction centrale de l'entreprise qui emploie le plus grand nombre de travailleurs* » (346).

Ces règles déterminant la loi applicable n'empêchent que la directive fixe elle-même des règles matérielles relatives au contrôle ou à l'influence dominante, qui devront être mises en œuvre quelle que soit la loi applicable (347).

(340) Article 2 § 1 a) et c) des deux directives.

(341) Article 2 § 2 des deux directives ; chaque État membre précisant les modalités du calcul pour les unités situées sur son territoire.

(342) Article 15 de la directive 94/45.

(343) Définition de l'article 2 § 1 b) des deux directives. Les règles de la directive 94/45 relatives au contrôle d'une entreprise sur l'autre ont été inspirées par celles de la directive 83/349 du 13 juin 1983 (*JOCE* n° L. 193 du 18 juillet 1983) concernant les comptes consolidés dans les groupes de sociétés.

(344) Article 3 § 1 des deux directives. Les représentants des travailleurs peuvent rencontrer des difficultés pour obtenir les informations nécessaires sur la structure et l'organisation du groupe. V. CJCE, 29 mars 2001, aff. C-62/99, *Betriebsrat der Bofrost…*, *RJS* 2001, n° 948, p. 647 ; v. *infra* n° 413-1.

(345) L'article 3 § 3, 4 et 5 des deux directives précise les conditions d'expression des présomptions posées.

(346) Article 3 § 6 des deux directives.

(347) La loi française met en œuvre les mêmes règles de délimitation du groupe pour le groupe interne français et pour le groupe de dimension communautaire, règles qui sont directement transcrites de la directive communautaire, v. les dispositions de l'article L. 2331-1, ex-article L. 439-1, du Code du travail telles que modifiées par la loi du 12 novembre 1996 transposant la directive 94/45.

404. Mutations du groupe. Il convient de tenir compte des mutations que la structure d'un groupe est régulièrement appelée à connaître et d'adapter le comité d'entreprise européen, pour sa composition notamment, à ces évolutions. La directive 94/45 ne l'avait pas fait (348).

La directive 2009/38, dans un article 13 nouveau, prévoit des négociations d'« *adaptation* » aux « *modifications significatives* » qui interviennent dans la structure de l'entreprise ou du groupe, « *par exemple en cas de fusion, d'acquisition ou de scission* » (349). Une négociation s'engage, dit-elle, « *soit en l'absence de dispositions prévues par les accords en vigueur, soit en cas de conflits entre les dispositions de deux ou de plusieurs accords applicables* » (350). L'hypothèse visée par le nouvel article 13 est celle d'un ou de comités créés par voie d'accord.

Pour les accords « d'anticipation » (351), les dispositions nouvelles de l'article 14 appellent ses parties à adapter leurs accords aux modifications de structure de l'entreprise ou du groupe (352). Quant aux prescriptions subsidiaires, elles posent une règle de proportionnalité entre effectifs et représentation devant permettre les ajustements nécessaires au moment où le comité est renouvelé (353).

2° Principes directeurs

Ces principes, formulés par la directive à travers des règles d'application générale, concernent les organes représentatifs institués sur le fondement de la directive, d'une part, le mécanisme d'information et de consultation d'autre part.

a) Les organes de représentation

405. Constitution des organes de représentation. Les mêmes règles générales gouvernent la constitution du comité d'entreprise européen, tel qu'il doit éventuellement être créé en vertu des prescriptions subsidiaires de la directive (354), et celle du groupe spécial de négociation (355) qui doit mettre en place ce comité ou la procédure qui le remplace (356).

405-1. Est d'abord posé le principe de représentation de l'ensemble des travailleurs de l'entreprise ou du groupe de dimension communautaire. Le personnel de

(348) La loi française transposant la directive 94/45 a partiellement remédié à cette carence en visant le comité « légal » créé faute d'accord des parties pour venir l'instituer volontairement. Le texte français a prévu que les modifications de composition du comité d'entreprise européen que justifient les changements intervenus « *dans la structure ou la dimension* » du groupe ou de l'entreprise, peuvent être décidées par accord entre « *l'employeur et les représentants des salariés* » au comité en place ; v. article L. 2343-6 du Code du travail, ex-article L. 439-17, al. 1 et 2, du Code du travail.

(349) V. considérant n° 40 de la directive 2009/38.

(350) Article 13, 1er alinéa, de la directive 2009/38.

(351) V. *infra* n° 409 et s.

(352) Article 14 § 1 a) de la directive 2009/38.

(353) V. *infra* n° 418-1.

(354) Point 1 b) et d) des prescriptions subsidiaires.

(355) Article 5 § 2 des deux directives, v. *infra* n° 413-414.

(356) La loi française de transposition a réuni ces règles dans des dispositions communes. V. les articles L. 2344-1 à 2344-6, ex-articles L. 439-18, 19 et 20 du Code du travail.

chaque État membre dans lequel l'entreprise ou le groupe a une implantation doit être représenté par un délégué au moins, le reste de la représentation étant proportionnel aux effectifs employés dans chaque État.

Énoncé pour le groupe de négociation et pour le comité d'entreprise européen « subsidiaire » ou « légal », le principe de représentation de l'ensemble des travailleurs vaut également pour les comités d'entreprise européens volontairement créés.

405-2. Les modalités de constitution de l'organe de négociation ou de représentation relèvent des législations nationales. Aux droits nationaux en particulier de choisir entre élection et désignation. Mais quel droit national ? Chaque État membre applique ses propres règles aux établissements et entreprises intéressés qui sont situés sur son territoire (357). Il revient à la législation de l'État membre sur le territoire duquel se trouve la direction centrale de déterminer les modalités de composition de l'organe de représentation et en particulier de procéder à l'application de la règle de proportionnalité entre les États membres.

Désignation ou élection seront normalement le fait d'organes eux-mêmes désignés ou élus sur les différents territoires nationaux : élections ou désignations au deuxième degré. La directive a cependant eu égard aux situations nationales qui se traduisent par une absence de représentation locale. Un processus de désignation ou d'élection directes par les travailleurs doit alors être institué. Le texte de la directive précise également que ses dispositions ne portent pas atteinte aux règles nationales concernant les seuils de constitution des instances représentatives (358).

Ces différentes règles expriment le principe de territorialité des lois relatives à la création des institutions représentatives du personnel (359).

406. Protection des représentants. Les représentants des travailleurs ayant une mission dans la mise en œuvre de la directive jouissent d'une protection et de garanties qui doivent être similaires à celles qui sont prévues par la législation et/ou les pratiques de leur pays d'emploi. Cette protection concerne les membres du groupe spécial de négociation, les membres du comité d'entreprise européen ou, à défaut de ce comité, les représentants du personnel participant à la procédure d'information et de consultation (360).

Il n'est toutefois question, dans le corps du texte, que de garanties relatives au paiement du salaire et indemnités pour l'exercice des fonctions de représentation et la durée d'absence nécessaire à cet exercice (361). C'est seulement le préambule qui énonce le principe qu'ils doivent jouir d'une protection adéquate en matière de

(357) Article 5 § 2 a) des deux directives. La loi française de transposition a donc d'une part fixé les règles applicables aux établissements et entreprises implantés en France et choisi un système mêlant désignation et élection – article L. 2344-2, ex-article L. 439-19, 1er alinéa, du Code du travail – et renvoie d'autre part aux règles et usages des autres États d'implantation – article L. 2344-4, ex-article L. 439-19 *in fine* du Code du travail.

(358) Article 5 § 2 a) des deux directives.

(359) V. sur ce thème, spécial., M.-A. Moreau, « Activités transnationales et représentation collective des salariés », *Dr. soc.* 1991, p. 53.

(360) Article 10, alinéa 1er, de la directive 94/45 ; article 10 § 3 de la directive 2009/38.

(361) Article 10, 2e alinéa.

licenciement et d'autres sanctions, ajoutant qu'ils ne doivent « *subir aucune discrimination du fait de l'exercice légitime de leur activité* » de représentation (362).

b) L'information et la consultation

407. Le droit à l'information. Deux principes sont ici posés : droit pour l'ensemble des travailleurs intéressés d'être également informés ; droit d'être éclairés sur l'information fournie. Mais une limite est également admise, permettant de retenir l'information ou au moins d'en limiter la diffusion.

407-1. Égal accès à l'information. Le principe veut que tous les travailleurs de l'entreprise employés dans l'Union européenne –sous réserve que le seuil d'applicabilité de la directive soit franchi – reçoivent les informations nécessaires et soient consultés, en particulier sur des décisions les affectant. La proposition « Vredeling-Richard » avait déjà mis en avant l'idée que les travailleurs employés dans la Communauté, doivent, à un degré égal, être informés et consultés sur la vie de leur entreprise et ses événements importants, qu'une décision les concernant soit prise dans L'État où ils sont employés, dans un autre État membre, ou de l'extérieur de la Communauté (363). La même analyse vaut pour les entreprises et leurs salariés inscrits, en fonction des critères communautaires, dans le périmètre d'un groupe de dimension communautaire.

407-2. Assistance d'experts. Elle est indispensable pour l'intelligence de données complexes, économiques, financières, techniques, comptables, relatives à l'organisation de l'entreprise ou du groupe, aux relations humaines, données d'autant plus complexes et difficiles à déchiffrer et à apprécier que l'on considère par hypothèse des ensembles de dimension transnationale. L'assistance d'experts est prévue par la directive, pour les besoins de la création du comité d'entreprise européen ou de la procédure d'information et de consultation (364), comme pour le fonctionnement du comité d'entreprise européen « légal », une fois celui-ci formé (365). La directive, à la différence du droit français, ne privilégie pas l'expert-comptable et parle en général d'experts, quelle qu'en soit la compétence spéciale, dont l'assistance apparaît nécessaire.

407-3. Secret des affaires. En vue de protéger le secret des affaires, le droit à l'information souffre cependant de deux limites, dans lesquelles on trouve la trace d'un obstacle sur lequel avait buté la proposition « *Vredeling* » (366).

(362) 21° considérant de la directive 94/45, 34° considérant de la directive 2009/38. La loi française de transposition du 12 novembre 1996, article L. 2411-11 et L. 2342-4, ex-article L. 439-23 du Code du travail, étend aux représentants des travailleurs agissant dans le cadre de la directive la protection des membres du comité d'entreprise « interne » français. C'est d'ailleurs à l'occasion du vote de la loi du 12 novembre 1996 – en ce qui concerne la négociation dans la petite entreprise – que le Conseil constitutionnel a déclaré que les représentants des travailleurs doivent jouir d'un statut de nature à leur permettre de procéder à « *l'exercice normal de leurs fonctions en toute indépendance par rapport à l'employeur* », décision du 6 novembre 1996. Il en va, dit-il, des garanties légales permettant au principe constitutionnel de participation de s'exprimer ; v. sur la décision du Conseil, M.-L.Morin, *Dr. soc.* 1997, p. 25 ; G. Lyon-Caen, *Dr. ouvr.* 1996, p. 479.

(363) V. *supra* n° 399 pour cette proposition de directive.

(364) V. *infra* n° 414.

(365) V. *infra* n° 420.

(366) V. *supra* n° 399.

La première ne fait pas échec au droit à l'information du comité d'entreprise européen ou des organes représentatifs impliqués dans une procédure d'information et de consultation. Mais si des informations leur ont été communiquées à titre confidentiel, ils peuvent se voir interdire, ainsi que les experts qui les assistent, de les révéler à des tiers (367). L'interdiction concerne les travailleurs, mais elle peut aussi concerner d'autres représentants que les destinataires directs de l'information.

L'autre limite a une portée beaucoup plus grande, puisque c'est alors le droit à l'information qui est frontalement contredit. Les États membres peuvent prévoir que les directions centrales situées sur leur territoire ne seront pas obligées de communiquer des informations qui entraveraient gravement le fonctionnement de l'entreprise ou lui porterait préjudice, à condition toutefois que ce soit « *dans des cas spécifiques* » et « *selon des critères objectifs* » (368). Les deux directives disent même, plus exactement, que « *chaque État membre prévoit* » cette dispense d'information.

408. L'organisation du dialogue. Dans tous les cas de figure (comité d'entreprise européen, comité imposé par application des prescriptions subsidiaires, procédure au lieu d'un comité), la directive prolonge l'information en consultation, définissant celle-ci par « *l'échange de vues et l'établissement d'un dialogue* » (369). La consultation suppose qu'une discussion se noue. Il ne suffit pas d'informer et d'attendre un avis en réponse.

Quant au dialogue, il doit se développer dans un esprit de collaboration. La règle en est posée à propos de la négociation relative à l'institution du comité ou de la procédure (370). On la retrouve pour le fonctionnement du comité ou de la procédure (371). Le texte communautaire paraît bien vouloir formuler une obligation, faisant devoir aux parties d'entretenir – loyalement – un esprit de collaboration ; il ne s'agit pas simplement d'un vœu, ou d'une pétition de principe (372).

Sur deux points importants, la directive marque cependant les limites de ses exigences relatives au dialogue. Elle ne règle que très imparfaitement une troisième question, celle de l'articulation entre les interventions respectives du comité européen et des instances nationales, y compris après les changements intervenus avec la directive 2009/38.

408-1. Quid d'une obligation de négociation ? Le dialogue doit-il être conduit « *en vue de parvenir à un accord* » ? La directive le dit pour la négociation qui tend à créer le comité d'entreprise européen ou la procédure qui lui est substituée (373).

(367) Article 8 § 1 des deux directives.

(368) Article 8 § 2, la dispense d'information pouvant être subordonnée par le droit national à une autorisation administrative ou judiciaire préalable. La loi française de transposition ne consacre pas la possibilité de retenir l'information que permet la directive ; elle se borne à imposer aux membres du comité et aux experts de respecter une obligation de secret professionnel et de discrétion sur les informations confidentielles, dans les mêmes conditions que celles qui s'imposent aux membres du comité d'entreprise, articles L. 2342-10 et -12, L. 2344-8, ex-article L. 439-21 du Code du travail.

(369) Définition de l'article 2 § 1 f) de la directive 94/45, article 2 § 1 g) de la directive 2009/38.

(370) Article 6 § 1 des deux directives.

(371) Article 9 des deux directives.

(372) À la manière de l'ordonnance française du 22 février 1945 sur les comités d'entreprise.

(373) Article 6 § 1 des deux directives.

On peut ici affirmer l'existence d'une obligation de négocier dans un esprit loyalement tourné vers la conclusion d'un accord (374). La directive ne reprend cependant pas la formule lorsqu'elle vise plus loin le fonctionnement du comité ou de la procédure, silence qui est toutefois circonstancié par l'exigence de dialoguer dans un esprit de collaboration qui reste posée.

408-2. Quid du caractère préalable de la consultation ? Faut-il au moins que la consultation soit préalable à la décision qui la justifie (375) ?

La directive 94/45 n'avait pas introduit l'antériorité dans sa définition de la notion de consultation. Elle ne parlait pas même de consultation en temps utile (376). Visant, dans les prescriptions subsidiaires, les décisions de la direction pouvant affecter considérablement les intérêts des travailleurs, elle se contentait d'une réunion « *dans les meilleurs délais* » (377). Qui plus est, les prescriptions subsidiaires énonçaient que « *cette réunion ne porte pas atteinte aux prérogatives de la direction centrale* » (378), formule peu explicite mais pouvant signifier que la direction n'est pas tenue d'attendre la réunion pour prendre sa décision.

La directive 2009/38 ne change pas ces données. Au contraire, elle les généralise, puisque la définition de la consultation, qu'elle enrichit, ouvre aux représentants des travailleurs le droit d'exprimer « *dans un délai raisonnable* » un « *avis concernant les mesures proposées* » par la direction, ceci « *sans préjudice des responsabilités de la direction* » (379).

Il est raisonnable d'estimer que l'esprit de collaboration réclamé par la directive se perd si l'information ne vient pas assez tôt, en temps utile pour que les représentants des travailleurs puissent donner leur avis avant la décision. Une interprétation possible, s'appuyant directement sur le texte de la directive, voudrait que la direction ne puisse pas décider tant que l'avis attendu du comité d'entreprise européen ne tarde pas déraisonnablement, mais puisse en revanche, dans le cas contraire, invoquer les responsabilités qui sont les siennes et décider sans plus attendre. Une difficulté d'interprétation sérieuse se présente ici, sur un point fondamental (380).

408-3. Quelle articulation entre interventions du comité européen et des instances nationales ? Cette question, touchant partiellement à l'autonomie

(374) Sur cette même obligation dans les directives « licenciements collectifs » et transferts d'entreprise », v. *infra* n° 374, n° 396 ; v. également *supra* n° 364, *infra* n° 432, n° 437.

(375) Le droit français définit la consultation – du comité d'entreprise – par son caractère préalable à la décision : articles L. 2323-2, L. 2323-4, ex-article L. 431-5 du Code du travail.

(376) Alors que la disposition – article 18 – de la Charte communautaire des droits sociaux fondamentaux dont elle constitue le prolongement le fait.

(377) Point 3, 3e alinéa de l'annexe relative aux prescriptions subsidiaires.

(378) Point 3, in fine, de l'annexe.

(379) Article 3 § 1 g) de la directive 2009/38.

(380) Difficulté mise en pleine lumière par l'affaire *Renault-Vilvoorde*, TGI de Nanterre, 4 avril 1997, et cour d'appel de Versailles, 7 mai 1997, *Dr. soc.* 1997, p. 493, M.-A.Moreau, « À propos de l'affaire Renault » et p. 509, obs. A. Lyon-Caen. La Cour de cassation, dans une décision récente relative au projet de fusion Gaz de France – Suez, a jugé que le comité d'entreprise européen du groupe GDF devait avoir été consulté, dans un délai suffisant, avant que le processus de décision ne soit achevé. Elle s'est prononcée sur les fondements combinés de la directive 94/45, de l'article L. 439-6 (devenu article L. 2341) du Code du travail relatif à sa transposition et – point essentiel – en visant les dispositions de l'accord du 14 novembre 2001 ayant institué le comité d'entreprise européen de GDF (Cass. soc., 16 janvier 2008, n° 07-10597, *Bull.* V, n° 6). Sur la question de l'antériorité de la consultation sur la décision dans la directive « cadre général », v. *supra* n° 367.

institutionnelle nationale, a été laissée de côté par la directive 94/45, et a ensuite été « oubliée » dans la transposition française. D'où un vide des solutions, source d'insécurité juridique (381), que la directive 2009/38 n'a guère contribué à faire disparaître.

La nouvelle directive fait appel à l'accord des parties, accessoirement à l'action législative nationale, pour régler la difficulté. « *Priorité doit être donnée à la négociation de ces modalités d'articulation* », dans chaque entreprise ou groupe (382). La directive elle-même ne la règle pas directement, même au titre de prescriptions subsidiaires.

Elle fournit cependant des indications pour y procéder. Il convient 1° d'organiser l'articulation « *dans le respect des compétences et des domaines d'intervention respectifs des instances de représentation des travailleurs* » (383) ; 2° d'adapter les droits nationaux « *pour que le comité d'entreprise européen puisse, ..., être informé avant ou en même temps que les instances nationales de représentation des travailleurs* » (384) ; 3° de tenir compte du fait que les compétences du comité d'entreprise européen sont « *limitées aux questions transnationales* » (385).

B. — Le comité ou la procédure institués volontairement

La directive commande une distinction entre les accords qui ont été conclus avant que ses prescriptions elle n'entre en application et ceux qui le sont après. C'est la distinction qui sera suivie.

1° Les accords anticipant l'application de la directive

409. « Sécurisation » des accords sous le titre « Accords en vigueur », l'article 13 de la directive 94/45 énonçait que les entreprises et les groupes d'entreprises de dimension communautaire, « *dans lesquels il existe déjà* », à la date d'entrée en application des prescriptions de la directive, soit au plus tard le 22 septembre 1996, « *un accord applicable à l'ensemble des travailleurs, prévoyant une information et une consultation transnationale des travailleurs, ne sont pas soumises aux obligations découlant de la directive* ».

(381) V. considérant n° 7 de la directive 2009/38.

(382) V. considérant n° 37.

(383) V considérant n° 29 ; Le droit de l'Union européenne « *ne porte pas atteinte aux systèmes nationaux dans lesquels s'exerce concrètement* » le droit d'information et de consultation des travailleurs. Les compétences du comité d'entreprise français doivent être pleinement respectées, concernant notamment l'assistance d'un expert-comptable : v. Cass. soc., 5 mars 2008, *Sté IMP SA*, n° 07-12754, *Bull. civ.* V., n° 50.

(384) V. considérant n° 37. Les décisions rendues par les juridictions du fond françaises font ressortir deux idées. 1° : aucune règle d'antériorité d'une consultation sur l'autre ne découle des textes (v. TGI Nanterre (réf.), 1er août 2003, *ALSTOM*, *Sem. Soc. Lamy* 2003, n° 1136 ; TGI Paris (réf.), 10 octobre 2003, *SEITA*, *Sem. soc. Lamy*, 2003, n° 1140) ; 2° : une logique voudrait que la consultation du comité européen, portant sur la décision transnationale – décision « source » – précède la consultation interne, portant sur les effets locaux (mêmes décisions ; mais v. TGI Paris, 27 avril 2007, *Alcatel-Lucent*, *Sem. soc. Lamy* 2007, n° 1306).

(385) Article 2 § 3 de la directive 2009/38. La Cour de cassation a jugé que les procédures d'information et de consultation respectives « *n'ont pas le même objet, ni le même champ d'application* » ; il faut distinguer entre la consultation sur les questions transnationales et celle qui porte sur ses effets locaux, Cass. soc., 16 janvier 2008, *GDF*, n° 07-10597, *Bull.* V n° 6.

L'idée a donc été de reconnaître rétrospectivement validité aux accords ayant anticipé l'application de la directive, accords « d'anticipation » ou accords « pré-directives », de les « sécuriser » en permettant leur maintien et même leur reconduction, une fois qu'ils sont arrivés à expiration (386).

L'article 13 de la directive 94/45 a donné aux négociateurs une large autonomie qui s'est traduite dans la conclusion de nombreux accords d'anticipation. Un nombre considérable (plus de 600) de groupes de dimension communautaire s'est ainsi doté d'un comité européen, parfois d'une procédure d'information et consultation, créé par accord d'anticipation.

L'article 14 de la directive 2009/38 (remplaçant l'article 13 de la directive 94/45) maintient les règles antérieures (387) ajoute que ces accords sont reconductibles après adaptation aux évolutions de la structure de l'entreprise ou du groupe et, plus généralement, qu'ils peuvent être révisés, ceci tout en continuant d'échapper « *aux obligations découlant de la directive* » (388).

Des conditions sont cependant mises à leur validité de principe. Elles concernent d'abord le domaine et le contenu des accords d'anticipation, qui doivent respecter des prescriptions minimales formulées par la directive. Elles se justifient également concernant la négociation des accords, la directive ayant cependant laissé cette dernière difficulté sans réponse.

On observera que ces accords « consensuels » n'ont occasionné qu'un contentieux réduit quant à leur validité, leur application pouvant toutefois rencontrer des difficultés d'interprétation, qui porteront notamment sur l'articulation des interventions respectives du comité d'entreprise européen et du comité d'entreprise français (389).

a) Domaine et contenu de l'accord

410. Prescriptions minimales applicables. Elles tiennent en deux éléments : l'accord doit être « *applicable à l'ensemble des travailleurs* », il doit prévoir « *une information et une consultation transnationale des travailleurs* ».

Le premier élément concerne le périmètre d'application de l'accord. Tous les travailleurs employés dans les établissements situés dans la Communauté d'une entreprise de dimension communautaire doivent être couverts. Tous les travailleurs d'un groupe d'entreprises situées dans la Communauté, tel que le groupe est délimité en application des critères de la directive, doivent l'être.

Plus délicate est la question de savoir ce qu'il faut précisément entendre par information et consultation transnationale. Quel doit être l'objet de l'information ? La consultation peut-elle se limiter à l'examen de la situation de l'entreprise ou du groupe et prétendre exclure les décisions affectant le personnel ? etc.

(386) Article 13 § 2 de la directive.

(387) Tout en ouvrant une nouvelle période transitoire permettant de conclure des accords conformes aux dispositions de la directive 94/45, accords dont les effets sont maintenus après expiration du délai de transposition du nouveau texte ; v. article 14 § 1 b) de la directive 2009/38.

(388) Article 14 § 1 et § 2 de la directive 2009/38.

(389) V. *infra* n° 415-3.

La notion d'effet utile peut remplir sa fonction interprétative usuelle. Il convient que l'information et la consultation aient un contenu suffisamment substantiel pour ne pas vider de portée les exigences minimales fixées par la directive. Quant à la consultation sur les décisions importantes, elle est au cœur même de la directive et plus généralement de la construction juridique communautaire relative à l'information et à la consultation des travailleurs (390). Et les prescriptions subsidiaires, peuvent-elles jouer un rôle ? Si elles ne sont par hypothèse pas applicables aux accords d'anticipation, elles traduisent néanmoins une conception générale de l'information et de la consultation dont l'interprète peut s'inspirer.

La directive 2009/38 soulève une difficulté nouvelle. Elle définit en effet ce qu'il faut entendre par information au sens de la directive (391) et précise la définition de la consultation que donnait la directive 94/45 (392). Ces définitions sont-elles d'application immédiate aux accords d'anticipation ?

b) Loi applicable à la négociation de l'accord

411. Contrat sans loi ? La directive vise des accords qui existent déjà, sans rien préciser des conditions applicables à leur formation, tout en ajoutant qu'ils permettent aux entreprises et groupes qu'ils concernent d'échapper à ses prescriptions. Faut-il comprendre que ces accords peuvent être conclus sans l'encadrement d'aucune norme juridique, de la façon la plus entièrement libre ? La réponse du droit positif est clairement négative. La volonté des contractants ne peut être laissée entièrement libre et doit être mesurée à l'aune d'une norme qui en décidera de la validité et en mesurera les effets.

La théorie dite du « contrat sans loi », on le rappellera brièvement, recouvre deux idées ou hypothèses différentes. La première serait celle d'un contrat auquel aucune loi ou aucune norme nationale ne serait applicable et que l'on prétendra faire régir par un droit anational, constitué d'usages ou d'autres normes de sources internationales ou européennes. Encore faudra-t-il alors qu'un tel droit anational existe (393). L'autre hypothèse est plus proche d'une authentique idée de contrat « sans loi », dans la mesure où elle tend apparemment à détacher le contrat de toute loi ou norme en mesurant la validité et les effets. Le contrat vaudrait par lui-même. Mais 1) la Cour de cassation française condamne traditionnellement cette théorie (394) et 2) si elle l'admettait, ne faudrait-il pas en conclure que le contrat reçoit alors sa force juridique de l'ordre juridique du juge saisi (395) ?

(390) Référence peut à nouveau être faite à l'article 18 de la charte communautaire des droits sociaux fondamentaux, qui vise précisément l'information et la consultation « à l'occasion des restructurations »...

(391) Article 1 § 1 f) de la directive 2009/38.

(392) Article 1 § 1 g) de la directive 2009/38.

(393) Telle est l'hypothèse de la *lex mercatoria*, droit qui serait constitué par les usages internationaux des marchands. V. pour plus d'informations, P. MAYER et V. HEUZÉ, *Droit international privé*, Montchrestien, 10e éd. 2010, n° 22 et s.

(394) Depuis son arrêt « Messageries maritimes », Cass. civ., 21 juin 1950, *Rev. crit. DIP* 1950, p. 609, note BATIFFOL ; *JCP* 1950 II 5812, obs. J.-Ph. LÉVY ; B. ANCEL et Y. LEQUETTE, *Les grands arrêts de la jurisprudence française de DIP*, Dalloz, 4e éd., 2001, n° 22.

(395) V. P. MAYER et V. HEUZÉ, *Droit international privé* ; v. n° 702.

La question reste bien de savoir quelles normes régiront l'accord « d'anticipation », normes communautaires ou nationales, combinaison des deux ? Elle a été portée à deux reprises devant le tribunal de grande instance de Paris. Trois indications d'ordre général en ressortent, indications dont la combinaison ou la conciliation ne vont pas de soi. 1) La loi du lieu de situation de la direction centrale de l'entreprise ou du groupe a un rôle prééminent à jouer. 2) Il convient d'en adapter les dispositions aux conditions spécifiques de ce type de négociation. 3) Un rôle doit être reconnu aux lois des autres États membres dans lesquels le groupe ou l'entrepris a des implantations, en ce qui concerne la représentation de leurs travailleurs dans le processus de négociation.

411-1. Comité européen du groupe AGF. La direction des AGF avait négocié un accord d'anticipation avec une émanation du comité central d'entreprise. Elle n'avait pas appelé à la négociation l'ensemble des organisations syndicales représentatives au sein du groupe pour sa partie française ; elle n'avait pas non plus intégré à cette négociation une représentation appropriée des travailleurs de ses filiales étrangères.

Était reproché à la direction du groupe d'avoir négocié avec un organe élu, une émanation du comité central d'entreprise, sans avoir appelé à la négociation l'ensemble des organisations syndicales représentatives dans le groupe. L'accord avait-il été valablement négocié ? Non, répond le tribunal de grande instance en bâtissant de toutes pièces une solution novatrice (396).

Le tribunal commence par s'interroger sur l'application de normes de droit communautaire. Puisque l'existence de ce type d'accord est prévue par une directive communautaire, il serait logique qu'il soit régi par le droit communautaire. Mais, d'une part la directive qui le vise prévoit elle-même qu'elle ne s'y applique pas, d'autre part il n'existe à ce jour aucun corps de règles de droit communautaire réglementant de manière générale la formation des conventions et accords collectifs. Le droit communautaire, en particulier, ne donne aucune réponse précise aux difficultés spécialement portées devant le tribunal : la détermination des parties appelées à négocier l'accord. L'« *absence d'un droit spécifique applicable à l'échelon européen* » ne permet donc pas de se fonder sur les règles du droit communautaire.

– Droit national ? Faut-il alors se tourner vers un droit national ? C'est une solution tentante, quitte à devoir en passer par le règlement d'un conflit de lois en vue de déterminer la loi nationale applicable.

Quelle serait la loi nationale applicable ? S'agissant d'une négociation transnationale, il y a une certaine inadéquation à vouloir désigner une loi unique. Si la loi du lieu de situation de la direction centrale a un titre important à s'appliquer, celle des différents États d'implantation de l'entreprise ou du groupe, se réclamant de la territorialité des règles nationales relatives à la représentation du personnel, voudra également le faire concernant la participation des représentants de ses travailleurs dans la négociation de l'accord.

(396) TGI Paris, 18 juin 1996, *FO c/ AGF*, *JCP* 1996, éd. E., II 894, obs. TEYSSIÉ.

Une circulaire ministérielle française du 6 novembre 1995 estime que les accords intéressant les entreprises et groupes « français » doivent répondre « *aux conditions de validité des accords d'entreprise selon les règles applicables dans notre droit du travail* ». Elle rejette clairement l'idée que ces accords puissent être détachés des contraintes du droit national, mais elle néglige la dimension européenne de l'accord et oublie le rôle qu'il faudrait reconnaître à la loi des autres pays intéressés à la négociation de l'accord.

On a également pu suggérer, en doctrine, que l'accord ne devrait pas être régi par les dispositions du droit national applicable concernant la formation des conventions et accords collectifs de travail, mais par les règles générales du droit des contrats (397).

– Solution *sui generis*. Les accords d'anticipation de la directive ont, selon le tribunal, une nature *sui generis*. Ils sont liés au droit communautaire ; mais celui-ci ne comporte aucune réglementation qui leur soit applicable. Il convient d'adapter à ce contexte particulier les règles relatives à la négociation collective. La présence d'élus du personnel aux côtés de délégués syndicaux peut constituer une formule adaptée à ce type de négociation, admet-il ainsi, alors que le droit français confère aux syndicats représentatifs un droit exclusif de négocier les conventions et accords collectifs.

Mais si des adaptations à une négociation *sui generis* pouvaient se justifier, en aucun cas, ajoute le tribunal, on ne pouvait admettre que l'accord ait été conclu dans « *la méconnaissance des principes généraux du droit de la négociation collective* », et permettre à l'employeur de prendre pour partenaires des représentants qu'il avait préalablement choisis lui-même (398).

– Négociation par une représentation de tous les travailleurs intéressés. Le jugement du 18 juin 1996, relatif au comité européen du groupe des AGF, s'inspirant ici directement de la directive 94/45, dit en outre que l'accord litigieux étant destiné à s'appliquer à l'ensemble des travailleurs, il aurait donc fallu qu'il soit négocié par des représentants de ce même ensemble.

Les prescriptions de la directive concernant la négociation des accords *d'application* de la directive et l'économie générale de la directive montrent en effet une claire volonté que tous les travailleurs soient représentés non seulement dans les consultations, mais en amont, dans la négociation permettant la création du mécanisme de consultation (399).

411-2. Comité européen du groupe Marks & Spencer. Cette autre affaire a permis au tribunal de grande instance de Paris de préciser sa position (400). Il confirme la possibilité que la négociation relative à la création du comité européen « anticipé » puisse avoir lieu avec des négociateurs émanant d'institutions élues. Mais il met aussi en avant le rôle de la loi du pays où se situe la direction centrale du groupe.

(397) V. B. Teyssié, obs. précitées.

(398) La décision du tribunal de Paris ne s'explique pas plus avant sur ces principes généraux du droit de la négociation collective. On ne discerne pas en particulier s'ils s'inspirent du droit communautaire ou s'ils traduisent une conception française de la négociation collective. On observera cependant que le droit communautaire n'a pas la même hostilité de principe que le droit français à l'égard des procédures de négociation collective avec des salariés élus par le personnel des entreprises.

(399) En sont pour preuve les dispositions de l'article 5 § 2 des deux directives.

(400) TGI Paris, 19 septembre 2001, *CFDT c. Marks & Spencer France, RJS* 2002, n° 196, p. 161.

– Négociation avec des représentants élus. Un syndicat faisait grief à Marks & Spencer d'avoir négocié la création du comité européen « *avec des représentants des travailleurs désignés au sein des institutions représentatives de chaque pays* », alors que selon elle, la négociation aurait dû se dérouler avec les organisations syndicales représentatives, en ce qui concerne tout au moins les négociateurs représentant les intérêts des travailleurs des implantations françaises du groupe. À cette objection invoquant les règles du droit français, le tribunal, la rejetant, répond que « *rien n'interdisait de procéder* » ainsi, d'autant qu'on ne pouvait soutenir qu'« *une réelle représentation des travailleurs* » n'avait pas été assurée.

– Loi du siège de la société dominante. « *Il convient que l'accord qui a présidé à la création du comité soit conforme aux règles de droit applicables dans le pays dont dépend la société dominante du groupe* », y dit le tribunal de Paris. En l'espèce, la société dominante réelle était au Royaume-Uni qui, à l'époque des faits, échappait encore à l'application de la directive. Mais la société dominante anglaise ayant désigné la société irlandaise pour être son représentant dans les États membres soumis à la directive, c'était donc au droit irlandais de s'appliquer, en tant que loi du lieu de la direction centrale présumée, telle que déterminée par la directive.

2° Les accords formés en application de la directive

Les accords conclus après la fin du délai de transposition de la directive 94/45 (22 septembre 1996) ont été quant à eux soumis aux obligations découlant de la directive initiale. Les accords conclus après la fin du délai de transposition par la directive 2009/38 (5 juin 2011) sont en outre soumis aux dispositions nouvellement introduites par cette dernière.

La procédure de négociation de l'accord fait l'objet d'un dispositif précis, alors que la détermination du contenu de l'accord est largement laissée à l'appréciation des parties.

a) Négociation de l'accord

412. Constitution d'un « groupe spécial de négociation ». La directive déclare de la direction centrale qu'elle est « *responsable* » de la création des conditions et moyens nécessaires à l'institution des mécanismes d'information et consultation qu'elle requiert. Cette responsabilité se déplace vers le représentant qu'elle désigne dans l'Union ou l'unité de travail la plus importante située dans l'Union, lorsque la direction centrale est située hors de celle-ci (401).

La première obligation de la direction centrale est de veiller à la mise en œuvre du « *principe de l'autonomie des parties* » en créant les conditions de la négociation du mécanisme d'information et de consultation. La directive prévoit à cette fin la constitution, du côté des travailleurs, d'un « *groupe spécial de négociation* », qui sera l'interlocuteur de la direction centrale pour les besoins de cette négociation (402).

(401) Article 4 des deux directives.
(402) Article 5 des deux directives.

Le processus de négociation est engagé par la direction centrale, soit à son initiative, soit à la demande écrite de cent travailleurs au moins ou de leurs représentants relevant d'éléments de l'entreprise ou du groupe de deux États membres différents au moins (403). La composition du groupe spécial de négociation obéit aux règles générales qui ont été indiquées précédemment (404), la directive précisant que le groupe spécial de négociation est composé de trois membres au minimum, de dix-sept au maximum.

La directive 2009/38 a voulu que les organisations syndicales puissent être associées au processus de création des comités d'entreprise européens. Elle reconnaît le rôle qui, à cette fin, revient spécialement aux organisations reconnues comme « *partenaires sociaux européens* » (405). Des représentants « *des organisations syndicales compétentes et reconnues au niveau communautaire* » peuvent, avec la qualité d'experts, participer (« assister », dit le texte) aux réunions de négociation, « *... à la demande du groupe spécial de négociation* » (406).

413. Information préalable à l'ouverture de la négociation. Une difficulté préalable peut se présenter dans les groupes d'entreprises, lorsque la demande de création du groupe spécial de négociation, face à l'inaction de la direction, est formulée par les travailleurs ou leurs représentants. L'obligation de constituer le groupe de négociation suppose que l'existence d'un groupe soit établie, que la direction centrale en soit identifiée et que le périmètre du groupe soit connu. Ces données nécessitent des informations que les travailleurs et leurs représentants risquent de ne pas posséder ou de ne posséder qu'incomplètement. L'engagement du processus de négociation en sera-t-il paralysé ?

413-1. Arrêt *Bofrost*. D'où la question portée devant la Cour de justice des Communautés dans l'affaire *Betriebsrat der Bofrost* (407) : en vue d'enclencher le processus de négociation, un comité d'entreprise prétendant que son entreprise fait partie d'un groupe de dimension européenne, peut-il demander aux directions d'autres entreprises du groupe supposé, les informations nécessaires sur la structure et l'organisation du groupe ? Peut-il en particulier le faire auprès d'une direction dont il n'est pas encore établi qu'elle exerce le contrôle du groupe ?

La Cour de justice a répondu qu'« *il est indispensable de garantir aux travailleurs concernés l'accès aux informations leur permettant de déterminer s'ils ont le droit d'exiger l'ouverture de négociations* ». Sur la base de cette affirmation générale, elle précise que « *lorsque les données sur la structure ou l'organisation d'un groupe d'entreprises font partie des informations indispensables à l'ouverture des négociations pour l'institution d'un comité d'entreprise européen, il appartient à une entreprise de ce groupe de fournir lesdites données, qu'elle détient ou qu'elle est en mesure d'obtenir, aux organes internes de représentation des travailleurs qui*

(403) Article 5 § 1. Peu importe s'il n'est pas encore établi que la direction à laquelle les travailleurs s'adressent est celle de l'entreprise exerçant le contrôle du groupe, dit la CJCE dans l'arrêt *Bofrost,* 29 mars 2001, aff. C-62/99.
(404) V. *supra* n° 405 ; article 5 § 2.
(405) V. considérant 27 de la directive 2009/38.
(406) Article 5 § 4, directive 2009/38.
(407) CJCE, 29 mars 2001, *Betriebsrat der Bofrost,* aff. C-62/99, *Rec.* I, p. 257.

en font la demande ». L'obligation s'en impose « *même s'il n'est pas encore établi que la direction à laquelle les travailleurs s'adressent est celle d'une entreprise exerçant le contrôle au sein d'un groupe* ».

413-2. Arrêt *Kühne & Nagel*. L'affaire *Kühne & Nagel* a de son côté concerné le cas d'un groupe dont l'entreprise entreprise « *qui exerce le contrôle* », donc la direction centrale, était établie en Suisse (408). Si la direction centrale n'avait pas désigné de représentant dans la Communauté, il apparaissait, *prima facie*, que l'entreprise *Kühne & Nagel* ayant son siège en Allemagne était celle qui employait l'effectif le plus important dans un État membre (409). La direction de la société allemande pouvait donc être regardée comme celle qui devait assumer la position de direction centrale intra communautaire avec les obligations y afférentes. Elle ne le contestait pas.

Saisie par son comité d'entreprise d'une demande d'information sur le groupe et les différentes entreprises le composant à l'intérieur de l'espace communautaire, la direction de la société allemande, direction centrale « *présumée* », sans contester son obligation de communiquer les informations, affirme qu'elle ne peut pas l'exécuter, faute de les posséder et en raison du refus de la direction centrale véritable, en Suisse, de les lui transmettre.

Afin de tenter de lever l'obstacle, la Cour de justice énonce que « *cette direction centrale présumée est tenue de demander aux autres entreprises du groupe situées sur le territoire des États membres, et a le droit de recevoir d'elles les informations indispensables à l'ouverture des négociations* ». Elle ajoute, invoquant l'effet utile de la directive, que « *les autres entreprises membres du groupe situées dans les États membres ont l'obligation d'aider la direction centrale présumée à remplir ses obligations* » et doivent donc « *fournir les informations qu'elles détiennent ou qu'elles sont en mesure de détenir* » (410).

On observera que la Cour n'entend pas forcer l'obstacle en prétendant imposer à la direction centrale située hors Communauté de respecter les prescriptions de la directive. Ce serait tenter de donner un effet extraterritorial aux règles du droit communautaire. Les obligations qu'elle impose sont uniquement appelées à s'exécuter à l'intérieur du territoire communautaire.

413-3. Synthèse. Ces deux arrêts de la Cour de justice organisent donc, partiellement, la communication des informations préalables nécessaires à l'ouverture des négociations sur la création d'un comité d'entreprise européen.

1) Le comité d'entreprise d'une entreprise présumée entrer dans un groupe de dimension communautaire :

a) peut, à l'intérieur de l'Union européenne, les demander à la direction de l'entreprise et a le droit de les obtenir d'elle ;

(408) CJCE, 13 janvier 2004, aff. C-440/00, concl. TIZZANO.
(409) V. *supra* n° 402.
(410) La Cour ajoute que les États membres ont l'obligation de garantir l'exécution de ces obligations d'information, mentionnant toutefois le droit des entreprises à une protection appropriée des informations de caractère confidentiel.

b) peut le faire en s'adressant à la direction d'une entreprise du groupe, située à l'intérieur de l'Union, alors qu'il n'est pas encore établi qu'elle est l'« *entreprise qui contrôle* » et qu'elle en a donc la direction centrale.

2) Si elle ne possède pas les informations, **la direction centrale :**

a) peut les demander aux autres entreprises du groupe situées à l'intérieur de l'Union et a le droit de les obtenir d'elles ;

b) lorsque la direction centrale réelle est en dehors du territoire de l'Unione, la direction centrale *présumée* à l'intérieur de l'Union a ces mêmes prérogatives.

413-4. Directive 2009/38. La nouvelle directive, pour résoudre ces difficultés concernant les conditions d'ouverture de la négociation, énonce, en s'inspirant partiellement de la jurisprudence de la Cour de justice, que « *toute direction d'une entreprise comprise dans le groupe d'entreprises de dimension communautaire ainsi que la direction centrale ou la direction centrale présumée* (v. article 4 § 2 de la directive), *de l'entreprise ou du groupe d'entreprises de dimension communautaire est responsable de l'obtention et de la transmission aux parties intéressées par l'application de la présente directive des informations indispensables à l'ouverture de négociations* (sur l'institution du mécanisme d'information et de consultation), *particulièrement les informations relatives à la structure de l'entreprise ou du groupe et à ses effectifs* » (411).

414. Missions du groupe spécial de négociation. La tâche du groupe spécial de négociation est de fixer avec la direction centrale les règles gouvernant le comité d'entreprise européen ou les modalités de la procédure d'information et consultation (412).

414-1. Déroulement de la négociation – Négociation loyale. La négociation doit être conduite par les parties dans un esprit de collaboration en vue de parvenir à un accord (413). Il y a donc obligation de négocier. L'accord doit être conclu par écrit (414).

Le groupe spécial de négociation peut se faire assister d'experts de son choix (415). La directive 2009/38 précise que ces experts peuvent être des représentants d'organisations syndicales « *reconnues* », qui, si le groupe de négociation le demande, assisteront à titre consultatif à ses réunions (416). Elle ajoute également que le groupe spécial de négociation est en droit de se réunir, hors la présence de la direction centrale, avant et après les réunions avec celle-ci (417). Les dépenses relatives à la négociation sont supportées par la direction centrale, qui doit permettre aux

(411) L'ordonnance du 20 octobre 2011 transpose ces dispositions nouvelles tout en désignant avec plus de précision que la directive quels sont les responsables de l'obtention et de la transmission des informations ; v. article L. 2342-3 du Code du travail.

(412) Article 5 § 3 des deux directives.

(413) Article 6 § 1 des deux directives.

(414) Article 5 § 3 des deux directives

(415) Article 5 § 4 des deux directives.

(416) Article 5 § 4, 3e al., de la directive 2009/38.

(417) Article 5 § 4, 2e al., de la directive 2009/38.

négociateurs de s'acquitter de leur mission de façon appropriée, avec une prise en charge qui peut cependant être limitée à un unique expert (418).

414-2. Refus de la négociation. Le groupe de négociation a toutefois un important pouvoir de refus. Il peut décider de ne pas ouvrir la négociation ou encore d'annuler une négociation en cours (419). Il y faut une « *majorité des deux tiers des voix* » (420). S'il en décide ainsi, la négociation n'a pas lieu et les prescriptions subsidiaires ne s'appliquent pas. Il n'y aura donc pas de comité d'entreprise européen, quel qu'il soit, volontaire ou imposé, dans l'entreprise ou le groupe de dimension communautaire considéré (421). Si l'information-consultation prévue par la directive pour l'entreprise de dimension européenne et pour cette dimension européenne est alors écartée, celle qui est en vigueur dans les différents droits nationaux correspondant aux implantations territoriales de l'entreprise devra néanmoins être respectée.

b) Contenu de l'accord

415. Une liberté variable. La directive procède de façon différente suivant que l'accord met en place un comité d'entreprise européen ou une procédure d'information et consultation. On laisse à l'autonomie des parties une grande liberté d'expression dans le premier cas. On la canalise vers les objectifs d'information et de dialogue qui sont ceux de la directive, dans le deuxième.

415-1. Création d'un comité. La directive fixe une liste de questions qu'il appartient à l'accord de régler, concernant le périmètre de l'entreprise ou du groupe, la composition du comité, ses attributions, son fonctionnement, ses moyens et ressources, la durée de l'accord (422). Elle ne dit rien en revanche du contenu de l'accord sur chacune de ces questions. Bien plus, elle réserve l'autonomie des parties d'une façon telle que la liberté de celles-ci paraît pouvoir également s'exprimer quant à l'objet des informations et de la consultation qui s'ensuit, sous réserve de respecter les exigences minimales qui correspondent à la définition même des deux notions.

La nouvelle directive apporte des précisions relatives à la durée et au devenir de l'accord. Il revient aux parties de déterminer la date d'entrée en vigueur de l'accord et sa durée, les modalités de renégociation, de dénonciation et d'amendement (révision) de l'accord. Une renégociation doit être prévue en particulier lorsque des modifications interviennent dans la structure de l'entreprise ou du groupe de dimension communautaire (423).

415-2. Institution d'une procédure. Elles sont certes sommairement exprimées et très générales, mais on trouve alors des règles relatives à ce que l'accord doit

(418) Article 5 § 6 des deux directives.
(419) Article 5 § 5 des deux directives.
(420) Des membres présents, de l'ensemble du groupe ? La directive ne le précise pas.
(421) Alors qu'un refus de la direction centrale d'ouvrir la négociation entraînera au contraire la création du comité. Sur ce point, v. *infra* n° 416.
(422) Article 6 § 2 des deux directives.
(423) Article 6 § 1 g) de la directive 2009/38

contenir (424). La procédure mise en place au lieu d'un comité d'entreprise européen devra satisfaire à deux exigences minimales. Les représentants des travailleurs substitués au comité européen doivent se voir reconnaître le droit de se réunir pour procéder « *à un échange de vues* » sur les informations communiquées. Les informations communiquées portent notamment sur les questions transnationales qui affectent considérablement les intérêts des travailleurs. Un dialogue, décentralisé, doit malgré tout se nouer ; il porte obligatoirement sur les décisions transnationales de la direction centrale ayant des conséquences importantes pour le personnel.

415-3. Articulation des procédures – directive 2009/38. La directive 2009/38 a entendu remédier à une lacune du dispositif antérieur. Celui-ci ne réglait pas la question pourtant importante de l'articulation entre information et consultation du comité d'entreprise européen, d'un côté, et des instances nationales de représentation du personnel, de l'autre. Les droits nationaux pouvant ne pas l'avoir fait de leur côté, tel le droit français, les modalités de cette articulation sont restées incertaines. Une insécurité juridique gênante en résultait (425). La nouvelle directive demande aux parties de procéder par voie d'accord à la détermination de ces modalités, dans le respect des compétences et des domaines d'intervention respectifs des instances de représentation des travailleurs (426), la compétence du comité d'entreprise européen étant limitée aux seules questions transnationales (427).

C. — Le comité imposé en l'absence d'accord (comité « légal »)

416. Une annexe complète et détaillée. Sous le titre « Prescriptions subsidiaires », l'annexe de la directive 94/95 énonce une série de règles destinées à s'appliquer en l'absence d'accord des partenaires sociaux dans l'entreprise ou le groupe. Ces prescriptions subsidiaires sont fixées par une directive communautaire et il convient donc, pour leur mise en application, qu'elles soient introduites dans les lois nationales. Elles revêtent toutefois un caractère précis et détaillé, complet sur beaucoup de points, et le rôle du législateur national, au-delà de la simple transcription du texte communautaire, se borne à en adapter les modalités d'application aux données propres au système national de représentation des travailleurs (428).

La directive 2009/38 a remanié en partie et ajouté aux prescriptions subsidiaires. Les dispositions nouvelles devaient être introduites en droit interne au plus tard le 11 juin 2011 (429).

On commencera par préciser les conditions d'application des prescriptions subsidiaires, avant d'analyser leur contenu.

(424) Article 6 § 3.
(425) V. le considérant n° 7 de la directive 2009/38.
(426) Article 6 § 1 c) de la directive 2009/38.
(427) Article 1 § 3 de la directive 2009/38.
(428) La loi française de transposition du 12 novembre 1996 est restée souvent très proche d'une transcription pure et simple du texte communautaire.
(429) Transposition française par l'ordonnance du 20 octobre 2011 concernant l'institution d'un comité d'entreprise européen.

1° Conditions d'application des prescriptions subsidiaires

417. Trois hypothèses. Les prescriptions subsidiaires devront être mises en application dans trois hypothèses, conformément à l'article 7 des directives 94/45 et 2009/38.

1° : la direction centrale et le groupe spécial de négociation le décident. Plutôt que de poursuivre une négociation en vue de mettre en place un mécanisme particulier résultant de leur accord, les parties décident d'elles-mêmes de mettre en œuvre les prescriptions subsidiaires. Décision qui peut en particulier s'expliquer par le fait que la négociation entamée a les plus grandes chances d'échouer et qu'à terme, vu cet échec, les prescriptions subsidiaires entreront finalement en application (430). Inutile d'attendre !

2° : la direction centrale refuse l'ouverture de négociations dans un délai de six mois à compter de la demande des travailleurs ou de leurs représentants (431). À preuve que la direction centrale n'est pas obligée d'ouvrir cette négociation… sachant peut-être son échec vraisemblable autrement que sur un accord pour se soumettre aux prescriptions subsidiaires !

Rappelons qu'en revanche, si c'est le groupe spécial de négociation, les représentants des travailleurs donc, qui a rejeté la négociation ou l'a interrompue, les prescriptions subsidiaires ne s'appliquent pas (432). La représentation des travailleurs a la faculté de rejeter unilatéralement l'information et la consultation, la direction ne l'a pas.

3° : dans un délai de trois ans à compter de la même demande des travailleurs ou de leurs représentants, aucun accord n'a pu être conclu, sans qu'il y ait eu rejet de la négociation par le groupe spécial de négociation.

Seront mises en application les prescriptions subsidiaires, telles qu'arrêtées par la législation de l'État membre dans lequel est implantée la direction centrale de l'entreprise ou du groupe (433).

Vu le caractère précis et détaillé des prescriptions de la directive, le rattachement à la loi de l'État membre du lieu de la direction centrale ne joue cependant que sur les modalités d'application des règles communautaires. Le rattachement à la loi du lieu de la direction centrale, ensuite, n'empêchera pas l'application de la loi du lieu d'implantation des différents établissements ou entreprises intéressés, pour les besoins de l'élection ou de la désignation des membres du comité d'entreprise européen (434).

2° Contenu des prescriptions subsidiaires

a) Institution d'un comité d'entreprise européen

418. Une création obligatoire. L'institution d'un comité d'entreprise européen est obligatoire. Sa composition d'une part, l'élection ou la désignation du comité

(430) L'expérience montre que les accords qui sont en pratique conclus ne s'éloignent guère du contenu des prescriptions subsidiaires.
(431) V. *supra* n° 413.
(432) V. *supra* n° 414.
(433) Article 7 § 1, 1er alinéa.
(434) Point 1 b) des prescriptions subsidiaires.

d'entreprise européen d'autre part, obéissent aux règles d'application générale qui ont été mentionnées précédemment (435), sous réserve toutefois de précisions ou aménagements particuliers.

418-1. Composition. Sur plusieurs points, la directive 2009/38 a modifié les règles antérieures.

La directive 94/45 avait encadré le nombre de membres que peut comporter le comité, de trois au minimum à trente au maximum (436). La directive 2009/38 a supprimé ces limites inférieure et supérieure et y a substitué un système propre à assurer dans la mesure du possible une représentation des travailleurs de chaque État membre d'implantation à proportion du nombre de travailleurs employés par État membre (437). Le nouveau système devrait permettre de mieux ajuster la composition du comité aux mutations de structure des groupes.

La directive 94/45 avait prévu que le comité plénier, si sa taille le justifiait, élisait en son sein un *comité restreint* (un *bureau,* dans la transposition française), de trois membres au maximum. La directive nouvelle vise un comité restreint de cinq membres au maximum, assurant la coordination des activités du comité d'entreprise européen « de façon régulière » (438).

Les prescriptions subsidiaires ne règlent pas la question de la présidence du comité, permettant aux États membres de « *fixer des règles concernant la présidence des réunions d'information et de consultation* » (439).

418-2. Personnalité juridique. La directive ne dit rien sur la personnalité juridique du comité du comité d'entreprise européen (440). Le tribunal de première instance des Communautés a indirectement consacré cette personnalité juridique en admettant qu'un comité d'entreprise européen puisse avoir la qualité de partie intervenante à une demande d'annulation formée contre une décision de la Commission (441).

418-3. Transformation. Quatre ans après sa création, le comité doit examiner si une négociation ne devrait pas s'engager pour le transformer (442). Comité « légal » créé en application des prescriptions subsidiaires, il peut alors se muer, par accord avec la direction, en comité ou en procédure conventionnels, nés d'un accord des partenaires. C'est le comité lui-même qui joue alors le rôle du « *groupe spécial de négociation* » (443). Rien d'autre n'est dit sur la durée du mandat des membres du comité.

(435) V. *supra* n° 405-409.

(436) Point 1 c) des prescriptions subsidiaires annexées à la directive 94/45.

(437) V. point 1 c) des prescriptions subsidiaires annexées à la directive 2009/38

(438) V. point 1 d) des prescriptions subsidiaires annexées à la directive 2009/38)

(439) Point 4, alinéa 1er. Conformément à la tradition française concernant le comité d'entreprise, elle fait du chef de l'entreprise ou du chef de l'entreprise dominante du groupe un membre du comité d'entreprise européen et elle lui confie la présidence du comité, article L.2343-5, ex-article L. 439-13, et article L. 2343-7, ex-article L. 439-14, alinéa 1, du Code du travail. Elle prévoit en outre que le chef d'entreprise est assisté de deux personnes de son choix, ayant voix consultative. Le texte n'exige pas que ces personnes appartiennent au personnel de l'entreprise.

(440) Personnalité juridique que consacre la transposition française, article L. 2347-7 (L. 439-14, 1er alinéa) du Code du travail.

(441) TPICE, ord. 6 juin 2002, *Schneider Electric c. Commission,* aff. T-77/02, le comité européen intervenant aux côtés du comité central d'entreprise de la SA Legrand, pour soutenir les conclusions de la Commission.

(442) Point 1. f) des prescriptions subsidiaires.

(443) Sur ces points, v. *supra* n° 412 et s. La loi française ajoute que le comité initialement créé demeure en fonction tant qu'il n'a pas été renouvelé ou remplacé ; article L. 2343-1 (L. 439-17, 3e alinéa) du Code du travail.

b) Attributions du comité

419. Compétence transnationale. La compétence du comité aux fins d'information et de consultation a un caractère transnational. Elle porte sur les questions intéressant l'ensemble de l'entreprise ou du groupe ou sur celles qui intéressent au moins deux établissements ou entreprises situés dans deux États membres différents (444). La directive révisée renvoie simplement aux dispositions de l'article 1er de la directive concernant la compétence du comité d'entreprise européen. La règle reste sensiblement la même, sous réserve de précisions relatives au niveau d'information et de consultation (445).

Les questions limitées à un territoire national unique échappent donc à la compétence du comité d'entreprise européen « légal », ceci même si elles intéressent différents établissements ou entreprises situés sur ce même territoire. S'agissant des entreprises ou groupes dont la direction centrale est hors Communauté, la compétence transnationale du comité ne s'étend qu'à la partie communautaire de l'entreprise ou du groupe.

419-1. Situation de l'entreprise. Une information et une consultation ont lieu au moins une fois par an sur l'évolution des activités de l'entreprise ou du groupe. L'information à échéance régulière se fait sur la base d'un rapport écrit établi par la direction centrale. Elle s'accompagne d'une réunion avec la direction centrale (446).

Les directives 94/45 et 2009/38 ont établi une liste détaillée, sans être pour autant exhaustive, des objets d'information. Elle vise « notamment » la structure, la situation, l'évolution des activités de l'entreprise ou du groupe, la production et la vente, l'emploi et son évolution, les investissements, les changements de l'organisation, les nouvelles méthodes de travail et de production, les transferts de production, fusions, réduction d'activité, les licenciements collectifs enfin (447). C'est donc toute la situation de l'entreprise, économique et sociale, financière et technique, qui peut être passée en revue et l'être en particulier en examinant les perspectives d'évolution (448).

419-2. Décisions importantes liées à des circonstances exceptionnelles. Des *circonstances exceptionnelles* font également naître un droit à une information et une consultation spéciales.

Ces circonstances exceptionnelles se présentent notamment en cas de « *délocalisation, de fermeture d'entreprises ou d'établissements ou de licenciements*

(444) Point 1 a) des prescriptions subsidiaires de la directive 94/45 ; article L. 2343-2 (L. 439-13) du Code du travail.

(445) V. article 1 § 4 et § 5 de la directive 2009/38.

(446) Point 2, 1er alinéa, des prescriptions subsidiaires.

(447) Point 2, 2e alinéa, des prescriptions subsidiaires de la directive 94/45 ; point 1 § 1 a) des prescriptions subsidiaires de la directive 2009/38.

(448) La transposition française a donné au chef d'entreprise une fonction que la directive n'a pas prévue. Il appartient au chef d'entreprise, président du comité, de convoquer la réunion sur la base du rapport qu'il aura établi ; v. article L. 2343-9 (L. 439-15, 1er alinéa) du Code du travail. Quant à l'ordre du jour, sur lequel la directive est restée muette, il est arrêté par le président et le secrétaire, le président tranchant en cas de désaccord ; v. article L. 2343-10, ex-article L. 439-14, 5e alinéa, du Code du travail.

collectifs ». Elles se traduisent dans des décisions transnationales qui « *affectent considérablement les intérêts des travailleurs* » (449).

Le comité restreint ou, à défaut, le comité plénier, a le droit d'en être informé. Il a également celui de se réunir, s'il le demande, avec la direction centrale ou un autre niveau de direction plus approprié, compte tenu des mesures qui sont prises et du pouvoir de décision que doit posséder la direction à ce même niveau (450). À cette réunion du comité restreint, ont aussi le droit de participer les membres du comité plénier représentant les établissements ou entreprises directement concernés (451).

Un rapport est établi par la direction centrale ou un autre niveau de direction approprié. L'information et la consultation portent sur les *mesures* affectant considérablement les intérêts des travailleurs, formule compréhensive qui paraît devoir englober la décision (de délocalisation, de fermeture...) et ses conséquences (licenciements, mobilité...) sur les travailleurs. Un avis peut être émis à l'issue de la réunion ou dans un délai raisonnable (452).

On a toutefois déjà indiqué que la réunion d'information-consultation, qui doit s'effectuer « *dans les meilleurs délais* », ne précède pas nécessairement la décision et qu'« *elle ne porte pas atteinte aux prérogatives du chef d'entreprise* ». Il n'est pas dit que la consultation doit être antérieure à la décision (453). Si, convenablement informé, le comité tarde déraisonnablement à émettre son avis, la direction peut légitimement décider sans plus attendre. C'est l'interprétation raisonnable.

La directive révisée ne clarifie guère la discussion en énonçant que l'information et la consultation s'effectuent sans préjudice de l'effet utile de la démarche et de la nécessaire préservation d'un droit au secret (454). Dans cet ajout, elle renvoie au principe voulant que le processus d'information et consultation ait lieu « *de manière à en assurer l'effet utile et à permettre une prise de décision efficace de l'entreprise ou du groupe d'entreprises* » (455). Elle réserve aussi le droit dont peut se prévaloir la direction de ne pas communiquer des informations au comité d'entreprise européen, si l'entreprise risque d'en tirer préjudice.

419-3. Information des instances nationales. Sous réserve de l'obligation de confidentialité à laquelle ils peuvent être soumis, les membres du comité d'entreprise européen informent les représentants des travailleurs de l'entreprise ou du groupe, à défaut de représentants, ces derniers directement, de la teneur et des résultats de la procédure d'information et consultation, ceci que l'on vise la procédure

(449) Point 3, alinéa 1er, des prescriptions subsidiaires. Les prescriptions subsidiaires de la directive initiale visaient des « *circonstances exceptionnelles* », les nouvelles prescriptions subsidiaires parlent de circonstances exceptionnelles ou de « *décisions* ».

(450) Point 3, alinéa 1er, des prescriptions subsidiaires.

(451) Point 3, 2e alinéa.

(452) Point 3, 3e alinéa.

(453) La loi française de transposition a fidèlement repris – articles L. 2343-2 à L. 2343-4, ex-articles L. 439-14 et L. 439-15 du Code du travail – le texte des points 2 et 3 des prescriptions subsidiaires de la directive, n'y ajoutant pas et ne prétendant pas apporter de réponses aux difficultés d'interprétation qu'il soulève. V. estimant que la direction peut agir sans attendre, l'opinion de B. Teyssié et les arguments avancés, *JCP* 1997, éd. E, 624, v. spéc. n° 93 ; v. également, M.-A. Moreau, article préc. *Dr. soc.* 1997, p. 493. V. également *supra*, n° 408, Cass. soc., 16 janvier 2008, *GDF*.

(454) Point 3, 5e alinéa, des prescriptions subsidiaires de la directive 2009/38.

(455) Conformément à l'article 1§ 2 de la directive 2009/38.

régulière ou la procédure d'exception (456). Ce que prévoyait ainsi la directive 94/45 ne se retrouve plus dans la nouvelle directive.

c) Fonctionnement du comité

420. Modalités et moyens de fonctionnement. Le comité « adopte son règlement intérieur » (457).

Il est admis que le comité, restreint ou plénier, peut se réunir avant la réunion d'information-consultation, hors la présence de la direction (458).

Les prescriptions subsidiaires restent muettes sur la question de l'ordre du jour (459).

Les dépenses de fonctionnement du comité sont supportées par la direction. Les frais d'organisation, de déplacement, de séjour sont remboursés, ainsi que les frais d'interprétation. La direction centrale dote le comité des ressources financières et des moyens matériels nécessaires à l'accomplissement de ses missions. L'assistance d'experts choisis par le comité, est possible, pour autant qu'elle soit nécessaire ; la direction peut limiter sa prise en charge à un seul expert (460).

*

* *

421. Conclusion. Si elles parviennent à un accord, après la mise en vigueur de la directive, ou si elles étaient parvenues à le faire avant, les parties à la négociation sont libres de modeler le mécanisme d'information et de consultation transnationale à leur convenance. Confiance dans la justice, ou la justesse, d'une autonomie contractuelle s'exprimant dans le cadre d'un rapport collectif.

Deux bornes sont toutefois mises à une expression excessive de la liberté.

Il convient que le rapport de négociation soit suffisamment équilibré. D'où l'attention portée par la directive à la formation du groupe de négociation. D'où la nécessité de rattacher les accords d'anticipation à des contraintes procédurales.

La liberté ne doit pas s'exprimer au prix d'une dénaturation des objectifs de la directive. Un mécanisme d'information et de consultation transnationale de

(456) Pont 5 des prescriptions subsidiaires.

(457) Point 1. c) des prescriptions subsidiaires ; article L. 2343-8, ex-article L. 439-17, 1er alinéa, du Code du travail. La loi française de transposition donne au règlement intérieur une fonction que la directive n'avait pas envisagée. Le règlement intérieur « *peut organiser la prise en compte des répercussions sur le comité d'entreprise européen des changements intervenus dans la structure du groupe ou de l'entreprise de dimension européenne* ». Mis à l'ordre du jour des réunions du comité, ces éventuels changements dans la composition du comité peuvent être décidées d'un commun accord entre les représentants des travailleurs au sein du comité et la direction ; article L. 2343-6, ex-article L. 439-17, 2e alinéa, du Code du travail. Le droit français a voulu tenir compte des mutations qui se produisent régulièrement au sein des groupes de sociétés ; il comble une lacune du dispositif communautaire, corrigée par la nouvelle directive ; v. *supra* n° 404. La loi française prévoit également que le comité élit son secrétaire.

(458) Point 4, 2e alinéa, des prescriptions subsidiaires. On a vu, *supra* n° 418, que la transposition française donne la présidence des réunions au chef d'entreprise.

(459) La loi française prévoit que l'ordre du jour est arrêté par le président et le secrétaire, le président tranchant en cas de désaccord (v. article L. 2343-10, ex-article L. 439-14, 5e alinéa, du Code du travail). Il appartient au chef d'entreprise, président du comité, de convoquer la réunion régulière sur la situation de l'entreprise ou du groupe sur la base du rapport qu'il aura établi, dit aussi le texte français, v. article L. 2343-9, ex-article L. 439-15, 1er alinéa du Code du travail.

(460) Point 7 des prescriptions subsidiaires de la directive 94/45 ; point 6 de la directive 2009/38.

l'ensemble des travailleurs de l'entreprise ou du groupe de dimension communautaire doit en toute hypothèse naître de l'accord. La directive le dit expressément pour les accords d'anticipation. La même exigence minimale vaut certainement pour les accords conclus après mise en vigueur de la directive.

L'absence d'accord entraînera en revanche la création obligatoire d'un comité d'entreprise européen répondant aux prescriptions subsidiaires de la directive. C'est là une troisième limite, importante, à l'exercice de l'autonomie contractuelle. Devant la difficulté à obtenir mieux de la direction de l'entreprise ou du groupe, la partie salariale peut préférer attendre la mise en place du comité d'entreprise européen « subsidiaire », comité qui possède des prérogatives et des moyens non négligeables. Les deux parties peuvent aussi, sachant la difficulté de s'accorder sur un autre résultat, anticiper l'application à venir des prescriptions subsidiaires, en concluant un accord qui en reprend simplement les termes.

Les salariés possèdent enfin – et sont seuls à posséder –, par un vote à la majorité qualifiée du groupe de négociation, la faculté de rejeter l'information-consultation voulue par la directive.

§ 2. — Implication des travailleurs dans la société européenne

A. — Trente ans de préparation

422. Nécessité d'une participation des travailleurs. L'objectif général présidant à la naissance de la société anonyme européenne a été de permettre à des entreprises ayant une dimension européenne de se constituer en sociétés relevant d'un statut de droit européen et de déployer plus commodément leurs activités dans l'espace communautaire, grâce aux facilités d'action transeuropéenne ouvertes par ce statut.

Il a fallu plus de trente ans d'efforts laborieux de la Commission européenne pour que les textes instituant une société anonyme européenne soient enfin adoptés, malgré de nombreux obstacles. Plus encore que du droit des sociétés, les difficultés sont venues du droit du travail et de la question de la participation des travailleurs, *via* leurs représentants, aux décisions intéressant la vie de l'entreprise.

Il est d'emblée apparu indispensable d'introduire dans un texte intéressant les sociétés commerciales des dispositions relatives à la représentation des intérêts des travailleurs. Ceci en raison des droits nationaux connaissant un fort système de participation des travailleurs à la vie de l'entreprise, en raison du droit allemand plus particulièrement et de la combinaison qu'on y trouve entre un conseil d'entreprise (*Betriebsrat*) aux pouvoirs considérables et une participation de représentants des salariés aux organes de gestion de la société, en vue d'assurer, avec les représentants des actionnaires, une cosurveillance de la direction.

On a craint que des entreprises allemandes – ou d'un autre pays à forte participation des travailleurs – n'optent pour le statut de société européenne afin de fuir les contraintes de leur système de participation ; le risque étant d'autant plus grand que l'on entendait ouvrir facilement la possibilité d'opter pour le statut de société européenne. Un volet « représentation des intérêts des travailleurs » s'imposait donc (461).

Les droits nationaux ont en ce domaine des traditions très différentes les unes des autres. Dans tels pays – l'Allemagne, les Pays-Bas – les représentants des travailleurs participent aux organes de la société, avec un rôle de contrôle de la gestion, sur un pied d'égalité ou de quasi-égalité avec les représentants des actionnaires. Des institutions représentatives comparables au comité d'entreprise français ne se retrouvent pas partout, loin s'en faut, soit que l'institution obligatoire d'un tel comité n'ait pas été prévue par la loi – en Angleterre –, soit à l'inverse que le comité représentant les salariés possède des pouvoirs plus étendus, voire beaucoup plus étendus – le conseil d'établissement allemand. Certains droits nationaux – le Royaume-Uni, l'Italie – tendent traditionnellement à confier à la négociation collective le soin de mettre en place une éventuelle représentation des salariés dans les entreprises. En matière de représentation du personnel dans l'entreprise, le Royaume-Uni avait fait du volontariat un véritable dogme. La variété et la disparité des dispositifs nationaux sont extrêmes.

Si l'on ajoute à cela l'opposition qui existe, quant aux structures des sociétés anonymes, entre le modèle moniste avec conseil d'administration – Belgique, France, Italie, Royaume-Uni – et le modèle dualiste avec directoire et conseil de surveillance – Allemagne, Pays-Bas –, on comprend combien la tâche à accomplir a été compliquée et ardue.

423. Premières tentatives. Un premier projet de société anonyme européenne a vu le jour en 1970 et, malgré la reprise du projet sous des formes nouvelles marquées par des changements dans la méthode législative, sa réalisation a longtemps continué d'achopper précisément sur la question de la participation des travailleurs à la société européenne.

423-1. Les propositions de règlement de 1970-1975 sur la société anonyme européenne. Le statut de la société anonyme devait à l'origine faire l'objet d'un règlement communautaire, règlement unique couvrant aussi bien les aspects de droit commercial que ceux de droit du travail. Une première proposition de règlement portant statut des sociétés anonymes européennes a été présentée par la Commission le 30 juin 1970 (462), puis modifiée par une nouvelle proposition du 13 mai 1975 (463).

Quant à la méthode mise en œuvre, les orientations générales de la proposition de 1975 traduisaient une volonté de créer un texte à la fois souple et complet.

(461) V. rapport « Sanders » relatif à un avant-projet de convention portant statut d'une société anonyme européenne, Commission CEE, coll. études, série Concurrence, n° 6, 1967, v. également, G. Lyon-Caen, « Contribution à l'étude des modes de représentation des intérêts des travailleurs dans la SAE », Commission CEE, série Concurrence, n° 10, Bruxelles 1970.

(462) *JOCE* n° C 124 du 10 octobre 1970, *Bull.* CE, suppl. au n° 8/1970 ; M. Vasseur,*D.* 1972, chron. 169 ; *Rev. sociétés*, n° spéc. 1/1972

(463) *Bull.* CE suppl. 4/75 ; v. complémentairement le Livre vert « Participation des travailleurs et structure des sociétés », *Bull.* CE suppl. 8/75 ; K. J. Hopt, « Problèmes de la participation en Europe », *RTD com.* 1981, p. 401 ; v. également du même auteur, *Rev. sociétés* 1987, p. 285.

Le titre V de la proposition de règlement ne comportait pas moins de 48 articles réglant la représentation des travailleurs dans la SAE. Il proposait trois procédés de représentation, de nature à satisfaire plusieurs modèles de participation.

Le premier consistait dans la création d'un comité européen d'entreprise, directement inspiré du droit allemand, doté de pouvoirs de codécision et de contrôle sur les questions sociales. Le deuxième se traduisait dans une participation des travailleurs au conseil de surveillance de la société anonyme européenne – la SAE obéissant au modèle allemand de la société anonyme avec directoire et conseil de surveillance – participation forte puisque la représentation des travailleurs, avec voix délibérative, était mise sur un pied d'égalité avec celle des actionnaires. Était en troisième lieu prévue la possibilité de conclure des conventions collectives pour régir les conditions de travail des salariés de la SAE, convention applicable aux seuls salariés membres d'un syndicat signataire, suivant la règle allemande.

Bien qu'une forte influence du droit allemand se soit fait sentir sur l'ensemble du projet, celui-ci entendait ménager la diversité des sensibilités nationales aux différentes formes de participation des travailleurs dans l'entreprise. Était principalement prévue la possibilité de rejeter par vote majoritaire la participation des travailleurs au conseil de surveillance. La participation par voie de négociation collective devait jouer un rôle d'autant plus important que la participation au conseil de surveillance disparaissait. Quant à l'existence d'un comité d'entreprise fort, elle restait en toute hypothèse imposée, que son rôle s'articule avec une cosurveillance ou avec la négociation collective. L'utilisation cumulative des trois procédés n'était cependant, théoriquement, pas exclue.

Butant sur trop d'oppositions, ces premières initiatives ont finalement été abandonnées.

423-2. Les propositions de 1989-1991 : deux instruments indissociables. La Commission a estimé pouvoir lever les obstacles persistants liés à la participation des travailleurs en scindant un nouveau projet en deux propositions distinctes : 1) de règlement portant statut de la société européenne, 2) de directive, complétant le statut de la société européenne en ce qui concerne la place des travailleurs.

« *La grande diversité des réglementations et pratiques existant dans les États membres quant au mode de participation des représentants des travailleurs au contrôle des décisions des organes des sociétés anonymes, ne permet pas d'organiser la place des travailleurs de manière uniforme* », s'en explique l'exposé des motifs, justifiant ainsi le recours à l'instrument plus souple de la directive, concernant les droits des travailleurs.

De nouvelles propositions de règlement et de directive ont été présentées le 25 août 1989 (464), puis modifiées le 6 avril 1992 et le 16 mai 1991 (465).

(464) *JOCE* n° C263 du 16 octobre 1989 ; propositions précédées par un memorandum de la Commission du 15 juillet 1988 sur le statut de la société européenne, point 137 du Livre blanc sur le marché intérieur, Doc. COM(88) 320 final ; sur les nouvelles propositions, v. H. Synvet, « Enfin la société européenne ? », *RTD eur.* 1990, p. 253 ; Chr. Gavalda, « La société anonyme européenne, selon le projet de règlement du 25 août 1989 », *Act. législ. Dalloz*, 1991, n° 21, p. 26.

(465) Pour la directive, *JOCE* n° C. 138 du 29 mai 1991 ; pour le règlement, *JOCE* n° C. 176 du 8 juillet 1991.

Uniformément défini par règlement, le statut de la société européenne est conçu pour s'accorder à la diversité des formes nationales de participation des travailleurs suivant le canevas souple d'options possibles que la directive sur la place des travailleurs vient proposer. Telle est la nouvelle méthode sur laquelle on a compté pour faire enfin adopter le projet.

On a pu douter que la scission du projet en deux textes distincts faciliterait vraiment la création de la société européenne, puisque la constitution sous forme d'une société européenne relevant du règlement supposait que cette société respecte l'un des modèles de participation définis par la directive. Autrement dit, énonçait la proposition de règlement de 1989, la société européenne pourra seulement être constituée dans un État membre qui aura transposé les dispositions de la directive sur la place des travailleurs. La proposition de directive déclarait de son côté que les mesures de coordination prescrites par la directive constituent le « *complément nécessaire du règlement* ».

Les deux propositions énonçaient en conséquence, respectivement, dans des dispositions se renvoyant l'une à l'autre, qu'une société européenne ne pourra être immatriculée qu'après adoption d'un des modèles de participation prévus par la directive.

Trois « modèles » de participation étaient proposés, suivant une construction générale qui rappelait la proposition de cinquième directive de coordination du droit des sociétés (v. numéro suivant). À chacun de ces modèles correspondait un mode particulier de participation des travailleurs à la SAE, des résultats équivalents étant toutefois attendus de chacun des modèles. Quel que soit celui qui est utilisé, les mêmes règles minimales devaient en toute hypothèse être respectées. Était posé le principe que la participation ne se ferait « *pas au niveau de la gestion journalière* ». Les exigences de la proposition de directive s'arrêtaient à des droits d'information, de consultation, de contrôle, elles n'allaient pas jusqu'à la cogestion.

Le premier modèle prévoyait une participation de représentants des salariés aux organes de surveillance (sociétés de type dualiste) ou d'administration, ces représentants ayant un statut de membres « non gérants » dans les sociétés à conseil d'administration (type moniste).

Le deuxième modèle se traduisait dans une participation (représentation) par un organe distinct. Un organe propre, distinct de l'organe de surveillance ou d'administration, devait représenter les travailleurs, comme le font le comité d'entreprise français ou conseil d'établissement allemand. Cet organe de représentation devait être doté de pouvoirs d'information et de consultation, notamment sur décisions importantes pouvant affecter la situation du personnel, avant la mise en œuvre de ces décisions. On notait que les pouvoirs de cet « organe distinct » étaient nettement moins importants que ceux reconnus par la proposition de 1975 au « comité européen d'entreprise ».

Le troisième « modèle » supposait la conclusion d'accords permettant la participation des travailleurs. Suivant les possibilités ouvertes par ce troisième modèle, la création d'un organe de représentation n'était pas exigée, la création une procédure d'information et consultation directe du personnel pouvait suffire. La souplesse était extrême.

Renvoi étant fait à l'action autonome des « parties », des prescriptions d'application subsidiaire, ici dénommées « modèle standard », devaient s'appliquer à défaut d'accord.

Les propositions de 1989-1991 ouvraient aux législateurs nationaux une latitude assez grande pour élire, à partir des « modèles » communautaires, le mode de participation leur convenant le mieux. Il leur appartenait d'ouvrir ou non le rôle laissé à l'accord des partenaires de l'entreprise. Le système était fait pour permettre l'expression, État par État, des traditions qui lui étaient propres en matière de participation des travailleurs. La loi du lieu du siège de la société jouait un rôle important.

La société européenne, en toute hypothèse, ne pouvait être constituée, sans que la participation des travailleurs ait été organisée, suivant l'un ou l'autre des modèles proposés.

424. Des données nouvelles. Malgré sa souplesse, sa volonté de s'adapter à la diversité des droits nationaux, la place importante qu'il ménageait à l'accord entre la direction de la société européenne et les travailleurs ou leurs représentants, les propositions de la Commission continuaient à rencontrer de vives oppositions. Plusieurs États membres (Espagne, Italie, Portugal, Royaume-Uni) craignaient en particulier que leur soit imposée une participation des travailleurs aux organes de gestion de la société européenne (SE) dont ils ne voulaient pas ou dont ils admettaient l'existence, mais uniquement sur une base volontaire. D'autres (Allemagne, Pays-Bas) continuaient à craindre que la SE n'entraîne un affaiblissement de la participation des travailleurs instaurée dans leur ordre juridique par une fuite vers le statut de société européenne.

Plusieurs facteurs nouveaux ont permis un déblocage des discussions.

– **Adoption de la directive « comité d'entreprise européen ».** L'adoption de la directive sur le comité d'entreprise européen, puis son extension au Royaume-Uni qui avait commencé par la rejeter (grâce à la clause d'*opt out* prévue par le traité de Maastricht et supprimé par le traité d'Amsterdam) ont marqué à cet égard un changement sensible. Il est apparu indiscutable que les travailleurs de la SE reçoivent le droit d'être informés et consultés comme le sont ceux des entreprises de dimension européenne. L'information et la consultation dans l'entreprise ont cessé de rencontrer les mêmes hostilités qu'auparavant.

– **Abandon du projet d'harmonisation des structures de la société anonyme.** L'échec persistant de la proposition de 5e directive a en outre conduit à abandonner le souci d'harmoniser les règles relatives à la SE avec celles d'un texte mort-né.

Depuis 1972, la Communauté avait vainement poursuivi le projet d'opérer un rapprochement des législations nationales concernant les structures des sociétés anonymes ainsi que les pouvoirs et obligations de leurs organes. Une proposition de cinquième directive de coordination du droit des sociétés, initialement présentée le 9 octobre 1972, a été modifiée à plusieurs reprises jusqu'à une dernière tentative en date du 20 novembre 1991 (466).

(466) *JOCE* n° C 321 du 12 décembre 1991.

La proposition de « 5e directive » entendait introduire l'existence d'une représentation des salariés dans toutes les entreprises de la Communauté atteignant le seuil de mille salariés. Elle mariait, en ouvrant des options, le modèle allemand, en introduisant une présence de représentants des salariés dans les organes de direction, et le contre modèle britannique, en subordonnant la représentation à la conclusion d'un accord collectif. Tous les efforts de souplesse et de modulation des formules utilisables n'ont pas empêché l'enlisement progressif du projet et l'idée d'harmonisation les législations nationales en matière de représentation du personnel a été finalement repoussée à un avenir indistinct.

Cet échec, indirectement, a joué un rôle positif concernant le projet de société anonyme européenne. La Commission avait entendu que la représentation du personnel au sein de la future société européenne soit harmonisée avec l'harmonisation des droits nationaux visée par la proposition de 5e directive. L'abandon de celle-ci a libéré la conception de la représentation du personnel dans la SAE de l'influence qui pesait sur elle, libération d'autant plus utile que cette influence venait d'un texte manifestement inadoptable.

– Rapport « Davignon ». Les réunions du groupe d'experts « Davignon » et le rapport qui en est issu ont permis de dégager des orientations nouvelles concernant la participation à la gestion.

On avait procédé jusque-là en recherchant des modèles susceptibles de s'adapter à la diversité des contextes nationaux. L'idée-guide sera désormais que la création de la SE ne doit pas entraîner l'affaiblissement, voire la disparition du régime d'implication des travailleurs dans les décisions prises par la SE, qui préexistait au sein des sociétés ayant participé à la création de la SE. Le maintien des droits acquis doit être garanti. C'est le principe « avant-après ». Une autre idée nouvelle a été de distinguer suivant le mode de constitution d'une SE : simple transformation d'une société préexistante, fusion, création d'une holding, création d'une filiale commune.

Compte tenu de la diversité des situations nationales, le rapport « Davignon » conclut qu'une primauté doit être donnée à une solution négociée propre à s'adapter à chaque cas particulier et que des règles subsidiaires, dites « *dispositions de référence* » doivent s'appliquer à défaut d'accord.

B. — Directive 2001/86 du 8 octobre 2001 sur l'implication des travailleurs dans la société européenne – généralités

425. Un règlement complété par une directive. Sur ces bases nouvelles, un accord général des États membres (l'Espagne ayant été le dernier État à devoir convaincre) a pu se réaliser le 20 décembre 2000 au Conseil européen de Nice. Un règlement 2157/2001 relatif au statut de la société européenne a ensuite été adopté et complété par la directive 2001/86 du 8 octobre 2001 pour ce qui concerne l'implication des travailleurs (467). L'article 308 du traité (ancien article 235) constitue

(467) V. M.-A. Moreau, « L'implication des travailleurs dans la société européenne », *Dr. soc.* 2001, p. 967 ; B. Teyssié, « L'implication des travailleurs dans la société européenne », *JCP*, éd. E, 2002, p. 1728.

la base juridique des deux textes, l'unanimité du Conseil étant donc requise et le Parlement européen ayant une compétence simplement consultative. Le délai imparti aux États membres pour mettre leurs dispositions nationales en conformité avec la directive a été fixé au plus tard le 18 août 2006 (468).

425-1. Deux instruments indissociables. La formule de dissociation-association entre un règlement et une directive a été conservée. Un règlement, texte complet, applicable directement en droit national, a établi le statut de la société européenne ; une directive, acte plus souple ouvrant une certaine marge de choix aux législateurs nationaux, le complète concernant « *l'implication des travailleurs* ». Mais les deux instruments sont liés. Les dispositions sur l'implication des travailleurs «*forment un complément indissociable du règlement et doivent être appliquées de manière concomitante* » (469). Une SE ne pourra pas être immatriculée tant que les modalités d'implication des travailleurs n'auront pas été fixées (470). Le règlement 2157/2001 précise que les statuts de la SE ne doivent à aucun moment entrer en conflit avec les modalités relatives à l'implication des travailleurs qui ont été fixées et sont modifiés dans la mesure nécessaire (471).

Le principe « avant-après » déjà signalé (v. numéro précédent), est largement présent. La création d'une SE ne doit pas entraîner « *la disparition ou l'affaiblissement du régime d'implication des travailleurs* » préexistant (472). S'il concerne plus particulièrement la participation, le principe s'étend à toute l'implication, y compris l'information et la consultation.

425-2. Rôle des droits nationaux. Initialement, l'intention de la Commission était que la société européenne soit pleinement de droit européen et se détache des droits nationaux. L'idée était de soustraire la société européenne à l'application du droit des États membres et par conséquent de créer un texte complet, se suffisant à lui-même, les éventuelles lacunes devant être comblées en faisant jouer des principes communs aux États membres. Cette ambition se marquait également dans la représentation des travailleurs, que le projet de statut avait entendu régler de façon aussi complète que possible. Le texte aujourd'hui adopté redonne au contraire une plus grande importance à la loi nationale et plus précisément à celle du lieu du siège de la société européenne.

Sachant que d'assez nombreux droits nationaux sont loin d'être acquis au principe d'une participation des travailleurs aux organes de gestion des entreprises, on aurait cependant pu craindre que le rattachement au droit national du lieu du siège n'entraîne des fuites ou des fraudes. On a pensé pouvoir déjouer ce risque de deux façons :

(468) La loi française du 26 juillet 2005 pour la confiance et la modernisation de l'économie, opérant transposition de la directive, a introduit dans le Code du travail un chapitre nouveau intitulé « Implication des salariés dans la société européenne et comité de la société européenne » ; articles L. 2351-1 à L. 2354-4, ex-articles L. 439-25 à L. 439-50, ex-article L. 483-1-3, du Code du travail.

(469) Considérant n° 20 de la directive.

(470) Article 12 §2 et 3 du règlement.

(471) Article 12 §4 du règlement et article L. 229-7, 3e alinéa, du Code de commerce.

(472) Considérant n° 3 de la directive.

– les dispositions de référence, règles subsidiaires applicables en cas d'échec du processus de négociation, doivent être uniformément transposées dans les droits nationaux, une certaine marge de choix étant toutefois ouverte aux États membres. Or ces dispositions de référence imposent une participation des travailleurs ;

– quant à la fixation du siège de la SE, elle obéira à la règle du « siège réel ». Le siège statutaire devra être situé dans le même État membre que l'administration centrale de la SE. Il ne devrait pas être possible de fixer le siège de la SE dans un État membre « anti-participation », si ce siège ne correspond pas au lieu où se situent réellement la direction et l'administration de la SE (473).

À titre de sécurité complémentaire, la directive sur l'implication des travailleurs demande en outre aux États membres de prendre les mesures appropriées pour éviter les abus ou détournements de procédure destinés à priver les travailleurs de leurs droits de participation (474).

426. Définitions. Fidèle à la méthode législative usuelle du droit communautaire, la directive 2001/86 consacre son article 2 aux « *définitions* » des principales notions utiles.

Relative à l'implication des travailleurs, la directive vise sous ce mot « implication » tout mécanisme par lequel les représentants des travailleurs « *peuvent exercer une influence sur les décisions à prendre au sein de l'entreprise* » (475).

L'implication se divise en information et consultation d'une part, participation d'autre part. Les notions d'information, consultation et participation font également l'objet de définitions qui sont en réalité plus que des définitions et constituent les bases du régime juridique qui leur est applicable (476).

L'information doit se faire « *à un moment, d'une façon et avec un contenu* » qui permettent aux représentants des travailleurs « *d'évaluer en profondeur l'incidence éventuelle* » des questions soumises à leur examen. L'information porte « *sur les questions qui concernent la SE elle-même et toute filiale ou établissement situé dans un autre État membre ou sur les questions qui excèdent le pouvoir des instances de décision d'un État membre* » (477).

La consultation réside dans « *l'instauration d'un dialogue et l'échange de vues entre l'organe représentant les travailleurs et/ou les représentants des travailleurs et l'organe compétent de la SE* » (478). La consultation a lieu « *à un moment, d'une façon et avec un contenu qui permettent aux représentants des travailleurs, sur la base des informations fournies, d'exprimer un avis sur les mesures*

(473) La loi française du 26 juillet 2005, transposant la directive, énonce, en visant les sociétés européennes immatriculées en France, « *que le siège statutaire et l'administration centrale de la société européenne ne peuvent être dissociés* », article L. 229-1 du Code du commerce.

(474) Article 11 de ladirective.

(475) Article 2, h) de la directive.

(476) Dans la transposition française, ces définitions se retrouvent aux articles L. 2351-4 à L. 2351-6, ex-article L. 439-25, du Code du travail.

(477) Article 2, i) de la directive et, dans les même termes, article L. 2351-4, ex-article L. 439-25, 3e alinéa, du Code du travail.

(478) « *Organe dirigeant* » dans le texte de la transposition française.

envisagées par l'organe décisionnel, qui pourra être pris en considération dans le cadre du processus décisionnel » (479).

La participation, enfin, se marque dans l'influence de la représentation des travailleurs sur les affaires d'une société, qui s'exercera par l'élection ou la désignation de membres de l'organe de surveillance ou d'administration, ou par le droit de recommander la désignation de membres de l'organe de surveillance ou d'administration et/ou de s'y opposer (480).

L'« *organe de représentation des travailleurs* » que visent également les définitions de la directive recouvre l'institution du comité « légal » (481) ou l'organe correspondant qui aura été mis en place par voie d'accord (482). Les termes « *représentants des travailleurs* », dans les définitions de la directive (483), s'adressent plus généralement à toutes les formes de représentation des salariés, y compris syndicale, que connaît le droit national.

La notion de « *société participante* » s'applique aux sociétés qui participent à la constitution d'une SE, la « *filiale* » n'y participant qu'indirectement (484).

427. Articulation des implications. Comment les dispositions de la directive relative à l'implication des travailleurs dans la SE vont-elles s'articuler avec celles d'autres textes relatifs à la représentation des travailleurs ayant également vocation à s'appliquer ?

427-1. Information et consultation 1) Société européenne et comité d'entreprise européen. La SE peut en même temps présenter les caractères d'une entreprise de dimension communautaire ou d'une entreprise « qui exerce le contrôle » d'un groupe de dimension communautaire, au sens de la directive 94/45 sur le comité d'entreprise européen. Cela devrait même être assez fréquent, compte tenu des champs d'application respectifs des deux textes (485). La directive « Comité d'entreprise européen » sera-t-elle applicable ?

Le recoupement des champs d'application qui apparaît ainsi se résout en principe en faveur de l'application des règles relatives à la société européenne. Une directive exclut l'autre. Priorité est donnée à la directive « Implication des travailleurs » sur la directive « Comité d'entreprise européen » (486). La solution s'imposait. Si la directive relative à la SE compte un volet information et consultation proche de celui de la directive « Comité d'entreprise européen », elle y ajoute un volet relatif à la

(479) Article 2, j) de la directive, transposé dans l'article L. 2351-5, ex-article L. 439-25, 4e alinéa, du Code du travail. Ces définitions, correspondant à celles retenues par la directive « cadre général » (*supra* n° 363-367) sont plus précises que celles de la directive « Comité d'entreprise européen » qui n'offrait jusque-là qu'une simple référence à l'échange de vue et au dialogue, se contentant de définir très brièvement la consultation.

(480) Article 2, k) de la directive, transposé dans l'article L. 2351-6, ex-article L. 439-25, 5e alinéa, du Code du travail.

(481) C'est-à-dire le « *comité de la société européenne* » prévu par la loi française.

(482) V. *infra* n° 432.

(483) Article 2 e) de la directive.

(484) Article 2, b), c) et d) de la directive.

(485) V. *supra* n° 402-404 pour le domaine d'application des règles relatives au comité d'entreprise européen.

(486) Article 13 §1, 1er alinéa, de la directive, énonçant que la directive « Comité d'entreprise européen » en principe ne s'applique ni à la SE, ni à ses filiales ; transposition par l'article L. 2351-2, ex-article L. 439-43, 1er alinéa, du Code du travail.

participation qui n'existe pas dans l'autre directive. Ce volet, condition essentielle de la création de la SE, ne pouvait en aucun cas être sacrifié par un passage de la SE sous l'empire des règles relatives aux entreprises de dimension communautaire.

La directive « Implication des travailleurs » dans la SE deviendra toutefois applicable, si le groupe de négociation décide de ne pas négocier ou de clore prématurément la négociation (487). Le refus de la négociation ou l'interruption de celle-ci ne fera donc pas échapper la SE à l'obligation d'assurer une information et une consultation des travailleurs. Si du moins, la SE est une entreprise ou « une entreprise qui contrôle » au sens de la directive 94/45, cette dernière directive lui deviendra applicable (488).

Et si la SE n'est pas une entreprise de dimension communautaire au sens de la directive 94/45, l'information et la consultation ne devraient pas pour autant disparaître, compte tenu des exigences de la directive « Cadre général ». La réglementation relative à l'information et à la consultation en vigueur dans les États membres où la SE emploie des travailleurs s'appliquera (489).

427-2. Information et consultation 2) Société européenne et structures de représentation nationales. La création d'une SE est de nature à affecter l'existence de la représentation du personnel qui préexistait dans l'entreprise, quel que soit d'ailleurs le mode de création de la SE, par transformation d'une société préexistante, par fusion ou autrement. Que va-t-il advenir de la représentation en place avant la création de la SE.

La diversité des situations susceptibles de se rencontrer est extrême. Suivant le mode de création de la SE, deux types de situations peuvent se présenter au regard du droit des sociétés. La création de la SE par transformation ou par fusion fait disparaître les sociétés transformées ou fusionnées. La création de la SE sous forme de société holding ou de filiale commune ne porte pas atteinte à l'existence des sociétés participant à l'opération. Au regard du droit du travail, la question est de savoir ce qu'il advient des entreprises, cadre d'institution du comité d'entreprise, et des établissements, cadre d'institution du comité d'établissement, qui sont concernés par la création de la SE.

La directive 2001/86 ne règle pas directement la difficulté. Elle dit simplement qu'« *afin de préserver les droits* » préexistants en matière d'implication des travailleurs, « *les États membres peuvent prendre les mesures juridiques nécessaires pour garantir le maintien des structures de représentation des travailleurs dans les sociétés participantes qui cesseront d'exister en tant qu'entités juridiques distinctes* » (490). Renvoi est donc fait aux mesures nationales. Observons toutefois 1) que la directive oriente ce renvoi vers l'objectif de préserver la représentation préexistante ; 2) vise l'hypothèse dans laquelle la création de la SE fait disparaître des sociétés préexistantes en tant qu'« *entités juridiques distinctes* » ; ce dont il

(487) V. *infra* n° 431.
(488) Article 13 § 1, 2e alinéa, de la directive ; transposition dans l'article L. 2352-13, ex-article L. 439-33, 2e alinéa, du Code du travail.
(489) V. Article 3 § 6 de la directive.
(490) Article 13 § 4 de la directive.

faut déduire, *a contrario*, que la création de la SE ne doit pas avoir d'effet sur les structures de représentation des travailleurs dans les *entités juridiques distinctes* qui subsistent à la création de la SE. La directive 2001/86 incite les États à préserver la représentation du personnel lorsque celle-ci est mise en cause par la disparition d'une *entité juridique distincte*, étant entendu que la représentation en place ne doit pas être affectée dans le cas inverse de survie des *entités juridiques distinctes* qui préexistaient (491).

427-3. Participation – application des règles nationales ? En matière de participation des travailleurs dans les organes de la société, la SE relève des règles de la directive 2001/86 et de leur transposition en droit national. Les dispositions de droit national, « *autres que celles qui sont destinées à mettre en œuvre la directive* », ne s'appliquent pas à la SE (492). En revanche, les dispositions de droit national restent applicables à la participation dans les *filiales* de la SE (493).

428. Implication négociée et implication imposée. Les modalités de l'implication des travailleurs, condition préalable à l'immatriculation de la SE, « *devraient être définies en priorité par un accord conclu entre les parties concernées ou, en l'absence d'un tel accord, par l'application d'un ensemble de règles subsidiaires* » (494). Préférence est donc donnée à l'implication négociée et si la négociation n'aboutit pas dans le délai prescrit, ou si les parties en décident ainsi, des dispositions de référence à vocation subsidiaire s'appliquent. Ces dispositions de référence concernent aussi bien l'information et la consultation des travailleurs que leur participation.

Entre information et consultation d'une part, participation d'autre part (495), les parts sont toutefois inégales. Pour la participation, le principe « avant-après » joint aux réticences qui demeurent en ce domaine a conduit à ne pas l'imposer dans toute SE. En revanche, un mécanisme d'information et de consultation des travailleurs devra toujours exister. « *Des procédures d'information et de consultation au niveau transnational devraient* (et non « doivent ») *être assurées dans tous les cas de création d'une SE* », déclare le préambule de la directive (496).

(491) Ces données ont été traduites, par la loi française de transposition, dans les termes suivants : un accord collectif, qui peut être celui qui préside à la création de l'implication des travailleurs dans la SE ou qui peut être conclu séparément « *au niveau approprié* », « *peut décider de la suppression ou d'un aménagement... des institutions représentatives du personnel qui auraient vocation à disparaître du fait de la perte de l'autonomie juridique d'une ou de plusieurs sociétés participantes situées en France...* » ; article L. 2354-1, ex-article L. 439-43, 2e alinéa, du Code du travail. La loi française fait descendre jusqu'aux partenaires concernés le soin de prendre les mesures que la directive avait renvoyées aux États membres. De la directive se dégage le principe que la négociation doit tendre à sauvegarder la représentation qui a vocation à disparaître, mais inversement ne doit pas s'attaquer à celle qui a vocation à demeurer. L'idée d'*aménagement* devrait jouer un rôle important. Comment analyser cette *vocation à disparaître* visée par la règle française ? Elle résulte de la cessation d'existence d'une *entité juridique distincte*, selon le texte communautaire, de la perte de l'*autonomie juridique* dans les termes de la loi française. Ces notions d'*entité juridique distincte* et d'*autonomie juridique* sont embarrassantes. Renvoient-elles à la notion de société du droit des sociétés ou à celle d'entreprise connue du droit du travail ?

(492) Article 13 § 2 de la directive.

(493) Article 13 § 3, b), de la directive.

(494) Considérant n° 8 de la directive.

(495) Article 2 i), j) et k) de la directive.

(496) Considérant n° 6.

L'influence de la directive « Comité d'entreprise européen » se fait ici grandement sentir (497). On comprend aisément qu'il en aille ainsi, ne serait-ce que pour des raisons de cohérence du droit communautaire. Par hypothèse, toute SE a une dimension communautaire ; quant aux SE de taille importante, elles sont des entreprises de dimension communautaire relevant du champ d'application de la directive « Comité d'entreprise européen » (498). Avec l'« *organe de représentation* » de la directive « Implication des travailleurs », on retrouve une institution similaire au « *comité d'entreprise européen* » de la directive 94/45. Il aurait été anormal que la SE ne soit pas soumise à titre obligatoire à des mécanismes d'information et consultation des travailleurs et il aurait été peu cohérent que ceux-ci ne s'apparentent pas étroitement à ceux qu'a prévus la directive sur le comité d'entreprise européen.

C. — L'implication négociée

429. Négociation d'un accord. Les procédures concrètes d'information et de consultation des travailleurs, et le cas échéant, leur participation devant être de préférence – *en priorité,* dit la directive (499) –, déterminées par l'accord des parties patronale et salariale concernées, la directive organise la négociation qui doit produire cet accord.

Ne réglant elle-même que certaines des questions que la négociation peut soulever, la directive renvoie pour le reste aux droits nationaux. La loi applicable à la procédure de négociation est alors, sauf dispositions contraires, celle du lieu de situation du siège statutaire de la SE (500).

1° La négociation

a) Constitution du groupe spécial de négociation

430. Constitution concomitante au projet de société européenne. Un « *groupe spécial de négociation* » doit être formé dès qu'existe un projet de constitution d'une SE (501).

– **Informations préalables.** Afin de permettre sa mise en place, des informations doivent être communiquées par la direction des sociétés participantes. Elles sont destinées à identifier ces sociétés, leurs filiales et établissements et à connaître le nombre de travailleurs concernés. Le texte de la directive laisse supposer que ces informations doivent être communiquées dès avant la création du groupe spécial de négociation, en vue de sa constitution. Ce qui est logique.

– **Composition.** Le groupe spécial de négociation représente les travailleurs de l'ensemble des sociétés participantes, de leurs filiales ou établissements concernés par la création de la SE. Une règle de proportionnalité doit être respectée et tenir

(497) V. *supra* n° 398 et s.
(498) V. *supra* n° 427-1 concernant la priorité donnée à l'application des règles de la SE.
(499) Considérant n° 8 de la directive.
(500) Article 6 de la directive.
(501) Article 3 § 1 et 2 de la directive.

compte du nombre de travailleurs employés dans les États membres. Les travailleurs de chaque État membre concerné doivent être représentés. Il convient également que tous les travailleurs des entreprises ou établissements participant à la future SE soient représentés, quelle que soit la taille de l'entité à laquelle ils se rattachent. Des règles particulières sont prévues dans l'hypothèse d'une création de SE par fusion en vue d'assurer la représentation des sociétés qui perdent leur existence juridique.

– **Désignation.** C'est aux États membres qu'il revient, pour la représentation émanant de son territoire, de choisir entre élection et désignation des membres du groupe de négociation. Ils doivent s'efforcer d'assurer la représentation de chaque société participante employant des travailleurs sur son territoire (article 3 § 2, b) de la directive). Il est à signaler que la directive permet aux États membres de prévoir que les membres du groupe de négociation peuvent être des représentants de syndicats non employés par l'entité qu'ils représentent.

b) Déroulement de la négociation

431. Esprit de coopération. L'esprit de coopération qui doit présider mutuellement chez les deux parties à la négociation de l'accord, n'empêche pas que la représentation des travailleurs pourra, par un vote de rejet, refuser l'implication des travailleurs dans la SE.

– **Règles générales.** La négociation doit être conduite par les deux parties « *dans un esprit de coopération en vue de parvenir à un* accord », dit la directive.

La négociation sur l'implication des travailleurs maintenant en suspens l'immatriculation de la SE, les délais sont assez brefs : six mois avec une prolongation possible jusqu'à un an (502).

Le groupe spécial de négociation statue en général à la majorité absolue de ses membres, majorité qui doit représenter également la majorité absolue des travailleurs (503).

– **Assistance d'experts.** Le groupe de négociation a la possibilité de se faire assister par des experts de son choix, dont la directive précise qu'il peut s'agir de « *représentants des organisations de travailleurs appropriées au niveau communautaire* » ; il peut informer des organisations extérieures « *appropriées* » de l'ouverture de la négociation, en sorte qu'un suivi extérieur de la négociation, par les syndicats européens notamment, permette de « *promouvoir la cohérence au niveau communautaire* ». Les experts peuvent assister, à titre consultatif, aux réunions.

Les sociétés participantes peuvent limiter leur prise en charge financière à un seul expert (504).

– **Rejet unilatéral de l'implication.** Ayant pour mission de négocier l'implication des travailleurs, le groupe de négociation peut aussi rejeter toute négociation

(502) Article 5 § 1 et 2 de la directive.

(503) Article 3 § 4 de la directive. Sur la rémunération du temps de mission des membres du groupe de négociation et la prise en charge de leurs frais, article 3 § 7 de la directive et article L. 2352-12, ex-article L. 439-31, 5e alinéa, du Code du travail.

(504) Article 3 § 7 de la directive, article L. 2352-12, ex-article L. 439-31, 5e alinéa, du Code du travail.

ou clore prématurément la négociation entamée. Le rejet ou la clôture anticipée de la négociation par le groupe de négociation écartent l'application des dispositions de référence. L'implication est donc rejetée par les représentants des travailleurs eux-mêmes.

Concernant le volet « participation », il faut toutefois réserver l'hypothèse dans laquelle la SE naît de la transformation d'une société qui connaissait un système de *participation*. Dans ce dernier cas, le rejet de l'implication par les représentants des salariés est interdit : principe avant-après.

Le rejet n'anéantit pas non plus toute information et consultation dans la SE, puisque la réglementation en vigueur dans les États membres où la SE emploie des travailleurs devra néanmoins être mise en application.

Le rejet ou la clôture anticipée requièrent une majorité des deux tiers des membres du groupe de négociation, majorité qualifiée qui doit en outre représenter au moins les deux tiers des travailleurs intéressés et comporter les voix de représentants des travailleurs de deux États membres au moins (505).

Le rejet n'est pas définitivement prononcé. Deux ans après l'immatriculation de la SE, le groupe spécial de négociation sera reconvoqué par la direction de la SE, à la demande écrite de 10 % au moins des salariés, pour relancer la négociation (506).

2° L'accord

432. Contenu de l'accord. Groupe spécial de négociation et organes *compétents* (directive) ou *dirigeants* (texte français) négocient en vue de parvenir à un accord sur une série d'objets (507), « *sans préjudice de l'autonomie des parties* », précise toutefois la directive.

Il revient d'abord à l'accord de fixer « *le champ d'action de l'accord* » (508), c'est-à-dire déterminer les sociétés, filiales et établissements concernés. Il faut également décider de sa date d'entrée en vigueur, de sa durée et des conditions de sa renégociation (509).

L'accord, bien sûr, n'est pas soumis aux *dispositions de référence*, puisque celles-ci sont destinées à s'appliquer faute d'accord, les parties à l'accord pouvant toutefois convenir d'appliquer volontairement ces dispositions de référence (510).

L'hypothèse particulière de la création d'une SE par transformation d'une société préexistante est à mettre à part. La directive a entendu brider étroitement, en pareille hypothèse, la liberté des négociateurs par l'application du principe « avant-après ». « *L'accord prévoit, pour tous les éléments de l'implication, un niveau au moins équivalent* » à celui qui existait dans la société transformée (511).

(505) Article 3 § 6 de la directive et article L. 2352-13, ex-article L. 439-33, 2e alinéa, du Code du travail.

(506) Article 3 § 6, in fine, de la directive et article L. 2354-3, ex-article L. 439-49, du Code du travail.

(507) Article 4 § 2 de la directive et dans des termes similaires, articles L. 2352-16 à L. 2352-20, ex-article L. 439-32, du Code du travail

(508) Article 4 § 2, a) de la directive.

(509) Article 4 § 2, h) de la directive.

(510) Article 4 § 3, de la directive.

(511) Article 4 § 4 de la directive, la loi française précisant que cette équivalence concerne aussi bien l'information et la consultation que la participation ; article L. 2352-18, ex-article L. 439-32, 10e alinéa, du Code du travail).

a) Information et consultation

433. Un organe de représentation ou une procédure d'information et de consultation. Suivant le modèle constitué par la directive relative au comité d'entreprise européen, un choix est ouvert aux négociateurs entre création d'un « *organe de représentation* » et institution d'une procédure d'information et de consultation.

Si un organe de représentation est créé, il faut en fixer la composition, les attributions, la procédure applicable, la fréquence des réunions, les ressources financières et matérielles (512).

Si le choix se porte sur l'institution d'une ou plusieurs *procédures* d'information et consultation, au lieu d'un *organe,* les modalités de mise en œuvre de ces procédures doivent être précisées (513).

b) Participation

434. Principe « avant-après ». Est posé le principe qu'il faut garantir ou préserver les droits acquis par les travailleurs en matière de participation aux organes de gestion de l'entreprise (514). Inversement, suivant le principe « avant-après », la création de la SE ne doit pas avoir pour effet d'imposer une participation des travailleurs aux organes de gestion de l'entreprise, là où cette participation ne préexistait pas et n'est pas souhaitée par les parties concernées.

Le texte communautaire (515) admet toutefois, sous des conditions précises, que les droits de participation soient réduits par l'accord des parties, réduits mais non pas supprimés.

Arrêtant les modalités de participation, les parties à la négociation ont avant tout pour tâche de fixer le nombre de membres de l'organe de surveillance ou d'administration de la SE que les travailleurs ont le droit d'élire, désigner, recommander, ou à la désignation desquels ils pourront s'opposer, ainsi que les procédures à suivre pour ce faire ; elles doivent en outre préciser les droits desdits membres (516).

Dans l'hypothèse où la SE est constituée par la transformation d'une société préexistante, la mise en œuvre du principe « avant-après » se traduit par l'obligation de maintenir un niveau de participation au moins équivalent à celui qui préexistait (517).

Sauf en ce dernier cas, une certaine autonomie est laissée aux parties pour déterminer la participation et son niveau, sous certaines conditions toutefois.

Lorsque plusieurs formes de participation existaient au sein des sociétés participantes, il revient au groupe de négociation de décider de la forme qui sera instaurée dans la SE (518).

(512) Article 4 § 2, b) à e), de la directive.
(513) Article 4 § 2, f), de la directive.
(514) Considérant n° 18 de la directive
(515) Ainsi que la transposition française.
(516) Article 4 § 2 g) de la directive et article.
(517) Article 4 § 4 de la directive et article L. 2352-18, ex-article L. 439-32, 10e alinéa, du Code du travail.
(518) Article 7 § 2, *in fine*, de la directive et article L. 2352-19, ex-article L. 439-32, 11e alinéa, du Code du travail.

Une majorité qualifiée du groupe de négociation, majorité des deux tiers des membres du groupe, représentant au moins deux tiers des travailleurs et les travailleurs d'au moins deux États membres, est requise pour permettre une réduction des droits de participation. La réduction des droits de participation s'entend d'une diminution du nombre de membres travailleurs de l'organe de gestion par rapport à la proportion la plus haute existant au sein des sociétés participantes. Pour qu'un vote à la majorité qualifiée soit requis pour opérer réduction des droits de participation, encore faut-il cependant que la participation antérieure ait atteint un seuil suffisant (519).

Sous les conditions indiquées, la participation peut donc être réduite par l'accord des parties, sauf en cas de constitution d'une SE par transformation, le niveau de participation antérieure devant alors être maintenu.

D. — L'implication imposée

435. Application des « dispositions de référence ». Ces dispositions, s'appliqueront si aucun accord n'a pu être conclu entre les organes dirigeants et le groupe de négociation dans le délai requis (520). Elles ne le feront pas dans l'hypothèse où c'est le groupe de négociation lui-même qui a unilatéralement rejeté l'implication des travailleurs (521). Elles peuvent aussi s'appliquer si les parties ont convenu de le faire (522).

Les dispositions de référence font l'objet d'une annexe de la directive. Il appartient à chaque État membre de les transposer dans sa législation nationale. Sont applicables les dispositions de référence prévues par la loi du lieu du siège statutaire de la SE ; elles le sont à compter de la date d'immatriculation de la SE (523).

1° Le comité de la société européenne

L'influence de la directive « Comité d'entreprise européen » se fait grandement sentir. Les dispositions de référence relatives à la SE prévoient l'institution d'un *organe de représentation des travailleurs* calqué sur le modèle du comité d'entreprise européen institué au titre des prescriptions subsidiaires de la directive « Comité d'entreprise européen » (524).

Cette influence se marque dans l'organisation, les attributions et le fonctionnement du comité de la société européenne.

(519) Seuil qui varie suivant la voie de création de la SE : 25 % du nombre total de travailleurs des sociétés participantes, en cas de constitution de la SE par voie de fusion, 50 % en cas de création d'une holding ou d'une filiale, article 3 § 4 de la directive ; article L.2352-16, ex-article L. 439-32, 3e alinéa, du Code du travail.

(520) V. *supra* n° 431.

(521) V. *supra* n° 431.

(522) Article 7 § 1 de la directive ; article L. 2351-20, ex-article L. 439-32, du Code du travail.

(523) Article 7 § 1 de la directive. La loi française énonce que l'immatriculation de la SE ne peut intervenir que si les parties ont décidé de mettre en œuvre les dispositions de références ou si les dirigeants des sociétés participantes se sont engagés à le faire ; article L. 2353-2, ex-article L. 439-34, du Code du travail.

(524) La loi française de transposition a dénommé cet organe de représentation : « *comité de la société européenne* ».

a) Organisation du comité de la société européenne

436. Composition et désignation. Le comité de la société européenne réunit une représentation des personnels des sociétés participantes, filiales et établissements concernés. Leur désignation, qui a lieu conformément aux règles nationales (Partie 1, b) des dispositions de référence) se fait suivant les règles qui s'appliquent à celle des membres du groupe spécial de négociation (525).

La présence de la direction de la SE dans l'organe de représentation n'est pas prévue par la directive 2001/86, celle-ci laissant toutefois aux États membres la faculté de décider de la présidence de l'organe (526), mais ouvrant aussi aux représentants du personnel le droit se réunir hors la présence des représentants de l'organe dirigeant avant toute réunion avec ceux-ci (527).

Si sa taille le justifie, l'organe de représentation élit en son sein un comité restreint (528). Il adopte son règlement intérieur (529).

Quatre ans après sa création, le comité doit examiner si une négociation ne devrait pas s'engager pour le transformer (530). Comité « légal » créé en application des prescriptions subsidiaires, il peut alors se muer, par accord avec la direction, en comité ou en procédure conventionnels, nés d'un accord des partenaires. C'est le comité de la société européenne lui-même qui joue alors le rôle du « *groupe spécial de négociation* » (531).

b) Attributions du comité

437. Sur le modèle de la directive « Comité d'entreprise européen ». L'organe de représentation « légal » des travailleurs de la société européenne, « comité de la société européenne », a reçu des attributions similaires à celles du comité d'entreprise européen « légal » (532).

437-1. Compétence européenne. La compétence du comité a un caractère transeuropéen (533). Elle porte sur les questions intéressant la SE elle-même ou

(525) Articles L. 2353-7 à 2353-10, ex-articles L. 439-35, 36 et 37, du Code du travail, v. *supra* n° 430.

(526) Conformément à la tradition française concernant le comité d'entreprise, le texte français fait du dirigeant de la SE ou de son représentant un membre du comité de la société européenne et il lui confie la présidence du comité ; il prévoit en outre que le dirigeant de la SE est assisté de deux collaborateurs de son choix, ayant voix consultative : article L. 2353-7, ex-article L. 439-35, du Code du travail.

(527) Partie 2, d), des dispositions de référence et transposition française dans l'article L. 2353-18, ex-article L. 439-39, 4e alinéa, du Code du travail.

(528) Partie 1, c), des dispositions de référence). La loi française précise le seuil : si le comité de la SE comprend au moins dix représentants du personnel, il élit en son sein un *bureau* de trois membres (article L. 2353-2, ex-article L. 439-34, 4e alinéa, du Code du travail).

(529) Partie 1, d), des dispositions de référence et article L. 1253-15, L. 439-41, du Code du travail. Le comité désigne un secrétaire parmi ses membres ; article L. 1253-15, ex-article L. 439-35, 4e alinéa, du Code du travail.

(530) Partie 1, g) des dispositions de référence et article L. 2354-2, ex-article L. 439-48, du Code du travail. La loi française ajoute que le comité initialement créé demeure en fonction tant qu'il n'a pas été renouvelé ou remplacé.

(531) Sur ces points, v. *supra* n° 430 et s. La loi française ajoute que le règlement intérieur peut organiser la prise en compte des changements intervenant dans la structure ou la dimension de la SE ; article L. 2353-15, ex-article L. 439-41, 2e alinéa, du Code du travail, changements susceptibles d'affecter « *substantiellement* » la composition du comité de la société européenne ou les modalités d'implication fixées par l'accord des parties. Une nouvelle négociation, obéissant aux mêmes règles que la négociation précédant l'immatriculation, doit alors s'engager avec un nouveau groupe de négociation (article L. 2354-4, ex-article L. 439-50, du Code du travail).

(532) V. *supra* n° 418.

(533) Point 1 a) des prescriptions subsidiaires.

toute filiale ou établissement situés dans un autre État membre ou qui excèdent les pouvoirs des instances de décisions dans un seul État membre (534).

Si elles relèvent des pouvoirs de décision de leur direction, les questions intéressant les filiales et établissements situés dans l'État membre de la SE échapperaient donc à la compétence du comité de la société européenne, alors que celles qui intéressent filiales ou établissements situés dans un autre État membre entrent dans cette compétence. Pourquoi ?

437-2. Information régulière du comité. Une réunion se tient au moins une fois par an « *sur la base de rapports réguliers établis par l'organe compétent* ». Elle porte sur « *l'évolution des activités de la SE et de ses perspectives* ». En vue de cette réunion, le comité reçoit copie de l'ordre du jour des « *réunions des organes d'administration ou de surveillance* » ainsi que « *tous les documents soumis à l'assemblée générale des actionnaires* » (535).

La réunion annuelle porte « *notamment* » sur la structure, la situation économique et financière, l'évolution des activités de la SE, la production et la vente, l'emploi et son évolution, les investissements, les changements de l'organisation, les nouvelles méthodes de travail et de production, les transferts de production, fusions, réductions d'activité, les licenciements collectifs enfin (536). C'est donc toute la situation de la SE, économique et sociale, financière et technique, qui peut être passée en revue et conduire à examiner ses perspectives d'évolution.

437-3. Circonstances exceptionnelles. Des *circonstances exceptionnelles* font naître un droit à une information et une consultation spéciales (537). Ces circonstances exceptionnelles correspondent à des décisions prises dans la SE et qui « *affectent considérablement les intérêts des travailleurs* ». Elles se manifestent notamment en cas de « *délocalisation, de fermeture d'entreprises ou d'établissements ou de licenciements collectifs* » (538).

Le comité de la SE ou, s'il y a urgence, le comité restreint (le *bureau*) ont le droit de rencontrer, à leur demande, l'organe dirigeant de la SE ou un autre niveau de direction plus approprié, compte tenu du pouvoir de décision que doit posséder la direction à ce même niveau, afin d'être informés et consultés sur « *les mesures affectant considérablement les intérêts des travailleurs* », formule compréhensive

(534) Partie 2, a), des dispositions de référence et pour la transposition française, article L. 2353-3, ex-article L. 439-35, 2e alinéa, du Code du travail.

(535) Partie 2, b), des dispositions de référence et articles L. 2353-16 et -17, ex-article L. 439-39, 1er et 3e alinéas, du Code du travail). Suivant la loi française de transposition, l'ordre du jour, question sur laquelle la directive est restée muette, est arrêté par accord du président et du secrétaire du comité au moins quinze jours avant la réunion. En cas de désaccord, l'ordre du jour est fixé « *par le président ou le secrétaire* » au moins dix jours avant la réunion.

(536) Partie 2, b), 3e alinéa, des dispositions de référence et article L. 2353-4, ex-article L. 439-39, 5e alinéa, du Code du travail.

(537) Partie 2, c), des dispositions de référence et article L.2353-5, ex-article L. 439-39, 6e alinéa, du Code du travail.

(538) La loi française vise la *circonstance exceptionnelle* constituée par l'offre publique d'achat (OPA) ou l'offre publique d'échange (OPE) que la direction de la SE prend la décision de lancer sur une entreprise et elle autorise cette direction à n'informer le comité de la SE qu'une fois l'offre rendue publique ; article L. 2353-6, ex-article L. 439-39, dernier alinéa, du Code du travail. Le processus d'information et de consultation ne se déroulera qu'ensuite.

qui peut englober la décision (de délocalisation, de fermeture...) et ses conséquences (licenciements, mobilité...) sur les travailleurs (539).

Lorsque l'organe dirigeant décide de ne pas suivre l'avis du comité de la SE, ce dernier a le droit de rencontrer à nouveau la direction de la SE « *pour tenter de parvenir à un accord* » (540).

La directive énonce que les réunions d'information et de consultation du comité de la SE « *ne portent pas atteinte aux prérogatives de l'organe compétent* » (541), réserve que l'on avait déjà rencontrée dans la directive relative au comité d'entreprise européen (542) et dont la portée est assez obscure (543).

De manière générale, l'information et la consultation du comité de la SE doivent obéir aux définitions des notions d'information et de consultation données par la directive et en respecter les exigences (544).

c) Fonctionnement du comité

438. Modalités et moyens de fonctionnement. Il revient au règlement intérieur, dont le comité doit se doter, de fixer ses modalités de fonctionnement (545). Sous réserve de l'obligation de confidentialité à laquelle ils sont soumis (546), les membres du comité de la SE informent les représentants des travailleurs de la SE, filiales et établissements, de la teneur et des résultats de la procédure d'information et consultation, ceci que l'on vise la procédure régulière ou la procédure d'exception (547).

Les dépenses de fonctionnement du comité sont supportées par la direction. Les frais d'organisation, de déplacement, de séjour sont remboursés, ainsi que les frais d'interprétation. La direction centrale dote le comité des ressources financières et des moyens matériels nécessaires à l'accomplissement de ses missions (548). Un congé de formation, sans perte de salaire, est également prévu (549).

(539) Partie 2, b), 3e alinéa, des dispositions de référence et article L. 2353-5, ex-article L. 439-39, 5e alinéa, du Code du travail.

(540) Partie 2, c), 2e alinéa, des dispositions de référence et article L. 439-39, 7e alinéa (L. 2353-19) du Code du travail.

(541) Partie 2, c), dernier alinéa, des dispositions de référence.

(542) V. *supra* n° 419.

(543) On ne la retrouve pas dans la transposition française.

(544) V. *supra* n° 426.

(545) Article 2353-13, ex-article L. 439-41, L du Code du travail. La loi française précise certains points que la directive ne règle pas : le comité de la SE a la personnalité juridique ; article L. 2353-13, ex-article L. 439-35, 3e alinéa, du Code du travail) ; il prend ses décisions à la majorité de ses membres ; article L. 2353-14, ex-article L. 439-35, 4e alinéa, du Code du travail.

(546) Les dispositions relatives à l'obligation de confidentialité et au droit de la direction de ne pas divulguer certaines informations sont calquées sur celles relatives à l'information et à la consultation dans l'entreprise de dimension communautaire ; v. *supra* n° 407.

(547) Partie 2, e), des dispositions de référence et article L. 2353-14, ex-article L. 439-35, 4e alinéa, du Code du travail.

(548) Partie 2, h), des dispositions de référence. La loi française prévoit le paiement comme temps de travail du temps passé en réunion par les membres du comité. Elle attribue également un crédit d'heures au secrétaire et aux membres du comité et de son bureau ; article L. 2353-25, ex-article L. 439-40, 2e alinéa, du Code du travail.

(549) Partie 2, g), des dispositions de référence et article L. 2353-27, ex-article L. 439-40, 3e alinéa, du Code du travail.

L'assistance d'experts choisis par le comité, est possible, pour autant qu'elle soit « *nécessaire* ». La direction peut limiter sa prise en charge à un seul expert (550).

§ 2. — La participation

439. Distinguer suivant le mode de création de la société européenne. Outre les conditions d'application générale des dispositions de référence déjà indiquées (551), des règles particulières concernent leur application en matière de participation des travailleurs.

Il faut à nouveau distinguer suivant la voie de création de la SE.

1) Transformation : les dispositions de référence s'appliquent si une participation préexistait dans la société transformée (552).

2) Fusion : si les dispositions de référence doivent s'appliquer lorsqu'au moins 25 % du total des travailleurs employés par les sociétés participantes connaissaient déjà d'une forme de participation. Les États membres peuvent toutefois, dans leur transposition, décider d'exclure l'application des dispositions de référence en cas de création par fusion (553).

3) Constitution d'une société holding ou d'une filiale : le seuil passe à 50 % du total des travailleurs employés (554).

Conformément au principe « avant-après » et au souci de préserver la participation au niveau où elle existait précédemment, les dispositions de référence s'organisent en trois règles. Les deux premières supposent la préexistence d'une participation au sein des sociétés constituant la SE, la troisième est relative à l'hypothèse dans laquelle aucune participation ne préexistait.

1) En cas de création de la SE par transformation, la même participation continuera de s'appliquer. « *Tous les éléments de la participation des salariés continuent de s'appliquer* » (555).

2) Dans les autres cas de création, la participation est maintenue au niveau le plus élevé des proportions en vigueur dans les sociétés participantes. Tel est le principe (556).

3) Dans le troisième cas, aucune participation n'a lieu d'être instaurée (557).

Quant à la composition de l'organe de surveillance ou d'administration, elle doit suivre, en ce qui concerne la participation des travailleurs, une règle de

(550) Partie 2, f), des dispositions de référence et article L. 2353-22, ex-article L. 439-40, 1er alinéa, du Code du travail.

(551) V. *supra* n° 435.

(552) Article 7 § 2 a) de la directive.

(553) Article 7 § 2 b) et § 3 de la directive ; le groupe de négociation pouvant au demeurant obtenir l'application des dispositions de référence en dessous du seuil de 25 %, article 7 § 2 b) deuxième tiret.

(554) Article 7 § 2 c) de la directive, le groupe de négociation pouvant, dans ce cas aussi, introduire l'application des dispositions de référence en dessous du seuil de 50 %.

(555) Partie 3, a), des dispositions de référence et article L. 2353-28, ex-article L. 439-42, a), du Code du travail.

(556) Pour son application, la loi française procède à une distinction. Si une seule forme de participation existait au sein des sociétés participantes, ce système est appliqué. Si plusieurs formes de participation existaient et à défaut d'accord du groupe de négociation, il revient à la direction de la SE de décider de la forme applicable, après examen des différents systèmes nationaux ; articles L. 2353-28 et -29, ex-article L. 439-42, b), du Code du travail.

(557) Partie 3 des dispositions de référence.

proportionnalité entre les différents États membres où sont employés des travailleurs. Les salariés de chaque État membre disposant d'un système de participation avant la création de la SE doivent se voir attribuer, dans la mesure du possible, au moins un siège (558).

La directive 2001/86 précise explicitement que tout membre de l'organe d'administration ou de surveillance de la SE représentant les salariés au titre du système de participation applicable, en est « *membre de plein droit, avec les mêmes droits et obligations que les membres représentant les actionnaires, y compris le droit de vote* » (559).

§ 3. — L'implication des travailleurs dans la société coopérative européenne

440. Directive 2002/72 du 22 juillet 2003. Dans le prolongement du statut de la société européenne, un statut de la société coopérative européenne (SEC) a pris naissance avec le règlement 1435/2003 du Conseil du 22 juillet 2003 (560). Comme le règlement sur la société européenne, le règlement portant statut de la société coopérative européenne a été complété par une directive 2003/72, également du 22 juillet 2003, relative à l'implication des travailleurs (561).

440-1. Un dispositif issu de la directive « Société européenne ». La similitude n'est pas simplement de forme, elle se traduit sur le fond dans un régime d'implication des travailleurs qui n'est pas seulement inspiré par celui de la directive sur la société européenne (562), mais en reproduit exactement les termes, à quelques détails près.

Il en va d'abord ainsi pour le mécanisme d'information et de consultation des travailleurs. Pour la participation, second volet de l'implication des travailleurs, le principe « avant-après », destiné à préserver la participation ayant préexisté à la naissance de la société européenne, principe à partir duquel les règles relatives à la participation à la gestion ont été organisées dans la directive sur la société européenne, se retrouve également.

Le principe de l'autonomie des parties donne priorité à la détermination des procédures d'information, de consultation et de participation par voie d'accord, la négociation se faisant en application des mêmes règles (563). La détermination volontaire des modalités d'implication des travailleurs par les parties pouvant échouer, l'absence d'accord sera suppléée par l'application de dispositions de référence, dont les conditions d'application et la teneur sont les mêmes (564).

(558) Article L. 2353-31, ex-article L. 439-42, deux derniers alinéas, du Code du travail, transposant les dispositions de la Partie 3, b), 3e alinéa des dispositions de référence.

(559) Partie 3, *in fine*, des dispositions de référence.

(560) *JOCE* n° L 207 du 18 août 2003.

(561) *JOCE* n° 207 du 18 août 2003. Transposition française par la loi n° 2008-89 concernant la société coopérative européenne, *JORF* du 31 janvier 2008.

(562) V. *supra* n° 425 et s.

(563) V. *supra* n° 430 et s.

(564) V. *supra* n° 435 et s.

440-2. Deux ajouts. Les spécificités de la société coopérative ont conduit à ajouter, sur deux points, aux règles applicables à la société européenne.

1er ajout. Il ne se justifierait pas d'appliquer les procédures d'implication des travailleurs à des entités caractérisées par « *leur petite dimension mesurée en termes d'emploi* », comme c'est souvent le cas pour des sociétés coopératives (565). La société coopérative européenne est ainsi soumise aux prescriptions de la directive 2003/72 lorsqu'elle est constituée « *exclusivement par des personnes physiques ou par une seule entité juridique et des personnes physiques, employant ensemble au moins 50 travailleurs dans au moins deux États membres* ». Si en revanche, dans la même hypothèse où l'opération ne concerne pas exclusivement une ou plusieurs personnes juridiques, on descend au-dessous du seuil indiqué, la directive ne s'applique pas.

2e ajout. Sans que les autres formes de participation en soient compromises, « *les travailleurs de la société coopérative européenne et/ou leurs représentants* » peuvent être « *habilités à participer à l'assemblée générale, le cas échéant, à l'assemblée de section ou de branche* », et ils y ont le droit de vote (566). Cette participation des travailleurs aux assemblées générales de la société coopérative est dans l'esprit même de ce type d'institution ; elle en constitue même l'un des principes.

(565) V. considérant n° 12 de la directive 2003/86.
(566) V. considérant n° 13 et article 9 de la directive de la directive 2003/72

CHAPITRE 3

LA RELATION DE TRAVAIL

BIBLIOGRAPHIE

BARON F., « La notion de temps de travail en droit communautaire », *Dr. soc.* 2001, p. 1097.
BARTHÉLÉMY J., « Temps de travail et temps de repos, l'apport du droit communautaire », *Dr. soc.* 2001, p. 76.
BERCUSSON B., « Les temps communautaires », *Dr. soc.* 2000, p. 248.
CHAUMETTE P., « La sécurité pour autant que ce soit raisonnablement praticable ? », *Dr. soc.* 2007, p. 1037.
CHAUMETTE P., « Les actions collectives syndicales dans le maillage des libertés économiques communautaires… », *Dr. soc.* 2008, p. 210.
COUTURIER G., « Quel avenir pour le droit du licenciement ? Perspectives d'une régulation européenne », *Dr. soc.* 1997, p. 75.
FAVENNEC-HÉRY Fr. et GRASSI B., « Rigueur et incertitude du principe du repos dominical », *Dr. soc.* 1993, p. 336.
KESSLER Fr. et MEYER Fr., « La dynamique de l'article 118 A du traité CEE », *RIDE* 1992, p. 129.
LHERNOULD J.-P. et MOIZARD N., « Actualité du droit de l'harmonisation sociale en matière de rapport d'emploi », *Dr. soc.* 2005, p. 509.
KONTAXOPOULOS J., « Hygiène et sécurité du travail, enjeux nationaux et communautaires », *Dr. ouvr.* 1996, p. 227.
LEITAO A.-R., « L'insolvabilité des employeurs et les droits des travailleurs », *Cah. dr. eur.* 1981, p. 539.
MARTIN Ph., « L'harmonisation sociale en débat », *Dr. soc.* 1997, p. 303.
MOREL F., « Travail et repos, quelle articulation entre le droit communautaire et le droit national ? », *Dr. soc.* 2004, p. 142
PRETOT X., « Repos dominical et droit communautaire de la concurrence », *RJS* 1991, p. 483.
ROBIN-OLIVIER S., « L'impact de la directive 2008/104 relative au travail intérimaire – vu d'ici », *RDT* 2009, p. 737.
RODIERE P., « Les arrêts Viking et Laval, le droit de grève et le droit de négociation collective », *RTD eur.* 2008, p. 45.
TEYSSIE B., « Esquisse du droit communautaire des conflits collectifs », *JCP* S 2008, p. 1075.
VACARIE I. et SUPIOT A., « Santé, sécurité et libre circulation des marchandises », *Dr. soc.* 1993, p. 18.
VIGNEAU C., « L'accord-cadre européen sur le travail à durée déterminée », *Dr. soc.* 1999, p. 928
VIGNEAU C., « Le régime des contrats à durée déterminée en droit communautaire », *Dr. soc.* 2007, p. 94.

441. Plan. Quatre sections traiteront successivement du contrat de travail, de la santé et de la sécurité dans le milieu de travail, de l'aménagement du temps de travail et, pour finir, de la protection de la créance de salaire. Une section préliminaire évoquera pour commencer des questions de caractère général.

Section preliminaire

Questions générales

Il convient de revenir préliminairement sur l'évolution des compétences de l'Union européenne et de leur exercice en ce qui concerne la réglementation des conditions de la relation individuelle de travail (§ 1). On s'interrogera ensuite sur la reconnaissance des droits de négociation collective et d'action collective dans l'ordre juridique de l'Union et sur les conditions que le droit de l'Union met à leur exercice (§ 2).

§ 1. — De l'ancien article 118 A à l'article 153 TFUE (ex-article 137 TCE) : sur la réglementation européenne des conditions du travail

442. L'ex-article 118 A du traité CEE. Depuis l'Acte unique européen qui l'avait introduit dans le traité, l'article 118 A était devenu le pivot autour duquel s'est organisée la politique communautaire de rapprochement des législations en ce qui concerne les conditions de travail.

Le texte en était le suivant :

« *1. Les États membres s'attachent à promouvoir l'amélioration, notamment du milieu de travail, pour protéger la sécurité et la santé des travailleurs et se fixent pour objectif l'harmonisation, dans le progrès, des conditions existant dans ce domaine.*

2. Pour contribuer à la réalisation de l'objectif prévu au paragraphe 1, le Conseil, statuant conformément à la procédure visée à l'article 189 C et après consultation du Comité économique et social, arrête par voie de directive les prescriptions minimales applicables progressivement, compte tenu des conditions et des réglementations techniques existant dans chacun des États membres.

Ces directives évitent d'imposer des contraintes administratives, financières et juridiques telles qu'elles contrarieraient la création et le développement des petites et moyennes entreprises.

3. Les dispositions arrêtées en vertu du présent article ne font pas obstacle au maintien et à l'établissement, par chaque État membre, de mesures de protection renforcée des conditions de travail compatibles avec le présent traité ».

443. L'article 153 TFUE (ex-article 137 TCE). Le texte issu du traité d'Amsterdam conserve la procédure majoritaire de l'ancien article 118 A, tout en substituant la codécision parlementaire à l'ancienne coopération. Il prévoit des interventions communautaires de même nature qu'auparavant, sous forme de « *prescriptions minimales applicables progressivement* », etc. (le § 2 de l'ancien article 118 A restant inchangé). Il autorise toujours (§ 3 de l'ancien article 118 A, devenu § 4 de l'article 153 TFUE) les mesures de protection nationale renforcée, *plus stricte*, pourvu qu'elles soient compatibles avec le traité.

La nouveauté concerne le domaine du texte qui a été élargi. S'agissant de la réglementation de la relation de travail, l'article 153 FUE (ex-article 137 TCE) ne s'applique pas seulement à l'amélioration de la santé et de la sécurité dans le milieu de travail, il s'étend de manière générale aux *conditions de travail*, mettant ainsi fin aux controverses soulevées par le domaine d'application de l'ancien article 118 A (1). On observera toutefois que *la protection du travailleur en cas de résiliation du contrat de travail* – le droit du licenciement – reste soumise à une procédure requérant l'unanimité du Conseil, le Parlement étant simplement consulté (article 153 §2 b) TFUE).

444. Les questions qui restent pertinentes. Le texte de l'ancien article 118 A avait soulevé de nombreuses difficultés d'interprétation, rendues plus aiguës encore par les enjeux qu'elles traduisaient. Certaines de ces questions concernaient les parties du texte qui n'ont pas été modifiées (sauf détails de rédaction) et conservent leur pertinence.

1) L'amélioration recherchée revient aux États membres, mais l'Union y contribue. Les compétences sont partagées. *Quid* du principe de subsidiarité (2) ?

2) L'harmonisation des conditions du travail doit se faire dans le progrès. Néanmoins, l'Union n'intervient que par prescriptions minimales. On peut craindre que le niveau de protection de la norme européenne reste peu élevé.

3) La norme européenne peut connaître des modulations. Ses prescriptions sont applicables progressivement, compte tenu des conditions propres à chaque État membre. Les directives ne doivent pas contrarier création et développement des petites et moyennes entreprises (3). L'existence de différenciations est acceptée entre États membres, suivant le degré de développement, et entre entreprises, suivant la taille. Jusqu'où vont ces possibilités de différenciation ?

4) Les États restent libres de renforcer la protection prévue par le droit de l'Union, sous réserve toutefois que cela soit compatible avec les libertés économiques consacrées par les traités de l'Union. Quelle est la portée de la réserve ?

445. Des réponses. La Cour de justice a répondu à plusieurs des questions qui viennent d'être mentionnées.

1) Sur le niveau protecteur des prescriptions. La notion de « *prescriptions minimales* » contenue dans l'article 118 A n'a pas pour sens de limiter l'intervention communautaire à un faible niveau protecteur, voire au plus faible niveau national. Elle doit se comprendre en relation avec le pouvoir des États d'instituer une protection renforcée de la sécurité et de la santé. Elle « *signifie seulement, comme le confirme le paragraphe 3 de la même disposition, que les États membres sont autorisés à adopter des normes plus rigoureuses que celles qui font l'objet de l'intervention communautaire* » (4). L'analyse s'applique à l'article 153 TFUE.

(1) V. *infra* n° 446.
(2) V. *supra* n° 21, n° 43.
(3) V. *supra* n° 133 concernant en général la protection des intérêts des PME.
(4) CJCE, 12 novembre 1996, *Royaume-Uni c. Conseil*, préc., et v. *infra* n° 478.

2) Sur le principe de subsidiarité. La Cour de justice s'est également prononcée sur le principe de subsidiarité, de façon détournée, en vérifiant à ce sujet que les conditions d'application de l'article 118 A avaient été correctement respectées lors de l'adoption de la directive 93/104 relative à l'aménagement du temps de travail et en en déduisant que le principe de subsidiarité l'avait par là même été lui aussi (5). Le contrôle exercé par la Cour de justice sur l'application du principe de subsidiarité s'est affirmé (6), depuis cette décision de 1996, sans invalider l'analyse voulant que ce contrôle puisse simplement consister à vérifier si les conditions d'applications d'une disposition particulière du traité ont été respectées.

3) Sur la protection nationale renforcée. La Cour de justice a estimé que le principe de proportionnalité ne peut pas être invoqué pour limiter une mesure nationale de protection renforcée ; sous la triple réserve toutefois que la cohérence de l'action de l'Union ne soit pas remise en cause, que la mesure nationale ne soit pas discriminatoire et qu'elle ne heurte pas l'exercice des libertés fondamentales garanties par l'Union européenne (7).

4) Sur l'objectif de protection du travailleur. On observera complémentairement que les préambules des directives fondées sur l'ancien article 118 A affirment volontiers que l'amélioration de la sécurité, de l'hygiène et de la santé des travailleurs représente un objectif qui ne saurait être subordonné à des considérations de caractère purement économique. Sans que l'on puisse affirmer qu'elles disparaissent, ces considérations se font moins prégnantes lorsque la santé et la sécurité des personnes sont en jeu.

446. Domaine de l'ancien article 118 A. Vivement débattue, la question précisément posée est aujourd'hui caduque (8). Que recouvrait l'objectif d'amélioration du milieu de travail pour protéger la sécurité et la santé des travailleurs, objectif que visait uniquement l'ancien article 118 A ? S'agissait-il seulement de poser des normes dont l'objet est l'hygiène (la protection de la santé) et la sécurité ou plus largement d'améliorer le milieu de travail et donc l'ensemble des conditions de travail, dans la mesure où ces conditions sont de nature à affecter la sécurité et la santé ? Interprétation large, interprétation étroite, interprétation médiane, il fallait trancher.

Il le fallait d'autant plus que le Conseil intervenait par voie de directive, suivant la procédure de majorité qualifiée et de coopération avec le Parlement. Celui-ci entendait énergiquement faire valoir ses prérogatives, qui, suivant les règles généralement applicables au rapprochement des législations sociales, se limitaient alors à sa seule consultation. Il réclamait donc une interprétation extensive de l'article 118 A (9).

Une interprétation médiane a été retenue. Le domaine de l'article 118 A n'a pas été limité aux dispositions ayant pour objet spécifique la sécurité et/ou la santé des travailleurs, il s'est étendu à l'ensemble des « *facteurs capables d'affecter la santé*

(5) Même décision.
(6) V. *supra* n° 43.
(7) CJCE, 17 décembre 1998, *Sta Italiani Petroli SpA*, aff. C//97 ; Fr. MEYER, *Dr. ouvr.* 1999, p. 10.
(8) Cf. Fr. KESSLER et Fr. MEYER, « La dynamique de l'article 118 A du traité CEE », *RID éco.* 1992, p. 129 ; Ph. MARTIN, « L'harmonisation sociale en débat », *Dr. soc.* 1997, p. 303.
(9) V. pour une présentation approfondie des discussions. Fr. KESSLER et Fr. MEYER, « La dynamique de l'article 118 A... », préc.

et la sécurité des travailleurs dans leur environnement de travail », interprétation s'appuyant sur la constitution de l'Organisation mondiale de la santé (10). La durée maximale du travail, les rythmes et les horaires de travail, la durée minimale des repos et congés, l'âge du travail (11), bref le temps de travail et sa réglementation devaient y entrer. Mais les autres conditions de travail, sauf à faire ressortir leur incidence sur la santé et la sécurité, y échappaient (12).

446. Une réglementation européenne discontinue. L'ancien article 118 A, grâce à la dynamique qu'il a engendrée, a permis l'adoption d'un ensemble important de directives, qui concernent directement la sécurité et la santé des travailleurs dans le milieu de travail, mais se sont également étendues vers la réglementation du temps de travail. L'ancien article 118 A ne recouvrait cependant pas toutes les conditions de travail et les initiatives communautaires ont également dû passer par l'utilisation de la base juridique de l'ex-article 100.

L'action de la Communauté, puis celle de l'Union, n'ont jusqu'à présent porté que sur certaines questions entrant dans le vaste domaine des conditions de travail. La réglementation européenne reste « en pointillé ».

Quatre directives en constituent les réalisations les plus marquantes :

– directive n° 91/533 du conseil du 14 octobre 1991, sur l'obligation de l'employeur d'informer le travailleur des conditions applicables au contrat ou à la relation de travail ;

– directive-cadre n° 89/391 du Conseil du 12 juin 1989, sur l'amélioration de la sécurité et de la santé des travailleurs au travail ;

– directive n° 93/104 du Conseil du 23 novembre 1991, sur certains aspects de l'aménagement du temps de travail, remplacée par la directive n° 2003/66 du 4 novembre 2003 ;

– directive n° 80/987 du Conseil du 20 octobre 1980 sur la protection des travailleurs salariés en cas d'insolvabilité de l'employeur, recodifiée dans la directive 2008/94 du 22 octobre 2008.

Dans ce bilan, les directives relatives à la réglementation des formes d'emploi (travail à temps partiel, travail à durée déterminée, travail intérimaire) revêtent également un intérêt qui va s'accentuant.

D'autres directives ont une importance moindre. Elles seront mentionnées chemin faisant. Les directives relatives aux licenciements collectifs et au maintien des droits des travailleurs en cas de transfert d'entreprise concernent l'entreprise et l'emploi plus que les conditions de travail. Elles ont été précédemment étudiées dans le chapitre consacré à l'entreprise.

(10) CJCE, 12 novembre 1996, *Royaume-Uni c. Conseil*, aff. C-84/94, *Rec.* I, p. 5755, à propos de la directive 93/104 sur l'aménagement du temps de travail ; v. *infra* n° 478 pour une analyse plus complète de l'arrêt.

(11) La directive 94/33 sur la protection des jeunes au travail a ainsi pu se fonder sur les dispositions de l'article 118 A, v. *infra* n° 496.

(12) Pour le repos dominical, v. *infra* n° 494.

§ 2. — Les relations collectives de travail – Conflit de droits fondamentaux

447. Droits de négociation et d'action collective. La reconnaissance des droits d'action collective et de négociation collective en tant que droits dont l'exercice est protégé par le droit de l'Union et la place que ces droits occupent dans le système juridique de l'Union sont au cœur de mouvements jurisprudentiels actuels qui intéressent la Cour de justice de l'Union, en interaction avec la Cour européenne des droits de l'homme.

447-1. Entrecroisements jurisprudentiels. En septembre 1999, La Cour de justice des Communautés n'a pas saisi l'occasion offerte par les affaires *Albany, Brentjens'*... (13) sur les fonds de pension néerlandais, pour introduire le droit de négociation collective parmi les droits fondamentaux reconnus par le droit communautaire, Plus récemment, dans un contexte renouvelé par la proclamation de la Charte des droits fondamentaux de l'Union européenne et la proximité de son entrée en vigueur, la Cour de justice, dans ses arrêts *Viking* et *Laval* de décembre 2007 a reconnu le caractère de droit fondamental du droit de mener des actions collectives (14). Dans ce nouveau contexte et sous la pression de la jurisprudence de la Cour européenne des droits de l'homme, qui de son côté avait également évolué avec l'arrêt *Demir et Baykara* (15), la Cour de justice en a finalement fait autant, en juillet 2010, pour le droit de négociation collective, dans une décision *Commission contre Allemagne* (16). Entre-temps, la Cour européenne de droits de l'homme (CEDH), après les arrêts *Viking* et *Laval* de la Cour de justice des Communautés, avait fini, après une lente maturation, par considérer dans l'arrêt *Enerji* que le droit de grève doit être protégé par la Convention européenne des droits de l'homme (17). C'est donc à un véritable chassé-croisé que se sont livrées les deux jurisprudences européennes pour aboutir à consacrer en tant que droit fondamental les droits de grève et de négociation collective, la CEDH y voyant des droits faisant partie intégrante de la liberté syndicale dont l'article 11 de la Convention européenne lui donne mission d'assurer le respect.

Si l'évolution est ainsi allée vers la reconnaissance des droits fondamentaux concernés, il n'empêche que les deux séries jurisprudentielles, *Albany* d'un côté, *Viking* et *Laval*, de l'autre, s'opposent également de façon inversée. Les arrêts *Albany et Brentjens'* permettent normalement de faire échapper le droit de négociation collective aux contraintes du droit de la concurrence, alors que les arrêts *Viking*

(13) CJCE, 21 septembre 1999, *Albany*, aff. C-67/96, *Brentjens'*, aff. C-115/97 et *al.*

(14) CJCE, 11 décembre 2007, *Viking Line* (*International Transport workers' Union*), aff. C-438/05 ; CJCE, 18 décembre 2007, *Laval*, aff. C-341/05.

(15) CEDH (Grande Chambre), 12 novembre 2008, *Demir et Baykara c. Turquie*, Req. n° 34503/97. Revoyant ses positions antérieures et le disant explicitement, la CEDH y déclare que « *le droit de mener des négociations collectives avec l'employeur est, en principe, devenu l'un des éléments essentiels du droit de fonder avec d'autres des syndicats et de s'affilier à des syndicats pour la défense de ses intérêts* ».

(16) CJUE, 15 juillet 2010, *Commission c. Allemagne*, aff. C-271/08.

(17) CEDH, 21 avril 2009, *Enerji Yapi-Yol Sen c. Turquie*, Req. n° 68959/01, décision dans laquelle, sans faire explicitement du droit de grève un droit inhérent à la liberté syndicale et protégé à ce titre, la Cour européenne examine cependant si l'État attaqué ne s'était pas livré à une ingérence dans l'exercice du droit de grève incompatible avec la protection de la liberté syndicale.

et *Laval* font entrer le droit d'action collective dans le domaine d'application de la liberté de prestation de services et du droit d'établissement. Signe possible d'une hiérarchie que la Cour de justice marquerait ainsi entre d'une part, les libertés fondamentales de circulation et, d'autre part, le droit de la concurrence dont les exigences auraient une valeur moindre.

447-2. Convention collective de travail et entente anti-concurrentielle. À ce jour, aucune réglementation communautaire relative aux conventions et accords collectifs de travail n'a encore vu le jour (18). Le droit communautaire ne reste toutefois pas silencieux sur le thème de la légalité de la négociation collective et des conventions et accords de travail qui s'ensuivent. La confrontation du droit du travail et du droit de la concurrence (19) a donné à la Cour de justice l'occasion de poser quelques jalons. Les affaires *Albany, Brentjens'*..., l'ont conduite à se demander si une convention collective de travail peut constituer une entente entravant la concurrence et susceptible d'être condamnée par l'ex-article 85 (devenu article 81 CE, puis 101 FUE) du traité (20).

Attachant d'assez près ses pas aux conclusions extrêmement « fouillées » de l'avocat général Jacobs (21), La Cour répond en écartant l'application de l'ex-article 85, mais sous certaines conditions (22).

Elle commence par mentionner différents éléments du traité relatifs au droit syndical et aux négociations collectives (ex-article 118, devenu, après modification, article 140 TCE, puis 156 TFUE), au dialogue social (ex-article 118 B, devenu article 139 § 1 TCE, puis 155 § 1 TFUE), à la conclusion d'accords collectifs au niveau communautaire (article 4 de l'accord sur la politique sociale, devenu article 139 § 2 CE, 155 § 2 FUE) (23). Il s'en infère, implicitement, une reconnaissance par le droit communautaire de la négociation collective comme instrument privilégié de la réglementation des relations de travail (24).

Cet arrière-fond établi, la Cour procède ensuite en énonçant que certes des « *effets restrictifs de la concurrence sont inhérents aux accords collectifs* » (25), mais que

(18) V. article 137 du traité pour la compétence communautaire en la matière.

(19) V. *supra* n° 352 et s.

(20) CJCE, 21 septembre 1999, *Albany*, aff. C-67/96, *Brentjens'*, aff. C-115/97 et *al*. Était posée la question de savoir si une disposition conventionnelle ayant pour objet d'instaurer, dans le secteur d'activité couvert, un fonds de pension unique chargé de gérer un régime de pension complémentaire, les pouvoirs publics étant sollicités de rendre obligatoire l'affiliation à ce fond unique, est contraire à l'ex-article 85 du traité (1re question préjudicielle). V. également *supra* n° 355.

(21) Conclusions comportant une étude attentive des données de droit comparé, points 80 à 112, démontrant une convergence pour écarter, sauf exception, l'application du droit de la concurrence aux conventions et accords collectifs de travail.

(22) Reprenant la même solution et visant en outre l'ex article 86 du traité (abus de position dominante), à propos d'une convention collective relative à l'assurance-maladie, CJCE, 21 septembre 2000, *Van der Woude*, aff. C-222/98, *RJS* 2000, n° 1310, p. 845. Écartant l'application des règles de l'ordonnance du 1er décembre 1986 sur les ententes à des tarifs conventionnels relatifs à l'exercice de la médecine, CE, 10 novembre 1999, *Syndicat national de l'industrie pharmaceutique*, *RJS* 2000, n° 316, p. 209.

(23) Motifs 51 à 55 de l'arrêt *Brentjens'*.

(24) L'avocat général Jacobs conclut de son examen du droit comparé, qu'il n'existe pas de convergence suffisante des ordres juridiques nationaux et des instruments internationaux en faveur de la reconnaissance d'un droit spécifique (distinct du droit syndical) fondamental à la négociation collective (point 160 des conclusions). Il estime en revanche qu'il ressort des dispositions du traité communautaire que celui-ci « *encourage* » la négociation collective et présuppose par conséquent la légalité de principe des conventions collectives qui en sont issues (point 179 des conclusions).

(25) Effets restrictifs de la concurrence ou de la libre entreprise qui avaient inspiré la prohibition des coalitions par la loi Le Chapelier des 14-17 juin 1791. La mise en confrontation du droit de négociation collective et de la

le droit communautaire reconnaît aux partenaires sociaux le droit de rechercher en commun des « *mesures destinées à améliorer les conditions d'emploi et de travail* » (26). Des accords collectifs conclus en vue de tels objectifs doivent être considérés, « *en raison de leur nature et de leur objet* », comme ne relevant pas de l'interdiction communautaire des ententes (27).

Si blanc seing il y a, il n'est donc pas sans limites. Pour échapper à la condamnation pour entente, encore faudra-t-il que l'acte ait la nature et l'objet d'un accord collectif. Il faut un accord ayant « *la forme d'une convention collective* », négocié entre « *les organisations représentatives* » des employeurs et des travailleurs (28). Les accords entre employeurs n'échapperont donc pas à l'ex-article 85 (29), non plus que les accords n'épousant pas *la forme* des conventions et accords collectifs (30).

L'autre condition tient à l'objet. L'accord doit tendre à améliorer les conditions d'emploi et de travail (31). Un accord collectif peut valablement avoir pour objet de réduire, voire d'éliminer la concurrence en matière d'emploi, de rémunération ou de conditions de travail. Mais un accord collectif qui aurait pour objet de réduire la concurrence sur un marché de biens ou de services, plus particulièrement celui qui viserait à éliminer des concurrents du secteur concerné, retomberait sous l'empire de l'ex-article 85 (32).

La force juridique que la Charte des droits fondamentaux de l'Union européenne a acquis par l'effet du traité modificatif de Lisbonne, a conduit la Cour de justice à reconnaître, en droit communautaire, au droit de négociation collective la valeur d'un droit fondamental. L'article 28 de la Charte fait en effet entrer le droit de négociation collective parmi les droits qu'elle consacre (33).

447-3. Droit d'action collective – droit fondamental. L'article 28 de la Charte des droits fondamentaux reconnaît le droit des travailleurs à l'action collective, y compris la grève, en tant que droit fondamental.

Au moment même où la Charte des droits fondamentaux de l'Union européenne faisait l'objet d'une nouvelle proclamation en préparation de la signature du traité modificatif de Lisbonne, la Cour de justice a fait entrer le droit d'action collective parmi les droits dont elle entend garantir le respect.

prohibition des ententes, réapparue en France avec l'arrêt du 6 mars 1991, *Syndicat français des artistes interprètes*, de la cour d'appel de Paris, a marqué ainsi un étonnant retour en arrière au plus profond de l'ère libérale du début du XIXe siècle ; v. B. EDELMANN, « À bas le droit du travail, vive la concurrence ! », *D.* 1992, chron. I.

(26) Motif 56 de l'arrêt *Brentjens'*.

(27) Motif 57. Une autre raison d'écarter l'application de l'ex article 85 du traité existe. Cette disposition du traité condamne les accords *entre entreprises* et les syndicats ne sont pas des entreprises… lorsqu'ils agissent pour améliorer la condition des travailleurs, v. *supra* n° 356 sur cette qualification.

(28) Motif 59.

(29) Les employeurs restent des entreprises même lorsqu'ils participent à des négociations collectives ou, plus largement, règlent les conditions d'emploi et de travail ; v. sur ce point les conclusions Jacobs, points 228 à 236.

(30) L'exonération ne s'étendrait donc pas aux *accords atypiques* du droit français.

(31) Quid des accords qui suppriment ou réduisent des améliorations antérieurement consenties ? En l'espèce, visant un accord relatif à un régime de pension complémentaire, la Cour estime qu'un tel accord entre bien sous l'exonération puisqu'il contribue à l'amélioration d'une condition de travail, à savoir la rémunération (motif 60).

(32) V. concl. Jacobs, citant plusieurs décisions de la Cour suprême des États-Unis ayant formulé cette distinction, points 98 à 107. Les conclusions Jacobs entendaient faire également dépendre l'exemption d'une condition de bonne foi. Les autorités de la concurrence devraient avoir la possibilité d'examiner les accords servant en réalité à restreindre la concurrence entre employeurs sur les marchés de leurs produits, avait estimé l'avocat général. Cette condition supplémentaire n'apparaît pas formellement dans les motifs retenus par la Cour de justice.

(33) V. *supra* n° 145-146 et *infra* n° 447-5.

Dans ses arrêts *Viking* et *Laval* (34), elle commence par « *relever que le droit de mener une action collective, y compris le droit de grève, est reconnu tant par différents instruments internationaux auxquels les États membres ont coopéré ou adhéré* (...) *que par des instruments élaborés par lesdits États membres au niveau communautaire ou dans le cadre de l'Union* » (35), pour en conclure que « *le droit de mener une action collective, y compris le droit de grève, doit donc être reconnu en tant que droit fondamental faisant partie intégrante des principes généraux du droit communautaire dont la Cour assure le respect* » (36).

La reconnaissance du droit d'action collective par la Cour de justice a anticipé sur les exigences à venir du traité sur l'Union européenne. Avant même que celui-ci, réformé par le traité de Lisbonne, ne devienne en vigueur, le droit des travailleurs à l'action collective a pris le rang de principe général du droit communautaire, la question de savoir si, réciproquement, le droit de *lock-out* est reconnu aux employeurs en réponse au droit de grève, demeurant en suspens (37).

Si la reconnaissance du droit d'action collective, y compris le droit de grève, est donc acquise, « *il n'en demeure pas moins que son exercice peut être soumis à certaines restrictions* », dit toutefois la Cour de justice dans les arrêts *Viking Line* et *Laval* (38). La protection du droit de grève, en tant que droit fondamental, ne doit pas faire disparaître ou annihiler celle que réclament d'autres libertés fondamentales garanties par le traité. Ainsi de la liberté de prestation de services (39) ou de la liberté d'établissement (40). Il faudra donc, si l'exercice du droit de grève restreint une autre liberté fondamentale reconnue par le droit de l'Union (41), tenter de procéder à leur conciliation en mettant en œuvre le principe de proportionnalité (42).

La Cour de justice a donc considéré que le caractère fondamental s'attachant au droit de mener une action collective n'est pas de nature à faire échapper les actions collectives au champ d'application des règles du traité relatives à la liberté d'établissement – arrêt *Viking Line* (43) –, non plus qu'à celui des règles de la liberté

(34) CJCE, 11 décembre 2007, *Viking Line* (*International Transport workers' Union*), aff. C-438/05 ; CJCE, 18 décembre 2007, *Laval*, aff. C-341/05 ; v. P. CHAUMETTE, « Les actions collectives syndicales dans le maillage des libertés communautaires... », *Dr. soc.* 2008, p. 210 ; S. LAULOM, « Les actions collectives contre le dumping social », *Sem. soc., Lamy* 2008, n° 1335 ; P. RODIÈRE, « Les arrêts Viking et Laval, le droit de grève et le droit de négociation collective », *RTD eur.* 2008, p. 45.

(35) Charte sociale européenne, convention n° 87 de l'OIT, Charte communautaire des droits sociaux fondamentaux, Charte des droits fondamentaux de l'Union.

(36) Arrêt *Viking Line* (*International Transport workers' Union*), v. points 43 et 44 ; v. également arrêt *Laval*, points 90 et 91.

(37) L'article 28 de la Charte des droits fondamentaux dit que « les travailleurs et les employeurs, ou leurs organisations respectives, ont... le droit de recourir, en cas de conflits d'intérêts, à des actions collectives... ».

(38) Point 44, la Cour rappelant à ce propos que l'article 28 de la Charte des droits fondamentaux prévoit que ce droit s'exerce conformément au droit communautaire, et que celui-ci par conséquent peut venir l'encadrer.

(39) Arrêt *Laval*.

(40) Arrêt *Viking Line*.

(41) Telle également que la liberté de circulation des marchandises, comme l'avait montré il y a quelques années l'affaire *Merci Siderugica*, CJCE, 10 décembre 1991 ; v. *supra* n° 32.

(42) V. points 44 à 46 de l'arrêt *Viking Line*, points 91 à 94 de l'arrêt *Laval* et les références aux arrêts *Schmidberger*, CJCE, 12 juin 2003, C-112/00, *Rec.* I, p. 5659, et *Omega*, CJCE, 14 octobre 2004, aff. C-36/02, *Rec.* I, p. 9609.

(43) Point 47 de l'arrêt. Dans l'affaire *Viking Line*, une grève avait eu pour objet de contraindre une entreprise finlandaise, qui voulait immatriculer un navire en Estonie, à appliquer les conditions du droit finlandais et d'une convention collective finlandaise au personnel employé sur le navire « délocalisé ».

de prestation de services – arrêt *Laval* (44). Bien plus, elle a traité le droit d'action collective, reconnu en tant que droit fondamental, comme elle l'aurait fait d'un droit ordinaire, sans valeur fondamentale. Elle a en effet soumis les personnes exerçant ce droit à l'obligation de s'en justifier et d'en modérer l'usage au strict nécessaire, lorsque cet exercice vient heurter une liberté économique fondamentale – vraiment fondamentale, est-on tenté de dire – consacrée par le droit de l'Union (45). La recherche de conciliation s'est muée en une épreuve de justification.

447-4. Faut-il distinguer libertés de circulation et droit de la concurrence ? La position que la Cour de justice a ainsi prise concernant les relations entre droit d'action collective et libertés de circulation se démarque de celle qui avait été la sienne pour les relations entre négociation collective et droit de la concurrence. Dans la mesure où ils tendent « *à améliorer les conditions d'emploi et de travail* », les accords collectifs conclus en vue de tels objectifs ne relèvent pas de l'interdiction communautaire des ententes, avait-elle admis dans les arrêts *Albany* et *Brentjens'* (46). Tant qu'il est respectueux de son objet, le droit de négociation collective échappe au droit de la concurrence. À cette démarche en termes d'exonération ou d'exemption, la Cour de justice, dans l'arrêt *Viking Line*, substitue inclusion dans le champ d'application, demande de justification et principe de proportionnalité.

La Cour de justice ne s'en explique guère. Elle souligne, sans plus de motivation, que les conditions d'application propres au droit de la concurrence d'un côté, aux libertés de circulation des personnes et des services de l'autre, sont différentes (47) et que ce qu'elle a dit de la concurrence ne doit pas se transposer à ces libertés (48).

La ligne de partage qui se dessine ainsi ne sépare pas droit de négociation collective et droit d'action collective, mais bien droit de la concurrence et libertés de circulation. Exemption dans le premier cas, inclusion et conciliation restrictive dans le second. On en a pour marque la référence que l'arrêt *Viking Line* fait à d'autres décisions de la Cour, l'arrêt *Schöning-Kougebetopoulou* particulièrement (49), d'où il faut tirer que le droit de négociation collective doit respecter les règles communautaires sur la circulation des personnes, alors qu'il n'est assujetti au droit de la concurrence. Quant à la confrontation directe entre droit de grève et droit de la concurrence, elle n'a pas eu lieu à ce jour.

447-5. Le droit de négociation collective – droit fondamental. Dans ses arrêts *Albany, Brentjens'* ou encore *van der Woude* (50), la Cour de justice n'avait pas voulu consacrer la valeur de droit fondamental du droit de négociation collective. Il n'était

(44) Point 95 de l'arrêt. Dans l'affaire *Laval*, un blocus accompagné d'actions de solidarité avait pour but d'empêcher un prestataire de services letton de faire travailler des salariés détachés sur un chantier en Suède à des conditions non-conformes aux conventions collectives régissant dans ce dernier pays les entreprises du bâtiment.

(45) Arrêt *Viking*, points 75 à 89 ; arrêt *Laval*, points 96 à 110. Dans d'autres espèces, la Cour de justice a obéi à une démarche mettant en balance les droits et intérêts fondamentaux en présence et en recherchant un juste équilibre entre eux, *Schmidberger*, CJCE, 12 juin 2003, aff. C-112/00, v. pts 77 à 81. V. également CJUE, 15 juillet 2010 *Commission c. Allemagne*, aff. C-271/08, *infra* n° 447-5.

(46) V. *supra* n° 447-2.

(47) La Cour renvoyant sur ce point à l'arrêt *Meca-Medina*, CJCE, 18 juillet 2006, C-519/04, *Rec.* I, p. 6991.

(48) V. les points 49 à 54 de l'arrêt *Viking Line*.

(49) CJCE, 15 janvier 1998, aff. C-15/96, *Rec.* I, p. 47.

(50) Cités *supra* n° 447-2.

question que de promotion ou d'encouragement, comme le considérait l'avocat-général Jacobs dans ses conclusions (51). Cette position prudente et attentiste de la Cour de justice a évolué avec l'arrêt *Commission contre Allemagne* du 15 juillet 2010 qui a consacré formellement le caractère fondamental du droit de négociation collective (52).

La Cour a procédé, suivant une démarche qui est devenue usuellement la sienne, en se référant à différents instruments internationaux s'accordant pour reconnaître le droit de négociation collective en tant que droit dont l'exercice doit être protégé, au niveau national ou européen ; charte sociale européenne, charte communautaire des droits sociaux fondamentaux, charte des droits fondamentaux de l'Union européenne. Cette dernière n'est d'ailleurs pas spécialement mise en avant et on note surtout que la Convention européenne des droits de l'homme et l'arrêt *Enerji* de la CEDH (53) restent absents des motifs de l'arrêt.

La proclamation n'est pas faite sans réserve ni restriction.

La protection du droit de négociation collective doit donc être assurée par l'Union européenne, mais, dit la Cour, en tenant « *pleinement... compte des législations et des pratiques nationales* » (54), manière de signifier que cette protection reste tributaire des droits nationaux et de l'intensité qu'ils restent libres de lui imprimer.

L'affaire portée devant la Cour visait une convention collective qui avait attribué un marché (assurance vieillesse d'entreprise) sans passer par les procédures d'appel d'offres prescrites par le droit de l'Union. En résultait une atteinte possible aux libertés d'établissement et de prestations de services. On ne s'étonnera pas que la Cour de justice que la Cour de justice se soit refusé à soustraire l'exercice du droit de négociation collective, tout fondamental qu'il soit, aux exigences des deux libertés de circulation, tout comme elle a jugé que l'exercice du droit d'action collective n'échappe pas à ces mêmes exigences.

Il faut donc une conciliation, à laquelle procède la Cour de justice dans un esprit d'équilibre qui n'avait pas été autant le sien dans les affaires *Viking* et *Laval* (55).

L'arrêt *Commission contre Allemagne* a en outre l'intérêt de venir confirmer la distinction qu'il convient d'opérer entre les contraintes du droit de la concurrence qui cèdent devant l'exercice normal du droit de négociation collective et celles des libertés de circulation qui y résistent (56).

Section 1

Le contrat de travail

448. Plan. L'œuvre du droit communautaire a d'abord porté sur l'information que le travailleur doit recevoir sur les conditions de la relation de travail et son

(51) V. *supra* n° 447-2.
(52) CJUE, 15 juillet 2010, *Commission c. Allemagne,* aff. C-271/08.
(53) V. *supra* n° 447-1.
(54) V. pt 38 de l'arrêt.
(55) Pts 52 et s. de l'arrêt, évoquant la démarche suivie dans l'arrêt *Schmidberger,* v. *supra* n° 447-3.
(56) V. pt 48 de l'arrêt.

éventuelle modification (§ 1). Elle s'est, plus récemment, étendue aux règles applicables à certaines formes « atypiques » ou particulières d'emploi (§ 2).

§ 1. — Information du travailleur sur les conditions du contrat de travail (directive 91/533)

449. La directive n° 91/533 du 14 octobre 1991 relative à l'information du travailleur. Le titre complet en est le suivant : directive « *relative à l'obligation de l'employeur d'informer le travailleur des conditions applicables au contrat ou à la relation de travail* » (57).

449-1. Un texte relatif à la preuve du contenu de la relation de travail ? La directive 91/533 sur l'information du travailleur est fondée sur l'article 100 du traité (devenu article 94 CE, puis 114 FUE). Elle trouve son origine dans une proposition de directive présentée par la Commission le 5 décembre 1990 sur « *un élément de preuve de la relation de travail* » (58). Le texte finalement – et rapidement – adopté, plus riche, précis et exigeant que la proposition de la Commission, a écarté le premier titre envisagé, qui prêtait à confusion.

L'objet de la directive est en effet de garantir au travailleur une connaissance suffisamment complète et sûre des conditions de son contrat de travail, grâce à la remise obligatoire d'un document écrit comportant ou mentionnant une série d'indications utiles à son information (59) ; ce document pouvant ensuite servir de preuve ou d'élément de preuve.

Cet objet n'est pas d'établir des règles de preuve en matière de contrat de travail. La directive déclare d'ailleurs qu'elle ne porte pas atteinte aux dispositions de droit national, relatives à la forme du contrat de travail, à la preuve de son existence et de son contenu, aux règles procédurales applicables en la matière.

Ces données n'empêcheront que les informations fournies par l'employeur seront « *revêtues d'une présomption de vérité* », a dit la Cour de justice dans l'arrêt *Kampelmann*, ajoutant que l'employeur doit être admis à apporter la preuve contraire, que les informations sont fausses, ou infirmées par les faits, présomption simple par conséquent (60).

(57) *JOCE* n° L. 288 du 18 octobre 1991.

(58) Doc. COM(90) 563 ; *JOCE* n° C. 24 du 31 janvier 1991.

(59) Le deuxième considérant de la directive parle de « mieux protéger les travailleurs contre une méconnaissance de leurs droits » et d'« offrir une plus grande transparence sur le marché du travail ». Plus de transparence, plus de sécurité, une meilleure maîtrise de leurs droits (proposition précitée de la Commission), c'est, au bénéfice des travailleurs, le triple effet attendu de la directive.

(60) Article 6 de la directive, CJCE, 4 décembre 1997, *Kampelmann*, aff. C-253/96, *Rec.* I, p. 6907 ; v. également CJCE, 8 février 2001, aff. C-350/99, *Lange*. La Cour de cassation, visant l'article R. 143-2 du Code du travail relatif au bulletin de paie, « *tel qu'interprété à la lumière de la directive européenne 91/533 du Conseil* », a jugé, conformément à l'arrêt *Kampelmann*, que la mention de la convention collective sur le bulletin de paie « *vaut présomption de l'applicabilité de la convention collective à son égard, l'employeur étant admis à apporter la preuve contraire* » (Cass. soc., 15 novembre 2007, n° 06-44008, publié au *Bulletin*).

449-2. Un texte relatif à la rédaction du contrat de travail ? Au regard de nombreux systèmes nationaux, tels que celui de la France, l'apport de la directive ne concerne pas tellement les emplois dits « atypiques » (à durée déterminée, temporaires, à temps partiel...), pour lesquels le législateur national avait déjà imposé l'existence d'un écrit comportant des mentions informatives. Il concerne en revanche la forme d'emploi encore qualifiée de normale que constitue le contrat à durée indéterminée (et à temps plein) (61), pour lequel le principe est demeuré, en France, qu'il peut valablement être conclu sans aucun écrit (62). Il vise également les nouvelles formules de travail liées aux recherches de flexibilité et au développement technologique (63).

Il faut toutefois observer que la directive n'exige pas que les contrats de travail prennent une forme écrite ; elle impose simplement la rédaction d'un écrit qui informe le salarié sur les conditions de la relation de travail et qui peut être remis à celui-ci postérieurement à la formation du contrat de travail (64).

449-3. Articulation avec le droit national. La directive renvoie au droit national le soin de définir la notion de contrat de travail et par là les situations auxquelles elle est appelée à s'appliquer. Des risques de disparité dans l'application de la directive, voire des risques d'*évasion*, existent donc (65).

Mais la directive ne porte pas atteinte à la faculté des États membres de disposer plus favorablement aux travailleurs, y compris par voie conventionnelle (66).

Il est remarquable que l'État membre qui a inspiré la directive communautaire ait été, ici, le Royaume-Uni, dont la législation nationale (aux côtés de celle de l'Irlande), à un degré plus marqué que celles des autres États membres, exigeait de manière générale une information des travailleurs sur les conditions de leur emploi (67).

Le délai de transposition a été fixé au plus tard le 30 juin 1993 (68). Les prescriptions de la directive devaient être respectées dans les contrats en cours au moment de l'entrée en vigueur des dispositions de transposition (69).

*

* *

On traitera successivement du domaine d'application de la directive, de l'objet des informations, des moyens d'information et enfin des sanctions.

(61) V. article L. 1221-2, ex-article L. 121-5, du Code du travail : « *Le contrat de travail est conclu sans détermination de durée. Toutefois, dans les cas et aux conditions...* ».

(62) Article L. 1221-1, ex-article L. 121-1, du Code du travail : « *Le contrat de travail est soumis aux règles du droit commun. Il peut être constaté dans les formes qu'il convient aux parties contractantes d'adopter* ».

(63) Cf. l'énumération qui en est faite dans la proposition de directive précitée.

(64) V. *infra* n° 453.

(65) Sur ces points, v. M. Bouny, *L'obligation d'informer le salarié à la charge de l'employeur*, thèse, univ. Paris 1, dir. P. Rodière, 572 p.

(66) Article 7 de la directive.

(67) Texte de référence : l'« *Employment Protection (Consolidation) Act* » de 1978, modifié par l'« *Employment Act* » de 1982.

(68) La réglementation française, pour faire passer l'information exigée par la directive, utilise le bulletin de paie, document écrit que l'employeur doit obligatoirement remettre, lors du paiement de la rémunération, « *à toutes personnes apprenties, salariées ou travaillant à quelque titre que ce soit ou en quelque lieu que ce soit pour un employeur* », article L. 3243-1, ex-article L. 143-3, du Code du travail et v. article R. 3243-1, ex-article R. 143-2, pour les mentions et informations que doit comporter obligatoirement le bulletin de paie. La déclaration que l'employeur doit adresser à l'administration du travail préalablement à l'embauche, sert aussi à informer le salarié, v. art. R. 1221-9, ex-article R. 320-5, al. 2, du Code du travail.

(69) Article 9 de la directive.

A. — Domaine d'application

450. Article 1er de la directive. « *La directive s'applique à tout travailleur salarié ayant un contrat de travail ou une relation de travail défini par le droit en vigueur dans un État membre et/ou soumis au droit en vigueur dans un État membre* ».

450-1. Toute relation de travail ? Tel est le texte de l'article 1 § 1 de la directive, malheureusement inexact, redondant et peu clair :

– le texte est inexact, puisque les États membres sont autorisés à exclure du bénéfice de la directive certaines situations, correspondant aux contrats de très brève durée (n'excédant pas un mois) et aux contrats à temps très partiel (d'une durée hebdomadaire n'excédant pas 8 heures), l'exclusion possible étant ici de droit ; puisque la directive autorise également l'exclusion des contrats ayant « *un caractère occasionnel et/ou particulier* », sous réserve cette fois que des raisons objectives le justifient (70) ;

– parler de « *travailleur salarié ayant un contrat de travail* » relève d'une soupçonnable insistance, lorsqu'on ajoute que le contrat de travail est défini par le droit national. La principale difficulté toutefois est autre. La directive s'applique, dit le texte, aux contrats *définis* par le droit d'un État membre *et/ou soumis* au droit d'un État membre. La proposition de directive visait simplement les contrats *soumis* au droit d'un État membre. Le texte finalement adopté a sans doute voulu clairement indiquer que les définitions sont nationales. Une interprétation qui n'est pas entièrement respectueuse de la logique du « et/ou », mais qui s'accorde avec les règles du droit international privé, peut consister à énoncer que la directive s'applique aux situations telles que définies ou qualifiées « contrat de travail » par la loi du juge ou de l'institution saisis et qui sont également soumises à la loi d'un État membre conformément aux règles de conflits de lois applicables au contrat de travail (71). La Cour de justice aura à éclaircir le sens de la règle, en particulier en ce qui concerne la désignation de la loi à laquelle le contrat est « *soumis* ».

450-2. Formation et modification du contrat de travail. La remise au travailleur d'un document écrit l'informant des « *éléments essentiels* » de son contrat de travail doit avoir lieu au début de la relation contractuelle. Elle permet l'information du travailleur sur les conditions initiales de son contrat de travail. Si l'un de ces éléments essentiels vient à être modifié en cours de contrat, la remise d'un nouveau document écrit l'informant de la modification lui est due (72).

450-3. Expatriation. La directive vise ici l'hypothèse d'un travailleur dont le contrat est soumis à la loi d'un État membre et qui est appelé à exercer son activité dans un ou plusieurs autres pays, qui peuvent être, le texte ne distinguant pas, aussi bien externes qu'internes à la Communauté (73). L'expatriation

(70) Article 1er § 2 de la directive.

(71) La question sera retrouvée *infra* n° 573 avec les conflits de lois en matière de contrat de travail.

(72) Article 5 § 1 de la directive.

(73) Article 4 § 1 de la directive. « *Est considéré comme expatrié* (au sens du texte transposant la directive), *tout salarié exerçant son activité professionnelle dans un ou plusieurs autres États que la France et dont le contrat de*

appelle la remise d'informations supplémentaires, sauf si la période passée à l'étranger n'excède pas un mois (74).

Même difficulté qu'indiquée plus haut : à quelle loi le contrat est-il soumis ?

B. — Objet des informations

451. La notion d'« *éléments essentiels* » du contrat de travail. La directive établit une liste d'éléments dont elle déclare qu'ils sont essentiels et qu'ils doivent par conséquent être portés par écrit à la connaissance du travailleur (75). La directive ne parle pas d'éléments d'information essentiels, mais d'éléments essentiels du contrat ou de la relation de travail.

L'intérêt de la liste ainsi établie et de la distinction qui s'en induit entre éléments essentiels du contrat et éléments contingents ou secondaires déborde donc la seule question de l'information du travailleur. Elle intéresse la délicate question – connue du droit interne français – de savoir quels sont les éléments du contrat ou de la relation de travail qui, étant « essentiels », ne peuvent être modifiés que d'un commun accord des parties et échappent au pouvoir modificateur unilatéral de l'employeur (76). Elle peut être rapprochée d'une autre liste de matières établie par le droit de l'Union pour déterminer les éléments constitutifs d'un noyau essentiel de dispositions protectrices du travailleur (77).

Parmi les éléments ayant tous un caractère essentiel, la directive distingue toutefois ceux qui doivent obligatoirement faire l'objet d'une information expresse dans le document écrit remis au travailleur et ceux qui peuvent faire l'objet d'une simple référence dans ce même document. Se dessine ainsi une distinction entre des droits individuels que le contrat doit obligatoirement définir et des règles constitutives d'un statut du travailleur auxquelles il peut se contenter de renvoyer.

Cette distinction s'exprime s'agissant des informations qui doivent être données pour tout contrat ou relation de travail. On la retrouve avec les informations particulières qui doivent s'y ajouter en cas d'expatriation.

La liste des éléments essentiels du contrat ou de la relation de travail est-elle limitative ? Non, répond la Cour de justice. L'obligation d'informer le salarié, le cas échéant par simple référence, « *concerne tous les éléments du contrat ou de la relation de travail qui revêtent un caractère essentiel* », y compris lorsqu'ils ne sont pas mentionnés dans la liste fixée par la directive (78).

travail est soumis à la législation française », article R. 1221-10, ex-article R. 320-5, al. 3 et 4, du Code du travail. Dans la terminologie française usuelle, c'est de détachement, opération par laquelle un employeur envoie un de ses salariés à l'étranger, qu'il s'agit.

(74) Article 4 § 3 de la directive.

(75) Article 2 § 1 de la directive.

(76) Faisant le point sur la distinction retenue par la Cour de cassation, V. Ph. WAQUET, « La modification du contrat de travail et le changement des conditions de travail », *RJS* 1996, chron. p. 791.

(77) V. *infra* n° 561 et s. pour la directive relative au détachement des travailleurs dans le cadre d'une prestation de services.

(78) Tel est notamment le cas d'une stipulation en vertu de laquelle le salarié est obligé d'effectuer des heures supplémentaires sur la simple demande de l'employeur ; CJCE, 8 février 2001, *Lange*, aff. C-350/99.

452. Obligations générales. Elles s'articulent de la manière qui suit.

452-1. 1° Informations écrites obligatoires. Le document écrit doit obligatoirement définir la situation contractuelle en indiquant :

– l'identité des parties ;

– le lieu de travail, ou l'éventuelle clause de mobilité (« *le principe que le travailleur est occupé à divers endroits* »), ainsi que le siège ou le domicile de l'employeur (si différent du lieu de travail ?) ;

– la qualification (titre, grade, qualité et catégorie) de l'emploi et la caractérisation du travail à effectuer ;

– la date du début du contrat et, s'il s'agit d'un contrat temporaire ou à durée déterminée, la durée prévisible de celui-ci (79).

452-2. 2° Références écrites obligatoires. L'information peut résulter d'une référence aux dispositions législatives, réglementaires, statutaires ou aux conventions collectives applicables, pour :

– la durée des congés payés ou leur mode de calcul ;

– le délai de préavis de fin de contrat ;

– le salaire de base, les autres éléments constitutifs de la rémunération et la périodicité de versement ;

– la durée quotidienne ou hebdomadaire normale du travail (80).

Ces informations sont données « le cas échéant » par référence ou par renvoi, dit le texte. C'est donc qu'il suffit de procéder par référence, si l'une des sources mentionnées fixe des règles applicables aux matières qui sont visées. Sinon, il revient obligatoirement au document écrit de les régler.

Si référence est faite à une convention collective ou à des dispositions émanant d'un organe ou d'une institution paritaire, le document écrit remis au travailleur doit en outre lui permettre d'identifier quelle est cette convention collective ou quels sont ces organes ou institutions paritaires (81).

452-3. 3° Modifications. Toute modification d'un élément contractuel directement fixé via le document écrit initialement remis au travailleur doit faire l'objet d'une information par un nouveau document écrit. Cette information écrite n'est pas obligatoire, lorsque la modification porte sur une disposition législative, réglementaire, statutaire ou résultant d'une convention collective (82). Le travailleur doit être informé par écrit de la modification d'un élément déterminé par son contrat individuel, il n'a pas à l'être d'une modification intervenue dans une règle régissant ce contrat.

452-4. 4° Obligations relatives aux travailleurs expatriés. On retrouve la même distinction. Le document contractuel doit impérativement indiquer la durée

(79) Article 2 § 2, a) à e) de la directive.
(80) Article 2 § 2, f) à i).
(81) Article 2 § 2, j).
(82) Article 5 § 1 et 2 de la directive.

du travail exercé à l'étranger et, le cas échéant, les conditions de rapatriement. La devise servant au versement de la rémunération et, le cas échéant, les avantages en espèces et en nature liés à l'expatriation, peuvent faire l'objet d'une simple référence aux dispositions législatives, réglementaires, etc. applicables (83). En cas de modification des conditions initiales, l'obligation d'information obéit au « parallélisme des formes » précédemment décrit.

C. — Moyens d'information

453. Formes et délais. L'information générale (autre que celle qui s'adresse aux expatriés) résultera de la remise au travailleur d'un contrat ou d'une lettre d'engagement ou d'un ou plusieurs autres documents écrits (84). Le cas échéant, l'employeur devra compléter l'information fournie par ces documents ou leur substituer, s'ils font totalement défaut, une déclaration écrite signée par lui (85). Le délai est de deux mois au plus tard après le début du travail (86). L'information peut être fournie par des instruments ou documents variables et la liberté de choix est ici largement ouverte (87), mais une fois échu le délai de deux mois, elle doit être complète.

L'obligation d'information dans un délai de deux mois ne disparaît pas lorsque la relation de travail prend fin dès avant l'expiration de ce délai (88).

En cas d'expatriation du travailleur, l'information générale et l'information particulière qui lui est destinée, doivent lui être fournies (même liberté des formes) *avant* son départ (89).

En cas de modification d'éléments du contrat, l'information doit être remise au travailleur dans les plus brefs délais et au plus tard un mois après la prise d'effet de la modification (90).

D. — Sanctions

454. Article 8 de la directive. Chaque État doit permettre aux travailleurs de faire valoir leur droit au respect des prescriptions de la directive par voie juridictionnelle ou devant d'autres instances. C'est la formule d'usage (91). Suivant ce qui est également l'usage, la directive reste muette sur la nature des sanctions (92). Aux États membres d'en décider et de choisir la sanction appropriée, pourvu qu'elle soit

(83) Article 4 § 1 et 2 de la directive ; texte français de transposition : article R. 1221-10, ex-article R. 320-5, al. 3 et 4 du Code du travail (D. n° 94-761 du 31 août 1994).

(84) Article 3 § 1 de la directive.

(85) Article 3 § 2.

(86) Article 3 § 1 et 2.

(87) Outre la déclaration administrative d'embauche, le bulletin de paie peut-il servir d'instrument d'information du travailleur, ainsi que le prévoit la réglementation française ? C'est discutable. La directive ne s'oppose pas formellement à de tels moyens d'information ; mais ils sont indirects, ils ne garantissent pas la clarté de l'information.

(88) Article 3 § 3 de la directive.

(89) Article 4 § 1.

(90) Article 5 § 1.

(91) Article 8 § 1 de la directive.

(92) La proposition de la Commission réclamait des mesures garantissant de manière efficace le respect de la directive et *réprimant* les infractions aux dispositions prises pour son application (article 5 de la proposition), paraissant appeler ainsi des sanctions *pénales*.

efficace et dissuasive (93). La directive n'impose pas que le défaut d'information relatif à une obligation du salarié soit sanctionné par l'inopposabilité au salarié de ladite obligation. Il appartient aux États membres de décider si cette sanction est appropriée (94).

La directive présente toutefois une particularité. Elle prévoit que l'exercice d'un recours peut être subordonné à la mise en demeure préalable de l'employeur par le travailleur et au défaut de réponse « endéans » un délai de quinze jours. La formalité de mise en demeure ne peut cependant pas être requise du travailleur dans trois cas : l'expatriation, l'existence d'un contrat de travail temporaire (notion à définir au niveau communautaire) (95), l'absence de convention collective applicable (96).

§ 2. — Les formes d'emploi

455. Des directives négociées. Après l'échec, il y a quelques années, devant le Conseil, de propositions de directives présentées par la Commission, un accord négocié par les partenaires sociaux aboutit finalement à... une directive du Conseil (97). On connaît la formule (98) ! Deux propositions de directives relatives aux formes de travail « non typiques », l'une fondée sur l'ancien article 100 A du traité (devenu article 95 TCE, puis 115 TFUE) et traitant des distorsions de concurrence résultant de la disparité des droits nationaux, l'autre, fondée sur l'ancien article 100 (94 TCE, puis 114 TFUE), concernant les conditions de travail, avaient été introduites par la Commission le 13 août 1990 (99), sans succès. Celle-ci ayant relancé son initiative en en saisissant les partenaires sociaux, des accords collectifs s'en sont suivis. Les parties signataires ont cependant demandé que leurs accords fassent l'objet d'une décision du Conseil, afin d'en rendre les prescriptions contraignantes dans les États membres. D'où l'adoption, rapidement après la conclusion des accords, de directives – acte décidément le plus « approprié » – sur l'emploi à temps partiel, directive 97/81 du 15 décembre 1998, puis sur l'emploi à durée déterminée, directive 99/70 du 28 juin 1999.

De nouvelles négociations, suivies de nouvelles directives, devaient y faire suite sur le travail intérimaire et, peut-être, sur le travail saisonnier (100). Sur le travail

(93) V. *supra* n° 122.

(94) CJCE, 8 février 2001, aff. C-350/99, *Lange : « la directive ne saurait être interprétée comme impliquant de sanctionner le défaut d'information régulière du travailleur salarié sur un élément essentiel du contrat ou de la relation de travail par l'inapplicabilité de cet élément, dès lors qu'elle laisse aux États membres la compétence de définir les sanctions adéquates »*.

(95) V. CJCE, 18 décembre 2008, *Andersen*, aff. C-533/CEE, limitant la notion aux « *contrats de courte durée* » et se refusant à l'étendre à tous les contrats de travail à durée déterminée.

(96) Article 8 § 2 de la directive ; v. CJCE, 18 décembre 2008, *Andersen*, préc., visant le cas de travailleurs non couverts par la convention collective ayant opéré la transposition de la directive, faute d'être syndiqués.

(97) Directive qui était antérieurement fondée sur l'accord sur la politique sociale, le Royaume-Uni n'étant donc pas concerné, et qui le sera désormais sur l'article 139 du traité.

(98) V. *supra* n° 110 et s.

(99) COM(90) 228 ; *JOCE* n° C. 224 du 8 septembre 1990.

(100) Si l'on en croit l'intention manifestée par les partenaires sociaux européens, à l'occasion de la conclusion des deux premiers accords, de poursuivre vers le travail intérimaire, la Commission ayant le souci que le travail saisonnier soit également examiné. Sur le travail intérimaire, une négociation a bien été engagée, mais s'est finalement soldée par un échec...

intérimaire, l'accord des partenaires sociaux n'a cependant pas pu se réaliser. Le processus normatif a alors été relancé par la Commission, au nom de la « flexicurité » prônée par le Conseil européen, et a conduit à l'adoption de la directive 2008/104 sur le travail intérimaire.

A. — Emploi à temps partiel

456. Directive 97/81 du 15 décembre 1998 concernant l'accord-cadre sur le travail à temps partiel. La procédure mise en œuvre à l'initiative de la Commission permettait la conclusion d'un accord sur le travail à temps partiel, signé le 6 juin 1997 (101). L'accord a été ensuite annexé, sans aucune modification, à la directive 97/81 du 15 décembre 1998, dont l'objet a été simplement, sur le fondement de l'Accord sur la politique sociale (annexé au traité de Maastricht), d'en assurer la mise en œuvre (102).

L'accord se présente sous la forme d'un accord-cadre, énonçant « *des principes généraux et prescriptions minimales relatifs au travail à temps partiel* » (préambule de l'accord-cadre repris par le 11e considérant de la directive). Il se réfère aux prises de positions de la Commission sur la flexibilité du temps de travail ainsi qu'aux conclusions du Conseil européen d'Essen sur la nécessité d'organiser plus souplement le travail. Son objectif est clairement de faciliter, « *sur une base volontaire* » l'accès au travail à temps partiel, en vue notamment « *de préparer la retraite, de concilier la vie professionnelle et la vie familiale et de profiter de possibilités d'éducation et de formation* ».

Si l'accord entend favoriser le travail à temps partiel, c'est sous réserve d'une règle de principe concernant la non-discrimination entre travailleurs à temps plein et travailleurs à temps partiel (103). Ce sont les deux éléments les plus marquants de l'accord-cadre.

Pour leurs conditions d'emploi, les travailleurs à temps partiel ne doivent pas être traités d'une manière moins favorable que « *les travailleurs à temps plein comparables* » – notion définie par l'accord – « *au seul motif qu'ils travaillent à temps partiel, à moins qu'un traitement différent soit justifié par des raisons objectives* » (clause 4 § 1 de l'accord-cadre) (104). La règle posée évoque la jurisprudence de la Cour de justice relative aux discriminations indirectes dont peuvent souffrir les femmes, en tant qu'elles forment très majoritairement la population des travailleurs à temps partiel (105). Si le principe de proportionnalité et les limites qu'il pose aux

(101) Par la CES, l'UNICE et le CEEP ; doc. COM(97) 392 du 23 juillet 1997 ; *Trav. et prot. soc.*, août-septembre 1997, p. 21.

(102) *JOCE* n° L. 14 du 20 janvier 1998.

(103) L'article L. 3123-11, ex-article L. 212-4-5, du Code du travail pose en règle générale que les travailleurs à temps partiel bénéficient des droits reconnus aux travailleurs à temps plein, ceci sous réserve de modalités spécifiques que les conventions et accords collectifs peuvent prévoir.

(104) Mais la situation d'un travailleur à temps partiel qui n'a pas d'horaire fixe et répond volontairement aux demandes que lui adresse l'employeur, n'est pas comparable à celle d'un travailleur à temps plein dont l'horaire de travail est fixe et qui n'a pas pouvoir de refuser le travail ; CJCE, 12 octobre 2004, C-313/02, *Wippel*, se référant au principe général d'égalité en tant que principe fondamental de droit communautaire.

(105) V. *supra* n° 264-267.

possibilités de différenciation ne sont pas visés par l'accord-cadre, alors qu'il est présent dans la jurisprudence de la Cour sur les discriminations entre hommes et femmes dans le travail à temps partiel, l'accord-cadre réserve le jeu de dispositions communautaires plus spécifiques, notamment relatives à l'égalité de l'homme et de la femme (clause 6 § 4), le principe de proportionnalité pouvant donc se manifester par ce biais.

En dehors de la règle de non-discrimination, l'accord-cadre prend une tournure recommandationnelle. En vue de faciliter l'exercice du temps partiel, énonce que les États membres, les partenaires sociaux ou encore les employeurs « devraient » réaliser certains actes ou prendre certaines mesures, ou à l'inverse s'en abstenir. Ces mesures « devraient » avoir notamment pour objet d'éliminer les obstacles aux possibilités de travail à temps partiel (v. la clause 5 : possibilités de travail à temps partiel).

En entendant faciliter le recours au travail à temps partiel, l'accord-cadre poursuit cependant un objectif pouvant contredire des politiques nationales, qui au contraire de l'accord européen, entendent limiter ou au moins contrôler le recours au travail à temps partiel. Interprétant l'accord-cadre, la Cour de justice a manifesté sa volonté de lever les obstacles ou les résistances présents en droit national (106).

Les partenaires sociaux ont demandé à être saisis prioritairement des questions relatives à l'interprétation de l'accord (107).

B. — Emploi à durée déterminée

457. Directive 99/70 du 28 juin 1999 concernant l'accord-cadre sur le travail à durée déterminée. Le scénario est le même que celui qui conduisit à la directive sur le travail à temps partiel, à une différence près cependant. Commencée sous l'empire du traité de Maastricht et de l'Accord sur la politique sociale, la procédure s'est achevée après l'entrée en vigueur du traité d'Amsterdam. La directive a donc eu pour base juridique l'article 139 § 2 du traité CE et elle a d'emblée concerné l'ensemble des États membres, y compris le Royaume-Uni (108).

De nombreuses correspondances rapprochent le nouvel accord de l'accord sur le travail à temps partiel qui l'avait précédé. C'est un accord-cadre énonçant des *principes généraux* et des *prescriptions minimales* et renvoyant aux droits nationaux le soin d'en préciser l'application en tenant compte des situations spécifiques *nationales, sectorielles et saisonnières*. Tendant à « *moderniser l'organisation du travail* » et à améliorer la compétitivité des entreprises, il recherche « *l'équilibre nécessaire entre souplesse et sécurité* » (109).

(106) CJCE, 24 avril 2008, *Michaeler*, aff. C-55/07, concernant une réglementation italienne soumettant les employeurs recourant au travail à temps partiel à des obligations administratives non applicables en cas de recours au travail à temps plein et sanctionnant d'une amende le non-respect de ces obligations.

(107) Comme ils l'avaient déjà fait avec l'accord-cadre sur le congé parental, v. *infra* n° 495.

(108) C. VIGNEAU, « L'accord-cadre européen sur le travail à durée déterminée », *Dr. soc.* 1999, p. 928

(109) V. les préambules respectifs de la directive et de l'accord-cadre ; on observe dans celui-ci la distinction entre un préambule et, ensuite, des « *considérations générales* » qui précèdent le texte même de l'accord.

Comme l'accord sur le temps partiel l'avait fait, l'accord sur le contrat à durée déterminée réserve le jeu de dispositions communautaires plus spécifiques, telles notamment les dispositions qui concernent l'égalité de traitement et des chances entre hommes et femmes (110).

On retrouve également le souhait des parties signataires d'être saisies prioritairement des éventuelles difficultés d'interprétation de leur accord (111).

457-1. Le contrat à durée indéterminée, forme générale des relations de travail. Reconnaissant dans le contrat de travail à durée indéterminée « *la forme générale des relations de travail* », l'accord a pour objet d'encadrer le contrat à durée déterminée et le recours qui peut y être fait (112). L'accord ne pose cependant pas en règle générale que le contrat à durée déterminée ne peut être utilisé que dans certains cas précisément définis. Il se contente de définir *le travailleur à durée déterminée* comme celui dont la fin du contrat « *est déterminé[e] par des raisons objectives, telles que l'atteinte d'une date précise, l'achèvement d'une tâche déterminée ou la survenance d'un événement déterminé* » (113).

La Cour de justice, s'appuyant sur les dispositions de l'accord-cadre, énonce que « *le bénéfice de la stabilité de l'emploi est... un élément majeur de la protection des travailleurs* » (114) et que le recours au contrat à durée déterminée réclame des circonstances particulières qui peuvent se rencontrer « *dans certains secteurs ou pour certaines occupations ou activités* » (115).

457-2. Domaine d'application de l'accord-cadre. L'accord-cadre s'applique aux contrats de travail, tels que définis par le droit de chaque État membre (116), renvoi au droit national malgré lequel la Cour de justice a décidé que les prescriptions de l'accord-cadre « *ont vocation à s'appliquer aux contrats et relations de travail à durée déterminée conclus avec les administrations et autres entités du secteur public* » (117).

L'accord-cadre est applicable de manière compréhensive aux emplois à durée déterminée et une réglementation nationale ne peut exclure de son champ d'application les travailleurs qui ont un contrat de travail « *de six mois au maximum ou qui ne sont employés qu'occasionnellement* » (118).

457-3. Interdiction des différences de traitement. L'attention s'est portée sur le respect du principe de non-discrimination par rapport au travailleur à durée

(110) Clause 8 § 2, les « *considérations générales* » précédant l'accord ayant rappelé que plus de la moitié des personnes travaillant à durée déterminée dans l'Union européenne sont des femmes.

(111) V. le dernier alinéa du préambule.

(112) V. CJCE, 22 novembre 2005, aff. C-144/04, *Mangold*, à propos d'une réglementation relative à l'emploi de « seniors » et permettant la conclusion de contrats à durée déterminée sur une longue période. Sur cette affaire, *supra* n° 169.

(113) V. clause 3 – Définitions. L'accord permet d'écarter de son champ d'application les contrats liés à la formation professionnelle, initiale ou d'adaptation (clause 2 § 2).

(114) CJCE, 22 novembre 2005, *Mangold*, préc. (point 64).

(115) CJCE, 4 juillet 2006, *Adeneler*, aff. C-212/04, *Rec.* I, p. 6057 (point 62 et 63).

(116) V. clause 2 § 1.

(117) CJCE, 4 juillet 2006, *Adeneler*, aff. C-212/04, *Rec.* I, p. 6057 ; CJCE, 13 septembre 2007, *Del Cerro Alonso*, aff. C-307/05 ; v. également CJCE, 15 avr. 2008, *Impact*, aff. C-268/06.

(118) CJUE, 22 avril 2010, *Land Tirol*, aff. C-486/08, v. pts 36 à 47.

indéterminée « *comparable* ». Des raisons objectives peuvent toutefois justifier un traitement différent (clause 4 § 1) (119). Le principe du « *prorata temporis* » doit normalement s'appliquer (clause 4 § 2).

La règle d'égalité de traitement ou de non-discrimination, qui exprime un principe général de droit communautaire, revêt « *une importance particulière* » qui lui confère « *une portée générale* » commandant en particulier d'en étendre l'application à des emplois qui, qualifiés de « statutaires » par le droit national, présentent « *certains aspects caractérisant la fonction publique* » (120).

Le principe ne peut être interprété restrictivement et s'étendra aux différences de rémunération entre travailleurs sous contrat à durée déterminée et sous contrat à durée indéterminée. On ne pourra objecter que la question des rémunérations est exclue des compétences de l'Union par l'article 137 § 5 TCE (153 § 5 TFUE), l'exception trouvant « *sa raison d'être dans le fait que la fixation du niveau des salaires relève de l'autonomie contractuelle des partenaires sociaux à l'échelon national ainsi que de la compétence des États membres en la matière* » et devant y être limitée (121). L'interdiction des différences de traitement, relative aux conditions de travail, englobe les rémunérations ainsi que les pensions qui sont fonction de la relation d'emploi (122).

L'interdiction des discriminations (clause 4 de l'accord-cadre) « *apparaît, du point de vue de son contenu, inconditionnelle et suffisamment précise pour pouvoir être invoquée par un particulier devant un juge national* ». Elle peut donc produire un effet direct face à l'État employeur (123).

457-4. Abus de renouvellement de contrats à durée déterminée. L'accord veut également « *prévenir les abus* », non pas quant au recours initial au contrat à durée déterminée, mais quant à son renouvellement. Des « *raisons objectives* » doivent pouvoir justifier le renouvellement ; une durée maximale des contrats successifs doit être fixée, ainsi que le nombre de renouvellements possibles (clause 5 § 1) (124). À chaque État membre de préciser ces limites, comme à chaque État membre de dire à quelles conditions les contrats « *seront réputés conclus pour une durée indéterminée* » (clause 5 § 2).

La liberté laissée aux États membres doit cependant être encadrée ; l'objectif de stabilité de l'emploi le veut ainsi. Les « *raisons objectives* » visées par l'accord-cadre s'entendent de « *circonstances précises et concrètes caractérisant une activité déterminée et, partant, de nature à justifier dans ce contexte particulier l'utilisation de*

(119) Le fait qu'une différence de traitement en matière de rémunération résulte d'une norme générale prévue par la loi ou une convention collective peut-elle constituer la « raison objective » recherchée ? Pareille question a pu être posée à la Cour de justice, qui a bien sûr répondu négativement ! V. arrêt cité note suivante.

(120) CJCE, 13 septembre 2007, *Del Cerro Alonso*, aff. C-307/05, visant un agent des services administratifs des services hospitaliers du Pays basque espagnol.

(121) CJCE, 13 septembre 2007, *Del Cerro Alonso*, aff. C-307/05 v. pts 38 à 42, concernant une prime d'ancienneté.

(122) Mais l'interdiction ne recouvre pas les pensions découlant d'un régime légal de sécurité sociale, CJCE, 15 avril 2008, *Impact*, aff. C-268/06, v. pts 123 à 134.

(123) CJCE, 15 avril 2008, *Impact*, aff. C-268/06, v. pts 59 à 68.

(124) Cf. arrêt *Mangold*, préc. Par raison objective, il faut entendre des « *circonstances précises et concrètes caractérisant une activité déterminée* » ; le recours à l'utilisation du contrat à durée déterminée pourra alors être justifié, sous réserve que, CJCE, 4 juillet 2006, *Adeneler*, préc.

contrats à durée déterminée successifs », a précisé la Cour de justice (125). Quant à la notion de contrats « successifs », elle ne saurait être contournée par l'institution d'un laps de temps séparant les contrats qui se succèdent avec le même employeur et dans les mêmes conditions (126). L'accord-cadre n'autorisera pas le renouvellement de contrats successifs à durée déterminée pour une durée « *inhabituellement longue* » (127).

L'abus de renouvellements doit être sanctionné ; il peut notamment l'être par une transformation de la succession de contrats à durée déterminée en une relation ou un contrat à durée indéterminée. Mais l'accord-cadre n'impose pas cette mutation et la Cour de justice admet que ce type de correction soit mis en œuvre dans le secteur privé et ne le soit pas dans le secteur public, pourvu que la réglementation « *comporte une autre mesure effective destinée à éviter et, le cas échéant, à sanctionner une utilisation abusive de contrats à durée déterminée successifs par un employeur relevant du secteur public* » (128).

Si l'interdiction des différences de traitement peut produire un effet direct devant les juridictions nationales, en revanche la clause de l'accord-cadre réclamant des États membres qu'ils préviennent l'utilisation abusive des contrats à durée déterminée n'a pas les caractères requis pour le faire (129).

C. — Travail intérimaire

458. Directive 2008/104 du 19 novembre 2008. L'histoire diffère de celles qui précèdent, puisqu'ici, la négociation menée par les partenaires sociaux a échoué. La directive 2008/104 du 19 novembre 2008 relative au travail intérimaire (130) ne fait donc pas suite à l'accord des partenaires sociaux européens ; elle est l'œuvre des organes législatifs ordinaires de l'Union européenne.

Les mêmes objectifs généraux se retrouvent : combiner flexibilité et sécurité, concilier vie privée et vie professionnelle, s'ouvrir au travail intérimaire, dans le respect de l'égalité de traitement, entre travailleurs intérimaires et travailleurs appartenant à l'entreprise utilisatrice, le principe voulant que les contrats de travail à durée indéterminée soient la forme générale des relations de travail étant réaffirmé (131).

Directive de politique sociale, la directive 2008/104 pose des exigences minimales, ouvre donc aux États membres la possibilité de renforcer la protection des

(125) Arrêt *Adeneler*, préc. (point 69) ; une disposition législative générale et abstraite ne peut suffire à justifier les renouvellements successifs ; la justification réclame « *des critères objectifs et transparents* » en rapport avec le « *contenu concret de l'activité* » (points 71 à 75) ; v. également arrêt *Mangold*, préc. La Cour de cassation française en déduit que l'accord-cadre « *impose de vérifier que le recours à l'utilisation de contrats successifs est justifié par des raisons objectives qui s'entendent de l'existence d'éléments concrets établissant le caractère par nature temporaire de l'emploi* » (Cass. soc., 23 janvier 2008, n° 06-43040, publié au *Bulletin*).

(126) Arrêt *Adeneler*, préc., à propos d'une réglementation hellénique ayant prétendu écarter la notion de contrats « *successifs* » par l'introduction d'une séparation temporelle supérieure à vingt jours ouvrables entre les contrats (points 82 et 83, points 88 et 89).

(127) Allant, en l'espèce, jusqu'à huit ans, CJCE, 15 avril 2008, *Impact*, aff. C-268/06, v. pts 81 à 92.

(128) CJCE, 7 décembre 2006, *Vassallo*, aff. C-180/04.

(129) CJCE, 15 avril 2008, *Impact*, aff. C-268/06, v. pts 69 à 80.

(130) *JOUE* n° L 327 du 5 décembre 2008.

(131) Sur tous ces points, v. les considérants de la directive 2008/104.

travailleurs par des dispositions plus favorables et ne peut constituer un motif de régression de la protection nationale (132). Elle use, s'agissant des sanctions, des formules usuelles laissant aux États membres une large marge d'appréciation, mais commandant cependant la possibilité pour les intéressés d'accéder aux procédures administratives et judiciaires appropriées pour faire respecter les obligations de la directive (133).

Le délai de transposition a été fixé au 5 décembre 2011.

458-1. Encourager et encadrer le travail intérimaire. La directive a pour objet d'assurer la protection des travailleurs intérimaires et d'encadrer le recours à l'intérim (134). Le droit de l'Union européenne a fait le choix d'utiliser les mots « intérim » ou « intérimaire » plutôt et plus exactement que ne le fait la terminologie française qui parle de travail temporaire.

La directive s'applique ainsi aux situations dans lesquelles un travailleur, ayant conclu un contrat de travail avec une entreprise de travail intérimaire, est mis à disposition d'une entreprise utilisatrice pour y effectuer une « *mission* » sous le contrôle et la direction de cette entreprise utilisatrice (135).

Le premier élément notable consiste dans la reconnaissance de l'entreprise de travail temporaire comme l'employeur du travailleur intérimaire (136).

Si la directive se donne pour objet d'encadrer le recours à l'intérim, elle se montre en même temps favorable à son utilisation, au nom de la flexibilité de l'emploi. C'est un autre trait notable, dont on trouve une manifestation marquante : les interdictions ou restrictions apportées au recours à l'intérim doivent être justifiées par des raisons d'intérêt général, dont le bien-fondé doit être réexaminé par les autorités nationales (137). Les traditions nationales connaissaient plus volontiers la démarche inverse, voulant que le recours à l'intérim soit justifié par des nécessités particulières (138).

458-2. Assurer l'égalité de traitement, avec des possibilités de dérogations. D'une façon qui ne peut surprendre, il est dit que « *les conditions essentielles de travail et d'emploi des travailleurs intérimaires sont au moins celles qui leur seraient applicables s'ils étaient recrutés directement par ladite entreprise pour y occuper le même poste* » (139). Le principe d'égalité de traitement doit être respecté. Il doit l'être en particulier pour « *les conditions essentielles de travail et d'emploi* », conditions que la directive définit en visant les règles relatives au temps de travail et à la rémunération (140).

Mais des dérogations au principe peuvent être instituées.

(132) Article 9 de la directive 2008/104.
(133) Article 10 de la directive 2008/104.
(134) Article 2 de la directive 2008/104.
(135) Article 1 § 1 de la directive 2008/104 ; la directive s'applique dans le secteur public « économique », v. article 1 § 2 de la directive 2008/104.
(136) V. article 2 de la directive.
(137) Article 4 de la directive.
(138) Cf. articles L. 1251-6 et L. 1251-7 du Code du travail.
(139) Article 5 § 1 de la directive 2008/104.
(140) Article 3, Définitions, § 1 f) de la directive 2008/104.

En matière de rémunération notamment, il peut être dérogé à la règle d'égalité avec les travailleurs appartenant à l'entreprise utilisatrice, dans l'hypothèse où le salarié est lié à l'entreprise de travail intérimaire « *par un contrat à durée indéterminée* » et continue d'être rémunéré dans la période séparant deux missions (141).

Des dérogations au principe d'égalité de traitement peuvent être prévues par voie de négociation collective, sous réserve que l'État membre intéressé l'ait autorisé et que « *la protection globale des travailleurs intérimaires* » (formule molle à préciser !) soit garantie (142). Des dérogations peuvent aussi, dans certains États membres, être prévues par les autorités publiques, « *pour autant qu'un niveau de protection suffisant soit assuré aux travailleurs intérimaires* » (143).

458-3. Éviter les abus. Il est demandé aux États membres de prendre les mesures propres à éviter l'utilisation abusive des possibilités de dérogations à l'égalité ouvertes par la directive (144).

Le même souci d'éviter les abus se traduit dans deux autres dispositions, plus précises. « *Les clauses interdisant ou empêchant la conclusion d'un contrat de travail entre l'entreprise utilisatrice et le travailleur intérimaire après l'expiration de sa mission* » doivent être frappées de nullité (145). Il est interdit aux entreprises de travail intérimaire de se faire rémunérer par les travailleurs pour les avoir envoyés en mission dans une entreprise utilisatrice (146).

458-4. Représentation du personnel. La règle normale veut que les travailleurs intérimaires soient pris en compte dans l'entreprise de travail intérimaire, pour les calculs des seuils d'effectifs. Mais il peut être prévu qu'ils le soient au sein de l'entreprise utilisatrice et qu'ils ne le soient pas au sein de l'entreprise de travail intérimaire. La directive ne rejette pas la possibilité qu'ils soient décomptés dans les deux entreprises (147).

N° 459 et 460 réservés.

Section 2

La santé et la sécurite des travailleurs

Fondée sur l'ex-article 118 A, la directive n° 89/391 du 12 juin 1989 relative à la santé et de la sécurité des travailleurs détermine des principes généraux qui encadrent une série de directives particulières.

(141) Article 5 § 2 de la directive 2008/104.
(142) Article 5 § 3 de la directive.
(143) Article 5 § 4 de la directive.
(144) Article 5 § 5 de la directive.
(145) Article 6 § 2 de la directive 2008/104.
(146) Article 6 § 2 de la directive 2008/104.
(147) Article 7 de la directive 2008/104.

§ 1. — La directive-cadre 89/391 du 12 juin 1989

461. Une directive-cadre. La directive n° 89/391 du Conseil du 12 juin 1989 (148) se présente sous la forme d'une directive « *cadre* » dont l'objet est « *l'amélioration de la sécurité et de la santé des travailleurs au travail* » (149).

1) Elle établit **des principes généraux.** Ces principes sont de deux ordres. Ils visent d'abord l'action contre les risques : évaluation, prévention, élimination, adaptation à l'évolution des techniques, information, formation. Ils concernent ensuite la conduite et les responsabilités des personnes : l'obligation générale de veiller à la santé et à la sécurité des travailleurs qui incombe à l'employeur, se couple avec le principe que les travailleurs participent directement et par l'intermédiaire de leurs représentants à la protection de leur santé et de leur sécurité. La directive fait apparaître un concept nouveau, celui de la participation équilibrée des travailleurs ou de leurs représentants aux tâches de sécurité. Une formule choc est particulièrement à signaler : le principe d'adaptation du travail à l'homme.

2) Ces principes ont un **domaine d'application général.** Tous les secteurs d'activités, privés ou publics, industriels, commerciaux, agricoles ou autres, sont couverts (150). Ils peuvent cependant ne pas l'être lorsque les particularités inhérentes à certaines activités de la fonction publique (police, forces armées) ou de la protection civile « *s'y opposent de manière contraignante* ». Encore faudra-t-il que cette mise à l'écart n'aille pas au-delà du nécessaire (principe de proportionnalité des dérogations) (151).

3) Des **directives particulières** doivent mettre en œuvre les principes établis par la directive. C'est ici que se marque de façon précise la notion de directive-cadre, acte de droit de l'Union renvoyant aux compléments que doivent lui apporter d'autres directives. L'annexe de la directive 89/391 indique les domaines que les directives particulières devront couvrir (152).

4) Les principes ont **une portée générale**, au sens où ils « *s'appliquent pleinement dans l'ensemble des domaines couverts par directives particulières, sauf dispositions plus contraignantes et/ou spécifiques* », chaque directive particulière reprenant cette même formule de la directive-cadre (153).

5) La directive réserve les **dispositions plus favorables**. La présente directive, énonce-t-elle, ne porte pas atteinte aux dispositions plus favorables à la santé et à la sécurité des travailleurs (154), dispositions existantes ou futures, nationales et

(148) *JOCE* n° L. 183 du 29 juin 1989. La directive 89/391 a été transposée en droit français par la loi du 31 décembre 1991, *JORF* 7 janvier 1992, p. 319. V. F. Meyer et F. Kessler, *Dr. ouvr.* 1992, p. 161 ; H. Seillan, *Act. Législ. Dalloz* 1993, p. 1.

(149) L'action normative de l'OIT est particulièrement importante en matière de protection de la santé et de la sécurité. La directive-cadre 89/391 s'est en partie inspirée de la convention n° 155 (1981) de l'OIT, convention générale sur la sécurité, la santé des travailleurs et le milieu de travail (non ratifiée par la France).

(150) Article 2 § 1 de la directive.

(151) Article 2 § 2 de la directive.

(152) V. *infra* n° 469 pour les directives d'application.

(153) Article 16 § 3 de la directive.

(154) Article 1 § 3 de la directive.

communautaires, est-il précisé ; le terme « *dispositions* » sans autre qualificatif renvoyant aussi bien à des règles émanant d'autorités publiques qu'à des normes privées (155).

*
* *

Bien que revêtant le caractère de principes généraux, les prescriptions de la directive 89/391 se présentent au travers de dispositions longues et détaillées, relatives d'une part aux obligations de l'employeur, d'autre part à l'implication des travailleurs dans la protection de leur santé et de leur sécurité (156).

A. — Les obligations des employeurs

462. Responsabilités de l'employeur. L'employeur a l'obligation d'assurer la sécurité et la santé des travailleurs « *dans tous les aspects liés au travail* » (157). Cette disposition, « *qui se borne à consacrer l'obligation générale de sécurité qui pèse sur l'employeur* », ne lui impose pas une responsabilité sans faute du fait des accidents survenus sur le lieu de travail, a précisé la Cour de justice (158).

Qui est l'employeur ? La directive désigne celui, « *personne physique ou morale, titulaire de la relation de travail et qui a la responsabilité de l'entreprise ou de l'établissement* » (159). Définition incertaine, visant autant l'employeur en tant que cocontractant du travailleur que le chef d'entreprise ou d'établissement, personne physique ayant la direction de l'entreprise ou de l'établissement de travail (160).

La directive précise que l'employeur faisant appel à des compétences extérieures à l'entreprise n'est pas déchargé de ses responsabilités (161). Si un ou plusieurs membres du personnel sont désignés pour prendre en charge la protection et la prévention en matière de sécurité, cette désignation se fait « *sans préjudice des obligations de l'employeur* » (162), donc de son éventuelle responsabilité (163).

(155) V. F. MEYER et F. KESSLER, « Les mesures d'hygiène et de sécurité à l'épreuve du droit communautaire… », *Dr. ouvr.* 1992, p. 161 ; J. KONTAXOPOULOS, « Hygiène et sécurité du travail, enjeux nationaux et communautaires, *Dr. ouvr.* 1996, p. 227 ; I. VACARIE et A. SUPIOT, « Santé, sécurité et libre circulation des marchandises », *Dr. soc.* 1993, p. 18 ; S. SIFFERMAN, « Réglementation communautaire et pratique de l'inspection du travail… (art. 118 A et 100 A) », *Dr. soc.* 1993, p. 33. V. sur la question centrale de l'information relative à la santé et à la sécurité, M. BOUNY, *L'obligation d'informer le salarié à la charge de l'employeur,* thèse univ. Paris 1, Panthéon-Sorbonne, dir. P. RODIÈRE, 2013.

(156) La transposition française (loi du 31 décembre 1991) a souvent consisté à reproduire telles quelles les dispositions de la directive.

(157) Article 5 § 1 de la directive.

(158) CJCE, 14 juin 2007, *Commission c. Royaume-Uni*, aff. C-127/05.

(159) Article 3 b) de la directive.

(160) Le droit français demandait au « *chef d'établissement* » de prendre « *les mesures nécessaires pour assurer la sécurité et protéger la santé physique et mentale des travailleurs de l'établissement* », ancien article L. 230-2 du Code du travail transposant les dispositions de l'article 6 de la directive. Mais il visait « *l'employeur ou le chef d'établissement* », pour les instructions données au travailleur pour sa sécurité propre et celles de ses compagnons de travail, ancien article L. 230-3 du Code du travail. Avec la recodification du Code du travail, le terme « *employeur* » est désormais utilisé de façon uniforme, v. articles L. 4121-1 et L. 4122-1 du nouveau code.

(161) Article 5 § 2 de la directive.

(162) Article 7 § 1 de la directive.

(163) Dans les règles françaises – article L. 4741-1, ex-article L. 263-2, du Code du travail –, l'employeur doit veiller personnellement à la sécurité du travail et commet une faute personnelle en ne le faisant pas, sauf à s'exonérer en rapportant la preuve qu'il a délégué ses pouvoirs à une autre personne investie de l'autorité, de la compétence et des moyens nécessaires. Sur les délégations de pouvoir et de responsabilité en matière de sécurité en droit français,

Si la directive prévoit des obligations des travailleurs, elle ajoute que ces obligations n'affectent pas le principe de la responsabilité de l'employeur dans le domaine de la sécurité et de la santé au travail (164).

L'employeur peut cependant, dit la directive, bénéficier d'une diminution, voire d'une exonération de responsabilité, pour des dommages résultant de faits qui lui sont étrangers et qui sont anormaux et imprévisibles, ou encore en cas d'événements exceptionnels, irrépressibles malgré toute la diligence déployée (165).

Quant à la nature des obligations à sa charge, elles consistent à prendre les mesures nécessaires pour protéger santé et sécurité des travailleurs. Il doit à cette fin tenir compte du changement des circonstances et tendre à améliorer les situations existantes (166). Ses *diligences* (obligations de moyens) sont donc sans cesse à reprendre.

463. Organisation de la sécurité. La « prévention » est le maître-mot du système.

1) L'employeur doit mettre en œuvre une série de **principes généraux de prévention** (167) :

– éviter les risques et à défaut de pouvoir le faire, les évaluer ; les combattre à la source ;

– adapter le travail à l'homme, notamment en ce qui concerne l'organisation et les méthodes de travail ;

– suivre l'évolution des techniques ;

– planifier la prévention ;

– donner priorité à la protection collective sur la protection individuelle ;

– donner aux travailleurs les instructions appropriées et prendre en considération leurs capacités en matière de sécurité et santé dans les affectations ;

– évaluer les risques, dans le choix des équipements, des substances utilisées, dans l'aménagement des locaux ;

– consulter les travailleurs et/ou leurs représentants sur les conséquences de l'introduction de nouvelles technologies en matière de santé et de sécurité.

2) Il revient également aux employeurs d'organiser un **service de protection et de prévention** (168). Il désigne à cette fin un ou plusieurs membres du personnel de l'entreprise qui auront la charge des activités de protection et de prévention. Ces « travailleurs » doivent avoir les capacités nécessaires et disposer des moyens requis pour assurer leur mission ; ils doivent être en nombre suffisant (169). Si besoin est, l'employeur devra faire recours à des compétences extérieures à l'entreprise (170).

v. H. SEILLAN, *JCP* éd. E. 1985 II 14428 ; C. PUIGELIER, *JCP* éd. E. 1993 I 283 ; v. également, A. CŒURET, « La responsabilité en droit pénal du travail », à propos de la responsabilité de l'entreprise ou de la personne morale, *RSC* 1992, p. 475 et v. article L. 4741-1, ex-article L. 263-2, du Code du travail.

(164) Article 5 § 3 de la directive ; article L. 4122-1, ex-article article L. 230-4, du Code du travail, visant la responsabilité des employeurs (ou « *chefs d'établissement* », termes qui disparaissent dans le texte recodifié).

(165) Article 5 § 4 de la directive.

(166) Article 6 § 1 de la directive ; v. article L. 4121-1, ex-article L. 230-2, I, du Code du travail.

(167) Article 6 § 2 et 3 de la directive ; v. articles L. 4121-3, 4121-4, 4612-9, 4121-5, 4522-1, ex-article L. 230-2. II, III et IV, du Code du travail, concernant les obligations qui s'imposent aux employeurs au titre de la prévention des risques.

(168) Article 7 de la directive.

(169) Aux États membres de définir les capacités et aptitudes requises et le nombre de personnes suffisant, compte tenu de l'entreprise, article 7 § 8 de la directive.

(170) Article 7 § 3 de la directive.

Ces « travailleurs », c'est-à-dire ces cadres de l'entreprise ayant les compétences techniques requises, se distinguent d'autres travailleurs qui ont pour fonction de mettre en pratique, en cas de nécessité, les mesures de sécurité ou de premier secours qui doivent avoir été prévues (171).

3) L'intervention de plusieurs employeurs sur un même lieu de travail engendre une obligation de coopérer entre eux, de coordonner leurs activités de protection, de s'informer mutuellement (172).

4) Les mesures concernant la sécurité, l'hygiène et la santé dans le milieu de travail ne doivent « *en aucun cas entraîner de charges financières pour les travailleurs* » (173).

B. — L'implication des travailleurs dans la sécurité

464. Formation et information des travailleurs. Les dispositions de la directive enchevêtrent formation et information, des travailleurs et/ou de leurs représentants, sans beaucoup de clarté :

– **chaque travailleur** doit recevoir une formation à la sécurité à la protection de la santé. Cette formation, notamment sous forme d'informations et d'instructions, doit avoir lieu au moment où le travailleur prend son poste de travail ou sa fonction et lorsqu'un changement y est apporté ; elle est renouvelée régulièrement si nécessaire (174). Les mêmes instructions sont données aux travailleurs d'entreprises extérieures qui interviennent dans l'entreprise (175). Les instructions doivent en particulier porter sur les mesures à prendre en cas de danger immédiat. La « *formation* » paraît ici se résumer à des informations et des instructions (176) ;

– en revanche, les travailleurs ainsi que les représentants des travailleurs **ayant une fonction spécifique** en matière de protection de la sécurité et de la santé reçoivent une « *formation appropriée* » (177). Ils ont en outre un droit spécial d'accéder à l'information utile à l'accomplissement de leur mission (178).

465. Consultation et participation des travailleurs. Le droit d'être consultés, de faire des propositions, de participer de façon équilibrée est ouvert de manière générale aux travailleurs et/ou à leurs représentants (179). Mais des distinctions apparaissent.

(171) Article 8 § 1 et 2 de la directive.

(172) Article 6 § 4 de la directive ; v. article L. 4121-5, ex-article 230-5, du Code du travail ; v. article 17 de la convention 155 de l'OIT.

(173) Article 6 § 5 de la directive ; article L. 4122-2, ex-article L. 231-11, du Code du travail ; v. article 21 de la convention 155 de l'OIT.

(174) Article 12 § 1 de la directive.

(175) Article 12 § 2 de la directive.

(176) V. articles L. 4141-2, L. 4142-1, -2, -3 et L. 4141-1, -6, ex-articles L. 231-3-1 et L. 231-3-2, du Code du travail, pour les règles françaises de transposition.

(177) Article 12 § 3, article 8 § 2 de la directive ; pour la formation des membres du CHSCT, article L. 4614-14, ex-article L. 236-10, du Code du travail. La convention 155 de l'OIT exige une formation appropriée des travailleurs – dans leur ensemble – et de leurs représentants.

(178) Article 10 de la directive ; v. article L. 4614-9, ex-article L. 236-3, et L. 4612-16, ex-article L. 236-4, du Code du travail pour les informations qui doivent être fournies au CHSCT ; v. également article L. 4711-4, ex-article L. 620-6, du Code du travail.

(179) Article 11 § 1 de la directive.

465-1. Les travailleurs ou leurs représentants ayant une fonction spécifique de protection de la santé et de la sécurité « *participent de façon équilibrée* » ou sont « *consultés au préalable et en temps utile* » sur les questions et décisions relatives à la sécurité et à la santé (180). Ils ont le droit de s'adresser aux autorités compétentes, s'ils estiment que la sécurité et la santé des travailleurs ne sont pas garanties de façon suffisante dans l'entreprise (181). Ils ne peuvent subir aucun préjudice en raison de leur mission de protection (182).

465-2. Les représentants des travailleurs ont le droit de demander à l'employeur de prendre des mesures appropriées et de lui soumettre des *propositions* en ce sens (183). Ils ont droit à une *dispense de travail* sans perte de salaire. Les moyens nécessaires doivent être mis à leur disposition (184). Ils sont appelés à présenter leurs observations lors des visites et vérifications effectuées par l'autorité compétente (l'inspection du travail) (185). La directive n'accorde pas ces mêmes prérogatives directement aux travailleurs.

466. Danger grave et immédiat. La directive entrecroise obligations à la charge de l'employeur et droits des travailleurs à l'autoprotection face à un danger grave et immédiat (186) :

– l'employeur doit désigner et former des travailleurs qu'il charge de prendre les mesures d'urgence ;

– il doit donner aux travailleurs des instructions leur permettant d'arrêter leur activité et de se mettre en sécurité (187) ;

– un travailleur qui, « *en cas de danger grave, immédiat et qui ne peut être évité, s'éloigne de son poste de travail ou d'une zone dangereuse* » doit être protégé contre toute mesure dommageable qui en résulterait de façon injustifiée (188) ;

– l'employeur doit faire en sorte que les travailleurs puissent, si nécessaire, prendre les mesures appropriées pour protéger leur propre sécurité ou celle de leurs voisins de travail, sans subir de préjudice, sauf action inconsidérée ou négligence lourde ;

(180) V. la liste des objets de consultation ou de participation équilibrée à l'article 11 § 2. Le comité d'hygiène, de sécurité et des conditions de travail (CHSCT) constitue l'organe de consultation du droit français, v. article L. 4612-1 et s., ex-article L. 236-2, du Code du travail.

(181) Article 11 § 6 de la directive.

(182) Article 11 § 4 de la directive.

(183) Article 11 § 3 de la directive ; sur le droit de proposition du CHSCT, article L. 4612-2 et s., ex-articles L. 236-2, al. 4, 5 et 6 du Code du travail. Les attributions des délégués du personnel recoupent celles du CHSCT (article L. 2313-9, ex-article L. 422-2, du Code du travail).

(184) Article 11 § 5 de la directive.

(185) Article 11 § 6, 2e alinéa, de la directive. Mission qui est aujourd'hui donnée au CHSCT (article L. 4612-7, ex-article L. 236-7, avant dernier alinéa, du Code du travail), les délégués du personnel devant accompagner l'inspecteur du travail durant ses visites (article L. 2313-11, ex-article L. 422-1, avant dernier alinéa, du Code du travail).

(186) Article 8 de la directive.

(187) V. article L. 4132-5 du Code du travail, qui ne parle plus du « chef d'établissement », mais de « l'employeur » ; v. ex-article L. 231-10.

(188) V. article L. 4131-1, ex-article L. 231-8, du Code du travail, pour les dispositions du droit français relatives au *droit de retrait du salarié*, issues de la loi du 23 décembre 1982 sur les Comités d'hygiène, de sécurité et des conditions de travail et remodelées pour la transposition de la directive et L. 4131-3, ex-article L. 231-8-1, du Code du travail pour l'interdiction de sanctionner celui qui s'est retiré d'une situation de travail dont il avait « *un motif raisonnable de penser qu'elle présentait un danger grave et imminent...* », termes directement transcrits de l'article 13 de la convention n° 155 de l'OIT.

– il lui faut s'abstenir de donner ordre aux travailleurs de reprendre une activité qui continue de présenter un danger grave et immédiat.

Le *droit de retrait* du salarié se combine avec l'obligation de l'employeur de ne pas en gêner et même d'en faciliter l'exercice ; il est complété par une *obligation d'alerte* dont on va voir qu'elle est en outre mise à la charge du travailleur.

467. Obligations des travailleurs. Les dispositions de l'article 13 de la directive 89/391 ont pu choquer en raison des obligations qu'elles mettent à la charge du travailleur, alors que de veiller à la sécurité du travail est une obligation revenant à l'employeur. L'inquiétude que peut faire naître l'idée que le travailleur a des obligations en matière de sécurité doit cependant être tempérée, puisque ces obligations « *n'affectent pas le principe de la responsabilité de l'employeur* » (189). Mais entre le principe de la responsabilité de l'employeur et l'obligation de participer à la protection de la sécurité pesant sur le travailleur, qui met logiquement en faute celui qui ne le fait pas, le juste équilibre peut être difficile à trouver.

La directive pose de manière générale qu'« *il incombe au travailleur de prendre soin, selon ses possibilités, de sa sécurité et de sa santé ainsi que celle des autres personnes concernées du fait de ses actes ou de ses omissions, conformément à sa formation et aux instructions de son employeur* » (190).

Ces obligations générales se traduisent dans une série d'obligations particulières (191) :

– utiliser correctement machines, outils, substances et équipements ;

– ne pas mettre hors service ou modifier les dispositifs de sécurité ;

– signaler les situations de travail dont ils ont un motif raisonnable de penser qu'elle présente un danger grave et immédiat, ainsi que toute défectuosité du système de protection (192) ;

– concourir avec l'employeur et avec l'autorité compétente aux tâches de sécurité dans l'entreprise (193).

§ 2. — Les directives particulières

468. Ex-article 118 A et ex-article 100 A du traité CEE. Sous l'appellation « directives particulières », est visé l'ensemble des directives qui, concernant la sécurité et la santé des travailleurs, ont un objet plus limité que la directive-cadre 89/391. Nombre d'entre elles ont été fondées sur l'ex-article 118 A du traité ; mais

(189) Article 5 § 3 de la directive, formule reprise par l'article L. 4122-1, ex-article L. 230-4, du Code du travail.

(190) Article 13 § 1 de la directive, dont les termes ont été transcrits dans l'article L. 4122-1, ex-article L. 230-3, du Code du travail, avec cette adjonction que les instructions de l'employeur doivent être faites dans les conditions prévues au règlement intérieur.

(191) Article 13 § 2 de la directive. Certaines de ces obligations n'ont pas été transcrites par le législateur français sous la forme d'obligations mises directement sur le salarié. La loi française en a fait simplement un objet des prescriptions qu'il revient au règlement intérieur de fixer, leur caractère obligatoire s'en trouvant estompé ; v. article L. 1321-1, ex-article L. 122-34, du Code du travail.

(192) V. article L. 4131-1, ex-article L. 231-8, 1er alinéa, du Code du travail.

(193) La convention n° 155 de l'OIT prévoit que « *les travailleurs coopéreront à l'accomplissement des obligations incombant à l'employeur* » (article 19 de la convention).

ce n'est pas la seule base juridique qui ait été utilisée pour l'adoption de directives intéressant la santé et la sécurité des travailleurs.

Avant l'Acte unique européen, l'article 100 (devenu article 94 TCE, puis 115 TFUE) constituait la base juridique à utiliser (194). Depuis l'Acte unique et l'apparition de l'article 118 A (remplacé, après substantielle modification, par l'article 137 TCE, puis 153 TFUE), une place a été ménagée aux côtés de celui-ci à des directives fondées sur l'article 100 A (devenu article 95 TCE, puis 114 TFUE). La répartition des textes entre les deux fondements juridiques a correspondu à une distinction entre la conception des machines, équipements, produits ou autres biens et leur utilisation dans le travail (195). La *conception* intéresse le libre accès aux marchés des États membres et les directives ont alors pour objet premier de supprimer les entraves aux échanges à l'intérieur de la Communauté : elles ont donc eu pour fondement l'article 100 A du traité sur la réalisation du marché intérieur. L'*utilisation* crée directement les risques dont il faut protéger les travailleurs : le fondement des directives « utilisation » a donc été l'article 118 A.

Le choix de la base juridique emporte des conséquences sur les règles relatives à l'adoption des directives, bien que dans les deux cas elles le soient à la majorité qualifiée. Il se marque surtout dans le régime de l'application des directives en droit national. Les directives de l'article 100 A sont dites parfois directives « totales », parce qu'elles ne laissent aux États membres qu'une faible marge de liberté dans la transposition, alors que les directives de l'article 118 A leur ouvrent largement la possibilité d'instituer ou maintenir une protection renforcée (196).

A. — Directives de protection des travailleurs

1° Directives d'application de la directive-cadre

469. Directives particulières au sens de l'article 16 de la directive-cadre 89/391. Ces directives concernent par exemple et pour ne viser que les premières qui ont été adoptées : les équipements de travail de l'entreprise, c'est-à-dire les machines, outils ou autres installations utilisés dans le travail ; l'utilisation des équipements de protection individuelle. Elles portent prescriptions minimales concernant les règles d'accès aux locaux, d'entretien ou de nettoyage. Elles peuvent également exiger la mise en place et l'utilisation d'équipements spécifiques, tels des écrans de visualisation, régler la manutention de charges lourdes. Recoupant parfois la protection de l'environnement, elles traiteront également des risques liés à l'utilisation de certains produits : l'amiante par exemple.

(194) De nombreuses directives ont été adoptées de 1977 à 1988 sur le fondement de l'article 100. On mentionnera particulièrement la directive 80/1107 du 27 novembre 1980 sur la protection contre les risques liés à une exposition à des agents chimiques, physiques et biologiques pendant le travail, qui constituait déjà une directive-cadre prévoyant des directives particulières propres à chaque agent spécial, acrylonitrile, amiante, arsenic, benzène, etc.

(195) La protection de la santé et de la sécurité des travailleurs recoupe souvent celle de l'environnement et des directives concernant la protection de la santé et de la sécurité des travailleurs trouveront parfois leur fondement dans l'article 175 TCE, devenu article 192 TFUE. D'autres encore ont pu trouver leur fondement dans le traité EURATOM. Sur les relations du droit du travail et du droit de l'environnement, en particulier en droit européen et international, V. *Droit du travail et droit de l'environnement*, Paris, Litec, 1994.

(196) V. *supra* n° 130.

Elles viseront encore à assurer la protection des travailleurs affectés sur des chantiers temporaires (197), celle des travailleurs sous contrat intérimaire (198).

Leur liste s'allonge régulièrement et s'est très considérablement multipliée. Elles se classent en une série de groupes, suivant qu'elles concernent 1) les lieux de travail, équipements, signes, protection individuelle ; 2) l'exposition à des agents chimiques et la sécurité chimique ; 3) l'exposition aux risques physiques ; 4) l'exposition à des agents biologiques ; 5) la charge de travail, les risques ergonomiques et psychosociaux ; 6) des secteurs spécifiques ou des questions connexes (199).

2° La protection de la maternité

470. Directive 92/85 du 19 octobre 1992 sur la protection des travailleuses enceintes, accouchées ou allaitant (200). C'est encore une directive particulière au sens de l'article 16 de la directive-cadre (201). Les travailleuses visées constituent un « *groupe à risques spécifiques* » dont la « *vulnérabilité* » justifie des mesures particulières. Pour décider si l'intéressée est une travailleuse et satisfait à la notion de travailleur ou de travailleuse, on appliquera, par analogie, les critères retenus en matière de libre circulation des travailleurs depuis l'arrêt *Lawrie Blum* (202).

La directive comporte une clause de non-régression des droits nationaux formulée de façon particulièrement appuyée : la présente directive « *ne peut pas avoir pour effet la régression du niveau de protection* » national (article 1er § 3 de la directive). Le délai de transposition était de deux ans, les partenaires sociaux pouvant être appelés à y procéder (article 14) (203).

470-1. a) Protection contre le licenciement. La directive demande aux législateurs nationaux d'interdire le licenciement des femmes enceintes ou accouchées, pendant la période allant du début de la grossesse jusqu'à la fin du congé de maternité (204). L'interdiction peut cependant être écartée dans « *les cas d'exception non liés à l'état* » des intéressées ; les motifs du licenciement devant alors faire l'objet d'une justification par écrit (article 10) (205). Le licenciement, interdit par la directive 92/85 sur la protection des femmes enceintes ou accouchées, constitue également une discrimination directement fondée sur le sexe, au sens de la directive

(197) Dir. 92/47 du 24 juin 1992, *JOCE* n° L. 245 du 26 août 1992.
(198) V. *infra* n° 471.
(199) Pour plus de précisions, consulter le site de l'Agence européenne pour la sécurité et la santé au travail.
(200) *JOCE* n° L. 348 du 28 novembre 1992.
(201) Les dispositions de la directive-cadre restant donc applicables sauf dispositions plus contraignantes et/ou spécifiques ; article 1er § 2 de la directive.
(202) CJCE, 20 septembre 2007, *Kiiski*, aff. C-116/06 ; CJUE, 11 novembre 2010, *Danosa*, aff. C-232/09, à propos d'une femme faisant partie du comité de direction d'une société commerciale ; arrêts se référant à l'arrêt du 3 juillet 1986, *Lawrie-Blum*, aff. 66/85 ; v. *supra* n° 209.
(203) Transposition française dans les articles 50 à 55 de la loi DMOS du 27 janvier 1993.
(204) La directive n'interdit pas seulement de notifier une décision de licenciement pendant la période de protection, elle interdit aussi de prendre des mesures préparant le licenciement pendant cette période, CJCE, 11 octobre 2007, *Paquay*, aff. C-460/06
(205) Pour les règles françaises, v. articles L. 1225-4, -5, -6, ex-article L. 122-25-2, du Code du travail.

76/207 (modifiée par la directive 2002/73) sur l'égalité de traitement entre hommes et femmes, avec les conséquences qui s'ensuivent (206).

Des règles relatives au licenciement entraient-elles dans le domaine d'une directive fondée sur l'ancien article 118 A ? La directive s'en justifie (15e considérant) en énonçant que le licenciement peut avoir des effets dommageables sur la santé psychique et physique des personnes intéressées. On peut ajouter que la protection contre le licenciement constitue le moyen le plus sûr d'empêcher que la protection de leur santé et de leur sécurité ne se retourne contre elles : garantie d'effet utile.

470-2. b) Autres mesures protectrices

– En fonction de « lignes directrices » établies par la Commission, l'employeur doit procéder à une évaluation des risques encourus par les femmes du fait de leur activité ; il doit les en informer (articles 3 et 4 de la directive).

– Si nécessaire, il procédera à un aménagement provisoire des conditions de travail, ou encore à un changement de poste ; faute d'aménagement possible, l'exécution du contrat devra être suspendue pour tout le temps nécessaire (article 5) (207) :

– le travail de nuit peut faire l'objet d'une interdiction et entraîner un transfert vers l'activité diurne, voire, si nécessaire, une suspension du travail (article 7) (208) ;

– les intéressées ont droit à un congé de maternité de quatorze semaines continues au moins (article 8) (209) ;

– les examens prénataux justifient une dispense de travail (article 9) (210) ;

– la rémunération ou une prestation adéquate et plus généralement, les droits liés au contrat de travail doivent être maintenus, malgré les mesures d'organisation du travail, les dispenses éventuelles de travail ainsi que le congé de maternité (article 11) (211).

3° La protection des travailleurs sous contrat temporaire

471. Directive 91/383 du 25 juin 1991. Trois propositions de directive sur les contrats de travail atypiques avaient été présentées le 13 août 1990 par la Commission (212). La première, fondée sur l'article 100 du traité (94 CE, 114 FUE), était relative aux « conditions de travail » ; la deuxième, sur le fondement de l'article 101 (96 CE, 116 FUE), aux « distorsions de concurrence » résultant des disparités législatives ; la troisième était fondée sur l'article 118 A et concernait la sécurité et la santé des « travailleurs temporaires » (213).

(206) CJUE, 11 novembre 2010, *Danosa*, aff. C-232/09 ; v. également, pour la sanction, CJCE, 11 octobre 2007, *Paquay*, aff. C-460/06.

(207) Sur l'affectation temporaire des femmes enceintes, v. article L. 1225-7, ex-article L. 122-25-1, du Code du travail.

(208) Sur le travail de nuit et, plus particulièrement, le travail de nuit des femmes, v. *infra* n° 493.

(209) V. article L. 1227-17, ex-article L. 122-26, du Code du travail.

(210) V. article L. 1225-16, ex-article L. 122-25-3, du Code du travail.

(211) Sur le calcul de la rémunération, lorsque la travailleuse a été provisoirement affectée, en raison de son état de grossesse, à un poste différent de celui qu'elle occupait auparavant, CJUE, 1er juillet 2010, *Parviainen*, aff. C-471/08.

(212) Doc. COM(90) 228 final.

(213) Sur le fondement de l'article 100, étaient visées par la première proposition, par exemple, l'accès à la formation professionnelle, le décompte dans les effectifs ; la proposition de directive « distorsions de

Seule la directive « article 118 A », relative à la santé et à la sécurité, a pu, à l'époque, être adoptée le 25 juin 1991 (214).

471-1. Définitions. La directive 91/383 est applicable à la protection de la santé et de la sécurité des travailleurs temporaires, i.e. les travailleurs « *ayant une relation de travail à durée déterminée ou une relation de travail intérimaire* ». Le premier intérêt de la directive, débordant la seule question de la protection de la santé et de la sécurité, vient des définitions, définitions communautaires, des deux formes contractuelles visées, définitions qui au demeurant ne présentent pas d'originalité particulière et rejoignent en particulier celles du droit français (215) :

– le contrat à durée déterminée est conclu directement entre l'employeur et le travailleur et détermine la fin du contrat par des conditions objectives (date, achèvement d'une tâche déterminée ou survenance d'un événement déterminé) ;

– le contrat de travail intérimaire se forme avec une entreprise de travail intérimaire (« temporaire » dans la terminologie usuelle du droit français), désignée comme étant « l'employeur », le travailleur étant mis à la disposition d'une entreprise utilisatrice et travaillant sous le contrôle de cette dernière (216).

471-2. Objectifs et principes. Les travailleurs temporairement dans l'entreprise sont exposés à plus de risques d'accident du travail ou de maladie professionnelle que les autres travailleurs ; les études statistiques viennent le démontrer. La directive 91/383 poursuit pour objectif de leur assurer un niveau de protection égal à celui des autres travailleurs et interdit les différences de traitement en ce qui concerne les mesures de protection de la santé et de la sécurité (217).

Bien que la directive 91/383 ne constitue pas elle-même une directive particulière au sens de l'article 16 de la directive-cadre 89/391, les règles de celle-ci s'y appliquent pleinement (218), ainsi d'ailleurs que les règles établies par lesdites « *directives particulières* » (article 1er § 3).

La directive marie prescriptions impératives et recommandations formulées sous la forme de « *facultés* » ouvertes aux États membres.

471-3. Dispositions applicables à l'ensemble des travailleurs. Les travailleurs doivent être informés des risques qu'ils encourent et en particulier renseignés sur les qualifications et aptitudes requises ainsi que sur les risques spécifiques éventuels correspondant au poste de travail (article 3). L'information est complétée par une

concurrence », sur celui de l'article 101, visait à faire prévaloir l'égalité dans les coûts ou avantages indirects du travail atypique, égalité des charges sociales ou indemnitaires, dans les congés, la durée, mais le salaire était exclu au nom de l'autonomie de négociation des partenaires sociaux.

(214) *JOCE* n° L. 206 du 29 juillet 1991 ; pour la directive 2009/104 relative au travail intérimaire, v. *supra* n° 458.

(215) V. articles L. 1221-2, ex-article L. 121-5, du Code du travail, L. 1242-1 et s., ex-articles L. 122-1 et s., L. 1251-1, ex-article L. 124-1, du Code du travail ; mais les définitions sont doctrinales ou jurisprudentielles. V. *supra* n° 457, n° 458.

(216) Article 1er de la directive.

(217) Et notamment l'accès aux équipements de protection, article 2 § 1 et 2 de la directive. Le droit français exige que le travailleur sous contrat à durée déterminée soit de manière générale, et pas seulement pour la sécurité, traité comme le travailleur sous contrat à durée indéterminée : articles L. 1242-14, 15, ex-article L. 122-3-3, du Code du travail. La même règle de portée générale ne se retrouve pas pour le travail temporaire.

(218) Sous réserve, suivant la formule usuelle, de dispositions plus contraignantes et/ou spécifiques.

formation suffisante et adéquate aux caractéristiques du poste de travail, compte tenu de la qualification et de l'expérience du travailleur (article 4) (219).

Les États membres ont la faculté d'interdire l'appel à des travailleurs temporaires pour certains travaux particulièrement dangereux et, s'ils ne le font pas, ils doivent les faire bénéficier d'une surveillance médicale spéciale appropriée, cette surveillance pouvant (faculté) être poursuivie après la fin de la relation de travail (article 5) (220).

Les services de protection et de prévention de l'entreprise (221) doivent être informés de l'affectation des travailleurs temporaires afin de pouvoir exercer à leur égard leur mission protectrice (article 6).

471-4. Dispositions propres au travail intérimaire. Le travail intérimaire nécessite des règles et des mesures de protection spéciales en raison du caractère triangulaire de la relation de travail :

– l'utilisateur doit informer l'entreprise de travail intérimaire de la qualification professionnelle requise du travailleur et des caractéristiques du poste de travail à pourvoir. Ces mêmes informations doivent être données au travailleur par l'entreprise de travail intérimaire, les États membres pouvant prévoir (faculté) de les faire figurer dans le contrat de mise à disposition (article 7) (222) ;

– l'entreprise utilisatrice, pendant la durée de la mission, est « *responsable des conditions d'exécution du travail* » (223) ; responsabilité que la directive prévoit sans préjudice de la responsabilité que le droit national impute à l'entreprise de travail temporaire (224).

B. — Directives « Marché intérieur »

472. Directive 89/392 du 14 juin 1989 sur les machines (225). C'est la seule directive « conception » que l'on signalera (226), en se contentant d'observations générales, qui valent pour l'ensemble de la méthode européenne d'harmonisation

(219) V. article L. 4142-2, ex-article L. 231-3-1, du Code du travail, qui prévoit une formation renforcée à la sécurité des travailleurs sous contrat à durée déterminée ou intérimaires et article L. 4154-3, ex-article L. 231-8, présumant l'existence d'une faute inexcusable de l'employeur lorsqu'un accident du travail ou une maladie professionnelle se produisent alors que le travailleur n'a pas eu de formation renforcée.

(220) Le droit français interdit de faire accomplir, sauf dérogation, des travaux particulièrement dangereux par des travailleurs sous contrat à durée déterminée, article L. 1242-6, ex-article L. 122-3, du Code du travail, ou par des travailleurs intérimaires, article L. 1251-10, ex-article L. 124-2-3, du Code du travail.

(221) V. *supra* n° 463 concernant ces services.

(222) V. articles L. 1241-42 et -43, ex-article L. 124-3, du Code du travail sur les informations que doit contenir le contrat de mise à disposition liant l'utilisateur et l'entreprise de travail intérimaire et articles L. 1251-16 et -17, ex-article L. 124-4, sur les mentions obligatoires du contrat de travail liant l'entreprise de travail intérimaire au salarié, qui est établi lors de la mise à disposition.

(223) En ce qui concerne seulement la sécurité et la santé (article 8 § 2), soit le domaine limité de la directive et pas, plus largement l'ensemble des conditions de travail.

(224) V. article L. 1251-21, ex-article L. 124-4-6, du Code du travail sur la responsabilité de l'utilisateur quant aux conditions d'exécution du travail et plus particulièrement la sécurité.

(225) *JOCE* n° L. 183 du 29 juin 1989 ; directive fondée sur l'ex-article 100 A du traité, devenu 95 CE, puis 115 FUE.

(226) Les directives « utilisation » trouvent leur pendant dans une directive « conception », ex. la directive 89/686 du 21 décembre 1989 sur la conception des équipements de protection individuelle et la directive 89/656 du 30 novembre 1989 sur l'utilisation de ces mêmes équipements.

technique et de normalisation en matière de sécurité du travail. Le système est gouverné par la distinction entre des *exigences essentielles* de sécurité et santé formulées au niveau communautaire et des *spécifications techniques* qui font l'objet d'une harmonisation.

Les exigences essentielles de sécurité et de santé sont définies en annexe de la directive. Elles sont dominées par le principe que la sécurité doit être intégrée à la conception de la machine. Les machines conformes à ces exigences sont appelées à circuler librement à l'intérieur de la Communauté. Les États membres ne peuvent pas en restreindre ni en entraver la mise sur le marché et la mise en service sur leur territoire.

La preuve de conformité suppose cependant l'existence d'une harmonisation européenne des normes. Élaborées par des organismes de droit privé, ces normes forment des prescriptions non obligatoires. Des organismes de normalisation sont agréés au niveau de l'Union pour les adopter et fixer les spécifications techniques nécessaires. Une marque « CE » attestant de la conformité aux exigences européennes essentielles est créée (227).

N°s 473-474 réservés.

Section 3

Le temps de travail

475. Éclosion d'une réglementation européenne. Longtemps, sur des questions d'ordre général relatives au temps de travail, les institutions communautaires n'ont pu faire plus qu'émettre des recommandations : recommandation n° 75/547 du 22 juillet 1975, posant le principe de la semaine de quarante heures et celui des quatre semaines de congé payé (228) ; recommandation n° 82/857 du Conseil du 10 décembre 1982 sur l'âge de la retraite, orientée vers le développement de politiques de retraite flexible : libre choix du moment, cumul entre le bénéfice d'une pension de retraite et d'un revenu d'activité, transition vers la retraite par la diminution de l'activité (229).

L'existence de politiques communes a toutefois, de longue date, favorisé l'apparition de réglementations sectorielles, « dures » ou « douces » : politique des transports, avec les règlements relatifs la durée du travail des chauffeurs routiers (n° 543/69 du 25 mars 1969, remplacé par le règlement n° 3820/85 du 20 décembre 1985), politique agricole, avec les premières manifestations d'une efficacité du

(227) V. sur ces questions, D. Waelbreock, « L'harmonisation des règles et normes techniques dans la CEE », *Cah. dr. eur.* 1988, p. 243 ; I. Vacarie et A. Supiot, « Santé, sécurité et libre circulation des marchandises (règles juridiques et normes techniques) », *Dr. soc.* 1993, p. 18.
(228) *JOCE* n° L. 199 du 30 juillet 1975.
(229) *JOCE* n° L. 357 du 18 décembre 1982.

dialogue social dans la conclusion, sous forme de recommandations, des ententes sur la durée du travail dans l'agriculture et l'élevage (230).

Alors que le thème de la flexibilité et celui de la réduction du temps de travail occupaient depuis quelques années déjà le premier plan des politiques nationales, la Charte communautaire des droits sociaux fondamentaux est venue appeler de ses vœux l'existence d'une réglementation communautaire tendant au rapprochement dans le progrès des réglementations relatives à la durée et à l'aménagement du temps de travail. Est ici visé le point 7 de la Charte, point qui a la particularité de poser d'une part le principe qu'une réglementation peut être en ce domaine (comme dans d'autres domaines concernant les conditions de travail) nécessaire et de se montrer d'autre part fidèle à l'objectif de progrès qui était initialement celui du Marché commun. Le point 8 de la Charte proclame également le principe d'un droit au repos hebdomadaire et à un congé payé annuel, en appelant à nouveau à des actions de rapprochement, dans le progrès, des réglementations nationales.

La Commission, en se référant aux objectifs de la Charte des droits sociaux fondamentaux, a introduit le 3 août 1990 une proposition de directive sur « certains aspects » de l'aménagement du temps de travail (231). L'objectif en était, selon la Commission, de régler les aspects de l'aménagement du temps de travail nécessaires à la protection de la santé et de la sécurité des travailleurs, un tel objectif justifiant le recours à la base juridique de l'ex-article 118 A du traité.

La directive a été adoptée par le Conseil le 23 novembre 1993, suivant la procédure de majorité qualifiée et de coopération parlementaire imposée par l'ex-article 118 A (232). Quoiqu'il apparaisse dans son titre, la directive 93/104 ne se contente pas de régler certains aspects de l'aménagement du temps de travail. Elle crée un socle communautaire quasi complet de normes minimales relatives à la réglementation générale de la durée du travail.

La directive 93/104 a fait, après des modifications, l'objet d'une recodification dans la directive 2003/88 du 4 novembre 2003, qui s'y est substituée (233). Une proposition de modification de la directive a été présentée par la Commission le 22 septembre 2004, mais a buté sur des obstacles qui en ont jusqu'à aujourd'hui empêché l'adoption (234).

*

* *

L'action de la Communauté puis de l'Union européenne, telle qu'elle s'est à ce jour développée, ne concerne pas seulement l'aménagement général du temps de travail, elle s'est également étendue dans des domaines particuliers, soit – législativement – sous la forme de réglementations européennes spéciales,

(230) V. *infra* n° 500.
(231) Doc. COM(90) 317 final – SYN 295 ; *JOCE* n° C. 254 du 9 octobre 1990.
(232) *JOCE* n° L 307 du 13 décembre 1993.
(233) *JOCE* n° L 299 du 18 novembre 2003 ; la numérotation des articles de la directive initiale a été, sauf exception, maintenue.
(234) V. *infra* n° 479.

soit – jurisprudentiellement – dans des décisions de la Cour de justice sur la conformité de réglementations nationales au droit communautaire.

Il sera successivement question de la directive 2003/ 88 (ex-directive 93/104) sur l'aménagement du temps de travail en général, puis des réglementations spéciales relatives au temps de travail.

§ 1. — L'aménagement du temps de travail – Règles générales

Introduction

476. Une directive, fondée sur l'ex-article 118 A, formulant des prescriptions minimales, sujettes à dérogations. La **directive 93/104** a innové de plusieurs façons. Fondée sur l'article 118 A, elle a manifesté l'extension du domaine d'application de ce texte vers la réglementation du temps de travail. Elle a établi, on vient de le dire, une première réglementation communautaire d'ensemble en matière de temps de travail, tout en procédant par voie de prescriptions minimales. Bien que la notion de prescriptions minimales aurait pu laisser croire à l'existence de règles constitutives d'un minimum intangible, la directive 93/104 a autorisé certaines dérogations aux règles qu'elle pose, ouvrant à cette occasion, pour la première fois, aux partenaires sociaux un pouvoir de dérogation aux normes de droit communautaire.

On aperçoit là un des traits dominants de la directive. Celle-ci confie un rôle important aux partenaires sociaux pour sa mise en œuvre et prévoyant la possibilité de dérogations nationales, elle ouvre plus largement cette possibilité aux partenaires sociaux qu'aux législateurs nationaux.

La directive, ayant pour objectif de protéger la santé et la sécurité des travailleurs dans le milieu de travail, a articulé ses dispositions avec celles de la directive-cadre 89/391 sur la santé et la sécurité. Elle l'a fait de deux façons. En énonçant d'abord que les dispositions de la directive 89/391 s'appliquent pleinement aux matières qu'elle régit, sauf dispositions plus contraignantes ou spécifiques (235). En limitant ensuite les possibilités de dérogations nationales, notamment par le respect des principes généraux de protection de la santé et de la sécurité des travailleurs (236), principes qu'il est revenu à la directive-cadre d'énoncer. C'est là que se situe le minimum intangible auquel il ne peut être porté atteinte.

Tous les secteurs d'activité, privés ou publics ont été couverts. Avait toutefois été prévue l'exclusion – usuelle – des différents modes de transport, de la pêche et des autres activités maritimes (237). Cette lacune a ensuite disparu. Une directive 2000/34 du 22 juin 2000, en considérant que la protection de la santé et de la sécurité concerne tous les travailleurs, quel qu'en soit le secteur d'activité, a modifié la directive 93/104 afin de couvrir les secteurs et activités qui en avaient

(235) Article 1 § 4 de la directive.
(236) Article 17 § 1, article 18 § 1 de la directive.
(237) Ainsi que des activités de médecins en formation (corvéables à merci) ; article 1 § 2 de la directive.

été exclus (238). Les gens de mer sont toutefois restés en dehors du domaine d'application de la directive, en raison de l'accord collectif européen qui avait été conclu les concernant, accord dont la mise en œuvre a fait l'objet de la directive 1999/63 du Conseil du 21 juin 1999 (239).

Un recours en nullité a été formé contre la directive 93/104 devant la Cour de justice.

477. L'arrêt *Royaume-Uni c. Conseil* du 12 novembre 1996. Rendu sur une requête en annulation de la directive « Aménagement du temps de travail » formée par le Royaume-Uni, l'arrêt de la Cour de justice du 12 novembre 1996 offre des enseignements de première importance (240). Le Royaume-Uni contestait d'abord le fondement juridique utilisé, estimant que l'ex-article 100, voire l'ex-article 235 du traité, exigeant l'unanimité du conseil, aurait dû l'être et non l'ex-article 118 A ayant permis l'adoption de la directive suivant une procédure de majorité qualifiée. Il soutenait ensuite, subsidiairement, que le Conseil n'avait pas respecté le principe de proportionnalité en même temps que la notion de prescriptions minimales, telle que visée par l'article 118 A.

477-1. Sur le fondement juridique de l'article 118 A. La directive vise-t-elle la protection de l'emploi comme le prétendait le Royaume-Uni, ou intéresse-t-elle la protection de la santé et de la sécurité dans le milieu de travail ? Justifiait-elle un fondement dans les articles 100 (94 TCE, puis 115 TFUE) ou 235 (308 TCE, puis 352 TFUE) ou dans l'article 118 A du traité ?

La Cour de justice répond que les notions de « milieu de travail », de « sécurité » et de « santé » au sens de l'article 118 A ne doivent pas être entendues dans un sens restrictif et visent « *tous les facteurs, physiques ou autres, capables d'affecter la santé et la sécurité du travailleur dans son environnement de travail* », interprétation qui peut s'appuyer sur le préambule de la constitution de l'Organisation mondiale de la santé, dont tous les États membres font partie (241).

Elle rejette l'idée, entièrement arbitraire, que la délimitation des domaines respectifs des articles 100 (94 TCE, 115 TFUE) et 100 A (95 TCE, 114 TFUE) d'une part, 118 A d'autre part, reposerait sur une distinction entre des mesures générales pour les premières et des mesures particulières (visant des groupes de travailleurs déterminés, dans des situations spécifiques) pour le second (242).

Ce qui compte est l'objet principal de la mesure. Or, la directive, par les objets qu'elle règle (périodes de repos, durée du travail, travail de nuit, travail posté, rythmes de travail), vise le milieu de travail et répond à un souci de protection de la santé et de la sécurité (243). C'est son objet principal et si l'on ne peut exclure que la directive puisse avoir des incidences sur l'emploi, celui-ci reste un objet secondaire (244).

(238) *JOCE* n° L. 195 du 1er août 2000.
(239) *JOCE* n° L. 167 du 2 juillet 1999 ; v. *infra* n° 499 pour cet accord-directive.
(240) Affaire C-84/94.
(241) Motif n° 15 de l'arrêt.
(242) Motif n° 21.
(243) Motif n° 38.
(244) Motif n° 30.

Des règles limitant à un degré modéré et aménageant la durée du travail en sorte d'assurer une meilleure adaptation du travail à l'homme ont certainement un effet bénéfique sur la santé et la sécurité des personnes, même si un tel effet ne peut pas se mesurer de façon proprement scientifique. Ces mêmes règles n'ont qu'un effet aléatoire et incertain sur la situation de l'emploi. C'est une autre manière possible de lire l'arrêt de la Cour de justice sur ce premier point.

477-2. Sur la notion de prescriptions minimales. Faut-il comprendre que l'intervention communautaire, lorsqu'elle se fait par « prescriptions minimales », doit se limiter à fixer des règles correspondant « *au plus petit dénominateur commun, voire au niveau de protection le plus bas établi par les États membres* » ? C'était le *credo* britannique ; il est rejeté par la Cour de justice (245). « *L'expression "prescriptions minimales" figurant à l'article 118 A signifie seulement qu'elle autorise les États membres à adopter des normes plus rigoureuses que celles qui font l'objet de l'intervention communautaire* » (246). La notion de prescription minimale ne renvoie pas au niveau protecteur de la norme, mais à la possibilité d'adopter au niveau national des mesures de protection renforcée.

477-3. Sur les rapports entre prescriptions minimales, dérogations possibles et proportionnalité. Le Conseil a-t-il respecté le principe de proportionnalité ? Oui, répond la Cour. La directive met en œuvre des moyens aptes à réaliser son objectif de protection et ne va pas au-delà de ce qui est nécessaire pour l'atteindre, critère d'aptitude et critère de nécessité. Ce sont là les formules usuelles de sa jurisprudence relative au principe de proportionnalité (247).

La nouveauté est dans la manière dont la Cour justifie la directive au regard du critère de nécessité. La directive sur l'aménagement du temps de travail va-t-elle au-delà de ce qui est nécessaire ? Non, répond la Cour, parce que la directive procède par prescriptions minimales, qu'elle laisse aux États membres le soin d'en fixer les modalités d'application, que mieux, elle les autorise à moduler cette application et que, mieux encore, elle les autorise à y déroger, enserrant toutefois modulations et dérogations dans des limites (248). Modération dans la détermination de la norme de référence, souplesse dans son application, possibilité d'y déroger, le principe de proportionnalité est bien respecté. C'est la première fois que la Cour de justice a ainsi lié prescriptions minimales, dérogeabilité et proportionnalité.

477-4. Sur le principe de subsidiarité et l'article 118 A. Au reproche adressé au Conseil de ne pas avoir respecté le principe de subsidiarité non plus que celui de proportionnalité, la Cour offre une réponse d'autant plus remarquable que le moyen n'était pas expressément formulé par le Royaume-Uni et que la Cour n'était pas tenue d'y répondre.

(245) Motif n° 56.

(246) Motifs 17 et 56 ; v. antérieurement l'avis de la Cour de justice 2/91 du 19 mars 1993, *Rec.* I, p. 1061 ; et *supra* n° 42.

(247) Sur le contrôle juridictionnel portant sur le respect du principe de proportionnalité, v. *supra* n° 47.

(248) V. motifs 60 à 64. Ajoutons le fait qu'une période transitoire est prévue pour la règle des quatre semaines de congés payés annuels.

C'est le mode de réponse qui importe et revêt une portée générale. La Cour fait la démonstration qu'en respectant les conditions d'application de l'article 118 A, telles que déterminées par celui-ci, le Conseil a respecté le principe de subsidiarité, tel qu'énoncé à l'article article 5 du traité TCE (devenu, après modification par le traité de Lisbonne, article 5 du traité Union européenne). L'article 118 A transpose et concrétise le principe de subsidiarité dans des règles propres à un domaine d'action particulier. L'action communautaire mise en question n'a pas à être examinée directement au regard des conditions – générales – de l'article 5 TCE (3B à l'époque de l'arrêt), mais au regard de celles – spéciales – d'une disposition particulière du traité en constituant la base juridique. Si les conditions de l'article 118 A sont respectées, celles du principe de subsidiarité le sont (249). C'est dans le respect des dispositions du traité instituant une base juridique spéciale que se constatera le respect du principe général de subsidiarité.

Ces analyses valent aujourd'hui pour la mise en œuvre de l'article 153 TFUE (article 137 du traité TCE), dans lequel l'ancien article 118 A a été intégré.

478. Révision de la directive « Aménagement du temps de travail ». La Commission a introduit le 22 septembre 2004 une proposition de directive modifiant la directive 2003/88 (ex-directive 93/104) (250). Elle y a procédé après avoir consulté les partenaires sociaux, conformément aux exigences de l'article 138 du traité, et devant leur refus d'engager une négociation qui se présentait de façon peu encourageante.

La discussion a principalement porté sur le mécanisme d'« *opt-out* » prévu par la directive 93/104 et permettant aux États membres d'ouvrir aux salariés un droit de renoncer par accord individuel à l'application de la durée maximale du travail hebdomadaire fixée par la directive à 48 heures (251). Le maintien de ce droit de dérogation individuelle était réclamé avec vigueur par certains, les États membres l'ayant institué notamment, le Royaume-Uni en tête ; il l'était aussi par les organisations d'employeurs (252). Sa suppression était à l'inverse jugée souhaitable par d'autres États membres. Quant aux syndicats, ils ne peuvent admettre que l'application d'une protection minimale de la santé et de la sécurité puisse dépendre du consentement individuel du salarié, placé par définition en situation de subordination par rapport à son employeur (253).

D'autres points de désaccord ont également freiné l'adoption possible d'un texte modificateur. Organisations d'employeurs et de salariés se sont opposées sur la flexibilisation et l'allongement des « *périodes de référence* » (254) permettant de vérifier *en moyenne* le respect des normes de protection minimale. Ils l'ont

(249) V. également *supra* n° 443.

(250) Doc. COM (2004) 607 final, 2004/0209 (COD).

(251) Article 22 de la directive 2003/88 ; ex-article 18 de la directive 93/104 ; v. *infra* n° 489-490.

(252) L'UNICE (employeurs privés) et le CEEP (employeurs publics) acceptant toutefois que des modifications en conditionnent plus étroitement la possibilité.

(253) La CES (Confédération européenne des syndicats) a demandé la suppression progressive de l'*opt-out* individuel.

(254) V. *infra* n° 484.

également fait sur la définition du temps de travail et la place de la notion de travail effectif dans cette définition (255).

La proposition de la Commission souscrivait au maintien de l'*opt-out*, certes sous des conditions plus strictes ; elle admettait la flexibilisation annuelle du temps de travail ; elle entendait exclure de la notion de temps de travail les périodes pendant lesquelles les salariés sont à la disposition de l'employeur, mais inactifs.

Le Parlement a manifesté une hostilité marquée aux intentions par trop libérales de la Commission. Il a, en particulier, demandé que l'*opt out* soit à terme abrogé (256).

Aucun compromis ne permettant en définitive d'accorder Parlement et Commission, le projet de révision est, provisoirement, à l'arrêt.

*

* *

La directive 93/104 et la directive 2003/88 qui l'a remplacée agencent un modèle communautaire minimal relatif à l'aménagement du temps de travail et des possibilités de dérogations à ce modèle.

A. — Un modèle européen minimal

479. Méthode générale. La méthode consiste à fixer des normes minimales en ce qui concerne le temps de travail et les périodes de repos Ces minima doivent obligatoirement être respectés, quitte à l'être *en moyenne* sur une période déterminée et sous réserve des dérogations que la directive a autorisées. La notion même de prescriptions minimales ouvre aux États membres le droit de maintenir ou d'introduire des dispositions plus favorables aux travailleurs. Il est important, à ce propos d'observer que le droit communautaire n'impose évidemment pas aux États membres de respecter les normes plus protectrices qu'ils ont établies, mais uniquement celles qui sont garanties par la directive (257). Suivant l'usage, la directive commence par définir les notions de référence.

1° Définitions

480. Des notions de droit de l'Union. La portée des définitions que la directive donne des notions utiles est soumise aux interprétations de la Cour de justice. Celle-ci dit de façon réitérée que les notions de « temps de travail » et de « périodes de repos » sont « *des notions de droit communautaire* » (« de droit de l'Union ») qu'il revient à la Cour de justice de caractériser dans une

(255) V. *infra* n° 490.

(256) Cf. doc COM (2004) 0607 – C6-0122/2004

(257) La directive ne commandera pas, par exemple, à la France de respecter la durée maximale hebdomadaire moyenne de 44 heures résultant de la loi française, mais seulement les 48 heures maximales du droit communautaire ; v. CJCE, 1er décembre 2005, *Dellas*, aff. C-14/04.

« *interprétation autonome* » propre à assurer à la directive sa pleine efficacité et une application uniforme dans la Communauté (l'Union) (258).

480-1. Travailleur. Applicable, dans tous les secteurs d'activité, privés ou publics, la directive veut le plus largement assurer la protection des travailleurs. Qu'en est-il, en la matière de cette notion ? La directive 2003/88, qui ne renvoie pas la définition aux droits nationaux, se borne, assez sommairement et incomplètement, à viser les personnes employées par un employeur, dont les stagiaires et apprentis (259). La Cour de justice a jugé que la notion ne pouvait recevoir une interprétation variant suivant les droits nationaux. Elle en retient donc une interprétation « autonome » propre au droit de l'Union et se tourne, pour le contenu de cette définition, vers l'arrêt de référence, l'arrêt *Lawrie-Blum* (260). Compte tenu du caractère extensif de cette définition, joint au souci d'assurer une application très large de la directive 2003/88, la Cour de justice a donc considéré que la directive doit s'appliquer aux travailleurs sous contrats à durée déterminée, y compris ceux qui sont conclus pour des activités occasionnelles et saisonnières (261).

480-2. Temps de travail. La définition du temps de travail revêt une grande importance. C'est, dit la directive, « *toute période durant laquelle le travailleur est au travail, à la disposition de l'employeur et dans l'exercice de ses activités et de ses fonctions* » (262). Trois éléments sont réunis : présence physique au lieu de travail, disponibilité, exercice de l'activité.

La Cour de justice a été questionnée sur la situation des médecins de garde. Le temps correspondant à une présence et une disponibilité sur le lieu de travail doit être en totalité considéré comme du temps de travail, quand bien même l'activité effectivement déployée serait discontinue. En revanche, si le médecin doit se tenir à disposition de l'employeur mais n'est pas obligé d'être présent dans l'établissement de soins, s'il peut ainsi gérer son temps plus librement et se consacrer à ses propres intérêts, seul devra être compté comme temps de travail celui qui est lié à une prestation effective de soins (263). Le facteur déterminant, dit et répète la Cour de justice, est constitué par l'obligation d'être physiquement présent sur le lieu de travail (264).

(258) CJCE, 3 octobre 2000, *Simap*, aff. C-30/98, *Rec.* I, p. 7963 ; CJCE, 9 septembre 2003, *Jaeger*, aff. C-151/02, *Rec.* I, p. 8389 ; v., pour les solutions françaises, CE, 25 avril 2003, *SNPHAR*, écartant les moyens tirés de la directive 93/104 et de la Charte des droits fondamentaux de l'Union européenne.

(259) Article 3 a) de la directive 2003/88, excluant les domestiques.

(260) CJCE, 3 juillet 1986, aff. 66/85, v. *supra* n° 209.

(261) Sur tous ces points, v. CJUE, 14 octobre 2010, *Union syndicale Solidaires Isère*, aff. C-428/09, sur renvoi préjudiciel du Conseil d'État français, v. pts 19 à 33.

(262) Article 2 § 1 de la directive.

(263) CJCE, 3 octobre 2000, *Sindicato de Médicos de Asistencia publica (Simap)*, aff. C-303/98, *Rec.* I, p. 7963. On retrouve, ou à peu près, les définitions françaises, telles qu'elles avaient déjà été données par le législateur : 1) pour le temps de travail effectif : « *le temps pendant lequel le salarié est à disposition de l'employeur et doit se conformer à ses directives sans pouvoir vaquer librement à ses occupations personnelles* » (article L. 2121-1, ex-article art. L. 212-4, al. 1, du Code du travail) ; pour le temps d'astreinte, pour le distinguer du temps de travail effectif : « *la période pendant laquelle le salarié… a l'obligation de demeurer à son domicile ou à proximité afin d'être en mesure d'intervenir pour effectuer un travail au service de l'entreprise. La durée de cette intervention est considérée comme du temps de travail effectif* » (article L. 3121-5, ex-article L. 212-4 bis, du Code du travail). La définition française de l'astreinte a toutefois pour défaut de vouloir imposer au salarié une sujétion inutile. Pourquoi devrait-il rester à son domicile ou à proximité ? L'important est qu'il puisse être joint et intervenir dans le délai prescrit. V. F. Baron, *Dr. soc.* 2001, p. 1097.

(264) Cf. arrêts *Jaeger, Dellas*, cités *infra*.

En l'absence de définition par le texte de la directive, la Cour de justice a également dû préciser que les heures supplémentaires entrent sous la notion de temps de travail (265). Le plafond de 48 heures applicable à la durée hebdomadaire *moyenne* du travail inclut donc les heures supplémentaires (266).

480-3. Temps de repos. La période de repos est celle « *qui n'est pas du temps de travail* » (267). Cette définition a conduit la Cour de justice à dire que le temps de présence physique à l'hôpital de médecins qui effectuent un service de garde, doit dans son intégralité être considéré comme du temps de travail et que par conséquent, même si l'intéressé peut se reposer pendant les périodes où ses services ne sont pas sollicités, ces périodes inactives ne peuvent être qualifiées de périodes de repos (268). La qualification « temps de travail » exclut celle de « période de repos ».

480-4. Périodes d'équivalence. S'agissant toujours de périodes de garde effectuées sur le lieu de travail, dans des établissements médico-sociaux, la Cour de justice a également eu à se prononcer sur l'application des systèmes d'horaires d'équivalence permettant, en raison du caractère intermittent de l'activité effective, de décompter une heure de présence au travail pour une durée moindre. Exemple : trois heures de présence valent une heure de travail. Le critère reste le même : la qualification « temps de travail » ne dépend pas de l'intensité du travail mais uniquement de l'obligation de se tenir sur le lieu de travail à disposition de l'employeur. L'application d'un système d'équivalence est donc incompatible avec les exigences de la directive 93/104 s'il oblige le salarié à être présent sur le lieu de travail, à disposition de l'employeur, donc à *travailler* au sens du décompte communautaire du temps de travail, au-delà du maximum de 48 heures hebdomadaires posé par la directive (269).

481. Proposition de modification de la directive 2003/88. Contredisant les interprétations rigoureuses de la Cour de justice, la proposition de modification de la directive introduite sans succès par la Commission le 22 septembre 2004 (270) a prévu d'exclure les périodes inactives de la comptabilisation du temps de travail, sauf dispositions nationales contraires.

(265) Même décision : la juridiction de renvoi s'étant demandé si le temps de garde des médecins, soit avec présence physique, soit sans cette présence, devait être considéré comme des heures supplémentaires. La Cour répond que si ces heures de garde sont du temps de travail – régime de la présence physique –, elles devront le cas échéant, être décomptées comme heures supplémentaires. L'arrêt *Simap* précise en outre que les médecins de garde sont, dans le cadre de leur travail effectif, des *travailleurs postés* au sens de l'article 2, points 5 et 6 de la directive.

(266) CJCE, 26 juin 2001, *BECTU*, C-173/99, *Rec.* I, p. 4881 ; CJCE, 5 octobre 2004, *Pfeiffer*, aff. C-397/01, *Rec.* I, p. 9483 ; v. *infra* n° 489.

(267) Article 2 § 2 de la directive.

(268) CJCE, 9 septembre 2003, *Jaeger*, aff. C-151/02 ; *Rec.* I, p. 8389, *Dr. soc.* 2004, p. 142, obs. F. Morel.

(269) CJCE, 1er décembre 2005, *Dellas*, aff. C-14/04, *Rec.* I, p. 10253 ; *D.* 2006, 1722, note M. Miné ; *JCP* 2006, éd. G, II 10094, note A. Lallement. Peu importe, précise l'arrêt, que le temps de présence inactive ne soit pas comptabilisé comme temps de repos ou ne soit pas imputé sur les périodes de repos, il doit en toute hypothèse être intégralement qualifié « temps de travail ». V. faisant suite à l'arrêt *Dellas,* CE, 28 avril 2006, *RJS* 7/06, n° 844 ; antérieurement, CE, 3 décembre 2003, *RJS* 2/04, n° 212 ; v. également, CE, 26 février 2003, *Féd. nationale des transports FO*. Un décret du 11 mai 2007, en vue d'assurer la conformité des règles françaises avec le droit communautaire, a limité à une durée maximale de 48 heures la durée du travail, c'est-à-dire de présence au travail, des travailleurs sous régime d'équivalence (*JORF*, 12 mai 2007) ; v. CE, 6 mars 2009, *Féd. Finances CFDT* ; CE, 7 décembre 2010, *Sté Bron Ambulances*.

(270) V. *supra* n° 478.

« *La période inactive du temps de garde n'est pas considérée comme du temps de travail, à moins que la loi nationale ou (...) une convention collective ou un accord entre partenaires sociaux n'en dispose autrement.*

La période pendant laquelle le travailleur exerce effectivement ses activités ou ses fonctions pendant le temps de garde est toujours considérée comme du temps de travail » (271).

Ces propositions de modifications ouvrant ainsi aux droits nationaux la possibilité de choisir d'intégrer ou non le temps d'inactivité dans le temps de travail, n'ont pas mieux prospéré que le reste de la proposition de modification.

2° Prescriptions minimales

482. Les matières visées. Après avoir, suivant l'usage des textes de droit communautaire ou de l'Union, défini chacune des notions de référence (272), la directive fixe la très complète série suivante de normes de protection minimale (273) :

– repos journalier (article 3) : onze heures consécutives ;

– repos hebdomadaire (article 5) : vingt-quatre heures consécutives s'ajoutant en principe aux onze heures journalières (274) ;

– durée hebdomadaire (article 6) : elle doit être limitée *en moyenne* à quarante-huit heures, y compris les heures supplémentaires ;

– congé annuel (article 7) : quatre semaines payées au moins, la période minimale de congé ne pouvant être remplacée par une indemnité financière, sauf en fin de contrat.

Certaines questions ne font l'objet d'aucune norme quantifiée ; seul est affirmé un principe :

– les rythmes de travail doivent être organisés en tenant compte du principe général de l'« *adaptation du travail à l'homme* » (article 13) ;

– les travailleurs « postés » doivent bénéficier d'un niveau de protection adapté (article 12) ;

– les travailleurs doivent bénéficier d'un temps de pause pendant la journée de travail (article 4). On remarquera que la directive renvoie préférentiellement à la négociation collective le soin d'en fixer les modalités, la loi n'intervenant qu'à défaut.

Doivent être mis à part la question du travail de nuit (durée maximale de huit heures), qui fait l'objet d'une série détaillée de dispositions (articles 8 à 12) et celle du repos hebdomadaire le dimanche, seule disposition annulée par la Cour de justice dans son arrêt du 12 novembre 1996. L'étude de ces deux questions déborde la seule directive 93/104 et sera faite plus loin (275).

(271) Article 2 *bis* de la proposition de directive modifiée.

(272) Article 2 de la directive.

(273) Sur la réparation des dommages subis par un travailleur (sapeur-pompier) dont l'employeur, employeur public, n'a pas respecté les prescriptions de la directive 2003/88, CJUE, 25 novembre 2010, *Fuß*, aff. C-429/09.

(274) Soit 35 heures consécutives réductibles à 24 heures, si « *des conditions objectives techniques ou d'organisation du travail le justifient* », article 5, 3e alinéa.

(275) La France a été condamnée pour ne pas avoir, dans le délai prescrit, mis sa législation en conformité avec la directive s'agissant des dispositions relatives au travail de nuit et au repos hebdomadaire de 24 heures, qui

3° Minima intangibles

483. Droit au congé payé annuel : un contentieux nourri. Dans l'arrêt *BECTU* de juin 2001 (276), la Cour de justice des Communautés, visant le droit des salariés au bénéfice d'un congé annuel, parle d'un droit qui résulte directement du droit communautaire, imposant aux États membres « *une obligation de résultat claire et précise* » de prendre les « *mesures nécessaires pour que tout travailleur bénéficie d'un congé annuel payé d'au moins quatre semaines* » (277), ajoutant que les États membres ne sauraient « *subordonner à quelque condition que ce soit la constitution même de ce droit qui résulte directement de la directive 93/104* » (278).

Si d'autres dispositions de la directive 93/104 peuvent faire l'objet de dérogations, il n'en est rien pour le droit au congé annuel faisant l'objet de l'article 7 de la directive (279). Cette intangibilité conférée au droit au congé payé annuel en fait « *un principe du droit social communautaire revêtant une importance particulière, auquel il ne saurait être dérogé et dont la mise en œuvre par les autorités nationales compétentes ne peut être effectuée que dans les limites expressément énoncées par la directive* », dit encore la Cour de justice dans l'arrêt *BECTU*, avec une formule qui se retrouvera systématiquement dans l'importante série de décisions qui vont suivre sur le droit au congé payé annuel.

Il est important d'observer que la motivation des décisions de la Cour de justice se réfère à la Charte des droits fondamentaux de l'Union européenne (280), mais surtout qu'elle s'appuie directement sur les dispositions de la convention 132 de l'OIT sur les congés payés annuels. Dans cette convention, elle puisera spécialement la règle voulant que les absences pour des raisons indépendantes de la volonté du travailleur soient comptées comme périodes de service (281).

La discussion s'est nouée sur l'articulation des congés payés annuels et d'un éventuel congé pour maladie de l'intéressé. Un droit national peut-il prévoir l'extinction du droit à congé payé annuel, lorsque l'intéressé a été en congé maladie pendant la période à laquelle le droit national se réfère pour l'attribution du droit à congé ? Non, répond la Cour de justice, le droit au congé annuel payé ne peut donc pas « *être subordonné par un État membre à l'obligation d'avoir effectivement travaillé pendant la période de référence* » (282). Il ne s'éteint pas à l'expiration de cette période. Le temps de repos offert par les congés ne perd pas son intérêt s'il est pris plus tard (283). Une possibilité de report doit être prévue.

doit s'ajouter au repos journalier de 11 heures ; CJCE, 8 juin 2000, *Commission c. France*, aff. C-46/99. V. articles L. 1225-9 (ex-article L. 122-25-1-1) et L. 3131-1 (ex-article L. 220-1) du Code du travail, tels que modifiés par ordonnance du 4 mai et du 12 novembre 2004.

(276) CJCE, 26 juin 2001, aff. C-173/99.

(277) V. pt 34 de l'arrêt *BECTU*.

(278) V. pt 53 de ll'arrêt *BECTU*.

(279) V. pts 40 et 41 de l'arrêt *BECTU*.

(280) V. CJUE, 21 juin 2012, *ANGED*, aff. C-78/11.

(281) L'arrêt *Schultz-Hoff*, CJUE, 20 janvier 2009, aff. C-250/06, en fournissant un exemple, v. pt 38.

(282) V. pt 41 de l'arrêt *Schultz-Hoff*.

(283) V. pt 30 de l'arrêt *Schultz-Hoff*.

Un travailleur qui aura été en congé pour maladie pendant la « période de référence » aura donc le droit, une fois rétabli, de bénéficier de son droit à congé (284). Ce droit à un report des congés peut cependant être limité. Une personne en situation d'incapacité de travail pendant plusieurs années consécutives ne saurait prétendre « *accumuler, de manière illimitée, tous les droits à congé annuel payé acquis durant son absence* ». Au-delà d'une certaine limite, le bénéfice attendu de l'exercice du droit au repos se perd et une limitation de la période de report à quinze mois après expiration de la période (année) de référence se justifie (285).

Une autre question est de savoir si, pendant l'exercice ou l'année de référence, l'intéressé doit avoir travaillé, effectivement, un minimum de jours pour obtenir un droit à congé payé. La Cour de justice s'y est également opposée (286).

En revanche, elle ne s'est pas opposée à la possibilité de moduler la durée des congés payés annuels en fonction de l'origine de l'absence, pourvu que la durée minimale de quatre semaines prévue par la directive soit respectée (287).

Le contentieux et les questions posées à la Cour de justice portent également sur le montant et les éléments de calcul de la rémunération pendant le congé (288) ou sur l'indemnité qui doit être servie si l'intéressée n'a pas bénéficié de son congé avant cessation du contrat de travail (289).

4° Minima modulables

484. Article 16 de la directive. La directive exige-t-elle que les durées maximales de travail et les durées minimales de repos soient respectées ponctuellement à chacune de leurs échéances (chaque jour, chaque semaine) ou accepte-t-elle qu'elles le soient *en moyenne* sur une période de référence donnée ? La deuxième possibilité, pour assurer une flexibilité ajustée aux variations des charges de travail, est retenue mais réglementée par l'article 16 de la directive.

Les États membres peuvent prévoir :

– pour le repos hebdomadaire (vingt-quatre heures plus onze heures), une période de référence de deux semaines au plus ;

– pour la durée hebdomadaire de travail (quarante-huit heures y compris les heures supplémentaires), une période de référence de quatre mois au plus (290) ;

(284) Congé qu'il pourra prendre à une autre période que celle fixée par le calendrier des congés de l'entreprise où il est employé, CJUE, 10 septembre 2009, *Pereda*, aff. C-277/09.

(285) CJUE, 22 novembre 2011, *KHS*, aff. C-214/10. En revanche une limitation du report à neuf mois est insuffisante, CJUE, 3 mai 2012, *Neidel*, aff. C-337/10.

(286) CJUE, 24 janvier 2011, *Dominguez c. Centre informatique du Centre Ouest Atlantique*, aff. C-282/10, v. pts 20 et 21 ; sur renvoi préjudiciel de la Cour de cassation, Cass. soc., 2 juin 2010, n° 08-44834.

(287) CJUE, 24 janvier 2011, *Dominguez*, aff. C-282/10, v. pts 48 à 50.

(288) CJUE, 15 septembre 2011, *Williams*, aff. C-155/10, combinant les dispositions de la directive 2003/88 et l'accord européen relatif à l'aménagement du temps de travail du personnel mobile dans l'aviation civile.

(289) CJUE, 20 janvier 2009, *Schultz-Hoff*, aff. C-250/06, disant que l'indemnité doit être calculée en fonction « *de la rémunération ordinaire du travailleur* ».

(290) Les périodes de congé annuel ou de congé de maladie étant neutralisés pour le calcul de la moyenne, article 16 2) 2e alinéa. Pour les règles françaises relatives aux modulations de la durée du travail hebdomadaire, avec toute leur complexité, art. L. 3121-11 et s. du Code du travail ; v. notamment sur ces questions, J.-E. RAY, *Dr. soc.* 1988, p. 99 ; J. BARTHÉLÉMY, *Dr. soc.* 1994, p. 156 ; Fr. FAVENNEC-HÉRY, *Dr. soc.* 1996, p. 20.

– pour la durée du travail de nuit (maximum de huit heures), une période de référence à définir conventionnellement ;

Aucune période de référence autre que le jour ou l'année ne peut être prise en compte pour le repos journalier et pour les congés annuels. Pas question de vérification en moyenne dans ces deux derniers cas.

On observera que la détermination de périodes de référence, dans les limites qui y sont mises, ne traduit aucune dérogation à la norme, puisque la directive ne formule aucune obligation de principe de respecter cette norme ponctuellement à chaque échéance.

Mais des possibilités de dérogation sont en revanche ouvertes aux périodes de référence que les États membres auront fixées.

B. — Dérogations possibles

485. Une flexibilité encadrée de la durée du travail. S'agissant du droit au repos, et plus précisément du droit à un congé payé annuel, on a pu précédemment observer que la Cour de justice y voit « *un principe du droit social communautaire revêtant une importance particulière, auquel il ne peut être dérogé et dont la mise en œuvre par les autorités nationales ne saurait avoir pour effet de priver le travailleur de l'attribution de ce droit* » (291). La Cour de justice, en vue d'assurer l'effectivité du droit au repos, fait d'ailleurs peser sur l'employeur l'obligation « *de veiller à ce que les travailleurs bénéficient de leur temps de repos* » (292). Le droit au congé payé annuel est fermement consacré dans des exigences minimales qui le sont réellement ; les limitations apportées à la durée du travail, mais aussi à d'autres prescriptions, relatives de leur côté au repos (journalier, interne à la journée de travail, hebdomadaire), moins fermement affirmées, sont sujettes à dérogations.

Les recherches de flexibilité dans l'aménagement du temps de travail conduisent de manière générale à admettre des possibilités de dérogations aux règles législatives et réglementaires, mais les législateurs ne voulant pas laisser aux partenaires sociaux et aux entreprises une entière liberté, le système des dérogations est encadré et conditionné. En résultent des textes complexes, d'une « lisibilité » difficile et d'une applicabilité par conséquent malaisée. Les articles 17 à 19 de la directive 2003/88, remplaçant les 2003 de la directive 93/104, relatifs aux « dérogations », n'échappent pas à cette observation.

1° Dérogations collectives

486. Un catalogue complexe. La directive autorise qu'il soit dérogé à ses règles dans trois séries de cas, qui se distinguent à la fois par l'objet des dérogations autorisées et par les titulaires du droit de déroger.

(291) CJCE, 26 juin 2001, *BECTU*, C-173/99, *Rec.* I, p. 4881(point 53).

(292) Sans que l'employeur soit tenu de vérifier que les salariés « *le prennent effectivement* », même décision et v. également CJCE, 7 septembre 2006, aff. C-484/04, *Commission c. Royaume-Uni* (point 43).

1) Pour des activités caractérisées par l'**absence normale de prédétermination de la durée du travail**, notamment l'activité :

– des cadres dirigeants ;

– de la main-d'œuvre familiale ;

Durées de travail et de repos quotidiens et hebdomadaires ainsi que les périodes de référence permettant le calcul d'une durée moyenne de travail ou de repos peuvent alors être augmentées ou diminuées (293). Le droit de dérogation est ouvert aux **« États membres »**.

2) Des possibilités de dérogations sont également ouvertes pour une longue série de **situations de travail** (294). On peut tenter de classer ces situations en trois groupes, correspondant à :

a) la nature de l'activité, des impératifs propres à ces activités pouvant justifier des dépassements d'horaires :

– service public ;

– garde, surveillance et sécurité ;

– recherche ;

– agriculture ;

b) l'existence de conditions particulières d'exécution du travail :

– éloignement du lieu de travail ;

– travail posté ou fractionné (295) ;

– « raisons techniques » interdisant l'interruption du travail ;

c) des circonstances exceptionnelles :

– cas de force majeure ou événements exceptionnels ;

– surcroît d'activité ;

– accident ou risque d'accident.

Les dérogations peuvent avoir le même objet que dans les cas visés au 1°, à l'exception des règles sur la durée hebdomadaire du travail (article 6 de la directive). Elles sont ici autorisées par **voie législative ou** par voie **conventionnelle**.

3) Quels que soient le type d'activité, ses conditions d'exercice et les circonstances, donc **dans tous les cas**, des dérogations peuvent être apportées aux mêmes règles que visées au 2°.

Mais ici, dans un domaine aussi largement ouvert, **seuls les partenaires sociaux** reçoivent pouvoir de déroger.

Les règles sur la durée maximale hebdomadaire du travail ne font l'objet de possibilités de dérogations que dans la première série de situations (296). Seules les règles sur le congé annuel ne peuvent en aucun cas faire l'objet de dérogations. Tout le reste de la réglementation communautaire est sujet à dérogation.

(293) Article 17 § 1 de la directive 2003/88, visant également les travailleurs des églises et communautés religieuses.

(294) V. article 17 § 3 de la directive 2003/88.

(295) V. article 17 § 3 de la directive 2003/88.

(296) Et par voie de dérogations individuellement consenties, *infra* n° 489-490.

487. Conditions de forme – Les titulaires du pouvoir de déroger. Quels sont les « partenaires sociaux » visés par la directive ? L'article 17 § 3 (2e série de cas de dérogations) vise les partenaires sociaux, sans autre précision. L'article 18 (3e série de cas), qui donne aux partenaires sociaux et à eux seuls un pouvoir de dérogation le plus largement ouvert, énonce que les dérogations « peuvent être décidées par voie d'accords conclus entre partenaires sociaux *au niveau national ou régional ou, en conformité avec les règles fixées par ces partenaires sociaux, à un niveau inférieur* ». L'existence d'un pouvoir de dérogation au niveau inférieur, c'est-à-dire dans l'entreprise, dépend donc de l'accord des partenaires sociaux au niveau supérieur de la branche professionnelle (ou interprofessionnel). Les partenaires sociaux au niveau central se voient donner le pouvoir de contrôler l'existence et la portée des dérogations convenues par accord d'entreprise. C'est un point essentiel (297).

Qu'entendre par « *États membres* », lorsque c'est aux États membres (1re série de cas) que le pouvoir de déroger est donné ? Faut-il inclure les partenaires sociaux parmi les autorités ayant reçu compétence pour déroger ? Quand bien même les partenaires sociaux constituent aujourd'hui un pouvoir institutionnellement reconnu par le droit communautaire, la réponse reste négative (298). La directive a pris soin de désigner expressément les partenaires sociaux lorsque nécessaire et l'analyse *a contrario* se justifie. Le préambule de la directive parle d'ailleurs des États membres *ou* des partenaires sociaux.

488. Conditions de fond. Elles résident dans l'exigence que les contraintes dérogatoirement imposées aux travailleurs fassent l'objet de compensations, dans des limites que la dérogation ne doit pas excéder et qui devront à tout le moins résulter du respect des principes généraux de protection de la santé et de la sécurité.

1) Compensations. La même formule se retrouve pour les dérogations qui sont décidées par voie législative ou conventionnelle (article 17 § 2 de la directive 2003/88) ou qui le sont par la seule voie conventionnelle (article 18 de la directive 2003/88). Les dérogations ne sont admises qu'à la condition que « *des périodes équivalentes de repos compensateur* » soient accordées aux travailleurs ou que dans des cas exceptionnels empêchant l'octroi d'un repos compensateur, une « *protection appropriée* » soit néanmoins prévue.

Ces conditions sont posées en des termes qui paraissent bien leur conférer un caractère substantiel, commandant la *validité* de l'accord dérogatoire (299).

(297) Le législateur français a une autre conception. Il laisse à la loi le soin de décider si des dérogations aux règles légales sur la durée du travail peuvent résulter ou non de la négociation collective d'entreprise. V. M.-L. Morin, « L'articulation des niveaux de négociation dans l'accord interprofessionnel sur la politique contractuelle », *Dr. soc.* 1996, p. 11 ; B. Silhol, « Branche et entreprise dans le nouveau droit de la négociation collective », *Dr. soc.* 1997, p. 931 ; obs. Antonmattei, *Dr. soc.* 1997, p. 166. La loi « Fillon » du 4 mai 2004 a ouvert de manière générale à la négociation d'entreprise pouvoir de déroger aux dispositions légales sur la durée du travail ; V. sur ces nouvelles règles, notamment, *Sem. soc., Lamy*, n° spéc. 27 septembre 2004, suppl. n° 1183, « La réforme du dialogue social » et les études P. Rodière, S. Nadal, H. Tissandier, D. Tellier, G. Bélier…

(298) La réponse aurait été assurément négative il y a quelques années, lorsque la Cour de justice se refusait à assimiler les conventions collectives aux « *dispositions législatives, réglementaires et administratives* » visées par les textes communautaires. V. A. Lyon-Caen, *Dr. soc.* 1997, p. 68, retraçant l'évolution de la jurisprudence de la CJCE et celle du droit dérivé. V. également *supra* n° 119.

(299) Le droit français n'exige pas de manière générale que les accords « dérogatoires » comportent des compensations pour les salariés, même si des textes particuliers le font ; v. les textes et études cités n° 484.

Les directives 93/104 et 2003/88, en requérant des compensations équivalentes aux sujétions supplémentaires mises sur les travailleurs par une règle ou un accord dérogatoire, consacrent un principe de *neutralité* de la règle ou de l'accord dérogatoire, interdisant de les qualifier de « défavorables aux travailleurs » et par conséquent contraires à l'ordre public social ou au principe de faveur (300).

2) Limites à l'importance des dérogations. Il ressort de l'article 16 que la période de référence *normale* pour le calcul de la durée hebdomadaire moyenne du travail ne peut pas excéder quatre mois. Cette période peut cependant être *dérogatoirement* allongée. Elle peut l'être librement jusqu'à six mois ; elle peut même l'être jusqu'à douze mois, si des raisons objectives, techniques ou d'organisation du travail le justifient (301).

Les mêmes limites ne se retrouvent pas, qu'il s'agisse du repos journalier, du repos hebdomadaire ou de la durée du travail de nuit. Il n'est pas non plus nécessaire, dans ces derniers cas, de faire valoir des raisons objectives propres à justifier les dérogations.

3) Droits fondamentaux. Mais le respect des principes généraux de protection de la santé et de la sécurité des travailleurs s'impose-t-il néanmoins dans tous les cas ? Plusieurs raisons conduisent à l'affirmer, même si les deux directives successives ne s'y réfèrent pas pour tous les cas de dérogations autorisées (302). Le préambule le fait (17e considérant) pour marquer de manière générale les limites des possibilités d'assouplissement et de dérogations permises par la directive. L'article 1 § 1 déclare en outre que les prescriptions de la directive-cadre 89/391, où se manifestent lesdits principes, s'appliquent pleinement, sauf dispositions plus contraignantes ou spécifiques de la directive. Ces principes intéressent, au-delà du travailleur, les droits fondamentaux de la personne humaine. Mais les limites qui s'en infèrent sont malheureusement fuyantes.

2° Dérogations individuelles

489. Les dérogations consenties individuellement. Les États membres ont enfin la faculté de ne pas appliquer les règles relatives à la durée maximale hebdomadaire (48 heures en moyenne, y compris les heures supplémentaires).

Plusieurs conditions sont toutefois mises à cette faculté dite d'*opt out*, la plus « novatrice » étant constituée par l'accord individuel du travailleur (303) :

– il faut que le législateur national le prévoit, la faculté lui en étant simplement ouverte par la directive (304) ;

(300) V. sur cette question, v. M. Durand-Prinborgne, « L'accord national interprofessionnel du 31 octobre 1995 sur la politique contractuelle face au droit communautaire », Université de Paris 1, Centre de recherche en droit social, 1997.

(301) Article 19 de la directive 2003/88 ; article 17 § 4 de la directive 93/104.

(302) Seuls les paragraphes 1 et 4 de l'article 17, ainsi que l'article 18 § 1 b) le font dans la directive 92/104. Il en va de la même façon avec l'article 17 § 1, l'article 19 et l'article 22 § 1 de la directive 2003/88.

(303) Article 22 § 1 de la directive 2003/88, reprenant les dispositions de l'article 18 § 1 de la directive 93/104.

(304) Si le législateur français n'a pas usé de cette faculté, il a cependant admis des possibilités d'allongement individuel de la durée du travail par le biais du forfait-jours que le contrat de travail peut être appelé à stipuler si la convention collective applicable le prévoit. Peut en résulter un allongement « déraisonnable » de la durée du travail, condamné, sur le fondement de la Charte sociale européenne, par le Comité européen des droits sociaux

– l'employeur doit obtenir l'accord du travailleur pour effectuer plus de 48 heures de travail en moyenne par semaine ; aucun préjudice ne pouvant en résulter pour celui qui s'y refuse (305) ;

– l'employeur doit tenir registre des travailleurs soumis à ce dépassement de durée moyenne du travail hebdomadaire ; il tient ce registre à la disposition des autorités compétentes ; il doit répondre aux demandes d'information que celles-ci formulent ;

– les autorités compétentes, i.e. l'inspection du travail, peuvent interdire ou restreindre, pour des raisons de sécurité et/ou de santé, le dépassement de durée moyenne du travail hebdomadaire ;

– enfin, limitation ayant une portée générale, les principes généraux de protection de la santé et de la sécurité des travailleurs doivent être respectés.

L'innovation principale consiste, au regard du droit français, dans la possibilité ouverte au travailleur de renoncer à une protection traditionnellement considérée comme d'ordre public (306). On soulignera, dans une analyse et une appréciation des réalités qui demeure « classique », qu'il y a une certaine illusion à croire que le travailleur puisse en pratique refuser, la seule garantie sérieuse venant dans ces conditions du pouvoir d'interdiction ou de restriction reconnu à l'inspection du travail.

Cette possibilité de dérogation par l'effet d'un accord individuel a toutefois été introduite à titre expérimental et devant être réexaminée sept ans après la mise en vigueur des prescriptions de la directive (23 novembre 1996 au plus tard pour la directive 93/104). L'expérience peut montrer que la faculté de refus du travailleur est moins illusoire qu'annoncée. L'expérimentation s'est poursuivie avec la directive 2003/88.

490. Proposition de modification de la directive 2003/88. La proposition de modification de la directive présentée par la Commission le 22 septembre 2004 a entendu maintenir la possibilité de dérogation individuelle admise en 1993, tout en la soumettant à des conditions plus restrictives (307).

Le texte de la proposition avait d'abord voulu que la faculté de déroger par accord individuel à la limitation de la durée hebdomadaire du travail soit subordonnée à l'existence d'une convention ou accord collectif (national, régional ou conclu à

(CEDS, décision des 23-24 juin, *CGT c. France*), alors qu'il n'apparaîtrait pas incompatible avec le droit de l'Union européenne. V., à la suite de la décision du CEDS, Cass. soc., 29 juin 2011, n° 09-71107, *Bull.* V, n° 181 ; v. spécial., sur la question, dans une littérature très abondante, J. Fr. Akabdji-Kombé, « Réflexions sur l'efficacité de la Charte sociale européenne : à propos de la décision du comité européen… », *RDT* 2011, p. 233 ; M.-Fr. Mazars et S. Laulom, « Pot pourri autour de l'arrêt du 29 juin 2011 – Santé et validité du forfait-jours », *RDT* 2011, p. 481. V. aussi, Cass. soc., 26 septembre 2012, n° 11-14540.

(305) L'accord individuel de chaque salarié est requis ; le consentement à l'allongement de la durée du travail ne saurait être donné par convention ou accord collectif de travail, CJCE, 3 octobre 2000, *Simap*, aff. C-303-98, *Rec.* I, p. 7963 (v. point 7 du dispositif) ; « *la directive exige une acceptation explicitement et librement exprimée par chaque travailleur pris individuellement* », il ne suffit pas que le contrat de travail se réfère à une convention collective permettant le dépassement, CJCE, 5 octobre 2004, aff. C-397/01, *Pfeiffer* (point 2 du dispositif).

(306) V. notamment sur ce thème, dans une littérature fournie, G.-H. Camerlynck, « La renonciation du salarié », *Dr. soc.* 1960, p. 628 ; I. Vacarie, « La renonciation du salarié », *Dr. soc.* 1990, p. 757 ; A. Jeammaud, « La renonciation du salarié », *Dr. ouvr.* 1997, p. 537 ; v. également, G. Couturier, « L'ordre public de protection, heurs et malheurs d'une vieille notion neuve », *in Études offertes à Jacques Flour*, 1979, p. 95 ; et, sur l'ensemble des questions relatives à la renonciation du salarié, X. Carsin, *La renonciation en droit du travail*, thèse Paris 1, 2006.

(307) Doc. COM (2004) 607 final, 2004/0209 (COD).

un autre niveau « *adéquat* »). La faculté de déroger par simple accord individuel restait toutefois admise en l'absence de convention ou accord collectif et d'une représentation du personnel habilitée, selon les règles nationales, à en conclure un.

La proposition déclarait également nul l'accord donné par le salarié lors de la signature du contrat ou pendant la période d'essai, ainsi que l'accord donné pour une durée « *supérieure à un an, renouvelable* ».

Ce durcissement du régime applicable n'a pas suffi à faire taire les oppositions à la faculté de dérogation par accord individuel. Le Parlement européen, souscrivant à la position prise par certains États membres et par les organisations syndicales de salariés (308) a demandé que le texte instituant la faculté de dérogation soit à terme abrogé (dans les 36 mois suivant l'entrée en vigueur de la nouvelle directive). Une situation de blocage en a résulté (309) qui a empêché l'adoption de la proposition de modification de la directive.

La faculté de dérogation est donc restée jusqu'à aujourd'hui en vigueur, sous un régime inchangé.

§ 2. — Réglementations spéciales

492. Le temps de travail fait l'objet de règles spéciales, concernant tel aspect du temps de travail ou telle catégorie professionnelle. Nombreuses et diverses sont aujourd'hui les interventions de l'Union européenne dans ces réglementations spéciales, soit qu'il institue lui-même une réglementation, en passant parfois par le dialogue social, soit qu'il se prononce sur les règles nationales, via les décisions de la Cour de justice.

A. — Périodes particulières

1° Travail de nuit (des femmes)

493. Égalité de l'homme et de la femme face au travail de nuit. Le droit communautaire s'est saisi de la réglementation du travail de nuit par le biais de l'égalité professionnelle entre hommes et femmes.

493-1. Non-conformité du droit français. Dans son arrêt *Stoeckel* du 25 juillet 1991, la Cour de justice a énoncé que la directive 76/207 sur l'égalité professionnelle de l'homme et de la femme dispose de façon suffisamment précise pour interdire aux États membres de « *poser en principe législatif l'interdiction du travail de nuit des femmes, même si cette obligation comporte des dérogations, alors qu'il n'existe aucune interdiction du travail de nuit pour les hommes* » (310). La Cour a estimé que le souci de protection qui avait inspiré à l'origine l'interdiction de

(308) V. *supra* n° 479.
(309) V. Doc. COM (2005) 246 final.
(310) Aff. C-345/89, *Rec.* I, p. 4047 ; *D.* 1991.443, note J.-G. HUGLO ; *Dr. soc.* 1992, p. 174, obs. M.-A. MOREAU.

principe du travail de nuit des femmes n'apparaissait plus fondé. Quant aux arguments tirés de la charge de travail familial supplémentaire qui pèse sur les femmes, elle les a écartés, conformément aux orientations générales de sa jurisprudence sur l'égalité (311). La Cour ne s'est pas opposée à l'existence de réglementations restrictives, voire prohibitives, du travail de nuit, pourvu qu'elles concernent également hommes et femmes.

Une difficulté venait cependant du fait que la législation française (312), législation nationale mise en cause, déclarée contraire au droit communautaire par la Cour de justice, était en revanche conforme à la convention de l'OIT n° 89 (1948) de l'OIT, laquelle prohibe le travail de nuit des femmes, sous réserve des exceptions qu'elle mentionne (313). La difficulté prenait un tour d'autant plus aigu que la France sanctionnait pénalement la prohibition qu'elle avait instituée (314).

La France, qui avait ratifié la convention n° 89, se trouvait donc liée par deux normes internationales contradictoires. On aurait pu croire la difficulté réglée par la dénonciation de la convention n° 89 à laquelle la France allait procéder en sorte d'« *éliminer les incompatibilités constatées* », ainsi que le demande l'article 234, 2e alinéa, du traité communautaire (devenu article 307 TCE, puis 351 TFUE), en cas de conflit du droit communautaire et d'une convention internationale liant un État membre (315). Mais si la Cour de justice donnait implicitement acte à la France de sa bonne volonté dans son arrêt *Lévy* du 2 août 1993 (316), une décision ultérieure allait malgré tout venir la condamner. La France n'ayant pas modifié ses dispositions, malgré sa dénonciation de la convention de l'OIT sur le travail de nuit des femmes, elle avait en effet continué à poser le principe législatif d'une prohibition. Le gouvernement français avait cependant plaidé l'attitude tolérante qui était désormais la sienne à l'égard du travail de nuit des femmes, ainsi que la multiplication des accords dérogatoires autorisant d'y recourir. Cela n'a pas suffi à

(311) V. *supra* n° 268 et s. pour la présentation de cette jurisprudence.

(312) Article L. 213-1 et s. de l'ancien Code du travail.

(313) La convention n° 89 de 1948 constituait une révision de la convention n° 4 de 1919, qui avait été l'une des toutes premières conventions de l'OIT et qui avait elle-même repris une convention internationale datant de 1906. La prohibition du travail de nuit des femmes fait partie du tréfonds des réglementations protectrices du travail. V. N. VALTICOS, *Droit international du travail*, Dalloz, 2e éd., 1983, p. 440. L'OIT n'a pas renoncé à l'interdiction du travail de nuit des femmes, mais a tourné ses exigences vers le travail de nuit, des hommes comme des femmes, afin d'entourer le travail de nuit en général d'une meilleure protection ; convention n° 171 de 1990 concernant le travail de nuit (tout court). Un protocole relatif à la convention sur le travail de nuit des femmes a également été adopté en 1990 en vue d'ouvrir plus souplement les possibilités de déroger à une interdiction maintenue dans son principe.

(314) D'où un contentieux remontant vers la Cour de justice à l'occasion de poursuites pénales dirigées contre des employeurs n'ayant pas respecté la prohibition. V. Trib. police d'Illkirch, 6 novembre 1991, affaire *Stoeckel* ; TGI Colmar, 27 novembre 1992 (après l'arrêt *Stoeckel* de la CJCE, *Juris. soc.* UIMM, 1993, p. 94). V. également trib. police La Rochelle, 23 janvier 1990, ne renvoyant pas à la CJCE, mais écartant l'incrimination française, *Dr. soc.* 1990, p. 471, note J. SAVATIER.

(315) V. sur l'arrêt *Lévy*, note suivante.

(316) Aff. C-158/91, *Minist. public c. Lévy, D.* 1993.577, note Chr. PETTITI. L'intérêt central de l'arrêt *Lévy* se situe au regard de l'article 234, al. 1, du traité CE, énonçant que les engagements antérieurs des États membres ne sont pas affectés par le droit communautaire. Le droit communautaire doit être respecté et les dispositions contraires de droit national écartées (jurisprudence *Simmenthal*), sauf, dit-il, si l'application d'une telle disposition contraire est nécessaire pour assurer l'exécution par un État membre d'obligations résultant d'une convention antérieure au traité communautaire. Consentement dénué, a priori, de portée en l'espèce, puisque la France venait de dénoncer la convention de l'OIT !

la Cour de justice. Celle-ci dénonçant une situation d'incertitude juridique exposant des employeurs à des poursuites pénales injustifiées, a condamné la France (317).

493-2. Mise en conformité du droit français. Cet état de manquement a finalement été corrigé par une loi du 9 mai 2001 (318). L'interdiction de principe du travail de nuit des femmes disparaît. L'homme et la femme sont désormais placés, en principe, dans une situation d'égalité face au travail de nuit. Mais celui-ci, compte tenu des impératifs de protection de la santé et de la sécurité des travailleurs, doit rester exceptionnel (319). Sa mise en place requiert la conclusion d'un accord collectif, qui doit justifier de la nécessité d'y recourir (320). La loi nouvelle définit et encadre le travail de nuit, des hommes comme des femmes (321). Elle réclame des compensations (322).

En cas d'incompatibilité avec des obligations familiales impérieuses, le salarié peut demander son affectation le jour ou refuser son affectation la nuit (323), le bénéfice de ces dispositions étant ouvert à l'homme comme à la femme (324). L'affectation sur un poste de jour bénéficiera également à *la* salariée en état de grossesse ou après accouchement, le changement d'affectation ne devant « *entraîner aucune diminution de la rémunération* » (325).

2° Repos dominical

494. Repos hebdomadaire et repos dominical. Le principe d'un repos hebdomadaire est fermement reconnu et établi (326). On en retrouve l'expression aussi bien dans la charte communautaire des droits sociaux fondamentaux, dans la charte sociale européenne, dans la directive 93/104 sur l'aménagement du temps de travail,

(317) CJCE, 13 mars 1997, *Commission c. France*, aff. C-197/96, *JCP* 1997, Éd. G., II 22939, note J.-L. Clergerie.

(318) Articles L. 3122-29 à 3122-46 (ex-articles L. 213-1 à L. 213-10) du Code du travail (*JORF* du 10 mai 2001), de nouveau modifiés par la loi du 4 mai 2004 sur le dialogue social, par l'ordonnance du 12 novembre 2004, concernant la mise en conformité de la définition du travail de nuit avec celle de la directive 2003/88 (ex-directive 93/104), et par la loi du 18 janvier 2005.

(319) Ainsi que le veut la directive 2003/88 (93/104) sur l'aménagement du temps de travail ; sur cette directive, v. *supra* n° 482 et s.

(320) On notera, depuis la loi du 18 janvier 2005, que le travail de nuit peut, en l'absence d'accord collectif le prévoyant, faire l'objet d'une autorisation administrative à condition que l'employeur ait engagé sérieusement et loyalement la négociation, article L. 3122-36 (L. 213-4) du Code du travail.

(321) En s'attachant à nouveau à suivre les exigences de la directive 2003/88 (93/104) ; articles L. 3122-31 (L. 213-2) et L. 3122-34 et -35 (213-3) du Code du travail.

(322) Articles 3122-39 à 3122-41 (L. 213-4) du Code du travail (repos compensateur ou compensation salariale), modifié par la loi du 18 janvier 2005.

(323) Article L. 3122-44 (L. 213-4-2) et L. 3122-37 (L. 213-4-3) du Code du travail.

(324) Conformément aux exigences de la jurisprudence de la CJCE sur les droits particuliers des femmes, v. *supra* n° 268-269.

(325) Articles L. 1225-9 à 1225-11 (L. 122-25-1-1) du Code du travail, la rémunération de nuit étant donc maintenue, alors que la salariée travaille le jour, au prix d'une rupture d'égalité avec les autres travailleurs de jour. Les dispositions de la loi du 9 mai 2001 ont sur ce point pour objet de transposer la directive 92/85 sur la protection des travailleuses enceintes… ; v. *supra* n° 470.

(326) V. F. Favennec-Héry et B. Grassi, « Rigueur et vicissitudes du principe du repos dominical », *Dr. soc.* 1993, p. 336 ; J. Savatier, « L'assouplissement des règles sur le repos dominical », *Dr. soc.* 1994, p. 180. V. également, V. Maricot, *Le repos dominical*, mémoire pour le DEA de droit social de l'Université de Paris 1, 1997. Sur la loi du 10 août 2009, « réaffirmant » le principe du repos dominical, v. M. Véricel, « … réaffirmation principe du repos dominical ou généralisation du travail le dimanche ? », *RDT* 2009, p. 573 ; commentaires M. Morand, *JCP*, éd. E 2009, n° 39, p. 44 ; sur la décision du Conseil constitutionnel du 6 août 2009 (n° 2009-588 DC), V. Bernaud, « Travail dominical : le Conseil constitutionnel sacrifie la protection du salarié sur l'autel de la consommation », *Dr. soc.* 2009, p. 1081.

que dans l'ensemble des droits nationaux. Le principe voulant que le repos hebdomadaire soit pris le dimanche correspond quant à lui à la tradition chrétienne et aux usages des États membres. Au-delà de sa signification culturelle, il a des implications sociales et familiales en même temps qu'économiques. Pris le même jour, il représente un moment de repos commun, évidemment propice à la vie familiale et sociale (327).

Mais il a aussi pour effet d'entraîner la fermeture des établissements de travail. C'est pourquoi il a été mis en cause dans le cadre des offensives que les réglementations sociales subissent régulièrement au nom du droit de la concurrence et des libertés économiques (328). Ce sont ici la liberté de circulation des marchandises et les dispositions de l'ex-article 30 (devenu article 28 TCE, puis 34 TFUE) du traité qui ont été spécialement invoquées à l'encontre de la fermeture des magasins le dimanche. On a soutenu que la fermeture des magasins le dimanche a des effets restrictifs sur le volume des ventes et des importations et est constitutive d'une mesure ayant un effet équivalant à des restrictions quantitatives au sens de l'ex-article 30 du traité. Affectant le commerce intracommunautaire, elle serait donc contraire au droit communautaire (329).

Plusieurs fois saisie, la Cour de justice s'est de façon constante refusé à l'admettre, en posant que la réglementation instituant le repos dominical, poursuivant un but justifié, relève de la compétence des États et en estimant (subsidiairement ?) qu'elle n'entre pas sous la prohibition de l'ex-article 30.

Elle a considéré d'une part qu'une réglementation telle que celle qui est en cause poursuit un but justifié au regard du droit communautaire. Une telle réglementation exprime « *certains choix politiques et économiques, dont l'appréciation, adaptée aux particularités socio-culturelles nationales ou régionales, appartient dans l'état actuel du droit communautaire, aux États membres* » (330).

L'article 30 du traité (28 CE, 34 FUE), dit d'autre part la Cour dans d'autres décisions sur la question du repos dominical, « *ne s'applique pas à une réglementation nationale opposable à tous les opérateurs économiques exerçant des activités sur le territoire national et qui affecte de la même manière, en droit et en fait, la commercialisation des produits nationaux et celle des produits en provenance d'autres États membres* » (331). Une réglementation de ce type n'est pas de nature à empêcher l'accès au marché des produits en provenance d'un autre État membre ou à le gêner davantage qu'elle ne gêne celui des produits nationaux.

(327) Le repos dominical présente-t-il un lien important avec la protection de la santé et de la sécurité des travailleurs ? C'est ce que l'introduction du principe dans la directive 93/104 sur l'aménagement du temps de travail affirmait. Mais la Cour de justice n'en a pas jugé ainsi et a annulé la disposition correspondante de la directive dans son arrêt *Royaume-Uni c. Conseil* du 12 novembre 1996 ; v. *supra* n° 478.

(328) V. G. Lyon-Caen, *Dr. ouvr.* 1992, p. 313 ; A. Lyon-Caen, *in Mélanges Savatier*, 1991, p. 331.

(329) Jurisprudence constante depuis l'arrêt *Dassonville*, CJCE, 11 juillet 1974, aff. 8/74, *Rec.* p. 837 : « constitue une mesure d'effet équivalant à une restriction quantitative toute mesure susceptible d'entraver, directement ou indirectement, actuellement ou potentiellement, le commerce intracommunautaire ».

(330) CJCE, 23 novembre 1989, *Torfaen Borough Council (B&Q PLC)*, aff. 145/88, *Rec.* p. 3851, *Dr. ouvr.* 1990, p. 28, note M. Bonnechère ; CJCE, 28 février 1991, *CGT c. Conforama*, aff. C-312/89, *Rec.* I, p. 997 ; *D.* 1991.343, note Huglo ; *RJS* 1991, p. 483, chron. Prétot, « Repos dominical et droit communautaire de la concurrence ».

(331) CJCE, 2 juin 1994, *Punto Casa*, aff. C-69/93, *Rec.* I, p. 2355 ; CJCE, 20 juin 1996, *Semeraro Casa Uno*, aff. jtes C-418/93 et *al.*

Elle ne se heurte par conséquent pas à l'interdiction de l'article 30 du traité (332). Cette position était déjà celle de la Cour dans ses premières décisions, mais s'y était exprimée autrement (333).

3° Congé parental

495. Accords-cadres et directives de mise en œuvre. L'intérêt premier de la directive 96/34 du 3 juin 1996 sur le congé-parental (334) est extérieur à son contenu. Cette directive, reprise négociée d'une ancienne proposition de directive relative aux congés parentaux et aux congés pour raisons familiales qui n'avait pas été adoptée par le Conseil (335), a en effet constitué la première expérience de mise en œuvre d'un accord des partenaires sociaux au niveau européen par une « décision » du Conseil, sous la forme, jugée appropriée, d'une directive (336). L'expérience s'est renouvelée, puisque l'accord a été renégocié, qu'un accord-cadre révisé été conclu (le 18 juin 2009), puis mis en œuvre par la directive 2010/18 du 8 mars 2010, abrogeant la directive 96/34 (337).

Son intérêt toutefois n'est pas exclusivement d'ordre procédural ou formel. Au nom de la flexibilité du travail et de la conciliation de la vie professionnelle et familiale, l'accord-cadre conclu par les partenaires sociaux vise à encourager les hommes à prendre une part égale des responsabilités familiales et, réciproquement, à promouvoir la participation des femmes à la vie active. Elle s'accorde ainsi avec les prescriptions du droit communautaire sur l'égalité professionnelle entre hommes et femmes et la jurisprudence de la Cour de justice qui y est afférente (338). La révision intervenue en 2009 ne change pas les objectifs, mais a entendu mieux s'adapter à la diversité multipliée des types de structures familiales et voulu conférer au dispositif mis en place une plus grande efficacité.

Est donc consacré le droit, pour tout salarié, homme ou femme, de prendre un congé parental de quatre mois au moins en raison de la naissance ou de l'adoption d'un enfant (339). C'est un droit « individuel » et une partie au moins du congé ne peut être transférée à l'autre parent. Le congé peut être pris jusqu'à ce que l'enfant atteigne l'âge de huit ans. L'accord prévoit diverses modalités d'attribution du congé et fixe en outre une série de règles visant à ce qu'aucun préjudice,

(332) V. CJCE, 24 novembre 1993, *Keck et Mithouard*, aff. C-267 et 268/91, *Rec.* I, p. 6097, arrêt dont les formules de portée générale (v. points 16 et 17) trouvent ici un domaine d'application particulier.

(333) La Cour de cassation française a marqué clairement et fermement sa volonté de faire échapper la règle du repos dominical à l'emprise du droit communautaire du commerce et de la concurrence, v. Cass. crim., 20 novembre 1990, *Lenel*, *Bull. crim.* n° 392 ; Cass. crim., 9 octobre 1990, *Balavoine*, *RJS* 1990, p. 644. Elle n'y voit pas non plus d'atteinte à l'égalité des sexes, Cass. crim., 27 juin 1995, *M*[me] *Marrie* (1re esp.), *Sauty* (2e esp.), *JCP* 1996, éd. G, II 22573, note J.H. ROBERT. Elle a également affirmé la compatibilité avec le droit communautaire de la règle de fermeture *hebdomadaire* des établissements de travail, Cass. crim., 31 mars 1992, *Bull. crim.* n° 133.

(334) *JOCE* n° L. 145 du 19 juin 1996.

(335) Proposition présentée le 15 novembre 1984 ; *JOCE* n° C. 316 du 27 novembre 1984.

(336) V. *supra* n° 111 et s.

(337) Directive 2010/18 du 8 mars 2010 du Conseil portant application de l'accord-cadre révisé sur le congé parental, *JOUE* L 68 du 18 mars 2010 ; délai de transposition fixé au 8 mars 2012.

(338) V. *supra* n° 268 et s. V. CEDH (grande chambre), 22 mars 2012, *Konstantin Markin c. Russie*, condamnant une législation nationale refusant d'attribuer un congé parental à un père.

(339) Sur la prise ne compte du nombre d'enfants nés (jumeaux), CJUE, 16 septembre 2010, *Zoi Chatzi*, aff. C-149/10.

conséquence négative ou perte de droits n'en résultent pour le salarié (340). Les mesures nécessaires doivent également être prises pour autoriser les travailleurs, femmes ou hommes, à s'absenter « *pour cause de force majeure liée à des raisons familiales urgentes en cas de maladie ou d'accident* ».

On remarquera une des clauses finales de l'accord-cadre énonçant que toute question relative à l'interprétation de l'accord devrait en premier lieu être renvoyée pour avis aux parties signataires.

B. — Catégories de personnes

1° Catégorie d'âge : les jeunes

496. La directive 94/33 du 22 juin 1994 relative à la protection des jeunes au travail (341). La directive a été fondée sur l'ex-article 118 A. Elle s'inscrit parmi les mesures tendant à mettre en œuvre les principes de la charte communautaire des droits sociaux fondamentaux, dont elle vise les points 20 et 22 (342).

Elle exige d'abord des États membres qu'ils interdisent, sauf les exceptions prévues, le travail des enfants. L'enfant est défini comme celui qui n'a pas encore atteint l'âge de quinze ans ou l'âge de fin de scolarité obligatoire, l'interdiction du travail des enfants correspondant donc à une interdiction du travail avant cet âge de fin de scolarité obligatoire.

Ses dispositions concernent également et de façon plus complète et détaillée, le travail des adolescents, l'adolescent étant celui qui n'est plus un enfant mais reste un « jeune » au sens de la directive, c'est-à-dire n'a pas encore dix-huit ans. Si l'accès au travail des adolescents est possible, ils doivent bénéficier d'une réglementation propre, plus protectrice que celle applicable aux adultes : allongement des périodes de repos, interdiction du travail de nuit, interdiction de travaux dangereux, protection spéciale contre les risques. La réglementation doit tenir compte des exigences de leur développement et des besoins de leur formation qui ne sont pas achevés (343).

2° Catégories professionnelles

497. Diversité des sources. Plusieurs catégories professionnelles, correspondant à des activités relevant des politiques communes de la Communauté, les transports, d'une part, l'agriculture d'autre part, possèdent une réglementation de la durée du travail. Elles ont des sources bien différentes puisque les règles relatives à la durée du travail des chauffeurs routiers après avoir été établies par un règlement communautaire, seront complémentairement soumises à une directive nouvellement adoptée,

(340) Les travailleurs, faisant usage de leur droit au congé parental de deux ans, ne perdent pas, à l'issue de ce congé, des droits à congés annuels payés acquis durant l'année précédant la naissance de leur enfant, CJUE, 22 avril 2010, *land Tirol*, aff. C-486/08, v. pts 48 à 56 ; CJUE, 16 juillet 2009, *Sanchez-Camacho*, aff. C-537/07 concernant le maintien de prestations de sécurité sociale pendant le congé.

(341) *JOCE* n° L. 216 du 20 août 1994.

(342) V. *supra* n° 150.

(343) La France a été condamnée pour non-transposition de la directive, CJCE, 18 mai 2000, *Commission c. France*, aff. C-45/99.

alors que celles qui concernent les gens de mer ou les travailleurs de l'agriculture et de l'élevage ont été négociées par les partenaires sociaux du secteur professionnel.

Il convient d'observer à ce sujet l'évolution qu'a connue le champ d'application de la directive 93/104. Initialement, elle excluait de son champ d'application l'ensemble du secteur des transports, ainsi que l'ensemble des activités maritimes (344). Après modification par la directive 2000/34 du 22 juin 2000 (345), le texte recodifié par la directive 2003/88 dispose aujourd'hui que la directive « *s'applique à tous les secteurs d'activité, privés ou publics* », à la seule exception de l'activité des gens de mer (346).

498. Les chauffeurs routiers. La réglementation communautaire du temps de travail des chauffeurs routiers résulte de la combinaison de plusieurs textes. Il s'agit en premier lieu, chronologiquement, de l'accord européen relatif au travail des équipages des véhicules effectuant des transports internationaux, dit « AETR » dont le champ d'application déborde l'Europe communautaire (347). Vient ensuite le règlement n° 3820/85 du 20 décembre 1985 qui transcrit en droit communautaire l'AETR. La directive 93/104 (devenue directive 2003/88) sur l'aménagement du temps de travail a plus récemment conduit à l'adoption de la directive 2002/15 du 11 mars 2002, dont l'objet est d'édicter des dispositions spécifiques au transport routier, s'appuyant sur la directive 93/104 et complétant les textes précédents. Le système est d'autant plus complexe qu'il concerne, à géométrie variable, travailleurs salariés et travailleurs indépendants, transports intra-communautaires et transports internationaux ayant une dimension non communautaire.

498-1. Règlement 561/2006. Le règlement 561/2006 du 15 mars 2006 harmonisant certaines dispositions en matière sociale dans le domaine des transports par route (348), qui a modifié et remplacé le règlement n° 3820/85 du 20 décembre 1985 (349), porte un titre qui dissimule son importance véritable. Il ne se contente pas d'harmoniser ; il réglemente de façon uniforme, pour l'ensemble de l'Union européenne (et de l'Espace économique européen), les temps de conduite et les périodes de repos des chauffeurs routiers (350).

Le règlement européen constitue la transcription de l'accord européen relatif au travail des équipages de véhicules effectuant des transports internationaux par route (AETR). Le règlement communautaire laisse d'ailleurs en dehors de son champ d'application les transports à partir des pays tiers ou vers les pays tiers à la Communauté. Son objet propre est de régler les transports internes à la Communauté, qu'il s'agisse de transports nationaux ou de transports européens (351).

(344) Article 1 § 3 du texte initial de la directive 93/104.
(345) *JOCE* n° L 195 du 1er août 2000.
(346) Article 1 § 3 de la directive 2003/88.
(347) Accord conclu à Genève le 1er juillet 1970.
(348) *JOUE* L 102 du 15 mars 2006.
(349) *JOCE* n° L. 370 du 20 décembre 1985.
(350) Article 2 du règlement 561/2006 et du règlement 3820/85. Sur les relations entre ce règlement propre à une politique commune et les objectifs généraux de la politique sociale, CJCE, 6 décembre 1979, aff. 47/79, *Rec.* p. 3639 (concernant le règlement 543/69 que le règlement 3820/85 a remplacé).
(351) Dans son arrêt dit AETR, visant les négociations avec les pays tiers qui se révéleraient nécessaires pour l'application du règlement (article 3 du règlement), la Cour de justice a consacré l'existence d'une compétence

Le règlement est applicable aux véhicules d'un poids maximal autorisé de plus de 3,5 tonnes, c'est-à-dire aux « poids lourds », certaines exclusions étant prévues (352). Ses dispositions concernent principalement les temps de conduite maximums ainsi que les temps d'interruption et de repos, des dérogations pouvant être accordées (limitation à 9 heures maximum par jour, pouvant exceptionnellement s'étendre à 10 heures ; durée de conduite hebdomadaire limitée à 56 heures, à 90 heures sur quinze jours ; temps de pose et de repos ; etc.) (353). Le règlement interdit les modes de rémunération propres à compromettre la sécurité routière par des primes ou majorations de salaires (354). Il fixe également des règles relatives aux conditions d'exercice de la profession de chauffeur routier (355).

Le règlement prévoit enfin des règles de contrôle et de sanctions (356), une directive 88/599 précisant les moyens de contrôle à mettre en œuvre, sur route ou dans les locaux de l'entreprise de transport. Les États membres doivent se prêter mutuellement assistance pour l'application du règlement et les contrôles nécessaires (357). Le règlement veut éviter que les conducteurs puissent être sanctionnés deux fois pour la même infraction (358).

Le règlement 3820/85 a été complété par le règlement 3821/85 de la même date, concernant l'appareil de contrôle (chronotachygraphe) qui doit équiper obligatoirement les poids lourds (359). Le règlement 561/2006 a apporté certaines modifications au règlement 3821/85.

498-2. Directive 2002/15. Si le règlement 3820/85 a posé des règles communes concernant les temps de conduite et de repos des chauffeurs routiers, elle ne couvre pas la durée du travail dans le transport routier sous l'ensemble de ses aspects. La directive 93/104 sur l'aménagement du temps de travail s'étend quant à elle à l'ensemble de ses aspects, mais elle le fait dans des dispositions générales qui ne tiennent pas compte des spécificités du transport routier. L'objet de la directive 2002/15 du 11 mars 2002 (360) est donc de prévoir des dispositions spécifiques à ce secteur d'activité particulier (361). S'il résulte de cette combinaison de textes que les prescriptions de la directive 2002/15, en tant que prescriptions spéciales, prévaudront sur celles de la directive 93/104 (devenue directive 2003/88) (362),

communautaire, compétence excluant celle des États membres, pour négocier et conclure l'AETR ou tout accord le prolongeant ou le révisant ; CJCE, 31 mars 1971, *Commission c. Conseil*, aff. 22/70, *Rec.* p. 263 ; v. également *supra* n° 42.

(352) Article 3 du règlement 561/2006, comportant une liste d'exclusions liées pour la plupart au type particulier d'activité de transport concerné : ex. courtes distances, forces armées, tâches médicales, dépannage, sauvetage...

(353) Article 6 à 9 du règlement 561/2006. Sur le report du repos hebdomadaire, v. CJCE, 28 septembre 2000, *Hume*, aff. C-193/99.

(354) Article 10 du règlement 561/2006.

(355) Article 5 du règlement 561/2006.

(356) Articles 19 à 21 du règlement 561/2006 ; articles 14 et 15 du règlement 3820/85. Le droit communautaire n'exige pas de sanction pénale, CJCE, 2 octobre 1991, aff. C-7/90. Mais en France, l'employeur encourt une responsabilité pénale ; v. Cass. crim., 26 juin 1990, *RJS* 1990, p. 497 ; Cass. crim., 9 avril 1991, *RJS* 1991, p. 405 ; Cass. crim., 4 octobre 1994.

(357) V. article 22 du règlement 661/2006.

(358) V. article 19 du règlement 561/2006.

(359) Sur les dérogations à l'utilisation du chronotachygraphe, CJCE, 25 juin 1992, aff. C-116/91.

(360) *JOCE* n° L. 80 du 23 mars 2002.

(361) V. considérants 1 à 4 de la directive 2002/15.

(362) Article 2 § 3 de la directive 2002/15.

elles céderont néanmoins, en cas de contradiction, devant celles du règlement 3820/85 ou celles de l'AETR, qu'elles ont seulement pour objet de compléter (363).

La directive s'applique aux seuls travailleurs mobiles, c'est-à-dire les travailleurs qui se déplacent (364), seuls à connaître de conditions de travail spécifiques (365). Le personnel sédentaire est exclu ; sa situation relève des dispositions de la directive 2003/88 (ex-directive 93/104) (366).

Applicable aux travailleurs salariés, la directive, à terme, devrait également l'être, sous des modalités particulières, aux travailleurs indépendants. L'extension aux indépendants conjugue deux objectifs propres à la justifier : la protection de la santé et de la sécurité des conducteurs intéressés, l'amélioration de la sécurité routière (367). Pareille extension, justifiée dans son principe, n'apporte pas d'atteinte disproportionnée au libre exercice d'une activité professionnelle, qui fait partie des principes généraux du droit communautaire, ainsi qu'à la liberté d'entreprendre, *laquelle se confond avec le libre exercice d'une activité professionnelle* », a dit la Cour de justice des Communautés (368).

Sur le fond, la spécificité de l'activité de transport routier se marque d'abord dans la définition du temps de travail, qui, outre le temps de conduite, inclut d'autres activités : le chargement et le déchargement, le nettoyage, l'entretien, les travaux destinés à assurer la sécurité du véhicule (369). La directive 2002/15 distingue du temps de travail ce qu'elle désigne comme le « *temps de disponibilité* », période pendant laquelle le conducteur n'est pas tenu de rester à son poste de travail, mais doit rester disponible pour répondre à un appel éventuel de travail (370).

Tout en limitant la durée moyenne hebdomadaire du travail à quarante-huit heures (comme la directive 2003/88, la directive 2002/15 admet une durée maximale de soixante heures à condition que la moyenne de 48 heures soit respectée sur quatre mois (371).

Des dérogations peuvent en outre être apportées à la limitation de la durée maximale hebdomadaire du travail, ainsi qu'aux règles restrictives relatives au travail de nuit. Il appartient prioritairement à la négociation collective de prévoir éventuellement ces possibilités de dérogation (372). Les règles relatives au temps de pause (article 5) et au temps de repos (article 6) ne peuvent quant à elles subir de dérogation.

(363) Article 2 § 4 de la directive 2002/15.

(364) Suivant la définition du travailleur mobile de l'article 3 d) de la directive.

(365) Article 2 § 1 de la directive 2002/15

(366) Avant l'édiction de la directive 2002/15, la Cour de justice avait, dans son arrêt du 4 octobre 2001, aff. C-133/00, *Bowden*, jugé que la directive 93/104 excluait de son champ d'application l'ensemble du personnel du secteur routier, y compris le personnel de bureau. Solution désormais caduque, depuis la modification de la directive 93/104 par la directive 2000/34 et l'inclusion dans son champ d'application de l'ensemble des activités de transport, sous réserve de dispositions spécifiques, mis à part le transport maritime.

(367) La directive 2002/15 a également pour objet de rapprocher les conditions de concurrence dans le secteur d'activité intéressé ; V. article 1 de la directive.

(368) Contrairement à ce que l'Espagne et la Finlande ont soutenu dans un recours en annulation de la directive. « *La réglementation du temps de travail des conducteurs indépendants ne saurait être considérée comme une intervention démesurée et intolérable portant atteinte à la substance même des droits au libre exercice d'une activité professionnelle et à la liberté d'entreprendre* », CJCE, 9 septembre 2004, *Espagne et Finlande c. Parlement et Conseil*, aff. C-184/02 et C-223/02.

(369) V. article 3 a) 1) de la directive 2002/15.

(370) Dont le temps passé à côté du conducteur ou en couchette, v. article 3 b) de la directive 2002/15.

(371) Article 4 a) de la directive 2002/15.

(372) V. article 8 de la directive 2002/15.

499. Les gens de mer. L'organisation du temps de travail des gens de mer a fait l'objet d'une directive 99/63 adoptée par le Conseil le 21 juin 1999 (373).

L'intérêt de la directive est d'abord d'ordre formel ou institutionnel. La directive fait suite à la conclusion d'un accord entre les partenaires sociaux du secteur d'activité intéressé et à leur demande conjointe que l'accord soit mis en œuvre par une décision du Conseil (374). Elle constitue ainsi le premier exemple d'une négociation européenne sectorielle débouchant sur une « décision » du Conseil (375). Elle a également pour intérêt de venir compléter une lacune d'un dispositif de droit communautaire édicté suivant les voies législatives ordinaires. La directive 93/104 sur l'aménagement du temps de travail avait en effet exclu de son champ d'application les gens de mer, en raison des particularités de leur situation propre. Il est revenu aux partenaires sociaux, « *plus proches de la réalité sociale* » (v. le 9e considérant de la directive 99/63) de dégager des règles ajustées à ces particularités.

Sur le fond, l'accord-directive « gens de mer » s'écarte assez sensiblement de la directive générale sur l'aménagement du temps de travail. Si les prescriptions minimales de la directive générale ne se situent pas à un niveau de protection très élevé, celles de l'accord sur les gens de mer laissent place à des durées et des horaires de travail singulièrement lourds. Pas plus de 14 heures par 24 heures, ni plus de 72 heures par semaine (376). Encore faut-il ajouter que les États membres peuvent permettre à des conventions collectives de déroger aux limites fixées (377). Le capitaine d'un navire peut en outre exiger d'un marin les heures de travail nécessaires à la sécurité du navire, des personnes à bord ou de sa cargaison ou pour porter secours à d'autres navires ou personnes en détresse (378).

L'attention des partenaires sociaux s'est portée sur l'information des marins quant à leurs horaires de travail (379) et sur la tenue obligatoire de registres des heures de travail et de repos (380).

On remarquera également les règles de l'accord relatives à la fixation des effectifs du navire. Celle-ci doit tenir compte de la nécessité d'éviter une durée du travail excessive et de limiter la fatigue. Il revient à l'armateur de s'assurer que le navire possède des effectifs suffisants pour que les prescriptions relatives à la durée du travail soient respectées (381).

(373) *JOCE* n° L. 167 du 2 juillet 1999.

(374) L'accord avait été conclu par l'Association des armateurs de la Communauté européenne (ECSA) d'une part et par la Fédération des syndicats des transports de l'Union européenne (FST) d'autre part. L'élaboration de l'accord puis de la directive y faisant suite avait obéi à la procédure des articles 3 et 4 de l'Accord sur la politique sociale (devenus articles 138 et 139 CE).

(375) V. *supra* n° 111 et s. pour plus de détails.

(376) Clause 5, § 1 a) de l'accord annexé à la directive. Pas moins de 10 heures de repos par jour, ni moins de 77 heures par semaine (clause 5 § 1 b)).

(377) Clause 5, § 6 de l'accord, qui recommande (« peuvent » et non « doivent ») de prévoir en ce cas des périodes de congé plus longues ou fréquentes ou des congés compensatoires.

(378) Clause 7 de l'accord.

(379) Affichage facilement accessible d'un tableau précisant l'organisation du travail à bord, clause 5, § 7 de l'accord.

(380) Clause 8 de l'accord.

(381) Clause 10 § 1 de l'accord, la clause 10 § 3 ajoutant que tout navire doit avoir un équipage suffisant en nombre et qualité pour assurer la sécurité. Clause 12 de l'accord.

500. Les travailleurs de l'agriculture et de l'élevage. La durée du travail dans l'agriculture et l'élevage fait l'objet de négociations qui, conduites de façon régulière par les partenaires sociaux de l'agriculture au niveau européen, se sont traduites dans la conclusion d'« ententes », pour les salariés de l'agriculture d'un côté, pour les salariés de l'élevage de l'autre. Ces ententes, non obligatoires, ont néanmoins une portée recommandationnelle et en pratique, se sont effectivement traduites dans des conventions ou accords collectifs nationaux en transcrivant la teneur. L'harmonisation n'a pas eu besoin d'instruments contraignants pour se réaliser efficacement (382).

Section 4

La créance de salaire

Introduction

501. Protection des travailleurs en cas d'insolvabilité de l'employeur. Fondée sur l'ex-article 100 du traité initial (94 TCE, 114 TFUE), la directive n° 80/987 du 20 octobre 1980 tendait au rapprochement des législations des États membres en vue d'assurer la protection des travailleurs salariés en cas d'insolvabilité de l'employeur (383). Son objet plus précis a été de permettre le paiement des créances salariales malgré la défaillance de l'employeur, grâce à l'intervention d'une institution de garantie financée par les entreprises et indépendante de celles-ci. Cette directive particulière a pris place à un point de contact du droit social et du droit de la « faillite ».

Connue du droit français depuis 1973 (384), la protection des créances salariales en cas d'insolvabilité de l'employeur par une institution de garantie a pris aujourd'hui valeur universelle avec l'adoption en 1992 de la convention n° 173 de l'OIT, complétée par la recommandation 180.

Après une première modification en 1987, la directive 80/987 a fait l'objet d'une révision assez importante par une directive 2002/74 du 23 septembre 2002. La directive modificative a redéfini le champ d'application de la garantie de paiement ; elle a voulu combler des lacunes du texte initial, concernant principalement les situations transnationales.

Un contentieux assez important s'est développé devant la Cour de justice s'agissant du domaine et du montant de la garantie. L'application de la directive a été également à la source d'assez nombreux recours en manquement des États membres.

(382) V. *supra* n° 104.

(383) Commentaire LEITAO, *Cah. dr. eur.* 1981, p. 539. Une proposition de directive modifiée a été présentée le 15 janvier 2001 par la Commission au Conseil.

(384) Protection introduite en France par une loi du 27 décembre 1973 à la suite de la faillite de l'entreprise LIP et du conflit qui s'en était suivi, loi modifiée par une loi du 25 juin 1985, article L. 3253-1 et s. (L. 143-11-1 et s.) du Code du travail.

« Dans un souci de clarté et de rationalité », compte tenu des révisions successives, de la jurisprudence de la Cour de justice et de l'évolution des législations nationales, une nouvelle codification de la directive 80/987 a été réalisée par la directive 2008/94 du 22 octobre 2008 (385).

502. Directive « *Francovich* ». La transposition en droit national de la directive 80/987 a fait difficulté et continue de le faire. Le contentieux qui a pris naissance à ce sujet a permis à la Cour de justice d'affirmer le principe que la responsabilité de l'État peut être recherchée en cas de défaut de transposition d'une directive communautaire.

C'est ce qu'a décidé la Cour de justice, avec l'arrêt *Francovich*, dans une décision ayant une portée générale (386). Elle l'a fait à partir d'une analyse des dispositions de la directive distinguant celles de ces dispositions qui sont suffisamment précises et inconditionnelles pour permettre aux particuliers de s'en prévaloir devant le juge national et celles qui ne le sont pas.

Sont suffisamment précises et inconditionnelles les dispositions de la directive qui permettent la détermination des bénéficiaires de la garantie (article 1er de la directive) (387), ainsi, malgré la marge d'appréciation laissée aux États membres, que les dispositions concernant le contenu de cette garantie (articles 3 et 4 de la directive) (388).

Mais la directive ne précise pas l'identité du débiteur de la garantie et si l'État est tenu de mettre en place une institution de garantie appropriée et le cas échéant, de la financer, il ne peut être considéré comme débiteur au seul motif qu'il n'a pas pris dans les délais les mesures nécessaires (389).

Les intéressés ne pourront donc pas, à défaut des mesures d'application nécessaires, faire valoir leurs droits à l'encontre de l'État et obtenir directement de celui-ci le paiement des créances garanties.

Reste toutefois la possibilité de rechercher la responsabilité de la puissance publique. La Cour l'admet sous trois conditions. La première est que la règle de droit non respectée ait pour objet de conférer des droits au profit des particuliers ; la deuxième que le contenu de ces droits puisse être suffisamment identifié ou caractérisé sur la base des dispositions de la directive ; la troisième qu'existe un lien de causalité entre la violation de l'obligation qui incombe à l'État et le dommage subi par les personnes lésées (390).

(385) *JOUE* L 283 du 28 octobre 2008. La directive codificatrice a voulu conserver autant que possible la numérotation de la directive 80/987.

(386) CJCE, 19 novembre 1991, *A. Francovich et D. Bonifaci c. Rép. italienne*, aff. C-6/90 et C-9/90, *Rec.* I, p. 5357 ; *RTD eur.* 1992, p. 181 et p. 27, F. Schockweiler, « La responsabilité de l'autorité nationale en cas de violation du droit communautaire » ; *JCP* 1992, Éd. G., II 21783, note Barav ; *Act. jur. dr. adm.* 1992, p. 145, P. Le Mire.

(387) Motifs 13 et 14 de l'arrêt.

(388) Motifs 15 à 22 de l'arrêt.

(389) Motifs 23 à 26 de l'arrêt.

(390) Motif 40 de l'arrêt ; l'arrêt *Francovich* laissant cependant en suspens de nombreuses questions auxquelles la Cour est depuis lors venue peu à peu répondre ; v. D. Symon, « La responsabilité de l'État saisie par le droit communautaire », *Act. jur. dr. adm.* 1996, p. 489. V. depuis l'arrêt *Francovich*, précisant les conditions générales de la responsabilité de la puissance publique, spécial. CJCE, 5 mars 1996, *Brasserie du pêcheur*, aff. C-46/93 ; CJCE, 25 janvier 2007, *Robins*, aff. C-278/05, sur un cas de transposition incorrecte de la directive « Insolvabilité

Les droits nationaux et notamment le système italien – qui met la garantie à la charge de la caisse d'intégration des salaires, institution italienne très particulière (391) – continuent cependant de présenter des défaillances dont la Cour de justice a dû à nouveau être saisie (392), en vue en particulier de préciser les conditions d'une réparation adéquate du préjudice subi (393).

§ 1. — Les personnes et institutions

La directive a pour objet de créer des droits au profit des salariés et d'imposer des obligations aux employeurs. Elle implique l'existence d'une institution de garantie.

503. Les salariés protégés. La directive s'applique aux créances des travailleurs salariés résultant de contrats de travail ou de relations de travail (394), la définition des termes « travailleur salarié » étant renvoyée aux droits nationaux (395).

les États membres peuvent toutefois exclure certaines catégories de travailleurs salariés. Ils y sont autorisés si existent d'autres formes de garantie assurant, par d'autres moyens, une protection équivalente (396) ; ils peuvent également continuer à le faire pour deux types d'activités spéciales (397). Ces dispositions n'ont pas été modifiées (398). Il en va différemment de la liste d'exclusions, liste d'interprétation restrictive (399), qui figurait en outre en annexe de la directive dans son texte initial.

La directive codificatrice 2008/94, sur la base de la directive modificative 2002/74, continue de renvoyer à la définition nationale les termes « travailleur salarié », mais pose désormais des règles d'application générale interdisant aux États membres de procéder à l'exclusion des travailleurs à temps partiel, sous contrat à durée déterminée ou sous contrat d'intérimaire (400). Plus généralement, elle ne permet pas aux États membres de soumettre le bénéfice de la garantie de paiement

de l'employeur » ; V. également, CJUE, 24 janvier 2012, *Dominguez*, aff. C-282/10, concernant une réglementation nationale n'assurant pas à des travailleurs le droit à un congé payé annuel ; CJUE, 25 novembre 2010 *Fuß*, aff. C-429/09, sur le temps de travail de sapeurs pompiers.

(391) V. CJCE, 2 février 1989, *Commission c. Italie*, aff. 22/87, *Rec.* p. 143.

(392) Pour l'Espagne, CJCE, 16 décembre 1993, *Wagner Miret*, aff. C-334/92, *Rec.* I, p. 6926 ; pour la Grèce, CJCE, 8 novembre 1991, *Commission c. Rép. hellénique*, aff. C-53/88, *Rec.* I, p. 3917.

(393) CJCE, 10 juillet 1997, *D. Bonifaci*, aff. C-94/95 et C-95/95, *R. Plamisani*, aff. C-261/95, *F. Maso*, aff. C-373/95.

(394) Article 2 § 2 de la directive 2002/94. La notion de relation de travail ne recouvre pas les périodes de suspension de la relation de travail pendant lesquelles le salarié ne reçoit aucune rémunération, CJCE, 15 mai 2003, aff. C-160/01, *Karen Mau* (concernant une période de congé parental).

(395) Article 2 § 2 de la directive 2008/94. Quid des travailleurs qui possèdent une participation significative dans le capital de la société en état d'insolvabilité ? S'ils n'exerçaient pas « d'influence dominante » sur la gestion de l'entreprise, ils se verront reconnaître les droits à garantie afférant à la qualité de salarié, CJCE, 11 septembre 2003, aff. C-201/01, *Walcher*.

(396) Sur cette équivalence, CJCE, 8 novembre 1990, *Commission c. Rép. hellénique*, aff. C-53/88, *Rec.* I, p. 3917.

(397) La directive 80/987 mentionnait en annexe les exclusions autorisées pays par pays.

(398) A aussi été maintenue l'exclusion des gens de maison et des pêcheurs rémunérés à la part, article 1 § 3 de la directive.

(399) Dès lors que le droit national les qualifie de travailleurs salariés et qu'ils ne figurent pas en annexe de la directive, les membres du personnel de direction doivent bénéficier de la garantie réclamée par la directive, CJCE, 16 décembre 1993, *Wagner Miret c. Fondo de garantia salarial*, aff. C-334/92, *Rec.* I, p. 6926.

(400) Article 2 § 2 de la directive 2008/94.

« *à une durée minimale du contrat ou de la relation de travail* » (401). L'annexe de la directive, dont l'objet était de déterminer, État membre par État membre, les exclusions admises, n'ayant plus de raison d'être, a été supprimée.

504. Les employeurs insolvables. Sont visés les employeurs en état d'insolvabilité. Si la notion d'employeur est renvoyée aux droits nationaux (402), l'état d'insolvabilité est défini :

1) par l'existence d'une demande tendant à l'ouverture d'une procédure portant sur le patrimoine de l'employeur et visant au désintéressement de ses créanciers, disait le texte initial, « *qui entraîne le dessaisissement partiel ou total* » de l'employeur et la désignation d'un syndic, suivant ce que dit le texte modifié, en vue de couvrir les procédures d'insolvabilité « *autres que la liquidation* » (403) ;

2) par l'intervention de l'autorité nationale compétente, soit pour ouvrir la procédure, soit pour constater la fermeture de l'entreprise ainsi que l'insuffisance de l'actif disponible pour justifier l'ouverture de la procédure (404).

505. Les institutions de garantie. Chargées de régler les sommes impayées, elles relèvent de la compétence des États membres, qui en fixent chacun les modalités d'organisation, de financement et de fonctionnement.

505-1. Principes directeurs. Trois principes doivent toutefois être respectés (405) :

1) le patrimoine de l'institution doit être indépendant de celui des employeurs ;

2) les employeurs doivent contribuer à son financement, sauf financement intégral par les pouvoirs publics ;

3) L'obligation de régler aux salariés les sommes qui leur sont dues est indépendante de l'exécution par les employeurs de leur obligation de contribution.

505-2. Situations transnationales. Quelle est l'institution compétente pour assurer le paiement des créances salariales, lorsque l'insolvabilité concerne une entreprise ayant des activités sur le territoire de plusieurs États membres ? Le texte de 1980 ne répondait pas à la question. La Cour de justice, visant le cas de salariés travaillant dans un État membre au service de la succursale d'une société constituée selon le droit d'un autre État membre, avait dit que l'institution compétente est celle « *de l'État sur le territoire duquel ils exerçaient leur activité salariée* » (406).

La directive modificative de 2002, suivie par la directive codificatrice 2008/94, prolongeant la jurisprudence de la Cour de justice (407), a donné compétence à l'institution de l'État membre sur le territoire duquel les travailleurs « *exercent ou*

(401) Article 2 § 3 de la directive 2008/94.

(402) Article 2 § 2 de la directive 2008/94.

(403) V. considérant n° 5 de la directive 2002/74 ; v. également considérant n° 4 de la directive 2008/94.

(404) V. article 2 § 1 de la directive 2008/94, tel que remanié par la modification de 2002.

(405) Article 5 de la directive 2008/94, reprenant les dispositions de la directive initiale. L'État peut se désigner lui-même comme débiteur de l'obligation de payer les créances salariales garanties, CJCE, 18 octobre 2001, aff. C-441/99, *Riksskatterverket c. Soghra Gharehveran*, *Rec.* I, p. 7687 (visant le cas de la Suède).

(406) CJCE, 16 décembre 1999, aff. C-198/98, *Everson*.

(407) Et celle qui s'était formée devant la Cour de cassation française, conformément à l'arrêt *Everson* : Cass. soc., 2 juillet 2002, *Bull. civ.* V, n° 228 ; Cass. soc., 3 juin 2003, *Bull. civ.* V. n° 183. Il importe peu, dit la Cour de cassation, que la procédure d'apurement du passif n'ait pas été ouverte en France et que les cotisations

exerçaient habituellement leur travail » (408). L'institution compétente devra, pour déterminer l'état d'insolvabilité de l'employeur, prendre en compte les décisions prises dans un autre État dans le cadre d'une procédure d'insolvabilité, demande également le texte modifié (409), qui appelle à une coopération entre administrations nationales compétentes et institutions de garantie (410).

§ 2. — Les créances garanties

Inspirée d'une finalité sociale ou de protection des travailleurs, comme le répète volontiers la Cour de justice, la directive 80/987 garantit aux salariés le versement de leur rémunération, mais ne couvre pas le paiement de cotisations dues à des institutions de sécurité sociale.

A. — Garantie des salaires

506. Garantie des salaires. La garantie porte sur les créances portant sur la « rémunération » des salariés et restées impayées à une date qui peut être modulée, au choix des États, en liaison avec la date de survenance de l'insolvabilité (411). La date de survenance de l'insolvabilité correspond, a dit la Cour de justice, au « *dépôt de la demande d'ouverture de la procédure de désintéressement collectif des créanciers* » (412). Le terme « rémunération » et son contenu sont définis par chaque droit national (413).

Cette faculté s'exerce sous la réserve que soit respecté le principe général d'égalité et de non-discrimination, reconnu par le droit communautaire et dont les exigences « *lient également les États membres lorsqu'ils mettent en œuvre des réglementations communautaires* ». Les États ne pourront donc pas, face à l'insolvabilité de l'employeur, traiter différemment les créances salariales relevant de leur définition propre de la notion de rémunération, sauf à justifier cette différence (414).

afférentes à la garantie n'aient pas été versées en France. La procédure d'insolvabilité ouverte en dehors de l'Europe communautaire doit toutefois avoir fait l'objet d'une décision d'exequatur en France : Cass. soc., 3 juin 2003, *Bull. civ.* V, n° 184.

(408) Article 9 § 1 de la directive 2008/94.

(409) Article 9 § 3 de la directive 2008/94.

(410) Article 10 de la directive 2008/94.

(411) Article 3 § 2 de la directive 80/987, le texte de l'article 3 de la directive 2008/94 évoque plus simplement et libéralement une date déterminée par les États membres. Si l'employeur est redevable de créances antérieures à la période de référence, les paiements qu'il effectuera lui-même pendant cette période devront s'imputer par priorité sur la période antérieure, la période de référence devant quant à elle restée couverte par la garantie communautaire contre les pertes de salaires, CJCE, 14 juillet 1998, *Regeling*, aff. C-125/97.

(412) 10 juillet 1997, *Bonifaci et Berto.*, C-94/95 et C-95/95, *Rec.* I, p. 3969, *Maso e.a.*, C-373/95, *Rec.* I, p. 4051 ; c'est la date du dépôt de la demande, non celle de la décision qui se prononce sur la demande, CJCE, 15 mai 2003, aff. C-160/01, *Mau.*

(413) Il reviendra ainsi au juge national, en application du droit national, de décider si une indemnité pour licenciement irrégulier est une rémunération entrant sous la garantie de paiement, CJCE, 16 décembre 2004, aff. C6 520/03, *Olaso Valero.* La directive 2008/94, à la suite de cette décision, énonce que la garantie couvre les dédommagements pour cessation de la relation de travail, « *lorsque le droit national le prévoit* » !, article 3 alinéa 1.

(414) CJCE, 12 décembre 2002, aff. C-442/00, *Rodriguez Caballero, Rec.* I, p. 11915 (points 30 à 33), décision dans laquelle la Cour rejette la justification présentée par le gouvernement espagnol, qui avait invoqué les dispositions de l'article 10 de la directive 89/987 autorisant les États membres à prendre des mesures permettant « d'éviter des abus » ; v. également arrêt cité note précédente.

Si une différence de traitement non justifiée se manifeste, le juge national aura l'obligation d'appliquer « *aux membres du groupe défavorisé le même régime que celui dont bénéficient les autres travailleurs* » sans avoir à attendre l'élimination préalable de la discrimination par le législateur (415).

Les États peuvent limiter dans le temps la période de rémunération garantie, sous réserve de respecter une durée minimale (au moins trois mois ou au moins huit semaines suivant le cas) (416). Ils peuvent également instituer un plafond, qui ne peut être inférieur à un seuil « *compatible avec l'objectif social* »de la directive (417). La directive garantit toutefois aux intéressés « *un minimum de protection* » correspondant au « *paiement des créances impayées... portant sur la rémunération afférente à une période déterminée* » (418). La garantie doit couvrir les besoins élémentaires des salariés (419).

B. — Exclusion des cotisations de sécurité sociale

507. Cette exclusion n'est pas de droit et la garantie peut également porter sur les cotisations non payées aux institutions de sécurité sociale légale ou complémentaire. Les États peuvent cependant en prévoir l'exclusion (420).

Mais ils doivent s'assurer que le non-paiement des cotisations n'a pas d'effet préjudiciable sur le droit aux prestations des salariés, « *dans la mesure où les cotisations salariales ont été précomptées sur les salaires versés* » (421).

Les droits acquis ou en cours d'acquisition au titre de pensions de vieillesse – droits qualifiables de « rémunération » lorsqu'ils résultent d'un régime d'entreprise (422) – des salariés ayant quitté l'entreprise avant son insolvabilité doivent être préservés (article 8).

Le versement des prestations de sécurité sociale devra donc être garanti, que les créances soient mises à la charge de l'institution de garantie salariale prévue par la directive ou autrement (423).

(415) Même décision (points 52 à 44). On retrouve le mécanisme de substitution automatique du régime favorable au régime discriminatoire défavorable connu depuis longtemps de la jurisprudence communautaire relative à l'égalité professionnelle entre hommes et femmes, v. notam. 7 février 1991, *Nimz*, C-184/89, *Rec.* p. I-297 (points 18 à 20) et *supra* n° 278.

(416) Article 4 § 2 de la directive 2008/94.

(417) Article 4 § 3 de la directive 2008/94.

(418) CJCE, 14 juillet 1998, *Regeling*, aff. C-125/97, *Rec.* I, p. 4493 ; 18 octobre 2001, *Gharehveran*, aff. C-441/99, *Rec.* I, p. 7687.

(419) Les éventuels acomptes perçus par les salariés sont à déduire des sommes garantis, mais les sommes éventuellement versées par l'employeur pendant la période couverte par la garantie ne le sont pas), CJCE, 4 mars 2004, aff. C-19/01, *INPS c. Barsotti*.

(420) Article 6 de la directive 2008/94, reprenant sans changement la règle de la directive 80/987.

(421) Article 7 de la directive 2008/94 et de la directive 80/987.

(422) V. sur ce point *supra* n° 293-294, la jurisprudence de la Cour, à propos de l'égalité des rémunérations entre hommes et femmes.

(423) V. CJCE, 2 février 1989, *Commission c. Italie*, aff. 22/87, *Rec.* p. 143.

QUATRIÈME PARTIE

COORDINATION DES DROITS NATIONAUX

Introduction : Diversité des modes de coordination

511. Notion de coordination des droits nationaux. Après le droit matériel de l'Union européenne, nous rencontrons désormais des éléments de droit formel. Dans les développements qui suivent, il ne sera plus guère question d'harmonisation ni de rapprochement des droits nationaux en ce qui concerne le fond de leurs dispositions respectives, mais de coordonner entre elles le jeu de ces mêmes dispositions. Pour l'essentiel, les questions qui vont être étudiées relèvent donc d'une notion générale de conflits de lois et de juridictions. Elles portent sur la compétence juridictionnelle et la loi applicable dans les relations de travail internationales. Elles ne concernent pas uniquement le contrat de travail et les relations, de droit privé, entre travailleurs salariés et employeurs, mais intéressent également le droit des travailleurs au bénéfice d'une protection sociale et sous cet aspect, elles appartiennent d'ailleurs autant au droit public qu'au droit privé international.

Si l'objectif général reste toujours le même, déterminer la compétence d'un juge national et celle d'une loi nationale, les formes que prend l'œuvre de coordination sont diverses. Cette diversité présente plusieurs aspects. Elle fait ressortir une opposition générale entre la coordination de la sécurité sociale et celle du droit du travail, mais va parfois plus loin au travers de distinctions qu'il faut opérer dans le domaine de la sécurité sociale comme dans celui du droit du travail.

512. Les fondements juridiques et les instruments de coordination

512-1. Sécurité sociale. Le traité de Rome, dans son article 51 (devenu article 42 TCE, puis 48 TFUE), a prévu de compléter la liberté de circulation des travailleurs par des mécanismes permettant d'assurer aux ressortissants de l'Union se déplaçant à l'intérieur de celle-ci le bénéfice de prestations de sécurité sociale. L'objet de la réglementation instituée à cette fin n'a pas consisté à créer un système de sécurité sociale propre aux travailleurs qui se déplacent au sein de l'Union. Le droit de l'Union s'est borné à coordonner le jeu des droits nationaux de sécurité sociale existants, afin que le travailleur migrant puisse bénéficier, sans lacune ni cumul, des dispositions d'un droit national déterminé. A ainsi été mis en place ce que la Cour de justice décrit comme un système complet de règles de conflit de lois permettant la détermination de la loi de sécurité sociale applicable au travailleur migrant et celle – règlement d'un « conflit d'autorités » – de l'institution compétente pour régler sa situation.

Dès le tout début du Marché commun, le règlement n° 3, datant de 1958, a procédé à la mise en œuvre d'une coordination des droits nationaux de la sécurité sociale. Le règlement n° 3 a pu être très rapidement adopté car, avant même la signature du traité de Rome, il avait déjà été négocié entre les futurs États membres du Marché commun. De convention multilatérale entre ces États, il s'est transformé en règlement communautaire. Sans faire l'objet de changements majeurs, principalement pour consolider, parfois contrarier l'œuvre jurisprudentielle de la Cour de justice, le règlement n° 3 a été révisé et remplacé par le règlement n° 1408/71 du 14 juin 1971, resté longtemps en vigueur, puis remplacé par le règlement 883/2004 du 29 avril 2004, entré en application le 1er mai 2010, à la suite de l'adoption de son règlement d'application.

Dans le domaine de la sécurité sociale, c'est ainsi par voie de règlements de l'Union, textes obligatoires dans tous leurs éléments et directement applicables dans les États membres, que la coordination s'est réalisée.

512-2. Droit du travail. Nulle mention spécifique dans les traités communautaires successifs concernant la nécessité de régler les conflits de lois et de juridictions en droit du travail. Aussi bien, en ce domaine, l'œuvre de coordination n'a-t-elle pas été réalisée par des actes édictés par les autorités communautaires ; elle n'a pas été le fruit du droit communautaire proprement dit, mais seulement celui de conventions conclues entre les États membres de la Communauté :

– Convention de Bruxelles du 27 septembre 1968 sur la compétence judiciaire et les effets des jugements dans le marché commun (dite « Convention de Bruxelles ») ;

– Convention de Rome du 18 juin 1980 sur la loi applicable aux obligations contractuelles (dite « Convention de Rome »).

La Convention de Bruxelles a cependant été muée, au prix de légères retouches, en un règlement communautaire, le règlement 44/2001 du 22 décembre 2000 (1). La Convention de Rome a été à son tour remplacée par le règlement 593/2008, dit « Rome I », du 17 juin 2008 (2) (3). Le règlement 44/2001 a fait l'objet d'une refonte dans le règlement 1215/2012 du 12 décembre 2012 (4).

(1) *JOCE* L. 12, 16 janvier 2001.
(2) *JOUE* L 177, 4 juillet 2008.
(3) V. *infra* n° 538.
(4) *JOUE* L 351, 30 décembre 2012.

513. Droit de l'Union européenne et droit conventionnel. La coordination des sécurités sociales résulte d'actes de droit de l'Union, constitutif d'une réglementation propre à la matière, complète, très détaillée : 98 articles dans le règlement n° 1408/71, 91 dans le règlement 883/2004, auxquels s'ajoutent de nombreuses annexes et des règlements d'application aussi détaillés.

La Convention de Rome et la Convention de Bruxelles ont un objet débordant très largement le droit du travail et si le contrat de travail s'y particularise, il n'échappe pas pour autant à l'emprise des règles générales formulées par les deux conventions. Les règles propres au droit du travail sont contenues dans des dispositions brèves et générales : un article unique dans la Convention de Rome ou dans le règlement 593/2008 visant le contrat de travail, deux dispositions spécifiques dans la Convention de Bruxelles, quatre dans le règlement 44/2001 et dans le règlement « refonte ».

Place a ainsi été ouverte, pour les conflits de lois et pour les conflits de juridictions en droit du travail, à des compléments, des précisions, voire des dérogations, qui ont pu, par le passé, être apportés par des actes de droit communautaire aux dispositions générales des Conventions de Rome et de Bruxelles. Les règles de coordination du droit du travail énoncées par les deux conventions ont donc été combinées avec des règles complémentaires posées par le droit communautaire.

En devenant règlement communautaire, la Convention de Bruxelles et la convention de Rome n'ont pas pour autant perdu leur caractère de texte général et des éléments de droit communautaire spécial, propres aux relations de travail, continuent de pouvoir leur apporter compléments et dérogations.

514. Coordination universelle et coordination régionale. En ce qui concerne le champ d'application des règles, il faut distinguer suivant l'objet de ses différents instruments.

La coordination des sécurités sociales constitue un complément de la liberté de circulation des personnes à l'intérieur de l'Union ; à ce titre, elle n'a initialement concerné que les ressortissants communautaires. Son application subit une double limite, spatiale et personnelle, cette dernière limite ayant toutefois été repoussée avec l'évolution des textes. La Convention de Bruxelles et le règlement 44/2001 entrent en jeu si le défendeur, quelle que soit sa nationalité, est domicilié dans la Communauté (article 2 de la convention, devenu article 2 du règlement 44/2001). Seuls la Convention de Rome et le règlement Rome I sont d'application universelle : ils régissent toutes les situations de conflit de lois dont est saisi un juge de l'Union, même si la loi que ces textes désignent n'est pas celle d'un État de l'Union, mais d'un État tiers (article 2 de la convention de Rome, article 2 du règlement Rome I) (5). Universels, les deux textes le sont encore au sens où ils s'appliquent quelle que soit la nationalité des personnes.

Que l'on vise la coordination des sécurités sociales ou la compétence judiciaire, tout n'est pas couvert. Nombre de situations internationales, dont les éléments de

(5) Le règlement « Rome II » sur la loi applicable aux obligations non contractuelles est lui aussi d'application universelle, v. *infra* n° 575.

rattachement se répartissent entre un État membre de l'Union européenne et un État tiers, leur échappent et continuent de relever des solutions nationales ou des conventions conclues entre les États intéressés. « Universalisé » et unifié pour les conflits de lois en matière de contrat de travail, le système ne l'est pas pour la coordination des sécurités sociales et pour la compétence juridictionnelle en droit du travail.

Si elle est réglementée pour le droit du travail, à tout le moins le contrat de travail, la compétence juridictionnelle ne fait quant à elle l'objet d'aucun dispositif en matière de sécurité sociale, ni par le droit de l'Union, ni par le droit conventionnel. Le règlement 1408/71 n'en traite pas, non plus que le règlement 883/2004 ; la Convention de Bruxelles et le règlement 44/2001 l'ont exclue de leur champ d'application (article 1 de la convention, article 1 du règlement 44/2001). Le droit national garde ici son entière emprise.

515. Protection différenciée du travailleur. Le salarié en tant que partie contractuelle faible a fait l'objet de règles destinées à assurer sa protection face à l'employeur.

La Convention de Rome et le règlement Rome I ne permettent pas à la volonté commune des parties au contrat de travail de priver le salarié de la protection offerte par les dispositions de loi correspondant à la localisation objective du rapport de travail. Ils ouvrent également au juge des possibilités de moduler les solutions en vue de rechercher la protection du salarié.

La Convention de Bruxelles a réglé spécifiquement la compétence juridictionnelle en matière de contrat de travail, en permettant notamment de faire juger les litiges par la juridiction du lieu de travail, opérant un rapprochement entre le juge et le salarié de nature à faciliter l'action de ce dernier. Elle a ouvert en outre des options de compétence que le salarié est seul à pouvoir faire valoir. Ces règles tendant à la protection du travailleur s'y sont expressément inscrites avec la révision opérée par la convention de Saint-Sébastien, en 1989. Le règlement 44/2001, tout en remodelant partiellement les règles antérieures, a conservé pour objectif d'assurer la protection du salarié, partie faible.

En matière de sécurité sociale, en revanche, la détermination de la loi applicable est impérativement dictée par la localisation objective de la situation de l'assuré social. Celui-ci n'a pas de possibilité d'opter pour la législation qui lui est plus favorable. En visant à supprimer les situations de lacune du droit applicable (conflits négatifs) privant l'assuré social de la protection de toute loi, les règlements de l'Union montrent toutefois un souci de protection minimale. Une loi nationale doit en toute hypothèse être désignée pour servir au migrant les prestations qu'elle prévoit.

516. Cour de justice : consécration progressive de la compétence. Les difficultés d'interprétation et d'application des règlements relatifs à la sécurité sociale des travailleurs migrants relèvent naturellement de la compétence de la Cour de justice et notamment de sa compétence interprétative fondée sur l'article 177 du traité initial (devenu 234 TCE, puis 267 TFUE). Les règlements ont d'ailleurs été complétés par une jurisprudence très abondante et continûment enrichie de la Cour de justice.

Il a fallu en revanche, par protocoles complétant les conventions, attribuer à la Cour de justice une compétence qu'elle ne possédait pas pour l'interprétation des conventions de Rome et de Bruxelles.

Dès 1971, par protocole signé à Luxembourg le 3 juin 1971 (protocole entré en vigueur le 1er septembre 1975), un mécanisme calqué sur l'ex-article 177 du traité (234 CE, 267 FUE) a permis de confier à la Cour de justice l'interprétation de la Convention de Bruxelles dans des conditions analogues à celles du droit communautaire ordinaire. Ce sont au demeurant les interprétations de la Cour qui ont permis, dans un premier temps, de dégager des solutions propres au contrat de travail et favorables au salarié, solutions ensuite reprises et complétées par la convention de Saint-Sébastien.

L'interprétation de la Convention de Rome, en revanche, n'a été que récemment confiée à la Cour de justice (6). Les protocoles nécessaires n'ont d'abord été signés qu'assez tardivement, le 19 décembre 1988, et il a fallu ensuite attendre qu'ils n'obtiennent le nombre de ratifications permettant leur mise en vigueur. Qui plus est, la compétence de la Cour a été définie plus étroitement que dans la procédure usuelle de l'ex-article 177 (267 TFUE), puisque faculté a été ouverte aux juridictions nationales – y compris celles dont les décisions ne sont pas susceptibles de recours – de ne pas saisir la Cour de justice des difficultés d'interprétation qu'elles rencontrent. L'uniformité d'interprétation de la Convention de Rome risquait donc d'en souffrir. Il en va différemment avec la transformation de la Convention de Rome en un règlement de l'Union, qui permet de saisir la Cour de justice dans les conditions procédurales générales de l'article 267 TFUE.

L'ensemble des règles gouvernant les recours devant la Cour de justice (en interprétation, appréciation de validité, manquement, nullité…) est désormais applicable suivant les règles générales des articles 226 à 280 TFUE, pour la coordination des sécurités sociales comme pour celle du droit du travail.

*

* *

Le droit du travail fera l'objet du chapitre 1, le droit de la sécurité sociale, du chapitre 2.

(6) Décret de publication du 5 janvier 2005 (*JO* n° 9 du 12 janvier 2005, p. 501).

CHAPITRE 1

DROIT DU TRAVAIL

BIBLIOGRAPHIE relative aux conflits de juridictions, conflits de lois et lois de police en droit du travail.

BÉRAUD J.-M., « Le départ pour l'étranger du salarié détaché… », *Dr. soc.* 1991, p. 827.

DÉPREZ J., « Rattachements rigides et pouvoir d'appréciation du juge dans la détermination de la loi applicable au contrat de travail international, *Dr. soc.* 1995, p. 323.

DÉPREZ J., « Évolutions récentes des solutions des conflits de lois en matière de contrat de travail », *Mél. H. Blaise,* Economica, Paris, 1995, p. 165.

FALLON M., « Le principe de proximité dans le droit de l'Union européenne », *in Mélanges P. Lagarde*, Dalloz, Paris, 2005, p. 241.

FRANCESCAKIS Ph., « Lois d'application immédiate et droit du travail », *Rev. crit. DIP* 1974, p. 273.

HEUZE V., « De la compétence de la loi du pays d'origine en matière contractuelle ou l'anti-droit européen, *in Mélanges P. Lagarde*, Dalloz, Paris, 2005, p. 393.

JAULT-SESEKE F., « La détermination des accords collectifs applicables aux relations de travail internationales », *in Mélanges P. Lagarde*, Dalloz, Paris, 2005, p. 455

JAULT-SESEKE F., « L'office du juge dans l'application de la règle de conflit de lois en matière de contrat de travail », *Rev. crit. DIP* 2004, p. 253

LABORDE J.-P., « Les rapports collectifs de travail en droit international privé », *Trav. Com. Fr. DIP* 1996-97, p. 153.

LAGARDE P., « Sur le contrat de travail international : analyse rétrospective d'une évolution mal maîtrisée », *in Mélanges Gérard Lyon-Caen*, Dalloz, Paris, 1989, p. 83.

LYON-CAEN G., « La convention collective de travail en droit international privé », *Clunet (JDI)*, 1964, p. 258.

MAYER P., « La protection de la partie faible en droit international privé », *in La protection de la partie faible dans les rapports contractuels*, LGDJ, Paris, 1996, p. 513.

MAYER P., « Les clauses relatives à la compétence juridictionnelle insérées dans les contrats de travail », *in Mélanges Dominique Holleaux*, Litec, Paris, 1990, p. 263.

MOREAU M.-A., « Activités transnationales et représentation collective des salariés », *Dr. soc.* 1991, p. 53.

MOREAU M.-A., « Le détachement de travailleurs dans le cadre d'une prestation de services », *Clunet (JDI)* 1996, p. 889 ; *Trente ans de libre circulation*, La documentation française, Paris, 1998, p. 85.

MOREAU M.-A., « Continuité des règles de DIP en matière de contrat de travail international et communautaire », *in Mélanges J.-M. Jacquet*, Litec, Paris, 2013, p. 401.

NUYTS A., « L'application des lois de police dans l'espace… », *Rev. crit. DIP* 1999, p. 31, p. 245.

PATAUT É., « Loi de police et ordre juridique communautaire », *in Les conflits de lois dans le système juridique communautaire*, (dir. A. Fuchs, H. Muir Watt, E. Pataut), Dalloz, Paris, 2004, p. 11.

PATAUT É., « La grève dans les rapports internationaux de travail : questions de qualification », *Dr. soc.* 2005, p. 303.

ROBIN S., « L'application du droit social français aux entreprises prestataires de services… », *Dr. soc.* 1994, p. 127.

RODIÈRE P., « Le projet européen de règlement uniforme des conflits de lois en matière de relations de travail », *RTD eur.* 1973, p. 3.
RODIÈRE P., « Conflits de lois en droit du travail : étude comparative », *Dr. soc.* 1986, p. 118.
SINAY-CYTERMANN A., « La protection de la partie faible en droit international privé », *in Mélanges Paul Lagarde*, Dalloz, Paris, 2005, p. 737.
SYNVET H., sur le détachement de salariés et la loi applicable, *Dr. soc.* 1991, p. 836.

517. Plan. Une première section, visant la convention de Bruxelles et les règlements qui lui ont fait suite, traitera de la compétence juridictionnelle internationale en matière de contrat de travail. Une deuxième section, centrée sur la convention de Rome et le règlement Rome I, portera sur la détermination du droit du travail applicable aux relations de travail internationales.

Section 1

La compétence juridictionnelle

Après examen de questions générales (§ 1), on analysera d'abord les règles de compétence fixées par la Convention de Bruxelles puis par le règlement 44/2001 sur la compétence judiciaire (§ 2), les dérogations qui peuvent y être contractuellement apportées ensuite (§ 3).

§ 1. — Questions générales

A. — Les étapes successives

518. Une double évolution. Le texte initial de la Convention de Bruxelles a été plusieurs fois modifié, avant d'être finalement transformé en un règlement communautaire.

518-1. Bruxelles, Lugano, Saint-Sébastien. La Convention de Bruxelles, qui a lié les États membres de la Communauté européenne, ne comportait, dans sa rédaction initiale du 27 septembre 1968, aucune disposition propre au droit du travail. La révision résultant de la convention d'adhésion du 9 octobre 1978 n'y a rien changé. Il a fallu attendre la signature de la convention de Lugano le 16 septembre 1988 pour que le contrat de travail fasse son entrée dans cette convention « parallèle » à la Convention de Bruxelles. Conclue entre les États membres de la Communauté européenne et les États de l'AELE (1), la convention de Lugano a élargi l'espace judiciaire européen vers ces derniers pays. À cette occasion, elle a posé des règles spécifiques au contrat de travail, aussi bien pour la compétence ordinaire des tribunaux que pour les prorogations conventionnelles de compétence. Ces règles ont

(1) À l'époque, avant l'adhésion à la Communauté de certains d'entre eux : Autriche, Finlande, Islande, Liechtenstein, Norvège, Suède et Suisse.

ensuite inspiré la révision de la Convention de Bruxelles, la convention applicable entre les États membres de l'Union européenne, réalisée par la convention de Saint-Sébastien signée le 26 mai 1989. Depuis l'entrée en vigueur de la convention de Saint-Sébastien, des règles spécifiques distinguent et particularisent le régime du contrat de travail parmi les autres contrats (2).

518-2. Règlement 44/2001 du 22 décembre 2000. La coopération judiciaire en matière civile étant devenu un objectif mieux affirmé de la Communauté, la Convention de Bruxelles du 27 septembre 1968 a été transformée en un règlement communautaire : règlement 44/2001 (Bruxelles I) du 22 décembre 2000 (3). Transcrite dans un règlement communautaire, la Convention n'a pas en général été modifiée. Des retouches rédactionnelles lui ont été apportées ainsi que des modifications de plan, une section y regroupant l'ensemble des règles relatives au contrat individuel de travail (articles 18 à 21). Le règlement 44/2001 est devenu applicable aux actions formées après le 1er mars 2002 (4).

Sur le fond, des modifications concernent le droit du travail (5), liées à l'accent que l'on a voulu mettre sur la compétence de principe donnée au tribunal du domicile du défendeur (cf. 11e considérant du règlement).

Les considérants du règlement 44/2001 ont fait référence, visant en particulier le contrat de travail, à l'opportunité de protéger la partie la plus faible par des règles de compétences favorables à ses intérêts (13e considérant), ajoutant que l'autonomie des parties dans la détermination volontaire de la juridiction compétente doit être limitée lorsque l'une des parties est plus faible (14e considérant). Ils énoncent également que le for du domicile du défendeur doit être complété par d'autres fors étroitement liés au litige ou propres à assurer une bonne administration de la justice (12e considérant), ouvrant ainsi la voie vers la compétence du tribunal du lieu de travail habituel.

518-3. Règlement 1215/2012 du 12 décembre 2012 « refonte ». Ce nouveau règlement a pour objet « *d'améliorer l'application* » des dispositions du règlement 44/2001, tout en y apportant « *plusieurs modifications substantielles* ». Ses auteurs ont préféré, « *par un souci de clarté* », refondre l'ensemble dans un nouvel instrument (v. considérant n° 1). Le règlement 1215/2012 abroge donc le règlement 44/2001. Il sera applicable à partir du 10 janvier 2015.

On y retrouve la section spécifiquement consacrée à la compétence en matière de contrats individuels de travail, avec une nouvelle numérotation (articles 20 à 23) et deux modifications sensibles, concernant la localisation du domicile de l'employeur (6) et l'hypothèse de la pluralité de défendeurs (7), double modification visant à assurer une meilleure protection des intérêts des travailleurs.

(2) V. G.A.-L. Droz, « La convention de San Sebastian alignant la Convention de Bruxelles sur la convention de Lugano », *Rev. crit. DIP* 1990, p. 1 ; « La convention de Lugano parallèle à la Convention de Bruxelles... », *Rev. crit. DIP* 1989, p. 1. Sur l'ensemble de la question de la compétence internationale en Europe, H. Gaudemet-Tallon, *Compétence et exécution des jugements en Europe, Règlement 44/2001, Conventions de Bruxelles et de Lugano*, LGDJ, coll. Droit des affaires, 3e éd., 2002.

(3) *JOCE* L. 12, 16 janvier 2001.

(4) Article 66 § 1 du règlement 44/2001

(5) V. *infra* n° 530.

(6) V. *infra* n° 520.

(7) V. Arrêt *Glaxosmithkline* du 22 mai 2008 et *infra* n° 531.

Les considérants du nouveau règlement permettent de retrouver l'objectif de protection du salarié en tant que partie contractuelle faible (considérant n° 18) et dans cet esprit, la limitation de l'autonomie de la volonté dans la détermination volontaire de la juridiction compétente (considérant n° 19). Se retrouvent également les formules antérieures sur la nécessité de compléter le for du domicile par des fors complémentaires, permettant notamment au travailleur d'agir près de son lieu de travail (considérant n° 16).

519. Applicabilité de la Convention de Bruxelles ? La première question soulevée par la Convention de Bruxelles du 27 septembre 1968 sur la compétence judiciaire fut de savoir si le contrat de travail entrait ou non dans son champ d'application (8).

519-1. Le débat. Deux raisons s'y opposaient :

– l'article 1er de la convention vise la matière civile et commerciale ; or, on peut affirmer du droit du travail qu'il constitue une branche du droit distincte, une « *matière* » distincte ;

– on considère volontiers que le contrat de travail doit relever de règles de compétence particulières dictées par la nécessité de protéger le salarié en tant que partie faible. La Convention de Bruxelles, dans sa rédaction de 1968, contenait des règles particulières, obéissant à cette même préoccupation, pour les contrats d'assurance et pour les contrats conclus avec les consommateurs, mais ne disait rien du contrat de travail. Il aurait fallu déduire de cette absence de dispositions particulières au contrat de travail que celui-ci se trouvait exclu du domaine de la convention.

Malgré ces arguments, l'inclusion du contrat de travail dans le domaine matériel de la convention ne fut pas sérieusement mise en doute. Les travaux préparatoires et le rapport joint à la convention (9) venaient témoigner en ce sens. L'exclusion de la sécurité sociale qui, quant à elle, est expressément formulée, aurait *a fortiori* réclamé une exclusion aussi nette d'une matière plus directement au contact du domaine d'application général de la convention. Ces données étaient renforcées par l'élaboration, puis par l'adoption de la Convention de Rome sur la loi applicable aux obligations contractuelles (*forum shopping*). En prévoyant des rattachements propres aux contrats de travail, la Convention de Rome, conçue pour faire le pendant de la Convention de Bruxelles, confirmait en retour que le contrat de travail entrait bien dans le domaine de cette dernière.

519-2. L'arrêt *Sanicentral*. Telle a été la position adoptée par la Cour de justice des Communautés européennes dans l'arrêt *Société Sanicentral contre Collin* (10). La Cour de cassation française n'avait pas soulevé la question dans sa

(8) La sécurité sociale étant expressément exclue du domaine matériel de la convention, article 1 de la convention, devenu article 1 du règlement.

(9) V. Jémard, *JCP* 1973, I, 2592. La Cour de cassation juge toutefois que cette exclusion ne concerne que les « *actions propres au contentieux de la sécurité sociale* » et que la convention est applicable « *au recours intenté selon le droit commun par l'organisme de sécurité sociale, contre l'assureur du responsable du dommage* » (Cass. 1re civ., 28 mai 2002, n° 00-11.725, *Bull. civ.* I, n° 149 ; Cass. soc., 13 mai 1993, n° 90-20463).

(10) CJCE, 13 novembre 1979, *DS* 1980, 543, note J. Mestre ; *JDI (Clunet)* 1980, 429, chr. J. Huet ; Cass. soc., 4 juin 1980, *JDI (Clunet)* 1980, 896, chr. J. Thillet-Pretnar.

décision de renvoi à la Cour de justice (11), qui portait sur l'interprétation particulière d'une disposition de la Convention de Bruxelles – l'article 17. La Cour de justice a pris soin d'approuver la Cour de cassation qui avait implicitement admis « *à juste titre que le droit du travail fait partie du domaine matériel de la convention et que les litiges nés d'un contrat de travail, conclu après le 1er février 1973* (date d'entrée en vigueur de la convention) *ressortissent à ladite convention* » (12).

On remarquera que la Cour de justice visa de manière générale le droit du travail, alors que la Convention de Rome se cantonne au seul contrat individuel de travail. Elle déduisit cependant de ce rattachement général, qu'en l'espèce, la convention s'appliquait à un litige né d'un contrat de travail. L'application de la Convention de Bruxelles, en dehors du domaine de la compétence prud'homale, à l'ensemble du droit du travail, restait encore discutable.

La Convention de Saint-Sebastien, en introduisant des règles propres au contrat de travail, a ensuite tranché, mais incomplètement. L'applicabilité de la Convention de Bruxelles, en dehors du contrat de travail, au reste du droit du travail, est toujours en question (13) : quid par exemple des litiges relatifs à la validité ou à l'interprétation d'une convention collective ? Le règlement 44/2001 n'apporte aucun élément de réponse nouveau à cette question, non plus que le règlement « refonte ».

B. — Droit international et droit national

520. Un espace régional. Les règles françaises de compétence interne s'appliquent à la détermination de la juridiction compétente pour connaître des litiges nés d'une relation de travail internationale, mais sous réserve des conventions internationales conclues par la France en matière de compétence judiciaire.

(11) Cass. soc., 10 janvier 1979, *Rev. crit. DIP* 1979, 453, note P.L.

(12) V. antérieurement, dans le même sens, Aix, 10 mai 1974, *Rev. crit. DIP* 1974, 548, note Droz ; *Clunet* 1975, 82, note D. Holleaux. On rappellera les difficultés particulières engendrées par le principe de supériorité des traités sur la loi interne en ce qui concerne la compétence prud'homale, difficultés illustrées par l'affaire *Bloch contre Société Filtex* qui nécessita une double intervention de la Cour de cassation. Dans une décision fortement critiquée, la Chambre sociale de la Cour de cassation avait déclaré que le traité franco-suisse du 15 juin 1869 sur la compétence judiciaire « *ne saurait porter atteinte à la compétence des tribunaux français saisis d'une demande intéressant l'ordre public français* » et ne pouvait donc empêcher un représentant de commerce français d'assigner son employeur suisse devant le conseil de prud'hommes de son lieu de travail en France (Cass. soc., 22 novembre 1972, *Rev. crit. DIP* 1973, p. 565, note Batiffol, *Journ. dr. internat.* (Clunet) 1973, p. 722, note G. Lyon-Caen). Après résistance de la cour de renvoi l'Assemblée plénière trancha contre la Chambre sociale, consacrant l'autorité supérieure du traité sur la loi interne : si « *l'ordre public peut être invoqué pour faire obstacle à l'application d'une loi étrangère contraire à des conceptions fondamentales du droit français, tel n'est pas le cas en l'espèce où le caractère d'ordre public de la loi de fond ne commande pas d'écarter une règle de compétence contenue dans un traité international dont l'autorité est supérieure à celle de la loi* » (Ass. plén., 14 octobre 1977, *Rev. crit. DIP* 1978, p. 166, note H. Batiffol ; *Dr. soc.* 1978, p. 417, note P. Lagarde ; *JDI* (Clunet) 1978, p. 304, note G. Lyon-Caen). La Chambre sociale s'est inclinée.

Le mécanisme de l'exception d'ordre public international ne peut être utilisé à l'encontre de toute norme constitutive d'un élément du droit français. Le fait que l'Assemblée plénière ait visé le caractère d'ordre public « *de la loi de fond* » traduit, quant à lui, la crainte du salarié de voir un tribunal helvétique ne pas lui appliquer le statut des VRP. Cette décision présente, en outre, l'intérêt d'exprimer que l'attraction particulièrement forte que la compétence législative exerce sur la compétence juridictionnelle en matière de contrat de travail, reste, en tout état de cause, sans effet sur une compétence juridictionnelle fixée par le traité international.

(13) L'exclusion de la sécurité sociale du domaine matériel de la convention n'empêche pas que les régimes de retraite qui ont pour fondement le contrat de travail – certains régimes de retraite complémentaire – relèvent de la Convention de Bruxelles ou, maintenant, du règlement 44/2001 et plus spécialement des dispositions de la convention relatives au contrat de travail (Cass. soc., 21 janvier 2004, n° 01-41632, *Shell international*).

Avec la Convention de Bruxelles et, désormais, le règlement 44/2001, l'exception, sans pour autant devenir la règle, couvre un champ d'application considérable. Le dispositif juridique qui en est issu a même un champ d'application qui déborde l'Europe communautaire, puisqu'il s'étend, dans le cadre de la Convention de Lugano du 16 septembre 1988, aux pays membres de l'Association européenne de libre-échange (AELE), aussi bien dans leurs relations mutuelles que dans celles qu'ils ont avec les États membres de l'Union européenne (14). A ainsi été mis en place un vaste « espace judiciaire européen » couvrant les États membres de l'Union européenne, s'étendant en outre à l'Islande, la Norvège et la Suisse, et maintenant aux États de l'Europe centrale et de l'Est ayant rejoint l'Union européenne.

Si vaste soit-il, l'espace territorial couvert par la Convention de Bruxelles et le règlement 44/2001, complétés par la Convention de Lugano, n'en demeure pas moins régional. C'est un point d'opposition majeur qui la sépare de la Convention de Rome et du règlement Rome I sur la loi applicable aux obligations contractuelles qui est d'application « universelle » au sens où tout juge d'un État partie, dès l'instant où les règles de compétence juridictionnelle ont permis de le saisir d'un conflit de lois en matière contractuelle, doit appliquer la convention même si la loi qu'elle désigne n'est pas celle d'un État contractant (15). La Convention de Bruxelles et le règlement 44/2001 (16) ont en revanche un domaine d'application spatiale limité.

Leur mise en application suppose qu'un point de rattachement intéressant la relation litigieuse se localise à l'intérieur de l'espace judiciaire européen. En matière d'obligation contractuelle, les règles de compétence posées par la convention et le règlement s'appliquent « *si le défendeur est domicilié sur le territoire d'un État contractant (membre)* » (17). Les règles de la convention et du règlement relatives aux clauses attributives de juridiction s'appliquent « *si le tribunal choisi est celui d'un État contractant (membre)* ». La Convention et le règlement cesseront donc d'être applicables à la détermination de la compétence juridictionnelle si le défendeur a son domicile ailleurs que dans l'espace judiciaire européen ; ils ne régiront pas non plus les clauses contractuelles attribuant juridiction à un tribunal extérieur audit espace, solution que la Cour de justice a toutefois écartée, récemment, pour le contrat de travail (18). Suivant la situation qui lui est soumise, le juge français devra tantôt appliquer la Convention de Bruxelles (ou celle de Lugano) ou le règlement 44/2001, tantôt se fonder sur les dispositions du droit interne français. Une dualité des sources demeure.

La nécessité que l'employeur soit domicilié dans l'espace couvert par la convention de Bruxelles et le règlement 44/2001 (complétés par la convention « parallèle » de Lugano), privera le travailleur de la possibilité d'agir devant un tribunal situé à l'intérieur de cet espace, bien que son lieu de travail ou le centre de ses intérêts s'y trouve. Cet élément, préjudiciable à ses intérêts, est corrigé par le règlement « refonte » 1215/2012, qui ouvre au travailleur la possibilité d'agir devant

(14) Les dispositions de la Convention de Lugano, à quelques éléments de différenciation près, qui concernent notamment le contrat de travail, sont identiques à celles de la Convention de Bruxelles.

(15) V. *infra* n° 536.

(16) Ainsi que la Convention de Lugano.

(17) V. articles 3 et 4 du Règlement 44/2001.

(18) V. *infra* n° 535-2

une juridiction de l'Union, alors que l'employeur n'est domicilié dans aucun État membre (19). L'espace territorial dans lequel s'appliquent les règles de compétences propres au contrat de travail en est donc agrandi.

521. Autorité du droit de l'Union. Lorsque les conditions d'application de la convention (ou du règlement 44/2001) sont réunies, l'application du droit commun de la compétence internationale doit être écartée (20). Les règles relatives à la détermination du champ d'application de la Convention de Bruxelles « sont d'ordre public », a dit la Cour de justice des Communautés européennes (21). Le juge doit en relever d'office l'application (22).

Les règles de compétence interne françaises ne sauraient être opposées à celles qui étaient posées par la Convention de Bruxelles et qui le sont aujourd'hui par le règlement communautaire. « *Les règles de droit interne ne sont pas applicables pour la détermination de la compétence internationale du juge saisi d'un litige international intra-communautaire, soumis aux dispositions de la Convention de Bruxelles* », a dit la Cour de cassation (23). La compétence déterminée par la Convention de Bruxelles ou le règlement 44/2001 est exclusive (24).

Dès lors que le défendeur est domicilié dans un État partie à la convention ou, désormais, avec le règlement 44/201, dans un État membre de l'Union, et que le litige présente un « *caractère international intra-communautaire* », suivant la formule utilisée par la Cour de cassation, les dispositions de la Convention de Bruxelles ou celles du règlement 44/2001 sont applicables à la détermination de la juridiction compétence et le sont en tant que règles d'ordre public d'application exclusive. Le caractère international intra-communautaire du litige suppose que ses éléments intéressent plusieurs États parties à la Convention de Bruxelles ou plusieurs États membres soumis à l'application du règlement 44/2001. Alors même que les deux parties sont domiciliées dans le même pays, le litige présente par exemple un caractère international intra-communautaire si le lieu d'exécution de l'obligation servant de base à la demande, c'est-à-dire l'activité du salarié dans le cas du contrat de travail, se situe sur le territoire d'un autre État contractant (25).

(19) Article 21 § 2 du règlement 1215/2012 et v. *infra* n° 530 sur la conception large du domicile de l'employeur et sur les compétences spéciales ouvertes au travailleur, n° 523 et s.

(20) Voir rapport Schlosser sur la convention d'adhésion du 9 octobre 1978, *JOCE* n° C.58 du 5 mars 1979.

(21) CJCE, 19 janvier 1993, aff. C-89/91, *Shearson Lehman Hutton Inc.*

(22) Cass. soc., 17 décembre 1986, n° 84-45.383, *Bull. civ.* V, n° 605 ; Cass. ass. plén., 18 février 1994, n° 90-12.454, *Bull. ass. plén.*, n° 2, *D.* 1995, 245, concl. Jéol, note du Rusquee, *JDI* (Clunet) 1995, p. 150, obs. A. Huet ; voir également Cass. soc., 16 février 1987, n° 83-43.460, *Bull. civ.* V, n° 77 ; Cass. soc., 26 avril 2006, n° 04-47238, *Bull.* V, n° 148.

(23) Cass. ass. plén., 11 mars 2005, n° 02-41371 et 02-41372, *Sté Codeviandes*, rapp. Pluyette et concl. Foerst ; Cass. soc., 20 septembre 2006, n° 04-45717, *Bull.* V, n° 286 ; *Dr. soc.* 2006, p. 1200, obs. J.-Ph. Lhernould. V. antérieurement, concernant un traité franco-suisse sur la compétence judiciaire, Cass. ass. plén., 17 octobre 1977, n° 75-40.119, *Rev. crit. DIP* 1978, p. 166, note Batiffol ; *JDI* (Clunet) 1978, p. 304, note G. Lyon-Caen ; *D.* 1978, jur., p. 417, note P. Lagarde « *Le caractère d'ordre public des dispositions françaises relatives à la compétence des tribunaux, et notamment à celle des conseils de prud'hommes, ne saurait s'opposer à l'application d'une règle de compétence contenue dans un traité international, dont l'autorité est supérieure à celle de la loi* », avait dit l'Assemblée plénière pour condamner une jurisprudence de la chambre sociale qui prétendait, invoquant l'ordre public, faire prévaloir les règles de compétence prud'homale françaises sur celles que fixait un traité en vigueur.

(24) V. également, Cass. soc., 29 avril 2003, n° 01-41599, *Sté Wedge*.

(25) Cass. com., 30 janvier 2001, n° 98-23376, *Ing Bank* ; Cass. ass. plén., 11 mars 2005, n° 02-41371 et 02-41372, *Sté Codeviandes*, précité.

Si la même analyse vaut partiellement pour la convention de Lugano, il convient de réserver ce que la transformation de la convention de Bruxelles en règlement de l'Union peut apporter en force juridique supplémentaire (26).

§ 2. — Règles de compétence

522. L'évolution générale des solutions. Jusqu'à la révision introduite par la convention de Saint-Sébastien, le texte de la Convention de Bruxelles ne contenait aucune disposition propre à la compétence en matière de contrat de travail. La Cour de justice, soucieuse d'assurer une protection adéquate du travailleur, partie contractuellement faible, a fait œuvre créatrice et distingué le contrat de travail des autres contrats. Sa jurisprudence a ensuite été confirmée et continuée par la convention de Saint-Sébastien et les compléments à l'article 5 1° introduits par celle-ci. La Cour de justice ayant signifié son intention d'interpréter le nouveau texte par référence à son ancienne jurisprudence, on commencera par examiner l'œuvre prétorienne de la Cour de justice qui a précédé la convention de Saint-Sébastien, avant de considérer l'apport de celle-ci.

A. — Avant la convention de Saint-Sébastien

523. Article 5 1° de la Convention et du règlement. L'applicabilité de la convention au droit du travail ayant été admise, ce sont donc les règles générales de compétence en matière contractuelle qui ont été appelées à jouer, les rédacteurs de la convention n'ayant pas prévu en 1968 de règles particulières pour le contrat de travail. Ces règles générales ont été formulées à l'article 2 et à l'article 5-1° de la convention :

– l'article 2 a donné compétence aux tribunaux de l'État du domicile du défendeur : *actor sequitur forum rei*. C'est la règle de base retenue par la convention, règle de compétence juridictionnelle qui conditionne en outre l'application de la Convention de Bruxelles (27) ;

– l'article 5-1° a ajouté, en matière contractuelle, la possibilité de saisir, dans un autre État membre que celui du domicile du défendeur, « *le tribunal du lieu où l'obligation a été ou doit être exécutée* », formule à laquelle s'est ultérieurement ajouté (convention d'adhésion du 9 octobre 1978) un membre de phrase visant l'obligation « *qui sert de base à la demande* ».

Si l'article 2 n'a pas soulevé de difficultés particulières d'application concernant le contrat de travail, il en est allé différemment de l'article 5-1°. Les dispositions de ce texte ont été à l'origine d'un contentieux interprétatif dans lequel une solution propre au contrat de travail s'est distinguée de la solution générale.

(26) V. Cass. soc., 25 janvier 2012, n° 10-28155, *Bull.* V, n° 24 ; Cass. soc., 12 juin 2012, n° 11-18578.
(27) V. *supra* n° 520.

Non inscrit dans le texte de la convention, le particularisme de la compétence en matière de contrat de travail a ainsi fait son apparition par l'interprétation, là où cependant la « loi » ne distinguait pas.

524. Solution générale : jurisprudence *de Bloos*. La règle interprétative générale s'est formée avec l'arrêt *de Bloos* rendu le 6 octobre 1976 par la Cour de justice à propos d'un contrat exclusif de vente conclu entre deux commerçants (28).

– **Prise en considération de l'obligation litigieuse**. La Cour de justice énonce dans l'arrêt *de Bloos* que l'obligation à prendre en considération, au sens de l'article 5-1° de la Convention de Bruxelles, est celle qui sert de base à l'action judiciaire. C'est, autrement dit, l'obligation litigieuse. Approuvée par certains (29), sans recueillir cependant l'assentiment général (30), la solution a eu l'inconvénient d'entraîner une dispersion des fors compétents lorsque le litige porte sur plusieurs obligations et que celles-ci s'exécutent en des lieux différents.

– **Détermination du lieu d'exécution par la loi applicable à l'obligation.** La complexité de la solution se trouve encore accentuée si la détermination du lieu d'exécution de l'obligation soulève elle-même une difficulté. Rendu le même jour que l'arrêt *de Bloos*, l'arrêt *Tessili* de la Cour de justice (31) a soumis ce point particulier à la loi applicable à l'obligation litigieuse d'après la règle de conflit de lois du juge saisi. Celui-ci devait donc résoudre un conflit de lois concernant le fond du litige au titre d'une question préalable à la détermination de la compétence juridictionnelle.

525. Adaptation au contrat de travail – Arrêts *Ivenel* et *Shenavaï*. C'est ce système compliqué que la Cour de justice, avec ses arrêts *Ivenel* et *Shenavai*, a remis en cause à propos du contrat de travail en vue de placer celui-ci sous un régime propre.

525-1. Arrêt *Ivenel* – considération de l'obligation caractéristique (32). Dans son arrêt *Ivenel* du 26 mai 1982, la Cour de justice a déclaré que « *l'obligation à prendre en considération pour l'application de l'article 5-1° de la Convention de Bruxelles, en cas de demandes fondées sur différentes obligations résultant d'un contrat de représentation qui lie un travailleur dépendant à une entreprise est celle qui caractérise ce contrat* ». L'obligation qui sert de base à la demande cède devant l'obligation caractéristique du contrat.

Un tel dispositif restait cependant ambigu. Fallait-il limiter la solution au cas de « *demandes fondées sur différentes obligations* » (33) ou plus largement et simplement

(28) Aff. 14/76, *Rec.* p. 1497 ; *JDI (Clunet)* 1977, 719, obs. J.-M. Bischoff ; *DS* 1977, 616, note Droz ; *Rev. crit. DIP* 1977, 751, note P. Gothot et D. Holleaux.

(29) Gothot et Holleaux, notes précitées.

(30) Bischoff, obs. précitées ; H. Gaudemet-Tallon, note citée *infra* ; Droz, *DS* 1977, chr. 287.

(31) Aff. 12/76, *Rec.* 1473 ; *DS* 1977, 616, note Droz ; *Rev. crit. DIP* 1977, 751, note Gothot et Holleaux ; *JDI (Clunet)* 1977, 714, chr. A. Huet.

(32) Aff. 133/81, *Rec.* p. 1891 ; *Rev. crit. DIP* 1983, p. 116, note H. Gaudemet-Tallon ; *JDI (Clunet)* 1982, p. 948 ; obs. Bischoff et A. Huet.

(33) Le dispositif de l'arrêt visant le cas de demandes fondées sur différentes obligations nées d'un même contrat de représentation salariée, on pouvait comprendre que le critère de l'obligation caractéristique n'avait lieu d'être utilisé que dans l'hypothèse de demandes relatives à plusieurs obligations contractuelles, afin d'éviter la dispersion des compétences juridictionnelles. Le dispositif de l'arrêt était même ainsi rédigé qu'il ouvrait un avenir possible

comprendre qu'en cas de travail dépendant, c'est-à-dire essentiellement en matière de contrat de travail, le juge compétent sur le fondement de l'article 5-1° était celui du lieu d'exécution du travail, l'accomplissement du travail étant la prestation caractérisant ce type de contrat ? L'ensemble de la motivation de l'arrêt allait en ce dernier sens. La Cour y visait en effet spécifiquement le contrat de travail pour énoncer « *qu'il serait souhaitable que les contestations en cette matière soient localisées devant les tribunaux de l'État dont la loi est appelée à régir le contrat* » (en général, la loi du lieu de travail) et invoquait le souci de fournir une protection adéquate à la partie la plus faible du point de vue social.

La décision paraissait donc écarter de manière générale le critère retenu par la jurisprudence *de Bloos* pour un critère propre au contrat de travail, permettant au salarié d'aller plaider devant la juridiction de son lieu de travail, juridiction qui, *ratione loci*, se présente comme le *juge naturel* du contrat de travail.

525-2. Arrêt *Shenavaï* – considération de la prestation de travail (34)**.** Cet arrêt a levé l'ambiguïté de l'arrêt *Ivenel* concernant l'existence d'une règle propre au contrat de travail. Pour un contrat qualifié de contrat de travail, « *l'obligation à prendre en considération est celle qui caractérise ce contrat et qui est normalement celle d'accomplir le travail* », a déclaré la Cour dans ce nouvel arrêt. En signalant que le contrat en litige aurait été qualifié de contrat de travail « *par la juridiction nationale* », la Cour de justice paraît vouloir au demeurant laisser s'exprimer les qualifications nationales.

Était ainsi écarté le critère général retenu par la jurisprudence « *de Bloos* » pour un critère propre au contrat de travail, permettant au salarié d'aller plaider devant la juridiction de son lieu de travail, juridiction qui, *ratione loci*, se présente comme le juge naturel du contrat de travail.

526. Détermination du lieu d'exécution de l'obligation. L'arrêt *Mulox* apporte, sur cette question, deux éléments nouveaux à la jurisprudence de la Cour de justice (35).

526-1. Localisation de l'exécution d'une activité mobile. En l'espèce, l'activité du salarié – placement des produits Mulox – s'était développée sur le territoire de plusieurs États parties à la Convention de Bruxelles, à partir d'un bureau établi au domicile de l'intéressé. Pouvait-on localiser le lieu d'exécution de l'obligation caractéristique et où pouvait-on le faire ? Recherchant l'endroit où le travailleur peut le plus commodément s'adresser aux tribunaux ou se défendre, la Cour de justice a jugé que l'obligation devait être localisée au lieu où ou à celui à partir duquel le travailleur s'acquitte principalement de ses obligations et que ce lieu se situait là où l'intéressé avait son bureau et sa résidence.

à deux solutions bien différentes : la première consistait à retenir le critère de l'obligation caractéristique pour le contrat de travail ; la deuxième solution retenait ce même critère – plutôt que celui de l'obligation principale auquel s'était rallié l'avocat général Reischl dans ses conclusions – qu'il s'agisse ou non d'un contrat de travail, dès l'instant où la demande portait sur plusieurs obligations, et satisfaisait ceux qui dénonçaient la dispersion des compétences résultant de la jurisprudence *de Bloos*.

(34) CJCE, 14 janvier 1987, aff. 266/85, *Rec.* p. 239.

(35) CJCE, 13 juillet 1993, aff. C-125/92, *Rec.* I p. 4075 ; *JDI (Clunet)* 1994, p. 539, obs. A. Huet ; *Rev. crit. DIP* 1994, p. 569, note P. Lagarde.

526-2. Détermination communautaire du lieu d'exécution. Une telle solution ne pouvait être adoptée sans écarter la jurisprudence *Tessili* et la règle voulant que le lieu d'exécution de l'obligation soit déterminé par la loi applicable au contrat selon la règle de conflit du for (36). Pour le contrat de travail, dit la Cour, la détermination du lieu d'exécution de l'obligation doit obéir à des critères uniformes qu'il incombe à la Cour de définir, en écartant d'éventuelles fictions et en s'attachant à viser le lieu où *en fait* l'activité s'exerce. Le souci de la Cour de justice a été à nouveau, sur ce point particulier, d'assurer la protection de la partie contractante faible en évitant que la mise en œuvre de la loi nationale applicable au contrat ne l'éloigne du tribunal le plus apte à trancher le litige.

527. Travail hors de la Communauté. S'est posée également la question de savoir quelle solution retenir à l'égard d'un salarié détaché successivement dans différents pays extérieurs à la Communauté. La Cour de justice, dans l'arrêt *Six Constructions* (37) a refusé de suivre les suggestions que lui avait adressées la Cour de cassation française. Cette dernière avait estimé que dans une telle hypothèse, la loi applicable au contrat étant normalement celle du lieu de situation de l'établissement d'embauchage, conformément aux prescriptions de l'article 6 de la Convention de Rome, il conviendrait de considérer que l'obligation caractéristique du contrat s'exécute en ce cas en ce même lieu de l'établissement d'embauchage. La Cour de justice n'avait-elle pas exprimé elle-même dans l'arrêt *Ivenel* le souhait que puisse être saisie la juridiction du pays dont la loi s'applique au contrat ?

La Cour de justice ne l'a pas admis. Il lui est apparu que la solution proposée aurait créé pour l'employeur un *forum actoris* contraire aux principes retenus par le Convention de Bruxelles. Faute d'accomplissement du travail dans la Communauté, l'article 5 1° ne peut donc désigner aucun tribunal dans la Communauté. Pour qu'un juge de la Communauté puisse être saisi en pareille hypothèse, seule reste la compétence du tribunal du domicile du défendeur dans la Communauté (article 2 de la convention) (38).

B. — Depuis la Convention de Saint-Sebastien

1° Modification de la Convention de Bruxelles

528. Nouvel article 5 1° de la Convention de Bruxelles. L'article 5 1° de la convention n'a pas été modifié. Des règles propres au contrat de travail y ont simplement été ajoutées : « *en matière de contrat de travail, ce lieu* (d'exécution de

(36) La série des trois arrêts *Ivenel, Shenavaï et Six Constructions* (v. *infra* n° suivant) n'avait pas rejeté la solution de l'arrêt *Tessili* concernant la loi applicable à la détermination du lieu d'exécution de l'obligation, en tout cas ne l'avait pas explicitement fait. La solution retenue par l'arrêt *Tessili* a été maintenue en tant que règle de principe (CJCE, 28 septembre 1999, *Groupe Concorde, Rev. crit. DIP* 2000, p. 253, note B. Ancel).

(37) CJCE, 15 février 1989, aff. 32/88, *Rec.* p. 341 ; *JDI (Clunet)* 1989, p. 461, obs. A. Huet ; *Rev. crit. DIP* 1989, p. 555, note P. Rodière ; *Cah. dr. eur.* 1990, p. 670, obs. Tagaras.

(38) Conformément à la position de la Cour de justice des Communautés européennes, la Cour de cassation a jugé que « *lorsque l'obligation du salarié d'effectuer les activités convenues a été ou doit être accomplie en dehors du territoire des États parties à la convention, la compétence du juge se détermine en fonction du domicile du défendeur conformément à l'article 2 de la convention* » (Cass. soc., 18 décembre 2001, n° 99-42112, *Le Prince*).

l'obligation) *est celui où le travailleur accomplit habituellement son travail ; lorsque le travailleur n'accomplit pas habituellement son travail dans un même pays, l'employeur peut également être attrait devant le tribunal du lieu où se trouve ou se trouvait l'établissement qui a embauché le travailleur* ».

La Convention de Bruxelles réalise donc l'harmonisation que la Cour de justice avait jugée souhaitable entre les solutions de la Convention de Rome quant à la loi applicable au contrat de travail et les règles relatives à la compétence juridictionnelle (39).

528-1. Travail habituel et travail non habituel dans un même pays. L'hypothèse du travail habituel dans un même pays et l'hypothèse inverse ne sont cependant pas traitées de la même façon.

La solution retenue dans le premier cas est simplement celle que la Cour de justice avait dégagée à partir de l'arrêt *Ivenel.* Outre la possibilité de saisir le tribunal du domicile du défendeur, chacune des parties au contrat de travail, salarié ou employeur, peut s'adresser au tribunal du lieu habituel de travail. Les critères du lieu de travail habituel et celui de l'établissement de travail ne coïncident pas exactement ; celui du lieu de l'établissement d'embauchage et du lieu de conclusion du contrat non plus.

Mais seul le demandeur, salarié ou employeur, peut attraire l'autre partie devant le tribunal du lieu habituel de travail. Le défendeur, assigné devant un autre tribunal, le tribunal de son domicile conformément à l'article 2 de la Convention de Bruxelles, n'est pas en droit, pour écarter la compétence internationale de ce juge, de se prévaloir de la compétence spéciale de l'article 5 1° (40).

La Convention de Lugano avait déjà posé ces mêmes règles, mais avait également ajouté que « *si le travailleur n'accomplit pas habituellement son travail dans un même pays, ce lieu est celui où se trouve l'établissement qui a embauché le travailleur* ». Elle avait donc aligné entièrement la compétence juridictionnelle sur les règles de principe établies par la Convention de Rome. La Convention de Saint-Sébastien ne l'a fait qu'en partie. Elle a tenu compte des objections formulées par la Cour de justice à l'encontre d'un *forum actoris* dont aurait pu se prévaloir l'employeur. D'où une règle qui n'ouvre qu'au seul travailleur une option possible en faveur du tribunal du lieu de l'établissement d'embauchage.

528-2. Établissement d'embauchage. La notion d'établissement d'embauchage englobe des entités de diverses natures, succursale, agence, simple bureau, pouvant ne pas posséder de personnalité juridique propre (41). Pareilles entités sont facilement déplaçables et c'est pourquoi le texte parle du tribunal du lieu où se trouve *ou se trouvait* l'établissement d'embauchage, i.e. où il se trouvait au moment du recrutement. Le déplacement de l'établissement d'embauchage n'interdira pas au travailleur de pouvoir plaider là où il avait été embauché.

(39) Au travers de l'opposition entre travail accompli habituellement dans un même pays et travail qui ne l'est pas, les deux chefs de compétence retenus correspondent aux deux rattachements objectifs consacrés par la Convention de Rome, *infra* n° 542 et s.

(40) Cass. ass. plén., 11 mars 2005, n° 02-41371 et 02-41372, *Sté Codeviandes,* rapp. PLUYETTE et concl. FOERST.

(41) V. *infra* n° 543 pour la notion d'établissement d'embauchage dans la Convention de Rome.

On peut cependant douter que la compétence dévolue au tribunal du lieu de l'établissement d'embauchage puisse prendre de l'importance, vu les interprétations de la Cour de justice, interprétations antérieures à la mise en vigueur de la Convention de Saint-Sébastien mais confirmées par la suite.

529. Détermination du lieu de travail. Dès son arrêt *Custom Made Commercial* du 29 juin 1994 (42), la Cour de justice a exprimé l'opinion que la convention de Saint-Sébastien n'avait fait que consolider l'interprétation qu'elle avait donnée de l'article 5 1° de la convention en ce qui concerne le contrat de travail, et qu'il importait donc de prendre en considération sa jurisprudence antérieure pour l'interprétation du nouveau texte (43).

529-1. Arrêt *Rutten* – centre effectif des activités. L'intention de la Cour de maintenir l'orientation de sa jurisprudence passée s'est clairement manifestée dans l'arrêt *Rutten* du 9 janvier 1997 (44), dans une espèce similaire à celle de l'arrêt *Mulox* (45). Visant un travailleur partageant son activité entre plusieurs États membres, la Cour a estimé que le bureau à partir duquel il organise ses déplacements et qui correspond à son domicile constituait le centre effectif de ses activités professionnelles et devait être considéré comme le lieu où il accomplit habituellement son travail. C'était la solution de l'arrêt *Mulox* (46).

Le maintien de cette interprétation ne soulèverait pas d'interrogation particulière si la convention de Saint-Sébastien n'avait pas introduit l'existence d'un nouveau chef de compétence pour l'hypothèse d'un travail ne s'effectuant pas habituellement dans un même pays. Mais la Cour apparemment n'entend recourir à cette nouvelle compétence – du tribunal du lieu de l'établissement d'embauchage – que s'il n'est pas possible d'isoler, au sein d'une activité internationale, un lieu de travail principal permettant de rattacher la situation à la première règle de compétence nouvellement formulée par l'article 5 1° – tribunal du lieu de travail (47).

529-2. Arrêt *Weber* – lieu de travail principal. Dans cette dernière affaire, les circonstances étaient différentes. Le salarié n'avait pas de bureau constitutif d'un centre effectif de ses activités comme dans les affaires « *Mulox* » et « *Rutten* ». Son activité s'est effectuée successivement sur le territoire de plusieurs États contractants. En vue de déterminer un lieu de travail habituel, la Cour de justice va estimer qu'il convient de rechercher « *le lieu avec lequel le litige présente le lien de rattachement le plus significatif* » et qu'un « *critère temporel* » doit être utilisé.

(42) Aff. C-288/92, *Rec.* I p. 2913.

(43) V. sur ce point, le rapport De Almeida Cruz, Desantes Real et Jenard sur la convention de Saint-Sébastien, *JOCE* 1990, n° C. 189.

(44) Aff. C-383/95, *Rec.* I, p. 57, *JDI (Clunet)* 1997, p. 635, obs. BISCHOFF ; *Rev. crit. DIP* 1997, p. 336, note H. GAUDEMET-TALLON.

(45) V. *supra* n° 526.

(46) V., reprenant et adoptant les formules de la CJCE sur le lieu à partir duquel les salariés organisaient leurs activités pour le compte de leur employeur et (...) était le centre effectif de leurs activités professionnelles, Cass. soc., 20 septembre 2006, n° 05-40491, *Bull.* V, n° 277 ; *Dr. soc.* 2006, p. 1200, note J.-Ph. LHERNOULD.

(47) Autre signe de continuité dans sa jurisprudence, puisque la Cour de justice avait refusé d'admettre la compétence du tribunal du lieu de l'établissement d'embauchage dans l'arrêt *Six Constructions, supra* n° 527.

Sera désigné en tant que lieu de travail habituel, donnant compétence au juge de ce lieu de travail, « *l'endroit où le travailleur a accompli la majeure partie de son temps de travail pour son employeur* » (48). C'est uniquement si la recherche de ce lieu temporellement le plus important échoue et qu'aucune attache significative ne peut être décelée avec un lieu de travail déterminé et le juge qui y correspond, qu'en dernière hypothèse, le tribunal du lieu de l'établissement qui a embauché le travailleur pourra être saisi, à titre de solution subsidiaire ultime (49).

529-3. Arrêt *Pugliese* – liaison de contrats. L'exécution d'un premier contrat, conclu par une salariée avec une société italienne, est immédiatement suspendu en raison du transfert de la salariée en Allemagne auprès d'une société allemande avec laquelle la société italienne est étroitement liée. Dans le cadre d'un accord de mise à disposition entre les deux sociétés, un second contrat est conclu avec la société allemande en vue d'une exécution en Allemagne. Bien que la salariée, provisoirement, n'effectue plus son activité en Italie au service de la société italienne, celle-ci reste tenue envers elle de diverses obligations liées à la situation de détachement (50). Un différend étant apparu concernant les obligations de la société italienne, s'est posée la question de savoir quel tribunal pouvait être saisi sur le fondement de l'article 5 1° de la Convention de Bruxelles en tant que tribunal du lieu où le travail s'accomplit habituellement.

L'activité de la salariée s'étant en fait située en Allemagne uniquement, la Cour de justice a estimé que l'existence d'un lien étroit entre les deux contrats était propre à justifier, sur le fondement de l'article 5 1° de la Convention de Bruxelles, la compétence du juge allemand (51). Elle a jugé que la compétence du juge allemand, juge du lieu du travail effectué par la salariée en exécution du contrat allemand, devait s'étendre à des obligations nées du contrat italien, obligations pesant sur l'employeur italien et ne consistant pas dans l'exécution du travail. La Cour de justice a voulu éviter ainsi une dispersion de la compétence – condamnée depuis l'arrêt *Ivenel* (52) – en donnant compétence au tribunal du lieu d'exécution effective de la prestation de travail, que l'obligation litigieuse naisse de l'un ou de l'autre des deux contrats (53).

2° Édition du règlement Bruxelles I

530. Règlement 44/2001 (Bruxelles I) du 22 décembre 2000. Le règlement Bruxelles I a regroupé l'ensemble des règles intéressant le contrat individuel de travail dans une section spéciale (section 5 du chapitre II, Compétence,

(48) CJCE, 27 février 2002, aff. C-37/00, *H. Weber c/ Universal Ogden Services Ltd* ; v. motifs 49 à 52 ; v. chron. P. Rodière, *RTD eur.* 2003, p. 533.

(49) Motif 57 de l'arrêt. La Cour de justice rappelle à plusieurs reprises que la dispersion des lieux de travail ne doit pas entraîner une dispersion des fors, qui est à éviter avec vigilance pour tous les inconvénients et risques qu'elle présente. Il faut que soit désignée une compétence territoriale unique au lieu de travail principal et sinon, subsidiairement, au lieu de l'établissement d'embauchage (v. motifs 42 et 55).

(50) Paiement de cotisations auprès de l'assurance volontaire italienne, remboursement de frais de voyage et de logement.

(51) CJCE, 10 avril 2003, aff. C-437/00.

(52) V. *supra* n° 525-1.

(53) Pour une analyse plus complète, v. P. Rodière, chron. *RTD eur.* 2003, p. 535.

articles 18 à 21 du règlement 44/2001). Y sont visées non seulement les règles relatives à la compétence (articles 18 à 20), mais également les dérogations pouvant être apportées à ces règles par convention attributive de juridiction (article 21) (54).

Deux retouches sont apportées aux règles de la convention de Saint Sébastien, supprimant l'option dont disposait précédemment l'employeur et élargissant les options offertes au salarié. Le règlement « refonte » 1215/2012 est venu à son tour remanier en partie les règles en place.

Le règlement « refonte » permet au salarié d'agir devant le tribunal de son lieu de travail habituel et du lieu « *à partir duquel* » il travaille habituellement. Cette modification est destinée à s'accorder avec la jurisprudence de la Cour de justice permettant au salarié d'agir au lieu à partir duquel il développe son activité en tant que centre effectif ou principal de ses activités (55) ; elle harmonise également le texte du règlement Bruxelles I avec celui du règlement Rome I (56).

530-1. L'employeur n'a plus de possibilité d'option : rétrécissement sur le seul domicile du travailleur. La prééminence qu'on a voulu y donner au for du domicile du défendeur entraîne une modification. L'article 20 1° du règlement prévoit désormais que l'employeur ne pourra agir que devant les tribunaux de l'État où le travailleur est domicilié (57). Seul le salarié bénéficie désormais d'une option. Il peut agir devant les tribunaux de l'État où l'employeur a son domicile ; il peut également – article 19 2° – le faire dans un autre État membre, suivant qu'il travaille ou non habituellement dans un même pays, soit devant le tribunal du lieu où il travaille habituellement, ou « *à partir duquel* » il le fait (ajout du règlement « refonte »), soit devant celui de l'établissement qui l'a embauché.

On peut regretter que l'employeur soit ainsi privé du droit d'agir au lieu de travail, là où il est de bonne administration de la justice de pouvoir le faire ; mais on peut aussi observer que dans les procès relatifs au contrat de travail, c'est dans la grande majorité des cas le salarié qui est demandeur et que l'important est, pour sa protection, de lui ouvrir un for s'ajoutant à celui du défendeur.

530-2. Le salarié a plus de possibilités d'option : élargissement de la notion d'employeur. En visant l'hypothèse dans laquelle l'employeur n'est pas domicilié dans un État membre, mais y possède « *une succursale, une agence ou tout autre établissement* », l'article 18 2° du règlement énonce que l'employeur sera considéré comme domicilié dans cet État membre pour les contestations relatives à leur exploitation. Pourvu que l'employeur y soit établi, sans pour autant y être domicilié, le travailleur pourra ainsi agir devant un tribunal d'un État membre de l'Union (suivant la jurisprudence interne française dite des « gares principales ») (58).

(54) V. *infra* n° 533 sur la question des dérogations.
(55) V. *supra* n° 529.
(56) V. *infra* n° 541 et s.
(57) L'article 20 2° précisant que la saisine d'un autre tribunal par le salarié s'étend à la demande reconventionnelle que formerait l'employeur.
(58) Alors que le siège de la société est aux États-Unis, le travailleur affecté dans une succursale française pourra agir devant le Conseil de prud'hommes du lieu de la succursale.

L'article 5 5° énonce en outre de manière générale que les contestations relatives à l'exploitation d'une succursale, agence ou de tout autre établissement peuvent être portées devant le tribunal du lieu de leur situation. Ce chef de compétence ne concerne donc pas exclusivement l'hypothèse dans laquelle l'employeur n'est pas domicilié dans un État membre (59). Le droit de l'Union ouvre au salarié la compétence du tribunal « du lieu où l'employeur est établi » (60).

Que faut-il entendre par « *une succursale, une agence ou tout autre établissement* » ? La Cour de justice a été saisie de cette question dans une affaire *Mahamdia*, concernant un chauffeur travaillant au service de l'ambassade d'Algérie en Allemagne (61). La réponse que donne la Cour déborde largement cette question particulière. Elle dit en effet que « *pour assurer la pleine efficacité de ce règlement et notamment dudit article 18, les notions juridiques figurant dans celui-ci doivent être interprétées d'une manière autonome qui soit ainsi commune à l'ensemble des États* » (62). La Cour n'avait pas encore, dans une formule de portée générale, posé le principe que les notions juridiques du règlement 44/2001 relèvent d'une définition autonome et uniforme qu'il lui appartient de dégager. Cela vaut pour la question spéciale qui lui était posée, mais cela vaut aussi pour des notions aussi centrales que celles d'employeur, de contrat individuel de travail, ou encore de travailleur.

Sur les notions d'« *agence, succursale ou tout autre établissement* », la Cour identifie deux critères, supposant « *l'existence d'un centre d'opérations qui se manifeste d'une façon durable vers l'extérieur* » (63), supposant en outre que le litige ait trait à « *des actes relatifs à l'exploitation de ces entités* » (64). Ce double critère se trouvait en l'espèce satisfait, a jugé la Cour (65).

530-3. L'employeur n'est ni domicilié, ni établidans l'Union (règlement « refonte »). Reste que, malgré l'élargissement de la notion de domicile de l'employeur, celui-ci peut n'avoir au sein de l'Union ni siège, ni établissement quelconque. Le règlement Bruxelles I étant alors privé de l'applicabilité que lui confère le domicile du défendeur à l'intérieur du territoire de l'Union, le salarié se trouve privé de la possibilité de se fonder sur les dispositions de l'article 19 2° pour agir devant le tribunal du lieu de travail ou près du centre de ses intérêts.

Les rédacteurs du règlement « refonte » ont estimé que les règles de compétence destinées à assurer la protection des travailleurs devaient s'appliquer « *sans considération du domicile du défendeur* » (considérant n° 14). D'où une règle nouvelle : l'employeur non domicilié – ni établi de façon quelconque – dans l'Union pourra être attrait devant le tribunal du lieu de travail habituel ou à partir duquel le travailleur

(59) Alors que le siège de la société est en Allemagne, le travailleur affecté dans une succursale française pourra agir devant le conseil de prud'hommes du lieu de la succursale.

(60) Comme le fait l'article R. 517-1 du Code du travail français.

(61) CJUE, 19 juillet 2012, aff. 154/11 ; *RDT* 2012, n° 10, p. 588, F. JAULT-SESEKE, « À propos… du caractère relatif de l'immunité de juridiction ! ».

(62) Arrêt *Mahamdia*, pt. 42.

(63) Centre doté d'une direction et pouvant négocier avec des tiers, v. pt 48 de l'arrêt.

(64) *Ibid.*

(65) L'arrêt rejetant l'exception d'immunité de juridiction soulevée par l'État algérien, étant constaté que « *les fonctions exercées par ce travailleur ne relèvent pas de l'exercice de la puissance publique* », v. pt. 56 de l'arrêt.

accomplit habituellement son travail, à défaut, devant le tribunal du lieu d'embauchage. En décide ainsi l'article 21 § 2 nouveau du règlement 1215/2012 (66).

530-4. Pluralité de défendeurs : coemploi. L'actualité a multiplié les litiges dans lesquelles des salariés introduisent une action contre plusieurs personnes qu'ils considèrent comme leurs coemployeurs : la société filiale à laquelle ils sont ou ont été affectés et la société mère exerçant une domination étroite sur la filiale, dans le cas le plus typique (67). Il a été demandé à la Cour de justice de dire, dans une hypothèse où le travail s'était effectué hors du territoire de l'Union européenne, si un travailleur peut assigner l'une des deux sociétés devant le tribunal du lieu où elle est domiciliée dans un État membre et l'autre devant ce même tribunal, alors qu'elle-même est domiciliée sur le territoire d'un autre État membre. Le travailleur peut-il à cette fin se fonder sur les dispositions de l'article 6 1° énonçant que, s'il y a plusieurs défendeurs, l'assignation peut se faire devant le tribunal de l'un d'entre eux, « *à condition que les demandes soient liées entre elles par un rapport si étroit qu'il y a intérêt à les instruire et à les juger en même temps afin d'éviter des solutions qui pourraient être inconciliables* » ?

À cette question que lui a adressée la Cour de cassation française (68), la Cour de justice a répondu, de façon surprenante (69), que les règles de compétence fixées par les dispositions du règlement 44/2001 pour les contrats individuels de travail (section 5 du chapitre Compétence, articles 18 à 21) « *présentent un caractère non seulement spécifique mais exhaustif* ». Le travailleur ne peut donc pas se réclamer des possibilités offertes par l'article 6 1° sur la jonction des demandes (70).

Sévère pour le salarié obligé de disperser son action entre plusieurs fors (71), voire injuste, la solution a été écartée par le règlement « refonte ». L'article 20 du nouveau règlement, inspiré du souci de « *réduire au minimum la possibilité de procédures concurrentes* » (considérant n° 21), prévoit expressément l'application de la règle de jonction des demandes connexes aux litiges relatifs au contrat individuel de travail.

531. Comparaison avec les règles françaises d'origine interne. L'évolution qu'ont connue les règles de la Convention de Bruxelles et du règlement Bruxelles

(66) Article 21 correspondant – nouvelle numérotation – à l'article 19 du règlement 44/2001.

(67) V. spéc., dans une jurisprudence française en plein développement, permettant au salarié, sur le fondement de l'article 19 du règlement 44/2001, d'assigner société filiale et société mère, identifiés comme coemployeurs, devant le juge prud'homal de son lieu de travail en France, Cass. soc., 19 juin 2007, *Aspocomp*, n° 05-42551, *Bull.* V, n° 109 ; *JCP* S 2007, 1618, note Ph. Coursier ; F. Jault-Seseke, « Délocalisation d'activité et détermination de l'employeur dans un groupe de sociétés », *RDT* 2007, 543 ; P. Morvan, « Le licenciement des salariés d'une filiale (action Aspocomp) – entre employeur et coemployeur », *JCP* S 2010, 1407 ; Cass. soc., 18 janvier 2011, *Jungheinrich*, n° 09-69199, *Bull.* V. n° 23. ; *Sem. soc., Lamy*, n° 1476, rapport P. Bailly ; P. Morvan, « Coemploi et licenciement économique dans les groupes de sociétés : des liaisons dangereuses », *JCP* S 2011, 1065 ; G. Auzero, « La qualité de co-employeur », *RDT* 2011, p. 634.

(68) Cass. soc., 7 nov. 2006, n° 04-44713, *Bull.* V, n° 323, renvoi devant la CJCE.

(69) Contre l'avis de l'avocat général Poiares Maduro.

(70) « *Ce texte ne peut trouver à s'appliquer à un litige relevant de la section 5 du chapitre II dudit règlement* », déclare la Cour de justice, 22 mai 2008, aff. C-462/06, *Glaxosmithkline*, concl. M. Poiares Maduro ; *Rev. crit. DIP* 2008, p. 847, note F. Jault-Seseke ; statuant conformément à la réponse de la CJCE, Cass. soc., 16 octobre 2008, n° 04-44713, *Bull.* V, n° 248 ; v. E. Pataut, « La jonction des contentieux dans les litiges internationaux du travail », *RDT* 2008, p. 767 ; v. également, du même auteur, « Le licenciement dans les groupes internationaux de sociétés », *RDT* 2011, p. 14.

(71) Ce que l'arrêt *Ivenel* avait précisément voulu éviter au travailleur, v. *supra* n° 525.

I 44/2001 a toutefois peu à peu rapproché sensiblement le règlement européen de la compétence prud'homale internationale du règlement interne français, dont on rappellera qu'il continue de s'appliquer aux litiges internationaux échappant au domaine d'application du droit européen (72).

531-1. Article R. 1412-1 (ex-article R. 517-1) du Code du travail. Le droit du travail ne dément pas la règle générale voulant que l'on détermine la compétence internationale des tribunaux français par extension internationale des règles de compétence territoriales internes françaises, ce principe ayant été explicitement formulé par l'arrêt « *Pelassa* » (73). Les dispositions de l'article R. 1412-1 du Code du travail (article R. 517-1 de l'ancien code), relatif à la compétence territoriale des conseils de prud'hommes, sont donc applicables à la détermination du juge prud'homal compétent pour connaître des litiges nés du contrat de travail international.

Dans sa rédaction actuelle, l'article R. 1412-1 (R. 517-1) du Code du travail dispose :

« *L'employeur et le salarié portent les différends et litiges devant le conseil de prud'hommes territorialement compétent.*

Ce conseil est :

1° Soit celui dans le ressort duquel est situé l'établissement où est accompli le travail ;

2° Soit, lorsque le travail est accompli à domicile ou en dehors de toute entreprise ou établissement, celui dans le ressort duquel est situé le domicile du salarié.

Le salarié peut également saisir les conseils de prud'hommes du lieu où l'engagement a été contracté ou celui du lieu où l'employeur est établi. »

Suivant le cas, l'employeur peut agir devant le tribunal du lieu de l'établissement de travail ou devant celui du domicile du salarié. Il n'a aucun choix. Le salarié, en revanche, bénéficie de deux autres possibilités et se trouve placé devant une triple option possible, ce qui, compte tenu de la grande dispersion des éléments de rattachement géographique que peut présenter une relation de travail, va multiplier ses chances de pouvoir saisir la juridiction française.

Ces chances sont même accrues par la possibilité de se fonder complémentairement sur les dispositions de l'article 42 du Code de procédure civile en vue de saisir la juridiction du domicile de la société défenderesse (74). La règle *actor sequitur forum rei*, désignant la compétence du tribunal du lieu du domicile du défendeur, que l'article R. 1412-1 du Code du travail module en visant la compétence du lieu où l'employeur est établi, s'applique donc complémentairement, en matière de compétence internationale, à l'action d'un salarié devant la juridiction française.

531-2. Rapprochement avec les règlements de l'Union. Le droit européen combine les mêmes chefs de compétence généraux que le droit français de source

(72) V. *supra* n° 520.

(73) Cass. civ. 1re, 19 octobre 1959, n° 58-10.628, *Rev. crit. DIP* 1960, p. 215, note Y. L. ; *D.* 1960, J., p. 37, note D. HOLLEAUX.

(74) Cass. soc., 3 décembre 1987, n° 84-45.403, *Bull. civ.* V., n° 710 ; voir également Cass. soc., 30 avril 1997, n° 96-41.882.

interne, fondés sur le lieu de travail, le domicile du défendeur, le lieu d'établissement de l'employeur, d'embauchage du salarié.

La formulation précise des critères de compétence n'est toutefois pas la même exactement. Les notions de lieu de travail habituel et d'établissement de travail ne se recouvrent pas exactement. Non plus que celles de lieu de conclusion du contrat et de lieu de l'établissement qui a embauché le salarié. En revanche, concernant le domicile du défendeur ou le lieu où l'employeur est établi, les critères se superposent. Les modalités d'articulation entre chefs de compétence sont différentes. À l'opposition française entre travail dans un établissement et en dehors de tout établissement, le droit européen a substitué celle du travail qui s'effectue habituellement dans un même pays et qui ne s'effectue pas habituellement dans un même pays, opposition mieux appropriée à un contentieux de caractère international.

Concernant les options de compétence, le droit européen n'en donne aucune à l'employeur et en ouvre plusieurs au salarié, comme le fait le droit français, mais, par refus de principe du *forum actoris*, ne permet pas à celui-ci d'agir devant le tribunal de son propre domicile (75).

C. — Détachement dans le cadre d'une prestation de services

532. Compétence du tribunal du lieu de détachement. Dans la Convention de Bruxelles et dans le règlement 44/2001, en cas de détachement temporaire sur le territoire d'un autre État, compétence reste au tribunal du pays d'origine, en tant que pays où le travailleur accomplit habituellement son travail. Le travailleur ne pourra donc pas agir auprès du tribunal du lieu où s'accomplit temporairement son activité, sauf toutefois, sous l'empire du règlement 44/2001, l'hypothèse que ce lieu de travail ait le caractère d'un « *établissement* » de l'employeur (76).

Imposant l'application des règles impératives de protection du travailleur prévues par la loi du lieu de détachement, la directive 96/71 du 16 décembre 1996 sur le détachement de travailleurs a corrélativement voulu que le salarié puisse faire valoir ses droits devant le tribunal de son lieu de détachement (77). La directive a donc dû s'écarter des règles de la Convention de Bruxelles.

Tel est l'objet de l'article 6 de la directive 96/71, qui donne compétence de manière générale aux tribunaux de l'État membre sur le territoire duquel le travailleur est *ou était* détaché, sans toutefois venir formuler de règle de compétence territoriale spéciale. La cohérence des solutions voulait que le salarié puisse plaider devant le juge prud'homal dans le ressort duquel se situe son lieu provisoire d'activité. C'est la solution qu'a retenue le décret français déterminant le for spécialement compétent (78).

(75) Mais la jurisprudence de la Cour de justice, lorsque le travail ne s'accomplit pas habituellement dans un même pays, permet au salarié d'agir au lieu où se situe le centre de ses activités et définit partiellement ce centre à partir du domicile du salarié, v. *supra* n° 529.

(76) Article 18 § 2 du règlement 44/2001.

(77) Sur cette directive, v. *infra* n° 561 et s.

(78) Décret du 29 mai 2000, insérant dans le Code du travail un article R. 517-1-1 (devenu article R. 1412-5), donnant compétence au conseil de prud'hommes ou aux conseils de prud'hommes dans le ressort duquel ou desquels la prestation s'effectue ou s'est effectuée. On remarquera que le décret ne prévoit cette compétence nouvelle qu'en cas de détachement depuis un autre État membre, *Rev. crit. DIP* 2000, p. 519, commentaire Étienne Pataut.

La directive n'écarte pas pour autant le jeu des règles de compétence posées par la Convention de Bruxelles et depuis par le règlement l'ayant remplacée. La compétence des tribunaux de l'État du lieu de détachement est prévue sans préjudice de la faculté d'agir dans un autre pays, conformément aux engagements internationales réglant la compétence judiciaire.

§ 3. — Compétence dérogatoire

A. — Privilège de juridiction des nationaux

533. Un privilège partiellement écarté. Le principe de confiance que les institutions nationales de l'Union, particulièrement les institutions judiciaires, se doivent mutuellement, conduit à écarter dans certains cas le privilège de juridiction des Français. La place centrale qu'a le principe de non-discrimination dans construction européenne conduit à étendre le bénéfice du privilège des nationaux français à des non nationaux dans les autres cas. On rappellera pour commencer ce qu'est le privilège de juridiction des Français.

533-1. Articles 14 et 15 du Code civil. Traduisant la crainte d'une partialité de juges étrangers qui serait défavorable aux Français, les articles 14 (79) et 15 (80) du Code civil, inchangés depuis 1804, ont accordé aux Français le privilège de pouvoir plaider devant un tribunal français, quand bien même le seul point de contact avec l'ordre juridique français serait constitué par la nationalité française du plaideur. La nationalité française de l'une des parties au procès suffit à donner compétence aux tribunaux français. Bien que d'un libellé restrictif, les articles 14 et 15 du Code civil se sont vu reconnaître par la jurisprudence « *une portée générale s'étendant à toute matière* » (81). Ils s'appliquent en particulier au contrat de travail.

Ils ont une fonction subsidiaire et permettront aux plaideurs de saisir un juge français dans les cas où ils ne pourraient pas le faire sur le fondement des règles ordinaires de compétence territoriale (82). Pour le salarié français en position de demandeur, l'intérêt de l'article 14 est donc de lui donner le droit d'agir en France contre son employeur, que celui-ci soit français ou étranger, dans les cas où les autres règles de compétence ne désignent aucun tribunal en France. Inversement, l'article 15 offre à un employeur, étranger ou français, la possibilité d'agir en France contre un salarié français lorsqu'aucun autre chef de compétence français n'existe que la nationalité du défendeur. Possibilité dont il n'est cependant guère fait usage en pratique.

Les plaideurs de nationalité française peuvent-ils renoncer à l'avantage qui leur est accordé ? En règle générale, il est admis qu'ils puissent le faire (83). Néanmoins, à moment donné, la chambre sociale de la Cour de cassation avait voulu conférer

(79) Article 14 du Code civil : « *L'étranger, même non résidant en France, pourra être cité devant les tribunaux français, pour l'exécution des obligations par lui contractées en France avec un Français ; il pourra être traduit devant les tribunaux de France, pour les obligations par lui contractées en pays étranger envers des Français* ».

(80) Article 15 du Code civil : « *Un Français pourra être traduit devant un tribunal de France, pour des obligations par lui contractées en pays étranger, même avec un étranger* ».

(81) Cass. 1re civ., 27 mai 1970, n° 68-13.643, *Rev. crit. DIP* 1970, p. 113, note Batiffol.

(82) Cass. 1re civ., 19 novembre 1985, n° 84-16.001, *Bull. civ.* I, n° 306, *Rev. crit. DIP* 1986, p. 912, note Y. Lequette.

(83) V. P. Mayer et V. Heuzé, *Droit international privé*, Montchrestien, 10e édition, 2010, n° 296 et s.

à l'article 14 du Code civil un caractère impératif, en ne permettant pas au salarié français de renoncer au droit d'agir devant un juge prud'homal fançais (84). Cette page jurisprudentielle est aujourd'hui tournée et un salarié français pourra renoncer à agir devant un tribunal français lorsque la seule possibilité qu'il a de le faire lui est offerte par son privilège de juridiction (85).

533-2. Droit européen. La Convention de Bruxelles et le règlement 44/2001 excluent-ils le jeu du privilège de juridiction des nationaux permettant aux Français de se défendre en France ou d'attraire en France leur adversaire, alors que les règles de compétence territoriale dénient normalement la compétence des tribunaux français ? Il faut distinguer suivant le domicile du défendeur.

– **Défendeur domicilié dans l'Union.** À l'égard d'un défendeur domicilié dans l'Union européenne, ce sont les règles de compétence prévues par la Convention de Bruxelles et le règlement 44/2001 qui s'appliquent : les Français ne peuvent pas invoquer les articles 14 et 15 du Code civil français (86). Un salarié français ne peut pas attraire un employeur domicilié dans un autre État membre (ou ayant son siège social dans un autre État membre, s'il s'agit d'une société) devant un tribunal français, en se fondant sur l'article 14 du Code civil. Le salarié français perd son privilège de juridiction.

– **Défendeur domicilié hors de l'Union.** Si le défendeur est domicilié en dehors de la Communauté, les règles de compétence propres à chaque État membre s'appliquent, mais les personnes domiciliées dans un État membre y étant soumises aux règles de compétence applicables aux nationaux (87), tout demandeur domicilié en France peut, quelle que soit sa nationalité, se prévaloir de l'article 14 du Code civil pour attraire son adversaire devant un juge français (88). En d'autres termes, tout salarié, qu'il soit français ou non, pourra se prévaloir du privilège de juridiction habituellement réservé aux nationaux par l'article 14 du Code civil français, dès lors, d'une part, qu'il est lui-même domicilié en France et, d'autre part, que son employeur a son domicile en dehors de l'Union européenne.

Le privilège de juridiction disparaît dans le premier cas ; il renaît, étendu par le critère du domicile aux non-nationaux, dans le second.

Ces règles datent du texte de 1968 ; elles n'ont pas été modifiées depuis, bien que fortement critiquées (89).

(84) Cass. soc., 18 octobre 1967, n° 66-40.375 ; Cass. soc., 18 octobre 1967, n° 66-40.363, *Sté Frottier Vossen* ; Cass. soc., 19 octobre 1967, n° 65-14.547, *Bécué*, *JCP* éd. G, 1967, II, 15293, obs. G. Lyon-Caen, *Rev. crit. DIP* 1968, p. 490, note H. Gaudemet-Tallon.

(85) Depuis Cass. ch. mixte, 28 juin 1974, n° 71-40.258, *Sté industrielle de Boulangerie c/ Alcover* et Cass. ch. mixte, 28 juin 1974, n° 71-40.360, *Pérault c/ Sté Sifra*, *Rev. crit. DIP* 1975, p. 110, note P. L., *JDI* (Clunet) 1975, p. 82, note D. Holleaux, *JCP* éd. G, 1974, II, 17881, obs. G. Lyon-Caen ; sur le caractère facultatif de la compétence d'un tribunal français fondée sur l'article 15 du Code civil, « *impropre à exclure la compétence indirecte d'un tribunal étranger, dès lors que le litige se rattache de manière caractérisée à l'État dont la juridiction est saisie et que le choix de la juridiction n'est pas frauduleux* », Cass. 1re civ., 23 mai 2006, n° 04-12777, *Bull.* I, n° 254, *Rev. crit. DIP*, 2006, p. 870, n. H. Gaudemet-Tallon.

(86) Article 3 de la Convention de Bruxelles, devenu article 3 du règlement 44/2001.

(87) Article 2 de la Convention de Bruxelles, devenu article 2 du règlement 44/2001.

(88) Article 4 de la convention, devenu article 4 du règlement 44/2001. Sous réserve que l'application du privilège de juridiction, étendu à toute personne domiciliée sur le territoire, fasse l'objet d'une notification à la Commission, suivant ce que prévoit le règlement « refonte » 1215/2012, article 6 § 2.

(89) Cf. F. Juenger, « La Convention de Bruxelles... et la courtoisie internationale - Réflexions d'un Américain », *Rev. crit. DIP* 1983, p. 37.

B. — Clauses attributives de compétence territoriale

534. Protectionnisme traditionnel des solutions françaises d'origine interne. Les solutions françaises ont longtemps été dominées par la divergence opposant la chambre sociale et la première chambre civile de la Cour de cassation. La chambre sociale avait pris un parti rigidement protecteur des salariés. Elle déclarait nulle toute clause attributive de juridiction incluse dans un contrat de travail conclu par un salarié de nationalité française, « *sans aucune restriction* » ou exception (90). La chambre civile avait en revanche posé que l'interdiction d'insérer une clause attributive de juridiction n'est pas applicable à « *un contrat revêtant le caractère d'un contrat international* » (91).

La Cour de cassation, réunie en chambre mixte, parvenait à dégager un compromis permettant de résoudre de façon cohérente la divergence. Dans ses deux arrêts de chambre mixte du 26 juin 1974, elle décidait (92) que les clauses attributives de juridiction à un tribunal étranger et la renonciation au privilège de juridiction s'ensuivant doivent être déclarées nulles ou valables, selon qu'elles apportent ou non une dérogation aux règles de compétence interne françaises (aux « dispositions des lois françaises de compétence interne ») (93). Sont donc nulles les clauses qui prétendent faire échec à la désignation d'un juge prud'homal français par l'article R. 517-1 du Code du travail. Les clauses seront en revanche valables si l'article R. 517-1 du Code du travail ne désigne pas de tribunal en France et que seul l'article 14 du Code civil peut permettre au salarié de saisir un tribunal français. Le caractère d'ordre public de la compétence prud'homale déterminée par l'article R. 517-1 du Code du travail est préservé ; la faculté de renonciation au privilège de juridiction l'est également.

Les arrêts de chambre mixte ont orienté les solutions jurisprudentielles futures, qui, après modification des dispositions de l'article R. 517-1 du Code du travail (94), tendent à interdire toutes les attributions conventionnelles de compétence à un juge étranger, lorsque le travail s'effectue en France et s'y montrent désormais favorables lorsque le travail s'effectue à l'étranger (95). L'interdiction de l'attribution est certaine lorsque le travail s'effectue dans un établissement situé en France ; la validité de l'attribution est douteuse lorsque le travail s'effectue

(90) Cass. soc., 18 octobre 1967, n° 66-40.375 ; Cass. soc., 18 octobre 1967, n° 66-40.363, *Sté Frottier Vossen* ; Cass. soc., 19 octobre 1967, n° 65-14.547, *Bécué*, *JCP* éd. G, 1967, II, 15293, obs. G. LYON-CAEN, *Rev. crit. DIP* 1968, p. 490, note H. GAUDEMET-TALLON. En résultait une impérativité conférée à l'article 14 du Code civil.

(91) Cass. 1re civ., 9 janvier 1968, n° 65-12.569, *JCP* éd. G, 1968, II, 15451, obs. G. LYON-CAEN ; *JDI* (Clunet) 1968, p. 717, note M. SIMON-DEPITRE.

(92) Suivant la suggestion de P. LAGARDE, note sous Cass. soc., 23 mai 1973, n° 72-40.310, *Cie « Royal Air Maroc » c/ Bacquias* et Cass. soc., 23 mai 1973, n° 72-40.313, *Cie « Royal Air Maroc » c/ Pétiaux* ; Cass. soc., 8 novembre 1973, n° 72-40.463, *Sté Wilheim Wolff c/ Dumoulin*, *Rev. crit. DIP* 1974, p. 354.

(93) Cass. ch. mixte, 28 juin 1974, n° 71-40.258, *Sté industrielle de Boulangerie c/ Alcover* et Cass. ch. mixte, 28 juin 1974, n° 71-40.360, *Pérault c/ Sté Sifra*, *Rev. crit. DIP* 1975, p. 110, note P. L., *JDI* (Clunet) 1975, p. 82, note D. HOLLEAUX, *JCP* éd. G, 1974, II, 17881, obs. G. LYON-CAEN.

(94) Un décret du 12 septembre 1974 a ouvert au salarié les options prévues par le 3e alinéa de l'article R. 517-2 (devenu article R. 1412-1) du Code du travail et lui a permis de saisir, suivant le 2e alinéa, le tribunal de son domicile – *forum actoris* contraire aux principes de procédure –, et non plus le tribunal du lieu de conclusion du contrat, comme le texte le prévoyait antérieurement ; v. *supra* n° 531-1.

(95) Cass. soc., 21 janvier 2004, *Maureen Droge*, n° 01-44215, *Bull. civ.* V, n° 24, *Rev. crit. DIP* 2004, p. 644, note F. JAULT-SESEKE ; v. antérieurement, Cass. soc., 30 janvier 1991, n° 87-42.086, *Bull. civ.* V, n° 41, *RJS* 11/91, p. 618, chron. J. DÉPREZ.

hors de France en dehors de tout établissement et que le salarié a son domicile en France (96). Si l'interdiction de déroger au 1er alinéa de l'article R. 517-1 du Code du travail est ferme, celle de déroger au 2e alinéa est discutée. Et lorsque le travail s'exécute à l'étranger, il n'est pas certain que le salarié puisse opposer l'option que lui offrent les dispositions du 3e alinéa du même article R. 5I7-1 du Code du travail. L'option du 3e alinéa qui est d'ordre public en droit interne ne le serait pas dans les situations internationales (97).

Ces règles continuent, avec leurs incertitudes, de s'appliquer aux clauses attribuant compétence à un tribunal situé en dehors de l'Union européenne.

535. Une évolution sensible des solutions européennes. Concernant la validité des clauses attributives de juridiction insérées dans les contrats de travail, la convention de Saint Sébastien marque une rupture – rupture que la jurisprudence de la Cour de justice n'annonçait pas – avec le libéralisme initial de la Convention de Bruxelles, dans le but d'assurer la protection du salarié en tant que partie faible.

Si les attributions conventionnelles de compétences en relèvent, l'arbitrage échappe de son côté au champ d'application de la Convention de Bruxelles et maintenant du règlement 44/2001 (98).

535-1. Avant la Convention de Saint-Sébastien. L'article 17 de la Convention de Bruxelles, dans son texte initial, a validé, en matière contractuelle, les clauses attributives de juridiction à un tribunal situé dans l'espace communautaire, pourvu qu'elles aient été convenues par écrit « *ou par une convention verbale confirmée par écrit* ». Les tribunaux désignés sont alors « *seuls compétents* ». Encore faut-il, toutefois, que l'une des parties au moins ait son domicile sur le territoire d'un État membre. Libérale sur le fond – pourquoi ne pas l'être ? puisque les institutions nationales des États membres peuvent se faire mutuellement confiance ! –, la Convention de Bruxelles soumet avant tout les prorogations de compétence à des conditions de forme (99).

(96) Rappr. Cass. soc., 7 mai 1987 et Cass. 1re civ., 16 juin 1987, *Bull. civ.* V, n° 287, *Rev. crit. DIP* 1988, p. 78, note H. Gaudemet-Tallon ; Cass. 1re civ., 8 mars 1988, *Bull. civ.* I, n° 66, *JDI* (Clunet) 1988, p. 1041, note A. Lyon-Caen.

(97) Voir P. Rodière, *JDI* (Clunet) 1984, p. 344 ; H. Gaudemet-Tallon, *Rev. crit. DIP* 1986, p. 113 ; sur l'ensemble de la question, v. P. Mayer, « Les clauses relatives à la compétence insérées dans les contrats de travail », *in Mélanges D. Holleaux*, Litec, Paris, 1990, spéc. p. 271 ; v. également J. Deprez, « Relations internationales de travail et compétence juridictionnelle, jurisprudence française et communautaire », *RJS* 1989, p. 539

(98) La jurisprudence française a ainsi pu maintenir son hostilité traditionnelle à l'insertion d'une clause compromissoire dans le contrat de travail international, sous la forme d'une nullité de la clause, *Chauzy*, Cass. soc., 12 février 1985, *Rev. crit. DIP* 1986, p. 49, note M.-L. Niboyet, *Rev. arb.* 1946, p. 47, note M.-A. Moreau – ou d'une inopposabilité au salarié – *Sté Château Tour St Christophe*, Cass. soc., 16 février 1999, *Sacinter*, Cass. soc., 4 mai 1999, n° 97-41860, *Rev. arb.* 1999, p. 290, note M.-A. Moreau, *Rev. crit. DIP* 2000, p. 745, note F. Jault-Seseke ; Cass. soc., 9 octobre 2001, n° 99-43288, *Bull. civ.* V, n° 312, *Dr. soc.* 2002, p. 122, obs. M.-A. Moreau. La clause compromissoire « *insérée dans un contrat de travail international pour tout litige concernant ce contrat n'est pas opposable au salarié* », Cass. soc., 28 juin 2005, n° 03-45042, *Bull.* V, n° 216. Dans ce même esprit de défiance, la Cour de cassation récemment énoncé sur le fondement de l'article L. 1411-4 du Code du travail, que « *le principe compétence-compétence selon lequel il appartient à l'arbitre de statuer par priorité sur sa propre compétence n'est pas applicable en matière prud'homale* », Cass. soc., 30 novembre 2011, n° 11-12906, *Bull.* V, n° 277 ; *RTDcom.* ; 3/2012, p. 528, chron. E. Loquin ; *Rev. arb.* 2012, p. 333, obs. M. Boucaron-Nardetto.

(99) V. B. Ancel, « La clause attributive de juridiction selon l'article 17 de la Convention de Bruxelles », *Riv. di dir. internat. priv. e proc.* 1990, p. 263 ; pour une présentation complète de la question, v. H. Gaudemet-Tallon, *op. cit.* p. 71 et s.

C'est en particulier le libéralisme que montre ainsi la Convention de Bruxelles à l'égard des clauses attributives de juridiction, qui avait fait douter de son applicabilité au contrat de travail. Il faut protéger les travailleurs contre des clauses attributives pouvant paralyser en pratique leur droit d'accéder à la justice. Or la Convention de Bruxelles ne réalise pas cette protection. Ce fut la discussion portée devant la Cour de justice dans l'arrêt *Sanicentral* sur saisine de la Cour de cassation française (100). La Cour de justice la trancha dans le sens de l'applicabilité de la convention au contrat de travail et partant, de celle de son article 17.

Alors que la Cour de justice avait bâti un régime propre au contrat de travail et favorable au travailleur pour la compétence ordinaire, elle n'en a pas fait autant pour les clauses prorogeant la compétence.

De manière générale, la Cour de justice a estimé que les conditions de validité prévues par l'article 17 de la convention sont d'interprétation stricte, ce texte permettant de déroger aux règles générales de compétence fixées par cette même convention. L'article 17 a pour fonction, a-t-elle dit, d'assurer que le consentement des parties à la prorogation de compétence s'est effectivement établi et manifesté de manière claire et précise. Il n'est toutefois pas nécessaire que le consentement écrit émane des deux parties. Si l'existence d'un accord verbal est prouvée, l'acceptation écrite de l'une seulement suffira. Pour faire cette preuve de l'accord verbal, on tiendra compte de la bonne foi ou encore de l'accord-cadre organisant de manière générale les relations des parties.

Ces principes interprétatifs, dégagés par la Cour de justice dans une série de décisions (101) ont été étendus au contrat de travail. On pouvait particulièrement s'interroger sur la validité d'une clause attributive de juridiction insérée dans un contrat de travail sans le consentement écrit du salarié.

535-2. Depuis la convention de Saint-Sébastien. La rupture avec l'état du droit antérieur est nette.

L'article 17 de la Convention de Bruxelles a été complété par un dernier alinéa relatif au contrat de travail, ainsi rédigé :

« *En matière de contrats individuels de travail, la convention attributive de juridiction ne produit ses effets que si elle est postérieure à la naissance du différend ou si le travailleur l'invoque pour saisir d'autres tribunaux que celui du domicile du défendeur ou celui indiqué à l'article 5 point 1* » (102).

– L'exigence que la convention soit postérieure à la naissance du différend traduit la crainte que le salarié accepte et soit obligé d'accepter au moment de la conclusion du contrat de travail une attribution de juridiction qui gênera son action ou sa défense le moment venu (103).

(100) V. *supra* n° 519-2.

(101) Notamment arrêt *Segonza*, CJCE, 14 décembre 1976, aff. 25/76, *JDI* (Clunet) 1977, 734, note J.-M. BISCHOFF ; *Rev. crit. DIP* 1977, 576, note MEZGER ; arrêt *Sté Goeminne Hout*, CJCE, 19 juin 1984, *Rev. crit. DIP* 1985, 385, note H. GAUDEMET-TALLON ; *JDI* (Clunet) 1985, 159, note BISCHOFF.

(102) La convention de Lugano avait uniquement décidé qu'« *en matière de contrat individuel de travail, les conventions attributives de juridiction ne produisent leurs effets que si elles sont postérieures à la naissance du différend* ».

(103) La règle a été critiquée par G. A.-L. DROZ, « permettre à l'employeur d'invoquer la nullité d'un accord d'élection de for risque d'obliger celui-ci à porter son action dans un lieu éloigné et imprévu » ; *op. cit. supra* et *Rev. crit. DIP* 1989, p. 1, « La convention de Lugano parallèle à la Convention de Bruxelles… ».

– Quant à la clause inscrite dans le contrat de travail, avant tout différend, elle n'est pas déclarée nulle ; simplement, elle ne peut être invoquée que par le seul travailleur. Encore le libellé du texte commande-t-il de préciser que le travailleur peut l'invoquer uniquement *s'il agit* pour saisir le tribunal désigné. Si à l'inverse, c'est l'employeur qui agit contre lui, le travailleur ne pourra pas opposer l'attribution de compétence (104).

Le règlement 44/2001 a conservé ces mêmes solutions, usant cependant d'une formule différente. L'article 21 énonce qu'« *il ne peut être dérogé* » aux règles de compétence relatives au contrat de travail, que par des conventions attributives de juridiction : « *1) postérieures à la naissance du différend, ou 2) qui permettent au travailleur de saisir d'autres tribunaux...* ». Il est désormais question de dérogation – valable – aux règles de compétence et non plus d'effets des conventions attributives de juridiction. L'idée même de dérogation fait comprendre, plus clairement que ne le faisait le texte antérieur, que le domaine d'application du texte se limite aux seules situations dans lesquelles le règlement désigne la compétence d'un ou d'autres fors.

La clause attributive de juridiction conclue antérieurement au différend ouvre ainsi au travailleur une possibilité de for nouvelle, sans lui retirer celles que lui offrent les règles de compétence des articles 2 et 5. 1° de la Convention de Bruxelles ou des articles 18 et 19 du règlement 44/2001. La convention a pour effet non pas d'exclure la compétence des fors désignés par la convention ou le règlement, « *mais d'élargir la possibilité du travailleur de choisir parmi plusieurs juridictions compétentes* », a ainsi dit la Cour de justice, dans son arrêt *Mahamdia* (105).

L'hypothèse étant que le travailleur continue de disposer des fors normalement compétents, fors internes à l'Union, il n'y a plus de raison forte d'exclure la possibilité que la convention attributive de compétence désigne les tribunaux d'un État tiers, alors que le texte initial de la convention de Bruxelles n'admettait la validité que des seules désignations internes à l'espace territorial qu'elle couvrait. L'arrêt *Mahamdia* a jugé « *qu'il ne ressort ni de la teneur ni de la finalité de l'article 21 du règlement n° 44/2001 qu'une telle convention ne puisse attribuer la compétence aux tribunaux d'un État tiers, à la condition qu'elle n'exclut pas celle reconnue sur la base du règlement* ». L'attribution conventionnelle de compétence peut se faire, « *y compris vers des juridictions situées en dehors de l'Union* » (106).

Section 2

Le droit du travail applicable

Il conviendra de commencer par analyser les dispositions de la Convention de Rome sur la loi applicable aux obligations contractuelles, relayées par celles du

(104) En ce sens, rapport Almeida Cruz, Desantes Real et Jenard, préc.
(105) CJUE, 19 juillet 2012, aff. C-154/11, pt. 62.
(106) Pts. 66 et 67 de l'arrêt.

règlement Rome I, qui intéressent les conflits de lois en matière de contrat de travail (sous-section 1), avant de considérer les compléments ou les inflexions que des règles du droit de l'Union, à caractère spécial ou prises dans des domaines voisins, peuvent y apporter (sous-section 2).

SOUS-SECTION 1. — LA CONVENTION DE ROME ET LE RÈGLEMENT ROME I

Après une présentation générale de la Convention et du règlement qui l'a remplacée avec quelques retouches (A), on examinera pour commencer la teneur de la règle de conflit de lois prévue pour le contrat de travail (B), avant d'en préciser le domaine et les interférences que son application peut subir, notamment du fait des lois de police (C).

§ 1. — Données générales

A. — Conditions générales d'application

536. La Convention de Rome sur la loi applicable aux obligations contractuelles a été conclue le 19 juin 1980 entre les États membres de la Communauté européenne. Elle est entrée en vigueur le 1er avril 1991, pour la France et un ensemble d'autres États membres de la Communauté européenne (107). Elle régit uniquement les contrats conclus après son entrée en vigueur (108).

Le cercle des États parties à la Convention s'est agrandi au fur et à mesure des élargissements successifs de la Communauté.

L'accroissement des compétences communautaires en matière de droit international privé résultant du traité d'Amsterdam (109) a facilité l'adoption d'un règlement communautaire, substitué à la Convention de Rome, le règlement n° 593/2008 du 17 juin 2008 sur la loi applicable aux obligations contractuelles (Rome I) (110). Applicable à partir du 17 décembre 2009 dans les États membres de l'Union, le règlement Rome I régit les contrats conclus après cette date.

Une proposition de règlement sur la loi applicable aux obligations contractuelles a été introduite par la Commission le 15 décembre 2005 (111). Son objet en a été de transformer la Convention de Rome en un instrument de droit communautaire,

(107) En général, sur la Convention de Rome v. P. LAGARDE, « Le nouveau droit international privé des contrats après l'entrée en vigueur de la Convention de Rome », *Rev. crit. DIP* 1991, p. 287 ; J. FOYER, « Entrée en vigueur de la Convention de Rome », *JDI* Clunet 1991, p. 601 ; H. GAUDEMET-TALLON, « Le nouveau droit international prive européen des contrats », *RTD eur.* 1981, p. 215 ; Convention de Rome du 19 juin 1980, *J.-Cl. Europe*, fasc. 3200. V. également, rapport Giuliano et Lagarde, *JOCE* n° C. 282 du 31 octobre 1980 ; A. KASSIS, *Le nouveau droit européen des contrats internationaux*, LGDJ, Paris, 1993. Sur l'avant-projet de convention, v. P. LAGARDE, *Trav. com. fr. DIP* 1971-73, p. 147 ; J. FOYER, *JDI Clunet* 1976, p. 555.

(108) Article 17 de la Convention de Rome.

(109) V. articles 61, 65 et 66 TCE ; articles 67, 74 et 81 TFUE.

(110) *JOUE* L 177, 4 juillet 2008.

(111) Doc. COM (2005) 650 final ; 2005/0261 (COD).

en en gardant la substance tout en « modernisant » certaines de ses règles, en vue d'améliorer « *la clarté et la précision du texte, renforçant ainsi la sécurité juridique* » (112).

Fondé sur les articles 61 et 67 du traité CE (113), le règlement 593/2008 est supposé procéder à une « *harmonisation des règles de conflits de lois* », favorisant « *la compatibilité des règles applicables dans les États membres en matière de conflits de lois* » (114). Il se traduira en réalité par une uniformisation pure et simple de ces règles de conflits, … puisqu'il transforme en acte de droit communautaire une convention qui avait déjà uniformisé lesdites règles de conflits (115) !

La communautarisation de la Convention de Rome aura pour effet nécessaire de rendre caducs les deux protocoles sur les compétences interprétatives de la Cour de justice, qui n'auront « *plus lieu d'être* » (116). Les conditions de saisine de la Cour de justice redeviendraient par conséquent conformes aux règles générales de l'article 267 TFUE (ex-article 234 du traité CE, ex-article 177).

536-1. Caractère universel. La Convention de Rome règle *universellement* les conflits de lois en matière de contrat de travail, puisque la convention s'applique même si la loi qu'elle désigne n'est pas celle d'un État contractant (article 2 de la convention). Quels que soient les éléments de localisation du contrat sur lequel il est appelé à statuer (117), du moment que la situation comporte un conflit de lois, le juge français doit régler ce conflit conformément à la convention européenne. Il en va de même pour les juridictions des autres États parties à la convention. Le règlement Rome I reprend la règle sans changement (article 2 du règlement, substituant les termes « État membre » à « État contractant »).

536-2. Situation comportant un conflit de lois. Encore faut-il, pour que la Convention de Rome ou le règlement Rome I soient applicables, que la situation contractuelle comporte un conflit de lois (118). L'existence d'un conflit de lois apparaîtra lorsque le contrat présente des points de contact avec plusieurs ordres juridiques nationaux et revêtira ainsi un caractère international permettant de s'interroger sur la loi nationale applicable. Mais si tous les éléments contractuels significatifs se regroupent dans un même ordre juridique, la loi de l'État correspondant sera seule à pouvoir être déclarée applicable (119). Il est difficile d'admettre

(112) V. l'exposé des motifs de la proposition, points 1 et 2.

(113) L'article 61 a été remplacé par les articles 67 à 76 du traité FUE, l'article 67 abrogé par le traité de Lisbonne.

(114) Ainsi que le demande l'article 65 b) du traité CE.

(115) D'où les griefs d'excès de pouvoir que certains membres de la doctrine ont adressé à l'initiative de la Commission ; v. V. Heuzé, « De la compétence de la loi d'origine en matière contractuelle ou l'anti-droit européen, *in Mélanges P. Lagarde*, Dalloz, 2005, p. 393 ; du même auteur, « L'honneur des professeurs de droit, explication d'une lettre ouverte sur l'Union européenne, … », *JCP* 2007, éd. G., I 116. la controverse s'est exprimée dans un échange de lettres ouvertes : « L'Union européenne, la démocratie et l'État de droit, lettre ouverte au président de la République », *JCP* 2006, éd. G., Act., p. 2313 ; « Observations sur la lettre ouverte au président de la République… », *JCP* 2007, éd. G., Act., p. 13.

(116) V. point 4 de l'exposé des motifs de la proposition.

(117) Les règles de compétence juridictionnelle n'étant pas quant à elles universalisées par la Convention de Bruxelles ; *supra* n° 514.

(118) Article 1 § 1 de la Convention de Rome, article 1 § 1 du règlement Rome I.

(119) Pour plus de détails sur ces questions et plus particulièrement sur la notion de contrat international, v. les ouvrages généraux de droit international privé ; plus spéc., J.-M. Jacquet, *Principe d'autonomie et contrat*

que l'internationalité du contrat puisse naître de la seule volonté de lui donner un caractère international, par exemple en se référant dans le contrat à une autre loi que celle qui correspond à l'ensemble de sa localisation (120). L'internationalité doit s'appuyer sur des données objectives.

Un conflit de lois relatif à un contrat de travail apparaîtra ainsi lorsque des éléments tels que la nationalité des parties, le lieu ou les lieux d'exécution de l'activité, le lieu de formation du contrat, celui du siège ou du domicile de l'employeur, ou tel autre élément ayant une pertinence, se répartissent entre plusieurs ordres juridiques nationaux.

Dans la jurisprudence française, telle qu'elle s'est formée en dehors de la Convention de Rome, on observera que la diversité de nationalité des parties au contrat de travail n'est pas à elle seule un élément propre à faire naître un conflit de lois. Si tous les éléments du contrat se regroupent en France, la nationalité étrangère du salarié ne peut suffire à mettre en question l'applicabilité de la loi française (121). La même analyse vaut, inversement, pour la nationalité étrangère de l'employeur.

L'extranéité du lieu de travail est le premier et principal indice de l'internationalité du contrat (122). C'est l'expatriation ou le détachement du salarié à l'étranger qui en général donnera naissance à un conflit de lois. L'internationalité se marque alors dans le fait que l'autorité s'exerce, depuis un centre situé dans un premier pays, sur l'activité du salarié située quant à elle dans un autre pays. Il y a subordination internationale. Faut-il que le départ pour l'étranger ait été effectif ? Une décision de la Cour de cassation l'a laissé supposer (123).

B. — Interprétation de la convention

537. Interprétation par la Cour de justice. On doit distinguer entre les deux instruments successifs. La Convention de Rome, convention entre États membres, n'a pu relever de la compétence de la Cour de justice qu'après mise en vigueur les protocoles nécessaires à cette fin. Le règlement Rome I, règlement de l'Union, relève naturellement de la compétence de la Cour de justice.

537-1. Protocoles sur l'interprétation par la Cour de justice. Depuis que les deux protocoles additionnels à la Convention de Rome, dont l'objet a été de rendre la Cour de justice compétente pour interpréter cette convention,

internationaux, Economica, Paris. V. HEUZÉ, *La réglementation française des contrats internationaux*, GLN Joly, Paris, 1990 ; *adde*, V. HEUZÉ, « La notion de contrat en droit international privé », *Trav. Com. Fr. DIP*, 1995-1995-1998, p. 319.

(120) La Convention de Rome énonce qu'en pareil cas, le choix par les parties d'une loi qui ne correspond pas à l'ensemble de la localisation du contrat, ne peut porter atteinte aux dispositions impératives de la loi de localisation (article 3 § 3 de la convention).

(121) V, Cass. soc., 23 janvier 1996, n° 94-41843, *Gaz. Pal.* 10 et 11 janv. 1997, 1, p. 10, concl. CHAUVY.

(122) Sera cassée la décision d'appel qui a estimé qu'un contrat de travail ne présentait pas d'élément d'extranéité et devait par conséquent être régi par la loi française, « *peu important que l'intéressé ait accompli une prestation de travail à l'étranger* », Cass. soc., 7 juillet 2004, n° 02-41-257, inédit.

(123) Le contrat n'est pas international si le salarié devait partir mais que le contrat a été rompu avant même qu'il ne le fasse, Cass. civ. 1re, 7 octobre 1980, n° 79-13.990, *Bull civ.* I, n° 242, *Rev. crit. DIP* 1981, p. 313, note J. MESTRE, *Rev. arb.* 1982, p. 36, note Ph. LEVEL.

ont été ratifiés par le nombre nécessaire d'États membres (124) et sont entrés en application, les juges nationaux ont perdu une bonne partie du pouvoir d'interpréter la règle conventionnelle commune (125). Privés de leur pouvoir prétorien de poser la règle, les tribunaux français verront de surcroît s'affaiblir celui de l'interpréter.

L'entrée en vigueur des protocoles supposait qu'ils reçoivent l'un et l'autre un nombre suffisant de ratifications. Il fallait d'abord que sept États au moins, liés par la Convention de Rome, aient ratifié le premier protocole, dont l'objet est de nature procédurale et qui institue les règles nécessaires pour que juridictions et autorités judiciaires nationales puissent saisir la Cour de justice. Il fallait en outre que les États membres de la Communauté aient ratifié le deuxième protocole, qui est quant à lui relatif à l'attribution à la Cour de justice d'une compétence lui permettant d'interpréter la convention. L'accord de tous les États membres de la Communauté, y compris ceux qui n'ont pas ratifié la Convention de Rome, devait être réuni pour que soit élargie la compétence interprétative de la Cour. Certaines des parties à la convention ont pu ainsi accepter la compétence interprétative de la Cour, mais réserver leur compétence interprétative nationale, en ne ratifiant pas le premier protocole !

En bout de course, une fois les protocoles entrés en vigueur, une rétention nationale de l'interprétation peut encore se manifester de la part des États parties ayant cependant ratifié les deux protocoles. Une disposition dérogatoire au régime de l'ex-article 177 (devenu article 234 CE, puis 267 FUE) du traité CEE écarte d'une part l'obligation de saisir la Cour de justice, même lorsque la juridiction nationale qui rencontre une difficulté d'interprétation statue sur celle-ci sans recours (126). Par dérogation aux règles de l'ex-article 177, les juridictions statuant en première instance se sont également vu refuser la possibilité de renvoyer préjudiciellement à la Cour de justice (127). À l'inverse du régime normal du renvoi préjudiciel qui permet toujours aux juridictions nationales de renvoyer et les oblige à le faire si leur interprétation ne peut être l'objet d'un recours, ici ils ne sont jamais tenus de renvoyer et sont même tenus de trancher eux-mêmes la difficulté pourvu qu'un recours soit possible contre leur décision et l'interprétation qu'elle traduit (128).

(124) La loi française n° 95-89 autorisant la ratification des deux protocoles date du 30 janvier 1995.

(125) Décret de publication du 5 janvier 2005, *JORF* n° 9 du 12 janvier 2005. Les protocoles sont entrés en vigueur le 1er août 2004.

(126) Alors que l'article 234 TCE (ex-article 177, devenu article 267 TFUE) du traité lui en fait obligation.

(127) Alors que l'article 234 (ex-article 177, devenu article 267 TFUE) le leur permet. V. article 2 du premier protocole : « *Toute juridiction visée ci-après a la faculté de demander à la Cour de justice de statuer à titre préjudiciel sur une question soulevée dans une affaire pendante devant elle et portant sur l'interprétation des dispositions que comportent* (la Convention de Rome et les conventions d'adhésion à celle-ci), *lorsqu'elle estime qu'une décision sur ce point est nécessaire pour rendre son jugement* » ; suit, pays par pays, la liste des juridictions « *dont les décisions ne sont pas susceptibles de recours* », auxquelles s'ajoutent « *les juridictions des États contractants lorsqu'elles statuent en appel* ».

(128) Sachant les possibilités de ne pas saisir la Cour de justice que permet la théorie de l'acte clair – théorie admise par la Cour de justice, sous réserve de respecter la recherche de l'uniformité d'interprétation – CJCE, 6 octobre 1982, *Sté CILFIT*, aff. 283/81, *Rec.* p. 3415 – on peut penser que la différence sera minime par rapport au régime de l'article 234 (ex-177) du traité. C'est avant tout l'esprit de collaboration entre juridictions nationales et Cour de justice qui importe et on ne voit pas de raison que cet esprit soit différent pour l'interprétation de la Convention de Rome qu'ailleurs.

Ces données expliquent que l'œuvre interprétative de la Cour de justice n'ait commencé que récemment à se former, à partir de l'arrêt *Koelsch* du 15 mars 2011 (129).

537-2. Article 18 de la Convention de Rome. Quand bien même un État partie à la convention n'aurait pas accepté la compétence interprétative de la Cour, il n'en reste pas moins tenu par un principe d'interprétation uniforme. L'article 18 de la convention énonce en effet qu'« *aux fins de l'interprétation et de l'application des règles uniformes qui précèdent, il sera tenu compte de leur caractère international et de l'opportunité de parvenir à l'uniformité dans la façon dont elles sont interprétées et appliquées* ».

En bref, si la compétence interprétative de la Cour de justice présente un caractère facultatif, le système repose néanmoins sur un principe d'interprétation uniforme.

537-3. Règlement Rome I. Celui-ci relève, comme un autre règlement de l'Union, sans aucun particularisme, des compétences de la Cour de justice, telles que fixées par l'article 267 TFUE. La Cour pourra donc à l'avenir, mais pour les seuls contrats conclus après le 17 décembre 2009, assurer pleinement l'interprétation uniforme du système de conflit de lois de l'Union en matière contractuelle.

C. — La Convention de Rome et la jurisprudence française

538. Une construction jurisprudentielle qui sera progressivement caduque. Le droit français des conflits de lois en matière contractuelle, droit de source jurisprudentielle pour l'essentiel, doit s'éclipser devant le droit européen. Il en va particulièrement ainsi pour la construction jurisprudentielle relative aux conflits de lois en matière de contrat de travail (130).

Le changement sera-t-il important ? On peut en douter. Les règles posées par la Convention de Rome pour le contrat de travail ne contredisent en aucune façon celles que la jurisprudence française avait jusqu'à aujourd'hui retenues. Elles sont au demeurant assez souples pour ouvrir une large marge à l'interprétation.

Avant même que la Convention de Rome n'entre en vigueur, les tribunaux français ont d'ailleurs marqué une tendance à inscrire leurs solutions sous le couvert de la Convention de Rome. Cette anticipation s'est faite sans véritable changement, ou n'a comporté en toute hypothèse que des ajustements pouvant s'autoriser aussi bien de la Convention de Rome que d'une liberté créatrice du juge français, que celui-ci aurait en toute hypothèse exercée. Provisoirement, une continuité se manifeste entre les solutions que la jurisprudence française créait par elle-même et celles qui se placent désormais sous l'empire de la Convention de Rome.

(129) V. *infra* n° 543.

(130) Sur cette construction jurisprudentielle, que la Convention de Rome ne vient pas vraiment contredire et dont on peut penser qu'elle s'est d'ailleurs en partie inspirée, voir P. Lagarde, « Sur le contrat de travail international, analyse rétrospective d'une évolution mal maîtrisée », *in Mélanges G. Lyon-Caen*, Dalloz, Paris, 1989, p. 83 ; voir également, P. Rodière, *Cours de droit international et européen*, Les cours du droit, 1990, p. 189 et s. ; pour une étude de droit comparé européen, P. Rodière, *Dr. soc.* 1986, p. 118 ; *adde*, pour une présentation d'ensemble de la matière, Ph. Coursier, *Le conflit de lois en matière de contrat de travail*, Litec, Paris, 1993.

On observera toutefois que la Convention de Rome ne régissant pas les contrats conclus avant son entrée en vigueur, c'est-à-dire avant le 1er avril 1991, la Convention de Rome longtemps a constitué plus fréquemment une référence venant au soutien de la décision judiciaire qu'elle n'en a formé le fondement juridique. Un début de jurisprudence de la Cour de cassation a cependant commencé à se développer en application de la Convention de Rome. Les juges français s'y sont livrés à une interprétation de la convention, qui a durablement échappé au contrôle de la Cour de justice de l'Union (131).

§ 2. — Teneur de la règle de conflit de lois

Introduction – article 6 de la Convention de Rome ; article 8 du règlement Rome I

539. Contrat individuel de travail. Sous le titre « Contrat individuel de travail », l'article 6 de la Convention de Rome établit des règles de conflits de lois propres au contrat de travail. Son objectif général est d'empêcher que la liberté de choix du droit applicable, principe qui domine la détermination de la loi applicable aux obligations contractuelles, puisse conduire à priver le travailleur salarié, partie contractuelle plus faible, d'une protection minimale qui lui est objectivement due. Ce même objectif ne se manifeste pas pour le seul contrat de travail. Il s'exprime également à l'égard des consommateurs dans les dispositions de l'article 5 de la convention.

Le règlement Rome I poursuit les mêmes objectifs de protection du travailleur salarié en tant que partie contractuelle faible. Les règles de conflit de lois propre aux contrats individuels de travail se retrouvent à l'article 8 du règlement, avec des modifications assez mineures. La limitation du libre jeu de l'autonomie contractuelle jointe à l'objectif de protection d'une partie contractuelle plus faible que l'autre s'est diffusée dans le nouveau texte vers les contrats de transport (article 5 du règlement) et les contrats d'assurance (article 7 du règlement).

539-1. Texte de la Convention de Rome. Le texte de l'article 6 est ainsi libellé :

« 1. Nonobstant les dispositions de l'article 3, dans le contrat de travail, le choix par les parties de la loi applicable ne peut avoir pour résultat de priver le travailleur de la protection que lui assurent les dispositions impératives de la loi qui serait applicable, à défaut de choix, en vertu du paragraphe 2 du présent article.

2. Nonobstant les dispositions de l'article 4 et à défaut de choix exercé conformément à l'article 3, le contrat de travail est régi :

a) par la loi du pays où le travailleur, en exécution du contrat, accomplit habituellement son travail, même s'il est détaché à titre temporaire dans un autre pays, ou

b) si le travailleur n'accomplit pas habituellement son travail dans un même pays, par la loi du pays où se trouve l'établissement qui a embauché le travailleur,

(131) V. *infra* n° 542-544.

à moins qu'il ne résulte de l'ensemble des circonstances que le contrat de travail présente des liens plus étroits avec un autre pays, auquel cas la loi de cet autre pays est applicable ».

539-2. Texte du règlement « Rome I ». Plusieurs changements sont apportés au texte de la Convention. Ces changements ne sont pas sans portée, mais n'ont pas lieu d'infléchir les interprétations que la Cour de justice a commencé à donner de la Convention de Rome.

Le premier paragraphe est inchangé, sous réserve de la substitution aux termes « *dispositions impératives* » d'une définition de la notion : « *dispositions auxquelles il ne peut être dérogé par accord* » (132).

Le paragraphe 2 de l'article 8 comporte une adjonction, concernant la loi applicable à défaut de choix, qui devient loi du pays dans lequel le travailleur accomplit habituellement son travail ou « *à partir duquel* » il le fait (133). S'agissant du maintien de la loi du lieu de travail habituel en cas de détachement temporaire dans un autre pays, le même paragraphe 2 recourt à la fiction : le lieu de travail « *n'est pas réputé changer* ».

Le paragraphe 3 marque le caractère subsidiaire du rattachement, à défaut de choix, à la loi du pays où se situe l'établissement qui a embauché le salarié. Ce rattachement n'opère que si les conditions d'application du paragraphe 2 ne sont pas réunies.

La clause finale, relative à l'hypothèse de « *liens plus étroits avec un autre pays* », dite fréquemment « clause d'exception », demeure et devient le paragraphe 4 du texte.

*

* *

L'économie générale de l'article 6 de la Convention de Rome, comme celle de l'article 8 du règlement Rome I, tient en deux éléments : une distribution du rattachement entre deux lois nationales ayant pour effet de limiter l'empire de l'autonomie contractuelle ; des règles de rattachement applicables à défaut de choix, qui mettent en avant la localisation du travail.

A. — Limitation de l'autonomie contractuelle

540. Les rédacteurs de la Convention de Rome ont dû marier deux principes contradictoires. Le contrat de travail restant, malgré ses spécificités, un contrat, l'autonomie de la volonté devait se voir reconnaître un rôle dans la détermination de la loi applicable (134). Mais il fallait aussi que le salarié, en position de partie

(132) Définition retenue, dès la convention de Rome, par l'article 3 § 3 de la Convention. Cette même définition, s'agissant de l'article 6 de la Convention de Rome a été reprise par la Cour de cassation.

(133) La proposition de règlement visait aussi la situation du travailleur, qui « *accomplit habituellement son travail dans un espace non soumis à une souveraineté nationale* ».

(134) Tendant à réduire substantiellement le rôle de l'autonomie de la volonté dans la détermination de la loi applicable au contrat de travail, v. la vieille proposition de règlement sur les conflits de lois en matière de contrat de travail, *infra* n° 560-3.

contractuelle faible, soit protégé contre les effets défavorables d'une autonomie de la volonté risquant fort de se traduire en volonté unilatérale de l'employeur, partie forte. D'où une règle de conflit de lois combinant libre choix de la loi applicable et protection impérative du salarié.

540-1. Combinaison entre deux rattachements. Les parties au contrat sont *libres de choisir* la loi applicable à leur relation, comme le veut la règle générale de l'article 3, qui n'est pas reniée pour le contrat de travail. Mais ce choix ne peut priver le salarié de la protection des dispositions impératives de la loi qui serait applicable au contrat, à défaut de choix effectué par les parties ; cette dernière étant, conformément à une autre règle générale de la Convention et du règlement, règle de l'article 4 (135), la loi considérée comme présentant les *liens les plus étroits* avec le contrat, loi de proximité dont l'application se justifie donc objectivement (136).

La liberté de choix de la loi applicable est bridée, une protection minimale du salarié devant obligatoirement être assurée par l'application de la loi qui correspond au rattachement objectif du contrat. Le contrat, dont on suppose que le contenu risque d'être imposé par l'employeur, partie forte, ne peut retirer au salarié la protection juridique de la loi avec laquelle la relation de travail a la plus grande proximité.

Si le but est bien de protéger le salarié, on observera que le rattachement qui permet de réaliser cet objectif n'a pas le caractère d'un rattachement *de faveur, mais de proximité*. La loi désignée pour protéger le salarié ne l'est pas parce qu'elle favorise le salarié, mais parce que la situation contractuelle s'y lie étroitement (137). L'objectif n'est pas de favoriser le salarié mais de lui garantir une protection minimale se justifiant objectivement. Hors les ajouts avantageux qui peuvent éventuellement découler de la volonté contractuelle, le salarié n'a droit qu'à la protection d'une loi unique, celle qui correspond à l'ordre juridique national auquel le contrat appartient de façon dominante ou objective, que le niveau de protection du salarié garanti par cette loi soit élevé ou non.

L'article 3 de la Convention et du règlement ne permet de donner effet qu'au choix exprès des parties ou résultant de façon certaine des circonstances de la cause. La règle s'applique au contrat de travail. Elle est destinée à mettre fin à une pratique traditionnelle dans laquelle le juge, le juge français tout particulièrement, prête aux parties au contrat une commune volonté qui n'était nullement certaine : interprétation divinatoire des volontés traduisant en réalité une politique jurisprudentielle (138).

(135) Le règlement « Rome I » modifie assez profondément les règles de l'article 4, en reléguant à un rôle très subsidiaire le rattachement du contrat à la loi avec laquelle le contrat présente les liens les plus étroits ; encore faudra-t-il, pour que la « clause d'exception » puisse jouer, que le contrat présente des liens « manifestement » plus étroits avec la loi d'un autre pays que celui qui est désigné par les règles très diverses, adaptées à chaque type de contrat, que prévoie l'article 4 du règlement.

(136) Sur ces principes, v. les études citées *supra* en bibliographie n° 517 et n° 536.

(137) La proximité entre le contrat et telle loi dicte le rattachement objectif de l'article 6 de la Convention (8 du règlement) ; dans l'article 5 (6 du règlement), concernant la protection des consommateurs, c'est encore la proximité, cette fois entre le consommateur, donc l'une des deux parties au contrat, et une loi qui le fait, à travers la désignation de la loi du lieu de résidence habituelle du consommateur, loi supposée mieux connue du consommateur. Mais dans les deux cas, la loi désignée peut ne pas favoriser le salarié. Comp. P. LAGARDE, *Rev. crit. DIP* 1991, p. 319.

(138) Politique jurisprudentielle qui avait pu, dans le passé, assurer la protection des salariés français, dès lors que le juge avait prétendu déceler une commune intention des parties d'élire l'application de la loi française, plus favorable au salarié que la loi étrangère en concours.

540-2. Projection internationale du principe de faveur. La loi d'autonomie est limitée à un rôle de protection supplémentaire. Le salarié a droit à un minimum légal, celui de la loi objectivement applicable au contrat. Il ne peut en être privé. Mais les partenaires du travail peuvent convenir d'apporter au salarié le bénéfice d'une protection plus grande ou d'avantages plus importants, ce surcroît résultant de la désignation d'une loi plus favorable.

On retrouve le principe dit de l'ordre public social, ou encore le principe de faveur, qui, en droit français, garantissent au salarié le bénéfice d'une protection minimale légale ou conventionnelle et autorise l'existence de stipulations contractuelles plus favorables (139). Dans la jurisprudence française, telle qu'elle s'est formée à partir de l'arrêt *Société Expand Afrique Noire c. Dlle Thuillier* (140). Le *principe de l'ordre public social*, transformé aujourd'hui en *principe de faveur*, a fait l'objet d'une projection dans la solution des conflits de lois. Une loi nationale est destinée à assurer la protection de base des intérêts du salarié et le jeu de l'autonomie conventionnelle permet, comme le veut le principe de faveur, d'apporter un surplus favorable à ce même salarié. La même idée se retrouve dans la Convention de Rome et le règlement Rome I.

540-3. Le choix d'une loi plus favorable peut-il être écarté ? Les dispositions impératives de la loi « objective », peuvent-elles toutefois prétendre exclure l'application de la loi choisie par les parties, alors même qu'elles ne sont pas plus favorables au salarié que cette dernière ? La question peut se poser si la loi applicable à défaut de choix donne à ses dispositions un caractère d'impérativité absolue et non pas celui, usuel en droit du travail, d'une règle qui est impérative en tant que règle de protection. Impérativité absolue ou ordre public social ?

De la jurisprudence française ayant précédé l'entre en vigueur de la Convention de Rome, on peut dégager qu'il importe peu que la loi « objective » se veuille purement impérative et entende donc exclure les stipulations contractuelles favorables au salarié. Le principe de l'application de la loi plus favorable est constitutif d'une règle de droit matériel international que le juge français fera prévaloir. Le texte de l'article 6 de la Convention de Rome, comme celui du règlement, ne va-t-il pas lui aussi en ce sens, en visant la *protection* des dispositions impératives ? L'idée de protection imprime celle d'un minimum qu'il convient de satisfaire, mais qui ne peut s'opposer à l'application d'une norme plus protectrice.

540-4. Quel est le statut de la loi choisie par les parties ? Liée à la précédente, une autre question est de savoir laquelle des deux lois *régit* le contrat : la loi objectivement applicable ou la loi choisie ?

(139) Principe fondamental du droit du travail voulant que la convention puisse seulement contenir des dispositions plus favorables aux travailleurs que les lois et règlements ; CE, avis « fondateur » du 23 mars 1973 ; v. Cons. const., 29 avril 2004, *JO* 5 mai 2004, énonçant que le principe dit « de faveur » constitue un principe fondamental de droit du travail au sens de l'article 34 de la Constitution mais n'a pas la valeur d'un principe constitutionnellement garanti ; antérieurement, Cons. const., 25 juillet 1989, *JO* 28 juillet 1989. V. en général, sur ce principe, L. ROZES, *Dr. soc.* 1977.311 ; G. COUTURIER, *in Études Flour*, Defrénois, 1979, p. 95 ; Y. CHALARON, *in Mélanges G. Lyon-Caen*, Dalloz, 1989, p. 243 ; A. JEAMMAUD, *Dr. soc.* 1999, p. 115.

(140) Cass. soc., 31 mai 1972 ; *JCP* 1973 II 17317, obs. G. LYON-CAEN ; *Rev. crit. DIP* 1973, p. 683, note P. LAGARDE.

Bien que son article 3 énonce en général que la loi choisie par les parties régit le contrat, on peut raisonnablement soutenir que la Convention de Rome a voulu soumettre la relation de travail à la loi « objective » et a simplement permis à la liberté contractuelle de se référer à d'autres normes, plus favorables au travailleur, pour les intégrer à leurs prévisions contractuelles. La loi choisie tire son autorité de la volonté des parties, placée sous l'empire de la règle de conflit de lois. On peut y voir une norme « contractualisée » ou incorporée au contrat, à tout le moins une norme opposable aux parties (141). Mais si une soumission existe, c'est à la loi désignée pour assurer un minimum de protection du salarié, conformément au principe de l'ordre public social qui imprègne la règle de conflit de lois propre au contrat de travail (142).

B. — Recherche du rattachement objectivement approprié

541. De la Convention de Rome au règlement Rome I. En vue de déterminer la loi applicable à défaut de choix, la Convention a ouvert une alternative entre activité habituelle et activité non habituelle dans un même pays. Dans cette prétendue alternative s'exprimait en réalité un faux parallélisme entre un rattachement fort et un rattachement faible. Le règlement Rome I a rompu avec cette opposition, grandement mise à mal par la jurisprudence de la Cour de justice, et a mis en place un système allant du principal au très subsidiaire, système assoupli par la possibilité de mettre en œuvre une « clause d'exception ».

1° Une alternative déséquilibrée

542. Activité habituelle et activité non habituelle dans un même pays : une alternative déséquilibrée. S'agissant de la détermination de la loi applicable à défaut de choix, qui est aussi la loi dont la protection est due au salarié, la Convention de Rome ne s'arrête pas à la directive générale désignant, sans autre précision, la loi avec laquelle le contrat présente les liens les plus étroits. Elle oriente la décision du juge, suivant que le salarié accomplit de façon habituelle son travail dans un même pays ou non.

Dans le premier cas, c'est la loi du *lieu d'accomplissement du travail* qui, à défaut de choix, régira normalement le contrat (article 6 § 2 a)). Dans le second cas, le rattachement va normalement à la loi du pays où se trouve *l'établissement qui a embauché* le salarié (article 6 § 2 b)).

L'alternative est déséquilibrée. Les deux règles de rattachement qui départagent accomplissement habituel et absence d'accomplissement habituel du travail dans un même pays, sont loin d'avoir le même « poids », la même importance.

(141) Voir sur ces questions en général les analyses de V. HEUZÉ, « La réglementation française des contrats internationaux », éd. Joly, Paris, 1990, p. 265 et s. ; rappr. J.-M. JACQUET, « Principe d'autonomie et contrats internationaux », Economica, Paris, 1983, p. 194 et s.

(142) V. *supra* n° 541-2.

La première, en désignant la loi du lieu de travail habituel, s'autorise d'un lien de rattachement extrêmement prégnant. Elle exprime une *vraie et forte présomption de proximité* ou de liaison étroite. Lorsque le travail s'exécute de façon stable, habituelle, dans un même pays, c'est de manière générale avec ce pays que la relation de travail entretient les liens les plus étroits. Le rattachement à retenir est ici fermement indiqué. La loi du lieu où le travail s'exécute de façon stable est *la loi normalement applicable* au contrat de travail international, disait la Cour de cassation dans sa jurisprudence antérieure à la mise en vigueur de la Convention de Rome (143).

La seconde branche de l'alternative répond à la défaillance de l'indice fourni par la localisation du travail. Le travail ne s'exécutant pas de façon habituelle dans un même pays, la localisation par l'exécution du travail n'est plus possible. Existe-t-il un autre rattachement de proximité utilisable par substitution ? Il n'y en a pas qui s'impose et en se référant à la loi du lieu où se situe l'établissement qui a embauché le salarié, la Convention de Rome n'a pas entendu dégager l'existence d'un lien plus étroit avec cette loi qu'avec une autre – de la nationalité commune des parties, du siège de l'entreprise, du lieu de conclusion du contrat... – ; elle a simplement voulu d'un *rattachement praticable*, utilisable sans particulière difficulté, lorsque n'est pas décelable un pays d'accomplissement habituel du travail (144).

Le schéma conçu par la Convention de Rome n'a pas résisté. D'un côté, le critère du lieu de travail habituel est venu occuper une place prédominante, quitte à en être déformé et pour finir dédoublé. Le rattachement par l'établissement d'embauchage a été refoulé jusqu'à en être quasiment annihilé.

2° Prééminence de la localisation habituelle du travail

543. Compréhension large du lieu de travail habituel. Le mouvement a pris naissance dans la jurisprudence de la Cour de justice sur le rôle du lieu de travail habituel dans la détermination de la compétence juridictionnelle. Cette jurisprudence a influencé celle que la Cour de justice a commencé à développer pour les conflits de lois en matière de contrat de travail ; elle a aussi conduit à une modification de texte apparue avec le règlement Rome I.

543-1. Jurisprudence de la Cour de justice. En matière de compétence juridictionnelle, la Cour de justice a voulu d'une interprétation large de la notion de lieu de travail habituel. Doit être considéré comme lieu de travail habituel, celui à partir duquel le travailleur s'acquitte principalement d'obligations se déployant sur plusieurs territoires nationaux (145) ; ou encore celui depuis lequel il organise ses déplacements et qui constitue le centre effectif de ses activités (146) ; ou aussi celui où il accomplit la majeure partie de ses activités (147). Cette jurisprudence, relative

(143) V. par exemple, Cass. soc., 31 mars 1978, *Sté Royal Air Maroc c. Bertin*, *Rev. crit. DIP* 1978, p. 701, note A. Lyon-Caen, avec suffisamment d'énergie pour que l'on ait pu croire à l'affirmation d'un rattachement rigide ; v. sur ce point P. Lagarde, *in Mélanges G. Lyon-Caen*, Dalloz, Paris, 1989, p. 83.

(144) Sur ce point v. rapport Giuliano-Lagarde, p. 25-26.

(145) Arrêt *Mulox, supra* n° 526-1

(146) Arrêt *Rutten, supra* n° 529-1.

(147) Arrêt *Weber, supra* n° 529-2.

à la compétence juridictionnelle, est « *pertinente dans l'analyse de l'article 6 § 2 de la convention de Rome* », a dit la Cour de justice dans son arrêt *Koelzsch* du 15 mars 2011 (148) – première décision de la Cour rendue en interprétation de la Convention de Rome – qui transpose donc purement et simplement pour la détermination de la loi applicable l'interprétation qu'elle avait donnée de la notion de lieu de travail habituel en matière de compétence juridictionnelle (149). L'important est de déterminer « l'État avec lequel le travail présente un rattachement significatif » (150).

Le critère du lieu de travail habituel s'est transformé ou plutôt dédoublé. D'une notion étroitement comprise visant le pays dans lequel le travail s'accomplit habituellement, dans le cadre d'une activité qui ne déborde pas les limites territoriales de ce pays, on est passé à une conception dans laquelle le lieu effectif de l'activité importe moins que l'existence d'un centre à partir duquel cette activité se déploie internationalement.

543-2. Règlement Rome I. Cette conception double a été inscrite dans le règlement Rome I suivant une articulation allant du principal au subsidiaire. À défaut de choix, le contrat de travail est régi par loi du pays « *dans lequel, ou à défaut, à partir duquel* » le travailleur accomplit habituellement son activité (article 8 § 2) (151).

L'articulation du principal et du subsidiaire ne s'arrête pas là, car l'évolution née tant de la jurisprudence de la Cour de justice que du règlement Rome I a conduit à placer le rattachement à la loi du lieu de l'établissement qui a embauché le travailleur en position encore plus subsidiaire.

3° Faiblesse du critère du lieu de l'établissement d'embauchage

544. Marginalisation du critère. Le critère, prévu par la Convention de Rome, ne disparaît pas dans le règlement Rome I. Son rôle y apparaît toutefois marginal.

544-1. Place du critère. La Cour de justice, questionnée dans l'arrêt *Voogsgeerd* (152) sur la notion d'« *établissement qui a embauché le travailleur* », commence par répondre avec insistance que ce critère n'a qu'un rôle très secondaire à jouer. Le critère du lieu d'accomplissement habituel du travail « *s'applique en priorité* » ; d'interprétation large, il occupe une position hiérarchiquement supérieure à celui du lieu de l'établissement d'embauche, lui-même d'application étroite. Le juge doit s'efforcer de rechercher s'il n'existe pas un lieu d'accomplissement habituel du travail et ne se tournera vers le lieu de l'établissement d'embauche qu'en cas d'échec de cette recherche (153). Le critère, « *résiduel* », « *d'interprétation stricte* »,

(148) CJUE, 15 mars 2011, aff. C-29/10.

(149) V. pt 45 de l'arrêt *Koelsch*, qui fournit ensuite au juge national des indices permettant de déterminer le centre des activités, pts. 48-49.

(150) V. pt 44 de l'arrêt *Koelsch*. La Cour de cassation a jugé, en se référant à l'arrêt *Koelzsch*, que l'article 6 § 2 a) (loi du lieu de travail habituel) « *a vocation à s'appliquer également dans une hypothèse où le travailleur exerce ses activités dans plus d'un État contractant, lorsqu'il est possible, pour la juridiction saisie, de déterminer l'État avec lequel le travail présente un rattachement significatif* », Cass. soc., 11 avril 2012, n° 11-17096, *Bull.* V, n° 119 ; l'espèce concernait un commandant de bord basé sur un aéroport français.

(151) V. pt. 46 de l'arrêt *Koelzsch*.

(152) CJUE, 15 décembre 2011, aff. C-384/10

(153) Arrêt *Voogsgeerd*, pts 34 à 39 et déjà, arrêt *Koelzsch*, pt. 43.

peut être mis en œuvre uniquement « *lorsqu'il est impossible de localiser la relation de travail dans un État membre* » (154).

544-2. Définition de la notion. Non sans réticence, après avoir marqué le plus clairement sa volonté d'en refouler l'usage, la Cour de justice, dans l'arrêt Voogsegeerd, répond néanmoins à la question de la juridiction nationale, lui demandant si la notion d'établissement qui a embauché le travailleur doit posséder la personnalité juridique. La Cour écarte l'exigence ; une succursale, un bureau peuvent former un établissement au sens du texte concerné. La personnalité juridique n'est pas exigée. Encore faut-il que se constate cependant un élément de stabilité. La simple présence passagère d'un agent de l'entreprise venu conclure le contrat de travail ne suffira pas. En revanche, si l'employeur entretient une représentation permanente sur un territoire national et si cette représentation « fait partie intégrante de sa structure », l'existence d'un établissement peut être retenue (155).

La Cour de justice prend soin de préciser que le critère de rattachement à la loi du lieu de l'établissement d'embauchage ne doit pas se confondre avec celui du lieu du contrat (156).

On se demande finalement si le critère du lieu de l'établissement qui a embauché le travailleur ait appelé à jamais servir, pris entre la domination du critère du lieu habituel de travail et la possibilité d'invoquer la clause d'exception. La jurisprudence de la Cour de cassation va dans le sens d'un anéantissement pur et simple (157).

4° Recours possible à la « clause d'exception »

545. Souplesse d'application. Les rattachements applicables à défaut de choix ne sont pas contraignants. Ils traduisent simplement la présomption qu'un lien suffisamment significatif unit objectivement le contrat à la loi qu'ils désignent. Le juge peut toujours les écarter s'il résulte de l'ensemble des circonstances que le contrat « *présente des liens plus étroits avec un autre pays* », la loi de cet autre pays étant en conséquence déclarée applicable (article 6 § 2 *in fine* de la convention de Rome, article 8 § 4 du règlement Rome I).

Le juge, grâce à la clause d'exception, peut, théoriquement, écarter le rattachement à la loi du lieu de travail habituel (158). Il ne devrait le faire que dans des cas vraiment exceptionnels, tant est forte la présomption qu'un lien étroit existe entre

(154) Arrêt *Voogsgeerd*, pt. 47.

(155) Arrêt *Voogsgeerd*, pt. 54 à 57.

(156) Arrêt *Voogsgeerd*, pt. 55

(157) Plusieurs arrêts de la Cour de cassation ont paru vouloir remodeler la règle de conflit de lois de l'article 6 de la Convention de Rome en supprimant purement et simplement le rattachement à la loi du lieu de l'établissement d'embauchage. Il résulte de la Convention de Rome que le contrat de travail, à défaut de choix par les parties, est régi « *par la loi où* (sic) *le travailleur accomplit habituellement son travail, à moins qu'il ne résulte de l'ensemble des circonstances que le contrat présente des liens plus étroits avec un autre pays, auquel cas la loi de cet autre pays est applicable* » (Cass. soc., 23 mars 2005, *École française René Descartes*, n° 03-42609). Exit le rattachement à la loi du lieu de l'établissement d'embauchage ; ne restent plus que le rattachement, à la loi du lieu de travail et, si ce premier critère bute sur les circonstances de la cause, à la loi la plus étroitement liée au contrat (v. également, dans le même sens, Cass. soc., 29 novembre 2007, n° 07-40905 ; rappr. Cass. soc., 4 juillet 2001, *Sté Friedlander*, n° 99-44519).

(158) La Cour de cassation française a jugé que « *c'est à celui qui prétend écarter la loi du lieu d'accomplissement habituel du travail de rapporter la preuve que le contrat présente des liens plus étroits avec une autre loi* », Cass. soc., 29 septembre 2010, n° 09-68851, *Bull.* V, n° 200, *Rev. crit.* 2011, p. 72, note F. Jault-Seseke.

contrat de travail et loi du lieu de travail habituel dans un même pays. La Cour de justice a récemment décidé du contraire à l'égard d'un travailleur qui avait accompli son travail de façon habituelle, pendant une longue période et sans interruption, dans un même pays (159). La même analyse peut être faite, avec plus de nuances, s'agissant du rattachement à la loi du pays « *à partir duquel* » le travail s'accomplit habituellement. En pareil cas, la claire centralisation des intérêts du travailleur dans le pays à partir duquel il exerce son activité emporte toutefois la décision.

Le juge l sera beaucoup plus volontiers conduit à écarter le rattachement à la loi du lieu où se trouve l'établissement d'embauchage, si d'aventure, les deux premiers critères ne pouvaient trouver application. Le rattachement au lieu de l'établissement d'embauchage, au regard des circonstances du contrat, peut apparaître fortuit, isolé et insuffisamment significatif. Ce sera fréquemment le cas. Le juge décidera alors assez librement de la loi applicable.

L'exception ou une règle ? Des arrêts qui viennent d'être cités, il paraît d'ailleurs résulter que pour la Cour de cassation, la clause dite d'exception perd son caractère d'exception. À défaut de localisation habituelle du travail dans un pays déterminé, est applicable la loi la plus proche du contrat. Telle serait la règle qui se dégage de la jurisprudence de la Cour de cassation, transformant la clause d'exception en règle normale ou de principe, du moins dans l'hypothèse où le travail ne se localise pas habituellement dans un même pays.

La liberté qui est ainsi ouverte au juge ne favorise sans doute pas la prévisibilité des solutions. Mais elle peut permettre de faire échec aux évasions sociales que faciliterait un rattachement rigidifié à la loi du lieu de l'établissement d'embauche. Si cet établissement est fixé dans un pays de droit libéral, en vue d'en obtenir l'application (ou d'obtenir celle d'une autre loi choisie pour son caractère libéral), le juge peut, grâce à la clause d'exception, corriger cette situation défavorable au salarié en faisant prévaloir la protection de la loi avec laquelle le contrat entretient, en réalité, les contacts les plus étroits.

C. — Détachement temporaire (questions propres au)

546. Désignation de la loi du lieu habituel d'activité. La loi du pays où le travailleur a habituellement son activité régit, à défaut de choix, le contrat, même s'il est détaché à titre temporaire dans un autre pays (article 6 § 2, a)) de la Convention de Rome). La loi du pays d'où le salarié est détaché, loi d'origine, sauf liens plus étroits avec une autre loi, est appelée à régir le contrat de travail des salariés en situation de détachement temporaire. Un détachement de caractère temporaire ne doit pas avoir pour effet de faire passer le salarié sous l'empire d'une autre que celle qui régit habituellement son contrat. C'est pourquoi, usant d'une fiction, le règlement Rome I, dit que le pays dans lequel le travailleur accomplit habituellement son travail « n'est pas réputé changer » en cas de détachement temporaire (article 8 § 2 du règlement).

Qu'est-ce qu'un détachement temporaire ? En dehors de ceux qui peuvent être puisés dans le texte même de l'article 6 de la Convention de Rome ou 8 du règlement

(159) Ceci, au terme d'une motivation aussi médiocre que peu convaincante : CJUE, 12 septembre 2013, *Schlecker*, aff. C-64-12.

Rome I, certains éléments de caractérisation peuvent se dégager de la jurisprudence de la Cour de justice sur la sécurité sociale des travailleurs migrants et de l'apport interprétatif que constitue la jurisprudence française sur le contrat de travail international (160). À ces données s'ajoutent, en France, les dispositions de la loi du 2 août 2005 qui a créé dans le Code du travail un nouveau chapitre relatif au détachement transnational de travailleurs (161). Le législateur français a entendu préciser plus nettement les contours de la notion de détachement.

546-1. Lien de travail. Le détachement implique le maintien d'un lien suffisamment étroit entre le salarié et l'employeur d'origine, se caractérisant par une situation de subordination (162), la manifestation d'une autorité ou l'exercice de prérogatives d'employeur. Il n'est pas indispensable, dans la conception française, qu'un contrat ait été conclu sous forme écrite avec l'employeur d'origine, car la subordination suffit à caractériser l'existence d'un contrat de travail. La Cour de justice des Communautés parlera d'un « *lien organique* » (163).

Un accomplissement effectivement habituel du travail dans le pays d'origine n'est pas exigé. Telle a été du moins la position prise par la Cour de justice des Communautés européennes en matière de sécurité sociale (164). Mais cette position s'accorde mal avec les articles 6 de la Convention de Rome et 8 du règlement Rome I. On ne peut parler de pays d'accomplissement habituel du travail si le salarié y a seulement été recruté pour être envoyé à l'étranger (165).

L'article L. 1261-3 (anciennement L. 342-2) du Code du travail offre (depuis la loi du 2 août 2005) une définition du travailleur détaché. Visant le détachement en France, il énonce qu'« *est un salarié détaché (...) tout salarié d'un employeur régulièrement établi et exerçant hors de France et qui, travaillant habituellement pour le compte de celui-ci, exécute son travail à la demande de cet employeur pendant une durée limitée sur le sol français (...)* ». L'article L. 1262-1 (anciennement L. 342-1) du Code du travail ajoute que l'application des règles relatives au détachement sur le territoire français suppose « *qu'il existe un contrat de travail entre le salarié et cet employeur* » établi hors de France et « *que la relation de travail subsiste pendant la période de détachement* ».

(160) V. M.-A. Moreau, « L'évolution récente de la jurisprudence dans le domaine de l'expatriation des salariés », *Dr. soc.* 1986, p. 23 ; v. également *Dr. soc.* n° spécial, novembre et décembre 1991, Les salariés détachés à l'étranger et expatriés. Se fondant sur l'article 6 § 2 de la Convention de Rome et appliquant la loi française à un salarié ayant travaillé en France pendant deux ans pour un employeur russe, v. Paris, 7 juin 1996, *Boikov, JDI* (Clunet) 1997, p. 429, note Saintourens, *RTD eur.* 1996, p. 785, note H. Gaudemet-Tallon, *Rev. crit. DIP* 1997, p. 55, note M.-A. Moreau.

(161) Articles L. 342-1 à L. 342-6, devenus articles L. 1262 et L. 1263, du Code du travail (article 89 de la loi du 2 août 2005 ; C.Neau-Leduc, « Le détachement transnational de travailleurs, passager clandestin de la loi PME du 2 août 2005 », *JCP*, éd. S., 2005, Doctr. 1292 (le détachement transnational a été inséré dans une loi prise en faveur des petites et moyennes entreprises).

(162) Voir notamment, CJCE, 5 décembre 1967, aff. 19/67, *Van der Vecht, RTD eur.* 1968, p. 150, note G. Lyon-Caen.

(163) Le considérant n° 36 du règlement Rome I dit que « *la conclusion d'un nouveau contrat de travail avec l'employeur originaire ou un employeur appartenant au même groupe de sociétés que l'employeur originaire, n'exclut pas que le travailleur accomplisse son travail dans un autre pays de façon temporaire* ». La formule est bien obscure.

(164) Depuis l'arrêt *Van der Vecht*, préc.

(165) La CJCE, visant le détachement dans le cadre d'une prestation des services, a dit que la qualité de travailleur détaché ne peut pas être subordonnée à la condition que le salarié ait été employé pendant au moins un an par l'employeur qui le détache, ni non plus qu'il soit lié à cet employeur par contrat à durée indéterminée ; CJCE, 21 septembre 2006, *Commission c. Autriche*, v. *infra* n° 565-2.

Le nouveau texte français fait apparaître deux conditions d'application des règles du détachement : que le salarié travaille habituellement pour l'employeur qui le détache ; que le lien de travail subsiste avec cet employeur pendant le détachement. Un élément est indifférent : savoir si le salarié travaille habituellement dans le pays d'établissement de l'employeur.

546-2. Fraude. En matière de sécurité sociale, la Cour de justice de l'Union européenne exige que l'entreprise qui procède au détachement ait une activité significative sur le territoire de l'État membre où elle est établie et depuis lequel a lieu le détachement (166). Une entreprise ne peut prétendre s'établir sur le territoire d'un État membre de l'Union européenne simplement pour y recruter du personnel qu'elle détache ensuite sur le territoire d'un autre État membre. Il en va d'une fraude.

L'article L. 1262-3 (anciennement L. 342-4) du Code du travail (loi du 2 août 2005) pose désormais qu'un employeur ne peut pas se prévaloir, en droit du travail, des règles du détachement lorsque son activité est « *entièrement orientée vers le territoire français* » ou qu'elle consiste « *de façon habituelle, stable et continue* » à travailler pour une clientèle en France ou à recruter de la main-d'œuvre en France. Ledit employeur doit être soumis aux règles « *applicables aux entreprises établies sur le territoire français* » (article L. 1262-3, 2e alinéa). Il doit être traité comme si l'entreprise était établie en France (167).

546-3. Durée du détachement. Dans le passé, la jurisprudence française n'a pas voulu mettre de limites strictes à la durée d'un détachement. Il est dans la nature du détachement de se terminer un jour, et d'être donc temporaire, à la différence d'une mutation ou d'une expatriation, et tant que demeure l'esprit de retour, le caractère temporaire du détachement reste admissible ; telle était la position jurisprudentielle française (168).

La Convention de Rome et le règlement Rome I ne devraient plus permettre d'admettre une longue durée de détachement, en particulier parce qu'il ressort des termes mêmes des deux textes que le travail doit s'accomplir habituellement dans le pays d'origine. On ne peut désigner en tant que loi objectivement applicable la loi du pays d'origine si, à force de temps, il convient de considérer que le travail ne s'y effectue plus habituellement.

Le considérant n° 16 du règlement Rome I dit qu'un détachement devrait être considéré « *comme temporaire lorsque le travailleur est censé reprendre son activité dans le pays d'origine après l'accomplissement de ses tâches à l'étranger* »

(166) CJCE, 10 février 2000, aff. C-202/97, *Fitzwilliam Executive Search Ltd* ; CJCE, 9 novembre 2000, aff. C-404/98, *Josef Plum*.

(167) Le Conseil d'État en a déduit qu'une entreprise établie dans un autre État membre, qui maintient une présence permanenteen France au travers d'infrastructures ou de locaux à partir desquels elle exerce de façon stable et habituelle son activité sur le territoire français ne peut se prévaloir des règles relatives au détachement de travailleurs. Les salariés concernés travaillent en France dans des conditions qui ne relèvent pas du détachement et le droit du travail français leur est pleinement applicable, CE, 11 juillet 2007, *Easy Jet et Raynair*, n° 299787, rejetant le recours de deux compagnies aériennes contre le décret du 21 novembre 2006 relatif aux bases d'exploitation des entreprises de transport aérien ; *Dr. soc.* 2007, p. 1159, concl. E. PRADA BORDENAVE.

(168) Cass. com., 9 novembre 1959, n° 57-12.184, *JDI* (Clunet) 1960, p. 1064, note G. LYON-CAEN, *Rev. crit. DIP* 1960, p. 556, note SIMON-DEPITRE – pour vingt-deux ans de détachement en Amérique du Sud.

S'agit-il d'une définition du détachement temporaire par l'esprit de retour ? Sans doute pas, car le texte parle de l'accomplissement de *tâches* à l'étranger, notion qui implique une idée de brièveté, de mission de durée limitée (169).

L'article L. 342-2 (L. 1261-3) du Code du travail (depuis la loi du 2 août 2005) parle de « durée limitée » du détachement, sans autre précision.

Se retrouve ainsi en droit du travail une distinction connue du droit de la sécurité sociale entre le détachement temporaire, borné par une limite de temps, et le détachement durable. Le premier justifie l'application de la loi d'origine, le second entraîne l'application de la loi du lieu de détachement. Il en va ainsi pour les dispositions françaises relatives à la sécurité sociale des Français résidant à l'étranger (170) et pour les règles applicables aux ressortissants communautaires qui se déplacent à l'intérieur de la Communauté (171), avec des limites temporelles qui sont toutefois différentes (172) et qui, dans les deux cas, font l'objet d'une application souple permettant d'allonger le délai de détachement normalement applicable.

Avec la Convention de Rome et le règlement Rome I, une limite assez rigoureuse devrait donc être mise à la durée du détachement, limite qu'il appartient aux tribunaux d'apprécier. S'appuyant sur la Convention de Rome, quitte à anticiper sur son entrée en vigueur, la jurisprudence française s'est orientée en ce sens (173).

546-4. Intérim. La notion de détachement recouvre la mise à disposition de personnel intérimaire auprès d'une entreprise utilisatrice (174). L'assimilation est désormais consacrée textuellement par l'article L. 1262-2 (anciennement, L. 342-1 (II)) du Code du travail (loi du 5 août 2005) qui énonce qu'une entreprise exerçant une activité de travail temporaire établie hors du territoire français peut détacher temporairement des salariés auprès d'une entreprise utilisatrice établie ou exerçant en France, sous la double condition qu'un contrat de travail existe avec l'entreprise de travail temporaire et que leur relation subsiste en cours de mission.

546-5. Interférence du critère « *à partir duquel* ». Dans la Convention de Rome et le règlement Rome I, le maintien en application de la loi du pays d'origine suppose que le travailleur ait habituellement son activité dans ce pays. Peu importe si cette exigence ne s'accorde pas avec la conception interne française ou encore avec la jurisprudence de la Cour de justice en matière de sécurité sociale ; elle est clairement formulée et s'impose par conséquent. Le maintien en application de la loi d'origine serait donc à ce prix.

(169) L'exposé des motifs de la proposition de règlement renvoyait à la considération de l'intention des parties.

(170) Article L. 761-1 et s. ; article L. 762-1 et s. du Code de la sécurité sociale

(171) Article 14 du règlement 1408/71, v. *infra* n° 610 et s.

(172) Trois ans, durée renouvelable une fois en droit français (article R. 761-1, CSS), douze mois, durée prolongeable jusqu'à 24 mois en droit communautaire ; v. *infra* n° 610-612, n° 619-620.

(173) CA Paris, 18e Ch., sect. E, 7 juin 1996, *Alexi Boikov c/ Sté Black sea*, *RTD eur.* 1996, p. 785, obs. H. GAUDEMET-TALLON, *Rev. crit. DIP* 1997, p. 55, note M.-A. MOREAU, *RJS* 1997, n° 385 et la chronique J. DÉPREZ, p. 237 ; CA Paris, 18e Ch., sect. D, 8 octobre 1996, *Ferwerda c/ BNP*, *RJS* 4/97, n° 386 ; J. DÉPREZ, « Loi applicable à la rupture du contrat de travail international », *RJS* 4/97, p. 235 ; Cass. soc., 9 octobre 2001, n° 00-41.452, *Bull. civ.* V, n° 303, *Dr. soc.* 2002, p. 121, obs. M.-A. MOREAU.

(174) Depuis CJCE, 17 décembre 1970, aff. 35/70, *SARL Manpower*, *JCP* éd. G, 1972, II, 16964, note J.-J. DUPEYROUX.

L'introduction du critère « *à partir duquel* » modifie cependant sensiblement l'analyse. Il permet à celui qui développe habituellement son activité dans un espace international de se réclamer de la loi du pays à partir duquel il le fait. Nul besoin que le pays « *à partir duquel...* » apparaisse comme pays de travail habituel ; nulle limite temporelle non plus qui soit mise à la durée de son activité sur un autre territoire que celui « *à partir duquel* ». Avec ce critère, on retrouve la vieille jurisprudence française admettant de maintenir en application la loi française pour un représentant de commerce salarié effectuant des prospections dans différents pays étrangers à partir d'une « base » en France correspondant à son domicile et au siège de l'entreprise auprès de laquelle il prenait ses instructions et à qui il rendait compte (175).

§ 3. — Application de la règle de conflit de lois

548. Nombreuses sont les questions relatives à l'application de la règle de conflit des lois propre au contrat de travail. Un début de jurisprudence, appliquant et interprétant l'article 6 de la Convention de Rome, s'est formé devant la Cour de cassation. Dans la mesure où les dispositions de la Convention de Rome ne condamnent pas les solutions que les juges français avaient retenues, antérieurement à l'entrée en vigueur de la convention, il reste possible de s'y référer, sachant que dans tous les cas – jurisprudence française fondée sur la Convention de Rome ou jurisprudence française antérieure à celle-ci –, il reviendra à la Cour de justice des Communautés, peu à peu, de les confirmer ou au contraire les infirmer.

Les développements porteront d'abord sur la « loi » nationale que vise l'article 6 de la Convention de Rome ou l'article 8 du règlement Rome I, sur le morcellement possible de la relation de travail entre plusieurs lois nationales ensuite, sur le régime de l'application de la loi désignée par la règle de conflit de lois enfin.

A. — La « loi » désignée par la règle de conflit

Des questions se posent concernant la nature des normes couvertes par la notion de « loi » applicable au contrat de travail ; elles se prolongent vers la notion de « dispositions impératives de la loi applicable à défaut de choix » à laquelle se réfère l'article 6 de la Convention de Rome.

1° Notion de « loi » nationale applicable

549. La notion de « loi » nationale applicable recouvre-t-elle également, outre la loi ou les règlements au sens formel, des normes de source privée dont la place est, on le sait, fondamentale dans la réglementation des relations de travail ? Si la question se pose en premier lieu pour les conventions collectives de travail, elle intéresse également les autres normes de source professionnelle.

(175) Cass. com., 9 novembre 1959, n° 57-12.184, *JDI* (Clunet) 1960, p. 1064, note G. Lyon-Caen, *Rev. crit. DIP* 1960, p. 556, note Simon-Depitre.

Il convient d'observer à titre liminaire que le mot « loi » ne se borne pas, en droit international privé, à désigner la loi au sens étroit ou plus généralement la règle étatique, il s'étend à la coutume ou aux usages, voire à la jurisprudence, puisque le juge qui met en application la loi étrangère doit respecter la jurisprudence qui s'est formée dans l'ordre juridique ayant édicté cette loi (176). La « loi » étrangère n'est autre chose que le système juridique ou l'ordre juridique étranger désigné pour régir la situation.

549-1. Intégration des conventions collectives à la loi applicable. Les conventions collectives de travail font-elles partie de la « loi » applicable au contrat de travail ? Désigner une loi, est-ce comprendre dans cette désignation les conventions collectives appartenant à l'ordre juridique désigné ?

La question a été longuement débattue. La conception de la convention collective en tant que contrat conduisait à en faire un objet possible du conflit de lois et à s'interroger, lorsqu'elle présente un caractère international, sur la loi appelée à la régir. Mais la convention collective est aussi une norme de droit objectif et, spécialement dans un système juridique tel que le système français, peut présenter un caractère de généralité et d'autorité comparable à celui d'une loi. Ne pas intégrer les conventions collectives à la loi nationale applicable, n'est-ce pas risquer de tronquer cette « loi » d'éléments normatifs qui lui sont essentiels (177) ?

Après un certain nombre de tâtonnements, la jurisprudence française s'est stabilisée depuis l'arrêt *Société Masson* (178). La Cour de cassation y énonce que « *l'application du droit français emporte celle des conventions collectives qui en font partie* », formule de caractère unilatéral, mais devant être comprise bilatéralement, la Cour de cassation ayant par le passé déjà consacré la même solution pour le droit étranger (179).

S'intégrant ainsi à la loi ou au droit applicable, les conventions collectives obéissent donc, en principe, au régime de désignation du droit applicable que gouvernent l'article 6 de la Convention de Rome ou l'article 8 du règlement Rome I.

Lorsque la Cour de cassation dit de la désignation d'une loi nationale qu'elle emporte applicabilité des conventions collectives qui en font partie, elle va de la loi, au sens du système juridique appelé à régir un contrat de travail, globalement appréhendé, vers les éléments normatifs qui le composent. Inversement, suivant une démarche qui va de la norme particulière vers l'ensemble normatif auquel elle appartient, on observe que la volonté des parties au contrat de travail de soumettre leur relation à une convention collective déterminée constitue un indice, mais un

(176) V. sur ces questions, les ouvrages généraux de droit international privé.

(177) V. sur la question, P. Rodière, « Convention collective », *in Rép. Dalloz droit international*, 2002 ; du même auteur, *La convention collective de travail en droit international*, Litec, Paris, 1987 ; *Cours de droit social international et européen*, Les cours du droit, 1989 ; G. Lyon-Caen, « La convention collective de travail en droit international privé », *JDI* (Clunet) 1964, p. 247.

(178) Cass. 1re civ., 5 novembre 1991, n° 90-40.163, *Bull. civ.* I, n° 293, *JDI* (Clunet) 1992, p. 357, note M.-A. Moreau ; *Rev. crit. DIP* 1992, p. 314, note H. Muir Watt.

(179) V. Cass. soc., 31 mai 1972, n° 71-40.424, *Rev. crit. DIP* 1973, p. 683, note P. Lagarde, *JCP* éd. G, 1973 II, 17316, obs. G. Lyon-Caen ; Cass. 1re civ., 29 janv. 1975, n° 73-14.294, *Rev. crit. DIP* 1976, p. 338, note Batiffol.

indice seulement, de leur volonté de rendre applicable à leur relation la loi nationale dont la convention collective fait partie (180).

L'intégration des conventions collectives, norme d'effet normatif ou réglementaire, au droit applicable désigné par la règle de conflit de lois propre au contrat de travail, ne doit pas faire oublier que la convention collective reste néanmoins contrat. La loi applicable à ce contrat peut soulever difficulté, s'il présente un caractère international (181).

549-2. Autres normes de source professionnelle. Des analyses similaires peuvent être conduites concernant les usages professionnels ou d'entreprise ainsi que les engagements unilatéraux des employeurs, qui, en droit français, s'ajoutent aux conventions et accords collectifs du travail pour composer le statut collectif du travail.

Dans l'arrêt *Briant c. Institut culturel autrichien*, La Cour de cassation a eu à s'interroger sur l'application d'un usage professionnel français dans une relation de travail internationale. La salariée, licenciée par l'Institut culturel autrichien pour lequel elle avait longuement travaillé à Paris, pouvait-elle se prévaloir de la violation de l'usage constant dans la pratique française, voulant que la cessation de leur contrat de travail soit notifiée aux enseignants avant la fin du mois de mai ? Non, avait dit la cour d'appel de Paris. Reprenant par analogie la formule retenue par l'arrêt « *Masson* » pour les conventions collectives (182), le pourvoi avait soutenu que l'application de la loi française « *emporte celle des usages professionnels* » et que cet usage devait être respecté. La Cour de cassation a rejeté le pourvoi, mais en répondant qu'« *un usage ne constituait pas une disposition légale impérative au sens de l'article 6 de la Convention de Rome* », laissant ainsi en suspens la première question qui lui était posée, concernant la participation de l'usage à la « loi » applicable, la question de savoir si cet élément particulier de la « loi » entre parmi les « dispositions impératives » auxquelles se réfère l'article 6 de la Convention de Rome ne venant qu'ensuite, dans un second temps de l'analyse. L'arrêt « *Briant* » n'apporte pas de réponse à la première question (183).

2° Notion de « dispositions impératives de la loi applicable à défaut de choix »

550. Ce n'est pas, dit l'article 6 de la Convention de Rome, toute la loi objective du contrat de travail qui doit être respectée, mais uniquement, dans cette loi, les dispositions impératives qui tendent à la protection des salariés. La notion de dispositions impératives de l'article 6 de la Convention de Rome, recouvre la protection impérativement prévue par le droit national objectivement applicable. Quelles sont ces dispositions impératives ? À quel ordre juridique revient-il d'en décider ? L'article 8 du règlement Rome I répond partiellement à cette double question en

(180) Cass. soc., 16 novembre 1993, *SNTM Hyproc ;* Cass. soc., 4 juillet 2001, *Sté Friedlander*, n° 99-44519.
(181) V. *infra* n° 555.
(182) V. *supra* n° 549-1.
(183) Cass. soc., 12 novembre 2002, *Briant c. Institut culturel autrichien*, n° 99-45821, *Bull. civ.* V, n° 339 ; *Rev. crit. DIP* 2003, p. 446, note F. Jault-Seseke ; *JDI (Clunet)* 2004, p. 131 ; *D.* 2004, J. p. 661, note J-G. Mahinga.

énonçant que le travailleur a droit à la protection que lui assurent « *les dispositions auxquelles il ne peut être dérogé par accord en vertu de la loi qui, à défaut de choix, aurait été applicable* ».

550-1. Article 3 § 3 de la Convention de Rome. Questionnée sur la notion de dispositions impératives au sens de l'article 6 § 1 de la Convention de Rome, la Cour de cassation, dans l'arrêt « *Briant c. Institut culturel autrichien* » (184), en a retenu la définition donnée par l'article 3 § 3 de la même convention : « *les dispositions impératives d'une loi sont celles auxquelles cette loi ne permet pas de déroger par contrat* » (185).

La Cour de cassation, dans ce même arrêt, prend soin de préciser que c'est à la loi désignée en tant que loi applicable à défaut de choix de dire si ses dispositions sont ou non impératives. Ce sont les dispositions auxquelles « *cette loi* » ne permet pas de déroger, a-t-elle dit (186).

550-2. Dispositions impératives et lois de police. La notion de dispositions impératives visée par l'article 6 § 1 de la convention de Rome, se distingue de celle qui apparaît avec les lois de police visées à l'article 7 de la Convention, même si dans les deux cas, la Convention ait parlé de « dispositions impératives », entretenant ainsi la possibilité de confusion. Les dispositions impératives de l'article 6 sont celles dont la règle de conflit de lois demande l'application en vue d'assurer la protection juridique du salarié ; plus exactement ce sont celles, qui prévues par la loi applicable à défaut de choix, doivent impérativement bénéficier au salarié, si cette loi n'autorise pas d'y déroger. Les lois de police de l'article 7, quant à elles, correspondent à des éléments de réglementation nationale qui, compte tenu d'impératifs sociaux ou économiques jugés essentiels, écarteront impérativement la loi applicable selon la règle de conflit et écarteront donc, avec celle-ci, les règles impératives qu'elle contient, y compris celles de la loi applicable à défaut de choix (187). Il est dans la définition même de la loi de police de rejeter les désignations normatives opérées par la règle de conflit de lois.

S'opposent ainsi les dispositions impératives appartenant à la loi applicable (à défaut de choix) et des dispositions impératives, relevant de la qualification de lois de police, écartant la loi applicable. Les premières sont constituées par l'ensemble des dispositions de la loi applicable à défaut de choix auxquelles celle-ci ne permet pas de déroger par contrat. Les secondes ne recouvrent que les seules dispositions impératives dont le respect est jugé « crucial » par le juge saisi du litige ; le cercle de leur impérativité est plus restreint que celui des premières.

Les juridictions françaises le rappellent régulièrement, notamment à propos du droit français du licenciement. Celui-ci, en ce qui concerne le régime général

(184) Préc. *supra* note précédente.

(185) L'article 3 § 3 de la convention, visant les contrats dont tous les éléments se localisent dans un même pays, parle des « *dispositions auxquelles la loi de ce pays ne permet pas de déroger par contrat, ci-après dénommées "dispositions impératives"* ».

(186) Arrêt précité *supra* note n° 549-2 ; v. également Grenoble 24 mars 2003, *SA Prosport-Festina c/ Voet*, *RJS* 11/03, n° 1258, Paris, 7 janvier 2004, *Amann c/ Sté Portas*, *RJS* 4/04, n° 386.

(187) V. *infra* n° 556, n° 560 et s.

du licenciement, a un caractère impératif ; il est constitué de règles d'ordre public auxquelles il est interdit de déroger par contrat. Pour autant ces règles ne sont pas constitutives de lois de police et leur application suppose donc que la loi française soit désignée par la règle de conflit de lois en tant que loi applicable au contrat (188).

La formulation utilisée par le règlement Rome I, réservant les termes de « disposition impérative » aux lois de police de l'article 9 et visant à l'article 8 les dispositions protectrices « auxquelles il ne peut être dérogé par accord » ne semble plus permettre la confusion que les libellés antérieurs pouvaient faire naître (189).

550-3. Normes professionnelles. Les conventions collectives, en droit français, régissent les contrats de travail avec une impérativité semblable à celle de la loi. Leurs dispositions ont donc vocation à entrer sous la notion de « dispositions impératives » de l'article 6 de la Convention collective, ceci d'autant que l'objectif poursuivi par ce texte est d'assurer la protection juridique du salarié et que les conventions collectives participent primordialement à cette protection (190).

La même analyse peut être faite pour les autres normes professionnelles, usages ou engagements unilatéraux des employeurs, dès lors que la jurisprudence estime que les droits qu'elles confèrent aux salariés doivent impérativement être respectés dans les relations de travail. La jurisprudence de la Cour de cassation ne confirme cependant pas ce dernier point.

Dans l'affaire « *Briant c. Institut culturel autrichien* », la cour de Paris avait dénié à la salariée, dont le contrat relevait de la loi française en tant que loi applicable à défaut de choix, le droit de se prévaloir d'un usage français qui lui était favorable. Le pourvoi avait soutenu que les usages entrent sous la notion de dispositions légales impératives au sens de la Convention de Rome, dès lors qu'ils « *ne peuvent être écartés par les parties au contrat de travail* ». Rejetant le pourvoi, la Cour de cassation énonce qu'« *un usage ne constituait pas une disposition légale impérative au sens de l'article 6 de la Convention de Rome* ».

Pareille réponse se serait pleinement justifiée si l'usage considéré, avait eu, comme c'est en général le cas des usages professionnels, un caractère supplétif, permettant aux parties au contrat de l'écarter (191). Mais à en croire le pourvoi, bien que *professionnel*, l'usage était d'application impérative, comme le sont de manière générale les usages *d'entreprise*. Il est plus difficile, dans ces conditions, de comprendre pourquoi la Cour de cassation dénie à l'usage en cause la qualité de disposition légale impérative. La cohérence des solutions propres aux conventions collectives d'un côté, aux usages de l'autre, est-elle respectée ?

(188) Cass. soc., 29 mai 1991, n° 88-42.335, *Bull. civ.* V, n° 270, *Rev. crit. DIP* 1992, p. 468, note H. Muir Watt ; CA Grenoble, Ch. soc., 24 février 1997, *Nelet c/ Sté Technol international*, *RJS* 4/98, n° 426 ; CA Paris, 21e Ch., 6 octobre 1999, *Steinman c/ SA Société Générale*, *RJS* 4/00, n° 382.

(189) V. L. d'Avout, « Le sort des règles impératives dans le règlement Rome I », *D.* 2008, 2165.

(190) La Cour de cassation le retient ainsi dans un arrêt du 29 sept. 2010, avec des formules contournées : « *les règles d'application des conventions collectives étant fixées par des normes légales et impératives tendant à protéger les salariés, l'application du droit français emporte celle des conventions collectives qu'il rend obligatoires* », n° 09-68851, *Bull.* V, n° 200, *Rev. crit. DIP* 2011, p. 72, note F. Jault-Seseke.

(191) Solution non constante, puisquil arrive que la Cour de cassation confère une force obligatoire à un usage professionnel, v. Cass. soc., 27 mars 2001, n° 98-44292, *Bull.* V, n° 106.

À moins de devoir comprendre que ce qui est dit de l'usage vaudrait aussi pour la convention collective. Si celle-ci fait partie de la loi applicable, néanmoins ses dispositions n'entreraient pas parmi les dispositions légales impératives au sens de l'article 6 de la Convention de Rome. Conventions collectives, engagements unilatéraux de l'employeur et usages seraient donc des éléments du droit applicable, mais pas du droit impératif. Impératives en droit interne, ces normes cesseraient de l'être en droit international. Cette analyse ne s'accorde manifestement pas avec l'article 6 de la Convention de Rome, voulant que le salarié ne soit pas privé de la protection à laquelle la loi applicable à défaut de choix confère un caractère impératif, elle peut d'autant plus surprendre, s'agissant plus précisément des conventions collectives, que les dispositions de celles-ci accèdent parfois au statut de lois de police (192). Ce n'est d'ailleurs pas l'analyse de la Cour de cassation pour qui la convention collective fait bien partie du dispositif impératif du droit français (193).

B. — Morcellement du droit applicable

Le droit du travail international prédispose au morcellement (ou dépeçage) du contrat entre plusieurs ordres juridiques nationaux. Les règles de conflit de lois applicables en la matière sont propices au morcellement et y conduisent même assez naturellement, sous la forme d'un morcellement horizontal entre deux lois nationales différentes. La superposition de la norme légale et de la norme conventionnelle est également propre à créer des situations de morcellement, vertical celui-ci, entre les dispositions de la loi, au sens du droit étatique, d'un premier pays et celles d'une convention collective d'un autre pays.

1° Morcellement horizontal entre lois applicables

551. Si, en général, la Convention de Rome et le règlement Rome I admettent, sous certaines conditions, le morcellement (ou dépeçage) du contrat entre plusieurs lois, les règles de rattachement propres au contrat de travail vont plus loin. Le morcellement apparaît comme une conséquence normale d'une règle de conflit de lois qui distribue le rattachement entre deux lois possibles. La Convention et le règlement conduisent ainsi, doublement, vers la possibilité d'un morcellement du contrat entre deux lois différentes. Mais reste toutefois que ce morcellement, quelle qu'en soit la source, ne doit pas nuire à la cohérence du contrat ; il ne doit pas pouvoir aller au-delà de sous-ensembles dont les éléments, interdépendants, ne peuvent être scindés (194).

551-1. Application des règles générales de la Convention et du règlement. L'article 3 § 1 de la Convention de Rome et l'article 8 du règlement Rome I permettent

(192) V. *infra* n° 566.

(193) V. Cass. soc., 29 septembre 2010, préc.

(194) Le problème évoque celui de la comparaison des conventions collectives en droit interne. La jurisprudence a longtemps décidé qu'elle devait se faire en décomposant les corps de règles mis en comparaison en ensembles d'éléments ayant la même cause ou la même finalité (notamment Cass. Ass. plén., 18 mars 1988, *D.* 1989, p. 221, note CHAUCHARD). Sans renier cette première directive, elle semble vouloir procéder aujourd'hui en tenant compte de l'équilibre des concessions et avantages obtenus par les partenaires à la négociation et de l'interdépendance qui en résulte (Cass. soc., 19 février 1997, *Géophysique*, *Dr. soc.* 1997, p. 443, obs. COUTURIER ; 3 novembre 1999, *Dr. soc.* 1999, p. 1101, obs. WAQUET).

aux parties au contrat, dans le choix qu'elles opèrent, de « *désigner la loi applicable à la totalité ou à une partie seulement de leur contrat* ».

Appliquée au contrat de travail, cette possibilité permettra aux contractants, tout en laissant le reste de leur relation sous l'empire de la loi objectivement applicable, d'élire l'application d'une loi nationale pour son caractère plus favorable au salarié, par exemple pour les conditions d'un éventuel licenciement. C'est d'ailleurs une pratique assez répandue, concernant le personnel mobile des groupes internationaux de sociétés, que le contrat de travail désigne une loi nationale déterminée pour régir le devenir de la relation de travail et son éventuelle rupture.

Ce choix ne saurait être contesté par le salarié, tant qu'il ne diminue pas les droits que lui confère la loi objectivement applicable.

Le juge peut, lui aussi, en l'absence de choix des parties quant à la loi applicable, estimer que, pour certains de ses éléments, le contrat doit être régi par une loi autre que celle qui lui est d'autre part applicable. Il en décidera ainsi en fonction des liens qui unissent certains éléments du contrat, et non les autres, avec une loi déterminée. Un juge peut, par exemple, estimer que la loi du lieu de détachement du salarié doit s'appliquer aux conditions d'exécution du travail mais que l'employeur et le salarié ayant la même nationalité et le salarié ayant été recruté dans son pays d'origine, les conditions d'un éventuel licenciement doivent être celles de la loi de nationalité commune. Si cette faculté était ouverte au juge par l'article 4 de la Convention de Rome, on ne la retrouve pas dans le règlement Rome I (195).

551-2. Morcellement par la règle de conflit de lois propre au contrat de travail. Un morcellement du contrat peut également être décidé par le juge alors que les parties au contrat ont désigné une loi nationale déterminée pour la rendre applicable à l'ensemble de leur relation contractuelle. Le choix des parties ne pouvant priver le salarié de la protection impérative de la loi applicable à défaut de choix, une comparaison peut être rendue nécessaire entre les lois en présence.

Dès l'instant où les deux lois ne font pas l'objet d'une comparaison globale, mais le sont dans leurs éléments respectifs plus ou moins favorables, une dissociation peut s'ensuivre. La loi choisie sera appelée à s'appliquer dans ses éléments favorables, la loi objectivement applicable dans les siens. Peuvent ainsi être distribués entre les deux lois des droits et avantages ayant, suivant la formule jurisprudentielle des causes ou des objets distincts. La Cour de cassation l'a admis ainsi dans l'arrêt « *Briant* » (196).

2° Morcellement vertical entre loi et norme conventionnelle nationales

552. Dissociation possible entre conventions collectives et loi applicable. Norme dotée d'un certain degré d'autonomie au sein de l'ordre juridique national dans lequel elle s'insère, la convention collective peut être dissociée de la loi.

(195) Faut-il en déduire que la faculté de morcellement judiciaire a disparu ? V. T. Azzi, « La loi applicable à défaut de choix selon les articles 4 et 5 du règlement Rome I », *D.* 2008, 2169.

(196) Cass. soc., 12 novembre 2002, *Bull.* V. n° 339, v. *infra* n° 549-2.

Cette dissociation prendra principalement deux formes, intéressant des situations de détachement à l'étranger.

Comme la loi le fait, la convention collective d'origine est appelée à « suivre » le salarié détaché temporairement à l'étranger. Certaines conventions collectives comporteront cependant une clause d'autolimitation territoriale, écartant leur application aux activités effectuées hors du territoire. C'est l'hypothèse à laquelle la Cour de cassation s'est référée dans son arrêt « *Masson* » (197), en précisant qu'« *en l'espèce, la convention collective ne contenait aucune disposition excluant les activités salariées à l'étranger* » et devait donc s'appliquer en tant qu'élément de la loi française. Si, en revanche, la convention collective avait prévu une clause d'exclusion, son application aurait dû être écartée, la volonté des parties d'en faire malgré tout application devant toutefois être réservée (198).

L'autre cause de dissociation peut justement venir de la volonté des parties au contrat de travail. Celles-ci peuvent décider, au moment du départ pour l'étranger, que la protection de la convention collective (française) suivra le salarié à l'étranger, sans pour autant opter pour l'application de la loi nationale (française) dont la convention fait partie. Leur choix peut d'ailleurs se réduire à certains éléments de la convention collective, les règles conventionnelles en matière de licenciement notamment, pour lesquelles on a pu parler de clauses « personnelles » de la convention collective, clauses créant des droits destinés à accompagner le salarié au cours de ses détachements à l'étranger (199).

La jurisprudence admet la possibilité de dissocier ainsi la convention collective de la loi (200). La convention collective constitue alors un élément des prévisions contractuelles des parties et tirera du contrat de travail sa force obligatoire.

Les manifestations de volonté concernant la convention collective applicable, bien entendu, ne doivent pas priver le salarié de la protection des dispositions impératives dont les dispositions des conventions collectives peuvent faire partie – de la loi applicable à défaut de choix.

C. — Application de la loi applicable

553. La loi objective, loi applicable à défaut de choix, s'appliquera si le contrat ne comporte pas le choix d'une autre loi et si aucune des parties contractantes n'invoque ce choix. Elle s'appliquera également s'il est établi, après comparaison, que ses dispositions impératives sont plus favorables au salarié. Les contractants peuvent d'ailleurs renoncer d'un commun accord au choix de loi qu'elles avaient fait et le faire implicitement en n'invoquant pas ce choix devant le juge.

(197) Cass. 1re civ., 5 novembre 1991, n° 90-40163, *Bull. civ.* I, n° 293, préc.

(198) Cass. soc., 23 novembre 1989, n° 87-42540.

(199) V. P. Rodière, « La convention collective de travail en droit international », n° 227 et s. ; v. également G. Lyon-Caen, « La convention collective de travail en droit international privé », *JDI (Clunet)* 1964, p. 247, spéc. n° 24.

(200) Cass. soc., 12 février 1992, n° 89-41432 ; CA Paris, 18e Ch. E, 13 avril 1995, *Banco Borgès et Irmao*, *Rev. crit. DIP* 1996, p. 319, note E. Moreau.

553-1. Obligation d'appliquer la règle de conflit de lois. Le juge doit-il mettre en œuvre la règle de conflit de lois et relever d'office la compétence éventuelle de la loi étrangère ? Les règles générales retenues en droit international privé français s'appliquent. On rappellera simplement que, depuis un revirement de 1999 (201), le juge n'a plus l'obligation d'appliquer d'office la règle de conflit de lois, quelle qu'en soit la source, interne ou conventionnelle, lorsque les parties au litige ont la libre disposition de leurs droits.

Dans l'état précédent de la jurisprudence, l'obligation de relever d'office l'existence d'un conflit de lois et d'y appliquer la règle de solution du conflit correspondante avait été énergiquement affirmée – parce qu'il en serait allé de l'autorité des traités sur la loi interne – lorsque la règle de conflit de lois est contenue dans un instrument international (202).

Le critère de libre disponibilité des droits est-il adapté au droit du travail ? On peut sérieusement en douter, compte tenu de la nécessité d'assurer la protection du salarié en tant que partie faible et de la très forte présence d'un ordre public de protection dans ce domaine du droit (203). Les conditions dans lesquelles le salarié peut renoncer aux droits qu'il tient de son statut légal et conventionnel font l'objet d'un encadrement strict (204).

Il est assez vraisemblable que la Cour de justice des Communautés européennes sera tentée de dire, en vue d'en assurer l'autorité, que les juges des États parties doivent mettre d'office la Convention de Rome en application si les faits révèlent l'existence d'« *une situation comportant un conflit de lois* » (205). Cette probabilité devient certitude avec la transformation de la Convention en un règlement de l'Union, directement intégré au droit des États membres et que le juge national a l'obligation d'appliquer s'il constitue la règle régissant le litige (206).

553-2. Recherche du contenu de la loi applicable. Le juge français a l'obligation de rechercher le contenu de la loi étrangère, qu'il le fasse d'office ou à la demande de l'une des parties, quitte à requérir le concours des parties. C'est ce que dit maintenant la Cour de cassation (207). Quant à l'échec dans la preuve du contenu de la loi étrangère, il se traduira normalement par la substitution de la loi du for à la loi étrangère, à moins que le demandeur, qui devait en rapporter la preuve sur requête du juge, n'ait pas fait le nécessaire à cet effet. Sa mauvaise foi est alors

(201) Cass. civ. 1re, 26 mai 1999, n° 96-16.631, *Bull. civ.* I, n° 172, *Mutuelles du Mans*, *Rev. crit. DIP* 1999, p. 707, note H. Muir Watt.

(202) Cass. civ. 1re, 4 décembre 1990, n° 89-14.285, *Bull. civ.* I, n° 272, *Coveco*, *Rev. crit. DIP* 1991, p. 558, note M.-L. Niboyet ; *JDI (Clunet)* 1991, p. 371, note Bureau ; Cass. civ. 1re, 10 décembre 1991, n° 90-11.520, *Bull. civ.* I, n° 346, *Rev. crit. DIP* 1992, p. 314, note H. Muir Watt.

(203) V. sur cette question, les analyses de F. Jault-Seseke, « L'office du juge dans l'application de la règle de conflit en droit du travail », *Rev. crit. DIP* 2005, p. 253.

(204) V. X. Carsin, *La renonciation en droit du travail*, thèse Paris 1, 2006

(205) La Cour de justice estime que le juge national doit avoir la faculté de soulever d'office les moyens propres à permettre la réalisation d'un objectif de protection de la partie faible poursuivi par le droit communautaire, CJCE, 27 juin 2000, *Océano*, aff C-240/98, *Rec.*, p. I-4941.

(206) Sur l'application d'office des moyens tirés du droit communautaire, v. G. Canivet et J.G. Huglo, « L'obligation pour le juge judiciaire national d'appliquer d'office le droit communautaire au regard des arrêts *Jeroen Van Shijndel* et *Peterbroeck* », *Europe*, avr. 1996, p. 1.

(207) Cass. civ. 1re, 28 juin 2005 et Com., 28 juin 2005, *Rev. crit. DIP.* 2005. 645, note B. Ancel et H. Muir Watt, *Gaz. Pal.* 24-25 février 2006, note M.-L. Niboyet.

sanctionnée par le rejet de sa prétention, suivant la solution traditionnelle de l'arrêt « *Lautour* » de 1948, solution qui est devenue exceptionnelle (208).

L'obligation de rechercher le contenu de la loi applicable s'impose avec une vigueur particulière lorsque la loi désignée est celle d'un autre État partie à la Convention de Rome. Dans le contexte communautaire où elle se situe, la convention suppose entre les États contractants un esprit de collaboration fondé sur un principe de confiance mutuelle dans leurs législations respectives. L'esprit du droit communautaire voudrait que chaque partie traite la loi de l'autre partie comme la sienne propre, à égalité avec elle ; il convient donc qu'elle s'en enquière, d'autant qu'existent entre États européens les mécanismes d'information juridique le permettant (209).

Le caractère combinatoire de la règle de conflit propre au contrat de travail complique l'analyse. Le choix des parties ne peut pas priver le salarié de la protection impérative de la loi objectivement applicable. Est-ce au juge, d'office, de rechercher si cette dernière est plus favorable au salarié ? La Cour de cassation, raisonnant dans l'esprit d'un ordre public de protection, estime qu'il incombe au salarié de soulever un moyen tiré du caractère plus favorable de la loi applicable à défaut de choix (210). Il est au contraire dans l'esprit de la jurisprudence de la Cour de justice de réclamer du juge qu'il veille lui-même à la bonne réalisation de l'objectif de protection de la partie faible.

La Cour de cassation reconnaît de manière générale aux juges du fond un pouvoir d'interpréter souverainement la loi étrangère (211). Le principe d'interprétation souveraine s'applique dans le domaine particulier des conflits de lois en droit du travail. La Cour de cassation procédera toutefois à la cassation des décisions des juges du fond ayant dénaturé le sens clair et précis de la loi étrangère, de la même façon qu'elle le fera en cas de dénaturation d'un contrat. Elle se prononce, dans les deux cas, au visa de l'article 1134 du Code civil (212).

553-3. Comparaison des lois. Si le salarié revendique l'application d'une loi – loi objective ou loi choisie par les parties – pour son caractère plus favorable que l'autre, une comparaison doit avoir lieu. Comment procéder à celle-ci ? On oppose usuellement méthode globale et méthode analytique. La première prétend confronter les deux systèmes législatifs dans leur ensemble ; la seconde ne fait porter la comparaison que sur les seuls éléments qui sont en question dans le cadre du litige et qui peuvent eux-mêmes faire l'objet d'une décomposition en éléments distincts.

L'expérience montre que la comparaison se fait suivant la seconde méthode. Le débat se noue sur telle question litigieuse : les conditions d'un licenciement pour

(208) Voir pour une analyse développée, P. MAYER et V. HEUZÉ, *Droit international privé*, Montchrestien, Paris, 10e éd., 2010, n° 142 et s., n° 178 et s.

(209) Convention européenne dans le domaine de l'information sur le droit étranger du 7 juin 1972, ratifiée par la France et entrée en vigueur dans une vingtaine de pays… mais peu utilisée !

(210) Cass. soc., 29 mai 1991, *Mjorndal*, n° 88-42335, *Bull.* V, n° 270, *Rev. crit. DIP* 1992, 469, note H. MUIR WATT ; Cass. soc., 14 mars 2007, n° 05-44994.

(211) V. pour une analyse développée, les ouvrages généraux de droit international privé, spéc. P. MAYER et V. HEUZÉ, *Droit international privé*, Montchrestien, Paris, 10e éd., 2010, n° 191 et s. ; B. AUDIT, *Droit international privé*, Economica, 4e éd., Paris, 2006, n° 281 et s.

(212) Pour un exemple de cassation pour dénaturation de la loi étrangère, s'agissant de l'application du droit algérien à un salarié détaché en France (Cass. soc., 8 février 2005, n° 02-46959, *Air Algérie*).

faute, le niveau minimum de rémunération, le droit à congé payé, etc. ; on procède à la comparaison sur ces seuls points. La méthode de détermination de la règle la plus favorable connue en droit interne vient naturellement se transposer pour la comparaison internationale.

Analytique, la comparaison se fera néanmoins, comme en droit interne (213), sans aller jusqu'à un émiettement complet, en regroupant les éléments normatifs ayant le même objet ou la même cause (214). La comparaison devra, par exemple, se faire en distinguant, à partir des catégories françaises, entre indemnité de licenciement sans cause réelle et sérieuse d'un côté, indemnité de préavis et de licenciement de l'autre, qui n'ont pas le même objet ou la même cause (215).

On observera d'ailleurs que la Convention de Rome parle de « *dispositions impératives de la loi applicable* », évoquant ainsi une comparaison entre dispositions des lois et non entre lois, au sens d'ensembles législatifs nationaux.

§ 4. — Domaine de la règle de conflit de lois

Des questions se posent d'abord concernant le domaine d'une règle de conflit visant le contrat individuel de travail. L'application de cette règle de conflit et la désignation d'un droit national qui en résulte peuvent souffrir d'interférences dont l'effet sera d'écarter l'application de la loi applicable. Certains aspects spécifiques de la relation de travail méritent également que l'on s'y arrête.

A. — Une règle de conflit de lois propre au contrat individuel de travail

L'article 6 de la Convention de Rome et l'article 8 du règlement Rome I visent uniquement le contrat individuel de travail. La convention collective de travail en est exclue.

554. Application au contrat individuel de travail. La règle de conflit de lois visant le contrat de travail, il convient d'abord de s'interroger sur la qualification « contrat de travail », qui commande l'application du texte. Il y a également lieu de se demander quels sont les éléments de la relation de travail qui relèvent d'une notion contractuelle et sont, par conséquent soumis à l'application de la règle de conflit de lois relative au contrat intéressé.

554-1. Qualification « contrat de travail ». La qualification « contrat de travail » présente un intérêt primordial, puisqu'elle commande l'application de la

(213) V. Ass. plén., 18 mars 1988, n° 84-40.083, *Bull. ass. plén.*, n° 3, *D.* 1989, Jur., p. 221, note J.-P. Chauchard.

(214) « *La détermination du caractère plus favorable d'une loi doit résulter d'une appréciation globale des dispositions de cette loi ayant le même objet ou se rapportant à la même cause* », Cass. soc., 12 novembre 2002, *Briant c. Institut culturel autrichien*, n° 99-45821, *Bull.* V, n° 339 ; *Rev. crit. DIP* 2003, p. 446, note F. Jault-Seseke, *JDI* (Clunet) 2004, p. 131, note S. Dion ; *D.* 2004, J. p. 661, note J-G. Mahinga ; *adde*, implicitement, Cass. soc., 20 octobre 2004, n° 02-41796, *Iberia*.

(215) « *Le texte du droit français qui prévoit la condamnation de l'employeur à des dommages-intérêts pour licenciement sans cause réelle et sérieuse auquel il ne peut être dérogé par contrat, n'a pas d'équivalent en droit autrichien et n'a pas le même objet ou la même cause que les indemnités de préavis et de licenciement* », arrêt *Briant c. Institut culturel autrichien*, préc.

règle de conflit de lois et au travers de celle-ci, la protection d'une partie faible. Le principe est aujourd'hui celui de la qualification nationale, en principe *lege fori* ; il pourrait dans l'avenir être écarté pour une qualification communautaire.

1) Qualification nationale. La qualification de contrat de travail engendre l'application des règles de conflit de lois propres à ce type de contrat. Or, les droits nationaux pouvant avoir des conceptions différentes de la catégorie « contrat de travail ». Le droit international privé retient le principe selon lequel le juge national saisi du litige opère la qualification suivant sa propre conception : qualification *lege fori*. Ce principe s'est jusqu'à présent appliqué au contrat de travail comme aux autres contrats.

Le juge français, lorsqu'il est saisi, devra restituer au contrat sa véritable qualification et rechercher si un contrat différemment qualifié par les parties, ne place pas l'intéressé dans un lien de subordination caractérisant en droit français l'existence d'un contrat de travail (216).

Le principe de la qualification *lege fori* connaît des exceptions (217). La directive communautaire 96/71 relative au détachement de travailleurs dans le cadre d'une prestation de services énonce que la notion de travailleur – travailleur salarié – est celle qui est en vigueur dans l'État sur le territoire duquel le travailleur est détaché (218). L'État d'accueil pourra ainsi imposer l'application de sa réglementation protectrice des travailleurs à tous ceux que sa conception du contrat de travail permet de qualifier de travailleur.

2) Qualification européenne. Laisser s'exprimer les qualifications retenues par les droits nationaux, en abandonnant la qualification à chaque for national, conduirait à des disparités considérables des solutions. Certains pays ont une conception restrictive du contrat de travail et permettraient donc largement à la volonté contractuelle de s'exprimer librement suivant les règles de l'article 3 de la Convention de Rome (219), et non dans les conditions restrictives et protectrices du salarié imposées par l'article 6.

L'intervention de la Cour de justice sera ici particulièrement opportune, puisqu'il en va de l'uniformité d'application de la Convention de Rome puis du règlement Rome I. La Cour de justice ayant pour usage de définir les concepts clés des textes communautaires afin d'en assurer l'unité d'interprétation, son intervention (si sa compétence est confirmée) est vraisemblable (220). Les arrêts *Koelszsch* et

(216) Visant une activité s'effectuant en France pour une entreprise allemande, la cour d'appel de Paris a rappelé que la définition même du contrat de travail présente en droit français un caractère impératif ne permettant pas les dérogations conventionnelles (Paris, 7 janvier 2004, *Amann c/ Sté Portas Deutschland*, *RJS* 4/04, n° 386).

(217) On a pu douter, sans succès, en doctrine, de son application à la détermination de l'employeur, question fréquemment posée dans les groupes de sociétés, au profit d'une qualification *lege causae*, v. A. LYON-CAEN, *in L'entreprise multinationale face au droit*, Litec, Paris, 1977, p. 296. La Cour de cassation, de façon assez inattendue, a dernièrement soumis la reconnaissance de la qualité de co-employeur à la loi étrangère (État de New York) applicable à défaut de choix en tant que loi du lieu d'exécution habituel du travail, Cass. soc., 8 février 2012, *Sté gén. Secur. Corp.* n° 10-28537, *Bull.* V, n° 63 ; *Rev. crit. DIP* 2012, 576, note F. JAULT-SESEKE.

(218) Article 2 § 2 de la directive 96/71 ; sur cette directive v. *infra* n° 561-567.

(219) Le droit anglais en fournit une illustration particulièrement marquante.

(220) Principe qui n'a cependant rien d'absolu et la Cour de justice s'abstiendra parfois de définir une notion utilisée par un texte communautaire, en laissant les États libres de décider de leur propre définition.

Voogsgeerd, premières décisions de la Cour de justice interprétant la Convention de Rome, vont clairement en ce sens (221). La Cour y parle de la nécessité que « *des critères uniformes et autonomes* » permettent « *d'assurer à la convention de Rome sa pleine efficacité* » (222). Préexiste d'ailleurs dans sa jurisprudence une définition de la relation de travail, largement compréhensive, qu'elle a dégagée pour l'application d'autres textes et qu'elle pourrait reprendre (223).

La définition mentionnée déborde la notion de contrat pour couvrir de façon plus large et indifférenciée celle de relation de travail. Primitivement, l'article 6 parlait de relation de travail. Si les termes « contrat de travail » ont finalement prévalu, il n'empêche, d'après le rapport officiel Giuliano-Lagarde, qu'il couvre également les contrats nuls ainsi, dit le rapport, que « *les relations de travail de pur fait* » (224).

554-2. Dispositions non contractuelles. Existe une autre difficulté qui est de savoir s'il ne faut pas distraire du contrat individuel de travail un certain nombre d'éléments normatifs définissant la situation juridique du salarié, mais relevant d'une idée de statut collectif ou de réglementation collective, ou encore consistant, comme l'avait dit naguère la Cour de cassation française dans l'arrêt « *Thuillier* », en des « *dispositions relatives à l'organisation et à la réglementation administrative du travail* » (225).

L'enjeu de la discussion se présente à l'inverse de celui qui a précédé. Il s'agit ici de limiter le domaine sur lequel le contrat, donc la volonté, ont une prise. Certaines questions – hygiène et sécurité, organisation du travail… – relèvent exclusivement et impérativement de la loi locale, celle du lieu où se situe l'établissement de travail ; la solution s'imposerait d'ailleurs dans certains États membres à partir d'une qualification des règles correspondantes en tant que dispositions de droit public (226), ou en tant que lois de police, soumises à une stricte territorialité.

En devenir possible à partir de l'arrêt « *Thuillier* », l'exclusion du domaine de la règle de conflit de lois d'éléments de réglementation ayant pour objet les conditions d'exécution du travail, par opposition aux droits conférés aux salariés par un accord de volontés individuels, ne s'est finalement pas retrouvée dans la jurisprudence qui a suivi.

555. Exclusion de la convention collective. La question de la loi applicable à une convention collective de travail prend aujourd'hui une importance pratique en raison du développement d'accords collectifs européens. L'absence de réglementation communautaire relative à ce type d'accords justifie de se tourner vers les règles nationales et, donc, de déterminer celles qui devront être mises en application.

(221) Sur ces arrêts du 15 mars 2011, aff. C-29/10, et du 15 déc. 2011, aff. C-384/10, v. *supra* n° 543-544.

(222) Arrêt *Koelzsch*, pt. 32.

(223) La caractéristique essentielle de la relation de travail, dit-elle, est « *la circonstance qu'une personne accomplit, pendant un certain temps, en faveur d'une autre et sous la direction de celle-ci, des prestations en contrepartie desquelles elle touche une rémunération* » ; CJCE, *Lawrie Blum*, 3 juillet 1986 ; *Rec.* p. 2121 ; v. *supra* n° 209.

(224) Rapport précité, p. 25.

(225) Cass. soc., 31 mars 1972, *Rev. crit. DIP* 1973, p. 683, note P. Lagarde ; *JCP* 1973 II 17317, obs. G. Lyon-Caen.

(226) Notion qui recouvrira dans certains États européens, l'Allemagne notamment, la notion française de règle d'ordre public (en même temps que de droit privé).

Les articles 6 de la Convention de Rome et 8 du règlement Rome I ne concernent que *le contrat individuel de travail.* La convention ou l'accord collectif de travail en sont exclus. Ce qui ne signifie pas leur exclusion du champ d'application de la Convention de Rome ou du règlement Rome I. En tant qu'il constitue un acte générateur d'obligations contractuelles, un accord collectif devrait relever des dispositions générales, applicables à l'ensemble des obligations contractuelles, sauf dispositions spéciales ou exclusions (227).

Conformément à l'article 3 de la convention et du règlement, les parties signataires de l'accord collectif se verraient d'une part ouvrir la possibilité de choisir librement la loi applicable à celui-ci.

À défaut de choix de la loi applicable, l'article 4 de la convention et, à sa suite, l'article 4 du règlement Rome I orientent d'autre part la solution vers un rattachement qui, en cas d'accord conclu au sein d'une entreprise ou d'un groupe, se justifie solidement. Il fait peu de doute que c'est la direction centrale du groupe ou de l'entreprise qui fournit en pareil cas la prestation caractéristique (informer et consulter le personnel notamment) et déclarer applicable la loi du pays où se situe *l'administration centrale* (228) de l'entreprise ou du groupe paraît approprié. L'existence d'un lien particulièrement étroit entre l'accord et ce pays peut raisonnablement se présumer. La même présomption n'opère cependant plus à l'égard d'accords conclus au niveau européen entre groupements patronaux et organisations syndicales dans un cadre professionnel ou interprofessionnel (229).

Cette analyse, supposant que la Convention de Rome ou le règlement Rome I s'appliquent à la détermination de la loi applicable à la convention collective, bute sur une objection. Convention et règlement ne s'appliquent pas « *aux questions relevant du droit de sociétés, associations et personnes morales...* » (article 1 § 2 e) de la Convention, article 1 § 2 f) du règlement). Le droit de négociation collective est étroitement lié au droit d'association, suffisamment pour qu'on puisse en conclure que l'exclusion de l'un emporte exclusion de l'autre.

On peut aussi utiliser une démarche différente, s'éloignant de la Convention et du règlement et s'adaptant plus spécifiquement aux accords conclus au niveau européen. Au lieu de déterminer un rattachement national, l'accord serait soumis à des principes généraux susceptibles de se dégager d'un droit européen comparé et d'orientations prises par le droit de l'Union. Cette voie d'analyse s'écarte d'autant plus de la Convention de Rome et du règlement Rome I qu'elle n'ouvre pas de place à l'autonomie des parties dans le choix de la loi applicable (230).

(227) Il ne ressort pas de la liste des exclusions établie par l'article 1er de la Convention de Rome, que les accords collectifs de travail soient exclus de son champ d'application.

(228) Selon les termes utilisés par l'article 4 § 2 de la convention.

(229) V. sur ces questions, avant la Convention de Rome, P. Rodière, *La convention collective de travail en droit international*, Litec, Paris, 1986, n° 521 et s. V. F. Jault-Seseke, « La détermination des accords collectifs applicables aux relations de travail internationales », *in Mélanges P. Lagarde*, Dalloz, Paris, 2005, p. 455 ; J.-P. Laborde, « Les rapports collectifs de travail en droit international privé », *Trav. Com. Fr. DIP* 1996-97, p. 153.

(230) V. *supra* n° 409-411, à propos des accords collectifs conclus dans les entreprises ou groupes d'entreprises de dimension européenne ; v. également *supra* n° 100 et s. sur la question générale de la négociation collective au niveau européen.

B. — Interférences liées à des considérations d'ordre public

556. La mise en œuvre de la règle de conflit de lois et les désignations de lois nationales qui en résultent peuvent rencontrer des obstacles qui, liés à des considérations d'ordre public, peuvent conduire à évincer la loi normalement applicable. Si l'intervention des lois de police, qui trouvent en droit du travail un terrain d'élection, constitue la principale cause de cette éviction, le jeu normal de la règle de conflit de lois pourra également buter sur une réaction de l'ordre public international.

556-1. Interférence des lois de police. Sous le titre « *Lois de police* », l'article 7 § 2 de la Convention de Rome réserve l'application des règles de la loi du pays qui régissent impérativement la situation quelle que soit la loi applicable au contrat. S'exprimant d'une façon qui rappelle d'assez près l'article 6 § 1, ce texte ménage une solution profondément différente de celle qui résulte de cet article 6. Il permet au juge, même si *sa* loi, loi du for, n'est ni la loi d'autonomie, ni la loi objective du contrat, donc indifféremment à la loi désignée par la Convention de Rome, de faire application, s'il l'estime nécessaire, de certaines de ses règles nationales dotées d'une forte impérativité.

La même possibilité est ouverte par l'article 8 § 2 du règlement Rome I.

Porte ouverte à un affaiblissement de la règle de conflit cédant devant les volontés nationales, qui plus est sous des disparités importantes entre les États de l'Union européenne, si du moins la catégorie est laissée à la discrétion des droits et des juges nationaux (231) ? !

Dans l'arrêt *Arblade et Leloup*, la Cour de justice adopte une définition des lois de police et sûreté : « *il convient d'entendre cette expression comme visant des dispositions nationales dont l'observation a été jugée cruciale pour la sauvegarde de l'organisation politique, sociale ou économique de l'État membre concerné, au point d'en imposer le respect à toute personne se trouvant sur le territoire national de cet État membre ou à tout rapport juridique localisé dans celui-ci* » (232).

Cette définition, directement reprise de Francescakis (233), a été inscrite dans l'article 9 du règlement « Rome I », avec une modification bienvenue : les lois de police s'appliquent « *quelle que soit la loi applicable au contrat* » en vertu de la règle de conflit de lois.

Que la Convention de Rome et, ensuite, le règlement « Rome I » laissent place à l'application des lois de police, ainsi définies, ne signifie certainement pas que le juge communautaire n'exercera pas de contrôle sur l'application de leurs lois de police par les autorités nationales. La Cour de justice de l'Union entend fermement veiller à ce que l'application des lois ainsi identifiées comme lois de police au niveau national n'interfère pas avec le jeu des libertés communautaires d'une façon qui ne se justifierait pas et ne serait pas proportionnée. C'est ainsi que dans l'arrêt *Arblade et Leloup*,

(231) Le risque pouvant d'ailleurs être celui d'une surenchère dans la non application de la loi du for, par esprit libéral.

(232) CJCE, 23 novembre 1999, *Arblade et Leloup*, aff. C-369/96 et C-376/96, *Rec.* I, p. 8498 ; motif n° 30 de l'arrêt.

(233) Ph. Francescakis, « Quelques précisions sur les lois d'application immédiate et leurs rapports avec les règles de conflit de lois » *Rev. crit. DIP* 1966, p. 1.

la Cour de justice a dit que « *l'appartenance de règles nationales à la catégorie des lois de police et de sûreté ne les soustrait pas au respect des dispositions du traité* » (234) ; les principes de primauté et d'application uniforme du droit de l'Union s'y opposent. Une loi de police d'un État membre qui viendrait contrarier le jeu d'une liberté économique consacrée par le droit de l'Union ne pourra pas s'appliquer, sauf à être justifiée au titre de raisons impérieuses d'intérêt général. La protection du milieu de travail, celle de la santé et de la vie des personnes, suivant les dispositions mêmes du traité, font partie de ces raisons impérieuses susceptibles d'être invoquées par un État membre. De manière plus générale, la protection des travailleurs entre parmi les raisons impérieuses d'intérêt général dont la Cour de justice reconnaît la validité (235).

Le schéma des articulations entre lois de police nationales et droit de l'Union combine qualification nationale et validation des effets de cette qualification par le juge de l'Union. Que l'arrêt *Arblade et Leloup* et surtout, que le règlement Rome I aient défini la notion de loi de police en fait sans doute une notion de droit de l'Union, dont les éléments peuvent être façonnés par la Cour de justice. Reste que c'est aux autorités nationales, plus particulièrement en France au juge, de décider, en vertu de la définition, ce qui est « crucial » pour leur ordre juridique au point d'en réclamer l'application quelle que soit la loi applicable… sous réserve que la Cour de justice, au nom des libertés et des droits ayant valeur fondamentale dans l'Union, ne s'oppose pas à cette application ou ne la modère pas (236).

556-2. Réaction de l'ordre public international. Cette réaction constitue également une source de trouble possible. L'article 16 de la Convention de Rome et l'article 21 du règlement Rome I ouvrent aux juges nationaux la possibilité d'écarter l'application de la loi désignée par la Convention « *si cette application est manifestement incompatible avec l'ordre public du for* ».

On observera cependant que l'ordre public, sous forme de réaction à l'application de la loi étrangère normalement applicable, n'a jamais fait jurisprudence en matière de contrat de travail international. Cela s'explique en partie par le fait que le juge dispose en la matière de *deux lois*, la loi d'autonomie et la loi objective (du lieu de travail) et que l'une au moins de ces deux lois sera le plus souvent la loi du for… contre laquelle on voit mal que l'ordre public aille réagir (237).

Peut-on envisager d'autre part la réaction de l'ordre public français face à l'application de la loi d'un autre État partie à la Convention ? L'arme de l'ordre public paraît être avant tout tournée contre des législations non européennes, lorsqu'elles sont contraires aux principes fondamentaux du droit du travail. Encore faudra-t-il d'ailleurs que cette contrariété apparaisse de la façon la plus manifestement inacceptable : qu'une législation étrangère – de l'Afrique du Sud – interdise la grève et

(234) Motif n° 31 de l'arrêt *Arblade*.

(235) Depuis l'arrêt *Webb*, CJCE, 17 décembre 1981, aff. 279/80, *Rec.* p. 3305 ; reconnaissance réaffirmée par l'arrêt *Arblade*, motif 36 ; v., pour plus de détails sur cette jurisprudence de la CJCE, *infra* n° 566-567.

(236) V. *infra* n° 562.

(237) On peut d'ailleurs être tenté d'induire du caractère inacceptable de la législation étrangère du lieu de travail une volonté implicite des parties, lorsqu'elles sont toutes deux de nationalité française, de se placer sous l'application de la loi française. C'est cependant ce que la Cour de cassation s'est refusée à faire dans l'affaire SPIE-Batignolles, citée note suivante.

en fasse une cause de rupture du contrat de travail du fait du salarié, n'y a pas suffi aux yeux de la Cour de cassation (238).

C. — Règles matérielles internationales

557. La Convention de Rome se résume à régler les conflits de lois, elle ne formule pas de règles matérielles applicables aux relations internationales, quitte cependant à orienter parfois les solutions dans un souci de protection. La Convention de Rome ne s'oppose pas pour autant à la mise en œuvre des règles matérielles que les droits nationaux ont pu édicter. Les règles matérielles internationales peuvent être considérées comme constitutives de lois de police et être mises en œuvre à ce titre, quelle que soit la loi applicable à la relation de travail. En toute hypothèse, ayant été posées par tel droit national, elles en font partie et entreront en application s'il est désigné pour régir la relation de travail.

Si des règles matérielles destinées à régir les relations de travail de caractère international peuvent avoir une source législative (239), elles naîtront plus volontiers de la pratique ou de normes de source professionnelle (240).

557-1. « Statuts » du personnel des groupes multinationaux. Il est usuel que les entreprises et groupes d'entreprises ayant une activité transnationale édictent des règles destinées à régir les membres de leur personnel appelés à une mobilité internationale. Ces règles composent un régime juridique de la mobilité prenant divers aspects : déplacement, rémunération, intéressement à l'entreprise, prévoyance, plans de retraite, etc. Ce même type de réglementation peut également être prévu à l'usage de leurs membres par l'ensemble des entités ou organisations dont les activités supposent une mobilité internationale du personnel.

Ces normes s'inscrivent en général dans un document porté à la connaissance du salarié au moment de son recrutement et qu'il peut être appelé à signer. Elles peuvent aussi constituer des contrats types (241). Elles prendront parfois la forme de « chartes éthiques » ou « codes de conduite », appellation laissant en suspens la question de leur caractère obligatoire ou non, pour le personnel concerné (242).

(238) Cass. soc., 16 juin 1983, *SPIE-Batignolles*, *Clunet* 1984, p. 332, note P. RODIÈRE ; *Rev. crit. DIP* 1985, p. 85, note M. SIMON-DEPITRE.

(239) On pense à l'article L. 1231-5 (ex-article L. 122-14-8) du Code du travail et aux obligations de rapatriement et de reclassement du salarié détaché à l'étranger qu'il consacre. La question a fait l'objet d'un revirement brutal de la Cour de cassation, qui a décidé de subordonner l'application de cet texte à l'applicabilité de la loi française au contrat de travail, alors qu'il avait jusque-là été compris comme s'imposant, telle une loi de police, indépendamment de la loi régissant le contrat (Cass. soc., 30 juin 1993, deux espèces, *Rev. crit. DIP* 1994, p. 323, note M.-A. MOREAU, *JCP* 1993, Éd. E., II 563, note Ph. COURSIER). Le mouvement ne s'est pas arrêté là, puisque des décisions plus récentes procèdent à l'application du texte sans plus la subordonner à l'applicabilité du droit français au contrat de travail (Cass. soc., 13 novembre 2008, n° 06-42593, *Bull.* V, n° 213, n° 07-41700, *Bull.* V, n° 214 ; Cass. soc., 20 mars 2011, n° 09-70307, *Bull.* V, n° 82).

(240) Les conventions collectives peuvent en particulier contenir des dispositions destinées à régir la situation des salariés expatriés ou détachés à l'étranger ; v. P. RODIÈRE, *La convention collective en droit international*, Litec, 1986, n° 227 et s.

(241) V. sur ces questions, A. VALLAT, « Les normes matérielles internationales d'entreprise », *Rev. crit. DIP* 1988, p. 653 ; voir également, A. LYON-CAEN, « Observations sur les dirigeants des entreprises transnationales », *in Études Berthold Goldman*, Litec, Paris, 1982, p. 189.

(242) Sont visées certaines des problématiques que soulève la responsabilité sociale de l'entreprise (RSE), en particulier l'entreprise multinationale : v. spéc., dans une littérature abondante, M.-A. MOREAU, *Normes sociales,*

Traditionnellement, ce type de norme avait seulement pour valeur juridique ou force obligatoire celle que la volonté des parties au contrat de travail était susceptible de leur conférer. Cette analyse est aujourd'hui supplantée, en droit français, par la conception voyant dans ces *statuts* des engagements unilatéraux de l'employeur, propres à créer des droits dont les salariés peuvent se prévaloir et requérant en revanche leur consentement pour les obligations qu'ils prévoient à leur charge (243). Ces normes, normes volontaires, ne peuvent en aucun cas priver le salarié de la protection qui lui est due au titre de la loi objectivement applicable au contrat.

557-2. Clause de mobilité. On a aussi pu se demander si, selon la loi française – en supposant donc que celle-ci soit applicable au contrat –, une obligation de mobilité ne s'inscrirait pas implicitement dans le contrat de travail des cadres de haut niveau des entreprises multinationales. Cette mobilité étant d'usage dans ce type de relation contractuelle (C. civ., art. 1135), il ne serait pas nécessaire de la prévoir expressément dans un document contractuel. La jurisprudence de la Cour d'appel de Paris a paru vouloir s'engager dans cette direction (244), sans que cela ait été ensuite confirmé.

D. — Questions spéciales

1° Forme du contrat

558. Article 9 de la Convention de Rome. Convention de Rome (article 9) et règlement Rome I (article 11) ont opté pour le libéralisme, la *favor negotii :* valident le contrat de travail s'il satisfait aux règles de forme de son lieu de conclusion (double si les parties se trouvent dans des pays différents) ou à celles de la loi qui le régit au fond (245).

On retrouve ainsi la question de savoir quelle loi régit au fond le contrat de travail – loi objective ou loi choisie (246) ? La *favor negotii* viendrait ici orienter la réponse vers l'application de l'une ou l'autre des deux lois et ouvrirait plus encore l'éventail des possibilités de validité offertes par l'article 9 de la convention. Serait valable le contrat qui satisfait aux règles de forme de la loi objective ou à celles de la loi choisie, ou encore à celles de son lieu de conclusion.

Les règles de forme peuvent cependant revêtir un caractère de lois de police, qui s'accorde mal avec des solutions par trop libérales. Le rapport Giuliano-Lagarde, réservant l'application des lois de police en matière de forme du contrat, prend précisément pour exemple celui de la *clause de non-concurrence*, exemple propre

droit du travail et mondialisation, Dalloz, Paris 2006 ; *Responsabilité sociale de l'entreprise transnationale et globalisation de l'économie*, dir. I. Daugareilh, Bruylant, Bruxelles, 2010 ; *Regards croisés sur le phénomène le la responsabilité sociale de l'entreprise*, dir. E. Mazuyer, La Documentation française, Paris, 2010.

(243) En général, sur la théorie des engagements unilatéraux de l'employeur, v. les ouvrages de droit du travail ; v. spéc. Fr. Gaudu et R. Vatinet, *Les contrats du travail, Traité des contrats*, LGDJ, 2001, p. 539 et s.

(244) CA Paris, 27 novembre 1986, *Wuetig c/ Sté International Harvester*, *Rev. crit. DIP* 1988, p. 314, note A. Lyon-Caen ; CA Paris, 5 janvier 1989, *Rev. crit. DIP* 1990, p. 700, note P. Rodière.

(245) Pour plus de précisions, v. P. Lagarde, H. Gaudemet-Tallon, J. Foyer, *op. cit. supra* n° 536.

(246) V. *supra* n° 549.

au contrat de travail. La loi du lieu d'exécution du contrat pourrait, aux termes du rapport, imposer la forme écrite, même si la forme orale est admise par la loi du lieu de conclusion du contrat ou la loi applicable au fond (247). L'analyse devrait valoir pour la clause de mobilité du salarié.

On pense plus encore aux réglementations relatives aux contrats atypiques (contrat de travail temporaire, contrat à durée déterminée, à temps partiel, etc.) qui imposent systématiquement la rédaction d'un contrat écrit comportant une série de mentions obligatoires.

Selon quel critère opérer la délimitation du domaine d'application de lois de police relatives à la forme du contrat de travail ou à celle d'une clause particulière de ce contrat ? Celui du lieu d'exécution du contrat ne s'impose pas plus qu'un autre ; on peut aussi penser au lieu de formation du contrat, au lieu où se situe l'établissement d'embauche, à la communauté de nationalité française des parties… Il suffit d'un lien suffisamment étroit avec le marché français du travail pour que le juge français puisse être tenté d'exiger l'application de règles françaises destinées à régler le fonctionnement de ce marché (248).

2° Cessation du contrat

559. La loi applicable au contrat de travail régit-elle sa rupture ? Si la Convention de Rome et le règlement Rome I donnent une réponse positive à cette question, reste que l'intervention de lois de police peut compromettre l'application de cette règle de principe.

559-1. Les textes. L'article 10 de la Convention de Rome place dans le domaine de la loi applicable au contrat de travail l'exécution des obligations ainsi que leurs modes d'extinction (249) ; donc le licenciement, c'est-à-dire la question qui fait naître la grande majorité des litiges. La solution préserve la cohésion du contrat, présente l'avantage de la simplicité et pour ces raisons s'impose dans son principe. L'article 12 du règlement Rome I reprend sans changement ces mêmes règles.

L'application au licenciement d'une autre loi que celle qui régissait le contrat n'est cependant pas à exclure, du fait même de la volonté des parties.

La volonté des parties au contrat a pu s'exprimer initialement, au moment du départ pour l'étranger, le contrat – ou l'avenant qui vient le modifier – stipulant l'application de la loi française à la rupture du contrat, tout en laissant implicitement les conditions d'exécution du contrat sous l'empire de la loi du lieu de détachement, en tant que *Lex loci executionis.* Ce mode de morcellement du contrat de travail, consistant à désigner une loi pour une partie du contrat, le reste relevant de la loi applicable à défaut de choix, est assez répandu en pratique. La Convention de Rome en admet la possibilité (250). Elle admet également que le choix ait lieu au moment de la rupture du contrat ou à celui du litige qui s'ensuit, sur la question des règles

(247) V. p. 31 du rapport, préc. *supra* n° 536.

(248) Sur le domaine spatial de la directive communautaire relative à l'information du travailleur sur son contrat de travail, v. *infra* n° 569.

(249) La règle est posée pour l'ensemble des contrat, *y compris* le contrat de travail, l'article 10 de la convention visant la « loi applicable au contrat en vertu des articles 3 à 6… ».

(250) V. *supra* n° 551-552.

applicables au licenciement (251). On peut observer, en outre, que la matière du licenciement et plus généralement celle de la durée et de la cessation du contrat de travail se prêtent à l'emprise de l'autonomie de la volonté plus aisément que les conditions d'exécution de la relation de travail qui orientent plus naturellement vers les impératifs de la loi locale.

559-2. Lois de police – solutions jurisprudentielles françaises. Quelle est dans ces conditions la part des lois de police en matière de licenciement ? La réponse que la jurisprudence française aujourd'hui à cette question tient en deux affirmations en sens contraire et une incertitude.

– Négation : en décidant qu'une loi étrangère devait régir la durée et la rupture du contrat d'un salarié détaché en France pour une longue durée, les parties au contrat ne portent atteinte à aucune loi de police ou loi d'application immédiate française (252). Le régime général du licenciement n'entre pas sous la notion de loi de police.

– Affirmation : le licenciement de salariés investis de fonctions représentatives du personnel au sein d'une « entreprise en France » (253), relève de la loi française, applicable à titre de loi de police (254). La loi française, applicable en tant que loi de police à la création et au fonctionnement du comité d'entreprise (255), étend ses effets, en la même qualité, à la protection des membres de l'institution contre le licenciement.

– Réponse incertaine : La protection de l'emploi constitue un objectif très important de la politique sociale et économique française ; le juge peut vouloir en faire application indifféremment à la loi applicable au contrat, en considérant la nécessité de protéger l'emploi en France (256). Mais comment déterminer plus précisément le domaine d'application des prescriptions impératives françaises ? La question reste ouverte (257).

*

* *

Entre règles générales et droits fondamentaux relevant du droit primaire et textes spéciaux de droit dérivé, Convention de Rome et règlement Rome I rencontrent d'autres éléments du droit de l'Union, appelés à les compléter mais aussi à en corriger les effets.

(251) La combinaison de l'article 3 § 1 et de l'article 3 § 2 de la convention le permet. – Par exemple, au moment du litige, l'employeur, avec le consentement implicite du salarié, se place volontairement sous l'empire de la loi française dont les dispositions sont plus protectrices des intérêts du salarié que celles de la loi objectivement applicable ; cf. *Air Afrique C. Joncheray*, Ass. plén., 10 juillet 1992, *JCP* 1993, éd. G. II 22063, note P. Rodière ; *Rev. crit. DIP* 1994, p. 69, note B. Audit.

(252) Cass. soc., 29 mai 1991, *Mjorndal*, *Rev. crit. DIP* 1992.468, note H. Muir Watt.

(253) Au sens de la jurisprudence *Compagnie des Wagons-lits*, CE, 29 juin 1973, *Syndicat général de la Cie des Wagons-lits*, *Dr. soc.* 1974, p. 42, concl. Questiaux ; *Rev. crit. DIP* 1974, p. 344, concl. Questiaux et p. 273, les commentaires Francescakis, B. Ancel et Y. Lequette, *Grands arrêts de la jurisprudence française de droit international privé.*

(254) Cass. ass. plén., 10 juillet 1992, *Cie Air Afrique c. Gueye*, *JCP* 1993, éd. G. II 22063, note P. Rodière, *Rev. crit. DIP* 1994.69, note B. Audit.

(255) CE, *Cie des Wagons-lits*, préc. ; Cass. soc., 3 mars 1988, *Thorensen et Townsend*, *Clunet* 1989.78, obs. M.-A. Moreau, *Rev. crit. DIP* 1989.63, note G. Lyon-Caen.

(256) L'arrêt d'Assemblée plénière *Cie Air Afrique c. Joncheray*, préc. *supra* n° précédent (note), peut s'interpréter en ce sens ; contra, B. Audit, note préc.

(257) Sur les évolutions jurisprudentielles françaises, J. Deprez, « La loi applicable à la rupture du contrat de travail », *RJS* 1997, p. 235.

SOUS-SECTION 2 — RÈGLES SPÉCIALES DU DROIT DE L'UNION EUROPÉENNE

Introduction

560. Priorité, ambivalence et extraterritorialité. L'intrusion du droit de l'Union dans le jeu des règles de conflit de lois prévues par la Convention de Rome se manifeste principalement en matière de détachement de travailleurs sur le territoire d'un État membre. Elle se présente d'ailleurs de façon ambivalente, car d'un côté la directive 96/71 relative au détachement de travailleurs contredit la règle de rattachement de l'article 6 de la Convention de Rome, mais de l'autre le droit communautaire primaire vient contradictoirement conforter le bien fondé de cette même règle de conflit.

Deux principes dominent les élaborations fragmentaires qui ont été celles du droit communautaire en ce qui concerne l'effet dans l'espace des règles sociales. Si, au travers des règles qu'il pose ou des interprétations de la Cour de justice, le droit communautaire intervient dans le domaine des conflits de lois et de juridictions en droit du travail, il le fait en bénéficiant d'une « priorité » sur les conventions de Rome et Bruxelles (258).

On peut également observer, notamment dans la jurisprudence de la Cour de justice relative à des relations de travail débordant les limites du territoire communautaire, une tendance à dégager des règles de type unilatéraliste permettant au droit social communautaire de produire des effets extra-territoriaux (259).

À la priorité qui a été donnée aux règles particulières de conflits de lois du droit de l'Union sur les règles générales de la Convention de Rome, doit se substituer, avec l'adoption du règlement « Rome I », une intégration pure et simple de la Convention dans l'ensemble du droit de l'Union. On signalera l'existence d'une ancienne proposition de règlement relatif aux conflits de lois en matière de contrat de travail, que l'adoption de la Convention de Rome contribua à abandonner.

560-1. Priorité du droit communautaire (Convention de Rome). L'article 20 de la convention pose le principe d'une priorité du droit communautaire. La priorité concerne les *dispositions qui, dans des matières particulières, règlent les conflits de lois en matière d'obligations contractuelles et qui sont ou seront contenues dans*

(258) Article 20 de la Convention de Rome. V. en général sur les questions qui suivent, E. JAYME et Ch. KOHLER, « L'interaction des règles de conflit contenues dans le droit dérive de la Communauté européenne et des conventions de Bruxelles et de Rome » *Rev. crit. DIP* 1995, p. 1 ; v. également, P. RODIÈRE, « Domaine spatial du droit social européen », *Trav. com. fr. DIP* 1990/91, Éd. Pédone, 1992, p. 45 ; M. FALLON, « Les conflits de lois et conflits de juridiction dans un espace économique intégré - L'expérience de la Communauté européenne », *Rec. Cours Acad. dr. inter.* 1995, vol. 253.

(259) Ceci à un degré qui excède sans doute les effets extra-territoriaux des règles du droit communautaire de la concurrence Une abondante littérature existe sur le thème de l'extraterritorialité du droit communautaire de la concurrence. V. notamment : J.-M. BISCHOFF et R. KOVAR, « L'application du droit communautaire de la concurrence aux entreprises établies à l'extérieur de la Communauté », *Clunet* 1975, p. 675 ; A. LYON-CAEN, « Droit européen de la concurrence et multinationalité », *in L'entreprise multinationale face au droit*, Litec, 1977, p. 371, et du même auteur, même ouvrage, p. 269, « Droit du travail et entreprise multinationale » ; J.-M. JACQUET, « La norme juridique extraterritoriale dans la concurrence internationale », *Clunet* 1985, p. 327 ; J. GROUX, « Territorialité et droit communautaire », *RTD eur.* 1987, p. 5 ; L. IDOT,« Domaine spatial du droit communautaire des affaires », *Trav. com. fr. DIP* 1992/93, Éd. Pédone, 1994, p. 145 ; *adde.* E. FRIEDL, *Extraterritorialité du droit de la concurrence aux États-Unis et dans la CEE*, thèse Paris 2, 1992.

les actes émanant des institutions des Communautés européennes, la priorité s'étendant aux *législations nationales harmonisées en exécution de ces actes*. Priorité veut dire supériorité. Le droit communautaire spécial intervenant dans l'une des matières réglées par la Convention de Rome primera sur celle-ci.

La priorité du droit communautaire sur la Convention de Rome n'est pas restée un vain mot (260). Non pas tellement parce que l'on doit s'attendre à ce que des actes de droit communautaire aillent contredire frontalement les dispositions de la Convention de Rome, mais plutôt parce qu'un droit communautaire spécial peut venir compléter, préciser, infléchir les dispositions conventionnelles. On en a déjà des exemples en ce qui concerne le contrat de travail (261).

Le libellé précis de l'article 20 de la Convention voudrait que la priorité du droit communautaire sur la Convention de Rome se réduise aux seules dispositions spéciales du droit dérivé réglant les conflits de lois en matière contractuelle, sans s'étendre au droit communautaire primaire et aux objectifs et principes de la construction communautaire générale. On rappellera néanmoins que les États membres ont l'obligation de ne pas porter atteinte, par leurs engagements internationaux notamment, à leurs obligations au titre du droit communautaire (262). Dans l'exercice de la compétence interprétative qu'elle est désormais appelée à exercer, la Cour de justice peut être conduite à confronter, s'il y a lieu, les prescriptions de la Convention de Rome aux exigences générales du droit communautaire, spécialement à celles des libertés économiques (263) ou encore au respect des droits fondamentaux.

560-2. Relations avec d'autres dispositions du droit de l'Union (règlement Rome I). La règle de priorité du droit communautaire n'a plus de raison d'être, puisque la Convention devient droit communautaire ou de l'Union. Il faut cependant régler les relations du nouveau texte avec le reste du droit communautaire. Tel est l'objet de l'article 23 du règlement, remplaçant l'article 20 de la Convention de Rome.

On y retrouve la règle voulant que les dispositions générales du règlement aient à céder devant les règles de conflit de lois spéciales contenues dans des actes de droit de l'Union (264). La priorité voulue par la Convention de Rome est simplement transposée, dans le contexte nouveau de relations entre actes de droit de l'Union, au bénéfice du principe « *Specialia generalibus derogant* ».

La proposition de règlement contenait surtout l'affirmation d'une priorité des « *règles destinées à favoriser le bon fonctionnement du marché intérieur* », qui

(260) Cf. E. Jayme et Ch. Kohler, « L'interaction des règles de conflit contenues dans le droit dérivé de la Communauté européenne et des conventions de Bruxelles et de Rome » *Rev. crit. DIP* 1995, p. 1. Le droit de la consommation est particulièrement touché, v. P. Lagarde, « Heurs et malheurs de la protection internationale du consommateur dans l'Union européenne », *in Mélanges Ghestin*, LGDJ, 2001, p. 511.

(261) La directive 96/71 du 16 décembre 1996 sur le détachement de travailleurs dans le cadre d'une prestation de services se réclame ainsi de la priorité du droit communautaire, en fixant dans son domaine particulier des règles spéciales relatives la détermination de la loi applicable ; V. *infra* n° 561-567.

(262) Article 10 et 307 du traité CE ; v. articles 5 et 351 TFUE.

(263) V. concernant le détachement de travailleurs et la liberté de prestation de services, *infra* n° 560-3 et s.

(264) La proposition de règlement anticipait également sur la naissance e d'un droit européen des contrats. Elle entendait ouvrir aux contractants la faculté de choisir ce droit européen plutôt qu'un droit national, (article 22, b) de la proposition de règlement). Le texte finalement adopté n'y fait plus référence.

prévaudront « *dans la mesure où ces règles ne peuvent s'appliquer conjointement à la loi désignée par les règles du droit international privé* » (265).

L'article 23 vise uniquement les « *actes émanant des institutions* » communautaires. Faut-il comprendre que la règle de priorité ou de primauté ne concerne pas le droit communautaire primaire ? Évidemment non. La validité des actes de droit communautaire dérivé doit obligatoirement s'apprécier et son interprétation doit se faire au regard des exigences du traité et de l'ensemble du droit communautaire primaire.

La proposition de règlement « Rome I » apporte diverses modifications concernant les règles de conflit de lois intéressant le contrat de travail. Elles seront examinées chemin faisant.

560-3. Ancienne proposition de règlement relative aux conflits de lois en matière de contrat de travail. La Commission avait présenté le 23 mars 1972 une proposition de règlement relatif aux conflits de lois en matière de relations de travail (266), modifiée le 28 avril 1976 (267), en liaison avec les discussions portant sur l'avant-projet de convention sur la loi applicable aux obligations contractuelles.

Le projet de règlement tendait à introduire des règles de conflits de lois uniformes fondées sur la distinction d'une série de situations :

– accomplissement habituel du travail dans un même pays, loi du lieu de travail ;

– détachement temporaire – pour deux ans au plus – maintien de la loi d'origine ;

– mutation durable, possibilité de conclure un accord avec l'employeur en vue de maintenir l'application de la loi d'origine ;

– activité habituellement partagée entre plusieurs territoires, choix possible entre la loi du lieu du siège de l'entreprise et celle du lieu de résidence, lorsqu'il correspond à un pays d'activité ;

– liberté de choix du droit applicable ouverte aux cadres de direction ou aux travailleurs hautement spécialisés.

Le projet se caractérisait par la défiance qui s'y exprimait à l'encontre de la liberté de choix du droit applicable et par son souci de déterminer, dans la mesure du possible, des rattachements impératifs et précis, propres à assurer une bonne prévisibilité des solutions. Il n'en ouvrait pas moins place au jeu de l'autonomie contractuelle *in favorem.*

Conçu pour compléter les règles relatives à la liberté de circulation des travailleurs, il ne présentait pas le caractère universel de la Convention de Rome et l'application du règlement devait se limiter aux relations de travail « *appelées à se dérouler dans la sphère d'application territoriale du traité* ».

On retiendra en particulier de la proposition de règlement qu'elle fixait, matière par matière, les domaines couverts par la protection que la loi du lieu de travail

(265) Article 22, c) de la proposition, évoquant le spectre de « la loi d'origine ».
(266) *JOCE* n° C. 49 du 18 mai 1972, commentaire P. Rodière, *RTD eur.* 1973, p. 1.
(267) Doc. COM V 622/75.

assure impérativement au travailleur (268). Cet élément de la proposition a finalement, quelque vingt-cinq années plus tard, rencontré le succès avec l'adoption de la directive sur le détachement des travailleurs dans le cadre d'une prestation de services (269).

*

* *

Par la confrontation qu'elle opère entre règles de conflit de lois générales, rattachement spécial et principes matériels de droit primaire, la question du détachement de travailleurs revêt une particulière importance (§ 1). D'autres éléments du droit de l'Union sont également à signaler, concernant la libre circulation des travailleurs, la relation individuelle de travail ou encore l'exercice des droits collectifs du travailleur (§ 2).

§ 1. — Détachement de travailleurs dans le cadre d'une prestation de services

Le détachement de travailleurs dans le cadre d'une prestation de services est au cœur d'un contentieux nourri dont la Cour de justice de l'Union européenne continue d'avoir à connaître malgré l'adoption de la directive 96/71 dont l'objet central a été de régler la question du droit applicable au travailleur détaché. Ce contentieux traduit l'existence de conflits de principes et de règles qui confrontent la Convention de Rome et le règlement Rome I, le droit primaire de l'Union européenne et les droits nationaux. Nous commencerons par analyser cette confrontation et la jurisprudence à laquelle elle a donné lieu, avant de présenter les règles de la directive 96/71.

A. — Le droit de l'Union, la Convention de Rome et le règlement Rome I, les droits nationaux

561. Loi du pays d'origine ou loi du pays d'accueil ? La difficulté est la suivante. Une entreprise d'un État membre exécutant une prestation de services sur le territoire d'un autre État membre y détache du personnel pour y réaliser sa prestation. La liberté de prestation de services l'y autorise (270). À quelle loi nationale ce personnel sera-t-il soumis ? L'employeur peut-il lui appliquer les conditions de travail qui sont celles du lieu de son établissement ? L'enjeu est crucial, compte tenu de l'importance des disparités entre les droits nationaux du travail et de la sécurité sociale, certains États membres présentant des coûts du travail et ayant un niveau de protection sociale très supérieur à d'autres États membres. Une entreprise établie dans un pays à faible coût du travail peut-elle prétendre faire travailler son personnel

(268) Article 8 § 1 de la proposition modifiée de règlement.

(269) V. *infra* n° 561 et s.

(270) CJCE, 17 décembre 1981, *Webb*, aff. 279/80, *Rec.* p. 3305 CJCE, 3 février 1982, *Seco, Desquenne et Giral*, aff. 62 et 63/81, *Rec.* CJCE, p. 223, *RTD eur.* 1982, p. 296 et la chronique Druesne.

à ce coût avantageux pour elle plutôt qu'à celui plus élevé qui est en vigueur dans le pays où elle effectue sa prestation ? Peut-elle priver les travailleurs détachés sur le territoire d'un État membre des avantages que leur procurerait l'application de la loi du pays d'accueil ? Loi du pays d'origine ou loi du pays d'accueil (271) ?

La Convention de Rome et le règlement Rome I, d'une part, la liberté de prestation de services reconnue par le droit primaire, d'autre part, convergent vers l'application de la loi du pays d'origine. La Convention de Rome (article 6) et le règlement Rome I (article 8), orientent le rattachement de la relation de travail vers la loi du lieu de travail habituel. Les entreprises établies dans un État membre doivent pouvoir prêter leurs services sur le territoire d'un autre État membre sans être entravées, ni même simplement gênées dans l'exercice de leur liberté, par des contraintes que prétendrait leur imposer l'État membre du lieu de prestation de services. Elles soutiendront que la loi du pays d'accueil ne doit pas leur imposer d'obligations ou de sujétions s'ajoutant à celles que leur impose déjà la loi de leur lieu d'établissement. Tel est en résumé l'argumentaire présenté par les entreprises établies dans les pays à faible coût du travail.

Les États membres d'accueil ayant un coût du travail plus élevé, en réponse, invoqueront conjointement des raisons d'ordre social mais aussi d'ordre économique propres à justifier, selon leur point de vue, l'application de leur loi, ceci en vue d'empêcher le développement d'un « dumping social » lié à l'application de la loi d'origine. Au premier plan de leur argumentation viendra la protection des travailleurs, objectif dont la légitimité ne saurait être contestée. Les États membres concernés soutiendront que les salariés détachés sur leur territoire ne doivent pas être traités moins bien que ceux qui y travaillent de façon habituelle ; que l'application sur leur territoire d'un coût du travail plus faible que celui en vigueur pour les salariés locaux est un facteur de régression sociale. Ils feront également valoir que la position concurrentielle des entreprises du pays d'accueil est mise en péril par la possibilité offerte aux entreprises établies dans un autre État de profiter d'un coût du travail plus faible et que le niveau d'emploi local ne peut qu'en souffrir. La paix sociale serait donc elle aussi compromise.

L'argumentation économico-sociale des États membres d'accueil à coût salarial fort se réclamera elle aussi, de son côté, de la Convention de Rome ou du règlement Rome I et du droit général de l'Union, mais cette fois au titre des dérogations susceptibles d'y être apportées. La Convention de Rome et le règlement Rome I autorisent les autorités des États membres à faire application de leurs lois de police ; le droit de l'Union admet que des « raisons impérieuses d'intérêt général » puissent justifier des dérogations à ses obligations.

Ces données ont conduit vers l'élaboration d'une jurisprudence complexe de la Cour de justice, dans laquelle celle-ci a tenté de ménager la part respective de la loi du pays d'accueil et de la loi du pays d'origine ; le travail jurisprudentiel a été enrichi et partiellement réorienté par l'adoption de la directive 96/71 sur le

(271) V. H. Muir Watt, « L'entrave à la liberté de prestation de services transfrontière : réflexions sur l'impact des libertés économiques sur le droit international privé des États membres », *in Mélanges Béguin*, Litec, Paris, 2005, p. 545.

détachement de travailleurs dans le cadre d'une prestation de services. La présentation de l'évolution du droit communautaire doit être complétée par celle de transposition française de la directive 96/71.

1° Droit de l'Union européenne

562. Du conflit interne au droit de l'Union. L'évolution de la jurisprudence et des textes peut se décrire en trois temps ou trois actes et demi. L'évolution met clairement en lumière l'existence d'un conflit interne au droit de l'Union, puisque d'un côté celui-ci admet et commande même l'application de la loi du pays d'accueil, pour certaines de ses dispositions au moins, et de l'autre veut préserver la liberté de prestations de services dont l'application de la loi du pays d'accueil vient entraver l'exercice. De la liberté de prestations de services, la Cour de justice, dans ses décisions récentes, affirme avec force qu'elle constitue « *l'un des principes fondamentaux de la Communauté* » (272).

562-1. 1er temps – Une faculté ouverte par la Cour de justice. Les États membres sont admis à faire application de leur droit national aux travailleurs détachés temporairement sur leur territoire.

La Cour de justice a admis depuis longtemps que le droit communautaire « *ne s'oppose pas à ce que les États membres étendent leur législation ou leurs conventions collectives de travail à toute personne effectuant un travail salarié, même de caractère temporaire, sur leur territoire, quel que soit le pays d'établissement de l'employeur* » (273).

La Cour a ainsi permis de satisfaire la volonté de certaines autorités nationales, spécialement les autorités allemande et française, de contraindre les entreprises prestataires de services opérant depuis un autre État à respecter les réglementations et le coût local du travail à l'égard du personnel qu'elles ont détaché sur leur territoire. L'objectif de protection des travailleurs, objectif légitime des politiques sociales nationales, peut, a dit la Cour de justice, le justifier.

Pour prévenir le dumping social pouvant en résulter, la Cour de justice avait ainsi ouvert une faculté aux États membres, faculté les autorisant à écarter les rattachements prévus à l'article 6 de la Convention de Rome – convention qui à l'époque n'était d'ailleurs pas encore en vigueur – et à appliquer, au nom de la protection des travailleurs, les prescriptions impératives de la loi du lieu de détachement à la place de la loi désignée par cet article 6.

562-2. 2e temps – directive n° 96/71/CE du 16 décembre 1996. La faculté ouverte aux État membres se mue en obligation.

(272) V. *infra* n° 562-4 et les décisions citées.

(273) CJCE, 27 mars 1990, aff. C-113/89, *Rush Portuguesa c/ Office national d'immigration*, *Rec.* CJCE, p. 1417, *RTD eur.* 1990, p. 632, note P. Rodière ; *JDI (Clunet)* 1991, p. 471, obs. Boutard-Labarde et pour les variations de formules, voir arrêt *Seco, Desquenne et Giral,* CJCE, 3 février 1982, aff. 62 et 63/81, *Rec.* CJCE, p. 223, *RTD eur.* 1982, p. 296 et la chronique Druesne, et arrêt *Vander Elst,* CJCE, 9 août 1994, aff. C-43/93, *Rec.* CJCE, p. 3803.

Les autorités communautaires ont entendu aller plus loin et la directive n° 96/71/CE du Parlement européen et du Conseil du 16 décembre 1996 a transformé la faculté ouverte aux États membres par la jurisprudence de la Cour de justice en une obligation (274). L'objet de la directive est cette fois d'imposer l'application obligatoire des règles de l'État d'accueil qui sont constitutives d'« *un noyau de règles impératives de protection minimale* » du travailleur salarié.

La directive entend explicitement mettre en œuvre un mécanisme de loi de police rattachable à l'article 7 de la Convention de Rome, la protection minimale prévue par le droit de l'État d'accueil devant être respectée, « *quelle que soit la loi applicable à la relation de travail* » (275). Elle prend soin de rappeler que « *l'article 7 de ladite convention prévoit, sous certaines conditions, que soit donné effet, concurremment avec la loi déclarée applicable, aux règles de police d'une autre loi, en particulier celle de l'État membre sur le territoire duquel le travailleur est détaché à titre temporaire* » (276).

Cette application s'impose, même si elle contredit la Convention de Rome. Le préambule de la directive fait d'ailleurs référence au principe de priorité des dispositions particulières du droit communautaire sur les règles posées par la convention (277).

562-3. 3e temps – Lois de police nationales et droit communautaire : comparaison des lois nationales. La Cour de justice subordonne l'application de la loi du pays d'accueil à une comparaison ou, plus exactement, une confrontation avec la loi du pays d'origine.

Il est apparu nécessaire d'opérer une conciliation entre les lois de police nationales et les objectifs de politique sociale et économique que traduit cette qualification, et le respect des exigences essentielles de la liberté de prestation de services.

C'est ce qui a conduit la Cour de justice à mettre en comparaison les dispositions de la loi de police dont l'autorité nationale réclame application et celles de la loi d'un autre État membre, loi de l'État d'établissement de l'employeur, qui sera par là même écartée. Dans l'arrêt « *Arblade* » (278), la Cour de justice rappelle que la protection des travailleurs figure sans doute parmi les raisons impérieuses d'intérêt général pouvant limiter l'exercice de la liberté de prestation de services. L'objectif de protection des travailleurs peut se combiner avec des objectifs nationaux d'ordre économique, tels que la protection d'un secteur d'activité, la lutte contre le chômage, ou la préservation de la paix sociale ; la Cour de justice l'admet (279). Mais, ajoute-t-elle, le respect des dispositions protectrices de l'État du lieu de détachement ne se justifie que si les travailleurs ne jouissent pas, dans l'État membre où leur employeur est établi, « *d'une protection essentiellement comparable* ».

(274) *JOCE* n° L 18, 21 janvier 1997 ; voir annexe 500-103 ; voir M.-A. Moreau, « Le détachement des travailleurs effectuant une prestation de services dans l'Union européenne », *JDI (Clunet)* 1996, p. 889.

(275) Article 3 § 1 de la directive 96/71.

(276) Considérant n° 11 du préambule de la directive 96/71

(277) Suivant la règle l'article 20 de la Convention de Rome ; v. *supra* n° 538.

(278) CJCE, 23 novembre 1999, aff. C-369/96 et C-376/96, *Rec.* CJCE, p. 8453.

(279) CJCE, 25 octobre 2001, aff. C-49/98, *Finalarte, Rec.* CJCE, p. 17831 ; CJCE, 24 janvier 2002, *Portugaia Construçoes*, aff. C-164/99, *Rec.* CJCE, p. 1787.

L'arrêt « *Mazzoleni* » (280) prolonge l'analyse et précise le mode de comparaison requis. Portant, comme l'arrêt « *Arblade* », sur la rémunération minimale prévue dans l'État du lieu de détachement, il énonce que l'objectif de protection des travailleurs est réalisé « *s'ils bénéficient d'une situation équivalente dans son ensemble au regard des rémunérations, de la fiscalité et des charges sociales dans l'État membre d'accueil* (des travailleurs) *et dans l'État membre d'établissement* (de l'employeur) » (motif n° 35). La comparaison doit se faire compte tenu des différents éléments permettant de déterminer le niveau de revenu net des salariés (hors charges et hors impôt) (281). Si cette équivalence se constate, écarter l'application de la loi d'origine ou d'établissement de l'employeur au profit de la loi du lieu de détachement ne se justifie pas. Sachant que l'application de la loi du lieu de détachement peut occasionner des gênes, complications, charges administratives et financières pour l'employeur, il faut que le salarié en retire un bénéfice indiscutable pour que son application puisse être imposée.

Mais il ne faut pas toutefois que la charge en résultant pour l'employeur soit excessive par rapport à l'avantage qu'en tire le salarié. Un test de proportionnalité est nécessaire. Le juge doit procéder à une mise en balance des frais et charges supportés par le prestataire de services et du surcroît de protection sociale résultant de l'application des règles de l'État d'accueil (282).

Les décisions mentionnées ont été rendues par la Cour de justice au regard d'un état du droit précédant l'entrée en vigueur de la directive n° 96/71. Elles permettent de s'interroger sur la rigueur avec laquelle la Cour de justice veillera dans l'avenir à la mise en œuvre effective des exigences de la directive.

562-4. 3e temps ½. Jurisprudence fondée sur la directive 96/71. La jurisprudence de la CJCE conserve la même orientation qu'avant la mise en application de la directive.

La Cour de justice s'est prononcée pour la première fois sur le fondement de la directive 96/71, s'en écarter de la ligne jurisprudentielle tracée avant l'entrée en vigueur de celle-ci. Elle a admis qu'un État membre puisse poser des règles destinées à prévenir la concurrence déloyale d'entreprises rémunérant les travailleurs détachés sur son territoire à un niveau inférieur à celui du salaire minimum. La Cour prend soin de relever que l'objectif de préserver la concurrence loyale et celui de protéger les travailleurs ne sont pas contradictoires et peuvent au contraire être poursuivis de concert. Une règle nationale peut imposer à une entreprise de construction (allemande) qui sous-traite des travaux (à une entreprise portugaise) de répondre en tant que caution des obligations du sous-traitant pour le paiement de la rémunération minimale et des cotisations afférentes (283).

(280) CJCE, 15 mars 2001, aff. C-165/98, *Rec.* CJCE p. 2189.

(281) V. également CJCE, 14 avril 2005, aff. C-341/02, *Commission c. Allemagne*, sur l'obligation de prendre en compte l'ensemble des éléments de rémunération, y compris majorations et suppléments, versés au salarié détaché par son employeur établi dans un autre État membre.

(282) CJCE, 25 octobre 2001, *Finalarte*, *Rec.* CJCE, p. 17831.

(283) CJCE, 12 octobre 2004, aff. C-60/03, *Wolff et Müller*, *Rec.* I, p. 9553, *Rev. crit. DIP*, 2005, p. 336 note E. Pataut.

L'arrêt *Laval* de la Cour de justice poursuit dans la même direction. Il met à nouveau en avant le double objectif de la directive 96/71 : protéger les entreprises de l'État d'accueil contre une concurrence déloyale, assurer une protection minimale des travailleurs détachés. Il a également l'intérêt d'énoncer que la directive 96/71 doit être interprétée à la lumière de l'article 49 du traité CE (56 TFUE), en vue par conséquent d'en concilier l'application avec les exigences de la liberté de prestations de services. Qui plus est, l'article 49 du traité se voit reconnaître l'applicabilité directe horizontale. Ses dispositions sont de nature à conférer directement à une entreprise privée des droits susceptibles d'être opposés à d'autres opérateurs privés, tels notamment que des syndicats ou associations de syndicats (284).

2° Transposition française

563. La date limite de transposition et d'entrée en vigueur de la directive 96/71 a été fixée au 16 décembre 1999. La France a procédé en commençant par anticiper l'adoption de la directive, dans la loi du 20 décembre 1993, avant, tardivement, d'adopter une réglementation relative au détachement de travailleurs en France dans la loi du 2 août 2005.

563-1. Loi du 20 décembre 1993. Avant même la date d'entrée en vigueur de la directive et avant même que la directive ait été définitivement adoptée, la France avait entendu prendre les devants. La loi du 20 décembre 1993 (285), dans l'article L. 341-5 du Code du travail, a disposé que « *lorsqu'une entreprise non établie en France effectue sur le territoire national une prestation de services, les salariés qu'elle détache temporairement pour l'accomplissement de cette prestation sont soumis aux dispositions législatives, réglementaires et conventionnelles applicables aux salariés employés par les entreprises de la même branche, établies en France, en matière de sécurité sociale, de régimes complémentaires interprofessionnels ou professionnels relevant du Code de la sécurité sociale, de rémunération, de durée du travail et de conditions de travail...* » (286).

563-2. Loi du 2 août 2005. L'article L. 341-5 du Code du travail a été abrogé par la loi du 2 août 2005 pour céder la place au nouveau chapitre du Code du travail relatif au « détachement transnational de travailleurs ». Les nouvelles dispositions (articles L. 1261-1 à L. 1263-2, anciens articles L. 342-1 à L. 342-6) (287) sont

(284) CJCE, 18 décembre 2007, aff. C-341/05 ; v. également l'arrêt *Viking Line (International Transport Workers' Fed.)*, CJCE, 11 décembre 2007, aff. C-438-05, concernant non plus l'article 49 sur la liberté de prestations de services, mais l'article 43 sur le droit d'établissement.

(285) Article 36 de la loi « quinquennale » du 20 décembre 1993, *JO* 21 décembre 1993. Un décret a précisé les limites et les modalités d'application du texte (D. n° 94-573, 11 juill. 1994, art. D. 341-5 et s. du Code du travail), ainsi qu'une circulaire (Circ. DRT n° 94/19, 30 déc. 1994, *BO Trav.*, n° 4, 5 mars 1995). Un décret du 4 septembre 2000 a remanié les dispositions des articles D. 341-5 et suivants du Code du travail pour assurer leur adaptation aux prescriptions de la directive (D. n° 2000-861, 4 septembre 2000) devra respecter. Faisant suite à la loi du 2 août 2005, un décret du 11 décembre 2007 (n° 2007-1739) a abrogé les dispositions des articles D. 341-5 et suivants du Code du travail.

(286) S. Robin, « L'application du droit social français aux entreprises prestataires de services établies à l'étranger », *Dr. soc.* 1994, p. 127, S. Hennion-Moreau, « Les prestations de services transnationales », *JCP* éd. E, 1994, I, 312.

(287) J.-Ph. Lhernould, « La loi du 2 août 2005 et le détachement transanational de travailleurs », *Dr. soc.* 2005, p. 1191 ; Chr. Neau-Leduc, « Le détachement transnational de travailleurs, passager clandestin de la loi PME du 2 août 2005 », *JCP*, éd. S., 2005, Doctr. 1292.

destinées à assurer une meilleure transposition de la directive 96/71 CE et de la jurisprudence interprétative de la Cour de justice des Communautés (288).

B. — Teneur de la directive 96/71 relative au détachement de travailleurs

1° Définitions et domaine d'application

564. Détachements soumis à la directive. La directive vise les détachements qui sont opérés sur le territoire d'un État membre par une entreprise établie sur le territoire d'un autre État membre. Quant aux entreprises établis en dehors de l'Union européenne, elles ne devront pas bénéficier d'un traitement plus favorable que celles qui le sont à l'intérieur de l'Union.

564-1. Trois situations et une distinction. La directive 96/71 s'attache à encadrer une notion qui n'est pas aisée à définir. Elle se déclare applicable de manière générale aux détachements de travailleurs sur le territoire d'un État membre (289) et vise plus précisément trois situations (290) :

– le détachement dans le cadre d'une prestation de services opérée par l'employeur dans un État membre ;

– le détachement dans une entreprise ou un établissement appartenant à un groupe ;

– la mise à disposition de travailleurs auprès d'une entreprise utilisatrice dans un État membre.

Dans tous les cas, le deuxième cas intéressant directement les groupes de sociétés, doit exister « une relation de travail entre l'entreprise d'envoi et le travailleur pendant la période de détachement ». Le maintien de la relation de travail avec l'entreprise d'envoi constitue un élément essentiel de la définition du détachement (291).

La Cour de justice opère une distinction entre le premier cas visé et les deux autres en ce qui concerne l'impact du détachement sur le marché du travail de l'État d'accueil. Des travailleurs envoyés sur le territoire d'un autre État membre pour y effectuer temporairement des travaux dans le cadre d'une prestation de services de leur employeur, n'accèdent pas au marché du travail de l'État d'accueil. C'est ce que la Cour de justice avait dit dans l'arrêt *Rush Portuguesa* (292). En revanche,

(288) En application de la loi du 2 août 2005, un décret du 11 décembre 2007 (n° 2007-1739) relatif au détachement transnational de travailleurs, a introduit aux articles R. 342-1 à R. 342-14, articles R. 1261-1 et s. du nouveau Code, un ensemble important de dispositions qui précisent de façon détaillée les obligations de l'entreprise détachant du personnel sur le territoire français

(289) Article 1 § 1 de la directive ; le personnel navigant de la marine marchande étant exclu du champ d'application.

(290) Article 1 § 2 de la directive.

(291) Les dispositions nouvelles de la loi française, prises en vue d'assurer la transposition de la directive 96/71 (loi du 2 août 2005) procèdent à une définition comparable des situations de détachement emportant application des règles régissant celui-ci. On y retrouve le détachement ou la mise à disposition entre établissements d'une même entreprise ou entreprises d'un même groupe, la mise à disposition par une entreprise exerçant une activité de travail temporaire auprès d'un utilisateur en France. À la différence du texte communautaire, le texte français distingue entre la mise à disposition auprès d'un destinataire en France et le détachement en France pour la réalisation d'une opération effectuée par l'employeur pour son propre compte (article L. 432-1. I et III – L. 1262-1 – Code du travail). Les deux situations sont couvertes par le régime juridique du détachement.

(292) CJCE, 27 mars 1990, préc. n° 562-1, v. pt 15 de l'arrêt.

la mise à disposition de travailleurs auprès d'une entreprise utilisatrice fait accéder ces travailleurs au marché de l'emploi de l'État d'accueil et peut perturber celui-ci. Ainsi en a jugé la Cour de justice dans un arrêt *Vicoplus* (293).

Bien discutable, la distinction a des effets sur la situation des travailleurs détachés pendant la période transitoire faisant suite à un élargissement de la Communauté ou de l'Union. Pendant la période transitoire, les travailleurs relevant du cas « Rush Portuguesa » peuvent aller librement travailler sur le territoire d'un État membre d'accueil ; les autorités de cet État ne sont plus en droit de subordonner leur détachement à une autorisation de leurs services de l'emploi. Les travailleurs relevant du cas « Vicoplus » ne le peuvent pas ; les autorités de l'État d'accueil peuvent subordonner leur détachement à la délivrance d'une autorisation de travail.

Ces effets ne devraient pas se limiter à la période transitoire et aux travailleurs des nouveaux États membres. Ils intéressent, et cette fois durablement, les ressortissants d'États tiers. Leur mise à disposition auprès d'un utilisateur dans un autre État membre que celui où ils ont été admis à travailler se trouverait soumise à autorisation des autorités de cet État, de la même façon que les travailleurs d'un nouvel État membre, qui sont encore transitoirement comme des ressortissants d'États tiers, le sont (294).

Des exceptions à l'application de la directive sont possibles pour des travaux de montage ou de première installation de moins de huit jours, des détachements d'une durée n'excédant pas un mois ou encore des travaux « de faible ampleur » (295).

564-2. Entreprises extérieures à l'Union européenne. Les prescriptions de la directive s'imposent non seulement aux entreprises établies dans un État membre mais également à celles qui le sont dans un État non membre et qui ne doivent pas bénéficier d'un traitement plus favorable (296). Il serait paradoxal que les entreprises extérieures à l'Union européenne soient traitées plus favorablement que celles qui sont établies à l'intérieur de celle-ci, alors qu'elles ne bénéficient pas, sauf accord international la leur étendant, de la liberté de prestation de services dont jouissent les entreprises communautaires. En revanche, puisque précisément elles ne bénéficient pas de la liberté de prestation de services, elles peuvent être traitées plus sévèrement.

565. Définition du travailleur détaché. La définition se décompose entre le qualificatif de détaché et la notion de travailleur.

565-1. Notion de « détaché » : une définition française discutable. « *On entend par travailleur détaché, tout travailleur qui, pendant une période limitée, exécute son travail sur le territoire d'un État membre autre que l'État sur le*

(293) CJUE, 10 février 2011, aff. C-307/09, v. pts 27 à 33 de l'arrêt.

(294) Sur la clause de standstill et l'interdiction pour les États membres d'accueil d'aggraver les restrictions à l'immigration préexistant à l'adhésion des nouveaux États membres, CJUE, 21 janvier 2007, *Com. c. Allemagne*, aff. C-546/07, à propos de l'accès de travailleurs polonais au marché du travail allemand.

(295) Articles 3 § 2, 3, 4 et 5, de la directive

(296) Article 1 § 4 de la directive. C'est pourquoi le texte parle d'ailleurs du territoire de l'« *État* » et non pas de l'« *État membre* » où le travail s'effectue habituellement et d'où le travailleur est détaché.

territoire duquel il travaille habituellement » (art. 2 § 1), définition dans laquelle deux éléments se renvoient l'un à l'autre (297).

Le détachement suppose une limite temporelle ; il implique aussi, dans la définition de la directive, que l'activité s'effectue habituellement sur un territoire depuis lequel il y a détachement. Le salarié doit-il avoir été employé par son employeur avant que celui-ci ne procède à son détachement ? La Cour de justice juge que l'État d'accueil ne peut exiger que le travailleur ait été employé depuis au moins un an dans l'entreprise (298).

La définition offerte, dans la réglementation française (loi du 2 août 2005), par l'article L. 1261-3 (ex-article L. 432-2) du Code du travail ne pose pas l'exigence que le travailleur ait habituellement son activité sur le territoire du pays depuis lequel il est détaché. Elle y substitue celle que le salarié travaille habituellement pour le compte de l'employeur qui le détache sur le territoire français pour une durée limitée. Peu importe la localisation habituelle du travail, pourvu que le salarié reste lié à son employeur habituel pendant son détachement ou ses détachements successifs hors du pays où cet employeur est établi et exerce son activité.

La définition française est donc très discutable, au regard du texte de la directive et de la jurisprudence de la Cour de justice (299).

565-2. Notion de travailleur : loi du pays d'accueil. La notion de travailleur sera « *celle qui est d'application dans le droit de l'État membre sur le territoire duquel le travailleur est détaché* » (300). Le dumping social peut également passer par la voie des qualifications et il est essentiel, pour les besoins d'une application utile de la directive, que l'État du lieu de détachement puisse faire prévaloir une qualification d'où ressort l'existence d'une relation de travail sur une qualification qui, retenue par la loi de l'État où se situe l'entreprise d'envoi, nierait cette existence et ferait par conséquent échapper la situation à l'empire de la directive (301). Notons également qu'il n'y a pas, ici, de définition communautaire de la notion de travailleur.

2° Règles nationales impérativement applicables

566. Article 3 de la directive. Les États membres ont l'obligation de garantir aux travailleurs détachés sur leur territoire, quelle que soit la loi applicable à la relation de travail, le respect d'un noyau de règles impératives de protection minimale. L'article 3 de la directive précise la matière des règles considérées ainsi que leur nature.

566-1. Matière des règles. L'article 3 § 1 en établit un catalogue visant :
– les périodes maximales de travail et minimales de repos ;
– la durée minimale des congés annuels payés ;

(297) Sur la notion de détachement et la Convention de Rome, v. *supra* n° 546-1.
(298) CJCE, 19 janvier 2006, *Com. c. Allemagne*, aff. C-244/04, concernant des ressortissants de pays tiers. Le droit national ne peut pas non plus exiger que le salarié détaché soit lié par contrat à durée indéterminée avec l'employeur qui le détache ; CJCE, 21 septembre 2006, *Commission c. Autriche*, aff. C-168/04.
(299) V. sur ce point, circ. DGT n° 2008/17, 5 oct. 2008, pt. 1.4.
(300) Article 2 § 2 de la directive 96/71.
(301) V. *supra* n° 554 sur la qualification « contrat de travail » et la Convention de Rome.

– le taux de salaire minimum, y compris les majorations pour heures supplémentaires ;

– les conditions de mise à disposition des travailleurs, notamment par des entreprises de travail intérimaire ;

– la sécurité, la santé et l'hygiène du travail ;

– les mesures protectrices des femmes enceintes, des jeunes et des enfants ;

– l'égalité de traitement entre hommes et femmes ainsi que d'autres dispositions en matière de non-discrimination.

Taux de salaire minimum, règles relatives à la durée du travail, des repos et des congés, réglementation relative à la sécurité et à la santé, protection de catégories particulières de personnes, tel est donc le « noyau dur » de la protection impérative en matière de conditions de travail (302). S'y ajoutent les règles locales relatives à la mise à disposition de personnel, qui concernent les conditions d'emploi et non plus de travail.

Les règles applicables à la rupture du contrat de travail ne font pas partie des règles impératives de protection minimale en vigueur dans le pays d'accueil. Le catalogue de la directive 96/71 ne s'y étend pas. La Cour de cassation française en a déduit que la loi applicable sera donc, en cette matière, celle que désigne la convention de Rome (303).

L'égalité entre hommes et femmes et la non-discrimination sont à mettre à part. La directive ne vise pas seulement un objet de réglementation, elle manifeste ici directement une exigence relative au contenu des règles et des pratiques (304).

La question des salaires se distingue également du reste. Pour les autres matières visées, des actions communautaires se sont développées, un rapprochement des législations a été opéré par les directives adoptées dans les différents domaines concernés (305). Un minimum de protection doit donc être respecté uniformément dans l'ensemble de la Communauté. Il en va différemment en matière de taux de rémunération pour lesquels aucune harmonisation communautaire n'existe aujourd'hui, les perspectives d'une harmonisation future étant en outre peu importantes (306).

566-2. Nature des règles : normes légales et normes conventionnelles. Dans les matières visées, devront être respectés non seulement les dispositions législatives, réglementaires ou administratives, mais également celles que prévoient les conventions collectives (et les sentences arbitrales) déclarées d'application générale (article 3 § 1).

(302) Rappr. *supra* n° 538-3.

(303) Cass. soc., 18 janv. 2011, *Resource Consulting Ltd*, n° 09-43190, *Bull.* V, n° 22 ; *Rev. crit. DIP* 2011, p. 444, note F. Jault-Seseke.

(304) L'article L. 1262-4 (ancien article L. 342-3) du Code du travail (loi du 2 août 2005) détermine la liste des matières pour lesquelles les employeurs sont tenus de respecter les dispositions du droit français ; il ajoute au catalogue de la directive, notamment en visant les « libertés individuelles et collectives dans la relation de travail » et l'« exercice du droit de grève », ainsi que le « travail illégal ». V. pour les modalités d'application, art. R. 1262-1 et s. du Code du travail (D. du 11 déc. 2007).

(305) V. *supra* 3e partie, chapitre 3, La relation de travail.

(306) C'est l'affaire des partenaires sociaux, dit la Commission, et l'accord sur la politique sociale exclut les rémunérations du champ des compétences communautaires, v. *supra* n° 39.

Le « noyau dur » de dispositions impératives et le mécanisme de lois de police qui le fait entrer en application concernent donc aussi le droit conventionnel. Les dispositions des conventions collectives de travail entrant dans le domaine couvert par le « noyau dur » accèdent indirectement à la qualification de lois de police.

Les termes conventions collectives déclarées d'application générale visent les conventions collectives qui doivent être respectées par toutes les entreprises du secteur ou de la profession. Ils renvoient dans le système juridique français aux conventions collectives ayant fait l'objet d'un arrêté d'extension (307). Malgré l'absence d'une procédure légale de déclaration générale, le système national de relations professionnelles peut aboutir à un résultat équivalent (308). L'État membre d'accueil pourra alors désigner les conventions collectives qui, ayant, de fait, un effet général dans un secteur d'activité, devront être respectées par le prestataire de services (article 3 § 8).

La directive a toutefois limité l'application obligatoire des dispositions de conventions collectives d'application générale à un seul secteur d'activité : la construction (ou le bâtiment), visée en annexe de la directive, annexe qui prend soin de détailler quels sont les différentes activités et travaux englobés par ce secteur. Cette limitation, en pratique, signifie que le seul domaine d'activité pour lequel des contraintes salariales importantes pèseront sur les prestataires d'autres États est celui du bâtiment. Dans les autres secteurs, seul le minimum légal doit être respecté (309).

566-3. Absence de déclaration d'application générale de la norme conventionnelle. Encore faut-il bien, en l'absence de déclaration d'application générale, que la désignation de la convention collective dont elles entendent imposer l'application ait bien eu lieu de la part des autorités de l'État. L'affaire *Laval* illustre cette nécessité. Était en question l'application du salaire minimum conventionnel dans un pays (la Suède) ne prévoyant pas de salaire minimum et ne connaissant pas la déclaration d'application générale des conventions collectives, ceci dans un système de relations professionnelles assez contraignantes pour imposer en fait le respect général des conventions collectives (310). Or l'État d'accueil n'avait pas usé de la faculté de rendre la convention collective d'application obligatoire que lui ouvre la directive.

(307) Les conventions collectives de branche professionnelle non étendues, auxquelles l'entreprise étrangère n'a pas accepté de se soumettre, ne sont évidemment pas concernées ; leur applicabilité suppose par définition que l'employeur ait accepté de se lier. Même chose pour les conventions d'entreprise. L'article R. 1261-2 (ancien article R. 342-1, 2e alinéa) du Code du travail (D. du 11 décembre 2007) énonce que « *les conventions et accords collectifs français étendus dont bénéficient les salariés employés par les entreprises établies en France exerçant une activité principale identique au travail effectué par les travailleurs détachés sur le territoire français s'appliquent à ces salariés* ». L'identification de la convention collective spécialement applicable se fera en tenant compte de l'activité exercée sur le territoire français dans le cadre de la prestation de services qui y est effectuée.

(308) Telle est par exemple la situation en Suède comme l'affaire *Laval* est venue le démontrer, CJCE, 18 décembre 2007, aff. C-341/05.

(309) La transposition française n'a pas limité l'application des conventions collectives au seul secteur du bâtiment. Usant du droit de prévoir une protection renforcée des travailleurs, elle vise de manière générale, sans limitation à certains secteurs d'activité particuliers, les dispositions conventionnelles applicables aux entreprises de la même branche d'activité établies en France. L'identification de la convention applicable se fera en fonction de l'activité exercée sur le territoire français dans le cadre de la prestation qui y est effectuée (article R. 1261-2, Code du travail).

(310) CJCE, 18 décembre 2007.

Dans l'affaire *Rüffert*, le contexte était différent, car l'État d'accueil (l'Allemagne) connaît la procédure de déclaration d'application générale. Or, le salaire minimum dont l'application était réclamée, était fixé par une convention collective que les autorités nationales n'avaient pas déclarée d'application générale pour l'ensemble du secteur d'activité concerné, la construction, mais uniquement pour les travaux correspondant à des marchés publics (311). La déclaration d'application générale n'était donc que partielle.

Bien que « de fait » la convention collective soit d'application générale (arrêt *Laval*) (312) bien que le marché de travaux en cause ait été un marché public (*Rüffert*), la Cour de justice a jugé que le respect du salaire minimum conventionnel local ne pouvait pas être imposé à un prestataire de services d'un État membre à coût salarial faible. Triomphe du « dumping social » sans doute, mais que les autorités de l'État d'accueil avaient faculté de corriger.

566-4. Aménagements possibles. Une certaine souplesse est nécessaire, dit le préambule (considérant n° 16). La directive ouvre aux États membres et à leurs partenaires sociaux une assez large marge d'appréciation, leur permettant d'imposer avec plus ou moins de vigueur et d'immédiateté aux prestataires d'autres États le respect du coût local du travail. Des exceptions et des dérogations permettent d'échapper à l'emprise des règles constitutives du noyau dur de protection. Mais inversement, il n'est pas interdit de renforcer la protection exigée par la directive.

1) Exceptions et dérogations. Trois cas d'exceptions sont prévus (article 3 § 2, 3, 4 et 5) :

– les travaux de montage et de première installation. Pourvu que la durée de détachement n'excède pas huit jours, salaire minimum et durée des congés payés annuels n'ont pas lieu d'être respectés. C'est ici la directive qui écarte elle-même sa propre application, sauf toutefois dans le domaine de la construction ;

– les détachements d'une durée qui n'excède pas un mois. Les autorités nationales sont alors libres soit de décider directement elles-mêmes d'écarter l'application de leurs règles relatives aux salaires minimums, soit de laisser aux partenaires sociaux le soin de décider de la dérogation. Cette possibilité n'est toutefois pas ouverte en cas de mission de travail temporaire ou intérimaire ;

– les travaux de faible ampleur. La formule ici utilisée est la suivante : « *les États membres peuvent prévoir l'octroi d'une dérogation* ». Faut-il comprendre que la législation peut la décider, mais que le soin peut aussi en être laissé aux partenaires sociaux ? Règles relatives aux salaires et aux congés payés sont à nouveau

(311) CJCE, 8 avril 2008, aff. C-346/06 ; v. E. Pataut et S. Robin-Olivier, « Europe sociale ou Europe économique – À propos des affaires *Viking* et *Laval* », *RDT* 2008. 80 ; P. Rodière, « Les arrêts *Viking* et *Laval*, le droit de grève et le droit de négociation collective », *RTD eur.* 2008. 47.

(312) L'avocat général Mengozzi avait développé une théorie de l'application générale « de fait » des conventions collectives, qui aurait pu conduire la Cour a assimiler la situation connue du système suédois à celle de pays, comme la France avec l'extension des conventions collectives, connaissant d'une procédure légale de déclaration d'application générale. La Cour de justice a refusé d'aller dans ce sens.

concernées. La notion de « travaux de faible ampleur » est vague. À chaque État membre de la préciser plus ou moins restrictivement (313).

2) Protection renforcée. L'article 3 § 7 de la directive réserve « l'application de conditions de travail et d'emploi plus favorables pour les travailleurs ».

L'article 3 § 10 autorise les États membres, « dans le respect du traité », à imposer des conditions de travail et d'emploi concernant des matières autres que celles visées précédemment, « dans la mesure où il s'agit de dispositions d'ordre public » (314). La Cour de justice considère que cette « *exception d'ordre public constitue une dérogation au principe fondamental de la libre prestation des services, devant être entendue strictement et dont la portée ne saurait être déterminée unilatéralement par les États membres* » ; elle entend veiller à faire respecter avec rigueur ce principe d'interprétation stricte et à limiter par conséquent les sujétions supplémentaires que les États d'accueil voudraient faire peser sur les prestataires de services des autres États membres (315).

L'article 3 § 10, 2e tiret, de la directive leur permet également d'appliquer leurs conventions collectives à d'autres activités que la seule construction (316).

Ces possibilités sont ouvertes aux États membres, sous réserve qu'ils ne traitent pas les entreprises d'*autres États membres* plus rigoureusement que les leurs.

3° Difficultés relatives à l'application des règles

567. Information et contrôles. Les employeurs assujettis à l'application de la directive, du fait même de leur établissement dans un autre État membre, peuvent, de bonne foi, rencontrer des difficultés pour appliquer la loi de l'État d'accueil. Leur méconnaissance de la loi du pays d'accueil peut, parfois, être excusable. Mais qu'ils cherchent aussi à éluder l'application des obligations nées de la directive 96/71 est chose assez fréquente pour justifier l'existence de contrôles par les autorités de l'État d'accueil. La Cour de justice a plusieurs fois déclaré que les raisons d'intérêt général qui justifient une réglementation matérielle destinée à la protection des travailleurs peuvent également justifier les mesures de contrôle nécessaires pour en assurer le respect (317).

567-1. Accès à (la connaissance de) la loi locale. En visant les dispositions relatives à la rémunération prévues par conventions collectives, la Cour de justice,

(313) La France n'a pas usé des possibilités de dérogations ou d'exceptions autorisées par la directive. Avec notamment l'Allemagne, la France est l'un des pays européens qui affiche le plus énergiquement sa volonté de soumettre les prestataires de services étrangers aux contraintes de sa réglementation sociale.

(314) L'article L. 341-5 du Code du travail, avant son abrogation par la loi du 2 août 2005, étendait l'application du dispositif impératif français à la sécurité sociale et butait sur le règlement 1408/71 qui commandait le maintien de la législation du lieu habituel d'activité en cas de détachement temporaire. Mais l'application des dispositions relatives aux régimes complémentaires ne soulève pas les mêmes difficultés puisque ces régimes sont exclus du champ d'application du règlement 1408/71, ainsi que du règlement 883/2004 qui l'a remplacé ; v. *infra* n° 639 et s.

(315) V. CJCE, 19 juin 2008, aff. C-319/06, *Com. c. Luxembourg*, illustrant clairement cette volonté restrictive de la Cour… et pour commencer de la Commission. Sur l'articulation entre les dispositions de l'article 3 § 1 (noyau dur) et celles de l'article 3 § 7 et § 10 (protection renforcée), v. égal. arrêt *Laval*, CJCE, 18 décembre 2007, aff. C-341/05. Sur la position générale de la Cour de justice sur l'exception d'ordre public, CJCE, 28 mars 2000, *Krombach*, aff. C-7/98 ; v. S. Poillot-Perruzetto, « Ordre public et lois de police dans les textes de référence (règlement 44/2001 et Convention de Rome) », in *La matière civile et commerciale, socle d'un code européen de DIP*, Dalloz, Paris, 2009, p. 93.

(316) Les conventions collectives françaises étendues doivent être respectées, quelle que soit l'activité (article R. 1261-2 342-2 du Code du travail – D. du 11 décembre 2007).

(317) CJCE, 27 mars 1990, aff. C-113/89, *Rush Portuguesa c/ Office nationald'immigration*, *Rec.* CJCE, p. 1417 ; CJCE, 23 novembre 1999, *Arblade et Leloup*, aff. C-369/96 et C-376/96, *Rec.* CJCE, p. 8498

dans l'arrêt « *Arblade* », a précisé que ces dispositions doivent être suffisamment précises et *accessibles* pour ne pas rendre, en pratique, impossible ou excessivement difficile la détermination par l'employeur des obligations qu'il doit respecter.

L'employeur ne saurait en particulier faire l'objet de poursuites pénales pour non-respect d'obligations qu'il lui était en pratique difficile de connaître (318). Il en va du respect du principe de sécurité juridique et d'exigences relatives à une suffisante transparence de l'information.

567-2. Proposition « *Bolkestein* » et directive « Services ». La proposition de directive sur la libération des services (319) avait prévu que l'État membre du lieu de détachement « *procède, sur son territoire, aux vérifications, inspections et enquêtes nécessaires pour assurer le respect des conditions d'emploi et de travail applicables en vertu de la directive 96/71* » (320). Mais ayant ainsi pour commencer affirmé que l'État d'accueil doit pouvoir contrôler le respect des exigences de la directive 96/71, la proposition de directive *Bolkestein* lui retirait ensuite les moyens usuels lui permettant d'effectuer son contrôle. Imposer une autorisation, un enregistrement, une déclaration, la présence d'un représentant de l'entreprise sur le territoire, la tenue de documents sociaux conformément aux exigences de l'État d'accueil, tout cela est interdit. Restaient simplement les possibilités ouvertes par une improbable coopération réclamée de l'État d'établissement de l'entreprise, chargé de contrôler son prestataire… agissant sur le territoire de l'État d'accueil ! Bel exemple de législation hypocrite, affirmant un principe pour en entraver ensuite la mise en œuvre.

Après retrait de la proposition « Bolkestein », la directive 2006/123 du 12 décembre 2006 relative aux services a exclu le détachement de travailleurs de son champ d'application, sans pour autant mettre fin aux nombreuses interrogations qui demeurent concernant les relations entre la directive 96/71 et l'application de la loi du pays d'accueil qu'elle commande et le respect qui est dû aux exigences du droit communautaire primaire en matière de liberté de prestation de services (321). En cas de conflit, la directive 96/71 sur le détachement prévaut sur la directive 2006/123, selon ce que cette dernière énonce elle-même (322)

567-3. Jurisprudence de la Cour de justice. Les restrictions mises par la proposition de directive « Bolkestein » à l'exercice des contrôles nécessaires au respect du droit de l'État d'accueil allaient au-delà de celles prévues par la Cour de justice.

La Cour de justice part aujourd'hui d'une distinction relative à l'objet de la directive 96/71. Celle-ci « *vise à coordonner les réglementations nationales matérielles*

(318) CJCE, 23 novembre 1999, *Arblade et Leloup*, aff. C-369 et C-376/96, *Rec.* I, p. 8498 ; v. également *supra* n° 547 sur ce même arrêt *Arblade*.

(319) 13 janvier 2004, doc. COM 2004/2 ; O. de Schutter et S. Francq, « La proposition de directive relative aux services… : reconnaissance mutuelle, harmonisation et conflits de lois dans l'Europe élargie », *Cah. dr. eur.* 2005, p. 603 ; J. Mischo, « Libre circulation des services et dumping social », *in Mélanges Philippe Léger*, Pédone, Paris, 2006, p. 435.

(320) Article 24 § 1, 1er alinéa de la proposition de directive.

(321) L. Driguez, « Le détachement des travailleurs après la directive sur les services », *Europe*, n° 6/2007, p. 35

(322) Article 3 § 1 a) de la directive 2006/123. V. CJCE, 19 juin 2008, aff. C-319/06, *Com. c. Luxembourg*, faisant état de cette prévalence, v. pt. 23.

relatives aux conditions de travail et d'emploi des travailleurs détachés ». En revanche, les « *règles administratives accessoires destinées à permettre la vérification du respect desdites conditions* », ne relèvent pas de ses prescriptions et « *peuvent être librement définies par les États membres, dans le respect du traité et des principes généraux du droit de l'Union* » (323).

Ces précautions ne l'empêchent nullement d'exercer un contrôle... sur les mesures nationales de contrôle, autorisée qu'elle est à le faire par le respect que les États membres doivent à la liberté « fondamentale » de prestation de services.

La Cour, avec un peu plus de souplesse que la proposition « Bolkestein », a subordonné principalement la mise en œuvre de moyens de contrôle par l'État d'accueil à la condition qu'ils ne fassent pas double emploi avec ceux déjà mis en œuvre en application de la législation de l'État d'établissement : des documents sociaux n'ont pas à être établis en application des règles de l'État d'accueil des travailleurs, si des documents analogues le sont déjà en application de la loi de l'État d'établissement de l'entreprise Au nom du principe de proportionnalité, la Cour de justice s'est également opposée aux réglementations nationales qui prétendent imposer au prestataire de services des obligations jugées excessives ; elle condamnera aussi les mesures de caractère discriminatoire :

– l'État d'accueil peut certes faire obligation à un employeur établi sur le territoire d'un autre État membre de lui signaler, préalablement, les travailleurs qu'il va détacher et la durée de détachement prévue, mais cette obligation ne doit pas prendre le caractère d'une procédure d'autorisation préalable, qui irait au-delà de ce qui est admissible (324). Il ne peut pas exiger du prestataire qu'il déclare non seulement le début et la fin de la mise à disposition de travailleurs sur son territoire mais également le lieu d'affectation et ses changements éventuels, lorsque ces exigences ne sont pas imposées aux entreprises de l'État d'accueil (325) ;

– l'État d'accueil peut exiger du prestataire de services la tenue de documents équivalant aux documents exigés localement, afin de permettre l'exercice des contrôles nécessaires ; mais il ne peut pas lui demander, pendant cinq ans après l'exécution de sa prestation, de conserver des documents sociaux dans l'État d'accueil auprès d'un représentant qu'il y aura désigné (326) ;

– en revanche, la traduction de documents tels que le contrat de travail ou les fiches de paie dans la langue de l'État d'accueil est propre à constituer une exigence proportionnée aux nécessités des contrôles (327).

Sous ces nuances et toute cette complication, il est clair que la politique de la Cour de justice est de veiller avec soin à éviter que les mesures de contrôle prévues

(323) CJUE, 7 octobre 2010, aff. C-515/08, *Palhota*, v. pts 26 et 27 ; antérieurement, v. CJCE, 18 juillet 2007, *Commission/Allemagne*, C-490/04, point 19.

(324) CJUE, 7 octobre 2010, aff. C-515/08, *Palhota*, v. pts 51 à 54.

(325) CJCE, 18 juillet 2007, *Commission c. Allemagne*, aff. C-490/05 ; le décret du 11 décembre 2007 (article R. 342-8, article R. 342-10 du Code du travail) exige de l'employeur qu'il fasse connaître à l'inspecteur du travail localement compétent « l'adresse du ou des lieux successifs où doit s'effectuer la prestation », ainsi que nombre d'autres informations ; v. *infra* note 262.

(326) V. sur ces questions, l'arrêt *Arblade et Leloup*, 23 novembre 1999, préc. ; v. égal. CJCE, 19 juin 2008, aff. C-319/06, *Com. c. Luxembourg*, pts 85 à 95 ; CJUE, 7 octobre 2010, aff. C-515/08, *Palhota*, v. pts 55 à 57.

(327) Même décision. Les déclarations que l'employeur doit adresser à l'inspecteur du travail doivent l'être en langue française, exige le décret du 11 décembre 2007 (article R. 342-8 et article R. 342-10 du Code du travail).

par nombre d'États membres n'entravent pas de façon significative la liberté de prestation de services d'entreprises établies dans un autre État membre. La lutte contre le dumping social autorisé par la liberté de prestations de service n'est pas une priorité des autorités de l'Union.

567-5. Loi française. Le législateur français (loi du 2 août 2005) n'a pas attendu l'adoption de la directive relative aux services et en a anticipé l'application dans un sens favorable à l'application de la loi française en même temps qu'à la coopération européenne.

L'article L. 1261-2 (ancien article L. 342-5) du Code du travail énonce en premier lieu que « *les obligations et interdictions qui s'imposent aux entreprises françaises lorsqu'elles font appel à des prestataires de services (...) s'appliquent dans les mêmes conditions lorsque les prestations de service sont réalisées par des entreprises établies hors de France détachant du personnel sur le territoire français* ».

Relatif aux contrôles, l'article L. 1263-1 (ancien article L. 342-6) du Code du travail prévoit en second lieu une communication réciproque, entre agents de contrôle, « *de tous les renseignements et documents nécessaires* » à l'application de la loi française, et permet la communication de ces mêmes renseignements et documents aux agents et autorités étrangers (328).

567-6. Proposition de directive relative à l'exécution de la directive « détachement ». Que l'on vise la protection qu'elle instaure pour les travailleurs concernés ou obligations imposées aux prestataires de services, la directive 96/71 s'applique mal. Elle fait l'objet de contournements divers par des entreprises « *tirant indûment ou frauduleusement parti de la libre prestation de services* ». C'est la constatation dont part la Commission pour justifier une proposition de directive « *relative à l'exécution de la directive 96/71/CE concernant le détachement* » (329).

La directive proposée a donc pour objet de garantir le niveau minimal de protection des droits des travailleurs détachés, en luttant contre les violations et contournements des règles applicables, tout en facilitant l'exercice de la liberté de prestation de services dans le cadre d'une concurrence loyale (330).

Sur cette base soigneusement équilibrée, la proposition détaille une série éléments d'appréciation destinées à prévenir abus et contournements et qu'elle invite les autorités compétentes à utiliser (331) ; elle encadre de près les mesures nationales de contrôle (332). Trois types de moyens, pour la Commission, sont propres

(328) Le décret du 11 décembre 2007 exige des prestataires de services qui détachent du personnel en France qu'ils adressent à l'inspection du travail, préalablement au début de la prestation et en langue française, des informations concernant l'entreprise procédant au détachement, son représentant en France, les conditions matérielles de l'activité en France (lieu(x), début, durée, nature de l'activité...), le salarié concerné (nationalité, contrat de travail, qualification, rémunération), les horaires de travail et les périodes de repos, le lieu d'hébergement collectif, le cas échéant (articles R. 342-8 et R. 342-10 du Code du travail)

(329) Proposition de directive du Parlement et du Conseil présentée le 21 mars 2012, doc. COM (2012) 132 final.

(330) V. article 1 § 1 de la proposition de directive.

(331) Article 3 de la proposition.

(332) Articles 9 et 10.

à assurer une bonne efficacité du dispositif protecteur : l'accès à l'information (333) ; la coopération administrative (334) ; des mécanismes de défense des droits et d'exécution transfrontalière des sanctions (335).

§ 2. — Autres éléments du droit de l'Union

568. Des règles de conflit de lois spécifiques se rattachent au droit dérivé ou se dégagent de la jurisprudence de la Cour de justice, aussi bien en ce qui concerne les relations individuelles de travail (A) que les relations collectives (B).

A. — Relation individuelle de travail

1° Domaine spatial du droit de libre circulation

569. Jurisprudence de la Cour de justice. Le domaine d'application dans l'espace du principe de non-discrimination entre ressortissant communautaire et travailleur national a donné naissance à une remarquable jurisprudence de la Cour de justice, directement fondée sur le traité, donc sur le droit primaire (336).

La question portée devant la Cour, sous des aspects variables, a toujours été la même. Le principe de non-discrimination s'applique-t-il à des situations de travail débordant le domaine territorial de la Communauté ? À quelles situations présentant des éléments d'extranéité par rapport au territoire communautaire le principe s'applique-t-il (337) ?

Plusieurs fois saisie, la Cour de justice a progressivement ajusté et corrigé ses réponses. La règle de non-discrimination, a-t-elle dit pour commencer dans son arrêt *Walrave*, s'impose pour l'appréciation de tous rapports juridiques qui, « en raison soit du lieu où ils sont établis, soit du lieu où ils produisent leurs effets, peuvent être localisés sur le territoire de la Communauté » (338). Conservant cette même formule, elle y a ajouté ensuite qu'un rapport de travail relève du principe communautaire de non-discrimination, dès lors, malgré une extranéité partielle, qu'il garde néanmoins « *un rattachement suffisamment étroit avec le territoire* » communautaire (339). Et pour finir, remplaçant la formule retenue

(333) Aricles 4 et 5.

(334) Articles 6 à 8.

(335) Articles 11 à 16.

(336) Proposant une analyse renouvelée de cette jurisprudence, v. E. Hamamdjian, *Le système de répartition des compétences entre l'Union européenne et les États membres*, Thèse, Paris 1, 2000.

(337) Pareille question ne peut évidemment être posée que pour des ressortissants communautaires qui relèvent du droit communautaire de la libre circulation parce qu'ils sont placés dans une situation de *circulation entre États membres*. S'il n'en était pas 'ainsi, leur situation resterait purement interne et serait dénuée de tout rattachement au droit communautaire ; v. *supra* n° 186.

(338) CJCE, 12 décembre 1974, *Walrave et Kochc. Association Union cycliste internationale*, aff. 36/74, *Rec.* p. 1405, *RTD eur.* 1976, p. 719, à propos du règlement de l'Union cycliste internationale qui exigeait, pour les courses du championnat du monde de demi-fond derrière entraîneur, que l'entraîneur soit de la même nationalité que le coureur.

(339) CJCE, 12 juillet 1984, *Sté Prodest*, aff. 237/83, *Rec.* p. 3153, concernant l'opposabilité de la règle française interdisant la mise à disposition de travailleurs étrangers hors du territoire français (article L. 341-3 du Code du travail) à un ressortissant belge employé par une société de travail temporaire française et envoyé en mission au Nigeria.

par l'arrêt *Walrave*, elle a déclaré que revêt la qualité de travailleur au sens du droit de libre circulation, qualité commandant l'application du principe de non-discrimination, celui dont le rapport de travail « *pouvait être localisé sur le territoire de la Communauté ou gardait un rattachement suffisamment étroit avec ce territoire* » (340).

Plusieurs décisions de la Cour ont concerné des cas de ressortissants communautaires détachés pour exercer leur activité en dehors du territoire de la communauté et réclamant le bénéfice de l'égalité de traitement avec les ressortissants de l'État membre depuis lequel s'opérait leur détachement (341). La situation type portée devant la Cour est celle d'un ressortissant communautaire, lié à une entreprise d'un autre État membre et exerçant son activité dans un pays tiers pour le compte de cette entreprise. La seule circonstance que les activités du travailleur s'exercent en dehors du territoire de la Communauté ne suffit pas pour écarter l'application des règles communautaires sur la libre circulation des travailleurs, a précisé la Cour de justice.

570. Un rattachement suffisamment étroit. De la formule finalement utilisée par la Cour de justice, on peut déduire qu'il n'est pas nécessaire que le rapport de travail se localise sur le territoire communautaire ; il suffit qu'il conserve avec ce territoire un rattachement suffisamment étroit.

Quant aux indices permettant de caractériser l'existence d'un rattachement suffisamment étroit avec le territoire communautaire, ils sont constitués par le caractère temporaire ou provisoire de la localisation de l'activité hors Communauté, par le maintien d'un lien contractuel ou d'un lien d'autorité entre une entreprise de la Communauté et le salarié hors Communauté. Le maintien de la résidence principale ou du domicile dans la Communauté est un indice qui compte également. On retrouve les éléments qui caractérisent les situations de détachement (342).

La soumission du rapport de travail à la loi d'un État membre constitue un autre élément important, pouvant justifier l'application de la règle communautaire de non-discrimination (343). Si la désignation de la loi d'un État membre correspond à l'un des rattachements objectifs de l'article 6 de la Convention de Rome, la soumission au principe de non-discrimination s'impose, au même titre que les droits impérativement garantis au salarié par le droit national de cet État. Mais il en ira également ainsi en cas de rattachement volontaire du contrat à la loi d'un État membre (344). Le droit d'un État membre étant, dans les deux cas, applicable, son applicabilité emportera celle des éléments du droit communautaire qui s'y sont intégrés. Mais le rattachement à la loi d'un État membre peut aussi prendre des formes diverses qui ne rendent pas pour autant la loi de l'État membre considéré applicable

(340) CJCE, 27 septembre 1989, *Lopes da Veiga*, aff. 9/88, *Rec.* p. 2989, matelot portugais engagé sur un navire néerlandais et réclamant la délivrance d'un titre de séjour aux Pays-Bas.

(341) CJCE, 12 juillet 1984, *Sté prodest*, préc. ; CJCE, 30 avril 1996, *Boukhalfa*, aff. C-214/94, ressortissante belge (d'origine algérienne) travaillant auprès de l'ambassade d'Allemagne en Algérie et réclamant le bénéfice de la non-discrimination avec les agents de l'ambassade ayant la nationalité allemande.

(342) V. *supra* n° 545-547.

(343) Cf. arrêt *Lopes da Veiga*, préc.

(344) V. motif 16 de l'arrêt *Boukhalfa*, préc.

à l'ensemble de la relation : le travailleur est affilié à un régime de sécurité sociale d'un État membre, il est soumis à l'impôt sur le revenu dans un État membre.

Inversement, le fait que le rapport de travail ne soit pas régi par la loi d'un État membre n'exclut pas nécessairement l'existence d'un lien suffisamment étroit avec la Communauté pour justifier l'application de la règle de non-discrimination.

On observe de manière générale que la Cour de justice, après avoir mis en avant des indices de type territorial s'est ensuite référée plus volontiers à des indices de type « juridique ».

571. Extraterritorialité du droit communautaire. Quelques observations complémentaires permettent de mieux cerner le système de rattachement qui se dessine.

1) Le droit communautaire reçoit dans certains cas, on vient de le constater, vocation à s'appliquer alors que le droit d'aucun État membre n'est applicable à la relation de travail ceci suivant une démarche qui est celle des lois de police.

2) Les règles communautaires peuvent avoir des effets en dehors du territoire de la Communauté, a énoncé la Cour de justice dans l'arrêt *Boukahlfa* (345) Cette possibilité n'est pas exclue par l'ex-article 227 du traité (devenu article 299 CE, puis, avec le traité de Lisbonne, articles 52 TUE et 355 TFUE) et la délimitation du champ d'application – géographique ou territorial – du traité qu'il établit (346). La Cour a également répété à plusieurs reprises que des dispositions de droit communautaire peuvent s'appliquer à des activités professionnelles exercées en dehors du territoire de la Communauté.

3) La Cour de justice cherche à assurer une large application du droit communautaire en en exigeant l'application aux situations « localisées » dans la Communauté, mais en voulant encore cette application à des situations qui ne s'y localisent pas, mais néanmoins y sont suffisamment liées.

4) La méthode est unilatéraliste, puisque la Cour de justice se préoccupe seulement de fixer le domaine d'application spatial du droit communautaire.

5) On peut ajouter que les règles de rattachement posées tendent moins à s'imposer face à une loi non communautaire qu'à l'encontre d'une règle discriminatoire ou contraire à la liberté de circulation contenue dans le droit d'un État membre.

572. Application à d'autres règles de droit de l'Union ? La jurisprudence de la Cour concerne le domaine d'application de la règle de non-discrimination et, plus largement, les règles relatives à la libre circulation des travailleurs et on comprend qu'elle veuille d'une application large de règles qui ont un caractère fondamental. Mais les formules qu'elle utilise – visant « les règles communautaires » ou « des dispositions de droit communautaire » – ont une portée générale. Elles laissent entendre que de manière extensible, en dehors du domaine de la libre circulation des travailleurs, les principes et règles communautaires ont vocation à régir

(345) CJCE, 30 avril 1996, préc.
(346) A. Rigaux, V° « Territoire », *in Encycl. Dalloz droit communautaire.*

les situations qui présentent un rattachement suffisamment étroit avec le territoire communautaire, tout en ne s'y localisant pas.

D'autres principes de droit de l'Union peuvent être cités (347). C'est en premier lieu le principe d'égalité entre hommes et femmes et, plus largement, la non-discrimination, dont le respect est exigé par la directive relative au de détachement de travailleurs et qui de ce fait s'impose aux prestataires de services extérieurs à la Communauté européenne. C'est l'obligation générale incombant à l'employeur de veiller à la sécurité et à la santé des travailleurs (348). On peut aussi penser à l'obligation de l'employeur d'informer le travailleur des conditions de son contrat de travail (349). Serait-ce l'obligation de négocier les changements susceptibles d'affecter gravement la situation des salariés et particulièrement leur emploi ? Il est désormais permis de l'affirmer (350).

2° Information du travailleur sur son contrat de travail

573. Une interprétation en suspens. La directive 91/533 du 14 octobre 1991 relative à l'information du travailleur sur son contrat de travail accroît d'une part, sur le fond du droit, les exigences relatives aux informations qui doivent être données au salarié sur les conditions de la relation ou du contrat de travail, sous forme écrite et circonstanciée pour l'ensemble des contrats, y compris les contrats à durée indéterminée (351). Elle prescrit ainsi l'application au contrat de travail de dispositions impératives qui évoquent la notion de loi de police (352).

À quelles relations de travail ses prescriptions devront-elles s'appliquer ? La directive énonce qu'elle est applicable au travailleur ayant « un contrat ou une relation de travail « *défini par le droit en vigueur dans un État membre et/ou soumis au droit d'un État membre* » (353). La formule est d'une obscurité remarquable. Assortie d'un et/ou, elle laisse entendre qu'il n'est pas nécessaire que la relation soit définie par le droit d'un État membre (question relative à la qualification) pour qu'elle y soit soumise (question relative à la loi applicable) et, en toute hypothèse, elle ne dit rien sur la loi applicable, ne formule aucune règle de rattachement.

(347) V. *supra* n° 144 et s., spéc. n° 151, sur la question des principes s'induisant de la construction juridique communautaire.

(348) V. *supra* n° 462-463.

(349) V. *supra* n° 449 et s.

(350) Depuis l'adoption de la directive relative au Comité d'entreprise européen, directive du Conseil 94/45/CE du 22 septembre 1994 ; V. P. Rodière, in « Le cinquantenaire des comités d'entreprise », *Dr. ouvr.* 1995, p. 61 ; B. Teyssié, *JCP* 1995, éd. E., I 416.

(351) Pour lesquels le droit français n'impose pas la rédaction d'un contrat écrit. Le gouvernement français a contourné la difficulté. La remise de bulletins de salaire étant exigé en droit français pour tout contrat de travail, atypique ou non, et ce document contractuel étant en particulier destiné à informer le salarié sur les règles gouvernant le calcul de sa rémunération, la France a opéré transposition de la directive par le biais des mentions que ce document doit comporter obligatoirement (article R. 3243-1, ex-article R. 143-2, C. trav.). Elle l'a également fait en utilisant le support que constitue la déclaration nominative préalable à l'embauche que tout employeur doit adresser à l'administration et dont le salarié doit être informé par un document que l'employeur doit lui fournir lors de l'embauche (article R. 1221-9, ex-article R. 320-5, Code du travail ; D. 94-761 du 31 août 1994).

(352) *JOCE* n° L. 288 du 18 octobre 1991 ; v. *supra* n° 449-457 pour une analyse détaillée de la directive.

(353) Le texte de l'article 1 § 1 Les travaux préparatoires incitent à ne pas pénétrer dans les difficultés logiques qu'elle soulève. Il ne suffit certainement pas, quoi qu'ait l'air de dire le texte, que la relation soit simplement définie par la droit d'un *État* membre pour que la directive s'applique. Pour la définition par la loi d'un État membre, elle devra normalement s'effectuer lege fori ; le fait que la définition reste nationale créant, bien entendu, un risque de disparité dans l'application de la directive.

Il est alors raisonnable de se tourner vers la Convention de Rome pour tenter de déceler cette règle de soumission au droit d'un État membre. Il est également raisonnable de considérer que la soumission dont il est question vise la loi qui, *sur le fond*, doit régir la relation, donc celle que désigne l'article 6 de la Convention (ou 8 du règlement Rome I).

Mais l'article 6 soumet-il le contrat à la loi objectivement applicable ou à la loi choisie par les parties, ou aux deux lois ? L'idée que la loi objectivement applicable régit le contrat se présente avec une force de conviction plus grande (354). Mais, lorsque la loi applicable à défaut de choix est celle d'un État tiers, il serait paradoxal et même absurde de prétendre exclure une soumission volontaire aux exigences du droit de l'Union. Ce serait d'ailleurs aller à l'encontre du mécanisme combinatoire de l'article 6 de la Convention de Rome. Du moment où le choix des parties ne défavorise pas le salarié par comparaison avec la loi objectivement applicable, ce choix doit prospérer.

La recherche d'une combinaison avec la Convention de Rome ou le règlement Rome I reste cependant d'autant plus hasardeuse que la solution appartient à la Cour de justice – s'agissant d'interpréter un acte de droit de l'Union – et que celle-ci peut être tentée de poser des règles de rattachement qui lui paraîtront propres à satisfaire les buts de protection du travailleur poursuivis par la directive.

Elle peut souhaiter reprendre des formules utilisées dans d'autres domaines, telles celles qui concernent le domaine d'application du principe de non-discrimination et qui, par l'effet de règles de rattachement à caractère unilatéral, tendent à conférer au droit communautaire un large domaine d'application (355). L'exigence d'un lien suffisamment étroit avec l'Union marque cependant la limite à ne pas franchir, quand bien même une très large application des règles de l'Union serait recherchée. Quant aux facteurs propres à manifester l'existence d'un tel lien, on les trouvera avec la localisation de l'exécution du travail, de la conclusion du contrat ou encore avec le lieu où se situe l'établissement d'embauche, ainsi que dans la volonté des parties de soumettre leur relation à la loi d'un État membre.

Les solutions peuvent finalement et malgré tout s'articuler sur une combinaison avec la Convention de Rome ou le règlement Rome I, tout en traduisant en même temps une démarche mettant en avant l'existence de lois de police communautaires.

B. — Relations collectives de travail

1° Représentation des travailleurs dans l'entreprise

574. Les directives « information et consultation des travailleurs ». Directement liée en droit international privé à une qualification de « lois de police », l'idée qui domine est celle de l'application territoriale impérative des prescriptions du droit de l'Union concernant le droit des travailleurs d'être informés et consultés

(354) V. *supra* n° 549.
(355) V. *supra* n° 569-572.

dans l'entreprise. Les règles de droit de l'Union devront impérativement s'appliquer dans son espace territorial, mais peuvent aussi vouloir déborder le territoire de l'Union en imposant des contraintes à des entreprises dont le centre de décision ou de contrôle est extérieur à cet espace. On se contentera ici de rappeler et de rapprocher brièvement des règles déjà examinées :

– le texte initial de la directive 98/59 du 20 juillet 1998 (ex-directive 75/129 du 17 février 1975) sur les licenciements collectifs ne disait rien sur son domaine d'application dans l'espace. Que ses prescriptions aient eu vocation à régir les licenciements opérés dans des entreprises ou des établissements situés dans le territoire des États membres ne faisait nul doute. Mais s'imposait-elle lorsque la décision de licencier est prise depuis un centre de décision situé sur un autre territoire national ? Le texte modifié par la directive 92/56 du 24 juin 1992 apporte indirectement un début de réponse à cette question. Les obligations nées de la directive doivent être respectées, indépendamment du fait que la décision de licencier soit prise par l'employeur direct ou par l'entreprise qui contrôle celui-ci, énonce-t-il, ajoutant qu'un employeur ne peut pas se justifier des manquements qui lui sont imputés en faisant valoir que l'entreprise qui a pris la décision – entreprise qui le contrôle – ne lui a pas fourni les informations nécessaires, ceci sans distinguer suivant la localisation du centre de décision (356). Il s'en infère que l'information et la consultation du personnel doivent avoir lieu même lorsque la décision émane d'une direction centrale située sur le territoire d'un autre État membre ou située hors Union. La directive ne fait toutefois peser aucune obligation directement sur l'entreprise dominante. Ses effets sur les entreprises et groupes dont le centre de décision se situe hors de l'Union européenne restent problématiques (357) ;

– la directive 2001/23 (ex-directive 77/187 du 14 février 1977) sur les transferts d'entreprises s'applique si l'entreprise, l'établissement ou la partie d'établissement à transférer se trouve dans le champ territorial du traité. C'est ce qu'énonce son article 1 § 2. La directive modificatrice du 29 juin 1998 a repris les formules introduites dans la directive relative aux licenciements collectifs (358). La direction locale devrait ne pas échapper à ses obligations en matière d'information et consultation du fait que la décision est prise depuis un centre de décision situé sur un autre territoire. Mais l'incertitude demeure (359) ;

– la directive 94/95 du 22 septembre 1994 concernant le comité d'entreprise européen s'applique aux entreprises et groupes de dimension communautaire, quelle que soit la localisation du centre de décision de l'entreprise ou du groupe. Sous des modalités différentes certes et en rencontrant de plus grandes difficultés, la directive entend toujours imposer l'information et la consultation du personnel intracommunautaire, y compris lorsque le centre de décision de l'entreprise ou du groupe est situé hors du territoire communautaire. La directive 2009/38 du 6 mai

(356) Article 2 § 4 de la directive modifiée.

(357) V. *supra* n° 373 ; faisant le point sur cette même question au regard de la jurisprudence française, V. M.-A. Moreau, « Activités transnationales et représentation collective des salariés », *Dr. soc.* 1991, p. 53.

(358) Article 6 § 4 de la directive modifiée.

(359) V. *supra* n° 385.

2009 opérant refonte de la directive 94/45 maintient cette même volonté, en dépit des difficultés que rencontre sa réalisation (360).

Seul ce dernier texte manifeste expressément une volonté de projeter ses effets sur des décisions prises hors de l'Union.

2° Grève et *lock-out*

575. Règlement « Rome II » sur la loi applicable aux obligations non contractuelles. Le 11 juillet 2007, Parlement et Conseil ont adopté le règlement 864/2007 sur la loi applicable aux obligations non contractuelles, dit règlement « Rome II » par distinction du règlement « Rome I » à venir sur la loi applicable aux obligations contractuelles (361). Le règlement « Rome II », comme la Convention de Rome, est d'application universelle. Il s'applique même si la loi qu'il désigne « *n'est pas celle d'un État membre* » (article 3). Le règlement entrera en application le 11 janvier 2009 (article 32). Applicable aux obligations civiles et commerciales, le règlement s'étend à la grève et au *lock-out* tout en les soumettant à une règle de rattachement dérogeant aux règles générales.

575-1. Règles générales. L'article 4 du règlement prévoit trois règles d'application générale.

1) La responsabilité non contractuelle est en principe soumise à la « *lex loci damni* ». L'article 4 § 1 pose pour règle générale que « *sauf dispositions contraires du présent règlement, la loi applicable à une obligation non contractuelle résultant d'un fait dommageable est celle du pays où le dommage survient, quel que soit le pays où le fait générateur du dommage se produit...* (362) ».

2) L'article 4 § 2 écarte cependant cette règle générale « *lorsque la personne dont la responsabilité est invoquée et la personne lésée ont leur résidence habituelle dans le même pays au moment de la survenance du dommage* ». Est alors applicable la loi du lieu du pays de résidence habituelle des deux parties.

3) Une clause d'exception, dite ici clause dérogatoire, permettra au juge de rejeter les deux rattachements précédents, « *s'il résulte de l'ensemble des circonstances que le fait dommageable présente des liens manifestement plus étroits avec un pays autre* ». Il désignera alors la loi de proximité.

575-2. Règles propres à la grève et au *lock-out*. Ces règles générales cèdent partiellement en matière de grève et de *lock-out* devant la règle d'application traditionnelle voulant que la responsabilité extra contractuelle relève de la « *lex loci delicti commissi* ».

Visant grève et *lock-out*, l'article 9 du règlement « Rome II » énonce en effet que « *la loi applicable à l'obligation non contractuelle relative à la responsabilité (...)*

(360) V. *supra* n° 402, 407.

(361) V. le règlement communautaire « Rome II » sur la loi applicable aux obligations non contractuelles, S. Corneloup et N. Joubert (dir.), colloque CREDIMI, Dijon, 20 septembre 2007, Litec, Paris, 2008 ; v. également, C. Nourissat, « Quelques observations sur l'avant-projet de proposition de règlement sur la loi applicable aux obligations non contractuelles », *JDI (Clunet)*, 2003, p. 7.

(362) « *... et quels que soient le ou les pays dans lesquels des conséquences indirectes de ce fait surviennent* ».

du fait des dommages causés par une grève ou un lock-out en cours ou terminé est la loi du pays dans lequel cette grève ou ce lock-out est ou a été engagé ». Le critère est donc tiré du lieu où se produit le fait générateur, loi du lieu de déroulement de la grève, et non plus du lieu où le dommage est ressenti. La solution correspond à celle qu'avait retenue la jurisprudence française (363). Elle s'accorde avec la jurisprudence de la Cour de justice qui, concernant la compétence juridictionnelle pour un dommage résultant d'une grève, a jugé dans l'arrêt *Torline* que la localisation du délit devait se faire au lieu de l'évènement causal et non au lieu du domicile de l'employeur – un armateur – ayant éprouvé le dommage (364).

La désignation de la loi du lieu où le conflit collectif s'est engagé est toutefois faite « *sans préjudice de l'article 4 § 2 du règlement* ». La loi du lieu de l'action collective sera donc écartée au profit de la loi du pays de résidence des deux parties. En revanche l'application de la clause dérogatoire de l'article 4 § 3 n'est pas prévue.

Le rattachement à la loi du pays de résidence habituelle commune est-il bienvenu ? On peut en douter en considérant une situation qui se rencontre volontiers. Un employeur d'un pays A réalise un chantier sur le territoire d'un pays B ; il y détache du personnel et recrute du personnel local. Une grève a lieu sur le chantier. La loi du pays A serait donc applicable dans les relations de l'employeur et du personnel détaché, dans la mesure où ils ont le même pays de résidence habituelle. La loi du pays B le serait dans les relations avec le personnel du pays B, faute de pays de résidence commune. Deux lois applicables pour un même mouvement collectif ?

On ne doit pas oublier que la responsabilité qui est en question est aussi bien celle des individus, salariés grévistes, que celle des groupements. Les règles de l'article 9 du règlement couvrent en effet « *la responsabilité d'une personne agissant en qualité de travailleur ou d'employeur ou celle d'une organisation représentant les intérêts professionnels des personnes susvisées* ».

Les considérants du règlement réservent le jeu des règles et compétences des États membres en ce qui concerne la définition du « *concept d'action en responsabilité du fait de grève ou de lock-out* » (considérant n° 27) et en ce qui concerne « *le statut juridique des organisations représentatives des travailleurs ou des syndicats* » (considérant n° 28). Ce renvoi aux droits nationaux est une marque de l'absence de compétence de l'Union pour réglementer le droit d'action collective ainsi que le droit d'association (365).

Le règlement Rome II règle la responsabilité non contractuelle. Il laisse en dehors de ses prévisions la loi applicable à la rupture du contrat pour fait de grève ou aux sanctions disciplinaires. La jurisprudence française avait lié les deux, appliquant la loi du lieu de grève aux obligations contractuelles des parties (366).

(363) La jurisprudence français a de la même façon soumis la grève à la loi du lieu de grève ; v. Cass. soc., 8 octobre 1969, *Montalev, Rev. crit. DIP* 1970, p. 684, note M. SIMON DEPITRE ; *Dr. ouvr.* 1970, p. 41 ; Cass. soc., 17 juin 1982, *Gonzales, Bull. civ.* V. n° 401 ; Cass. soc., 16 juin 1982, *SPIE-Batignolles, JDI (Clunet)*, 1984, p. 332, note P. RODIÈRE ; *Rev. crit. DIP*, 1985, p. 85, note M. SIMON-DEPITRE ; v. également, P. RODIÈRE, *Cours de droit social international et européen*, Les Cours du droit, 1990, p. 239-242.

(364) CJCE, 5 février 2004, aff. C-18/02, *DFDS Torline, Rev. crit. DIP* 2004, p. 791, note E. PATAUT.

(365) V. *supra* n° 32.

(366) V. les arrêts cités *supra*.

575-3. Autonomie des parties. Par respect du principe de leur autonomie et dans un souci de sécurité juridique (v. considérant n° 31), le règlement « Rome II » a permis aux parties « *de choisir la loi applicable à l'obligation non contractuelle* » (article 14 § 1). Encore faut-il que ce choix s'opère postérieurement à la survenance du fait dommageable (article 14 § 1 a)) (367). Cet encadrement de la liberté de choix répond, dit le préambule (considérant n° 31), au souci de protéger les parties faibles. Il faut sans doute en conclure que la liberté de choix s'étendrait donc aux actions collectives.

La liberté de choix butera cependant sur les dispositions impératives du droit d'un État membre ou sur celles du droit de l'Union. Ces dispositions ne pourront être écartées par le choix des parties, mais uniquement « *lorsque tous les éléments de la situation étaient, au moment de la survenance du fait générateur du dommage, localisés dans un pays autre que celui dont la loi a été choisie* » (article 14 § 2) ou étaient tous localisés dans l'espace communautaire (article 14 § 3). Dans le premier cas, les dispositions de la loi de l'État membre de localisation exclusive auxquelles cette loi ne permet pas de déroger par accord, devront s'appliquer. Dans le second cas, les dispositions impératives de droit de l'Union écarteront l'application de la loi d'un pays tiers qui aurait été désignée par les parties.

En droit français, la liberté de grève, constitutionnellement garantie, échappe à l'emprise de l'autonomie contractuelle, même lorsque celle-ci s'exerce par voie de négociation collective. La protection constitutionnelle française de la grève ne permet pas d'aménager par voie conventionnelle l'exercice du droit de grève. Ces règles sont d'ordre public (368).

575-4. Exception d'ordre public et lois de police. En dehors même de l'hypothèse d'une localisation des faits dommageables exclusivement dans un même pays, les règles impératives de droit national trouveront également la possibilité de s'appliquer, « *dans des circonstances exceptionnelles* », au travers « *des mécanismes que sont l'exception d'ordre public et les lois de police* ». Ce qu'annonce ainsile préambule (considérant n° 32) se traduit dans deux règles dérogatoires. L'article 16 vise les lois de police du for : « *les dispositions du présent règlement ne portent pas atteinte à l'application des dispositions de la loi du for qui régissent impérativement la situation, quelle que soit la loi applicable à l'obligation non contractuelle* ». L'article 26 permet au juge d'écarter les dispositions de la loi désignée si leur « *application est manifestement incompatible avec l'ordre public du for* ».

La définition usuelle que l'on donne des lois de police place sans guère de discussion le droit de grève ainsi que le droit du *lock-out* sous une qualification « loi de police » (369).

(367) Un accord préalable pouvant être conclu entre personnes exerçant une activité commerciale (article 14 § 1 b)).

(368) Cass. soc., 7 juin 1995, *Transports Seroul*, *JCP* 1995, éd. E, I, 499, obs. B. Teyssié ; *D.* 1996, 75, note B. Mathieu ; *Dr. soc.* 1996, p. 42, obs. C. Radé.

(369) Mais v., liant détermination de la loi de grève et conflit de lois, J.-P. Laborde, « Conflits collectifs et conflit de lois », *Dr. soc.* 2001, p. 715 ; sur l'ensemble de la question, v. E. Pataut, « La grève dans les rapports internationaux de travail : questions de qualification », *Dr. soc.* 2005, p. 303.

Quant à la question de savoir si l'application d'un droit national est ou non incompatible avec l'ordre public, singulièrement l'ordre public international français, elle se présente sous un jour nouveau avec la consécration du droit d'action collective en tant que droit fondamental protégé par le droit communautaire, à laquelle la Cour de justice a procédé avant même que la Charte des droits fondamentaux de l'Union n'acquière, en application du traité de Lisbonne, la même valeur juridique que celle des traités (370). Un État membre de l'Union pourrait donc, au nom de valeurs fondamentales qui ne sont pas seulement les siennes mais celles de l'ordre juridique de l'Union, réagir contre l'application du droit d'un autre État membre si jamais ce dernier, contrairement aux valeurs du droit de l'Union, s'opposait fondamentalement au libre exercice du droit d'action collective. Il devrait également le faire, dans des circonstances similaires, contre le droit d'un État tiers (371).

575-5. Incompatibilité avec les exigences du droit de l'Union. L'application de la loi désignée par le règlement « Rome II » peut aussi buter sur le droit de l'Union lui-même. Visant les relations avec d'autres dispositions du droit de l'Union, l'article 27 du règlement énonce, sur le modèle du règlement Rome I, que « *le présent règlement n'affecte pas l'application des dispositions de droit communautaire qui, dans des matières particulières, règlent les conflits de lois en matière d'obligations non contractuelles* », simple rappel, en apparence, de la règle voulant que le droit spécial vienne primer sur le droit général auquel il entend déroger.

S'agit-il sous cette formule neutre de signifier que les libertés économiques consacrées par le droit communautaire primeront sur l'application d'une règle de conflit de lois qui en compromettrait l'exercice ? Le préambule fait clairement état de la priorité des exigences des libertés économiques sur les dispositions du règlement « Rome II ». « *Le présent règlement ne devrait pas affecter l'application d'autres instruments fixant des dispositions destinées à favoriser le bon fonctionnement du marché intérieur, dans la mesure où ces dispositions ne peuvent s'appliquer conjointement avec la loi désignée par les règles du présent règlement* » (considérant n° 35). On ne retrouve pas ces mêmes formules dans le corps du règlement (372).

Omission qui peut éventuellement avoir des effets sur la solution des conflits entre le règlement « Rome II » et le droit dérivé, mais qui ne devrait pas en avoir sur les relations du règlement avec le droit primaire La validité des actes de droit communautaire dérivé doit obligatoirement s'apprécier et son interprétation doit se faire au regard des exigences du traité et de l'ensemble du droit primaire.

S'agissant de grève et de *lock-out*, il est particulièrement intéressant de noter que le préambule (considérant n° 35) précise que « *l'application des dispositions de la loi applicable désignée par les règles du présent règlement ne devrait pas*

(370) Arrêts *Viking*, CJCE, 11 décembre 2007, et *Laval*, CJCE, 18 décembre 2007 ; v. *supra* n° 447 et n° 462-4.

(371) Mais on doit rappeler que la Cour de cassation n'avait pas opposé l'exception d'ordre public international à la loi sud africaine qui, interdisant la grève, en avait fait une cause de rupture du contrat de travail du fait du salarié, Cass. soc., 16 juin 1982, *SPIE-Batignolles*, *Rev. crit. DIP* 1985, p. 85, note M. Simon-Depitre ; *JDI (Clunet)*, 1984, p. 332, note P. Rodière.

(372) L'article 22 § 3 de la proposition de règlement « Rome I » prévoit de son côté de faire céder « *les règles du droit international privé* » sur les « *règles destinées à favoriser le bon fonctionnement du marché intérieur* » ; v. *supra* n° 538-2.

restreindre la libre circulation des biens et des services… ». Le droit de grève, par définition, risque de porter atteinte aux libertés de circulation. Les arrêts *Viking* et *Laval* (373) l'ont clairement montré pour les libertés d'établissement et de circulation des services, comme l'avait fait de façon voilée l'arrêt *Merci Siderurgica* (374) pour la circulation des marchandises. L'application du droit national désigné pour régir la grève devra être conciliée avec ces libertés économiques qui revêtent un caractère fondamental dans l'ordre juridique de l'Union.

(373) CJCE, 11 et 18 décembre 2007, v. *supra* n° 32, n° 447.
(374) CJCE, 10 décembre 1991, v. *supra* n° 32, n° 356 ; v. égal., CJCE, 12 juin 2003, aff. C-112/00, *Schmidberger*.

CHAPITRE 2

SÉCURITÉ SOCIALE

BIBLIOGRAPHIE

CHASSARD Y. et VENTURINI P., « La dimension européenne de la protection sociale », *Dr. soc.* 1995, p. 772.

CHAUCHARD J.-P., « La sécurité sociale et les droits de l'homme : à propos du droit à la sécurité sociale », *Dr. soc.* 1997, p. 48.

DE PAUW et KESSLER Fr., « La coordination des prestations de chômage dans les nouveaux règlements », *RDSS* 2010, Dossier spécial, Le nouveau droit communautaire de la sécurité sociale, p. 53.

FILLON J.-Cl., « Union européenne et sécurité sociale : les nouveaux règlements de coordination », *RDT* 2009, p. 339.

FREYRIA Ch., « Sécurité sociale et droit international privé », *Rev. crit. DIP* 1956, p. 409.

KESSLER Fr. et LHERNOULD J.-Ph., « L'impact sur la protection sociale de la jurisprudence de la CJCE relative à la libre prestation de services », *Dr. soc.* 2002, p. 748.

KESSLER Fr., « Les nouvelles règles de détermination de la législation applicable », *RDSS* 2010, Dossier spécial, Le nouveau droit communautaire de la sécurité sociale, p. 14.

HENNION-MOREAU S., « Les retraites professionnelles dans le système juridique de l'Union européenne », *RDSS* 2008, p. 5.

LAROQUE M., « L'impact du droit communautaire sur les concepts de la protection sociale française », *Dr. soc.* 1997, p. 961.

LHERNOULD J.-Ph., « Les avantages sociaux en droit communautaire », *Dr. soc.* 1997, p. 388.

LHERNOULD J.-Ph., « L'accès aux prestations sociales des citoyens de l'Union européenne », *Dr. soc.* 2001, p. 1103.

LHERNOULD J.-Ph., « L'accès des inactifs aux prestations sociales depuis le règlement 883/2004 », *RDSS* 2006, p. 653.

LHERNOULD J.-Ph., « Les entreprises face à la coordination européenne des régimes nationaux de sécurité sociale : de l'autre côté du miroir », *Dr. soc.* 2007, p. 225

LHERNOULD J.-Ph., « Les nouvelles règles de coordination pour les soins de santé : Tout va très bien Madame la… », *RDSS* 2010, Dossier spécial, *Le nouveau droit communautaire de la sécurité sociale*, p. 10

MAVRIDIS P., *La sécurité sociale à l'épreuve de l'intégration européenne*, Bruylant et Sakkoulas Publ., 2003, 789 p.

MAVRIDIS P., « Le citoyen européen peut-il se faire soigner dans l'État de son choix ? », *Dr. soc.* 1996, p. 1086.

MAVRIDIS P., « La fin des doubles cotisations en Europe ? », *Dr. soc.* 2000, p. 1104.

MAVRIDIS P., « La sécurité sociale et les promesses des droits fondamentaux dans l'Union européenne », *Cah. dr. eur.* 2002, p. 633.

NERI S., « Le cumul de prestations de sécurité sociale en droit communautaire », *RTD eur.* 1988, p. 573.

PRÉTOT X., « La sécurité sociale et l'Europe », *Dr. soc.* 1987, p. 70.

PRÉTOT X., « La protection sociale des travailleurs qui se déplacent à l'intérieur de la Communauté », *Dr. soc.* 1989, p. 565.

PRÉTOT X., « Les travailleurs détachés et expatriés et la sécurité sociale », *Dr. soc.* 1991, p. 868.

RODIÈRE P., « L'arrêt *Bentzinger* et la jurisprudence de la Cour de justice des Communautés européennes sur les conflits de lois en matière de sécurité sociale », *RTD eur.* 1974, p. 431.

RODIÈRE P., « Droit social, Famille et égalité de traitement », *RTD eur.* 1989, p. 297.

TANTAROUDAS Ch., *La protection juridique des travailleurs migrants de la CEE*, Economica, Paris, 1976, 442 p.

VAN RAEPENBUSCH S., « La jurisprudence communautaire en matière de règles anti-cumul de sécurité sociale », *Cah. dr. eur.* 1985, p. 251

VAN RAEPENBUSCH S., « Le service des prestations familiales aux travailleurs migrants... après l'arrêt *Pinna* », *RJS* 1989, p. 325.

VERSCHUEREN H., « Les prestations spéciales à caractère non contributif et le règlement communautaire 1408/71 », *Dr. soc.* 1995, p. 921.

581. Plan. Une section préliminaire traitera des questions générales relatives à la coordination européenne des sécurités sociales nationales. Une première section portera sur la détermination du droit applicable, une deuxième section sur le domaine de la coordination, une troisième section sur les techniques de coordination. La quatrième section examinera des questions propres à certains risques particuliers.

Section préliminaire

Questions générales

§ 1. — De la territorialité à la coordination des systèmes nationaux de sécurité sociale

582. Territorialité. La territorialité de la sécurité sociale constitue le principe que retient le droit français. « *Les lois de sécurité sociale ont un caractère d'ordre public et de territorialité qui ne leur permet pas, sous réserve de conventions diplomatiques, de recevoir application hors du territoire national* » (1) ; la sécurité sociale française régit, impérativement, des situations qui se situent sur le territoire national ; elle ne régit pas les situations qui lui sont extérieures. Ces principes limitatifs ne sont pas propres au droit français.

L'effet général du principe de territorialité de la sécurité sociale est double :

– le bénéfice de la sécurité sociale est d'une part réservé aux personnes qui se trouvent sur le territoire national. Le versement des prestations sera soumis à une condition de résidence ; les prestations sociales, normalement, ne sont pas « exportables » (2) ;

(1) C'est ainsi que s'exprime depuis longtemps la Cour de cassation pour marquer dans une formule générale les limites spatiales de l'application normale des règles françaises de sécurité sociale, Civ. 2e, 19 janvier 1956 ; Cass. soc., 25 avril 1979 : *Bull.* V, n° 339.

(2) La législation de sécurité sociale étant d'application territoriale, l'ouverture des droits aux prestations de l'assurance-maladie est subordonnée à la résidence de l'intéressé sur le territoire. La Cour de cassation

– seuls seront d'autre part pris en compte les faits qui se situent sur le territoire : un accident du travail qui se produit à l'étranger n'est pas réparable ; une période de travail et de cotisation à l'étranger ne peut permettre l'acquisition de points ou de droits en matière de pension de retraite…

Le principe de territorialité ainsi exprimé répond à des considérations diverses, qui sont d'abord d'ordre administratif et technique. Service public, administration dotée de prérogatives de puissance publique, la sécurité sociale ne peut fonctionner que sur le territoire national, qu'il s'agisse de prélever d'autorité les cotisations ou d'exercer les contrôles nécessaires à son bon fonctionnement. L'instrument de distribution ou de redistribution de revenus qu'elle constitue doit profiter à l'économie nationale par préférence aux économies étrangères.

En matière de prestations de sécurité sociale à caractère contributif, liées à l'activité et aux cotisations générées par celle-ci, le principe est également que le bénéfice du droit français dépend de la localisation du travail sur le territoire national, laquelle impose une obligation d'affiliation auprès des services locaux de sécurité sociale On a là un autre aspect de la territorialité de la sécurité sociale (3).

583. Évolution et diversité des solutions. Le principe de territorialité ne s'est pas toujours imposé avec la même force et dans une première période de développement des mécanismes de sécurité sociale, pendant laquelle celle-ci n'était pas encore constituée en service public et utilisait des techniques se rapprochant beaucoup plus du droit privé – des assurances, de la responsabilité, de la rémunération salariale –, son emprise était moindre. Les règles alors applicables comportaient toutefois, déjà, des clauses de résidence.

Si, aujourd'hui, la territorialité revêt les caractères d'un principe, celui-ci a simplement valeur législative (4). Les règles françaises sont très loin d'en réclamer systématiquement le respect. Elle peut être écartée et le système français présente une grande variété de règles, qui limitent de façon plus ou moins accentuée l'application de la législation française aux situations présentant des éléments d'extranéité. Pour certains sont requis cumulativement travail et résidence en France : assurance-maladie et maternité ; la localisation en France du fait générateur de prestations pouvant en outre être exigée : accidents du travail. Pour d'autres, la résidence en France peut être le seul élément requis, quitte à devoir le constater chez l'assuré social et chez ses ayants droit : prestations familiales. Un certain degré de *personnalité* des règles applicables se mêlera parfois à la territorialité : les pensions de vieillesse acquises

l'a récemment rappelé en censurant une décision des juges du fond ayant fait bénéficier des prestations en nature de l'assurance-maladie une personne qui avait exposé des frais sur le territoire français, mais qui n'y résidait pas (Cass. soc., 8 octobre 1998 ; *CPAM Haute-Savoie c. Vessereau* ; *Bull. civ.* V n° 417).

(3) Le principe de territorialité ne paraît pas faire obstacle aux droits des étrangers. Celui qui réside en France et y travaille a vocation à percevoir des prestations sociales à l'égal des Français. Longtemps, il a d'ailleurs été admis que ces conditions suffisaient. Mais a été introduite assez récemment (loi du 24 août 1993) la condition que l'intéressé réside en France en situation régulière, c'est-à-dire conforme aux règles sur le séjour des étrangers. Le bénéfice des prestations de *sécurité sociale* s'y trouve désormais subordonné de manière générale, le bénéfice des prestations d'aide sociale l'est pour nombre d'entre elles. Apparemment neutre, le principe de territorialité peut toutefois se retourner contre les étrangers. C'est ce qu'affirme la Cour de justice des communautés ; v. *infra* n° 685, à propos de l'affaire *Pinna*.

(4) Cons. const., décision 86-225 DC du 23 janvier 1987, *Rec.* Cons. const., p. 13.

au titre de la sécurité sociale française sont versables à l'étranger. La loi française fera également recours à la fiction, en affirmant des travailleurs détachés hors de France qu'ils sont réputés avoir en France leur lieu de travail et leur résidence. Les figures les plus diverses existent.

Les droits étrangers présentent naturellement une diversité comparable.

584. Acquisition progressive du droit à prestations. Les difficultés relatives à l'application internationale de la sécurité sociale ne viennent pas seulement de la diversité des règles d'application spatiale ; elles tiennent aussi au caractère progressif de l'acquisition de certains droits. Une pension de vieillesse – pension de retraite – notamment, s'acquiert et se valorise par l'effet du temps. Si les périodes d'activité et de cotisation accomplies successivement dans ses différents pays d'emploi, sous l'empire de la loi locale, ne sont pas additionnées et combinées en vue de déterminer le montant de la pension de retraite de l'assuré, celui-ci risque d'y être lourdement perdant. Or le principe de territorialité de la sécurité sociale s'oppose à la prise en compte de périodes de travail accomplies dans un autre pays. À cela s'ajoute qu'une combinaison des règles nationales relatives aux pensions nécessite un accord liant les institutions nationales. On rencontre ainsi la question dite de la *conservation des droits en cours d'acquisition.* Elle se distingue de celle de la *conservation des droits acquis*, qui concerne de son côté le bénéfice des prestations sociales acquises dans un pays, mais dont le versement se trouve empêché par l'effet de la résidence dans un autre pays.

585. Lacunes et cumuls du droit applicable. La diversité des règles nationales relatives à l'application internationale de la sécurité sociale démontre sans difficulté la grande probabilité de lacunes et de cumuls, qui sont autant d'obstacles aux migrations internationales des personnes :

– l'assuré qui se déplace dans un autre État risque de perdre la couverture que lui assurait l'État d'origine, sans obtenir nécessairement celle de l'État d'accueil, hypothèse de *conflit négatif.* La lacune qui se présente peut n'être que provisoire, si elle résulte seulement de la période minimale d'inscription prévue par l'État d'accueil avant qu'un assuré nouvellement affilié ne bénéficie de la protection sociale. Plus gravement, elle sera définitive si elle provient d'un conflit négatif des règles de rattachement ;

– il risque également de se trouver privé de toute pension de retraite ou réduit à une pension inférieure à celle qui devrait correspondre à sa durée totale d'activité, si les périodes d'activité dans son État d'origine ne sont pas comptabilisées avec celles de l'État d'accueil ; lacune qui ne tiendra pas à la différence entre les règles de rattachement de l'État d'origine et de l'État d'accueil, mais à la succession de leur application dans le temps à des droits qui s'acquièrent progressivement ;

– des cumuls peuvent aussi se présenter, par l'effet de *conflits positifs* entre les règles nationales de rattachement, qui, sans avantage pour le migrant, peuvent se traduire par des charges inutiles imposées à celui-ci et à son employeur.

586. Nécessité d'une coordination des droits nationaux. Une coordination des droits nationaux de la sécurité sociale s'avère donc nécessaire, sous trois aspects principaux : coordination dans l'espace, coordination dans le temps, coopération institutionnelle. Elle est à réaliser entre des systèmes extrêmement complexes et un jeu de règles simples n'y suffit pas. Seuls, en outre, des instruments internationaux peuvent mettre en place des mécanismes de fonctionnement international des services publics.

Faute de créer des régimes de sécurité sociale propres aux personnes qui se déplacent dans l'espace international, les règles internationales et parmi elles les règles du droit de l'Union visent principalement à déterminer l'État dont la loi sera applicable, l'« *État compétent* » suivant la terminologie utilisée. Elle crée à cette fin des règles uniformes de solution des conflits de lois. L'uniformité des solutions offre la garantie qu'entre États parties à la coordination, conflits négatifs et positifs seront évités. Une loi et une seule loi de sécurité sociale sera désignée pour régir les droits du travailleur migrant.

Les normes internationales ou européennes de coordination ont également pour objet de *déterritorialiser* (ou *internationaliser*) la loi applicable : celle-ci tiendra compte de faits qui se localisent ou se sont localisés sur le territoire d'un autre État membre, notamment par la technique de la totalisation des périodes d'assurance accomplies dans les pays d'emploi successifs. La totalisation des périodes d'assurance, assortie d'une répartition *prorata temporis* de la charge des pensions entre les institutions des pays successifs d'activité, permettra au travailleur migrant de bénéficier de droits en matière de retraite ou d'invalidité sans être pénalisé par rapport au non migrant. La déterritorialisation passe en outre par le versement des prestations hors du territoire, l'exportation des prestations. Se trouve ainsi résolu le double problème de l'*acquisition progressive des droits* et de la *conservation des droits acquis*.

La mise en place d'une coopération interinstitutionnelle constitue enfin un dernier élément clef des instruments de coordination.

587. Instruments internationaux créateurs de règles matérielles. Au regard de la coordination des systèmes nationaux de sécurité sociale qui concerne pour l'essentiel les règles d'application internationale des sécurités sociales, l'œuvre d'unification ou, plus modestement, celle d'harmonisation ou de rapprochement des droits nationaux de la sécurité sociale fait figure de parent pauvre.

De l'Organisation internationale du travail (Convention n° 102 de 1952) ou du Conseil de l'Europe (charte sociale européenne de 1954, Code européen de la sécurité sociale de 1964) émanent des normes minimales que les systèmes nationaux de sécurité sociale doivent respecter. La Charte des droits fondamentaux déclare que l'Union reconnaît et respecte le droit d'accéder aux prestations de sécurité sociale pour les différents risques usuellement couverts par celle-ci (5). Elle le dit également pour le droit à l'aide sociale et l'aide au logement (6). La Communauté

(5) Article 34 § 1 de la charte des droits fondamentaux ; V. *infra* n° 630.
(6) Article 34 § 3 de la Charte des droits fondamentaux.

européenne n'a jamais réussi à développer ses projets d'harmonisation des droits nationaux au-delà de programmes ou de recommandations non contraignantes. Tout au plus peut-on observer que la coordination internationale des sécurités sociales peut induire certains effets d'harmonisation ou de rapprochement des réglementations internes (7). Le bilan reste maigre.

La situation des personnes développant leur activité dans un cadre international aurait pu susciter la naissance de régimes de sécurité sociale qui leur soient propres. Certes les principales organisations internationales ont partiellement doté leur personnel d'un régime spécifique (8). Mais la situation des travailleurs migrants a été réglée par le biais d'instruments de coordination des droits nationaux. Émise à la naissance du Marché commun, l'idée d'un régime de sécurité sociale propre aux travailleurs se déplaçant à l'intérieur de l'Union a été immédiatement et définitivement écartée.

588. Fort développement des instruments de coordination. La sécurité sociale internationale relève d'un foisonnement impressionnant de conventions et normes internationales, au sein desquelles le droit de l'Union occupe une place privilégiée.

Dès le tout début du marché commun, la coordination des sécurités sociales a pu être mise en place par le règlement n° 3/58, qui fut d'ailleurs repris d'une convention multilatérale qui avait précédemment été négociée entre les futurs États membres de l'Europe des six. La sécurité sociale des travailleurs migrants fait l'objet de dispositions des accords de coopération ou d'association conclus par la Communauté avec des États tiers. Le Conseil de l'Europe a introduit des normes de coordination des droits nationaux. L'Organisation internationale du travail s'efforce plus particulièrement d'imposer l'égalité de traitement entre national et étranger en matière de sécurité sociale. Des accords multilatéraux réglant la situation de professions particulières existent également. La France a conclu une quarantaine de conventions bilatérales de sécurité sociale, négociées avec des pays avec lesquels des échanges de main-d'œuvre d'une certaine importance ont lieu (9).

En raison de la communauté des objectifs qu'ils poursuivent, les dispositions des divers instruments adoptés en matière de sécurité sociale des travailleurs migrants sont souvent comparables. Mais les mécanismes de l'Union européenne, dont l'objectif particulier est de concourir à la réalisation d'une liberté de circulation des personnes à l'intérieur de l'Union aussi complète que possible, sont plus élaborés et ses dispositions souvent plus précises et complètes. Le droit de l'Union européenne constitue désormais un modèle, dont le champ d'application est au demeurant extrêmement large, puisqu'il s'étend au-delà de l'Union jusqu'à l'ensemble de l'Espace économique européen.

(7) Sur ces différents points, M. Laroque, « L'impact du droit communautaire sur les concepts de la protection sociale française », *Dr. soc.* 1997, p. 961 ; S. G. Nagel et Chr. Thalamy, « Le droit international de la sécurité sociale », PUF, coll. Que sais-je ?, Paris, 1994.

(8) V. S. G. Nagel et Chr. Thalamy, *op. cit.* note précédente.

(9) Le droit français a également cherché unilatéralement remède aux entraves naissant du principe de territorialité, sans pour autant pouvoir, bien sûr, mettre unilatéralement en place des mécanismes de coordination avec les droits étrangers ; pour plus de détails sur ces questions v. J.-Ph. Lhernould, Sécurité sociale internationale, 1) fasc. Conventions bilatérales, 2) fasc. Règles françaises unilatérales, Jurisclasseur de droit international, 2008.

§ 2. — Sources

589. Article 48 TFUE (ex-article 42 TCE). La matière trouve son fondement dans l'article 51 du traité initial :

« *le Conseil, statuant à l'unanimité sur proposition de la Commission, adopte dans le domaine de la sécurité sociale les mesures nécessaires pour l'établissement de la libre circulation des travailleurs, en instituant notamment un système permettant d'assurer aux travailleurs migrants et à leurs ayants droit :*

a) la totalisation, pour l'ouverture et le maintien du droit aux prestations, ainsi que pour le calcul de celles-ci, de toutes périodes prises en considération par les différentes législations nationales,

b) le paiement des prestations aux personnes résidant sur les territoires des membres ».

Un système de sécurité sociale des travailleurs migrants doit donc compléter le droit de se déplacer librement dans la Communauté et d'avoir une activité sur le territoire d'un État membre dans les mêmes conditions que les travailleurs nationaux, que consacre l'article 45 TFUE (ex-article 39 TCE, ex-article 48). L'absence de coordination des droits nationaux de la sécurité sociale engendre des obstacles ou des entraves à la liberté de circulation des travailleurs qu'il convient de faire disparaître, comme il faut faire disparaître les autres entraves à cette liberté.

L'article 51 du traité de Rome (devenu article 42 TCE, puis 48 TFUE) n'a pas été modifié, sinon en ce qui concerne la procédure d'adoption des mesures, la procédure législative ordinaire (article 251 TCE, devenu 294 TFUE) étant désormais applicable.

L'article 48 TFUE forme une base juridique permettant au législateur de l'Union d'adopter les mesures qu'il réclame, mais « *il n'a pas pour objet de poser une règle juridique opérante comme telle* » (qu'est-ce que cela veut dire ? !) ; subordonnant ses effets à l'intervention d'un acte de droit de l'Union, « *il n'a pas d'effet direct* » et « *ne saurait donc conférer à des particuliers des droits susceptibles d'être invoqués devant les juridictions* » ; un particulier ne pourra pas s'en prévaloir « *à l'encontre d'un employeur relevant du secteur privé* ». C'est ce qu'a dit la Cour de justice dans une décision récente (10).

590. Le règlement 1408/71 – des travailleurs salariés aux travailleurs non salariés et aux étudiants. Le règlement n° 1408/71 du Conseil du 14 juin 1971, relatif à l'application des régimes de sécurité sociale aux travailleurs qui se déplacent à l'intérieur de la Communauté est longtemps resté en application (11), ainsi que le règlement n° 574/72 du Conseil du 21 mars 1972, en fixant les modalités d'application (12).

Les règlements 1408/71 et 574/72 ont respectivement remplacé les règlements n° 3 et n° 4 du 25 septembre 1958. Le règlement 3 avait donné lieu à de nombreuses

(10) CJUE, 10 mars 2011, *Casteels*, aff. C-379/09, v. pts. 13 à 16.
(11) *JOCE* n° L. 149 du 5 juillet 1971.
(12) *JOCE* n° L. 74 du 27 mars 1972.

difficultés d'application et suscité une jurisprudence interprétative importante de la Cour de justice des Communautés. Le règlement 1408/71, codifiant fréquemment la jurisprudence de la Cour, la précisant parfois, mais aussi la corrigeant, a cherché à assurer une plus grande certitude dans l'application des règles communautaires. D'un règlement à l'autre, les règles ont été détaillées, des changements sont intervenus, mais les grandes lignes de la réglementation sont restées les mêmes.

Les deux règlements ont connu des modifications successives, tenant compte de la jurisprudence de la Cour de justice, de l'adhésion à la Communauté de nouveaux États ou de l'évolution des droits nationaux. Ils ont fait l'objet d'une nouvelle rédaction d'ensemble, comportant une mise à jour, par le règlement n° 2001/83 du 2 juin 1983. La Commission a publié une version consolidée (sans valeur juridique) des règlements et de leurs modifications (13).

Aucun changement majeur n'est intervenu depuis la révision intervenue en 1971, en dehors de son extension à des nouvelles catégories de personnes. L'application du règlement 1408/71 aux travailleurs non salariés, a été décidée, avec les aménagements nécessaires, par le règlement n° 1390/81 du 12 mai 1981. La coordination européenne couvre aujourd'hui l'ensemble des travailleurs, salariés et non salariés. S'agissant des personnes dites inactives, elle a été étendue aux étudiants par le règlement n° 307/1999 du 8 février 1999 (14).

591. Le règlement 883/2004 sur la coordination des systèmes de sécurité sociale. Ce nouveau règlement, adopté le 29 avril 2004 a remplacé le règlement 1408/71 et les nombreuses mises à jour subies par celui-ci (15). Son entrée en application dépendant d'un règlement d'application, elle a été assez longuement retardée jusqu'à l'adoption du règlement n° 987/2009 du 16 septembre 2009 (16). Le titre du nouveau règlement diffère de celui du règlement 1408/71, qui parlait d'application des régimes de sécurité sociale aux personnes qui se déplacent dans la Communauté. Le nouveau règlement vise « *la coordination des systèmes de sécurité sociale* », marquant ainsi plus clairement son objet qui est seulement de coordonner l'application des régimes nationaux de sécurité sociale, sans rechercher, sur le fond, la modification des systèmes de prestations respectifs non plus que celle des procédures en assurant la mise en œuvre (17). Il énonce explicitement que son objet est seulement de mettre en œuvre « *un système de coordination* » des droits nationaux, respectueux des « *caractéristiques propres aux législations nationales* » (18).

Le règlement 883/2009 ne bouleverse pas le système longtemps en vigueur. Il a pour but de moderniser et simplifier des textes rendus singulièrement complexes et alourdis par des modifications successives réalisées sans que l'économie générale de la réglementation ait été reconsidérée dans son ensemble.

(13) V. *JOCE* n° C. 325/01 et 02 du 10 décembre 1992.
(14) Elle l'a été également par le règlement n° 859/2003 du 14 mai 2003 aux ressortissantsde pays tiers ; v. *infra* n° 593.
(15) *JOUE* n° L 166 du 30 avril 2004.
(16) *JOUE* n° L 284 du 30 octobre 2009.
(17) V. *infra* n° 594.
(18) V. considérant n° 4.

Il tient largement compte de la jurisprudence de la Cour de justice, comme c'est l'usage dans la révision des textes de droit de l'Union et comme cela avait déjà été fait dans les modifications successives du règlement 1408/71. Le règlement s'adapte également aux évolutions que les droits nationaux ont connues, parfois sous l'influence du droit de l'Union. C'est ainsi qu'il vise de nouveaux types de prestations : de préretraite, de paternité.

Le règlement 883/2004 ne met pas entièrement fin à l'application du règlement 1408/71 qui demeure applicable aux ressortissants de pays tiers et dans les relations avec les États parties à l'Espace économique européen (19).

592. Relations entre les règlements de l'Union et d'autres instruments conventionnels internationaux. La difficulté concerne les conventions conclues par la Communauté ou l'Union européenne. Elle concerne également les conventions conclues par les États membres.

592-1. Conventions conclues par la Communauté européenne. L'accord relatif à l'Espace Économique Européen (EEE) a été signé à Porto le 2 mai 1992 entre d'une part la Communauté européenne, la CECA et les douze États membres et d'autre part, les pays membres de l'Association européenne de Libre Échange (20). Il a pour effet d'étendre l'application des règlements communautaires relatifs à la sécurité sociale des travailleurs migrants aux ressortissants et aux territoires de l'Autriche, de la Finlande, de l'Islande, de la Norvège et de la Suède, certains de ces États ayant cependant adhéré ensuite à l'Union européenne (21). Le règlement 1408/71 reste applicable dans les relations avec ces pays tant que l'accord sur l'Espace économique européen ou celui qui leur est propre n'ont pas été révisés (22).

Des accords de coopération et d'association ont également été conclus par la Communauté européenne avec les États tiers, une union d'États ou une organisation internationale, dans le cadre de l'ex-article 238 (devenu article 310) du traité CE (23). Ces accords assurent l'égalité de traitement en matière de sécurité sociale aux ressortissants des États tiers concernés, mais, pour leurs déplacements éventuels à l'intérieur de l'Union, ne les avaient pas fait bénéficier de la coordination des législations des États membres instituée par le règlement 1408/71.

592-2. Conventions conclues par les États membres. Le règlement 1408/71 a énoncé que ses dispositions se substituent à celles des conventions liant les États membres et la Cour de justice a estimé que la substitution devait se faire même si l'application de la convention comportait pour l'assuré des avantages supérieurs à

(19) V. article 90 du règlement 883/2004.

(20) À l'exception de la Suisse qui n'a pas ratifié cet accord et du Liechtenstein, qui a reporté à plus tard l'entrée en vigueur de l'accord.

(21) Ces règlements se substituent aux conventions bilatérales antérieurement conclues. cette substitution s'impose-t-elle lorsque le régime conventionnel était plus favorable au travailleur migrant ? V. *infra* n° 667.

(22) Article 90 §1 c) du règlement 883/2004.

(23) Accord CEE/Turquie, Règl. CEE n° 2760/72 du 19 décembre 1972, *JOCE* L. 293 du 29 décembre 1972 ; CEE/Algérie, Règl. CEE n° 2210/78 du 26 septembre 1978, *JOCE* L. 263 du 27 septembre 1978 ; CEE/Maroc, Règl. CEE n° 2211/78 du 26 septembre 1978, *JOCE* L. 264 du 27 septembre 1978 ; CEE/Tunisie, Règl. CEE n° 2212/78 du 26 septembre 1978, *JOCE* L. 265 du 27 septembre 1978, pour ne citer que les plus importants ou, du moins, ceux qui ont soulevé des difficultés d'application et d'interprétation ; v. *supra* n° 193.

ceux résultant des règles communautaires (24). La règle de substitution est impérative et n'admet que les exceptions expressément prévues par le règlement (25), position initiale de la Cour de justice que celle-ci a ultérieurement atténuée, voire révisée (26).

Le règlement 883/2004 énonce que les conventions conclues avant son entrée en application restent applicables si elles sont plus favorables pour les bénéficiaires, mais également « *si elles découlent de circonstances historiques spécifiques et ont un effet limité dans le temps* » (27). Il permet que les États membres concluent entre eux de nouvelles conventions, pourvu qu'elles soient « *fondées sur les principes et l'esprit* » qui sont les siens (28).

593. Extension de la coordination communautaire aux ressortissants de pays tiers. Le règlement n° 859/2003 du 14 mai 2003 a étendu aux ressortissants de pays tiers résidant légalement dans l'Union l'application des règles de coordination des législations fixées par le règlement n° 1408/71 et par son règlement d'application (29). Cette extension traduit la volonté des autorités de l'Union européenne d'« *assurer un traitement équitable aux ressortissants de pays tiers qui résident légalement sur le territoire de ses États membres,* (de) *leur offrir des droits et obligations comparables à ceux des citoyens de l'Union européenne, favoriser la non-discrimination dans la vie économique, sociale et culturelle, et rapprocher leur statut juridique de celui des ressortissants des États membres* » (30). Elle exprime aussi la nécessité de remédier aux difficultés juridiques et administratives que les intéressés directs, leurs employeurs et les caisses de sécurité sociale avaient à résoudre par le passé, lorsqu'un ressortissant d'un pays tiers était appelé à se déplacer entre États membres de l'Union (31).

L'article 1er du règlement 859/2003 dispose que les règlements de coordination des sécurités sociales « *s'appliquent aux ressortissants de pays tiers qui ne sont pas déjà couverts par ces dispositions uniquement en raison de leur nationalité ainsi qu'aux membres de leur famille et à leurs survivants, dès lors qu'ils se trouvent en situation de résidence légale dans un État membre et dans des situations dont tous les éléments ne se cantonnent pas à l'intérieur d'un seul État membre* ».

Les ressortissants de pays tiers qui sont en situation régulière dans l'Union et qui, jusque-là, n'étaient pas couverts par les dispositions de ces règlements en raison de leur nationalité alors qu'ils remplissaient les autres conditions prévues par ce règlement, entrent donc désormais dans le champ d'application du règlement n° 1408/71 et le demeurent, malgré la mise en vigueur du règlement 883/2004,

(24) CJCE, 7 juin 1973, *Walder*, aff. 82/72, *Rec.* p. 599.

(25) V. articles 6, 7 et 8 du règlement 1408.

(26) Le droit communautaire s'oppose à la perte d'avantages de sécurité sociale qui découlerait, pour les travailleurs de l'inapplicabilité d'une convention bilatérale de sécurité sociale, par suite de l'entrée en vigueur du règlement 1408/71, a dit la Cour dans son arrêt du 7 mai 1998, *Rodriguez*, aff. C-113/96 ; qui en l'espèce n'écarte cependant pas l'application du règlement communautaire, ce dernier étant apparu plus avantageux que le droit conventionnel pour la première fixation des prestations (pension d'orphelin).

(27) Article 8 § 1 du règlement.

(28) Article 8 § 2 du règlement.

(29) *JOUE* n° L 124 du 20 mai 2003.

(30) Considérant n° 1 du règlement 859/2003.

(31) V. considérant n° 8 du règlement 859/2003.

tant que le règlement 859/2003 n'aura pas été abrogé ou modifié (32). L'extension concerne l'ensemble des ressortissants de pays tiers et pas uniquement ceux qui relèvent d'un accord d'association ou de coopération.

Encore faut-il que l'intéressé soit en situation de résidence légale sur le territoire d'un État membre (33), légalité de résidence qui est visée comme une « condition préalable » à l'application du règlement n° 1408/71 (34). La mise en application de la coordination européenne suppose également, suivant la règle générale de droit de l'Union applicable en matière de circulation des personnes, que l'on ne soit pas dans une « situation purement interne », c'est-à-dire une situation dont tous les éléments se cantonnent à l'intérieur d'un seul État membre ou qui ne présente de rattachement qu'entre pays tiers et un seul État membre (35).

§ 3. — Caractères généraux de la coordination

Les mécanismes mis en œuvre reposent sur quatre principes directeurs, inspirés pour les trois premiers de l'idée de coordination des systèmes nationaux, le quatrième traduisant l'interdiction générale des discriminations fondées sur la nationalité qui domine le droit de l'Union européenne.

A. — Une coordination des droits nationaux

594. 1° Maintien des législations nationales. Les règlements de l'Union n'organisent en la matière ni une harmonisation, ni *a fortiori* une uniformisation des régimes nationaux de sécurité sociale. Alors même qu'ils accusent des différences fondamentales d'un État membre à l'autre, les régimes nationaux demeurent donc en place et continuent à obéir aux conceptions qui leur sont propres et à évoluer suivant la politique nationale. « *Le droit communautaire ne porte pas atteinte à la compétence des États membres pour aménager leurs systèmes de sécurité sociale* », dit la Cour de justice (36) ; étant toutefois précisé que, « *dans l'exercice de cette compétence, les États membres doivent respecter le droit communautaire, notamment les dispositions du traité CE relatives aux libertés de circulation* », suivant la formule utilisée par la Cour de justice (37).

Le droit de l'Union établit simplement des règles de répartition entre institutions nationales et laisse subsister « *des régimes distincts engendrant des créances distinctes à l'égard d'institutions distinctes* » (38). Le traité, dit aussi la Cour de justice,

(32) Article 90 § 1 a) du règlement 883/2004.
(33) Article 1 du règlement 859/2003.
(34) V. considérant n° 11 du règlement 859/2003.
(35) V. considérant n° 12 et article 1 du règlement 859/2003.
(36) CJCE, 7 février 1984, *Duphar*, aff. 238/82, *Rec.* p. 523. V. antérieurement, CJCE, 9 juillet 1980, *Gravina*, aff. 807/79, *Rec.* p. 2221. Pour les compétences communautaires en matière de sécurité sociale, v. *supra* n° 22.
(37) CJUE, 10 mars 2009, *Hartlauer*, aff. C-169/07, v. pt. 29 ; v. également, CJCE, 16 mai 2006, *Watts*, C-372/04, *Rec.* p. I-4325.
(38) CJCE, 5 juillet 1967, *de Moor*, aff. 2/67, *Rec.* p. 255 ; *RTD eur.* 1968, p. 148, note G. LYON-CAEN. V. également *infra* n° 668.

ne garantit pas à celui qui se déplace qu'il ne souffrira pas d'un éventuel désavantage du fait du changement de la loi de sécurité sociale applicable. Ce désavantage éventuel peut concerner les cotisations mises à la charge de l'intéressé aussi bien que les prestations qui lui sont dues. De tels effets sont inhérents au système (39).

La réglementation de l'Union relative à la sécurité sociale des travailleurs migrants a, dans ces conditions, pour objet essentiel de désigner le droit national dont le régime devra s'appliquer au migrant. Ainsi que le répète la Cour de justice, « *le système mis en place par le règlement n° 1408/71 repose sur une simple coordination des législations nationales en matière de sécurité sociale et ne vise pas à leur harmonisation* » (40). Une harmonisation européenne a tout de même lieu, en ce qui concerne les conditions d'application des différents droits nationaux à l'intérieur de l'Union : les règles de rattachement spatial sont uniformisées.

595. 2° Déterritorialisation des législations des États membres. Fixer des règles de rattachement uniformes ne suffit pas et pour que la protection sociale des bénéficiaires de la coordination européenne soit assurée, il est en outre nécessaire que chaque loi nationale soit rendue applicable hors de son territoire. Une internationalisation des législations est nécessaire sous la forme d'une déterritorialisation de leurs conditions d'application. Le droit dérivé a généralisé la déterritorialisation des sécurités sociales nationales et a fait du territoire de l'Union tout entier l'espace d'application de chaque droit national.

Le Traité de Rome a dès l'origine réclamé celle-ci à l'article 51 avec la totalisation des périodes d'assurance et avec le versement des prestations sur l'ensemble du territoire communautaire.

La loi déclarée applicable tiendra compte de faits qui se sont localisés sur le territoire d'un autre État membre, sans considération temporelle, que ces faits se constatent avant, pendant ou après qu'elle soit applicable. Avec la totalisation des périodes d'assurance, les périodes accomplies antérieurement sur le territoire d'un autre État membre sont prises en compte. Les accidents du travail, les maladies professionnelles, l'exposition au risque de maladie professionnelle, que l'assuré avait subis auparavant dans un autre État membre, le sont également pour la mise en œuvre de la loi nouvellement applicable.

Les maladies survenues et soignées ailleurs que sur le territoire de l'État dont la loi est applicable – l'« *État compétent* » –, sont couvertes par cette dernière. De manière plus générale, les frais exposés pour des raisons médicales ou de santé sur le territoire d'un autre État membre que l'État compétent seront couverts par la législation de celui-ci, quitte à invoquer la liberté de circulation des marchandises ou la libre prestation de services pour l'obtenir. Les prestations familiales restent dues, à charge de l'institution de l'État dont la loi est applicable, quand bien même se serait à taux réduit, alors même que la famille réside dans un autre État membre (41).

(39) V. CJCE, 19 mars 2002, *INASTI c. Hervein et al.*, aff. jtes C-393/99 et C-394/99.

(40) CJCE, 19 juin 2003, *Sante Pasquini*, aff. C-34/02 ; V. également, CJCE, 19 mars 2002, *INASTI*, préc. note précédente ; antérieurement, CJCE, 27 septembre 1988, *Lenoir,* aff. 313/86, *Rec.* p. 5391.

(41) V. *infra* n° 685-687.

Les circuits financiers eux aussi sont internationalisés. Les prestations peuvent être versées sur le territoire d'un autre État membre, le cas échéant par l'institution locale (du lieu de résidence) pour le compte de l'institution compétente (42). En sens inverse, une internationalisation analogue va se rencontrer pour le prélèvement des cotisations.

596. 3° Collaboration des institutions nationales de sécurité sociale. Elle est nécessaire puisque les lois de sécurité sociale sont déterritorialisées. Le décloisonnement territorial présente en effet un caractère administratif, non pas que les services publics nationaux soient appelés à exercer leur activité sur le territoire des autres États, mais parce qu'il requiert des institutions d'un État membre qu'elles fournissent leur concours à celles des autres États membres. Les relations entre institutions nationales sont soumises au principe de coopération loyale (43). Il a également été nécessaire de procéder à la création de structures administratives au niveau de l'Union en vue d'assurer la liaison entre institutions nationales (44).

B. — Égalité de traitement

597. Principe directeur de l'ensemble **du droit de l'Union**, l'égalité de traitement entre les ressortissants des États membres et les nationaux a été prescrite, pour la coordination des systèmes nationaux de sécurité sociale, par les dispositions de l'article 4 du règlement 883/2004, remplaçant l'article 3 du règlement 1408/71, qui reprennent les principes formulés par l'ex-article 12 TCE, devenu article 18 TFUE, et par l'ex-article 39 TCE, devenu article 45 TFUE. Les ressortissants de l'Union résidant sur le territoire d'un État membre bénéficient des prestations de sécurité sociale prévues par la législation de l'État membre d'accueil dans les mêmes conditions que les ressortissants de celui-ci, le règlement pouvant toutefois en disposer autrement, ajoute le texte. Le règlement n° 859/2003 du 14 mai 2003 en a étendu le bénéfice aux ressortissants de pays tiers en situation de circulation entre les États membres de l'Union.

C'est une égalité des droits, mais aussi des charges, précisait l'article 3 § 1 du règlement 1408/71 en énonçant que les personnes couvertes « *sont soumises aux obligations et admises au bénéfice de la législation* » de l'« *État compétent* », règle qui se retrouve sous une formulation différente à l'article 4 du règlement 883/2004.

Le respect de l'égalité s'impose aux États membres, aux institutions chargées de la gestion d'un régime de sécurité sociale, ainsi qu'aux autorités communautaires elles-mêmes.

598. Résidence à l'intérieur de l'Union. L'égalité de traitement concerne « *les personnes qui résident sur le territoire d'un État membre* » (45), énonçait

(42) V. *infra* n° 677-679.

(43) V. sur ce point la révision du règlement 1408/71 opérée par le règlement 631/2004 du 31 mars 2004 ; sur la jurisprudence de la CJCE relative à l'obligation de coopération loyale, v. *infra* n° 679.

(44) Sur la commission administrative et sur le comité consultatif pour la sécurité sociale des travailleurs migrants, v. *infra* n° 674-676.

(45) Article 3 § 1 du règlement 1408/71. Pour le financement d'études hors communauté d'enfants d'un ressortissant non communautaire bénéficiant de l'égalité du traitement au titre d'un accord de coopération, CJCE, 20 mars 2001, aff. C-33/00, *Fakmi et autres*.

l'article 3 du règlement 1408/71 et non pas – comme l'avait proposé la Commission – les ressortissants des États membres quel que soit l'État de leur résidence. Toute discrimination était interdite pour les travailleurs et autres personnes couvertes par la coordination sous réserve qu'elles résident sur le territoire de la Communauté. En revanche, le versement de prestations pouvait être refusé aux personnes qui, bien que relevant de l'application du règlement 1408/71, résidaient dans un État tiers.

Le règlement modificatif n° 645/2005 du 3 avril 2005 a supprimé du texte de l'article 3 du règlement 1408/71 le membre de phrase : « *qui résident sur le territoire de l'un des États membres* ». Le règlement 883/2009 confirme la disparition de cette condition d'application.

599. Prohibition des discriminations directes et indirectes. Comme il en va de manière plus générale, les discriminations indirectement fondées sur la nationalité sont prohibées comme celles qui le sont directement (46).

Outre celles qui excluent totalement les étrangers de certaines prestations du seul fait qu'ils sont étrangers, sont par conséquent inapplicables aux ressortissants des États membres des dispositions de natures diverses.

Ainsi de celles qui subordonnent l'attribution de prestations à des conditions plus rigoureuses, en droit ou en fait, pour les communautaires que pour les nationaux. Les conditions d'attribution de l'allocation aux mères de famille prévues par la législation française ont ainsi été jugées discriminatoires, la condition de nationalité française exigée des enfants de la candidate étant de fait plus difficile à remplir par un ressortissant étranger que par un ressortissant français (47). Il en ira de même de règles nationales fixant un montant minimal plus élevé pour le versement de prestations à l'étranger que pour des versements nationaux (48).

Le principe d'égalité s'opposera à la condition de réciprocité à laquelle le bénéfice d'une prestation sociale pourrait être soumis. Il a ainsi été jugé que l'État français avait méconnu l'article 3 du règlement n° 1408/71 en subordonnant, pour les ressortissants d'autres États membres résidant en France, le bénéfice de l'allocation supplémentaire du Fonds National de Solidarité à la signature avec ces États d'une convention de réciprocité et à la résidence préalable de l'intéressé sur le territoire français (49).

Le principe de l'égalité de traitement ne s'oppose pas à ce que les institutions des États membres assimilent à un événement qui, s'il se produit sur le territoire national, constitue une cause de déchéance ou de suspension du droit aux prestations en espèces, l'événement correspondant survenant dans un autre État membre. L'institution nationale doit simplement ne pas fonder sa décision sur un critère de nationalité, et l'événement en cause ne doit pas aboutir, en fait, à une discrimination à l'égard des ressortissants des autres États membres. Ainsi

(46) CJCE, 6 décembre 1977, *Rec.* p. 2327 ; 28 novembre 1978, *Rec.* p. 2293.
(47) CJCE, 12 juillet 1979, *Mme Toïa*, aff. n° 237/78, *Rec.* p. 2645.
(48) CJCE, 21 septembre 2000, *Carl Borawwitz*, aff. C-124/99.
(49) CJCE, 11 juin 1991, *Commission c. République française*, aff. C.307/89, v. *infra* n° 635.

une juridiction nationale a-t-elle pu considérer, comme cause de déchéance ou de suspension du droit aux prestations prévues par la législation britannique, un emprisonnement régulier dans un autre État membre, et l'assimiler à la détention en Grande-Bretagne (50).

600. Limites. L'égalité de traitement n'est cependant pas sans limites.

Ratione materiae, le règlement 1408/71 a été limité aux seuls régimes et prestations de sécurité sociale et a exclu de son champ d'application l'assistance ou l'aide sociale (51). Les personnes qui se déplacent à l'intérieur de l'Union peuvent donc, dans l'État membre d'accueil, se voir éventuellement refuser, sur critère de nationalité, le bénéfice d'une prestation d'aide sociale. On verra toutefois que la Cour de justice a très considérablement limité la portée de cette possibilité et que les difficultés se sont déplacées sur un objet voisin. Elles ne portent plus tellement sur la jouissance des prestations d'aide sociale que sur leur exportabilité (52). Le règlement 883/2004 ne modifie pas les données préexistantes.

L'égalité de traitement ne s'applique pas aux règles nationales qui traitent mieux, notamment par le jeu de conventions conclues avec les États tiers, le ressortissant étranger. À propos d'une convention conclue entre l'ancienne RFA et la Pologne, la Cour a jugé que les autres États membres ne sauraient être tenus de prendre en compte, au titre de la coordination, des périodes accomplies sous l'empire de la législation d'un État tiers, alors même que l'un des États membres est lié par une convention en ce sens avec l'État en cause (53).

601. Ressortissants de pays tiers. L'égalité de traitement en matière de sécurité sociale a été reconnue de longue date aux ressortissants de pays tiers en tant que membres de la famille d'un ressortissant communautaire usant de son droit de libre circulation. Elle l'a également été aux ressortissants des pays tiers relevant d'un accord d'association ou de coopération. Tous les ressortissants de pays tiers n'en ont pas bénéficié pour autant.

Est désormais posé le principe qu'il faut reconnaître aux ressortissants des pays tiers, si du moins ils résident légalement à l'intérieur de l'Union, des droits et obligations « *comparables* » à ceux des citoyens de l'Union européenne, qu'en vue de « *favoriser la non-discrimination dans la vie économique, sociale et culturelle* », il faut « *rapprocher leur statut juridique de celui des ressortissants des États membres* » (54). Le règlement 859/2003 (55), en leur étendant l'application du règlement 1408/71, est venu conférer aux ressortissants de pays tiers qui sont en situation régulière et qui se déplacent dans l'Union, le droit de jouir de l'égalité de traitement dans les conditions prévues par le règlement 1408. La portée du règlement se limite toutefois à permettre de mettre en œuvre la coordination européenne des

(50) CJCE, 28 juin 1978, *Kenny*, aff. 1/78, *Rec.* p. 1489.
(51) Article 4 § 4 du règlement 1408/71 ; article 3 § 5 du règlement 883/2009.
(52) V. *infra* n° 635-638.
(53) CJCE, 5 juillet 1988, *Borowitz*, aff. 21/87, *Rec.* p. 3715.
(54) Déclaration faite lors du sommet européen de Tampere en octobre 1999.
(55) V. *supra* n° 593.

sécurités sociales à l'égard des ressortissants de pays tiers ; le règlement 859/2003 ne concerne ni le droit d'entrée et de séjour des ressortissants de pays tiers, ni leur droit de se déplacer au sein de l'Union.

Section 1

Détermination du droit applicable

602. Un système complet et impératif de règles de conflit de lois. Puisque la sécurité sociale des travailleurs migrants, laissant subsister les régimes nationaux, consiste pour l'essentiel en une coordination des législations, les règlements 3 de 1958, 1408/71 et 883/2004 ont eu à poser des règles permettant la détermination de la législation de sécurité sociale applicable. L'objectif recherché est, on l'a vu (56), d'assurer la couverture du travailleur migrant par une loi de sécurité sociale sans lacune ni cumul du droit applicable. À cet effet, les règlements créent des règles uniformes de solution des conflits de lois (57). De cet ensemble de règles uniformes, la Cour de justice dit qu'il constitue « *un système de règles de conflit ayant un caractère complet* » (58).

L'effet de ce système dit encore la Cour est de permettre, dans tous les cas – caractère complet –, de déterminer la loi applicable, ainsi que l'étendue personnelle et territoriale de son application (59).

Sous réserve des exceptions qui peuvent lui être apportées par voie d'accord entre autorités compétentes des États membres (60), le système européen de règlement des conflits est impératif et il a pour effet de « *soustraire au législateur de chaque État membre le pouvoir de procéder à la détermination du droit applicable* » (61). Cette faculté leur échappe, aussi bien pour déterminer dans quelle mesure leur législation est applicable que pour celle d'un autre État membre (62).

*

* *

603. Plan. Ce système de règles de conflit a fait surgir des difficultés délicates à résoudre. Nous commencerons par présenter les règles de rattachement retenues par les règlements européens (§ 1) ; nous examinerons ensuite les principes qui en gouvernent la mise en œuvre (§ 2).

(56) V. *supra* n° 511-515.

(57) Sur la notion de conflits de lois dans le domaine de la sécurité sociale, v. Ch. Freyria, *Rev. crit. DIP* 1956, p. 410, J. Wibault, *Dr. soc.* 1965, p. 318. V. également P. Rodière, *RTD eur.* 1974, p. 431.

(58) CJCE, 12 juin 1986, *Ten Holder*, aff. 302/84, *Rec.* p. 1821 ; 10 juillet 1986, *Luitjen*, aff.60/85, *Rec.* p. 2365.

(59) En cas de paiement indu d'une prestation, sera applicable à la répétition de l'indu la loi nationale dont l'institution est concernée (CJCE, 19 juin 2003, *Sante Pasquini*, aff. C-34/02).

(60) V. *infra* n° 619-620.

(61) Arrêt *Ten Holder ;* v. également, CJCE, 3 mai 1990, *Kits van Heijningen*, aff. C-2/89, *Rec.* I, p. 1755.

(62) CJCE, 23 septembre 1982, *Kuijpers*, aff. 276/81, *Rec.* p. 3027.

§ 1. — Teneur des règles de rattachement

604. Généralités. Le système de solutions est fondé sur la distinction entre une règle générale et une série de règles particulières y dérogeant. Le migrant relève normalement de la loi de l'État membre sur le territoire duquel il est venu exercer une activité, mais cette règle générale sera écartée au profit d'autres rattachements, lorsque le travailleur se trouve en situation de mobilité internationale. Depuis une modification du règlement 1408/71 intervenue en 1991, aussi bien la règle générale que les règles particulières peuvent faire l'objet de dérogations par accord des autorités étatiques.

A. — Compétence de principe de la loi du lieu d'activité

1° Loi applicable au travailleur en cours d'activité

605. Règle générale. L'article 13 § 2 a) du règlement 1408disposait que « *la personne qui exerce une activité salariée sur le territoire d'un État membre est soumise à la législation de cet État, même si elle réside sur le territoire d'un autre État membre ou si l'entreprise ou l'employeur qui l'occupe a son siège ou son domicile sur le territoire d'un autre État membre* ». Visant initialement les seuls travailleurs salariés, la règle a ensuite été étendue aux travailleurs non salariés par l'article 13 § 2 b) du règlement 1408/71. L'article 11 § 3 a) du règlement 883/2004 énonce plus brièvement que « *la personne qui exerce une activité salariée ou non salariée dans un État membre est soumise à la législation de cet État membre* ».

Le principe de compétence de la loi du lieu d'activité ou d'occupation est fermement établi, le texte ancien ayant pris soin d'écarter expressément les autres critères de rattachement envisageables : résidence du salarié, siège ou domicile de l'employeur. Mais les règlements ne définissent pas le lieu d'activité.

606. Lieu d'activité. Sous réserve d'une décision ancienne, la définition de la notion de lieu d'activité n'avait pas été examinée par la Cour de justice. L'arrêt *Partena ASBL* a permis à la Cour de se prononcer.

606-1. Arrêt *Partena ASBL* du 27 septembre 2012 (63)**.** Visant la situation d'un mandataire social résidant au Portugal et y exerçant une activité, la Cour de justice butait sur une réglementation belge présumant irréfragablement que le gérant d'une société soumise en Belgique à l'impôt sur les sociétés a son activité sur le territoire belge. Cette réglementation était inspirée, d'après les autorités belges, par le souci d'éviter une délocalisation artificielle de l'activité permettant de se soustraire au statut social belge des travailleurs indépendants.

Laisser aux droits nationaux la faculté de définir la notion de lieu d'exercice de l'activité pourrait aboutir à un cumul des législations nationales applicables,

(63) Aff. C-137/11.

que la coordination européenne a pour objectif d'éviter. Le principe est que les personnes intéressées sont soumises à la loi d'un seul État membre (64). La Cour de justice a jugé que la notion de « lieu d'exercice d'une activité » relève du droit de l'Union et non pas des législations des États membres, et qu'il lui revient donc de l'interpréter (65).

La notion doit être comprise, dit-elle, « *comme désignant le lieu où, concrètement, la personne concernée accomplit les actes liés à cette activité* ». La Cour veut d'une conception réaliste du lieu d'activité (66).

Elle ajoute qu'il est légitime de la part des autorités belges de vouloir lutter contre la fraude en matière de sécurité sociale, mais qu'en posant une présomption irréfragable que le type d'activité en cause s'effectue en Belgique, la réglementation nationale va au-delà de ce qui est nécessaire (67)

606-2. Arrêt *Hakenberg* du 12 juillet 1973. C'est la première décision, longtemps restée isolée, portant d'interprétation des termes « *travailleur occupé sur le territoire d'un État membre* » (68), à propos d'un VRP français exerçant son activité de représentation en Allemagne fédérale pour différents employeurs français.

La Cour avait recherché avec lequel des deux États intéressés – l'Allemagne où il prospectait la clientèle ou la France où il rendait compte de ses missions à ses employeurs – l'activité d'Hakenberg avait un lien prépondérant. Les caractéristiques du type d'activité considéré (représentation commerciale) l'ont conduite à voir ce « *lien prépondérant... dans les rapports professionnels qui attachent un représentant aux entreprises dont il assume les intérêts et non dans les contacts épisodiques qu'il entretient avec une clientèle dispersée* ». Ces « *contacts épisodiques* » représentaient cependant près de neuf mois d'activité annuelle en Allemagne. La Cour concluait que « *la prépondérance* » appartient à « *l'occupation localisée sur le territoire de celui des États où se trouve le siège des entreprises dont la représentation est assurée* ». Sous le critère du lieu d'occupation on retrouvait celui du siège de l'entreprise.

607. Résidence du travailleur. Il suffit que le travailleur ait son activité sur le territoire d'un État membre pour rendre la législation de cet État applicable. Aucune condition de résidence ne peut y être ajoutée. La Cour de justice est venue le confirmer dans l'arrêt *Kits Von Hejningen* (69) en déclarant inopposable au travailleur une clause de résidence sur le territoire imposée par la loi du lieu d'activité. Reste que le versement de certaines prestations à caractère non contributif peut être subordonné à la résidence sur le territoire de l'État compétent (70).

(64) Arrêt *Partena ASBL*, pt. 45 ; v. *infra* n° 622-625.

(65) À la différence des notions d'« activité salariée » et d'« activité non salariée », v. pt. 53 de l'arrêt et *infra* n° 647 et s.

(66) Arrêt *Partena ASBL*, pt. 57.

(67) Arrêt *Partena ASBL*, pt. 60.

(68) Aff. 13/73 : *Rec.* CJCE, p. 935.

(69) CJCE, 3 mai 1990, aff. C-2/89, *Rec.* I, p. 1755.

(70) V. *infra* n° 635-638.

2° Loi applicable au travailleur ayant cessé son activité

608. Loi du lieu de résidence. La législation du lieu d'activité, qui s'applique au travailleur lorsque celui-ci est en activité, doit-elle continuer de le faire en cas de cessation d'activité ? La Cour de justice avait pour commencer jugé que la loi nationale applicable au travailleur au moment de sa cessation d'activité devait continuer à le régir, même en cas de changement d'État membre de résidence. Du moment qu'il n'a pas été occupé dans un autre État membre et quel que soit le temps écoulé depuis la cessation d'activité, le travailleur restera soumis exclusivement à la loi du lieu de son dernier emploi, avait-elle dit (71). Elle a ensuite infléchi sa position en faisant apparaître une distinction entre cessation temporaire et cessation définitive d'activité (72). Dans cette dernière hypothèse, l'application de la loi de l'ancien lieu d'activité ne s'impose plus et il se justifie que la loi du lieu de résidence, plus proche de l'intéressé, prenne le relais.

608-1. Règlement 1408/71 modifié. La jurisprudence de la Cour a entraîné une modification du règlement 1408/71, intervenue en 1991 (73). L'article 13 § 2 f) du règlement 1408/71 modifié énonce que « *la personne à laquelle la législation d'un État membre cesse d'être applicable, sans que la législation d'un autre État membre lui devienne applicable... est soumise à la législation de l'État membre sur le territoire duquel elle réside* ».

Le texte de l'article 13 § 2 f) du règlement part de l'hypothèse que les dispositions de la loi de l'ancien lieu d'activité en écartent désormais l'application, possibilité que ne condamne pas le droit de l'Union. La Cour de justice a en effet jugé que le règlement 1408/71 impose certes l'application de la loi du lieu d'activité, quel que soit le lieu de résidence, comme le veut expressément son article 13 § 2 a). Mais elle a également admis que cette obligation n'interdit pas à un État membre de prévoir que sa législation cessera d'être applicable si le travailleur concerné n'a plus d'activité sur son territoire et tout particulièrement s'il s'ajoute qu'il ne réside pas ou plus sur ce même territoire (74). La cessation d'application de la loi antérieurement compétente en tant que loi du lieu d'activité risque toutefois de créer une situation de lacune que le droit communautaire a pour objet central de faire disparaître. Il se peut qu'aucune loi nationale, eu égard à la situation nouvelle de l'intéressé, ne soit désignée par les règles de rattachement du règlement 1408/71, qu'il s'agisse de la règle générale de l'article 13 § 2 a) ou d'une règle spéciale prévue par ce même règlement. D'où la règle de l'article 13 § 2 f) et la compétence que ce texte attribue subsidiairement à la loi du lieu de résidence (75).

Mais ne faut-il pas distinguer suivant que le travailleur a cessé définitivement ou non son activité sur le territoire de l'État compétent, comme la jurisprudence de

(71) CJCE, 12 juin 1986, *Ten Holder*, aff. 302/84, *Rec.* p. 1821.
(72) CJCE, 10 mars 1992, *Twomey*, aff. C-21/90, *Rec.* I-1823 et, antérieurement, CJCE, 21 février 1991, *Noij*, C-140/88, *Rec.* p. I-387.
(73) Règlement n° 2195/91 du Conseil, du 25 juin 1991.
(74) CJCE, 3 mai 1990, *Kits van Heijningen*, aff. C-2/89, *Rec.* p. I-1755 ; CJCE, 11 juin 1998, *Kuusijärvi*, C-275/96, *Rec.* p. I-3419.
(75) V. CJCE, 11 juin 1998, *Kuusijärvi*, aff. C-275/96, préc. ; CJCE, 7 juillet 2005, *A.J. van Pommeren-Bourgondiën*, aff. C-22/03.

la Cour de justice avait tendu à le faire (76) ? Non, répond la Cour de justice. Dès lors que le travailleur a interrompu son activité sur son territoire et réside sur celui d'un autre État membre, un État membre peut poser en règle que sa législation n'est plus applicable. Une condition tirée du caractère temporaire de la cessation d'activité n'a pas à être ajoutée à un texte qui ne distingue pas (77). La Cour de justice a finalement déduit des dispositions de l'article 13 § 2 f) du règlement 1408/71 que « *la législation applicable à des personnes en chômage est donc, en principe, celle de l'État membre de résidence* » (78).

La règle de l'article 13 § 2 f) ne vise pas la seule hypothèse dans laquelle, en application de la règle générale de l'article 13 § 2 a) et b), le travailleur relevait de la loi de son lieu d'activité, elle s'applique également dans les situations visées par les règles de rattachement spéciales prévues par le règlement 1408/71, si les conditions de désignation de la loi jusque là applicable cessent d'être réunies.

608-2. Règlement 883/2004. Le nouveau règlement a tiré les leçons de cette évolution jurisprudentielle et textuelle en disposant à l'article 11 § 3 d) que la loi du lieu de résidence est applicable aux personnes qui n'exercent pas d'activité dans un État membre (79). Concernant les chômeurs, la règle nouvellement posée par l'article 11 § 3 c) du règlement 883/2004 est qu'ils sont soumis la loi de sécurité sociale du lieu de résidence, s'ils relèvent de ladite loi pour le versement des prestations chômage (80).

B. — Règles spéciales

609. Pluralité des lieux d'activité. Les hypothèses où il est fait exception à la règle de principe (81) présentent pour point commun que le lieu d'occupation ou d'activité du travailleur varie d'un pays à l'autre ou que l'activité visée a un caractère international. Il devient dès lors malaisé, sinon impossible, de s'adresser à la loi du lieu d'activité. D'autres rattachements doivent être recherchés.

Le règlement 883/2004 distingue plusieurs situations, comme le faisait le règlement 883/2004.

1° Détachement temporaire

Le détachement temporaire relève d'une dérogation au principe de rattachement à la loi du lieu d'activité ; celle-ci est maintenue en application, pour une durée limitée. La mise en œuvre du texte prévoyant cette dérogation a soulevé des questions réclamant des interventions de la Cour de justice, complétées par l'interprétation de la commission administrative pour la sécurité sociale des travailleurs migrants. Deux ordres d'exigence s'en dégagent, concernant d'une part la notion de détachement

(76) V. CJCE, 10 mars 1992, *Twomey*, préc.
(77) CJCE, 11 juin 1998, *Kuusijärvi*, préc. ; v. points 39 à 50.
(78) CJCE, 11 novembre 2004, *Adanez-Vega*, aff. C-372/02.
(79) La loi applicable aux fonctionnaires et aux personnes appelées sous les drapeaux étant également réservée, v. article 11 § 3 b) et d) du règlement 883/2004.
(80) V. *infra* n° 688.
(81) Celle de l'article 13 § 2 a) du règlement 1408/71.

temporaire et plus précisément le lien entre le salarié et l'entreprise qui le détache dans un autre État membre, concernant d'autre part la localisation des activités de l'entreprise procédant au détachement.

610. Maintien de la loi d'origine. Par dérogation à la règle posée par l'article 11 du règlement 883/2004, lorsqu'un travailleur exerçant son activité sur le territoire d'un État membre au service d'un employeur pour qui il exerce normalement son activité, est détaché sur le territoire d'un autre État membre par cet employeur afin d'y effectuer un travail pour le compte dudit employeur, la loi applicable reste celle du premier État membre. Le changement momentané de lieu d'activité n'entraîne pas changement du droit applicable. C'est ce que prévoit l'article 12 § 1 du règlement 883/2004, remplaçant avec quelques modifications l'article 14 § 1 du règlement 1408/71.

Le maintien en application de la loi d'origine suppose toutefois :

1) que la durée prévisible de la période de détachement n'excède pas vingt-quatre mois. Le règlement 1408/71 limitait la durée du détachement à douze mois, délai pouvant être prolongé jusqu'à achèvement des travaux, si, au bout de la durée primitivement prévue, en raison de circonstances imprévisibles, la mission n'était pas achevée, sous réserve toutefois de l'accord des autorités compétentes de l'État du lieu de détachement (82). La prolongation ne pouvait pas, en principe, excéder une nouvelle période de douze mois (83) ;

2) que l'intéressé ne soit pas employé en remplacement d'un autre travailleur parvenu au terme de la période de son propre détachement. Le salarié détaché en remplacement d'un autre salarié, parvenu lui-même au terme de son détachement, ne pourra pas bénéficier du statut du détaché.

Les mêmes règles ont été étendues aux travailleurs *non salariés* qui exercent temporairement une activité sur un autre territoire que celui de leur activité normale, le nouveau règlement substituant la durée prévisible de vingt-quatre mois à celle de douze mois antérieurement prévue. Le règlement 1408/71 se bornait à viser sans autre précision le cas d'un travailleur non salarié effectuant temporairement un travail dans un autre État membre ; le règlement 883/2004 est plus restrictif puisqu'il faut que l'activité soit « *semblable* » à celle qui est normalement exercée dans l'État d'origine (84).

611. Notion de détachement temporaire – « lien organique ». L'intérêt principal de l'arrêt *Van Der Vecht* (85) réside dans la définition qu'il apporte du détachement temporaire, définition qui reste à la base de la compréhension actuelle de la notion.

(82) Article 14 § 1 b). du règlement 1408/71. Les États membres ont, dans une déclaration inscrite au procès-verbal du Conseil lors de l'adoption du règlement 1408/71, marqué leur volonté de repousser le délai butoir des vingt-quatre mois de détachement dans le cas où il ne serait pas suffisant pour mener à bien le travail entrepris, en recourant, au besoin, à l'article 17 du règlement et aux exceptions que ce texte autorise aux règles de rattachement normalement applicables. Le nouveau règlement, dans le même esprit, permet de repousser la limite des vingt-quatre mois ; v. *infra* n° 619-620.

(83) Pour une hypothèse dans laquelle un prétendu détachement temporaire cachait une affectation durable sur le territoire français, v. Cass. soc., 16 mai 1990, *Pomona c. Albia*, *D.* 1991. Somm. 349, obs. Prétot.

(84) Article 12 § 2 du règlement 883/2004 ; article 14 bis § 1 du règlement 1408/71.

(85) CJCE, 5 décembre 1967, *Bestur der sociale Verzekeringsbank c. Van der Vecht*, Aff. 19/67, *Rec.* 446.

L'espèce concernait un travailleur qui avait été embauché dans un État membre (les Pays-Bas) par une entreprise de cet État pour effectuer des travaux dans un autre État membre (la Belgique). Pouvait-il s'agir d'un travailleur détaché, alors qu'il n'avait jamais travaillé dans l'établissement d'où il était supposé être détaché, mais au contraire avait été embauché exclusivement pour travailler dans un autre État membre ?

La Cour (86) a estimé qu'« *il importe peu que le travailleur ait été ou non occupé antérieurement dans l'établissement* » qui l'a embauché, et elle a ajouté que peu importe également « *que les travaux exécutés soient autres que ceux normalement effectués dans cet établissement* ».

La seule condition essentielle que réclame la notion de détachement veut que le travailleur reste soumis en cours de déplacement à l'autorité de l'établissement qui l'a embauché et envoyé dans un autre État membre. Le maintien de la subordination ou du *lien d'autorité* entre l'établissement d'origine et le travailleur définit le détachement. On parle aujourd'hui de « lien organique » entre le travailleur et l'entreprise qui le détache (87).

L'arrêt *Manpower* (88), rendu par la Cour de justice le 17 décembre 1970, est venu supprimer l'incertitude que l'arrêt *Van Der Vecht* avait laissé subsister en ce qui concerne l'assimilation de l'envoi en mission par une entreprise de travail temporaire à une opération de détachement.

La société Manpower recrute un travailleur en France et l'envoie sur un chantier en Allemagne. Cette société est une entreprise de travail temporaire ; elle a pour objet social de mettre de la main-d'œuvre intérimaire à la disposition d'entreprises utilisatrices. Le travailleur est victime d'un accident du travail sur le chantier en Allemagne. Il ne peut bénéficier de la sécurité sociale française dont il réclame les prestations qu'à la condition d'être considéré comme un travailleur détaché au sens de l'article 13 § 1 a) du règlement n° 3.

La Cour de justice reprend l'argumentation qu'elle avait suivie dans l'arrêt *Van Der Vecht* : il faut rechercher qui, de la société de travail temporaire ou de l'entreprise utilisatrice des services du travailleur, exerçait l'autorité sur celui-ci. Elle décide ainsi que la société de travail temporaire, dans la mesure où elle embauche le travailleur, lui paie son salaire, et décide du licenciement, en reste le véritable employeur, même si le « *travailleur intérimaire est tenu de respecter les conditions d'exécution du travail et la discipline exigée par le règlement intérieur de l'établissement où il est envoyé* ».

L'envoi en mission de travail temporaire dans un État membre de la Communauté, alors que l'entreprise de travail temporaire exerce son activité dans un autre État, est donc assimilable à un détachement.

(86) Interprétant l'article 13-a) du règlement n° 3, aujourd'hui remplacé par l'article 14 § 1 a) du règlement 1408/71.

(87) Il faut que « subsiste un lien organique entre le travailleur et l'entreprise qui l'a détaché ». Pour établir si ce lien organique subsiste et si le rapport de subordination est maintenu, il convient de prendre en compte un faisceau d'éléments, « en matière de recrutement, contrat de travail, licenciement et détermination de la nature du travail ». C'est ce que la commission administrative pour la sécurité sociale des travailleurs migrants a déclaré dans sa décision du 31 mai 1996, Décision CASSTM n° 162, *JOCE* n° L. 241 du 21 septembre 1996. Sur cette question, en ce qui concerne les conflits de lois en matière de contrat de travail, *supra* n° 546-547.

(88) CJCE, 17 décembre 1970, *SARL Manpower c. CPAM de Strasbourg*, aff. 35/70, *Rec.* p. 1251 ; *JCP* 1972 II 16964, obs. J.-J. DUPEYROUX ; G. LYON-CAEN, *D.* 1971, chron.p. 255.

La fourniture de main-d'œuvre constitue ainsi pour la Cour de justice une opération de détachement, à condition qu'un lien d'autorité subsiste entre l'entreprise qui fournit le travailleur et celui-ci. La Cour de justice parle à ce sujet de *lien organique* entre l'entreprise et le travailleur détaché (89).

L'institution compétente de l'État d'origine délivrera un certificat – certificat E 101 – constatant la situation de détachement du salarié et attestant du maintien de son affiliation et du lien organique avec l'entreprise qui le détache (90),

612. Fraudes. La Commission administrative pour la sécurité sociale des travailleurs migrants (91) estime que les dispositions relatives aux travailleurs détachés,« *en tant qu'exceptions, doivent faire l'objet d'une interprétation restrictive* ». Son souci est d'éviter l'usage abusif, voire frauduleux, qui pourrait en être fait. La possibilité de se prévaloir de la dérogation autorisée par les règlements doit en particulier être restrictivement conditionnée en cas détachement de personnel *embauché en vue d'être détaché* : il faut que l'entreprise envoyant du personnel dans un autre État membre exerce *normalement son activité* sur le territoire d'où elle procède au détachement (92).

La Cour de justice a fait sienne cette interprétation. Elle a considéré que la dérogation visée à l'article 14 § 1 du règlement 1408/71 suppose que l'entreprise qui détache le salarié « *exerce normalement son activité sur le territoire de l'État dans lequel elle est établie* ». Il est, ajoute-t-elle, « *nécessaire que l'entreprise effectue habituellement des activités significatives sur le territoire de cet État* » (93). Il faut comprendre, en termes plus directs, que l'activité de l'entreprise qui procède au détachement ne doit pas se borner, sur le territoire où elle est établie, à y recruter du personnel pour le placer sur un autre, cherchant ainsi à profiter de la règle de rattachement permettant d'appliquer la loi du pays d'établissement de l'entreprise (celle-ci proposant des coûts sociaux plus avantageux que ceux du pays où s'effectue le travail) (94).

Dans le prolongement direct de cette jurisprudence, le règlement 883/2004 parle d'un employeur « *exerçant normalement ses activités* » sur le territoire de l'État membre à partir duquel il procède au détachement (95) et en fait ainsi une condition à laquelle l'application des règles du détachement est subordonnée.

(89) V. les arrêts *Van der vecht, Manpower*, précités.

(90) Sur la force juridique de ce certificat, CJCE, 26 janvier 2006, *Rijksdienst voor Sociale Zekerheid c. Kiere*, aff. C-2/05 ; v. antérieurement, CJCE, 10 février 2000, *FTS*, C-202/97, *Rec.* p. I-883 ; CJCE, 30 mars 2000, *Banks e.a.*, C-178/97, *Rec.* p. I-2005 ; et v. *infra* n° 679.

(91) V. *infra* n° 675.

(92) Décision CASSTM n° 162 du 31 mai 1996, *JOCE* n° L. 241 du 21 septembre 1996, et antérieurement, décision CASSTM n° 128 du 17 octobre 1985 ; *JOCE* n° C-141 du 7 juin 1986.

(93) CJCE, 10 février 2000, *Fitzwilliam Executive Search Ltd*, aff. C-202/97, visant les activités d'une entreprise de travail temporaire ; CJCE, 9 novembre 2000, *J. Plum*, aff. C-404/98, visant une entreprise de construction néerlandaise réalisant des travaux de construction en Allemagne. V. également *supra* n° 565.

(94) La loi française du 5 août 2005 énonce qu'« *un employeur ne peut se prévaloir des dispositions applicables au détachement de salariés lorsque son activité est entièrement orientée vers le territoire français ou lorsqu'elle est réalisée dans des locaux ou avec des infrastructures à partir desquels elle est exercée de façon habituelle, stable et continue, notamment par la recherche et la prospection d'une clientèle ou le recrutement de salariés sur ce territoire* ». Elle précise que « *dans les situations visées au premier alinéa, l'employeur est assujetti aux dispositions du code du travail applicables aux entreprises établies sur le territoire français* » (article L. 342-4 – L. 1262-3 – du Code du travail).

(95) Article 12 § 1 du règlement 883/2004.

La Commission administrative a également précisé que les dispositions du règlement n° 1408/71 relatives au détachement cessent de s'appliquer si l'entreprise auprès de laquelle le travailleur a été détaché met ce travailleur à la disposition d'une autre entreprise (96). Cette interprétation peut être étendue au règlement 883/2004.

2° Travailleurs exerçant habituellement leur activité sur le territoire de deux ou plusieurs États membres

613. Trois situations. L'extension du règlement 1408/71 aux travailleurs non salariés conduit à distinguer trois types de situations, les règles de rattachement restant toutefois guidées dans les trois cas par les mêmes principes. Le règlement 883/2004 maintient les mêmes orientations, avec des changements mineurs dans la formulation des règles.

613-1. Travailleurs salariés. Les travailleurs *salariés* (autres que les employés des transports internationaux) qui exercent leur activité sur le territoire de plusieurs États membres de façon régulière sont soumis à la législation :

– de l'État membre de résidence si une partie (« *substantielle* », dit le règlement 883/2004) de l'activité est localisée sur le territoire de cet État ou si le travailleur relève de plusieurs employeurs ayant leur siège social ou d'« exploitation » (terme nouvellement utilisé par le règlement 883/2004) dans des États différents (97) ;

– de l'État sur le territoire duquel l'entreprise qui l'occupe a son siège ou son domicile, si le travailleur n'exerce pas une partie (« *substantielle* ») de ses activités dans l'État de sa résidence (98).

613-2. Travailleurs non salariés. Quant aux travailleurs *non salariés* qui exercent normalement une activité sur le territoire de plusieurs États membres, ils sont soumis :

– à la législation de l'État de résidence si une partie (« *substantielle* ») de l'activité est localisée sur le territoire de celui-ci (99) ;

– dans le cas où l'intéressé n'exerce pas une partie (« *substantielle* ») de son activité dans son État de résidence, à la législation de l'État membre où se situe « *le centre de ses intérêts* » (100).

613-3. Travailleurs simultanément salariés et non salariés. Enfin, les personnes qui exercent simultanément une *activité salariée et une activité non salariée*

(96) Décision CASSTM précitée.

(97) Article 13 § 1 a) du règlement 883/2004 ; article 14 § 2 b) i) du règlement 1408/71.

(98) Article 13 § 1 b) du règlement 883/2004 ; article 14 § 2 b) ii) du règlement 1408/71.

(99) Les cotisations dues par le travailleur à l'institution du lieu de résidence doivent se calculer sur l'ensemble de ses revenus. Ainsi en ira-t-il en particulier d'une cotisation dite de modération, instituée en Belgique en vue de modérer la rémunération des travailleurs indépendants. La Cour de justice en a jugé ainsi, tout en ajoutant que cette solution ne peut pas être regardée comme constitutive d'une entrave à la liberté d'établissement ; CJCE, 26 mai 2005, *Allard*, aff. C-249/04.

(100) Article 13 § 2 b) du règlement 883/2004 ; le règlement 1408/71 désignait la loi de l'État membre où elle exerce son activité principale, article 14 *bis* § 2 du règlement 1408/71. V. également article 14 *bis* 4) du règlement 1408/71, visant la situation du travailleur non salarié qui risquerait de ne pas pouvoir s'affilier, même à titre volontaire, à un régime d'assurance vieillesse.

sur le territoire de différents États membres sont en principe soumises à la législation de l'État membre sur le territoire duquel elles exercent leur activité salariée (101).

Dans des circonstances particulières visées par l'annexe VII du règlement 1408/71, le travailleur sera soumis à deux législations différentes, celle du lieu de son activité salariée d'une part, celle du lieu de son activité non salariée d'autre part. En résulte une dérogation au principe de l'unicité de la loi de sécurité sociale applicable (102).

614. Groupement des points de contact. Le législateur de la Communauté européenne puis de l'Union a voulu, dans l'hypothèse générale du travailleur ayant un lieu de travail internationalement variable, opérer le rattachement à partir d'un groupement des points de contact permettant de désigner la législation avec laquelle la situation de l'intéressé a des liens prépondérants. Dans cette recherche du centre de gravité de ses intérêts, le lieu de sa résidence occupe une place importante. Le texte du règlement 883/2004 visera aussi le « *centre d'intérêts de ses activités* » (103).

C'est bien ainsi que l'avait compris la Cour de justice dans l'affaire *Bentzinger* (104) en donnant, sous l'empire du règlement n° 3 de 1958, compétence à la loi allemande, à la fois loi du lieu de résidence et d'une partie de l'activité, pour réparer un accident du travail qui s'était produit en France où le travailleur effectuait également une part de son activité.

615. Notion de résidence du travailleur. Ce point de contact particulier, à défaut de fixité du lieu de travail, est privilégié.

Les deux règlements successifs, n° 3 et n° 1408, ont défini la résidence comme le *séjour habituel* du travailleur (105), notion qui peut cependant donner lieu à question. Où se situe la résidence d'un représentant de commerce développant son activité sur plusieurs territoires : en Allemagne, où il effectue des tournées de neuf mois, mais sans lieu de séjour stable ; en France où il n'est guère présent que trois mois par an, mais où est fixé son domicile ? C'était l'une des questions soulevées dans l'affaire *Éts Angénieux c. Hakenberg* (106).

La Cour de justice a estimé qu'un élément de stabilité est nécessaire pour la détermination de la résidence : peu appropriée serait donc « *la prise en considération d'une activité itinérante de prospection, caractérisée par sa nature instable* ». Pour la Cour, « *la résidence doit être déterminée en tenant compte de facteurs autres que professionnels* ». Ces autres facteurs seraient la vie familiale, le temps des

(101) V. article 13 § 3 du règlement 883/2004 ; article 14 *quater* a) du règlement 1408/71. Et si l'activité salariée se déploie dans deux États membres différents, on retrouve le rattachement à la loi du lieu de résidence et, subsidiairement, à celle de l'activité principale.

(102) V. *infra* n° 622. En résulte-t-il également que l'intéressé se trouve en situation de devoir cotiser deux fois pour les mêmes périodes, double cotisation constitutive d'une entrave à la liberté de circulation ou au droit d'atblissement ? Non, a dit la Cour de justice, puisque chacun des deux États ne prélève de cotisations que sur les revenus perçus sur son territoire ; v. CJCE, 19 mars 2002, *INASTI c. Hervein et al.*, aff. C-394/99, CJCE, 9 mars 2006, *Piatkowski*, aff. C6 494/04.

(103) Suivant une formule puisée dans la jurisprudence de la Cour de justice relative à la détermination de la juridiction compétente pour les litiges relatifs au contrat de travail, v. *supra* n° 529.

(104) CJCE, 1er mars 1973, aff. 73/72, *Rec.* p. 283 ; *RTD eur.* 1974 p. 622, *Dr. soc.* 1974, p. 183, obs. G. Lyon Caen et étude P. Rodière sur l'arrêt *Bentzinger* et la jurisprudence de la Cour de justice sur les conflits de lois en matière de sécurité sociale, *RTD eur.* 1974, p. 431.

(105) Article 1.h) du règlement 1408.

(106) CJCE, 12 juillet 1973.

loisirs et du repos. C'est une conception familiale de la résidence qui se dégageait ainsi, justement adaptée au fait que la sécurité sociale intéresse l'assuré social et ses ayants droit. La résidence d'Hakenberg, au sens du règlement communautaire, sera donc le lieu de son domicile, en France, où il retourne dans l'intervalle de ses tournées, et où se situe le centre de ses intérêts.

3° Catégories particulières de travailleurs

616. Travailleurs des transports internationaux. Sont visés les travailleurs qui font partie du personnel roulant ou navigant d'une entreprise effectuant, pour le compte d'autrui ou pour son propre compte, des transports internationaux de passagers ou de marchandises par voies ferroviaire, routière, aérienne ou batelière.

L'article 14 § 2 a) du règlement 1408/71 leur applique en principe la loi du siège de l'entreprise qui les emploie, lorsque le siège se situe sur le territoire d'un État membre. Mais si le travailleur est occupé par « une succursale ou une représentation permanente » dans un autre État membre que celui du siège, la loi applicable est celle de cette succursale ou représentation permanente (article 14 § 2 a) i). Si toutefois le travailleur est occupé d'une manière prépondérante dans l'État membre de sa résidence, il se verra appliquer la loi de cet État (article 14 § 2 a) ii)).

Ces solutions, un peu compliquées, mettent en œuvre les deux critères de rattachement écartés par la règle générale de l'article 13 § 2, en retenant la compétence de la loi du lieu du siège de l'entreprise et celle de la loi du lieu de résidence du salarié. Ce sont les solutions de la convention européenne du 9 juillet 1956 (adoptée dans le cadre du Conseil de l'Europe) concernant la sécurité sociale des travailleurs des transports internationaux (107), avec laquelle le règlement communautaire a ainsi été harmonisé.

Le règlement 883/2004 a supprimé ces règles spéciales toute en renvoyant à l'application des conventions conclues avant son entrée en vigueur, conventions qui demeurent applicables sous certaines conditions (108).

617. Catégories diverses. Des règles particulières ont été instituées pour différentes catégories particulières de travailleurs :

– les **gens de mer** sont normalement régis par la loi du pavillon, règle qui s'applique cependant sous réserve d'exceptions et de particularités de leur situation, prévues à l'article 14 *ter* du règlement 1408/71 (109).

– les **fonctionnaires** et personnel assimilé sont soumis à la législation de l'État membre dont relève l'administration qui les emploie (110).

– les travailleurs occupés dans les **postes diplomatiques ou consulaires** ont été soumis par le règlement 1408/71 à la loi du pays d'emploi, sauf option de leur part pour la loi de l'État membre dont ils sont les représentants (111).

(107) Publiée les 27 juin et 4 octobre 1960, *JORF* 1er juillet et 6 octobre 1960.

(108) V. *supra* n° 592.

(109) Sur l'exception de l'article 14 *ter*, v. décision CASSTM du 31 mai 1996, précitée.

(110) Article 13 § 2, d) du règlement 1408/71 ; article 12 § 3 b) du règlement 883/2004. Ainsi d'un militaire belge, soumis à la loi belge, bien qu'affecté en Allemagne et y ayant son activité, CJCE, 1er février 1996, *Naruschawicus*, aff. C-308/94.

(111) Article 16 § 1 et 2.

– les **agents auxiliaires des Communautés** peuvent choisir entre la loi de l'État d'emploi, la loi de l'État à laquelle ils ont été soumis en dernier lieu, ou celle de l'État membre dont ils sont ressortissants (112).

4° Entreprises transfrontalières

618. Siège de l'entreprise. La situation visée ici, depuis le règlement n° 3 de 1958, était celle d'une entreprise dont les établissements sont traversés par la frontière (113). L'ensemble des travailleurs de l'entreprise située à cheval sur une frontière séparant deux États membres vont relever de la loi de celui des États où est situé le siège de l'entreprise (114). Cette règle, dont l'utilité était discutable, a été abrogée par le règlement 883/2004.

C. — Les dérogations possibles

619. Accord des autorités. Les autorités compétentes des États membres ont la possibilité, en vertu de l'article 17 du règlement n° 1408/71 (115), remplacé par l'article 16 § 1 du règlement 883/2004, d'apporter par voie d'accord des exceptions aux règles normales de rattachement posées par les règlements. Ces accords viseront des catégories particulières de personnes et doivent être conclus dans l'intérêt des personnes concernées. Ils peuvent avoir un effet rétroactif et déclarer qu'une législation, autre que celle désignée par les règles de rattachement des règlements, sera applicable à des périodes déjà écoulées (116).

620. Détachement durable. Dans la pratique, l'article 17 du règlement 1408/71 a été fréquemment utilisé pour déroger aux dispositions de l'article 13 prévoyant l'assujettissement à la législation du pays d'emploi dans les cas non couverts par l'article 14-1-a), c'est-à-dire en particulier pour les détachés de longue durée.

L'administration française (117) a estimé ainsi qu'il y a lieu de recourir à l'article 17 dans les conditions suivantes :

– s'agissant de travailleurs détachés en France pour une durée supérieure à deux ans ou non fixée, il appartient aux directeurs de caisses de sécurité sociale et aux organes de tutelle d'apprécier, dans chaque cas, le bien-fondé de la demande de maintien d'affiliation au régime de sécurité sociale d'origine, de juger en toute opportunité des motivations justifiant cette demande, et ce dans l'intérêt du travailleur. Dans tous les cas les accords conclus en vertu de l'article 17 ne devraient pas excéder six ans ;

– en revanche, le bénéfice de l'article 17 peut être accordé sans limitation de durée en ce qui concerne certaines catégories particulières de travailleurs envoyés

(112) Article 16 § 3 du règlement 1408 /71 ; article 15 du règlement 883/2004.

(113) Il ne s'agit nullement de l'hypothèse d'une entreprise multinationale dont la société-mère serait dans un État membre et les filiales dans un ou d'autres États membres.

(114) Article 14 § 1 d) ; pour les travailleurs non salariés, v. article 14 bis 3) du règlement 1408/71.

(115) Remanié par le règlement modificatif n° 2195/91 du 25 juin 1991.

(116) CJCE, 17 mai 1984, *Raad van Arbeit c. Brusse*, aff. 101/83, *Rec.* p. 2223, à propos du droit aux prestations familiales ; CJCE, 29 juin 1995, *Joop Van Gestel*, aff. C-454/93, à propos de prestations chômage.

(117) Lettre ministérielle n. 1592, 24 février 1985 : *Bull. jur.* UNCANS Ia-CNAMTS.

à l'étranger : personnel affecté à une mission de coopération interétatique, d'associations internationales non gouvernementales à but non lucratif, journalistes.

Cette position de l'administration française peut perdurer sous l'empire du règlement 883/2004.

§ 2. — Mise en œuvre des règles de rattachement

621. Généralités. La Cour de justice avait permis de compléter les règles de conflit prévues par le règlement n° 3 par deux principes d'interprétation essentiels à leur mise en œuvre : unité du droit applicable d'une part, exclusivité du droit applicable d'autre part, le deuxième principe n'interdisant pas toutefois qu'une loi autre que la loi désignée par le règlement communautaire puisse se donner à elle-même compétence en vue d'assurer au travailleur migrant une protection complémentaire, solution conduisant alors à un cumul d'application. Ce schéma général reste valable, sous réserve de certaines corrections.

A. — Unité de législation applicable

622. Législation d'un seul État membre. Ce premier principe, d'unité ou plus exactement d'« unicité » du droit applicable, a été formulé par le règlement n° 1408/71, à l'article 13 § 1 : « *les personnes auxquelles le présent règlement est applicable ne sont soumises qu'à la législation d'un seul État membre* ». La même disposition se retrouve, sans aucun changement, à l'article 11 § 1 du règlement 883/2004.

Cette règle générale ne figurait pas dans le règlement n° 3. Elle est apparue dans la jurisprudence de la Cour de justice, qui mérite d'être rappelée, dans la mesure où elle éclaire la signification et la portée du texte actuel.

623. Règlement n° 3/58. Deux arrêts ont fait date et permis de fixer l'orientation future des solutions et l'argumentation générale y présidant.

633-1. Arrêt *Van Der Vecht*. Dans cet arrêt (118), la Cour de justice a soumis un accident de trajet qui s'était produit aux Pays-Bas à la loi de sécurité sociale belge, déclarée compétente d'après l'article 12 du règlement n° 3 en tant que loi du lieu d'occupation.

Le travailleur devait traverser une partie du territoire des Pays-Bas pour se rendre de sa résidence à son lieu de travail. Le transport s'effectuait en autobus sous autorité de l'employeur. L'accident s'étant produit aux Pays-Bas, la question fut de savoir s'il n'appartenait pas à la loi néerlandaise d'en assurer la réparation, la loi belge n'ayant vocation à couvrir que les accidents survenant en Belgique.

La Cour de justice ne l'a pas admis. Les règles communautaires de conflit tendent en effet à éviter d'une part les lacunes du droit applicable, mais aussi, d'autre

(118) CJCE, 5 décembre 1967, *Bestur der sociale Verzekeringsbank c. Van der Vecht*, Aff. 19/67, *Rec.* 446.

part, à éviter les cumuls inutiles. Le cumul était inutile, donc interdit, dès lors que la loi d'occupation se voyait reconnaître la possibilité de rayonner sur le territoire d'un autre État membre, pour régir l'accident de trajet qui y était survenu. L'employeur ne devait pas se voir imposer la charge d'une double contribution dont l'une restait sans objet utile.

La législation du lieu d'occupation s'applique « *même pour la partie du transport effectuée sur le territoire de l'État où le salarié réside et où l'entreprise est établie* ». Le rattachement à la loi du lieu de travail est donc global : il concerne tous les accidents.

633-2. Arrêt *Bentzinger*. La solution est confirmée par cette deuxième décision (119). Un ingénieur allemand a cumulativement deux employeurs, l'un allemand, l'autre français, et parallèlement deux lieux de travail, l'un en France, sur une rive du Rhin, l'autre en Allemagne sur l'autre rive. Sa résidence est en Allemagne. Un accident du travail se produit en France.

La caisse de sécurité sociale allemande estime que selon l'article 12 du règlement n° 3 (tel que rédigé à l'époque), chaque lieu de travail correspond à la compétence d'une législation. L'accident ayant eu lieu en France, la loi française était compétente. Bentzinger aurait donc relevé alternativement, selon la localisation du travail, de deux législations de sécurité sociale.

La Cour de justice a rejeté cette thèse et fait application de l'article 13 § 1 c) du règlement n° 3 visant le cas d'une activité répartie sur le territoire de deux ou plusieurs États membres, et désignant alors la compétence globale de la législation de celui de ces États où le travailleur a sa résidence.

624. Jurisprudence fondée sur le règlement n° 1408/71. Le règlement 1408/71, on l'a déjà dit, a consacré la règle de l'unicité de législation applicable, dans des termes qui se retrouvent à l'identique dans le règlement 883/2004.

Après l'entrée en vigueur du règlement, la Cour de justice a précisé, dans son **arrêt *Perenboom*** (120), que l'État de résidence ne peut pas imposer des cotisations sur la rémunération perçue par le travailleur à l'occasion d'une activité exercée dans un autre État et de ce fait assujettie à la législation de ce dernier État (121). En d'autres termes, un travailleur soumis aux prescriptions du règlement 1408/71 ne peut être conduit à payer deux cotisations pour un même risque (122).

En cas de détachement temporaire, *le redoublement de cotisations étant interdit*, c'est uniquement à l'institution de l'État où se situe l'entreprise « détachante » que des cotisations doivent être versées. L'institution du lieu momentané de l'activité ne peut rien réclamer (123).

(119) CJCE, 1er mars 1973, aff. 73/72, *Rec.* p. 283 ; *RTD eur.* 1974, p. 622 et le commentaire P. RODIÈRE.
(120) CJCE, 5 mai 1977, aff. 102/76, *Rec.* p. 815.
(121) Sur la notion de cotisation, v. *infra* n° 629.
(122) V. CJCE, 15 juin 2000, *Sehrer*, la Cour y jugeant que la cotisation d'assurance-maladie d'un retraité prélevée dans un État membre, doit tenir compte de la circonstance que le montant de la pension de retraite complémentaire perçue dans un autre État membre a déjà subi une retenue à titre de cotisations d'assurance-maladie.
(123) CJCE, 3 février 1982, *Seco, Desquenne et Giral*, *Rec.* p. 223.

En invoquant le principe de l'unicité du droit applicable, la Cour de justice a en outre estimé que la loi nationale applicable au travailleur au moment de sa cessation d'activité doit continuer à le régir, même s'il change de lieu de résidence. Du moment qu'il n'a pas été occupé dans un autre État membre et quel que soit le temps écoulé depuis la cessation d'activité, le travailleur restera soumis exclusivement à la loi du lieu de son dernier emploi (124). Du moins en va-t-il ainsi lorsque la cessation d'activité présente un caractère temporaire. En cas de cessation définitive de l'activité, un basculement vers la législation du lieu de résidence, plus proche de l'intéressé, se justifie (125). Le règlement 1408/71 admet d'ailleurs aujourd'hui, après modification, que l'application de la loi du lieu où le travailleur avait eu son activité cède la place à celle du lieu de résidence, solution confirmée par le règlement 883/2004 (126). Mais le glissement de la loi du lieu d'activité à celle du lieu de résidence doit respecter le principe d'unicité de la loi applicable et couvrir globalement l'ensemble de la situation de l'intéressé en matière de sécurité sociale (127).

La Cour a également précisé que la législation compétente est applicable non seulement pendant les périodes travaillées, mais également pendant celles qui ne le sont pas. Une personne exerçant une activité salariée à temps partiel sur le territoire d'un État membre est soumise à la législation de cet État, même pendant le temps où elle reste sans activité professionnelle et alors qu'elle réside dans un autre pays de la Communauté (128).

625. Application globale. Assurer cette unité de législation, c'est également éviter que la loi applicable ne varie selon le risque ou la branche : une même loi de sécurité sociale a vocation à régler globalement l'ensemble des droits aux prestations du travailleur migrant. Ce fut un autre enseignement de l'arrêt *Bentzinger*, aujourd'hui intégré au système de solutions du droit de l'Union.

B. — Caractère exclusif de la législation applicable ?

626. Arrêt *Nonnenmacher*. L'application de la législation désignée par la règle communautaire de conflit exclut-elle l'application de la législation d'un autre État membre ? Telle était la principale question soulevée par l'arrêt *Nonnemacher* (129).

Une dame Nonnenmacher, Néerlandaise, résidant aux Pays-Bas, réclamait le bénéfice de l'assurance-survivant de la loi néerlandaise alors que la législation de sécurité sociale applicable était la législation française, loi du lieu de travail de son mari décédé. La loi française n'offrait à la veuve qu'un capital-décès d'un très faible montant, tandis que la loi néerlandaise lui garantissait un revenu de base au titre d'une véritable assurance-décès dont bénéficiait l'ensemble des résidents des Pays-Bas.

La Cour de justice a jugé que l'application de la loi néerlandaise n'était pas exclue, dans la mesure où cette législation n'obligeait pas le travailleur « *à contribuer au*

(124) CJCE, 12 juin 1986 *Ten Holder*, aff. 302/84, *Rec.* p. 1821.
(125) CJCE, 10 mars 1992, *Twomey*, aff. C-21/90, *Rec.* I-1823 ; CJCE, 20 janvier 2005, *Effing*, aff. C-302/02.
(126) Article 13 § 2 f) du règlement 1408/71 ; article 11 § 3 d) du règlement 883/2004 ; v. *supra* n° 608.
(127) V. CJCE, 7 juillet 2005, *A.J. van Pommeren-Bourgondiën*, aff. C-22/03
(128) CJCE, 3 mai 1990, *Kits Van Heijningen*, aff C-2/89, *Rec.* CJCE, I, p. 1755.
(129) CJCE, 9 juin 1964, aff. 92/63, *Rec.* p. 557.

financement d'une institution qui ne lui assurait pas un complément de protection sociale pour le même risque et la même période ». La Cour n'a pas imposé l'application de la loi néerlandaise, elle en a admis la possibilité, tout en précisant que la législation désignée par la règle de conflit communautaire restait en toute hypothèse obligatoirement applicable. C'est donc la possibilité d'un *cumul d'application* – et nullement d'une option – qui fut ainsi reconnue valable, alors que l'un des objectifs du règlement uniforme des conflits serait précisément d'éviter le cumul des législations.

Le cumul a été autorisé parce que la législation dont l'application est superposée à celle qui est compétente selon la règle communautaire, permet d'apporter à l'assuré social le bénéfice d'une protection complémentaire. L'application de la loi néerlandaise remplit en réalité *la fonction d'un régime complémentaire* de sécurité sociale. La loi française offre les prestations de base, la législation néerlandaise les prestations complémentaires.

Dès lors, il n'y a pas contradiction avec le principe d'unité de législation applicable. Ce principe vise la sécurité sociale de base et en ce qui concerne les prestations de sécurité sociale relevant de l'idée de régime légal, le travailleur est impérativement et exclusivement soumis à la législation sociale désignée par les règles de rattachement prévues par le règlement communautaire. Mais une autre loi peut éventuellement lui apporter une couverture complémentaire.

627. Limitation des possibilités de cumul. Les possibilités de cumul des législations applicables ouvertes par l'arrêt *Nonnenmacher* ont été limitées par le règlement 1408/71 aux seuls régimes d'assurance volontaire ou facultative continuée. La jurisprudence récente de la Cour de justice le principe d'exclusivité et de non-cumul, corollaires du principe d'unicité de la législation applicable.

627-1. Assurance volontaire ou facultative continuée qui, sous des conditions précises, échappent aux règles de conflit d'application générale et spécialement au principe de l'unicité de la loi applicable.

Le cumul entre un régime obligatoire désigné par la règle de conflit communautaire, et un *régime volontaire ou facultatif continué* d'un autre État membre n'est plus autorisé qu'« *en matière d'invalidité de vieillesse et de décès (pensions)* ». Seul est admis le cumul de pensions et c'est le travailleur lui-même (assurance volontaire ou facultative) qui est juge de l'opportunité de s'affilier complémentairement à un régime légal autre que celui de l'État compétent. Les législateurs nationaux ne peuvent pas imposer une affiliation complémentaire obligatoire. Encore faut-il aussi, précise le règlement, que le cumul soit admis « explicitement ou implicitement » par l'État membre compétent (130).

Le règlement 883/2004 confirme ces règles en les formulant différemment et en y ajoutant une condition nouvelle : l'intéressé doit « *à un moment quelconque* » avoir été soumis à la législation de l'État membre dont est en cause un régime d'assurance volontaire ou facultative continuée (131).

(130) V. article 15 § 3 du règlement 1408/71.
(131) V. article 14 du règlement 883/2004.

627-2. Flottements jurisprudentiels. Les formules utilisées depuis quelques années par la Cour de justice laissaient croire que la loi d'un autre État membre que celui qui est désigné par le droit de l'Union ne pourrait *jamais* s'appliquer (132). Malgré le caractère absolu des formules utilisées, il fallait bien sûr réserver l'application des règles textuelles relatives à l'assurance volontaire ou facultative continuée. La Cour de justice montre aujourd'hui une plus grande souplesse, au détriment possible de la clarté et de la sécurité des solutions.

Bien que le droit de l'Union désigne la législation d'un État membre dans le cadre du système complet de règlement des conflits qu'il a fait naître, « *l'application des dispositions d'un autre ordre juridique n'est pas pour autant toujours exclue* » (133). « *Le principe de l'application exclusive de la législation désignée* » par les règles de détermination de la législation applicable ne s'opposera pas, dans des circonstances particulières, à l'application d'une autre législation (134).

Ces formules sont apparues concernant le versement de prestations familiales. La Cour de justice admet que l'État membre de résidence puisse octroyer des allocations en application de sa propre législation. Elle l'a fait dans des situations où la loi du lieu d'emploi, loi applicable en vertu des règles de conflit du règlement 1408/71, ne prévoyait pas (en raison de l'âge de l'enfant) ne prévoyait pas le versement desdites allocations (135), ou encore n'avait pas assuré ce versement (136). Elle l'a aussi accepté à l'égard d'un assuré travaillant temporairement dans un État membre autre que l'État compétent (137).

Ces possibilités sont-elles exclusivement ouvertes dans des situations où ne se constate aucun cumul des législations applicables, cumul que la coordination des sécurités sociales entend éviter ? La motivation des décisions ne permet pas de répondre le plus clairement à cette question.

Section 2

Domaine de la coordination communautaire

628. Seront étudiés successivement le champ d'application matériel puis le champ d'application personnel des règlements communautaires. Si, depuis 1958 et le règlement n° 3, le champ d'application matériel de la coordination des droits nationaux de la sécurité sociale n'a connu que des évolutions assez secondaires, il en va différemment pour le champ d'application personnel qui s'est fortement étendu depuis lors.

(132) V. CJCE, 12 juin 1986, *Ten Holder*, aff. 302/84, *Rec.* p. 1821 ; 10 juillet 1986, *Luitjen*, aff. 60/85, *Rec.* p. 2365, et *supra* n° 602.

(133) CJCE, 20 janvier 2005, *Effing*, aff. C-301/02, v. pt. 39 ; CJCE, 20 mai 2008, *Bosmann*, aff. C-352/06, v. pt. 20.

(134) CJUE, 12 juin 2012, *Hudzinski*, aff. C-611/10, v. pt. 49.

(135) CJCE, 20 mai 2008, *Bosmann*, aff. C-352/06.

(136) CJUE, 14 octobre 2010, *Schwemmer*, aff. C-16/09.

(137) CJUE, 12 juin 2012, *Hudzinski*, aff. C-611/10, espèce dans laquelle la Cour de justice justifie en partie la solution par le fait que l'intéressé était intégralement assujetti à l'impôt sur le revenu dans l'État membre de son activité temporaire.

§ 1. — Champ d'application matériel

A. — Sécurité sociale légale

629. Régimes généraux et régimes spéciaux. L'article 4 du règlement 1408/71 visait les « *régimes de sécurité sociale généraux et spéciaux, contributifs et non contributifs* ». L'article 3 § 2 du règlement 883/2004 change simplement la formulation en visant les « *régimes de sécurité sociale généraux et spéciaux, soumis ou non à cotisations* ».

Les régimes spéciaux, c'est-à-dire ceux qui se substituent au régime général de sécurité sociale pour couvrir une catégorie spéciale de salariés (138), entrent dans le champ d'application des règlements au même titre que le régime général, certains d'entre eux étant toutefois exclus (139).

Peu importe le mode de financement du régime, qu'il soit alimenté par des cotisations versées par l'assuré social à la caisse de sécurité sociale (formule française) ou qu'il connaisse un autre mode de financement, par des taxes parafiscales ou par l'impôt (140).

630. Notion de législation relative aux branches de sécurité sociale. Définie à l'article 1 j) du règlement 1408/71, la notion de législation vise « *les lois, les règlements, les dispositions statutaires et les mesures d'application, existants ou futurs, se rapportant aux branches visées ci-dessus* » (141). Une définition analogue se retrouve à l'article 1 l) du règlement 883/2004.

630-1. Une liste enrichie par le règlement 883/2004. Le règlement 1408/71, comme le faisait déjà le règlement n° 3 de 1958, concerne les huit branches de la sécurité sociale énumérées par la norme 102 de l'OIT (1952) ; il s'applique ainsi, suivant les termes de l'article 4 § 1, « *à toutes les législations relatives aux branches de sécurité sociale qui concernent les prestations de :*

a) maladie et maternité ;

b) invalidité ;

c) vieillesse ;

d) survivants ;

e) accidents du travail et maladie professionnelle ;

f) allocations de décès ;

g) chômage ;

h) prestations familiales ».

(138) Cas des mineurs, des employés de la SNCF en France par exemple.

(139) Le règlement (article 4 § 4) ne couvre pas les régimes spéciaux propres aux fonctionnaires ou personnel assimilé, exclusion qui répond à l'exclusion des emplois dans l'administration publique du domaine de la libre circulation.

(140) Les régimes de responsabilité de l'employeur (réparation des accidents du travail en Belgique) sont également couverts, là où ils subsistent.

(141) La Cour de justice a jugé que la notion de législation au sens de l'article 1 j) du règlement n'englobe pas les dispositions de conventions internationales de sécurité sociale conclues entre un seul État membre et un État tiers, même si ces conventions ont été intégrées, avec rang de loi, dans l'ordre juridique interne de l'État membre concerné ; CJCE, 2 août 1993, *Grana-Novoa*, aff. 23/92.

L'apparition d'une nouvelle branche de la sécurité sociale dans un certain nombre d'États membres a conduit le règlement 883/2004 à ajouter à cette liste classique les « *prestations de préretaite* » (142). Le nouveau règlement vient également séparer les prestations de maladie et les prestations de maternité et complète ces dernières avec l'introduction des prestations « *de paternité assimilées* » (143).

630-2. Une liste exhaustive. Pour que la coordination européenne s'applique, encore faut-il que les droits de la personne intéressée relèvent d'une des branches visées par les règlements ou du risque qui y correspond. Le catalogue des branches ou des risques énumérés « *a un caractère exhaustif* », a dit la Cour de justice. En conséquence, un régime de prestations sociales qui n'y est pas mentionné échappe à la qualification « sécurité sociale », même si elle confère aux bénéficiaires une position légalement définie donnant droit a une prestation (144). Une prestation garantissant un minimum de moyens d'existence aux personnes dans le besoin – tel le revenu minimum d'insertion français –, ne correspond à aucune des branches ou risques indiqués et échappe donc au champ d'application du règlement (145). Le risque « pauvreté » n'entre pas dans le catalogue des risques couverts au titre de la sécurité sociale (146).

631. Déclarations des États membres relatives aux législations et qualification des prestations couvertes. En vue de déterminer l'étendue exacte de la coordination, les États membres doivent déclarer les dispositions légales et réglementaires concernant les risques couverts, ainsi que leurs modifications (147). L'ensemble des prestations versées dans le cadre des différentes branches de sécurité sociale visées, entre dans le domaine d'application du règlement (148).

L'obligation de déclaration pesant sur les États membres n'a qu'une portée relative. Il a en effet été jugé que l'absence de mention d'une législation nationale dans la déclaration faite par un État membre ne saurait empêcher que cette législation relève du champ d'application du règlement (149). La distinction entre prestations exclues et prestations couvertes repose sur les finalités et les conditions d'octroi et non sur la qualification qu'en donne l'État membre, a dit la Cour de justice et celle-ci requalifiera la prestation que l'État a entendu exclure du domaine d'application du règlement (150). Mais à l'inverse, le fait pour un État de mentionner une loi dans sa déclaration doit être admis comme établissant que les prestations accordées sur la base de cette loi sont des prestations de sécurité sociale au sens du règlement (151).

(142) V. considérant n° 33 du règlement 883/2004, énonçant qu'« *il y a lieu d'inclure les régimes légaux de préretraite dans le champ d'application du présent règlement, garantissant ainsi l'égalité de traitement et la possibilité d'exportation des prestations de préretraite* », mais il ajoute qu'il demeure opportun, étant donné que les régimes légaux de préretraite n'existent que dans un nombre très limité d'États membres, « *d'exclure la règle de la totalisation des périodes pour l'ouverture du droit à ces prestations* ».

(143) V. article 3 § 1 du règlement 883/2004.

(144) CJCE, 27 mars 1985, *Vera Hoecks*, aff. 159/83, *Rec.* p. 973.

(145) Même décision ; v. *infra* n° 637, à propos du « minimex » belge. V. également *Scrivener*, aff. 122/84, *Rec.* p. 1027.

(146) Une prestation « pauvreté » pourra toutefois correspondre à la notion d'avantage social visée par le règlement 1612/68. V. *supra* n° 254.

(147) V. article 5 du règlement 1408/71 ; article 9 du règlement 883/2004.

(148) L'annexe V du règlement 1408/71 mentionne cependant certaines prestations particulières qui sont exclues.

(149) CJCE, 27 janvier 1981, *Vigier*, aff. 70/80, *Rec.* p. 229.

(150) CJCE, 10 octobre 1996, *Ingrid Hoever et Iris Zachow*, aff. C-245/94, *Rec.* I, p. 4895 ; *RJS* 1997, p. 223.

(151) CJCE, 29 novembre 1977, *Beerens*, aff. 35/77, *Rec.* 1977 p. 2249.

632. Notion de prestation. Notion de portée générale s'il en est une, la notion de « prestation » n'est pas définie par les règlements successifs, contrairement à beaucoup d'autres (152). La qualification de prestation peut faire difficulté, ainsi que sa classification entre les branches de sécurité sociale couvertes par le règlement. La Cour de justice s'est attachée à résoudre ces difficultés et de dégager des interprétations communautaires nécessaires à l'application uniforme des règlements.

– Un **supplément de pension** de vieillesse **contribuant au financement de l'assurance-maladie** du titulaire de la pension doit-il être considéré comme une prestation au sens du règlement ?

La Cour de justice a commencé par le nier. La notion de prestation suppose « *la réalisation d'un risque concret* ». Un versement fait à l'assuré social par une institution de sécurité sociale, mais qui ne serait pas consécutif à la réalisation d'un risque, n'est pas une prestation de sécurité sociale au sens des règlements n° 3 et n° 1408, avait-elle anciennement estimé (153). Elle affirme au contraire, aujourd'hui, que ladite allocation supplémentaire, puisqu'elle se rattache au droit à pension, qu'elle est versée par les institutions de l'assurance-vieillesse et est calculée sur la base de la pension versée, est une prestation du régime vieillesse (154).

– Qu'en est-il des pensions de **préretraite** ou des prépensions ? Leur nature varie d'un pays membre à l'autre (155). Mais la qualification nationale importe peu et la Cour de justice tend à les exclure de la coordination (156), exclusion qui cessera avec la mise en vigueur du règlement 883/2004, qui a introduit les « *prestations de préretraite* » dans le domaine d'application de la coordination européenne (157) et a entendu les définir avec précision (158).

– Une **allocation de dépendance** couvre-t-elle le risque « pauvreté » (exclu du règlement) ou « maladie » (inclus dans le règlement) ? La Cour de justice, tenant compte de la finalité d'une prestation destinée à améliorer l'état de santé et de vie des personnes dépendantes, a opté pour la qualification prestation de maladie. Le règlement est donc applicable.

Mais ne s'agit-il pas toutefois, compte tenu de son financement, d'une prestation non contributive, ayant un caractère non exportable ? Non, répond la Cour de justice, car

(152) V. les articles 1, Définitions, des deux règlements

(153) CJCE, 1er décembre 1965, *Dekker*, aff. 33/65, *Rec.* p. 1112, *RTD eur.* 1966, p. 327 note G. LYON-CAEN.

(154) Du régime vieillesse et non du régime assurance-maladie, précise la Cour ; CJCE, 6 juillet 2000, *Viktor Movrin*, aff-C-73/99.

(155) Prestations de vieillesse, de chômage ; prestations d'entreprise ; allocations intérimaires financées par l'État.

(156) *Commission c. Belgique*, 6 février 1992, aff. C-253/90, *Rec.* I, p. 531 ; CJCE, 11 juillet 1996, *Otte*, aff. C-25/95. La cour y dispose que l'article 4 du règlement 1408/71 ne vise pas des prestations qui, prévues par une législation dont l'objet est d'apporter une aide aux restructurations des mines, sont octroyées à des travailleurs entre le moment où ils sont licenciés et celui où ils atteignent l'âge de la retraite.

(157) V. *supra* n° 591. Sur la proposition de règlement ayant ce même objet, v. *JOCE* n° C. 62 du 1er mars 1996.

(158) Le règlement n° 883/2004 définit les prestations de préretraite par distinction des prestations de chômage et des pensions de retraite anticipée. Ce sont (article 1er, Définitions, x)) « *toutes les prestations en espèces, autres qu'une prestation de chômage ou une prestation anticipée de vieillesse, servies à partir d'un âge déterminé au travailleur qui a réduit, cessé ou suspendu ses activités professionnelles jusqu'à l'âge auquel il peut être admis à la pension de vieillesse ou à la pension de retraite anticipée et dont le bénéfice n'est pas subordonné à la condition de se mettre à la disposition des services de l'emploi de l'État compétent ; le terme "prestation anticipée de vieillesse" désigne une prestation servie avant que l'intéressé ait atteint l'âge normal pour accéder au droit à la pension et qui, soit continue à être servie une fois que cet âge est atteint, soit est remplacée par une autre prestation de vieillesse* ».

les notions de « *prestation de sécurité sociale et de prestation spéciale à caractère non contributif au sens du règlement 1408/71 s'excluent mutuellement* » et qu'une prestation qui remplit les conditions d'une « prestation de sécurité sociale » ne peut pas être analysée comme une « prestation spéciale à caractère non contributif » (159). Le droit de l'Union s'oppose donc à ce que le bénéfice en soit subordonné à la résidence de l'assuré sur le territoire de l'État d'affiliation. L'institution de l'État d'affiliation n'est toutefois tenue du versement de l'allocation, que si la personne dépendante n'a pas droit à une prestation analogue en vertu de la législation de l'État sur le territoire duquel elle réside (160).

– Une prestation peut aussi être requalifiée en cotisation.

633. Prestations en nature et prestations en espèces. La Cour de justice a également dû préciser la distinction entre *prestation en nature et prestation en espèces.* C'est une des questions que soulevait l'affaire *Vaassen-Göbbels* (161), à propos de l'assurance-maladie. La notion de prestation en nature désigne-t-elle les seules prestations proprement en nature (162), ou doit-on également y inclure le remboursement des frais qu'a occasionnés la maladie ?

La Cour de justice a estimé que la notion de prestation en nature n'exclut pas que la « *prestation consiste en des paiements effectués par l'institution débitrice* ». Le remboursement de frais constitue donc une prestation en nature (163). La notion de prestation en espèces en est réduite aux sommes qui sont versées au malade pour compenser la perte de salaire due à la maladie.

La distinction prend une grande importance lorsque le travailleur réside sur le territoire d'un autre État que celui qui est compétent. Les règlements prévoient qu'en pareil cas les prestations en nature sont servies par l'institution du lieu de résidence, pour le compte de l'institution compétente, tandis que les prestations en espèces sont normalement versées directement par l'institution compétente (164).

634. Notion de cotisation. Elle peut aussi faire difficulté. Qu'en est-il de contributions prélevées par voie fiscale et qualifiées d'impôt par une législation nationale, mais dont l'objet est de financer la sécurité sociale, telles que la contribution pour le remboursement de la dette sociale (CRDS) ou la contribution sociale généralisée (CSG) connues du droit français ? Ces prélèvements présentent un lien direct et suffisamment pertinent avec le régime général de sécurité sociale et doivent donc être regardés comme des prélèvements soumis à l'interdiction de double cotisation. C'est ce qu'a décidé la Cour de justice en condamnant la France (165).

(159) CJCE, 21 février 2006, *Hosse,* aff. C-286/03

(160) Même décision.

(161) CJCE, 30 juin 1966, aff 61/65, *Rec.* p. 378.

(162) Soins médicaux ou médicaments gratuits fournis directement au malade.

(163) C'est d'ailleurs le sens de la notion en droit français. CJCE, 28 juin 1978, *Kenny*, aff. 1/78, *Rec.* p. 1489 ; 8 juin 1995, *Delavant*, aff. C-451/93. Le bénéfice de prestations plus favorables que celles que l'institution est tenue de verser sur le fondement des règles de droit communautaire n'est pas exclu (CJCE, 10 janvier 1980, *Jordens-Vosters*, aff. 69/79, *Rec.* p. 75).

(164) Article 19 du règlement 1408/71 ; article 17 du règlement 883/2004.

(165) CJCE, 15 février 2000, *Commission contre République française*, aff. C-34/98 et C-169/98. Les deux contributions ne s'appliquent donc pas aux travailleurs domiciliés (fiscalement) en France et qui exercent leur activité dans un autre État membre, a dit la Cour de cassation française en se référant à la décision de la Cour de justice, Cass. soc., 15 juin 2000, *Marquet c. URSSAF du Gard*, *RJS* 2000, p. 589. Cette même décision ajoute que

La Cour de justice posera qu'une cotisation, compte tenu de son objet, peut recevoir la qualification de prestation et obéir au régime juridique correspondant :

– ainsi d'une décision relative au risque **dépendance**, dans laquelle la Cour de justice a qualifié de prestation de maladie la prise en charge des cotisations à l'assurance vieillesse de la personne apportant à une personne dépendante des soins à domicile (166) ;

– la Cour de justice a aussi eu à se prononcer sur le **remboursement de cotisations**. En cas de transfert de résidence et d'affiliation à un autre régime, un assuré peut avoir droit au remboursement des cotisations payées. Ce remboursement, a précisé la Cour dans son arrêt *Janssen* (167), est l'équivalent d'une prestation.

B. — Exclusions

La coordination communautaire n'intègre en principe ni l'aide ou assistance sociale, ni les régimes complémentaires de sécurité sociale.

1° L'aide ou l'assistance sociale

635. Exclusion de l'assistance sociale et médicale. Dans une disposition capitale, les articles 4 § 4 du règlement 1408/71 et 3 § 5 du règlement 883/2004 énoncent que le règlement ne s'applique pas à l'assistance sociale et médicale (168).

Aucune définition de ce qu'il convient d'entendre par assistance sociale – dite plus volontiers aide sociale – n'étant donnée par le règlement, c'est donc à la Cour de justice qu'il est revenu de distinguer l'aide ou assistance sociale, exclue du règlement, de la sécurité sociale, couverte par celui-ci.

Cette distinction soulève des difficultés non seulement dans les régimes où les prestations sont financées par l'impôt, mais aussi dans les systèmes où les organismes peuvent servir des avantages qui ne sont pas la contrepartie de cotisations versées ou de l'exercice d'une activité professionnelle (169).

La Cour de justice a progressivement élaboré une conception unifiée de la prestation de sécurité sociale, érigée en notion de droit communautaire. Le règlement 1274/92 du 30 avril 1992 relatif aux prestations spéciales à caractère non contributif a ensuite tiré les conséquences de cette jurisprudence.

636. Définition restrictive de l'aide ou assistance sociale. La Cour de justice, dans un arrêt *Frilli* du 22 juin 1972 (170), a élaboré une définition de l'aide sociale restrictive, ouvrant, par conséquent, le champ d'application matériel du règlement.

le recouvrement des deux contributions sur les personnes qui sont domiciliées en France et y travaillent, n'est pas constitutive d'une discrimination avec les personnes qui n'y travaillent pas, les situations étant dissemblables. La nature fiscale de la CRDS a été en revanche admise pour l'application de la convention franco-suisse de sécurité sociale, CAA Lyon, 15 juillet 1999, *Nambride*, *RJS* 2000, p. 214, mais refusée par la Cour de cassation, Cass soc., 18 octobre 2001, *André c. URSSAF de Belfort*, *RJS* 2002, n° 88. V. également Cass. soc., 5 avril 2001, 2 espèces, retenant la qualification « sociale » pour les besoins de l'application du règlement 1408, *RJS* 2001, n° 1071, p. 728 ; Cons. const., déc. du 28 décembre 1990, visant la CSG en tant qu'« imposition », *RJS* 1999, n° 258.

(166) CJCE, 8 juillet 2004, *Silke Gaumain-Cerri* et *Maria Barth*, aff. C-502/01 et C-631/02.

(167) CJCE, 5 mai 1977, aff. 104/76, *Rec.* 1977 p. 829.

(168) Non plus qu'aux régimes de prestations en faveur des victimes de la guerre.

(169) V. H. Verschueren, « Les prestations spéciales à caractère non contributif et le règlement n° 1408/71 », *Dr. soc.* 1995, p. 921.

(170) Aff. 1/72, *Rec.* p. 457.

Mme Rita Frilli, de nationalité italienne, résidait en Belgique où elle avait exercé auparavant une activité salariée. Elle réclamait le bénéfice du revenu garanti aux personnes âgées institué en Belgique par une loi du 1er avril 1969.

636-1. Critère de l'appréciation individuelle. La loi belge dont Mme Frilli demandait le bénéfice retient le besoin du prestataire comme critère essentiel d'application et assure à celui-ci le versement de prestations non contributives.

Si par ce double trait cette législation s'apparente, dit la Cour de justice, à l'assistance sociale, elle « *se rapproche néanmoins de la sécurité sociale* », ajoute-t-elle, « *par le fait qu'ayant abandonné l'appréciation individuelle, caractéristique de l'assistance, elle confère aux bénéficiaires une position légalement définie donnant droit à prestation…* ».

La Cour de justice a caractérisé l'aide sociale par le fait que son bénéficiaire ne dispose que d'un droit éventuel, dont l'octroi reste subordonné à l'appréciation discrétionnaire de l'administration publique : c'est donc l'*appréciation*, au cas par cas, *de la situation individuelle du bénéficiaire* qui définit l'aide sociale.

La sécurité sociale, de son côté, « *confère aux bénéficiaires une position légalement définie* » ; le droit aux prestations de sécurité sociale dépend de l'appartenance à une catégorie définie de personnes. Corrélativement, l'aide sociale n'ouvre normalement pas la possibilité d'un recours juridictionnel (d'opportunité) contre les décisions de l'administration (171).

Pour autant que les intéressés ont un droit défini ou « protégé » – suivant un autre qualificatif utilisé par la Cour de justice – à une allocation, celle-ci est donc une prestation de sécurité sociale.

636-2. Éléments non déterminants. La Cour de justice a recherché une définition proprement juridique de l'aide sociale, et a écarté les critères techniques. Ainsi, le fait qu'une prestation soit financée principalement par l'impôt ne suffit pas à attribuer à la prestation le caractère de prestation d'assistance sociale et à la soustraire au champ d'application du règlement communautaire. Il en va de même lorsque la prestation repose sur une condition de ressources.

637 Applications de la définition. En conséquence, la Cour a estimé que relèvent de la sécurité sociale des prestations prévues par la législation française et destinées à pallier une faiblesse des ressources, alors que la conception française aurait voulu en faire des prestations d'assistance sociale ou d'aide sociale (172). Plusieurs arrêts ont également été rendus au sujet d'avantages similaires existant dans d'autres États membres que la France (173). La qualification « sécurité sociale » implique que

(171) En ce sens, v. également, CJCE, 5 mai 1983, *Piscitello*, aff. 139/82, *Rec.* p. 1427.

(172) CJCE, 7 mai 1969 *Torrenkens*, aff. 28/68, *Rec.* 1969, p. 134 (allocation aux vieux travailleurs salariés) ; CJCE, 9 octobre 1974, *Biason*, aff. 24/74, *Rec.* 1974, p. 999 (allocation supplémentaire du fonds national de solidarité) ; CJCE, 16 décembre 1976 *Inzerello*, aff. 63/76, *Rec.* p. 2057 (allocation aux adultes handicapés) ; CJCE, 12 juillet 1979, *Toia*, aff. 237/78, *Rec.* p. 2645 (allocation aux mères de famille) ; CJCE, 6 juin 1985, aff. 157/84, *Rec.* p. 1739 (allocation spéciale de vieillesse).

(173) CJCE, 28 mai 1974, *Callemeyn*, aff. 187/73, *Rec.*1974 p. 533 (loi belge en faveur des personnes handicapées) ; CJCE, 27 janvier 1981, aff. 70/80, *Rec.* p. 229 (législation allemande concernant la réparation de torts causés par le national socialisme) ; CJCE, 27 janvier 1981, *Piscitello*, aff. 70/80, *Rec.* p. 229 (allocation d'aide sociale de droit italien).

le ressortissant communautaire est en droit d'en bénéficier, sans discrimination, et qu'on ne pourra pas lui opposer, comme l'ont fréquemment fait les institutions françaises, qu'il ne réside pas sur le territoire de l'État de l'institution débitrice, les prestations de sécurité sociale étant exportables.

Quant aux prestations d'assistance sociale, il n'en sera pas automatiquement privé du seul fait qu'il réside sur le territoire d'un État membre autre que celui dont il a la nationalité. Ces prestations lui sont en effet dues, en tant *qu'avantages sociaux*, en application du règlement n° 1612/68 relatif à l'égalité de traitement entre travailleurs communautaires (174). Simplement de telles prestations sont exclues du champ d'application de la coordination, exclusion signifiant que le ressortissant communautaire ne pourra pas, faute de coordination des législations, se prévaloir des droits dont il a bénéficié, soit pour le maintien de ceux-ci, soit pour l'obtention de droits du chef d'une autre législation nationale. L'exportation des prestations peut également en souffrir (175).

La Cour de justice a en particulier jugé que la prestation sociale dite « minimex » instituée par une loi belge de 1974 garantissant un minimum de moyens d'existence, ne présente pas les éléments constitutifs d'une prestation de sécurité sociale au sens du règlement, alors que le bénéfice en est de droit pour toute personne dont les ressources sont insuffisantes (176). L'exclusion tient à ce que ce type de prestation ne correspond pas à une branche particulière ou à un risque particulier classable dans l'énumération prévue par le règlement communautaire, mais constitue une garantie générale (177). Pour autant ce type de prestation n'échappera pas au principe d'égalité de traitement car il relève de la notion d'*avantage social*, au sens du règlement n° 1612/68 sur la liberté de circulation des travailleurs.

Une même allocation peut s'analyser en tant que prestation de sécurité sociale et en tant qu'avantage social, au sens du R. 1612/68 (178).

638. Prestations spéciales à caractère non contributif – règlement 1247/92 du 30 avril 1992. Cette jurisprudence a entraîné la modification du règlement 1408/71 par un règlement 1247/92 du 30 avril 1992 (179).

Ont été introduites expressément dans le champ d'application du règlement 1408/71, puis dans celui du règlement 883/2004, les prestations spéciales *à caractère non contributif*, possédant des « *caractéristiques à la fois de la législation en matière de sécurité sociale et de l'assistance sociale* », lorsque ces prestations sont destinées :

– soit à couvrir, à titre supplétif, complémentaire ou accessoire, les éventualités relatives aux branches de la sécurité sociale comprises dans le champ de la coordination ;

– soit à assurer uniquement la protection des personnes handicapées (180).

(174) CJCE, 18 juin 1987, *Centre public d'aide sociale de Courcelles c. Mme Lebon*, aff. n° 316/85 ; v. *supra* n° 254.

(175) V. *infra* n° suivant.

(176) CJCE, 27 mars 1985 *Vera Hoeckx*, aff. 249/83, *Rec.* p. 973. En France, la prestation sociale dite « revenu minimum d'insertion » présente les mêmes caractéristiques que le « minimex » belge.

(177) V. *supra* n° 630.

(178) CJCE, 12 mai 1998, *Martinez Sala*, aff. C-85/96 (allocation d'éducation).

(179) V. commentaire H. Verschueren, *Dr. soc.* 1995, p. 925.

(180) Article 4 § 2 a) et b) du règlement 1408/71 ; article 70 du règlement 883/2004.

Ces prestations devront être servies à tout ressortissant communautaire ou membre de sa famille (181), mais certaines d'entre elles pourront n'être versées que sur le territoire national. Leur caractère non exportable est admis (182).

Parce qu'il permettait ainsi aux États membres de subordonner le versement d'une allocation non contributive à la résidence sur leur territoire, la validité du règlement 1247/92 a été contestée devant la Cour de justice. Le règlement n'aurait pas respecté le principe de l'ex-article 51 du traité (devenu 42 TCE, puis 48 TFUE) voulant que les prestations soient versables dans les autres États membres. Mais la Cour a estimé que le principe de la « levée des clauses de résidence » n'a pas de portée absolue et que le principe de l'exportabilité des prestations peut faire l'objet de dispositions communautaires dérogatoires. Le règlement est donc valide (183).

Si les prestations contributives sont exportables, les prestations spéciales non-contributives ne le seront donc pas, à condition toutefois que l'État membre intéressé en ait fait déclaration en annexe des règlements 1408/71 et 883/2004. Le caractère contributif ou non contributif des prestations est décisif (184).

Les modifications introduites par le règlement 1247/92 ont eu des effets sur le régime applicable à des prestations qui, qualifiées par la Cour de justice de prestations de sécurité sociale, exportables, ont été « déclassées » en prestations spéciales non contributives, non exportables. Ainsi de l'allocation supplémentaire du Fonds national de solidarité (allocation supplémentaire vieillesse) du droit français. Usant d'une conception extensive de la notion de prestation de sécurité sociale, la Cour de justice y avait vu une prestation soumise au principe de l'exportabilité (185). Le règlement 1408/71 modifié et le règlement 883/2004 y voient une prestation spéciale non contributive, pouvant être réservée aux personnes résidant sur le territoire national. D'exportable à l'intérieur de l'Union, l'AVTS française est redevenue non exportable (186).

Il convient toutefois de réserver les situations dans lesquelles l'intéressé « *a conservé ses attaches économiques et sociales* » dans l'État membre où il ne

(181) Leur versement ne peut pas être subordonné à la condition que l'intéressé entre dans le domaine d'application du règlement 1612/68 (sur la libre circulation des travailleurs) et ait en conséquence la qualité de travailleur, CJCE, 20 septembre 2001, aff. C-184/99, *Grzelczyk*, *RJS* 2001, n° 1478 ; v. J.-Ph. Lhernould, *Dr. soc.* 2001, p. 1103.

(182) Article 10 *bis* combiné avec l'annexe II *bis* du règlement 1408/71 ; article 70 § 4 combiné avec l'annexe X du règlement 883/2004. L'allocation supplémentaire du Fonds National de Solidarité peut ainsi ne pas être servie aux ressortissants d'un État membre qui ne résident pas en France.

(183) CJCE, 4 novembre 1997, *Snares c. Adjudication Officer*, aff. C-20/96, *Rec.* I, p. 6057. Le versement d'une allocation de subsistance pour handicapés peut être interrompu en raison du départ du territoire, CJCE, 11 juin 1998, *Partridge c. Adjudication Officer*, aff. C-297/96, confirmant v. note précédente.

(184) V. CJCE, 8 mars 2001, *Jauch*, aff. C-215-99, qualifiant de contributif une prestation de dépendance, bien qu'elle soit financée par l'État, en raison d'un lien indirect avec un mécanisme contributif, une ponction étant faite sur les ressources de l'assurance-maladie V. également, CJCE, 31 mai 2001, *Leclere*, aff. C-43/99, concernant une allocation de maternité à laquelle la Cour de justice refuse la qualification de prestation spéciale non-contributive, synonyme de non-exportabilité.

(185) V. *supra* n° 599.

(186) Sur renvoi préjudiciel de la Cour de cassation, CJCE, 16 janvier 2007, aff. C-265/05, *Perez Naranjo*, suivie de Cass. soc., 12 juin 2007, n° 04-30050, *Bull.* V., n° 251. De la même façon ne sont pas exportables : l'allocation aux adultes handicapés ou d'autres allocations spéciales relevant, en France, de l'aide sociale. Les clauses de résidence instituées de longue date par le droit français peuvent donc être maintenues.

réside plus. La condition de résidence qui lui est opposée peut, en ce cas, être constitutive d'une « *injustice majeure* » portant une atteinte excessive à sa liberté de circulation (187).

La notion de « *prestation spéciale à caractère non contributif* » bute sur celle de « *prestation de sécurité sociale* ». Les deux notions s'excluent mutuellement, dit la Cour de justice, et une prestation qui remplit les conditions d'une « prestation de sécurité sociale » ne peut pas être analysée comme une « prestation spéciale à caractère non contributif ». Il en va ainsi d'allocation de soins versée au bénéfice d'une personne dépendante, prestation qui doit être qualifiée de prestation de maladie et sera donc exportable (188). Constitue une prestation spéciale non contributive, visée par l'article 4 § 2 *bis* du R. 1408/71, le complément de ressources prévu par le droit du Royaume-Uni pour les personnes effectuant des recherches d'emploi. Un ressortissant communautaire résidant au Royaume-Uni et y cherchant du travail y a donc droit. Ne saurait lui être opposé une condition de résidence excessivement stricte, impliquant, outre l'intention de résider sur le territoire, l'existence d'une période appréciable de résidence (189).

Les règles particulières applicables aux prestations visées par le droit de l'Union en tant que « *prestations spéciales à caractère non contributif* », associées à l'idée que les efforts de solidarité qui s'expriment dans l'aide sociale peuvent s'arrêter aux limites des territoires nationaux, devraient continuer longuement à faire discussion et à entraîner une jurisprudence « embarrassée » de la Cour de justice.

2° Les régimes complémentaires

639. Règlement n° 3 et arrêt *Vaassen-Gobbels*. Le règlement n° 3 de 1958 visait les « *législations* » relatives aux branches de sécurité sociale qu'il énumérait et avait cherché à prévenir les éventuelles difficultés d'interprétation en définissant la notion : « *le terme législation désigne les lois, les règlements et les dispositions statutaires, existants ou futurs, de chaque État membre…* ».

Sous l'empire de ce premier règlement, l'affaire *Vaassen-Gobbels* (190) avait donné à la Cour de justice l'occasion de définir les termes « *dispositions statutaires* » servant partiellement à la définition de la notion de législation.

Un régime néerlandais d'assurance-maladie des mineurs est instauré et exécuté par une institution de droit privé ; c'est un contrat privé qui a créé le régime, une institution privée qui le gère et le met en application. Il est demandé à la Cour de préciser si une telle réglementation est une « législation » au sens du texte communautaire, en tant qu'elle relèverait de « dispositions statutaires ».

(187) V. CJCE, 11 septembre 2007, *Hendrix*, aff. C-287/0, concernant une prestation pour jeunes handicapés.

(188) CJCE, 21 février 2006, *Hosse*, C-286/03 ; CJUE, 16 juillet 2009, *Von Chamier*, aff. C-208/07 ; V. antérieurement, CJCE, 5 mars 1998*Molenaar*, aff. C-160/96) et CJCE, 8 mars 2001, *Jauch*, aff. C-215/99. ; v. également *supra*, n° 632.

(189) CJCE, 25 février 1999, *R. Swaddling*, aff. C-90/97. Cette solution a été retenue par la Cour de justice alors même que la prestation considérée n'était qu'assez lointainement liée à l'un des risques énumérés à l'article 4 du règlement. S'accorde-t-elle sans problème avec la jurisprudence de la Cour excluant du règlement 1408/71 les revenus minimums d'insertion ? V. *supra* n° 630.

(190) CJCE, 30 juin 1966, aff. 61/65, *Rec.* p. 378.

La Cour de justice, dans une formule extensive, déclare que « *La notion de "dispositions statutaires" s'applique à des règles qui, tout en étant arrêtées et appliquées dans des formes et par des organismes de droit privé, s'intègrent au régime de sécurité sociale d'un État membre du fait qu'elles sont destinées à compléter les lois et les règlements relatifs à la sécurité sociale, ou à s'y substituer* ».

640. Trois types de régimes. Dans l'opposition qu'avait formulée ainsi la Cour de justice entre sécurité sociale conventionnelle complémentaire d'une part et substitutive d'autre part, c'est en réalité trois situations qu'il faut distinguer.

1) Les **régimes spéciaux** de sécurité sociale, qui s'appliquent à certaines catégories définies de travailleurs en lieu et place du régime légal général. Il est fréquent que ces régimes, nés antérieurement au régime légal, aient été maintenus dans leur forme privée initiale au sein d'un système de sécurité sociale désormais généralisé et étatisé (191).

Leur inclusion dans le champ d'application du règlement ne saurait être contestée et ne l'a pas été dans son principe, dans la mesure où le régime de substitution joue exactement à l'égard de la catégorie de travailleurs intéressée le rôle de la sécurité sociale à l'égard de la généralité des travailleurs.

2) Des **régimes complémentaires**, au sens habituel de l'expression en droit français, qui supposent l'existence d'un régime légal de base et qui, couvrant le même risque que celui-ci à l'égard des mêmes personnes, ajoutent leurs prestations à celles du régime légal. C'est le cas par exemple des régimes complémentaires d'assurance-vieillesse dans le dispositif juridique français.

Ces régimes sont inégalement développés suivant les États et leur inclusion dans la coordination communautaire soulèverait des difficultés techniques importantes.

3) Des régimes complémentaires, en un autre sens, qui couvrent un risque particulier que la loi n'assure pas et suppléent à l'égard de l'ensemble des travailleurs, à la carence du dispositif légal. Ainsi en France de l'assurance-chômage. Sont alors visés des régimes qualifiables de **régimes généraux de substitution**, car ces régimes répondent autant à une idée de substitution au régime légal qui fait défaut, qu'à celle d'un complément apporté à la sécurité sociale légale pour un risque non couvert par celle-ci.

Dans la mesure où la coordination communautaire entend englober l'ensemble des branches de sécurité sociale, il convient de les comprendre dans le champ d'application de la réglementation communautaire ; ou alors la coordination ne sera pas complète.

Avec la formule très compréhensive retenue par l'arrêt *Vaassen-Gobbels*, c'est tout cet ensemble qui pouvait entrer dans le domaine du règlement n° 3, alors que l'intention des auteurs du règlement n'avait pas été de pousser aussi loin la coordination et que l'expression de « législation » utilisée par l'article 2 autorisait mal une semblable extension.

(191) En l'espèce, pour la France, régime SNCF, régime des mineurs…

641. Règlement 1408/71. Le règlement n° 1408/71 a repris, dans l'article 1 lettre j), la définition donnée par le règlement n° 3 du terme « législation » : « *les lois, les règlements, les dispositions statutaires* » et, est-il ajouté, « *toutes autres mesures d'application* ». Tous les types de mesures nationales applicables en la matière sont visés (192).

Mais le règlement nouveau a coupé court à une introduction générale des régimes d'origine conventionnelle dans son champ d'application ; il les exclut formellement, même lorsqu'ils ont été rendus obligatoires ou étendus par une décision des pouvoirs publics (article 1-j), 2e alinéa). La coordination est donc réservée, en principe, aux seuls régimes légaux.

Vu l'importance qu'ils revêtent dans les systèmes sociaux de nombreux États membres, l'exclusion des régimes conventionnels laisse subsister un obstacle important à la liberté de circulation des travailleurs. Une partie de l'obstacle peut cependant être levée sur décision de l'État membre concerné.

À condition que les dispositions conventionnelles servent « *à la mise en œuvre d'une obligation d'assurance résultant des lois ou des règlements* », un État membre peut en effet soumettre un régime conventionnel à l'empire du règlement, par une déclaration inscrite en annexe de celui-ci. Chaque État membre est laissé libre de décider dans quelle mesure ses régimes conventionnels s'intégreront ou non à la coordination communautaire. En pratique, ce seront principalement les régimes correspondant à la troisième situation visée plus haut – régimes de substitution autant que régimes complémentaires – qui feront l'objet d'une déclaration des États membres (193).

De manière générale, les régimes répondant à l'idée d'une substitution au régime légal et qui ont la forme d'un régime conventionnel sont destinés, sur décision des États membres où ils sont institués, à entrer dans le champ d'application du règlement.

642. Régimes de retraite complémentaire. Les régimes complémentaires de retraite ont une importance variable d'un État membre à l'autre, compte tenu notamment du niveau de couverture plus ou moins satisfaisant procuré par les régimes de base.

Ces régimes sont souvent organisés dans le cadre de l'entreprise, et sont gérés selon la technique de la capitalisation. Ils peuvent se présenter sous forme de régime *surcomplémentaire* s'ajoutant au niveau de l'entreprise au régime légal et au régime complémentaire général. Leur exclusion de la coordination se comprend : très nombreux et émiettés, obéissant à des mécanismes divers, il serait excessivement complexe d'en coordonner l'application.

Les régimes du type des régimes conventionnels français ARRCO et AGIRC (194) présentent cependant des particularités qui justifieraient leur participation à la

(192) Y compris si elles s'appliquent hors territoire métropolitain, CJCE, 31 mars 1977, *Bozzone c. Office de sécurité sociale d'Outre-mer*, aff. 87/76, *Rec.* p. 687.

(193) Ainsi pour la France du régime d'assurance chômage institué par les partenaires sociaux et géré par les ASSEDIC ; déclaration du Gouvernement français publiée au *JOCE* n° C. 190 du 2 avril 1987.

(194) Créés par les accords collectifs du 8 décembre 1961 et du 14 mars 1947.

coordination communautaire. Leur domaine d'application est national et interprofessionnel et ils sont gérés suivant le principe de la répartition. Le mode de fonctionnement de ces régimes emprunte par ailleurs aux techniques des régimes de base de sécurité sociale (195).

Ces régimes sont néanmoins demeurés exclus. Contrairement à ce qu'avait laissé entrevoir la jurisprudence *Vaassen-Gobbels*, la faculté d'insertion volontaire dans le processus de coordination a paru ne concerner que des régimes qui, comme celui de l'UNEDIC, se substituent à la sécurité sociale légale assurant des prestations de base, et non ceux qui viennent compléter ces derniers pour couvrir les mêmes risques, comme le font les régimes ARRCO et AGIRC.

Une évolution s'est cependant produite dans le sens de l'inclusion. Par déclaration du gouvernement français, les régimes complémentaires AGIRC et ARRCO du droit français ont finalement été inclus dans la coordination communautaire.

643. Règlement 883/2004. Le nouveau règlement a en partie corrigé la définition du terme « législation » retenue jusque-là. Il n'est plus question dans cette définition de « *dispositions statutaires* », terme des plus ambigus, mais désormais de « *lois, règlements et autres dispositions légales et toutes autres mesures d'application* » (196).

En même temps que les « *dispositions statutaires* » disparaissent, l'exclusion partielle des « *dispositions conventionnelles* » est confirmée, sous une réserve importante. Les « *dispositions conventionnelles* » « *qui servent à la mise en œuvre d'une obligation d'assurance résultant des lois et règlements* » entrent désormais dans le domaine matériel de la coordination, alors qu'il fallait précédemment qu'elles fassent l'objet d'une déclaration de la part des autorités de l'État membre concerné. Les mesures d'application d'un texte légal créant une obligation d'assurance sont couvertes. Restent cependant soumises à déclaration des États membres celles des dispositions conventionnelles nationales « *qui ont fait l'objet d'une décision des pouvoirs publics les rendant obligatoires ou étendant leur champ d'application* » (197).

Il y a donc maintenant trois situations, entre dispositions conventionnelles appliquant la loi, dispositions conventionnelles confortées par une décision de l'autorité publique, dispositions conventionnelles restées strictement conventionnelles. Les premières entrent dans la coordination, les secondes peuvent y entrer, les troisièmes en sont exclues.

§ 2. — Champ d'application personnel

644. Une ouverture progressive. Le domaine « *ratione personae* », tel que défini par l'article 2 du règlement 1408/71, a évolué depuis la mise en vigueur du règlement n° 3. Il s'est ouvert progressivement vers l'ensemble des personnes qui se déplacent à l'intérieur de l'Union européenne. L'évolution la plus notoire est

(195) Obligation de cotiser notamment.
(196) Article 1er l) du règlement 883/2004.
(197) Article 1er l), 2e alinéa, du règlement 883/2004.

l'extension de la coordination européenne des sécurités sociales aux travailleurs non salariés, alors qu'elle avait été pour commencer réservée aux seuls salariés. Dans le prolongement de la généralisation de la liberté de circulation des personnes, un règlement n° 307/99 du 8 février 1998 a étendu aux étudiants l'application du règlement 1408/71 (198). Le règlement 859/2003 a également permis d'ouvrir la coordination européenne à ceux des ressortissants de pays tiers qui n'en bénéficiaient pas jusque-là (199). L'application de la coordination, dans tous les cas, concerne les membres de la famille de l'intéressé direct.

Suivant une limitation générale du domaine d'application du droit de l'Union en matière de libre circulation, ses règles ne s'appliquent qu'aux situations de déplacement entre États membres. Les situations purement internes, auxquelles ne se rattache aucun mouvement entre États membres, échappent à l'emprise du droit de la libre circulation des personnes (200). Un ressortissant de l'Union – travailleur salarié, non salarié, étudiant –, qui n'a jamais résidé, séjourné ou travaillé sur le territoire d'un autre État membre ne peut invoquer le bénéfice de la coordination (201). La même restriction s'applique aux ressortissants de pays tiers relevant du règlement 859/2003.

A. — Déplacement – la notion de migrant

645. Du travailleur migrant à celui qui se déplace. L'évolution qu'a connue la conception du migrant se marque dans le changement intervenu dans l'intitulé des règlements : le règlement n° 3 concernait « la sécurité sociale des travailleurs migrants », alors que le règlement n° 1408/71 est « relatif à l'application des régimes de sécurité sociale aux travailleurs salariés et à leur famille qui se déplacent à l'intérieur de la Communauté ».

La notion stricte du travailleur migrant, telle qu'elle a été habituellement comprise dans les relations internationales, concerne exclusivement le travailleur qui se déplace pour un motif de travail. C'est la motivation par des raisons d'emploi ou de travail qui définit d'une façon précise le travailleur migrant. Quant à l'expression de travailleur qui se déplace, elle n'implique pas l'existence d'un lien entre le déplacement et le travail. C'est du moins ainsi que l'usage l'entend.

Le problème de terminologie renvoie à une question de fond, c'est-à-dire au traité Communauté européenne lui-même et plus précisément au traité de Rome. L'objectif général de la libre circulation des articles 48 et suivants a été de créer un marché commun de l'emploi et du travail. La sécurité sociale des travailleurs migrants fut conçue comme un des moyens de réaliser cet objectif. Une interprétation téléologique rigoureuse du traité aurait donc commandé de limiter le champ d'application personnel de la sécurité sociale des migrants aux seules personnes qui contribuent à la formation d'un marché communautaire intégré du travail, c'est-à-dire se déplacent à l'intérieur de la Communauté pour des motifs de travail.

(198) *JOCE* L. 38 du 12 février 1999.
(199) *JOUE* n° L 124 du 20 mai 2003.
(200) V. *supra* n° 186.
(201) CJCE, 28 juin 1984, *Hans Moser*, aff. 180/83, *Rec.* p. 2539.

Mais telle n'est pas la conception qui a prévalu. La Cour de justice a retenu une conception large du migrant, indifférente au motif de déplacement.

645-1. L'arrêt *Unger*, rendu par la Cour de justice le 19 mars 1964 (202), est à l'origine d'une interprétation extensive que le règlement 1408 ratifiera en 1971.

Une Néerlandaise, alors sans emploi mais antérieurement salariée, affiliée à l'assurance volontaire aux Pays-Bas, avait fait un séjour en Allemagne, pendant lequel elle était tombée malade. Elle séjournait en Allemagne pour des motifs de convenance personnelle, non pour y occuper ou y rechercher un emploi. Soignée en Allemagne, elle demanda le remboursement de ses frais de maladie à l'institution néerlandaise d'affiliation. Celle-ci refusa ; l'affaire vint devant la Cour de justice.

La Cour a souligné que les dispositions de l'article 19 du règlement n° 3, qui accordent à l'assuré social en séjour temporaire dans un État membre autre que l'État d'affiliation un droit aux prestations en cas de soins urgents ou d'hospitalisation, ne prévoient « aucune exception », notamment en ce qui concerne le motif du séjour à l'étranger. Mme Unger pouvait donc bénéficier du règlement n° 3 bien que son déplacement en Allemagne ait été indépendant de toute raison de travail.

645-2. L'arrêt *Singer*. Dans l'arrêt *Unger*, la Cour de justice n'avait cependant pas abordé de front la notion de migrant, s'attachant plutôt à définir le travailleur salarié. C'est au contraire ce qu'il lui a fallu faire dans l'affaire *Singer* (203) où la Cour devait décider si un accident (de la circulation) survenu dans un État membre autre que l'État d'affiliation entrait dans le champ d'application du règlement n° 3, alors qu'il ne s'était produit ni pendant le travail, ni à l'occasion de celui-ci.

La Cour, se fondant sur les buts de l'article 51 du Traité, a estimé que « *l'établissement d'une liberté aussi complète que possible de la circulation des travailleurs* » étant un des « *fondements* » de la Communauté, « *il ne serait pas conforme à cet esprit de limiter la notion de "travailleur" aux seuls travailleurs migrants stricto sensu ou aux seuls déplacements relatifs à l'exercice de leur emploi* ».

Le rejet par la Cour de justice de la notion étroite du « migrant » a été parfaitement clair : *le motif du déplacement est indifférent*.

Cette interprétation extensive, confirmée par les décisions ultérieures de la Cour de justice (204), en dépassant les limites qui auraient été celles d'un marché commun du travail étroitement entendu, a eu pour effet de permettre une coordination des sécurités sociales qui favorise également les déplacements à caractère purement touristique. C'est, a-t-on dit, le « tourisme social » (205), la protection sociale des touristes, qui en a profité directement. L'assuré social peut recevoir des services médicaux dans un autre État membre que l'État compétent, possibilité traduisant une conception de la liberté de prestation de services permettant aux destinataires de services d'aller les recevoir dans un autre État membre (206).

(202) Aff. 75/63, *Rec.* 1964 p. 349 ; *RTD eur.* 1965, p. 84 ; *Dr. soc.* 1964, p. 658.
(203) CJCE, 9 décembre 1965, aff. 44/65, *Rec.* p. 1192.
(204) CJCE, 11 mars 1965, *Bertholet*, aff. 31/64, *Rec.* p. 111 et sous l'empire du règlement 1408/71, CJCE, 27 septembre 1988, *Lenoir*, aff. 313/86, *Rec.* p. 5391.
(205) Expression utilisée par G. Lyon-Caen.
(206) V. égal. *infra* n° 682.

645-3. Règlement 883/2004. Le titre du nouveau règlement, qui se donne simplement pour objet de coordonner les systèmes de sécurités sociales, relègue les discussions relatives aux motifs de déplacement dans le passé. Il couvrira toutes les personnes relevant de son champ d'application personnel, qui se déplacent au sein de l'Union, quel que soit le motif du déplacement, l'hypothèse d'un abus ou d'une fraude devant toutefois être réservée.

646. Frontaliers et saisonniers. Le règlement n° 3 ne visait que les migrants et était inapplicable aux frontaliers et aux saisonniers, régis seulement par des conventions bilatérales. Les frontaliers ne sont pas proprement des migrants mais des travailleurs qui ne résident pas dans le pays où ils travaillent. Quant aux saisonniers ce sont bien des migrants mais d'une nature particulière, puisqu'ils ne s'installent pas durablement dans le pays où ils vont provisoirement travailler.

Les frontaliers et les saisonniers ont rapidement été admis à bénéficier des règles protectrices prévues par les règlements communautaires depuis 1963 (207).

Ils relèvent désormais directement du règlement 1408/71 au même titre que les autres catégories de travailleurs en déplacement (208). Le règlement 883/2004 vise toujours les frontaliers, qui continuent de relever partiellement de règles qui leur sont propres, mais ne le fait plus pour les saisonniers, dont la situation relève des règles générales.

B. — La notion de travailleur

647. Des salariés aux non salariés. Le règlement n° 3 ne s'appliquait qu'aux travailleurs salariés et à ceux qui étaient assimilés à des salariés ainsi qu'à leur famille. Pour commencer, le règlement n° 1408 n'a à son tour régi que les travailleurs relevant des régimes de sécurité sociale destinés à couvrir les salariés. Le règlement 1390/81 du 12 mai 1981 (209) a décidé d'en étendre l'application, avec les adaptations nécessaires, aux travailleurs non salariés et à leur famille. Cette extension a été jugée nécessaire pour compléter la liberté d'établissement et de prestation de services (210), comme l'avait été la liberté de circulation des travailleurs salariés. En outre, les législations nationales assurant une protection sociale de plus en plus étendue aux travailleurs indépendants, leur coordination était devenue une nécessité. Le règlement 1408/71 a été rebaptisé : il est devenu « règlement relatif... aux travailleurs salariés, aux travailleurs non salariés ainsi qu'aux membres de leur famille qui se déplacent dans la Communauté ».

Le règlement 883/2004 a avalisé cette évolution et s'applique aussi bien aux travailleurs salariés qu'aux non salariés.

La notion de travailleur salarié n'a pas pour autant perdu l'intérêt pratique qui était antérieurement le sien, même si cet intérêt s'est atténué ou plutôt déplacé. La discussion avait tout spécialement porté sur le caractère ou non communautaire de

(207) Règlement n° 36 du 2 avril 1963.
(208) Articles 1 b) et 1 c). du règlement 1408/71.
(209) *JOCE* n° L. 143 du 29 mai 1981.
(210) Articles 49 à 55 TFUE, ex-articles 43 à 55 du Traité CE.

la définition de la notion de travailleur. L'intérêt d'une telle discussion demeure, d'autant qu'elle concerne la notion de travailleur sous son double qualificatif, que l'on considère celui qui est salarié ou celui qui ne l'est pas.

648. Évolution générale – d'une définition communautaire à une définition nationale de la notion de travailleur. Depuis la mise en vigueur du règlement n° 3, la définition de la notion de travailleur a connu de sensibles évolutions. La Cour de justice avait commencé par lier la qualité de travailleur – salarié – au contrat de travail et elle avait entendu donner de la notion de travailleur une définition communautaire, en suivant une approche de droit du travail plutôt que de sécurité sociale. Mais son analyse s'est corrigée et le travailleur au sens de la coordination communautaire des sécurités sociales est simplement devenu celui qui est affilié à un régime de sécurité sociale destiné aux salariés, renvoi étant ainsi fait aux règles nationales d'affiliation. L'effet du règlement 1390/71 a simplement été ensuite d'ouvrir la formule. Le travailleur est celui qu'un système national affilie en tant que salarié ou en tant que non salarié et ceci en fonction de ses propres définitions. La définition communautaire de la notion a cédé devant un renvoi aux définitions nationales.

649. De l'arrêt *Unger* à l'arrêt *de Cicco*. Dans l'arrêt *Unger* (211), la Cour de justice avait estimé que la notion de travailleur devait recevoir une acception communautaire et déclaré que « *Le travailleur protégé n'est pas exclusivement celui qui détient un emploi actuel mais égalementcelui qui, ayant quitté son emploi, est susceptible d'en occuper un autre* », formule anticipatrice évoquant la notion de contrat d'activité ou de « parcours professionnel » aujourd'hui au cœur des réflexions sur le travail salarié (212).

Mais déjà l'arrêt *Unger*, suivant en cela l'article 4 du règlement n° 3, avait également dit que sont des travailleurs salariés ou assimilés au sens du règlement « *tous ceux qui, en tant que tels ou sous quelque appellation que ce soit, se trouvent couverts par les différents systèmes nationaux de sécurité sociale* ».

C'est cependant l'arrêt *De Cicco*, rendu par la Cour de justice le 19 décembre 1968 (213), qui a décidé de l'orientation qui aboutira aux modifications de texte introduites par le règlement n° 1408/71 et aux solutions aujourd'hui consacrées.

Un artisan italien réclamait le bénéfice des dispositions du règlement en tant qu'affilié en Italie à la sécurité sociale générale des salariés. En effet, la législation italienne étendait le bénéfice du régime général de sécurité sociale (214) à d'autres catégories de travailleurs que les salariés proprement dits, en particulier aux artisans. Il s'agissait cependant d'une profession indépendante auquel le règlement n° 3

(211) Précitée n° 646-1.

(212) V. spécialement, dans une littérature importante, *Le travail dans vingt ans*, rapport « Boissonnat », Éd. Odile Jacob, 1995 ; Fr. GAUDU, « Du statut de l'emploi au statut de l'actif », *Dr. soc.* 1995, p. 538 ; « Travail et activité », *Dr. soc.* 1997, p. 119 ; « La sécurité sociale professionnelle, un seul lit pour deux rêves », *Dr. soc.* 2007, p. 393 ; Fr. FAVENNEC-HÉRY, « La sécurisation des parcours professionnels, sésame de toutes les réformes ? », *Dr. soc.* 2007, p. 1105.

(213) Aff. 19/68, *Rec.* 1968 p. 700, *Dr. soc.* 1969, p. 333, note G. LYON-CAEN ; v. également M. VOIRIN, « ... vers l'extension aux non salariés », *Dr. soc.* 1969, p. 467 ; nouvelle orientation confirmée par CJCE, 17 octobre 1971, *Janssen*, ff. 23/71, *Rec.* 1971 p. 859.

(214) Pour la couverture de certains risques seulement.

ne s'appliquait en principe pas. Mais de Cicco demandait à être considéré, en raison de son affiliation au régime général, comme un travailleur « assimilé » à un travailleur salarié.

La Cour de justice s'est tournée vers une définition du travailleur au regard du règlement en faisant appel à des critères spécifiques de sécurité sociale. Elle n'a pas cherché à définir la définir la qualité de travailleur salarié, mais estimé que cette qualité existait chez celui qui est affilié à un régime de sécurité sociale destiné aux salariés. Il pourra s'agir soit d'un salarié proprement dit, soit d'un travailleur non salarié, mais assimilé à un salarié dans la mesure où « *les dispositions d'un régime général de sécurité sociale sont étendues à une catégorie de personnes autres que les travailleurs salariés* » ... « *quelles que soient les formes ou modalités utilisées par le législateur national* ».

La décision était intéressante à un double égard :

– tout d'abord, la Cour de justice a recherché la qualité de bénéficiaire à travers des *critères techniques propres à la sécurité sociale* ;

– la Cour a ensuite renoncé aux visées harmonisatrices que manifestait l'arrêt *Unger* à travers la définition que cet arrêt avait entendu donner de la notion de travailleur. Elle a laissé aux législations nationales le soin de décider du cercle des bénéficiaires de leur régime général de sécurité sociale. La seule exigence que la Cour de justice impose aux États membres en vue d'assurer la coordination internationale des législations est simplement devenue que toute personne relevant du régime général puisse bénéficier du règlement communautaire de coordination.

650. Règlement 1408/71. Le règlement n° 1408 a entériné en 1971 l'interprétation de la Cour de justice dans ses orientations finales, en définissant le « travailleur » au sens du règlement comme l'assuré auprès d'un régime couvert par le règlement : article 1 a). Ont été désignés comme les bénéficiaires du règlement (article 1 a) i)) les travailleurs « *assurés au titre d'une assurance obligatoire ou facultative continuée* » auprès d'un régime s'adressant aux salariés.

Dans l'hypothèse où les régimes de sécurité sociale s'adressent non aux seuls salariés, mais à toute la population active ou à tous les résidents, le règlement n° 1408 avait initialement posé des règles (215) devant permettre d'isoler au sein de ces régimes les salariés des non-salariés.

Le règlement n° 1390/81 ayant ensuite étendu la coordination communautaire aux travailleurs non salariés, la distinction entre travailleurs salariés et non salariés a perdu la signification d'inclusion ou d'exclusion qu'elle avait jusque-là présentée.

La distinction n'en continue pas moins à avoir une importance et ce même règlement 1390/81 a précisé, dans une annexe I au règlement 1408, ce qu'il fallait entendre par « travailleur salarié » et « travailleur non salarié » au regard des droits nationaux intéressés, mais ceci en reprenant les *définitions nationales* ou en y renvoyant.

(215) Article 1-a)-ii) du règlement 1408/71.

Les analyses issues de l'arrêt *de Cicco* se sont, sur ces nouvelles bases, confirmées. Elles valent désormais pour la notion d'activité salariée comme pour celle d'activité non salariée. « *Les notions de travailleur salarié et de travailleur non salarié auxquelles se réfère le règlement renvoient aux définitions qu'en donnent les législations des États membres* » (216). On ne saurait supposer, dit le plus clairement la Cour dans ce même arrêt *de Jaeck*, que le législateur communautaire, pour la détermination de la législation de sécurité sociale applicable, « *ait entendu conférer aux notions d'activité salariée et d'activité non salariée une signification communautaire autonome, inspirée de surcroît du droit du travail* ».

La qualité de « travailleur salarié » ou « travailleur non salarié » au sens du règlement dépend du point de savoir si la personne intéressée est assurée au titre d'un régime national de sécurité sociale, « *ne serait-ce que contre un seul risque* », et « *ce indépendamment de l'existence d'une relation de travail* », a également dit la Cour de justice (217).

Précisons enfin que la qualité de travailleur au sens du règlement 1408/71 doit être considérée comme acquise dès lors que le travailleur satisfait aux conditions matérielles objectivement fixées par le régime de sécurité sociale qui lui est applicable, même si les démarches nécessaires pour l'affiliation à ce régime n'ont pas été accomplies (218).

Reste que le règlement communautaire, même élargi aux non salariés, n'a continué à viser les travailleurs, c'est-à-dire les actifs, sous réserve de son extension, en 1999, aux étudiants (219).

651. Règlement 883/2004. Les définitions retenues par le nouveau règlement ne visent plus le travailleur, salarié ou non salarié, mais l'activité salariée ou non salariée. Le principe reste toutefois le même : renvoyer aux qualifications nationales et plus exactement à celle de l'État membre dans lequel cette activité est exercée. La définition de l'article 1er a) énonce que « *le terme "activité salariée" désigne une activité, qui est considérée comme telle pour l'application de la législation de sécurité sociale de l'État membre dans lequel cette activité est exercée* », la même formule se retrouvant, *mutatis mutandis*, pour l'activité non salariée (220). Dans les deux cas, les termes activité salariée ou activité non salariée désignent aussi une « *situation assimilée* » considérée comme telle dans le pays où elle « *se produit* ».

652. Conception large de l'activité. La Cour a posé que le bénéfice de la coordination n'est pas lié à l'exercice, de façon permanente, d'une activité professionnelle (221).

(216) CJCE, 30 janvier 1997, *de Jaeck*, aff. C-340/94 ; v. également, CJCE, 3 mai 1990, *Kits van Heijningen*, aff. C-2/89, *Rec.* I, p. 1755. La Cour de cassation française a également eu l'occasion d'énoncer que la nature salariée ou non de l'activité est déterminée par la législation de l'État sur le territoire duquel l'activité s'exerce (Cass. soc., 6 avril 1995, *RJS* 1995, p. 468).

(217) CJCE, 7 juin 2005, *Dodl*, aff. C-543/03 ; antérieurement, CJCE, 11 juin 1998, *Kuusijärvi*, C-275/96, *Rec.* I, p. 3419 ; CJCE, 12 mai 1998, *Martinez Sala*, aff. C-85/96, *Rec.* I, p. 2691.

(218) CJCE, 15 décembre 1976, *Mouthaan*, aff. 39/76, *Rec.* p. 1901.

(219) V. *supra* n° 590.

(220) Article 1er b) du règlement 883/2004.

(221) Rappr. *supra* n° 207 et s. les développements relatifs à la notion d'activité dans le domaine de la libre circulation des personnes.

– **Inactivité actuelle.** Dans l'affaire *Unger* (222), la Cour de justice, interprétant la notion de « travailleur salarié ou assimilé », utilisée par le règlement n° 3 avait le choix entre deux conceptions. La première, plus stricte, tendait à lier le bénéfice de la coordination à l'*exercice d'une activité* professionnelle ; la coordination aurait alors été réservée aux personnes dont le déplacement est directement lié à une activité en cours. La seconde conception tendait en revanche à attacher le bénéfice de la coordination à la *qualité de travailleur*, toute personne ayant acquis cette qualité étant, dans cette conception, fondée à obtenir l'application des règles de coordination, même si cette personne n'a pas actuellement d'activité et quels que soient les motifs de ses déplacements. C'est en faveur de cette deuxième interprétation que la Cour de justice a tranché.

– **Activité passée.** La coordination s'applique au travailleur ayant cessé son activité professionnelle, quel que soit le motif de cet interruption. Ainsi le ressortissant d'un État membre qui, après avoir occupé un emploi salarié dans un État de la Communauté européenne, réside sur le territoire d'un autre État membre où il tombe malade alors qu'avant sa maladie il n'y avait jamais travaillé, bénéficiera des règles de la coordination (223).

– **Activité à temps partiel.** Le travailleur à temps partiel, *a fortiori*, y entre également. Le temps consacré à l'activité professionnelle n'importe pas : « *une personne doit être considérée comme entrant dans le champ d'application du règlement 1408/71 si elle satisfait aux conditions posées par ses dispositions, indépendamment du temps qu'elle consacre à l'exercice de son activité* ». Ainsi d'une personne exerçant une activité d'enseignant à raison de deux heures par jour, deux jours par semaine (224).

– **Activité préalable et effective.** La reconnaissance de la qualité de travailleur n'est cependant pas sans limites : elle exige, sans dérogation possible, l'exercice préalable et effectif d'une activité professionnelle.

Celui qui n'a jamais exercé d'activité est exclu du champ d'application de la coordination, alors même qu'il est déjà assujetti à un régime d'inactifs et que son déplacement est motivé par la recherche d'un emploi (225).

653. Catégories particulières de travailleurs. Le bénéfice de la coordination européenne s'étend à certains assurés sociaux soumis à des dispositions particulières du fait de la nature particulière de leur activité. Il en est ainsi :

– des gens de mer (226) ;

– du personnel de service des missions diplomatiques et des postes consulaires (227) ;

– des agents auxiliaires des Communautés européennes (228) ;

(222) CJCE, 19 mars 1964, aff. 75/63, *Rec.* p. 369.
(223) CJCE, 10 mars 1992, *Twomey*, aff ; C-215/90, *Rec.* I, p. 1823.
(224) CJCE, 3 mai 1990, *Kits Van Heijningen*, aff. C-2/89, *Rec.* I, p. 1755.
(225) CJCE, 1er décembre 1977, *Kuyken*, aff. n° 66/77, *Rec.* p. 2311 ; CJCE, 19 janvier 1978, *CPAM Eure et Loire c. Mlle Recq*, aff. n° 84/77, *Rec.* p. 7.
(226) Article 14 *ter* du règlement 1408/71 ; article 11 § 4 du règlement 883/2004.
(227) Article 16 § 1 du règlement 1408/71.
(228) Article 16 § 2 du règlement 1408/71.

– de fonctionnaires nationaux (229). Le règlement n° 1606/98 du 29 juin 1998, écartant l'exclusion jusque-là consacrée, a étendu aux régimes spéciaux de fonctionnaires l'application des règles de coordination communautaires du règlement n° 1408/71 (230).

654. Membres de la famille et survivants. En application de l'article 2 § 2 du règlement 1408/71, remplacé par l'article 2 § 1 du règlement 883/2004, les membres de la famille du travailleur et ses survivants, quelle que soit leur nationalité, ne bénéficient que de droits dérivés de la carrière d'assurance du travailleur, c'est-à-dire ceux acquis en qualité de membres de la famille ou de survivants du travailleur. C'est ce qu'avait estimé la Cour de justice dans son arrêt *Kermaschek* (231).

Il en résultait que les membres de la famille ne pouvaient pas prétendre au bénéfice de prestations prévues par l'État d'accueil au titre de droits propres, ne dépendant pas du lien de parenté avec le travailleur et réservées aux nationaux (232).

Cette jurisprudence faisait directement dépendre l'étendue de l'égalité de traitement et l'uniformité d'application du droit communautaire de la qualification de droit propre ou de droit dérivé décidée par la législation nationale applicable. C'est pourquoi la Cour, tout en maintenant la distinction entre droits propres et droits dérivés, a entendu en limiter la portée en la faisant échapper aux libres qualifications nationales (233).

C. — La condition de nationalité

655. Ressortissants de l'Union. Les règlements 1408/71 et 883/2004 dans leur article 2, limite le bénéfice de la coordination aux ressortissants des États membres, c'est-à-dire aux personnes qui possèdent la nationalité de l'un des États membres de l'Union (234).

Lorsqu'il s'agit de liquider une prestation dont l'ouverture ou le calcul dépend de l'accomplissement de périodes d'assurance, la condition de nationalité d'un État membre n'est pas exigée au moment de la demande de prestation mais lors de

(229) V. article 11 § 3 b) du règlement 883/2004. Les fonctionnaires et le personnel assimilé entrent dans le champ d'application du règlement n° 1408/71, dans la mesure où ils sont ou ont été soumis à la législation d'un État membre couverte par ce règlement (article 2 § 3 du règlement). Cette inclusion n'a de conséquences effectives que dans la mesure où le régime applicable aux fonctionnaires et assimilés entre lui-même, en tout ou partie, dans le champ d'application matériel du règlement. Or les régimes spéciaux des fonctionnaires en sont exclus. Ce sont seulement les fonctionnaires ou agents publics relevant du régime des salariés du secteur privé, qui bénéficient des dispositions communautaires organisant la coordination. V. en ce sens, CJCE, 24 mars 1994, *Van Poucke*, aff. C-71/93, *Rec.* I, p. 1101, à propos d'un militaire de carrière soumis au régime général d'assurance des salariés. Le règlement n° 1606/98 a étendu l'application du règlement 1408 aux régimes spéciaux de fonctionnaires et de CJCE, 22 novembre 1995, *Vougioukas*, aff. C-443/93, *Rec.* I, p. 4033 ; v. également P. Mavridis, « L'arrêt Vougioukas, une révolution discrète », *Cah. dr. eur.* 1998, p. 191.

(230) *JOCE* n° L. 209 du 25 juillet 1998.

(231) CJCE, 23 novembre 1976, aff. 40/76, *Rec.* p. 1669.

(232) CJCE, 6 juin 1985, *Frascogna*, aff. 157/84, *Rec.* p. 1739, pour une allocation spéciale de vieillesse ; 8 juillet 1992, *Taghavi*, aff. 243/91, *Rec.* I, p. 4401 ; 27 mai 1993, *Hugo Schmid c. Belgische Staat*, *Rec.* I, p. 3011, concernant des allocations pour handicapés.

(233) CJCE, 30 avril 1996, *Cabanis-Issarte*, aff. C-308/93.

(234) En droit français, le décret du 11 mars 1994 relatif aux conditions d'entrée et de séjour en France des ressortissants des États membres de la Communauté, énumère les conditions exigées par la législation française pour obtenir la qualité de ressortissant communautaire. D. n° 94.211, *JO* du 13 mars 1994.

l'accomplissement des périodes d'assurance et d'emploi. C'est ce qu'a précisé la Cour de justice dans son arrêt *Belbouab*, rendu le 12 octobre 1978 (235). L'affaire concernait un citoyen français devenu algérien lors de l'indépendance de l'Algérie, mais qui avait travaillé en France et en Allemagne avant 1962. Ayant ainsi acquis, pendant cette période, un nombre de trimestres suffisant pour lui permettre de prétendre à une pension, il était devenu titulaire d'un droit personnel à pension en tant que ressortissant d'un des États de la Communauté. Les droits acquis à ce titre, a décidé la Cour, ne pouvaient être contestés du fait de son changement ultérieur de nationalité.

Inversement, la qualité de ressortissant d'un État membre n'a pas été reconnue au travailleur qui, au moment où il exerçait sa profession, était ressortissant d'un État non encore membre de la Communauté européenne (236).

En revanche, lorsqu'on vise des prestations indépendantes des périodes d'assurance accomplies, tant pour l'ouverture des droits que pour leur calcul, la condition de nationalité doit être appréciée au moment de la demande de prestation.

656. Ressortissants de pays tiers : 1° avant le règlement n° 659/2003. La coordination européenne a pour commencer bénéficié à plusieurs catégories de personnes n'ayant pas la nationalité d'un État membre.

– le règlement 1408/71 s'est appliqué aux *apatrides* et aux *réfugiés* résidant sur le territoire d'un État membre, ainsi qu'aux membres de leur famille et à leurs survivants, extension que l'on retrouve dans le règlement 883/2004 (237).

Les termes « réfugié » ou d'« apatride » ont la signification que leur attribuent respectivement l'article 1er de la Convention de Genève du 28 juillet 1951 relative aux statuts des réfugiés et l'article 1er de la Convention de New York du 28 septembre 1954 relative au statut des apatrides (238) ;

– lorsque le travailleur est ressortissant de l'Union, les deux règlements s'appliquent aux *membres de sa famille* et à ses *survivants*, indépendamment de leur nationalité. Si lui-même n'est pas ressortissant de l'Union, le règlement s'applique malgré tout aux survivants, à condition que ces survivants soient eux-mêmes soit ressortissant de l'un des États membres, soit apatrides ou réfugiés résidant sur le territoire d'un État membre (239).

Les deux règlements s'appliquent enfin aux ressortissants d'États tiers ayant conclu un accord en ce sens avec la Communauté, et ses dispositions s'étendent aux ressortissants des pays de l'Association européenne de libre échange parties à l'accord sur l'Espace économique européen (240). S'ils n'ont pas pour objet principal la sécurité sociale, ces accords jouent néanmoins un rôle dans le règlement de la situation des travailleurs ressortissants des pays intéressés en ce domaine. Ils leur permettent d'abord de bénéficier d'un régime de non-discrimination concernant les

(235) Aff. 10/78, *Rec.* p. 1915.
(236) CJCE, 14 novembre 1990, *Buhari Haji*, aff. 105/89, *Rec.* I, p. 4211.
(237) Article 2 § 1 des deux règlements.
(238) V. les définitions de l'article 1 d) et 1 e) du règlement 1408/71, 1 g) et 1 h) du règlement 883/2004.
(239) Article 2 § 2 des règlements 1408/71 et 883/2004.
(240) V. *infra* n° 656-658.

prestations de sécurité sociale (241) ; ils leur permettent également de bénéficier du principe de totalisation des périodes d'emploi et d'assurance, élément central de la coordination communautaire (242). Sous réserve de leur caractère non exportable, le régime de non-discrimination s'étend aux prestations non contributives en matière de vieillesse ou d'invalidité (243).

657. Ressortissants de pays tiers : 2° depuis le règlement n° 659/2003. Ce règlement, du 14 mai 2003, a étendu l'application du règlement 1408/71 et de son règlement d'application à l'ensemble des autres ressortissants non communautaires, extension que le règlement 883/2004 a maintenue.

Seuls certains ressortissants des pays tiers (en tant que membres de famille d'un citoyen de l'Union, principalement) relevaient de la coordination communautaire des sécurités sociales. Le préambule du règlement énonce qu'il convient maintenant de « *prévoir l'application des règles de coordination du règlement (CEE) n° 1408/71 et du règlement (CEE) n° 574/72 aux ressortissants de pays tiers en situation régulière dans la Communauté qui ne sont pas actuellement couverts par les dispositions de ces règlements en raison de leur nationalité et qui remplissent les autres conditions prévues par ce règlement* » (244). L'extension répond à la volonté de traiter équitablement les ressortissants de pays tiers résidant légalement dans le Communauté (245). À ce souci de justice envers les ressortissants de pays tiers s'ajoutent des raisons plus pratiques. Leur exclusion du champ d'application

(241) Sur les difficultés qui naissent des différences entre législation allemande et législation turque en matière d'état civil, concernant l'âge d'un travailleur turc et son droit à pension, v. CJCE, 14 mars 2000, *Kocak*, aff. C-102/98 et C-211/98, arrêt dans lequel la Cour se refuse à admettre l'existence d'une discrimination indirecte.

(242) Applicables directement – jurisprudence *Demirel*, CJCE, 30 septembre 1987, *Rec.* p. 3719 –, les accords de coopération accordent aux travailleurs des États tiers et aux membres de leur famille résidant avec eux sur le territoire d'un État membre « un régime caractérisé par l'absence de toute discrimination fondée sur la nationalité » (CJCE, 31 janvier 1991, *Kziber*, aff. C-19/90, *Rec.* I, p. 198 – Marocains – ; 5 avril 1995, *Krid*, aff. C-103/94 – Algériens – *RJS* 1995, p. 469 ; 15 janvier 1998, *H. Babahenini*, aff. C-113/97). La même position a été reprise par la Cour de cassation française face à une administration de la sécurité sociale qui « freine » (Cass. soc., 7 mai 1991, *Mazari, Bull.* V, n° 231 ; Cass. soc., 17 octobre 1996 – huit espèces – *JCP* 1996 éd. G. IV 2401 et 2402, *RJS* 1996, n° 1327, p. 849 ; Cass. soc., 3 juillet 1997, *JCP* 1997 éd. G. IV 1894). Dans le fil de la jurisprudence Demirel de la Cour de justice des Communautés, la Cour de cassation déclare « directement applicable dans tous les États membres » la règle de non-discrimination en matière de sécurité sociale contenue dans les accords (Cass. soc., 20 mai 1999, *Caisse des dépôts et consignations c. Bouzouad* ; *RJS* 1999, p. 610, n° 288).

(243) Concernant l'accord de coopération CEE-Algérie, la Cour de cassation a dû à nouveau, face aux résistances de l'administration française, rappeler que l'allocation spéciale vieillesse (article 814-1 du Code de la Sécurité sociale) et l'allocation supplémentaire du Fonds national de solidarité (article R. 815-3 du même code) constituent des prestations de sécurité sociale au sens du droit communautaire et doivent être servies aux ressortissants algériens résidant en France dans des conditions exclusives de toute discrimination avec les ressortissants communautaires (Cass. soc., 20 mai 1999, *Caisse des dépôts et consignations c/ Bouzaoud* ; *RJS* 1999, p. 610, n° 1001 ; *Trav. et protect. soc.*, juillet 1999, p. 21, n° 288). La même solution s'impose, sur le fondement de l'article 41 de l'accord CEE-Maroc, pour l'allocation aux adultes handicapés qui entre parmi les prestations spéciales à caractère non contributif couvertes par le règlement 1408/71 CEE et doit être servie à un ressortissant marocain résidant en France en tant que membre de la famille d'un Marocain travaillant en France (Cass. soc., 26 novembre 1998, *M. Larbi Mouchcine c. CAF Bas-Rhin* ; *Trav et protect. soc.*, janvier 1999, p. 22, n° 39). Si la condition de nationalité est écartée, le versement de ces allocations à caractère non contributif peut toutefois rester subordonné à une condition de résidence ; v. *supra* n° 652. En dehors de l'accord CEE-Turquie, la Cour de cassation fait également reposer l'attribution de l'allocation supplémentaire du fonds national de solidarité sur l'article 14 de la convention européenne de des droits de l'homme (pour un ressortissant turc, titulaire d'une pension d'invalidité française, résidant en France (Cass. soc., 14 janvier 1999, *A. Bozkurt c. CPAM de Saint-Étienne*).

(244) Considérant n° 9.

(245) « *... et de leur offrir des droits et obligations comparables à ceux des citoyens de l'Union européenne, favoriser la non-discrimination dans la vie économique, sociale et culturelle, et rapprocher leur statut juridique de celui des ressortissants des États membres* » (considérant n° 1).

du règlement 1408/71 était une « *source de complexités juridiques et administratives* » gênantes aussi bien pour les intéressés directs que pour leurs employeurs et les organismes de sécurité sociale (246) et qu'il convenait de faire disparaître.

La condition de nationalité non communautaire, qui faisait obstacle à l'application du règlement 1408/71, est donc supprimée. Le règlement s'appliquera si les autres conditions de son application sont réunies. Mais il faut que le ressortissant non communautaire soit en situation de résidence légale sur le territoire d'un État membre (247). C'est une « condition préalable » (248). Il faut aussi que sa situation se rattache au droit communautaire de la libre circulation des personnes. Si tous les éléments de la situation se cantonnent à l'intérieur d'un État membre, si elle reste « *purement interne* », la coordination communautaire des sécurités sociales n'a pas à entrer en application (249). Il en va ainsi, suivant la solution usuelle (250), « *lorsque la situation d'un ressortissant d'un pays tiers présente uniquement des rattachements avec un pays tiers et un seul État membre* ». L'extension de la coordination bénéficie aux ressortissants des pays tiers et aux membres de sa famille (251).

N°s 658 à 660 réservés.

Section 3

Techniques de coordination

661. Exportation des prestations. L'article 48 TFUE, comme le faisaient déjà l'article 42 TCE et l'article 51 du traité de Rome, pose le principe du « *paiement des prestations aux personnes résidant sur les territoires des États membres* ». C'est l'un des aspects de la déterritorialisation des sécurités sociales (252). L'article 10 du règlement n° 1408/71 et l'article 7 du règlement 883/2004 en ont déduit que les « *clauses de résidence* » doivent être levées afin que les prestations puissent être versées, sans « *aucune réduction, modification, suspension, suppression ou confiscation* », alors que le bénéficiaire ou sa famille résident sur le territoire d'un autre État membre que celui où se trouve l'institution débitrice. La règle de la non-opposabilité des clauses de résidence a cependant rencontré des difficultés de mise en œuvre qui ont dû être soumises à la Cour de justice (253). Le règlement 1247/92 admet qu'il y soit dérogé pour le versement de prestations « spéciales » non contributives,

(246) Considérant n° 8 du règlement.
(247) Article 1 du règlement.
(248) Considérant n° 9 du règlement.
(249) Article 1 du règlement.
(250) V. *supra* n° 186.
(251) Sur le droit de regroupement familial des ressortissants de pays tiers, v. *supra* n° 203.
(252) V. *supra* n° 595.
(253) CJCE, 10 juin 1982, *Camera*, aff. 92/81, *Rec.* p. 2213 ; 24 février 1987, *Gilletti*, aff. 379 à 381/85, *Rec.* p. 955 et, s'agissant d'un ressortissant d'Outre-mer, 31 mars 1977, *Bozzone*, aff. 87/76, *Rec.* p. 687.

le principe de la « *levée des clauses de résidence* » n'ayant pas de portée absolue et pouvant faire l'objet de dérogations (254).

*

* *

La déterritorialisation des sécurités sociales présente d'autres aspects. En font partie la totalisation des périodes d'assurance, d'emploi ou de résidence, complétée par la répartition *prorata temporis* de la charge des prestations entre institutions nationales, totalisation et proratisation constituant un élément clef de la coordination. Celle-ci nécessite également l'existence d'une coopération des institutions de sécurité sociale. Ce sont les deux points que nous examinerons.

§ 1. — Totalisation des périodes d'assurance

662. Ex-article 51 du traité. La totalisation des périodes d'assurance ou d'emploi effectuées sous l'empire de différentes législations nationales a été, rappelons-le, conçue par l'article 51 du traité Communauté européenne, devenu article 42 TCE, puis 45 TFUE, comme un des mécanismes propres à assurer la protection du travailleur migrant. La totalisation des périodes d'assurance, d'emploi ou de résidence constitue l'un des aspects les plus significatifs de la déterritorialisation des sécurités sociales voulue par le droit communautaire. La totalisation est complétée par une « proratisation » des pensions entre les États et les institutions nationales successivement compétents.

A. — La nature du mécanisme

663. Objet : constitution et maintien du droit aux prestations. L'article 51 du Traité parlait de « *totalisation, pour l'ouverture et le maintien du droit aux prestations, ainsi que pour le calcul de celles-ci, de toutes périodes* »...

La totalisation pour l'ouverture du droit aux prestations est nécessaire si le nombre de périodes ou la durée d'emploi dans un État membre est insuffisant. Elle a plusieurs fonctions possibles :

– l'addition des périodes effectuées sous l'empire des différentes législations successivement compétentes permet la création même du droit aux prestations quand le jeu d'une législation isolée n'y suffirait pas ;

– elle permet également le maintien du droit aux prestations en assurant immédiatement – sans période préalable de stage – la couverture du migrant par l'État membre d'accueil, grâce à la prise en compte des périodes d'assurance dans l'État membre d'origine ;

– elle peut enfin assurer la valorisation de droits déjà acquis dans un État membre.

(254) CJCE, 1er novembre 1997, *Snares*, aff. C-20/96 ; v. pour plus de précisions *supra* n° 638.

664. Domaine : risques couverts. Dans une disposition de très large portée, l'article 6 du règlement 883/2004 énonce que, sous réserve des exceptions prévues par le règlement, « *l'institution compétente d'un État membre dont la législation subordonne l'acquisition, le maintien ou le recouvrement du droit aux prestations à l'accomplissement de périodes d'assurance, d'emploi ou de résidence, tient compte, dans la mesure nécessaire, des périodes d'assurance, d'emploi ou de résidence accomplies sous la législation de tout autre État membre, comme s'il s'agissait de périodes accomplies sous la législation qu'elle applique* ».

Cette même disposition instituant la totalisation des périodes d'assurance se retrouvait au cas par cas dans le règlement 1408/71 pour les risques maladie-maternité (article 18), invalidité (article 38), vieillesse et décès (article 64). Dans des termes différents, le règlement faisait également jouer la totalisation pour l'indemnisation du risque chômage, mais « *à condition toutefois que les périodes d'emploi eussent été considérées comme périodes d'assurance si elles avaient été accomplies sous cette législation* » (article 67). Il en est encore question pour les prestations familiales (article 72). Ces mêmes risques continuent de relever d'un mécanisme de totalisation sous l'empire du nouveau règlement.

L'obligation de tenir des périodes accomplies sous la législation d'un autre État membre s'impose également lorsque la législation d'un État membre subordonne à l'accomplissement de périodes « *l'admission au bénéfice d'une législation* » ou encore « *l'accès à l'assurance obligatoire, facultative continuée ou volontaire, ou la dispense de ladite assurance* », dit encore l'article 6 du règlement 883/2004.

En revanche, le mécanisme ne joue pas en matière d'accident du travail et de maladie professionnelle. Pour ce dernier type de risque il faudra toutefois tenir compte, pour la détermination du droit à prestations, des périodes d'exposition au risque sous des législations antérieurement applicables.

665. Notion de période d'assurance. La totalisation suppose l'addition de périodes d'assurance. La notion demande une définition. Mais ni le règlement n° 3 ni le règlement n° 1408 n'ont offert cette définition.

Il n'y a pas de contenu communautaire de la notion : c'est ainsi qu'en avait jugé la Cour de justice dans les arrêts *Welchner* du 5 décembre 1967 (255) et *Murru* du 6 juin 1972 (256). La définition est renvoyée aux droits nationaux. Il revient à la législation *sous laquelle les périodes ont été accomplies* de le décider.

C'est la solution que le règlement 1408/71, puis le règlement 883/2004, ont consacrée (257). À chaque législation, sous laquelle la période est accomplie, de définir les termes « périodes d'assurance », « périodes d'emploi », « périodes d'activité non salariée », « périodes de résidence » et de procéder aux assimilations de périodes jugées équivalentes (258).

(255) Aff. 14/67, *Rec.* p. 428.
(256) Aff. 2/72, *Rec.* p. 333.
(257) Article 1 r), 1 s) et 1 s *bis*) du règlement 1408/71 ; article 1 t), 1 u) et 1v) du règlement 883/2004.
(258) CJCE, 13 novembre 1997, *Grahame et Hollanders*, aff. C-248/96. V. concernant la prise en compte de périodes pendant lesquelles les cotisations vieillesse ont été versées par l'organisme de gestion de l'assurance chômage, CJCE, 20 janvier 2005, *Alonso*, aff. C-306/03.

666. Proratisation des pensions. Le mécanisme est complété par une répartition de la charge des prestations entre les institutions des États membres intéressés, en fonction de la durée des périodes accomplies sous les diverses législations – répartition *prorata temporis.*

Aucune proratisation n'intervient cependant lorsqu'au terme de l'opération de totalisation, c'est une législation unique qui est déclarée redevable des prestations : maladie, chômage. Le domaine précis de la proratisation est ainsi celui des pensions de vieillesse, invalidité ou décès, la charge de la pension étant répartie entre les différents États où l'assuré a eu son activité.

La mise en œuvre du mécanisme suppose que chaque institution nationale procède pour commencer au calcul de ce que serait le montant de la pension, si toutes les périodes d'assurance ou périodes assimilées avaient été accomplies sous sa législation. Cette pension « théorique » est dans un second temps réduite au prorata des seules périodes accomplies sous cette législation (259).

La Cour de justice a précisé que le calcul de la pension théorique doit se faire en prenant en considération le complément nécessaire pour atteindre le niveau minimal de pension prévu par la législation nationale (260). Respectant la règle voulant que le calcul détermine la pension à laquelle l'intéressé aurait droit, théoriquement, s'il avait accompli toute sa « carrière » dans le pays, elle a toutefois jugé aussi que ce complément de pension n'a pas à être pris en considération si, compte tenu de limites de revenus fixées par le droit national, l'intéressé n'aurait pas pu théoriquement y prétendre (261).

B. — Fonctionnement et limites de validité du mécanisme

667. Application nécessaire ou conditionnelle du mécanisme ? Le mécanisme de totalisation et proratisation a pour finalité de permettre au migrant de bénéficier des prestations de sécurité sociale sans que sa condition de migrant lui soit préjudiciable. Le mécanisme se justifie par son but : assurer le droit à la sécurité sociale du migrant.

On s'est donc demandé s'il y avait lieu d'y recourir lorsque l'effet recherché est déjà atteint sans qu'il soit besoin de mettre en œuvre le mécanismes. Cela peut se présenter dans deux hypothèses :

– soit que l'effet recherché puisse être obtenu par le seul jeu des lois nationales ;

– soit qu'une convention entre les États membres intéressés ait, antérieurement aux règlements, créé au profit du travailleur migrant une situation plus favorable que celle qui résulte de la coordination communautaire.

En ce qui concerne cette deuxième hypothèse, le règlement 1408/71 a énoncé que ses dispositions se substituent à celles des conventions liant les États membres et la

(259) Pour plus de précision sur les règles à suivre, v. article 46 du règlement 1408/71 ; article 52 du règlement 883/2004.

(260) CJCE, 24 septembre 1998, *Stinco et Panfilo*, aff. C-132/96, *Rec.* I, p. 5225,

(261) CJCE, 21 juillet 2005, *Koschitzki*, aff. C-30/04.

Cour de justice a estimé que la substitution devait impérativement se faire même si l'application de la convention comportait pour l'assuré des avantages supérieurs à ceux résultant des règles communautaires (262), position ensuite assouplie (263).

Le règlement 883/2004 a entendu restreindre les possibilités de substitution, notamment en les limitant dans le temps (264).

La première hypothèse n'a cessé de soulever des difficultés, que les autorités communautaires se sont efforcées de régler en s'inspirant de deux principes : ne pas défavoriser le migrant par rapport au non-migrant, mais aussi ne pas le favoriser (265).

1° Ne pas défavoriser le travailleur migrant

668. Jurisprudence de la Cour de justice. Les arrêts *Ciechelski, de Moor et Colditz*, rendus le même jour (266), ont permis à la Cour de justice d'exprimer d'une façon ferme sa doctrine.

Dans ces diverses affaires, l'assuré social prétendait écarter l'application du règlement communautaire qui aurait abouti à lui faire un sort moins favorable que celui qui résultait du jeu des seules lois nationales. La demande de l'assuré social tendait plus exactement à se voir reconnaître le droit à l'application du règlement n° 3 pour l'acquisition d'un droit à pension dans un État membre, et à rejeter cette application pour le droit à pension au titre de la législation d'un autre État membre. Il demandait donc à bénéficier à la fois d'une pension « communautaire » proratisée et d'une pension nationale autonome, c'est-à-dire ouverte et calculée selon les seules règles de la législation nationale compétente.

La Cour de justice a jugé la demande justifiée sous ses deux aspects : le mécanisme de totalisation et proratisation étant utile à l'acquisition du droit à pension au regard de la législation d'un premier État, devait être mis en œuvre ; étant inutile au regard de la législation d'un second État, il n'avait pas lieu de l'être.

La portée théorique de ces décisions est grande. L'arrêt *de Moor* précise en effet que le « *règlement n° 3 n'a pas organisé un régime commun de sécurité sociale conférant au prestataire une créance unique assujettie à une simple répartition entre institutions nationales, mais qu'il a laissé subsister des régimes distincts engendrant des créances distinctes à l'égard d'institutions distinctes…* ». C'est une réaffirmation du principe selon lequel la sécurité sociale des migrants constitue simplement une coordination des sécurités sociales nationales. Cette coordination est « finalisée », c'est-à-dire appelée à jouer dans les seuls cas où son utilité est démontrée pour la protection du migrant, mais ne crée en aucune façon un régime supra-national d'application automatique.

(262) CJCE, 7 juin 1973, *Walder*, aff. 82/72, *Rec.* p. 599. La règle de substitution est impérative et n'admet que les exceptions expressément prévues par le règlement.

(263) CJCE, 7 mai 1998, *Rodriguez*, aff. C-113/96, v. *supra* n° 592.

(264) V. *supra* n° 592.

(265) V. sur ces questions et les problèmes de cumul de prestations qu'elles soulèvent : S. Van Raepenbusch, « La jurisprudence communautaire en matière de règles anti-cumul de sécurité sociale », *Cah. dr. eur.* 1985, p. 251 ; S. Neri, « Le cumul des prestations de sécurité sociale en droit communautaire », *RTD eur.* 1988, p. 513.

(266) CJCE, 5 juillet 1967, *Ciechelski*, aff. 1/67, *Rec.* 1967, p. 236, *De Moor*, aff. 2/67, *Rec.* 1967, p. 256, *Colditz*, aff. 9/67, *Rec.* p. 298.

Une précision d'ordre technique est également apportée par ces décisions : le mécanisme de la proratisation n'est qu'un corollaire de celui de la totalisation. On ne proratise une pension qu'à la condition d'avoir au préalable totalisé les périodes d'assurance accomplies sous diverses législations. Aucune proratisation n'intervient si le droit à prestation naît du jeu d'une législation unique.

669. Règlement n° 1408/71. Il a reconnu la validité des conceptions de la Cour de justice en instituant formellement un système dans lequel pension autonome nationale et pension « communautaire » proratisée coexistent, l'assuré bénéficiant, selon sa situation au regard de la législation intéressée, d'une créance autonome ou d'une créance « communautaire » (267).

Mais l'effet des règles communautaires ne doit pas être de primer le travailleur migrant par rapport à celui qui reste sédentaire.

2° Ne pas favoriser le travailleur migrant

670. Possibilités de cumul. Dans leur souci d'assurer au travailleur migrant une protection continue par les lois de sécurités sociales successivement applicables, les règlements communautaires ouvrent la possibilité que le travailleur migrant soit avantagé par rapport au non-migrant, générant ainsi une forme de *discrimination à rebours.* Le risque se manifeste lorsque la même période d'assurance est prise en compte au regard de deux législations nationales, conduisant ainsi à un cumul de prestations pour cette même période. La possibilité du cumul résulte du défaut d'harmonisation des droits nationaux, chacun appliquant ses propres règles relatives aux périodes accomplies sur son territoire (268).

L'arrêt *Ciechelski* (269) avait précisé qu'une même période ne peut servir deux fois au calcul du montant des prestations. Un garde-fou était ainsi posé contre des avantages non justifiés qui seraient accordés au migrant (270).

671. Règlement n° 1408/71. Il est allé plus loin dans la volonté de faire disparaître « les primes de migration ». Le pensionné, quel que soit le caractère autonome ou « communautaire » de chaque part versée par un État membre, ne doit pas recevoir plus, au total de ces diverses parts, que le montant de la pension la plus élevée qu'il aurait perçue en accomplissant toutes ses périodes d'assurance sous la seule législation d'un des États intéressés. C'est la règle de l'« écrêtement », énoncée par l'article 46 § 3 du règlement 1408/71.

Mais la Cour de justice, dans un arrêt *Petroni* rendu le 21 octobre 1975 (271), a déclaré l'article 46 § 3 du règlement 1408 incompatible avec l'article 51 du Traité, « *dans la mesure où il impose une limitation du cumul de deux ou plusieurs*

(267) V. article 46 du règlement 1408/71, article 52 du règlement 883/2004.
(268) V. *supra* n° 665.
(269) Cité *supra* n° 668.
(270) Il faudra cependant tenir compte des périodes accomplies sous la législation B, dont les conditions ne sont pas remplies, pour le calcul d'une pension servie par la seule application de la législation A ; CJCE, 17 décembre 1998, *Lustig*, aff. C-244/97, *Grajera Rodriguez*, aff. C-153/97.
(271) Aff. 24/75, *Rec.* p. 1149.

prestations acquises dans différents États membres, par une diminution d'une prestation acquise en vertu de la seule législation nationale » (272).

À la suite de l'arrêt *Petroni*, la Cour de justice introduisait une distinction concernant l'application des clauses de réduction anti-cumul prévues par les législations nationales :

– lorsqu'une pension est due en vertu de la seule législation nationale – pension non communautarisée – l'institution nationale concernée applique les règles de réduction prévues par sa législation. Étant entendu que l'application de la législation nationale ne devait pas se révéler moins favorable que l'application du régime de totalisation-proratisation prévu par le règlement (273) ;

– lorsqu'au contraire, une prestation est due en vertu du droit communautaire – pension « communautaire » –, les clauses anti cumul nationales sont écartées et seule s'applique la règle communautaire d'écrêtement (274).

On aboutissait ainsi à un système des plus complexes et difficile à mettre en œuvre dans lequel trois types de pensions coexistent : pension nationale avec application des règles de limitation des cumuls, pension proportionnelle calculée selon la méthode de la totalisation-proratisation, pension écrêtée par application de l'article 46 § 3.

672. Règlement n° 1248/92. Pour tenir compte de la jurisprudence de la Cour de justice, le règlement n° 1248/92 du 30 avril 1992 a modifié et complété le règlement 1408/71.

L'article 46 § 3 du règlement 1408/71, depuis cette modification, disposait que l'intéressé a droit, de la part chacune des institutions nationales compétentes, au versement d'une pension qui atteindra le montant le plus élevé d'une pension calculée sur le seul fondement des règles nationales ou d'une pension communautaire proratisée (275). On retrouve la même règle à l'article 52 § 3 du règlement 883/2004.

Le principe ainsi posé réserve toutefois la mise en œuvre des clauses anti cumul prévues par les législations nationales, dont le règlement 1248/92 réglemente de façon stricte l'application, en distinguant entre une limitation générale et des restrictions particulières. Sous une formulation en partie différente, le règlement 883/2004 a repris le même dispositif :

– dispositions générales relatives aux clauses anti cumul relatives aux prestations d'invalidité, de vieillesse ou de survivants (276). Seules les clauses nationales qui ont une portée externe expresse peuvent s'appliquer pour réduire une pension (277) ;

(272) V. également, CJCE, 23 février 1986, *De Jong*, aff. 254/84, *Rec.* p. 671, 14 décembre 1989, *Dammer*, aff. 168/88, *Rec.* p. 671.

(273) CJCE, 13 octobre 1977, *Mura*, aff. 22/77, *Rec.* p. 1699 ; 5 mai 1983, *Van der Bunt*, aff. 238/81, *Rec.* p. 1385 ; CJCE, 15 décembre 1993, *Fabrizii, Neri et del Grosso*, aff. C-113/92, C-114/92 et C-156/92.

(274) CJCE, 5 mai 1983, *Van der Bunt*, préc. ; 11 juin 1992, *di Crescenzo et veuve Barel*, aff. C-90 et 91/91, *Rec.* I, p. 3851.

(275) La règle nouvelle garantit au travailleur migrant une pension calculée selon le droit communautaire, dès lors que son montant s'avère plus favorable que celui qui serait calculé en vertu du seul droit national. Si l'application de la législation nationale, y compris les clauses anti-cumul, se révèle moins favorable que l'application des règles de totalisation-proratisation, ces dernières règles doivent être appliquées sans qu'il y est lieu à procéder à un quelconque écrêtement.

(276) V. article 46 *bis* § 3 du règlement 1408/71 ; article 53 § 3 du règlement 883/2004.

(277) V. décret n° 93-761 du 29 mars 1993.

– dispositions particulières applicables en cas de prestations de même nature (278). Seuls peuvent être visés les cumuls « abusifs », qui apparaissent lorsqu'une prestation dont le montant est indépendant d'une durée d'assurance ou de résidence se cumule avec une prestation dont le montant varie en fonction de la durée d'assurance ou de résidence ;

– dispositions particulières applicables aux cumuls de prestations ou de revenus de nature différente (279). Pour éviter qu'une application conjointe des dispositions anti-cumul par deux ou plusieurs États membres ne produise un effet néfaste pour le travailleur migrant, le montant de la réduction des pensions est limité de façon très précise.

Le nouveau système doit permettre de réduire le système à une alternative entre deux types de pension au lieu de trois.

La complexité du système peut conduire à des erreurs de calcul et au versement d'une part nationale de pension d'un montant trop élevé. C'est au droit national dont l'institution est concernée de régler les conditions de la répétition de l'indu : la loi italienne pour la part de pension revenant à l'institution italienne (280).

3° Absence d'un droit d'option de l'assuré

673. L'application du mécanisme de totalisation et proratisation n'étant pas automatique, il a fallu se demander si le choix de le mettre ou non en œuvre pouvait être laissé à l'intéressé. Saisie de la question, la Cour de justice, dans ses arrêts *Couture* (281) et *Guissart* (282), en 1967, avait dénié à l'assuré social une liberté d'option. L'application du mécanisme de totalisation et proratisation, avait-elle affirmé, « *ne dépend pas du libre choix de l'intéressé, mais de la situation objective où il se trouve* ».

§ 2. — La collaboration des institutions de sécurité sociale

674. L'un des traits originaux de la coordination internationale des législations de sécurité sociale est d'impliquer une collaboration des services nationaux de sécurité sociale. Seule cette collaboration peut permettre de réaliser la coordination et le but de celle-ci, la protection sociale du migrant.

La collaboration se fera soit par l'intermédiaire d'un organisme communautaire de liaison, soit par des contacts directs entre institutions nationales.

A. — Les organes communautaires (de l'Union ou européens)

Le règlement n° 3 avait institué une commission administrative pour la sécurité sociale des travailleurs migrants. Elle a été maintenue sous l'empire du règlement n° 1408, qui y a joint un comité consultatif tripartite.

(278) V. article 46 *ter* du règlement 1408/71 ; article 54 du règlement 883/2004.
(279) V. article 46 *quater* du règlement 1408/71 ; article 55 du règlement 883/2004.
(280) Solution qui se déduit d'une décision assez confuse de la CJCE (19 juin 2003, *Sante Pasquini*, aff. C-34/02).
(281) CJCE, 12 décembre 1967, *Rec*. p. 488.
(282) CJCE, 13 décembre 1967, *Rec*. p. 552.

1° Commission administrative pour la sécurité sociale des travailleurs migrants.

675. Cette commission administrative a été instituée auprès de la Commission européenne.

– l'article 71 du règlement 883/2004, remplaçant l'article 80 du règlement 1408/71, en fixe la composition et les règles de fonctionnement. Elle comporte un représentant gouvernemental par État membre, qui peut être assisté de conseillers techniques. Un représentant de la Commission de la Communauté européenne participe, avec voix consultative, aux sessions de la commission administrative. Elle bénéficie de l'assistance technique du BIT ;

– énumérées par l'article 72 du règlement 883/2004, remplaçant l'article 81 du règlement, ses missions sont multiples.

a) Elle est chargée d'administrer le règlement et ses textes d'application. Le règlement 1408/71 en faisait un organe d'interprétation du règlement, mission qui a disparu du nouveau règlement. Il lui est toutefois demandé de faciliter l'application uniforme du droit de l'Union.

Malgré le rôle interprétatif qui lui avait été confié, il avait été jugé que la commission administrative ne devait pas être substituée à la Cour de justice et que les juridictions nationales ne pouvaient pas la saisir d'un recours préjudiciel en interprétation ; le recours devant aller devant la Cour de justice (283). Quant à l'autorité des décisions de la commission administrative, la Cour de justice a jugé dans l'arrêt *Van Der Vecht* (284) qu'elles ont seulement valeur d'avis : elles ne lient par conséquent ni les juridictions nationales, ni la Cour de justice ni les institutions chargées d'appliquer le droit communautaire en ce domaine (285).

b) La commission a pour mission de promouvoir une collaboration entre les États membres en matière de sécurité sociale, notamment dans le domaine de l'action sanitaire et sociale.

c) Elle est investie de tâches directement liées à la nécessité de bâtir des structures administratives internationales propres à faciliter la libre circulation des personnes, notamment par le développement des nouvelles technologies de l'information. Elle interviendra pour la liquidation des pensions dont sont redevables les institutions de divers États membres.

d) Sur le plan financier, et dans la mesure où la sécurité sociale des migrants implique des mouvements de fonds entre les États membres, elle établit et arrête les comptes entre institutions.

e) Elle peut enfin présenter des propositions en vue de la révision du règlement ou de l'élaboration de nouveaux textes. Elle a d'ailleurs joué un rôle important dans l'élaboration du règlement 1408, ses révisions successives et la mise au point du nouveau règlement.

(283) Cass. civ. 2e, 1er décembre 1965, *Torrekens*, cassant Douai 8 octobre 1963.
(284) CJCE, 5 décembre 1967, aff. 19/67, *Rec.* p. 446.
(285) CJCE, 14 mai 1981, *Romano*, aff. 98/80, *Rec.* p. 1241.

La commission administrative est assistée d'une commission technique pour le traitement de l'information (286) et d'une commission des comptes (287).

2° Comité consultatif pour la sécurité sociale des travailleurs migrants

676. Les syndicats de travailleurs ayant souhaité être associés à l'activité de la commission administrative, le règlement 1408/71 a créé aux côtés de cette commission administrative un comité consultatif tripartite, remanié partiellement par le règlement 883/2004 (288).

Chaque État membre y compte désormais un représentant du gouvernement, un représentant des syndicats de travailleurs, et un représentant des organisations patronales ; le règlement 1408/71 prévoyait deux représentants par catégorie. Les nominations sont effectuées pour deux ans par le Conseil. La présidence (sans droit de vote) appartient à un membre de la Commission ou à un représentant de celui-ci.

Le comité intervient à la demande de la Commission européenne, de la commission administrative ou à sa propre initiative (289).

Il examine les questions que soulève l'application des règlements pris en application de l'article 45 TFUE (ex-article 51, devenu article 42 TCE) et formule, à l'intention de la commission administrative, avis en la matière et propositions en vue d'une révision éventuelle des règlements.

B. — Les institutions nationales

677. Parallèlement au travail des organismes communautaires, la mise en œuvre du système européen de protection sociale nécessite l'intervention des autorités et institutions compétentes, d'une part, et des organismes nationaux « de liaison » de chaque État membre, d'autre part.

Les institutions nationales auront à intervenir les unes pour les autres et doivent loyalement coopérer à la mise en œuvre de mécanismes complexes, qu'il s'agisse du recouvrement des cotisations, de la constatation et du contrôle des faits générateurs de prestations, ou encore du versement de celles-ci.

De manière générale, on observe que, pour solutionner les conflits d'« autorités » qui sont susceptibles de se présenter ici, le règlement communautaire prend soin de ne pas imposer à l'institution d'un État membre l'application des règles d'un autre État membre.

678. L'entraide administrative. Celle-ci prend différents aspects, dont seront signalés les plus significatifs (290).

(286) Article 73 du règlement 883/2004.
(287) Article 74 du règlement 883/2004.
(288) Articles 82 et 83 du règlement 1408/71 ; article 75 du règlement 883/2004.
(289) Article 75 § 2 du règlement 883/2004 ; comp. article 85 § 5 du règlement 1408/71.
(290) Pour plus de détails, v. articles 76 à 85 du règlement 883/2004.

678-1. Représentation mutuelle. Les institutions des États membres sont investies d'une mission générale de représentation mutuelle. Elles « *se prêtent leurs bons offices, comme s'il s'agissait de l'application de leur propre législation* ». Elles ont « *une obligation mutuelle d'information et de coopération* ». Elles sont tenues de recevoir demandes, déclarations, ou recours introduits conformément à la législation d'un autre État membre, pour les transmettre sans délai aux autorités, institutions, et juridictions de cet autre État membre. Elles peuvent communiquer directement entre elles. Elles sont tenues de recevoir requêtes et documents rédigés dans une langue officielle d'un autre État membre (291).

L'échange d'informations doit se faire en respectant le principe de protection des données personnelles ; cette protection est soumise à la législation de l'État membre qui transmet une information (292).

678-2. Recouvrement des cotisations (293). Le recouvrement des cotisations dues à l'institution d'un État membre peut s'opérer sur le territoire d'un autre État membre, recouvrement qui s'effectuera « *suivant la procédure administrative et avec les garanties et privilèges en vigueur dans ce dernier État* ». La même chose est prévue pour la répétition de prestations indûment servies (294).

678-3. Versement des prestations. L'institution du lieu de résidence ou séjour autre que l'État membre compétent verse à l'assuré les prestations en nature en cas de maladie (295) ou d'accident (296) (article 52) et se retourne contre l'institution compétente pour en être remboursée (297). Pour le versement des prestations en nature, l'institution du lieu de résidence applique les dispositions de *sa propre législation*, comme si l'assuré y était affilié, et non celles de l'institution compétente (298).

Le remboursement de frais médicaux ou de soins encourus sur le territoire d'un autre État membre que l'État compétent peut-il être assujetti à une autorisation préalable des institutions de sécurité sociale de ce dernier État ? Le règlement 1408/71 l'admettait (299) ; le règlement 883/2004 a conservé le principe de l'autorisation (300). Ce régime d'autorisation n'est-il pas de nature à porter atteinte à la liberté de prestations de service ? C'est ce que la Cour de justice a effectivement jugé dans ses décisions *Kholl* et *Dekker* (301), la Cour se refusant toutefois, dans

(291) Article 76 du règlement 883/2004, remaniant partiellement et simplifiant les articles 84 et 84 *bis* du règlement 1408/71.

(292) Article 77 § 1 du règlement 883/2004.

(293) M.-P. Coutenceau et S. Rapaud, « Le recouvrement des cotisations de sécurité sociale dans la Communauté européenne », *Dr. soc.* 1993, p. 580.

(294) Article 84 § 1 du règlement 883/2004 ; article 92 du règlement 1408/71.

(295) Articles 17 à 20 du règlement 883/2004 ; article 19 et 22 du règlement 1408/71.

(296) Article 36 du règlement 883/2004 ; article 52 du règlement 1408/71.

(297) Articles 35 et 41 du règlement 883/2004 ; Articles 36 et 63 du règlement 1408/71 ; sur le recours des caisses contre le *tiers responsable* et leur action subrogatoire, v. *infra* n° 689.

(298) Article 22, § 1, i) du règlement 1408/71 ; V. CJCE, 5 mars 1998, *Molenaar*, aff. C-160/96 ; CJCE, 12 juillet 2001, *Vanbraekel*, aff. C-368/98.

(299) Article 22 du règlement 1408/71.

(300) V. article 20 du règlement 883/2004, dont les règles ont été simplifiées et allégées.

(301) CJCE, 28 avril 1998, *Nicolas Decker*, aff. C-120/95 ; CJCE, 28 avril 1998, *Raymond Kohll*, aff. C-158/96, *Cah. dr. eur.* 1998, p. 683, obs. Van Raepenbusch.

une décision ultérieure, à invalider l'article 22 du règlement 1408 pour incompatibilité avec les exigences de l'article 49 du traité CE (302). Valable dans son principe, l'autorisation de l'institution compétente est étroitement conditionnée (303).

Quant aux prestations en espèces, elles sont normalement servies par l'institution compétente (304) ; mais, après accord entre institutions des deux pays, elles peuvent l'être par celle du lieu de résidence. Auquel cas, l'institution du lieu de résidence suivra les règles de la législation de l'État compétent (305).

679. Obligation de coopération loyale. Les constatations faites par l'institution du lieu de résidence concernant la survenance du fait générateur de prestations et la durée de l'incapacité de travail en résultant vont-elles lier l'institution compétente, débitrice des prestations en espèces ? Oui, a répondu la Cour de justice, invoquant l'obligation des institutions de s'assurer mutuellement d'une collaboration ou coopération loyale (306). Il n'est cependant pas interdit d'apporter, auprès des juridictions de l'État compétent, la preuve d'un comportement abusif ou d'une fraude de la part de l'assuré (307).

De la même façon, les autorités administratives et judiciaires d'un État membre seront tenues de respecter les certificats et actes analogues relatifs à l'état des personnes qui émanent des autorités compétentes des autres États membres, à moins que leur exactitude ne soit sérieusement ébranlée par des indices concrets se rapportant au cas litigieux (308).

Les mêmes principes se retrouvent concernant les certificats attestant de l'affiliation, dans l'État membre où est établi l'employeur, d'un travailleur détaché sur le territoire d'un autre État membre (le travailleur restant soumis à la loi du premier État). Le certificat doit en particulier permettre de vérifier que le salarié détaché conserve « un lien organique » avec l'entreprise qui le détache. Ce certificat lie-t-il l'institution de l'État d'accueil ? Il crée, dit la Cour de justice, une *présomption de régularité* de l'attestation délivrée ; mais si l'institution du lieu de détachement émet des doutes sur la vérité de l'attestation, l'institution qui l'a délivrée devra la réexaminer, le dossier étant s'il le faut transmis à la Commission administrative (309). Invoquant le principe de coopération loyale, la

(302) CJCE, 23 octobre 2003, *Patricia Inizan*, aff. C-56/01, *Rec.* I, p. 12403.

(303) V. *infra* n° 683-684

(304) V. CJCE, 8 mars 2001, *Jauch*, aff. C-215/99.

(305) Article 21 du règlement 883/2004 ; article 19 et 22 § 1, du règlement 1408/71.

(306) CJCE, 12 mars 1987, *Rindone*, aff. C-22/86, rec. p. 1339 ; 3 juin 1992, *Paletta*, aff. C-45/90, *Rec.* I, p. 3423.

(307) Maladie des quatre membres de la famille retournés dans leur pays d'origine durant la période des congés, la Cour admettant que l'employeur puisse apporter des éléments de preuve d'un abus ou d'une fraude, en dépit des constatations faites par l'institution du lieu de séjour ; affaire *Paletta*, deuxième arrêt de la Cour de justice (v. note précédente pour le premier), 2 mai 1996, aff. C-206/94.

(308) CJCE, 2 décembre 1997, *Eftalia Dafeki*, aff. C-336/94, *Rev. crit. DIP* 1998, p. 329, note Droz ; décision rendue à propos d'une femme de nationalité hellénique qui étant jusque-là née en 1933, a vu, en 1986, sa date de naissance s'avancer en 1929, sur la base de deux témoignages, en sorte que deux ans plus tard elle avait atteint l'âge de 60 ans lui ouvrant droit à pension de retraite. L'organisme d'assurance allemand débiteur de la pension a déclaré avoir constaté plusieurs centaines de changements analogues. Rappr. Cass. civ. 1re, 29 novembre 1994, *Rev. crit. DIP* 1995, p. 543, note Droz ; Cass. soc., 26 février 1996, *Rev. crit. DIP* 1996, p. 473, note Droz, les règles dégagées par la Cour de cassation, sur le fondement de l'article 47 du Code civil, *supra*, n° 652, concernant une difficulté analogue liée à la différence entre la législation allemande et la législation turque en matière d'état civil.

(309) CJCE, 10 février 2000, *Fitzwilliam Executive Search (FTS)*, aff. C-202/97, *Rec.* p. I-883 ; CJCE, 30 mars 2000, *Banks e.a.*, C-178/97, *Rec.* p. I-2005.

Cour de justice a également précisé qu'« *aussi longtemps qu'il n'est pas retiré ou déclaré invalide par les autorités de l'État membre l'ayant délivré, le certificat lie l'institution compétente et les juridictions de l'État membre dans lequel sont détachés les travailleurs* » (310).

On retrouve des principes analogues concernant les décisions du corps médical. Un malade y ayant été autorisé, des médecins agréés de l'État dans lequel le patient est parti recevoir ces soins, État membre dit « de séjour » (par opposition à l'État membre de résidence), décident de le transférer dans un établissement hospitalier d'un troisième État pour une intervention urgente, à caractère vital. Cette décision et les constatations sur lesquelles elle se fonde lient l'institution compétente, qui ne peut ni exiger le retour de l'intéressé, ni faire contrôler l'état de santé de celui-ci dans l'État membre de séjour, ni soumettre la décision des médecins de l'État de séjour à une approbation (311). Auquel cas, L'institution du lieu de séjour prendra en charge les soins prodigués dans l'État tiers, sous réserve d'un droit à remboursement par l'institution compétente (312).

Section 4

Règles spéciales aux différents risques sociaux

681. Des règles complémentaires s'ajoutent aux règles générales qui ont été présentées ou les corrigent, en fonction des particularités des différentes branches de la sécurité sociale couvertes par la coordination.

Certaines prestations ont soulevé plus particulièrement des difficultés et justifié l'intervention de la Cour de justice. Ces points de discussion « sensibles » seront rapidement examinés.

§ 1. — Prestations de maladie

682. Le droit de recevoir des soins hors du territoire de l'État compétent. Les personnes assurées auprès de la sécurité sociale d'un État membre ont le droit de recevoir des soins sur le territoire d'un autre État membre et d'en être remboursés. L'arrêt *Unger* a posé les bases des solutions actuellement en vigueur (313).

682-1. Arrêt *Unger*. Cette décision ancienne avait ouvert la voie à la libre circulation des patients. Une Néerlandaise affiliée aux Pays-Bas s'était rendue en

(310) CJCE, 26 janvier 2006, *Rijksdienst voor Sociale Zekerheid c. Kiere*, aff. C-2/05.
(311) CJCE, 12 avril 2005, *Héritiers d'Annette Keller*, aff. C-145/03.
(312) Même décision.
(313) Sur la qualification des prestations de dépendance en tant que prestations maladie, exportables, et non pas comme prestations spéciales non contributives, non exportables, v. *supra* n° 638.

Allemagne pour des raisons personnelles. Elle y était tombée malade, y avait encouru des frais de maladie et en avait demandé le remboursement à la caisse néerlandaise, sur le fondement du règlement n° 3/58 alors applicable (314). L'institution néerlandaise lui objectait que son déplacement en Allemagne n'était pas motivé par son activité professionnelle et que le règlement n'avait donc pas à s'appliquer. À quoi la Cour de justice répondit que le motif du déplacement était indifférent ; le règlement 3/58 était déclaré applicable et Mme Unger avait droit au remboursement réclamé, alors même que le seul élément de rattachement au droit communautaire de la libre circulation résidait dans le fait que la personne intéressée avait du recevoir des soins dans un autre État membre, tous les autres éléments – nationalité, activité habituelle, résidence, affiliation – se cantonnant aux Pays-Bas (315).

682-2. Trois situations. Si le droit de recevoir des soins ou d'encourir des frais de santé dans un autre État membre que l'État compétent a ainsi pu être consacré pour tout assuré social dans un État membre, c'est toutefois au travers d'une distinction entre plusieurs types de situations, suivant que le patient s'est déplacé dans un autre État membre pour des motifs liés à sa santé ou non.

La deuxième situation se décompose elle-même entre l'hypothèse de la résidence dans un autre État membre et celle du séjour, résidence s'entendant comme résidence « *habituelle* » et séjour comme séjour « *temporaire* » (316).

La personne assurée et les membres de sa famille qui résident « *habituellement* » sur le territoire d'un autre État membre y bénéficient des prestations en nature servies par l'institution de l'État de résidence, les prestations en espèces l'étant par l'institution de l'État compétent (317).

Un assuré social et sa famille sont admis à recevoir des *soins inopinés et urgents* dans un autre État membre, dans lequel ils séjournent « *temporairement* », sans avoir à requérir l'autorisation préalable de sa caisse d'affiliation, (318) et d'en être remboursé par celle-ci.

En revanche, s'il entend se déplacer dans un autre État membre en vue d'y recevoir des soins ou d'y effectuer des dépenses de santé, une autorisation est requise.

683. Soins inopinés sur le territoire d'un autre État membre. Les règlements 1408/71 et 883/2004 ont permis d'assurer le bénéfice de prestations maladie aux personnes dont l'état vient à nécessiter des soins médicaux lors d'un séjour sur le territoire d'un autre État membre (319).

La notion de « inopinés » peut cependant faire difficulté, s'agissant notamment de personnes atteintes d'un mal chronique et qui se déplacent sur le territoire d'un autre

(314) CJCE, 19 mars 1964, aff. 75/63.

(315) V. *supra* n° 650.

(316) V. définitions de l'article 1 des règlements 1408/71 et 883/2004.

(317) Articles 17 et 22 du règlement 883/2004 ; article 19 du règlement 1408/71.

(318) L'assuré ayant toutefois à prendre la précaution de se munir du formulaire – E 111 – indiquant que sa caisse d'affiliation a connaissance de son déplacement dans un autre État membre.

(319) Article 22 § 1 a) du règlement 1408/71 ; l'institution du lieu de résidence ou de séjour constatera la survenance du mal, mais l'institution compétente conserve une faculté de contrôle ; v. CJCE, 12 mars 1987, *Rindone*, aff. 22/87.

État membre pour une raison – apparemment – autre que médicale : séjour touristique, visite familiale, etc. Concernant l'hypothèse dans laquelle le titulaire d'une pension vient à nécessiter des soins lors d'un séjour dans un autre État membre, la Cour de justice a jugé, sur le fondement de l'article 31 du règlement 1408/71, que le bénéfice de prestations en nature dans l'État du lieu de séjour n'est pas subordonné à une condition de soudaineté du mal et ne peut donc être assujettie à une quelconque procédure d'autorisation (320).

684. Autorisation de se rendre dans un autre État membre pour y recevoir des soins. Différente et très discutée est la question de savoir si un patient peut se déplacer sur le territoire d'un autre État membre que l'État compétent pour y recevoir des soins ou y bénéficier d'un service à caractère médical. Sera-t-il remboursé des frais encourus ? Le règlement 1408/71 l'a admis, mais son article 22, en subordonne le droit à une autorisation de l'institution compétente. En cas d'autorisation, l'intéressé recevra, pour compte de l'institution compétente, des prestations en nature de l'institution du lieu de séjour – l'État où il est venu se faire soigner – et les prestations en espèce lui seront versées par l'institution compétente (321).

684-1. Arrêts *Kholl, Decker, Inizan,* etc. Le principe même de l'autorisation a été contesté. L'exigence d'une autorisation gênerait l'exercice des libertés économiques communautaires. La Cour de justice, dans ses arrêts *Kholl* et *Decker*, en a effectivement jugé ainsi, y voyant une entrave à la liberté de circulation des marchandises (à propos du remboursement d'une paire de lunettes correctrices) ou à la liberté de prestations de services (s'agissant du remboursement de soins dentaires) (322).

Fallait-il en conclure à l'incompatibilité de l'article 22 du règlement 1409/71 avec les exigences du traité ? La position prise dans les arrêts *Kholl* et *Decker*, pouvait laisser augurer d'une invalidation. La Cour de justice n'est pas allée jusque-là. Compte tenu de la « *compétence des États membres pour aménager leurs systèmes de sécurité sociale* », le droit communautaire peut admettre, a-t-elle dit, qu'une législation nationale subordonne la prise en charge de soins dispensés dans un autre État membre à une autorisation de la caisse d'affiliation (323). La conformité de l'article 22 du règlement 1408/71 avec les dispositions des articles 49 et 50 du traité CE (ex-articles 59 et 60, aujourd'hui 56 et 57 TFUE) doit être admise et le texte n'est pas invalide (324).

Cette conformité reste toutefois conditionnelle et l'autorisation doit faire l'objet d'un encadrement strict. Pour des soins hospitaliers dispensés dans un autre État membre, la Cour a certes reconnu que l'autorisation peut être soumise à la condition

(320) CJCE, 25 février 2003, *Ioannidis*, aff. C-326/00.

(321) Article 22 § 1 c) du règlement 1408/71 ; v. également *supra* n° 678-679.

(322) De telles entraves ne pouvaient être justifiées, ajoute-t-elle, ni par la nécessité de maintenir l'équilibre financier des régimes de sécurité sociale, ni par des raisons de santé publique, ni non plus par la nécessité de maintenir un service hospitalier équilibré et accessible à tous ; CJCE, 28 avril 1998, *Nicolas Decker*, aff. C-120/95 ; CJCE, 28 avril 1998, *Raymond Kohll*, aff. C-158/96, *Cah. dr. eur.* 1998, p. 683, obs. VAN RAEPENBUSCH.

(323) CJCE, 12 juillet 2001, *Smits*, aff. C-157/99. V. également CJCE, 12 juillet 2001, *Vanbraekel*, aff. C-368/99 ; *RJS* 2001, n° 1234, n° 1231 et la chronique LHERNOULD et KESSLER.

(324) CJCE, 23 octobre 2003, *Patricia Inizan*, aff. C-56/01, *Rec.* I-12403.

que le traitement médical exige une hospitalisation dans cet autre État membre (325), mais elle a précisé que l'autorisation ne peut être refusée lorsqu'il apparaît *qu'un traitement identique ou présentant le même degré d'efficacité ne peut être obtenu* dans l'État membre d'affiliation (326).

Elle a également eu à statuer sur un refus d'autorisation opposé par l'institution nationale compétente (le service national de santé britannique) à une patiente qui demandait à se faire opérer dans un établissement hospitalier d'un autre État membre (la France). En l'espèce était directement mis en cause le délai d'attente imposé aux malades. La Cour de justice énonce que l'institution compétente peut refuser l'autorisation pour un motif tiré de l'existence d'un délai d'attente pour un traitement hospitalier, mais qu'elle doit établir que ce délai n'excède pas le délai acceptable reposant sur une évaluation médicale objective et individuelle des besoins cliniques de l'intéressé (327).

Dans cette même décision, la Cour précise également les règles à appliquer concernant le remboursement des frais encourus par le malade, dans l'hypothèse où la législation de l'État membre compétent prévoit la gratuité des soins hospitaliers (dans le cadre d'un service national de santé), et où la législation de l'État membre dans lequel le patient a été, ou aurait dû être autorisé à recevoir un traitement hospitalier, ne prévoit pas une prise en charge intégrale du coût du traitement (328).

En cas de résidence dans un État membre autre que l'État compétent, l'assuré s'inscrira auprès de l'institution du lieu de résidence, qui lui versera ses prestations maladie. Si toutefois, il se rend sur le territoire de l'État compétent pour y recevoir des soins médicaux, l'article 22 du règlement 1408 s'appliquera à sa situation, mais ce sera alors à l'institution du lieu de résidence – non à celle de l'État compétent – de délivrer l'autorisation préalable prévue audit article (329).

684-2. Règlement 883/2004. Le nouveau règlement continue d'exiger de l'assuré intéressé qu'il demande une autorisation pour lui-même ou un membre de sa famille (330). L'autorisation lui est délivrée sous la condition principale que ces soins ne puissent « *lui être dispensés dans un délai acceptable sur le plan médical, compte tenu de son état actuel de santé et de l'évolution probable de la maladie* » (331).

§ 2. — Prestations familiales

685. L'affaire *Pinna* : invalidation des dispositions du règlement 1408/71. Malgré le droit au regroupement familial, les membres de la famille ont pu demeurer

(325) CJCE, 13 mai 2003, *Müller-Fauré* et *van Riet*, aff. C-385/99, *Rec.* I p. 4509.
(326) CJCE, 23 octobre 2003, *Patricia Inizan*, préc.
(327) CJCE, 16 mai 2006, *Watts*, aff. C-372/04
(328) V. également, Cass. civ. 2e, 16 novembre 2004, n° 03-17089, *Bull.* II, n° 488, énonçant, s'agissant d'une autorisation refusée par une caisse française, que le droit communautaire ne s'oppose pas « *à ce que la prise en charge par la Caisse d'affiliation de soins hospitaliers programmés dans un autre État membre soit subordonnée à une autorisation préalable, dès lors que la procédure d'instruction est aisément accessible et propre à garantir aux intéressés que leur demande sera traitée dans un délai raisonnable* ».
(329) CJCE, 3 juillet 2003, *van der Duin*, aff. C-156/01.
(330) Article 20 § 1 du règlement 883/2004.
(331) Article 20 § 2 du règlement 883/2004.

dans leur État membre d'origine. D'où la question de savoir si la loi du lieu de résidence des membres de la famille ne devrait pas être préférée à celle du pays d'emploi du travailleur en ce qui concerne les règles applicables aux prestations familiales. Cette position, soutenue par la France, a été rejetée par la Cour de justice dans l'affaire *Pinna*.

Suivant les dispositions du règlement n° 3, les allocations familiales étaient versées selon les dispositions de la législation compétente d'après les règles de rattachement communautaire, mais uniquement jusqu'à concurrence du montant des allocations accordées par la loi du lieu de résidence de la famille. Un Italien travaillant en France ne recevait pour sa famille restée en Italie que le montant des allocations italiennes, dans la mesure où ces dernières étaient inférieures aux allocations françaises.

Le règlement 1408/71 a modifié cette règle et décidé que les prestations familiales devaient être versées au taux de la législation de l'État compétent, même si les membres de sa famille ont leur résidence dans un autre État membre (article 73 § 1). Un Italien travaillant en Allemagne reçoit des prestations aux taux allemand, que sa famille l'ait accompagné en Allemagne ou qu'elle soit restée en Italie.

Le même règlement avait cependant consenti à la France le bénéfice d'un régime dérogatoire. Dans l'hypothèse d'un travailleur soumis à la loi française, c'était à la loi du lieu de résidence des membres de la famille de déterminer le montant des prestations (article 73 § 2 du règlement), disposition s'expliquant par une certaine supériorité des taux français. Un Italien travaillant en France et dont la famille était restée en Italie ne recevait que les prestations italiennes, inférieures aux françaises.

Ce régime particulier s'est appliqué jusqu'à ce que la Cour de justice, au nom de l'égalité de traitement et de la prohibition des discriminations indirectes entre ressortissant communautaire et national français, ne décide dans le premier arrêt *Pinna* d'invalider cette disposition particulière propre à la France, pour placer celle-ci sous l'empire du régime général (332). Une deuxième décision de la Cour de justice étant venue préciser qu'en attente de la modification à venir du règlement 1408, les règles applicables aux autres États membres devaient immédiatement s'étendre à la France (333), la Cour de cassation française en tira les conséquences en condamnant la caisse de sécurité sociale concernée à rétablir M. Pinna dans ses droits (334).

686. Révision du règlement 1408/71 : loi du lieu d'emploi. L'affaire *Pinna* a conduit à l'adoption d'un règlement n° 3427/89 du 30 octobre 1989, qui généralise à tous les États membres le principe de l'application de la loi du pays d'emploi (335). La règle est plus exactement la suivante : le travailleur soumis à la législation d'un État membre – en général celle du lieu d'emploi ou d'occupation – a droit aux

(332) CJCE, 15 janvier 1986, *Pinna*, aff. 41/84, *Rec.* p. 1.
(333) CJCE, 2 mars 1989, aff. 359/87, *Rec.* p. 585, *RTD eur.* 1989, p. 297, obs. P. Rodière.
(334) Cass. soc., 24 mai 1989, *Bull.* V, n° 379, *D.* 1990, somm. 147.
(335) S'agissant toutefois des prestations familiales françaises, il n'en est fait application qu'aux prestations d'entretien : allocations familiales proprement dites, complément familial, allocation pour jeune enfant, allocation d'éducation spéciale, allocation de soutien familial, allocation de rentrée scolaire, allocation de parent isolé. Diverses allocations particulières : allocation pour jeune enfant « courte », allocation parentale d'éducation, allocation pour garde d'enfant à domicile, allocation de logement restent exclues de l'application obligatoire de la loi de pays d'emploi.

prestations familiales prévues par la législation dudit État, même si les membres de sa famille résident sur le territoire d'un autre État membre (336) (article 73 nouveau).

La Cour de justice, dans un arrêt du 5 décembre 1989 (337), a tiré les conséquences juridiques de la nouvelle règle généralisant à tous les États membres le système d'octroi des prestations familiales sur la base de la législation du pays d'emploi, en décidant que « *le travailleur non salarié soumis à la législation d'un État membre a droit, pour les membres de sa famille qui résident sur le territoire d'un autre État membre, aux prestations familiales prévues par la législation du premier État, comme s'ils résidaient sur le territoire de celui-ci* ».

Le terme « *prestations familiales* » désigne « *toutes les prestations en nature ou en espèces destinées à compenser les charges de famille* ». C'est la définition qu'en donne le règlement 1408/71 (338). La qualification de certaines catégories de prestation peut faire difficulté. Quid d'une avance sur pension alimentaire octroyée par l'État pour l'entretien d'enfants ? Ce sont des prestations familiales, a jugé la Cour de justice (339).

687. Retour à la loi du lieu de résidence. Le règlement 1408/71 désigne la législation de l'État d'emploi, qui est applicable même si les membres de la famille résident sur le territoire d'un autre État membre, mais il se peut que la législation du lieu de résidence prévoie parallèlement sa propre application, fondée sur un critère de résidence.

Comment régler ce cumul ? La législation de l'État d'emploi a primauté et le versement des prestations par l'État de résidence sera par conséquent suspendu (340). Il faut toutefois réserver la situation dans laquelle le conjoint a une activité professionnelle sur le territoire de résidence de la famille. C'est alors la législation de l'État d'emploi de l'autre conjoint qui cédera devant celle de l'État de résidence. Le versement des prestations familiales de l'État d'emploi sera suspendu du moins « *jusqu'à concurrence du montant des prestations familiales prévu par la législation de l'État membre de résidence* ». La règle de l'article 73 du règlement 1408/71 désignant la législation de l'État d'emploi « *n'est pas une règle absolue* » (341).

La Cour de justice a également jugé que l'État membre de résidence ne saurait être privé de la faculté d'octroyer des allocations familiales, spécialement dans l'hypothèse où le droit aux allocations est exclu dans l'État membre d'emploi (en raison de l'âge des enfants). Les principes gouvernant la détermination de la loi applicable ne s'y opposent pas (342).

(336) Article 73 modifié du règlement 1408/71.

(337) Aff. C-114/88, *Patrick Delbar*, *Rec.* I, p. 4067.

(338) Les allocations spéciales de naissance ou d'adoption étant toutefois exclues de la définition, article 1 u) i) du règlement. La définition englobe celle des « allocations familiales », « prestations périodiques en espèces accordées en fonction du nombre et, le cas échéant, de l'âge des membres de la famille », article 1 u° ii) du règlement 1408/71.

(339) CJCE, 15 mars 2001, *Offermanns*, C-85/99, *Rec.* I, p. 2261 ; CJCE, 20 janvier 2005, *Effing*, aff. C-302/02.

(340) Sur le fondement de la règle anti-cumul de l'article 10 du règlement 574/72 ; CJCE, 9 décembre 1992, *McMenamin*, C-119/91, *Rec.* I, p. 6393.

(341) « ... et ce quel que soit le bénéficiaire direct des allocations familiales désigné par la législation de cet État », CJCE, 7 juin 2005, *Dodl*, aff. C-543/03 ; CJCE, 7 juillet 2005, *Weide*, aff. C-153/03.

(342) CJCE, 20 mai 2008, *Bosmann*, aff. C-352/06 ; sur les règles relatives à la détermination de la loi applicable, v. *supra* n° 602 et s. ; v. également CJUE, 14 octobre 2010, *Schwemmer*, aff. C-16/09, visant la situation d'une famille dont les enfants résident en Allemagne avec leur mère qui y remplit les conditions pour recevoir des allocations, tandis que le père, travaillant en Suisse, aurait pu y réclamer le versement d'allocations, mais ne l'a pas fait.

La Cour de justice a même admis que la loi du lieu où s'effectue temporairement l'activité puisse s'appliquer, alors que ce n'est pas la loi de l'État compétent, correspondant au lieu de travail habituel, non plus que la loi du lieu de résidence du travailleur intéressé (343).

Quelle législation appliquer lorsqu'une personne, qui avait son activité sur le territoire d'un État membre, a été condamnée à l'emprisonnement dans cet État membre, puis a été transférée dans son État d'origine pour y purger sa peine. Cette personne qui a de ce fait cessé toute activité dans l'État membre d'accueil, relève désormais de la législation de son État national. La Cour de justice a jugé que l'ex-État du lieu d'emploi pouvait en pareil cas décider d'interrompre le versement des prestations familiales, l'intéressé n'étant plus détenu sur son territoire et n'y « résidant » donc plus (344). Peut-être aurait-il suffi de dire que la législation de l'ex-État d'emploi n'était plus applicable (345).

688. Règlement 883/2004. Le nouveau règlement continue de prévoir l'application de la loi de l'État compétent – la loi du lieu d'activité habituelle dans la situation la plus fréquente – même si la famille réside sur le territoire d'un autre État membre (346).

Le nouveau règlement fixe des règles de priorité en cas de cumul (347). Les droits qui sont ouverts au titre d'une activité ont priorité sur ceux qui le sont au titre de la perception d'une pension, lesquels sont eux-mêmes prioritaires sur ceux qu'ouvre la résidence. Des règles de priorité sont également prévues lorsque des droits s'ouvrent à un même titre. La mise en œuvre de la priorité a pour effet de suspendre le versement des droits qui sont dus au titre de la législation écartée et ceci jusqu'à concurrence du montant prévu par la législation appliquée, un complément différentiel étant servi, le cas échéant (348).

§ 3. — Prestations de chômage

689. État « compétent » ou État du lieu de résidence ? Le chômeur doit s'inscrire auprès de l'institution de l'État compétent, qui lui servira les prestations que la législation de cet État prévoit. La situation est simple si l'intéressé réside sur le territoire de l'État compétent ; elle devra être aménagée si cette coïncidence fait défaut.

Le règlement 883/2004 a partiellement modifié ou précisé les règles jusque-là en vigueur. Une distribution complexe s'opère entre l'application des règles de l'État de résidence, qui a le premier rôle, et celles de l'État compétent pendant la période d'activité. Des dispositions du règlement 1408/71, la Cour de justice a déduit qu'aujourd'hui

(343) CJUE, 12 juin 2012, *Hudzinski*, aff. C-611/10.
(344) CJCE, 20 janvier 2005, *Effing*, aff. C-302/02.
(345) Sur la loi applicable au travailleur ayant cessé son activité, v *supra* n° 608.
(346) Article 67 du règlement 883/2004.
(347) V. antérieurement les règles de priorité prévues par l'article 76 du règlement 1408/71.
(348) Article 68 du règlement 883/2004.

la loi de sécurité sociale applicable aux personnes en situation de chômage est, en principe, celle de leur lieu de résidence (349). Le système implique l'inscription du chômeur auprès des services de l'emploi de chaque État membre dans lequel il procède à une recherche d'emploi. Cette inscription exprime une règle de droit uniforme. Pour apprécier si l'intéressé est resté à la disposition des services de l'emploi, les institutions nationales appliquent toutefois leur propre réglementation (350).

689-1. Chômeur se déplaçant dans un autre État membre. Le chômeur qui se déplace sur le territoire d'un autre État que l'État compétent pour y rechercher un emploi, doit s'inscrire comme demandeur d'emploi dans le nouvel État de résidence, à peine de perdre son droit aux prestations de l'État compétent. Parti rechercher un emploi dans un autre ou d'autres États membres, l'intéressé se voit temporairement accorder la faculté de se soustraire à l'obligation de se tenir à disposition des services de l'emploi de l'État compétent (351). Il en va, dit la Cour de justice, d'« *une règle autonome, dérogatoire au droit interne* » et d'application uniforme (352).

Dans cette même hypothèse, les prestations de l'État compétent ne pourront au demeurant être maintenues que pour une durée maximale de trois mois après son départ du territoire (353). Le versement des prestations de l'État compétent subit ainsi une limite temporelle, qui, passé le délai de trois mois, risque de priver de ressources le travailleur qui s'est déplacé sur le territoire d'un autre État membre pour y chercher un emploi (354). La Cour de justice a en outre admis que l'État compétent puisse décider de radier de son système de sécurité sociale un travailleur ayant transféré sa résidence dans un autre État membre, alors qu'il était au chômage et percevait des allocations (355).

De son côté, l'État membre sur le territoire duquel le chômeur est venu s'installer, peut imposer la période de carence qu'il a prévue avant que des indemnités de chômage ne soient versées, mais à condition que ladite période soit considérée comme remplie par les cotisations versées dans un autre État membre (356).

689-2. Chômeur résidant déjà dans un autre État membre. Quant à celui qui, au moment où survient la situation de chômage, résidait déjà sur un territoire autre que celui de l'État compétent, il faut d'abord distinguer suivant qu'il est ou non en situation de chômage complet. S'il ne l'est pas, il sera pris en charge par l'institution de l'État compétent (357).

S'il est en situation de chômage complet, il doit se mettre à la disposition des services de l'emploi de l'État de résidence, mais il peut également le faire,

(349) CJCE, 11 novembre 2004, aff. C-372/02, *Adanez-Vega*.
(350) CJCE, 21 février 2002, *Rydegard*, aff. C-215/00 ; règle que le règlement 883/2004 a avalisée.
(351) Article 69 § 1 b) du règlement 1408/71 ; article 64 § 1 b) du règlement 883/2004.
(352) CJCE, 21 février 2002, *Rydegard*, aff. C-215/00.
(353) Article 69 § 1 c) du règlement 1408/71 ; article 64 §1 b) du règlement 883/2004.
(354) Sur le droit de séjour du ressortissant communautaire à la recherche d'un emploi, v. *supra* n° 210.
(355) CJCE, 11 juin 1998, *A. Kuusijârvi*, aff. C-275/96 ; l'article 13 § 2 f) du règlement 1408/71, tel que modifié par le règlement n° 2195/91, ne s'oppose pas à cette radiation puisqu'il prévoit le passage de l'intéressé sous la compétence de l'État dans lequel il transfert sa résidence en sorte qu'il restera couvert par une législation.
(356) CJCE, 25 février 1999, *José Ferreiro Alvite*, aff. C-320/95.
(357) Article 71 § 1 b) i) du règlement 1408/71 ; article 65 § 1 du règlement 883/2004.

complémentairement auprès des services de l'emploi de l'État membre où il avait son activité (358). Il est assujetti aux contrôles des institutions auprès desquelles il s'est inscrit comme demandeur d'emploi et en respecte les obligations (359).

La Cour de justice a jugé que « *l'édiction d'une clause de résidence répond à la nécessité de contrôler la situation des chômeurs* » et qu'une telle mesure, bien que restreignant la liberté de circulation, poursuit un objectif légitime et ne va pas au-delà de ce qui est nécessaire (360). En revanche, l'existence d'une condition de résidence est à condamner si l'intéressé n'a pas l'obligation de se tenir à disposition des services de l'emploi (361). L'institution de l'État compétent, si le choix s'est porté vers elle, ne peut lui opposer qu'il ne réside pas sur le territoire, l'objet de l'article 71 § 1 du règlement 1408/71 étant précisément de lui permettre de s'inscrire auprès d'elle alors qu'il réside sur un autre territoire, avait-elle dit précédemment (362).

Le chômeur bénéficie normalement des prestations prévues par la législation de l'État membre de résidence. S'il vient toutefois à recevoir des prestations de l'institution de l'État membre compétent pendant son activité, le service des prestations de l'État de résidence sera suspendu (363).

Un mécanisme de remboursement entre caisses est, le cas échéant, mis en jeu (364).

§ 4. — Accidents du travail

690. Actions subrogatoires contre le tiers responsable. Quelle loi faut-il appliquer en cas d'action subrogatoire de l'institution ayant réparé le dommage, l'hypothèse étant celle d'un dommage survenu sur le territoire d'un État membre et ayant fait l'objet d'un versement de prestations par l'institution de sécurité sociale d'un autre État membre ? Visant les droits des institutions à l'encontre de tiers responsables, les règlements 1408/71 et 883/2004 énoncent que lorsque l'institution débitrice est subrogée, « *en vertu de la législation qu'elle applique* », dans les droits du bénéficiaire de prestations à l'égard de tiers, « *cette subrogation est reconnue par chaque État membre* » (365).

Les droits que la victime (ou ses ayants droit) détient contre l'auteur du dommage, droits dans lesquels l'institution de sécurité sociale est subrogée, ainsi que les conditions d'ouverture de l'action en réparation, sont déterminés par la loi du lieu de survenance de l'accident, y compris ses règles de droit international privé, a dit la Cour de justice (366).

(358) Article 65 § 2 du règlement 883/2004 ; comp. article 71 § 1 b) ii) du règlement 1408/71.
(359) Article 65 § 3 du règlement 883/2004.
(360) CJCE, 18 juillet 2006, *De Cuyper*, aff. C-406/04, v. pts. 39 à 42.
(361) CJCE, 11 septembre 2008, *Petersen,* aff. C-228/07.
(362) CJCE, 1er février 1996, *Naruschewicus*, aff. C-308/94 ; v. antérieurement, CJCE, 27 mai 1982, *Aubin c. UNEDIC et ASSEDIC*, aff. 227/81, *Rec.* p. 1991.
(363) Article 65 § 5 du règlement 883/2004.
(364) V. article 65 § 6, 7 et 8 du règlement 883/2004.
(365) Article 93 § 1 a) du règlement 1408/71 ; article 85 du règlement 883/2004.
(366) CJCE, 21 septembre 1999, *Caisse de pension des employés privés et Dieter Kordel*, aff. C-397/96, pour un recours subrogatoire d'une caisse luxembourgeoise contre les tiers responsable d'un accident de trajet survenu en Allemagne et leurs institutions d'assurance. Antérieurement, v. CJCE, 16 février 1977, *Töpfer*, aff. 72/76, *Rec.* p. 271.

La subrogation et son étendue relèvent de la loi de l'État de l'institution subrogée, sans pouvoir aller au-delà des droits que la victime (ou ses ayants droit) détient en vertu de la loi du lieu du dommage.

Les dispositions de la loi de l'institution débitrice s'appliqueront même si elles excluent ou limitent la subrogation ; celle-ci butera cependant sur les limitations aux droits des victimes (ou ayants droit) que fixe la loi du lieu du dommage. La solution retenue entend se mesurer aux exigences de la règle de reconnaissance de la subrogation imposée par les règlements 1408/71 et 883/2004.

TABLE DES PRINCIPALES DÉCISIONS DE LA COUR DE JUSTICE (DES COMMUNAUTÉS EUROPÉENNES, PUIS DE L'UNION EUROPÉENNE) ET DU TRIBUNAL (DE 1re INSTANCE DES COMMUNAUTÉS EUROPÉENNES, PUIS DE L'UNION EUROPÉENNE)

N.B. 1) Le classement est opéré alphabétiquement par le nom d'une partie ; 2) les arrêts de la Cour, en nombre très majoritaire, sont mentionnés sans autre indication ; les arrêts de tribunal ou les ordonnances sont signalés par une mention particulière ; 3) les chiffres renvoient aux numéros de paragraphes où les arrêts sont cités.

A

B

C

D

E

F

J

K

L

M

N

O

P

R

S

T

U

V

W

Z

INDEX ALPHABÉTIQUE

(Les chiffres renvoient aux numéros des paragraphes et aux notes en bas de page qui s'y rattachent)

E

T

TABLE DES MATIÈRES

QUATRIÈME PARTIE — **COORDINATION DES DROITS NATIONAUX**

Imprimé en France - JOUVE, 1, rue du Docteur Sauvé, 53100 MAYENNE
N° 2147473J - Dépôt légal : mars 2014